suhrkamp taschenbuch
wissenschaft 1356

Der Anspruch und die Bedeutung von Karl Pribrams *Geschichte des ökonomischen Denkens* lassen sich am ehesten ermessen, wenn man dieses Werk mit Joseph A. Schumpeters *Geschichte der ökonomischen Analyse* kontrastiert.
Zunächst einmal sind die Parallelen unübersehbar. In beiden Fällen handelt es sich um nahezu gleichzeitig entstandene, großangelegte historische Gesamtdarstellungen aus der Feder zweier Ökonomen, die der gleichen Generation angehören, dem gleichen kulturellen und wissenschaftlichen Milieu entstammen, überdies gut miteinander bekannt waren und später im Exilland Amerika (und in dessen Sprache) die »Summe« ihrer theoretischen Auffassungen schrieben. Während jedoch Schumpeter, der ungleich bekanntere Autor, sein Werk als kritische Darstellung nicht eigentlich der ökonomischen Doktrinen, sondern ihres analytisch-methodischen Instrumentariums konzipierte und damit beim Leser ein hohes Maß an fachlicher Kenntnis voraussetzen mußte, nahm Pribram – unter Verzicht auf eine Darstellung des formalen Apparats der Wirtschaftswissenschaft – eine sozialphilosophische Perspektive ein. Ihm kam es darauf an, die begrifflichen und methodologischen Divergenzen zwischen den rivalisierenden Doktrinen und Schulen in der Ökonomie auf Faktoren zurückzuführen, die außerhalb des Rahmens der Ökonomie liegen: nämlich auf jahrhundertelange ideengeschichtliche Traditionen, die sich als »konfligierende Denkmuster« geltend machen und deren zähes Fortleben aus der Sozialgeschichte einzelner Länder zu erklären ist.

Karl Pribram
Geschichte des ökonomischen Denkens

Erster Band

Übersetzt von
Horst Brühmann

Suhrkamp

Titel der Originalausgabe:
A History of Economic Reasoning
© Johns Hopkins University Press 1983

Die Deutsche Bibliothek – CIP-Einheitsaufnahme
Pribram, Karl:
Geschichte des ökonomischen Denkens /
Karl Pribram.
Übers. von Horst Brühmann. –
Frankfurt am Main : Suhrkamp
(Suhrkamp-Taschenbuch Wissenschaft ; 1356)
Einheitssacht.: A history of economic reasoning <dt.>
ISBN 3-518-28956-X
Bd. 1 – 1. Aufl. – 1998

suhrkamp taschenbuch wissenschaft 1356
Erste Auflage 1998
© dieser Ausgabe Suhrkamp Verlag Frankfurt am Main 1992
Suhrkamp Taschenbuch Verlag
Alle Rechte vorbehalten, insbesondere das
des öffentlichen Vortrags, der Übertragung
durch Rundfunk und Fernsehen
sowie der Übersetzung, auch einzelner Teile.
Druck: Wagner GmbH, Nördlingen
Printed in Germany
Umschlag nach Entwürfen von
Willy Fleckhaus und Rolf Staudt

Inhalt

Erster Band

Vorwort 13
Die Geschichte des ökonomischen Denkens. Ein Überblick 15

Erstes Buch
Die Entwicklung der Ökonomie zu einer unabhängigen Disziplin
Dreizehntes bis achtzehntes Jahrhundert

Erster Teil
Ökonomie als Teil der Moraltheologie

1. Kapitel Thomistische Wirtschaftslehre 21
   Der logische Hintergrund der thomistischen Wirtschaftslehre .. 21
   Die thomistische Konzeption der sozialen Kollektive 27
   Die Konzeption des Privateigentums 33
   Die thomistische Wertlehre 36
   Die Lehre vom gerechten Preis 40
   Die Lehre vom unrechtmäßigen Profit 44
   Das Verbot des Wuchers 46

2. Kapitel Der Zerfall des thomistischen Denkens 53
   Der Einfluß des Nominalismus 53
   Ökonomische Auffassungen im Wandel 58
   Wandlungen ökonomischer Institutionen 63
   Die Schule von Salamanca und die jesuitischen Scholastiker ... 66

Zweiter Teil
Die Entwicklung der baconschen und der cartesianischen Wirtschaftslehre

3. Kapitel Die Übergangsperiode
   (Fünfzehntes und sechzehntes Jahrhundert) 73
   Denkmuster im Wandel und im Konflikt 73

Der »Geist des Kapitalismus« 85
Die ökonomischen Auffassungen der frühen Merkantilisten . . . 93
Der Begriff der Handelsbilanz 99
Colbertismus 108
Veränderungen in der Konzeption von Preis, Profit und
Geldzins 112

4. Kapitel Baconscher Merkantilismus 119
Die räumliche Verteilung der unterschiedlichen Denkmuster . . 119
Der Begriff des Naturgesetzes und der utilitaristische Ansatz bei
der Behandlung sozialer Probleme 126
Die Entstehung des empirischen Ansatzes in der Ökonomie . . 136
Theorien über Wert, Preis, Geld und Kapitalzins 142
Das Problem des Kreditgeldes 151
Das Problem der produktiven Beschäftigung 156

5. Kapitel Weiterentwicklung des Merkantilismus 163
Das Problem der selbstregulierenden Kräfte 163
Die letzten Vertreter des Merkantilismus 171
Italienische Merkantilisten 175

6. Kapitel Kameralistische Wirtschaftslehre 181
Der geistige Hintergrund der frühen Kameralistik 181
Kameralistik als Verwaltungslehre 184
Kameralistik als Zweig höherer Bildung 188

7. Kapitel Cartesianische Wirtschaftslehre 194
Die Reaktion auf den Colbertismus in Frankreich 194
Französische Sozialphilosophien im Konflikt 198
Der philosophische Hintergrund der Theorien Quesnays 205
Das *Tableau économique* 207
Die sozioökonomische Lehre der Physiokraten 212
Die Auflösung der physiokratischen Lehre 221

8. Kapitel Der subjektive Wertbegriff 226
Galianis Theorie des Geldes 226
Andere Vertreter der subjektiven Werttheorie 229

9. Kapitel Die erste Fassung der utilitaristischen
Wirtschaftslehre 235
Die Entwicklung des utilitaristischen Denkens 235
Ökonomie als unabhängige Disziplin: Adam Smith und der
Wealth of Nations 243

Zweites Buch
Wirtschaftslehren im Konflikt
1800-1918

Dritter Teil
Versionen der utilitaristischen Wirtschaftslehre 1800-1870

10. Kapitel   Die Prinzipien der Benthamschen Wirtschaftslehre . . 267
    Allgemeine utilitaristische Methodologie 267
    Die methodologischen Prinzipien der Ricardoschen
    Wirtschaftslehre 274

11. Kapitel   Die Ricardosche Wirtschaftslehre 280
    Der Begriff des Tauschwerts 280
    Das ökonomische System Ricardos 287
    Allgemeine Störfaktoren: Technischer Wandel und
    Bevölkerungsentwicklungen 290
    Die Verteilungsgesetze 296
    Die Rolle von Geld und Kredit 309
    Die Theorie des internationalen Handels 314

12. Kapitel   Frühe Diskussionen der Ricardoschen
    Wirtschaftslehre 319
    Probleme auf kurze Sicht 319
    Methodologische Streitfragen 324
    Utilitaristische Kritik an der Ricardoschen Lehre 335
    Modifikationen der Ricardoschen Lehre 343

13. Kapitel   Die Ausbreitung der Smithschen Wirtschaftslehre . . 364
    Französische und italienische Versionen der liberalen
    Wirtschaftslehre 364
    Methoden der theoretischen Analyse im Konflikt 372
    Die französischen Sozialisten 375
    Die deutsche Version der Smithschen Wirtschaftslehre 384
    Amerikanische Diskussionen über die Smithsche
    Wirtschaftslehre 395

Vierter Teil
Organizistische Ökonomie

14. Kapitel   Die deutschen historischen Schulen 401
    Deutsche »idealistische« Philosophien 401
    Das Auftreten des Historismus 406

    Das Programm der historisch-ethischen Schule 412
    Methodologische Streitfragen 419

15. Kapitel   Versionen des organizistischen Ansatzes 429
    Gegensätzliche Trends 429
    Der Kampf um eine »wertfreie« Wissenschaft 437
    Diskussion ökonomischer Theoreme 441
    Spezielle Probleme 450
    Liberale Sozialisten 458
    Neuscholastische Wirtschaftslehre 461

Fünfter Teil
Dialektische Wirtschaftslehre

16. Kapitel   Die Marxsche Doktrin 467
    Der philosophische Hintergrund 467
    Die materialistische Geschichtsauffassung 475
    Die dialektische Konzeption der kapitalistischen Wirtschaft . . 481
    Die Zusammenbruchstheorie 491
    Der Klassenkampf 496

17. Kapitel   Versionen des Marxismus 505
    Die revisionistische Bewegung 505
    Der orthodoxe Marxismus 510
    Die bolschewistische Version des Marxismus 515

Sechster Teil
Grenznutzenlehre

18. Kapitel   Die Entstehung der Grenznutzenschulen 521
    Die Wurzeln der Grenznutzenanalyse 521
    Die utilitaristische Version der Grenznutzenlehre 531
    Die mathematische Version der Grenznutzenlehre 535
    Die psychologische Version der Grenznutzenlehre 541

19. Kapitel   Nachricardianische Wirtschaftslehre 546
    Das geistige Klima des viktorianischen Zeitalters 546
    Die Methodologie der Marshallschen Wirtschaftslehre 557
    Die Theorie Marshalls 564
    Wohlfahrtsökonomie 572

20. Kapitel   Die Ausarbeitung der Grenznutzenlehre 576
    Die Entwicklung der mathematischen Versionen 576

Allgemeine Probleme der psychologischen Grenznutzenlehre . 586
Die Zinsrate als strategischer Faktor 595

21. Kapitel Probleme der Marginalanalyse 606
Verteilungstheorien 606
Monetäre Probleme 620
Die Quantitätstheorie des Geldes 633
Das Problem der Konjunkturschwankungen 642

22. Kapitel Der amerikanische Zugang zur Grenznutzenlehre . . 658

23. Kapitel Gegensätzliche Trends 664
Pragmatistische Wirtschaftslehre 664
Institutionalistische Wirtschaftslehre 670
Kritische Diskussionen der Grenznutzenanalyse 676

Zweiter Band

Drittes Buch
Entwicklungen nach dem Ersten Weltkrieg

Siebter Teil
Organizistische Wirtschaftslehre

24. Kapitel Der Niedergang der historischen Schule 693
Gegensätzliche Trends 693
Methodologische Probleme des Historismus 706
Planung nach organizistischen Leitlinien 710

25. Kapitel Totalitäre Wirtschaftslehre 719
Die Probleme der faschistischen Volkswirtschaftslehre 719
Nationalsozialistische Volkswirtschaftslehre 723

Achter Teil
Dialektische Wirtschaftslehre

26. Kapitel Dialektisches Denken in Westeuropa 733

27. Kapitel Bolschewistische Wirtschaftslehre 738
Diskussionen um die Übergangsperiode 738

Der theoretische Hintergrund der Fünfjahrpläne 745
Probleme der bolschewistischen Planung 751
Veränderte Interpretationen 759

Neunter Teil
Hypothetische Wirtschaftslehre

28. Kapitel   Methodologische Fragen 771
    Allgemeine Bemerkungen 771
    Methodologische Probleme des Marginalismus 773
    Institutionalistische Diskussionen 789
    Methodologische Diskussionen der französischen
    Ökonomen 798

29. Kapitel   Neue Debatten um alte Probleme:
    Produktion und Verteilung 810
    Verteilungstheorie 810
    Monopol und Konkurrenz 828

30. Kapitel   Neue Debatten um alte Probleme: Planung und
    Wohlfahrt 852
    Diskussion über Planung 852
    Wohlfahrt 866

31. Kapitel   Diskussionen über Geld und Geldreform 879
    Die Quantitätsgleichungen und der Ansatz der
    Kassenhaltungstheorie 879
    Der Ansatz der Einkommenstheorie 885
    Probleme der Geldreform 890

32. Kapitel   Diskussionen über den Konjunkturzyklus 896
    Allgemeine Bemerkungen 896
    Einfache monetäre Theorien 901
    Monetäre Doppelsystem-Theorien 904
    Nichtmonetäre Theorien 908
    Konjunkturpolitik 918

Zehnter Teil
Die »New Economics«

33. Kapitel   Diskussionen der Stockholmer Schule 921

34. Kapitel   Keynes' Theorie der Beschäftigung, des Zinses
    und des Geldes 933

35. Kapitel   Diskussionen über die »New Economics«   946
Interpretationen der Keynesschen Theorie   946
Das Stagnationstheorem   958
Zusammenfassung und Bewertung   967

36. Kapitel   Methodologische Diskussionen über die
dynamische Analyse   971
Dynamik versus Statik   971
Die dynamischen Elemente der postkeynesianischen
Wirtschaftswissenschaft   979

37. Kapitel   Dynamische Modelle   985
Modelle des Keynesschen Typs   985
Andere dynamische Modelle der Volkswirtschaft   989

Elfter Teil
Internationale Beziehungen

38. Kapitel   Theorie des internationalen Handels   1001
Anhang A Die Standorttheorie   1022
Anhang B Internationale Währungsbeziehungen nach dem
Zweiten Weltkrieg   1026

39. Kapitel   Wirtschaftliches Wachstum und wirtschaftlicher
Fortschritt   1037
Wirtschaftswachstum der Industrieländer   1037
Wirtschaftliches Wachstum der unterentwickelten Länder . . .   1051
Theorien des ökonomischen Fortschritts   1059

40. Kapitel   Ökonometrische Probleme   1065

41. Kapitel   Entscheidungstheorie   1085
Die Theorie der Wahlakte   1085
Die Spieltheorie   1093

Abschließende Bemerkungen   1099

Anhang

1. Prolegomena zu einer Geschichte des ökonomischen Denkens   1107
Einführung   1107
Baconsche und cartesianische Wirtschaftslehre   1110
Benthamsche Wirtschaftslehre   1116

      Intuitionistische Wirtschaftslehre 1121
      Dialektische Wirtschaftslehre 1123
      Weiterentwicklung des hypothetischen Denkens 1128
      Modifizierte ricardianische Lehre 1134
      Verschiedene Aspekte des Gleichgewichtsbegriffs 1137
      Abschließende Bemerkungen 1143

2. Muster des ökonomischen Denkens 1145
      Der Begriff des ökonomischen Gleichgewichts 1148
      Das Maximierungsprinzip 1152
      Der Begriff der Zeit. 1154
      Der Begriff der Freiheit 1158
      Der Begriff des Gesetzes 1160
      Schlußfolgerungen 1161

3. Weitere metaökonomische Begriffe 1163
      Rationalität 1163
      System 1166
      Entwicklung und Evolution 1170
      Klasse 1173
      Wert 1175

Werke von Karl Pribram 1179

Über den Autor 1185

Namenregister 1187

Sachregister 1213

Vorwort

Die Vorarbeiten zu diesem Buch waren eng mit der Geschichte meines Lebens und meiner geistigen Entwicklung verbunden; sie erstreckten sich über mehr als ein halbes Jahrhundert. Meine wirtschaftswissenschaftliche Ausbildung stand in der Tradition der Österreichischen Schule der Grenznutzentheorie, und zwei führende Vertreter dieser Schule, Friedrich von Wieser und Eugen Böhm-Bawerk, lenkten meine Aufmerksamkeit auf die Tatsache, daß es in beträchtlichem Maße von der Beantwortung methodologischer Streitfragen abhängt, in welcher Gestalt die verschiedenen ökonomischen Probleme auftreten. Als ich nach der Promotion für ein Jahr nach Berlin ging, um meine Studien an der dortigen Universität fortzusetzen, war ich betroffen von dem fundamentalen Unterschied zwischen dem ökonomischen Forschungsansatz der deutschen historischen Schule und den Prinzipien der ökonomischen Analyse, wie sie meine österreichischen Lehrer vertraten. Die Anhänger der historischen Schule lehnten die Verwendung hochabstrakter Begriffe als Ausgangspunkt deduktiver Schlüsse ab; sie suchten nach historisch-spezifischen Gesetzen, mit denen sich ihrer Meinung nach die ökonomischen und sozialen Entwicklungen der einzelnen Nationen bestimmen ließen. Der Methodenstreit, den die beiden Schulen gegeneinander führten, schien um die Frage zu kreisen, ob es gelingen kann, die volle Realität ökonomischer Erscheinungen und Ereignisse mit Hilfe von Begriffen zu erfassen, deren Abstraktionsgrad relativ niedrig ist, oder ob das einzig stichhaltige wissenschaftliche Vorgehen darin liegt, ausgehend von hochabstrakten Begriffen nach »hypothetischen« Gesetzen zu suchen. Die logischen Schwierigkeiten, die in der Methodologie der Schüler Gustav Schmollers lagen, wurden offenkundig, als Max Weber und Werner Sombart mit dem Schlachtruf einer »wertfreien«, nicht-hypothetischen Sozialwissenschaft hervortraten.
Methodologische Probleme anderer Art wurden von den Mitgliedern einer »neuscholastischen« Gruppe aufgeworfen, die bestrebt waren, bestimmte ökonomische Theoreme der Neuzeit den Moralvorschriften der thomistischen Lehre anzupassen. Einen dritten, offenbar recht konsistenten Ansatz in der ökonomischen Forschung vertraten die Anhänger von Karl Marx, die für ihre dialektisch-materialistische Methode den Anspruch erhoben, sie erlaube vollen Einblick in den Gang gesellschaftlicher Entwicklungsprozesse und ihr vorbestimmtes Ziel. Sie lehnten die Suche nach hypothetischen Gesetzen ab und bezeichneten sie als Resultat irregeleiteter Denkprozesse unter dem Einfluß kapitalistischer Klasseninteressen.
So war Anfang der dreißiger Jahre, als ich an der Universität Frankfurt

Wirtschaftswissenschaften lehrte, an den ökonomischen Fakultäten deutscher Universitäten eine ganze Reihe stark voneinander abweichender Doktrinen vertreten: die nachricardianische [»neoklassische«] Ökonomie, die Österreichische und die Lausanner Schule, verschiedene Versionen des Historismus, die neuscholastische Wirtschaftslehre, der orthodoxe Marxismus und der Revisionismus. Es war offenkundig, daß unter der Bezeichnung »Wirtschaftswissenschaft« ganz verschiedene Doktrinen zusammengefaßt wurden und daß die Wurzeln für die unaufhebbaren Divergenzen zwischen manchen dieser Lehren außerhalb des eigentlichen Bereichs der Ökonomie zu suchen waren. Diese Wurzeln mußten in der Geschichte des abendländischen Denkens zu finden sein, dem gemeinsamen Hintergrund der Entwicklung aller Sozialwissenschaften. Ich hielt es für eine faszinierende Aufgabe, die verschiedenen Denkmuster zu untersuchen, die für das abendländische Denken prägend waren, und die ökonomischen Lehren im Lichte dieser Muster historisch zu ordnen. Auf solche Weise war es möglich, die unversöhnlichen Antagonismen zwischen den verschiedenen ökonomischen Schulen auf tiefsitzende Divergenzen in der Bildung der ökonomischen Grundbegriffe zurückzuführen; und die Methoden, die zur Bestimmung der Ziele und Probleme wirtschaftswissenschaftlicher Forschung angewandt wurden, erwiesen sich als die entscheidenden Faktoren, die der Geschichte des ökonomischen Denkens Gestalt verleihen.

Sollte es nicht in hohem Maße wahrscheinlich sein, daß dieselben geistigen Bewegungen, aus denen die Ökonomie Ricardos und seiner Nachfolger hervorgegangen ist, auch den Anstoß zur Organisation der Wettbewerbs- und Tauschgesellschaft geliefert haben? Und sollte nicht andererseits das scholastische Denken der feudalen Gesellschaftsordnung und der mittelalterlichen Wirtschaft als geistige Grundlage gedient haben? Entsprechend schien sich die Auffassung, wie sie die historische Schule von der Ökonomie hegte, in der Wirtschaftspolitik der deutschen nationalsozialistischen Regierung zu spiegeln. Zur Rechtfertigung und Durchführung der bolschewistischen Planwirtschaft mußte eine verzerrte Fassung des dialektischen Materialismus herhalten. Die konsequente Ausarbeitung dieser Gedanken führte dazu, eine Reihe von teilweise rivalisierenden Denkmustern aufzustellen, die für die geistigen Bewegungen des Abendlandes bestimmend gewesen sind und bei der Entwicklung der ökonomischen Lehrmeinungen sowie der verschiedenen Wirtschaftsordnungen eine prägende Rolle gespielt haben. Das vorliegende Buch ist ein Versuch, diese Gedanken für die Analyse der Geschichte des ökonomischen Denkens fruchtbar zu machen.

Die Geschichte des ökonomischen Denkens
Ein Überblick

Der Kampf um die grundlegenden Aspekte der ökonomischen Analyse ist auf Faktoren zurückzuführen, die außerhalb des Rahmens der Ökonomie im strengen Sinne liegen. Die Ursachen für jene Auseinandersetzung sind letzten Endes in gegensätzlichen Denkströmungen zu suchen, die auf allen Gebieten der geistigen, sozialen, politischen und moralischen Betätigung in der westlichen Welt für die Entwicklung der Methoden des Denkens bestimmend gewesen sind.

Die Geschichte der Nationalökonomie beginnt mit der thomistischen Wirtschaftslehre, einer normativen Disziplin, die den Prinzipien der scholastischen Philosophie folgt. Diese Lehre zersetzte sich allmählich unter dem Einfluß eines »hypothetischen« Denkmusters, das vornehmlich von franziskanischen Gelehrten gegen die dominikanischen Anhänger des Thomismus vorgebracht wurde. Dieses hypothetische Muster konnte besonders in England festen Fuß fassen, wo es zur Grundlage der Baconschen Methodologie wurde und von John Locke und David Hume verfeinert wurde. Es bildete den Hintergrund für die Entwicklung der merkantilistischen Wirtschaftslehre, die durch eine zunehmende Anwendung des Kausalitätsgedankens sowie mechanistischer Konzepte – vor allem des Gleichgewichtsprinzips – auf die Analyse ökonomischer Verhältnisse geprägt ist. So verwandelte sich im Laufe des achtzehnten Jahrhunderts die Ökonomie von einer Morallehre in eine Wissenschaft, deren Sätze von wenigen abstrakten Prämissen ableitbar und von normativen Konnotationen weitgehend frei waren. Unter diesem Blickwinkel ist das Denken der Merkantilisten von der physiokratischen Doktrin zu unterscheiden; letztere war stark von der cartesianischen Methodologie und kameralistischen Lehren beeinflußt, die von intuitiven Begriffen durchdrungen waren.

Etwa zu Beginn des neunzehnten Jahrhunderts setzte in der Geschichte des ökonomischen Denkens ein neuer Abschnitt ein. Es entstand eine geistige Bewegung, die zur Verbreitung Baconscher Methoden unter den französischen und deutschen Ökonomen führte. In England fand dagegen die konsequente Anwendung streng mechanischer Prinzipien auf die ökonomische Analyse starken Rückhalt in der Entwicklung der Assoziationspsychologie, die von Vertretern der utilitaristischen Philosophie ausgearbeitet worden war. Die ricardianische Lehre war das geistige Kind dieser Wissenschaftskonzeption, die die Untersuchung dynamischer Wirtschaftsprozesse durch die Analyse mechanischer Beziehungen zwischen ökonomischen Größen ersetzte. Diesem Ansatz entsprechend wurden alle Überlegungen, die sich auf Wandel oder Entwicklung bezie-

hen, aus dem eigentlichen Gebiet der ökonomischen Theorie im strengen Sinne verbannt. Welchen Einfluß methodologische Prinzipien auf die Wissenschaftsentwicklung besitzen, läßt sich kaum besser veranschaulichen als an der Geschichte der Nationalökonomie.
Die Transformation der ricardianischen Lehre begann einerseits mit der Anpassung der überkommenen Produktionskostentheorie an die Prinzipien der Grenzproduktivität und andererseits mit dem Verzicht auf den scholastischen Substanzbegriff der Güter, der der Arbeitswerttheorie zugrunde gelegen hatte. Die Anwendung des Grenzprinzips auf die Nutzenanalyse trat in drei Versionen auf: einer angelsächsichen, die sich von der utilitaristischen Philosophie herleitete; einer französischen mathematischen Version, die mit Wahrscheinlichkeitserwägungen verknüpft war; und in einer psychologischen österreichischen Version, die auf der introspektiven Beobachtung psychologischer Vorgänge beruhte. Für Divergenzen im grundlegenden Problembestand waren methodologische Unterschiede verantwortlich. Es erwies sich als außerordentlich schwierig, den mechanistischen Untersuchungsansatz dem schwankenden Verhalten des einzelnen in seiner Wirtschaftstätigkeit anzupassen und die Geldfunktionen als einen wichtigen Faktor bei der Beeinflussung dieses Verhaltens zu bestimmen.
Von der Mitte des neunzehnten Jahrhunderts an standen die Prinzipien des hypothetischen Denkens jedoch dem organisierten Widerstand der Anhänger zweier anderer Denkmuster gegenüber, die auf deutschem Boden entstanden waren: dem intuitiven und dem dialektischen Denken. Die überwiegende Mehrzahl der deutschen Ökonomen übernahm den »historischen« Ansatz für die ökonomische Analyse, der auf der Überzeugung beruhte, daß »Wahrheit« mit Hilfe gewisser intuitiver Verfahren unmittelbar zugänglich sei. Diese Überzeugung bildete den Hintergrund für die Konzeption der »Nationalökonomie« als eines integralen Ganzen oder Organismus, der eigenen historischen Gesetzen untersteht und mit anderen, ähnlich strukturierten nationalen Mächten in andauernde Kämpfe um die Vorherrschaft verwickelt ist. Die fortgesetzten Versuche, für die Aufstellung historischer Gesetze Methoden der Einfühlung anzuwenden, waren jedoch nicht sonderlich von Erfolg gekrönt.
Das dialektische Muster, das die methodologische Grundlage für die Marxsche Lehre abgab, wurde von seinen Anhängern als unfehlbares Mittel zur Aufstellung von »Entwicklungsgesetzen« gepriesen, die der Entwicklung der kapitalistischen Wirtschaft zugrunde liegen und zu ihrem unvermeidlichen Zusammenbruch führen sollten. Doch im Laufe der Zeit wurde die Lehre zum Gegenstand widerstreitender Deutungen, die sich in den Kämpfen zwischen orthodoxen Marxisten und Revisionisten auf der einen Seite sowie zwischen Bolschewisten und Menschewisten auf der anderen spiegelten.

Nach dem Ersten Weltkrieg erlebte der Kampf zwischen den gegensätzlichen Denkströmungen, der während des ganzen neunzehnten Jahrhunderts getobt hatte, einen Höhepunkt. Intuitive Methoden dienten allenthalben dazu, faschistische und nationalsozialistische Philosophien zu entwickeln. Dialektisches Denken, zugeschnitten auf die Ziele der sowjetischen Führer, lieferte die Rechtfertigung für die Organisation eines riesigen kommunistischen Reiches. Da die intuitionistischen Denkströmungen nach der Niederlage der Regimes rasch zerfielen, die von den Anhängern dieser Denkmuster gepriesen worden waren, folgte die Entwicklung der ökonomischen Lehre nach dem Zweiten Weltkrieg nur noch zwei Hauptlinien: das hypothetische Denken sah sich in unüberbrückbaren Gegensatz zum bolschewistischen Denken gestellt.

Das ökonomische Denken des Bolschewismus hat eine Reihe von Stufen durchlaufen, die im wesentlichen dazu dienten, die Grundsätze der Marxschen Dialektik an das Ziel der sowjetischen Machtpolitik und die Erfordernisse einer rasch expandierenden, hochindustrialisierten Wirtschaft anzupassen. Dieser Prozeß ist noch in Gang und ein Ende bislang nicht absehbar.

Im Bereich des hypothetischen Denkens wurden die methodologischen Differenzen, die für die Existenz verschiedener Schulen der Grenzanalyse verantwortlich waren, unter dem wachsenden Einfluß des mathematischen Ansatzes allmählich überwunden, der eine solide Grundlage für die Analyse ökonomischer Verhältnisse zu liefern schien. Einwände, die von Vertretern des institutionellen Ansatzes erhoben wurden, vermochten die Flut nicht einzudämmen. Etwa in der Mitte der dreißiger Jahre schien die Keynessche Beschäftigungstheorie die Aussicht auf die Entwicklung einer neuen, widerspruchsfreien und umfassenden Lehre zu eröffnen. Doch diese Erwartung erfüllte sich nicht, und im Laufe der Zeit wurde die Aufmerksamkeit der Ökonomen in raschem Wechsel auf einen wachsenden Bereich mehr oder weniger isolierter Probleme gelenkt, deren Behandlung eine weitgehende Anpassung alter und die Annahme neuer Methoden der ökonomischen Analyse erforderlich machte. Um diese Probleme zu charakterisieren, mag es genügen, ihren jeweiligen Titel anzugeben: unvollkommener Wettbewerb, Spieltheorie, zentralisierte Planung, Ökonometrie, dynamische Ökonomie oder ökonomisches Wachstum. Erstaunlicherweise bestand das Ergebnis vertiefter Erörterungen derartiger Spezialprobleme darin, daß man die Suche nach einer neuen allgemeinen und einheitlichen Theorie praktisch aufgegeben hat.

Es ist eine müßige Frage, inwieweit im Bereich der ökonomischen Analyse irgendwelche nennenswerten Fortschritte von der Aufstellung einer einheitlichen Theorie abhängig sind. Kein Zweifel kann jedoch daran bestehen, daß eine solche Theorie ein unentbehrliches Mittel zum Verständnis der Funktionsweise der Tauschwirtschaft und zu ihrer Verteidigung gegen die Angriffe ihrer Gegner darstellt. Im Lichte solcher Überlegungen ist das Studium der Geschichte des ökonomischen Denkens nicht bloß die Erfüllung des Traums eines Historikers oder der Sehnsüchte eines Logikers, sondern ein Diskussionsbeitrag zu einem grundlegenden Problem unserer Zeit, das sich in der Aufspaltung der Welt in zwei feindliche Lager spiegelt. Jedes andere Argument, das sich vorbringen ließe, um die Ausarbeitung der Geschichte ökonomischer Lehren zu rechtfertigen, muß im Vergleich mit diesem Aspekt einer solchen Analyse bis zur Bedeutungslosigkeit verblassen.

Erstes Buch
Die Entwicklung der Ökonomie zu einer unabhängigen Disziplin

Dreizehntes bis achtzehntes Jahrhundert

Erster Teil
Ökonomie als Teil der Moraltheologie

1. Kapitel
Thomistische Wirtschaftslehre

Der logische Hintergrund der thomistischen Wirtschaftslehre

Die Frage, wo die Geschichte des ökonomischen Denkens zu beginnen habe, ist verwickelt und von verschiedenen Autoren unterschiedlich beantwortet worden. Historische Darstellungen des volkswirtschaftlichen Denkens beschäftigen sich in ihren einführenden Kapiteln oft mit den ökonomischen Auffassungen von Philosophen aus vorchristlicher Zeit. Man nimmt auch Bezug auf die ökonomischen Gebote der Heiligen Schrift oder schenkt den wirtschaftlichen Prinzipien besondere Beachtung, die der Kodifizierung des römischen Rechts im sechsten Jahrhundert zugrunde lagen. Zweifellos sind in diesen und anderen Dokumenten bemerkenswerte Ansichten über ökonomische und soziale Verhältnisse sowie aufschlußreiche wirtschaftliche Maximen zu finden, die für eine Geschichte der ökonomischen und gesellschaftlichen Institutionen von großem Interesse sein dürften. Dennoch ist das moderne ökonomische Denken von vorscholastischen Ideen nicht unmittelbar beeinflußt worden; die Begriffe sind eher so auf uns überkommen, wie sie vom Geist der Scholastiker des dreizehnten und vierzehnten Jahrhunderts gefiltert und von einigen Denkern der Renaissance umgedeutet wurden. In der Tat gehörten die ökonomischen Auffassungen, wie sie im frühen Mittelalter vorherrschten, eher in den Bereich des theologischen Schlußfolgerns als in den eines ökonomischen Denkens, das seine Berechtigung in sich selbst trägt. Daher wird die Erörterung vorscholastischer Auffassungen ihren Platz im Rahmen der scholastischen Wirtschaftslehre finden. Dem Zweck dieses Buches wird darum am besten gedient sein, wenn es mit dem dreizehnten Jahrhundert einsetzt, einer Zeit, in der von den berühmten Scholastikern bereits ein mehr oder weniger zusammenhängender Bestand an ökonomischen Lehren entwickelt worden war.
Die Konsolidierung der ökonomischen Auffassungen, die im dreizehnten Jahrhundert stattfand, verdankte sich teilweise dem Umstand, daß die Kreuzfahrer den Städten Italiens und einiger anderer europäischer Länder die Kenntnis neuer Methoden zur Organisation von Aktivitäten in Industrie und Handel vermittelt hatten. Noch wirkungsvoller vielleicht trug eine andere Tatsache dazu bei, einen neuen Zugang zu ökonomi-

schen Problemen zu finden: nach und nach wurden alle bedeutenden Schriften des griechischen Philosophen Aristoteles (384-322 vor Christus) in lateinischer Übersetzung zugänglich[1] und daneben verschiedene Abhandlungen, in denen arabische Philosophen die Werke des Aristoteles im Lichte ihres eigenen Denkens interpretiert hatten. Von besonderer Bedeutung für die weitere Entwicklung des abendländischen Denkens war eine lateinische Übersetzung der Kommentare, die der aus Cordoba stammende Philosoph Ibn-Ruschd, genannt Averroës (1126-1198), zur *Nikomachischen Ethik* verfaßt hatte.[2]

Fast acht Jahrhunderte lang hatten die Prinzipien der neuplatonischen Philosophie die scholastische Diskussion beherrscht; nun wies die aristotelische Logik einen anderen Weg zur Bildung der Grundbegriffe. Darüber hinaus enthielten die Werke des Aristoteles ausführliche und höchst anregende Erörterungen zu vielen juristischen, moralischen und politischen Problemen; sie eigneten sich dazu, bestimmte Vorschriften der kanonischen Lehre mit logischen Argumenten zu untermauern, und lieferten Hinweise, wie sich andere Gebote den veränderlichen ökonomischen und sozialen Bedingungen anpassen ließen. Bald wurde Aristoteles nicht nur auf dem Gebiet der Logik als wichtigste Autorität betrachtet; sein Denken wurde praktisch in allen wissenschaftlichen Bereichen in höchstem Maße geschätzt und ausgiebig dazu benutzt, die aus den Texten der Heiligen Schrift abgeleiteten Prinzipien zu deuten und auszuarbeiten. Unter den nicht-biblischen Wissensquellen nahm die Autorität des Aristoteles in den *Summae*, den theologisch-philosophischen Abhandlungen der Scholastiker des dreizehnten Jahrhunderts, den höchsten Rang ein.[3]

Die Anpassung des scholastischen Denkens an aristotelische Erkenntnismethoden leisteten vor allem zwei große dominikanische Theologen: Albert, Graf von Bollstädt, genannt Albertus Magnus (gestorben 1280), und Thomas von Aquin (um 1225-1274). In seiner *Summa theologica* lieferte der heilige Thomas die systematischste und umfassendste Darstellung der theologischen, moralischen, soziologischen und ökonomischen Prinzipien, die von den Scholastikern unter aristotelischem Einfluß entwickelt

---

1 Vor dem zwölften Jahrhundert stellten die von Boethius (um 480-524) verfaßten Kommentare zu einigen Schriften des Aristoteles die einzige lateinische Quelle für die Kenntnis der aristotelischen Lehren dar. Diese Kenntnis war nicht nur sehr bruchstückhaft, sondern auch dadurch verzerrt, daß Boethius versucht hatte, die Aristotelische Logik mit neuplatonischen Methoden zu versöhnen.
2 Die Verbreitung der aristotelischen Literatur wurde im dreizehnten Jahrhundert nachhaltig von dem deutschen Kaiser Friedrich II. (gestorben 1250) gefördert, der arabische Philosophen an seinen Hof versammelte.
3 Inwieweit die von arabischen Philosophen beeinflußten Scholastiker die Lehren des Aristoteles mißverstanden und fehlinterpretierten, ist eine verwickelte Frage, deren Erörterung natürlich nicht in den Bereich dieser Untersuchung fällt.

worden waren. Ebenso verarbeitete er die Auffassungen seiner scholastischen Vorgänger und paßte sie den Erfordernissen seiner eigenen Zeit an. Für die kommenden Jahrhunderte sollte der *doctor angelicus*, der *princeps scholasticorum* – wie er von seinen Bewunderern genannt wurde –, zum großen Lehrer in allen scholastischen Disziplinen werden.[4] Die ethischen und insbesondere die sozialen und wirtschaftlichen Grundsätze der kirchlichen Autoritäten orientierten sich an seinen Auffassungen; bei der Entscheidung strittiger Fragen wurde häufig auf seine Werke Bezug genommen, und in den Ländern, in denen die katholische Kirche ihre Autorität bewahren konnte, gewannen seine Schriften beherrschenden Einfluß weit über den Bereich religiöser Probleme hinaus. Natürlich wurden die ökonomischen Lehren des heiligen Thomas und seiner Schüler nicht in gesonderten Abhandlungen entfaltet; eine solche isolierte Behandlung eines einzelnen Bereichs menschlicher Beziehungen wäre mit den Prinzipien der Scholastik kaum vereinbar gewesen. Dennoch ist es möglich, die ökonomischen Auffassungen der führenden Scholastiker des dreizehnten Jahrhunderts aus ihren Schriften zusammenzustellen, und das Ergebnis ihrer Erörterungen über Werte und Preise, die Natur des Geldes, die wesentlichen Aspekte des Gütertauschs, das Problem der distributiven Gerechtigkeit, die Rechtfertigung des Privateigentums, die Organisation der Produktionstätigkeiten und Märkte sowie die Definition des unrechtmäßigen Gewinns verdient durchaus die Bezeichnung *Thomistische Wirtschaftslehre*. Man kann daher ein zusammenhängendes Bild der leitenden Gedanken entwerfen, die den Hintergrund für die ökonomischen Institutionen der letzten Jahrhunderte des Mittelalters abgaben.

Um die charakteristischen Merkmale der begrifflichen Struktur der thomistischen Wirtschaftslehre zu verstehen, wäre es ratsam, die Prinzipien der aristotelischen Logik denen der neuplatonischen Methodologie gegenüberzustellen, die das mittelalterliche Denken während der vorangegangenen Jahrhunderte bestimmt hatten. Sowohl die neuplatonische als auch die aristotelische Logik wurden von einer grundlegenden Annahme beherrscht, nämlich dem Glauben an die reale Existenz allgemeiner Begriffe (Universalien), die – vom Schöpfer in eine ewige Hierarchie gestellt – dem menschlichen Geist zugänglich sind und somit absolut gültiges Wissen zu liefern vermögen. Die Universalien galten als die idealen Prototypen aller vergänglichen, sinnlich wahrnehmbaren Einzeldinge und Wesen. Dieses Prinzip kam in dem oft zitierten Satz zum Ausdruck: *Universale intellegitur, singulare sentitur*. Ihm lag der Glaube zugrunde,

---

[4] Thomas von Aquin wurde im Jahre 1323 heiliggesprochen. Die von ihm gelehrten Methoden des Denkens wurden jedoch erst viel später – in der Enzyklika *Aeterni patris* vom 4. August 1879 – von der katholischen Kirche für verbindlich erklärt.

daß die Substanz eines Dings oder Wesens, das Aggregat seiner Wesenseigenschaften, von seinen akzidentellen Merkmalen zu unterscheiden sei. Und man nahm an, ein Ding sei der Vollkommenheit um so näher, je besser es mit allen Wesenseigenschaften der Klasse versehen ist, der es nach göttlichem Willen – wie er im Schöpfungsakt Ausdruck fand – zugeteilt ist. Diese Dichotomie zwischen Erkenntnisvermögen und Funktion der Sinne spiegelte sich in der Unterscheidung, die zwischen unsterblicher Seele und vergänglichem Körper getroffen wurde. Sie war ein charakteristischer Zug der scholastischen Psychologie und häufig mit der Auffassung verbunden, der menschliche Wille sei zwar frei, jedoch streng den Vorschriften der Vernunft unterworfen, da er unter dem Einfluß der unzuverlässigen Sinne leicht in die Irre gehen könne.

Die Veränderung in den Denkmethoden, die die Übernahme der aristotelischen Logik mit sich brachte, bestand vor allem in einer Neubestimmung der Funktionen der Vernunft. Die mittelalterlichen Anhänger der neuplatonischen Metaphysik hatten sich einer hierarchische Ordnung von »Emanationen« und »Illuminationen« bedient, um den menschlichen Geist mit einer unbestimmten, unendlichen, absoluten Quelle aller Allgemeinbegriffe zu verknüpfen. Nach den aristotelischen Prinzipien des Denkens verfügt der Geist jedoch über die Fähigkeit, mittels methodischer Abstraktion die allgemeinen Begriffe aus den »Wesens«merkmalen herzuleiten, die einer Gruppe oder Klasse vergleichbarer Objekte gemeinsam sind. Danach verkörpert jede Reihe solcher Objekte eine höchste Gattungseigenschaft, die alle Merkmale enthält, die diesen Objekten gemeinsam sind.[5] Unterarten auf verschiedenen Ebenen lassen sich durch Eigenschaften definieren, die nur zu bestimmten Gruppen oder Klassen solcher Objekte gehören.[6]

Die revolutionären Auswirkungen, die die Einführung der Abstraktion als Mittel zur Bildung von Allgemeinbegriffen besaß, können gar nicht genügend betont werden. Die Universalien, die der neuplatonischen Philosophie zufolge unabhängig von den Dingen als deren Prototypen in der Realität existieren, sind – wie man nun erkannte – dem menschlichen Geist durch Analysen von Einzeldingen unmittelbar zugänglich. So wurde ein beschränkter Gebrauch der Beobachtung mit der Anwendung deduktiver Methoden verknüpft, die darin bestanden, aus den Definitionen der abstrakten Begriffe die logischen Konsequenzen zu ziehen.

Es ist in diesem Zusammenhang nicht erforderlich, auf einige verwickelte

5 Siehe Carl Prantl, *Geschichte der Logik im Abendlande*, 2 Bände, Leipzig 1855-1867, Zweiter Teil.
6 Siehe Ernst Cassirer, *Substanzbegriff und Funktionsbegriff. Untersuchungen über die Grundfragen der Erkenntniskritik*, Berlin 1910, Nachdruck: Darmstadt 1969, 1. Kapitel.

Probleme einzugehen, die die aristotelischen Scholastiker vergeblich zu lösen suchten; insbesondere die Frage, wie die Konzeption von Allgemeinbegriffen, die weder Anfang noch Ende haben, mit dem Glauben zu vereinbaren sei, diese Ideen lieferten die Vorlage für alle geschaffenen und vergänglichen Einzeldinge. Ähnlich drehten sich lange Debatten um die Frage, wie man sich die Transformation allgemeiner Begriffe in einzelne Dinge oder Wesen zu erklären habe. Anders als ihre neuplatonischen Vorgänger, deren Welt aus »Essenzen« bestand, legten die aristotelischen Scholastiker den Problemen der »Existenz« und des »Werdens« beträchtliche Bedeutung bei. Logische Fragen nahmen sehr häufig metaphysische Gestalt an, und metaphysische Fragen wurden im begrifflichen Gewand logischer Probleme formuliert.[7]

Für die aristotelischen Scholastiker bekam die Suche nach Substanzen primäre Bedeutung, da die Substanz eines Dings die Verkörperung seiner Wesenseigenschaften darstellen sollte. Es war der Substanzbegriff, der bei der Bestimmung des scholastischen Problemansatzes zur Behandlung einiger grundlegender ökonomischer Fragen eine entscheidende Rolle spielte. Bis zum Ersten Weltkrieg war fast jede wichtige Entwicklung in den Methoden des ökonomischen Denkens von einem Wandel in der Bedeutung dieses Begriffs gekennzeichnet.

Die Anpassung der aristotelischen Methoden an die Erfordernisse der mittelalterlichen Theologie führte zu einer klaren Unterscheidung zwischen Offenbarung und Vernunft als zwei gesonderten Erkenntnisquellen. Damit wurde der Weg frei für eine Trennung der »geoffenbarten Theologie« (*sacra doctrina*) von der »natürlichen Theologie«, die dem menschlichen Verstand zugänglich sein sollte und darum den *philosophicae disciplinae* zugeschlagen wurde.[8] Darüber hinaus lieferte das Studium der umfangreichen Schriften des Aristoteles eindrucksvolle Argumente für die Auffassung, es gebe außerhalb der streng religiösen Themen noch einen weiten Bereich von Fragen, die sich unabhängig von metaphysischen Überlegungen und mit einer gewissen Flexibilität behandeln lassen. Auf diesem Gebiet konnte der Äußerung widerstreitender Auffassungen ein beträchtlicher Spielraum zugestanden und den Meinungen der offiziell anerkannten heidnischen Autoritäten gebührende Beachtung geschenkt werden. Die Mehrzahl der sozialen und ökonomischen Probleme wurde dieser Sphäre zugewiesen und im Einklang mit der aristotelischen

---

7 Siehe Ernest Addison Moody, *The Logic of William of Ockham*, New York 1935, S. 15.
8 So umfaßte der Lehrplan der Pariser Universität, wie er Mitte des dreizehnten Jahrhunderts aufgestellt wurde, Grammatik, Rhetorik und Dialektik im »Trivium« als gesonderte Wissenszweige. Für den Unterricht in Dialektik (Logik) diente das *Organon* als Grundlage, eine Zusammenstellung der logischen Abhandlungen des Aristoteles.

Erkenntniskonzeption behandelt. Dieses Vorgehen schlug sich in der typischen Frageform vieler scholastischer Schriften des dreizehnten Jahrhunderts nieder. Die Erörterung eines strittigen Gegenstands begann gewöhnlich mit der Wiedergabe eines Arguments, das eine anerkannte Auffassung in Frage stellte. Die beinahe unglaubliche Vorliebe vieler scholastischer Autoren für subtile und selbst abstruse Unterscheidungen fand in solchen Disputen ein fruchtbares Feld. Vielleicht muß man sie als psychologische Kompensation der Beschränkungen verstehen, denen das scholastische Denken in anderer Hinsicht ausgesetzt war.

Alle allgemeinen Begriffe, die sich auf menschliche Wesen bezogen, wurden als Ideale formuliert, die mit normativen Attributen gekennzeichnet waren. Aus einer Reihe von Definitionen, die mit dem Kanon allgemeiner Christenpflichten begann, wurde eine hierarchische Sozialordnung entwickelt, wobei die besonderen Aufgaben und Pflichten, die den verschiedenen Klassen, Berufs- und Standesgruppen der Bevölkerung auferlegt wurden, in ihrer Definition diesem Kanon entsprachen.

So bestand die mittelalterliche Wirtschaftslehre aus einem Korpus von Definitionen und Geboten, die dazu dienten, in den Bereichen von Produktion und Konsum, Distribution und Gütertausch christliches Verhalten vorzuschreiben. Den Ausgangspunkt aller Überlegungen stellte das individuelle Verhalten und seine Rechtmäßigkeit dar, da das Leben jedes menschlichen Wesens in erster Linie als Vorbereitung auf sein Seelenheil betrachtet wurde. Darüber hinaus war dieses Verhalten den Verpflichtungen untergeordnet, die sich aus der gemeinschaftlichen Verantwortung bestimmter Bevölkerungsgruppen und Klassen ergaben.

Die kirchlichen Autoritäten nahmen sich der Aufgabe an, den Zustand unserer niederen, vergänglichen Welt den Prinzipien anzupassen, die sich aus den »Universalien«, den von der Vernunft gelehrten abstrakten Begriffen, herleiteten. Sie beanspruchten das Recht, nicht nur das moralische und geistige, sondern auch das berufliche und soziale Verhalten von Priestern wie Laien zu überwachen, um Verhaltensweisen, die für sündhaft galten, einzudämmen.

Wenn sich mit Hilfe abstrakter Begriffe absolute Wahrheit gewinnen läßt, kann jedem dieser Begriffe natürlich nur eine gültige Definition zukommen. Die Kirche beanspruchte das ausschließliche Vorrecht, unwiderruflich über diese Definitionen zu entscheiden und jede Abweichung von den offiziell verkündeten Lehren und Urteilen als ketzerisch zu verdammen. Jeder Widerspruch gegen solche *ex cathedra* geäußerten Lehrmeinungen stellte einen sündhaften Angriff auf die logischen Prinzipien dar, die dem orthodoxen Denken zugrunde lagen, und damit im Grunde auch auf das logische Fundament der Kirche und ihre Existenz. Solange der Glaube an die absolute Gültigkeit dieses Denkens unumstritten blieb, konnte die Kirche mühelos alle Bewegungen unterdrücken, die

sich gegen die Wahrung ihrer höchsten Autorität richteten, und die sozialen und ökonomischen Funktionen geistiger, literarischer und künstlerischer Tätigkeiten weitgehend unter Kontrolle halten. Praktisch alle Bildungsmöglichkeiten waren in der Hand der Kirche. Die höheren Zweige der Gelehrsamkeit konnten nur auf Lateinisch studiert werden, in der Sprache, die die angemessenen Termini für die ewig gültigen Ideen und ihre offiziell anerkannten Definitionen lieferte. Diese Sprache war nicht nur ein besonders geeignetes Vehikel für den präzisen Ausdruck von Gedanken, sondern auch ein hervorragendes Mittel zur allgemeinen Einübung in logische Methoden.
Die Landessprache hielt man für ungeeignet, Erkenntnis zu vermitteln; sie konnte nur dazu dienen, Gefühle auszudrücken und vergängliche Einzeldinge oder -wesen und ihre Beziehungen zu erörtern. Doch verläßliche Erkenntnis der ewig gültigen Ideen war aus Empfindungen, der Quelle für die Erkenntnis einzelner Dinge oder Ereignisse, nicht abzuleiten. Viele charakteristische Züge der gesellschaftlichen Verhältnisse, der Institutionen sowie der künstlerischen und literarischen Werke des Mittelalters werden verständlich, wenn man die logischen Prinzipien angemessen beachtet, die dem Denken der Scholastiker zugrunde lagen und in ihrer ständigen Bemühung, möglichst alle Bereiche des Lebens zu reglementieren, wirksam wurden.

Die thomistische Konzeption der sozialen Kollektive

Der Glaube an die »Realität« der »Substanz«, die jedem Individuum Einheit und dauerhafte Merkmale verleiht, hatte ihr Gegenstück in dem Glauben an die reale Existenz bestimmter menschlicher Kollektive, die ihre Entstehung dem göttlichem Willen verdankten und eine über die menschlichen Ziele hinausgehende Bestimmung tragen sollten.
Eine bedauerliche Verwirrung ist durch den österreichischen Ökonomen Othmar Spann entstanden, der den Ausdruck *Universalismus* (im Gegensatz zu *Individualismus*) benutzt hat, um jene Sozialphilosophien zu benennen, die bestimmten sozialen Kollektiven (Nationen, Kirchen, Staaten und dergleichen) Realität und überindividuelle Existenz zugesprochen haben.[9] Nach allgemein anerkanntem Sprachgebrauch jedoch bezeichnet *Universalismus* (und zwar im Gegensatz zu *Nominalismus*) solche Lehren, die Allgemeinbegriffen Realität zubilligen. In diesem letz-

9 Da Joseph Alois Schumpeter in seiner *History of Economic Analysis*, New York 1954, S. 85 (deutsch: *Geschichte der ökonomischen Analyse*, Göttingen 1965, Band 1, S. 129) mir die Urheberschaft an der »Doktrin des Universalismus« zugeschrieben hat, sollte ich vielleicht betonen, daß ich den Ausdruck *Universalismus* niemals in dem Sinne gebraucht habe, den ihm Othmar Spann gegeben hat.

teren Sinne wird der Ausdruck *Universalismus* mit seinen Ableitungen im vorliegenden Buch gebraucht. Gleichwohl läßt sich natürlich eine logische Verbindung zwischen dem universalistischen Zugang zu den Erkenntnisproblemen und der Tendenz nachweisen, bestimmten Kollektiven, die als integrale Ganze verstanden werden, reale Existenz beizumessen. Ein einschlägiges Beispiel dafür ist die scholastische Bildung des Begriffs Menschheit. Durch die Schuld Adams und Evas mit der Erbsünde beladen, galt sie als ein einziger Körper, der dem Schöpfer für das Tun und Lassen all seiner Glieder verantwortlich ist.[10] Diese Idee einer kollektiven Verantwortlichkeit hätte kaum prägnanteren Ausdruck finden können als in den Vorstellungen, die hinter der Lehre vom Sündenfall standen; sie ließ die Menschheit zum *corpus mysticum* werden, zur *universitas*.[11] Auch für soziale Körper, denen man menschlichen Ursprung zuschrieb, galt weitgehend das Prinzip kollektiver Verantwortlichkeit.

Das herausragende soziale Kollektiv, dem die Scholastiker reale Existenz zuschrieben, war natürlich die Kirche. Von ihr glaubte man, der Schöpfer habe sie von Ewigkeit zu Ewigkeit geschaffen. Ähnlich wurde das Heilige Römische Reich als integraler Bestandteil der allumfassenden (»katholischen«) Christenheit verstanden, repräsentiert durch die Kirche, die für alle geistlichen und weltlichen Angelegenheiten die höchste Autorität beanspruchte. Dieser Vorrang wurde offiziell von Papst Bonifatius VIII. in der Bulle *Unam sanctam* (1302) behauptet.

Doch war die aristotelische Konzeption der politischen Gemeinschaft als ein mit realer Existenz versehenes integrales Ganzes von den Scholastikern nicht einfach übernommen worden.[12] Sie ließen nur den Satz des Aristoteles gelten, es sei für den Menschen eine »natürliche Notwendigkeit«, in Gesellschaft zu leben[13]; sie verbanden daher den Ursprung der

10 In diesem Zusammenhang siehe auch Erich Rothacker, *Logik und Systematik der Geisteswissenschaften*, München 1927, S. 67.
11 Der Begriff der *universitas* als Körper, der seine Glieder zu einer höheren Einheit vereinigt, entstammt dem römischen Recht. Im Unterschied dazu wurde der Ausdruck *societas* auf Organisationen angewandt, die auf der Übereinkunft ihrer Mitglieder beruhten.
12 Thomas von Aquin, *Summa contra gentiles*, 3. Kapitel. Zu der Aristotelischen Auffassung, der Staat habe von Natur aus klare Priorität vor der Familie und dem einzelnen, siehe Sir Paul Vinogradoff, *Outlines of Historical Jurisprudence*, 2 Bände, Oxford 1923, 6. Kapitel.
13 »Naturale autem est homini ut sit animal sociale et politicum, in multitudine vivens, magis etiam quam omnia alia animalia.« Thomas von Aquin, *De regimine principum*, 5 Bände, Turin 1952/1953, Erstes Buch, 1. Kapitel (deutsch: »Über die Herrschaft der Fürsten«, in: ders., *Ausgewählte Schriften zur Staats- und Wirtschaftslehre*, Jena 1923, S. 7-114, hier S. 10).

politischen Gemeinwesen mit einem sozialen Trieb, einer empirischen Tatsache, keinem transzendentalen Prinzip, und analysierten integrale Gemeinschaften mit Hilfe einer rechtlichen Fiktion.[14] Sie betrachteten die aktive Teilnahme des Menschen an der Verwirklichung einer guten Gesellschaftsordnung als Voraussetzung eines Lebens in Gemeinschaft. Dementsprechend wurde die Organisation politischer Körperschaften menschlicher Übereinkunft zugeschrieben. Die Ausübung der gesetzgeberischen und exekutiven Gewalt durch Regierungen wurde damit begründet, daß weltliche Herrscher notwendig seien, um das Tun der sündigen Menschen unmittelbarer und wirksamer zu kontrollieren, als es die Kirche vermöchte.[15]

Das juristische Vorbild für die politischen Gemeinwesen, wie es dem heiligen Thomas vorschwebte, lieferten die »Korporationen« des römischen Rechts. Diese Organisationen entstanden aus allgemeiner Übereinkunft und wurden geschaffen, um die Wohlfahrt ihrer Mitglieder zu befördern.[16] Die Aufgaben der Herrscher wurden nach den Grundsätzen der *justitia generalis vel legalis* bestimmt.[17] Die Untertanen unwürdiger Herrscher erhielten nicht nur ein Widerstandsrecht gegen ungerechte Befehle zugesprochen, sondern auch das Recht, solche Herrscher abzusetzen.[18] Im Mittelpunkt der scholastischen Geschichtsphilosophie stand die Aufgabe, durch deduktives Schließen den göttlichen Willen zu entdecken, wie er sich im Aufstieg und Fall der großen Reiche zeigte. Als letztes Ergebnis aller Geschichte galt die Errichtung des Reiches Gottes auf Erden. Im allgemeinen erlagen die mittelalterlichen Historiker der Versuchung, die von solchen Ideen ausging, und waren im Zweifelsfall bereit, die Genauigkeit ihres Berichts zu opfern, um die letztliche Übereinstimmung zwischen dem Gang der Ereignisse und den Prinzipien der göttlichen Gerechtigkeit zu beweisen.

Von höchster Wichtigkeit für die spätere Entwicklung der Rechts- und Wirtschaftsphilosophie waren die sorgfältigen Unterscheidungen, die die aristotelischen Scholastiker zwischen den verschiedenen Quellen von Ge-

---

14 »Tota communitas quasi unus homo reputatur«, »die ganze Gemeinschaft kann als einzelnes Individuum betrachtet werden«. Thomas von Aquin, *Summa theologica*, 5 Bände, Madrid 1957, II.I, q. 81 (vollständige, ungekürzte deutsch-lateinische Ausgabe: Salzburg u. a. 1933 ff.).
15 Ders., *Summa contra gentiles*, 3. Kapitel.
16 Endgültige Gestalt erhielt die politische Philosophie der Scholastiker erst, als Wilhelm von Moerbeke im Jahre 1260 eine Übersetzung der Aristotelischen *Politik* ins Lateinische zugänglich machte. Die politische Gemeinschaft, die Aristoteles im Sinn hatte, war der griechische Stadtstaat, und er hatte eine umfangreiche Sammlung der Verfassungen solcher Staaten erstellt.
17 Thomas von Aquin, *Summa theologica*, II.II, q. 58.
18 Ders., *De regimine principum*, Erstes Buch, 6. Kapitel (deutsch: a.a.O., S. 40).

rechtigkeit und Recht trafen.[19] Als letzter Ursprung der Gerechtigkeit, menschlicher Einsicht und Erkenntnis freilich unzugänglich, galt die göttliche Vernunft. Daher lieferte die Offenbarung als Geschenk göttlicher Gnade sicheres Wissen von den absolut bindenden Geboten göttlichen Rechts. Als Quelle von nicht minder zwingenden Geboten galt das »Naturrecht«, dessen Regeln sich einzig aus vernünftigen Schlüssen ergeben sollten.[20] Der Begriff des Naturrechts geht auf Aristoteles zurück.[21] So konnte die Vernunft unter dem Beistand der Offenbarung verläßlich lehren, was als gut zu billigen und was als böse zu meiden sei. Nichts war indifferent (*adiaphoron*), nichts stand außerhalb dieser Alternative. Umfang und Inhalt des Naturrechts wurden vom heiligen Thomas jedoch nicht klar bestimmt, so daß es für abweichende Deutungen offenblieb. Naturrecht und göttliches Gesetz lieferten die Grundlage für menschliches Recht, das dazu diente, die Wechselfälle des sozialen Lebens den von Offenbarung und Vernunft erlassenen Geboten anzupassen. Menschliches Recht zerfiel seinerseits in das *ius gentium*, das allen Völkern gemeinsame Recht, und das *ius civile*, das von der rechtmäßigen Obrigkeit für ein Gemeinwesen verkündete und auf die jeweiligen sozialen und politischen Bedingungen zugeschnittene Recht.

Der Begriff des *ius gentium* war ein Erbe der stoizistischen Philosophie.[22] Die diesem Recht zugrunde liegenden Prinzipien hatten eine wichtige Rolle bei der Rechtsprechung der römischen Prätoren gespielt, da diese Prinzipien für alle Bewohner des Römischen Reiches gültig sein sollten – im Unterschied zu jenen, die nur auf römische Bürger im strengen Sinne anwendbar waren. Sie gingen ein in die große Kodifizierung des römischen Rechts, die Kaiser Justinian im sechsten Jahrhundert veranlaßte[23],

---

19 Mit der Theorie der Gerechtigkeit und des Rechts beschäftigte sich der heilige Thomas in der *Summa theologica*, I.II, q. 90-100.

20 Die Scholastiker sprachen von »Synteresis«, um ein angeborenes Vermögen des menschlichen Geistes zu bezeichnen, das es ihm möglich macht, die naturrechtlichen Prinzipien zu erfassen, die die Regeln moralisch erlaubten Verhaltens festlegen (*habitus primorum principiorum innatus*).

21 Zu der Aristotelischen Unterscheidung zwischen dem, was nach der Natur, und dem, was nach menschlicher Übereinkunft rechtmäßig ist, siehe Vinogradoff, *Outlines of Historical Jurisprudence*, a.a.O., Band 2, S. 40.

22 Die Naturrechtslehre der Stoiker und ihre Deutung seitens der Scholastiker waren Thema ausführlicher gelehrter Diskussionen. Über den Einfluß stoizistischer Gedanken auf die Rechtslehre der Scholastiker siehe R. W. Carlyle und A. I. Carlyle, *A History of Medieval Political Theory in the West*, Edinburgh und London 1903, Band 1, S. 145.

23 Das Material für die *Digesten* oder *Pandekten*, die den Hauptteil der justinianischen Kodifizierung des römischen Rechts (zwischen 528 und 533 nach Christus) ausmachen, lieferten zwei hervorragende Rechtslehrer, denen das »ius respondendi« erteilt worden war: das Privileg, strittige Fälle zu begutachten.

und erfuhren neuerliche Aufwertung durch die »Glossatoren«, die Juristen der Universität Bologna, die das Studium des römischen Rechts im zwölften und dreizehnten Jahrhundert wieder aufleben ließen.[24] Fortschritte in den menschlichen Gesetzen erschienen möglich und wünschenswert. Doch getreu seinen logischen Prinzipien warnte der heilige Thomas, jede Veränderung in der Gesetzgebung laufe Gefahr, die einmal aufgerichtete Macht des Gesetzes wieder zu untergraben.[25]
Nur in Ausnahmefällen ließen sich die ökonomischen Gebote, die von den aristotelischen Scholastikern gelehrt und interpretiert wurden, aus der Offenbarung ableiten. Von einigen wichtigen Normen des kanonischen Rechts, die auf dem Begriff der Gerechtigkeit fußten, nahm man an, sie seien vom Naturrecht vorgeschrieben, da ein geordnetes gesellschaftliches Leben ohne Achtung vor der Gerechtigkeit unmöglich sei. Andere Normen wurden wiederum dem Bereich des *ius gentium* zugerechnet. Innerhalb der Grenzen, die von der kanonischen Lehre und ihren bindenden Vorschriften gezogen wurden, blieb jedoch einiger Spielraum für die Anpassung der ökonomischen Normen an unterschiedliche und veränderliche Bedingungen.
Ein Gemeinwesen schien der Vollkommenheit um so näher, je besser seine Autarkie gesichert ist und je weniger seine Bürger von der Tätigkeit der Händler und Kaufleute abhängig sind.[26] Das Gemeinwesen (*civitas*), an das man dabei gewöhnlich dachte, war die mittelalterliche Stadt, und die Wirtschaftspolitik der mittelalterlichen Städte folgt gemeinhin dieser Idee. Umfassende Produktion für den lokalen Verbrauch, Kauf und Verkauf unmittelbar zwischen Produzenten und Konsumenten war dieser Auffassung zufolge jeder Versorgung durch auswärtige Güter vorzuziehen. Die Arbeitsteilung und die Scheidung der Bevölkerung nach Beschäftigung und Besitz wurden der göttlichen Vorsehung zugeschrieben, die für alles Lebensnotwendige gesorgt hatte.[27] Gütertausch durch Kauf und Verkauf galten demnach als Grundlage des allgemeinen Wohls.[28]
Jedes Gemeinwesen war in Stände unterteilt, deren jeder mit besonderen Aufgaben, Rechten und Pflichten versehen war. Die soziale Stellung des

---

24 Der erste herausragende mittelalterliche »Glossator« des römischen Rechts war Irnerius; sein bedeutender Nachfolger war Accorso (Accursius) (gestorben um 1252).
25 Thomas von Aquin, *Summa theologica*, I.II. q. 97, art. 2.
26 Ders., *De regimine principum*, Zweites Buch, 3. Kapitel (deutsch: a.a.O., S. 103 f.). Höchstwahrscheinlich stammen nur das erste Buch und die ersten vier Kapitel des zweiten vom heiligen Thomas, während die übrigen Abschnitte von seinem Schüler Ptolemäus von Lucca verfaßt wurden. Es ist jedoch anzunehmen, daß sie die Auffassungen seines Lehrers wiedergeben.
27 Ders., *Summa contra gentiles*, Drittes Buch, 134. Kapitel.
28 Ders., *Summa theologica*, II.II, q. 77, art. 1.

einzelnen hing davon ab, in welchen Stand er geboren wurde; von diesem leiteten sich seine wesentlichen Eigenschaften als Mitglied des Gemeinwesens her. Die Abkömmlinge adliger Familien erbten die vom Adel genossenen Vorrechte im Rahmen der Feudalhierarchie. Die Bauern waren an die Scholle gebunden und teilten das Schicksal des Bodens, den sie zu bebauen hatten und ohne Zustimmung ihrer Herren nicht verlassen durften. Die Dienste, die sie erbringen mußten, hingen mit ihrem Status als *glebae adscripti* zusammen. Die Bewohner der Städte, darunter Handwerker und Händler, waren frei, doch wurde ihr ökonomisches und soziales Verhalten von den Vorstehern der Zünfte geregelt, denen sie angehörten, und diese Vorsteher unterstanden selbst wiederum dem städtischen Magistrat. Die verschiedenen Handwerke waren streng voneinander getrennt, und die Mitglieder jeder Zunft oder Berufsgenossenschaft besaßen das ausschließliche Privileg auf die Ausübung der Tätigkeit, die ihrer jeweiligen Stellung in der Wirtschaft entsprach. Monopolistische Kontrolle aller Märkte durch gut organisierte Handwerker, Kaufleute und Mitglieder der offiziell anerkannten Berufe war ein Grundprinzip der Struktur mittelalterlicher Wirtschaft. Die strenge Einteilung der beruflichen Tätigkeiten wies eine starke Tendenz auf, sich gegen spürbare Veränderungen in den Produktionsmethoden und technischen Verfahren zu sträuben und die Wirtschaftstätigkeit der einzelnen von allen Risiken und Ungewißheiten freizuhalten.

Die Mitglieder der geistlichen Hierarchie waren von der Feudalordnung ausgenommen; ihr Status, ihre Aufgaben und Privilegien leiteten sich von Grundsätzen her, die vermeintlich göttlichen Ursprungs waren. So konnten die scholastischen Sozialphilosophen frei die Rechte und Pflichten der zeitlichen Herrscher politischer Gemeinwesen erörtern und ihr ungesetzliches Verhalten kritisieren.

In keiner anderen Periode der abendländischen Kultur wurde in den verschiedenen Bereichen des moralischen und geistigen Lebens ähnliche Einheitlichkeit erreicht. Die mittelalterlichen Könige und Fürsten, die Feudalherren und Verwalter sowie die städtischen und sonstigen weltlichen Obrigkeiten, die Entscheidungen zu treffen hatten, suchten in der Regel sämtlich bei den Lehren der scholastischen Theologen und Philosophen Rat. Da Übung in folgerechtem Denken kaum außerhalb der Schulen zu erwerben war, die von den bedeutendsten religiösen Orden geführt wurden, spielten geistliche Ratgeber selbst bei der Behandlung nicht-religiöser Dinge eine überlegene Rolle. Ihr Einfluß trug in hohem Maße dazu bei, tradierte Verhaltensweisen zu bekräftigen und die Rahmenbedingungen für privilegierte Positionen zu erhalten.[29] In Zweifels-

---

29 Ein Beispiel dieser Geisteshaltung mag man auch in der weitverbreiteten Methode sehen, den Leser mit Zitaten aus den Schriften maßgeblicher Autoren zu überschüt-

fällen, wenn weder Offenbarung noch Vernunft verläßliche Antwort zu liefern vermochten, nahm man häufig Zuflucht zu mystischen Prozeduren (Gottesurteilen, mancherlei Orakeln, magischen Beschwörungen und dergleichen), um die »Wahrheit« zu finden oder den künftigen Gang der Ereignisse zu enthüllen. Solche Verfahren entsprachen durchaus den Denkprozessen des mittelalterlichen Geistes, in dem die Angst vor dem Unbekannten sowie die Furcht vor dem Verstoß gegen Glaubensgrundsätze einen hervorragenden Platz einnahmen. Die Überzeugung, daß rechtes Verhalten von bindenden Normen geregelt werde, zog dem Recht, zwischen Alternativen zu wählen, enge Grenzen[30]; die Suche nach Wahrscheinlichkeiten, die aus der Erfahrung stammen, war mit dem Glauben an eine göttliche Lenkung unverträglich.

Da sämtliche Allgemeinbegriffe als unwandelbar galten, herrschte während des ganzen Mittelalters eine starke Tendenz, alle politischen, sozialen und ökonomischen Institutionen soweit wie möglich in unveränderlicher Form erstarren zu lassen. Alles planende Handeln war im Mittelalter von starren Kategorien geprägt. Die Burgen und Schlösser der Feudalherren, Fürsten und Könige wurden nach Entwürfen gebaut, die man für ewig gültig hielt; die riesigen Kathedralen verkörperten die Überzeugung, daß die Regeln der gotischen Architektur, Technik und Schönheit oder das tradierte Muster religiöser Zeremonien vom Vergehen der Zeit unberührt bleiben würden. Das Element des Wandels durfte ins mittelalterliche Denken allenfalls insoweit eingehen, als es die Näherung an die Ideale bezeichnete, die in den abstrakten Begriffen verkörpert waren.

Die Konzeption des Privateigentums

Bei ihrer Analyse der Institution des Privateigentums standen die Scholastiker einem schwierigen Problem gegenüber. Denn diese Einrichtung war mit ihrer Auffassung der Menschheit als integralem Ganzen, mit ihrer Deutung der Absichten, die Gott mit der Schöpfung verfolgt, sowie mit ihrer allgemeinen Verdammung des Genusses irdischer Güter nicht

---

ten, um die Gültigkeit einer umstrittenen Auffassung zu erhärten. Der heilige Thomas äußerte seine Zweifel an der Verläßlichkeit dieses Verfahrens, als er das Argument, das sich auf Autorität beruft, als das schwächste von allen bewertete, bei denen menschliche Vernunft im Spiel ist; vgl. *Summa theologica*, I, q. 1, art. 8 ad secundum.

30 Bei seiner Erörterung des Rechts, eine zivile Obrigkeit zu wählen (*Commentarii in Polit. Aristotelis* liber III, lectio 14) gibt der heilige Thomas eine sehr bezeichnende Definition von »Wahl«: »Electio per se est appetitus ratione determinatus.« Die Betonung wurde auf die Rolle der Vernunft bei der Festlegung des Wahlverfahrens gelegt.

vereinbar. Verschiedene Abschnitte des Neuen Testaments, insbesondere die Bergpredigt, ließen sich als Warnung vor sündigem oder törichtem Verhalten verstehen, dessen Ursachen im Streben nach Eigentum und Wohlstand vermutet wurden. Daher empfahlen beinahe alle Kirchenväter[31] der ersten nachchristlichen Jahrhunderte einmütig ihren christlichen Brüdern den gemeinschaftlichen Gebrauch sämtlicher Besitztümer. Ein solcher Urkommunismus, eine Konsequenz übertriebener Askese, war von Tertullian (um 160-230), von Ambrosius, Bischof von Mailand (um 340-397), Johannes Chrysostomus von Konstantinopel (um 345-407) und anderen empfohlen worden. Die gemäßigteren Apologeten hatten jedoch seine praktische Absurdität erkannt und die Ansicht vertreten, daß nach dem Sündenfall und der ihm folgenden Veränderung der menschlichen Natur ein gemeinschaftlicher Besitz an Gütern unmöglich geworden sei. Dieser Lehre pflichtete auch der heilige Augustinus, Bischof von Hippo (354-430), bei; er war es, der für etwa achthundert Jahre die Gestalt der Patristik entscheidend prägte. Er hatte die Unterscheidung zwischen göttlichen und menschlichen Rechten entwickelt und gelehrt, ein jeder besitze das, was er besitzt, nur nach menschlichem Recht. Diese Maxime wurde in das *Decretum Gratiani* (1142) aufgenommen, die erste Kodifizierung des Kirchenrechts.[32]

Kommunistische Lehren wurden von der Kirche schon im fünften Jahrhundert als häretisch abgelehnt, und diese Haltung zur Frage des privaten Eigentums wurde wiederholt bekräftigt, als die Kirche – neben großen Besitzungen – das Recht erworben hatte, den Zehnten auf die jährlichen Erträge des Bodens und des persönlichen Fleißes zu erheben. Berühmte Kapitel in der Geschichte des Kampfes gegen kommunistische Ideen waren die Verfolgungen der Albigenser, der Begharden und der Apostoliker.

Unter dogmatischem Gesichtspunkt noch bedeutsamer als die Vernichtung der ketzerischen kommunistischen Sekten war eine heftige Kontroverse über die Grundsätze des Privateigentums, die im dreizehnten Jahrhundert im Franziskanerorden aufkam. Eine starke Fraktion, die der »Spiritualen«, beharrte darauf, daß der Orden entsprechend den Absichten seines Gründers, des heiligen Franz von Assisi (1182-1226), auf den Erwerb und Besitz jeglichen Vermögens verzichten solle.[33]

Der heilige Thomas und seine Nachfolger leiteten ihre Argumente zu-

---

31 Als *Kirchenväter* hat man die Theologen bezeichnet, die in den ersten vier christlichen Jahrhunderten die Lehren der Kirche in Übereinstimmung mit neuplatonischen Prinzipien des Denkens entwickelt haben.
32 Für eine Erörterung der scholastischen Konzeption des Privateigentums siehe George O'Brien, *An Essay on Medieval Economic Teaching*, London 1920, S. 38 ff.
33 Ein endgültiges Urteil zugunsten des Besitzes von Eigentum wurde von Papst Johannes XXII. im Jahre 1317 ausgesprochen.

gunsten der Einrichtung des Privateigentums von Nützlichkeitserwägungen her, wie sie schon in den Schriften des Aristoteles umrissen waren. Die Existenz eines natürlichen Gesetzes, das die Gütergemeinschaft vorschriebe, lehnten sie ebenso wie die Behauptung, Privateigentum lasse sich naturrechtlich legitimieren, ab. Nach ihrer Argumentation ist das private Eigentum aufgrund allgemeiner Übereinkunft zu einer Institution des *ius gentium* geworden. Obgleich nur menschlicher Vernunft entsprungen, sei es von allen Nationen allgemein anerkannt worden[34], weil private Produktion zu wirtschaftlicher Tätigkeit viel größeren Anreiz biete als gemeinschaftliche Produktion – und weil sich die Zuweisung bestimmter produktiver Aufgaben an verschiedene Individuen als viel geeigneter erwiesen habe, eine Gesellschaftsordnung zu sichern und beständige Kämpfe um die Verwendung der Güter zu verhindern.

Andererseits erklärte der heilige Thomas, daß die Güter – was Eigentum und Besitz angehe – zwar einzelnen gehörten, daß aber alle an ihrem Gebrauch teilhätten.[35] Die Eigentümer sollten darum bereit sein, die Güter anderen zu überlassen, wie es der heilige Paulus vorschrieb (*1. Tim.* 6, 17-18). Der heilige Thomas wandte beträchtliche Mühe auf, den Inhalt dieser moralischen Verpflichtung zu präzisieren. Andere Scholastiker seiner Zeit beharrten jedoch darauf, privates Eigentum an Gütern naturrechtlich zu begründen, statt es als eine vom *ius gentium* gesetzte Institution zu betrachten. Alexander von Hales (gestorben 1245) versuchte, diese Auffassung in seiner *Summa theologica* mit dem Hinweis zu rechtfertigen, die Zehn Gebote enthielten ja das Verbot des Diebstahls. Der Franziskaner Johannes Duns Scotus (etwa 1265-1308) vertrat die Meinung, nach dem Sündenfall sei die Gütergemeinschaft als naturrechtliches Gesetz aufgehoben und durch den privaten Besitz an Gütern ersetzt worden.[36] Doch die thomistische Eigentumskonzeption behielt über all diese widerstreitenden Auffassungen die Oberhand.

Die Vorstellung, daß der Boden grundsätzlich gemeinsames Eigentum des Gemeinwesens sei, fand ihren juristischen Ausdruck in der feudalen Institution der »Oberhoheit«, der Herrschaft des Souveräns über das gesamte Territorium des Staates. Man glaubte, daß sich die Normen für die Zuweisung von gesellschaftlichem Rang und einem ihm angemessenen Anteil an dem Land der Gemeinschaft zwischen aristokratischen,

---

34 Thomas von Aquin, *Summa theologica*, II.II, q. 66: »Proprietas possessionum non est contra ius naturale, ed iuri naturali superadditur per adinventionem rationis humanae.«
35 Ebd., II.II, q. 32, art. 5.
36 Johannes Duns Scotus, *Sententiae* (*Opera omnia*, 26 Bände, Paris 1891-1895), IV.15, q. 2. Siehe die Zitate aus Werken von Scholastikern des sechzehnten Jahrhunderts in: Bernard William Dempsey, *Interest and Usury*, Washington, D. C. 1943, S. 131.

oligarchischen und demokratischen Gemeinwesen unterschieden.[37] Das Besitzrecht war nach dem *ius procurandi et dispensandi* geregelt und schloß die Verpflichtung ein, individuelles Eigentum im allgemeinen Interesse zu verwalten. Die Vorstellung, daß das Eigentum des Gemeinwesens ein integrales Ganzes darstelle, schlug sich auch in der Theorie der distributiven Gerechtigkeit nieder, die von Aristoteles vorgelegt worden war und der zufolge solches Eigentum unter den Mitgliedern des Gemeinwesens nach ihrem Stand, ihren Aufgaben und ihrer Bedeutung für das Leben der Gemeinschaft zu verteilen sei.[38] Darüber hinaus fand die distributive Gerechtigkeit Ausdruck in Luxusverordnungen und anderen Gesetzen, namentlich Zunftordnungen, die dazu dienten, den Kauf und Verkauf von zahlreichen Gütern zu regeln, darunter auch solchen des gemeinschaftlichen Verbrauchs.

Es ist nicht ganz sicher, ob der heilige Thomas dem Aristoteles in der Rechtfertigung der Sklaverei, also des Eigentums an menschlichen Wesen, beipflichtete. Denn – so lautete das Argument – eine Bewertungsskala sei auf Menschen ebenso wie auf andere Wesen anwendbar, und manche menschliche Wesen seien eben von Natur aus zur Unterwerfung bestimmt. Allerdings hatte Aristoteles die Existenz unnatürlicher und ungerechter Fälle von Sklaverei eingeräumt, und seine Auffassungen werden in einem Kapitel von *De regimine principum* wiedergegeben, das eher von Ptolemäus von Lucca als vom heiligen Thomas geschrieben wurde.

Die thomistische Wertlehre

Die thomistische Wirtschaftsphilosophie war stark von einer grundsätzlichen Unterscheidung beeinflußt, die Aristoteles zwischen dem, was »von Natur aus« gerecht ist, und dem, was gemäß Übereinkunft und menschlichem Gesetz gerecht ist, getroffen hatte. Diese Unterscheidung wurde vor allem auf die Arten des Erwerbs von Gütern und Wohlstand angewandt. Zu den »natürlichen« Arten zählten Ackerbau, Jagd und Fischfang, Seeräuberei, Krieg und schließlich Gütertausch. Ihnen stellte Aristoteles die »chrematistische« Erwerbskunst gegenüber, die der Hilfe des Geldes bedarf. Da er die Verwendung des Geldes menschlicher Übereinkunft zuschrieb, behandelte Aristoteles den chrematistischen Erwerb im Rahmen seiner Analyse des menschlichen, auf Konvention beruhenden Rechts.[39]

37 Thomas von Aquin, *Summa theologica*, II.II, q. 61, art. 2.
38 Die Aristotelische Auffassung wird wiederholt in: ders., *De regimine principum*, Zweites Buch, 10. Kapitel [in der zitierten deutschen Ausgabe nicht enthalten].
39 Zur Aristotelischen Konzeption des Geldes siehe unten. Platons Ansichten über das Geld waren sehr unbestimmt. Er brachte die Einführung des Geldes mit dem

In Übereinstimmung mit dieser Lehre maßen die aristotelischen Scholastiker dem Geld keinen »inneren Wert« bei, sondern nur einen von menschlichen Entscheidungen bestimmten (*valor impositus*) und betrachteten alle Geldtransaktionen als juristische Kategorien, die in den Bereich des von Menschen gemachten Gesetzes gehörten. Die bei der Durchführung solcher Transaktionen zu beachtenden Regeln ergaben sich aus dem Aristotelischen Prinzip der »kommutativen Gerechtigkeit«. Nach scholastischer Deutung beinhaltete dieses Prinzip, daß jedesmal, wenn Güter gegeneinander getauscht werden, zwischen ihren intrinsischen Werten Äquivalenz herrschen solle (*equalitas rei ad rem*) und daß sich dieser innere Wert der Güter in ihrem Preis spiegeln solle.

Es ist nicht notwendig, in eine Erörterung der verwickelten Frage einzutreten, ob Aristoteles den Gütern einen absoluten, intrinsischen Wert zuschrieb oder ob seine Äquivalenzregel ganz einfach besagte, daß Transaktionen zu Konkurrenzpreisen durchgeführt werden.[40] Freilich gibt es keinen Grund zu der Annahme, daß die Scholastiker ihren Äquivalenzbegriff mit Preisen in Verbindung gebracht hätten, die sich auf den Märkten durch Konkurrenz bestimmen. Der heilige Thomas betrachtete Äquivalenz als Voraussetzung jedes einzelnen Kaufvertrags, und er bekräftigte diese Behauptung mit dem Argument, daß das, was zum Wohle aller eingeführt werde, den einen nicht mehr als den anderen belasten solle.[41] Der intrinsische Wert, ein objektives Merkmal, fiel also unter die Wesenseigenschaften der Güter, und eine grundlegende ökonomische Vorschrift, die der kommutativen Gerechtigkeit, leitete sich aus dem Äquivalenzbegriff ab.[42]

Die Scholastiker übergingen bestimmte Bemerkungen, in denen Aristoteles zugegeben hatte, daß die Wertbestimmung der Güter von subjektiven Bedürfnissen und wachsender Nachfrage beeinflußt werden könne.[43] Wahrscheinlich der einzige Scholastiker des dreizehnten Jahrhunderts, der sich auf den subjektiven Wertbegriff bezog, war der Dominikaner Ägidius Lessinius, ein Schüler des heiligen Thomas. In seiner Abhandlung *De usuris* traf Lessinius eine Unterscheidung zwischen »valor secundum

---

Erlassen einer Gesetzgebung in Zusammenhang und erhob Einwände gegen die monetäre Verwendung von Gold und Silber.

40 Die letztere Deutung ist von Schumpeter in seiner *History of Economic Analysis*, a.a.O., S. 61, vertreten worden (deutsch: a.a.O., Band 1, S. 101 f.).
41 Thomas von Aquin, *Summa theologica*, II.II, q. 77, art. 1.
42 Zur Identität der Ausdrücke, mit denen Aristoteles »Gerechtigkeit« bei Tauschhandlungen und »Gerechtigkeit« in der Rechtsprechung bezeichnet, siehe Vinogradoff, *Outlines of Historical Jurisprudence*, a.a.O., Band 2, S. 46.
43 Zu den Anzeichen einer rudimentären subjektiven Werttheorie, die sich in den Schriften des Aristoteles, insbesondere in der *Topik* finden lassen, siehe einen Artikel von Oskar Kraus in der *Zeitschrift für die gesamte Staatswissenschaft* 51 (1905).

rationem substantiae« und »valor secundum rationem usus vel fructus«. Letzterer bestimme sich nach den Bedürfnissen eines Individuums unter gegebenen Bedingungen; diese aber – und folglich auch die Bedürfnisse – könnten Veränderungen erfahren. Man hat Lessinius auch die Auffassung zugeschrieben, künftige Güter würden weniger hoch geschätzt als die gleichen, vorrätigen und unmittelbar verfügbaren Güter, da jene ihren Besitzern nicht den gleichen Nutzen gewährten.[44]

Wenn nun als zwingende Vorschrift gilt, daß der »gerechte Preis« dem »Wert« des erworbenen Gutes entspricht, und wenn der Wert nach scholastischem Verständnis eine zeitbeständige Eigenschaft ist, so muß auch der gerechte Preis beständig sein und darf keinen Schwankungen unterliegen. Da sich das scholastische Denken aber nicht mit einzelnen Dingen, sondern eher mit abstrakten Entitäten – den *genera* der Dinge – beschäftigte, galt ihm der Wert eines Dings durch seine *bonitas intrinseca* oder innere Güte bestimmt, eine Eigenschaft, die derjenigen Klasse zukommt, der dieses Ding bei der Erschaffung der Welt, wie sie im ersten Kapitel der Genesis beschrieben ist, vom Schöpfer zugeordnet wurde.

Das Denken in Klassenbegriffen, die man für ewig gültige Kategorien hielt, war ein hervorstechendes Merkmal der scholastischen Methodologie. Die Klassen waren hierarchisch geordnet und rangierten um so höher, je später sie im Schöpfungsprozeß erschienen.

Aus dieser Formulierung des Wertproblems ergaben sich verwirrende und anscheinend unlösbare Probleme, die man später als *Wertparadox* bezeichnet hat. Ebenso wie seine scholastischen Vorgänger sah sich der heilige Thomas der Tatsache gegenüber, daß eine Perle einen hohen Preis erzielte und eine Maus überhaupt keinen, obwohl die Klasse oder Gattung der Maus nach der der Perle erschaffen worden war und insofern berechtigt schien, auf der Bewertungsskala einen hohen Rang einzunehmen. In seiner Erörterung dieser dornenreichen Frage bezog sich der heilige Thomas auf einen Ausspruch des heiligen Augustinus, wonach »das Prinzip der verkäuflichen Dinge nicht ihrem natürlichen Rang nach berechnet [sei], sondern danach, in welchem Maße die Dinge dem Menschen nützlich sind«.[45] Damit war der Begriff des Nutzens als unentbehrliches Element der Wertbestimmung ins ökonomische Denken eingeführt, wenngleich die in diesem Zusammenhang angesprochene Idee der Nützlichkeit mit abstrakten Begriffsqualitäten, nämlich Eigenschaften von Güterklassen verbunden war. Selbst nach der Anpassung ihrer Wertlehre an eine anthropozentrische Deutung der göttlichen Absichten blieben die Scholastiker mit dem Wertparadox konfrontiert; sie vermochten

---

44 Siehe Edmund Schreiber, *Die volkswirtschaftlichen Anschauungen der Scholastik*, Jena 1913, S. 162; Dempsey, *Interest and Usury*, a.a.O., S. 214.
45 Thomas von Aquin, *Summa theologica*, II.II, q. 77, art. 11.

die Frage nicht zu beantworten, warum ein Edelstein so viel höheren Wert besaß als ein Stück Brot oder sonst ein für die menschliche Bedürfnisbefriedigung unentbehrliches Gut.

Auf der anderen Seite hinderte das überlieferte Theorem, das den Wert der Güter an den göttlichen Schöpfungsprozeß band, die Scholastiker daran, dem Geld einen inneren Wert zuzusprechen; in ihren Augen verdankte es seine Nützlichkeit einzig der Übereinkunft zwischen den Menschen. Sie beriefen sich dabei, wie oben erwähnt, auf die Autorität des Aristoteles, obwohl dieser in einem Abschnitt seiner *Politik* eine andere Erklärung für die Entstehung des Geldes, insbesondere der metallischen Währung geliefert und den Wert der gängigen Tauschmittel auf ihren ursprünglichen Gebrauchswert bezogen hatte. Er stellte ausdrücklich fest, die Prägung auf einer Münze diene einzig dem Zweck, Quantität und Qualität des in ihr enthaltenen Metalls zu deklarieren. Diese Aristotelische Erklärung des Geldwerts wurde von den Scholastikern nicht beachtet; sie stützten sich vielmehr auf einige Passagen der *Nikomachischen Ethik*, um ihren Glauben an den rein konventionellen Ursprung des Geldwertes zu rechtfertigen.[46] Sie verwiesen auf die Behauptung des Aristoteles, keine Gesellschaft komme ohne Gütertausch, kein Tausch ohne Äquivalenz und keine Äquivalenz ohne gemeinsamen Maßstab aus. Da Geld einzig als Wertmaß konzipiert war, kam man zu dem Schluß, der Wert des Geldes könne bei einem Wandel der sozialen Gewohnheiten tiefgreifende Veränderungen erfahren; Geld könne sogar ganz überflüssig werden.[47]

---

46 In der *Nikomachischen Ethik* (Fünftes Buch, 8. Kapitel) wies Aristoteles darauf hin, daß der griechische Ausdruck *nomisma* (für »Geld«) etymologisch mit *nomos* (nach scholastischer Lesart: »Gesetz«) zusammenhänge. Siehe Thomas von Aquin, *Commentarii in Ethic. Aristotelis* liber V, lectio 9. In neuerer Zeit hat der Begriff *nomos* eine andere Deutung erfahren; danach bedeutet er in dieser Verwendung nicht »Gesetz«, sondern »Brauch« oder »Gebrauch«. Wenn diese Übersetzung richtig ist, haben die Scholastiker die Aristotelische Auffassung vom Ursprung des Geldes möglicherweise falsch interpretiert. Siehe Filippo Carli, *Studi di storia delle dottrine economiche*, Padua 1932, S. 49.

47 Die römischen Rechtslehrer, die die Schriften des Aristoteles nicht kannten, schrieben dem Geld einen eigenen Wert zu. Sie hoben hervor, daß sich der Ausdruck *pecunia*, mit dem das allgemeine Tauschmittel gewöhnlich bezeichnet wurde, von *pecus* herleite, denn ursprünglich habe das Vieh dazu gedient, den Austausch zu erleichtern. Andererseits scheint der römische Jurist Julius Paulus in einem oft zitierten Abschnitt der *Pandekten*, in dem es um den Kaufvertrag geht (1, Dig. XVIII, 1), die Theorie vom konventionellen Ursprung des Geldes sowie die Auffassung vertreten zu haben, der Wert des Geldes beruhe in erster Linie auf seiner Quantität. Man hat sich viele Gedanken darüber gemacht, ob dieser Satz implizit auf die Quantitätstheorie des Geldes hindeute. Siehe Hugo Hegeland, *The Quantity Theory of Money*, Göteborg 1951, S. 11.

Als Folge ihrer Deutung der Aristotelischen Auffassung vom Geld zogen die Scholastiker eine scharfe Trennungslinie zwischen dem »intrinsischen Wert« der Güter und dem »valor impositus« des Geldes. Der Verkäufer eines Gutes konnte nach diesem Verständnis einen Anspruch gegenüber dem Gemeinwesen als Ganzem erheben, und zwar entsprechend der Zahlung, die ihm geleistet wurde.[48]

Die Vorstellung, wonach das Geld ein reines Zeichen, bloße Marke sei, trug sehr zur Stützung der »feudalen Theorie des Geldes« bei, nach welcher sich das Recht der Staatsgewalt, den Metallgehalt der Währung zu verändern, aus dem Monopol der Feudalherren auf die Bestimmung der Meßinstrumente ergab. Von daher hatte die scholastische Geldlehre in der wirtschaftlichen Praxis beträchtliche Konsequenzen.

Die Lehre vom gerechten Preis

Dem Recht der Staatsgewalt, den Geldmetallen einen Tauschwert zuzuweisen, stand ihre Verpflichtung gegenüber, *gerechte Preise* durchzusetzen, die der *bonitas intrinseca* der Waren zu entsprechen hatten. Nach der allgemein akzeptierten praktischen Formel sollte der gerechte Preis *labores et expensae* aufwiegen, das heißt die vom Handwerker und seinen Gehilfen geleistete Arbeit sowie die Auslagen für Rohmaterial, Werkzeuge und dergleichen Dinge ersetzen, die von anderen Produzenten geliefert wurden. Wesentliche Preiselemente waren also die gewöhnlich aufgewandten Produktionskosten; festgesetzt wurden sie von Feudalherren, städtischen Behörden und Zünften. Die Entlohnung der Arbeit richtete sich nach der sozialen Stellung und der Geschicklichkeit des Arbeiters sowie nach der Art der Arbeit. Das Prinzip, wonach die Produktionskosten über die Preise bestimmen sollten, wurde zumal von Duns Scotus vertreten, dem »subtilen« Oxforder Franziskaner, der die Allgemeinbegriffe im Sinne eines geläuterten Neuplatonismus verstand und im dreizehnten Jahrhundert der herausragende Gegenspieler der thomistischen Lehren war.[49]

48 In neueren Untersuchungen ist vermutet worden, die Geldfunktion verschiedener Güter (einschließlich der Edelmetalle) gehe auf deren Verwendung bei Opferleistungen zurück, die der Primitive seinen Göttern zu erbringen hatte. Siehe Bernhard Laum, *Heiliges Geld*, Tübingen 1924. Wilhelm Gerloff, *Die Entstehung des Geldes*, 3. Auflage, Frankfurt am Main 1948, nimmt an, daß die Geldfunktion bestimmter Güter dem Wunsch entsprungen sei, diese Güter zu horten, da ihr Besitz für soziales Ansehen gesorgt habe.

49 Schumpeter hat in seiner *History of Economic Analysis*, a.a.O., S. 93 (deutsch: a.a.O., Band 1, S. 139) die seit dem neunzehnten Jahrhundert als Kostengesetz bekannte Entdeckung der Bedingungen des Wettbewerbsgleichgewichts Duns Sco-

Den aristotelischen Scholastikern zufolge sollte sich der gerechte Preis nach der gegenseitigen Schätzung auf dem Markt bestimmen.[50] Man empfahl also vereinfachte Lösungen für das verzwickte Problem, wie der abstrakte Begriffe der kommutativen Gerechtigkeit den Bedürfnissen alltäglicher Transaktionen anzupassen wäre.

Die Lehre vom gerechten Preis galt als integraler Teil des *ius gentium*, weil man annahm, das Zusammenleben von Menschen sei unmöglich, wenn beim wechselseitigen Austausch der Güter nicht der Grundsatz gerechter Preise beachtet würde.[51] Da nach scholastischer Auffassung der Verkäufer dem Käufer einen bestimmten, im Verkaufsobjekt enthaltenen Wertbetrag überläßt, könnte ersterer unrechtmäßigen Gewinn nur zum Nachteil des letzteren erzielen.[52] Bei seiner Behandlung der Aristotelischen Maxime kommutativer Gerechtigkeit berücksichtigte der heilige Thomas jedoch, daß Veränderungen von Angebot und Nachfrage (*diversitas copiae et inopiae*) den Warenwert beeinflussen können.[53] Daher schloß er seine kasuistische Erörterung der Kauf- und Verkaufspraktiken mit der Bemerkung ab, der gerechte Preis eines Dings sei nicht mit mathematischer Genauigkeit zu bestimmen, sondern hänge von Wertschätzungen ab, so daß leichte Erhöhungen oder Minderungen die gerechte Gleichheit offenbar nicht zerstörten. Zu den unrechtmäßigen Praktiken, die besonders verdammt und verfolgt wurden, gehörte das Aufkaufen von Gütern (bevor sie den Markt erreichten), das Weiterverkaufen (der Kauf von Gütern auf dem Markt in der Absicht, sie wieder teurer zu verkaufen) sowie der Großeinkauf (die monopolistische Beeinflussung der Preise). Die Bedeutung des Monopolbegriffs nimmt, wenn man ihn auf Handelspraktiken bezieht, eine deutlich andere Färbung an, als wenn

tus zugesprochen. Jedoch bezog sich der Kostenbegriff, wie ihn die Scholastiker verwandten, nicht auf Wettbewerbskosten, sondern auf gleiche Kosten, wie sie den Produzenten von den bestehenden Regeln und Reglements vorgeschrieben wurden. Darüber hinaus ist das Prinzip der Preisfestsetzung, auf das Duns Scotus seine Kostenregel anwandte, kaum mit den Prinzipien vereinbar, die einer Wettbewerbswirtschaft zugrunde liegen.

50 Albertus Magnus, *Sententiae* (in: *Opera omnia*, Lyon 1651, Nachdruck: Paris 1890-1899), III, 37.
51 Thomas von Aquin, *Summa theologica*, I.II, q. 95, art. 4.
52 Die Formulierung des Prinzips, daß im Handel die eine Partei nur gewinnen könne, was die andere verliert, wurde einem Autor der lateinischen Patristik, dem heiligen Hieronymus, zugeschrieben (*Epistula ad Hadib*). In ihren Erörterungen des Begriffs der kommutativen Gerechtigkeit verwenden die Thomisten des sechzehnten Jahrhunderts folgendes Argument: Wird ein Ding wegen seiner besonderen Nützlichkeit für den Käufer zu einem überhöhten Preis verkauft, so zieht der Verkäufer einen Vorteil aus einer Nützlichkeit, zu der er nichts beigetragen hat. Siehe Dempsey, *Interest and Usury*, a.a.O., S. 139.
53 Thomas von Aquin, *Summa theologica*, II.II, q. 77, art. 2.

er dazu dient, die allgemeine Organisation des mittelalterlichen Zunftwesens zu charakterisieren.[54]

Der Grundsatz, wonach ein gerechter Preis den dauerhaften, unveränderlichen Qualitäten zu entsprechen habe, die den Gütern innewohnen sollten, schloß ein, daß jede Preiserhöhung eines Guts für unrechtmäßig galt, es sei denn, man hätte es veredelt und seine Nützlichkeit erhöht; dazu bedurfte es im Regelfall menschlicher Arbeit. Im Hinblick auf die Rolle, die die Scholastiker der Arbeit beim Prozeß der Wertsteigerung von Gütern zubilligten, haben einige moderne Autoren die scholastische Wirtschaftstheorie als Vorläufer der Arbeitskostentheorie betrachtet.[55] Eine solche Deutung widerspricht nicht nur der Tatsache, daß alle führenden Scholastiker – unter anderen Albertus Magnus, der heilige Thomas und Duns Scotus – ausdrücklich auf die Nützlichkeit als das entscheidende Element bei der Bestimmung des intrinsischen Wertes hingewiesen haben; sie ist auch mit den Grundzügen des scholastischen Denkens nicht zu vereinbaren, das den Wert eines Gutes mit einem Wesensmerkmal der Klasse verband, der dieses Gut zugeordnet war. Die Arbeitsmenge, die bei der Produktion oder Transformation eines Gutes aufgewandt wurde, war nur eine akzidentelle Eigenschaft. Wenn die Scholastiker argumentierten, ein Gut könne nach seiner Transformation durch Arbeit einen höheren Preis annehmen als zuvor, lag die Betonung darauf, daß mit der Bearbeitung die Nützlichkeit des betreffenden Gutes gesteigert und also seine *bonitas intrinseca* erhöht worden sei. Daher konnten die Scholastiker die Frage übergehen, wie sich verschiedene Arten von Arbeit zum Zwecke der Wertbestimmung vergleichen ließen.

Auch bei Lieferungen auf Kredit oder Bezahlung im voraus galt das Prinzip, daß sich der Wert eines Gutes nach seiner *bonitas intrinseca* zu richten habe. Der Wert sollte sich unabhängig von der Zeit bemessen. Preiserhöhungen *pro dilatione* und Preisminderungen *pro acceleratione pretii* wurden beide als unerlaubter »Wucher« betrachtet.[56]

Die thomistischen Prinzipien der kommutativen Gerechtigkeit waren freilich nicht unumstritten. Duns Scotus, der *doctor subtilis*, erlaubte den Tauschpartnern, in gegenseitigem Einvernehmen von diesen Grundsätzen abzuweichen, wenn dadurch Bedürfnisse besser befriedigt werden

---

54 Zu einer Diskussion der scholastischen Haltung zu Monopolen und zur Marktkontrolle siehe Raymond de Roover, »Monopoly Theory Prior to Adam Smith. A Revision«, in: *The Quarterly Journal of Economics* 54 (1951), S. 492-524.

55 Siehe zum Beispiel Richard H. Tawney, *Religion and the Rise of Capitalism*, New York 1926, S. 36 (deutsch: *Religion und Frühkapitalismus*, Bern 1946, S. 50); Rudolf Kaulla, *Staat, Stände und der gerechte Preis*, Wien 1936.

56 Thomas von Aquin, *Summa theologica*, II.II, q. 78. Der oben erwähnte Traktat *De usuris* von Ägidius Lessinius führt verschiedene Ausnahmen zu dem strengen Äquivalenzprinzip auf.

könnten.⁵⁷ Der Franziskaner Richard von Middleton (gestorben 1306), ein Gegner des heiligen Thomas, erhob sogar die Frage, ob eine Transaktion für beide Tauschpartner vorteilhaft sein könne, wenn zwischen dem, was gegeben, und dem, was genommen wird, strenge Gleichheit herrsche.⁵⁸ Solche Überlegungen zeigten eine gewisse Nähe zur römischen Konzeption des Preisproblems, die eine Anpassung der Preise an schwankende Marktverhältnisse und Veränderungen in der Wertschätzung einzelner Güter zuließ.⁵⁹

Die scholastische Definition des »gerechten Lohns« folgte dem Weg, den man zur Bestimmung gerechter Preise eingeschlagen hatte. Die Kirchenväter führten den Gedanken aus, daß nach dem Sündenfall die Menschen allgemein gezwungen seien, ihren Lebensunterhalt mit harter Arbeit zu verdienen.⁶⁰ Solche Ermahnungen trugen wirkungsvoll zur Aufwertung der körperlichen Arbeit bei, die von Griechen und Römern verachtet wurde. Die Würde der Arbeit betonten zumal die Mitglieder solcher Orden, die in der Handarbeit ein Zuchtmittel sahen, »das ihnen half, auf dem Weg des ewigen Heils zu wandeln«.⁶¹ Die moralischen Grundsätze der Kirche verlangten von einem jeden, alle mit seinem Beruf verbundenen Pflichten zu erfüllen; Müßiggang war verfemt. Denen, die keine »würdige« Arbeit leisteten, Schauspielern etwa, blieb der Schutz des Gesetzes versagt.

Die Scholastiker erörterten das Lohnproblem unter dem Titel »Verpachtung von Diensten« (*locatio operarum*) und stellten häufig den Verkauf von Dienstleistungen mit der Vermietung von Häusern und anderen Objekten gleich.⁶² Der Preis der Arbeit sollte sich *secundum communem estimationem* bestimmen, nach einer Bewertungsskala, die – wie schon erwähnt – die Art der geleisteten Arbeit sowie die soziale Stellung des Arbeitenden berücksichtigte. Der heilige Thomas betrachtete es als naturrechtliches Prinzip, daß die geleistete Arbeit den Unterhalt des Arbei-

57 Duns Scotus, *Sententiae*, IV.15, q. 2.
58 Richard von Middleton, *Quodlibeta*, II, q. 23: »quomodo iustae mercationes in quibus tantum dat emens, quantum accipiat sunt lucrativae?«
59 Nach den in den römischen *Pandekten* niedergelegten Regeln war ein Ding so viel wert wie der Preis, den es erzielen konnte (»res tantus valet quantum vendi potest«). Wenn ein Richter über den Preis einer Ware bestimmen mußte, so wurde der Marktpreis als angemessen betrachtet, weil man annahm, daß er der Nützlichkeit des Gutes entspreche. Rein persönliche Vorlieben wurden ausdrücklich vernachlässigt.
60 Zu diesen Autoren gehörten der heilige Hieronymus, der heilige Chrysostomus und der heilige Augustinus.
61 Siehe William Cunningham, *An Essay on Western Civilization*, New York 1913, Band 4, S. 35.
62 »Sicut aliquis mercenarius locat operas suas, ita etiam aliqui locant domum vel quaecumque alia huiusmodi.« Thomas von Aquin, *Summa theologica*, I.II, q. 105.

ters sichern müsse und daß jeder Arbeiter Anspruch auf seinen Lohn habe.[63] Die Annahme einer Art »Subsistenztheorie« bei der Entlohnung einfacher Arbeit schuf so lange keine ernsthaften Schwierigkeiten, wie Preise und Marktverhältnisse einigermaßen stabil blieben und die Arbeiter in beinahe allen Berufen Mitglieder eines wohlorganisierten Zunftwesens waren.

Die Lehre vom unrechtmäßigen Profit

Im Rahmen einer Moraltheologie, die jedes Gewinnstreben um seiner selbst willen (*cupiditas lucri*) verdammte, waren der Neigung enge Grenzen gezogen, ein einträgliches Geschäft zu erweitern oder seine Einkünfte zu vermehren. Entsprechend hielt der heilige Thomas die Weltklugheit, die nur auf diesseitige Dinge abzielt, für sündig.[64]
Die Wirtschaftspolitik der mittelalterlichen Städte, Zünfte und sonstigen Korporationen entsprach diesen Prinzipien. Die Überzeugung, menschliche Vernunft sei fähig, über die beste Organisation von Produktions- und Distributionstätigkeit zu entscheiden, war ein entscheidender Gesichtspunkt bei der Aufstellung der Statuten und Regeln der Zünfte, deren Zweck darin lag, ihren Mitgliedern die strenge monopolistische Kontrolle über genau abgegrenzte Märkte zu sichern: Märkte, auf denen die Preise festgelegt und über längere Zeiträume hinweg beibehalten werden konnten. Eine solche Kontrolle erschien als sichere Methode, Ungewißheiten und Risiken aus dem Leben des mittelalterlichen Stadtbewohners soweit wie möglich zu verbannen. Daher war die Zahl der Handwerker, die zur selbständigen Ausübung eines Gewerbes zugelassen waren, begrenzt. Ebenso unterlag die Ausbildung der Lehrlinge und Gesellen einem strengen Reglement. Letztere mußten oft ein »Meisterstück« liefern, ehe sie in die Zunft aufgenommen wurden. Die Produktionstechniken einschließlich der Verwendung und Behandlung von Rohmaterialien wurden sorgsam überwacht und erreichten in vielen Städten ein beachtliches Qualitätsniveau. Doch auch ein äußerst geschickter und fähiger Handwerker hatte zwar sein gutes Auskommen, aber kaum Aussichten, seinen Kundenstamm zu erweitern und seinen Absatz zu erhöhen.
Die Konsumenten wurden möglichst daran gehindert, eine qualitativ und quantitativ spürbar veränderte Nachfrage zu entwickeln, da die scholastische Wirtschaftspolitik auf dem Glauben an eine vorbestimmte Ordnung natürlicher Bedürfnisse beruhte. Im ausgehenden Mittelalter wurde es jedoch immer schwieriger, diese Politik durchzusetzen.

---

63 »Ius naturale habet quod homo vivat de labore suo. Dignus est enim operarius mercede sua.« Ders., *Quaestiones quodlibetales*, XII, art. 30.
64 Ders., *Summa theologica*, II.II, q. 55, art. 1.

Als man daranging, die in der Lehre vom gerechten Preis enthaltenen Prinzipien konsequent auf die Tätigkeit von Händlern und Kaufleuten auszudehnen, kam es zu ernsten Schwierigkeiten bei der Frage, wie die Dienste solcher Mittelsmänner zwischen Produzenten und Konsumenten gerecht zu vergüten seien, da sie dem »intrinsischen Wert« der verkaufen Gegenstände nichts zusetzten. Nach scholastischer Auffassung lag das eigentliche Wesen des »Handels« genau darin, einen Gegenstand in gewinnbringender Absicht teurer zu verkaufen, als er gekauft worden war. Mit dieser Frage hatten sich die Theologen schon viele Jahrhunderte herumgeschlagen, da die meisten Kirchenväter das Geschäft des Händlers rückhaltlos verdammten. Oft wurde ein dem heiligen Chrysostomus zugeschriebener Ausspruch zitiert, wonach die Händler aus dem Tempel Gottes zu verjagen seien. Der heilige Augustinus hatte ausdrücklich betont, es sei ein Laster, billig zu kaufen und teuer zu verkaufen.[65] Zwar gab er zu, daß der Handel dazu diene, menschliche Bedürfnisse zu stillen, und daß der Händler ein Recht darauf habe, für seine Tätigkeit ein Entgelt zu erhalten. Dennoch galt unumstößlich im gesamten Mittelalter das ökonomische Prinzip, es sei unrecht, ein Gut zu einem höheren als seinem gerechten Preis zu veräußern.[66]

Die Trennungslinie, die Aristoteles zwischen den *artes pecuniativae* und den *artes possessivae vel acquisitivae* gezogen hatte und die von den Scholastikern des dreizehnten Jahrhunderts übernommen wurde, beruht auf einer Unterscheidung zwischen Gewinnen, die der Produktion beziehungsweise dem Handel mit Waren entspringen.[67] Der Gewinn eines Kaufmanns oder Geldwechslers, so wurde argumentiert, schließe immer den Verlust eines anderen ein und sei darum mit dem Prinzip der kommutativen Gerechtigkeit unvereinbar. Der heilige Thomas äußerte eine weitverbreitete Ansicht, als er sagte, am Handel sei etwas Niedriges; doch erkannte er auch die Nützlichkeit des Kaufmanns, dessen Tätigkeit dem Lande zum Vorteil diene.[68]

Andere, zumal franziskanische Theologen waren unter dem Eindruck der immer weiteren Ausdehnung des Handels in ihrer Behandlung der Kaufleute viel nachsichtiger als der heilige Thomas. Alexander von Hales hielt Preisaufschläge für erlaubt, mit denen Unkosten für Verschiffung, Lagerhaltung und Risiko abgegolten würden.[69] Duns Scotus billigte Handels-

---

65 »Vili velle emere et care velle vendere, vitium est.« Augustinus, *De trinitate*, 13.
66 Dieses Prinzip wurde im *Decretum Gratiani* verkündet (Dist. 88, causa 11).
67 Es ist strittig, aber auch unwichtig, ob der heilige Thomas die Aristotelische Unterscheidung fehlinterpretiert hat. Siehe dazu Schreiber, *Die volkswirtschaftlichen Anschauungen der Scholastik*, a.a.O., S. 28.
68 Thomas von Aquin, *Summa theologica*, II.II, q. 87, art. 4; q. 77, art. 4.
69 Alexander von Hales, *Summa theologica*, 4 Bände, Quaracchi 1924-1948, III, q. 50.

gewinne als Entgelt für geleistete Dienste, sofern die Entschädigung der Bedeutung und sozialen Stellung der Händler entspreche.[70]

Obgleich ausländische Kaufleute in dem Maße willkommen waren, wie sie den eintönigen Konsumstandard des mittelalterlichen Haushalts um wünschenswerte Dinge bereicherten, wurden ihre Tätigkeiten weitreichender Kontrolle unterworfen, damit sie keinen unliebsamen Einfluß auf die heimischen Märkte ausübten und das Volumen der umlaufenden Zahlungsmittel nicht verminderten.

Das Geschäft des Geldwechselns (*ars campsoria*), das der heilige Thomas deutlich vom Warenhandel unterschied, wurde nach denselben Grundsätzen behandelt, wie sie für Handelsgeschäfte überhaupt galten. Geld nicht im Austausch gegen andere Dinge, sondern anderes Geld zu erwerben galt als der menschlichen Natur zuwider. Bei solchen Transaktionen drohte die Gefahr, daß sie nur um des sündhaften Gewinns geschlossen wurden.

Das Verbot des Wuchers

Die vieldiskutierte scholastische Lehre, es sei sündhafter »Wucher«, Geld auf Zinsen auszuleihen, liefert ein schlagendes Beispiel dafür, welche Wichtigkeit die thomistischen Theologen bei der Behandlung moralischer und ökonomischer Probleme rein logischen Fragen beimaßen. Die Verdammung des »Wuchers«, in der die Auffassungen von Platon und Aristoteles nachwirkten, war das logische Ergebnis einer Verbindung des Prinzips kommutativer Gerechtigkeit mit der Theorie des *valor impositus* des Geldes. Nach dem Prinzip der kommutativen Gerechtigkeit sollte bei jedem Tauschakt Äquivalenz herrschen. Zins galt als ein Preis, den der Schuldner für das Recht bezahlt, für eine bestimmte Zeit über einen Geldbetrag zu verfügen. Da man im Geld aber nur ein Wertmaß sah, schien es unmöglich, für die Verfügung über Geld einen gerechten Preis festzusetzen.

In der Entstehungszeit der christlichen Lehre wurde der Geldverleih gegen Zinsen von jenen Theologen angegriffen, die für die Gütergemeinschaft eintraten.[71] Auf die Heilige Schrift konnte sich eine pauschale Verdammung des Wuchers freilich nicht ohne weiteres stützen. So ließ sich eine Passage aus dem fünften Buch Mose (23,19-20) so interpretieren, als schränke sie das Verbot der Zinserhebung auf Darlehen ein, die

---

70 Duns Scotus unterschied in seinen *Sententiae* zwischen *commutatio oeconomica*, dem Austausch zum Zwecke des Konsums, und *commutatio negotiativa*, dem Austausch zum Zwecke des Wiederverkaufs zu einem höheren Preis. Für letzteren benutzte Duns Scotus den Ausdruck *pecuniaria vel lucrativa*.

71 Siehe Schreiber, *Die volkswirtschaftlichen Anschauungen der Scholastik*, a.a.O., S. 9.

zwischen Juden geschlossen wurden. Darüber hinaus enthielt das Lukas-Evangelium (6,35) nur die allgemeine Ermahnung, beim Leihen »nichts dafür zu hoffen«. Der Satz lautet in lateinischer Übersetzung »Mutuum date nihil inde sperantes« und wurde zum Gegenstand vielfältiger Deutungen. Platon empfahl jedoch in den *Gesetzen*, das Verleihen gegen Zinsen zu verbieten, und Aristoteles schreibt im ersten Buch seiner *Politik* (1258 b 7), diese Art der Erwerbskunst sei am meisten gegen die Natur, da Geld nicht zu dem Zweck erfunden worden sei, Zinsen zu tragen.[72]

Der Kampf der kirchlichen Autoritäten gegen die Erhebung von Geldzins begann im Jahre 325 auf dem Konzil zu Nizäa, doch wurde er im Grunde bald aufgegeben.[73] Achthundert Jahre verstrichen, bis er auf einem Laterankonzil im Jahre 1139 wiederaufgenommen wurde; das Verbot ging in das *Decretum Gratiani* (1142) ein mit der Definition: »quidquid sorti accedit usura est«. Verurteilt war damit jede Zahlung über die Summe des verliehenen Kapitals hinaus. Auf einem anderen Laterankonzil (1179) wurde das Verbot erneuert; auf dem Konzil von Lyon (1274) wurde ausdrücklich die Zuständigkeit der Kirchengerichte für Fälle von »Wucher« beschlossen; und die letzte Verdammung des Wuchers verkündete Papst Clemens V. auf dem Konzil von Vienne (1311). Eine jahrhundertealte Gesetzgebung, die den »Wucher« geduldet hatte, wurde für null und nichtig erklärt; zuwiderlaufende Äußerungen, die die Sündhaftigkeit der Zinsnahme bestritten, wurden als ketzerisch eingestuft. Das Verbot wurde auf verschiedene Methoden ausgedehnt, mit denen man es zu umgehen suchte.[74]

Verschiedene Autoren haben ökonomische Erwägungen angestellt, um die erstaunliche Tatsache zu erklären, daß die Kirche während der längsten Zeit des Mittelalters vor dem Problem des »Wuchers« die Augen verschloß. Einige deutsche Gelehrte der mittelalterlichen Wirtschaftsgeschichte haben die Meinung vertreten, die kirchlichen Autoritäten hätten – obwohl die Entgegennahme eines Kapitalertrags zu Lasten eines borgenden Konsumenten für unrechtmäßig galt – derartige Praktiken über-

---

72 Gewisse Einwände gegen das Geschäft des Geldverleihers wurden von einigen römischen Autoren erhoben, die Anhänger der Stoa waren, etwa vom älteren und vom jüngeren Cato sowie von Seneca. Doch nach der beinahe einmütigen Auffassung der griechischen und römischen Politiker und Juristen stimmte das Verleihen von Geld – sofern nicht gerade überhöhte Zinsen verlangt wurden – mit den allgemein anerkannten moralischen Normen völlig überein.

73 Ein *capitulare* aus der Zeit Karls des Großen (789) beschränkte den Geltungsbereich des Verbots auf den Klerus.

74 Siehe die ausführliche Analyse der mittelalterlichen Einstellung zum Wucher in Tawney, *Religion and the Rise of Capitalism*, a.a.O., S. 36 ff. (deutsch: a.a.O., S. 51 ff.).

sehen können, bis sie im zwölften Jahrhundert mit der Ausweitung von Produktion und Handel, Bankwesen und Krediten alarmierende Ausmaße erreichten.[75] Zweifellos war das zwölfte Jahrhundert eine Periode weitreichender ökonomischer Veränderungen; doch ist kaum anzunehmen, daß der erneute Versuch der kirchlichen Autoritäten, ein absolutes Verbot des Wuchers durchzusetzen, tatsächlich von dem Wunsch getragen war, mittellose Schuldner besser zu schützen. Die Kreditnehmer des zwölften Jahrhunderts, deren Bedarf an Darlehen immer mehr wuchs, waren großenteils Kaufleute, die um »produktive« Kredite für Spekulationsgeschäfte nachsuchten, oder Fürsten, die Geld für militärische Zwecke brauchten. Bedeutsam ist auch, daß das Verbot, Zinsen auf Geld zu erheben, im allgemeinen nicht für Juden galt, die ein umfassendes System des Geldverleihs zu hohen Zinssätzen ausbilden konnten.[76]
Vielleicht läßt sich die erneute Aufnahme des Kampfes gegen den Wucher im zwölften Jahrhundert damit erklären, daß die Scholastiker in den wiederentdeckten griechischen und römischen Autoren endlich ausreichende Argumente gefunden hatten, mit denen sich das Verbot rechtfertigen ließ.[77] Diese Argumente begannen mit dem Satz, die Hauptfunktion des Geldes bestehe darin, die Nützlichkeit der Tauschgegenstände zu messen; darum erschien es als unerlaubte Abänderung des Wertmaßes, wenn jemand einen höheren Geldbetrag erhielt, als er gegeben hatte.[78] Ein zweites Argument bezog sich auf die Unterscheidung, die im römi-

---

75 Siehe Schreiber, *Die volkswirtschaftlichen Anschauungen der Scholastik*, a.a.O., S. 93 und 230.
76 Zu der Frage, inwieweit Juden von der Anwendung des Verbots ausgenommen waren, siehe Wilhelm Endemann, *Studien in der romanisch-kanonistischen Wirtschafts- und Rechtslehre*, 2 Bände, Berlin 1874 und 1883, hier: Band 2, S. 383. Die Ausnahme stützte sich hauptsächlich auf eine Bestimmung des fünften Buchs Mose (23, 20): »An dem Fremden (*nokri*) magst du wuchern«. Zu den mittelalterlichen Deutungen dieser Passage siehe Benjamin N. Nelson, *The Idea of Usury*, Princeton 1949, 1. Kapitel. Bei den schrecklichen Judenverfolgungen, die im Jahre 1348 in der Schweiz und in einigen deutschen Städten stattfanden, spielten die Schuldner der Juden eine besondere Rolle.
77 Siehe Schreiber, *Die volkswirtschaftlichen Anschauungen der Scholastik*, a.a.O., S. 98. Von den Scholastikern, die Argumente zur Begründung des Verbots beitrugen, seien Alexander von Hales und Vincentius von Beauvais (gestorben 1264) genannt. Praktisch alle scholastischen Argumente dieser Art wurden schließlich von dem französischen Juristen Charles Dumoulin in seinem *Tractatus commerciorum et usurarum*, Paris 1546, aufgelistet und widerlegt. Siehe die englischen Übersetzungen in dem von Arthur Eli Monroe herausgegebenen und übersetzten Band *Early Economic Thought*, Cambridge, Mass. 1924, S. 109.
78 »Omnes aliae res ex se ipsis habent aliquam utilitatem, pecunia autem non, sed ex mensura utilitatis aliarum rerum. Unde accipere maiorem pecuniam pro minori

schen Recht zwischen Verbrauchsgütern und solchen Gütern getroffen wurde, aus denen beständiger wirtschaftlicher Nutzen entspringt. Geld wurde als konsumierbares Gut betrachtet, das man nutzt, indem man es ausgibt. Der heilige Thomas entwickelte den Gedanken, daß die Nutzung des Geldes nicht unabhängig vom Verzehr (*distractio*) des Kapitals berechnet werden könne; weshalb die Zahlung von Zinsen als Zahlung für etwas Nichtexistentes oder als doppelte Entschädigung zu betrachten sei.[79] In der abwertenden Konnotation des Ausdrucks *usura* kam die Vorstellung zum Ausdruck, daß der Akt des Verleihens die Besitzübertragung an dem verliehenen Gut einschließe; daß der Gebrauch konsumierbarer Güter mit ihrem Verbrauch zusammenfalle und nicht zum Gegenstand einer gesonderten, zeitlich ausgedehnten Transaktion werden könne. Dieses Prinzip wurde auch auf alle übrigen Verbrauchsgüter erweitert, etwa auf Nahrungsmittel. Dagegen glaubte man die Nutzung dauerhafter Güter von ihrer Substanz trennen zu können, und das Verleihen solcher Güter zu einer Rente wurde als völlig rechtmäßig angesehen. Zur Bekräftigung des Prinzips, daß bei einem Darlehen der Besitz an dem Geld übertragen werde, verwies Duns Scotus auf den lateinischen Ausdruck *mutuum*, den er etymologisch von *meum* (mein) und *tuum* (dein) ableitete. Dem Ausspruch des Aristoteles, Geld sei ein unfruchtbares Ding, das kein Geld schaffen könne, maß er besondere Wichtigkeit bei. Wenn der Schuldner das Geld zu seinem Vorteil nutzen und aus seinen Einkünften Zins zahlen könne, so verdanke sich letzteres dem Fleiß des Schuldners.[80]

Ein weiteres Argument, das dem stoizistischen Philosophen Seneca zugeschrieben wurde, machte auf die Tatsache aufmerksam, daß die vereinbarten Zinsen zu der Zeit im Verhältnis stehen, für die das Darlehen gewährt wird. Da aber Zeit allen Menschen als gemeinsames Gut geschenkt worden sei, begehe jemand, der Geld auf Zinsen verleiht, sündhaften Betrug. Und weil man zudem glaubte, Geld sei zur Erleichterung des Austauschs eingeführt worden, schien ein Mißbrauch vorzuliegen, wenn Geld verliehen wurde, um es Frucht bringen zu lassen. Jeder Gewinn aus der Verwendung des Darlehens solle dem Schuldner zuwachsen, der die Risiken zu übernehmen hatte, die im Besitz der verliehenen Summe lagen.[81]

nihil alius videtur quam diversificare mensuram in accipiendo et dando, quod manifeste iniquitatem continet.« Thomas von Aquin, *Sententiae*, 3, Dist. XXVII, q. 1.
79 Ders., *Summa theologica*, II.II, q. 78, art. 2.
80 Der gleiche Gedanke findet sich bei Thomas von Aquin, *Sententiae*, 3, Dist. XXXVII, q. 1.
81 Siehe Alberto E. Truggenberger, *San Bernardino da Siena*, Bern 1951, S. 85. In der Formulierung des heiligen Bernardin besagte das Argument, es sei gegen die Prinzipien des Naturrechts, für eine Unternehmung, die mancherlei Risiken und Zufällen

Da nach scholastischer Überzeugung der Wert eines Gutes vom Vergehen der Zeit unberührt bleibt, konnten Geldverleiher ihre Ansprüche auf ein Entgelt nur von Umständen herleiten, die dem Begriff des »Darlehens« äußerlich waren, von Umständen also, die den Wert des Geldes veränderten oder dem Verleiher Kosten verursachten. Derartige Ansprüche wurden unter dem Titel *damnum emergens* und *lucrum cessans* erörtert. So konnte eine Buße vereinbart werden, um den Schaden zu begleichen, den der Geldverleiher erlitt, wenn das Darlehen nicht zum fälligen Termin zurückgezahlt wurde (*titulus morae*). Wenn durch die Gewährung des Kredits nachweislich ein Verlust entstand, war der Fall des *damnum emergens* gegeben, der als gültiger Anspruch auf eine Entschädigung galt. Später wurde auch das *lucrum cessans*, die durch die Darlehensgewährung entgangene Gelegenheit, einen Gewinn zu erzielen, zu den berechtigten Ansprüchen auf Kompensation gezählt und zugunsten der Kaufleute und Händler allgemein unterstellt, daß solche Gelegenheiten bestünden. Man hielt es jedoch für erforderlich, die Vereinbarung solcher Entschädigungen ausdrücklich von dem Darlehenskontrakt im strengen Sinne zu trennen.[82]

Wo man bei einer Transaktion keine Besitzübertragung von Geld auf eine andere Person vorliegen sah, waren auch keine wirklichen Ausnahmen vom Zinsverbot erforderlich.[83] Teilhaberschaftsverträge waren daher völlig legitim, und der anteilige Gewinn aus solchen Tätigkeiten konnte rechtmäßig beansprucht werden.[84] In den mittelalterlichen italienischen Städten waren die sogenannten *commenda* eine häufig benutzte vertragliche Form der Risikoteilung. Nach den Bestimmungen der *commenda* übernahmen im Ausland reisende Agenten die Verantwortung für die Verfrachtung und den Verkauf der Ware und erhielten dafür im allgemeinen ein Viertel der Erträge des Unternehmens. Ausgehend vom Italien des dreizehnten Jahrhunderts entwickelten sich Bodmereiverträge zu einer häufig praktizierten Form, Darlehen mit der Versicherung von Schiffen und Ladung zu verknüpfen.

---

    ausgesetzt sei, sichern Gewinn zu fordern, der nicht Gefahr laufe, verloren zu gehen oder Schaden zu nehmen.

82 Siehe William J. Ashley, *An Introduction to English Economic History and Theory*, 2 Bände, London 1888 und 1893, Band 1, Zweiter Teil, S. 402 (deutsch: *Englische Wirtschaftsgeschichte. Eine Einleitung in die Entwickelung von Wirtschaftsleben und Wirtschaftslehre*, 2 Bände, Leipzig 1896).

83 Da die Kanoniker die Einnahme von Profiten aus Beteiligungen erlaubten, die Gleichsetzung von Darlehen mit Beteiligungen jedoch ablehnten, hat man ihnen den frühesten Versuch zugeschrieben, zwischen Kapital und Geld zu unterscheiden. Siehe H. Sommerville, »Interest and Usury in a New Light«, in: *Economic Journal* 41 (1931), S. 646-649, hier S. 648.

84 Thomas von Aquin, *Summa theologica*, II.II, q. 78, art. 2.

Ein Mittel zur Umgehung des Zinsverbots war auch der Rentenkauf, der zur selben Zeit gebräuchlich wurde. Bei solchen Transaktionen wurde Grundbesitz verpfändet, um die Rückzahlung des ausgeliehenen Betrages durch eine Pacht oder Rente zu sichern. In solchen Fällen glaubte man keinen Leihvertrag zu schließen, da für die Rentenzahlung kein Ende festgesetzt und keine Rückzahlung der Kapitalsumme vereinbart wurde. Außerdem habe der Boden und nicht eine Person die Schuld zu begleichen.[85]

Je tiefer man in die Probleme eindringt, die mit dem mittelalterlichen Verbot des Wuchers zusammenhängen, desto deutlicher zeigt die genauere Erörterung, daß die Hauptgründe für die Durchsetzung dieses Verbots nicht so sehr in der Heiligen Schrift oder in ökonomischen und sozialen Erwägungen lagen. Wucher war vielmehr eine »logische« Sünde; praktisch alle scholastischen Autoren, die sich mit dieser Frage beschäftigt haben, waren sich darin einig, daß das Naturrecht – und nur dieses – den Wucher verbiete.[86] Wucher war also zu verdammen, um die Autorität der Kirche vor der subversiven Wirkung irriger Gedanken zu schützen.

Die Geschichte des Zinsverbots veranschaulicht in klassischer Weise den Zusammenhang, der zwischen den Methoden des scholastischen Denkens und den ökonomischen und sozialen Institutionen des Mittelalters besteht. Nur wenn man diesen Zusammenhang richtig einschätzt, wird verständlich, warum die ökonomischen Grundsätze der mittelalterlichen Kirche noch ziemlich lange danach von beinahe allen thomistischen Theologen verteidigt wurden und warum die kirchliche Lehre vom Wucher und vom Preis wenigstens bis in die Mitte des sechzehnten Jahrhunderts in der einschlägigen weltlichen Gesetzgebung verankert blieb.[87] Wären diese Lehren vorwiegend wirtschaftlichen Überlegungen entsprungen, hätten sie das dreizehnte Jahrhundert kaum überlebt. Sie verloren ihre praktische Bedeutung erst, als die scholastischen Methoden des Denkens allmählich von anderen Denkmustern überwunden wurden. Vielleicht gibt es eine interessante Parallele zwischen dem Platz, den das Verbot des Wuchers in der scholastischen Wirtschaftslehre einnahm, und der Stellung des ptolemäischen Systems als Fundament der scholastischen

---

85 Die *Aurea quodlibeta* des Thomisten Heinrich von Gent (gestorben 1293) waren die erste Abhandlung, in der Rentenkäufe unter dem Gesichtspunkt erörtert wurden, ob sie mit dem Kirchenrecht vereinbar seien. Beträchtlich erweitert wurde die Liste der erlaubten Verträge von dem bereits erwähnten Franziskaner Richard von Middleton. Siehe Schreiber, *Die volkswirtschaftlichen Anschauungen der Scholastik*, a.a.O., S. 131.
86 Siehe Dempsey, *Interest and Usury*, a.a.O., S. 165.
87 Siehe Tawney, *Religion and the Rise of Capitalism*, a.a.O., S. 37 (deutsch: a.a.O., S. 51). Siehe unten, Zweiter Teil, 3. Kapitel.

Astronomie. Beide Male waren die mittelalterlichen Auffassungen tief in dem universalistischen Denkmuster verankert, auf dem die Kirche aufbaute. Beide Male ging es bei der Bekämpfung der Gegner dieser Lehren implizit um den Erhalt des logischen Systems, das in den kirchlichen Doktrinen seinen konkreten Ausdruck fand.

2. Kapitel
Der Zerfall des thomistischen Denkens

Der Einfluß des Nominalismus

Anhänger der »materialistischen Geschichtsauffassung« haben sich um den Nachweis bemüht, daß die Feudalordnung ihre Gestalt den herrschenden Produktionsweisen und gesellschaftlichen Bedingungen des Mittelalters verdankt; die scholastischen Theologen und Philosophen hätten diese Ordnung nur nachträglich »rationalisiert«, das heißt intelligibel gemacht und gerechtfertigt. Viel einsichtigere Gründe lassen sich jedoch dafür anführen, daß der Feudalismus, wie er sich in weiten Teilen Europas unter dem Einfluß der kirchlichen Autoritäten durchgesetzt hatte, eine Anpassung vorchristlicher gesellschaftlicher Bedingungen an die Prinzipien des scholastischen Denkens darstellt. Insofern kann man die mittelalterliche Organisation der Gesellschaft als institutionelle Entsprechung zu der hierarchischen Ideenstruktur der Scholastik verstehen. Diese Organisation konnte sich so lange behaupten, wie universalistische Denkmethoden die führenden Gesellschaftsschichten im Griff hielten. Doch die mittelalterliche Ordnung verlor allmählich ihr logisches Rückgrat, als vom vierzehnten Jahrhundert an der Glaube an die Gültigkeit dieser Methoden in größeren Teilen Westeuropas zunehmend schwand und infolgedessen die Einrichtung des ökonomischen und gesellschaftlichen Lebens an andere Denkmuster angepaßt werden mußte.
Bei näherer Betrachtung gewinnt man den Eindruck, daß mit der Einführung der aristotelischen Logik und ihrer Prinzipien bereits ein erster Schritt auf dem Wege getan war, der zum Aufbrechen der mittelalterlichen Feudalgesellschaft führte. Die Struktur dieser Gesellschaft mit ihrer strikten Klassen- oder Kastenordnung ließ sich so lange gegen den Einfluß »ketzerischer« Ideen und Tendenzen schützen, wie der Gebrauch der menschlichen Vernunft in allen Bereichen streng den Diktaten des Glaubens untergeordnet wurde. Mit der Annahme aristotelischer Methoden erhielt der Geist jedoch einen beträchtlichen Spielraum zur Entfaltung seiner Abstraktionskraft, sofern die Ergebnisse solcher intellektueller Verfahren nicht mit religiösen Lehren in Konflikt gerieten. Der heilige Thomas, der die Wissenschaften nach ihrer jeweiligen Methode (*ratio cogniscibilis*) unterschied, trennte das Verhalten des Philosophen klar von dem des Theologen. Der Philosoph, sagte er, betrachtet alles einzig im Lichte der natürlichen Vernunft.[1] Im Laufe der Debatten über die rechte Interpretation der aristotelischen Methoden konnten jedoch tiefsitzende

---

1 Thomas von Aquin, *Summa theologica*, I, q. 1, art. 7.

Konflikte zwischen den führenden Theologen nicht ausbleiben; strittig war dabei die Frage, welche Rolle der Vernunft zukomme und welche Prinzipien bei der Formulierung abstrakter Begriffe zu verwenden seien. Gegen die methodologischen Prinzipien der Thomisten wandten sich von Anfang an die franziskanischen Scholastiker mit Duns Scotus an der Spitze, die eine verfeinerte Form neuplatonischer Lehren vertraten. Während der heilige Thomas besonderen Nachdruck auf das Problem der Existenz als Merkmal von Einzeldingen legte, beharrte Duns Scotus darauf, daß das Wesen der als Realitäten begriffenen Universalien vorrangiges Objekt von Erkenntnis sei.

Einige Jahrzehnte später sah sich die thomistische Lehre von zwei bedeutenden Strömungen des nominalistischen Denkens herausgefordert, die implizit die Autorität der Kirche in Frage stellten und die tiefsten Fundamente der mittelalterlichen Gesellschaft zu untergraben drohten. Eine davon war in den italienischen Städten entstanden, die gleich nach den Kreuzzügen Handelsbeziehungen mit den Kaufleuten des Nahen Ostens aufgenommen und dabei verschiedene Institutionen und Einrichtungen übernommen hatten, die mit dem starren Muster der mittelalterlichen Organisation von Gesellschaft und Wirtschaft unvereinbar waren. Die andere, weit wichtigere Strömung ging von der Gruppe der scholastischen Theologen aus, deren geistiges Rüstzeug den Werken arabischer Philosophen entstammte.

Bereits im elften und zwölften Jahrhundert waren die logischen Grundlagen der universalistischen Philosophie von revolutionären Denkern wie Roscellin von Compiègne[2] und Peter Abälard (1079-1142) in Frage gestellt worden. Ausgehend von seiner Deutung der Aristotelischen Lehre war Abälard zu dem Schluß gelangt, gültiges Wissen sei aus der Untersuchung von Einzeldingen und Erscheinungen zu gewinnen, und es liege durchaus in der Macht der menschlichen Vernunft, religiöse Lehren zu analysieren; die großen griechischen Philosophen hätten diese Einsichten vorweggenommen. Abälard wurde schließlich von Bernhard von Clairvaux (1091-1153), einem fanatischen Neuplatoniker, gezwungen, seinen ketzerischen Behauptungen abzuschwören, doch die von Abälard aufgeworfenen logischen Probleme spielten in der zweiten Hälfte des zwölften Jahrhunderts auch weiterhin eine beträchtliche Rolle in philosophischen Diskussionen.[3]

Im dreizehnten Jahrhundert wurden wichtige Gesichtspunkte des nominalistischen Denkens von dem Franziskanermönch Roger Bacon (um 1214-1294) ausgearbeitet, der sich bemühte, einen neuen Ansatz zum

---

2 Die Schriften Roscellins wurden auf dem Konzil von Soissons (1092) verdammt und vernichtet.

3 Einen Überblick über diese Diskussionen bietet der *Metalogicus* des Johannes von Salisbury (gestorben 1180), eines Schülers von Abälard.

Studium der physikalischen Welt zu rechtfertigen.[4] Er hob nachdrücklich Beobachtung und Erfahrung als verläßliche Methoden der wissenschaftlichen Analyse hervor und betrachtete Einzeldinge und Phänomene als integrale Zusammensetzungen von Form und Materie, die den allgemeinen Ideen logisch vorausgingen. Dem menschlichen Geist sprach er eine angeborene, »natürliche« Methode des Denkens zu, die die Verwendung der Mathematik zur Grundlegung aller Wissenschaften im strengen Sinne erforderlich mache.

Etwa zur selben Zeit betonten andere, weniger radikale Theologen das subjektive Element, das bei der Ableitung allgemeiner Ideen aus Einzelphänomenen mittels methodischer Abstraktion im Spiel ist. Sie wiesen darauf hin, daß der Name eines Allgemeinbegriffs vom menschlichen Geist geschaffen werde.

Diese Entwicklungen bereiteten den Boden für weit revolutionärere nominalistische Lehren, die sich im vierzehnten Jahrhundert ausbreiteten. Die Päpste, die in Avignon residierten und von feindlich gesinnten weltlichen Herrschern bedroht wurden, hatten nicht mehr die Macht, die orthodoxen Denkmethoden durchzusetzen, auf die die kirchlichen Autoritäten ihren Anspruch gegründet hatten, in praktisch allen geistlichen und zeitlichen Dingen das letzte Wort zu behalten. Dieser Anspruch konnte berechtigt erscheinen, solange jedermann davon überzeugt war, daß die von den Autoritäten verwandten Begriffe absolut gültige Ideen repräsentierten – solange es als gesichert galt, daß die von den Autoritäten verkündeten Grundsätze und Vorschriften zu absoluter Wahrheit führten.

Es bahnte sich jedoch eine geistige Umwälzung an, die die Gültigkeit objektiver, außerhalb des menschlichen Geistes existierender Begriffe bezweifelte und zu beweisen suchte, daß die allgemeinen Ideen nichts als Schöpfungen des menschlichen Geistes, bloße Namen (*flatus vocis*) seien. Dieser Angriff auf die universalistischen Wissensquellen richtete sich sowohl gegen die neuplatonischen Denkmethoden als auch gegen die thomistischen Prinzipien des Denkens.

Der Denker, der diesen Angriff führte, war der Franziskaner Wilhelm von Ockham (um 1300-1349). In seiner *Summa totius logicae* unternahm es Ockham, die Logik als Kunst, als Organisation des Denkens, von allen metaphysischen Spekulationen sowie von jedem Inhalt oder Gegenstand des Denkens zu sondern. So ebnete er den Weg zu der Einsicht, daß die Regeln des Denkens, nach denen der menschliche Geist verfährt, nicht unbedingt mit denen zusammenfallen, die das Auftreten äußerer Ereig-

---

4 Zwar hatte Roger Bacon sein Hauptwerk (1267) Papst Clemens IV. zugeeignet. Doch seine Angriffe auf führende zeitgenössische Scholastiker und seine ketzerischen Ansichten wurden von den kirchlichen Autoritäten mißbilligt, und von 1278 bis 1292 wurde er gefangengehalten.

nisse bestimmen. Seine Ausarbeitung dieser Betrachtungsweise bot dann den Hintergrund für die Weiterentwicklung des hypothetischen Denkens durch Ockhams Schüler.[5]

Mit eindrucksvollen Argumenten unternahm es Ockham, zu zeigen, daß die allgemeinen Ideen keineswegs den Dingen inhärent seien, wie die Thomisten annahmen. Vielmehr seien sie die Ergebnisse geistiger Akte, die im Einklang mit Beobachtung und Erfahrung den Erscheinungen angepaßt worden seien.[6] Während die neuplatonischen Theologen die Existenz von allgemeinen Ideen vor die Existenz von Dingen verlegt und die Thomisten die Allgemeinbegriffe aus den Dingen durch Abstraktion gewonnen hatten, betrachtete Ockham diese Begriffe als willkürliche Zeichen, die vom menschlichen Geist frei gebildet und durch Wörter ausgedrückt würden.[7]

Ockham stellte sogar die von praktisch allen Scholastikern geteilte Auffassung in Frage, daß die menschliche Vernunft über die Ergebnisse ihrer Urteile, soweit sie endliche Dinge betreffen, absolute Gewißheit erlangen könne. Zwischen der Behandlung religiöser Probleme und philosophischer Fragen trennte er strikt und lehnte jeden Versuch ab, bei der Aufstellung oder Rechtfertigung von Sätzen, die in den Bereich des Glaubens gehören, logische Erwägungen anzustellen. Von höchster Bedeutung für die spätere Entwicklung wissenschaftlicher Denkmethoden war seine Behauptung, daß die diskursiven Operationen des Geistes außerstande seien, die eigentliche Struktur der Dinge zu enthüllen; Wissenschaft, meinte er, beschäftigt sich mit Sätzen, die sich auf das beziehen, was *individuell* in der Natur ist. Insofern war er einer der ersten Protagonisten der analytischen Methode, und er riet seinen Schülern, immer nur ein bestimmtes Problem nach dem anderen zu studieren.

In seinen Streitschriften wies Ockham durchaus folgerichtig den päpstlichen Anspruch auf Unfehlbarkeit bei der Entscheidung nicht-religiöser Fragen zurück. Die hierarchische Organisation der Kirche betrachtete er als eine rein menschliche Einrichtung.[8]

---

5 Siehe Ernest Addison Moody, *The Logic of William of Ockham*, New York 1935.
6 Ockham benutzte die Ausdrücke *institutio*, *intentio* und *conceptus formatus*, um die subjektiven Allgemeinbegriffe zu bestimmen, die vom menschlichen Geist gebildet werden. Siehe Carl Prantl, *Geschichte der Logik im Abendlande*, 4 Bände, Leipzig 1855-1867, Band 3, S. 344.
7 Die Identifikation der *universalia post res* mit den rein abstraktiv gewonnenen Gattungsbegriffen der epikureischen Erkenntnislehre – im Unterschied zu den aristotelischen Allgemeinbegriffen (*universalia in rebus*) und den platonischen Ideen (*universalia ante res*) – wurde dem türkischen Philosophen al-Farabi (gestorben 950) zugeschrieben.
8 Im Jahre 1328, als Ockham wie auch andere Franziskaner von Exkommunikation bedroht waren, begab er sich in die Obhut des deutschen Kaisers Ludwig IV. (des

Obgleich die grundlegenden Sätze der nominalistischen Logik in den Jahren 1339 und 1340 von der Universität Paris verdammt wurden, gewannen sie dennoch immer mehr Unterstützung und erwiesen sich bei Angriffen auf die begriffliche Struktur der mittelalterlichen Religionsphilosophie als wirkungsvolle Waffen. Wenn die Universalbegriffe als bloße *termini* logischer Schlußverfahren betrachtet werden können, erübrigt sich jede Frage nach ihrer »Existenz« in der Realität. Zieht man aus einer solchen Argumentation alle Schlußfolgerungen, wird es schwierig, die Welt mit der überkommenen Idee einer »intelligiblen Notwendigkeit« zu begreifen. Einige von Ockhams Anhängern stellten sogar die Geltung der aristotelischen Methodologie in Frage und unternahmen den radikalen Schritt, den Akzent auf die Erfahrung als wichtigste Wissensquelle zu legen. Sie stellten infolgedessen die Sinneswahrnehmungen auf den gleichen Rang wie abstraktes Denken.[9] Damit war der Weg frei, zur Behandlung spezifischer Probleme den von einer allgemeinen Philosophie vorgegebenen Rahmen zu verlassen.

Gleichzeitig mußte die Vernunft die dominante Stellung einbüßen, die ihr von den universalistischen Philosophien zugeschrieben worden war. Statt dessen lag das Gewicht nun auf der Tätigkeit des Geistes, und der Wille als Leitprinzip menschlichen Handelns erhielt vorrangige Bedeutung.[10] Die Geschichte des Kampfes zwischen Vernunft und Willen um die Vorherrschaft könnte durchaus den Hintergrund abgeben, vor dem sich die Geschichte der Wandlungen des abendländischen Geistes und die Geschichte der westlichen Kultur schreiben ließe.

Als das starre System absolut gültiger Begriffe nicht länger mehr gegen das Eindringen neuer, frei gebildeter Ideen zu schützen war, verlor die lateinische Sprache ihre bevorzugte Stellung als ausschließliches Mittel zum Ausdruck von Ideen höherer Abstraktionsstufe. Der zunehmende Gebrauch der jeweiligen Landessprache zu literarischen und sogar wissenschaftlichen Zwecken war symptomatisch für die Ausbreitung nominalistischer Methoden. Gleiches galt für die wachsende Tendenz, die scholastischen Prozeduren des ebenso engstirnigen wie folgerichtigen Schließens zu vernachlässigen und spezifische Fragen ohne Rücksicht auf ihre Verbindung mit größeren logischen Problemen zu behandeln.

In England, wo die Franziskaner eigene Institutionen zur Pflege der

---

Bayern) und stellte sich auf dessen Seite im Kampf gegen den Papst. In seinem *Tractatus de potestate imperiali* (1338) unterstützte er die Sache des Kaisers. Ein anderer Parteigänger des Kaisers, Marsilius von Padua, berief sich in seinem *Defensor pacis* (1326) auf die Grundsätze des Naturrechts, um die Souveränität der Allgemeinheit des Volkes innerhalb der Kirche zu verteidigen.

9 Siehe Prantl, *Geschichte der Logik im Abendlande*, a.a.O., Band 3, S. 3 ff., und Band 4, S. 15 ff.
10 Siehe John S. Zybura, *Present Day Thinkers and New Scholasticism*, 1926, S. 325.

höheren Gelehrsamkeit gegründet hatten (vor allem in Oxford), konnte der Ockhamismus festen Fuß fassen. Berühmte Vertreter fand er aber auch unter den französischen Theologen.[11] Als *via moderna* charakterisiert, wurden die Prinzipien des nominalistischen Denkens mit ihren weitreichenden Implikationen von den Universitäten Oxford und Paris angenommen; die thomistisch geprägte *via antiqua* herrschte dagegen nach wie vor an fast allen übrigen Universitäten des Kontinents. Und dominikanische Theologen waren nach wie vor die wichtigsten Träger der thomistischen Denkmethoden.

Die von den beiden Orden vertretenen logischen Prinzipien spiegelten sich in ihrer jeweiligen Haupttätigkeit. Die Dominikaner, auch Prädikantenorden genannt, konzentrierten ihre Anstrengungen hauptsächlich auf die Predigt zur Verteidigung der dogmatischen Lehren der Kirche. Die Franziskaner zogen es vor, vor allem in praktischer Absicht zu predigen, und widmeten sich größtenteils der Seelsorge beim niederen Volk. Die Geschichte der abendländischen Welt wurde in hohem Maße von dem Kampf geprägt, den die beiden Orden um die Grundprinzipien des Denkens führten.

Vom vierzehnten Jahrhundert an wurden die Universitäten nicht mehr vom Klerus monopolisiert. In verschiedenen Ländern wurden Universitäten von den Regierungen gegründet und finanziert.

Ökonomische Auffassungen im Wandel

Im Bereich des ökonomischen Denkens führte die *via moderna* zu bedeutenden Änderungen der verschiedenen traditionellen Definitionen ökonomischer Begriffe. Johannes Buridan (gestorben 1358), ein Schüler Wilhelm von Ockhams und Rektor der Pariser Universität, legte das Schwergewicht auf die Erfahrung als primäre Wissensquelle und betrachtete die menschlichen Bedürfnisse als das natürliche »Maß« der Tauschgüter.[12] Anders als beim Wiegen könne man bei der Wertmessung nicht auf einen quantitativen Maßstab zurückgreifen, sondern müsse Proportionen zu Hilfe nehmen (*per similitudinem proportionis*). Mit dieser Argumentation gelang es Buridan, die Grundsätze einer vorwiegend subjektiven Werttheorie zu entwerfen, ohne das Aristotelische Äquivalenzprinzip zu verletzen. Er unterschied zwischen dem Tauschwert von Gütern,

---

[11] Herausragende Ockhamisten des vierzehnten und fünfzehnten Jahrhunderts waren Johannes Buridan, Nikolaus von Oresme, Albert von Riggendorf (gestorben 1390), der heilige Antonin von Florenz und Gabriel Biel.

[12] »Indigentia humana est mensura naturalis commutabilium.« Johannes Buridan, *Quaestiones super decem libros Ethicorum Aristotelis ad Nicomacheum*, Paris 1489, V, q. 16.

in dem sich gemeinschaftliche Bedürfnisse spiegeln (*indigentia communis*), und dem Wert von Gütern, der individuellen Bedürfnissen entspringt (*indigentiae particulares*). Er war sich völlig darüber im klaren, daß jeder Tauschpartner einen Vorteil von der Transaktion erwartet und daß der Arbeiter seinem Lohn einen höheren Wert beimißt als seiner Arbeit; er fragte sich auch, warum Reiche und Arme denselben Preis für ihr Brot zahlen, obwohl ihre individuellen Bedürfnisse doch weit auseinanderliegen.[13] Um den Einfluß des nominalistischen Denkens auf diese Formulierung des Wertproblems abschätzen zu können, muß man im Auge behalten, daß die thomistische Definition des Wertes vom Substanzbegriff beherrscht war und den individuellen Bedürfnissen mithin keinen Einfluß auf die Bestimmung dessen zugestand, was nach den Regeln der Vernunft wertvoll ist.

Ein weiteres Element der thomistischen Wirtschaftslehre, das Buridan angriff, war die Theorie des *valor impositus* des Geldes. Diese Theorie stützte nachhaltig das Recht der Fürsten, den Edelmetallgehalt der Münzen willkürlich festzusetzen und Münzverschlechterungen zum eigenen Vorteil zu nutzen.[14] Buridan stellte den rein konventionellen Ursprung des Geldwertes in Frage und verband den Wert der verschiedenen Währungen mit der *bonitas intrinseca* (der inneren Güte) der in den Münzen enthaltenen Metalle. Die einzige Funktion, die den Herrschern nach dieser Auffassung im Bereich des Geldwesens zukam, bestand darin, rechtlich bindende Normen für das Verhältnis zwischen den Werten der verschiedenen Münzen aufzustellen.[15]

Buridans Schüler Nikolaus von Oresme, Bischof von Lisieux (um 1330-1382), war vermutlich der erste Theologe, der sich in einer gesonderten Abhandlung mit einem bestimmten ökonomischen Problem auseinandersetzte, nämlich mit Ursprung und Wesen des Geldes und seiner Entwertung.[16] Er zählte die Eigenschaften auf, die Gold und Silber zu monetären Zwecken besonders geeignet erscheinen ließen, und erklärte das Wertver-

---

13 Ebd., IX, q. 1.
14 Siehe Émile Bridrey, *La théorie de la monnaie au XIVe siècle: Nicole Oresmie*, Paris 1906. In französischen Verordnungen von 1346 und 1361 wurde das königliche Privileg auf Veränderung des Münzgehalts besonders hervorgehoben.
15 Mit dieser Frage beschäftigte er sich in seinen Kommentaren zur Aristotelischen *Ethik* (V, q. 17) und *Politik* (I, 11). Siehe auch Arthur Eli Monroe, *Monetary Theory before Adam Smith*, Cambridge, Mass. 1923, S. 26.
16 Nikolaus von Oresme, *De origine, natura, iure nec non de mutationibus monetarum* (1373; deutsch: *Traktat über Geldabwertungen*, Jena 1937). Oresmes Abhandlung wurde im Jahre 1857 »wiederentdeckt« und 1863 von dem deutschen Wirtschaftshistoriker Wilhelm Roscher als große Leistung gefeiert. Sie wurde zum Gegenstand zahlreicher Erörterungen. Englische Teilübersetzung in: Arthur Eli Monroe (Hg.), *Early Economic Thought*, Cambridge, Mass. 1924.

hältnis zwischen den beiden Metallen (damals zwanzig zu eins) mit der größeren Seltenheit von Gold und den Schwierigkeiten seiner Gewinnung. Wie Buridan legte Oresme den Geldmetallen einen intrinsischen Wert bei und begründete mit dieser Ansicht, daß der Gewinn, den die Münzherren aus der Praxis der Münzverschlechterung zogen, als Unrecht zu verdammen sei.[17] Darüber hinaus bewies er lange vor Sir Thomas Gresham, daß schlechtes Geld gutes Geld aus dem Umlauf verdrängt.[18]

So lagen, als das Mittelalter dem Ende zuging, drei verschiedene Geldauffassungen miteinander im Wettstreit: die traditionelle Theorie des *valor impositus* als Reflex universalistischen Denkens wurde von den thomistischen Theologen hochgehalten und von den Fürsprechern der königlichen Münzprivilegien bekräftigt; die von den ockhamistischen Scholastikern vertretene Auffassung verwies auf den ursprünglichen Gebrauch der Geldmetalle, um ihren Glauben an den »intrinsischen« Wert des Geldes und ihre Attacken gegen die Münzverschlechterung zu rechtfertigen; und eine nicht ganz ausformulierte dritte Betrachtungsweise suchte in erster Linie nach den Gründen der Geldwertveränderungen. Diese letztere Betrachtungsweise vertrat der heilige Antonin von Florenz (1389-1459), ebenfalls ein Ockhamist. Ihm war aufgefallen, daß man in Zeiten, in denen Gold gehortet und knapp wird, für die gleiche Menge Geld mehr Güter erhält.[19] Mit diesem Hinweis auf die Mengenrelationen machte er auf einen wesentlichen Faktor bei der Bestimmung des Geldwertes aufmerksam und deutete eine Unterscheidung zwischen dem »intrinsischen« Wert des Geldes und seinem Tauschwert an.

Die Neuformulierung des Wertbegriffs führte zu Angriffen auf die traditionellen Verfahren der Preisbestimmung, wie sie von Theologen wie Heinrich von Langenstein (gestorben 1397), Professor für Theologie an der Universität Wien[20], oder Johannes Gerson (1362-1428), Kanzler der Universität von Paris[21], vertreten wurden. Viel liberaler in seinen Ansichten war Johannes Nider (gestorben 1438), ein Rechtsprofessor an der

---

17 Die für Münzverschlechterung verwandten lateinischen Ausdrücke lauteten *mutatio* und *augmentum*.
18 Im Vorübergehen sei erwähnt, daß sich Buridan und Oresme auch in ihrer Kosmologie von den traditionellen mittelalterlichen Lehren lösten. Sie nahmen eine Theorie der Erdrotation an, nach der die Erde innerhalb einer Sphäre von Fixsternen eine tägliche Drehung um ihre eigene Achse beschreibt. Siehe die von Dana Bennett Durand angeführte Literatur zu »Tradition and Innovation in Fifteenth Century Italy«, in: *Journal of the History of Ideas* 4 (1943), S. 1-20, hier S. 11.
19 Siehe Monroe, *Monetary Theory before Adam Smith*, a.a.O., S. 26.
20 Heinrich von Langenstein, *Tractatus bipartitus de contractibus emptionis et venditionis*.
21 Johannes Gerson, *De contractibus*.

Universität Wien, der es unternahm, die Regeln zu bestimmen, die die Kaufleute bei ihren Transaktionen beachten sollten.[22] Er definierte das Aristotelische Äquivalenzprinzip neu und betrachtete wechselseitige Schätzungen auf Treu und Glauben als vernünftige Grundlage von Äquivalenz (*aequalitas*). Er wies darauf hin, daß diese Schätzung nicht zuletzt von Angebot und Nachfrage abhängt, und führte verschiedene Gesichtspunkte auf, die seiner Auffassung nach den gerechten Preis erheblich beeinflussen. Im Falle eines Wettbewerbs zwischen potentiellen Käufern zählte er den Verkauf an den höchsten Bieter durchaus zu den erlaubten Transaktionen.

Gegen die der thomistischen Preistheorie zugrunde liegenden Prinzipien wandte sich auch der heilige Antonin von Florenz, in mancherlei Hinsicht einer der fortgeschrittensten Ockhamisten.[23] Der Wert eines Gutes, argumentierte er, werde bei gegebener »objektiver« Nützlichkeit hauptsächlich von seiner Knappheit (*raritas*) und seinen Kosten (*difficultas*) bestimmt. Als zusätzliches Element der Tauschwertbestimmung erwähnte er die *complacibilitas*, die individuelle Wertschätzung. Der Käufer ziehe den Gegenstand des Kaufes seinem Preis vor, und für den Verkäufer gelte das Umgekehrte.[24] Damit deutete er eine »subjektive« Werttheorie an. Ohne die traditionelle Anschauung endgültig aufzugeben, bei der Festsetzung des gerechten Preises sei die *communis aestimatio* grundlegend, räumte Antonin den Tauschpartnern beträchtlichen Spielraum ein und zog den Schluß, es liege keine Verletzung gegen das Prinzip des gerechten Preises vor, wenn Abweichungen von der allgemeinen Schätzung von den Parteien gebilligt würden. Entsprechend argumentierte er bei Verkäufen auf Kredit. Eine ähnliche Preistheorie vertrat der Franziskaner Bernardin von Siena (1380-1444), der dem Satz beipflichtete, der gerechte Preis könne von den Parteien bei der Transaktion festgesetzt werden.[25] Er betonte die Nützlichkeit des Handels und die Rolle der Kaufleute, als Vermittler zur Angleichung der Preise an verschiedenen Orten beizutragen.

Schließlich wurde von Gabriel Biel (um 1425-1495) der Begriff eines »gerechten Preis« überhaupt fallengelassen. Dieser letzte ockhamistische Scholastiker, Professor an der Universität Tübingen, führte das Argument an, kein Verkauf oder Kauf käme je zustande, wenn nicht jede

---

22 Johannes Nider, *Compendiosus Tractatus de contractibus mercatorum* (1435). Siehe Robert Zuckerkandl, *Zur Theorie des Preises*, Leipzig 1889, S. 36.
23 Antonin von Florenz, *Summa theologiae moralis*, 3 Bände, Venedig 1485, besonders Zweiter Teil, I, 8. und 16. Kapitel.
24 »Emptor vult sibi rem emptam potius quam pretium et venditor e converso.«
25 Nach Alberto E. Truggenberger, *San Bernardino da Siena*, Bern 1951, geht die Formulierung mancher der ökonomischen Vorschriften, die der heilige Antonin lehrte, auf Bernardins *Quadragesimo de Evangelio aeterno* zurück.

Partei vom Abschluß der Transaktion einen größeren Vorteil als vom Nicht-Abschluß erwartete.[26] Statt auf ein objektives Wertmaß zu vertrauen, wurde nunmehr der Einfluß individueller Schätzungen auf die Preisbestimmung anerkannt.

Als einer der ersten scholastischen Autoren verzichtete Antonin von Florenz auf das traditionelle Argument, die Erhebung von Zinsen auf Geld sei unrechtmäßig, weil das geliehene Geld vom Schuldner ja verbraucht werde. Seiner Ansicht nach war das Zinsnehmen erlaubt, wenn das Darlehen zur Schaffung von Industrie- und Handelsunternehmen gewährt wird, da Geld für erfolgreiche Geschäfte unentbehrlich sei. Eine ähnliche Linie verfolgte der heilige Bernardin mit der Ansicht, der Wert des Geldes könne wachsen, wenn es zu produktiven Zwecken verwandt werde, und diese Verwendung könne Gegenstand eines rechtmäßigen Verkaufes sein. Ebenso gründlich erörterte er die Ausnahmen von dem Verbot, Zinsen auf Geld zu nehmen: *damnum emergens, lucrum cessans* und *poena conventionalis*.

Um die Geschichte dieser Entwicklungen zu vervollständigen, müßte man die Veränderungen in den Vertragsbedingungen analysieren, die mit dem Wandel des ökonomischen Denkens einhergingen. Als typisches Beispiel könnte man sich auf den Fall der erblichen Rente beziehen, von der weidlich Gebrauch gemacht wurde, um das Zinsverbot zu umgehen. Wie schon erwähnt, wurden solche unbestimmten Rentenzahlungen zwischen Verleihern und Leihern vereinbart, um jeden Zusammenhang zwischen der Übertragung der Kapitalsumme und den jährlichen Zahlungen zu vermeiden. So kam es, daß in vielen Regionen Grundbesitz mit Schulden belastet war, die Generationen von Eigentümern zu wiederkehrenden Zahlungen nötigten. Doch konnten diese Schulden nicht getilgt werden, da man eine Rückzahlung des Kapitals für unvereinbar mit dem Wucherverbot hielt. Nach langen Debatten wurde 1425 schließlich eine päpstliche Entscheidung verkündet, die den Rückkauf der Renten erlaubte.[27] Als ein weiteres ökonomisches Problem von weitreichender Bedeutung erwies sich die Zahlung von Zinsen auf öffentliche Anleihen, die im Laufe des vierzehnten Jahrhunderts von verschiedenen Stadtrepubliken Italiens ausgegeben worden waren. Die Ausgabe solcher Anleihen wurde damit gerechtfertigt, daß die Zinszahlung eine Entschädigung für den verlorenen Gewinn darstelle, der mit dem verliehenen Betrag hätte erzielt wer-

---

26 Gabriel Biel, *Collectorium in IV libros sententiarum Guillelmi Occam*, 4 Bände, Tübingen 1501 (Nachdruck: Hildesheim/New York 1977), IV, Dist. 15, q. 12, par. 5; zitiert nach Hector Meredith Robertson, *Aspects of the Rise of Economic Individualism*, Cambridge, Mass. 1933, S. 57.

27 Um diese Frage ging es auf dem Konzil von Konstanz (1414-1416). Gelöst wurde sie schließlich durch eine Entscheidung Papst Martins V. aus dem Jahre 1425, die den Rückkauf erlaubte.

den können, oder als Belohnung für die Gesinnung der Bürger zu verstehen sei, die ihrer Stadt beigestanden hatten, oder schlicht als Geschenk.[28] So waren im fünfzehnten Jahrhundert verschiedene Bollwerke der thomistischen Lehre angeschlagen und vermochten ohne das universalistische Denken im Rücken die Stellung nicht mehr zu sichern. Dies galt für die Wert- und Geldtheorie sowie für die Theorien des gerechten Preises und des Wuchers. Besonders bemerkenswert war der Scharfsinn, den die italienischen Juristen bei dem Versuch an den Tag legten, die Überlistung veralteter scholastischer Vorschriften zu rechtfertigen.

Wandlungen ökonomischer Institutionen

Der allmähliche Zerfall der thomistischen Wirtschaftslehre wurde begleitet und unterstützt von Veränderungen in der öffentlichen Meinung, die sich vor allem in Italien unter dem Einfluß von Kontakten mit dem Nahen Osten vollzogen. Die Emanzipation von dem hierarchischen Begriffsgefüge, auf das sich die starre mittelalterliche Einteilung der Berufe und Beschäftigungen gründete, wurde zu einer weitverbreiteten Forderung. Neue Verfahren zur Organisation von Handels- und Finanzaktivitäten bildeten sich heraus, bei denen verschiedene Funktionen, die unter dem strengen Regime der Scholastik strikt auseinandergehalten worden waren, in einem einzigen Unternehmen zusammengefaßt wurden. Ein vager Begriff von »Kapital« tauchte auf, mit dem man abstrakte und unpersönliche Vermögenswerte und die Gesamtheit der Anteile bezeichnete, die von einem Kaufmann oder einer Bank in verschiedenen Unternehmen gehalten wurden. Es entstanden Geschäftspartnerschaften von Kapitalisten, deren jeder die Freiheit besaß, seinen Anteil zu veräußern, ohne dadurch die Tätigkeit des gemeinsamen Unternehmens zu beeinträchtigen. Solche abstrakte Eigentumsübertragungen wären mit dem traditionellen scholastischen Denken unvereinbar gewesen.
Die Textilindustrie der italienischen und flämischen Städte, die sich seit dem dreizehnten Jahrhundert auf den Bedarf ausländischer Märkte eingestellt hatte, zeigte die typischen Merkmale frühkapitalistischer Organisationen. Einer der ersten Vorläufer des späteren Kapitalismus war das Bankensystem, das sich in den internationalen Handelszentren Italiens und Hollands etablierte.
Als die strengen Moralkategorien der Scholastik auf immer stärkere Zweifel stießen, war die scharfe Trennung zwischen gerechtfertigten Ein-

---

28 Entschieden verteidigt wurden solche Darlehen von Laurentius de Rodulphis in seinem *Tractatus de usuris* (1403). Siehe Edmund Schreiber, *Die volkswirtschaftlichen Anschauungen der Scholastik*, Jena 1913, S. 211.

künften und Streben nach Gewinn um seiner selbst willen kaum noch aufrechtzuerhalten. In der Kunst der systematischen doppelten Buchführung, die die italienischen Kaufleute in der zweiten Hälfte des vierzehnten Jahrhunderts von ihren Nachbarn im Nahen Osten übernahmen, fand das Gewinnstreben seine rationalisierte Gestalt.[29] Der Gleichgewichtsbegriff, eine aus der Mechanik abgeleitete Vorstellung, lieferte das logische Werkzeug zur Bestimmung von Reinverlusten und Reingewinnen.

Die Methoden der Buchführung, die sich in jedem beliebigen Industrie- und Handelsunternehmen einsetzen ließen, verlangten ein hohes Maß an Unabhängigkeit von den traditionellen Beschäftigungs- und Berufskategorien, da die Buchungen nach Regeln zusammengefaßt wurden, die sich von den unmittelbaren Zwecken individueller Unternehmungen gänzlich unterschieden. Zugleich verwandelte sich der Geschäftsbetrieb logisch in eine objektive Entität; seine Beziehungen zu anderen Unternehmen und zu seinen verschiedenen Märkten verselbständigten sich völlig von der Person des Unternehmers. Die Bedeutung dieses Prozesses für die spätere Organisation des Geschäftslebens ist kaum zu überschätzen.[30]

Auch an der zunehmenden Verwendung von Wechseln anstelle von direktem Geldtransfer läßt sich die Einführung neuer logischer Abstraktionsverfahren ins Geschäftsleben veranschaulichen. In ihrer einfachen Form, wie sie Ende des zwölften Jahrhunderts aufkam, stellte die Verwendung solcher Scheine eine zeitweilige Trennung des auf dem Wechsel angezeigten Tauschwerts von der metallischen Substanz (Gold oder Silber) dar, in der man diesen Wert verkörpert sah.[31] Der Wechsel war einfach eine mechanische Vorrichtung, die dazu diente, die Übermittlung von Geldmetallen von einem Ort zum anderen zu erleichtern. Ein gänzlich neuer funktionaler Aspekt kam mit der Einfügung der Klausel »oder Überbringer« hinzu. Damit wurde aus dem Wechsel ein umlauffähiges Papier und trennte endgültig die Übertragung der Tauschwerte von den geschäftlichen Transaktionen, die die Ausgabe der Wechsel veranlaßt hatte.

Im fünfzehnten Jahrhundert war diese Klausel bei italienischen und zumal Florentiner Kaufleuten allgemein in Gebrauch.[32] Ein letzter Schritt

---

29 In Mittel- und Nordeuropa verbreitete sich die Buchführung erst seit der zweiten Hälfte des sechzehnten Jahrhunderts. Siehe Werner Sombart, *Der moderne Kapitalismus*, 2 Bände, Leipzig 1902, Band 1, S. 319.

30 Siehe Amintore Fanfani, *Cattolicesimo e protestantesimo nella formazione storica del capitalismo*, Mailand 1934 (englisch: *Catholicism, Protestantism and Capitalism*, London 1935, S. 162).

31 Ein venezianisches Gesetz »De litteris cambii« wurde im Jahre 1272 verkündet.

32 Etwa hundert Jahre später fand die Klausel »oder Überbringer« ihren Weg auch nach Nordeuropa.

zur Verselbständigung der Schuldtitel von der Transaktion, mit dem sie ursprünglich verbunden waren, war die Ausgabe von Banknoten, die eine unbegrenzte Trennung abstrakter Geldzertifikate von ihrer metallischen Grundlage beinhaltete.

Der Florentiner Rechtsgelehrte Laurentius de Rodulphis war vermutlich der erste, der die verschiedenen Arten der von den Geldwechslern (*campsores*) durchgeführten Transaktionen analysierte.[33] Er unterschied ihre normale Beschäftigung (*cambium minutum*) von ihren Kreditoperationen. Ein wichtiges Instrument bei den letzteren war das *cambium per litteras*, eine schriftliche Zahlungsanweisung auf einen Betrag in einer anderen Währung als der, in welcher die Zahlung geleistet worden war.

Ein anderes Mittel war das *cambium siccum* (»trockener Tausch«), das häufig zur Umgehung des Wucherverbots verwandt wurde. Der geliehene Betrag war in fremder Währung zurückzuzahlen, wobei diese Summe nach geltendem Umrechnungskurs höher lag. Daher wurde ein Wechsel auf einen Strohmann gezogen, der ihn bei Vorlage zu Protest gehen ließ. So wurde die Zinszahlung für den verliehenen Betrag in eine Entschädigung an den Verleiher für den angeblichen Verlust umgewandelt, der beim Tausch wie beim Rücktausch entstand.[34]

Die in spanischen, französischen und italienischen Städten regelmäßig abgehaltenen Messen knüpften ein Netz internationaler Geschäftsbeziehungen, das ohne das Instrument des Wechsels bald nicht mehr auskam.[35] Die Praxis, Zahlungen mit Hilfe solcher schriftlichen Zusagen zu leisten, wurde zu einem der gängigsten Verfahren beim Transport der Schätze Westindiens in die Manufakturwaren und Getreide produzierenden Länder Europas.

Die Herausbildung eines Versicherungswesens als eines regulären Geschäftszweigs, die in Italien im vierzehnten Jahrhundert begann, liefert ein weiteres Beispiel für die zunehmende Anwendung nominalistischer Methoden auf das Geschäftsleben. Im Mittelalter hatte das Bedürfnis nach Schutz vor Risiken, die mit Spekulationsgeschäften und waghalsigen

---

33 De Rodulphis, *De usuris*. Antonin von Florenz übernahm die von Laurentius vorgeschlagene Klassifikation. Im Jahre 1442 beschrieb ein Florentiner Autor, Uzzano, die Praktiken der Wechselgeschäfte unter dem Titel *Practica della mercatura*. Robertson zählt in *Aspects of the Rise of Economic Individualism*, a.a.O., S. 48, mehrere andere Veröffentlichungen dieser Art auf.
34 Derartige Vorgehensweisen wurden in einer päpstlichen Bulle von 1566 als ungesetzlich verdammt.
35 Die Messen der Champagne, die im zehnten Jahrhundert zuerst erwähnt wurden, erreichten im zwölften weltweite Bedeutung; die flämischen Messen standen im zwölften und dreizehnten Jahrhundert in Blüte. Die bedeutendsten Handelsinstrumente wurden auf italienischen Messen entwickelt.

Unternehmungen einhergingen, zu verschiedenen Arten von Partnerschaftsverträgen geführt. Sie waren auf bestimmte Fälle beschränkt. Versicherungsverträge im eigentlichen Sinne beruhen jedoch auf einer logischen Operation, die eine Anzahl von Einzelfällen einzig unter dem Gesichtspunkt kombiniert, daß sie einem bestimmten Risiko ausgesetzt sind. Ein einzelnes, »akzidentelles« Merkmal dieser Fälle wird gewählt, um sie in eine frei gebildete Gruppe aufzunehmen, die im Vertrag zwischen dem Versicherer und seinen Klienten umschrieben wird. In seiner zu Beginn des fünfzehnten Jahrhunderts verfaßten Abhandlung über den Wucher erörterte Laurentius de Rodulphis verschiedene Verträge dieser Art, besonders solche, die Versicherungsschutz gegen Verluste beim Transport auf dem Land- oder Seeweg gewähren. Er hielt sie für völlig legitim. Die fortschreitende Lockerung von Marktbeschränkungen ermunterte zur Übernahme von Risiken, eine Bereitschaft, die von den strengen scholastischen Kategorien gehemmt worden war. Mit den Prinzipien der Lebensversicherung tauchte dann auch der Begriff der Wahrscheinlichkeit auf.

Diese und ähnliche Entwicklungen waren symptomatisch für die Rolle, die das Profitstreben zu spielen begann: nicht bloß als Ausdruck von Habgier, die von den Kirchenoberen verdammt wurde, sondern als rationales Organisationsprinzip von Produktion und Handel. Voraussetzung für diese Strukturveränderung der Ökonomie war die Anpassung der Denkweisen der Fabrikanten, Händler und Geldverleiher an ein neues logisches Klima voller Risiken und Ungewißheiten. Als diese neue Einstellung an Dynamik gewann, war eine unwiderstehliche Bewegung entstanden, die schließlich die Fundamente zerstörte, auf denen sich die überwiegend statische Struktur des mittelalterlichen Lebens erhoben hatte.

Die Schule von Salamanca und die jesuitischen Scholastiker

Fast überall in Westeuropa und Italien hatten die Prinzipien der thomistischen Scholastik im Laufe des fünfzehnten und sechzehnten Jahrhunderts ihre Vorherrschaft eingebüßt. Auf der iberischen Halbinsel war es der Kirche dank ihrem anhaltenden Kampf gegen die arabischen Invasoren jedoch gelungen, ihre Machtposition in allen geistlichen und weltlichen Angelegenheiten zu bewahren. Von der absoluten Gültigkeit der thomistischen Lehre zutiefst überzeugt, hielten dominikanische Theologen alle religiösen Fragen unter ihrer strengen Kontrolle und dehnten diese Aufsicht auf die Verwaltung, das Erziehungswesen sowie auf kulturelle und wirtschaftliche Tätigkeiten aus. Der bedeutendste Sitz der thomistischen Tradition war die Universität von Salamanca in Spanien, die im sechzehn-

ten Jahrhundert wegen der Leistungen ihrer Gelehrten auf den Gebieten der Theologie und Jurisprudenz hohen Ruhm genoß.[36]
Von den dominikanischen Theologen als Interpreten des kanonischen Rechts wurden Entscheidungen über die Rechtmäßigkeit ökonomischer Praktiken erwartet; daher mußten sie Verfahren entwickeln, mit denen sich einzelne Fälle analysieren und allgemeine Normen für rechtmäßiges Verhalten aufstellen ließen. Bei ihrer Bemühung, die strenge Beachtung der ökonomischen Richtlinien des Thomismus durchzusetzen, sahen sich die Theologen natürlich in zunehmendem Maße radikal veränderten Umständen gegenüber, als nach der Entdeckung Westindiens die Eroberer Mexikos und Perus Ströme von Gold und Silber auf die Halbinsel brachten. Heftige inflationäre Preisentwicklungen untergruben allmählich die Stabilität der heimischen Märkte, und der Fernhandel nahm wachsende und unerwartete Dimensionen an, weil die neuerworbenen Schätze weitgehend dazu verwandt wurden, ausländische Waren zu kaufen. Spanische Messen, auf denen diese Geschäfte abgewickelt wurden, gewannen rasch an Bedeutung.[37] Solche Messen wurden zu Zentren des internationalen Zahlungsverkehrs, und selbst Kaufleute, die sie nicht besuchten, erhielten auf diese Weise die Möglichkeit, ihre gegenseitigen Forderungen und Schulden miteinander zu verrechnen. Zugleich entwickelten sich starke Diskrepanzen zwischen dem Wert der spanischen Währung, dem *maravedi*, und den Währungen der Exportländer.[38] Während der ersten Jahrzehnte des sechzehnten Jahrhunderts betrug die Relation zwischen dem Wert des *maravedi* in Flandern und seinem Wert auf einer spanischen Messe 360 zu 410, und ähnliche Relationen bestanden zwischen Italien und Spanien. Die Preisunterschiede der verschiedenen Waren boten also Gelegenheit zu beträchtlichen Profiten, und gleichzeitig ließen sich, ganz unabhängig vom Handel, enorme Gewinne durch reine Geldtransaktionen erzielen. Zudem stand der Weg offen, das Verbot des »Wuchers« dadurch zu umgehen, daß man Geld auf der einen Messe verlieh und es sich auf einer anderen zu einem viel höheren Kurs zurückzahlen ließ. So entstanden viele zweifelhafte Praktiken auf den Messen, und die Theologen waren oft zu subtilen Distinktionen genötigt, um das, was als erlaubt galt, von dem, was als unrechtmäßig zu verdammen war, zu unterschei-

---

36 Die Schule von Salamanca wurde von Francisco di Vitoria begründet. In den Jahren 1534/35 hielt er eine Vorlesung über die *Secunda secundae* oder die Moraltheologie des heiligen Thomas, die später auch veröffentlicht wurde. Unter den erörterten Themen befanden sich auch verschiedene Probleme der Wirtschaftsethik. Siehe M. Grice-Hutchinson, *The School of Salamanca*, Oxford 1952, S. 42 und passim.
37 Im sechzehnten Jahrhundert wurden die wichtigsten spanischen Messen in Medina del Campo, Rioseco und Villelon abgehalten.
38 Zur Geschichte des *maravedi* siehe Diego de Covarrubias, *Veterum numismatum collatio* (1550).

den. Häufig waren unter dem Druck der veränderten ökonomischen Bedingungen Umdeutungen der traditionellen Vorschriften unvermeidlich. Die Dominikaner hielten es für ihre Pflicht, die Kaufleute vor drohenden Sünden zu bewahren und ihnen zur Rettung ihrer Seelen hilfreich beiseite zu stehen. Zahlreiche Handbücher wurden in dieser Absicht geschrieben, meistens von Mönchen.[39]

Ein schwieriges Problem von grundlegender Bedeutung war die Definition des »gerechten Preises« in einer Zeit heftiger inflationärer Preisentwicklungen. Arbeit und andere Auslagen, die bisher als wichtige Faktoren bei der Bestimmung eines gerechten Preises gegolten hatten, konnten kaum eine vernünftige Richtschnur liefern, als die Preise ihre Stabilität verloren hatten.[40] Daher richteten die Dominikaner ihre Bemühungen im wesentlichen darauf, die traditionelle Bestimmung des gerechten Preises als Ausdruck einer *communis aestimatio* zu verteidigen. Doch ließ sich diese Formel unterschiedlich interpretieren.

Um die Frage des gerechten Preises ging es auch in den Traktaten einiger spanischer jesuitischer Rechtsgelehrter, die jedoch weniger besorgt darum waren, die thomistische Lehre zu retten. Luis Molina (1535-1600) und Kardinal Juan de Lugo (gestorben 1660) benutzten Ausdrücke wie »natürliche Klugheit« oder »kluge ökonomische Vernunft«, um zu charakterisieren, welches Vorgehen bei der Bestimmung des gerechten Preises wünschenswert wäre, und legte die Bedingungen fest, unter denen bestimmte Kostenelemente bei der Definition zulässiger Preise berücksichtigt werden durften. Doch ebenso wie die Dominikaner lehnten sie die von Duns Scotus – dem großen Gegenspieler des heiligen Thomas – vertretene Formel ab, daß die Bezahlung von Arbeit und Auslagen die Richtschnur für die Bestimmung des gerechten Preises abgeben solle. Sie wiesen auf die Gefahren hin, die entstünden, wenn dem Verkäufer erlaubt wäre, den Ausdruck *expenses* in einem sehr weiten Sinne zu deuten.[41]

Zur Erklärung des Preisanstiegs wurde gewöhnlich die traditionelle Auffassung akzeptiert, daß der Wert der Münzen durch Reduktion des Metallgehalts der Zahlungsmittel verschlechtert worden sei.[42] Martin de Azpilcueta Novarro, der in den fünfziger Jahren des siebzehnten Jahrhunderts schrieb, beobachtete jedoch, daß Verkaufsgüter und Arbeit in

---

39 Ein derartiges Handbuch war Tómas de Mercados *Tratos y contratos de mercederes*, Salamanca 1569.
40 Siehe die Zitate aus den Werken von Saraviu de la Cella, Diego de Covarrubias und Francisco Garcia in: Grice-Hutchinson, *The School of Salamanca*, a.a.O., S. 48 und passim.
41 Siehe Bernard William Dempsey, *Interest and Usury*, Washington, D.C. 1943, S. 95, 144 ff.
42 Auf diese Erklärung bezog sich Diego de Covarrubias in seinem Traktat.

Spanien viel billiger gewesen seien, als das Geld knapper war und das Land noch nicht von Gold und Silber überflutet wurde.[43] Er war einer der ersten Autoren, die auf die wirkliche Ursache inflationärer Preisentwicklungen hingewiesen haben.

Die Theorie des intrinsischen Geldwertes erfreute sich allgemeiner Anerkennung. Um die Schwankungen im Wert der Münzen mit dem angenommenen inneren Wert der Geldmetalle zu vereinbaren, unterschied man zwischen dem inneren Wert und dem Tauschwert der Metalle. Der Tauschwert sollte dabei entsprechend den Veränderungen von Nachfrage und Angebot, Nützlichkeit, Sicherheit und anderen Faktoren, die die allgemeine Schätzung betreffen, Schwankungen unterliegen. Im Jahre 1553 kam Domingo de Soto, ein herausragender dominikanischer Theologe, zu dem Schluß, an einem Ort, wo das Geld knapp ist, eine geringere Summe zu erhalten als dort, wo es im Überfluß vorhanden ist, sei ebenso rechtmäßig wie der Tausch von einem Maß Weizen, das dort geliefert wird, wo sein Preis hoch ist, gegen zwei Maß dort, wo er billig ist.[44] Solche Vorgehensweisen erschienen mit dem Prinzip gerechter Preise durchaus vereinbar. So fanden die allgemeinen Bedingungen von Nachfrage und Angebot bei der Interpretation des Tauschwerts des Geldes Berücksichtigung.

Diese Lehre wurde von Novarro ausgearbeitet, von Tómas de Mercado popularisiert und von Molina bestätigt. Ebenso wie der Preis von Gütern, die im Überfluß vorhanden sind, nachgibt, auch wenn die Geldmenge und die Zahl der Kaufleute gleichbleiben, so läßt ein Überfluß an Geld die Güterpreise steigen, auch wenn die Zahl der Güter und der Kaufleute gleichbleibt. Molina entwickelte so den Begriff eines Geldwertes, der »aus den Umständen entsteht«, und ließ die traditionelle Auffassung fallen, die jede Geldentwertung mit Praktiken der Münzverschlechterung in Zusammenhang brachte. Zumindest ein indirekter Verweis auf eine Quantitätstheorie des Geldes war in seiner Behauptung enthalten, daß ohne Rücksicht darauf, ob das Geld an zwei verschiedenen Orten dasselbe Materialgewicht hat und denselben Stempel trägt, sowie ohne Rücksicht darauf, ob jeder Münze im Vergleich zu anderen an demselben Ort derselbe Wert zugewiesen worden ist oder nicht, das ganze Geld zusammengenommen an einem Ort mehr wert sein kann als das ganze Geld eines anderen Ortes zusammengenommen an diesem anderen Ort.[45] Das gleiche Argument benutzte Molina für Unterschiede im Geldwert

---

43 Martin de Azpilcueta Novarro, *Comentario resolutorio de usuras*, Salamanca 1556. Siehe Grice-Hutchinson, *The School of Salamanca*, a.a.O., S. 95.

44 Domingo de Soto, *De iustitia et iure*, Salamanca 1553. De Soto war der Beichtvater Karls V. und sein Vertreter auf dem Konzil von Trient.

45 Luis Molina, *De iustitia et iure*, 1597, II, Disp. 406 und 410, zitiert in Dempsey, *Interest and Usury*, a.a.O., S. 157. Zu der hier aufgeworfenen Frage verwies Molina

am selben Ort über einen Zeitraum hinweg. Veränderungen im Wert des Geldes wurden also damit erklärt, daß die Handels- und Gewinnmöglichkeiten zeitlich und örtlich variieren.[46]

Noch vertrackter als die Probleme, die mit der Beachtung der Prinzipien des gerechten Preises und des rechtmäßigen Geldwertes zusammenhingen, waren für die Dominikaner von Salamanca die Fragen, die sich aus ihrem Bemühen ergaben, für die Befolgung des »Wucher«verbots zu sorgen und zu verhindern, daß Handelstransaktionen zur Erzielung unrechtmäßiger Gewinne führten. Geldtransfer mit Hilfe von Wechseln wurde als legitimer Vorgang betrachtet, und den dabei gemachten Profit verstand man als Kompensation für die Arbeit und die Risiken, die die Versendung von Geld ins Ausland mit sich bringt. Solche Transfers konnten ohne direkten Verstoß gegen das in Spanien geltende Ausfuhrverbot von Hartgeld vonstatten gehen; man nahm an, sie lägen im öffentlichen Interesse.[47] Doch die äußerst einträglichen doppelten Tausch- und Rücktauschgeschäfte wurden als wucherisch verdammt. Gleichermaßen verurteilt wurden verschiedene Praktiken, die der Umgehung des Wucherverbots dienten.

Ob ein Gewinn rechtmäßig daraus gezogen werden könne, daß man auf einer Messe Geld verleiht und es sich auf einer anderen zu einem weit günstigeren Kurs zurückzahlen läßt, war Gegenstand einer interessanten Entscheidung, die im Jahre 1530 von den Theologen der Universität von Paris getroffen wurde.[48] Der Vertrag wurde für unrechtmäßig erklärt, hauptsächlich deswegen, weil im Unterschied zu den üblichen Auslagen, die mit dem Geldtransfer verbunden sind, die Differenz zwischen dem gezahlten und dem erhaltenen Betrag sich dem Umrechnungskurs verdanke und keine Entschädigung für geleistete Dienste und übernommene Risiken bei der Transaktion darstelle.

Im Unterschied zu den Dominikanern ließen die jesuitischen Juristen in ihrer Behandlung des Wucherproblems eine bemerkenswerte Nachsicht walten. Zur Rechtfertigung des Verbots, Zinsen auf Geld zu nehmen, brachten sie zwei Hauptargumente vor: erstens lasse sich der Gebrauch des Geldes logisch nicht von seinem Verbrauch trennen und zum Gegen-

---

auf die Quantitätstheorie des Geldes. Siehe Hugo Hegeland, *The Quantity Theory of Money*, Göteborg 1951, S. 21.

46 Siehe die von Dempsey, *Interest and Usury*, a.a.O., S. 159, angeführten Zitate aus den Abhandlungen *de iustitia et iure* der Jesuiten Leonard Lessius und Kardinal Juan de Lugo. Die letzte Auflage von de Lugos maßgeblichem Traktat aus dem Jahre 1642 erschien 1892.

47 Banken für den Giroverkehr wurden 1586 in Genf, 1587 in Venedig, 1609 in Amsterdam und 1619 in Hamburg gegründet.

48 Siehe die Übersetzung des Urteilsspruchs und die Reaktion darauf im Anhang 1 von Grice-Hutchinson, *The School of Salamanca*, a.a.O.

stand von Kompensationsforderungen machen; zweitens mindere das bloße Verstreichen eines Zeitraums noch nicht den Wert des Geldes.[49] Es fällt auf, daß die jesuitischen Interpreten der kanonischen Lehren den Aristotelischen Verweis auf die »Unfruchtbarkeit« des Geldes praktisch ignorierten. Sie unterschieden »Geld an und für sich« (*per se*) von Geld, das unter gewissen Umständen (*per accidens*) Früchte trägt.[50] Sie erlaubten die Erhebung von Zinsen als den üblichen Preis für den »Verzicht«, den die Verleiher auf das verborgte Geld leisten. Denn sonst würden letztere ja wegen des entgangenen Gewinns oder verlorener Gewinnchancen im allgemeinen einen Verlust erleiden.[51] In ihren Erörterungen wirtschaftspolitischer Fragen äußerten sich die jesuitischen Rechtsgelehrten gegenüber verschiedenen Institutionen des Frühkapitalismus wohlwollend. Freilich waren ihre feinsinnigen Unterscheidungen zwischen dem, was nach kanonischem Recht erlaubt sei, und dem, was ihm zuwiderlaufe, nicht von ökonomischen Überlegungen motiviert.[52] Beinahe in allen ihren Argumenten blieben sie den scholastischen Kategorien treu. Die Versuche der dominikanischen Theologen und der jesuitischen Rechtsgelehrten, an einigen Leitprinzipien der thomistischen Wirtschaftslehre festzuhalten, reichen weit bis in die Zeit hinein, die gewöhnlich als Epoche des Merkantilismus angesprochen wird. In der Zwischenzeit hatten die Regierungen fast sämtlicher Länder West- und Mitteleuropas die Zuständigkeit der kirchlichen Gerichte auf solche Fälle begrenzt, bei denen es um religiöse Fragen ging: das kanonische Recht wurde weitgehend durch die Anwendung des Zivilrechts verdrängt, aus dem die Überreste scholastischer Rechtskategorien immer weiter verschwanden. Doch unabhängig von den Entscheidungen der weltlichen Gerichtsbarkeit wurden religiöse Ratschläge zum ökonomischen Verhalten in fast allen Ländern bis weit ins sechzehnte Jahrhundert hinein befolgt.

---

49 Juan de Lugo, *De iustitia et iure*, Lugduni 1642, Disp. 26, Par. 96, zitiert von Dempsey, *Interest and Usury*, a.a.O., S. 170.
50 Siehe die Zitate von de Lugo, *De iustitia et iure*, und Lessius, *De iustitia et iure*, in Dempsey, *Interest and Usury*, a.a.O., S. 159.
51 Der neuscholastische Wirtschaftswissenschaftler Heinrich Pesch (*Lehrbuch der Nationalökonomie*, 5 Bände, Freiburg 1905-1923, hier: Band 5, S. 729) hat eine solche Formulierung der Ausnahmen vom Wucherverbot kritisiert, weil dabei die Rechtmäßigkeit dieser Ausnahmen von Erwägungen abhängig gemacht werde, die sich auf die jeweilige individuelle Situation beziehen. Er vertrat die Auffassung, daß die Existenz eines einheitlichen Zinssatzes mit den Prinzipien der Erstattung eines Schadens oder eines entgangenen Gewinns nicht zu vereinbaren sei. Siehe Richard E. Mulcahy, *The Economics of Heinrich Pesch*, New York 1952, S. 156.
52 Zu dieser Frage siehe eine Diskussion im *Economic Journal* 41 (1931), S. 646-649, und 42 (1932), S. 123-137.

Zweiter Teil
Die Entwicklung der baconschen
und der cartesianischen Wirtschaftslehre

3. Kapitel
Die Übergangsperiode
(Fünfzehntes und
sechzehntes Jahrhundert)

Denkmuster im Wandel und im Konflikt

Der Machtverfall der kirchlichen Autoritäten und die fortschreitende Auflösung des Heiligen Römischen Reiches ebnete mächtigen »Nationalstaaten« den Weg, die jetzt entstanden und miteinander um die Vorherrschaft wetteiferten.[1] Dieser Kampf ging in einer Welt vor sich, deren innerer Zusammenhalt in dem Maße geschwächt war, wie die einheitlichen und vereinheitlichenden Methoden des mittelalterlichen Denkens vom Einfluß anderer Denkmuster zunehmend untergraben wurden. Revolutionäre Veränderungen der politischen Ideen und die Anwendung neuer Verfahren bei der Organisation von Produktion und Handel führten zu neuen Problemen, die mit den bisherigen Methoden nicht mehr wirksam zu bewältigen waren. Im Laufe dieser Entwicklungen tauchte eine ganze Reihe einander widerstreitender Denkmuster auf. Daher lassen sich vom fünfzehnten Jahrhundert an die verschiedenen europäischen Regionen nach den Denkrichtungen unterscheiden, die das Denken der gebildeten Bevölkerungsschichten von nun an bestimmen sollten.
Die vorchristliche Zivilisation hatte ihre höchste Blüte auf der italischen Halbinsel unter den römischen Kaisern erlebt. Im Mittelalter schuf Italien abermals die zentralen Institutionen zur Organisation eines völlig

---

[1] Der Ausdruck *Nationalstaaten* verdankt seine Entstehung dem Einfluß des organistischen Denkens, das sich im neunzehnten Jahrhundert entwickelte. Insofern ist der Ausdruck nicht ganz angemessen, um die europäischen Königreiche und Fürstentümer zu bezeichnen, die von ehrgeizigen Herrschern geeint wurden und nach dem Ende des Mittelalters auf die Sicherung ihrer Unabhängigkeit von der kaiserlichen Obergewalt bedacht waren. Versteht man ihn richtig, ist der Begriff der Bequemlichkeit halber jedoch durchaus verwendbar. Aus dem gleichen Grund werden im folgenden häufig die Namen der modernen politischen Gemeinwesen (England, Frankreich und so weiter) gebraucht, um Territorien und Gebiete einer Epoche zu kennzeichnen, deren politische Gestaltung sich von derjenigen in neuerer Zeit deutlich unterschied.

einheitlichen Musters des religiösen und sozialen Lebens im Abendland. Mit der Zersetzung der scholastischen Lehre und dem nachfolgenden Niedergang der kirchlichen Machtposition entstanden auf italienischem Boden abermals neue und kraftvolle Denkströmungen, und die italienische Renaissance eröffnete mit der Verschmelzung kultureller Entwicklungstendenzen aus vorchristlicher und mittelalterlicher Zeit eine neue Epoche in der Geschichte der westlichen Zivilisation. An erster Stelle der Faktoren, die die außergewöhnlichen geistigen, wirtschaftlichen und künstlerischen Leistungen der Renaissance ermöglichten, stand die Existenz einer Reihe von intellektuell und kommerziell hochentwickelten Stadtstaaten, die miteinander um ihre Berühmtheit wetteiferten. Starke geistige Impulse lieferten gleichzeitig die engen Kontakte mit dem Nahen Osten, wo das Studium der griechischen und römischen Literatur niemals unterbrochen war. In Italien war die Kenntnis dieser Literatur besonders durch den Strom von Flüchtlingen verbreitet, die nach der Eroberung Kostantinopels durch die osmanischen Türken (1453) ins Land kamen.

Von Italien dehnten sich die neuen geistigen Bewegungen über weite Teile des europäischen Kontinents aus. Die Druckerpresse war ein machtvolles Instrument zur Vermittlung neuer Ideen sowie zur Weitergabe der Ergebnisse kritischen Denkens an immer größere Gruppen von Gebildeten.

Die Veränderungen, die während dieser Zeit im religiösen, moralischen, politischen, wissenschaftlichen und künstlerischen Lebensbereich stattfanden, sind Gegenstand ausführlicher Untersuchungen gewesen. Sie begannen vor etwa hundert Jahren mit der Veröffentlichung eines faszinierenden Porträts, das der Schweizer Historiker Jacob Burckhardt von der Kultur der italienischen Renaissance zwischen der Mitte des vierzehnten und des sechzehnten Jahrhunderts gezeichnet hatte.[2] Burckhardt verstand diese Epoche als eine geistige Einheit, die von der schöpferischen Energie ihrer führenden Persönlichkeiten vorangetrieben wurde. Später entwickelten einige deutsche Philosophen, insbesondere Wilhelm Dilthey und Ernst Cassirer, den Begriff des »Geistes der Renaissance«, eine Interpretation, die sich weitgehender Zustimmung erfreute.[3]

Andere Gelehrte jener Zeit erhoben die Frage, ob sich die Epoche der Renaissance einigermaßen präzise bestimmen lasse. Sie wiesen darauf hin, daß viele der von den Denkern der Renaissance betonten Ideen im mittelalterlichen Denken wurzelten. Überdies sei es kein einheitlicher Geist, der die Renaissance geprägt habe; vielmehr seien im fünfzehnten und sechzehnten Jahrhundert unterschiedliche und miteinander konkurrie-

---

2 Jacob Burckhardt, *Die Cultur der Renaissance in Italien*, Basel 1860.
3 Zu dieser Frage siehe Paul Oskar Kristeller und John Herman Randall, jr., »The Study of the Philosophies of the Renaissance«, in: *Journal of the History of Ideas* 2 (1941), S. 449-496.

rende Denkströmungen hervorgetreten. Die einzelnen Zweige von Wissenschaft und Kultur seien von diesen intellektuellen Vorgängen in sehr verschiedenem Grade berührt worden. Daher sei die unscharf begrenzte Epoche der Renaissance eher als Übergangszeit zu betrachten, von der unterschiedliche geistige Entwicklungen ihren Ausgang nahmen.
Uns beschäftigen diese Probleme hier in dem Maße, wie die neuen philosophischen Bewegungen die mittelalterliche Behandlung ökonomischer Fragen und die Organisation des wirtschaftlichen und sozialen Lebens nicht unberührt ließen. Ihren Hauptsitz hatten diese Bewegungen an verschiedenen italienischen Universitäten, doch fanden sie in den Schriften gebildeter Laien, Physiker, Anwälte, Bankiers und Kaufleute zusätzlich Unterstützung.
Nach allgemein akzeptierter Auffassung haben sich im Verlauf dieser leidenschaftlich erregten Epoche aus der erstaunlichen Vielzahl von Ideen und Schulen drei geistige Hauptströmungen herauskristallisiert. Erstens spielten die verschiedenen Versionen eines verfeinerten Aristotelismus eine bedeutsame Rolle; sie waren an so berühmten italienischen Universitäten wie Padua, Bologna und Pavia die tragende Säule von Forschung und Lehre. In lebhaftem Gegensatz dazu stand die zweite Bewegung, eine neuplatonische Schule, die sich der Unterstützung der Medici erfreute und deren Mittelpunkt die 1462 gegründete Akademie von Florenz war. Die führenden Mitglieder dieser Schule suchten nach »universaler Wahrheit« und bemühten sich um eine feste metaphysische Grundlegung der Mathematik. Ebenso ablehnend zur aristotelischen Methodologie stand die dritte, vorwiegend literarische Bewegung des *Humanismus*. Sie leitete ihre Ideale aus dem Studium lateinischer und griechischer Autoren ab.
Zwei Hauptspielarten des Aristotelismus standen sich gegenüber. An den von dominikanischen Gelehrten beherrschten Universitäten blieb die thomistische Variante des Aristotelismus die führende Philosophie; in seiner ockhamistischen Version fiel er an einigen italienischen Hochschulen auf fruchtbaren Boden. Unter methodologischem Gesichtspunkt ebenso bedeutend war die Schule der »lateinischen Averroisten«, die um die Mitte des fünfzehnten Jahrhunderts an der Universität Padua eine dominierende Position eroberten.[4] Sie verfolgten ihre Studien nach der gleichen Methode wie ihre Vorgänger im vierzehnten Jahrhundert an der Universität Paris und entwickelten einige Leitgedanken des franziskanischen Gelehrten Francis Bacon weiter, der im dreizehnten Jahrhundert

---

4 Zu der folgenden Diskussion siehe unter anderem den Beitrag von Paul Oskar Kristeller, »Renaissance Philosophies« (sowie die dort aufgeführte Literatur) in: Vergilius Ferm (Hg.), *A History of Philosophical Systems*, New York 1950, 18. Kapitel.

darauf gedrängt hatte, die Kenntnis der Naturkräfte mit Hilfe von Hypothesen und empirischen Untersuchungen zu verbessern.[5]
Diese Position der Averroisten zu Padua wurde in einer langen und erregenden Kontroverse von den Alexandristen bekämpft. Letztere betonten die materialistischen Züge der Aristotelischen Philosophie und wandten sich heftig gegen die pantheistischen Elemente des Averroismus.[6] Beide versuchten, einen offenen Bruch mit der dogmatischen Theologie zu vermeiden, indem sie auf die Theorie der »doppelten Wahrheit« zurückgriffen. Nach dieser sollte die eine Art Wahrheit ausschließlich im Rahmen eines philosophischen Systems gelten, während die theologische Lehre aus der Offenbarung eine völlig andere herleiten mochte.

Unter *Humanismus* verstand man nicht so sehr eine Schule mit klarem methodologischem Gerüst und widerspruchsfreien philosophischen Grundsätzen als vielmehr eine Bewegung, die von einer tiefen Begeisterung für das Studium der griechischen und lateinischen Klassiker inspiriert war. Von Italien, wo sie ihren ersten bemerkenswerten Vertreter in Francesco Petrarca (1304-1374) gefunden hatte, breitete sie sich nach Frankreich, den Niederlanden und England aus. Den Humanisten kommt das Verdienst zu, viele bedeutende und bis dahin unbekannte oder vernachlässigte klassische Schriften entdeckt zu haben. Gelehrsamkeit und Anhäufung von Wissen aus klassischen Quellen stellten sie in den Mittelpunkt ihres Bildungsbegriffs. Unter dem Einfluß der innerweltlich orientierten humanistischen Lebensauffassung nahm Bildung einen radikal veränderten Sinn an. Im Unterschied zu den Aristotelikern lehnten sie alle spezifisch christlichen Begriffe ab und stellten sich gegen beinahe sämtliche Prinzipien der scholastischen Methodologie. Das Streben nach geistiger Freiheit und eine Reform des sozialen Lebens, das sich an den Idealen der stoischen Philosophen orientieren sollte, waren herausragende Ziele der humanistischen Bewegung. Dem Studium der menschlichen Natur und der Stellung des Menschen wurde besondere Aufmerksamkeit geschenkt, woraus anregende individualistische Philosophien erwuchsen. Andere Humanisten hoben die formalen Aspekte der klassischen literarischen Quellen hervor: Grammatik, Poetik und Rhetorik. Unter dem Einfluß dieser Quellen verstanden sie die Geschichte als kontinuierlichen Prozeß und kamen zu dem Schluß, die menschliche Natur sei ohne Rücksicht auf die Verschiedenheit der Umstände, unter denen die Menschen leben, letztlich dieselbe. Seit dem fünfzehnten Jahrhundert prägte der Humanismus dem Bildungssystem der meisten west-

---

5 Siehe Herman Randall, jr., »The Development of Scientific Method in the School of Padua«, in: *Journal of the History of Ideas* 1 (1940), S. 177-206.
6 Die Alexandristen schlossen sich einer Aristoteles-Interpretation an, die von dem griechischen Kommentator Alexander von Aphrodisias vertreten wurde.

und mitteleuropäischen Länder seinen Stempel auf. Einige führende Humanisten wie Lorenzo Valla (1406-1457) versuchten sogar, auf der Grundlage des Studiums der antiken Rhetorik eine vereinfachte Form der Logik zu entwickeln. Ähnliche Vorstellungen wurden von Pierre la Ramée (Petrus Ramus, 1515-1572) zugespitzt und ausgearbeitet. Sie mündeten schließlich in fruchtlose Versuche, die Übung in logischem Denken durch eine »natürliche Logik« des gesunden Menschenverstandes zu ersetzen.

Wo immer diese geistigen Bewegungen, zumal der Averroismus und Humanismus, festen Fuß fassen konnten, war bald der Boden für eine Befreiung des ökonomischen Denkens von den Fesseln der mittelalterlichen Moraltheologie und für die Annahme einer »natürlichen« Philosophie bereitet. Ein wesentliches Element dieser Philosophie war der Glaube an die Gleichförmigkeit der menschlichen Natur, verbunden mit der Überzeugung, daß der »Fortschritt« in allen Lebensbereichen von einem verstärkten Studium der Natur und einer umfassenderen Ausnutzung der Naturkräfte abhänge.

Derartige Ideen trugen erheblich dazu bei, die schöpferische Energie von Künstlern, Handwerkern und Fabrikanten anzuregen, und führten in das wirtschaftliche und soziale Leben ein »dynamisches« Element ein. Außerdem förderten diese Philosophen den Gedanken, daß die rechtliche und administrative Regelung dieses Lebens dem Wirken der schöpferischen Kräfte entsprechen müsse, das von jedem Eingriff der Regierung unabhängig ist.

Die Anwendung bestimmter nominalistischer Prinzipien auf gesellschaftliche Probleme machte sich zunächst und vor allem im Bereich der politischen Philosophie bemerkbar, als einige herausragende italienische Autoren die Souveränität des Willens verkündeten und die überkommene Auffassung zurückwiesen, über die Ziele des gesellschaftlichen Handelns wie des individuellen Verhaltens bestimme als höchste Instanz die Vernunft. Gleichzeitig fielen immer mehr Zweifel auf die Bevormundung, die die Geistlichkeit in weltlichen Dingen ausübte. Besondere Aufmerksamkeit fanden daher die hypothetischen Elemente, die in jeder Entscheidungsfindung enthalten sind; zahllose Anspielungen auf Risiko und Ungewißheit in Kunst, Literatur und populären Schriften künden davon. Die Erwähnung »Fortunas«, der Herrscherin über alle Dinge, und ihrer Symbole war geradezu ein Gemeinplatz.

Ihren vollendeten Ausdruck fand diese Beförderung des Willens zum Bestimmungsgrund menschlichen Handelns in der berühmten Abhandlung *Il Principe*, die Niccolò Machiavelli (1469-1527) aus Florenz im Jahre 1513 veröffentlichte. Seine politische Philosophie kam fast ohne jeden Bezug auf die Hierarchie des mittelalterlichen Begriffssystems aus. Statt dessen beruhte sie auf einer spekulativen Theorie über den Aufstieg und Fall der Staaten und sollte geeignete Methoden lehren, die einen Herrscher mächtig und sein Regime dauerhaft machen. Sein Staatsideal leitete Machiavelli von der römischen Antike her und verstand darunter eine politische Gemeinschaft, die von aller äußeren Autorität, zumal der der Kirche, unabhängig wäre. Die Interessen des Fürsten richteten sich auf willentlich bestimmte weltliche Ziele; die Vernunft sollte die Mittel zu deren Erreichung liefern. Zu den letzten Konsequenzen der politischen Ideen Machiavellis gehörte die Einigung Italiens. Der zutiefst hypothetische Hintergrund dieser politischen Philosophie ließ Machiavellis Werk zu einem Wendepunkt in der Geschichte des abendländischen Denkens werden. Einer seiner wichtigsten Nachfolger, Giovanni Botero (1540-1617), stellte die politischen Überlegungen Machiavellis auf eine breitere Grundlage, indem er sie mit geschichtlichen Tatsachen untermauerte.[7]

Bei seiner Verteidigung der Unabhängigkeit weltlicher Herrscher bezog sich Machiavelli auf die Theorie des Gesellschaftsvertrags, die den scholastischen Glauben an einen »Sozialtrieb« als Urquell allen politischen Lebens ersetzen sollte. Doch so, wie sie von Machiavelli, Thomas Morus und anderen politischen Denkern des sechzehnten Jahrhunderts gedeutet wurde, wich die Idee des Gesellschaftsvertrags erheblich von der entsprechenden Idee einiger individualistischer Philosophen der Griechen ab.[8] Vielmehr beriefen sich jene politischen Denker auf die Regeln eines von der Vernunft konzipierten Naturrechts, um eine Lehre aufzustellen, die es ihnen ermöglichte, die ererbten Rechte der Könige und Fürsten aus Unterwerfungsverträgen abzuleiten, die zwischen deren Vorfahren und der Gesamtheit ihrer Untertanen abgeschlossen worden seien. Als Muster derartiger Verträge wurde oft der Bund des Alten Testaments genannt.

Eng verbunden mit dieser Theorie war die Annahme, der »bürgerlichen« Gesellschaft sei ein »Naturzustand« vorangegangen, wenngleich der Begriff dieses Urzustandes nicht klar definiert und die Frage nicht schlüssig beantwortet wurde, wie der Übergang zum organisierten sozialen Leben stattgefunden haben mochte. Eine mittelbare Folge der Diskussionen um die Merkmale des Naturzustandes war eine klare Trennung zwischen dem Begriff der Gesellschaft und dem der politischen Gemeinschaft. Damit war ein Weg gebahnt, um die sozialen Beziehungen unabhängig von ihren politischen Aspekten und den damit einhergehenden normativen Implikationen zu untersuchen.

7 Giovanni Botero, *Della ragion di stato*, Venedig 1589.
8 Der individualistische Gedanke eines Gesellschaftsvertrags als Ursprung politischer Organisation wurde zuerst von den griechischen Sophisten vertreten. Er wurde dann von den Epikureern übernommen, die als letzte Quelle gesellschaftlicher Beziehungen einzig den Willen der einzelnen anerkannten.

Als politisches Instrument lieferte die Theorie des Unterwerfungsvertrages wirksame Argumente gegen jeden Anspruch der Kirche, ihre Zuständigkeit über den engen religiösen Bereich hinaus zu erweitern. Eine ähnliche Rolle spielte auf französischem Boden die Theorie des »göttlichen Rechts der Könige«, die von der scholastischen Methodologie gedeckt wurde. Sie wurde in der zweiten Hälfte des sechzehnten Jahrhunderts von dem französischen politischen Philosophen Jean Bodin (1530-1596) vertreten.[9] Nach dieser Theorie war es göttliches Gesetz, das den Herrschern Rechte und Pflichten vorschrieb; ihre Souveränität leitete sich unmittelbar von der Gnade Gottes her.[10] In Übereinstimmung mit aristotelischen Traditionen wurde der Vernunft zugetraut, die Grundsätze von Recht und Gerechtigkeit zu bestimmen, deren Beachtung sich die Herrscher angelegen sein lassen sollten. Hierbei blieb das Bestehen einer möglichen Vertragsbeziehung zwischen den souveränen Herrschern und ihren Untertanen außer acht; statt dessen wurde den königlichen Vorrechten eine göttliche Sanktion unterlegt und diese als feste logische und juristische Grundlage für die weitreichenden Rechte betrachtet, die die absoluten Monarchen des sechzehnten und siebzehnten Jahrhunderts für sich beanspruchten.

Bei geeigneter Erweiterung ließ sich mit beiden politischen Theorien die Annahme erhärten, jeder der aufkommenden Nationalstaaten stelle eine organische Einheit, ein Ganzes dar, das sich mit anderen, gleichartigen politischen Gemeinschaften in einem Machtkampf befinde. Den philosophischen Hintergrund zu einer solchen Vorstellung bot der allgemein akzeptierte Satz, daß das verfügbare Gesamtvolumen an Macht und Wohlstand aller Länder eine mehr oder weniger feste Größe sei, so daß ein Gewinn des einen Landes in diesem Kampf nur zu Lasten der anderen gehen könne. Geschichtsphilosophen benutzten diesen Ansatz, um den Aufstieg und Fall der Reiche zu erklären, die die Weltherrschaft erstrebt hatten.[11] Es ist sehr wahrscheinlich, daß diese Vorstellung der Maximierung eines Anteils an einem gegebenen oder festen Volumen an Macht

---

9 Jean Bodin, *Les six livres de la République*, Paris 1576 (deutsche Auswahl: *Über den Staat*, Stuttgart 1976).

10 Als Antwort auf diese Konzeption der königlichen Macht beharrten die Verteidiger der höchsten Autorität der Kirche in geistlichen wie in weltlichen Dingen auf dem Recht des Volkes, der Kirche im Kampf gegen gottlose, ungehorsame oder ungerechte Herrscher beizustehen. Der antiroyalistische Kampf wurde von verschiedenen Jesuiten geführt, etwa Juan de Mariana, *De rege et regis institutione*, Toleti 1599, und Francisco Suarez, *Tractatus de legibus, ac Deo legislatore*, Coimbra 1612.

11 Siehe zum Beispiel Niccolò Machiavelli, *Discorsi sopra la prima decade di Tito Livio*, Florenz 1531, Einleitung zum zweiten Buch (deutsch: *Discorsi. Gedanken über Politik und Staatsführung*, Stuttgart 1966, S. 160-163). Siehe auch Giovanni Botero, *Delle cause della grandezza delle città*, Venedig 1588.

und Wohlstand in der Zeit zwischen 1550 und 1750 großen Einfluß auf die Gestaltung der Politik der Nationalstaaten besaß.[12]
Die Bedeutung dieser Auffassungen für das spätere politische und ökonomische Denken läßt sich an zwei Sätzen veranschaulichen, die etwa hundert Jahre nach der Veröffentlichung von Machiavellis Werk von zwei nach ihrem geistigen Hintergrund und ihrer Sozialphilosophie sonst sehr verschiedenen Autoren geschrieben wurden. Nach Francis Bacon, dem Hauptvertreter des englischen Empirismus, muß jeder Besitzzuwachs »auf Kosten der Ausländer gehen, denn was immer irgendwo gewonnen wird, geht woanders verloren«.[13] Die gleiche Idee brachte der französische Ökonom Antoine de Montchrétien (gestorben 1615) zum Ausdruck, als er sagte, niemand verliere, wenn nicht ein anderer gewinne, und dieser Sachverhalt sei am besten im Handel zu beobachten (»en matière de trafic«).
Als die Kirche mit dem Konzil von Trient (1545-1563) ihre Autorität erneut behauptete, kam der Konflikt zwischen den verschiedenen Denkströmungen, der der Epoche der Renaissance seinen Stempel aufgeprägt hatte, in Italien zu einem längeren Stillstand. Die von dieser Versammlung gefaßten Beschlüsse machten es der Kirche möglich, die lebhaften geistigen Bewegungen zu hemmen, die während des vorangegangenen Jahrhunderts weitverbreitete antiklerikale und sogar irreligiöse Tendenzen gefördert hatten.[14] Angesichts der energischen Anstrengungen, soweit wie möglich wieder die Befolgung thomistischer Denkmethoden durchzusetzen, war die Freiheit, andere Verfahren zu benutzen, ein Vorrecht, das nur ausgewählte Gruppen von Gelehrten in den nördlichen Teilen der Halbinsel genossen. Längere Zeit war die Kirche sogar bestrebt, die Ausbreitung kapitalistischer Institutionen in Italien aufzuhalten.[15]
In England nahm der Kampf zwischen widerstreitenden Denkmustern, der während der Renaissance stattfand, weniger heftige Formen an als in Italien. Im Mittelpunkt der geistigen Bewegungen Englands standen die Franziskaner und ihre scholastischen Gegenspieler. Die Franziskaner, Vertreter nominalistischer Denkmethoden, beherrschten die Universität Oxford und legten ein Netz von Klöstern an, bis sie zwischen 1538 und 1539 auf Befehl Heinrichs VIII. vertrieben wurden. Es ist wahrscheinlich,

---

12 Siehe Eli Filip Heckscher, *Merkantilismen*, 2 Bände, Stockholm 1931, Band 1 (deutsch: *Merkantilismus*, Jena 1932).
13 Francis Bacon, *Essay of Seditions and Troubles*, London 1625.
14 Siehe unter anderem Giorgio Tagliacozzo, *Economisti napoletani dei secoli XVII e XVIII*, Bologna 1937.
15 Zu der antikapitalistischen Politik, die die Kirche im sechzehnten Jahrhundert verfolgte, siehe Amintore Fanfani, *Le origini dello spirito capitalistico in Italia*, Mailand 1933, 4. Kapitel.

daß rein religiöse Gründe bei der Politik, die zur Gründung der englischen Staatskirche führte, nur eine untergeordnete Rolle spielten. Von größerer Bedeutung waren politische und ökonomische Erwägungen, etwa die Möglichkeit, der erdrückenden päpstlichen Besteuerung (der Zahlung von Annaten und dergleichen) zu entgehen, sowie die Aussicht, den riesigen Kirchenbesitz einzuziehen.[16]
Wie dem auch sei, Elemente nominalistischer Methoden waren jedenfalls tief in das Denken weiter Kreise der gebildeten Bevölkerung eingedrungen. Doch traf diese Entwicklung bei den Anhängern thomistischer Regeln auf grimmigen Widerstand. Überzeugte Verfechter dieser Vorschriften fanden sich zumal unter den Geistlichen und Führern verschiedener Sekten, die sich gegen den Katholizismus erhoben. Richard Hooker (1554-1600), ein Führer der puritanischen Bewegung, wurde wegen seiner ausgiebigen Verwendung scholastischer Lehren in seinen theologischen Abhandlungen »der anglikanische Aquinate« genannt.[17] In den ausgedehnten Diskussionen, die zwischen 1500 und 1550 um die drei brennenden wirtschaftlichen Fragen der Zeit stattfanden (den Anstieg der Preise, das Verbot des Wuchers und die Landfrage), berief man sich ständig auf die überkommenen Grundsätze der christlichen Moral.[18] Ohne den logischen Hintergrund der widerstreitenden geistigen und sozialen Bewegungen läßt sich die politische, aber auch die Kultur- und Wirtschaftsgeschichte des elisabethanischen England nicht vollends verstehen.
In den Niederlanden, wo der Humanismus fruchtbaren Boden fand, wurde der Bruch mit den scholastischen Auffassungen durch die politische Unabhängigkeit einer aufblühenden Bourgeoisie mit weitgestreuten Handelsinteressen erleichtert. Von einigen italienischen Städten abgesehen, waren es daher vor allem England und Holland, wo im sechzehnten und siebzehnten Jahrhundert die Diskussion der sozialen und ökonomischen Probleme unter neuen Gesichtspunkten geführt wurde.
Aus der Perspektive der wirtschaftlichen Ereignisse hat man diese Epoche gewöhnlich als Zeit des »Merkantilismus« bezeichnet und mit dem Begriff *Merkantilist* nahezu alle Autoren belegt, die zwischen 1550 und etwa 1750 ökonomische Probleme behandelten. Die Bedeutung, die man diesen Begriffen verliehen hat, ist jedoch keineswegs eindeutig. Der Ausdruck *Merkantilist* wurde von Adam Smith in die ökonomische Literatur

---

16 Siehe Anthony Charles Deane, *The Life of Thomas Cranmer, Archbishop of Canterbury*, London 1927.
17 Richard Hooker war der Verfasser einer Abhandlung mit dem Titel *Laws of Ecclesiastical Policy*, 1594-1597.
18 Siehe Richard H. Tawney, *Religion and the Rise of Capitalism*, New York 1926, S. 9 (deutsch: *Religion und Frühkapitalismus*, Bern 1946, S. 21 f.).

eingeführt, der damit einen Vorschlag des Physiokraten Marquis de Mirabeau aufgriff und vom »kommerziellen« oder »merkantilistischen System« sprach, um die Schutzzollpolitik der europäischen Regierungen im achtzehnten Jahrhundert zu charakterisieren. Die Nachfolger Ricardos benutzten den Begriff *Merkantilisten* für jeden Autor, der eine solche Politik verfocht.[19]

Eine grundsätzlich andere Auffassung des Merkantilismus und seiner führenden Vertreter wurde in der zweiten Hälfte des neunzehnten Jahrhunderts von einigen Mitgliedern der deutschen historischen Schule vorgetragen. Mit Gustav Schmoller an der Spitze entdeckten sie den »innersten Kern« des Merkantilismus »in der Ersetzung der lokalen und landschaftlichen Wirtschaftspolitik durch eine staatliche und nationale«.[20] Der schwedische Ökonom Eli Filip Heckscher grenzte in einer sorgfältigen und hervorragenden Analyse der merkantilistischen Theorie und Politik den Merkantilismus als einheitsbildendes politisches System, das Schmoller darin sah, von einem »Machtsystem« ab, wie es William Cunningham definiert hatte, aber auch von einem System des Protektionismus und der Geldpolitik, das Adam Smith dabei vor Augen hatte. Heckscher zufolge begreift man den Merkantilismus am besten, wenn man ihn als System der Machtpolitik betrachtet. Einen führenden Vertreter des Merkantilismus sah er in dem französischen Minister Jean Baptiste Colbert (1619-1683) und schlug den Begriff *Colbertismus* vor, um »die Gesamterscheinung des Merkantilismus« zu kennzeichnen.[21] Eine weitere Definition wurde von Eric Roll vorgetragen. Beeinflußt von der materialistischen Geschichtsinterpretation, verband Roll die Annahme und die Verteidigung merkantilistischer Prinzipien mit dem »Bedürfnis des Handelskapitals« und beschrieb den Staat der merkantilistischen Periode als »Schöpfung einander bekämpfender Handelsinteressen«.[22]

Vom Standpunkt einer Geschichte des ökonomischen Denkens sind die politischen Aspekte des Merkantilismus von nachgeordneter Bedeutung. Uns beschäftigen die Ideen der gewöhnlich als *Merkantilisten* bezeichneten Autoren und die von ihnen verwandten Denkmethoden. Um das Verständnis zu erleichtern, scheint es angemessen, diesen Begriff den englischen, holländischen und italienischen Autoren des sechzehnten, siebzehnten und achtzehnten Jahrhunderts vorzubehalten, die sich bei ihrer Behandlung ökonomischer Probleme zunehmend nominalistischer Prinzipien bedienten. Einer Tendenz folgend, die im politischen Denken

---

19 Siehe John R. McCulloch, *The Literature of Political Economy*, London 1845.
20 Siehe Gustav Schmoller, *Das Merkantilsystem und seine historische Bedeutung* (1883), Frankfurt am Main 1944, S. 36.
21 Eli Filip Heckscher, *Merkantilismen*, a.a.O. (deutsch: a.a.O., Band 2, S. 1-38, besonders S. 7-10).
22 Eric Roll, *History of Economic Thought*, New York 1942, S. 58.

der damaligen Zeit vorherrschte, stellten diese Autoren in der Regel die Beziehungen zwischen sozialen Kollektiven in den Mittelpunkt ihrer Analyse; Verweise auf individuelles Verhalten als relevanten ökonomischen Faktor gingen erst allmählich in ihre Überlegungen ein. Zugleich neigten sie in wachsendem Maße dazu, mechanistische Konzeptionen zu verwenden, besonders den Gleichgewichtsbegriff, um die Relationen zwischen kollektiven ökonomischen Größen zu bestimmen.
Bei der Analyse des geistigen Prozesses, in dessen Verlauf sich schließlich, vor allem in England, ein recht konsistentes Bild der Beziehungen zwischen den einschlägigen ökonomischen Größen ergab, lassen sich ohne weiteres drei Perioden unterscheiden: Bullionismus, baconscher Merkantilismus und ein weiterentwickelter Merkantilismus. Während einer frühen Phase, die im sechzehnten Jahrhundert begann, spielten scholastische Begriffe wie der der Äquivalenz und der kommutativen Gerechtigkeit in beinahe allen ökonomischen Erörterungen noch eine bedeutende Rolle. In England war ein zäher Kampf zwischen den Anhängern der mittelalterlichen Moralphilosophie und den Vertretern von Handelsgruppen im Gange, die gegen die Einschränkungen protestierten, welche ihnen bei der Verfolgung ihrer gewinnorientierten Unternehmungen im Wege standen. Um die Macht und den Wohlstand eines Landes zu sichern, hielt man den Besitz von Edelmetallen für unentbehrlich, in denen man »Reichtum schlechthin« repräsentiert sah. Einen vorrangigen Platz in den ökonomischen Diskussionen nahm daher die Frage ein, wie der »Schatz« oder »Geldvorrat« eines Landes auf Kosten anderer Länder, deren Regierungen dasselbe Ziel verfolgten, zu vermehren sei. Zur Charakterisierung von Autoren, die den Reichtum eines Landes mehr oder weniger ausdrücklich mit dem Besitz von Edelmetallen gleichsetzten, wurde der Begriff *Bullionisten* vorgeschlagen.[23]
Als jedoch neue Denkschulen die Anwendung mechanischer Begriffe auf die Analyse ökonomischer Größen nahelegten, wandelte sich das logische Klima, das den Hintergrund für das Denken der Autoren des siebzehnten Jahrhunderts abgab, in ganz erheblichem Maße. Auf der Linie dieser Gedanken kam man zu der Behauptung, daß in der Ökonomie »natürliche« Kräfte wirkten und daß deren wünschenswerte Effekte durch Eingriffe der Regierung gestört werden könnten. Einfluß auf den Horizont dieser Fragen und ihre Formulierung hatte zweifellos der Umstand, daß Bankiers, Kaufleute und die Vertreter der großen Kompanien nachweisen wollten, daß sich diese oder jene Politik, die ihren Handels- oder finanziellen Interessen entsprach, in vollkommener Übereinstimmung mit denen des Gemeinwohls befinde.

---

23 Siehe Edwin Cannan, *A History of the Theories of Production and Distribution in English Political Economy, 1776-1848*, London 1894.

Ein neuer Ansatz der ökonomischen Analyse entstand um die Mitte des siebzehnten Jahrhunderts, als vornehmlich in England verschiedene Versuche unternommen wurden, meßbare ökonomische Erscheinungen in Übereinstimmung mit den methodologischen Prinzipien zu analysieren, die von Francis Bacon für die wissenschaftliche Forschung aufgestellt worden waren. So wurden statistische Daten erhoben, um auf ihrer Basis Urteile zu verallgemeinern, die aus der Erfahrung abgeleitet worden waren. Gleichzeitig wurde die Bedeutung grundlegender ökonomischer Begriffe wie Wert, Preis und Geld kritisch überprüft und neu definiert; die Anwendung des mechanischen Gleichgewichtsprinzips auf ökonomische Relationen entwickelte sich in verschiedene Richtungen. Darüber hinaus wurde die scharfe Trennungslinie, die das scholastische Denken zwischen erlaubtem und unerlaubtem Verhalten gezogen hatte, durch die Einführung einer dazwischenliegenden Gruppe moralisch indifferenter Handlungen verwischt; zu dieser letzteren Gruppe zählte die Verfolgung des Selbstinteresses im wirtschaftlichen Bereich. Die an diesen Entwicklungen aktiv beteiligten Autoren könnte man als *baconsche Merkantilisten* bezeichnen.

Die Ausarbeitung dieser Gedanken bildete den Übergang zu einem »weiterentwickelten Merkantilismus«. Diese Bewegung setzte in den ersten Jahrzehnten des achtzehnten Jahrhunderts ein, als sich der Bereich der ökonomischen Probleme weit über seine bisherigen Grenzen hinaus erweiterte und neue Methoden zur Formulierung und Behandlung alter Probleme vorgeschlagen wurden. Es wurden einige Versuche unternommen, den Begriff eines ökonomischen Systems zu bestimmen und die Ziele von Eingriffen der Regierung in das Verhalten der Wirtschaft zu klären. Holländische und italienische Ökonomen folgten in ihrem Denken ähnlichen Tendenzen.

In Frankreich stemmten sich die Kirche und die Vertreter der Feudalklassen mit vereinten Kräften gegen jede Bewegung, die der Ausbreitung nominalistischer Methoden förderlich war. Die Denkmuster, die im siebzehnten Jahrhundert aus diesem Kampf hervorgingen, waren entsprechend schwach organisiert und standen untereinander in Konflikt; was dem französischen ökonomischen Denken fehlte, war ein wohldefinierter logischer Hintergrund. Die Hauptfragen, die in ökonomischen Erörterungen behandelt wurden, drehten sich um die Organisation und Überwachung von Industrie und Handel sowie um die geeigneten Methoden zur Förderung der politischen Ziele der Regierung. Am engsten war Jean Baptiste Colbert, der führende Staatsmann und Finanzminister unter Ludwig XIV., mit der Wirtschaftspolitik verbunden, die im siebzehnten und in den ersten Jahrzehnten des achtzehnten Jahrhunderts in Frankreich verfolgt wurde. Das unter seinem Ministerium entwickelte System ökonomischer Maßnahmen und Ideen ist als *Colbertismus* bekannt. Das

achtzehnte Jahrhundert war schon weit fortgeschritten, als sich der Einfluß des englischen merkantilistischen Denkens in den Schriften französischer Autoren bemerkbar machte.
Auf der iberischen Halbinsel behielt das scholastische Denken bis zum Ende des achtzehnten Jahrhunderts die vorherrschende Stellung und hatte beträchtlichen Einfluß auf das Denken derjenigen spanischen Autoren, die während des siebzehnten und achtzehnten Jahrhunderts über merkantilistische Formen einer restriktiven Wirtschaftspolitik diskutierten.
In Mitteleuropa, besonders in solchen Gebieten, die zum Heiligen Römischen Reich gehörten, herrschten modifizierte aristotelische Denkmethoden vor. Die ökonomischen Lehren der deutschen und österreichischen »Kameralisten« betrafen hauptsächlich administrative Fragen, Maßnahmen zur Regelung von Industrie und Handel sowie Methoden zur Finanzierung öffentlicher Ausgaben. Der theoretische Ansatz, den sich die englischen Merkantilisten bei der ökonomischen Forschung in wachsendem Maße zu eigen machten, blieb ihnen weitgehend unbekannt. Dies gilt sogar noch für die Kameralisten des achtzehnten Jahrhunderts, die sich bemühten, ihre Disziplin in einen Zweig der höheren Gelehrsamkeit zu verwandeln.
So fand in Europa zwischen dem Beginn des sechzehnten und der Mitte des achtzehnten Jahrhunderts ein allmählicher, aber merklicher Differenzierungsprozeß zwischen den herrschenden Denkmustern statt. Im Lichte dieser Differenzierung scheint es ratsam, die Haupttendenzen in der Entwicklung des ökonomischen Denkens und die Autoren, die sich während dieser Zeit mit ökonomischen und sozialen Fragen beschäftigt haben, als neuscholastisch, frühmerkantilistisch (bullionistisch), merkantilistisch im Sinne Bacons, merkantilistisch in einem weiterentwickelten Sinne, als colbertistisch und schließlich kameralistisch zu charakterisieren.

Der »Geist des Kapitalismus«

Ehe wir in eine Analyse der merkantilistischen Wirtschaftslehre eintreten, wird es sich vielleicht empfehlen, kurz die ökonomischen Bedingungen zu beschreiben, vor deren Hintergrund die neuen ökonomischen Philosophien angenommen wurden, die dann auf jene Bedingungen wieder zurückschlugen. Diese ökonomischen Bedingungen wurden häufig als die ersten Entwicklungsschritte der »kapitalistischen« Gesellschaft gekennzeichnet. In einer unüberschaubaren Literatur ist der Begriff des Kapitalismus zum Gegenstand sehr unterschiedlicher Definitionen geworden. In der Regel wurde eine ganze Reihe ökonomischer Merkmale in diese Bestimmungen aufgenommen, etwa die ungehinderte Verfolgung profitorientierter Ziele, großangelegte Produktion von Massengütern für unbestimmte Märkte, Entwicklung von Kreditmöglichkeiten entsprechend den Expansionsbedürfnissen von Industrie und Handel, Wettbewerbsorganisation der Wirtschaftstätigkeit, Abhängigkeit von einem großen Arbeitsmarkt bei der Anstellung gelernter und ungelernter Arbeiter und dergleichen. Verfechter der materialistischen Geschichtsdeutung legten die Betonung vor allem auf die Existenz eines freien Arbeitsmarkts, einer industriellen »Reservearmee« und auf die »Ausbeutung« der manuellen Arbeit durch kapitalistische Unternehmer als die charakteristischen Merkmale des Kapitalismus.

Amerikanische und europäische Gelehrte, die den Vorteil hatten, das Auftauchen des Kapitalismus am Ende des Mittelalters aus dem Rückblick des späten neunzehnten und beginnenden zwanzigsten Jahrhunderts betrachten zu können, kamen dabei zu unterschiedlichen Ergebnissen. Unter dem Einfluß der Wirtschaftstheorien Thorstein Veblens haben amerikanische Ökonomen der »technologischen Innovation« die entscheidende Rolle bei der Errichtung der Institutionen des Kapitalismus zugeschrieben.[24] Andere Wirtschaftshistoriker haben die Auffassung vertreten, die Wurzeln des Kapitalismus seien in der Annahme eines bestimmten ethischen Verhaltens zu suchen, das den Prinzipien einer individualistischen oder utilitaristischen Lehre gehorche.[25]

Einen anderen Ansatz zur Bestimmung des Begriffs »Kapitalismus« machten sich im neunzehnten Jahrhundert verschiedene Mitglieder der deutschen historischen Schule zu eigen. Sie verbanden die Umwandlung der mittelalterlichen in eine »kapitalistische« Gesellschaft mit dem Auftauchen einer neuen Geisteshaltung, die als »objektives« Phänomen betrachtet und als *Geist des Kapitalismus* bezeichnet wurde. Werner Sombart, der die Entwicklung des Kapitalismus zum Gegenstand umfangreicher Studien machte, betrachtete irrationales Gewinnstreben und rationale Organisation gewinnsüchtiger Unternehmungen als die Hauptmerkmale des Geistes des Kapitalismus.[26] Er stellte das »Erwerbsprinzip«, einen herausragenden Zug dieses »Geistes«, dem »Bedarfsdeckungsprinzip« gegenüber, das er als die motivierende ökonomische Kraft der Produktionsorganisation früherer Epochen pries. Zahlreiche Mitglieder der deutschen historischen Schule übernahmen Sombarts Ansichten, darunter auch den vermeintlichen Nachweis, für die Ausübung und Verbreitung des Geistes des Kapitalismus seien vornehmlich die Juden verant-

---

24 Siehe Clarence E. Ayres, *The Theory of Economic Progress*, Chapel Hill 1944.
25 Verschiedene Versionen dieser Auffassung wurden von Henri Pirenne, Richard H. Tawney, Georg A. H. von Below und Jakob Strieder vorgetragen.
26 Werner Sombart, *Der moderne Kapitalismus*, München/Leipzig 1902; 2., stark erweiterte Auflage 1916. Siehe unten, 14. Kapitel, »Die deutschen historischen Schulen«.

wortlich; ihre besondere Eignung zum »Erwerbsgeschäft« sei rassischen Faktoren zuzuschreiben.[27]

Max Webers Analyse der Wurzeln des Kapitalismus ging dagegen viel tiefer.[28] Getreu seiner Methode, »Idealtypen« aufzustellen, kontrastierte er die ethischen Grundsätze des Mittelalters mit den moralischen und sozialen Haltungen, die im Zusammenhang mit den großen religiösen Bewegungen der Reformation entstanden.[29] Unter den herausragenden Merkmalen jener Veränderung hob er besonders die Rolle hervor, die die Ausbreitung des Calvinismus bei der Durchsetzung einer neuen Auffassung des Wirtschaftslebens spielte. Er zeigte, daß sich unter dem Einfluß dieses Glaubens die Arbeit zur »Berufung« wandelte, daß Rechtschaffenheit, Ernst und Sorgfalt zu Primärtugenden erhoben wurden, daß weltlicher Erfolg als Zeichen göttlicher Gnade galt und daß Sparsamkeit, verbunden mit gewinnbringendem Einsatz der eigenen Mittel, eine von der christlichen Moral vorgeschriebene Pflicht war. So paßte sich, Weber zufolge, das Verhalten von Bankiers, Händlern und Handwerkern allmählich einem neuen Typus »ökonomischer Rationalität« an.[30]

In dieser Hinsicht unterschied sich der calvinistische Glaube erheblich von den Lehren der Scholastiker, die die Ausübung einer Arbeit um ihrer selbst willen ablehnten und das Gewinnstreben für sündhaft hielten.[31] Martin Luther predigte die Erfüllung der Pflichten, die ein jeder nach seinem »Beruf« zu üben habe. Darunter verstand er denjenigen Stand im Leben, in welchen der einzelne vom Himmel gesetzt worden und mit dem zu hadern gottlos sei.[32]

Gegen Webers Vorschlag, die Lehre der puritanischen Theologen für die Entstehung und Ausbreitung des »Geistes des Kapitalismus« allein verantwortlich zu machen, sind triftige Einwände vorgebracht worden. Es ließ sich zeigen, daß es – wie schon in anderem Zusammenhang erwähnt –

27 Siehe Werner Sombart, *Die Juden und das Wirtschaftsleben*, Leipzig 1911.
28 Max Weber, »Die protestantische Ethik und der Geist des Kapitalismus«, in: *Archiv für Sozialwissenschaft und Sozialpolitik* 20 (1904) und 21 (1905); wieder in: *Gesammelte Abhandlungen zur Religionssoziologie*, Band 1, Tübingen 1921.
29 Zu den Hauptquellen von Webers Analyse der moralischen Haltung, die die Puritaner des siebzehnten Jahrhunderts einnahmen, gehören Bücher und Pamphlete wie Richard Baxters *A Christian Directory*, London 1673.
30 Webers Auffassungen fanden Zustimmung bei Ernst Troeltsch, *Die Soziallehren der christlichen Kirchen und Gruppen*, Tübingen 1912; Gerhart von Schulze-Gaevernitz, *Britischer Imperialismus und englischer Freihandel*, Leipzig 1906; und William Cunningham, *Christianity and Economic Science*, London 1914, 5. Kapitel.
31 Siehe J. B. Kraus, *Scholastik, Puritanismus und Kapitalismus*, München 1930, S. 245 ff.
32 Siehe Tawney, *Religion and the Rise of Capitalism*, a.a.O., S. 241 (deutsch: a.a.O., S. 244). Siehe auch Georg Wunsch, *Evangelische Wirtschaftsethik*, Tübingen 1927, S. 29, 33 ff.

seit dem fünfzehnten Jahrhundert kapitalistische Formen der Produktion, des Handels und Bankwesens auch in katholischen Gebieten gab, etwa in den Städten Venedig und Florenz, und daß diese kapitalistischen Weisen von den religiösen Bewegungen der Reformation unabhängig waren. Darüber hinaus stand der frühe Calvinismus nicht nur in Genf, sondern auch in England unter dem Gesetz einer strengen Ethik, über deren Einhaltung die kirchliche Obrigkeit wachte; relative ökonomische Freiheit wurde in diesen Kodex erst ziemlich spät eingeführt. Weder die calvinistischen noch die anglikanischen oder lutherischen Prediger waren offenbar geneigt, die »Gewissensregeln« zu lockern, die von den scholastischen Theologen auferlegt worden waren, um ökonomische Vorgänge und soziale Beziehungen zu kontrollieren.[33]

Hinter dieser Suche nach dem »Geist des Kapitalismus« stand die Neigung der Mitglieder der historischen Schule, gegensätzliche Kategorien des moralischen Verhaltens und scharf voneinander abgegrenzte Gesellschaftsstrukturen zu unterscheiden. Diese Neigung war ihrerseits motiviert von dem methodologischen Grundsatz, »Stufen« im Verlauf des fortdauernden Geschichtsprozesses zu unterscheiden und diese Stufen nach Maßgabe ihrer »objektiven Realität« zu bestimmen.

Zusammengesetzte abstrakte Begriffe wie »der Geist des Kapitalismus« existieren jedoch ganz offenkundig nur im Geist des Beobachters und finden in der Realität keine Entsprechung. Ebenso scheint es ratsam, in einer Analyse der Wirtschaftsgeschichte die Unterscheidung von »Stufen« zu vermeiden, da Stufenanalysen dazu neigen, die Kontinuität der ökonomischen Entwicklungen zu zerschneiden und ausgedehnte Prozesse auf schlecht definierte, von bestimmten Merkmalen gekennzeichnete Zeiträume zu verdichten.

Um den Ursprung der kapitalistischen Institutionen zu erklären, kann man anführen, daß jeder Wandel der gesellschaftlichen oder wirtschaftlichen Institutionen oder Organisationen eine Veränderung des vorherrschenden Denkmusters zur Voraussetzung hat, das den Hintergrund der bislang dominierenden Formen des sozialen und ökonomischen Lebens abgab. Ein solcher allmählicher Wandel in den Denkmethoden fand gegen Ende des Mittelalters statt, besonders in England, aber auch in anderen Teilen Westeuropas, wo die strengen ökonomischen Vorschriften der mittelalterlichen Scholastiker unter dem Einfluß des nominalistischen Denkens nach und nach zersetzt wurden.

33 Siehe Tawney, *Religion and the Rise of Capitalism*, a.a.O., S. 85 (deutsch: a.a.O., S. 100); Kraus, *Scholastik, Puritanismus und Kapitalismus*, a.a.O., passim; Hector Meredith Robertson, *Aspects of the Rise of Economic Individualism*, Cambridge, Mass. 1933, S. 164; und Amintore Fanfani, *Cattolicesimo e protestantesimo nella formazione storica del capitalismo*, Mailand 1934 (englisch: *Catholicism, Protestantism and Capitalism*, London 1935, S. 149).

Als der Begriff der »Berufung«, wie er von den Scholastikern aufgefaßt wurde, aus seiner Verknüpfung mit eng umgrenzten professionellen und beruflichen Funktionen befreit wurde, konnte ein und dieselbe Person verschiedene einträgliche Beschäftigungsfelder kombinieren, und Erfolg oder Fehlschlag solcher mehr oder weniger spekulativer Tätigkeiten ließ sich einzig an ihrem pekuniären Gesamtertrag messen. Ein weiteres Ergebnis dieser Veränderung in den Methoden des ökonomischen Denkens war der Begriff des Industrie- oder Handelskapitals als abstrakte Geldgröße.

Gleichzeitig begann das Risiko-Element in den wirtschaftlichen Überlegungen eine immer größere Rolle zu spielen und ersetzte die festen Grundlagen des ökonomischen Verhaltens durch Annahmen und Erwartungen. Kalkulationen mußten eine Vielzahl unbekannter Faktoren und die Wahrscheinlichkeit ihres Eintretens berücksichtigen. Die Entwicklung von Unternehmen mit Haftungsbeschränkung, die im England des fünfzehnten Jahrhunderts begann, erleichterte die Verteilung von kommerziellen oder industriellen Risiken unter Kapitaleignern, ohne deren aktive Beteiligung an der Führung der Unternehmen zu erzwingen.

Händler und Bankiers, die von dem Wandel des logischen Klimas als erste betroffen waren, spielten bei der Änderung des Wirtschaftsverhaltens von Unternehmern, die in den Manufakturindustrien strategische Positionen innehatten, eine führende Rolle.[34] In England wurde die strenge Reglementierung dieser Industrien, wie sie während der elisabethanischen Zeit geübt wurde, während des siebzehnten Jahrhunderts weitgehend gelockert, zumal nach dem Bürgerkrieg, der 1646 endete. Diese allmähliche Transformation der Wirtschaftsordnung ging Hand in Hand mit einem raschen Wachstum industrieller Großunternehmen, erweiterten Handelsbeziehungen mit anderen Ländern, mit der Einführung einer Vielzahl technischer Neuerungen und der umfassenden Förderung von Erfindungen ideenreicher Köpfe. Erfindungen und Projekte lagen in der zweiten Hälfte des siebzehnten Jahrhunderts überall in der Luft.[35] Solche Ereignisse waren für einen allgemeinen Wandel des traditionellen

---

34 Der Hauptgrund, weshalb manche Völker des Fernen Ostens, etwa die Bewohner Indiens und Chinas, niemals kapitalistische Formen von Produktion und Handel entwickelt haben, läßt sich vielleicht mit der Tatsache in Verbindung bringen, daß sie keine Begriffe hypothetischer Art aufzustellen vermochten, wie sie für die Wettbewerbsorganisation der kapitalistischen Wirtschaft grundlegend sind. Es ist sogar zweifelhaft, ob und in welchem Maße sie klare Begriffe höheren Abstraktionsgrades entwickelt haben.

35 Bereits 1663 veröffentlichte Somerset, der zweite Marquis of Worcester, ein Buch der Erfindungen. Um 1682 erschien Daniel Defoes *Essay on Projects* (deutsch: *Über Projektemacherei*, Leipzig 1890).

Denkmusters symptomatisch und spiegelten die tiefgreifende Änderung in der Beziehung zwischen Wille und Vernunft, die von den nominalistisch denkenden Philosophen in die Wege geleitet worden war.
Die Auflösung der feudalen Organisation in England, eine Begleiterscheinung dieses Wandels, schuf neue soziale und ökonomische Probleme. Besonders kraß zeigten sie sich an der massenhaften Vertreibung von Bauern durch die Einhegung von Gemeindeland[36] sowie an der Einstellung einer wachsenden Zahl von Arbeitern außerhalb der Schranken des Zunftsystems. Das mittelalterliche Prinzip der Verbindung von technischem Können und kommerziellen Funktionen in der Person des erfahrenen Meisters ließ sich mit der Organisation einer exportorientierten Massenproduktion immer weniger vereinbaren. Die wichtigste Organisationsform dieser Produktion, vor allem in der Textilindustrie, war das System der Heimarbeit, das auf der koordinierten Tätigkeit häuslicher Werkstätten beruhte.
Voraussetzung für diese Veränderungen in der Struktur der Ökonomie waren expandierende Märkte und deren Ausbeutung durch Fabrikanten und Händler. Gefördert wurde die Einrichtung von Manufakturbetrieben und Handelshäusern durch das System der Vergabe von Monopolen durch »königliche Patentbriefe«, mit denen an Privatpersonen oder Gesellschaften das ausschließliche Recht verliehen wurde, bestimmte Waren herzustellen oder zu verkaufen. In der elisabethanischen Zeit waren diese Privilegien hauptsächlich an konzessionierte Gesellschaften gegangen und unter den Stuarts zu einer bedeutenden Quelle der königlichen Einnahmen geworden. Häufig dienten sie auch dazu, die finanzielle Unabhängigkeit von Handwerkern zu sichern und die Einführung neuer Industriezweige wie etwa der Glasmanufaktur, Seifenherstellung und Ausbeutung der Salzbergwerke zu fördern. Oft wurden sie freilich auch dazu benutzt, politische oder persönliche Gefälligkeiten zu erweisen. Das »Long Parliament« (1640-1660) reagierte auf das veränderte geistige und wirtschaftliche Klima und verantwortete eine Reihe von Gesetzesänderungen, die ein beträchtliches Maß an ökonomischer Freiheit gewährten. Es hob das System des feudalen Grundbesitzes und unveräußerlichen Erblehens auf, beseitigte zahlreiche Vorrechte der Krone und setzte der

---

36 Die Umwandlung von Gemeindeland in Privateigentum und die Enteignung der Kleinbauern wurde hauptsächlich von der Tudor-Aristokratie betrieben, die unter Heinrich VII. und Heinrich VIII. aufgestiegen war. Die großen Landgüter, die in jener Zeit entstanden waren, wurden oft rücksichtslos nach kommerziellen Prinzipien bewirtschaftet. Eine gewisse Sicherheit vor der Gefahr, nach Ablauf einer Pachtzeit enteignet zu werden, hatten einzig die Erbpächter [*copyholders*], denen das Recht, ihre Pachtgüter den Söhnen zu übertragen, von Aktenkopien der alten *manorial courts* verbrieft wurde. Siehe Richard H. Tawney, *The Agrarian Problem in the Sixteenth Century*, London 1912.

königlichen Macht Schranken bei der Vergabe monopolistischer Privilegien.[37]
Die Monopole der Handelsgesellschaften, die im Laufe des sechzehnten und siebzehnten Jahrhunderts Berühmtheit erlangten, unterschieden sich grundlegend von den kollektiven Monopolen des Zunftsystems, die dazu dienten, den Mitgliedern privilegierter Korporationen die Ausbeutung begrenzter Märkte zu sichern. Obwohl die merkantilistischen Autoren großes Gewicht auf die Monopoldiskussion legten, gelang es ihnen nicht, das ökonomische Wesen der verschiedenartigen »Monopole«, die während dieser Zeit entstanden, dadurch zu klären, daß sie die Frage beantworteten, in welchem Grade sich die Regierung auf »monopolistische« Organisationen stützen könne, um auf diesem Wege die Ausweitung industrieller Aktivitäten und des Außenhandels zu fördern. Eine prominente monopolistische Organisation war die der *Merchant Adventurers*, eine privilegierte Gesellschaft, die sich des Vorrechts erfreute, die Zahl ihrer Mitglieder beschränken und deren Geschäftsabwicklung beim Exporthandel mit ungefärbter und ungeglätteter Leinwand regeln zu können.[38] Angemessener ließe sich eine solche Vereinigung vielleicht als *Ausfuhrkartell* bezeichnen. Von ganz anderer Art waren jedoch die Privilegien, die mächtigen Handelsorganisationen wie der *East India Company* gewährt wurden. Sie öffneten den Weg zu unbegrenzten Gewinnmöglichkeiten bei beträchtlichem Risiko.[39] Ihre Ausbeutung erforderte enge und ständige Anpassung der Handelspraktiken an unvorhergesehene Situationen, und die Durchführung der ökonomischen Transaktionen beruhte zwangsläufig auf veränderlichen Annahmen und Erwartungen.
Den Entwicklungen, die in England im Bereich industrieller und kommerzieller Unternehmungen stattfanden, entsprachen ähnliche Vorgänge in anderen Ländern, zumal in den Niederlanden, wo es ebenso darum ging, die ersten Schritte zu einer kapitalistischen Organisation zu erleichtern. Viel strenger und umfassender wurden Industrie und Handel in Frankreich nach den Grundsätzen des Colbertismus reglementiert. Der

---

37 Das »Monopolstatut«, das 1624 nach langen und erbitterten Diskussionen angenommen wurde, erlegte der Vergabe von »Monopol-Patentbriefen« verschiedene Restriktionen auf und beschränkte den Schutz neuer Erfindungen auf vierzehn Jahre. Die Vorrechte der Zünfte und privilegierten Gesellschaften blieben davon unberührt. Anfang der vierziger Jahre gerieten die Monopolpraktiken erneut unter Beschuß; im Jahre 1641 erklärte das Long Parliament eine Reihe von Monopolen für null und nichtig und verbot die Gewährung von Monopolen auf die Produktion von Waren für den einheimischen Bedarf.
38 John Wheelers *Treatise of Commerce*, London 1601, lieferte eine eindrucksvolle Verteidigung der Aktivitäten dieser Gesellschaft.
39 Die englische Ostindiengesellschaft wurde im Jahre 1600 gegründet; 1601 erhielt sie das Recht, in nicht-christlichen Ländern Krieg zu führen und Frieden zu schließen.

gewaltsame Kampf um die Vorherrschaft im internationalen Handel, der sich im siebzehnten Jahrhundert entwickelte, wurde hauptsächlich zwischen England, Frankreich und Holland geführt; er trug beträchtlich dazu bei, die dynamischen Züge der merkantilistischen Periode zu verschärfen.

Die weitreichenden Veränderungen in der Organisation von Produktion und Absatz liefern wohl auch eine Erklärung für den Gegensatz, den Eli Heckscher zwischen dem »Warenhunger« in den mittelalterlichen Städten und der »Warenangst« bei den merkantilistischen Autoren bemerkt hat.[40] Nach den Prinzipien der distributiven Gerechtigkeit hatten die mittelalterlichen Handwerker und Händler einen Anspruch auf ihren Anteil an den heimischen Märkten; dieses Recht wurde durch die Einfuhr seltener Waren, die von inländischen Produzenten nicht hergestellt wurden, nicht beeinträchtigt. Heckscher erwähnt in anderem Zusammenhang, daß derartige Importe eine willkommene Ergänzung zu dem sonst doch recht eintönigen Konsummuster darstellten. In der merkantilistischen Epoche traten jedoch Importgüter von ganz anderer Art allmählich in Konkurrenz mit Manufakturwaren, die selbst als Massenprodukte für unbestimmte Märkte hergestellt wurden und folglich auch mit dem Risiko unverkäuflicher Überschüsse verbunden waren. Die Ökonomen jener Zeit empfahlen daher nahezu einmütig protektionistische Maßnahmen.[41] Solche Vorkehrungen wurden häufig auch ergriffen, um »junge« Industrien zu fördern, die sich aus Erfindungen entwickelt hatten oder von ausländischen Handwerkern eingeführt worden waren.

Inflationäre Preisbewegungen, die durch den Zustrom von Edelmetallen in der zweiten Hälfte des sechzehnten und in den ersten Jahrzehnten des siebzehnten Jahrhunderts verursacht wurden, trugen ebenfalls stark dazu bei, das mittelalterliche System fester ökonomischer Beziehungen zu sprengen. Der Übergang von der mittelalterlichen Organisation von Industrie und Handel zu kapitalistischen Formen wurde durch die enorm gewachsene Geldzufuhr aus den neuentdeckten überseeischen Ländern zweifellos sehr erleichtert und vorangetrieben. Nach einiger Zeit waren viele merkantilistische Autoren über die Preissteigerungen, die daraufhin

---

[40] Siehe Heckscher, *Merkantilismen*, a.a.O. (deutsch: a.a.O., Band 2, S. 103), mit Zitaten von Antoine de Montchrétien, Nicholas Barbon, William Petyt, Charles Davenant und Johann Joachim Becher.

[41] In England begann unter Eduard IV. in der zweiten Hälfte des fünfzehnten Jahrhunderts eine Periode des anhaltenden Protektionismus. In der zweiten Hälfte des sechzehnten Jahrhunderts (1563) wurde das Einfuhrverbot auf eine große Zahl von Manufakturerzeugnissen ausgedehnt. In der ersten Hälfte des siebzehnten Jahrhunderts wurde unter König Jakob I. ein weiteres, umfassendes System von Einfuhrabgaben errichtet. In Frankreich wurde Colberts einheitlicher Importzoll im Jahre 1664 eingeführt.

folgten, und die Umwälzung der festen ökonomischen Beziehungen, die damit einherging, stark beunruhigt. Sie richteten ihre Aufmerksamkeit daher verstärkt auf Probleme des Geldes, und es begannen ausgedehnte Debatten um die Frage, ob der allgemeinen Wohlfahrt steigende oder fallende Preise zuträglicher seien. Diejenigen, die den Anteil eines Landes am international verfügbaren Bestand an Geldmetallen vergrößert sehen wollten, steigende Preise jedoch ablehnten, gerieten in ein ernstes Dilemma.

Monetäre Faktoren konnten jedoch nur in solchen Ländern wirksam zur Entwicklung kapitalistischer Unternehmen beitragen, wo der Boden für die Annahme neuer Methoden der Organisation von Produktion und Handel bereitet war, also in Italien, England, Holland und teilweise in Frankreich. In Mitteleuropa, wo bis zum Ende des achtzehnten Jahrhunderts immer noch aristotelische Prinzipien die Denkprozesse bestimmten, entwickelten sich kapitalistische Unternehmen nur sehr langsam. In Spanien, wo die *conquistadores* die Schätze Mexikos und Perus den herrschenden Klassen verfügbar gemacht hatten, wurde das Gold und Silber umgehend für die Einfuhr großer Mengen ausländischer Güter ausgegeben und förderte die Expansion der einheimischen Produktion nicht nennenswert. Die feudale Struktur der spanischen Gesellschaft und die mittelalterliche Organisation der Wirtschaft blieben unter dem Einfluß eines vorherrschenden scholastischen Denkmusters erhalten. Voraussetzung für die Entwicklung kapitalistischer Unternehmen war überall die Verbreitung der entsprechenden Denkmethoden. Der Aufstieg des Kapitalismus ist nicht bloß durch eine »Quantitätstheorie des Geldes« zu erklären.

Die ökonomischen Auffassungen der frühen Merkantilisten

Um zu einem vollen Verständnis der geistigen Prozesse zu gelangen, die vom ökonomischen Denken der aristotelischen Scholastiker zur Formulierung neuer sozialer und ökonomischer Probleme durch die Vertreter des frühen Merkantilismus führten, wäre es nötig, die Literatur des sechzehnten und siebzehnten Jahrhunderts über Technologie, Landwirtschaft, Bankwesen und Handelspraktiken zu analysieren und zu zeigen, wie an die Stelle der mittelalterlichen Begriffsstruktur mit ihren starren, statischen, moralischen Aspekten allmählich flexiblere Begriffe traten, die häufig unterschiedlichen Beobachtungs- und Wissensbereichen erborgt wurden. Im Bereich des Bankwesens und der Handelspraktiken spielten italienische Autoren eine führende Rolle. Bücher dieser Art, die im sechzehnten Jahrhundert in England und Mitteleuropa veröffentlicht wurden, waren oft Übersetzungen oder Zusammenfassungen italienischer Originale.

Für die Zwecke dieser Analyse wird die Feststellung genügen, daß die Autoren, die sich mit ökonomischen Fragen beschäftigten, immer mehr dazu neigten, die Erörterung der moralischen Aspekte des ökonomischen Verhaltens Priestern und Predigern zu überlassen und ihre Aufmerksamkeit auf die allgemeinen Methoden und Ziele der Regierungskunst zu richten, die das Land oder die Interessen großer Bevölkerungsgruppen berührten.

Daher wurden nunmehr politisch bestimmte Begriffe in die ökonomischen Diskussionen eingeführt, die sich bald auf den internationalen Güteraustausch und die Bedeutung konzentrierten, die dem Außenhandel bei der Förderung der nationalen Interessen beizumessen sei. Bei der Behandlung dieser grundlegenden Frage traten jedoch signifikante Unterschiede in der Bewertung der Ziele der Politik ans Licht. Die Befürworter einer nationalen Machtpolitik sahen sich den Argumenten neuscholastischer Sozialphilosophen gegenüber, die den Gedanken entwickelten, die Natur habe die Produkte der Erde unter den Nationen ungleich verteilt und damit die Grundlage für den wechselseitigen Güteraustausch gelegt. Herausragende Vertreter dieser Schule waren im siebzehnten Jahrhundert die Jesuiten Francisco di Vitoria (um 1486-1546) und Francisco Suarez (1548-1617), die sämtliche Nationalökonomien als konstitutive Bestandteile einer universalen Ökonomie betrachteten und die Frage aufwarfen, ob das Naturrecht es einem Land gestatte, seine Wirtschaft vom internationalen Handel fernzuhalten und damit den Grundsatz zu verletzen, daß die Wirtschaft der Menschheit als ganzer den Vorrang vor nationalen Interessen beanspruchen sollte.[42] Ähnlichen Überzeugungen hingen damals auch einige englische Autoren an, die die scholastischen Auffassungen nicht teilten.[43]

Auf der anderen Seite fand die Konzeption der Nationalstaaten als einheitlicher Ganzheiten von nicht klar definiertem Typ eine starke Stütze in der immer noch vorherrschenden Feudalstruktur der Gesellschaft, die in der privilegierten Stellung der adligen Großgrundbesitzer wurzelte. Unter dem Einfluß derartiger Ideen wurden die Interessen des Königs als des obersten Lehnsherrn häufig mit den Interessen des Landes gleichgesetzt; das erbliche Königtum wurde als Eigentum des Königs betrachtet und der nationale Reichtum als die Summe der Güter, die zur Verfolgung der Machtpolitik zu Gebote standen, wobei Güter des persönlichen Verbrauchs darin nicht enthalten waren.[44] Eine herausragende Stellung unter

---

42 Siehe Joseph Catry, »La liberté du commerce international d'après les scolastiques«, in: *Révue générale de droit international public* 36 (1932), S. 193.
43 Siehe Bruno Suviranta, *The Theory of the Balance of Trade*, Helsingfors 1923, S. 150.
44 Siehe Edgar Furniss, *The Position of the Laborer in a System of Nationalism*, Boston 1920, S. 20.

den Elementen des nationalen Reichtums wurde den Edelmetallen zugeschrieben, und zwar wegen ihrer Rolle als Tauschmittel.[45] »Bullionistische« Autoren gingen soweit, den Besitz solcher Metalle mit dem Besitz gespeicherter Werte gleichzusetzen, und der Gedanke, daß diese Metalle »universalen Reichtum« darstellten, wurde in zahllosen Variationen immer wieder zum Ausdruck gebracht.[46]

Erheblich erleichtert wurde die Annahme neuscholastischer Geldauffassungen durch den Substanzbegriff. Danach sollte den Edelmetallen wie jedem anderen Gut ein »intrinsischer Wert« oder eine »innere Güte« zukommen. Dieser Wert wurde von dem äußeren oder Tauschwert des Geldes unterschieden, der je nachdem, ob Geld knapp oder im Überfluß vorhanden war, an verschiedenen Orten und zu verschiedenen Zeiten schwanken sollte. Besonders Advokaten bedienten sich in ihrem Kampf gegen Münzverschlechterung der Lehre vom inneren Wert des Geldes.[47] Um Zahlungsforderungen in ausländischer Währung vor willkürlicher Entwertung zu schützen, verlangten sie, daß der deklarierte Wert der Münzen, ihr *valor impositus*, ihrer *bonitas intrinseca* angeglichen werde. Auf der anderen Seite wurde die politische Theorie des Unterwerfungsvertrages dazu benutzt, die gegenteilige Ansicht zu vertreten, daß nämlich der Maßstab der Wertmessung ausschließlich vom Willen des Fürsten abhänge.

Derartige Überlegungen veranlaßten einen Genueser Juristen, Sigismondo Scaccia, eine doppelte Theorie über den Wert des Geldes aufzustellen.[48] Er unterschied Geld als umlaufendes Zahlungsmittel von Geld als Kaufobjekt bei Devisentransaktionen. Im ersten Fall, den er *emptio activa* nannte, sollte der Geldwert von der Obrigkeit festgelegt werden; im anderen, als *emptio passiva* bezeichneten Fall sollte er sich nach dem Metallwert bestimmen. Der Gedanke einer Differenzierung des Tauschwerts einer Währung je nach den Märkten, auf denen sie in Gebrauch war, erhielt damit eine Art juristischer Rechtfertigung.

Von den italienischen Autoren des sechzehnten Jahrhunderts, die über-

---

45 Cannan, *A History of the Theories of Production and Distribution in English Political Economy, 1776-1848*, a.a.O., S. 3.
46 Über die Gleichsetzung des Reichtums einer Nation mit ihrem Besitz an Edelmetallen siehe Charles W. Cole, *French Mercantilist Doctrines before Colbert*, New York 1931, S. 6. Siehe auch Jacob Viner, *Studies in the Theory of International Trade*, New York 1937, S. 17, zu einer umfassenden Liste von Zitaten englischer Merkantilisten.
47 Arthur Eli Monroe, *Monetary Theory before Adam Smith*, Cambridge, Mass. 1923, S. 31.
48 Sigismondo Scaccia, *Tractatus de commerciis et cambio*, Rom 1619; zitiert nach Robert Zuckerkandl, *Zur Theorie des Preises mit besonderer Berücksichtigung der geschichtlichen Entwicklung der Lehre*, Leipzig 1889, S. 132.

zeugte Anhänger der Theorie vom inneren Wert des Geldes waren, sei der Bankier Gasparo Scaruffi erwähnt.[49] Er schrieb dem Prägestempel auf Münzen nur deklaratorische Bedeutung zu. Andere italienische Ökonomen, die seinerzeit diese Meinung teilten, waren Antonio Serra und Bernardo Davanzati, auf deren ökonomische Ansichten wir in anderem Zusammenhang noch zu sprechen kommen.

Eine gute Darstellung des ökonomischen Denkens, wie es in England gegen Mitte des sechzehnten Jahrhunderts vorherrschte, liefert ein Essay mit dem Titel *Discourse of the Common Weal of this Realm of England*, vermutlich 1549 geschrieben, aber erst 1581 veröffentlicht. Er gehört einer Übergangsepoche an und spiegelt die Schlacht der widerstreitenden Ideen in Form einer Diskussion zwischen einem Ritter, einem Kaufmann, einem Landmann, einem Handwerker und einem Doktor.[50] Letzterer drückte die Ansichten des Verfassers aus. Die Diskussion drehte sich um die »gewöhnlichen und gemeinen Mißstände« sowie die »Ursachen und Gründe derselben«. Die drei wirtschaftlichen Hauptübel, die England befallen hatten – hohe Preise, Arbeitslosigkeit und sinkende Renten – schrieb der Doktor monetären Ursachen zu, der Münzverschlechterung, dem Verstoß gegen den inneren Wert des Geldes. Er bezeichnete Geld als »Speicher für jegliche Ware, die man begehrt« und betrachtete die Beschaffung von Edelmetallen als unerläßliches Mittel zur Förderung der allgemeinen Wohlfahrt. Um dieses Ziel zu erreichen, sollte die Einfuhr ausländischer Güter sowie die Ausfuhr einheimischer Rohstoffe, besonders Wolle, eingeschränkt werden. Andererseits lieferten die bekannten Argumente über die Güterverteilung unter den verschiedenen Nationen dem Doktor eindrucksvolle Gründe dafür, den Außenhandel zu fördern.

Viel bemerkenswerter war jedoch, daß der Doktor im Zusammenhang mit der Einhegung von Gemeindeland das Profitmotiv als Regulator der wirtschaftlichen Tätigkeit bezeichnete.[51] Jedermann, äußerte er, sehe zu,

---

49 Gasparo Scaruffi, *Alitinonfo*, Reggio 1582.
50 Nach Elizabeth Lamonds sorgfältiger Untersuchung wurde die anonym mit W. S. gezeichnete Abhandlung um 1549 von John Hales verfaßt, der 1548 Mitglied des Parlaments war und später den Vorsitz im Midland-Komitee der von Protector Somerset berufenen Kommission zur Frage der Vertreibung der Landbevölkerung innehatte. Andere haben die Urheberschaft des *Discourse* Sir Thomas Smith zugeschrieben. Siehe Alfred F. Chalk, »Natural Law and the Rise of Economic Individualism«, in: *Journal of Political Economy* 59 (1951), S. 332-347, hier S. 334.
51 Die Einhegung von Gemeindeland zur Überführung in Privateigentum wurde von verschiedenen Sozialphilosophen wie Thomas Morus und religiösen Reformern wie Sir Hugh Latimer (um 1630) und William Laud (um 1730) angegriffen. Das Problem der Vertreibung der bäuerlichen Bevölkerung [*depopulation*], das damit zusammenhing, war wiederholt Gegenstand königlicher Kommissionen und Statuten.

wo sein größter Vorteil liege, und solange die Viehzucht einträglicher sei, werde die Weide den Acker verdrängen, welche Gesetze auch immer dagegen erlassen würden. Belohnungen und Preise würden gebraucht, um die Menschen zu guten Taten »anzustacheln«.[52] Daher kritisierte der Doktor die Korngesetze, die den Kornpreis niedrig halten sollten und damit die Produktion von Getreide verhinderten. Ganz entschieden lehnte er die traditionelle Haltung ab, daß Güter lieber billig sein sollten, und empfahl gleichermaßen Preiserhöhungen von landwirtschaftlichen Produkten und Manufakturwaren. Mit der Bemerkung, was dem einen vorteilhaft sei, könne auch dem anderen und so dem Gemeinwohl Gewinn bringen, nahm er sogar vage auf das Wirken natürlicher Kräfte Bezug.

Etwa zwei Jahrzehnte darauf wurde von einem der originellsten politischen Schriftsteller des sechzehnten Jahrhunderts, dem Franzosen Jean Bodin, eine revolutionäre Veränderung in den herrschenden Geldauffassungen eingeleitet. Zwar ist er nicht zu den merkantilistischen Autoren zu rechnen, beeinflußte ihren Ansatz bei der Behandlung von Geldproblemen aber nachhaltig. In seinem politischen Traktat arbeitete er den neuscholastischen Gedanken aus, die einzelnen Nationen seien nach weisem göttlichem Ratschluß konstitutive Bestandteile einer »allgemeinen Republik dieser Welt« (*république universelle de ce monde*).[53] Er beschrieb das Funktionieren des Exportmechanismus und zeigte, daß Einfuhren dazu beitragen, den Preis knapper Güter zu senken. Er bemerkte die günstigen Auswirkungen des Zustroms von Edelmetallen auf die industrielle Tätigkeit und weckte in Frankreich eine starke Vorliebe für steigende Preise. Daß das Zinsverbot seinen Beifall fand, zeigt jedoch, daß er bestimmten Grundzügen des scholastischen Denkens verhaftet blieb. Gleiches mag für seinen Glauben an die Existenz eines unklar bestimmten »Naturgesetzes« gelten, das allgemeine Vorschriften enthal-

---

Siehe Tawney, *Religion and the Rise of Capitalism*, a.a.O., S. 255 (deutsch: a.a.O., S. 257f.). Ein anderes Thema endloser Kritik war die Ausbeutung der bäuerlichen Pächter durch die reichen Grundeigentümer, die nach der Säkularisierung des Kirchenbesitzes große Güter erworben hatten. Diese Entwicklungen, insbesondere die Enteignung der Erbpächter, bezeichneten revolutionäre Veränderungen in der traditionellen Auffassung von Eigentumsrechten. Die Verteidiger solcher Veränderungen führten an, es liege im allgemeinen Interesse, daß das Land die beste Nutzung finde. Siehe etwa Samuel Fortrey, *England's Interest and the Improvement Consisting in the Increase of the Store and Trade of this Kingdom*, Cambridge 1663. Argumente dieser Art sind kennzeichnend dafür, in welchem Maße das Festhalten an der Tradition bereits von Nützlichkeitserwägungen abgelöst worden war.

52 Zu ähnlichen Passagen zeitgenössischer Schriften, in denen das Gewinnstreben gegen Moral und religiöse Vorschriften verteidigt wurde, siehe Chalk, »The Rise of Economic Individualism«, a.a.O.

53 Bodin, *Les six livres de la République*, a.a.O.

ten sollte, die auf das Funktionieren aller menschlichen Gemeinschaften anwendbar und dem menschlichen Geist zugänglich seien.

Wenn Bodin sich in der Geschichte des ökonomischen Denkens einen dauerhaften Platz erobert hat, so verdankt er das seiner berühmten *Réponse aux paradoxes de M. de Malestroit*[54], einer Abhandlung, in deren Mittelpunkt eine glänzende Widerlegung der traditionellen Auffassung steht, daß der allgemeine Preisanstieg, der in Frankreich stattgefunden hatte, der wiederholten Herabsetzung des Edelmetallgehalts der Münzen und der daraus folgenden Geldentwertung zuzuschreiben sei.[55] Bodin führte neben der Münzverschlechterung eine Reihe von Ursachen (den Konsum von Luxusgütern, Monopole und dergleichen) auf, die seiner Ansicht nach den allgemeinen Preisanstieg verschärft hatten. Er wies jedoch überzeugend nach, daß die beunruhigende allgemeine Preisentwicklung vornehmlich auf den Zustrom an Geldmetallen zurückging, die von Westindien nach Spanien und Portugal gebracht worden waren und von dort ihren Weg nach Frankreich gefunden hatten, um die enorm gestiegenen Exporte vor allem von Salz, Wein und Weizen zu bezahlen.[56] Aus Bodins Argumentation war zu schließen, daß der Wert der Geldmetalle letztlich von der Quantitätsrelation bestimmt sei.[57] Er erwähnte an keiner Stelle die traditionelle Vorstellung eines »intrinsischen« Geldwerts; wenigstens indirekt legte er also eine Trennung der Preistheorie von der Werttheorie nahe und führte den Begriff eines Tauschwerts des Geldes als eigene Kategorie ein.[58] Dennoch kann man ihm kaum die

---

54 Ders., *Response aux paradoxes de Monsieur de Malestroict touchant l'enchérissement de toutes les choses et des monnoyes*, Paris 1568 (deutsch: Johannis Bodinus, *Diskurs... von den Ursachen der Theuerung wie auch dem Auff- und Abschlag der Müntz*, Hamburg 1624).

55 Diese Auffassung war von Jehan Cherruyt de Malestroit, Mitglied des königlichen Rates und Kontrolleur der Münze, in einem Essay über *Les Paradoxes sur le faict des Monnoyes*, Paris 1566.

56 Die inflationäre Preisentwicklung des sechzehnten Jahrhunderts erreichte Frankreich drei oder vier Jahrzehnte früher als England. Bodin erörterte diese Entwicklung in seinem *Discours sur le rehaussement et la diminution des monnayes*, Paris 1578 [es handelt sich um eine Neuauflage der zehn Jahre zuvor erschienen *Response*, A. d. Ü.].

57 Über eine ähnliche Erklärung des allgemeinen Preisanstiegs, die von einigen dominikanischen Theologen der Universität von Salamanca vorgebracht wurde, siehe oben, 2. Kapitel, »Der Zerfall des thomistischen Denkens«.

58 Es ist bemerkenswert, daß der berühmte Astronom Nikolaus Kopernikus in seinem Essay *Monetae cudendae ratio* (1526; deutsch: *Die Geldlehre des Nicolaus Copernicus. Texte, Übersetzungen, Kommentare*, hg. von E. Sommerfeld, Berlin/Vaduz 1978) angedeutet hatte, die Preise der Waren stiegen oder fielen je nach dem Zustand der Währung (»ad monetae conditionem«). Siehe Paul Harsin, *Les doctrines monétaires et financières en France du XVIIe au XVIIIe siècle*, Paris 1928; Filippo

Formulierung einer Quantitätstheorie des Geldes im strengen begrifflichen Sinne zuschreiben. Seine Diskussion der Beziehung zwischen Veränderungen der Geldmenge und Preisen deutete nicht auf ein proportionales Verhältnis zwischen der Geldmenge und dem Wert der Geldmetalle.[59]
Wie schon erwähnt, beschäftigten sich andere französische Autoren, die an der Diskussion ökonomischer Fragen teilnahmen, fast ausschließlich mit Problemen der Wirtschaftspolitik. Ihnen ging es um die Mittel, den Vorrat eines Landes an Edelmetallen zu vergrößern, um die Förderung der heimischen Industrien und des Handels, die Beschäftigung der Armen, den Außenhandel, die Behandlung der Kolonien – und dergleichen.

Der Begriff der Handelsbilanz

Einige der auffallendsten Züge des Merkantilismus, wie er sich vor allem in England im sechzehnten und siebzehnten Jahrhundert entwickelte, verdanken sich der Tatsache, daß die wichtigsten Autoren, die an dieser Bewegung teilnahmen, von den Grundsätzen des scholastischen Denkens immer unabhängiger wurden. Von nun an fühlten sie sich frei, die scholastischen Problemstellungen zu wirtschaftlichen Fragen aufzugeben und neue Begriffe in ihre Erörterungen einzubeziehen, insbesondere solche, die aus der Mechanik und verwandten Disziplinen stammten. Vielleicht am bezeichnendsten für diese Entwicklung ist die Tendenz, den scholastischen Äquivalenzbegriff durch den des Gleichgewichts zu ersetzen, und dieser radikale Wandel im konzeptuellen Ansatz hatte bedeutsame Folgerungen für die Analyse der wirtschaftlichen Beziehungen. Die Phänomene, auf die dieser neue Ansatz angewandt wurde, waren kollektive Größen, die sich von wichtigen Aspekten einer nationalen Machtpolitik herleiteten.
Unter der Herrschaft des scholastischen Prinzips kommutativer Gerechtigkeit sollte zwischen den Ein- und Ausfuhren eines Landes Äquivalenz angestrebt werden, da nach den herrschenden Überzeugungen ein Gewinn im Handel nur bei entsprechendem Verlust des Partners zu erzielen sei.[60] Jenes Prinzip verlor seine Kraft und Bedeutung, als der Kampf um

Carli, *Studi di storia delle dottrine economiche*, Padua 1932, S. 75. Die Abhandlung des Kopernikus wurde 1864 von Louis Wolowski in französischer Übersetzung veröffentlicht.
59 Siehe Hugo Hegeland, *The Quantity Theory of Money*, Göteborg 1951.
60 Einer Vermutung von William Cunningham zufolge wurde die Idee der Handelsbilanz bereits im vierzehnten Jahrhundert von einem hohen Beamten der englischen Münze vorweggenommen (*The Growth of English Industry and Commerce, Early and Middle Ages*, Cambridge 1922, S. 395). Die Ansicht ist jedoch nicht mit der

nationale Macht einsetzte; eine Entwicklung, die ihren auffälligsten Ausdruck in dem Gedanken fand, die Beschaffung von Edelmetallen durch den Außenhandel stelle einen Zuwachs an Macht über andere Länder dar, die um die verfügbaren Vorräte an solchen Metallen wetteiferten. Hinter der engen Beziehung, die damit zwischen Außenpolitik und Außenhandel hergestellt wurde, stand auch ein sehr praktisches Motiv, nämlich die angespannte Finanzlage, in die die europäischen Regierungen durch die Notwendigkeit geraten waren, große Söldnerheere zu unterhalten.[61] Außenhandel wurde als eine Art heimlicher Krieg betrachtet, in dem es um den Besitz der Geldmetalle ging[62], und die Verbindung zwischen der Beschaffung dieser Metalle und politischen Überlegungen spiegelte sich in verschiedenen, oft wiederholten Redewendungen, die im Geld »die Nerven des Staates«, »die Sehnen des Krieges« und dergleichen sahen.[63] Gegen Ende des sechzehnten Jahrhunderts sorgte ein anonymer englischer Autor für eine klare Formulierung des Gedankens, daß vermehrter »Reichtum« von Exportsteigerungen abhängig sei. Er wies darauf hin, daß das Königreich – da es nicht die Möglichkeit habe, seinen Schatz durch die Ausbeutung heimischer Gold- und Silberminen zu vergrößern – »jenen Überschuß an Geld« erzielen würde, wenn es wertmäßig mehr Waren über die Meere schicke, als es nach Hause bringe.[64] Etwa zur selben Zeit wurden in England Buchführungsmethoden in der Handelspraxis geläufig[65], und bald neigte man allgemein dazu, die eintreffenden und abgehenden Mengen an Edelmetallbarren mit den Einnahmen und

---

Tatsache vereinbar, daß im vierzehnten Jahrhundert die Geltung des Prinzips der kommutativen Gerechtigkeit allgemein noch unangefochten war. Siehe Max Beer, *Early British Economics*, London 1938, S. 76.

61 Siehe Eli Filip Heckscher, »Natural and Money Economy as Illustrated from Swedish History in the Sixteenth Century«, in: *Journal of Economic and Business History* 3 (1930/31), S. 1-29.

62 Siehe Edmond Silberer, *La guerre dans la pensée économique du XVIe au XVIIIe siècle*, Paris 1939. Siehe auf S. 97 ff. die Zitate aus merkantilistischen Quellen, die die Bedeutung für die machtpolitischen Ziele der Nation hervorheben.

63 Marschall Gian Giàcomo Trivulzio (um 1440-1518) soll den oft zitierten Satz über die drei Dinge geäußert haben, die für Kriegsvorbereitungen notwendig seien: »Tre cose ci bisognamo preparare, danari, danari e poi danari!«

64 *An Apologie of the Cittie of London*, verfaßt um 1578 und wieder abgedruckt in John Stow, *A Survay of London*, London 1598; zitiert nach Beer, *Early British Economics*, a.a.O., S. 133.

65 Im Jahre 1588 veröffentlichte John Mellis eine Abhandlung mit dem Titel *Briefe Instruction and Manner How to Keep Books of Accounts after the Order of Debitor and Creditor*. Diese Anleitung war die Teilübersetzung einer Abhandlung, die der Venezianer Luca Paccioli im Jahre 1494 unter dem Titel *Summa de arithmetica, geometrica, proportioni e proportionalità* veröffentlicht hatte. Siehe R. D. Richards, »Pioneers of Banking in England«, in: *Economic Journal* 39 (1929), S. 501. Über die

Ausgaben eines Privathaushalts zu vergleichen und den Gewinn einer Nation aus dem internationalen Handel an dem Exportüberschuß zu messen, wie er sich im Zustrom an Bargeld ausdrückte. Gegen Ende des sechzehnten Jahrhunderts waren die Beamten des königlichen Schatzamts ebenso wie die Kaufleute davon überzeugt, daß der Außenhandel praktisch die einzige Möglichkeit sei, den Reichtum eines Landes zu vergrößern. Folglich hielt man den Binnenhandel, wie vorteilhaft er vom Standpunkt privater Interessen auch scheinen mochte, für bedeutungslos, was die Interessen des Gemeinwesens anging.

Nach wie vor galt bei Transaktionen auf heimischen Märkten das Äquivalenzprinzip, entsprechend der Auffassung, daß bei solchen Geschäften gleiche Werte gegeneinander ausgetauscht würden und der Gewinn des einen Partners von einem entsprechenden Verlust des anderen ausgeglichen werde. Den Begriff »Kosten« glaubte man daher nur auf das gesamte Handelsvolumen eines Landes mit anderen Ländern anwenden zu können, und ein Gewinn war nur dann zu erzielen, wenn dieser Handel einen Überschuß auswies, der sich im Zustrom von Edelmetallen ausdrückte.

Der Gleichsetzung von allgemeinem Wohlstand und dem Besitz dieser Metalle entsprach genau die Geldpolitik, die England im sechzehnten Jahrhundert verfolgte: alle Transaktionen, die die Einfuhr oder Ausfuhr von klingender Münze einschlossen, wurden der Kontrolle der Königlichen Devisenbehörde unterworfen.[66] Von den englischen Kaufleuten, die ihre Güter im Ausland absetzten, wurde verlangt, daß sie mit dem Ertrag ihrer Auslandsverkäufe den nationalen Devisenvorrat vergrößerten. Die ausländischen Kaufleute wurden mit *Statutes of Employment* gezwungen, die Einnahmen aus ihren Verkäufen an englische Abnehmer wieder für den Kauf englischer Güter auszugeben.[67] Ein weiterer wesentlicher Bestandteil der »bullionistischen« Handelspolitik waren Luxusgesetze. Englische Exporteure lehnten sich freilich gegen die Maßnahmen auf, die

---

Verwendung des Ausdrucks *Bilanz* in der Buchhaltung siehe Viner, *Studies in the Theory of International Trade*, a.a.O., S. 32.

66 Die *Royal Exchange* war ursprünglich eine von Florentiner Kaufleuten gegründete Börse [*bourse*] gewesen. Der Name *Lombard Street* deutet auf den geschichtlichen Hintergrund dieser Gründung. Später übte ein Beamter der Krone die Aufsicht über sämtliche Transaktionen im Devisenhandel aus; der erfolgreichste *Royal Exchanger* war Sir Thomas Gresham, Finanzexperte der Königin Elisabeth. Wertvolles Quellenmaterial zur Währungspolitik, zu Monopolen, Zöllen und anderen ökonomisch-politischen Problemen der Tudor-Zeit findet sich bei Richard H. Tawney und Eileen Power, *Tudor Economic Documents*, 3 Bände, London 1924.

67 Eine ähnliche Behandlung ausländischer Kaufleute war in mittelalterlichen Städten gang und gäbe. Die *Statutes of Employment* wurden Ende des vierzehnten Jahrhunderts eingeführt.

sie daran hinderten, auf fremden Märkten zu kaufen und zu verkaufen. Die Staatsbeamten wiederum klagten ebenso wie viele zeitgenössische Autoren über die Geldknappheit und machten dafür die Spekulationspraktiken der »Wechsler« verantwortlich, die mit Devisen handelten. Sie argumentierten, daß Wechselkursschwankungen die vorgeschriebene Übereinstimmung zwischen dem inneren Wert der Münzen gemäß ihrem festgesetzten Nennwert und der inneren Güte der gemünzten Metalle gemäß ihrem Gewicht und Feingehalt verletzten. Sie bestanden also darauf, die scholastischen Äquivalenzbegriffe streng auf die Relationen zwischen verschiedenen Währungen anzuwenden und schrieben Abweichungen von der Kursparität den Machenschaften der Kaufleute und ihren illegalen Geschäften zu.

Die widerstreitenden Auffassungen der beiden Parteien wurden in einer Reihe von Pamphleten an die Öffentlichkeit getragen, die zwischen 1620 und 1630 geschrieben wurden. Entschieden verteidigt wurde die »bullionistische« Politik mit ihrer strengen Überwachung aller internationalen Bewegungen von Edelmetallen von Gerard Malynes (1586-1641), einem Mitglied der Kommission, die im Jahre 1600 von Königin Elisabeth ernannt wurde, um die Ursachen der bestehenden Geldknappheit zu untersuchen.[68] Er führte aus, daß die Währung unter offenkundigem Verstoß gegen den intrinsischen Wert des Geldes bei Devisentransaktionen einer doppelten Bewertung unterliege: einer vom Fürsten angeordneten und einer von den Devisenhändlern festgesetzten. Er machte die Unterbewertung der britischen Münzen – das »Krebsgeschwür« des Staates – für die Ausfuhr von Metallgeld verantwortlich.[69] Er bemerkte jedoch durchaus, daß Wechselkursschwankungen ihre Ursache nicht nur in spekulativen Manipulationen hatten, sondern auch in der Tatsache, daß bei internationalen Geschäften die Forderungen der anderen Länder größer (oder kleiner) sein können als die des eigenen. Ebenso erkannte er den Zusammenhang, daß in einem Lande, in dem die Währung unter die Münzparität absinkt und aus dem folglich Gold abfließt, die Preise fallen, wogegen sie

68 Gerard Malynes schrieb eine Reihe von Essays über ökonomische Fragen. Im Jahre 1601 veröffentlichte er die Abhandlung *A Treatise of the Canker of England's Commonwealth*, in der er die Auffassungen der Kommission wiedergab, deren Mitglied er war. Besonders mit seinen Pamphleten *Consuetudo vel Lex Mercatoria*, London 1622, und *The Center of the Circle of Commerce*, London 1623, machte er sich die Kaufleute zum Gegner.

69 Es sollte daran erinnert werden, daß zu Beginn des siebzehnten Jahrhunderts die Preise in England viel niedriger waren als in den Nachbarländern, etwa in Frankreich oder den Niederlanden, die viel früher und stärker von dem Zustrom von Edelmetallen aus Westindien betroffen waren. Englische Exporte wurden daher zu niedrigen Preisen verkauft, während die englischen Importeure teuer einkaufen mußten. Mit anderen Worten, die *terms of trade* waren ungünstig für England.

im Ausland steigen. Er widersprach der Auffassung, daß der Export gemünzter Geldmetalle durch eine Abwertung der Währung aufzuhalten sei. Er glaubte, daß steigende Preise nützlich seien, und teilte nicht die Vorliebe beinahe aller Zeitgenossen für die »Billigkeit der Güter«.
Daher richtete Malynes seine Angriffe vor allem gegen die Ansicht der Exporteure, Devisen seien »eine Art Ware, die im Preis steige oder falle, je nach der Menge und Knappheit des Geldes«. Ferner wandte er sich entschieden gegen verschiedene Formen des Handels mit Devisen, die es den Parteien erlaubten, die Beschränkungen zu umgehen, die auf der Höhe der Zinssätze lagen und die die englischen Schuldner veranlaßten, ihre Güter im Ausland zu außerordentlich niedrigen Preisen zu verkaufen und damit »die Märkte anderer zu vernichten«.[70] Malynes forderte dringend die Wiederherstellung der Kontrolle des Devisenhandels, die praktisch eingestellt worden war; als zusätzliche Maßnahme neben der Devisenbewirtschaftung verlangte er unter anderem eine Wiederbelebung des Stapelrechts, das bestimmten Städten das Recht zubilligte, ausländische Händler zu zwingen, dort ihre Waren zum Verkauf anzubieten, und sie anderen Beschränkungen zu unterwerfen.[71]
Malynes' Auffassungen sind von den liberal gesinnten Historikern fast durchgängig verdammt worden, weil er auf einer strengen Kontrolle der Devisentransaktionen bestand. Bei näherer Analyse zeigt sich jedoch, daß man ihm ein bemerkenswertes Verständnis der Probleme der Zahlungsbilanz sowie der Wirkungen der internationalen Gold- und Silberbewegungen auf die Preise zusprechen kann. Dieser Aspekt von Malynes' Schriften wurde von Joseph Alois Schumpeter hervorgehoben, und John Maynard Keynes lobte ihn wegen seiner Einstellung zu steigenden Preisen. Doch trotz seiner klaren Diskussion der internationalen Geldbewegungen blieb Malynes ein überzeugter Verfechter des scholastischen Äquivalenzprinzips, was die Kursverhältnisse zwischen verschiedenen Währungen anbetrifft.[72]

70 Gewöhnlich wurde das Verbot, für Geld Zinsen zu erheben oder zu zahlen, auf folgende Weise umgangen: Ein englischer Kaufmann borgte Geld im Ausland und vereinbarte dabei, das Darlehen zu einem Kurs zurückzuzahlen, der für den Verleiher günstiger war. Auch andere zeitgenössische Schriften betrachteten Devisengeschäfte als »Wucher«, etwa Sir Thomas Culpeper, *A Tract against the High Rate of Usurie*, London 1621; erweiterter Nachdruck: London 1668.
71 Das Stapelrecht [*Ordinance of the Staple*] war ein Erbe aus dem Arsenal mittelalterlicher Handelsbeschränkungen.
72 Siehe John Maynard Keynes, *General Theory of Employment, Interest, and Money*, London 1936, S. 345 (deutsch: *Allgemeine Theorie der Beschäftigung, des Zinses und Geldes*, München/Leipzig 1936, S. 289); Joseph Alois Schumpeter, *History of Economic Analysis*, New York 1954, S. 314, 345, 364 (deutsch: *Geschichte der ökonomischen Analyse*, Göttingen 1965, Band 1, S. 398, 434 und 458).

Attackiert wurde das scholastische Äquivalenzprinzip von Malynes' zeitgenössischem Gegenspieler, Edward Misselden, einem herausragenden Mitglied der Gesellschaft der Merchant Adventurers[73], der unter dem Schlagwort »Freihandel« die ungehinderte Ausfuhr von Edelmetallbarren befürwortete und eine Art Markstein in der Geschichte des ökonomischen Denkens errichtete, indem er zur Rechtfertigung der Handelspolitik seiner Gesellschaft den Begriff des Gleichgewichts verwandte.[74] Er wies Malynes' Behauptung zurück, die »Wechselparität«, der von den »inneren Werten« der Währungen bestimmte Kurs, solle und könne durch künstliche Maßnahmen erhalten werden. Der tatsächliche Tauschpreis schwanke um einen idealen, »vom Gewicht und Feingehalt des gemünzten Metalls bestimmten« Preis je nach den »Umständen, welche beide Parteien veranlassen, über dasselbe zu kontrahieren«. Der ideale Preis werde, ebenso wie der Preis jeder anderen Ware, von der »inneren Güte« der Geldmetalle reguliert. Misselden wies mit dieser Feststellung auf die Existenz ausgleichender Kräfte hin, die unabhängig von allen vorsätzlichen Regelungen wirkten. Für die Kaufleute verlangte er das Recht, in der Ausübung ihres Berufs ihren privaten Vorteil zu suchen; er bezog sich auf die Erfahrung der Niederlande, wo der Handel blühte, obwohl der Export von Edelmetallbarren keinen Beschränkungen unterlag und von der öffentlichen Meinung auch keine gefordert wurden.[75]

Noch bestimmter drückte Misselden seine Bevorzugung einer rein mechanischen Behandlungsweise der Probleme des Außenhandels in einem Abschnitt aus, in dem er die Verwendung des Gleichgewichtsbegriffs empfahl, um die Wirkungen des Handels zwischen zwei Königreichen abzuschätzen. »So wie die Waage eine Erfindung ist«, sagte er, »die uns das Gewicht der Dinge zeigen kann, wodurch man das Schwere vom

---

73 Die Gründungsurkunde der Merchant Adventurers Company datiert vom Beginn des fünfzehnten Jahrhunderts. Vom sechzehnten Jahrhundert an hatte die Gesellschaft den englischen Tuchexporthandel im wesentlichen monopolisiert und erfolgreich eine Handelspolitik betrieben, die zur Ausfuhr »verarbeiteter« Güter oder Fertigfabrikate ermutigte – im Gegensatz zum traditionellen Export englischer Stapelgüter wie Wolle, Zinn, Getreide und Leder. Die Privilegien der Hanse, die vornehmlich mit diesen letzteren Gütern Exporthandel trieb, waren 1578 widerrufen worden.
74 Edward Misselden, *Free Trade: or the Means to Make Trade Flourish*, London 1622; *The Circle of Commerce: or the Ballance of Trade*, London 1623. Siehe, unter anderen, E. A. Johnson, *Predecessors of Adam Smith*, New York 1937, S. 61.
75 Zu den Auffassungen zeitgenössischer holländischer Autoren über Devisenkontrolle siehe Étienne Laspeyres, *Geschichte der volkswirtschaftlichen Anschauungen der Niederländer und ihrer Literatur zur Zeit der Republik*, Leipzig 1863, S. 283.

Leichten zu unterscheiden vermag, so ist auch diese Handelsbalance eine ausgezeichnete und politische Erfindung, um uns den Gewichtsunterschied im Handel eines Königreichs mit einem anderen zu zeigen: das heißt, ob die exportierten heimischen Waren und alle importierten ausländischen Waren auf der Handelswaage einander aufwiegen oder überwiegen.«[76]
So wurde ein der Mechanik entstammender Begriff darauf verwandt, die Wirkungen ökonomischer Transaktionen zu bestimmen. Ein derartiges Vorgehen wäre mit dem scholastischen Denken unvereinbar gewesen. Doch in den dreißiger Jahren des siebzehnten Jahrhunderts war die Freiheit in der Verwendung abstrakter Begriffe weit genug vorangeschritten, um eine solche Neuformulierung der Beziehung zwischen ökonomischen Erscheinungen zu gestatten.
Weitere Fragen grundsätzlicherer Art, die der Begriff der Handelsbilanz einschloß, wurden in der Folgezeit von Thomas Mun (1571-1641) erhoben, einem Mitglied des Rats der Ostindiengesellschaft.[77] In seinem Essay, der bei den englischen Merkantilisten des siebzehnten und achtzehnten Jahrhunderts große Bewunderung fand, bediente sich Mun des Begriffs Handelsbilanz zur Formulierung politischer Empfehlungen, die für Steigerungen des nationalen »Reichtums« durch erhöhte Exportüberschüsse sorgen sollten. Mit diesem Ziel vor Augen unterschied er verschiedene Arten von Exporten und Importen je nach ihren Auswirkungen auf den wirtschaftlichen Wohlstand und machte Vorschläge für eine Preispolitik, die auf ausländischen Märkten praktiziert werden sollte.
Wie Malynes und Misselden vor ihm bezog sich Mun in seinen Überlegungen auf das Verhältnis, das zwischen wachsender Geldmenge und Preisbewegungen aufgestellt worden war. Da er im Unterschied zu Malynes steigende Preise für höchst unerwünscht hielt, schlug er vor, den Auswirkungen beständiger Exportüberschüsse auf das inländische Preisniveau durch Reinvestition dieser Überschüsse in Landwirtschaft und Fischfang einerseits und Manufakturen andererseits zu begegnen. Ebenso

---

76 Zu der Frage, ob der Begriff »Handelsbilanz« bereits von früheren Autoren verwandt worden war, sowie zur Verbreitung dieses Ausdrucks siehe Viner, *Studies in the Theory of International Trade*, a.a.O., S. 9.

77 Thomas Muns Abhandlung mit dem Titel *England's Treasure by Forraign Trade* (deutsch: *Englands Schatz durch den Außenhandel*, Wien 1911) wurde um 1630 geschrieben, aber erst 1664, nach dem Tod des Verfassers, von seinem Sohn veröffentlicht. Die Verzögerung hat man der Tatsache zugeschrieben, daß sich der Traktat vor allem gegen die Politik der Regierung richtete, die im Jahre 1622 eine Verordnung über ungeprägtes Gold und Silber erlassen hatte. Das Ausfuhrverbot für Edelmetalle wurde (außer für englische Münze) erst gegen Ende des achtzehnten Jahrhunderts aufgehoben. Siehe Johnson, *Predecessors of Adam Smith*, a.a.O., S. 77.

wie andere Schriftsteller seiner Zeit empfahl er die Ausfuhr von Waren, in denen große Mengen von Arbeit verkörpert waren[78], betrachtete ein reichliches Angebot an Arbeit, niedrige Löhne und billige Lebensmittel als Voraussetzungen für wirtschaftliches Gedeihen[79] und brachte die traditionelle Abneigung gegen die Einfuhr von »Luxusgütern« zum Ausdruck.

Bei der Aufzählung der Faktoren, die für den Wechselkurs bestimmend sein sollten, führte Mun außer dem Volumen der importierten und exportierten Waren noch weitere Punkte an. *De facto* bezogen sich seine Überlegungen also, ebenso wie die von Malynes und Misselden, auf den weiteren Begriff der Zahlungsbilanz. Ebenso offenkundig ist auch, warum er und andere Verfechter der Handelspolitik der Ostindiengesellschaft nicht mit der Handelspolitik der britischen Regierung übereinstimmten, die darauf zielte, Exportüberschüsse im Handel mit jedem einzelnen Land zu sichern. Mun übernahm den Begriff einer ›kumulierten‹ Handelsbilanz und argumentierte, daß seine Gesellschaft mehr Gold und Silber wieder einführen könne, als zuvor exportiert worden war, wenn ihr erlaubt würde, Edelmetallbarren auszuführen und im multilateralen Handel zu verwenden.

Eine wirklich radikale Neuerung, die Mun ins ökonomische Denken seiner Zeit einführte, war jedoch seine Bezugnahme auf eine strenge Kausalbeziehung zwischen der Entwicklung des Außenhandels und dem Zu- und Abfluß von Edelmetallen: »Mögen ausländische Fürsten ihre Münzen verbessern oder deren Gehalt verschlechtern, mag Ihre Majestät desgleichen tun oder sie auf ihrem jetzigen Stand halten; ... mag der schäbige Wechsler arg tun, wie er kann, mögen Fürsten ihr Land niederdrücken, Advokaten erpresserisch Geld verlangen, Wucherer betrügen, Verschwender prassen, und mögen zuletzt Kaufleute Geld ausführen, soviel sie Gelegenheit haben, es im Handel zu verwenden. Dennoch kann all das keine andere Wirkung auf den Verlauf des Handels ausüben, als in dieser Schrift dargelegt ist. Denn der Schatz, der über die Grenzen des Staates ein- oder ausgeführt wird, wird so groß sein, wie der auswärtige Handel im Wert über oder unter Gleichgewicht liegt.[80] Und

---

78 Die Unterscheidung zwischen dem Export von Manufakturwaren und der Ausfuhr von Rohstoffen war auch von John Hales getroffen worden.
79 Der Gedanke, daß alle verfügbaren Arbeitskräfte zu Produktionszwecken verwandt werden sollten, hatte seinen praktischen Ausdruck in dem elisabethanischen *Statute of Artificers* von 1563 gefunden, das bis zum Beginn des neunzehnten Jahrhunderts in Kraft blieb und jeden, der seinem sozialen Rang nach nicht privilegiert war, generell zu Arbeit verpflichtete, vorzugsweise in der Landwirtschaft.
80 Weder Mun noch irgendein anderer Autor des achtzehnten Jahrhunderts benutzte den Begriff »günstige Handelsbilanz«. Dieser Ausdruck scheint erst in der zweiten Hälfte des neunzehnten Jahrhunderts in Gebrauch gekommen zu sein.

dies muß mit einer Notwendigkeit geschehen, die unseren Widerstand übersteigt.«[81]

Aus diesen Überlegungen zog Mun den Schluß, daß der jährliche Anteil eines Landes am Weltvorrat an Edelmetallen von seiner Handelsbilanz und also nicht von seinem Besitz an Gold- und Silberbergwerken bestimmt sei. Die Idee von Kausalgesetzen, vergleichbar denen, die im Bereich der Physik herrschen, wurde damit in eine Sphäre eingeführt, die als bevorzugtes Feld administrativer Regelungen gegolten hatte.

Die Anwendung des Prinzips mechanischer Kausalität zur Bestimmung der Beziehungen zwischen ökonomischen Ereignissen wäre für jeden Anhänger der thomistischen Scholastik Anathema gewesen. Die Bewunderung, die Muns Essay bei seinen Zeitgenossen fand, verriet eine wachsende Neigung, die Suche nach mechanischen Naturgesetzen an die Stelle des traditionellen Glaubens an teleologische Beziehungen treten zu lassen. Darüber hinaus legte ein Denken, das mit vergleichbaren Wertaggregaten operiert, wie sie der Begriff der Handelsbilanz ja voraussetzt, sicherlich eine Trennung des Bereichs meßbarer ökonomischer Größen von anderen Bereichen des sozialen Lebens nahe, die keine Messungen zuließen.

Auch in Italien hatten päpstliche Dekrete die Verwendung nominalistischer Methoden nicht vollständig unterdrücken können; nach wie vor spielte sie nicht nur in einigen oberitalienischen Städten, sondern auch in Neapel eine bedeutsame Rolle. So waren in den zwanziger Jahren des siebzehnten Jahrhunderts ähnliche Gedanken, wie sie in England Misselden und Mun entwickelten, von dem neapolitanischen Autor Antonio Serra vorweggenommen worden, der ein beachtliches Verständnis des Devisenmechanismus und für die Wirkungen der allgemeinen ökonomischen Lage auf den Außenhandel und den Geldvorrat bewies.[82] In seiner Erörterung des Handelsgleichgewichts berücksichtigte Serra auch unsichtbare Posten, und anläßlich einer Kritik an den Maßnahmen, die sein Landsmann Marc Antonio de Santis zur Devisenkontrolle vorgeschlagen hatte, zeigte Serra, daß für den Abfluß von Gold und Silber aus dem Königreich Neapel Zahlungsbilanzschwierigkeiten verantwortlich seien, und wandte sich gegen den Vorschlag, diesem Abfluß mit Geldentwertung zu begegnen. Der Hauptteil von Serras Abhandlung enthielt eine scharfsichtige Untersuchung der These, Länder ohne Gold- und Silberbergwerke könnten ihren Besitz an Reichtum nur vermehren, wenn sie ihre Manufakturen entwickelten und im Außenhandel einen Exportüber-

---

81 Mun, *England's Treasure by Forraign Trade*, a.a.O. Zu den verschiedenen Auflagen dieses Buches siehe Johnson, *Predecessors of Adam Smith*, a.a.O., S. 334.

82 Antonio Serra, *Breve trattato delle cause che possono far abbondare li regni d'oro e d'argento dove non sono miniere*, 1613. Siehe Tagliacozzo, *Economisti napoletani dei secoli XVII e XVIII*, a.a.O., S. xxix.

schuß erzielten. Mit diesem Ziel vor Augen empfahl Serra ein umfassendes System von Maßnahmen zur Förderung von Industrie und Handel. Serras Essay scheint freilich keinen merklichen Einschnitt in der Geschichte des ökonomischen Denkens hinterlassen zu haben. Er richtete seinen Rat an den spanischen Vizekönig aus einer Gefängniszelle und konnte die Behörden von der Richtigkeit seiner Argumente nicht überzeugen.

Die ständige Beschäftigung mit dem Begriff der Handelsbilanz und den Folgen der internationalen Geldmetallbewegungen führte zahlreiche merkantilistische Autoren bald auf ökonomische Probleme, die mehr oder weniger mit den Zielen der nationalen Machtpolitik zusammenhingen. Bevor wir jedoch in eine Analyse dieser Entwicklungen eintreten, werden wir die zeitgenössische französische Diskussion ökonomischer Fragen betrachten, die viel mehr als in England von politischen Erwägungen geprägt war.

Colbertismus

Manche Gelehrte der Geschichte des ökonomischen Denkens, die unter Merkantilismus ein System der Machtpolitik verstehen, haben *Colbertismus* und *Merkantilismus* als austauschbare Begriffe behandelt. Colbert wurde als der herausragende Vertreter merkantilistischer Ideen gepriesen und sogar für würdig gehalten, dem merkantilistischen System seinen Namen zu geben. Tatsächlich läßt sich der Colbertismus als Netz ökonomischer und sozialer Maßnahmen kennzeichnen, die dem Ziel einer ehrgeizigen nationalen Machtpolitik gehorchen.

Allerdings erscheinen die Beziehungen zwischen Colbertismus und Merkantilismus in anderem Licht, wenn man den logischen Hintergrund des englischen Merkantilismus mit dem viel weniger differenzierten Denken vergleicht, das für die vorwiegend praktischen Erwägungen der französischen Ökonomen und Politiker des sechzehnten und siebzehnten Jahrhunderts die Grundlage abgab. Während für diese Autoren statische Auffassungen charakteristisch sind, brachten die englischen Merkantilisten eine sich langsam wandelnde geistige Bewegung zum Ausdruck und suchten tastend nach einer theoretischen Rechtfertigung ihrer Wirtschaftspolitik. Der Begriff des Gleichgewichts spielte bei diesen Bemühungen eine auffällige Rolle; von den französischen Zeitgenossen wurde er praktisch ignoriert. Ebensowenig waren die Anhänger des Colbertismus von der Baconschen Methodologie und den individualistischen Überlegungen beeinflußt, die einen Wandel im Denken der frühen Merkantilisten bewirkten. Die französischen Ökonomen waren nicht von der Suche nach einer vielversprechenden Methodologie getrieben, und diese Tatsache mag erklären helfen, warum die ökonomische Literatur während der Herrschaft des »Sonnenkönigs« so dürftig war – in einer Zeit, die sonst durch herausragende Leistungen auf den Gebieten von Literatur und Kunst gekennzeichnet ist.

Gewiß war Jean Bodins Analyse der Beziehungen zwischen steigenden Preisen und dem Zustrom von Edelmetallen aus Spanien und Portugal (1568) ein herausragender Beitrag zum Verständnis grundlegender ökonomischer Probleme. Doch waren seine Auffassungen noch in beträchtlichem Maße von scholastischen Begriffen beeinflußt, und seine Untersuchungen gaben nicht den Anstoß zur Formulierung und Diskussion anderer ökonomischer Fragen von ähnlicher Tragweite.

Um die Mitte des sechzehnten Jahrhunderts hatte sich nach langen und bitteren Kämpfen die zentralstaatliche Autorität in Frankreich durchgesetzt. Unterstützt von seinem Premierminister, dem Herzog de Sully (1560-1641), schlug Heinrich IV. einen wirtschaftspolitischen Kurs ein, der eine sichere Grundlage für den industriellen Fortschritt in einem geeinten Land liefern sollte. Er bemühte sich, Manufakturen und Handel, die durch verheerende Bürgerkriege fast zum Erliegen gekommen waren, wieder in Gang zu bringen. Zünfte wurden obligatorisch, und ihre Tätigkeit unterlag strenger administrativer Aufsicht.[83] Verschiedene Industrien, deren Produkte aus Italien eingeführt worden waren, wurden auf französischen Boden verpflanzt. Anders als in England wurde der Außenhandel nicht zum Gegenstand öffentlicher Aufmerksamkeit[84], obwohl durch Verkäufe landwirtschaftlicher Produkte an Spanien große Mengen von Edelmetallen eingenommen wurden. Während dieser Periode waren die Beiträge französischer Autoren zu wirtschaftlichen Fragen für eine Geschichte des ökonomischen Denkens nicht sonderlich von Bedeutung. Einer der fruchtbarsten ökonomischen Schriftsteller war Barthélemy de Laffemas (gestorben 1611), der ökonomische Berater Heinrichs IV. In seinen Streitschriften ging es hauptsächlich um verschiedene Maßnahmen, die darauf zielten, die administrative Organisation von Industrie und Handel weiterzuentwickeln und die Industrieproduktion durch Zwangsrekrutierung von Arbeitskräften zu fördern. Obwohl er dem Besitz von Edelmetallen höchste Bedeutung für das Wohlergehen eines Landes beimaß, empfahl er in einem zu Beginn des siebzehnten Jahrhunderts verfaßten Pamphlet die freie Ausfuhr von Gold und Silber. Ähnliche Gedanken, wenngleich systematisiert und in eine ansprechendere Form gebracht, wurden von Antoine de Montchrétien in seinem *Traicté de l'Œconomie politique* (1615) geäußert, dem ersten Buch, das

---

83 Den Anstoß zu dieser Industriepolitik gab ein Edikt von 1581; fortgeführt wurde sie mit einem Edikt von 1597.
84 Siehe René Gonnard, *Histoire des doctrines économiques*, 3 Bände, Paris 1927, Band 1, S. 115.

Fragen der Wirtschaftspolitik zum Gegenstand einer eigenen Abhandlung machen sollte. Politische Ökonomie nach seinem Verständnis hatte die Aufgabe, sich mit solchen Staatsangelegenheiten zu beschäftigen, die unter dem Gesichtspunkt politischer Notwendigkeiten und Lasten des Staates von besonderer Bedeutung sind.[85] Er betrachtete eine zahlreiche und arbeitsame Bevölkerung als größten Aktivposten eines Landes und definierte den nationalen Reichtum als Fülle von Gütern zu niedrigen Preisen. Arbeitsteilung und Gütertausch schrieb er dem Wunsch der Individuen zu, ihren Eigeninteressen nachzugehen. Ein allzu reichliches Angebot an Gütern hielt er jedoch für gefährlich; er wandte sich gegen die Einfuhr von Manufakturwaren sowie gegen die Ausfuhr von Münzmetall und schlug vor, die Exporte in feindliche Länder soweit wie möglich zu steigern, um deren Vorrat an Edelmetallen zu schmälern. Die Konzeption des Außenhandels als Instrument der Machtpolitik hätte kaum eine bessere Illustration finden können als diesen Vorschlag.
Diskussionen dieser Art bereiteten den Boden für die Aufstellung eines umfassenden Systems der politischen Ökonomie, das mit dem Namen von Jean Baptiste Colbert (1619-1683) verknüpft ist, dem Finanzminister unter Ludwig XIV. von 1663-1683. Dieses System spiegelte die Überzeugung, daß die wirtschaftlichen Kräfte eines Landes das Rückgrat seiner Machtpolitik darstellen und daß die Entwicklung dieser Kräfte in erster Linie von der Ergreifung geeigneter administrativer Maßnahmen durch einen Staatsmann abhängt, dem die Organisation und Lenkung der Wirtschaft zuzutrauen ist.[86] Die Überwachung der Manufakturindustrien wurde verschärft, und durch die Gründung königlicher Manufakturen, durch Monopole und die Vergabe anderer Privilegien an vielversprechende Unternehmer oder Gesellschaften entstanden neue inländische Industrien. Die Barrieren, die den Handel zwischen den verschiedenen Regionen des Landes behinderten, wurden allmählich beseitigt; insofern war Colberts häufig verkündetes Motto »Freiheit ist die Seele des Handels« nicht bloß leere Phrase.
Die Bevölkerungspolitik unter Colbert orientierte sich an den machtpolitischen Zielen des Landes; der Außenhandel wurde als eine Art Krieg insbesondere gegen Holland und England betrachtet und die Beschaffung von Edelmetallen zu dessen Hauptziel erklärt. Die Geschäfte der Handelsgesellschaften wurden im Hinblick darauf sorgfältig überwacht. Alle handelspolitischen Maßnahmen waren von dem Bemühen geprägt, die Ausfuhr von Fertigprodukten zu erleichtern und deren Einfuhr zu verhindern. Das Exportembargo für Edelmetalle blieb in Kraft, und die

---

85 Siehe a.a.O., Band 1, S. 180, und Cole, *French Mercantilist Doctrines before Colbert*, a.a.O.

86 Siehe Colberts *Lettres, instructions et mémoires*, hg. von Pierre Clément, Paris 1861-1883.

Ausfuhr von Rohstoffen und Maschinen wurde verboten. So lieferte diese Politik auch ohne den Rückhalt eines zusammenhängenden theoretischen Rahmens ein Modell für staatliche Eingriffe in nahezu alle Bereiche der ökonomischen Tätigkeit außer der Landwirtschaft.

Als Methode nationaler Machtpolitik fand der Colbertismus seine Ergänzung in der gallikanischen Lehre des Bischofs Jacques Bénigne Bossuet (1627-1704) und seiner Anhänger, die die französische Monarchie gegen den Suprematieanspruch des Papstes in weltlichen Dingen verteidigen sollte.[87]

Obwohl die von Colbert ergriffenen Maßnahmen sichtlich zur Förderung des wirtschaftlichen Fortschritts beitrugen und die politische Macht Frankreichs steigerten, begegnete seine Wirtschaftspolitik wachsender Kritik, die gegen Ende des siebzehnten Jahrhunderts deutlich vernehmbar wurde. Die strengen Regelungen, denen die Manufakturindustrien unterlagen, hatten nicht zu dem erwarteten allgemeinen Wohlstand geführt; das drückende Steuersystem hatte das Elend unter der bäuerlichen Bevölkerung vergrößert und einen Rückgang der landwirtschaftlichen Produktion verursacht. Gleichzeitig eröffneten Veränderungen in der vorherrschenden Philosophie den Weg zu einer neuen Epoche in der Geschichte des französischen Denkens.

Dennoch fand die in Frankreich verfolgte Wirtschaftspolitik im Laufe des siebzehnten Jahrhunderts zahlreiche Bewunderer in anderen europäischen Ländern. Sie beeinflußte deutlich die Auffassungen verschiedener spanischer Regierungsbeamter, die sich dem Verfall der spanischen Wirtschaft gegenübersahen, jedoch gezwungen waren, ihre Vorschläge den Weisungen der immer noch mächtigen Autorität der Kirche und ihrem scholastischen Vorgehen bei der Behandlung ökonomischer Fragen anzupassen. Zu Beginn des siebzehnten Jahrhunderts wurde die klägliche Währungs- und Finanzsituation des Landes von dem Jesuiten Juan de Mariana (1536 bis um 1623) analysiert, der verschiedene Reformvorschläge machte.[88] Zu späterer Zeit wurden die Probleme der spanischen Wirtschaftspolitik in einer Abhandlung von Gerónimo Uztáriz umfassend behandelt.[89] Seine Diskussionen wurden ins Französische und Englische übersetzt und scheinen einen gewissen praktischen Einfluß auf die spanische Wirtschaftsadministration gehabt zu haben.

---

87 Siehe Cole, *French Mercantilist Doctrines before Colbert*, a.a.O., S. 227.
88 Juan de Mariana, *De monetae mutatione disputatio*, 1609.
89 Gerónimo Uztáriz, *Theória y práctica de comercio y de marina*, Madrid 1724. Siehe Andres V. Castillo, *Spanish Mercantilism*, New York 1930.

Veränderungen in der Konzeption von Preis, Profit und Geldzins

Wenige Jahre, nachdem Jean Bodin seine Erklärung der inflationären Preisbewegungen entwickelt hatte, wurde die Konzeption des Preises als Ausdruck einer allgemeinen Quantitätsbeziehung mit viel größerer Genauigkeit von dem Florentiner Kaufmann Bernardo Davanzati bestimmt. Italien, sagte ein französischer Autor etwa zweihundert Jahre später, war immer für zweierlei berühmt: den Verruf seiner Währungen und den Glanz seiner Traktate über das Geld.[90] Davanzati verknüpfte die Entstehung des Geldes mit einer Verabredung zwischen den Menschen, die Edelmetalle als Tauschmittel zu verwenden, und leitete den Wert der Münzeinheiten ausdrücklich vom Warencharakter der Geldmetalle ab.[91] Vermutlich war er der erste Ökonom, der die Erklärung der Preise eindeutig von der Erklärung der Werte trennte, da er Beispiele für verschiedene Grade der Nützlichkeit derselben Waren unter veränderten Umständen anführte und dabei den Begriff des Gleichgewichts benutzte, um das Verhalten der Preise zu erklären.

»All diese irdischen Dinge«, erklärte er, »die die Bedürfnisse des Menschen stillen, sind nach dem einmütigen Willen der Nationen alles nutzbar gemachte Gold wert (und darin schließe ich Silber und Kupfer ein).«
Um nun für die Preise der einzelnen Waren eine Erklärung zu liefern, nahm Davanzati an, daß vor der Einführung des Geldes die Austauschrelationen zwischen den verschiedenen Klassen von Gütern gemäß ihrem inneren Wert festgelegt worden seien und die Gesamtmenge des Geldes dann zu gleichen Teilen unter diese Klassen verteilt worden sei. Der Preis jedes Gutes ergebe sich aus der Aufteilung der jeder Klasse zugeordneten Geldmenge. So lauerte selbst hinter diesem eindeutig quantitativen Ansatz zur Behandlung eines grundlegenden ökonomischen Problems die scholastische Gruppierung der Güter nach Klassen. Es scheint jedoch, als hätten Davanzatis Auffassungen das Denken der zeitgenössischen Merkantilisten nicht nennenswert beeinflußt.

Andererseits erfreute sich die scheinbar einfache Beziehung, die Bodin zwischen dem »Überfluß an Geld« und steigenden Preisen hergestellt hatte, allgemeiner Anerkennung. Um nur ein Beispiel anzuführen, verwies Thomas Mun auf den »Gemeinspruch«, daß die Fülle oder Knappheit alle Dinge teuer oder Güter billig mache.[92]

Die Erkenntnis, daß steigende Preise auf den Handel anregende Wirkung

---

90 Charles Ganilh, *La théorie de l'économie politique*, Paris 1815.
91 Bernardo Davanzati, *Lezione delle monete*, 1588. Zu Davanzatis Preistheorie siehe Zuckerkandl, *Zur Theorie des Preises*, a.a.O., und Gino Arias, »Les précurseurs de l'économie monétaire en Italie: Davanzati et Montanari«, in: *Révue d'économie politique* 36 (1922), S. 737.
92 Viner, *Studies in the Theory of International Trade*, a.a.O., S. 41, hat eine Reihe von

haben, veranlaßte einige Merkantilisten des siebzehnten Jahrhunderts zur Aufgabe des traditionellen Glaubens, die allgemeine Wohlfahrt sei von der Billigkeit der Güter abhängig. Sie traten sogar für Maßnahmen ein, die zu Preiserhöhungen führen sollten. So empfahl Misselden, wie schon erwähnt, steigende Preise zur Förderung der Prosperität. Als in den zwanziger Jahren des siebzehnten Jahrhunderts eine Depression zu Arbeitslosigkeit führte, empfahl er Münzverschlechterungen als »reflationäres« Mittel.[93] Allerdings fand man für das Dilemma, ob steigende Preise der Billigkeit der Güter vorzuziehen seien, keine endgültige Lösung.

Mit einem monetären Problem anderer Art hatten die Advokaten zu kämpfen, die verlangten, daß Darlehen oder andere aufgeschobene Zahlungen in gleichen Metallgewichten zurückzuzahlen seien wie die gewährten Kredite. Solche Argumente hatten weitgehende Zustimmung gefunden, als die Veränderungen im Geldwert Münzverschlechterungen zugeschrieben werden konnten, nützten aber den Gläubigern nichts, als der Wertverfall der Währung von vermehrtem Zufluß an Geldmetallen verursacht wurde.

Trotz all dieser Wandlungen im Verständnis des Geldes blieben starke Reste scholastischen Denkens wenigstens bis zur Mitte des siebzehnten Jahrhunderts erhalten. Um das Verhältnis 12:1 zwischen dem Wert von Gold und Silber zu rechtfertigen, führte Rice Vaughan beispielsweise das Argument an, die »Alchymisten« pflegten Gold Sonne und Silber Mond zu nennen, und in der Tat kämen die Bewegungen dieser Himmelskörper »fast auf den Punkt von zwölf zu eins«.[94]

Wenigstens indirekt in Zusammenhang mit Problemen des Geldes standen die lebhaften Diskussionen, die sich im sechzehnten Jahrhundert und in der ersten Hälfte des siebzehnten um das Verbot des »Wuchers« drehten. Der Kampf gegen die Erhebung von Zinsen auf Geld wurde nicht nur von der katholischen Kirche, sondern auch vielen protestantischen Theologen geführt, deren Denken von thomistischen Lehren beherrscht wurde.[95] Andererseits stand das immer noch gültige Wucherverbot unter

---

Zitaten englischer Autoren aufgeführt, die vor John Locke ähnliche Auffassungen vertreten haben.

93 Diese Depression, von der besonders der Tuchhandel betroffen war, führte zu Debatten und Untersuchungen im House of Commons; man warf den Händlern und Geschäftsleuten vor, sie hätten zum Verschwinden der Edelmetalle und dem peinlichen Geldmangel beigetragen. Siehe Heckscher, *Merkantilismen*, Band 2, a.a.O. (deutsch: a.a.O., Band 2, S. 202 f.).

94 Rice Vaughan, *A Discourse of Coin and Coinage*, London 1675, verfaßt im Jahre 1649; zitiert nach Beer, *Early British Economics*, a.a.O.

95 Siehe Tawney, *Religion and the Rise of Capitalism*, a.a.O. (deutsch: a.a.O.), 1. und 2. Kapitel. Siehe auch die in den Anmerkungen zu diesen Kapiteln erwähnte Literatur. – Luther übernahm in seinen Schriften gegen den Wucher die strengsten Inter-

starkem Druck der Regierungen sowie der aufsteigenden Klassen in Handel und Gewerbe, die die von den Banken in wachsendem Umfang angebotenen Kreditmöglichkeiten nutzten. Besonders geschwächt wurde die Position der Verteidiger des Verbots durch die Tatsache, daß sich die Verdammung des »Wuchers« nicht aus der Offenbarung ableiten ließ und kaum mit dem »allgemeinen Wohl« zu rechtfertigen war: die kirchliche Obrigkeit hielt »Wucher« für sündig, ohne dabei die wirtschaftliche Lage des Schuldners, die Verwendung des geliehenen Geldes und den Zinssatz überhaupt in Betracht zu ziehen.

Im Laufe des sechzehnten Jahrhunderts erfanden Juristen und Bankiers eine Reihe mehr oder weniger wirksamer Vertragsformen, mit denen die Zahlung von Zinsen rechtmäßig vereinbart werden konnte, und zwar deshalb, weil diese Transaktionen keine Übertragung des Eigentums an Geld einschlossen. So wurde insbesondere bei Transaktionen zwischen Handelsfirmen und süddeutschen Bankhäusern häufig der sogenannte *contractus trinus* als Mittel verwandt, um eine Rendite von fünf Prozent zu erzielen. Bei einem normalen *contractus trinus* wurden drei Verträge kombiniert: ein Beteiligungsvertrag, ein zweiter zur Versicherung gegen den Verlust der Kapitalsumme und ein dritter zur Versicherung gegen schwankende Renditen. Die Verteidiger des Vertrages führten an, der »Anleger« könne sein Geld ja auch anders verwenden und habe darum berechtigten Anspruch, für sein *lucrum cessans* entschädigt zu werden. In den Jahren 1514 und 1516, am Vorabend der deutschen Reformation, suchte Johannes Eck (1486-1543), Luthers bedeutendster Gegenspieler, von den theologischen Autoritäten für diesen Vertrag generelle Zustimmung zu erhalten und ließ sich seine Auffassungen von der Fakultät von Bologna und den Theologen der Sorbonne bestätigen. Die Jesuitenpriester neigten dazu, den Vertrag für ungesetzlich zu halten; ein von der Kongregation im Jahre 1581 eingesetzter Ausschuß erkannte die Rechtmäßigkeit des Vertrages jedoch schließlich an.[96] Während dieser ganzen theologischen und juristischen Streitigkeiten fanden Verträge dieser Art in der Praxis eine solche Verbreitung, daß der Augsburger Bankier Markus Fugger die Überzeugung äußerte, ihr Verbot werde binnen drei Jahren nicht nur die Fugger, sondern ganz Deutschland an den Bettelstab bringen.[97]

Eine andere Methode zur Umgehung des Verbots, Zinsen auf Geld zu

pretationen des kanonischen Rechts; siehe den »Großen Sermon vom Wucher« (1520) in: *Werke*, Weimarer Ausgabe, Band 6, S. 33-60, und »Von Kaufshandlung und Wucher« (1524) in: a.a.O., Band 15, S. 279-322. Siehe auch Benjamin N. Nelson, *The Idea of Usury*, Princeton 1949, 2. Kapitel.

96 Es ist fraglich, ob die Bulle *Detestabilis*, die Papst Sixtus V. gegen das Wuchertreiben erließ, auf diesen Vertrag anwendbar war.

97 Siehe August Maria Knoll, *Der Zins in der Scholastik*, Innsbruck 1933; Robertson,

erheben, war der Kaufvertrag über eine Jahresrente (*census*); damit wurde das Recht erworben, aus einem fruchtbringenden Objekt oder von einer Person eine jährliche Zahlung zu erhalten. Ein Vertrag über eine persönliche Schuld galt nicht als erlaubt, wenn nicht bestimmte Bedingungen erfüllt waren. Die Aussetzung rückkauffähiger Renten, von denen in anderem Zusammenhang schon die Rede war, wurde im sechzehnten Jahrhundert zu einer verbreiteten Praxis. Was immer die eigentliche Absicht der Parteien sein mochte: als Hauptkriterium für die Entscheidung darüber, ob eine Transaktion vom Zinsverbot auszunehmen sei oder nicht, galt die Form der Verträge, und insoweit gewannen rein logische Aspekte die Oberhand gegenüber jeder anderen Überlegung. Die Aversion gegen den Abschluß von Kreditverträgen hielt in England so lange an, daß die große Handelsexpansion während der Regierungszeit von Elisabeth I. und Jakob I. von Aktiengesellschaften organisiert wurde, deren Mitglieder sich Risiken und Profite teilten, also ohne Einführung einer Vertragsform, die die mittelalterliche Moral verdammt hätte.[98]

Eng verbunden mit dem Bestreben, dem Zinsverbot Geltung zu verschaffen, war der Kampf der Dominikaner gegen die prozentualen Gebühren, die die italienischen *monti di pietà* auf das Geld erhoben, das gegen Pfand verliehen wurde. Die Franziskaner verteidigten diese Praxis als notwendigen Beitrag zur Erhaltung dieser Einrichtungen. Die Frage wurde schließlich in einer Bulle vom 4. Mai 1575 im Sinne der franziskanischen Auffassung gelöst.

Unterdes gewann der Streit über den Wucher neue Aspekte, als sich Johannes Calvin (1509-1564) in einem oft zitierten, an Claude de Sachins gerichteten Brief aus dem Jahre 1545 mit der Begründung gegen das Zinsverbot wandte, die Heilige Schrift lege für die Verdammung des Wuchers keinerlei Zeugnis ab, das noch gültig sei; der Borger könne aus dem Gebrauch des Geldes den nämlichen Vorteil ziehen wie der Geber; und was als gelegentlicher Behelf verzeihlich sei, müsse verwerflich heißen, wenn es als regulärer Beruf ausgeübt werde.[99] Calvin überging jedoch praktisch die grundlegenden logischen Fragen, die die Scholastiker bei ihrer Verteidigung des Zinsverbots gequält hatten. Mit seiner Entscheidung gestattete er seinen gläubigen Anhängern, gewinnträchtigen Aktivitäten in Handel und Gewerbe nachzugehen, ohne von moralischen Skrupeln gehemmt zu werden.[100]

Aspects of the Rise of Economic Individualism, a.a.O., 6. Kapitel; James Brodrick, *The Economic Morals of the Jesuits*, London 1934, S. 143.
98 Cunningham, *Christianity and Economic Science*, a.a.O., S. 43.
99 Johannes Calvin, »De usuris responsum«, in: ders., *Epistulae et responsa*, Genf 1617, zitiert nach Robertson, *Aspects of the Rise of Economic Individualism*, a.a.O., S. 117.
100 Siehe Fanfani, *Cattolicesimo et protestantesimo nella formazione storica del capitalismo*, a.a.O. (englisch: a.a.O., S. 191). Siehe auch Tawney, *Religion and the Rise of*

Etwa zur gleichen Zeit, im Jahre 1546, griff der französische Jurist Charles Dumoulin (Carolus Molinaeus, 1500-1566) den scholastischen Wucherbegriff heftig an.[101] Praktisch in jedem Fall lasse sich zeigen, daß der Gläubiger einen Verlust erleide oder doch einen anderen Vorteil aufgebe; daß die Früchte des Geldes eine Nützlichkeit hätten, die den Zwecken des Menschen förderlich sei, über den Schuldbetrag oder dessen Erstattung hinaus; daß der Gebrauch des Geldes uneingeschränkt dem Verleiher zukomme und daher verkauft werden könne; und daß Geld, das nach einiger Zeit rückzahlbar sei, in der Zwischenzeit durch menschlichen Fleiß einen beträchtlichen Gewinn abwerfe. Dumoulins Abhandlung, die einen Frontalangriff gegen die thomistische Wirtschaftslehre richtete, wurde von der Kirche auf die Liste der verbotenen Bücher (den »Index«) gesetzt. Die darin vertretenen Ansichten fanden jedoch wachsende Anerkennung.

Die generelle Haltung zum Wucherverbot war in den verschiedenen Ländern Europas ein Gradmesser dafür, wieweit die Methoden des scholastischen Denkens im Laufe des sechzehnten und siebzehnten Jahrhunderts durch neue Denkmuster ersetzt worden waren. In England fand die allgemeine Überzeugung relativ früh drastischen Ausdruck in den Worten eines typischen Kaufmanns, der in Thomas Wilsons Abhandlung als Dialogteilnehmer auftrat.[102] Wilson, ein Anwalt, verteidigte das Wucherverbot mit den traditionellen Argumenten, die sich von der Bibel, den Kirchenvätern, Scholastikern, päpstlichen Dekretalien, Konzilen und Kommentaren zum kanonischen Recht herleiteten.[103] Der Kaufmann hielt es jedoch für Wahnsinn, Geld aus seinem Besitz einem anderen umsonst zu überlassen. Puritanische Theologen des siebzehnten Jahrhunderts nahmen eine nachsichtigere Haltung zum Profitstreben ein und folgten Calvins Rat bei ihrer Behandlung des Wuchers.[104] In den protestantischen

---

Capitalism, a.a.O., S. 109 (deutsch: a.a.O., S. 118). Für die Calvinisten waren gute Werke nicht ein Weg zum Heil, sondern der Beweis dafür, daß das Heil ihnen gewiß sei.

101 Charles Dumoulin, *Tractatus commerciorum et usurarum*, Paris 1546.
102 Thomas Wilson, *A Discourse upon Usury*, London 1584, zitiert nach Tawney, *Religion and the Rise of Capitalism*, a.a.O., S. 179 (deutsch: a.a.O., S. 186).
103 Ähnliche Verweise auf die Anschauungen mittelalterlicher Autoritäten wurden in einem anderen zeitgenössischen Traktat gegeben: Miles Mosse, *The Arraignment and Conviction of Usury*, London 1595.
104 An vorderster Stelle solcher Schriften standen: W. Ames, *De conscientia et eius iure*, London 1631; Richard Baxter, *Christian Directory*; und das häufig benutzte Lehrbuch puritanischer Moral von John Bunyan, *The Pilgrim's Progress from this World*, London 1678. In populären Texten, die dazu dienten, die Regeln christlichen Verhaltens in einer Vielfalt von Lebenssituationen zu lehren, gewannen Nützlichkeitserwägungen die Oberhand. Dies war der Fall in Richard Steele, *The Trademan's Calling*, London 1684.

Gebieten des europäischen Festlands verlor das Wucherverbot in der ersten Hälfte des siebzehnten Jahrhunderts die Unterstützung der Regierungen, nachdem der Theologe Johan Gerhard die Frage abermals untersucht hatte und zu dem Schluß gelangt war, nur die Zahlung für ein Darlehen zu überhöhtem Zinssatz sei als »Wucher« zu betrachten. Aus Gleichheitsgründen sollten alle Kredite an Kaufleute Zins tragen.[105] In England wurde das Verbot, den Gebrauch des Geldes zu »entgelten«, vorübergehend schon 1545 aufgehoben und 1571 endgültig abgeschafft. Ein Höchstsatz von zehn Prozent wurde festgelegt; im Laufe des siebzehnten Jahrhunderts sank diese Rate auf acht und sechs Prozent und im Jahre 1713 auf fünf Prozent. Mit Ausnahme des kurzfristigen Geldmarkts blieb dieser Satz bis 1854 in Kraft. Seither wurden Einwände nur noch gegen »betrügerischen« Wucher erhoben. Der Wohlstand der Niederlande erregte den Neid der englischen Beobachter und wurde häufig der niedrigen Zinsrate zugeschrieben; dort galt ein Höchstsatz von sechs Prozent für geborgtes Geld.[106]

Selbst konservative Autoren wie Gerard Malynes gestanden die Notwendigkeit des Leihens und Verleihens im Geschäftsleben zu. In seinen Augen hatte der »Wucher« die Aufgabe, Handel und Gewerbe, Bautätigkeit und andere wirtschaftliche Aktivitäten zu regulieren. Sir Thomas Culpeper, einer seiner Zeitgenossen, erklärte, es sei Sache der Theologen, den Nachweis zu führen, daß die Erhebung von Zinsen auf Geld aus moralischen Gründen verboten sein sollte; Culpeper beschränkte seine Erörterung auf die unerwünschten ökonomischen Folgen hoher Zinsraten und empfahl eine gesetzliche Senkung des Höchstsatzes, die damals bei zehn Prozent festgelegt worden war.[107] Einen ähnlichen Vorschlag machte später Josiah Child, der überlegte, wie man verhindern könne, daß holländisches »Geld« nach einer Verminderung des gesetzlichen Höchstsatzes aus England abgezogen werde.[108] Ergänzend zu solchen Überlegungen wurde gewöhnlich behauptet, die einzig gangbare Methode, den Zinssatz zu senken, sei die Vergrößerung des Geldvolumens durch Über-

---

105 In den deutschen Ländern wurde das Wucherverbot im Jahre 1654 durch einen Reichstagsbeschluß aufgehoben.
106 Zur Behandlung des Wucherverbots bei holländischen Autoren siehe Laspeyres, *Geschichte der volkswirtschaftlichen Anschauungen der Niederländer*, a.a.O., S. 258. Hugo Grotius, *De iure belli ac pacis*, Paris 1625, Zweites Buch, 12. Kapitel (deutsch: *Drei Bücher vom Rechte des Krieges und des Friedens*, Tübingen 1950) wandte sich nicht gegen das Verbot, weigerte sich jedoch, Argumente anzuerkennen, die sich von der angeblichen Unfruchtbarkeit des Geldes und seinem möglichen Verwendungszweck herleiteten.
107 Culpeper, *A Tract against the High Rate of Usurie*, a.a.O.
108 Josiah Child, *Brief Observations concerning Trade and Interest of Money*, London 1668; wieder abgedruckt in *A New Discourse of Trade*, London 1692.

schüsse in der Zahlungsbilanz. Allgemein einig war man sich darüber, daß der Zinssatz vom verfügbaren Bestand an Edelmetallen abhänge. Solche Gedankengänge entwickelten sich vor dem Hintergrund einer verbreiteten Wirtschaftsphilosophie, die in der Verfolgung gewinnträchtiger Unternehmungen *per se* die Vernachlässigung einer von Gott auferlegten Pflicht sah; Sparsamkeit und Genügsamkeit rangierten hoch unter den puritanischen Tugenden.

Die endgültige Rechtfertigung des Zinses auf Darlehen wurde für die katholischen Länder von dem berühmten Juristen Claude de Saumaise geleistet; in seinem Essay über den Wucher erklärte er, die Erhebung von Zinsen sei nach dem Naturrecht wie auch nach menschlichem Recht erlaubt.[109] Er kennzeichnete den Zins als Zahlung, die unabhängig von der Rückerstattung der Kapitalsumme für den Gebrauch des Geldes zu leisten sei, lieferte jedoch kaum neue Argumente außer denen, die schon von anderen Gegnern des Verbots vorgebracht worden waren.[110] Er empfahl Wettbewerb zwischen den Geldverleihern als Mittel, den Zinssatz zu senken. Einen letzten Versuch, die Beachtung des Verbots zu erzwingen, unternahm Papst Benedikt XIV. im Jahre 1745. In Frankreich blieb das Verbot formell bis zur Revolution von 1789 in Kraft.

---

109 Claude de Saumaise, *De usuris*, Lugduni 1638. Saumaise beschäftigte sich mit dem gleichen Problem auch in anderen Schriften, besonders in *De modo usurarum*, Lugduni 1639, und *De foenore trapezitico*, Lugduni 1640.
110 Siehe die außerordentlich lehrreiche Erörterung der Wucher-Kontroverse bei Eugen Böhm-Bawerk, *Kapital und Kapitalzins*. Erste Abteilung: *Geschichte und Kritik der Kapitalzinstheorien*, 3. Auflage, Innsbruck 1914, S. 27-71. Wie die meisten anderen Gelehrten, die sich mit dem Wucherverbot beschäftigt haben, hebt Böhm-Bawerk die logischen Aspekte der Argumente zugunsten des Verbots zwar stark hervor, macht dann aber doch moralische Überlegungen dafür verantwortlich, daß die kirchlichen Autoritäten so beharrlich an der Einführung und Aufrechterhaltung dieser vielfach umstrittenen Maßregel festhielten.

4. Kapitel
Baconscher Merkantilismus

Die räumliche Verteilung der unterschiedlichen Denkmuster

Im Laufe des siebzehnten Jahrhunderts empfing die Entwicklung der ökonomischen Analyse starke Anstöße von neuen philosophischen Richtungen, die in den westlichen Ländern das Denken der Gebildeten zunehmend prägten. Unter dem Einfluß einer von England ausgehenden Strömung wurden in zunehmendem Maße empiristische Methoden auf die Analyse wirtschaftlicher Erscheinungen angewandt. Daneben verstärkte sich sehr die Tendenz, die Beziehungen zwischen ökonomischen Größen nach mechanischen Prinzipien zu konstruieren. Dagegen bewahrte der Trend, der sich gleichzeitig in Frankreich entwickelte, bedeutende Elemente der mittelalterlichen Scholastik.
Der englische Philosoph, der den erkenntnistheoretischen Hintergrund für den empirischen Ansatz lieferte, war Francis Bacon (1561-1626). In seinem *Novum Organum* (1620) unternahm er es, eine konsequente Methodologie der wissenschaftlichen Forschung im Lichte der Erfahrung aufzustellen. Die Annahme seiner Lehren führte schließlich zur endgültigen Trennung zwischen dem Gebiet des Glaubens und denjenigen Bereichen des Geistes, die der Vernunft zugeteilt waren. Gleichzeitig eroberte sich der Geist die uneingeschränkte Freiheit, seine Begriffe einzig nach Maßgabe der vom Willen vorgegebenen Ziele zu bilden. Während jedoch die nominalistisch denkenden Scholastiker die Abtrennung der Theologie von der Philosophie gefordert hatten, um die Religion vor den Gefahren eines Wissens zu schützen, das sich aus Sinneserfahrungen speist, beharrte Bacon auf dieser Trennung, um den Glauben daran zu hindern, in die Ergebnisse des wissenschaftlichen Denkens einzugreifen. Als Sicherung gegen den Einfluß spekulativer metaphysischer Ideen empfahl er, Begriffe mit niedrigem Abstraktionsgrad zu verwenden und Beobachtung und Erfahrung als Instrumente zur Gewinnung praktischer Ergebnisse zu nutzen.
Während sich die Scholastiker bemüht hatten, die Gesetze des Universums zu verstehen, um den Absichten der Schöpfung zu gehorchen, machte er vielmehr die Beherrschung der Naturkräfte zum letzten Ziel wissenschaftlicher Forschung. Wie der Franziskaner Johannes Duns Scotus, der große Gegenspieler des heiligen Thomas im dreizehnten Jahrhundert, hob Bacon die Aktivität des Geistes im Gegensatz zu der eher passiven Stellung der Vernunft hervor. In seiner berühmten Erörterung der vier Arten von »Idolen« oder Täuschungen wandte er sich zumal gegen alle Versuche, in die Analyse und Erklärung von Naturphänome-

nen theologische Erwägungen einfließen zu lassen; er bestand auf der ausschließlichen Verwendung des Kausalitätsprinzips, um die Wechselbeziehungen zwischen derartigen Erscheinungen zu bestimmen[1], und schlug die Anwendung desselben Prinzips bei der Untersuchung ethischer, psychologischer und sozialer Probleme vor. Bei der Erörterung sozialer Probleme verwies er auf natürliche Neigung und Leidenschaften als die bestimmenden Faktoren im Gefüge des gesellschaftlichen Lebens. Mathematische Methoden spielten unter seinen methodologischen Verfahren jedoch keine sonderliche Rolle, und er übersah praktisch die grundlegende Bedeutung des deduktiven Schließens für die wissenschaftliche Analyse.

Den entscheidenden Schritt einer Verbindung des baconschen Empirismus mit den Prinzipien des deduktiven Schließens unternahm Isaac Newton (1642-1727), der mit bewundernswerter Konsequenz die grundlegenden methodologischen Probleme der Physik und der Naturwissenschaften bestimmte.[2] In seinen *Principia mathematica philosophiae naturalis*[3] unterließ er ausdrücklich jede Bezugnahme auf die *qualitates occultae* der Scholastiker und versuchte, alle Bewegungen aus einem einfachen, allgemeingültigen Prinzip zu erklären, dem von Wirkung (*actio*) und Gegenwirkung (*reactio*). Mit diesem Ziel vor Augen führte er alle komplexen Phänomene auf einen gemeinsamen Nenner zurück – das Atom – und nahm an, die Beziehungen zwischen den Atomen als letzten, unteilbaren Elementen gehorchten einem Naturgesetz, von dem die Position der trägen Massen der Körper im Verhältnis zueinander im absoluten Raum bestimmt werde.

1 Bacon wies den Physikern die Aufgabe zu, die aus der Erfahrung gewonnenen komplexen Erscheinungen auf ein Bündel abstrakter und einfacher »Qualitäten« zurückzuführen. Ein Ergebnis dieser Denkweise war die Auffassung der Wärme als Eigenschaft, die von einem auf einen anderen Körper übertragbar ist; eine andere derartige Qualität war die Brennbarkeit, von der man annahm, daß sie sich mit den Körpern vermische. Die Brennbarkeit sollte ihren höchsten Grad im Schwefel erreichen, die Löslichkeit analog im Salz. Quecksilber galt als Manifestation sämtlicher metallischer Eigenschaften.
2 Isaac Newton, *Principia mathematica philosophiae naturalis*, London 1686 (deutsch: *Mathematische Prinzipien der Naturlehre*, Berlin 1872, Nachdruck Darmstadt 1963).
3 Im Vorübergehen sei erwähnt, daß in der Verwendung des Ausdrucks *Philosophie* im Titel dieser Abhandlung eine Tradition widerscheint, die sich unter der Herrschaft der thomistischen Scholastik entwickelt hatte. Ihr zufolge sollte die Vernunft imstande sein, aus abstrakten Begriffen absolut gültige Erkenntnis herzuleiten; die Gesamtsumme dieser Erkenntnis wurde als »Philosophie« bezeichnet. Als sich die Methoden des nominalistischen Denkens in den »Wissenschaften« im strengen Sinne gefestigt hatten und dort ausschließlich Anwendung fanden, wurde der Ausdruck *Philosophie* benutzt, um Erörterungen über allgemeine Prinzipien zu bezeichnen, die vom Einfluß theologischer Spekulationen frei waren.

Wohl zum ersten Mal in der Geschichte des menschlichen Denkens stand damit ein ausgearbeiteter, in mathematischen Ausdrücken formulierbarer Systembegriff zur Verfügung, mit dem sich das Verhalten eines großen Ausschnitts des Universums analysieren ließ. Nur der Anfang der Bewegung, den die träge Materie offenkundig nicht aus sich hervorzubringen vermochte, stand noch in Verbindung mit einem göttlichen Schöpfungsakt; alle anderen Bewegungen sollten in ihrem Ablauf den Gesetzen der Mechanik folgen. Newtons oft zitierter Satz *hypotheses non fingo* sollte jegliche Spekulation über die Ursachen der gegenseitigen »Anziehung« der kosmischen Massen ausschließen.[4] Dieses Diktum war durchaus vereinbar mit der Tatsache, daß der Newtonschen Argumentation von Anfang an eine starke Hypothese zugrunde lag, die im Begriff eines »Atoms« und seiner Funktionen enthalten ist; beides war Produkt einer lebhaften Einbildungskraft, angewandt auf die Konstruktion analytischer Verfahren.[5]

Die Bedeutung des Newtonschen Systembegriffs für die Entwicklung des abendländischen Denkens ist kaum zu überschätzen. Der Erfolg, den die physikalischen Wissenschaften dabei hatten, ein konsistentes Bild des Kosmos zu entwerfen, ermunterte sehr zur Anwendung mechanischer Prinzipien auf die Beziehungen zwischen anderen Beobachtungsgrößen. Der Konflikt zwischen traditionellen und neu auftauchenden Denkmustern, der sich in England in der Epoche Newtons abspielte, ging mit weitreichenden Veränderungen in der Auffassung der sozialen Verhältnisse einher. Das analytische Vorgehen bei der Konstruktion dieser Verhältnisse führte schließlich zur Aufspaltung des einheitlichen Gesellschaftsbildes in getrennte Bezirke, die jeweils für sich zum Gegenstand einer besonderen Analyse werden mußten. Als Untersuchungsinstrument ersten Ranges galt in beinahe allen Bereichen wissenschaftlicher Forschung das Gleichgewichtsprinzip.

Die geistige Atmosphäre, die sich in Frankreich während des Kampfes um die scholastischen Methoden entwickelte, unterschied sich erheblich von derjenigen, die in England zur selben Zeit herrschte. In Frankreich weckte dieser Kampf tiefe Zweifel an den Fähigkeiten des menschlichen Geistes, ein Mißbehagen, das sich in der Ausbreitung des Skeptizismus und einer ausgesprochenen Gleichgültigkeit gegenüber logischen Problemen erwies.[6] Vergeblich waren die Anstrengungen eines gelehrten Kleri-

---

4 Der Ausdruck *Anziehung*, wie er in diesem Zusammenhang verwandt wurde, sollte nichts weiter als einen bestimmten Zahlenwert bezeichnen, der das Maß der Beschleunigung angibt, der ein Körper auf jedem Punkt seiner Bahn unterliegt.
5 Analytische Imagination läßt sich durchaus von intuitiver Einbildungskraft unterscheiden und dient der Bildung von Begriffen für vereinigte Aggregate.
6 Michel de Montaigne (1533-1592), Pierre Charron (1541-1603) und François Sanchez (gestorben 1634) waren herausragende Vertreter dieser Denkrichtung.

kers, Pierre Gassendi (1592-1655), die theoretischen Elemente der vielgescholtenen epikureischen Philosophie mit ihrer Betonung der Erkenntnisprobleme, der hypothetischen Natur aller Begriffe und der Bedeutung des positiven Rechts als Quelle der Regeln individueller Handlungen wiederzubeleben.[7] Gassendis Hauptverdienst bestand in der Verteidigung der Lehre Epikurs gegen die Fehldeutungen, die sie von seiten der mittelalterlichen Scholastik erfahren hatte.

Die Ideen, die in der Folgezeit das französische Denken beherrschten, gründeten auf der Philosophie René Descartes' (1596-1650). In den Mittelpunkt seiner Methodologie, deren Prinzipien er 1637 in seinem *Discours de la méthode* entfaltete, stellte er die Mathematik, weil sich deren Theoreme aus wenigen axiomatischen Sätzen ableiten ließen.[8] Folgerichtig ging er daran, Verfahren zu entwickeln, die allem Wissen dieselbe Gewißheit bieten sollten, wie sie mathematisch zu gewinnen ist. Er war überzeugt, daß der menschliche Geist – gestützt auf ein System angeborener Ideen und evidenter Wahrheiten – imstande sei, solches Wissen hervorzubringen. Daher nahm er für die physikalische Wissenschaft eine Struktur an, mit der die Wirkungen der Bewegungsgesetze, ausgedrückt in mathematischen Begriffen, eindeutig zu bestimmen seien. Ähnliche Verfahren schienen ihm auf andere Wissenschaften anwendbar.

Aus den scholastischen Begriffen der Substanz und des Wesens, an denen er festhielt, leitete er seinen berühmten Satz *Cogito, ergo sum* ab. Auf diese Weise führte er in seine Philosophie die Einheit des Bewußtseins ein, die ihre Entsprechung in seinem Glauben an die Einheit der Natur und ihrer Erscheinungen fand.[9]

Grundlegende Prinzipien der Augustinischen Metaphysik spiegelten sich in der Cartesischen Unterscheidung zwischen physischer und geistiger Welt und dem entsprechenden Gegensatz zwischen Körper und Seele; letztere wurde als eine von jeder körperlichen Entität völlig unabhängige »Substanz« betrachtet. Während Bacon versucht hatte, geeignete Methoden zu entwickeln, um die Erscheinungen der äußeren Welt einem Verständnis des menschlichen Geistes zugänglich zu machen, suchte Descartes nach präetablierten, unbedingt gültigen Ideen (*ideae innatae*), die dem menschlichen Geist eingepflanzt worden sein und die Ordnung des Universums enthüllen sollten. Er verband diesen Ansatz mit einem Glauben

---

7 Gassendis Hauptwerk war eine Abhandlung über die Logik und die Philosophie Epikurs: *Institutio logicae, et philosophiae Epicuri syntagma*, London 1660.

8 Der *Discours de la méthode*, Leiden 1637 (deutsch: *Von der Methode*, Hamburg 1960) erschien zusammen mit drei physikalischen Abhandlungen in einem Band. Seine Hauptgedanken entwickelte Descartes in seinen *Principia philosophiae*, Amsterdam 1644 (deutsch: *Die Prinzipien der Philosophie*, 6. Auflage, Hamburg 1955).

9 Seiner Ansicht nach wurde dieses Prinzip der Einheit der Natur von dem »Vakuum« verletzt, das die Newtonsche Kosmologie zwischen den Atomen gelassen hatte.

an die Freiheit des Willens. Nach seiner Überzeugung mußte alles, was sich überhaupt durch deduktive Verfahren demonstrieren ließ, als evident anerkannt werden; er war überzeugt, daß die menschliche Vernunft, überließe man sie nur sich selbst, stets vollkommen klare Begriffe hervorbrächte, solange ihre Operationen nicht durch vage Eindrücke aus Sinneswahrnehmungen (*ideae adventitiae*) verdunkelt würden. Descartes setzte praktisch die Gegenüberstellung von Klarheit und Mangel an Klarheit mit der zwischen rationaler Erkenntnis und Wissen aus Sinneswahrnehmungen gleich; damit gab er den Anstoß zu einer großen geistigen Bewegung, die unter dem Namen »Rationalismus« die Autonomie der Vernunft zur Grundlage sämtlicher wissenschaftlicher Verfahren erklärte.

So war die Verwendung der deduktiven Methode – im Gegensatz zum induktiven Wissenserwerb durch Beobachtung und Experiment – ein herausragendes Merkmal der Cartesischen Erkenntnistheorie, die den Typus des wahrscheinlichen, zufälligen, hypothetischen Wissens, wie es sich aus der Verwendung experimenteller Methoden ergibt, praktisch nicht kannte.

Die Cartesische Philosophie und einige von ihr abgeleitete Versionen wurden zu bestimmenden Faktoren der geistigen Entwicklungen in Frankreich. Die kennzeichnenden Elemente des scholastischen Denkens, die auf diese Weise bei den führenden Akteuren im sozialen, politischen und wirtschaftlichen Leben Frankreichs weiterlebten, boten der feudalen Gesellschaftsstruktur starken Rückhalt. Sie verhinderten die Annahme demokratischer Verfahren, die sich kaum rechtfertigen ließen, solange man annahm, die »Vernunft« liefere die Mittel zur Wahrheitsfindung und zur Bestimmung dessen, was für die Einzelnen und das Gemeinwohl das Beste ist. Vertrauen auf die Macht der Vernunft war im Abendland stets die Voraussetzung für die Aufrechterhaltung autoritärer Regimes, sofern sie sich nicht in erster Linie auf militärische Macht stützten.

Vielleicht wird der Zusammenhang, der sich zwischen der Vorherrschaft bestimmter Arten des Denkens einerseits und den intellektuellen, künstlerischen und ökonomischen Aktivitäten andererseits herstellen läßt, am ehesten deutlich, wenn man die Entwicklungen, die im sechzehnten und siebzehnten Jahrhundert in den Niederlanden stattfanden, den entsprechenden Entwicklungen in Spanien gegenüberstellt. In den Niederlanden, die in dieser Epoche lange von Spanien abhängig gewesen waren, war seit der Renaissance ein langer Prozeß der Zurückdrängung scholastischer Denkmethoden in Gang, und dabei hatte sich ein relativ hohes Maß an Gedankenfreiheit durchsetzen können. Diese Freiheit ermöglichte es den holländischen Händlern, Bankiers und Industriellen, ihr Handeln den Bedingungen des Frühkapitalismus anzupassen. Die niederländischen Handelsgesellschaften (Ost- und Westindienkompanie) waren

besonders erfolgreich und genossen trotz anhaltender Kritik an ihren Privilegien in den dreißiger und vierziger Jahren des siebzehnten Jahrhunderts staatliche Unterstützung.[10]
Der Neid, den die erstaunliche Ausweitung des holländischen Handels weckte, spiegelte sich in den Schriften verschiedener englischer Autoren, die die Zurückgebliebenheit, ja den Verfall der englischen Wirtschaft im Vergleich zur Blüte der Niederlande beklagten. Bemerkenswert waren vor allem die Abhandlungen von Roger Coke, der sich mit den Gründen für die Überlegenheit der holländischen Handelspolitik beschäftigte und auf die Vorteile hinwies, die sich aus einer Liberalisierung des Handels ergaben.[11] Coke und einige andere englische Schriftsteller wie Josiah Child und der Autor von *Britannia languens*[12] hielten die von den Holländern praktizierte religiöse Toleranz für einen bedeutenden Faktor, der zum Erfolg ihrer Wirtschaftspolitik beitrug. Die ökonomische Macht Hollands im siebzehnten Jahrhundert wurde so bedrohlich, daß England und Frankreich gleichermaßen versuchten, den Rivalen durch militärische Aktionen zu schwächen.[13]
Der Gegensatz zwischen dem wirtschaftlichen Wohlstand der Niederlande und den auf der iberischen Halbinsel herrschenden Bedingungen war in der Tat kraß und mußte zwangsläufig die Aufmerksamkeit der merkantilistischen Autoren auf sich ziehen. In Spanien und Portugal, wo die kirchliche Obrigkeit immer noch die strenge Beachtung eines scholastischen Denkmusters erzwang, war der Weg zur Anwendung neuer wirtschaftlicher Konzepte bei der Organisation von Industrie und Handel versperrt.[14] So blieben die mittelalterlichen Lebensformen erhalten, und – wie schon in anderem Zusammenhang erwähnt – Ströme von Gold und Silber flossen durch Spanien, ohne daß dadurch die Nutzung der spanischen Ressourcen an Rohstoffen und Arbeitskräften einen spürbaren Antrieb erfahren hätte.[15]

10 Diese Kritik wurde 1669 von Pieter de la Court erneuert. Siehe Étienne Laspeyres, *Geschichte der volkswirtschaftlichen Anschauungen der Niederländer und ihrer Literatur zur Zeit der Republik*, Leipzig 1863, S. 89 ff.
11 Roger Coke, *Reasons of the Increase of Dutch Trade*, London 1671; *England's Improvements*, London 1675.
12 Philanglus, *Britannia Languens*, London 1680. Als Verfasser wurde William Petyt angenommen.
13 Siehe Eli Filip Heckscher, *Merkantilismen*, 2 Bände, Stockholm 1931 (deutsch: *Merkantilismus*, Jena 1932, Band 2, S. 17), zu Äußerungen Colberts über die Rolle Hollands im Drama der europäischen Machtpolitik.
14 Die Heilige Inquisition, 1478 eingerichtet und erst im ersten Viertel des neunzehnten Jahrhunderts abgeschafft, war ein mächtiges Werkzeug, das dazu diente, die Übereinstimmung sämtlicher Lebensäußerungen mit den Vorschriften des rechtgläubigen Denkens zu gewährleisten.
15 Um den Niedergang des spanischen Außenhandels zu erklären, der gegen Ende des

Die Ausbreitung kapitalistischer Formen von Produktion und Handel stieß auch in Mitteleuropa auf beträchtliche Hindernisse, besonders in den deutschen Ländern, wo die nominalistischen Denkmethoden dem Denken der führenden Bevölkerungsschichten nicht entsprachen. Philipp Melanchthon, Martin Luthers Ratgeber in philosophischen Fragen, empfahl nachdrücklich die Befolgung der Prinzipien der aristotelischen Logik. Luther verdammte die Einfuhr von Luxusgütern aus dem Orient, griff Bankwesen und Kreditpraktiken, Devisenspekulation und kapitalistische Produktionsformen, Zusammenschlüsse und Monopole als sündig an und verurteilte sie noch entschiedener, als die scholastischen Interpreten des kanonischen Rechts es getan hatten. Die protestantischen Theologen, die seiner Lehre folgten, stellten also die Gültigkeit des logischen Ansatzes, mit dem die mittelalterlichen Scholastiker Probleme der ökonomischen Moral behandelt hatten, nicht in Frage.
Bis in die letzten Jahrzehnte dieses ereignisreichen siebzehnten Jahrhunderts hinein trat in Mitteleuropa kein herausragender Denker auf, der eine Sozialphilosophie auf der Grundlage einer neuen Denkmethode vorgeschlagen hätte. Starke Anziehungskraft auf das populäre Denken übten statt dessen rein spekulative Lehren aus, die sich von einer magischen Metaphysik herleiteten, wie sie etwa der Arzt Theophrastus Bombastus von Hohenheim, genannt Paracelsus (um 1493-1541), vertreten hatte. Noch auffälliger war der Einfluß mystischer Schriften halbgebildeter Visionäre, die auf rein intuitive Verfahren vertrauten und dem menschlichen Geist die Macht zusprachen, die vom Schöpfer gewollte Weltordnung auf irgendeine Art schauend zu erfassen. In der verbreiteten Annahme solcher mystischen Lehren spiegelte sich eine ganz und gar negative Haltung zu grundlegenden logischen Problemen. Der blutige Dreißigjährige Krieg (1618-1648), der weite Bereiche Mitteleuropas verwüstet hatte, wurde nicht nur um machtpolitische Ziele geführt, sondern auch um die Deutung gewisser religiöser Dogmen.
In weiten Teilen Mitteleuropas ging die Verantwortung für die Erhaltung der christlichen Moral schließlich von der kirchlichen Obrigkeit auf staatliche Regierungen über. So wurde es Aufgabe der Regierungen, das wirtschaftliche und soziale Leben zu organisieren, und Gehorsam gegenüber den Befehlen der regierenden Könige und Fürsten wurde zur ersten Pflicht ihrer Untertanen.
In den unermeßlichen Gebieten, die die Moskoviter Herrscher nach und nach unter ihre Gewalt gebracht hatten, überlebte eine orientalische, »or-

---

fünfzehnten Jahrhunderts einsetzte, verwies Lord Keynes (*General Theory of Employment, Interest, and Money*, London 1936, S. 337; deutsch: *Allgemeine Theorie der Beschäftigung, des Zinses und des Geldes*, Berlin 1936, S. 285) auf »die Wirkung einer übermäßigen Fülle der Edelmetalle auf die Lohneinheit«. Warum haben ähnliche inflationäre Prozesse in anderen Ländern ganz andere Wirkungen?

thodoxe« Version der mittelalterlichen Theologie, die von einem theokratischen Regime, dessen Macht auf der Erhaltung eines starren dogmatischen Glaubens beruhte, vor dem Einsickern westlicher Denkmuster geschützt wurde. Die intellektuelle Kluft, die damit zwischen Rußland und dem übrigen Europa entstand, wurde nie überbrückt. Die Balkanländer, die unter die Herrschaft des Osmanischen Reiches gefallen waren, blieben bis ins späte achtzehnte Jahrhundert praktisch von jeder geistigen Berührung mit der westlichen Welt ausgeschlossen. Die den Vorschriften des Korans zugrunde liegenden Prinzipien setzten einer freien Begriffsbildung und der Annahme von Risiken, wie sie mit langfristigen Unternehmungen in Industrie oder Handel verbunden waren, enge Schranken.

Dieser Versuch, auf wenigen Seiten geistige Entwicklungen zu vermessen, die sich über Jahrhunderte und über ausgedehnte Gebiete erstrecken, bleibt zweifellos flüchtig. Sein Ziel ist jedoch erreicht, wenn er überzeugende Argumente für die Auffassung beibringen kann, daß die Ausbreitung kapitalistischer Institutionen und Organisationen weit mehr von den vorherrschenden Denkmethoden als von geographischen Bedingungen und vom Reichtum einzelner Länder an natürlichen Ressourcen abhängig war. Obwohl diese Differenzierung gegen Ende des sechzehnten Jahrhunderts bereits deutlich ausgeprägt war, verschärfte sie sich im siebzehnten und wurde im Laufe des achtzehnten und neunzehnten Jahrhunderts noch auffälliger.

Der Begriff des Naturgesetzes und der utilitaristische Ansatz bei der Behandlung sozialer Probleme

Die Veränderungen in der Struktur der Ökonomie, die in Westeuropa während des siebzehnten Jahrhunderts stattfanden, waren eng mit der Entwicklung neuer Sozialphilosophien verbunden, die sich um eine Neubestimmung der wechselseitigen Beziehungen zwischen den Individuen und der politischen Gemeinschaft, dem Nationalstaat, bemühten. Die mittelalterliche Theologie hatte die Normen des gesellschaftlichen und ökonomischen Verhaltens aus göttlichen Geboten abgeleitet, von einer Quelle außerhalb des menschlichen Geistes. Die großen universalistisch denkenden Scholastiker hatten zu zeigen versucht, daß diese Gebote und ihre absolute Gültigkeit unabhängig von aller Offenbarung vom menschlichen Geist erfaßt werden konnten. Zahlreichen Denkern des siebzehnten Jahrhunderts diente die Philosophie der griechischen Stoiker als Brücke, die vom kirchlichen Dogmatismus über die thomistische Deutung des Naturrechts zum Glauben an eine allgemeine, in der Natur waltende Vernunft überleitete. Dieser Glaube regte wiederum zur Suche nach allgemeinen Prinzipien an, nach denen die sozialen Faktoren unter-

einander in Kausalbeziehungen stehen sollten, da einzig die Existenz solcher Beziehungen die Unverbrüchlichkeit des Naturrechts gewährleisten konnte. Wie schon in anderem Zusammenhang erwähnt, wurde die Unterscheidung zwischen Gesetzen kausaler und normativer Art jedoch im allgemeinen nicht streng beachtet.
Von den griechischen Stoikern hatten die römischen Juristen die Idee des »wahren Gesetzes« übernommen. Cicero charakterisierte diese Idee im letzten vorchristlichen Jahrhundert als »rechte Vernunft«, die mit der Natur im Einklang steht, für alle Menschen gilt und unveränderlich und ewig ist. Er fügte hinzu, es sei schwierig, ihr Wirken auch nur zu hemmen; es aufzuheben, sei gänzlich unmöglich. Diese Auffassungen wurden 1625 von dem holländischen Gelehrten Hugo Grotius (1583-1645) ausgearbeitet; er lehrte in seinem Werk *De iure belli ac pacis*, die göttliche Anerkennung der Regeln des Naturrechts werde der Menschheit durch die Diktate des rechten Vernunftgebrauchs zur Kenntnis gebracht.[16] Der menschliche Geist hatte somit an der universellen Vernunft teil und wurde für fähig gehalten, die Gesetze zu erfassen, die die Natur lehrt. Diese Konzeption des Verhältnisses zwischen Vernunft und Naturrecht fand weitreichende Zustimmung; sie lieferte auch das Gerüst für ein vielgelesenes Werk (1672) des deutschen Gelehrten Samuel von Pufendorf über natürliches und Völkerrecht.[17] In diesen Untersuchungen wurde die Quelle des Rechts, die man in einem Korpus vollkommener Gesetze wähnte, nicht in einer suprarationalen Offenbarung des göttlichen Willens gesucht, auch nicht in Bräuchen, Gewohnheiten und Institutionen, die den natürlichen Neigungen oder Bedürfnissen der Menschheit entsprächen. Die Kenntnis der Grundsätze des »natürlichen Rechts« wurde eher einer Art intuitiver Wahrnehmung zugeschrieben, die jedermann zugänglich sei.[18] Der Wille des Schöpfers wurde mit den Vorschriften gleichgesetzt, die die Natur lehrt, und man nahm allgemein an, die Prinzipien einer natürlichen und gerechten sozialen Ordnung ließen sich finden, wenn man die Organisation vermeintlich früher oder primitiver Stufen des sozialen Lebens analysierte.
Aber auch revolutionäre Denker konnten sich der Prinzipien eines natür-

---

16 Hugo Grotius, *De iure belli ac pacis*, Paris 1625 (deutsch: *Drei Bücher vom Rechte des Krieges und des Friedens*, Tübingen 1950), Erstes Buch, 1. Kapitel, 10. Abschnitt.
17 Samuel Pufendorf, *De iure naturae et gentium, libri octo*, London 1672, Frankfurt/Leipzig 1759, Nachdruck: Frankfurt am Main 1967.
18 Den Ausdruck *ius gentium* verwandten die Vertreter des Naturrechts im siebzehnten Jahrhundert für das »Völkerrecht«, das heißt das Recht, das den Beziehungen zwischen verschiedenen Nationen zugrunde liegt. Siehe auch Overton H. Taylor, »Economics and the Idea of *jus naturale*«, in: *The Quarterly Journal of Economics* 44 (1930), S. 205-241, hier S. 209.

lichen Rechts bedienen, wenn sie Verhaltensnormen zu rechtfertigen suchten, die zu überkommenen Institutionen im Widerspruch standen und die Rechte erblicher Herrscher verletzten. So wurden angebliche Grundsätze des Naturrechts von Moralisten immer wieder beschworen, um vor diesem Hintergrund Idealbilder von Gesellschaften zu zeichnen, die den Plänen für radikale Gesellschaftsreformen entsprachen. Das erste und bei weitem bedeutendste Buch dieser Art, 1516 auf Lateinisch veröffentlicht, war *Utopia* von Thomas Morus (1478-1535), dem späteren englischen Lordkanzler.[19] Es wurzelte in der humanistischen Bewegung der Renaissance und stand in offenem Gegensatz zur Haltung der mittelalterlichen Denker, die das Leben auf Erden als Vorbereitung auf das Leben nach dem Tode begriffen und der Errichtung einer vollkommenen irdischen Gemeinschaft niemals einen Gedanken widmeten.[20]

In seiner *Utopia* entwarf Morus das Bild einer kommunistischen Gesellschaft mit stationärer Bevölkerung, festen Konsumgewohnheiten und einer geplanten, von der Regierung regulierten Produktion. Die Verwendung von Gold und Silber als Geld wurde auf die Bezahlung von Importüberschüssen beschränkt. Die Beschreibung des Alltagslebens, das die Bewohner Utopias führten, bot Morus ausführlich Gelegenheit, Institutionen und Gewohnheiten seiner Zeit und seines Landes zu kritisieren. Sein Buch wurde zum Muster für andere versteckte Angriffe auf eingewurzelte Bräuche, Vorrechte und Vorurteile, ein Vorbild, auf das im siebzehnten Jahrhundert ähnliche Beschreibungen imaginärer Gemeinschaften von Tommaso Campanella, Francis Bacon und James Harrington folgten.[21]

Praktische Anwendung fanden die radikalen Aspekte des Naturrechtsprinzips bei den englischen »Levellers«, die ihre politischen und sozialen Programme in ihren Aufrufen an die Nation naturrechtlich zu rechtfertigen suchten. Mit ihren Flugschriften, die um die Mitte des siebzehnten Jahrhunderts erschienen, begründeten sie eine neue Schule des politischen Denkens in England. Manche Anhänger der Naturrechtslehre beriefen sich auf den Gesellschaftsvertrag als dasjenige Mittel, das die primitiven Gesellschaften in politische Gemeinschaften verwandelt habe.

---

19 Thomas Morus, *Utopia*, Louvain 1516; eine englische Übersetzung erschien 1551 in London (deutsch: Berlin 1922).

20 Siehe Ernst Troeltsch, *Die Soziallehren der christlichen Kirchen und Gruppen*, Tübingen 1912.

21 Tommaso Campanella, *La città del sole*, 1602 (deutsch: *Der Sonnenstaat*, München 1900); Francis Bacon, *Sylva sylvarum and New Atlantis*, London 1627 (deutsch: *Neu-Atlantis*, Leipzig 1926). Bedeutsamer war James Harringtons *Oceana*, London 1656, ein Entwurf, der von der Idee ausging, daß sich die Verteilung des Eigentums, insbesondere von Grundbesitz, in der Verteilung der politischen Macht spiegelt.

Johannes Althusius[22] und Hugo Grotius[23] waren herausragende Vertreter dieser Anschauung. Auch von den Anhängern der baconschen Methodologie wurde die Vertragstheorie bereitwillig angenommen, weil sie ihnen die Möglichkeit bot, aus der Analyse politischer Gemeinschaften die teleologischen Züge, die ihnen die aristotelischen Scholastiker unterstellten, zu beseitigen und die Enstehung der »bürgerlichen Gesellschaft« mit dem Willen ihrer einzelnen Mitglieder zu verbinden. Früher oder später mußte sich jedoch ein logischer Konflikt ergeben zwischen der Naturrechtslehre als Quelle selbstevidenter Prinzipien und dem Glauben an Beobachtung und Erfahrung als ausschließliche Instrumente des Wissenserwerbs. Offenkundig war ja die Existenz angeborener Ideen im Geist niemals bewiesen worden, ganz abgesehen davon, daß sich die Vertreter der Naturrechtslehre nie über die Prinzipien hatten einigen können, die den Korpus jenes Rechts angeblich ausmachten.

Ihrer kritisch-empiristischen Haltung gemäß gaben die baconschen Philosophen allmählich das juristische Konzept des Naturrechts im Sinne eines Kausalbegriffs auf und ersetzten es durch die in den Naturwissenschaften angewandte baconsche Methodologie. Mit diesem Ziel vor Augen richteten sie ihre Aufmerksamkeit – ganz im Sinne Francis Bacons – auf die Rolle, die der natürlichen Neigung bei der Bestimmung individueller Haltungen und gesellschaftlicher Verhältnisse zukommt. Zunehmend legten sie also Gewicht auf die psychologische Motivation menschlichen Verhaltens sowie auf die mechanischen Reaktionen des Geistes auf äußere Ereignisse, um zu einem einheitlichen Gesamtbild des gesellschaftlichen Lebens zu kommen.

Die individualistische oder »atomistische« Sozialphilosophie, die dieser Methodologie entsprach, ging von der Annahme aus, daß die Individuen und ihre Interessen die letzten Elemente des Netzes gesellschaftlicher Beziehungen bilden, da mit Beobachtung und Erfahrung die sonstige Existenz eines überindividuellen Willens oder teleologischen Prinzips nicht nachzuweisen sei, das für die Organisation, die Ziele und das Funktionieren sozialer Kollektive verantwortlich gemacht werden könnte.[24]

---

22 Johannes Althusius, *Politica methodice digesta*, Herborn 1603 (deutsch auszugsweise: *Grundbegriffe der Politik*, 2. Auflage, Frankfurt am Main 1948).
23 Grotius betrachtete den Staat als Folge eines Vertrages, den die einzelnen frei miteinander eingehen. In einer sehr charakteristischen Passage seines Werkes *De iure belli ac pacis* (Zweites Buch, 6. Kapitel, 4. Abschnitt) äußerte er, der Gesellschaftsvertrag habe eine »beständige und unsterbliche Gemeinschaft« schaffen sollen; man dürfe sich deren Mitglieder jedoch nicht ebenso in diese Gemeinschaft eingefügt denken wie die Teile eines Organismus, die ohne den Körper und unabhängig von ihm nicht bestehen könnten.
24 Eine gewisse Verwirrung entstand durch die Tatsache, daß der Ausdruck »indivi-

Bemüht darum, ihre soziologische Analyse zu vereinfachen, nahmen die Philosophen in der baconschen Tradition gewöhnlich an, alle Einzelnen seien hinsichtlich ihrer sozialen Verhaltensweisen im wesentlichen gleich, und selbst die natürlichen Gaben und Talente seien unter den verschiedenen Individuen weitgehend gleichmäßig verteilt.[25] Diese Annahmen wurden ergänzt durch den Glauben an eine allgemeine Übereinstimmung der einzelnen Willen, die als Voraussetzung für das Funktionieren der gesellschaftlichen Ordnung galt. Die sich daraus ergebende Frage, wie die Anpassung der Einzelwillen an die Interessen der Gemeinschaft zu gewährleisten sei, wurde um die Mitte des sechzehnten Jahrhunderts in recht primitiver Weise von dem anonymen Verfasser des *Discourse of the Common Weal* formuliert, einer Schrift, die oben bereits in anderem Zusammenhang erwähnte wurde.[26] Er argumentierte, ein jeder werde natürlich derjenigen Tätigkeit nachgehen, die ihm den größten Profit abzuwerfen verspreche, und die Gewinnmöglichkeiten sollten so beschaffen sein, daß Selbstinteresse und Gemeininteresse zusammenfielen; wo der Profit aber allzusehr vom Gesetz beschnitten werde, würden die Menschen gegen es verstoßen. Ein anderer Autor konnte im siebzehnten Jahrhundert seine Argumente zugunsten der Einhegungsbewegung mit dem Hinweis auf den »unumstößlichen Grundsatz« bekräftigen, »daß jeder, dem Lichte der Natur und der Vernunft folgend, das tut, was ihm zum Vorteil ausschlägt« und daß, wenn der einzelne vorwärtskommt, auch die Allgemeinheit daraus Nutzen ziehen werde.[27]

Der erste politische Philosoph, der sich konsequent auf das Abenteuer einließ, baconsche Methoden der Kausalforschung auf die Analyse gesellschaftlicher Erscheinungen anzuwenden, war Thomas Hobbes (1588 bis 1679). Seine Vorgänger, auch Jean Bodin, Johannes Althusius und Hugo Grotius, hatten noch die aristotelischen Kategorien respektiert. Hobbes dagegen bestritt die Existenz eines Endzwecks, eines *summum bonum* oder höchsten Gutes, von denen in den Büchern der alten Moralphiloso-

---

dualistisch« nicht nur auf Sozialphilosophien des baconschen Typs angewandt wurde, sondern auch auf verschiedene Philosophien der Renaissance, die den Unterschied zwischen den Charakterzügen herausragender Individuen und denen der großen Masse der Bevölkerung betonten.

25 Joseph Alois Schumpeter hat in seiner *History of Economic Analysis*, New York 1954, S. 121 (deutsch: *Geschichte der ökonomischen Analyse*, Göttingen 1965, Band 1, S. 171 f.) vorgeschlagen, diese »Arbeitshypothese« als *analytischen Egalitarismus* zu bezeichnen – im Unterschied zum *normativen Egalitarismus*, wie ihn die christliche Doktrin lehrt.

26 Siehe oben, 1. Kapitel, »Thomistische Wirtschaftslehre«.

27 Joseph Lee, *A Vindication of Regulated Enclosure*, 1656, zitiert nach Richard H. Tawney, *Religion and the Rise of Capitalism*, New York 1926, S. 259 (deutsch: *Religion und Frühkapitalismus*, Bern 1946, S. 262).

phen die Rede war.[28] Im ersten Teil seines *Leviathan* (1651), der sich mit der Funktionsweise des menschlichen Geistes befaßte, vertrat er eine ausgesprochen nominalistische Methode des Denkens, die auf einigen recht einfachen psychologischen Vorstellungen beruhte. Durchaus konsequent behandelte er die auf äußere Quellen zurückgehenden Sinneseindrücke als Ausgangspunkt aller geistigen Prozesse und verstand letztere eher als Reaktionen auf äußere Reize denn als spontane Tätigkeiten des Geistes.[29] So verband er alle sozialen Probleme letztlich mit psychologischen Überlegungen.

Zu den psychologischen Mechanismen, auf die Hobbes seine Sozialphilosophie stützte, gehörten als wesentliche Bestandteile die Selbsterhaltungstriebe und der Wunsch nach Sicherheit, verbunden mit dem Wunsch nach Macht. Bedürftigkeit und Furcht erschienen ihm als die Motive, von denen das Selbstinteresse in erster Linie getrieben wird, und er benutzte den Vergleich mit einem Stein, der nach den Gesetzen der Gravitation fällt, um den Einfluß des Selbstinteresses auf das menschliche Verhalten zu veranschaulichen.[30] In seiner Diskussion des Übergangs von einem Stadium der Wildheit zu dem der gesellschaftlichen Organisation legte er dar, daß der Krieg aller gegen alle (*bellum omnium contra omnes*) durch den Abschluß eines Gesellschaftsvertrages beendet worden sei. Getrieben vom Wunsch nach Sicherheit, hätten alle ihren Willen vertraglich dem Willen eines einzigen unterworfen, eines Souveräns, der ermächtigt wurde, die Einhaltung des Vertrags durch Strafen zu erzwingen. Die Souveränität des Herrschers mußte unbeschränkt, unteilbar und unveräußerlich sein. Es war Aufgabe des Staates – des Leviathan –, diejenigen Äußerungen des Selbstinteresses, die das allgemeine Wohl mutmaßlich beförderten, für rechtmäßig und richtig zu erklären, solche aber, die dieses Wohl gefährdeten, für falsch.[31] So wurde der Begriff des *summum bonum*, das die Scholastiker zum moralischen Ziel der Gemeinschaft erklärt hatten, durch ein utilitaristisches Ziel ersetzt, nämlich das Streben nach Sicherheit; die Festlegung sonstiger Zwecke blieb mehr oder weniger willkürlichen Entscheidungen des Staates vorbehalten.
Bei der Ausarbeitung des Verhältnisses zwischen Willen und Vernunft

---

28 Thomas Hobbes, *Leviathan*, London 1651 (deutsch: Neuwied und Berlin 1966, Nachdruck: Frankfurt am Main 1984).
29 Später bezeichnete man diese Konzeption des menschlichen Geistes als *philosophischen Sensualismus* oder *Sensationalismus*.
30 »Fertur unusquisque ad appetitionem cius quod sibi bonum est, idque naturali necessitate non minor quam qua lapis deorsum fertur.« Thomas Hobbes, *De cive*, London 1642, 1. Kapitel, 7. Abschnitt (deutsch in: *Vom Menschen. Vom Bürger*, Hamburg 1959).
31 Ders., *De corpore politico*, London 1650, Erstes Buch, 1., 2. und 9. Kapitel; ders., *Leviathan*, a.a.O.

charakterisierte Hobbes die letztere als Instrument, mit dem sich geeignete Mittel zur Erreichung der Zwecke finden lassen, die von Nützlichkeitsmotiven diktiert werden. So führte er einen neuen Begriff »rationalen Verhaltens« ein, um Haltungen zu kennzeichnen, die sich in Übereinstimmung mit den vom Willen vorgegebenen Zielen befinden, und definierte als »Gesetze der Natur« solche Gesetze, die die Regeln für die Handlungen eines im idealen Sinne vernünftigen Wesens vorschreiben.[32]
Da Hobbes die Existenz gegebener, absolut gültiger Begriffe bestritt, beschränkte er die Aufgaben wissenschaftlichen Denkens darauf, konsistente Begriffssysteme aufzustellen. Während die Scholastiker *Wahrheit* als Identität der Denkergebnisse mit der »realen Ordnung der Erscheinungen« bestimmt hatten, setzte Hobbes Wahrheit mit einem Denken gleich, das frei von Widersprüchen ist.
Obwohl er an der Lehre vom Gesellschaftsvertrag festhielt und an »Gesetze der Natur« glaubte, schlug Hobbes keinerlei Prinzipien vor, auf denen sich eine dauerhafte Ordnung menschlicher Gesellschaften begründen ließe. Mit seiner rein formalen Definition des Motivs des Selbstinteresses bestritt er die Existenz jeder Regel, die vor aller Erfahrung angeben könnte, welche Richtung die menschlichen Wünsche oder Bedürfnisse voraussichtlich nehmen würden. Diese Behauptung ist treffend als »Zufälligkeit der Bedürfnisse« [*randomness of wants*] bezeichnet worden. Sie wurde in der Folge zu einem konstitutiven Bestandteil des englischen ökonomischen Denkens.[33]
Sofern nun Gewinnmaximierung zu den legitimen Zielen gerechnet werden durfte, die vom Willen vorgegeben wurden, ließ sich der Ausdruck *rationales Verhalten* auf alle ökonomischen Aktivitäten anwenden, die diesem Zweck galten. Andererseits lag der Hobbesschen Konzeption eines ursprünglichen »Krieges aller gegen alle« die Idee zugrunde, daß die zur Bedürfnisbefriedigung erforderten Güter knapp sind. Im Lichte dieser Behauptung mußten verschiedene ökonomische Probleme neu formuliert werden.[34] Ansatzpunkte zu einer solchen Reformulierung bot auch die vorwiegend mechanistische Hobbessche Psychologie, der zufolge praktisch alle geistigen Vorgänge als Reaktionen auf Reize zu verstehen sind, die von äußeren Quellen erzeugt werden.
John Locke (1632-1704) unternahm den nächsten Schritt auf dem Weg,

---

32 Siehe ders., *Leviathan*, a.a.O., 14. und 15. Kapitel.
33 Siehe die Analyse der Hobbesschen Philosophie bei Talcott Parsons, *The Structure of Social Action*, New York 1937, S. 88 ff. *Zufälligkeit* beschreibt eine Situation, die keiner intelligiblen Analyse zugänglich ist, möglicherweise aber bestehenden Wahrscheinlichkeitsgesetzen entspricht. Ebd., S. 91.
34 Es mag erwähnt werden, daß Hobbes im *Leviathan* besonders die scholastische Werttheorie ablehnte. Der gerechte Wert, sagte er, ist derjenige, den die Vertragschließenden zu geben bereit sind.

der schließlich zur Entwicklung der Prinzipien einer utilitaristischen Ökonomie führte. Wie Hobbes hatte er seine Ausbildung an der Universität Oxford erhalten, wo sich die Tradition des franziskanischen Nominalismus erhalten hatte. Die große Leistung seines *Essay concerning Human Understanding* (1690) bestand in der Formulierung der Frage, wie die Grenzen der menschlichen Erkenntnis zu ziehen seien. Damit nahm er eine bedeutende Abänderung des Baconschen Ansatzes vor, der niemals bezweifelt hatte, daß alles begreifbare Wissen dem menschlichen Geist zugänglich sei, und der nur versucht hatte, die verfügbaren Methoden zu dessen Gewinnung zu bestimmen. Das von Locke gewählte Verfahren zur Festlegung der Gültigkeit des Wissens und seiner Grenzen bestand darin, die Entstehung von Begriffen zu analysieren.[35]
Der berühmte Vergleich des Geistes mit einer *tabula rasa* sollte das völlige Fehlen irgendwelcher angeborener Ideen im Geiste veranschaulichen[36], und in seiner strengen Formulierung dieser Behauptung gestand Locke nur eine angeborene Fähigkeit des Geistes zu, Ideen zu haben.[37] Damit ist der Ausgangspunkt seiner Analyse bezeichnet. Weiter nahm er an, der Geist verhalte sich gänzlich »passiv«, wenn er seine einfachen Ideen »von der Existenz und den Wirkungen der Dinge empfängt, so wie Sensation oder Reflexion sie ihm darbieten«.[38] Auch affektive Phänomene wie etwa die Leidenschaften betrachtete er als Resultate gehäufter Eindrücke.
In seinem Bemühen, unter Verwendung empiristischer Prinzipien Einblick in die Arbeitsweise des menschlichen Intellekts zu gewinnen, war Locke sogar noch konsequenter als Hobbes. Er unterschied zwei Erfahrungsbereiche: die innere Erfahrung oder Reflexion, die unmittelbar gegeben ist, und die Sensation, die sich über Sinneswahrnehmungen von äußeren Quellen herleitet. Diese Argumentation bereitete den Weg für die Anwendung wissenschaftlicher Methoden bei der Analyse psychologischer Erscheinungen, ohne mit der überkommenen Auffassung in Konflikt zu geraten, der zufolge zwischen diesen beiden Erfahrungsarten eine grundlegende Heterogenität vorliegt.[39] So war sich Locke mit Descartes in der Überzeugung einig, daß die Menschen ein Wissen ihrer selbst

---

35 Man hat Lockes Methode gelegentlich als »psychogenetisch« charakterisiert.
36 Dieser Vergleich war im dritten vorchristlichen Jahrhundert von den stoischen Philosophen Zenon und Kleanthes vorgeschlagen worden.
37 John Locke, *An Essay concerning Humane Understanding*, London 1690 (deutsch: *Versuch über den menschlichen Verstand*, 4. Auflage, Hamburg 1981), Erstes Buch, 1. Kapitel, 5. Abschnitt.
38 Ebd., Zweites Buch, 22. Kapitel, 2. Abschnitt.
39 Zur Entwicklung der Assoziationspsychologie steuerte Locke seine Beobachtung bei, daß Zufallsassoziationen in allen Denkprozessen eine wichtige Rolle spielen. Siehe James Bonar, *Moral Sense*, London 1930, S. 19.

besitzen; mit Hobbes behauptete er jedoch nachdrücklich, daß dem menschlichen Geist kein wirkliches Wissen von den Dingen der Außenwelt zugänglich sei und daß Wahrheit nicht in der Identität von Vorstellungen mit äußeren Phänomenen, sondern in der Folgerichtigkeit der Begriffe untereinander liege. Die Anerkennung dieser Begrenzungen der intellektuellen Vermögen des Geistes führte zu dem Schluß, daß die menschliche Konzeption der Außenwelt von den Regeln des Denkens bestimmt wird – ungeachtet der Regeln, die dem Verhalten der äußeren Phänomene zugrunde liegen.[40]

In seiner Erörterung der Grenzen, denen unsere Kenntnis der Außenwelt unterliegt, ging Locke ebenso wie die mittelalterlichen Nominalisten von einer Analyse der Attribute der Dinge aus und zeigte, daß echtes Wissen oder Wahrheit erst dann gesichert wäre, wenn alle Eigenschaften eines Objekts vollkommen intelligibel und aus seiner ursprünglichen Natur ableitbar wären. Wendet man dieses Kriterium auf Gold an, so ist – wie Locke ausführt – echtes Wissen vom Golde nicht möglich, weil man nicht mit irgendeiner Bestimmung der »Wesenheit« des Goldes beginnen und aus ihr die Gesamtheit seiner sekundären Eigenschaften ableiten kann.[41]

Die Unterscheidung zwischen primären und sekundären Eigenschaften sollte Qualitäten, die sich (wie Größe, Zahl, Bewegung) in mathematischen Termini ausdrücken lassen, von solchen Qualitäten abgrenzen, die Eindrücke auf die menschlichen Sinne wiedergeben und die (wie Farben, Geschmäcker, Laute) so veränderlich und flüchtig sind, daß diese Ideen keine genaue Entsprechung in den Dingen selbst haben. Diese Unterscheidung war Gegenstand vielfacher Deutungen und Kritiken. Vollkommen intelligibel waren für Locke einzig intuitive Urteile über mathematische Relationen. Nur mathematisches Wissen konnte daher absolute Gültigkeit beanspruchen, da es sich von unwandelbaren geistigen Beziehungen zwischen den Denkobjekten herleitete. Um konsequent zu sein, mußte Locke den Begriff der »Substanz« als unabhängigen, undefinierten Faktor ablehnen, der gemeinhin als Hintergrund aller erkennbaren Eigenschaften der Dinge betrachtet wurde. Er gestand jedoch die Existenz von »Materie« zu, obgleich er fühlte, daß die Erfahrung keinerlei Beweis für diese Annahme lieferte.

Da es offenbar unmöglich war, mit Hilfe nominalistischer Denkprozesse absolut gültige Moralvorschriften aufzustellen, griff Locke auf die epikureischen Maximen zurück, wonach alles gut ist, was Freude macht, während Übel dasselbe bedeutet wie Schmerz. Menschliches Verhalten ist demzufolge nach seinen Ergebnissen als moralisch gut oder böse zu beur-

---

40 Siehe Wilhelm Windelband, *Die Geschichte der neueren Philosophie*, 2 Bände, Leipzig 1904-1911, Band 1, S. 267.
41 Locke, *An Essay concerning Humane Understanding*, a.a.O., Viertes Buch, 6. Kapitel (deutsch: a.a.O.).

teilen, also danach, ob es geeignet oder ungeeignet ist, das Glück des einzelnen zu befördern. »Die Natur«, sagte er, »hat in den Menschen ein Verlangen nach Glück und eine Abneigung vor dem Unglück eingepflanzt; dies sind in der Tat angeborene praktische Prinzipien, die [...] tatsächlich dauernd auf all unsere Handlungen einwirken und sie beeinflussen. Sie [...] sind Neigungen des Begehrens zum Guten, nicht dem Verstande eingeprägte Wahrheiten.«[42] Ethik definierte er als Ermittlung derjenigen Regeln und Maßstäbe der menschlicher Handlungen, die zur Glückseligkeit führen, sowie als Erfindung von Mitteln, um dementsprechend zu handeln.[43]

So kam Locke ähnlich wie Hobbes zu dem Schluß, »das moralisch Gute oder Üble [sei] demnach nur die Übereinstimmung oder Nichtübereinstimmung unserer willkürlichen Handlungen mit einem Gesetz, wodurch wir uns nach Willen und Macht des Gesetzgebers Gutes oder Übles zuziehen.«[44] Anders als Hobbes sprach er der Vernunft jedoch das Vermögen zu, eine »natürliche« Interessengleichheit der Mitglieder der Gemeinschaft zu erkennen, und nutzte diese Behauptung dazu, »natürliche« Rechte auf Leben, Freiheit und Eigentum zu erheben. Dieses Zugeständnis an die Naturrechtslehre ermöglichte es ihm, jede Bezugnahme auf eine ursprüngliche Gütergemeinschaft zu vermeiden, die Zwangsfunktionen zu übergehen, die Hobbes dem Staat in erster Linie zuschrieb, und den Schutz der natürlichen Rechte des einzelnen zu den Aufgaben der Regierung zu rechnen.[45] In seinen Augen wurden die gemeinsamen Ziele der Gemeinschaft durch Arbeitsteilung und wechselseitigen Gütertausch erreicht, insofern sie dazu dienen, eine große Vielfalt individueller Bedürfnisse zu befriedigen.

In seinen *Zwei Abhandlungen über die Regierung* entwickelte Locke seine Sozialphilosophie gemäß der Rolle, die er der Vernunft zuschrieb. Die Betonung, die er auf Toleranz legte, leitete sich von seiner Überzeugung her, daß der menschliche Geist nicht mit letzter Gewißheit entscheiden könne, was wahr und was falsch ist. Und aus derselben Überzeugung folgerte er, daß gesetzgeberisches Handeln bestimmen müsse, was im Interesse der Gemeinschaft liege und demnach als moralisch einwandfrei zu gelten habe. Diese Behauptung, so wie sie sich aus den Grundsätzen fortgeschrittenen nominalistischen Denkens ergab, wurde

---

42 Ebd., Erstes Buch, 2. Kapitel, 3. Abschnitt.
43 Ebd., Viertes Buch, 21. Kapitel, 3. Abschnitt.
44 Ebd., Zweites Buch, 28. Kapitel, 5. Abschnitt.
45 In seinen *Two Treatises of Government*, London 1690 (deutsch: *Zwei Abhandlungen über die Regierung*, Frankfurt am Main 1977), Zweite Abhandlung, 9. Kapitel, sagte Locke, die Erhaltung ihres Eigentums sei »das große und hauptsächliche Ziel, weshalb Menschen sich zu einem Staatswesen zusammenschließen und sich unter eine Regierung stellen«.

ergänzt durch die Empfehlung demokratischer Verfahren als der einzig praktikablen Methoden, in strittigen politischen Fragen zu einer Einigung zu gelangen.[46] Mit seiner Formulierung der Prinzipien einer utilitaristischen Philosophie stellte Locke das ökonomische Denken vor einen neuen logischen Hintergrund. Nicht minder bedeutsam für die Entwicklung dieses Denkens war seine »Theorie der Indifferenz«, die es ihm erlaubte, die strenge scholastische Unterscheidung zwischen rechtmäßigem und unrechtmäßigem Handeln aufzugeben und eine beträchtliche Gruppe von Handlungen als moralisch neutral zu bewerten.[47] Mit der Zuordnung des Gewinnstrebens – als Antrieb ökonomischen Handelns – zum Bereich des moralisch neutralen Verhaltens verlor die traditionelle Verklammerung von Ethik und Wirtschaft die grundlegende Bedeutung, die sie im Rahmen der scholastischen Lehre besessen hatte. Die Theorie der Indifferenz eröffnete den Weg zu einer gänzlich neuen Konstruktion der ökonomischen Beziehungen, zumal in Verbindung mit einem anderen kennzeichnenden Element der Lockeschen Lehren, nämlich der Auffassung, ein jeder verstehe selbst am besten über seine Interessen zu urteilen. Als in der Folgezeit diese Behauptungen unter den Anhängern der utilitaristischen Philosophie allgemeine Zustimmung fanden, achtete man wenig auf die Vorbehalte, unter denen dieser Satz bei Locke stand. Er hatte nämlich darauf hingewiesen, daß falsche Urteile durchaus unterlaufen könnten, sobald künftige Ereignisse zu erwägen sind, und daß Freuden und Schmerzen »aus der Entfernung« falsch beurteilt werden könnten, wenn wir sie mit gegenwärtigen vergleichen.[48]

Locke unterließ es freilich, in seinen kleineren Abhandlungen zu ökonomischen Tagesproblemen die Ergebnisse seiner Methodologie als analytische Instrumente einzusetzen. Sein Beitrag zum tatsächlichen Fortschritt der theoretischen Ökonomie lag eher in der Neuformulierung einiger bedeutender Probleme als in deren Lösung.

Die Entstehung des empirischen Ansatzes in der Ökonomie

Der erste merkantilistische Autor, der ausdrücklich erklärte, baconsche Methoden auf die Analyse sozialer und ökonomischer Erscheinungen anwenden zu wollen, also bei der Untersuchung solcher Phänomene von

---

46 Über den logischen Zusammenhang zwischen demokratischen Verfahren und den Methoden des nominalistischen Denkens siehe mein Buch *Conflicting Patterns of Thought*, Washington, D. C. 1949, 8. Kapitel.

47 Locke, *An Essay concerning Humane Understanding*, a.a.O. (deutsch: a.a.O.).

48 Im Vorübergehen sei erwähnt, daß Locke auch auf die Gefahren hinwies, die im Sprachgebrauch liegen, da er es zuläßt, daß sich verschiedene Bedeutungen mit demselben Symbol verknüpfen.

Beobachtung und Erfahrung auszugehen, war Sir William Petty (1623-1687), dessen soziologische Auffassungen stark von der Hobbesschen Philosophie beeinflußt waren. Pettys Studien bezeichneten den Beginn einer neuen Epoche in der Entwicklung des ökonomischen Denkens. Sie formulierten wirtschaftliche Probleme erstmals als Relationen zwischen meßbaren Größen. Wie Bacon vorgeschlagen hatte, beschäftigten sich diese Studien mit Fragen der praktischen Politik[49]: es ging um Besteuerung, um die Bestimmung des Reichtums von England und Irland, um Bevölkerung, Münzwesen und dergleichen. Petty verwarf freilich Bacons ablehnende Haltung gegenüber deduktiven Schlußverfahren und verwandte solche Methoden, um einige grundlegende ökonomische Begriffe zu klären. Als ausgebildeter Arzt, dessen wissenschaftlicher Rang allgemein anerkannt war[50], fand er oftmals Analogien zwischen sozialen Gemeinwesen und physischen Körpern. Er schrieb eine *Political Anatomy of Ireland* (1672) und nahm noch an weiteren Verwaltungseinheiten anatomische Untersuchungen vor.[51] Das Geld nannte er etwa »das Fett des Staatskörpers«, und zu seinen Lieblingszitaten gehörte das lateinische Sprichwort: Wie sehr du die Natur auch verjagst, am Ende kehrt sie doch zurück.[52] Solche Analogien waren jedoch beiläufig und für seine Methodologie nicht bedeutsam. Natürlich eigneten sich die von Bacon empfohlenen experimentellen Verfahren nicht dazu, soziale Erscheinungen zu studieren. Petty betrachtete daher beobachtbare Größen als die tauglichsten Gegenstände der Gesellschaftsanalyse und ging daran, die charakteristischen Züge sozialer Kollektive mit Hilfe von »Zahlen, Gewichten und Maßen« zu erforschen. Die erste Untersuchung, in der er seine neue Methode einführte, der *Treatise of Taxes and Contributions* (1662), war der Analyse der öffentlichen Finanzen und der staatlichen Einkünfte gewidmet. In seiner *Political Arithmetick*, geschrieben zwischen 1671 und 1676, stellte er sich die Aufgabe, den Reichtum Englands in Zahlen auszudrücken und aus dem Wert seines unbeweglichen Vermögens und seiner Bevölkerung zu errechnen, weswegen er als Vater der englischen Verwaltungsstatistik bezeichnet wurde. Umstritten war jedoch die Frage, ob das Verdienst, erstmals Statistiken im Dienste der soziologischen Forschung verwandt zu haben, nicht eher John Graunt zukommt, dem Verfasser der *Natural and Political Investigations upon the Bill of Mortality* (1662). Sehr wahr-

49 Unter den Prinzipien, die Bacon aufgestellt hatte, befand sich die Maxime, daß »Nützlichkeit« das Ziel aller Erkenntnis sein solle.
50 Petty war Gründungsmitglied der 1662 in Leben gerufenen Royal Society for Improving Natural Knowledge.
51 *The Economic Writings of Sir William Petty* wurden von Charles Henry Hull 1899 in Cambridge herausgegeben.
52 »Naturam expellas furca, tamen usque recurret.«

scheinlich war Petty an der Vorbereitung dieser Studie beteiligt, der ersten demographischen Abhandlung von Rang.
Unterstützung fand Petty in seinen methodologischen Grundsätzen bei Charles Davenant (1656-1714). Dieser verstand unter politischer Arithmetik »die Kunst des zahlenmäßigen Denkens und Erfassens von Dingen, die mit der Regierung zusammenhängen«. Wie Petty benutzte er statistisches Material hauptsächlich zu einer Art ökonomischer Finanzplanung; in seinen Untersuchungen ging es vor allem darum, das Verhältnis zwischen nationalen Einnahmen und Ausgaben zu bestimmen. Einige seiner leitenden Ideen verdankte er Gregory King, dem Urheber der sogenannten Kingschen Regel, mit der erstmals versucht wurde, die Wirkungen einer unelastischen Nachfrage auf die Preise zu ermitteln. Diese »Schätzung« ging auf die Beobachtung zurück, daß eine Minderung der normalen Ernte um zehn Prozent den Getreidepreis um dreißig Prozent steigen läßt, daß eine Minderung um zwanzig Prozent einen Anstieg um achtzig Prozent ergibt, und so weiter. Kings Berechnungen, die eine durchaus logische Formulierung seines Problems bieten, beruhten auf einem angenommenen Standard, der Normalbedingungen entsprach. Die Kingsche Regel wurde von Charles Davenant im dritten Abschnitt seines *Essay upon the Probable Methods of Making a People Gainers in the Ballance of Trade* (1699) veröffentlicht.[53]
Vielleicht wurzelte die Vorliebe der baconschen Merkantilisten für Arithmetik letztlich in der psychologischen Situation, die durch die Annahme verfeinerter nominalistischer Denkmethoden entstanden war: alle Versuche, die Wirklichkeit mittels allgemeiner Begriffe und Urteile zu erfassen, waren seither problematisch geworden. Nur die Aufstellung mathematischer Beziehungen zwischen meßbaren sozialen und ökonomischen Größen schien die Auffindung zuverlässiger, auf Erfahrung und Beobachtung gegründeter Sätze in Aussicht zu stellen.
Die induktive Methode, wie sie in diesen Untersuchungen angewandt wurde, versuchte die Begriffe meßbarer sozialer Aggregate wie Volksvermögen oder Volkseinkommen in ihre Komponenten zu zerlegen, die soweit wie möglich auf einen gemeinsamen Nenner gebracht wurden. Die Größen, die Gegenstand dieser Messungen waren, stammten fast sämtlich aus politischen Konzeptionen, die der ökonomischen Analyse feste Vorgaben lieferten. Erst viel später, als man bei der Wahl der relevanten ökonomischen Größen mehr Freiheit hatte, war es möglich, von einem bestimmten Merkmal in einer Untersuchung anzunehmen, es sei mit einer beständig wirkenden Ursache verbunden, und in einer anderen, es sei

---

53 Die bemerkenswerte Abhandlung, die diese Schätzung enthielt, trug den Titel *Natural and Political Observations and Conclusions upon the State and Condition of England*. Sie stammt aus dem Jahre 1696, wurde aber erst viel später (1804) von Thomas Chalmers veröffentlicht.

mit einer variablen Ursache verknüpft. Eine solche Formulierung grundlegender statistischer Probleme gestattete es, die unter Beobachtung stehenden Phänomene entsprechend dem jeweiligen Ziel unterschiedlich zu gruppieren, und führte schließlich zur Anwendung der Wahrscheinlichkeitstheorie auf die statistische Forschung.[54]
Ein anderer auffälliger Trend in der Entwicklung des ökonomischen Denkens, der angesichts der verblüffenden Leistungen der physikalischen Wissenschaften wohl nahelag, war die Neigung, bei der Untersuchung wirtschaftlicher Ereignisse solche Erscheinungen in den Mittelpunkt zu rücken, die sich im Sinne eines selbstregulativen Mechanismus verstehen ließen. Auf den überwältigenden Einfluß, den die Physik auf alle Gebiete der Forschung ausübte, wies im letzten Jahrzehnt des siebzehnten Jahrhunderts besonders Sir Dudley North (1641-1691) hin, einer der bemerkenswertesten Merkantilisten, der überzeugt war, daß das Wissen »in hohem Maße mathematisch« geworden sei.[55] Auf lange Sicht mußte diese Tendenz den Glauben an die Wirksamkeit der regulativen Wirtschaftspolitik der Regierungen untergraben. So wandte sich Petty in verschiedenen Abschnitten seiner Schriften gegen staatliche Eingriffe in die »Gesetze der Natur« und gab gelegentlich zu bedenken, ob die Ausfuhrbeschränkungen für ungemünzte Edelmetalle nicht diesen Gesetzen zuwiderliefen. Auch Roger Coke, Josiah Child und Charles Davenant äußerten den Glauben an eine »Ordnung der Dinge«.
In den letzten Jahrzehnten des siebzehnten Jahrhunderts wurde der Kampf um mehr Freiheit von Interventionen der Regierung weniger mit philosophischen oder logischen Argumenten geführt als vielmehr mit Überlegungen, die sich aus den Interessen bestimmter Unternehmensgruppen ergaben. Einmischungen der Kirche oder des Staates in geschäftliche Dinge und Eigentumsrechte stießen bei den damaligen handeltreibenden Schichten zunehmend auf Groll.[56] Eine ähnliche Entwicklung machte sich sogar in Frankreich bemerkbar, wo – einer immer wieder erzählten Geschichte zufolge – der Kaufmann Legendre in einem Gespräch mit Colbert vorbehaltlose Freiheit von solchen Eingriffen verlangte.[57]

54 Die Wahrscheinlichkeitstheorie hatte bereits die Aufmerksamkeit Newtons auf sich gezogen; 1660 erschien ein Werk von Blaise Pascal über die Wahrscheinlichkeiten in Glücksspielen, und Jakob Bernoulli veröffentlichte in Basel 1713 seine *Ars conjectandi* (deutsch: *Wahrscheinlichkeitsrechnung*, 2 Bände, Leipzig 1899). Über den Zusammenhang zwischen der Wahrscheinlichkeitstheorie und der Entwicklung statistischer Methoden siehe Harald Ludwig Westergaard, *Contributions to the History of Statistics*, London 1932.
55 Sir Dudley North, *Discourses upon Trade*, London 1691, Vorwort.
56 Tawney, *Religion and the Rise of Capitalism*, a.a.O., S. 237 (deutsch: a.a.O., S. 240).
57 Siehe August Oncken, *Die Maxime Laissez-faire et laissez-passer*, Bern 1886.

Die Proteste, die die Fürsprecher der privilegierten Gesellschaften in England gegen die Exportbeschränkungen erhoben, wurden immer lauter. Andererseits forderten ihre Gegner nicht minder entschieden die Abschaffung der Handelsmonopole. Sie warfen den Kompanien vor, wenig zu sehr hohen Preisen statt viel mehr mit mäßigen Profitraten zu verkaufen[58] und durch die Einfuhr von Luxusgütern und die Ausfuhr von Edelmetallen zur Verarmung des Landes beizutragen.[59]

Die Vorstellung, daß die Zahlungsbilanz Einfluß auf den Wohlstand eines Landes habe, nahm im Denken der meisten merkantilistischen Autoren immer noch eine beherrschende Stellung ein. Allerdings wurde der unscharf definierte Begriff der Handelsbilanz ihrer Vorgänger (nicht terminologisch, aber der Sache nach) durch einen klaren Begriff der Zahlungsbilanz überwunden. Selbst Autoren, die ein bemerkenswertes Verständnis für die gegenseitige Abhängigkeit ökonomischer Erscheinungen zeigten – wie etwa John Cary und Charles Davenant –, waren davon überzeugt, daß die Macht eines feindlichen Landes wirksam geschwächt werden könne, wenn man es »mit unseren Produkten und Manufakturwaren versorgt« und damit um sein Geld bringt.[60]

Zu den frühesten Merkantilisten, die die Verwendung von Handelsbilanzziffern als verläßliches Kriterium für wirtschaftlichen Fortschritt in Zweifel zogen, gehörte Sir Josiah Child (1630-1699), der führende Kopf der *East India Company*, dessen *Brief Observations concerning Trade and Interest on Money* zuerst 1668 erschienen.[61] Er stellte darin die Beobachtung an, daß einige offenkundig arme Regionen wie Irland und der Staat Virginia in ihren Bilanzen Exportüberschüsse aufwiesen.[62] Während Thomas Mun und andere Befürworter der Handelspolitik der *East India Company* die freie Ausfuhr von Edelmetallen als Mittel zur Förderung von Exportüberschüssen verteidigt hatten, verwarf Child den Gedanken,

---

58 Philanglus, *Britannia Languens*, 1680.
59 John Pollexfen, *England and East India Inconsistent in their Manufactures*, London 1697. Das Buch ist eine Antwort auf Charles Davenant, *An Essay on the East India Trade*, London 1692.
60 Siehe Heckscher, *Merkantilismus*, a.a.O., Band 2 (deutsch: a.a.O., Band 2, S. 85).
61 Zwei Neuausgaben erschienen 1690 und 1693 unter anderem Titel; spätere Auflagen wurden unter dem Titel *A New Discourse of Trade* veröffentlicht. Da Childs Auffassungen offenkundig von seiner Stellung in Handel und Finanzwesen beeinflußt waren, wurde seine Vorliebe für »Handelsfreiheit« häufig mit seinen geschäftlichen Interessen in Verbindung gebracht. Siehe besonders Sven Helander, »Sir Josiah Child«, in: *Weltwirtschaftliches Archiv* 19 (1923), S. 233-249, hier S. 234.
62 In seiner Studie über Irland (1662) hatte Petty auch das »Paradox« erwähnt, daß ausgerechnet der Rente, die die im Ausland lebenden Grundeigentümer einstrichen, das Verdienst zukommen sollte, Irlands aktive Zahlungsbilanz zu sichern.

daß die Erzielung von möglichst großen Edelmetallimporten ein wünschbares Ziel sei, und empfahl statt dessen, im Außenhandel Geld wie jede andere Ware zu behandeln. Charles Davenant, ein anderer Vertreter der Ostindiengesellschaft, trat für verschiedene protektionistische Maßnahmen ein[63], doch in seinen allgemeinen Überlegungen nahm er ein vertrautes Argument der Freihandelslehre vorweg: wenn nämlich die Einfuhren frei wären, würde jedes Land diejenigen Güter erzeugen, die es mit dem geringsten Arbeitsaufwand, das heißt am sparsamsten und profitabelsten produzieren könne, für die es von der Vorsehung offenbar also bestimmt sei. Der Handel, argumentierte er, sei von Natur aus frei, und alle Gesetze, die ihm Regeln und Vorschriften geben sollten, möchten privaten Zwecken wohl dienlich sein, selten aber der Allgemeinheit zum Vorteil gereichen.

In seinen *Discourses upon Trade* (1691) stellte Sir Dudley North sogar eines der logischen Fundamente der Handelsbilanzlehre in Frage, nämlich die Behauptung, daß ein Land nur auf Kosten eines anderen Gewinn erzielen könne. Er lehnte die Auffassung ab, wonach die Einfuhr von Gold für den wirtschaftlichen Fortschritt besonders bedeutsam sei.[64] Der Glaube an die Existenz eines automatischen Mechanismus, der die ökonomischen Erscheinungen reguliere, fand bezeichnenden Ausdruck in seiner Feststellung, daß sich »Ebbe und Flut des Geldes von selbst ausgleichen, ohne daß Politiker nachhelfen müssen«. North wandte sich ganz konsequent gegen jede Fixierung der Preise oder Reglementierung des Handels. Er war überzeugt, daß kein Handel für die Allgemeinheit unprofitabel sein könne, »denn wenn er sich als solcher erweist, werden ihn einige aufgeben; und wo immer Händler gedeihen, gedeiht auch die Allgemeinheit, zu der sie gehören«. Solche Hinweise auf das Wirken von Selbstanpassungskräften zählten zu den ersten Versuchen, den traditionellen Glauben an einen Gegensatz zwischen privaten und öffentlichen Interessen zu überwinden.

Praktisch sämtliche Befürworter des Freihandels gehörten zur politischen Partei der Tories. Ihre Gegner, die Whigs, vertraten protektionistische Grundsätze und beriefen sich ausgiebig auf den Begriff der Handelsbilanz, zumal in ihrem Kampf um die Auflage von Einfuhrverboten auf französische Waren.[65] Es ist eine strittige Frage, in welchem Maße die Außenpolitik der englischen Regierung damals von den Interessen der

---

63 Davenant, *Essay on the East India Trade*, a.a.O.
64 North, *Discourses upon Trade*, a.a.O.
65 Siehe zum Beispiel Samuel Fortrey, *England's Interest and Improvement Consisting in the Increase of the Store and Trade of This Kingdom*, Cambridge 1663; Roger Coke, *A Discourse of Trade*, London 1670; ders., *England's Improvements*, a.a.O.; Philanglus, *Britannia Languens*, a.a.O.

großen Handelskompanien beeinflußt war, denn Karl II. und Jakob II. waren einem Bündnis mit Frankreich eher günstig gesinnt.[66]
Da sich die Interessen der merkantilistischen Autoren vornehmlich auf Probleme des Außenhandels richteten, war es allgemein üblich, sämtliche Abhandlungen über ökonomische Fragen mit *Discourse on Trade* zu betiteln und keine Rücksicht darauf zu nehmen, daß in diesen Schriften häufig auch andere Fragen mehr oder weniger ausführlich erörtert wurden, die mit dem Außenhandel nur entfernt in Zusammenhang standen.

Theorien über Wert, Preis, Geld und Kapitalzins

Sobald man Beobachtung und Erfahrung als primäre Instrumente der ökonomischen Analyse gelten ließ, erwiesen sich einige Grundbegriffe scholastischer Herkunft als unhaltbar. Davon war vor allem die traditionelle Vorstellung eines »inneren Wertes« der Dinge betroffen, ein Gedanke, der mit dem Substanzbegriff zusammenhing und zur Quelle unlösbarer Widersprüche geworden war.
Die Kraft der Tradition war jedoch stark genug, um die Mehrzahl der Merkantilisten daran zu hindern, diese Idee vollends aufzugeben. In seinen *Zwei Abhandlungen über die Regierung* von 1690 nahm John Locke ausdrücklich darauf Bezug, als er sagte, daß der »innere Wert der Dinge [...] allein von ihrem Nutzen für das menschliche Leben abhängt«.[67] Er benutzte diesen Begriff, um die Bedingungen des mutmaßlichen »Naturzustands« zu erläutern, der vor der zivilisierten Gesellschaft bestanden habe. Vielleicht unter dem Einfluß der Unterscheidung, die die späteren Scholastiker zwischen intrinsischem Wert und Tauschwert der Güter getroffen hatten, nahm er jedoch an, daß nach der Einführung des Geldes als allgemeines Tauschmittel der innere Wert eines Gutes nicht mehr wie zuvor von der Nützlichkeit der Klasse bestimmt werde, der dieses Gut zugeordnet war. »Erfahrungsgemäß«, sagte er, scheine es so, daß der Wert der Güter von der zu ihrer Produktion verausgabten Arbeit bedingt werde. So verband er eine meßbare Eigenschaft der Güter mit einem Prozeß, der zu ihrer Vergangenheit gehörte, und behauptete, neunundneunzig Hundertstel des Wertes nützlicher Dinge verdankten sich in den meisten Fällen gänzlich der Arbeit.[68] Locke unterschied den inneren Wert oder die Qualität einer Ware von ihrem »Marktwert« und verband

---

66 Verbote im Handel mit Frankreich wurden zuerst 1678 erlassen und dann 1689, 1691 und 1705 immer weiter ausgedehnt. Eine neue Runde im Kampf zwischen Tories und Whigs um die Grundsätze der Handelspolitik begann 1712.
67 Locke, *Two Treatises on Government*, a.a.O. (deutsch: a.a.O.), Zweite Abhandlung, 5. Kapitel, 37. Abschnitt.
68 Ebd., 37. und 43. Abschnitt.

Veränderungen des letzteren mit einem veränderten Verhältnis zwischen Warenmenge und Bedürfnis oder Nachfrage. Locke deutete jedoch nicht an, daß Arbeitseinheiten zur Wertmessung dienen könnten, und trennte seine Preistheorie – die auf einer rohen Quantitätstheorie des Geldes beruhte – deutlich von seiner Werttheorie.

Ungefähr dreißig Jahre zuvor war die Frage nach dem »inneren Wert der Güter« von Sir William Petty bereits viel geistreicher gestellt worden.[69] Entsprechend der Neigung, auf Beobachtung zu vertrauen, gab er den scholastischen Grundsatz auf, nach dem sich der Wert der Güter von den Klassen oder Genera herleitete, denen sie zugeordnet waren. Sein Ausgangspunkt war vielmehr die Idee, daß Äquivalenz das Grundprinzip sei, auf dem aller Gütertausch beruht, und er erhob die Frage, wie ein gemeinsamer Nenner zu bestimmen wäre, auf den sich alle Werte zurückführen ließen.

Im weiteren Verlauf dieser Argumentation führte er aus, »alle Dinge sollten, ohne der ausgezeichneten Verwendung des Geldes als Wertmaß Abbruch zu tun, von zwei natürlichen Wertmessern abgeschätzt werden, nämlich Boden und Arbeit«. So verwandelte Petty das Problem, die inneren Werte der Güter zu bestimmen, in das Problem, die Anteile zu bestimmen, mit denen die originären Produktionsfaktoren zum Wert der Güter beitragen. Und bei seinem Versuch, die für jeden Faktor definierten Standardeinheiten auf einen gemeinsamen Nenner zu bringen, unterstellte er einfach, daß sich der Wert der Produkte des Bodens sowie aller anderen Produkte menschlicher Arbeit auf die Arbeitsmenge zurückführen lasse, die zu ihrer Produktion aufgewandt worden sei. »Angenommen«, erklärte er, »hundert Mann produzieren zehn Jahre lang Getreide, und ebenso viele in derselben Zeit Silber. Ich sage, daß der Reinertrag des Silbers der Preis des gesamten Reinertrags des Getreides ist und daß gleiche Teile des einen der Preis gleicher Teile des anderen sind.«[70] In dieser Überlegung, zu der es in den leitenden Ideen einiger Naturwissenschaftler des siebzehnten Jahrhunderts durchaus Entsprechungen gab, spielte der Substanzbegriff eine bedeutende Rolle. Diese Wissenschaftler waren allgemein davon überzeugt, daß die Gleichheit von Eigenschaften von Dingen auf das Vorliegen identischer Kräfte deute, die diese Eigenschaften schaffen.[71] Was der Suche nach »Kräften«, die die Qualitäten der Dinge hervorbringen sollten, starken Auftrieb gab, war das Baconsche Axiom, dem zufolge das gemeinsame Gattungselement einer Gruppe von

---

69 William Petty, *A Treatise of Taxes and Contributions*, 1662. Siehe Arthur Eli Monroe (Hg.), *Early Economic Thought*, Cambridge, Mass. 1924, S. 211 ff.

70 William Petty, *The Political Survey of Ireland*, London 1719. Siehe Monroe (Hg.), *Early Economic Thought*, a.a.O., S. 218.

71 Siehe Émile Meyerson, *Identité et réalité*, Paris 1929 (deutsch: *Identität und Realität*, Leipzig 1930, S. 344-347).

Körpern in ihnen irgendwie als separater Bestandteil vorhanden sein müsse. Folgt man diesem Gedankengang, so bezeichnet der Tauschwert eine besondere Qualität, die getauschten Gütern eigen ist. Daher konnte die »Theorie der spezifischen Verursachung« die Eigenschaft erklären, die den Gütern Tauschwert verleiht.

Pettys Werttheorie schloß den Gedanken ein, daß Werte Qualitäten sind, die dauerhaft erhalten bleiben, nachdem sie einmal durch Produktionsprozesse erworben wurden.[72] Folglich waren »produktive« Leistungen, die in die Güter eingehen und zu deren Wesenseigenschaften werden, von »unproduktiven« zu unterscheiden, die sich nicht in irgendwelchen Gütern verkörpern und keine Tauschwerte schaffen. Diese Unterscheidung spielte in sämtlichen Arbeitswerttheorien ein bedeutsame Rolle.

Die Mehrzahl der englischen Merkantilisten, die sich bemühten, den inneren Wert der Güter – im Unterschied zu ihrem Preis – zu bestimmen, folgten Lockes Vorschlag, einen Zusammenhang zwischen diesem Wert und der zur Produktion dieser Ware erforderlichen Arbeitsmenge herzustellen.

Häufig wurde das Wertproblem nur nebenher in Abhandlungen diskutiert, in denen es um Geld, Geldzins und Preise ging.[73] Locke behandelte derlei Fragen in zwei Essays, *Some Considerations of the Consequences of the Lowering of Interest and Raising the Value of Money* (1692) und *Further Considerations concerning Raising the Value of Money* (1695). Seine Analyse richtete sich in der Hauptsache auf ein praktisches Geldproblem seiner Zeit: ob es nämlich ratsam sei, den Wert der Silbermünzen, die gesetzliches Zahlungsmittel waren, dem Wert ihres Silbergehalts anzupassen. Lockes Behandlung dieser Frage war ziemlich verworren. Er wandte sich gegen den Vorschlag eines Beamten des Schatzamts, den Münzpreis des Silbers um zwanzig Prozent zu erhöhen, da Silber in der Münze unterbewertet war, gehortet wurde und in erheblichen Mengen aus dem Lande floß. Locke bewertete diesen Vorschlag fälschlich als

---

72 Auf die logische Analogie zwischen der »Phlogiston«-Theorie und der Arbeitswerttheorie hat der russische Ökonom Pjotr Struwe hingewiesen (zur Phlogiston-Theorie siehe unten, 6. Kapitel, »Kameralistische Wirtschaftslehre«). In beiden Fällen wurde eine meßbare Qualität der Dinge ursächlich mit der Kraft in Verbindung gebracht, die diese Qualität und ihre verschiedenen Grade hervorbringen sollte. Siehe Alexander Bilimovic, »Die Preis- und Wertlehre«, in: Hans Mayer (Hg.), *Die Wirtschaftstheorie der Gegenwart*, Wien 1932, Band 2, S. 94-113, hier S. 104.

73 Im Vorübergehen sei erwähnt, daß sich zahlreiche Erörterungen um die Techniken der Münzprägung und die sogenannte Münzgebühr drehten – das Recht der Fürsten, die Prägung von Geld für Privatpersonen zu besteuern. Eine bemerkenswerte Abhandlung, die sich mit diesen und verwandten Fragen beschäftigte, war Rice Vaughan, *A Discourse of Coin and Coinage*, London 1675, geschrieben um 1635.

»Münzverschlechterung« und argumentierte, eine Unze Silber könne niemals mehr wert sein als eine Unze Silber.[74] Die Klarheit seines Denkens bewies Locke in der Formulierung einer allgemeinen Geldtheorie, in der er den Substanzbegriff im Hinblick auf die Geldmetalle fallenließ und erklärte, die Menge des umlaufenden Geldes – unabhängig von der Nützlichkeit dieser Metalle für andere Zwecke – reiche aus, um seinen »eingebildeten« Wert zu bestimmen. Er führte diesen Gedanken weiter aus und nahm an, daß der Tauschwert des Geldes überhaupt von der Quantität des gesamten Geldes auf der Welt im Verhältnis zum gesamten Handel bestimmt werde und daß der Tauschwert des Geldes in einem Land von der Quantität des in diesem Lande gegenwärtig umlaufenden Geldes im Verhältnis zum gegenwärtigen Handelsvolumen festgelegt werde. Nach dieser Auffassung würde jede beliebige Geldmenge hinreichen, um »einen Handel von beliebigem Umfang in Gang zu halten«. Zwei bemerkenswerte Ideen waren in dieser Argumentation enthalten: die Bezugnahme auf Relationen zwischen meßbaren Größen und die Anerkennung der Knappheit als Bestimmungsfaktoren des Geldwerts.[75]

Lockes Auffassung des Geldes war mit der vorherrschenden Gleichsetzung der Edelmetalle mit den Reichtümern eines Landes kaum vereinbar. Dennoch verteidigte er, ebenso wie Petty, die Geltung des Konzepts der Handelsbilanz mit dem ursprünglich »bullionistischen« Argument, Gold und Silber geböten über die Annehmlichkeiten des Lebens; »eine Menge davon« mache daher den Reichtum aus.[76] Darüber hinaus betonte er, ein Land mit geringem Geldvorrat und entsprechend niedrigen Preisen sei im internationalen Handel benachteiligt. Er verwies auf die Gefahren, die sich aus einer solchen Situation für alle Bereiche der Wirtschaft ergäben, und war überzeugt davon, es sei besser, Edelmetalle durch Exportüberschüsse als durch Bergbau zu gewinnen, weil im ersteren Falle der Reichtum der konkurrierenden Nationen entsprechend vermindert werde. In dieser Argumentation spiegelt sich der allgemeine Glaube der Merkantilisten an die Existenz eines begrenzten Fundus an Wohlstand und Macht, der unter den Nationen der Erde verteilt werden könne.

Wir brauchen uns nicht bei den inneren Widersprüchen der ökonomischen Theorien Lockes aufzuhalten.[77] Man kann darüber hinwegsehen, wenn man seinen beachtlichen Beitrag zum ökonomischen Denken im Auge behält; seine Leistung liegt vor allem in der Anwendung des

---

74 Siehe Schumpeter, *History of Economic Analysis*, a.a.O., S. 299 (deutsch: a.a.O., Band 1, S. 380).
75 Siehe Filippo Carli, *Studi di storia delle dottrine economiche*, Padua 1932, S. 61.
76 Petty zufolge sind Silber, Gold und Edelsteine jederzeit und überall Reichtum.
77 Siehe Jacob Viner, *Studies in the Theory of International Trade*, New York 1937, S. 77.

Gleichgewichtsbegriffs auf die Analyse der internationalen Verteilung der Geldmetalle. Mit dieser Analyse bereitete er der Entwicklung der Quantitätstheorie des Geldes den Weg. So zog er aus seiner mechanistischen Konzeption des Verhältnisses zwischen dem Handelsvolumen der einzelnen Länder und ihrem Anteil am verfügbaren Bestand an Edelmetallen den Schluß, daß der Anteil eines Landes an diesem Bestand nie sehr viel niedriger sein könne als sein Anteil am internationalen Handel. Daraus folgerte er, daß der Preis von Waren gleicher Art »unter den handeltreibenden Nationen ungefähr gleich bleiben sollte«, um den Handel ohne Verlust in Gang zu halten. Allerdings deutet seine Analyse der internationalen Verteilung des Geldes zwischen den Nationen nicht darauf hin, daß er die Funktionen des Preismechanismus im Welthandelsverkehr begriffen hätte.

Ebensowenig gelang es Sir Dudley North in seinen Angriffen auf das Prinzip der Handelsbilanz, einen klaren Zusammenhang zwischen den Entwicklungen der Handelsbilanz und der internationalen Verteilung der Edelmetalle herzustellen. Er versicherte einfach, daß jedem Land im internationalen Handelsverkehr automatisch »diejenige Summe Geldes« zufließe, »die zur Aufrechterhaltung seines Handels erforderlich ist«.[78] Erst eine Generation später wurde der Zusammenhang klar benannt. So begann Isaac Gervaise in einer Abhandlung über Probleme des internationalen Handels zwar zunächst ganz traditionell mit der Auffassung von Gold und Silber als dem »großen Nenner des wirklichen Wertes aller Dinge«[79], argumentierte dann aber so: Falls eine Nation einen unverhältnismäßig großen Teil der Edelmetalle an sich gezogen hätte, so würde mehr Arbeit (in Form von Manufakturwaren) über ihre Grenzen hereinkommen als hinausgehen, und der Unterschied würde in Gold und Silber bezahlt, bis sich das alte Verhältnis in der internationalen Verteilung der Geldmetalle und dem nationalen Verhältnis von Arm und Reich wiederhergestellt hätte. Nach ähnlichem Muster analysierte Gervaise auch die Wirkungen einer disproportionalen Vermehrung des umlaufenden Geldes durch Kredit. Doch weder Gervaise noch andere baconsche Merkantilisten entwickelten eine echte Kredittheorie.

Daß der internationalen Preismechanismus als Regulativ bei der Verteilung des Geldvorrats wirkt, wurde zuerst von Jacob Vanderlint in seiner Argumentation gegen Handelsbeschränkungen behauptet.[80] Die Verminderung der zirkulierenden Geldmenge in einem Land mache die Arbeit billig und fördere Exporte, und auf diese Weise »hole« die exportierende Nation »das Geld zurück«. In dieser Folgerung zeichnete sich bereits die

---

78 North, *Discourses upon Trade*, a.a.O.
79 Isaac Gervaise, *The System or Theory of the Trade of the World*, London 1720.
80 Jacob Vanderlint, *Money Answers All Things*, London 1734.

Tendenz der späteren Merkantilisten ab, nach festen Proportionen zwischen relevanten ökonomischen Größen Ausschau zu halten und Faktoren zu bestimmen, die geeignet schienen, solche Proportionen nach jeder Störung wiederherzustellen.

Immer wieder fiel der Begriff der »Zahlungshäufigkeit« [*frequency of payment*], wenn es in den Erörterungen darum ging, die Geldmenge zu bestimmen, die insgesamt gebraucht wird, um den Handel eines Landes in Gang zu halten. William Potter scheint der erste englische Merkantilist gewesen zu sein, der das Augenmerk auf die Probleme der Umlaufsgeschwindigkeit richtete.[81] Er suchte seine Leser von den Vorteilen zu überzeugen, die Industrie und Handel davon hätten, wenn große Geldmengen rasch zirkulierten.[82] Einige statistische Aspekte der Umlaufsgeschwindigkeit wurden von William Petty diskutiert, der seine Auffassung vom Geld im übrigen auf ein paar allgemeine Bemerkungen beschränkte. In seinem *Treatise on Taxes and Contributions* (1662) verwies Petty auf den »tiefen Ozean aller Rätsel, die das Geld betreffen«, und im *Verbum Sapienti*, einer Vorstudie zu seiner Messung des englischen Reichtums, bezeichnete er Geld als »das Fett des Staatskörpers: zuviel davon hindert oft seine Beweglichkeit ebenso, wie zuwenig ihn krank macht«. In seinen Untersuchungen jedoch, in denen er die jährlichen Ausgaben der britischen Nation zu bestimmen suchte, bemühte er sich um eine Definition der Geldmenge, die zur Deckung dieser Ausgaben erforderlich ist, und fand heraus, daß der gesamte Geldbestand in England etwa in sieben Wochen einmal zirkuliert. Insofern deutete er bereits den Begriff eines nationalen Geldumlaufs an, beschränkte seine Analyse dann aber auf eine Untersuchung darüber, wie viele Transaktionen gewöhnlich mit einem bestimmten Geldvorrat vollzogen werden, und übersah den Einfluß veränderter Umlaufgeschwindigkeiten auf die Preise. Ein weiterer Autor, der der »Schnelligkeit der Zirkulation« Beachtung schenkte, war Locke, der die Länge der Zeiträume zu bestimmen suchte, während deren die verschiedenen Klassen der Bevölkerung Geld vorrätig halten, ohne es auszugeben.[83] Mit dieser Überlegung nahm Locke die »Kassenhaltungsmethode« in der Geldtheorie vorweg.

Im Laufe der Zeit wurde es beinahe zum Gemeinplatz, die günstigen Wirkungen hervorzuheben, die eine »höhere Zahlungshäufigkeit« auf Industrie und Handel haben. Die Funktion des Geldes als stimulierender Faktor wurden nunmehr von seiner Rolle als Zahlungsmittel und als

---

81 William Potter, *The Key of Wealth, or A New Way for Improving of Trade*, London 1650.
82 Über Potters Vorschlag, durch Grundbesitz gedeckte Wechsel auszugeben, siehe unten, S. 153.
83 Siehe Marius Wilhelm Holtrop, »Theories of the Velocity of Circulation of Money«, in: *Economic Journal* 39 (1929), S. 505.

»gespeicherter Reichtum« unterschieden. Häufig wurde das Geld als »Herzblut von Handel und Gewerbe« bezeichnet, als »das Element, das die Räder der Maschinerie in Bewegung hält«.[84] Die älteren Merkantilisten hatten im Geld »Sehnen« oder »Nerven« des Krieges gesehen; diese Ausdrücke wurden auch von ihren Nachfolgern noch benutzt. Aber da bald nach der Revolution von 1688 die öffentliche Verschuldung rasch anwuchs und absehbar war, daß der Regierung in Notzeiten die Mittel zu umfangreichen Ausgaben durch Kreditaufnahme zur Verfügung stehen würden, empfahlen die englischen Autoren der Regierung nicht länger mehr das Horten von Edelmetallen.

Gegen Ende des siebzehnten Jahrhunderts nahm der Mathematiker Geminiano Montanari den geldtheoretischen Ansatz wieder auf, der im sechzehnten Jahrhundert von den italienischen Autoren Bernardo Davanzati und Gasparo Scaruffi eingeführt worden war.[85] Doch im Unterschied zu Lockes Geldauffassung bezogen die Italiener den Wert des Geldes auf seinen Metallgehalt. Möglicherweise unter dem Einfluß neuscholastischer Werttheorien knüpften sie den Wert der Güter an die relative Knappheit oder Fülle, in der die Waren vorhanden sind, gemessen an dem Bedürfnis, der Wertschätzung oder dem Verlangen, das die Menschen nach ihnen haben. Montanari benutzte das Prinzip der Quantitätsverhältnisse zwischen den Waren nicht nur in seiner Erklärung der Preise, sondern auch zur Erklärung der Wertrelation zwischen Gold und Silber. Er wandte sich daher gegen die von Bodin und Scaruffi vertretene Ansicht, daß dieses Verhältnis trotz disproportionaler Veränderungen in den Quantitäten der Metalle aufrechterhalten werden solle. Doch fehlt bei ihm jeder Hinweis auf eine eventuelle Proportionalität zwischen den Preisbewegungen und den Veränderungen in der Menge der Zahlungsmittel.

Eine Neuformulierung des Wertproblems, ausgedrückt in der Relation zwischen Wertschätzung und Knappheit, legte etwa zur gleichen Zeit (1690) der englische Merkantilist Nicholas Barbon vor.[86] Er empfahl die Verwendung des Ausdrucks »inneres Vermögen« [*inner virtue*], um die scholastische Vorstellung des »inneren Wertes« oder der Qualität zu benennen, die die Nützlichkeit der Dinge erklären sollte. Den »Marktwert« der Dinge schrieb er jedoch »Bedürfnissen des Geistes« zu, »die meist aus der Einbildungskraft hervorgehen«. Dinge, sagte er, mögen große Vorzüge [*virtues*] besitzen, doch von geringem Wert sein oder keinen Preis

---

84 Siehe etwa Charles Davenant, *Discourses on the Publick Revenues and on the Trade of England*, London 1698.
85 Geminiano Montanari, *Breve trattato del valore delle monete in tutti gli stati*, 1680, und ders., *Della moneta*, 1683. Montanari war Professor für Mathematik und Astronomie in Bologna und Padua.
86 Nicholas Barbon, *A Discourse of Trade*, London 1690.

haben, wenn sie im Überfluß vorhanden sind.[87] Er lehnte den Glauben an den inneren Wert des Geldes ab, betrachtete Geld vielmehr als Produkt der Gesetzgebung und forderte für es einen höheren Wert als den in den Münzen enthaltenen Metallwert.
So gab es zu Beginn des achtzehnten Jahrhunderts wenigstens drei verschiedene Auffassungen vom Geld, die miteinander um Anerkennung wetteiferten. Die eine leitete sich von der scholastischen Lehre des *valor impositus* her und bestärkte die Herrscher in ihrem Recht und ihrer Vollmacht, nicht nur Geld zu schaffen, sondern auch auf ihren bloßen Machtspruch hin den Münzfuß zu ändern. Die zweite war die Theorie Lockes, nach der allein die Menge der Zahlungsmittel – unabhängig von der Verwendung der Edelmetalle für nichtmonetäre Zwecke – den »imaginären Wert des Geldes« bestimmen sollte. Die dritte Geldkonzeption war die damals bei den italienischen Autoren vorherrschende, die den Wert der Geldeinheiten vom Warencharakter der Geldmetalle ableitete. Entsprechend konkurrierten drei Werttheorien miteinander um den Vorrang: (1) die scholastische Theorie des inneren Wertes; (2) die Werttheorie Barbons und der Italiener, die sich auf Knappheit in Relation zur Bedeutung der Bedürfnisse bezog; und (3) Lockes Theorie, die den Wert der einzelnen Güter mit dem Umfang der zu ihrer Produktion verausgabten Arbeit verband.
Ganz allgemein wurden die »inneren« Werte der Güter von ihren Tauschwerten oder Preisen unterschieden, die später aus der Relation zwischen der Menge eines Gutes und dem jeweiligen Umfang der zirkulierenden Zahlungsmittel erklärt wurden. Eine Brücke zwischen dem Begriff der Zahlungsbilanz und der Preistheorie schlug die Behauptung, daß der Gesamtwert der marktfähigen Waren durch stillschweigende Übereinkunft der verschiedenen Nationen mit dem Gesamtwert des verfügbaren Bestands an Edelmetallen gleichgesetzt worden sei. Da für sämtliche Nationen nur ein begrenztes Volumen an Geldmetallen verfügbar war, glaubte man, die Vermehrung der nationalen Produktion und die Hebung des Wohlstands seien von dem Anteil am Geldvolumen abhängig, den sich eine Nation durch Zahlungsbilanzüberschüsse sichern könne.
Häufig war die Erörterung von Geldproblemen mit Bemerkungen zum Geldzinssatz verbunden, da Zins allgemein als der Preis galt, der für die »Verwendung« von Geld gezahlt wird. Man nahm an, der Zinssatz werde durch das Volumen der umlaufenden Zahlungsmittel bestimmt. Fast alle waren sich über die günstigen Auswirkungen eines niedrigen Zinssatzes einig, doch nicht alle merkantilistischen Autoren hielten es für ratsam,

---

87 Ähnliche Gedanken wurden in dem anonymen *Essay on Money, Bullion, and Foreign Exchanges* (1718) zum Ausdruck gebracht (zitiert in Robert Zuckerkandl, *Zur Theorie des Preises*, Leipzig 1889, S. 8).

dieser Rate gesetzliche Grenzen zu ziehen. Sir Thomas Culpeper war 1621 einer der ersten, die die Festsetzung eines relativ niedrigen Höchstsatzes empfahlen.[88]
Petty legte seiner Behandlung des Geldzinses die Unterscheidung zwischen einem jederzeit kündbaren Darlehen – das die Zahlung eines »Agio« nicht zu rechtfertigen vermochte – und dem Fall eines Darlehens zugrunde, das »nicht nach Belieben zurückverlangt werden könnte«.[89] Für Darlehen letzterer Art definierte er den »natürlichen Wucher« als »Rente von so viel Land, wie das geliehene Geld kaufen würde«.[90] Damit führte er sozusagen den Gedanken eines »Realzinssatzes« ein, der von der Produktivität oder Rentabilität des Bodens bestimmt werde, und gründete seine Einwände gegen jede gesetzliche Begrenzung der Höhe der Zinsrate auf die Überlegung, daß in allen Fällen langfristiger Darlehensgewährung eine Art Versicherung enthalten sei. Wertzuwachs des Bodens und Fall des Zinssatzes wurden seiner Ansicht nach durch beträchtliche Zunahmen der Geldmenge verursacht, »die auf die eine oder andere Weise ins Königreich gelangt ist«. Davenant teilte diese Auffassung.[91]
Locke, der noch der These anhing, Geld sei »ein unfruchtbares Ding«, erklärte die Zahlung für die Verwendung von Geld, indem er eine Analogie zwischen dem Kreditnehmer und dem Pächter von landwirtschaftlichem Boden zog. Beide, führte er aus, könnten durch ihre Tätigkeit und den Überschuß ihrer Arbeitserträge über die Summe, die für die Verwendung des Darlehens vereinbart wurde, verdienen.[92] Damit streifte er den Gedanken, daß Geld – ebenso wie der Boden – ein Produktionsfaktor ist, der in Verbindung mit Arbeit einen Ertrag abwirft. Weniger klar war sein Vorschlag, die Zinsrate auf den »natürlichen Wert des Geldes« zu beziehen, den er als Verhältnis der Gesamtmenge des umlaufenden Geldes zum »gesamten Handelsvolumen des Königreichs« bestimmte. Obwohl er einen niedrigen Zinssatz befürwortete, hielt er dessen gesetzliche Regulierung für ebenso zwecklos wie »die Festsetzung von Raten für das Mieten von Häusern oder das Heuern von Schiffen«. Eine Senkung des Zinssatzes könne die Preise nur mittelbar berühren, nämlich durch Veränderungen in der Geldausfuhr oder erhöhte Produktion. Die Ansicht, es

---

88 Sir Thomas Culpeper, *A Tract against the High Rate of Usurie*, London 1621.
89 Petty, *Treatise on Taxes and Contributions*, a.a.O.
90 Etwa hundert Jahre später kam Anne Robert Jacques Turgot auf einen ähnlichen Gedanken. Siehe unten, 5. Kapitel, »Weiterentwicklung des Merkantilismus«. Petty äußerte sich in *Quantulumcunque concerning Money*, London 1682, entschieden gegen die gesetzliche Beschränkung des Zinssatzes.
91 Davenant, *Discourses on the Publick Revenues and on the Trade of England*, a.a.O.
92 John Locke, *Some Considerations of the Consequences of the Lowering of Interest, and Raising the Value of Money*, London 1692.

sei nutzlos, der Zinsrate Grenzen zu setzen, wurde von allen zeitgenössischen Merkantilisten bekräftigt, die nach natürlichen Kräften suchten, welche die Beziehungen zwischen ökonomischen Größen zuverlässig regeln sollten. Sir Dudley North betonte, nicht der niedrige Zins mache den Handel, sondern der Handel den Zins niedrig, indem er den »Kapitalstock der Nation« vermehre.[93]
Schließlich wandten sich einige skeptische Geister gegen den Zusammenhang, den man allgemein zwischen der Höhe des Zinses und dem verfügbaren Geldangebot annahm. So stellte Josiah Child die weitverbreitete Ansicht in Frage, daß sich die Geldfülle in den Niederlanden allein dem niedrigen Zinssatz dort verdanke.[94]
Ein neuer Ansatz zur Erklärung der Zinsrate wurde von Nicholas Barbon entwickelt, der seine Originalität in dem Versuch bewies, den Begriff eines »Realkapitals« in die Diskussion der ökonomischen Probleme einzuführen.[95] Er hielt es für einen Irrtum, »Zinsen für Geld zu berechnen«, und definierte Zins als eine Rente für »bearbeitetes oder künstliches Kapital [*stock*]«, wogegen die Bodenrente für »unbearbeitetes oder natürliches Kapital« gezahlt werde.[96] Dieses Nebeneinander von Real- und Geldkapital war die Vorahnung vieler späterer Erörterungen, die von der Annahme geleitet wurden, alle realen ökonomischen Ereignisse lägen hinter einem Schleier, den die Geldphänomene gesponnen hätten, und müßten daraus erklärt werden.[97] Barbons Konzeption der Zinsrate wurde von seinen Zeitgenossen jedoch praktisch ignoriert.

Das Problem des Kreditgeldes

Das wachsende Bewußtsein der anregenden Wirkungen, die von Preiserhöhungen auf industrielle und kommerzielle Aktivitäten ausgeht, widersprach offenkundig der herrschenden Bevorzugung niedriger Güterpreise. So wurden die Vorteile steigender Preise und niedriger Zinssätze, die das Borgen erleichterten, von verschiedenen Autoren erörtert, etwa – wie schon erwähnt – von Malynes und Misselden, aber auch Josiah Child und verschiedenen holländischen Ökonomen.[98] Doch diese Diskussionen berührten nicht die theoretischen Seiten des Problems.

93 North, *Discourses upon Trade*, a.a.O.
94 Sir Josiah Child, *A New Discourse of Trade*, London 1693.
95 Barbon, *A Discourse of Trade*, a.a.O.
96 Der Ausdruck *stock* wurde im allgemeinen für alle Produktionsmittel außer der Arbeit verwandt.
97 Zu dieser Deutung der Zinstheorie Barbons siehe Schumpeter, *Geschichte der ökonomischen Analyse*, a.a.O., S. 418.
98 Child, *A New Discourse of Trade*, a.a.O. Über die Auffassungen der holländischen

Die Senkung der Zinsrate galt als eine der wichtigsten Maßnahmen zur Förderung des wirtschaftlichen Fortschritts. Da der Zinssatz nach einer allgemein geteilten Auffassung vom verfügbaren Geldangebot abhängig sein sollte, kreisten die Erörterungen in den letzten Jahrzehnten des siebzehnten Jahrhunderts lange Zeit um die Frage, ob die englischen Banken dem von einigen italienischen und holländischen Banken praktizierten Vorgehen folgen und Noten ausgeben sollten, die nur zum Teil durch Metallreserven gedeckt waren; ob sie also »künstlichen Reichtum« schaffen sollten, im Unterschied zum »natürlichen«, den die Edelmetalle darstellten. Thomas Mun hatte bereits die Aufmerksamkeit seiner Landsleute auf die italienischen Methoden gelenkt, den Handel durch Gewährung umfangreicher Kredite zu finanzieren.

William Petty empfahl nach holländischem Vorbild die Ausgabe von Banknoten, die zu fünfzig Prozent gedeckt sein sollten, und schlug vor, Edelmetalle nur noch im Außenhandel zu verwenden.[99] Davenant war überzeugt, daß Papiergeld die Aufgaben eines umlaufenden Zahlungsmittels ebensogut wie oder gar besser als Gold und Silber erfüllen könne, besonders wenn es dazu diene, den Handel anzuregen.[100] Die Schaffung einer Emissionsbank als Quelle für Regierungskredite wurde von North und Cary empfohlen.[101] Nach langen Auseinandersetzungen wurde im Jahre 1694 endlich die Bank von England gegründet, um der Regierung in ihrem Kampf mit den schweren Defiziten beizustehen, die nach der Thronbesteigung Wilhelms von Oranien und Marias im Jahre 1688 entstanden waren.

Gleichzeitig wuchs die Nachfrage nach Kapital, das zu Investitionszwecken benötigt wurde, ständig an. Bankiers und Fabrikanten war von dem Argument beeindruckt, daß ein großes Potential an Produktivkraft verfügbar wäre und rasch eingesetzt werden könnte, wenn Produzenten und Händlern neugeschaffene Geldquellen zugänglich gemacht würden. Man nahm an, daß eine erhöhte Umlaufsgeschwindigkeit zu verstärkter Geschäftstätigkeit führen werde. Vertreter englischer Banken propagierten die Idee, daß sich der immobile innere Wert des Bodens in

---

Ökonomen vergleiche Laspeyres, *Geschichte der volkswirtschaftlichen Anschauungen der Niederländer und ihrer Literatur zur Zeit der Republik*, a.a.O., S. 87.
99 Sir William Petty, *Political Arithmetick*, London 1690.
100 Davenant, *Discourses on the Public Revenues and on the Trade of England*, a.a.O. Zu der Position, die von Gegnern der *East India Company* – wie etwa Pollexfen – vertreten wurde, und zu den Bedenken, die Davenant hinsichtlich der weiteren Folgen der Ausgabe von Papiergeld äußerte, siehe Heckscher, *Merkantilismen*, a.a.O., Band 2 (deutsch: a.a.O., Band 2, S. 212).
101 North, *Discourses upon Trade*, a.a.O. Siehe auch John Cary, *An Essay on the Coin and Credit of England*, Bristol 1696, und ders., *An Essay towards the Settlement of a National Credit*, London 1696.

Umlauf bringen ließe, wenn man Banknoten ausgäbe, deren Wert durch Grundstückshypotheken gesichert wäre. Einer der ersten, die für ein phantastisches Vorhaben dieser Art warben, war William Potter im Jahre 1650; ein anderer Plan für eine Bodenkreditbank fand etwa vierzig Jahre später einen Förderer in Nicholas Barbon.[102] John Asgill erhob 1696 für sein Projekt den Anspruch, es werde »eine andere Art Geld« schaffen, »anders als Gold und Silber«; es werde zu den höchsten Wertsteigerungen des Bodens und endlich zur Abschaffung des Geldzinses führen.[103]

Die Diskussion um die Ausgabe von Kreditgeld [*fiduciary money*] zur Förderung des Handels und des wirtschaftlichen Gedeihens gewann neue Aspekte, als John Law (1671-1729), ein schottischer Bankier, diesem Vorhaben einen überzeugenden theoretischen Hintergrund lieferte. Die enge Verbindung, in der Laws finanzielle Aktivitäten mit einem der gewagtesten Geldspekulationsunternehmen standen, verwies ihn auf einen ziemlich unglücklichen Platz in der Geschichte der ökonomischen Ereignisse. Obwohl sein Plan schließlich scheiterte, als er einer praktischen Erprobung unterzogen wurde, verdient er einen besonderen Platz in der Geschichte des ökonomischen Denkens, weil er die wirtschaftlichen Folgen der Ausgabe von Papiergeld in ihrer nationalen und internationalen Bedeutung als erster untersucht hat.

In seiner Abhandlung über *Money and Trade* (1705) nahm Law eine Diskussion der Handelsbilanzlehre zum Anlaß, seine Hauptargumente zugunsten eines Vorschlags zu entwickeln, der durch die Schaffung von Geldbeständen in Hülle und Fülle zu allgemeinem Wohlstand führen sollte.[104] Er erklärte, England habe niemals genügend Geld besessen, um seine gesamte Bevölkerung zu beschäftigen, und daß ein Gleichgewicht zwischen Geldmenge und Güternachfrage herzustellen sei. Er schlug daher vor, Geld durch Bodenkreditbanken zu schaffen, den Kapitalzins durch Kreditoperationen zu vermindern und so die unternehmerische Tätigkeit zu stimulieren. Gesenkte Produktionskosten könnten der einheimischen Industrie beträchtliche Vorteile gegenüber der ausländischen Konkurrenz sichern; die Ausgaben der Grundbesitzer würden erheblich steigen, wenn der Wert ihrer Ländereien »mobilisiert« würde; große Massen untätiger Arbeiter fänden dadurch Beschäftigung.

102 Potter, *The Key of Wealth, or A New Way for Improving the Trade*, a.a.O.; Barbon, *A Discourse of Trade*, a.a.O.
103 John Asgill, *Several Assertions Proved in Order to Create Another Species of Money than Gold and Silver*, London 1696.
104 Der vollständige Titel von Laws Essay lautete *Money and Trade Considered with a Proposal for Supplying the Nation with Money*, Glasgow 1705. Eine französische Fassung erschien in Guillaumin (Hg.), *Économistes-financiers du XVIIIe siècle*, Paris 1843.

Laws Analyse der weltweiten Auswirkungen seiner Vorschläge beruhte auf seiner Konzeption der Wirtschaft als selbstregulierender Mechanismus. Er glaubte, daß sich die Löhne in England trotz der raschen Ausweitung von Industrie und Handel stabil halten ließen, daß die Profitrate zwar sinken, der Gesamtprofit jedoch stark zunehmen werde und daß sich ein möglicher Preisanstieg über alle handeltreibenden Länder verteilen werde, was den Wert ihrer Währungen wieder ausgleichen würde. Der größte Vorteil werde dem Land zufallen, das mit der Vermehrung seiner Geldmenge begonnen habe, da es »nur einen Teil der Wertzunahme trage, entsprechend der Proportion, in der sein Geld zum Geld Europas steht«. Er erwartete also eine allmähliche, stetige Anpassung der wirtschaftlichen Verfassung der europäischen Länder an die von ihm vorgeschlagene, nahezu unbegrenzte Erhöhung der Menge der englischen Zahlungsmittel.

In seinen theoretischen Erörterungen bewies Law seine Unabhängigkeit vom scholastischen Denken, indem er die Deutung der »Nützlichkeit« als Eigenschaft der Klasse, der ein Gut zugeordnet ist, zurückwies. Er verglich den Wert von Wasser und den Wert eines Diamanten, um die These zu veranschaulichen, daß der Wert der Güter von der besonderen Verwendung abhänge, der sie zugeführt werden, entsprechend der Nachfrage nach ihnen und im Verhältnis zu ihrer Menge. Gegen Lockes Theorie des imaginären Geldwertes führte er das Argument ins Feld, daß sich der Wert der Edelmetalle letztlich von dem Gebrauch herleite, der ursprünglich von ihnen gemacht worden sei, und daß ihnen ihre zusätzliche Verwendung zu Tauschzwecken auch zusätzlichen Wert verschafft habe. Somit vertrat er eine klare Warentheorie des Geldes, die ihm Argumente gegen Münzverschlechterungen lieferte. Derartige Praktiken beschrieb er als Steuer, die den ärmeren Bevölkerungsklassen auferlegt wurde.

Daß sich Law eifrig für die Ausgabe von nicht einlösbarem Papiergeld in unbegrenzter Menge stark machte, war mit der Annahme der Warentheorie des Geldes offensichtlich unvereinbar, und es ist fraglich, ob diese inneren Widersprüche miteinander versöhnt werden können. Jedenfalls ist klar, daß seine weitreichenden Vorschläge auf einer begrifflichen Transformation des Geldes von einem traditionellen Mittel zur Messung und Darstellung der Werte in ein Instrument zur Beeinflussung des Verlaufs wirtschaftlicher Aktivitäten beruhten. Von daher fühlte er sich frei, die Verwendung einer Währung zu empfehlen, die überhaupt keinen ursprünglichen Gebrauchswert besaß.[105] Mit dieser Transformation der

---

105 Die monetären Auffassungen Laws wie auch die vieler anderer Ökonomen zeigen wohl, daß die Bedeutung, die der Unterscheidung zwischen »metallistischen« und »nicht-metallistischen« Geldtheorien beigelegt wurde, weit übertrieben worden ist. Vielleicht ist es viel ratsamer, vom nominalistischen Denken beeinflußte Theo-

Rolle des Geldes nahm er den Gedanken einer »manipulierten Währung« vorweg.

Er ergänzte seine Argumente zugunsten des Papiergeldes durch eine historische Analyse vergangener ökonomischer Entwicklungen und suchte seine Leser davon zu überzeugen, daß der wirtschaftliche Fortschritt hauptsächlich durch zwei herausragende Ereignisse zuwege gebracht worden sei: die Entdeckung Westindiens, die zu einem gewaltigen Zufluß von Edelmetallen nach Europa geführt hatte, und die Einführung von Kreditgeld. Und er stellte ein drittes Ereignis von noch größerer Bedeutung in Aussicht, nämlich die Möglichkeit praktisch unbegrenzter Kreditausweitung. Dieser kühne Gedanke, die Veränderungen im verfügbaren Geldangebot zur Unterscheidung einzelner Phasen der allgemeinen Wirtschaftsentwicklung zu benutzen, war vermutlich der erste bemerkenswerte Versuch dieser Art; viel später fand er eine Reihe von Nachfolgern.[106]

Nach einem Vorschlag Professor Heckschers lassen sich Laws Ideen vielleicht als Versuch betrachten, den Ausweg aus einem Dilemma zu finden, in das die Merkantilisten geraten waren. Dieses Dilemma ergab sich aus dem Widerspruch zwischen den dynamischen Zielen ihrer Politik und der letztlich statischen Auffassung der Masse an Werten, die dem nationalen und internationalen Handel zur Verfügung standen.[107] Die Erfahrung zeigte, wie schwierig es war, dieses Dilemma einer angemessenen Lösung zuzuführen.

Die nüchtern denkenden englischen Merkantilisten widerstanden mühelos der Versuchung, die Geschäftstätigkeit durch die Ausgabe von ungedecktem, nicht einlösbarem Papiergeld anzuregen. Ihr Gleichgewichtsbegriff, angewandt auf die Relation zwischen der Menge der Edelmetalle und der Menge der austauschbaren Güter, bewahrte sie davor, mit willkürlichen Erhöhungen der Geldmenge zu experimentieren.[108] Sie betrachteten Geldknappheit als Folge eines Debetsaldos und Geldfülle als Symptom, nicht als Quelle von Reichtum.

In Frankreich gab es dagegen keine weitgehend akzeptierte Geldtheorie, die dem Zug der Argumentation Laws Einhalt geboten hätte, den Kredit

---

rien von solchen zu unterscheiden, die unter dem Einfluß anderer Denkmuster stehen.

106 Der Gedanke fand später bei mehreren Autoren des neunzehnten Jahrhunderts Anklang, so bei Jean Baptiste Say, Pierre J. Proudhon und Bruno Hildebrand.

107 Heckscher, *Merkantilismen*, a.a.O., Band 2 (deutsch: a.a.O., Band 2, S. 15). Heckscher machte diese »fundamentale Disharmonie« sogar für die Handelskriege der merkantilistischen Periode verantwortlich.

108 Der sogenannte Südseeschwindel, der 1720 mit dem Zusammenbruch eines spekulativen Unternehmens endete, war das Ergebnis von Betrügereien und stand nicht in Zusammenhang mit inflationären Währungsmanipulationen.

aus einem Mittel zur Übertragung von Tauschwerten in ein Instrument zur Erleichterung umfangreicher Investitionen und zur Förderung waghalsiger Kolonialunternehmen zu verwandeln. So nahm die Ausgabe von Papiergeld im Rahmen des »Mississippi-Plans« (1718-1720) rasch zu; für dieses Vorhaben war die Banque Royale ermächtigt worden, Darlehen an Schuldner zu vergeben, die bereit waren, Anteile an der riskanten *Compagnie des Indes* zu zeichnen. Als diese Gesellschaft katastrophal scheiterte, brach ein wilder spekulativer Boom zusammen. Doch bemerkenswert ist, daß selbst nach dem Zusammenbruch dieses Projekts die Ideen Laws in Frankreich noch wortmächtige Vertreter fanden, etwa in Melon und Dutot.[109] Immer wieder fühlte sich das vulgärökonomische Denken in Frankreich im achtzehnten und neunzehnten Jahrhundert von den dynamischen Aspekten seiner Vorschläge angezogen, und der Glaube an die beinahe wunderbaren Kräfte der Kreditausweitung wurde niemals aufgegeben. Vielleicht stützte sich dieser Glaube – wenigstens mittelbar – auf die cartesianische Kosmologie, die das Wirken äußerer Kräfte erforderte, um die Bewegungen ansonsten träger Körper hervorzurufen und in Gang zu halten. Die ständige Zunahme der umlaufenden Zahlungsmittel galt als unentbehrliches Mittel, zurückgebliebene wirtschaftliche Aktivitäten von außen anzuregen.

Das Problem der produktiven Beschäftigung

Die Vorstellung, eine große Bevölkerung sei die Voraussetzung dafür, wirksame Machtpolitik betreiben zu können, war ein grundlegendes Element der politischen Philosophie des siebzehnten und achtzehnten Jahrhunderts. Diesen Glauben teilte die überwiegende Mehrheit der Merkantilisten, darunter Child und Davenant. Sie stellten einen wirtschaftlichen Fortschritt in Aussicht, den sie im Zusammenhang mit der verschärften Ausbeutung der natürlichen Ressourcen durch möglichst viele Arbeitskräfte sahen.[110] Eine große Bevölkerung würde gewiß dafür sorgen, die Löhne auf niedrigem Niveau zu halten, was nach einem typischen merkantilistischen Argument unbedingt erforderlich schien, um die Entwicklung der Exportindustrien zu fördern und eine aktive Handelsbilanz zu erzielen.[111] Allerdings wurde die Politik der niedrigen Löhne auch von Autoren wie John Pollexfen und Petty unterstützt, die die eher traditionellen Auffassungen von Geld und Handel nicht teilten. Tatsächlich hatte

---

109 Siehe unten, 5. Kapitel, »Weiterentwicklung des Merkantilismus«.
110 Siehe René Gonnard, *Histoire des doctrines de la population*, Paris 1923; James Bonar, *Theories of Population from Raleigh to Arthur Young*, London 1931.
111 Siehe die Erörterung dieser Seite des Merkantilismus bei Edgar St. Furniss, *The Position of the Laborer in a System of Nationalism*, New York 1920.

die Lohnfestsetzung, wie sie allgemein praktiziert wurde, die Aufstellung von Höchstsätzen zur Folge.

Die Diskussion der Bevölkerungsprobleme hatte freilich kaum begonnen, als es der Italiener Giovanni Botero für notwendig hielt, die *virtus generativa*, das menschliche Fortpflanzungspotential, in Gegensatz zur *virtus nutritiva* zu bringen, also zum potentiellen Zuwachs an Subsistenzmitteln. Er betonte damit die Grenzen, die einem jeden Bevölkerungszuwachs gesetzt sind, und zählte darüber hinaus positive und negative Kriterien auf, die beim Zustandekommen der tatsächlichen Bevölkerungsgröße mitwirken.[112]

Von besonderer Bedeutung für die Erörterung demographischer Probleme war Pettys Entscheidung, in seiner 1676 angestellten Berechnung des Reichtums des Königreichs auch den »Wert« der englischen Bevölkerung zu veranschlagen.[113] Seine Behauptung, die Menschheit neige dazu, sich nach einem Gesetz der geometrischen Progression zu vermehren, wurde zu einem Eckstein späterer Bevölkerungstheorien.[114]

Damit war eine radikale Unterscheidung zwischen den beiden hauptsächlichen Produktionsfaktoren, Boden und Arbeit, getroffen. Während der Boden nur in begrenztem Umfang verfügbar schien, glaubte man, daß die Arbeit eine Ressource sei, die sich fast schrankenlos vermehren lasse, und daß ihre Zufuhr offenbar nicht von ihren Produktionskosten beeinflußt werde. Diese Fassung der quantitativen Aspekte der beiden Produktionsfaktoren spiegelte sich in der Vorstellung, daß eine große Bevölkerung, wenn sie nicht voll beschäftigt sei, eher eine Bürde darstelle als einen Vorteil. Pauperismus, hervorgerufen durch die Einhegungsbewegung und verschärft durch wiederkehrende »Handelskrisen«, war schon im England des sechzehnten Jahrhunderts ein ernstes Problem; es beschäftigte nahezu sämtliche Autoren, die Fragen der Schutzzollpolitik behandelten, Josiah Child beispielsweise, Charles Davenant, John Pollexfen, Philanglus[115] und John Cary.[116] Die elisabethanischen Gesetze, die die finanzielle Last der Fürsorgemaßnahmen den Gemeinden aufbürdeten, fanden keineswegs allgemeinen Beifall. Gegen Ende des siebzehnten

---

112 Giovanni Botero, *Della ragion di stato*, Venedig 1589.
113 Petty, *Political Arithmetick*, a.a.O. Verläßliche Daten über die Größe der Bevölkerung fehlten für England ebenso wie für alle anderen Länder. Von daher waren die Methoden zur Bestimmung der Bevölkerungszahlen Gegenstand verschiedener Kontroversen.
114 William Petty, *Another Essay in Political Arithmetick concerning the City of London*, London 1683, und ders., *An Essay concerning the Multiplication of Mankind*, 2. Auflage, London 1686.
115 Philanglus, *Britannia Languens*, a.a.O., oder Barbon, *A Discourse of Trade*, a.a.O.
116 John Cary, *Essay on the State of England in Relation to Its Trade, Its Poor, and Its Taxes*, Bristol 1695.

Jahrhunderts wurde das Arbeitshaus zu einem bedeutenden Instrument der Wohlfahrtspolitik.[117]
Praktisch alle Autoren, die sich für eine Liberalisierung des Außenhandels einsetzten, empfahlen die Förderung des Konsums, zum Teil wegen seiner stimulierenden Wirkungen auf den technischen Fortschritt und auf Erfindungen. John Cary erwartete als Folge vermehrter Ausgaben eine allgemeine Steigerung sämtlicher Einkommen.[118] Andererseits wurden Luxus und Extravaganz häufig kritisiert, besonders Ausgaben für unnötige Importe. So beklagten unter anderen Petty[119] und Pollexfen[120] die verschwenderische Fülle »unproduktiver« Beschäftigungen.
Verschiedene Autoren wie Petty und Cary hoben hervor, daß die Produktivität der Arbeit durch »Kunst« erheblich gesteigert werde, das heißt durch technologische Verbesserungen und Erfindungen.[121] Sir William Temple[122], Petty und Davenant beobachteten, daß sich gerade in dichtbevölkerten Gebieten starke Anreize entwickelten, Erfindungen anzuwenden und die industrielle Aktivität zu steigern. Petty führte »Kunst« als einen Produktionsfaktor neben Boden, Arbeit und Kapital auf. Er gab überdies eine sehr klare Darstellung der erhöhten produktiven Effizienz als Folge von Arbeitsteilung und industrieller Spezialisierung.
Mit dieser Behandlung der ökonomischen Aspekte der Gesellschaft ging ein bemerkenswerter Wandel der Bedeutung einher, die dem Begriff »Reichtum einer Nation« beigelegt wurde. Pettys Messung des Reichtums von England und Davenants Untersuchung der Quellen der Staatseinkünfte trugen dazu bei, daß die Idee in Mißkredit geriet, der Außenhandel sei – infolge erhöhter Zufuhr an Münzmetall – der einzige Weg, den Wohlstand eines Gemeinwesens zu steigern. Petty legte besonderes Gewicht auf die Sparsamkeit als Mittel, »Reichtum« anzuhäufen, und maß der Ausbildung der Arbeitskräfte solche Bedeutung bei, daß er es für ratsamer hielt, die Arbeitsprodukte von tausend Leuten zu verbrennen,

117 Typische Fragen, in denen die merkantilistischen Ansichten über Pauperismus zum Ausdruck kommen, werden erörter bei Furniss, *The Position of the Laborer in a System of Nationalism*, a.a.O., S. 30 ff., 40 ff. Siehe auch E. A. J. Johnson, *Predecessors of Adam Smith*, New York 1937, 12. und 14. Kapitel.
118 Cary war, ebenso wie Pollexfen, ein Gegner der von der *East India Company* betriebenen Handelspolitik.
119 In seinem *Treatise of Taxes and Contributions*, a.a.O., zählte Petty zu den überflüssigen Beschäftigungen die der Regierungsbeamten, Advokaten, Ärzte, Geistlichen, Kaufleute und Händler.
120 John Pollexfen, *A Discourse of Trade, Coyn, and Paper Credit*, London 1697.
121 Über die verschiedenen Bedeutungen, die die merkantilistischen Autoren dem Ausdruck »Kunst« beilegten, siehe Johnson, *Predecessors of Adam Smith*, a.a.O., 13. Kapitel.
122 Sir William Temple, *Observations upon the United Provinces of the Netherlands*, London 1673.

als zuzulassen, daß sie unbeschäftigt blieben und dadurch ihre Geschicklichkeit verlören.[123] Die Verdammung der Untätigkeit fand eine starke Stütze in der moralischen Überzeugung der Puritaner, die in Kreisen der englischen Kaufleute zahlreiche Anhänger hatten.[124]
Die von Thomas Mun und verschiedenen späteren Autoren getroffene Unterscheidung zwischen »natürlichem« und »künstlichem« Reichtum sollte die Bedeutung der Fabrikwaren hervorheben, die Nettozusätze zu den natürlichen Ressourcen des Landes darstellten und als die wertvollsten Aktivposten im Außenhandel galten. Viele merkantilistische Schriftsteller teilten Davenants Ansicht, daß die Differenz zwischen dem Wert der exportierten Manufakturwaren und den zu ihrer Produktion aufgewandten Materialkosten als Reingewinn betrachtet werden könne und »aller ausländische Verbrauch klarer und sicherer Gewinn« sei.[125]
Bei der Verfolgung solcher Überlegungen wurde der Begriff der Handelsbilanz häufig durch den einer »Industriebilanz« ersetzt, obgleich dieser Terminus erst viel später eingeführt wurde.[126] Verschiedene Autoren äußerten das Argument, der Kauf ausländischer Manufakturwaren komme dem Kauf ausländischer Arbeit gleich, während Beschäftigung und Ernährung der heimischen Arbeiter durch die Ausfuhr heimischer Manufakturwaren gefördert würden; folglich müsse eine gesunde Handelspolitik danach streben, den Betrag der von fremden Ländern gezahlten englischen Löhne zu maximieren und den Betrag der in Importwaren enthaltenen ausländischen Löhne zu minimieren. Im Lichte dieses Gleichgewichtsbegriffs kam Nicholas Barbon zu dem Schluß, daß weder Einfuhr noch Ausfuhr von Gold und Silber eine Sache von besonderer Wichtigkeit seien. Er schlug vor, Exporte nach der Summe der bei ihrer Produktion aufgewandten Arbeit zu bewerten und Rohstoffimporte nach der Aussicht, bei der Fertigung der aus diesem Material hergestellten Manufakturwaren Arbeitskräfte zu beschäftigen.[127] So hielt er Importe von Rohseide für gewinnträchtiger als Importe von Edelmetallen, und die Verdienste der einzelnen Industrien wurden nach ihrer Fähigkeit bemessen, Arbeitskräfte zu absorbieren.

123 Petty, *Treatise of Taxes and Contributions*, a.a.O., 6. Kapitel.
124 Siehe das Kapitel »The Triumph of the Economic Virtues«, in: Tawney, *Religion and the Rise of Capitalism*, a.a.O., S. 227 ff. (deutsch: »Der Sieg der Wirtschaftstugenden«, a.a.O.).
125 Siehe Johnson, *Predecessors of Adam Smith*, a.a.O., S. 304, und die Diskussion der merkantilistischen »Angst vor Überfluß« bei Heckscher, *Merkantilismen*, a.a.O., Band 2 (deutsch: a.a.O., Band 2, S. 101).
126 Der Ausdruck *balance of industry* geht offenbar auf Josiah Tucker zurück: *The Elements of Commerce and Theory of Taxes*, Bristol [?] 1755.
127 Barbon, *A Discourse of Trade*, a.a.O., und ders., *A Discourse concerning the New Money Lighter*, London 1696.

Zu Beginn des achtzehnten Jahrhunderts betonte der Autor einer Abhandlung über den Ostindienhandel, es sei vorteilhaft, Münzmetall zum Kauf von Gütern auszugeben, die in Asien mit weniger Arbeit hergestellt werden könnten als auf den europäischen Märkten, wo sie verkauft würden.[128] Etwa zehn Jahre später (1713) spielte das Problem der »produktiven Beschäftigung« eine bedeutende Rolle im »Penny-Krieg« zwischen Whigs und Tories um den Abschluß eines liberalisierten Handelsvertrags mit Frankreich. Die Grundsätze der Schutzzollpolitik, die den Interessen der englischen Woll- und Seidenwarenfabrikanten entsprachen, wurden von Sir Theodore Janssen in einem Pamphlet dargelegt, das zu den Propagandaschriften der Whigs zählte.[129] Janssen zählte in einer Liste auf, was einen »guten Handel« ausmache; darin waren Punkte enthalten wie: Export von Fertigwaren aus Rohmaterial, das im Lande hergestellt wurde; Export von Stoffen, die in großer Menge (im Überfluß) vorhanden sind; Einfuhr ausländischer Rohstoffe zwecks Verarbeitung und anschließender Wiederausfuhr; Einfuhr von Rohstoffen zur Weiterverarbeitung für den inländischen Konsum; Austausch einheimischer Waren gegen ausländische Waren; und Import von Gütern zum Zwecke des Reexports sowie von unentbehrlichen Gütern. Janssen forderte Schutz besonders für Industrien, die noch in den Kinderschuhen steckten.[130] Seine Generalthese, daß der englische Handel mit Frankreich in jeder Hinsicht »schlecht« sei, wurde von anderen Verfechtern der protektionistischen Partei weiter ausgearbeitet, etwa von Henry Martin, James Milner und Joshua Gee.[131]

Die Tories, die sich für die liberale Sache stark machten, veröffentlichten ihre Argumente in einer Zeitschrift, die hauptsächlich von Daniel Defoe

---

128 *Considerations on the East India Trade*, London 1701. Als Verfasser dieser Abhandlung hat man Henry Martin vermutet, der sich später in den Dienst der Whigs stellte, um die Sache des Protektionismus zu verteidigen. Der allgemeine Tenor des Werkes war eher liberal und zeigte den Einfluß von Pettys Gedanken. Siehe Johnson, *Predecessors of Adam Smith*, a.a.O., S. 348, Anmerkung 31.

129 Theodore Janssen, *General Maxims in Trade*, London 1713.

130 Das Argument, daß Industrien in ihrer Anfangsphase Protektion genießen sollten, wurde von älteren Autoren betont, so etwa von Andrew Yarranton, *England's Improvement by Sea and Land*, London 1677, zitiert bei Schumpeter, *History of Economic Analysis*, a.a.O., S. 349 (deutsch: a.a.O., Band 1, S. 439).

131 Die in den Jahren 1713/14 zweimal wöchentlich erscheinenden Pamphlete der protektionistischen Gruppe wurden von Charles King herausgegeben. 1721 wurden sie unter dem Titel *The British Merchant or Commerce Preserv'd* in drei Bänden veröffentlicht. Zur Diskussion eines umfassenden Protektionismus, der »darauf hinausläuft, alle Gewerbe gleichmäßig und ohne Ausnahme zu prämieren«, siehe Heckscher, *Merkantilismen*, a.a.O., Band 2 (deutsch: a.a.O., Band 2, S. 136).

(um 1659-1731) redigiert wurde, dem bekannten Verfasser des *Robinson Crusoe*.[132] Doch sie unterlagen schließlich ihren Gegnern.

Zu dem Argument der »Industriebilanz« trat die Überlegung hinzu, daß nicht nur die Arbeit, sondern auch die einheimische Bodenrente und die in den Preisen der exportierten Waren enthaltenen Profite die entsprechenden Beträge in den Importen an Wert übersteigen sollten. Unter diesem Gesichtspunkt wurde der Handel mit Spanien, Portugal, Italien und der Türkei als außerordentlich günstig betrachtet, weil er den Zufluß von barem Geld sicherte und ausländische Konsumenten dazu brachte, einen beträchtlichen Anteil der englischen Löhne, Renten und Profite zu bezahlen.

Möglicherweise bestand ein logischer Zusammenhang zwischen dem Begriff der Industriebilanz und der vorherrschenden Werttheorie, die die Arbeit als Quelle des Tauschwerts ansah. Dennoch war der Gedanke einer »Industriebilanz« dem traditionellen Begriff der Handelsbilanz logisch unterlegen, da er auf einem sehr vagen Gleichgewichtsbegriff beruhte und sich nicht in klaren quantitativen Termini ausdrücken ließ.

Die Meinung, daß die Löhne auf niedrigem Niveau gehalten werden sollten, wurde oft damit begründet, daß hohe Löhne den Arbeitsanreiz mindern würden. Petty[133] beobachtete ebenso wie Child, daß sich die Arbeiter gerade dann, wenn die lebensnotwendigen Dinge billig sind, nicht um die Erhöhung ihres Lebensstandards (der »bescheidenen Verhältnisse«, an die sie gewöhnt waren) kümmerten[134] und in solchen Situationen weniger arbeiteten als in Zeiten steigender Preise.

Davenant zog als einer der ersten Autoren die Vorteile in Zweifel, die mit der Beibehaltung niedriger Löhne verbunden sein sollten. Er wies nach, daß in armen Ländern die Zinssätze hoch, der Boden billig und der Preis der Arbeit ebenso niedrig lag. Starke Argumente zugunsten von Lohnsteigerungen, in Verbindung mit allgemeinen Preiserhöhungen, wurden von John Cary vorgebracht. Ein überzeugter Verfechter einer Politik der hohen Löhne war Daniel Defoe, der es für ein schlechtes Vorgehen hielt, Güter zu niedrigen Preisen zu verkaufen und das Volk ins Elend zu treiben.[135]

Internationale Vergleiche der Lohnniveaus führten zu dem Schluß, daß durch Lohngefälle Wanderungsbewegungen ausgelöst werden könnten. Anknüpfend an einen zuvor von John Graunt geäußerten Gedanken argumentierte Child, daß »uns höhere Löhne, wenn unser Gesetz Ermuti-

---

132 Die Zeitschrift der Tories, die 1713/14 herauskam, trug den Titel *Mercator or Commerce Retrieved*.
133 Petty, *Political Arithmetick*, a.a.O.
134 Child, *A New Discourse of Trade*, a.a.O.
135 Daniel Defoe, *A Plan of the English Commerce*, London 1728. Siehe Heckscher, *Merkantilismen*, a.a.O., Band 2 (deutsch: a.a.O., Band 2, S. 156).

gung dazu gäbe, mit einem Vorrat an Leuten versehen würde, ohne uns mit den Kosten der Aufzucht zu belasten«.[136] Vielleicht waren in solchen Überlegungen die Ansätze einer »Quantitätstheorie der Bevölkerung« enthalten; sie legten jedenfalls den Gedanken nahe, daß die internationale Zu- oder Abwanderung geschickter Arbeitskräfte durch ähnliche Faktoren bestimmt wird wie diejenigen, welche den internationalen Warenverkehr regeln.

---

136 Child, *A New Discourse of Trade*, a.a.O., 1. Kapitel.

5. Kapitel
Weiterentwicklung des Merkantilismus

Das Problem der selbstregulierenden Kräfte

In der vorstehenden Analyse wurde wiederholt auf den Nachdruck verwiesen, den die baconschen Merkantilisten zunehmend auf das Wirken selbsttätiger Kräfte legten, die für die Beziehung zwischen bestimmten ökonomischen Größen entscheidend sein sollten. Ihr Vertrauen auf diese Kräfte schöpften sie aus der Verwendung des mechanischen Gleichgewichtsbegriffs als Werkzeug zur Analyse solcher Beziehungen; und die Ergebnisse dieser Überlegungen schlugen sich in verschiedenen Formulierungen der Quantitätstheorie des Geldes sowie in Lehrsätzen über die internationale Verteilung der Geldmetalle und ähnlichen Gedanken nieder. Hin und wieder fiel etwas Licht auf die wechselseitige Abhängigkeit spezifischer ökonomischer Phänomene.

Freilich wurden noch kaum Versuche unternommen, solche verstreuten Beobachtungen zu einem zusammenhängenden Bild des Funktionierens der Wirtschaft zu verbinden. Der einzige Ökonom, der bereits vor der Mitte des achtzehnten Jahrhunderts die Wirtschaft als mehr oder weniger mechanisch ablaufendes System begriffen zu haben scheint, war Richard Cantillon (1680-1734), ein in Irland geborener französischer Bankier, der als herausragender baconscher Merkantilist anzusehen ist. Sein *Essai sur la nature du commerce en général*, zwischen 1730 und 1734 geschrieben, wurde erst 1755 veröffentlicht.[1] In der Zwischenzeit plagiierten andere Schriftsteller wichtige Teile des Manuskripts, ohne die Quelle zu nennen.[2] Nach der Veröffentlichung wurden Cantillons Ideen von einer Reihe französischer Ökonomen übernommen, und selbst Adam Smith bezog sich gelegentlich noch auf sie.[3] Doch der Essay fiel in Vergessenheit und wurde erst im Jahre 1881 von William Stanley Jevons wiederent-

---

1 Eine englische Übersetzung von Richard Cantillons *Essai sur la nature du commerce en général* (1755, verfaßt 1725) wurde 1932 von der Royal Economic Society veröffentlicht (deutsch: *Abhandlung über die Natur des Handels im allgemeinen*, Jena 1931). Siehe auch Arthur Eli Monroe (Hg.), *Early Economic Thought*, Cambridge, Mass. 1924, S. 247.
2 Besonders Malachy Postlethwayts *Universal Dictionary of Trade and Commerce*, 2 Bände, London 1751-1755, enthielt – über verschiedene Artikel verstreut – zahlreiche Passagen aus Cantillons Werk. Mehrere Seiten aus dem *Essai* verwandte Postlethwayt auch in seiner Abhandlung *Great Britain's True System*, London 1757.
3 Adam Smith, *An Inquiry into the Nature and the Causes of the Wealth of Nations*, 2 Bände, London 1776 (deutsch: *Der Reichtum der Nationen*, Leipzig 1924), Erstes Buch, 6. Kapitel.

deckt, der die Aufmerksamkeit seiner Kollegen auf Cantillons herausragenden Beitrag zur Entwicklung des ökonomischen Denkens lenkte.[4] In der Tat bewies Cantillon ein Verständnis der entwickelten nominalistischen Methoden ökonomischer Analyse, das von keinem anderen zeitgenössischen Merkantilisten erreicht wurde. Er machte wiederholt Gebrauch von fiktiven Fällen, um die Gültigkeit seiner Behauptungen zu beweisen und die innere Konsistenz seiner wichtigsten Begriffe zu überprüfen. Er stützte sich ebensosehr auf Erfahrung wie auf deduktive Argumentation, und häufig versuchte er, die Ergebnisse seiner Beweisführung durch Beispiele aus der Wirtschafts- und Finanzgeschichte verschiedener Länder zu erhärten.

In seiner Analyse der ökonomischen Grundbegriffe ging Cantillon von Pettys Formulierung der allgemeinen ökonomischen Problemsituation aus. Er folgte Petty in der Definition des inneren Werts einer Ware als Maß (*la mesure*) der Menge an Boden und Arbeit, die in die Produktion des Gutes eingegangen sei, wobei die Fruchtbarkeit des Bodens und die Qualität der Arbeit angemessen Berücksichtigung finden müßten.[5] Auf der Suche nach einem gemeinsamen Nenner für Boden und Arbeit hatte Petty das Land auf die Arbeit reduziert. Cantillon wählte das umgekehrte Verfahren und führte die Arbeit auf den Boden zurück, und zwar deshalb, weil das Tagewerk noch des niedrigsten Sklaven (*le travail journalier du plus vil esclave*) wenigstens der doppelten Menge Landes gleichkommen müsse, das zur Sicherung eines Existenzminimums erfordert sei, da man annehmen könne, daß der Arbeiter wenigstens zwei Kinder aufziehe. Er glaubte, daß die Äquivalenz zwischen Land und Arbeit in Geldbegriffen präzise meßbar sei. Hin und wieder verwandelte er seine Werttheorie in eine Produktionskostentheorie, wenn er die Transportkosten und die Unternehmerprofite zu den Bestandteilen des »inneren Wertes« hinzurechnete.[6] Mit der Anwendung des Kostenprinzips auch auf die Löhne wies er darauf hin, daß die Kosten für die Ausbildung der Arbeiter einen wichtigen Faktor bei der Bestimmung der Lohnhöhe der verschiedenen Klassen von Arbeitern ausmachen.

Pettys Vorschlag folgend, übernahm Cantillon den Glauben an den inneren Wert des Geldes hauptsächlich deshalb, weil Gold und Silber – wie jede andere Ware auch – nur zu Kosten erhältlich seien, die ungefähr der

---

4 Neuere Würdigungen der Abhandlung Cantillons finden sich in Friedrich A. Hayeks Einleitung zur deutschen Ausgabe des *Essai*, a.a.O., sowie in: Amintore Fanfani, *Dal mercantilismo al liberalismo*, Mailand 1936, und Joseph Alois Schumpeter, *History of Economic Analysis*, New York 1954, S. 217 (deutsch: *Geschichte der ökonomischen Analyse*, 2 Bände, Göttingen 1965, Band 1, S. 283 ff.).

5 Cantillon, *Essai sur la nature du commerce en général*, a.a.O. (deutsch: a.a.O.), Erster Teil, 10. und 11. Kapitel.

6 Ebd., Zweiter Teil, 1. und 2. Kapitel.

zu ihrer Produktion aufgewandten Arbeitsmenge entsprächen. Es ist aufschlußreich, daß er besondere Aufmerksamkeit dem Verhältnis zwischen den beiden wichtigsten Edelmetallen widmete und einen Überblick über die Veränderungen gab, die die relativen Werte von Gold und Silber im Laufe der Zeit erfahren hatten. Er unterschied den realen oder inneren Wert der Geldmetalle von ihrem Marktwert, der – ebenso wie der Wert jeder anderen Ware – je nach ihrer Fülle oder Knappheit und je nach ihrer tatsächlichen Verwendung Schwankungen unterliege. Doch wies er die Ansicht zurück, dem Geld wachse aus seiner Verwendung zu Tauschzwecken ein »imaginärer« zusätzlicher Wert zu.[7]

Übereinstimmend mit der herrschenden Meinung trennte Cantillon die Preisanalyse von der Werttheorie. Besonders aufmerksam untersuchte er das Verhalten der Preise, zumal unter Bedingungen des freien Wettbewerbs, und beobachtete mit ungewöhnlichem Scharfsinn, daß die Marktpreise der Waren in wohlgeordneten Gesellschaften nicht sonderlich von ihrem inneren Wert abweichen, wenn der Konsum einigermaßen konstant und gleichmäßig ist. Es braucht wohl kaum daran erinnert zu werden, daß »der innere Wert einer Ware« im Verständnis Cantillons von ihren Kosten bestimmt wird. In einer anderen scharfen Beobachtung über die Funktionsweise der Wettbewerbswirtschaft verband Cantillon Nachfrageveränderungen mit dem Problem der Ressourcenallokation. So machte er auf einen kausalen Zusammenhang zwischen gestiegener Nachfrage nach Pferden und vermehrter Verwendung von Ländereien zur Futterproduktion aufmerksam.

In einer kritischen Erörterung der Lockeschen Version der Quantitätstheorie des Geldes benutzte er den Gleichgewichtsbegriff, um zu beweisen, wie sich die Edelmetalle von selbst zwischen den einzelnen Nationen verteilen. Doch erhob er Einwände gegen die Behauptung, eine vermehrte Geldmenge werde zu proportionalen Preiserhöhungen führen. Vielmehr betonte er, die von einer steigenden Nachfrage nach Konsumgütern ausgehende Teuerung werde die einzelnen Waren unterschiedlich betreffen und die Nachfrage oft vielleicht auch in neue Richtungen lenken.

Neben diesen allgemeinen Überlegungen untersuchte Cantillon die Voraussetzungen, unter denen Einkommen und Preise steigen, wenn sich neu gefördertes Edelmetall zwischen den verschiedenen Bevölkerungsgruppen verteilt. In einer Analyse, die später von Jevons hoch gelobt wurde, zeigte er, daß bei der Ausbreitung einer Welle von Preiserhöhungen diejenigen Bevölkerungsgruppen begünstigt sein werden, die bereits früh an

7 Cantillon erörterte auch die Gründe, die Isaac Newton veranlaßt hatten, den Nominalwert des Goldstücks zu senken und die englische Guinee bei einundzwanzig Shilling festzusetzen. Seine Argumente richteten sich letztlich gegen die Beibehaltung des doppelten Standards.

dieser Entwicklung teilhaben, während die Einkommen anderer Gruppen davon nachteilig berührt werden. Damit war er einer der ersten Ökonomen, die das Element der Zeit in allgemeinen theoretischen Überlegungen berücksichtigten.

Wie Petty maß Cantillon der Umlaufgeschwindigkeit des Geldes beträchtliche Bedeutung bei. In einer Würdigung von Pettys Schätzung des englischen Geldbedarfs nahm er an, daß sich dieser auf etwa ein Drittel der jährlichen Pacht belaufe. Er wies auf die Verunsicherung hin, die eine Verminderung der umlaufenden Geldmenge zur Folge hätte, und war sich darüber klar, daß eine erhöhte Umlaufgeschwindigkeit auf die Höhe der Preise ähnliche Wirkungen hat wie Erhöhungen der Geldmenge. Mit diesen Überlegungen nahm er Gedanken vorweg, die den Hintergrund des sogenannten einkommensanalytischen Ansatzes in der Geldtheorie darstellten.[8]

Im Unterschied zu Locke und anderen Merkantilisten verband Cantillon seine Erklärung der Preisbewegungen eher mit Veränderungen des Handelsvolumens als mit Veränderungen des Geldvolumens. Doch ebenso wie andere Merkantilisten hob er die günstige Wirkung von Exportüberschüssen hervor und betrachtete die Erzielung solcher Überschüsse bei Vollbeschäftigung der Bevölkerung als vorrangiges Ziel einer gesunden Wirtschaftspolitik. Er warnte jedoch, daß kein Land auf Dauer in den Genuß solcher Überschüsse kommen könne, da das Ergebnis eines beständigen Zustroms von Edelmetallen und der damit verbundenen Steigerung der Umlaufgeschwindigkeit eine Erhöhung der Preise sein werde. Hinter dieser Formulierung der Handelsbilanzlehre stand die herrschende Auffassung, daß nur eine mehr oder weniger begrenzte Geldmenge zur Verteilung zwischen den Nationen gelangen und im Laufe der Zeit in andere Hände übergehen könne.

In seiner demographischen Analyse benutzte Cantillon die Analogie des Verhaltens von Mäusen in einer Scheune, um die Tendenz zur Vermehrung der Bevölkerung zu beschreiben. Doch er verwies auch auf gegenwirkende Kräfte, die für eine Anpassung der Bevölkerung an die Nachfrage nach Arbeit sorgten.

In den Mittelpunkt seines *Essai* rückte Cantillon eine Untersuchung der wirtschaftlichen Struktur der Bevölkerung und legte damit den Grundstein zu einem neuen, modellkonstruierenden Ansatz in der ökonomischen Forschung. Seine Theorie des »inneren Wertes«, der sich in den Kosten von Boden und Arbeit ausdrücken sollte, diente ihm zur Unterscheidung dreier »natürlicher« Bevölkerungsklassen: Grundbesitzer, Pächter und Arbeiter. Alle anderen Berufe gruppierte er um diesen zentralen Kern herum und zeigte, wie die Pächter ihre Produkte (*le produit*

---

8 Siehe Arthur W. Marget, *The Theory of Prices*, New York 1938, Band 1, S. 306.

de la terre) in drei Teile (*les trois rentes*) teilten, von denen einer ihre Auslagen, der zweite ihre Profite und der dritte ihre Abgaben an die Grundeigentümer darstellen sollte. So umriß er die Elemente eines Distributionsprozesses, der mit dem Verkauf der Bodenprodukte beginnen sollte. In seinen Ausführungen zu diesem Prozeß ging er von einigen Zusatzannahmen aus und unterstellte, daß etwa die Hälfte der landwirtschaftlichen Produkte gegen Güter getauscht werde, die von städtischen Kaufleuten und »Unternehmern« geliefert würden. So wurde der Ausdruck *entrepreneurs* in die ökonomische Terminologie eingeführt, um Geschäftsleute zu benennen, die Produktionsfaktoren zum Zwecke der Fabrikation zusammenbringen. Pächter, Fabrikanten und Händler erschienen als diejenigen Bevölkerungsgruppen, die ihre Güter zu unsicheren Preisen verkaufen und sich damit an der Übernahme von Risiken beteiligen. Wegen seines Versuchs, ein breitangelegtes Bild der Einkommensverteilung zwischen den verschiedenen Bevölkerungsklassen in Zahlenbegriffen zu entwerfen, aber auch wegen der Schlüsselstellung, die er den Pächtern und Grundeigentümern in diesem Prozeß zuschrieb, galt Cantillon häufig als unmittelbarer Vorläufer der Physiokraten.

Als Bankier widmete Cantillon der Organisation und den Vorgängen des Kreditwesens besondere Aufmerksamkeit. Er erörterte die Aufgaben der Bankiers als Mittler zwischen potentiellen Gläubigern, die ihre Ersparnisse bei ihnen deponieren, und potentiellen Schuldnern auf der Suche nach Kapital. Er zeigte, daß die Erfüllung dieser Aufgaben schließlich zu einem Anwachsen der Umlaufsgeschwindigkeit der Zahlungsmittel führen werde.

Bei seiner Behandlung des Geldzinses wies Cantillon die herrschende Auffassung zurück, daß die Zinshöhe mit der Geldmenge in Verbindung stehe. Vielmehr werde der Zinssatz von der Nachfrage nach Darlehen und dem entsprechenden Angebot bestimmt. Um diese Behauptung zu veranschaulichen, verglich er einen Fall, in dem die von einer Mine geförderten Edelmetalle für Konsumgüter ausgegeben werden, mit einem Fall, in dem sie zu produktiven Zwecken verliehen werden. Im letzteren Falle könne sich eine Erhöhung des Zinssatzes aus einer gestiegenen Kreditnachfrage ergeben, während dieser Effekt im ersteren Falle unwahrscheinlich sei. Außerdem erörterte Cantillon den Einfluß, den die Unternehmerprofite auf den Zinssatz ausüben, und betonte das Risikoelement als weitere Determinante diese Rate. So führte er neue Gesichtspunkte in die traditionelle Behandlung des Kapitalzinses ein.

Wie schon erwähnt, fanden viele Gedanken, die Cantillon vorgetragen hatte, ihren Weg in die Schriften seiner Zeitgenossen. Doch war seine Analyse der gesamtwirtschaftlichen Abläufe zu skizzenhaft, um angemessen gewürdigt werden zu können, selbst nachdem sein *Essai sur le commerce* im Druck erschienen war. Der anhaltende Einfluß, den dieses bemerkenswerte Buch auf die Entwicklung des ökonomischen Denkens geübt hat, ist noch immer umstritten.

Ein herausragender Autor, dem das Verdienst zukommt, mit Hilfe nominalistischer Denkmethoden einen wirkungsvollen Angriff auf die Prinzipien und Praktiken merkantilistischer Wirtschaftspolitik unternommen zu haben, war der Philosoph David Hume (1711-1776). Hume schrieb keine umfassende ökonomische Abhandlung, wies jedoch in einer Reihe wohlgegliederter und vielgelesener Essays schlüssig nach, welche Vorzüge einer mechanistischen Deutung der Beziehungen zwischen den grundlegenden ökonomischen Größen zukommen und welche praktischen Folgerungen aus einem solchen Ansatz zu ziehen sind.

Humes *Political Discourses*, die acht Essays zu ökonomischen Fragen enthielten, wurden 1752 veröffentlicht; ein neunter erschien 1758. Zu den Themen, die er in diesen Abhandlungen erörterte, gehörten brennende ökonomische Probleme seiner Zeit, etwa die Handelsbilanzlehre, die internationale Verteilung der Edelmetalle, die Funktionen von Geld und Kredit, die Einflüsse von Preisveränderungen auf die Geschäftstätigkeit von Handel und Gewerbe, die Rolle von Konsum und Steuern in der Wirtschaft sowie die Probleme, die mit der Ausgabe von Staatsanleihen verbunden sind.[9]

Diese Essays zeigen die Klarheit von Humes Denken und die Verständlichkeit seines Stils. Zur Rechtfertigung seines zutiefst mechanistischen Ansatzes in der ökonomischen Analyse sprach er von einer Theorie der »moralischen Anziehung«, der zufolge die menschlichen Interessen und Bemühungen ebenso stark wirken wie die Kräfte der allgemeinen Gravitation. Um die Stichhaltigkeit seiner Argumente klarzumachen, konstruierte er gelegentlich hypothetische Beispiele. Seine Erkenntnistheorie, die in einem späteren Kapitel erörtert werden soll, übte auf seine ökonomischen Forschungsmethoden jedoch keinen merklichen Einfluß aus.

Hume teilte den Glauben fast sämtlicher Zeitgenossen, daß der Handel der entscheidende Faktor sei, der die Produktion in Gang setze und die Industrie in Bewegung halte. Er war davon überzeugt, daß das Profitmotiv der Kaufleute – in Verbindung mit ihrer Sparsamkeit – die Hauptantriebskraft für das Gedeihen der Wirtschaft darstelle und daß Höherentwicklung und technischer Fortschritt zumal durch den Außenhandel gefördert würden. Aus seinen historischen Studien zog er den Schluß, daß in den meisten Ländern jede merkliche Ausweitung der heimischen Fabrikation durch Außenhandel vorbereitet worden sei und daß im Außenhandel der Schlüssel liege, der ursächlich zu gesteigertem Konsum und Luxus führe.

9 David Humes Essays wurden unter dem Titel *Essays Moral, Political and Literary*, London 1875, von T. H. Green und T. H. Grose neu herausgegeben (deutsch: *Nationalökonomische Abhandlungen*, Leipzig 1877).

Sein mechanistischer Deutungsansatz für ökonomische Relationen brachte ihn dazu, eine einfache Version der Quantitätstheorie des Geldes zu übernehmen. Sie beruhte auf der Annahme, daß – bei angemessener Berücksichtigung der Umlaufgeschwindigkeit – Veränderungen des Preisniveaus von entsprechenden Veränderungen der Menge des umlaufenden Geldes ursächlich bedingt seien. Diese Fassung der Quantitätstheorie wurde von einigen englischen und französischen Schriftstellern übernommen.[10]

Hume unterschied jedoch das langfristige Verhalten der Preise von kurzfristigen Wirkungen einer expandierenden oder verminderten Menge des zirkulierenden Geldes. Ausführlich beschäftigte er sich mit Cantillons Beobachtung, daß die verschiedenen Preisgruppen nicht einheitlich auf Veränderungen der Menge der umlaufenden Zahlungsmittel reagieren.[11] Er hob die belebenden Wirkungen ungleichmäßiger Preiserhöhungen auf Industrie und Handel hervor und wies auf die allgemeine Tendenz der Löhne hin, mit einiger Verzögerung Preisveränderungen zu folgen. Daher neigte er dazu, eine langsame und beständige Verminderung des Metallgehalts der Währung zu befürworten, um den Unternehmungsgeist lebendig zu halten und den »Vorrat an Arbeit« zu mehren, »worin alle wirkliche Macht und alle Reichtümer liegen«.[12]

Vielleicht war die Weigerung, den Substanzbegriff in Anspruch zu nehmen, ebenso wie für Locke auch für Hume das Motiv, dem Geld einen rein imaginären Wert zuzusprechen, den er mit den Diensten der Edelmetalle als Tauschmittel in Verbindung brachte. Aus seinem mechanistischen Preisbildungsansatz gewann er starke Einwände gegen die inflationären Wirkungen von Kreditgeld und schrieb ähnlich unerwünschte Folgen dem Umlauf von Regierungsanleihen zu, die er als gefährliche Quelle spekulativer Auswüchse betrachtete.[13]

Auch für Humes Analyse der internationalen Verteilung der Edelmetalle boten mechanistische Überlegungen einen geeigneten Ausgangspunkt.[14]

---

10 Zu diesen Autoren gehörten George Whatley, *Principles of Trade*, London 1774, und François Veron de Forbonnais, *Principes et observations économiques*, 2 Bände, Amsterdam 1767.
11 Hume, »Of Money«, a.a.O.
12 Ders., »Of Public Credit«, a.a.O.
13 Kritische Einwände gegen Staatsanleihen wurden auch von Malachy Postlethwayt, *Britain's Commercial Interest Explained and Improved*, 2 Bände, London 1757, vorgebracht. Diese Auffassungen lassen sich denen einiger französischer Ökonomen gegenüberstellen. So sprach etwa Isaac de Pinto, *Traité de la circulation et du crédit*, Amsterdam 1771, öffentlichen Schulden äußerst günstige Auswirkungen auf das wirtschaftliche Gedeihen der Nation zu.
14 David Hume, »Of the Balance of Trade«, a.a.O. Siehe Monroe (Hg.), *Early Economic Thought*, a.a.O., S. 326.

Auf lange Sicht, argumentierte er, werde beim Gütertausch jede Nation an der Verteilung des gesamten Bestandes an Edelmetallen entsprechend ihrem Anteil am Gesamtvolumen der international marktfähigen Güter partizipieren. Er setzte den internationalen Strom von Gold und Silber in Analogie zum Verhalten von Wasser in kommunizierenden Röhren, um zu beweisen, daß jedem Land, das mit Spanien und Portugal Handel treibe, mit Notwendigkeit Edelmetalle aus den riesigen Mengen an Gold und Silber zufließen würden, die jene beiden Länder aus ihren überseeischen Besitzungen erlangt hatten. Geld, meinte er, lasse sich »sowenig wie sonst eine Flüssigkeit über dem eigentlichen Niveau halten«. Auf einen selbstregulativen Mechanismus, der über die Preise wirkt, verwies er auch, um den Zu- und Abfluß von Geld zwischen den einzelnen Landesprovinzen zu erklären. Aus diesen Überlegungen zog er den Schluß, es sei nutzlos, zur Sicherung einer aktiven Handelsbilanz zu künstlichen Mitteln zu greifen. Solche Maßnahmen, rief er, seien ebenso töricht wie kostspielig, da sie den einheimischen Verbraucher zum Kauf von Gütern zwängen, die anderswo erhältlichen Waren unterlegen seien.[15] Daher kritisierte Hume das Verbot, mit dem Frankreich Getreideausfuhren belegt hatte; es gebe keine sicherere Methode, die Produktion einer Ware zu steigern, als die, ihre Exporte zu erhöhen. Freilich entwickelte er seine Vorliebe für freien Handel nicht zu einer konsequenten Doktrin. Ohne näher darauf einzugehen, erkannte er die Argumente an, die zugunsten junger Industrien und für den Schutz solcher einheimischer Branchen vorgetragen wurden, denen der Verlust ihrer ausländischen Märkte drohte.[16]

Humes Kritik an der merkantilistischen Schutzzollpolitik war auch der Grund für seine Weigerung, die in der Handelsbilanz auftretenden Exportüberschüsse als Index für wirtschaftliches Gedeihen zu betrachten. Er berief sich statt dessen auf den Zinssatz als geeigneteren Maßstab des ökonomischen Fortschritts. Er widersprach der Annahme einer unmittelbaren Kausalbeziehung zwischen Geldmenge und Zinsrate mit der Begründung, daß die Höhe der Zinsen durch den Zustrom von Gold und Silber aus den amerikanischen Minen nicht merklich beeinflußt worden sei, während sich die Warenpreise beinahe vervierfacht hätten. Hume gab drei Hauptursachen an, die ein Sinken des Zinssatzes erwarten ließen:

15 Zu einigen Einwänden, die von Humes Freund James Oswald of Dunnskier gegen diese streng mechanistischen Auffassungen erhoben wurden, siehe J. M. Low, »An Eighteenth Century Controversy in the Theory of Economic Progress«, in: *Manchester School of Economic and Social Studies* 20 (1952), S. 311-330, hier S. 314.
16 So empfahl Hume, um die Einfuhr von Rum aus den südlichen Kolonien zu beeinflussen, eine Importsteuer auf Spirituosen. Und um die Verkäufe einheimischer Textilwaren auszuweiten, sprach er sich für eine Einfuhrsteuer auf deutsches Leinen aus.

geringe Nachfrage nach Krediten, große Vermögen zur Befriedigung dieser Nachfrage sowie niedrige Handelsprofite.[17] All diese Umstände, glaubte er, ergäben sich aus dem Wachstum von Industrie und Handel, nicht aus der Vermehrung von Gold und Silber. Damit entwickelte er den Begriff des aus Ersparnissen akkumulierten Geldkapitals und zeigte, wie der Transfer flüssiger Mittel von potentiellen Kreditgebern an Kreditnehmer durch die Konzentration von Ersparnissen in Kreditinstitutionen erleichtert wird.

In einem Exkurs in das Gebiet der Wirtschaftsgeschichte entwarf Hume eine Theorie des ökonomischen Fortschritts, nach der die Überlegenheit eines industriell entwickelten Landes durch den niedrigen Preis der Arbeit in Ländern ohne ausgedehnten Handel und ohne größere Bestände an Gold und Silber zum Teil wieder ausgeglichen werde. Hume teilte also die Auffassung anderer Merkantilisten, daß die Manufakturen von Ländern, denen sie bereits zu Reichtum verholfen hatten, allmählich in andere mit verlockend niedrigen Lebensmittelpreisen und Löhnen abwanderten. Er tröstete sich jedoch bei dem Gedanken, daß die einheimische Nachfrage für die Beschäftigung von Arbeitskräften sorgen werde, die zuvor in Exportindustrien Anstellung gefunden hatten, und lieferte insofern einige Argumente für »die Entwicklung von Luxusindustrien«.

Humes zutiefst liberale Überzeugungen fanden ihren deutlichsten Ausdruck in seiner 1758 veröffentlichten Abhandlung über die Eifersucht im Handel. In einer häufig zitierten Passage bekannte er, daß er als britischer Untertan für eine gedeihliche Entwicklung des deutschen, italienischen, spanischen und – trotz der jahrhundertealten Handelsrivalität zwischen England und Frankreich – sogar des französischen Handels bete. Allerdings beeinflußte Hume das ökonomische Denken viel weniger auf dem eigentlichen Gebiet der ökonomischen Analyse als durch seine Beiträge zur Sozialphilosophie.

Die letzten Vertreter des Merkantilismus

Überzeugten Merkantilisten fiel es nicht leicht, die Prinzipien einer Lehre aufzugeben, an deren Leitgedanken sich die Wirtschaftspolitik mehr als ein Jahrhundert lang orientiert hatte. Der Begriff der Handelsbilanz war in den ökonomischen Auffassungen vieler Autoren des achtzehnten Jahrhunderts so tief verwurzelt, daß sie diesen Begriff und einige seiner Folgerungen noch zu einer Zeit verteidigten und hochhielten, als er bereits mit eindrucksvollen Argumenten kritisiert worden war. An der Spitze dieser Autoren stand Josiah Tucker (1712-1799), der daran festhielt, den

---

17 Hume, »Of Interest«, a.a.O.

Reichtum einer Nation mit ihrem Besitz an Edelmetallen gleichzusetzen, und eine konsequente administrative Regelung der wirtschaftlichen Aktivitäten für unentbehrlich erachtete, um die Übereinstimmung zwischen privaten und öffentlichen Interessen zu gewährleisten.[18] Tucker widersprach Humes Ansicht, daß sich die industrielle Überlegenheit beständig von einer Nation zur nächsten verlagere, mit dem Argument, daß der Vorzug billiger Arbeit, dessen sich ein ärmeres Land erfreue, verschwinden werde, sobald es Märkte von einem reicheren Land zu erobern beginne.[19]

Ein anderer Merkantilist, Robert Wallace, ein Geistlicher der schottischen Kirche[20], stellte die Beziehung in Frage, die Hume zwischen Geldversorgung und Preisniveau hergestellt hatte, und betrachtete den Besitz einer großen Menge Geldes als beständigen Vorteil für ein reicheres Land. Da jedoch die Ergebnisse der Handelsbilanz mangels einer zuverlässigen Außenhandelsstatistik oft nicht ermittelt werden konnten, übernahmen verschiedene Autoren Humes Vorschlag, die Wechselkurse als Indizes zur Bestimmung des wirtschaftlichen Fortschritts zu verwenden. Diese Kurse wurden mit dem Ausschlagen der Schiffskompaßnadel oder mit dem Puls des menschlichen Körpers verglichen.

Im Verlauf der anhaltenden Diskussion über den Begriff der Industriebilanz wurden zwei Hauptgründe genannt, um die hohe Quote von Erwerbslosen unter den arbeitenden Klassen zu erklären: die Verteilung des Grundbesitzes und das relativ rasche Wachstum der Bevölkerung. Eine liberalisierte Fassung des Industriebilanz-Arguments wurde von Joseph Harris vorgetragen, der in seinem Versuch, die Quantitätstheorie des Geldes in eine Erörterung der allgemeinen wirtschaftlichen Bedingungen einzuführen, beachtliche analytische Fähigkeiten bewies.[21] Wie andere zeitgenössische Autoren empfahl er, als Gegenmittel gegen steigende Preise Barrengold zu horten und Tafelgeschirr daraus zu machen.[22]

Eine letzte umfassende und konsequente Anstrengung, die merkantilisti-

---

18 Josiah Tucker, *The Elements of Commerce and Theory of Taxes*, Bristol [?] 1755, und ders., *A Brief Essay on the Advantages and Disadvantages Which Respectively Attend France and Great Britain with Regard to Trade*, London 1749. Siehe Jacob Viner, *Studies in the Theory of International Trade*, New York 1937, S. 53.
19 Siehe Low, »An Eighteenth Century Controversy in the Theory of Economic Progress«, a.a.O., S. 320.
20 Robert Wallace, *Characteristics of the Present Political State of Great Britain*, London 1758.
21 Joseph Harris, *An Essay upon Money and Coins*, 2 Bände, London 1757/1758. Siehe die Erörterung dieser Formulierung der Quantitätstheorie bei Hugo Hegeland, *The Quantity Theory of Money*, Göteborg 1951, S. 38.
22 Eine ähnliche merkantilistische Position vertrat Matthew Decker in *An Essay on the Causes of the Decline of Foreign Trade*, London 1744.

sche Position – mit vielen Einschränkungen allerdings – am Leben zu erhalten, unternahm im Jahre 1767 Sir James Steuart (1712-1780). Er verfaßte eine zweibändige Synthese der gedanklichen Ergebnisse, die sich unter dem Einfluß der baconschen Methodologie allmählich herauskristallisiert hatten[23], veränderte sie jedoch im Lichte der Erfahrungen, die er während eines längeren Aufenthaltes in mehreren Ländern des europäischen Kontinents gemacht hatte.[24] Bei diesem Aufenthalt, erklärte er, sei er sich über die unterschiedlichen Situationen klargeworden, in denen sich die einzelnen Nationen befänden, und über die Unterschiede ihrer »allgemein herrschenden Meinungen, was Moral, Regierung und Sitten angeht«.

Anders als beinahe alle vorhergehenden Merkantilisten versuchte Steuart, die politische Ökonomie in ein umfassendes Studium des gesellschaftlichen Lebens zu verwandeln und einen fiktiven Staatsmann mit vollständiger Information über diejenige Wirtschaftspolitik zu versehen, die zur Förderung des nationalen Wohls einzuschlagen wäre. Er entwickelte seine Gedanken in fünf Büchern, die sich jeweils mit Bevölkerung und Landwirtschaft, Handel und Industrie, Geld und Münzwesen, Kredit und Schulden sowie mit den Steuern befaßten. Jener Staatsmann sollte darüber entscheiden, was im öffentlichen Interesse liege; innerhalb der so umrissenen Grenzen sollte jedermann den Diktaten seiner eigenen Privatinteressen folgen dürfen. Von dem Staatsmann wurde erwartet, daß er diese Interessen als die Hauptmotive der wirtschaftlichen Aktivität berücksichtige. Steuarts Erörterung merkantilistischer Politik stieß jedoch nicht auf große Beachtung. Im neunzehnten Jahrhundert wurde sein Werk von deutschen Autoren viel höher geschätzt als von englischen Ökonomen.

Die Grundsätze der Wirtschaftspolitik, die Steuart in seinem gehaltvollen Werk entwickelte, waren ganz auf den Gedanken der Industriebilanz abgestellt. Der exportierte »Stoff«, so sagte er, sei das, was einem Land verlorengehe; der Preis der exportierten Arbeit das, was es gewinne. Aus derartigen Sätzen leitete er die allgemeine Vorschrift ab, die Einfuhr von Manufakturwaren zu erschweren und ihre Ausfuhr zu erleichtern. Getreu der merkantilistischen Tradition charakterisierte er die Edelmetalle als Maßstab der Macht einer Nation; sie seien zum »allgemeinen Äquivalent von allem und jedem« geworden. Mit Nicholas Barbon und David Hume teilte er die Überzeugung, das Geld verdanke seine »Schätzung«

---

23 Sir James Steuart, *An Inquiry into the Principles of Political Economy*, London 1767 (deutsch: *Untersuchung über die Grundsätze der Volkswirtschaftslehre*, 3 Bände, Jena 1913-1914).
24 Nach der Schlacht von Culloden (1746) hatte Steuart das Land verlassen müssen und lebte zwischen 1745 und 1764 in Frankreich, Deutschland, Italien und den Niederlanden.

einzig dem Umstand, daß es »zum allgemeinen Maßstab dessen« gemacht worden sei, »was wir Wert nennen«. Daher, folgerte er, sei der Erwerb oder zumindest die Erhaltung einer entsprechenden Menge von Edelmetallen »für den Klügsten zu einem Ziel von äußerster Wichtigkeit geworden«. In seiner Behandlung der Natur des Geldes lehnte er die Warentheorie ab und führte den Geldwert darauf zurück, daß eine Ware als allgemeiner Maßstab dessen akzeptiert wird, was wir Wert nennen. Er unterschied zwischen »Münzgeld« und »Rechengeld«, letzteres definiert als willkürlicher Maßstab zur Wertmessung. Doch es gelang ihm nicht, die Bedeutung dieses Begriffs zu klären, der einen Buchhaltungskunstgriff erläutern sollte, der von den großen Clearing-Banken benutzt wurde, um ihren Geschäftsverkehr zwischen der Vielzahl unterschiedlicher Währungssysteme zu erleichtern.[25]

Obwohl er dazu neigte, einer mechanistischen Erklärung der Preisbildung zuzustimmen, stellte Steuart Humes Version der Quantitätstheorie des Geldes in Frage. Er hielt die Bedingungen von Angebot und Nachfrage für die einzigen preisbestimmenden Faktoren und glaubte, daß ein Zuwachs des Geldvolumens über die zur Erhaltung des Handels erforderliche Menge hinaus nur dazu führen werde, daß der Überschuß gehortet und über die Vergabe von Krediten erst wieder in die Zirkulation einfließen werde, wenn das Bargeldvolumen unter den Anteil sinke, »der sich als notwendig erwiesen hat, um den Handel in Gang zu halten«.

In den soziologischen Abschnitten seines Werkes verglich Steuart die Zeugungsfähigkeit der Bevölkerung mit einer »Sprungfeder, welche durch ein Gewicht niedergehalten wird und bei jedem Nachlassen dieses Widerstands entsprechend Druck ausübt«.[26] Daher betrachtete er es als vorrangige Aufgabe echter Regierungskunst, zwischen der Landwirtschaft einerseits und Industrie und Handel andererseits ein Gleichgewicht herzustellen. Die Aufnahme »aller überflüssigen Esser« aus der Landwirtschaft durch die Industrie war seiner Auffassung nach ein Hauptelement im beständigen Wandel des ökonomischen Lebens.

In seiner Analyse der landwirtschaftlichen Produktion hob Steuart hervor, daß mit der zunehmenden Bebauung immer schlechterer Böden die Erträge immer geringer würden. Dies war ein eindeutiger Hinweis auf das Gesetz der abnehmenden Erträge. Dennoch scheint die Aussicht auf eine rasche Bevölkerungszunahme seine allgemeinen soziologischen Überlegungen nicht berührt zu haben. Mit wachsender, stabiler und abnehmender Bevölkerung verband er die aufeinanderfolgenden Phasen in der Entwicklung politischer Gemeinwesen.

25 Siehe Schumpeter, *History of Economic Analysis*, a.a.O., S. 296 f. (deutsch: a.a.O., Band 1, S. 377).
26 Von den Merkantilisten, die die Fortpflanzungsneigung der menschlichen Rasse eindringlich betonten, wurden Petty und Cantillon bereits erwähnt.

Den Hintergrund für diese soziologischen Erwägungen lieferte Steuarts Theorie des ökonomischen Wandels, in deren Mittelpunkt die Konzeption eines Wirtschaftszyklus stand, der für jedes industrialisierte Land Zeiten des Wachstums und des Niedergangs umfaßte. Besonderes Gewicht legte er auf die Schwierigkeiten, die bei der Anpassung einheimischer Industrien an veränderte Bedingungen auftreten, wenn in der zweiten Phase des Zyklus auf ausländischen Märkten konkurrierende Manufakturen entstehen. So mögen Zeiten eines blühenden Außenhandels wegen eventueller Verschiebungen in der »Reichtumsbilanz« und aufgrund steigender Kosten der Ausfuhrprodukte sich bloß als vorübergehende Phase in der Wirtschaftsgeschichte eines Landes erweisen, und es ist Sache des Staatsmanns, schwerwiegende Fehlentwicklungen zu korrigieren, die im Verlauf des ökonomischen Wachstums eines jeden Landes das »Gleichgewicht von Arbeit und Nachfrage« umzustoßen drohen.[27]

Italienische Merkantilisten

In einer Reihe von italienischen Städten hatte die traditionelle Sympathie für die Methoden des nominalistischen Denkens günstige Entwicklungsbedingungen für eine ökonomische Forschung geschaffen, die sich auf Bahnen bewegte, wie sie von Vertretern des entwickelten englischen Merkantilismus vorgezeichnet worden waren. Gleichzeitig hatten die weitgespannten Interessen der italienischen Banken sowie der Industrie- und Handelsunternehmen den Boden für die Annahme des Freihandelsprinzips als Mittel zur Förderung allgemeinen Wohlstands bereitet.
So wurden in der zweiten Hälfte des achtzehnten Jahrhunderts von einer Anzahl bemerkenswerter Gelehrter systematische, konsequente und umfassende Wirtschaftsanalysen vorgenommen. In jenem Zeitraum wurden an einigen italienischen Universitäten die ersten Lehrstühle für politische Ökonomie eingerichtet. Auf den ersten, 1754 in Neapel geschaffenen Lehrstuhl wurde Antonio Genovesi (1712-1769) berufen, der Professor für Moralphilosophie gewesen war.[28] Er begann die Veröffentlichung einer Reihe von Lehrbüchern mit seinen *Lezioni di commercio o sia d'economia civile* (1765).[29]
Sehr bald wetteiferten die Lehrer dieser neuen akademischen Disziplin

---

27 Steuart, *An Inquiry into the Principles of Political Economy*, a.a.O. (deutsch: a.a.O.), Zweites Buch, 22. Kapitel.
28 Über Genovesi als Gelehrten und Lehrer siehe Giorgio Tagliacozzo, *Economisti napoletani dei secoli XVII e XVIII*, Bologna 1937.
29 Genovesis Werke wurden, ebenso wie meisten übrigen Schriften italienischer Autoren der vorricardianischen Zeit, wiederveröffentlicht in Pietro Custodis Sammlung *Scrittori classici italiani di economia politica*, 50 Bände, Mailand 1803-1816.

miteinander um die Entwicklung einer Synthese von ökonomischer Theorie und empirischem Wissen, in deren Mittelpunkt die Probleme eines utilitaristisch orientierten Wohlfahrtsstaats standen. Diese Untersuchungen bezeugen die hohe Gelehrsamkeit ihrer Autoren sowie deren Fähigkeit, mit den Methoden des fortgeschrittenen baconschen Merkantilismus die Ökonomien der italienischen Staaten umfassend zu analysieren. Vor allen Dingen wandten sie sich wichtigen Fragen der Wirtschaftspolitik zu, etwa der, wie das ökonomische Leben in seinen unterschiedlichen Bereichen zu organisieren sei, um die allgemeine Wohlfahrt zu befördern, und wie zwischen den verschiedenen Sektoren der Wirtschaft ein angemessenes Gleichgewicht herzustellen sei. Die Idee einer ausbalancierten Ökonomie nahm eine zentrale Stellung in ihren Überlegungen ein. Dieser Gesichtspunkt wurde zumal von jenen Autoren betont, die wenigstens zeitweilig der österreichischen Verwaltung Norditaliens in Mailand verbunden waren. Die praktischen Erfahrungen, die sie bei der Lenkung des wirtschaftlichen Lebens gewannen, lieferte ihnen das Material zur Überprüfung der Ergebnisse ihrer mehr oder weniger abstrakten Gedankengänge. Graf Pietro Verri (1728-1797) und der Marchese Cesare di Beccaria (1738-1794) waren herausragende Vertreter dieser Gruppe von Autoren.

Alle Erörterungen wirtschaftspolitischer Maßnahmen in den didaktisch aufgebauten Abhandlungen Verris und Beccarias gingen von Nützlichkeitsüberlegungen aus. Verris *Elementi del commercio* wurden im Jahre 1760 veröffentlicht, und seine *Meditazioni sull' economia* erschienen 1770. Beiläufig führte er in seine utilitaristischen Abwägungen von Lust und Leid das Element der »Zeit« ein, indem er auf Erwartungen als entscheidende Faktoren bei der Verfolgung des Eigeninteresses verwies. Beccaria schrieb seine *Elementi di economia pubblica* im Jahre 1769, doch wurden sie erst 1804 in Custodis Sammlung veröffentlicht. Er verdankte seinen Ruf weniger seinen ökonomischen Beiträgen, die stark von Cantillons *Essai* beeinflußt waren[30], als seiner Ausarbeitung der utilitaristischen These. Er war ein herausragender Vertreter des Glaubens an die egoistische Natur des Menschen und einer der ersten Utilitaristen, die die Formel vom größten Glück der größten Zahl als Leitstern echter Staatskunst vorbrachten.[31] Seine Studie *Dei delitti e delle pene* (1764) war für die Entwicklung der Kriminalistik von großer Bedeutung; ihr Erfolg ver-

---

30 Siehe Amintore Fanfani, *Cattolicesimo e protestantesimo nella formazione storica del capitalismo*, Mailand 1934 (englisch: *Catholicism, Protestantism and Capitalism*, London 1935, S. 134 ff.).

31 In der Formulierung Beccarias: »la massima felicità diviso nel maggior numero«. Siehe unten, 7. Kapitel, »Cartesianische Wirtschaftslehre«. Siehe zum folgenden: Cesare Beccaria, *Dei delitti e delle pene*, Livorno 1764 (deutsch: *Abhandlung von den Verbrechen und Strafen*, Prag 1765; zuletzt: Frankfurt am Main 1988).

dankte sich der beständigen Anwendung von Nützlichkeitsprinzipien auf die Analyse von Verbrechen und Strafe. Ergänzt wurde das Nützlichkeitsmotiv, das den italienischen Merkantilisten als das rationale Prinzip ökonomischen Verhaltens galt, durch den Gleichgewichtsbegriff, der in ihren Analysen als Hauptinstrument zur Koordination der ökonomischen Faktoren betrachtet wurde. Die Gleichgewichtsidee lag ebensowohl ihren Preistheorien als auch ihren etwas unklar konzipierten Modellen der Wirtschaft zugrunde. In der Preistheorie legten sie erhebliches Gewicht auf den Ausgleich von Angebot und Nachfrage als Voraussetzung für die Bildung von Wettbewerbspreisen. Sehr charakteristisch waren ihre Versuche, zur Bestimmung solcher Preise mathematische Formeln vorzuschlagen. Verri empfahl beispielsweise, den Preis eines Gutes mit der Formel $v = c : m$ auszudrücken (Wert ist gleich der Anzahl der Käufer, dividiert durch die Anzahl der Verkäufer). Die entsprechende Gleichung Genovesis lautete $v = r : m$ (Wert ist gleich der Nachfrage [*recerca*], dividiert durch die Menge [*massa*] der konsumierbaren Güter).

Genovesi äußerte eine Ansicht, die von den meisten italienischen Merkantilisten vertreten wurde, als er von einer allgemeinen Tendenz der Natur sprach, Gleichgewichte herzustellen, wenn man sie nur ihrem Lauf überließe. Würde die freie Entfaltung ökonomischer Entwicklungen nicht durch künstliche Eingriffe gestört, meinte er, käme eine ziemlich ausgeglichene Verteilung von Industrie und Geld zustande.[32] In anderem Zusammenhang deutete Genovesi eine Analogie zwischen dem physikalischen Verhalten einer Flüssigkeit in einem System kommunizierender Röhren und dem Funktionieren des politischen Gemeinwesens an.[33] Genovesis mechanistische Konzeption des Wirtschaftslebens wurde von seinem Schüler Fernando Galiani ohne Einschränkungen übernommen.[34] Wenngleich Genovesi den Handelsgeist gelegentlich mit dem Eroberungsgeist verglich, lehnte er den Begriff der Handelsbilanz und die damit verbundene Politik entschieden ab. Diese Ansicht wurde von den meisten anderen italienischen Ökonomen der Zeit geteilt. Verri analysierte die Probleme der für den Mailänder »Staat« aufgestellten Zahlungsbilanz wie einen Satz der Mechanik.[35]

Giammaria Ortes (1713-1790), Verfasser des Lehrbuchs *Dell' economia*

---

32 »La natura che va sempre al equilibrio dove sia bene avviate ne bruscamente arrestata vi dara in poco da tempo una presso equale diffusione di stabili d'industria, di danaro.« Genovesi, *Lezioni di commercio*, a.a.O., Zweiter Teil, 9. Kapitel, 10. Abschnitt.
33 Ebd., »Conclusione«, 12. Abschnitt.
34 Siehe unten, 8. Kapitel, »Der subjektive Wertbegriff«.
35 Siehe Pietro Verri, *Bilanci del commercio dello stato di Milano*, hg. von Luigi Einaudi, Turin 1932.

nazionale (1774), leitete aus der Entdeckung, daß zwischen den von einem Land gelieferten und erhaltenen Gütern ein Gleichgewicht bestehe, starke Argumente zugunsten der Handelsfreiheit ab.[36] Die Kritik an der Handelsbilanz als wirtschaftspolitischem Instrument wurde im Jahre 1770 von Graf Giovanni Rinaldo Carli ausgearbeitet.[37] Seine Abhandlung war insbesondere dazu bestimmt, die protektionistische Politik zurückzuweisen, die von dem Marchese Girolamo Belloni verteidigt worden war, der Außenhandelsbeschränkungen als Mittel zur Sicherung des Zustroms an Edelmetallen vorgeschlagen hatte.[38]

Im Unterschied zu den englischen Merkantilisten entwickelten die italienischen Ökonomen keine grundlegende Werttheorie, sondern hielten es für ausreichend, den Wert gemäß der allgemeinen Nützlichkeit und Knappheit der Güter zu definieren. Es sei jedoch erwähnt, daß Beccaria den fragwürdigen Versuch unternahm, den Ursprung des Wertes (*valore*) mit der Idee der Macht oder der Fähigkeit zu verbinden, ein Ziel zu erreichen.

Die monetären Auffassungen dieser Autoren waren von der traditionellen Neigung der italienischen Ökonomen beeinflußt, den Wert des Geldes aus dem Warenwert der Geldmetalle abzuleiten. Umfangreiche Studien über die Entstehung und Funktion der Zahlungsmittel wurden von Graf Carli unternommen.[39] Dennoch hatten die beiden englischen Lager der rivalisierenden Geldauffassungen in Italien durchaus eine Entsprechung. Ortes lehnte die Warentheorie des Geldes ab. Er sah in den Zahlungsmitteln nichts weiter als Instrumente zur Erleichterung des Gütertauschs; er verband mit dem Geld einen rein imaginären Wert und nahm es vom Begriff des Reichtums aus. Seine Definition des Geldes erinnerte an Steuarts Gedanken, daß Geld ein Pfand sei, das die Lieferung eines jeden gewünschten und marktfähigen Gutes zu einem künftigen Termin garantiere.

Eine genauere Analyse der Preisbildung brachte Genovesi, Verri, Beccaria und andere dazu, den Einfluß der Umlaufgeschwindigkeit auf die Preisbewegung und das sich daraus ergebende Verhalten der Geschäftstätigkeit zu betonen. Verri beobachtete, daß eine Beschleunigung der Umlaufsgeschwindigkeit oft mit einer Ausdehnung der Menge der umlaufenden Zahlungsmittel zusammenfalle. Ebenso schlug Beccaria vor, die er-

---

36 Zum Werk von Ortes siehe Roberto Michels, *Introduzione alla storia delle dottrine economiche e politiche*, Bologna 1932, S. 169, und Albino Uggi, »La teoria della populazione de Giammaria Ortes«, in: *Giornale degli economisti e annali di economia* 43 (1928).

37 Giovanni Rinaldo Carli, *Breve ragionamento sopra i bilanci economici delle nazioni*, 1770.

38 Girolamo Belloni, *Del commercio dissertazione*, Rom 1750.

39 Giovanni Rinaldo Carli, *Delle monete*, 3 Bände, Venedig 1754-1760.

höhte Umlaufsgeschwindigkeit als Norm zur Messung des ökonomischen Fortschritts eines Landes zu verwenden. Verri brachte jedoch die stimulierenden Wirkungen einer veränderten Geldmenge mit einem möglichen Fall der Preise in Verbindung, den er entschieden als Mittel zur Beförderung der öffentlichen Wohlfahrt empfahl. Genovesi vertrat die Meinung, daß Preisminderungen, die durch die Ausfuhr von Münzgeld zustande kämen, Industrie und Handel wahrscheinlich auf lange Sicht anregten. So wurden neue Argumente vorgebracht, um die Vorliebe so vieler Merkantilisten für niedrige Preise zu rechtfertigen.

In ihren soziologischen Erörterungen verbanden die italienischen Merkantilisten die Anwendung des Gleichgewichtsprinzips mit der Suche nach »natürlichen« Proportionen zwischen demographischen und ökonomischen Faktoren. Die Idee einer solchen Proportion wurde von Genovesi auf das Verhältnis zwischen der Bevölkerung eines Territoriums und dessen natürlichen Ressourcen angewandt. Er schlug den Begriff einer *populazione giusta* vor, gewissermaßen einer optimalen Bevölkerungsgröße, die der wirtschaftlichen Leistungsfähigkeit ihres Gebietes entsprechen sollte. Im Jahre 1771 wurde in Mantua ein Preis für die beste Abhandlung über das richtige Gleichgewicht zwischen der Bevölkerung und dem Handel einer Stadt und ihrem Territorium ausgeschrieben. Ein gewisser Graf d'Arco gewann den Preis.

Für den Venezianer Ortes drückte sich die Vorstellung einer stabilen, ausgeglichenen Gesellschaft in einer festen Relation zwischen der Bevölkerung und dem Umfang der zum Konsum verfügbaren Güter aus. Seine soziologischen Überlegungen bildeten eine Brücke zwischen Boteros und Cantillons Bevölkerungstheorien auf der einen und dem Malthusschen Gesetz auf der anderen Seite. Ebenso wie James Steuart ein paar Jahre zuvor zeigte er, daß gleiche Auslagen für Produktionsanstrengungen zu immer niedrigeren Erträgen führen, wenn die Nutzung des Landes auf immer unergiebigere Böden ausgedehnt wird. Auf diese Weise wandte er das Prinzip der abnehmenden Erträge auf die Landwirtschaft an.

Insgesamt stellten die italienischen Ökonomen des achtzehnten Jahrhunderts in mancherlei Hinsicht den fortgeschrittensten Typus des entwickelten merkantilistischen Denkens dar. Sie benutzten den Gleichgewichtsbegriff, um die in ihr Bild von der Wirtschaft eingegangenen Größen zu korrelieren; sie überprüften die Grundbegriffe, auf denen ihre Analyse fußte, begründeten ihre wirtschaftspolitischen Vorschläge mit utilitaristischen Erwägungen und lehnten jede Politik ab, die auf den Gedanken der Handelsbilanz zurückging.

Zumindest einige dieser Autoren leiteten den charakteristischen allgemeinen Hintergrund ihrer Wirtschaftsanalyse von einer Geschichtsphilosophie her, die ihre Wurzeln in der Renaissance hatte. Diese Philosophie hatte den weitreichenden Veränderungen im Denken widerstanden, die seit dem Beginn des sechzehnten Jahrhunderts stattgefunden hatten, und orientierte sich wie zuvor an dem Glauben, es gebe ein bestimmtes Quantum Macht und Reichtum, das im Laufe der Zeit beständig von einer Nation an die nächste übergehe. Eine solche Überzeugung stand hinter Genovesis erstaunlicher Voraussage, Italien könne vielleicht eines Tages zu einer Dependence der amerikanischen Kolonien werden.[40]

---

40 »Ne stimerei fuor d'ogni probabilità che un giorno non potessere quelle colonie esser le nostre metropoli.« Genovesi, *Lezioni di commercio*, a.a.O., Erster Teil, 2. Kapitel, 22. Abschnitt.

6. Kapitel
Kameralistische Wirtschaftslehre

Der geistige Hintergrund der frühen Kameralistik

Wiederholt wurde die Aufmerksamkeit des Lesers auf die Tatsache gelenkt, daß es den nominalistischen Denkmethoden nicht gelang, in Mitteleuropa Anerkennung zu finden. Als im fünfzehnten Jahrhundert die mittelalterliche Scholastik ihren festen Halt in dieser Region verlor, gaben die Gegner der katholischen Lehren verschiedenen Formen des Mystizismus deutlich den Vorzug und waren den großen philosophischen Bewegungen der italienischen Renaissance im allgemeinen feindlich gesinnt.[1]

Martin Luther äußerte auf seinem ersten reformatorischen Feldzug Abscheu gegenüber allen philosophischen Spekulationen und nannte die Vernunft ein wildes Tier, das in Schranken gehalten werden müsse. Sein Freund und Kampfgefährte Philipp Melanchthon erkannte jedoch klar die Notwendigkeit einer logischen Begründung des protestantischen Glaubens; seine Vorliebe für die aristotelische Logik obsiegte über jede andere Methodologie. So übernahmen die deutschen Theologen bei der Auslegung ihrer religiösen und moralischen Lehren ein hierarchisches System von Allgemeinbegriffen. Eine entsprechende organische Konzeption politischer Gemeinwesen als integraler Gesamtheiten blieb lange ein charakteristischer Zug der politischen Philosophien in Deutschland. Der echte frühe Protestantismus des Luthertums und des Calvinismus erhob den Anspruch, Staat und Gesellschaft, Wissenschaft und Erziehung, Gesetz, Handel und Industrie vom supranationalen Standpunkt der Offenbarung aus zu regeln und ordnete sich – genau wie das Mittelalter – auf allen Gebieten die *lex naturae* unter, die mit dem Gesetz Gottes ursprünglich identisch sei.[2]

Der Glaube an ein solches Naturgesetz, wie die Scholastiker es lehrten, trug im sechzehnten Jahrhundert wahrscheinlich sehr zu der »Rezeption« des römischen Rechts durch die kaiserlichen Gerichte Deutschlands bei. Man nahm allgemein an, daß die justinianischen Digesten – wie sie von den scholastischen Postglossatoren oder Kommentatoren gedeutet wurden – auf einem System von Rechtsbegriffen beruhten, die sich von den Grundsätzen des *ius gentium*, eines allen Nationen gemeinsamen Gesetzes, herleiteten. Daher betrachteten die Rechtsgelehrten des Heiligen Römischen Reiches die Entscheidungen der Digesten als Quelle allgemein-

---

[1] Siehe oben, 2. Kapitel, 1. Abschnitt.
[2] Siehe Ernst Troeltsch, *Die Soziallehren der christlichen Kirchen und Gruppen*, Tübingen 1912.

gültiger juristischer Schlüsse und hielten sich für befugt, auf die abstrakten Feststellungen der römischen Gesetzessammlungen deduktive Verfahren anzuwenden.

Innerhalb dieses begrifflichen Rahmens blieb nicht viel Raum für die Erörterung ökonomischer Fragen, wie sie in England seit dem sechzehnten Jahrhundert erhoben wurden. Auf deutschem Boden herrschten bis ins achtzehnte Jahrhundert hinein in vielen ökonomischen Diskussionen moralische Erwägungen vor. Als Ausnahme sei eine Reihe nicht sehr bedeutender Pamphlete erwähnt, die um 1530 entstanden. Es ging darin um die Frage, ob in den sächsischen Ländern eine Politik der Münzverschlechterung verfolgt werden solle.[3] Befürworter wie Gegner der Entwertung führten Argumente ins Feld, die weitgehend auf die Lehren der scholastischen Juristen zurückgingen, und waren sich darüber einig, daß der Wohlstand eines Landes mit seinem Besitz an Edelmetallen gleichzusetzen sei. Die Befürworter einer Entwertung konnten das Argument ihrer Gegner kaum widerlegen, daß die angebliche Geldknappheit nicht mit dem allgemein beobachteten Anstieg der Preise aller Dinge vereinbar sei. Das Erkennen der Beziehungen zwischen der Preisentwicklung und dem Umfang der Zahlungsmittel war für die damalige Zeit eine beachtliche intellektuelle Leistung.

Es besteht kein Zweifel, daß die allgemeine geistige Entwicklung der Völker Mitteleuropas durch die verheerenden Auswirkungen des Dreißigjährigen Krieges erheblich verlangsamt wurde. Doch auch nach Beendigung der Feindseligkeiten durch den Westfälischen Frieden im Jahre 1648 blieb Mitteleuropa der Verbreitung nominalistischer Denkmethoden praktisch verschlossen. Deutsche Gelehrte enthielten sich der aktiven Teilnahme an der Ausarbeitung der newtonschen atomistischen Theoreme. Nicht minder bemerkenswert ist, daß die deutschen Naturforscher überzeugte Anhänger der von den mittelalterlichen Alchimisten aufgestellten strengen Klassifikation der Substanzen blieben. Während in den Niederlanden, in Frankreich und England immer häufiger frei umlaufende, begebbare Wertpapiere als Finanzierungsmittel rasch an Bedeutung gewannen, richteten sich die Hoffnungen der deutschen Fürsten, ihre Schatzkammern zu füllen, im siebzehnten Jahrhundert noch auf das Versprechen der »Alchimisten«, gewöhnliche Metalle in Gold und Silber zu verwandeln. Glaubwürdigkeit gewann dieses Versprechen wegen der Annahme, daß die einzelnen Metalle nur durch den unterschiedlichen Reinheits- und Reifegrad einer Grundsubstanz, der aristotelischen »Quintessenz«, voneinander unterschieden seien und folglich mit geeigneten Verfahren ineinander umgewandelt werden könnten. So verbanden

---

3 Walter Lotz (Hg.), *Die drei Flugschriften über den Münzstreit der sächsischen Albertiner und Ernestiner um 1530*, Leipzig 1893.

führende Kameralisten ihre ökonomischen Studien mit ausgedehnter alchimistischer Forschung. Der deutsche Kameralist Johann Joachim Becher (1635-1682), der eine Weile dem Hof Leopolds I. verbunden war, veröffentlichte eine größere Anzahl alchimistischer Untersuchungen, darunter ein Buch mit dem Titel *Physica subterranea* (1669). Sein Zeitgenosse Wilhelm von Schröder gab seinem kameralistischen Werk *Fürstliche Schatz- und Rentkammer* (1686) einen Anhang bei, in dem er diskutierte, wie aus anderen Metallen Gold zu gewinnen sei.[4] Eine ähnliche geistige Haltung spiegelte sich in zahlreichen politischen Schriften, die die Grundlegung souveräner Staatlichkeit als religiöses Problem analysierten. So leitete Schröder seine Hauptargumente gegen die Theorie des Gesellschaftsvertrages aus der biblischen Geschichte ab[5], und Becher benutzte die Lehre von der Erbsünde, um die Unterwerfung der Untertanen unter die Herrschaft der politischen Obrigkeit zu rechtfertigen.[6]

Die Anwendung der Naturrechtslehre, wie sie von Samuel von Pufendorf vertreten wurde, führte dazu, daß soziologische Fragen in die Terminologie juridischer Probleme gekleidet wurden. Dies galt insbesondere für die Theorie des Unterwerfungsvertrages, die die Annahme enthielt, das Wohl der einzelnen könne nur im Staat verwirklicht werden.[7] Pufendorf war sich der logischen Schwierigkeiten wohl bewußt, die im Problem der Bildung eines einheitlichen Willens durch die Verbindung vieler individueller Willen lagen. Er ging dieser Schwierigkeit aus dem Weg, indem er die Untertanen dem Willen ihrer Herrscher unterordnete.

Soweit ökonomische Fragen überhaupt eine begrenzte Aufmerksamkeit fanden, spiegelte sich in ihrer Behandlung ungefähr die Position der scholastischen Autoren des siebzehnten Jahrhunderts. So führte Pufendorf den inneren Wert der Güter auf die Nützlichkeit der Klasse von Gegenständen zurück, zu der sie jeweils gehören sollten, und brachte das Verhalten der Preise mit der jeweiligen Knappheit von Gütern und Geld in Verbindung. In seiner Erörterung wirtschaftspolitischer Maßnahmen – Einfuhrbeschränkungen für Luxusgüter, Bestimmungen für Monopole und dergleichen – spielten moralische Argumente eine herausragende Rolle. Wie fast alle protestantischen Juristen wandte sich Pufendorf gegen das Verbot der Erhebung von Zinsen auf Geld.

4 Siehe Louise Sommer, *Die österreichischen Kameralisten*, 2 Bände, Wien 1920, Band 1.
5 Wilhelm von Schröder, *Disquisitio politica vom absoluten Fürstenrecht*, 1686.
6 Johann Joachim Becher, *Politischer Discurs von den eigentlichen Ursachen dess Auff- und Abnehmens der Städt, Länder, und Republicken, in specie, wie ein Land folckreich und nahrhafft zu machen und in eine rechte Societatem civilem zu bringen*, Frankfurt 1668. Das Buch erlebte fünf Auflagen; die letzte erschien 1759.
7 Samuel von Pufendorf, *De iure naturae et gentium libri octo*, London 1672, Frankfurt/Leipzig 1759, Nachdruck: Frankfurt am Main 1967. Siehe oben, 4. Kapitel, 2. Abschnitt, über die Rolle Pufendorfs als Vertreter der Naturrechtslehre.

Kameralistik als Verwaltungslehre

In Mitteleuropa wurden ökonomische Probleme im sechzehnten und teilweise noch im siebzehnten Jahrhundert beinahe ausschließlich von Mitgliedern der Finanzverwaltung, der *camera* der Fürsten, untersucht. Im Mittelpunkt ihrer Erörterungen stand die Frage, auf welchem Wege sich die Staatseinnahmen steigern ließen, um den ständig expandierenden Militär- und Verwaltungsapparat zu finanzieren. Daher der Name *Kameralisten*, mit dem nicht nur diese Gruppe, sondern auch alle übrigen deutschen und österreichischen Autoren bezeichnet wurden, die sich bis zum Beginn des neunzehnten Jahrhunderts mit ökonomischen Fragen beschäftigten.[8]

Als Vertreter der frühen Kameralistik seien Melchior von Osse (gestorben 1557) und Georg Obrecht (gestorben 1612) erwähnt. Albion W. Small hat den Ausdruck *Fiskalisten* vorgeschlagen, um diese Gruppe von Beamten zu bezeichnen.[9] Nach den politischen Auffassungen, die im siebzehnten Jahrhundert herrschten, galt jeder deutsche Staat als ein organisches Ganzes, das von seinem Herrscher nach den Grundsätzen der Gerechtigkeit und Regierungskunst verwaltet werden sollte. Als eine Hauptaufgabe der öffentlichen Verwaltung wurde die Erhaltung einer zahlreichen und gutbeschäftigten Bevölkerung betrachtet; eine Planung von nicht näher bezeichneter Art sollte für die Regelung der wirtschaftlichen Aktivitäten, besonders für die Förderung von Industrie und Handel sorgen. So ergriffen die Fürsten von Sachsen, Bayern und Württemberg – und noch konsequenter die preußischen Herrscher und die habsburgischen Monarchen – vom sechzehnten Jahrhundert an wirksame verwaltungspolitische Maßnahmen. Im Verlauf dieser Reformen wurden führende Verwaltungspositionen, die früher von Feudalherren und hohen kirchlichen Würdenträgern eingenommen worden waren, mit hauptamtlich beschäftigten und besoldeten Beamten besetzt, die den Rängen des niederen Adels oder dem gemeinen Volk entstammten. Diese Beamten genossen eine gute Ausbildung im Rechts- und Verwaltungswesen.

So entstanden im Laufe der Zeit mehr oder weniger systematische Kataloge administrativer Maßnahmen, in deren Mittelpunkt fiskalische Themen standen. Die Untersuchung eines breiten Spektrums ökonomischer und sozialer Fragen diente dem Zweck, Handlungsanweisungen für eine

---

8 Siehe Albion W. Small, *The Cameralists*, Chicago 1909, S. 6 f. Verschiedene Mitglieder der deutschen historischen Schule haben sich viel Mühe gegeben, die Werke der Kameralisten zu analysieren. Die erste umfassende Studie, in der diese Werke sorgfältig verzeichnet wurden, war Robert von Mohls *Geschichte und Literatur der Staatswissenschaften*, 3 Bände, Erlangen 1855-1858. Siehe auch Kurt Zielenziger, *Die alten deutschen Kameralisten*, Jena 1914.

9 Siehe Small, *The Cameralists*, a.a.O., S. 588.

zentralisierte Verwaltung der verschiedenen Bereiche öffentlicher und privater Tätigkeiten zu erstellen. Die kameralistische Auffassung der wirtschaftlichen Aspekte eines politischen Gemeinwesens entsprach ungefähr dem Bild einer »erweiterten Familie, die einen großen Bauernhof besitzt«.[10] Die Anwendung mechanischer Prinzipien auf die Analyse ökonomischer Fragen war mit der organizistischen Konzeption sozialer Gemeinschaften, wie sie die Kameralisten vertraten, natürlich unvereinbar. Nicht zuletzt spielten die Rivalitäten zwischen den europäischen Mächten in den Überlegungen der Kameralisten eine beträchtliche Rolle. So kamen sie dazu, die Ausdehnung der Exporte als bedeutendes Mittel der Staatsräson zu betrachten.

Veit Ludwig von Seckendorf (1626-1692) war vermutlich der erste deutsche Autor, der ein zusammenhängendes Programm staatlicher Verwaltungsmaßnahmen vorlegte, das auf die Förderung von Industrie und Handel sowie auf Mittel zur Steigerung des Beschäftigungsgrades einer dichten Bevölkerung zielte.[11]

Das Verdienst, der Diskussion ökonomischer Fragen in Mitteleuropa einen breiten Zugang eröffnet zu haben, gebührt drei Autoren, die schon in anderem Zusammenhang erwähnt worden sind. Häufig werden sie »österreichische Kameralisten« genannt, weil sie sich an den Hof nach Wien ziehen ließen und eine beträchtliche Zeit ihres aktiven Lebens in kaiserlichen Diensten standen. Es waren Johann Joachim Becher, Philipp W. von Hornigk (1638-1712) und Wilhelm von Schröder.

Bechers Empfehlungen waren darauf ausgerichtet, die Entwicklung einer großen, einträglich beschäftigten Bevölkerung (einer »volksreichen, nahrhaften Gemein«) zu fördern, die ihm für die Staatsmacht unentbehrlich schien.[12] Von den frühen englischen Merkantilisten übernahm er den Begriff der Handelsbilanz, verkannte jedoch die mechanistischen Züge ihrer Leitsätze und legte großen Nachdruck auf das thomistische Autarkieprinzip als wichtige Voraussetzung für das wirtschaftliche Wohlergehen eines Landes. Er war überzeugt davon, daß Käufe im Ausland unvermeidlichen Schaden brächten. Ebenso charakteristisch für Bechers Ansichten war sein Beharren auf den mittelalterlichen Prinzipien der Preisfestsetzung und der Sicherung eines angemessenen Lebensunterhalts für jeden einzelnen gemäß seiner Beschäftigung und Position. Er war ein überzeugter Vertreter des Zunftsystems und zeigte das traditionelle Mißtrauen gegenüber der Tätigkeit von Kaufleuten und Händlern. Was die Einrichtung von Manufakturen angeht, schlug er eine Art von gelenkter Konkurrenz vor und richtete seine Angriffe gegen die drei Grundübel

10 Ebd.
11 Veit Ludwig von Seckendorf, *Teutscher Fürstenstaat*, Frankfurt 1656, eine vielgelesene Abhandlung.
12 Becher, *Politischer Discurs*, a.a.O.

monopolium (Monopol), *polypolium* (Bechers Ausdruck für unkontrollierten Wettbewerb) und *propolium* (Vorkauf, also das Aufkaufen von Gütern, um von erhöhten Preisen zu profitieren). Diese Begriffe für unerwünschte Marktkonstellationen wurden in deutschen Lehrbüchern der Nationalökonomie bis in die Mitte des neunzehnten Jahrhunderts benutzt, zumal von konservativen Autoren, die die Wettbewerbs- und Tauschwirtschaft ablehnten.

Interessant an Bechers Bevölkerungstheorie ist der Nachdruck, den er auf den Massenkonsum als Voraussetzung für ökonomischen Fortschritt legte, und sein Hinweis auf die einkommenschaffenden Funktionen solcher Ausgaben. Joseph Schumpeter hat vorgeschlagen, die Aufstellung kausaler Beziehungen zwischen Konsumentenausgaben und der Schaffung von Einkommen als »Bechers Prinzip« zu bezeichnen.[13]

Bechers Hauptwerk erschien im Jahre 1667 unter dem Titel *Politischer Discurs von den eigentlichen Ursachen des Auff- und Abnehmens der Städt, Länder, und Republicken, in specie, wie ein Land folckreich und nahrhafft zu machen und in eine rechte Societatem civilem zu bringen.* Becher besaß nicht nur einen für die damalige Zeit beachtlichen Sachverstand für Finanzen und Wirtschaft, sondern war zudem – wie viele Kameralisten – ausgebildeter und erfinderischer Chemiker und Alchimist. Man hat ihm die erste experimentelle Herstellung von Leuchtgas aus Kohle zugeschrieben, und er ist der Schöpfer der »Phlogiston«-Theorie, die von besonderen meßbaren Kräften der Wärme ausging, die in materiellen Körpern enthalten sein sollten. Diese Theorie wurde von anderen weiterentwickelt und spielte mehr als hundertfünfzig Jahre lang in der chemischen Literatur eine Rolle. In seinen späteren Jahren wandte sich Becher von dem Alchimistentraum ab, Gold zu machen, um die Schatzkammer des Staates zu füllen, obwohl er es technisch immer noch für möglich hielt. Doch er sagte, daß niemand mehr Brot oder Schuhe herstellen werde, wenn die künstliche Schaffung von Gold Wirklichkeit würde.

Philipp W. von Hornigk, Bechers Schwager, bestimmte Reichtum und Macht eines Landes als dessen Verhältnis zu schwächeren und weniger mächtigen Rivalen. Sein Buch *Österreich über Alles, wann es nur will* (1684) wollte diejenigen Mittel der Wirtschaftspolitik beschreiben, deren Ergreifung Österreich die Überlegenheit im Kampf der europäischen Mächte sichern würde. Sechzehn Auflagen erlebte dieser Traktat bis zum Ende des achtzehnten Jahrhunderts.

Hornigks Argumentation ging von dem Gedanken aus, der Schlüssel für die politische Stärke eines Landes liege in seiner wirtschaftlichen Autar-

---

13 Joseph Alois Schumpeter, *History of Economic Analysis*, New York 1954, S. 283 (deutsch: *Geschichte der ökonomischen Analyse*, 2 Bände, Göttingen 1965, S. 362).

kie. Vier von den neun Hauptregeln der politischen Ökonomie, die zu beachten waren, wenn Österreich zum mächtigsten Staat werden sollte, beschäftigten sich mit Maßnahmen, die auf die Vergrößerung des nationalen Vorrats an Edelmetallen zielten, und die übrigen fünf mit geeigneten Methoden zur Sicherung der Autarkie und Unabhängigkeit von ausländischen Manufakturwaren. Seiner Meinung nach sollten nur die unentbehrlichsten ausländischen Güter gegen überschüssige heimische Produkte eingetauscht werden. Mittel zu einer besseren Ausbeutung der natürlichen Ressourcen des Landes, Methoden zur Schulung der Arbeitskräfte, die Überwachung der Zünfte und dergleichen waren die Hauptthemen von Hornigks Erörterungen. Seine monetären Vorstellungen entsprachen annähernd denen der englischen Bullionisten. Seine Preistheorie beruhte auf der von einigen italienischen Autoren vertretenen Ansicht, daß sich die Geldmetalle in Wert und Verwendung von allen anderen Waren nicht unterschieden.

Der dritte bekannte österreichische Kameralist war Wilhelm von Schröder, der sich bei seinen Empfehlungen auf die Frage konzentrierte, mit welchen Mitteln die Schatzkammer eines Herrschers zu füllen sei.[14] Bei einem Aufenthalt in England hatte er die leitenden Ideen der frühen Merkantilisten aufgenommen; er betrachtete die Handelsbilanz als eine Buchführungstechnik, die die jeweilige Zu- oder Abnahme des Nationalreichtums – verstanden als verfügbares (»bereitetes«) Vermögen – anzeigen solle. Wie Becher schätzte er die einkommenschaffenden Wirkungen der Geldzirkulation richtig ein, bewertete den Inlandshandel jedoch als »bloße Kommutation« und glaubte, Billigkeit der Güter sei die Seele allen Handels. Unter Schröders Vorschlägen befand sich das Projekt einer Bank im Eigentum des Landesfürsten, die übertragbare Wechsel gegen Waren ausgeben sollte, die in staatlichen Magazinen hätten deponiert werden sollen. Die Bank sollte sechs Prozent auf das Kreditgeld erhalten und zum souveränen Herrn des nationalen Produktivvermögens werden.

Die Konzeption der Nationalstaaten als selbständiger Gesamtheiten brachte einige kameralistische Autoren des siebzehnten Jahrhunderts dazu, sämtliche Tatsachen zu sammeln, die ihnen für administrative Zwecke von Bedeutung schienen, und vergleichende deskriptive Analysen der geographischen, politischen, wirtschaftlichen und kulturellen Bedingungen der europäischen Länder zu veröffentlichen.[15] Sie wurden häufig als Vorläufer der Verwaltungsstatistik betrachtet, einer Disziplin,

---

14 Wilhelm von Schröder, *Fürstliche Schatz- und Rentkammer*, Leipzig 1686.
15 Siehe meinen Artikel über »Die Statistik als Wissenschaft in Österreich im 19. Jahrhundert, nebst einem Abriss einer Allgemeinen Geschichte der Statistik«, in: *Statistische Monatsschrift* 18 (Brünn 1913).

die später *Staatenkunde* genannt wurde und einen ihrer ersten Vertreter in Hermann Conring fand.[16] Er charakterisierte seine neue Disziplin als *notitia rerum politicarum*, und sein Werk wurde zum Vorbild für zahlreiche Nachfolger. Nach einer von Gottfried Achenwall im achtzehnten Jahrhundert eingeführten Praxis benutzte man für Untersuchungen dieser Art der Begriff *Statistik*; an verschiedenen deutschen Universitäten wurden sie Gegenstand mehr oder weniger ausführlicher Vorlesungen. Denken in quantitativen Begriffen spielte in diesen Kompilationen von Tatsachen und Zahlen freilich keine bedeutsame Rolle; sie dienten vor allem politischen und administrativen Zwecken.

Kameralistik als Zweig höherer Bildung

Ein zweiter Abschnitt in der Entwicklung der Kameralistik begann in den dreißiger Jahren des achtzehnten Jahrhunderts, nachdem an zwei preußischen Universitäten, Halle und Frankfurt an der Oder, im Jahre 1727 Lehrstühle für die Kameralwissenschaften geschaffen worden waren.[17] Andere Herrscher der mitteleuropäischen Staaten folgten dem preußischen Beispiel. Universitätslehrer übernahmen nun die Aufgabe, Verwaltungspraktiken zu analysieren und Methoden der Wirtschaftspolitik zu entwickeln, eine Arbeit, die zuvor von Regierungsbeamten geleistet worden war. Um ihre praktischen Ratschläge jedoch in den Rang einer würdigen wissenschaftlichen Disziplin zu erheben, suchten sie ihre Lehren vor einen philosophischen Hintergrund zu stellen. Dieser Hintergrund ging auf die Gedanken von Gottfried Wilhelm Leibniz (1646-1716) zurück, die von Christian Wolff (1679-1754) vereinfacht und popularisiert worden waren. Leibniz war der einzige bemerkenswerte deutsche Philosoph vor dem großen Aufschwung der deutschen Philosophie, der mit Immanuel Kant einsetzte.

Leibniz' enzyklopädische Gelehrsamkeit befähigte ihn zu herausragenden Leistungen in zahlreichen Wissenschaften, darunter Mathematik, Chemie, Mechanik, Geognosie und Geschichte, doch entwickelte er nie eine zusammenhängende philosophische Doktrin, und seine metaphysischen und wissenschaftlichen Lehren waren über viele Artikel und Essays verstreut.[18] Sein bedeutendster Beitrag zur Erkenntnistheorie war eine Abhandlung mit dem Titel *Nouveaux essais sur l'entendement humain*. Sie wurde 1765 nach dem Tod des Autors veröffentlicht und enthielt eine

16 Hermann Conring, *Staatsbeschreibung*, 1660.
17 Wilhelm Stieda, *Die Nationalökonomie als Universitätswissenschaft*, Leipzig 1906.
18 Aus seinen vergleichenden Sprachuntersuchungen zog Leibniz den Schluß, daß das Deutsche die Mutter aller übrigen Sprachen sei und das »Wesen« des europäischen Geistes bei den Deutschen gesucht werden müsse.

kritische Untersuchung von Lockes *Treatise of Human Understanding*. Unter dem starken Einfluß Descartes' bekräftigte Leibniz die platonische Auffassung, daß allgemeine Grundbegriffe wie Ausdehnung, Form und Bewegung Elemente des reinen Verstandes darstellten und auf der Basis von Sinneswahrnehmungen niemals vollständig zu begründen seien. Ebenso folgte er Descartes in dem Glauben, daß Erkenntnis der Wahrheit mit Hilfe deduktiver Verfahren aus axiomatischen Prinzipien abgeleitet werden könne, wie die Vernunft sie lehrt (Vernunftwahrheiten). Anders jedoch als Descartes beanspruchte Leibniz für diese Wahrheiten nicht Gewißheit und Evidenz, sondern nur die logische Eigenschaft der Beweisbarkeit. Wahrheit sollte in den objektiven Beziehungen zwischen Ideen zu finden sein und nur für die Bereiche von Mathematik und Metaphysik aufgestellt werden können. Die Gelehrten der Ethik, Jurisprudenz und natürlichen Theologie forderte Leibniz auf, mit Hilfe jener »Vernunftwahrheiten« unveränderliche, allgemeingültige Prinzipien zu entdecken.

Den »Vernunftwahrheiten« stellte Leibniz »Tatsachenwahrheiten« gegenüber, die aus Beobachtung und Erfahrung stammen und durch »intuitive Gewißheit« zugänglich sind. Sie können durch den Nachweis kausaler Beziehungen zwischen den beobachteten Phänomenen evident gemacht werden. Die Unterscheidung, die Leibniz zwischen »selbstevidenten« und »zufälligen« Wahrheiten vornahm, wurde von späteren Vertretern der deutschen idealistischen Philosophie weiter ausgearbeitet, die die Intuition für ein verläßliches Werkzeug absolut gültiger Erkenntnis hielten.

In seiner *Monadologie* lieferte Leibniz einen weiteren wichtigen Beitrag zur deutschen Epistemologie. Er wandte sich gegen die Vorstellung von Atomen als physikalischen Entitäten und unteilbaren Partikeln mit der Begründung, daß solche Körper ausgedehnt wären und folglich teilbar sein müßten. Daher schlug er als Gegenbegriff zum Atom der Mechanik unteilbare Lebenspartikel vor; diese »Monaden«, die er als »Organismen« beschrieb, sollten von den unbewußten (*dormientes*) bis zu den selbstbewußten Einheiten (*rationales*) eine fortlaufende Reihe bilden und sich nach der Undeutlichkeit oder Klarheit ihrer Wahrnehmungen unterscheiden. Die Beziehungen zwischen den Monaden bestimmte er nach der Idee einer prästabilierten Harmonie.

Mit großem Scharfsinn erläuterte Leibniz anhand des Gleichnisses zweier vollkommen richtig gehender Uhren drei unterschiedliche Erklärungsansätze für den Bau des Universums. Die Scholastiker, sagte er, nahmen ein Prinzip der wechselseitigen Beeinflussung an, das die Teile ihrer Unabhängigkeit beraubt. Descartes führte den *deus ex machina* ein, der beständig in die Bewegungen des Universums eingreifen sollte. Der Gedanke der »prästabilierten Harmonie« schließlich unterstellte die Existenz von

Gesetzen, die das Verhalten der Monaden dergestalt regeln, daß alle Substanzen in dauernder Harmonie miteinander stehen. Leibniz glaubte, daß Gott aus der Unendlichkeit möglicher Welten gewiß die beste, mit der höchsten Vernunft in Einklang stehende ausgewählt haben müsse. Die Behauptung, daß der Ablauf aller physikalischen und geistigen Ereignisse von immateriellen Kräften determiniert sei, die durch die Monaden wirkten, bereitete der Auffassung den Weg, daß es sich bei politischen oder sozialen Kollektiven um höherstufige organische Monaden handele.

In seinem Bemühen, die Leibnizsche Philosophie den Erfordernissen der deutschen höheren Bildungsanstalten anzupassen, schlug Christian Wolff ein ziemlich starres Organisationsmodell für die Sozialwissenschaften und ihre Methodologie vor. Unter Mißachtung der auf quantitative Beziehungen zurückgehenden »mathematischen Erkenntnis« konzentrierte sich sein Schema auf die Gegenüberstellung von Philosophie und Geschichte. Absolut gültige Erkenntnis oder »Vernunftwahrheiten« sollten nur auf der Basis selbstevidenter Grundbegriffe möglich sein. Empirisches oder historisches Wissen sollte dem Zweck dienen, die Wahrheit mit Hilfe deduktiver Methoden zu ermitteln. Nach dieser Klassifikation zerfiel jede Wissenschaft in zwei Teile: der eine, philosophische, sollte die begriffliche und erklärende Darstellung liefern; der andere, empirische, hatte die Tatsachen beizubringen, die geeignet waren, das durch deduktive Schlüsse gewonnene Wissen zu bestätigen oder zu erweitern. Ethik, Politik und Ökonomie wurden als apriorische Wissenschaften und daher als Zweige von Philosophie und Naturrecht betrachtet. Technologie und Verwaltungspraxis galten als die entsprechenden empirischen Disziplinen.

In seinen *Grundsätzen des Natur- und Völkerrechts* von 1754 empfahl Wolff die »euklidische« Methode zur Aufstellung letzter Wahrheit in den politischen Wissenschaften. Sein politisches Ideal war ein mit absoluter politischer Macht versehener, aber aufgeklärter Monarch – wie der Preußenkönig Friedrich II. –, der nach den Prinzipien einer gesunden Vernunft herrschen sollte.

An praktisch sämtlichen Universitäten der deutschen Staaten und Österreichs wurden Forschung und Lehre diesen methodologischen Grundsätzen angepaßt. Die Gelehrten, die während des achtzehnten Jahrhunderts die Lehrstühle der kameralistischen Disziplinen an diesen Institutionen besetzten, konzentrierten sich in ihrer literarischen Tätigkeit auf die Abfassung von Lehrbüchern zum Gebrauch der Studenten und Regierungsbeamten. In den einleitenden Kapiteln dieser Darstellungen trugen sie die bekannten Prinzipien der Moral- und politischen Philosophie vor und klassifizierten und definierten dann die in dieser Analyse verwandten allgemeinen Begriffe. Jedoch kümmerten sie sich nicht weiter darum, jene Prinzipien mit dem Hauptteil ihrer praktischen Instruktionen zu verbinden, der in drei Teile zerfiel: öffentliche Verwaltung oder Polizei, Wirtschaftspolitik und öffentliche Finanzen.[19] Angesichts der vorwiegend praktischen Zwecke solcher Lehrbücher verspürten ihre Verfasser keinerlei Nötigung, sich um die theoretische Analyse sozialer oder ökonomischer Probleme zu kümmern; statt dessen legten sie den Akzent auf die Erörterung der verwaltungs- und wirtschaftspolitischen Maßnahmen eines Wohlfahrtsstaates und stellten diese politischen Grundsätze so dar, als hätten sie sie aus Vernunftwahrheiten abgeleitet.

Ihre höchste Vollendung erreichte die verfeinerte Kameralistik in den Lehrbüchern von Johann Heinrich Gottlob von Justi (1705-1771) und Joseph von Sonnenfels (1732-1817).[20] Justi wurde im Jahre 1750 auf den ersten Lehrstuhl für Kameralwissenschaften berufen, der am Wiener Theresianum geschaffen worden war, einer Akademie für die Erziehung des Adels; Sonnenfels erhielt den 1763 an der Wiener Universität errichteten Lehrstuhl für Polizei- und Kameralwissenschaften, diente aber auch bei Hofe als Berater für Fragen der öffentlichen Verwaltung und Wirtschaftspolitik. Die Lehren von Justi und Sonnenfels standen unverkennbar unter dem Einfluß der Ideen einiger fortgeschrittener Merkantilisten, angepaßt an die traditionellen Aufgaben eines Wohlfahrtsstaates des achtzehnten Jahrhunderts. An ihren Richtlinien orientierten sich mindestens zwei Generationen mitteleuropäischer Ökonomen und Staatsbeamten.

Justi verstand den Staat in Übereinstimmung mit den Prinzipien der Leibnizschen Monadologie als ganzheitlichen, die souveräne Macht und das Volk umfassenden Organismus.[21] Um diese Integration zu erklären, griff er auf einen transzendenten Willen zurück, der aus der Verschmelzung der Einzelwillen entstehen sollte. Der Zusammenschluß vieler Willen zu einem einzigen sei der erste moralische Grund der Republiken. Mit dem Ausdruck »Republik« bezeichnete er politische Gemeinwesen von der Art eines Wohlfahrtsstaates. Obwohl er bei der Ableitung der Staatsgewalt vom Volk auf den Gesellschaftsvertrag Bezug nahm, erschienen ihm die Herrscher einzig Gott und nicht dem Volk verantwortlich. Das »allgemeine Beste« und die »allgemeine Glückseligkeit« waren in seinen Augen nicht Kategorien einer utilitaristischen Philosophie, sondern naturrechtliche Begriffe. Auf die Naturrechtslehre ging auch seine Idee der »Freiheit« zurück, die Gehorsam gegenüber den Gesetzen des Staates

---

19 Zwei ältere Lehrbücher seien erwähnt, die zu dieser Gruppe rechnen: Georg Heinrich Zincke, *Grundriss einer Einleitung der Cameralwissenschaft*, 1742, und Joachim Georg Daries, *Erste Gründe der Cameralwissenschaften*, Jena 1756.
20 Für eine ausführliche Analyse der Schriften von Justi und Sonnenfels siehe Sommer, *Die österreichischen Kameralisten*, a.a.O.
21 Johann Heinrich Gottlob von Justi, *Staatswirthschaft oder Systematische Abhandlung aller ökonomischen und Cameralwissenschaften*, Leipzig 1755.

einschloß, wie sie von den Beamten der öffentlichen Verwaltung interpretiert wurden.
Seine Auffassung des Wohlfahrtsstaates brachte Justi dazu, den Reichtum eines Landes mit einem ausreichenden Bestand an Gütern zur Bedürfnisbefriedigung und zur Bequemlichkeit des Lebens seiner Bürger gleichzusetzen. Getreu der merkantilistischen Tradition betrachtete er jedoch den Besitz einer hinreichenden Menge an Edelmetallen als Voraussetzung für das wirtschaftliche Wohlergehen eines Landes und führte diesen Gedanken in seinem umfassenden Lehrbuch über *Natur und Wesen der Staaten, als die Grundwissenschaft der Staatskunst, der Polizei und aller Regierungswissenschaften* (1760) aus. Im Unterschied zu den zeitgenössischen englischen Merkantilisten wies er der Regierung letztlich die Verantwortung für die Koordination sämtlicher ökonomischen Aktivitäten und für die Förderung einer harmonischen Ausdehnung solcher Aktivitäten auf alle Gebiete der Wirtschaft zu. So war er bestrebt, der öffentlichen Verwaltung sorgfältig erwogene Anweisungen zur Durchführung der Landwirtschafts-, Industrie- und Handelspolitik zu geben. Er wandte sich gegen die traditionelle, in weitem Umfang geübte Preisfestsetzung – auch wenn er das Prinzip des freien Wettbewerbs keineswegs allgemein befürwortete – und empfahl die Förderung der Manufakturindustrien als Gegengewicht zu den monopolistischen Praktiken des Zunftsystems. In seiner Erörterung der Außenhandelspolitik stellte Justi den Protektionismus nicht grundsätzlich in Frage, befürwortete aber als allgemeine handelspolitische Maßregel einen niedrigen Einfuhrzoll.
Die Prinzipien der kameralistischen Wirtschaftspolitik schlugen sich in einem österreichischen Dekret von 1763 nieder, das die alljährliche Aufstellung von Plänen zur Industrieansiedlung vorsah, die sich auf die gesamte Monarchie erstrecken sollten.[22] Dabei wurde auf den Gleichgewichtsbegriff Bezug genommen, um das Verhältnis zwischen Fabrikationszweigen, die dem Zunftsystem unterstanden (»Polizeigewerbe«), und »kommerziellen« Branchen zu bestimmen. Letztere sollten sich über die verschiedenen Provinzen verteilen: die einzelnen Zweige der Textilindustrie (Leinen-, Woll- und Baumwollmanufakturen) wurden auf Ober- und Niederösterreich, Böhmen, Mähren und Schlesien verteilt; die Eisen- und Stahlindustrie sollte besonders in der Steiermark und Kärnten gefördert werden; und die Produktion von Seidenwaren sollte in Görz, Graz und vor allem in Wien entwickelt werden, wo überdies Papier-, Leder- und Konfektionsmanufakturen angesiedelt werden sollten. Das kameralistische Muster der territorialen Streuung der Industrien spielte in der späteren wirtschaftlichen Entwicklung der Monarchie eine bestimmende

---

22 Siehe Karl Pribram, *Geschichte der österreichischen Gewerbepolitik von 1740 bis 1860*, Band 1 (1740-1798), Leipzig 1907, S. 120 ff., 268.

Rolle und übertrug sich noch bis auf die Nationalstaaten, die sich nach dem Ende des Ersten Weltkriegs aus dem österreichischen Territorium herausschälten.

Ebenso wie Justi wollte Sonnenfels mit seinen Schriften den ausgedehnten Erörterungen über eine Wirtschaftspolitik, die den Aufgaben eines Wohlfahrtsstaats des achtzehnten Jahrhunderts entspräche, einen gewissen theoretischen Hintergrund bieten. Dies galt vor allem für seine *Grundsätze der Polizey, Handlung und Finanzwissenschaft* (1765), ein Werk, das bis ins späte neunzehnte Jahrhundert an den österreichischen Universitäten das Standardlehrbuch für öffentliche Verwaltung und politische Ökonomie blieb.

Sonnenfels war der Naturrechtslehre weniger gewogen als Justi; er übernahm von Jean-Jacques Rousseaus Sozialphilosophie den Begriff eines »allgemeinen Willens«, um den Ideen einer »Einheit des Wollens« und des »allgemeinen Besten« eine vernunftgemäße Form zu geben. Daher neigte er dazu, auf Methoden des intuitiven Denkens zurückzugreifen, um die verwaltungspolitischen Maßnahmen, die er vorschlug, zu rechtfertigen.

Für Sonnenfels, der individualistischer orientiert war als Justi, hing das Wohl des Ganzen von dem seiner Teile ab. Das Ziel, das durch geeignete Maßnahmen in den Bereichen von Landwirtschaft und Industrie, Handel und öffentlichen Finanzen erreicht werden sollte, war eine möglichst große, einträglich beschäftigte Bevölkerung. Sonnenfels erkannte seine Verpflichtung gegenüber mehreren französischen Autoren an, darunter François Veron de Forbonnais, der die Gedanken verschiedener führender englischer Merkantilisten übernommen hatte. So war er überzeugt davon, daß das Kräftegleichgewicht der europäischen Mächte von der Ausgewogenheit ihrer Handelsbeziehungen abhängig sei. Er zog jedoch das Prinzip der »Industriebilanz« der traditionellen Idee der Handelsbilanz vor.

Baconsche Prinzipien der Analyse scheinen das Denken der österreichischen Kameralisten oder das anderer mitteleuropäischer Autoren des siebzehnten und achtzehnten Jahrhunderts nicht merklich beeinflußt zu haben. Vielmehr blieb die Konzeption einer Wirtschaft, die ausgiebiger administrativer Überwachung und Regelung bedarf, noch das ganze neunzehnte Jahrhundert hindurch tief im Geist vieler mitteleuropäischer Ökonomen verwurzelt.

7. Kapitel
Cartesianische Wirtschaftslehre

Die Reaktion auf den Colbertismus in Frankreich

Zu Beginn des achtzehnten Jahrhunderts wurde immer deutlicher, daß die von Colbert und seinen Nachfolgern betriebene Handels- und Finanzpolitik gescheitert war und die allgemeine Wohlfahrt und das Wohlergehen der französischen Bevölkerung nicht zu sichern vermochte. Besonders die Staatsfinanzen waren in einem Zustand hoffnungsloser Zerrüttung. Kritische Geister begannen sich nach der Weisheit einer Wirtschaftspolitik zu fragen, die ihre Anstrengungen auf die Förderung der Ausfuhr richtete, die Landwirtschaft vernachlässigte und unter der bäuerlichen Bevölkerung Elend verbreitete.

Einer der herausragenden Kritiker der unter Ludwig XIV. verfolgten Steuerpolitik war Marschall Sébastien Le Prestre, Seigneur de Vauban (1633-1707), der eine prominente Stellung in der französischen Militärverwaltung innehatte und seine literarische Betätigung weit über die Grenzen seines beruflichen Feldes hinaus ausdehnte. In seiner wichtigsten ökonomischen Abhandlung *Projet d'une dixme royale* (1707) schlug Vauban dem König eine radikale Steuerreform vor; wie schon der Titel seines Buches andeutet, empfahl er die Einführung einer zehnprozentigen Einkommensteuer als entscheidende Maßnahme zur Erleichterung der unerträglichen Last, die die damalige Steuerpolitik den Bauern aufbürdete. Seine Beiträge zu den Problemen der Besteuerung können als bemerkenswerte Leistung gelten, da er den Einfluß klar erkannte, den die Besteuerungsart auf die einzelnen Elemente der Wirtschaft ausübt, und weil er außerdem bemüht war, Tatsachen und Zahlen zu verwenden, um seine Empfehlungen zu erhärten und zu rechtfertigen.[1] Seine allgemeinen ökonomischen Auffassungen jedoch, die darauf hinausliefen, die Autarkie der Nation zu fördern und eine aktive Handelsbilanz anzustreben, gingen nur wenig über diejenigen hinaus, die dem Colbertismus zugrunde lagen.

Viel unabhängiger von der französischen Denktradition waren die Überlegungen, die Pierre Le Pesant, Sieur de Boisguillebert (1646-1714), in zahlreichen Abhandlungen vortrug. Boisguillebert, der bedeutende Positionen in der Provinzverwaltung des Königreichs innehatte, zog die Aufmerksamkeit der führenden Autoritäten auf die Verarmung und das Elend der ländlichen Bevölkerung.[2] Ausgehend von einer organischen

---
1 Siehe Fritz Karl Mann, *Der Marschall Vauban*, Leipzig 1914; Daniel Halévy, *Vauban*, Paris 1923.
2 Pierre Le Pesant de Boisguillebert (oft auch: Boisguilbert), *Le Détail de la France*,

Staatsauffassung verglich er die verschiedenen Klassen der Bevölkerung mit Teilen des menschlichen Körpers, betonte die grundlegende Bedeutung der landwirtschaftlichen Produktion und wandte sich gegen die Gleichsetzung des Reichtums mit dem Besitz an Gold und Silber. Er brachte den Begriff des Reichtums (*richesse*) mit dem Genuß der Bedürfnisbefriedigung zusammen und bezeichnete Boden und Arbeit als die Quellen des Reichtums. Über die gegenseitige Abhängigkeit der ökonomischen Faktoren war er sich durchaus im klaren, besonders über die Rolle, die dem Konsum als Voraussetzung der Produktionstätigkeit zukommt. Zu Boisguilleberts beachtlichen Beiträgen zur Wirtschaftsphilosophie seiner Zeit gehört eine theoretische Betrachtung über den Einfluß, den die Umlaufgeschwindigkeit und die Verwendung von Wechseln auf die Konsumausgaben ausüben.

In seiner Gegenüberstellung der reichen und armen Klassen der Bevölkerung klagte Boisguillebert die ersteren an, ihre wirtschaftliche Macht zu mißbrauchen und die Ökonomie durch das Horten von Geld zu schädigen. Um daher die Ausgaben für Konsumgüter zu erhöhen, erteilte er der Regierung die Aufgabe, die Einkommen zugunsten der ärmeren Klassen umzuverteilen. Seine Ablehnung der herrschenden Politik bewies er auch darin, daß er die freie Einfuhr von Getreide als Mittel zur Steigerung und Stabilisierung der Preise dieser Waren befürwortete. Er ergänzte diesen Vorschlag mit einem Plädoyer für eine liberalere Handelspolitik und benutzte die Formulierung »pourvu qu'on laisse faire la nature«, um den Gedanken zu untermauern, die Natur selbst lehre das Prinzip der Freiheit. In seinen theoretischen Betrachtungen leitete er den Wert des Geldes ausschließlich aus dessen Funktionen als Zahlungsmittel ab und beschrieb die Geldeinheit als Pfand oder Sicherheit, derentwillen ihr Besitzer auf die künftige Lieferung der Güter rechnen kann, die er haben möchte. Doch obwohl Boisguillebert sich einen ehrenvollen Platz in der Geschichte des ökonomischen Denkens verdient hat und von Eugène Daire und anderen Historikern der französischen Wirtschaftstheorie des achtzehnten Jahrhunderts hochgepriesen wurde, scheint er keinen nennenswerten Einfluß auf das spätere ökonomische Denken ausgeübt zu haben.

In den ersten Jahrzehnten des achtzehnten Jahrhunderts häuften sich die Angriffe gegen die Wirtschaftspolitik des Colbertismus zusehends. Dabei ging es um die hohen Einfuhrzölle, die den überseeischen Handelsgesell-

---

Rouen 1695; *Traité de la nature, culture, commerce et interêt des grains*, 1702; *Le Factum de la France*, Rouen 1707 und *Dissertation sur la nature des richesses, de l'argent et des tributs*, 1707. Siehe Félix Cadet, *Pierre de Boisguilbert, précurseur des économistes*, Paris 1870; S. L. McDonald, »Boisguilbert«, in: *The Quarterly Journal of Economics* 68 (1954). Seine Werke wurden neu herausgegeben von Eugène Daire in der *Collection des principaux économistes*, Osnabrück 1846.

schaften gewährten Privilegien und das traditionelle System der Zunftüberwachung, das die Entwicklung von Manufakturindustrien drosselte. Einige französische Autoren wie Boisguillebert pflichteten den liberalen Ideen bei, die von zahlreichen britischen Merkantilisten vertreten worden waren. Besonders John Laws Auffassungen fanden eine gewisse Unterstützung. Der verbreitete Glaube, daß die Ausgabe von Kreditgeld auf die Ökonomie belebend wirke, wurde durch die Finanzkrise, die im Jahre 1720 auf den Zusammenbruch von John Laws Mississippi-Plan folgte, nicht sonderlich erschüttert. Offenbar war das Preissystem durch die Ausgabe großer Mengen von Papiergeld nicht tiefgreifend beeinträchtigt.[3]

Ein herausragender Anhänger der Prinzipen von John Laws Geldtheorie war Jean François Melon, dessen *Essai politique sur le commerce* (1734) von der französischen Öffentlichkeit sehr günstig aufgenommen wurde als ein Versuch, bestimmte Lehren der englischen Merkantilisten mit der zeitgenössischen französischen Sozialphilosophie abzustimmen.[4] Bei seiner Untersuchung des Außenhandels orientierte er sich am Prinzip der Handelsbilanz und erörterte eine beachtliche Reihe von Maßnahmen zur Sicherung von Exportüberschüssen. Seine Verteidigung der Lawschen Geldpolitik und ihrer Anwendung durch die französische Regierung ergänzte er um den Vorschlag, zur Beseitigung der Staatsschulden die Währung abzuwerten. Zu den französischen Autoren, die die Abhandlung sehr schätzten, gehörten Voltaire (1694-1778), Denis Diderot (1713-1784) und besonders Charles de Montesquieu (1689-1755), der sich in seinen ökonomischen Auffassungen sehr eng an die Analyse Melons anlehnte. Melons Glaube an die Gültigkeit der Handelsbilanzlehre wurde auch von Charles Dutot geteilt, der ebenfalls Laws finanziellen Ideen günstig gesinnt war.[5] Er war überzeugt davon, daß die Ausweitung von Krediten ein vorrangiges Mittel zur Belebung der wirtschaftlichen Betätigung sei.

Um 1940 wurde in Paris eine umfangreiche französische Abhandlung über die Methoden merkantilistischer Politik aus dem Jahre 1722/23 gefunden, die Ernst Ludwig Carl zugeschrieben wurde, einem vortragenden Rat der Kurfürsten von Brandenburg.[6] Vermutlich unter dem Einfluß der cartesianischen Philosophie begann der Verfasser der Abhand-

---

3 Siehe René Gonnard, *Histoire des doctrines économiques*, 3 Bände, Paris 1921, Band 1, S. 245.
4 Siehe Alfred Espinas, »La troisième phase et la dissolution du mercantilisme«, in: *Revue internationale de sociologie* 10 (1902).
5 Charles Dutot, *Réflexions politiques sur les finances et le commerce*, London 1739.
6 Die Abhandlung trug den Titel *Traité de la richesse des princes et des moyens simples et naturels pour y parvenir, par M. C. C. C. d. P. d. B. allemand*. Siehe Anton Tautscher, »Der Begründer der Volkswirtschaftslehre, ein Deutscher«, in: *Schmol-*

lung mit der Unterscheidung zwischen einem »ordre naturel« und einem »ordre positif«; er bezog sich auf den Gesellschaftsvertrag und wies dem aufgeklärten Fürsten die Aufgabe zu, zwischen den verschiedenen Bereichen der Wirtschaft ein gewisses Gleichgewicht herzustellen und die ökonomischen Tätigkeiten der Bevölkerung zu regulieren. Kennzeichnend für diese Studie ist ein beachtliches Verständnis für die gegenseitige Abhängigkeit der einzelnen ökonomischen Aktivitäten sowie für die Rolle, die die Fürsten beim Funktionieren der Wirtschaft spielen; allerdings scheint das Werk bis zu seiner verspäteten Wiederentdeckung vollständig ignoriert worden zu sein.

Weitere Bedeutung erhielt der Begriff der Handelsbilanz in Erörterungen über die europäische Machtpolitik, wo er als Maßstab für den Gewinn an ökonomischer Macht und Einfluß verwandt wurde. In der französischen Literatur wurde dieser Aspekt des Außenhandels insbesondere von François Véron de Forbonnais (1722-1800) hervorgehoben, einem sehr erfolgreichen Autor.[7] Er versicherte, daß die Handelsbilanz eines Landes auf die Zunahme seiner »konventionellen Reichtümer« hindeute, und legte die Wirkungen eines solchen Zugewinns auf das Wachstum von Produktion und Bevölkerung dar. Wie schon die italienischen Ökonomen bezog er die Gleichgewichtsidee auch auf das Verhältnis zwischen diesen beiden Faktoren und empfahl geeignete Maßnahmen, um eine solche Balance auf dem Wege einer umfassenden Überwachung von Industrie und Handel zu erzielen.

In zunehmendem Maße nahmen nun Staatsbeamte und Geschäftsleute an der Behandlung wirtschaftlicher Fragen teil, was sich in der Tatsache niederschlug, daß eigene Zeitschriften entstanden, die sich mit ökonomischen Angelegenheiten beschäftigten. So hatten die Artikel des 1758 gegründeten *Journal Œconomique*, das die ausländische und insbesondere die englische ökonomische Literatur verfolgte, ein beachtliches Niveau. Die *Gazette du Commerce* wurde im Jahre 1763 gegründet. Das *Journal d'agriculture, du commerce et des finances*, das 1764 entstand, wurde später von den Physiokraten übernommen.

Im allgemeinen neigte die öffentliche Meinung, wie sie in diesen Publikationen zum Ausdruck kam, immer mehr dem Gedanken zu, Industrie und Handel von der traditionellen administrativen Kontrolle zu befreien. Ein herausragender Vertreter dieser Bewegung war Jacques Vincent de Gournay (1712-1759), ein erfolgreicher Großkaufmann und Handelsintendant, der den Ausruf geprägt haben soll, der als das Axiom des ökono-

---

ler's *Jahrbuch für Gesetzgebung, Verwaltung und Volkswirtschaft* 64 (1940), S. 79-106.

7 François Véron Duverger de Forbonnais, *Éléments de commerce*, 2 Bände, Leyden 1754/1766. Ders., *Principes et observations économiques*, 2 Bände, Amsterdam 1767. Siehe unten, 4. Abschnitt.

mischen Liberalismus gelten kann: »Laissez faire, laissez passer, le monde va de lui-même!«[8] Gournay war überzeugt, daß die privaten Interessen mit dem öffentlichen Wohl zusammenfielen, wenn der inländische Handel von Einmischungen der Regierungen befreit und für die Manufakturindustrien freier Wettbewerb geschaffen würde.[9] Freien Handel mit dem Ausland befürwortete er jedoch nicht.

Dagegen wurden die Ideen des ökonomischen Liberalismus recht eindeutig in einem Brief verfochten, der 1751 an den Herausgeber des *Journal Œconomique* geschrieben wurde und als dessen Verfasser René Louis de Voyer, Marquis d'Argenson (1694-1757) gilt, ein reicher Grandseigneur, der verschiedene Posten in der französischen Staatsverwaltung innehatte und zwischen 1744 und 1747 Außenminister unter Ludwig XV. war.[10] Der Brief verfolgte die Absicht, die streng protektionistischen Auffassungen zurückzuweisen, die der italienische Bankier Girolamo Belloni in seinem Traktat *Del commercio* geäußert hatte.[11] D'Argensons Kritik an diesen Ansichten gipfelten *de facto* in einem Plädoyer für die Einrichtung eines gemeinsamen Marktes für alle europäischen Länder. Er forderte für den Warenverkehr von einem Land zum anderen die gleiche Freiheit, die auch Luft und Wasser gewährt werden. Künftige Generationen, glaubte er, würden in Lachen ausbrechen, wenn sie an die unseligen Versuche dächten, ein System von »Handelsprinzipien« zu praktizieren, und in der Bedeutung, die der Idee eines europäischen Kräftegleichgewichts beigemessen wurde, ein Krankheitssymptom erblicken. Solche zukunftsweisenden Gedanken wurden um die Mitte des achtzehnten Jahrhunderts in einer der hervorragendsten ökonomischen Zeitschriften Frankreichs geäußert.

Französische Sozialphilosophien im Konflikt

Die Argumente, die zugunsten einer bestimmten Wirtschaftspolitik vorgetragen wurden, stützten sich entweder auf »evidente« Prinzipien oder beriefen sich auf praktische Erfahrung. Probleme, die mit der Rivalität

---

8 Anne Robert Jacques Turgot erwähnte diese Äußerung in seiner *Éloge de Gournay*, Paris 1759.
9 Siehe Gustave Schelle, *Vincent de Gournay*, Paris 1897, S. 322.
10 Sein voller Name war René Louis de Voyer de Paulmy, Marquis d'Argenson. Er griff die Wirtschaftspolitik der Regierung in einer Reihe anonymer Artikel an. Seine *Mémoires* wurden 1857/58, hundert Jahre nach seinem Tode veröffentlicht. Siehe August Oncken, *Die Maxime Laissez-faire und laissez-passer*, Bern 1886, und Luigi Einaudi, *Saggi bibliografici e storici intorno alle dottrine economiche*, Rom 1953, 4. Kapitel.
11 Siehe oben, 3. Kapitel, »Die Übergangsperiode«.

verschiedener Argumentationsweisen zusammenhängen, spielten in diesen Erörterungen nur eine untergeordnete Rolle.

Gleichzeitig fanden zwischen den führenden geistigen Bewegungen jedoch anhaltende Kämpfe um rivalisierende Denkmuster statt, und hinter den hitzigen Diskussionen um metaphysische, religiöse, politische und soziale Probleme zeichneten sich mit Macht logische Streitfragen ab. Diese Auseinandersetzungen spalteten die Gebildeten Frankreichs in eine Reihe gegensätzlicher Lager und bereiteten den Ereignissen den Weg, der schließlich zur Französischen Revolution führte. In diesem turbulenten Bild lassen sich mindestens sechs verschiedene Denkmuster ausmachen. Je nach der Rolle, die sie der Vernunft bei der Aufstellung der Prinzipien einer gesellschaftlichen Ordnung zubilligen, lassen sie sich bequem voneinander unterscheiden.

Konservative Autoren bedienten sich bei dem Versuch, allgemeine Prinzipien der gesellschaftlichen Organisation aufzustellen, der Ergebnisse der historischen Erfahrung. Mit diesem Ziel vor Augen gingen sie daran, neue Methoden der Datensammlung und des Vergleichs von Tatsachen zu entwickeln, die von gesellschaftlichen Institutionen und ihrem Funktionieren handeln. Ausgesprochen kritisch gegenüber der bestehenden Organisation der Gesellschaft, besonders den Einschränkungen der persönlichen Freiheit, waren die Anhänger der englischen sensualistischen Philosophie. Sie billigten der Vernunft nur die untergeordnete Rolle zu, den vom Willen festgesetzten Zielen die passenden Mittel zu liefern.

Diese Autoren befanden sich im Gegensatz zu anderen, größeren Gruppen, die fest an die Fähigkeit der Vernunft glaubten, die Grundsätze einer »natürlichen« Gesellschaftsordnung anzugeben. Die Definition dieser Ordnung schwankte jedoch stark bei wenigstens drei verschiedenen Denkrichtungen, die von den Cartesianern, den Anhängern der Aufklärungsphilosophie und den Parteigängern anderer Naturrechtslehren vertreten wurden. Die cartesianische Auffassung der »natürlichen« Ordnung soll im Zusammenhang mit den physiokratischen Lehren analysiert und diskutiert werden. Die Ideen der Aufklärung gingen hauptsächlich von den Enzyklopädisten aus und wurden von ihnen propagiert. Sie benutzten einen unterbestimmten Vernunftbegriff als Mittel, die Wahrheit zu lehren, und ersetzten die christliche Vorstellung eines persönlichen Gottes durch einen schlecht definierten Begriff der Natur als schöpferische und organisierende Kraft. Sie schrieben den Prinzipien der Mechanik den weitestmöglichen Anwendungsbereich zu und führten so eine »mechanistische Mythologie« anstelle der »animistischen Mythologie« vergangener Jahrhunderte ein.[12] Doch waren die naturrechtlichen Grundsätze, die

---

12 Siehe Ernst Mach, *Die Mechanik. Historisch-kritisch dargestellt*, 9. Auflage, Leipzig 1933, Nachdruck: Darmstadt 1976, S. 443.

sie vertraten, noch mit gemäßigten Vorschlägen zu einer Reform der Gesellschaft vereinbar. Andere, weit radikalere Gruppen benutzten bestimmte, angeblich evidente Naturrechtslehren, um utopische Pläne für eine kommunistische Gesellschaft zu rechtfertigen.

Schließlich verwarfen einige unbändige Gegner der Institution des Privateigentums und der bestehenden sozialen Ordnung die Verwendung der verfügbaren logischen Verfahrensweisen, appellierten an Gefühle und griffen zu willkürlichen intuitiven Begriffen, von denen sie ihre Vorschläge zu radikalen Reformen herleiteten.

Jeder dieser verschiedenen Ansätze zur Gesellschaftsanalyse hatte zumindest einen herausragenden Vertreter, der seinen Theorien den Stempel seiner Persönlichkeit aufprägte und einen mehr oder weniger anhaltenden Einfluß auf die Entwicklung des politischen Denkens ausübte.

Einer der berühmtesten Autoren des achtzehnten Jahrhunderts, Charles Louis de Montesquieu (1689-1755), nahm sich vor, die einzelnen politischen Gemeinwesen im Lichte ihrer historischen Gegebenheiten zu untersuchen, wie es vor ihm schon Bodin getan hatte.[13] Er betonte die Unterschiede im Charakter der Nationen, die jeweils das Zeichen ihrer Religion, Moral und Sitte trügen, und hob den Einfluß hervor, den die geographische Umgebung sowie die Beschaffenheit von Boden und Klima auf die gesellschaftlichen Institutionen ausübten. In seiner Erörterung der von den politischen Gemeinwesen verfolgten Strategien legte er einerseits die allgemeinen Ziele aller Gesetzgebung dar und verwies andererseits auf die Divergenzen, die sich aus den unterschiedlichen Strukturen, den besonderen Ambitionen und dem jeweiligen »Geist« eines Volkes ergäben. Auf diese Weise brachte er eine neue Methode der historischen Forschung in Gang, die die Aufstellung von empirischen Verallgemeinerungen oder »Naturgesetzen« erlauben sollte, die der Entstehung und dem Funktionieren von Gesellschaften zugrunde lägen. Er definierte diese Gesetze als Ausdruck der »notwendigen Beziehungen«, die sich aus der Natur der Dinge ergäben. Allerdings traf er keine klare Unterscheidung zwischen Kausalgesetzen, die den Gang der Ereignisse unabhängig vom menschlichen Willen beherrschen, und normativen Vorschriften, die im geistigen Bereich gelten, jedoch übertreten werden können.[14]

Bei dem Versuch, solche Verallgemeinerungen zu erzielen, benutzte Montesquieu ausgiebig den Gleichgewichtsbegriff, den er auf die Beziehung zwischen menschlicher Fortpflanzung und verfügbaren Subsistenz-

---

13 Charles-Louis de Secondat, Baron de Montesquieu, *De l'esprit des loix*, 2 Bände, Genf 1748 (deutsch: *Vom Geist der Gesetze*, 3 Bände, Görlitz 1804).

14 Der erste, der wahrscheinlich eine solche Unterscheidung traf, war Bischof George Berkeley.

mitteln anwandte. Dieser normativ gefärbte Begriff bot auch die logische Grundlage für seine berühmte Lehre der Gewaltenteilung und für sein System politischer Hemmnisse und Gleichgewichte. Seine Interpretation der Funktionsweise des englischen politischen Systems machte von diesen Ideen durchaus wirkungsvoll Gebrauch.
Auf ökonomische Fragen kam Montesquieu hauptsächlich im Rahmen seiner Erörterung der Höhe der Staatseinkünfte und der Steuererhebung zu sprechen, soweit sie mit den Merkmalen der verschiedenen Staatsformen zusammenhängen. Bei seiner Beschäftigung mit monetären Problemen und Fragen des Handels ging es ihm vor allem darum, die gesetzlichen Maßnahmen den jeweiligen ökonomischen Bedingungen der einzelnen Länder anzupassen. Er übernahm John Lockes Auffassungen über den imaginären Wert der Zahlungsmittel und die vorherrschende Preistheorie, der zufolge das Gesamtvolumen des umlaufenden Geldes der Gesamthöhe des Wertes der Güter auf dem Markt gleich sei, während die einzelnen Preise durch eine zusätzliche, nicht genau definierte mathematische Operation bestimmt werden sollten. Er teilte die verbreitete Abneigung gegen große monopolistische Unternehmungen und empfahl internationale Handelsfreiheit als Mittel zur Förderung des Friedens.
Viel weniger konservativ in ihrer Behandlung gesellschaftlicher Probleme waren die französischen Anhänger der englischen Sensualisten, insofern sie besonderes Gewicht auf die Ausübung individueller Freiheit zumal im Bereich religiöser Überzeugungen und des Privatlebens legten. Ebenso verbreiteten sie die Ansichten der englischen Deisten, die ihren Glauben an einen persönlichen Gott vom newtonschen Schöpfer eines mechanischen Universums ableiteten, das unabhängig von jedem übernatürlichen Eingriff gleichsam wie ein Uhrwerk abläuft. Ein herausragender Vertreter dieser Gedankenlinie war Voltaire (1694-1778), der Newtons Philosophie gegen die cartesianischen Angriffe verteidigte und sehr dazu beitrug, die mechanistische Erklärung des Verhaltens der Gestirne zu popularisieren. Voltaire gelang es auch, Lockes empirische Grundlegung der Erkenntnis der geistigen Atmosphäre Frankreichs anzupassen.[15] In seinem eleganten Stil erläuterte er Lockes Ansichten über die Empfindungen als Quelle aller Begriffe, über die mehr oder weniger mechanischen Seiten des Denkvorgangs und über das Recht des einzelnen auf persönliche Freiheit. Er benutzte seine glänzende Satire dazu, die überkommenen Institutionen lächerlich zu machen, und griff die religiöse Verfolgung und andere Methoden des Zwangs heftig an.
Viel konsequenter als Voltaire in seiner Interpretation des Lockeschen

---

15 François Marie Arouet [Voltaire], *Lettres sur les Anglais*, Rouen 1734, und ders., *Métaphysique de Newton*, Amsterdam 1741.

Empirismus war jedoch Étienne Bonnot de Condillac (1715-1780). Er war davon überzeugt, daß die wirklichen inneren Qualitäten der Dinge der menschlichen Erkenntnis für immer verborgen blieben.[16] Entsprechend wies er Descartes' Glauben an angeborene Ideen zurück und billigte der Vernunft nur das Vermögen zu, im Einklang mit den Regeln, die dem Funktionieren des menschlichen Geistes zugrunde liegen, Sinneswahrnehmungen in abstrakte Begriffe zu verwandeln. Auch bei seiner Erörterung ökonomischer Fragen wandte er diese methodologischen Grundsätze an.[17] Ein weiterer Anhänger der englischen Philosophen war Claude Adrien Helvétius (1715-1771), der ein Erziehungssystem entwickelte, mit dem selbstsüchtiges Verhalten an die Interessen der Gesellschaft angepaßt werden sollte.[18]

Die Enzyklopädisten standen in vorderster Front des Kampfes gegen das scholastische Denken. Sie vertrauten auf das Walten »natürlicher« Kräfte, die der angeblichen Harmonie des Universums zugrunde liegen sollten. Sie behaupteten, die Vorgänge des Universums ließen sich vollständig aus mechanischen Prinzipien erklären, und gingen daran, die in Wissenschaft und Industrie gewonnenen Ergebnisse von Wissen und Erfahrung zu verbreiten. Sie waren die aktivsten Vertreter des Geistes der Aufklärung, einer Bewegung, die die herrschende Vorstellung vom Universum umwälzen und die kirchlichen Autoritäten aus der Machtposition vertreiben wollte, die sie im intellektuellen Leben der Nation einnahmen. Wegen ihrer materialistischen Philosophie lehnten sie den Glauben ab, zur Erlösung der Menschheit seien übernatürliche Eingriffe nötig. An die Stelle dieses Glaubens setzten die Enzyklopädisten den Gedanken eines unbegrenzten Fortschritts, der auf Erden durch ein fortwährend wachsendes Verständnis der Natur, gesteigerte Beherrschung der Umwelt und verbesserte Anpassung des menschlichen Verhaltens an die von der Natur vorgeschriebene Ordnung erreicht werden sollte. Freilich gelang es ihnen nicht, eine klare Definition ihres Naturbegriffs zu liefern.

Der erste Band der *Encyclopédie* erschien 1751. Ihre Herausgeber, Jean d'Alembert und Denis Diderot, sprachen der Vernunft die Aufgabe und die Fähigkeit zu, die Trugschlüsse nachzuweisen, die den metaphysischen und religiösen Lehren zugrunde liegen. Es bestand ein merkwürdiger Gegensatz zwischen ihrer »rationalistischen« Philosophie und der skeptischen Einstellung zur Vernunft, wie sie zur gleichen Zeit in England

---

16 Étienne Bonnot de Condillac, *Essai sur l'origine des connoissances humaines*, 2 Bände, Amsterdam 1746 (deutsch: *Versuch über den Ursprung der menschlichen Erkenntniss*, Leipzig 1780); ders., *Traité des sensations*, London/Paris 1754 (deutsch: *Condillac's Abhandlung über die Empfindungen*, Berlin 1870).

17 Siehe oben, 6. Kapitel, »Kameralistische Wirtschaftslehre«.

18 Claude Adrien Helvétius, *De l'esprit*, Paris 1758 (deutsch: *Discurs über den Geist des Menschen*, Leipzig/Liegnitz 1760).

David Hume und seine Anhänger zeigten. Doch nicht alle Beiträger zur *Encyclopédie* teilten die extremen Auffassungen ihrer Herausgeber; die einzelnen Artikel des Werkes vertraten mechanistische Philosophien in durchaus unterschiedlicher Schattierung.

Die Angriffe der radikalen Reformer, die sich auf die Grundsätze eines normativen »Naturrechts« beriefen, richteten sich insbesondere gegen die Institution des Privateigentums. So machte Morelly den »Besitzwunsch« [*le désir d'avoir pour soi*] für alle Übel verantwortlich, die aus der Selbstsucht geboren werden, und entwarf die Organisation einer idealen kommunistischen Gesellschaft, in der die Güterverteilung und das Verhalten der einzelnen streng geregelt sein sollte.[19] Gabriel Bonnot, Abbé de Mably (1709-1785), ein Bruder des Philosophen Condillac, befürwortete ebenfalls eine kommunistische Wirtschaftsordnung.[20] Eine noch radikalere Sozialphilosophie wurde am Vorabend der Französischen Revolution von dem Girondisten Jacques Pierre Brissot de Warville vertreten, der den Satz »Eigentum ist Diebstahl« prägte.[21]

Der Gedanke, daß alle Übel, die die Menschheit befallen hatten, auf den verderblichen Einfluß der gesellschaftlichen Institutionen zurückgingen, wurde am nachdrücklichsten von Jean-Jacques Rousseau (1712-1778) hervorgehoben.[22] Die von Rousseau vertretene Methodologie liefert ein schlagendes Beispiel dafür, wie sich intuitive Begriffe verwenden lassen, um eine radikale Analyse der gesellschaftlichen Verhältnisse zu rechtfertigen. Wenngleich er der Theorie des Gesellschaftsvertrages anhing, sprach er der Vernunft die Fähigkeit ab, die Prinzipien für eine gesunde Organisation der Gesellschaft anzugeben. Statt dessen bekräftigte er seinen Glauben an die ursprüngliche Vollkommenheit der menschlichen »Natur«, ihre unverfälschten Gefühle und ihre schöpferische Energie. Aus dieser Überzeugung leitete er fragwürdige, doch höchst populäre Argumente für das Recht der einzelnen auf Freiheit, Gleichheit und Revolution gegen die Obrigkeit sowie das Prinzip der unteilbaren Souveränität des »allgemeinen Willens« [*la volonté générale*] des Volkes ab.

Die intuitiven Aspekte von Rousseaus Annahmen und Voraussetzungen

---

19 Morelly, *Code de la nature*, Paris 1754 (deutsch: *Grundgesetz der Natur*, 1846).
20 Gabriel Bonnot, Abbé de Mably, *De la législation ou principes des lois*, Amsterdam 1776. Siehe unten, 6. Abschnitt.
21 Jacques Pierre Brissot de Warville, *Recherches philosophiques sur le droit de propriété et sur le vol*, Paris 1780.
22 Jean-Jacques Rousseau, *Discours sur l'origine et les fondements de l'inégalité parmi les hommes*, Amsterdam 1755 (deutsch: »Abhandlung über den Ursprung und die Grundlagen der Ungleichheit unter den Menschen«, in: ders., *Schriften*, Band 1, München/Wien 1978, S. 165-302). Ders., *Le contrat social*, Amsterdam 1762 (deutsch: *Der Gesellschaftsvertrag*, Stuttgart 1971).

schlugen sich darin nieder, daß beinahe sämtliche Leitbegriffe und Grundsätze, die er aufstellte, sehr unterschiedliche Deutungen fanden[23]: etwa seine Vorstellung von Vernunft und individuellem Bewußtsein, Naturgesetz, allgemeinem Willen und Souveränität. Nicht minder uneindeutig waren seine Bestimmungen des »Naturzustands«, der Gesellschaft und der Beziehungen der einzelnen zum politischen Gemeinwesen. Soweit Rousseau die Entscheidungen der Mehrheit letztlich mit dem »allgemeinen Willen« identifizierte, verpflichtete er die Minderheit, diese Entscheidungen als bindend zu akzeptieren, und stellte damit Grundsätze praktikabler demokratischer Verfahren auf. Mit seinen antirationalistischen Einstellungen nahm er wichtige Aspekte der Romantik vorweg. Schließlich ermöglichte es Rousseaus politische Redeweise den Führern »totalitärer Demokratien«, ihre Ansprüche auf autokratische Machtausübung aus dem »allgemeinen Willen« ihrer Nationen abzuleiten. So eigneten sich seine Gedanken dazu, höchst unterschiedliche Interpretationen zu stützen, und förderten im Laufe der Zeit politische Entwicklungen in ganz verschiedene Richtungen.

In diesem wirren Bild konfligierender Denkmethoden bot die cartesianische Philosophie einen Sammelplatz für konservativere Gemüter; sie entwarf ein wohlorganisiertes und klar bestimmtes Verfahren zur Analyse physikalischer und gesellschaftlicher Erscheinungen im Rahmen allgemein anwendbarer Prinzipien. Die physiokratische Lehre war insoweit eine herausragende Leistung, als sie versuchte, ein allgemeingültiges System der sozialen Beziehungen im Einklang mit der cartesianischen Philosophie aufzustellen. Da Descartes mathematischen Methoden den höchsten Rang unter den wissenschaftlichen Verfahren zugesprochen hatte, war die physiokratische Lehre von dem ehrgeizigen Ziel beherrscht, ein mathematisch definiertes Bild der Ökonomie zu entwickeln, dessen Größen auf einen gemeinsamen Nenner zurückgeführt werden sollten. Diese Konzeption war mit dem Entwurf einer Gesellschaftsordnung verbunden, die sich auf naturrechtliche Prinzipien stützen sollte. Die Lehre der Physiokraten war also der erste Versuch, ein in sich stimmiges Modell einer imaginären Wirtschaft zu erfinden. Im Zusammenhang mit einer bemerkenswerten Sozialphilosophie wurde sie zu einem Markstein in der Geschichte des abendländischen Denkens.

---

23 Siehe neuerdings Alfred Cobban, »New Light in the Political Thought of Rousseau«, in: *Political Science Quarterly* 66 (1951), S. 272-284.

Der philosophische Hintergrund der Theorien Quesnays

Die physiokratischen Lehren gingen um die Mitte des achtzehnten Jahrhunderts von François Quesnay (1694-1774) aus, Arzt am Hofe Ludwigs XV. Der Ausdruck *Physiokratie* verweist auf die metaphysischen Grundlagen der Gedanken Quesnays, seine Absicht nämlich, die Prinzipien einer »Herrschaft der Natur« aufzustellen. Pierre Samuel Du Pont de Nemours, einer der Hauptvertreter dieser Idee, prägte den Ausdruck im Jahre 1767.
Im Lichte einer Geschichte des ökonomischen Denkens sind vor allem die Methoden von Belang, die Quesnay bei seiner Analyse der französischen Wirtschaft verwandte. Er umriß seine logischen Prinzipien in mehreren Artikeln, die er zur *Encyclopédie* beisteuerte[24], und bezog sich deutlich auf die Lehren von Nicolas de Malebranche (1638-1715) als die Hauptquelle seiner Methodologie.[25] Malebranche war ein Schüler von Descartes, verband jedoch die cartesische Philosophie in seinem Werk *De la recherche de la vérité* mit einigen Zügen eines augustinischen Neuplatonismus. Nach seiner Erkenntnistheorie läßt sich wahres Wissen einzig aus der Erkenntnis der Ideen ableiten, die real im Geiste des Schöpfers existieren; in der wirklichen Welt hat sich der göttliche Gedanke eines idealen Universums materialisiert, wenngleich in unvollkommener Form. Malebranche sprach dem menschlichen Geist das Vermögen zu, diese ideale Vorstellung durch eine Art Intuition zu erfassen. Von diesen logischen Prinzipien überzeugt, verwarf er die Anwendung aristotelischer Methoden auf Theologie, Ethik und Kosmologie. In dem Artikel »Evidenz«, den er 1751 zur *Encyclopédie* beitrug, äußerte Quesnay – ebenso wie Malebranche – den festen Glauben an die Fähigkeit der Vernunft, mit der Hilfe eines aktiven psychologischen Faktors, den er »Aufmerksamkeit« nannte, die Wahrheit zu entdecken. Den Empfindungen komme die Aufgabe zu, der Vernunft und dem Willen Entscheidungsmotive zu liefern.[26] Wie Malebranche verringerte er die aktive Rolle der Erkenntnis-

---

24 Die Werke von Quesnay wurden von August Oncken gesammelt und herausgegeben unter dem Titel *Œuvres économiques et philosophiques de F. Quesnay*, Frankfurt am Main/Paris 1888 (eine zweibändige deutsche Ausgabe seiner *Ökonomischen Schriften* erschien Berlin 1971/1976).
25 Siehe Quesnay, *Œuvres économiques et philosophiques*, a.a.O., S. 745, und Elie Halévy, *La formation du radicalisme philosophique*, Paris 1901/1904 (englisch: *The Growth of Philosophical Radicalism*, London 1928, S. 267). Siehe auch Benedikt Güntzberg, *Die Gesellschafts- und Staatslehre der Physiokraten*, Leipzig 1907, und Thomas P. Neill, »The Physiocrats' Concept of Economics«, in: *The Quarterly Journal of Economics* 63 (1949), S. 532-553.
26 »Les sensations sont les motifs ou causes déterminantes de la raison et de la volonté decisive.« Quesnay, Art. »Évidence«, in: *Encyclopédie, ou Dictionnaire raisonné des*

kraft auf ein Mindestmaß und bestimmte letztere als das Licht, das den zu verfolgenden Weg erhellt. Der »Evidenz« schrieb er eine Gewißheit zu, die er für ebenso unleugbar hielt wie gegenwärtige Empfindungen.[27] Die Suche nach den Zielen und dem Wirken Gottes in der Natur brachte Quesnay dazu, nach einem Mechanismus Ausschau zu halten, von dem sich zeigen ließe, daß er – unter der Voraussetzung, daß das menschliche Handeln frei ist – zur Erreichung dieser Ziele führt. Ebenso wie Malebranche unterschied er den *ordre naturel*, die Regeln des moralischen Verhaltens, vom *ordre de la nature*, den Gesetzen nämlich, die der physikalischen Welt zugrunde liegen und unabhängig von jeder menschlichen Beeinflussung wirken.[28] Und er folgte Malebranche auch darin, daß er den menschlichen Instinkt zu den Elementen der physikalischen Natur zählte und Übergriffe des Willens auf die Vernunft für Fehlschlüsse verantwortlich machte; solche falschen Urteile seien der eigentliche Grund für Unmoralität. Moralische Unordnung, versicherte er in seinem Artikel »Evidenz«, gehe stets mit ungeordnetem Denken einher. Darum war er überzeugt, daß die Annahme idealer moralischer Normen durch richtige Erziehung gewährleistet werden könne.

Im Mittelpunkt von Quesnays ökonomischer Forschung stand also der Entwurf einer Gesellschaft, die nach den Gesetzen organisiert sein sollte, die der Menschheit den größten Nutzen bieten. Der Glaube an die Existenz solcher »Naturgesetze« äußerte sich schon in Quesnays Maxime: »Ex natura ius, ordo et leges, ex homine arbitrium, regimen et coercitio«. Zwang und Willkür, erklärte er, müßten notwendig in Gesellschaften vorherrschen, in denen die von der Obrigkeit erlassenen Gesetze – die »positive Ordnung« – nicht mit den Regeln übereinstimmen, wie sie die normative »natürliche Ordnung« als zeitlos gültige, unabänderliche und bestmögliche vorschreibe.[29] Diese Regeln, versicherte Quesnay, drängten sich dem menschlichen Denken mit einer Genauigkeit auf, die sich bis in alle Einzelheiten als »geometrisch und arithmetisch« erweise und »für Irrtum, Täuschung oder unerlaubte Prätention kein Schlupfloch« biete. Aus der cartesianischen Philosophie leitete er die Überzeugung ab, daß sich der höchste Grad an Evidenz für Gesetze beanspruchen lasse, die mathematisch in quantitativen Begriffen ausgedrückt werden können.

sciences, des arts et des métiers, 35 Bände, Paris/Neuchâtel/Amsterdam 1751-1780, 56. Abschnitt.

27 »Évidence, une certitude à laquelle il nous est aussi impossible de nous refuser qu'il nous est impossible d'ignorer nos sensations actuelles.« Ebd.

28 Malebranche stellt die Erkenntnis von Verhältnissen der Vortrefflichkeit [*rapports de perfection*] der Erkenntnis von Größenverhältnissen [*rapports de grandeur*] gegenüber; das heißt, er unterscheidet die unwandelbaren Gebote der moralischen Ordnung von den Gesetzen der physikalischen Natur.

29 Siehe François Quesnay, Art. »Le droit naturel«, in: *Encyclopédie*, a.a.O.

Diese Überzeugung schlug sich in dem mathematischen Charakter des Modells der Einkommensverteilung nieder, das er im *Tableau économique* entwickelte. Zudem läßt sich möglicherweise zeigen, daß Quesnays Idee, das gesamte Nettoprodukt [*produit net*] als freie Gabe der Natur zu betrachten, von Malebranches »okkasionalistischer« Kosmologie beeinflußt wurde, der zufolge materielle Körper – aus denen das Universum besteht – als passive Agenten aufzufassen sind, die Bewegung nicht erzeugen, sondern nur aufeinander übertragen können. Alle Bewegungen sollten von einer göttlichen Kraft hervorgebracht worden sein, die von außerhalb des Universums wirkt. Offenbar war es ein analoger Zugang zur ökonomischen Analyse, der Quesnay zu der Erklärung veranlaßte, daß die Werte, die den Reichtum darstellen und Gegenstand des Distributionsprozesses sind, nicht von menschlicher Tätigkeit hervorgebracht würden, sondern eine freie Gabe der Natur seien, die von außen in die Ökonomie eingehe und im Distributionsprozeß während einer Produktionsperiode aufgezehrt werde. Die Übertragung der Tauschwerte, wie sie im *Tableau économique* beschrieben wird, zeigt bemerkenswerte Entsprechungen zu der Übertragung der Bewegungen durch träge Körper in der Kosmologie von Malebranche.

Das *Tableau économique*

Um die Mitte des achtzehnten Jahrhunderts war die Landwirtschaft noch die Hauptquelle des französischen Nationaleinkommens. Die Zahl der Grundeigentümer war jedoch klein, etwa 500 000 Personen, und ein Fünftel des Bodens lag im Besitz der Kirche. Eine gebräuchliche Form der Landbebauung war die Halbpacht [*métayage*].
So ist es kein Wunder, daß die auf die landwirtschaftliche Produktion erhobenen Steuern das Rückgrat der Staatseinnahmen bildeten, während Adel und Kirche das Privileg genossen, von Steuerzahlungen befreit zu sein. Am drückendsten war die *taille*, die von den Generalsteuerpächtern [*fermiers généraux*] im Benehmen mit dem Fiskus veranlagt und erhoben wurde. Verhaßt war auch die Fronarbeit [*corvée royale*], die Verpflichtung der Bauern zu Arbeitsleistungen, gewöhnlich zum Bau öffentlicher Straßen.[30]
Quesnays ökonomische Forschung verfolgte in erster Linie das Ziel, die

---

30 Über die Situation der französischen Landwirtschaft in der zweiten Hälfte des achtzehnten Jahrhunderts siehe Alfred G. Pundt, »French Agriculture and the Industrial Crisis of 1788«, in: *Journal of Political Economy* 49 (1941), S. 849-874. Zu den Auswirkungen der Liberalisierung von Industrie und Handel auf das französische Wirtschaftsleben siehe Henri Sée, *La France économique et sociale au XVIIIe siècle*, 2. Auflage, Paris 1969.

fundamentalen Irrtümer darzutun, die der Politik des Colbertismus zugrunde lagen: eine Politik, die die Landwirtschaft vernachlässigt und den Bauern eine unerträgliche Steuerlast aufgebürdet habe. Er unternahm den Nachweis, daß die Landwirtschaft die einzige wirkliche Quelle des nationalen Reichtums sei, und fand eine philosophische Bestätigung dieser Ansicht in seiner Lehre, daß sich die Schaffung von Reichtum einzig der göttlichen Kraft der Natur verdanke.

Das berühmte *Tableau économique*, auf dem die Lehre der Physiokraten beruht, wurde 1758 veröffentlicht. Es handelt sich um die graphische Darstellung eines Prozesses, mit der gezeigt werden sollte, wie sich die von der Natur gelieferten und in den Produkten des Bodens verkörperten Tauschwerte im Laufe einer Produktionsperiode zwischen den drei wesentlichen Klassen der Bevölkerung verteilen. Die Elemente des Verteilungsprozesses gehen aus den Erträgen der landwirtschaftlichen Produktion hervor. Ergänzt wurde das *Tableau* durch Erläuterungen sowie eine Abhandlung mit dem Titel *Maximes générales du gouvernement économique d'un royaume agricole* (1758), eine Darstellung der Prinzipien, die die Regierung eines Ackerbau treibenden Landes zu beachten habe. Bei der Durchführung der Aufgabe, die er sich gesetzt hatte, wandte Quesnay die Grundsätze des cartesianischen Denkens auf die Ökonomie an und entwickelte sie als eine Wissenschaft, die »in ihren Prinzipien ebenso beständig und des Beweises ebenso fähig ist wie die gewissesten physikalischen Wissenschaften«.[31]

Das *Tableau* besteht aus drei Spalten, in denen die Anteile am Nationaleinkommen aufgeführt sind, die den drei wesentlichen Bevölkerungsklassen, die Quesnay unterschied, jeweils zukommen. Bei diesen Klassen handelt es sich um die produktive Klasse, bestehend aus Bauern und Pächtern, die Klasse der Grundeigentümer und schließlich die sterilen Klassen, also Manufakturbesitzer, Händler, Angehörige der freien Berufe oder auch Diener. Die strategische Position, die Quesnay den Grundeigentümern im Distributionsprozeß zuwies, stützte sich darauf, daß er das Eigentum an Grund und Boden zu den natürlichen Rechten zählte.[32]

Fünf Prinzipien liegen der Struktur des *Tableau* zugrunde: (a) daß die produktive Klasse den Tauschwert ihrer Produktionskosten verdoppelt; (b) daß der Überschuß an die Grundeigentümer als Entgelt für die Auslagen abgeführt wird, die diese ursprünglich bei der Melioration des Bodens aufgewandt hatten; (c) daß der Teil des Nettoprodukts, den das

---

31 *Physiocratie*, 6 Bände, Paris 1768, Band 4, S. 9. Diese Veröffentlichung war eine Sammlung physiokratischer Schriften.
32 François Quesnay, *Maximes générales du gouvernement économique d'un royaume agricole*, Paris 1775, 4. Abschnitt (deutsch: »Allgemeine Maximen der Wirtschaftspolitik eines agrikolen Königreiches und Bemerkungen zu diesen Maximen«, in: ders., *Ökonomische Schriften*, a.a.O., Band 2/1, S. 277 ff.).

Tableau den Manufakturisten und Händlern zuweist, das genaue Äquivalent der gewerblichen Erzeugnisse darstellt, die sie an die Pächter und an die Grundeigentümer liefern, da die sterilen Klassen für außerstande erachtet wurden, Werte zusätzlich zu denen zu schaffen, die sie zu Konsum- und Produktionszwecken erhalten; (d) daß jede Klasse ihre Ausgaben gleichmäßig zwischen landwirtschaftlichen und gewerblichen Gütern aufteilt; und (e) daß am Ende des Verteilungsprozesses jede Klasse über die gleiche Menge an Werten verfügt wie zu Beginn der Produktionsperiode.

Das Problem, das sich Quesnay stellt und das in der graphischen Darstellung des *Tableau* anschaulich wird, besteht in der Verteilung eines jährlichen Nationaleinkommens von fünf Milliarden Livres zwischen den drei Klassen. Die Bauern und Pächter, die mit einem Fonds von zwei Milliarden beginnen, ernten vier Milliarden, von denen zwei das Nettoprodukt darstellen. Zwei Milliarden behalten sie, um ihre eigenen Unterhaltskosten für Produktion und Konsum abzudecken; das Nettoprodukt zahlen sie an die Grundeigentümer. Eine Milliarde liegt in Gestalt von Erzeugnissen, die in der vorherigen Periode hergestellt worden sind, in der Hand der sterilen Klassen.

Der Distributionsprozeß beginnt bei den Grundeigentümern, die eine Milliarde gegen landwirtschaftliche Waren an die Pächter zurückzahlen und eine weitere Milliarde gegen gewerbliche Produkte an die sterilen Klassen zahlen. Die Pächter verdoppeln den Wert der Milliarde, die sie erhalten hatten, liefern eine Milliarde als Rente an die Grundeigentümer ab und teilen die andere Milliarde gleichmäßig zwischen Ausgaben für ihre eigenen Produkte und Käufe von der sterilen Klasse auf. Die Ausgaben der sterilen Klassen unterteilen sich ähnlich zwischen gewerblichen Gütern und landwirtschaftlichen Produkten.

Dieses Verfahren, das immer weiter abnehmende Nettoprodukt zu verteilen, setzt sich fort, bis am Ende des ganzen Prozesses alle Überschüsse absorbiert und zwischen den drei Klassen der Bevölkerung gleichmäßig verteilt worden sind. Die alljährliche Wiederholung dieses wesenhaft statischen Prozesses hängt von der erneuten Zufuhr des Nettoprodukts als einer freien Gabe der Natur ab, die von außen in die Ökonomie eingeführt wird. Ein Zuwachs des Nationaleinkommens ist einzig als Ergebnis erhöhter Investitionen in die landwirtschaftliche Produktion zu erwarten.

Quesnay und seine Anhänger ließen an der unbedingten Gültigkeit dieses mathematischen Diagramms keinerlei Zweifel zu. So beharrte er darauf, daß die Gesamtsumme der Einkünfte in den jährlichen Zyklus eingehe und vollständig durchlaufe. Der Marquis de Mirabeau, einer von Quesnays gläubigsten Schülern, kennzeichnete den im *Tableau* beschriebenen Prozeß als einen Kreislauf, dessen Ströme durch genaue Regeln bestimmt seien, die das Versiegen der Kanäle ebenso verhinderten wie ihre Verstopfung.[33] Jede Abweichung von den angenommenen Tauschbeziehungen sollte zu verminderten Einnahmen und sinkendem Wohlstand führen. Unter den möglichen Hindernissen für das richtige Funktionieren des Verteilungsprozesses führte Quesnay schlechte Besteuerungsmethoden, übermäßigen Luxus und störende Einflüsse des Handels mit Rohstoffen auf.

Quesnays Grundannahme, formuliert man sie in ökonomischen Begriffen, lautete also, daß die bäuerliche Bevölkerung Jahr für Jahr ein Quantum an Werten erntet, das die Produktionskosten (einschließlich der Löhne) übersteigt. Den Beweis für die Existenz eines solchen aus der Bodenbebauung stammenden Wertüberschusses schien die Tatsache zu liefern, daß die Pächter in der Lage waren, jährlich einen Teil ihrer Ernte an die Landeigentümer abzuführen.

Ausgangspunkt der Analyse Quesnays war demnach die Vorstellung einer physischen Produktivität. Das *produit net* war ursprünglich eine physikalische Größe, der Überschuß an Getreide oder anderen landwirtschaftlichen Produkten über die Menge an Saatgut und anderen Faktoren, die im Produktionsprozeß verbraucht werden. Um jedoch alle Größen, die in sein Verteilungsschema eingehen sollten, auf einen gemeinsamen Nenner zu bringen, benötigte Quesnay eine Werteinheit als Grundlage für ein Netz von Transaktionen, in dem gleiche Werte gegeneinander ausgetauscht werden. Ohne die verwickelte Beziehung zu bemerken, die zwischen physischer Produktivität und der Produktivität von Tauschwerten bestehen könnte, verschob er seine Überlegungen von der einen auf die andere und formulierte sein Schema in den Ausdrücken einer Geldeinheit, des französischen Livre.

Quesnay unterschied Tauschwerte [*valeurs vénales*], die er im Grunde mit den Preisen identifizierte, vom Wert im Gebrauch [*valeur usuelle*], den er entsprechend den scholastischen Prinzipien mit der Nützlichkeit der verschiedenen Klassen von Gütern verband. Den höchsten Rang in dieser Bewertungsskala sprach er den landwirtschaftlichen Produkten zu, den freien Gaben der Natur. Aus dem Gebrauchswert der Güter ließ sich jedoch kein gemeinsames Wertmaß ableiten, da die meisten nützlichen Dinge, wie Quesnay bemerkte, oft beinahe wertlos seien.[34] Als Reichtum bestimmte er die Gesamtsumme der Güter, die beständig reproduziert, nachgefragt und gekauft werden; eine entsprechend untergeordnete Rolle schrieb er den Edelmetallen zu und betrachtete sie als bloße Hilfsmittel

---

33 Victor Riquetti, Marquis de Mirabeau, *La philosophie rurale*, 3 Bände, Amsterdam 1763 (deutsch: *Landwirtschafts-Philosophie*, Liegnitz und Leipzig 1797/98).

34 François Quesnay, »Dialogue sur les travaux des artisans«, in: *Journal de l'agriculture*, November 1766 (deutsch: »Über die Arbeiten der Handwerker. Zweiter Dialog«, in: ders., *Ökonomische Schriften*, a.a.O., Band 2/1, S. 227 ff.).

zur Erleichterung des Güteraustauschs. Die Geldeinheit, das Livre, definierte er als das gemeinsame Maß aller Tauschwerte und als gleichförmige, stabile Währung ohne eigenen Wert.

Der Einfluß des scholastischen Denkens auf Quesnays ökonomische Philosophie ist kaum zu übersehen. Hinter dem *Tableau* stand die Idee der distributiven Gerechtigkeit, die nun eine mathematische Formulierung erhielt. Dem Ablauf der Tauschvorgänge, die im *Tableau* beschrieben werden, liegt der Begriff der kommutativen Gerechtigkeit zugrunde. Ähnlich war auch Quesnays feindselige Haltung gegenüber den Kaufleuten eine Reminiszenz des frühscholastischen Denkens. Und im Begriff eines *prix fondamental*, der für die Preise der Manufakturwaren gelten sollte, spiegelte sich die Idee des »gerechten Preises«, wenngleich jener Begriff möglicherweise unter dem Einfluß von Cantillons Lehrsatz stand, wonach sich die Preise bei freiem Wettbewerb tendenziell den Produktionskosten anpassen.

Andere Aspekte des *Tableau* zeigen jedoch eine bemerkenswerte Befreiung von den wirtschaftlichen Auffassungen der Scholastik. Dies gilt vor allem für den Gedanken, die Beziehungen zwischen gutdefinierten Sektoren der Volkswirtschaft zu analysieren. Einige Merkantilisten, besonders Cantillon, hatten sich die Wirtschaft als einen Komplex voneinander abhängiger Teile vorgestellt, aber keinen Versuch unternommen, das Wesen dieser Interdependenz genau zu bestimmen. Quesnay war der erste, der auf die Verknüpfung sämtlicher Einkommen untereinander hinwies und versuchte, das Modell einer Realtauschökonomie im Sinne eines zusammenhängenden Systems wechselseitig verbundener, meßbarer Größen zu entwickeln. Die sich daraus ergebende begriffliche Sektorialisierung der Wirtschaft war zweifellos eine bemerkenswerte Leistung abstrakten Denkens.

August Oncken, der den Physiokraten in seiner *Geschichte der Nationalökonomie* eine überragende Stellung zuwies[35], hob die auffällige Rolle hervor, die Quesnay bei der Aufstellung seines Verteilungsschemas dem Gleichgewichtsprinzip verlieh. Diese Deutung des *Tableau économique* wurde von anderen Gelehrten der Geschichte der Wirtschaftswissenschaften übernommen. Der cartesianische Hintergrund der Lehre Quesnays blieb häufig unbeachtet; mehrere Interpreten des *Tableau* bemühten sich dagegen um den Nachweis, daß es sich um die Darstellung eines »Wertkreislaufs« handele[36], den Prozeß einer beständigen Zirkulation analog zum Blutkreislauf in einem lebendigen Organismus.[37] Die damit verbundene Behauptung, Quesnay habe die Ökonomie in eine »Physio-

---

35 August Oncken, *Geschichte der Nationalökonomie*, 2 Bände, Leipzig 1902, Band 1.
36 Siehe zum Beispiel Alexander Bilimovič, »Das allgemeine Schema des wirtschaftlichen Kreislaufes«, in: *Zeitschrift für Nationalökonomie* 10 (1942), S. 199-241.
37 Bertrand Nogaro, *Le développement de la pensée économique*, Paris 1944, S. 23.

logie der wirtschaftenden Gesellschaft« zu verwandeln versucht[38], ist jedoch kaum mit der Methodologie der »Ökonomisten« des achtzehnten Jahrhunderts vereinbar, deren epistemologische Prinzipien sich aus der rationalistischen Kosmologie von Descartes und Malebranche speisten. Die physiokratische Auffassung der Ökonomie war eine mechanistische und spiegelte nicht im geringsten die Merkmale von Wachstum und Verfall, die gewöhnlich mit dem Begriff eines Organismus verbunden sind.

Die sozioökonomische Lehre der Physiokraten

Sehr bald nach der Veröffentlichung des *Tableau économique* war Quesnay von einer Gruppe begeisterter Schüler umgeben, die seine graphische Darstellung der Einkommensverteilung sehr bewunderten und seine »Entdeckung« auf eine Stufe mit den herausragendsten intellektuellen Leistungen aller Epochen und Nationen stellten. Sie verbreiteten die Ideen des Meisters und bemühten sich unter seiner Anleitung, seine ursprüngliche Analyse der ökonomischen Beziehungen in eine umfassende Sozialphilosophie zu verwandeln.[39] Zu den bedeutendsten seiner Schüler gehören Victor Riquetti, Marquis de Mirabeau (1715-1789), Paul Pierre Mercier de la Rivière (1720-1794), Guillaume François Le Trosne (1728-1780), Nicolas Baudeau (1730-1792) und Pierre Samuel Du Pont de Nemours (1739-1817). Die Mitglieder dieser Schule nannten sich selbst *philosophes économistes* und veröffentlichten ihre Beiträge zur physiokratischen Lehre in einer Reihe von Büchern wie auch in verschiedenen Zeitschriften, etwa der *Gazette du commerce*, die von Du Pont de Nemours herausgegeben wurde, im *Journal d'agriculture, du commerce et des finances* und seit Anfang 1765 in den *Éphémérides du citoyen*, ein Journal, das im Jahre 1772 wegen seiner Angriffe auf die Regierung verboten wurde.

Der Marquis de Mirabeau hatte sich bereits an Fragen der Landwirtschaft interessiert gezeigt, bevor er sich Quesnays Lehre zu eigen machte. In einem umfangreichen Werk, *L'Ami des hommes, ou traité de la population* (1756) hatte er den Gedanken entfaltet, daß der Reichtum eines Landes in der großen Zahl seiner Bewohner bestehe; angesichts der Tendenz der Bevölkerung, sich weit über die Grenzen hinaus zu vermehren, die von den verfügbaren Lebensmitteln gesetzt werden, liege die beste

---

38 Eduard Heimann, *History of Economic Doctrines*, Oxford 1945, S. 17 (deutsch: *Geschichte der volkswirtschaftlichen Lehrmeinungen*, Frankfurt am Main 1949, S. 71).

39 Zu den methodologischen Grundsätzen, denen Quesnay auf der einen Seite und einige seiner Schüler auf der anderen anhingen, siehe Neill, »The Physiocrats' Concept of Economics«, a.a.O.

Wirtschaftspolitik in der Förderung der Landwirtschaft. Mirabeaus wichtigste Beiträge zur physiokratischen Literatur waren die *Théorie de l'impôt* (1760) und die *Philosophie rurale* (1763). Die umfassendste und zuverlässigste Interpretation der Lehre der Physiokraten enthielt jedoch Mercier de la Rivières *L'Ordre naturel et essentiel des sociétés politiques* (1767). Du Pont de Nemours, der spätere Begründer der amerikanischen Dupont-Dynastie, hatte großen Anteil an der Verbreitung der Gedanken Quesnays.[40] Er widersprach entschieden der Lehre Montesquieus, daß die Gesetze einer jeden Nation ihren besonderen geographischen, klimatischen und geschichtlichen Bedingungen angepaßt sein sollten[41], und entfaltete die politische Philosophie der Physiokraten in einer Abhandlung mit dem Titel *Physiocratie ou constitution actuelle du gouvernement le plus avantageux au genre humain* (1768). Eine spezielle Analyse des *Tableau économique* lieferte Le Trosne in *De l'ordre social* (1777). In dieser Untersuchung fanden einige Probleme besondere Aufmerksamkeit, die in der Anwendung mathematischer Operationen auf eine ökonomische Wissenschaft liegen, die sich mit meßbaren Größen beschäftigt.[42]

Die soziologischen Überlegungen der Physiokraten gingen aus von einer scharfen Unterscheidung zwischen Gesellschaft – als physische Notwendigkeit betrachtet – und politischer Organisation.[43] Sie nahmen an, daß sich die Organisation des gesellschaftlichen Lebens in einer charakteristischen Stufenfolge entwickelt habe[44], beginnend mit dem Nomadenleben einzelner Familien, die sich von wildwachsenden Pflanzen ernähren [*état de la recherche des productions végétales spontanées*]. Die höchste Entwicklungsstufe werde von den Gesellschaften organisierter Nationen [*sociétés regulières*] mit ihrer verfeinerten Arbeitsteilung, ihrer strukturellen Differenzierung und ihrer politischen Einigung [*corps politique*] erreicht. Für die volle Übereinstimmung der politischen Erfordernisse [*besoins*

---

40 Über das Leben sowie die Aktivitäten und Schriften von Pierre Samuel Du Pont de Nemours berichtet Gustave Schelle, *Du Pont de Nemours et l'école physiocratique*, Paris 1888.

41 Pierre Samuel Du Pont de Nemours, *Origine et progrès d'une science nouvelle*, Paris 1768.

42 Zu vielen Aspekten der physiokratischen Lehre besteht eine umfangreiche Literatur, besonders in französischer und deutscher Sprache. Einen allgemeinen Überblick bietet Henry Higgs, *The Physiocrats*, London und New York 1897; ebenso George Weulersse, *Le mouvement physiocrate en France, de 1756 à 1770*, 2 Bände, Paris 1910, und ders., *Les physiocrats*, Paris 1931.

43 Eine ähnliche Haltung nahm eine Gruppe französischer Theologen ein, darunter Jacques Bossuet und François Fénelon; sie waren Apologeten der Monarchie.

44 Die Stufeneinteilung war in einem frühen Essay von Anne Robert Jacques Turgot (*Discours sur l'histoire universelle*) angedeutet worden; sie wurde später von Du Pont de Nemours, Mirabeau und Mercier de la Rivière ausgearbeitet.

politiques] mit den physischen Bedürfnissen [*besoins physiques*] sorgten nach physiokratischer Lehre die Regeln der »natürlichen Ordnung«, die auch als verläßlicher Garant der vollen Harmonie zwischen individuellen und kollektiven Interessen angesehen werden durften. Diese Auffassungen spiegelten sich in der Bedeutung, die die Physiokraten der Differenzierung der sozialen und ökonomischen Funktionen der einzelnen Gesellschaftsmitglieder beimaßen. Ebenso zeigten sie sich in der Bestimmung von Gerechtigkeit als souveräner Herrschaft, die selbstevidenten Grundsätzen entspringt und die individuellen Eigentumsrechte festlegt. Schließlich schlugen sich diese Auffassungen auch darin nieder, daß die Physiokraten entschieden für die Unterordnung aller Gesellschaftsmitglieder unter eine zentrale Autorität [*autorité tutelaire*] eintraten, der die Aufgabe übertragen wurde, das Eigentum zu schützen und alle Verstöße gegen die natürliche Ordnung abzuwehren.

Entsprechend betrachteten sie eine erbliche Monarchie mit einem aufgeklärten Herrscher an der Spitze als die beste Form der politischen Organisation. Der besondere Organisationstyp war jedoch im Vergleich zu den Aufgaben, die die Regierung erfüllen sollte, von geringerer Bedeutung. Vom Herrscher wurde erwartet, daß er – durch ausdrückliche gesetzgeberische Akte – die Vorschriften der natürlichen Ordnung verkündet und für die Beachtung dieser Ordnung sorgt.[45] Eine Anerkennung des Rechts des einzelnen auf politische Freiheit und Beteiligung an der Bildung der Regierung hätte die Verwirklichung dieser Ordnung nur gefährdet. Im Lichte dieses Ansatzes mußten demokratische Verfahren bedeutungslos erscheinen, da die Aufstellung gültiger Regeln des sozialen Verhaltens der Macht der Vernunft anvertraut werden konnte. Wenn der Philosoph die »Wahrheit« mit Hilfe einer unfehlbaren Methode verkündet, kann den einzelnen nicht erlaubt werden, selbst die Regeln zu wählen, die sie bei ihren wirtschaftlichen Aktivitäten zu befolgen haben.

Trotz ihrer autoritären Prinzipien bestanden die Physiokraten jedoch auf einer weitreichenden Unabhängigkeit der Justiz, da sie die Gerichte als unentbehrliches Mittel betrachteten, um das gesetzgeberische Handeln der Regierung an den Vorschriften der natürlichen Ordnung zu messen und zu überwachen.

Die Behauptung, daß der Bestand und das Wohl der Gesellschaft von der Mitwirkung einer äußeren Naturkraft abhänge, war eng mit dem Gedanken verknüpft, daß jeder willkürliche Eingriff in die »natürliche« Verteilung der von der Natur geschaffenen Tauschwerte dem allgemeinen Interesse abträglich sei. Die weitreichenden Vorschriften und Bestimmun-

---

45 »Les ordonnances des souverains qu'on appelle lois positives ne doivent être que des actes déclaratoires de ces lois essentielles de l'ordre social.« Du Pont de Nemours, *Origine et progrès d'une science nouvelle*, a.a.O.

gen für Industrie und Handel, die damals bestanden, boten für solche Eingriffe reichliches Anschauungsmaterial.
Wie schon erwähnt, hatten verschiedene Kritiker der französischen Wirtschaftspolitik verlangt, für den Binnenhandel und für die Einfuhr bestimmter Waren Handelsfreiheit zu gewähren, doch waren solche Forderungen niemals ein wesentlicher Bestandteil einer besonderen ökonomischen oder sozialen Lehre gewesen. Die Physiokraten vertraten die Forderung nach wirtschaftlicher Freiheit jedoch nicht aus Gründen der Zweckmäßigkeit, sondern als ein Prinzip, das von der Natur gelehrt und vom logischen Denken bewiesen werde. Der Genuß der Handelsfreiheit, sagte Mercier de la Rivière, lasse die Entstehung einer beständigen Tendenz zum bestmöglichen Gesellschaftszustand erwarten.[46] Du Pont de Nemours verurteilte Einschränkungen des freien Wettbewerbs als Verletzung der vom Schöpfer verfügten Rechte und Pflichten. Der Regierung oblag es darum, die ökonomische Freiheit des einzelnen zu schützen und ihm den persönlichen Genuß der Früchte seiner Arbeit zu sichern. In dieser allgemeinen Formulierung enthielt das Postulat eine Herausforderung an die zahlreichen bestehenden Vorrechte und die auf sie zurückgehenden monopolistischen Positionen.
Eine ähnliche Auffassung wirtschaftlicher Freiheit schlug sich später (1776) in dem berühmten Edikt nieder, das die Abschaffung des Zunftsystems in Frankreich dekretierte und das Recht, ungehindert von gesetzlichen Einschränkungen zu arbeiten, zum heiligsten und unveräußerlichen Besitz jedes einzelnen erklärte. Wahrscheinlich wurde dieses Edikt von Turgot formuliert, der zu jener Zeit an der Spitze der französischen Finanzverwaltung stand.
Ohne den freien Wettbewerb im einzelnen zu analysieren, betrachteten die Physiokraten ökonomische Freiheit als eine Form höherer Gewalt, der die Regelung der Preise im Einklang mit der natürlichen Ordnung überlassen werden konnte. Le Trosne und Mercier de la Rivière erklärten, die Tauschwerte seien vom Willen der Käufer und Verkäufer unabhängig und würden ihnen von der allgemeinen Schätzung oder vom allgemeinen Urteil aufgenötigt.[47] Mercier de la Rivière sprach von einer despotischen Macht, die die Preise bestimme, und scheint dem freien Wettbewerb die Tendenz zum Ausgleich der Unternehmerprofite zugeschrieben zu haben. Profite galten als Teil der Produktionskosten und wurden als eine besondere Form des Lohns behandelt. Mercier de la Rivière

---

46 Paul Pierre Mercier de la Rivière, *L'Ordre naturel et essentiel des sociétés politiques*, Valencia 1823.

47 Guillaume François Le Trosne, *De l'ordre social: ouvrage suivi d'un traité élémentaire sur la valeur, l'argent, la circulation, l'industrie et le commerce intérieur et extérieur*, Paris 1777, 7. Kapitel; Mercier de la Rivière, *L'Ordre naturel et essentiel des sociétés politiques*, a.a.O.

schätzte die Bedeutung solcher Profite, die sich nicht als Löhne betrachten ließen, äußerst niedrig ein und führte als Argument dazu an, sie würden durch die Verluste, die bei anderen ökonomischen Transaktionen entstünden, tendenziell neutralisiert. Ohne Zweifel waren diese Auffassungen von dem Wunsch getragen, die Schwierigkeiten zu überwinden, die sich aus der Definition der sterilen Klassen ergaben. Sie erscheinen jedoch in einem günstigeren Licht, wenn man bedenkt, daß das Geschäftsvolumen der überwältigenden Mehrheit der französischen Manufakturbesitzer und Händler um die Mitte des achtzehnten Jahrhunderts noch sehr gering war und kaum mehr abwarf, als für den eigenen Unterhalt erforderlich war. Soweit dennoch nennenswerte Profite entstanden, machten die Physiokraten die Existenz von Monopolen und ähnliche wirtschaftliche Sonderstellungen dafür verantwortlich.

Das Profitmotiv wurde besonders im Zusammenhang mit der Erörterung von Handelsaktivitäten erwähnt, spielte jedoch nicht die Rolle eines rationalen Prinzips des Wirtschaftsverhaltens. Der Glaube an die Gültigkeit der »natürlichen Ordnung« gestattete es Quesnay, das utilitaristische Grundproblem zu ignorieren, wie private und öffentliche Interessen miteinander zu versöhnen sind. Nur im Vorübergehen – bei einer Erörterung der Manufakturindustrien – spielte Quesnay auf das sogenannte ökonomische Prinzip an, indem er feststellte, »das ökonomische Verhalten in seiner Vollkommenheit« bestehe darin, »die größtmögliche Steigerung von Genüssen durch die größtmögliche Minderung von Ausgaben [zu] erlangen«.[48] Doch weder er noch seine Anhänger erläuterten oder entfalteten diesen Satz.

Unausgesprochen war in der Proklamation des Prinzips der wirtschaftlichen Freiheit die Ablehnung des merkantilistischen Begriffs der Handelsbilanz mit all ihren Konsequenzen enthalten. Quesnay argumentierte, die Interessen der Kaufleute stünden denen der Nation stets entgegen. Der Reichtum eines Landes, äußerte er in den *Maximes générales*, hänge nicht vom Besitz eines größeren oder geringen Geldvorrats ab, und das Verbot der Ausfuhr von Münzgeld gehe auch dann, wenn ein solcher Export im Interesse des Handels wünschenswert sei, auf ein bedauerliches Vorurteil zurück.

Das Gemeinwesen, das die Physiokraten bei ihrem Vorschlag einer idealen Ordnung im Sinn hatten, war eine ackerbautreibende Gesellschaft, die in der Versorgung der Grundbedürfnisse ihrer Bevölkerung autark sein sollte. Industrie- und Handelsnationen betrachtete Quesnay als Vermittler im Handelsverkehr zwischen agrarischen Gemeinschaften, als Glieder einer universellen Handelsrepublik. Mercier de la Rivière sah im

---

48 Siehe Quesnay, *Œuvres économiques et philosophiques de F. Quesnay*, a.a.O., S. 391 (deutsch: »Über die Arbeiten der Handwerker. Zweiter Dialog«, a.a.O., S. 246).

Außenhandel ein notwendiges Übel für Länder, deren Binnenhandel nicht ausreicht, ihre heimische Produktion gewinnbringend zu verteilen. Die Vorstellung einer im wesentlichen stationären Wirtschaft, die Quesnay vor Augen hatte, öffnete nicht die Aussicht auf rasch zunehmende Beschäftigungsmöglichkeiten. Bei der Behandlung solcher eher dynamischen Probleme äußerte er seine Überzeugung, die Bevölkerung neige dazu, die Grenzen zu überschreiten, die einem Land durch die verfügbaren Subsistenzmittel gesetzt seien. Vorbedingung für einen wünschenswerten Bevölkerungszuwachs sei natürlich die Steigerung der landwirtschaftlichen Produktion. Eine solche Steigerung hänge ihrerseits von Investitionen in landwirtschaftlichen Betrieben ab. Bei der Analyse ihres Kapitalbedarfs unterschied Quesnay *avances foncières* (Anfangsinvestitionen), *avances primitives* (Ausgaben für die Ausrüstung) und *avances annuelles* (laufende Ausgaben).[49] Seine Behandlung dieser Methoden zur Steigerung der Bodenproduktivität ist allen vergleichbaren Erörterungen, die bis dahin angestellt worden waren, weit überlegen. Besonders bemerkenswert ist das Gewicht, das er auf Kapitalakkumulation durch Ersparnisse legte. Getreu seinen wirtschaftlichen Prinzipien widersprach er der Verwendung von Ersparnissen für andere als Investitionszwecke und wandte sich gegen die Ausgabe von Staatsanleihen, die nichts weiter als die verschwenderische Aufzehrung verfügbarer Ersparnisse zur Folge hätten. Unerwünschte übermäßige Ausgaben für Konsumgüter wurden auch in einem Essay kritisiert, den der Abbé Baudeau verfaßt hatte.[50] Das beste Mittel, die Ansammlung von Ersparnissen bei Grundeigentümern und Pächtern zu fördern und Investitionen in der landwirtschaftlichen Produktion zu erhöhen, waren natürlich hohe Getreidepreise. Daher wandte sich Quesnay gegen die offizielle Politik, die stets niedrige Preise für Lebensmittel begünstigt hatte, und erklärte, daß die Preise für landwirtschaftliche Produkte auf das höchstmögliche Niveau angehoben werden sollten, um die Agrarproduktion wirksam zu steigern; die Löhne der Arbeiter, die auf der Höhe des Existenzminimums gehalten wurden, sollten den Nahrungsmittelpreisen angepaßt werden. Im Rahmen dieser Politik empfahl Quesnay die Praxis des Freihandels beim Getreideexport, weil er überzeugt war, daß nur die Konkurrenz ausländischer Käufer den Kornpreis auf ein hohes Niveau heben und damit starke Anreize zur Steigerung der Agrarproduktion wecken könne. Diese Schlußfolgerung nannte er das A und O der ökonomischen Wissenschaft.
Im Ertrag des landwirtschaftlich genutzten Bodens fand Quesnay ein

49 Quesnay, Art. »Grains« und »Fermiers«, in: *Encyclopédie*, a.a.O. (deutsch: »Getreide« und »Pächter«, in: ders., Ökonomische Schriften, a.a.O., Band 1/1, S. 57 ff. und S. 1 ff.).
50 Nicolas Baudeau, *Principes de la science morale et politique sur le luxe et les lois somptuaires*, 1767.

»von der Natur festgesetztes« Maß zur Bestimmung der Zinsrate in den Abmachungen zwischen Schuldnern und Gläubigern. Er verlangte gesetzliche Maßnahmen zur Anerkennung dieser Norm.[51] Beschränkungen des Zinsfußes waren mit dem Prinzip der Handelsfreiheit kaum zu vereinbaren, doch Quesnay ignorierte letzteres, wenn es den Zielen seiner Agrarpolitik in die Quere zu kommen drohte. Mirabeau empfahl sogar, dem obsoleten Verbot der Zinsnahme wieder Geltung zu verschaffen, und verteidigte diesen Vorschlag mit traditionellen scholastischen Argumenten.[52] Zur Durchsetzung dieses Verbots riet auch der französische Jurist Robert Joseph Pothier, der die Erhebung von Zinsen auf Geld als Verletzung des Äquivalenzprinzips betrachtete. Diese Ansichten wurden von Anne Robert Jacques Turgot in einer erst nach seinem Tode veröffentlichten Abhandlung zurückgewiesen.[53] Offiziell abgeschafft wurde das Verbot der Zinsnahme auf Geld durch das Gesetz vom 12. Oktober 1789; dabei wurde der Höchstsatz auf fünf Prozent begrenzt.

Zu den wichtigsten Folgerungen, die Quesnay aus seiner Konzeption des »Mehrwerts« und aus seinem Verteilungsmodell zog, gehörte sein Vorschlag des *impôt unique*, einer einzigen Steuer, die von den Grundeigentümern erhoben werden sollte, die das Nettoprodukt erhalten, ohne Arbeit oder Waren dafür zu liefern. Der Gedanke einer solchen »Einsteuer« war nicht neu; das einleuchtende Argument jedoch, das zu ihren Gunsten vorgebracht wurde (daß sie denen auferlegt werden solle, deren Renteneinkünfte den Verteilungszyklus in Gang setzen, da letztlich alle Steuern aus diesem Einkommen bestritten werden müssen), ging von neuen Voraussetzungen aus. Neu waren auch die besonderen Vorschläge für die Erhebung der Steuer: nach Abzug der erforderlichen Auslagen für die Verbesserung der Bodenqualität sollte das *produit net* zwischen Grundeigentümern und Staat – verkörpert durch den erblichen Monarchen – aufgeteilt werden. Dabei sollte letzterer nach dem Recht auf Enteignung einen angemessenen Teil des von der Natur geschaffenen Reichtums beanspruchen können. Diese Vorschläge wurden von Mirabeau ausgearbeitet, der ein umfassendes Programm zu einer Finanzreform vorlegte.[54]

Tatsächlich war die Einsteuer als eine sozialreformerische Maßnahme gedacht, die der bäuerlichen Bevölkerung eine fast unerträgliche Bürde abnehmen sollte. Auch finanzpolitisch ließ sie sich mit triftigen Argumenten rechtfertigen. Bei vernünftiger Durchführung und in Verbindung mit weiteren geeigneten Maßnahmen hätte sie den Erfordernissen des

---

51 Quesnay, *Maximes générales du gouvernement économique d'un royaume agricole*, a.a.O. (deutsch: a.a.O.).
52 Mirabeau, *La Philosophie rurale*, a.a.O. (deutsch: a.a.O.).
53 Anne Robert Jacques Turgot, *Mémoire sur les prêts d'argents*, Paris 1789 (geschrieben 1769).
54 Victor Riquetti, Marquis de Mirabeau, *Théorie de l'impôt*, Paris [?] 1760.

Fiskus angepaßt werden und möglicherweise ein Mittel gegen die beständigen finanziellen Nöte der Regierung bieten können.
Einige Bemerkungen zu bestimmten Aspekten der physiokratischen Lehre mögen noch angebracht sein. Wiederholt wurde der Einfluß Cantillons auf das Denken Quesnays betont. Es ist kaum zu bezweifeln, daß Quesnay mit Cantillons Essay vertraut war. In dem Artikel über »Getreide«, den er zur *Encyclopédie* beitrug, bezog er sich auf Cantillon als einen Schriftsteller, der die Bedeutung der Landwirtschaft als Quelle der Staatseinkünfte und des Einkommens großer Teile der Bevölkerung erwiesen habe. Es ist sehr wahrscheinlich, daß Quesnays Bestimmung der drei Bevölkerungsklassen und seine Konzeption des landwirtschaftlichen Überschusses durch die entsprechenden Merkmale der Analyse Cantillons nahegelegt wurden. Darüber hinaus lehnte sich Quesnay eng an Cantillons Preistheorie an, als er feststellte, daß sich die Preise unter Bedingungen freien Wettbewerbs auf die Produktionskosten reduzierten. Wenngleich Quesnay einige seiner Leitgedanken von Cantillon erborgt haben mag, bleibt doch zweifelhaft, ob letzterer als »Vorläufer der Physiokraten« bezeichnet werden sollte, wie es verschiedene französische Interpreten der physiokratischen Doktrin getan haben. Cantillons weitgehend am baconschen Empirismus orientierte Methode der Wirtschaftsanalyse konnte im Denken der Physiokraten kaum Anklang finden, da sie sich von ihrer cartesianischen Behandlung ökonomischer und sozialer Probleme radikal unterschied.
Ebenso ist die Beziehung der physiokratischen Lehre zur utilitaristischen Philosophie häufig erörtert worden. Die Deutung von Quesnays Auffassungen als eine Version des frühen englischen Utilitarismus wurde besonders von einigen deutschen Gelehrten der Geschichte des ökonomischen Denkens hervorgehoben[55], und Joseph Schumpeter charakterisierte Quesnay als »eine[n] der Väter« des Utilitarismus.[56] Man kann vermuten, daß die utilitaristischen Aspekte von Quesnays Philosophie in Malebranches Appell an das »aufgeklärte Selbstinteresse« [*amour propre éclairé*] als Leitfaden des menschlichen Handelns wurzelten.[57] Im Kontext der physiokratischen Lehre erschien Glück als das letzte Ziel menschlicher Wesen, und Mercier de la Rivière sprach von dem Wunsch nach Freude, der sich in allen spontanen Äußerungen der Gesellschaft zeige und die letztere unwillkürlich zur Verwirklichung des idealen Staates treibe. Le Trosne hielt es für notwendig, die Menschen bei ihren

---

55 Siehe etwa Wilhelm Hasbach, *Die allgemeinen philosophischen Grundlagen der von François Quesnay und Adam Smith begründeten politischen Oekonomie*, Leipzig 1890.
56 Joseph Alois Schumpeter, *History of Economic Analysis*, New York 1954, S. 233 (deutsch: *Geschichte der ökonomischen Analyse*, 2 Bände, Göttingen 1965, S. 301).
57 Siehe Güntzberg, *Die Gesellschafts- und Staatslehre der Physiokraten*, a.a.O., S. 31.

Wünschen und Interessen zu packen [*prendre*] und diese Motive zu nutzen, um sie zu Moral und staatsbürgerlichen Tugenden zu führen.[58] Die psychologischen Erwägungen jedoch, die den individualistisch-utilitaristischen Aspekten des englischen Sensualismus des achtzehnten Jahrhunderts zugrunde lagen, wurden von den Physiokraten praktisch übergangen. In einer gesellschaftlichen Ordnung, die von selbstevidenten, mathematisch formulierbaren Regeln gelenkt werden sollte, blieb für individuelles Wollen und differenzierte Motivation nicht viel Raum.

Karl Marx sprach davon, die Physiokraten hätten den Begriff des »Mehrwerts« entdeckt und damit die Kategorie des unverdienten Wertzuwachses ins ökonomische Denken eingeführt, eine Kategorie, die ihm für das Verständnis der kapitalistischen Wirtschaft grundlegend schien. Ebenso bemühte sich Marx, zu zeigen, daß die moralische Ordnung der Physiokraten, wie sie sich aus dem Wirken von »Naturgesetzen« herleitet, auf einer deterministischen Theorie beruhe.[59] Die Uneindeutigkeit des von den Physiokraten benutzten Gesetzesbegriffs spielte in der Debatte über diese Behauptung eine beträchtliche Rolle. Bei näherer Betrachtung scheint es, als schließe der physiokratische Begriff sozialer Gesetze drei Arten von Regeln ein[60]: erstens normative Regeln des »selbstevidenten« *droit naturel*, wie sie in den Geist der Bürger der neuerrichteten Gesellschaftsordnung eingelassen sind; zweitens Regeln, die das rationale ökonomische Verhalten des einzelnen bestimmen; und drittens explanatorische Regeln, die den Verlauf des allgemeinen Wirtschaftsprozesses betreffen.

Deterministische Züge der physiokratischen Lehre lassen sich vornehmlich in den explanatorischen Gesetzen finden, die freilich zwischen deduktiv entwickelten Vorschriften und Gesetzen, die wenigstens teilweise auf Beobachtung und Erfahrung gründen, auf der Grenze stehen. So haben die vermeintlich erklärenden Regeln, die der Einkommensverteilung zugrunde liegen, einen ausgesprochen normativen Beigeschmack, während die Behandlung der Preise unter Wettbewerbsbedingungen offenkundig aus der Erfahrung abgeleitet ist. Besonders unklar ist die Verwendung des Begriffs *lois physiques* für Vorschriften, die dafür sorgen sollen, daß die menschlichen Aktivitäten den ökonomischen Prinzipien der physiokratischen Lehre entsprechen. Da diese Gesetze verletzt werden können, lassen sie sich kaum als deterministische Gesetze ansprechen.

Mit der Marxschen Analyse der physiokratischen Doktrin eng verbunden war ein Versuch von Norman J. Ware, dem es um den Nachweis ging,

58 Le Trosne, *De l'ordre social*, a.a.O.
59 Karl Marx, *Theorien über den Mehrwert*, hg. von Karl Kautsky, 3 Bände, Stuttgart 1905-1910, Band 1 (MEW, Band 26.1, Berlin 1965).
60 Siehe Overton H. Taylor, *Economics and Liberalism*, Cambridge, Mass. 1955, S. 82.

daß die Idee des Mehrwerts und der davon abhängige Vorschlag der Einsteuer die wirtschaftlichen Interessen einer neuen Klasse kapitalistischer Grundeigentümer rationalisieren sollte, die nicht mehr wie Adel und Kirche das Privileg der Steuerbefreiung genoß.[61] Die Einführung der vorgeschlagenen Steuer, führte Ware aus, hätte es diesen Grundeigentümern erlaubt, nicht nur ihre Produktionskosten, sondern auch die auf Kapitalinvestitionen verdienten Profite steuerlich abzusetzen. Es mag sein, daß sich die Steuer letztlich im Interesse der kapitalistischen Grundeigentümer ausgewirkt hätte, doch finden sich bei den Physiokraten keinerlei Anspielungen auf derlei Folgewirkungen. Was sie mit der Verwirklichung ihrer Vorschläge in erster Linie zu erreichen hofften, waren Steigerungen der Masse des Mehrwerts, die durch ständig wachsende Investitionen in sämtlichen landwirtschaftlichen Betrieben erzielt werden sollten.

Schließlich seien noch ein paar Worte über die Ergebenheit gesagt, mit der Quesnays Schüler die Lehren ihres Meisters vertraten; wiederholt hat man dieses Verhältnis als einzigartig in der Geschichte der Nationalökonomie betrachtet. Erst viel später fand es eine Entsprechung in der ganz ähnlichen Haltung der Marxisten. In beiden Fällen erscheint es jedoch ratsam, eher von philosophischen oder soziologischen Schulen als von ökonomischen im engeren Sinne des Wortes zu sprechen, und in beiden Fällen stand hinter dem unerschütterlichen Glauben an die Worte eines »Meisters« der unbedingte Glaube an die Gültigkeit einer Denkmethode, die es dem Meister ermöglicht hatte, die »Wahrheit« über angebliche ökonomische Gesetze zu enthüllen.

Die Auflösung der physiokratischen Lehre

Da die Philosophie Malebranches unter den gebildeten Schichten Frankreichs weitverbreitet war, fanden die physiokratischen Ideen und Lehren, die sich aus dieser Philosophie herleiteten, rasch Aufnahme und Zustimmung. Die logische Konsistenz, die Quesnay mit dem Entwurf eines abstrakten mathematischen Bildes des Distributionsprozesses bewies, mußte auf alle, die nach cartesianischen Grundsätzen erzogen worden waren, attraktiv wirken. Eine Lehre jedoch, die unbedingte Geltung beanspruchte und zeigen zu können glaubte, wie die beste aller politischen und ökonomischen Organisationen zu verwirklichen wäre, mußte auf viele Gegner stoßen, zumal in einer sozialen Umgebung, die so tief von Skeptizismus durchdrungen war wie die geistige Elite im Paris des acht-

---

61 Siehe Norman J. Ware, »The Physiocrats: A Study in Economic Rationalization«, in: *American Economic Review* 21 (1931), S. 607-619.

zehnten Jahrhunderts. Kaum weniger bedeutsam für das endgültige Schicksal der Doktrin war die Tatsache, daß die von den Physiokraten empfohlenen wirtschaftspolitischen Maßnahmen mit vielen wohletablierten Grundsätzen der französischen Verwaltung in offenem Konflikt standen.

Das galt besonders für die von den Physiokraten vorgeschlagene Außenhandelspolitik, die ins Schußfeld heftiger Angriffe geriet, nachdem durch Edikte aus den Jahren 1763 und 1766 die Aus- und Einfuhr von Getreide in beschränktem Umfang erlaubt worden war; als dann im Jahre 1769/70 durch eine Mißernte Hungersnot entstand, machte die öffentliche Meinung die Exportpolitik für den Anstieg der Kornpreise verantwortlich. Besonders eindrucksvoll war der Spott des Abbé Galiani über die Idee, der Boden sei die einzige Quelle des Reichtums. Er stellte eine vergleichende Analyse der Außenhandelspolitik anderer europäischer Länder an, um seine Behauptung zu belegen, daß die Wirtschaftspolitik den örtlichen und regionalen Bedingungen angepaßt werden müsse und es ein hoffnungsloses Unterfangen sei, eine solche Politik aus absoluten, vermeintlich universell gültigen Grundsätzen abzuleiten.[62] Insofern richteten sich Galianis beißende Kritiken nicht nur gegen die Handels- und Landwirtschaftspolitik der Physiokraten, sondern enthielten eine allgemeine Attacke auf die doktrinäre Haltung der *philosophes économistes* und ihre methodologischen Prinzipien. Die Natur, sagte er, ist eine zu große Dame, als daß wir sie mit jeder belanglosen Verwicklung oder Windung unseres Lebens behelligen sollten. Überlassen wir ihr nur, für die großen Entwicklungen zu sorgen.[63]

Weitere eindrucksvolle Einwände, insbesondere gegen den physiokratischen Begriff des Nationaleinkommens, wurden von Jean L. Graslin erhoben.[64] Und Jacques Necker, ein Gegner Turgots und dessen Nachfolger als Generalkontrolleur der Finanzen im Jahre 1776, erneuerte die Angriffe auf die Handelspolitik der Physiokraten.[65]

Verschiedene andere zeitgenössische Kritiker warfen der Lehre vor, sie versage bei der Behandlung der Produktion und Distribution nicht-landwirtschaftlicher Waren. Die Anwendbarkeit der »geometrischen Methode« auf die Analyse hochkomplexer ökonomischer und sozialer Er-

---

62 Ferdinando Galiani, *Dialogues sur le commerce des blés*, London 1770. Zu Galianis Kritik der physiokratischen Doktrin siehe Gino Arias, »Ferdinando Galiani et les Physiocrates«, in: *Revue des sciences politiques* 45 (1922), S. 346-366.

63 »Concluons donc«, schrieb Galiani, »de ne pas laisser à la nature le soins de nos petites genouilles. Elle est trop grande dame pour cela. Laissons-lui les soins des grands mouvements.«

64 Jean J. Graslin, *Essai analytique sur la richesse et sur l'impôt*, Paris 1767. Siehe auch Filippo Carli, *Studi di storia delle dottrine economiche*, Padua 1932, S. 43.

65 Jacques Necker, *Sur la législation et le commerce des grains*, Paris 1776.

scheinungen wurde unter anderen von dem Abbé Mably in Frage gestellt. Er untersuchte die logischen Probleme, die ins Spiel kommen, wenn man aus ein Prämissen Schlüsse zu ziehen versucht, ohne die Bedeutung dieser Voraussetzungen sorgfältig zu prüfen.[66] François de Forbonnais verteidigte die Prinzipien eines verbesserten Merkantilismus gegen die physiokratischen Ideen.[67] Nachdem die Physiokraten etwa zwanzig Jahre lang in Frankreich beträchtliche Popularität genossen hatten, arbeiteten die neuaufkommenden Tendenzen sehr zu ihren Ungunsten.

Die Sozialphilosophien, die die Oberhand gewannen, waren zwar noch zu einem gewissen Grade von dem Vernunftbegriff Descartes' beeinflußt, leiteten jedoch aus dem Glauben an die Fähigkeit der Vernunft, selbstevidente Naturgesetze aufzustellen, revolutionäre Behauptungen ab. Manche Schüler Quesnays, etwa Du Pont de Nemours und Le Trosne, versuchten neue Anhänger zu gewinnen, indem sie gewisse politische Aspekte der Lehre abwandelten. Doch die Intellektuellen der jüngeren Generation setzten ihre Hoffnungen auf weit radikalere politische Reformen. Im Jahre 1781 hatte die Schule der Physiokraten praktisch aufgehört zu existieren. Ihre Lehren gingen in der Literatur unter, die die Revolution in Gang setzte. Trotzdem ist es zumindest wahrscheinlich, daß die Proklamation des Grundsatzes ökonomischer Freiheit durch das revolutionäre Regime unmittelbar von Quesnays Doktrin beeinflußt war.

Außerhalb Frankreichs fanden die Physiokraten Unterstützung bei verschiedenen Autoren, die den Prinzipien der cartesianischen Philosophie anhingen. Die bedeutendsten Vertreter der Lehre Quesnays auf deutschem Boden waren Johann August Schlettwein[68] und Jakob Mauvillon.[69] In der Schweiz wurde die Doktrin von Jean Herrenschwand vorgetragen.[70] Besonders die physiokratischen Angriffe auf Monopole aller Art wurden von vielen begrüßt, denen die unerwünschten Folgen vor Augen standen, die sich aus der weitreichenden Lenkung von Industrie und

---

66 Gabriel Bonnot, Abbé de Mably, *Doutes proposés aux économistes*, Paris 1768. Mably wandte sich auch gegen die physiokratische Konzeption des Privateigentums an Grund und Boden als natürliches Recht. Seine kommunistischen Auffassungen wurden bereits in anderem Zusammenhang erwähnt.

67 Forbonnais, *Principes et observations économiques*, a.a.O. Ein weiterer bemerkenswerter Vertreter der Ideen eines weiterentwickelten Merkantilismus war Isaac de Pinto (*Traité de la circulation et du crédit*, Amsterdam 1771), der die Vorteile einer raschen Zirkulation der Zahlungsmittel und Staatsschulden pries.

68 Johann August Schlettwein, *Grundfeste der Staaten oder die politische Ökonomie*, Giessen 1779.

69 Jakob Mauvillon, *Physiokratische Briefe an den Herrn Professor Dohm*, Braunschweig 1780.

70 Jean Herrenschwand, *De l'économie politique moderne*, London 1786; zuerst veröffentlicht in den *Éphémérides* für das Jahr 1772.

Handel für die wirtschaftliche Expansion ergaben. Die autoritären Seiten der physiokratischen Lehre fanden bei einigen »aufgeklärten« Fürsten Anklang, die die Rolle genossen, die sie als Agenten einer höheren Vernunft spielen sollten. Der Markgraf Karl Friedrich von Baden-Durlach, später Großherzog von Baden, schrieb einen *Abrégé des principes de l'économie politique* und versuchte, die physiokratische Politik praktisch durchzuführen. Zu den herausragenden Herrschern jener Zeit, die von dem Gedanken der wirtschaftlichen Freiheit tief beeindruckt waren, den Quesnay und seine Anhänger verkündet hatten, gehörten Leopold I., Großherzog der Toskana, und sein Bruder, Kaiser Joseph II. Letzterer verwies in Ermahnungen an seine Ratgeber wiederholt auf physiokratische Grundsätze, als seine Versuche, die feudale Organisation der Landwirtschaft zu verändern und die restriktiven Praktiken im Handel mit landwirtschaftlichen Gütern abzuschaffen, von seiner Umgebung hintertrieben wurden.[71] Auch die russische Zarin Katharina II. und König Gustav III. Adolf von Schweden waren von den antimerkantilistischen Argumenten der physiokratischen Lehren beeinflußt.[72]

Obgleich während der napoleonischen Kriege in England einige Autoren der These beipflichteten, daß der landwirtschaftliche Überschuß und nichts sonst das Nettosozialprodukt darstelle, war die cartesianische Argumentationsweise, die an der physiokratischen Lehre beträchtlichen Anteil hatte, mit den logischen Verfahren der baconschen Merkantilisten in England nicht zu vereinbaren. Es ist allerdings wahrscheinlich, daß einige fundamentale Begriffe, die Adam Smith benutzt, von Quesnays Lehren angeregt wurden, etwa der Begriff des Reichtums als Güterstrom, der Begriff des Profitmotivs als Anreiz zur ökonomischen Aktivität und das Prinzip des freien Wettbewerbs als Folgerung aus dem Postulat, daß dem Wirken natürlicher Kräfte freie Bahn gegeben werden sollte. Darüber hinaus wurden zwei weitere, von den Physiokraten in Anspruch genommene Ideen für das spätere ökonomische Denken grundlegend. Zum einen behaupteten sie, daß sich bei freiem Wettbewerb die Preise auf die Produktionskosten reduzierten. Zum anderen erkannten sie, daß sich in der Neigung aller menschlichen Wesen, den größtmöglichen Vorteil zu möglichst geringen Kosten anzustreben, ein rationales ökonomisches Prinzip abzeichnet.

Auch wenn er den physiokratischen Begriff des landwirtschaftlichen Überschusses als einziger Quelle des Nettosozialprodukts zurückwies, erklärte Adam Smith dennoch, die physiokratische Lehre komme »unge-

---

71 Siehe Carl Grünberg, *Die Bauernbefreiung in Böhmen, Mähren und Schlesien*, 2 Bände, Leipzig 1894, Band 1, S. 314. Karl Pribram, *Geschichte der österreichischen Gewerbepolitik von 1740 bis 1860*, Bd. 1 (1740-1798), Leipzig 1907, S. 345.
72 Zu dieser Entwicklung siehe Güntzberg, *Die Gesellschafts- und Staatslehre der Physiokraten*, a.a.O., 6. Kapitel.

achtet all [ihrer] Unvollkommenheiten unter allen bis jetzt in der politischen Ökonomie aufgestellten Systemen der Wahrheit am nächsten«. Doch erhob er starke Einwände gegen die Idee eines Überschusses, wie er dem physiokratischen Produktionsbegriff zugrunde lag.[73]

---

[73] Adam Smith, *An Inquiry into the the Nature and the Causes of the Wealth of Nations*, 2 Bände, London 1776 (deutsch: *Der Reichtum der Nationen*, 2 Bände, Leipzig 1924, Viertes Buch, 9. Kapitel, S. 271).

8. Kapitel
Der subjektive Wertbegriff

Galianis Theorie des Geldes

Der italienische Abbé Ferdinando Galiani (1728-1787), der bereits als einer der erfolgreichsten Kritiker der physiokratischen Lehre erwähnt wurde, verdient wegen seiner herausragenden Beiträge zur Theorie des Geldes und des Wertes einen besonderen Platz in der Geschichte des ökonomischen Denkens.[1] Im Jahre 1751 veröffentlichte er seine bemerkenswerte Abhandlung *Della moneta*, um seine Landsleute, die Bürger von Neapel, davon zu überzeugen, daß der nach einer Geldreform eingetretene Preisanstieg mit eindeutigen Anzeichen eines wirtschaftlichen Aufschwungs einhergehe und daher für das Gemeinwesen vorteilhaft sei. Sowohl die Originalität von Galianis Grundauffassungen und die Methoden, mit denen er sie entwickelte, ließen seine Abhandlung zu einer herausragenden Leistung im ökonomischen Denken des achtzehnten Jahrhunderts werden. Da er bei der Abfassung des Buches erst dreiundzwanzig Jahre alt war, ist die Urheberschaft einiger seiner Leitgedanken seinem Lehrer Antonio Genovesi zugeschrieben worden – ohne daß es dafür hinreichende Beweise gäbe.[2]

Der methodische Zugang, auf dem sich Galiani der ökonomischen Analyse näherte, zeigt den Einfluß utilitaristischer Auffassungen, die er mit einer mechanistischen Deutung der wirtschaftlichen Beziehungen verband. Ebenso wie andere zeitgenössische Autoren verglich er den Wunsch der Menschen, ihre Leidenschaften [*passioni*] zu stillen und Glück [*felicità*] zu finden, mit der physikalischen Schwerkraft. Die Anwendung mechanischer Prinzipien auf gesellschaftliche Beziehungen führte ihn zu der Behauptung, die »Gesetze des Handels [entsprächen] genau denen, die das Verhalten von Flüssigkeiten zeigt«.[3]

Mit großer Klarheit verwarf Galiani die Verwendung des Substanzbe-

---

1 Ferdinando Galiani, *Della moneta*, Neapel 1750. Eine englische Fassung dieses Essays ist enthalten in: Arthur Eli Monroe (Hg.), *Early Economic Thought*, Cambridge, Mass. 1924, S. 281 ff.

2 Bei den italienischen Ökonomen des neunzehnten Jahrhunderts fand die Werttheorie Galianis unterschiedliche Deutungen; siehe dazu Augusto Graziani, *Storia critica delle teorie del valore*, Mailand 1889, 5. Kapitel. Zu den Schwierigkeiten, Galianis Stellung in der Geschichte des ökonomischen Denkens zu bestimmen, siehe Luigi Einaudi, *Saggi bibliografici e storici intorno alle dottrine economiche*, Rom 1953, S. 271.

3 »Siano persuasi i leggitori che con tanta esattezza corrispondono le leggi del commercio a quelle della gravità e de fluidi, che niente più. Qualche la gravità nella fisica

griffs für Güter und kritisierte die traditionelle Auffassung, der zufolge Wert eine den Dingen innewohnende Qualität sei. Er beschrieb Wert als eine veränderliche, vom menschlichen Geist hergestellte Beziehung zwischen dem Besitz eines Dings und dem Besitz eines anderen. Um seiner Theorie mathematische Präzision zu verleihen, bestimmte er den Tauschwert als ein aus zwei Verhältnissen bestehendes Verhältnis, Nützlichkeit und Knappheit, und betrachtete Knappheit als Proportion zwischen der Quantität eines Gegenstandes und dem Bedarf, der nach ihm besteht.

Das gleiche Verfahren benutzte Galiani zur Bewertung von menschlichen Talenten und Mühen [*faticà*]; bei der Analyse des Werts der Arbeit berücksichtigte er die Unterschiede sowohl der natürlichen Fähigkeiten als auch der jährlich geleisteten Arbeitsmengen. Kern seiner Theorie war also der Gedanke, daß alle Werte – von Gegenständen wie von Dienstleistungen – von der Nachfrage nach mehr oder weniger begrenzten Güter- oder Arbeitsmengen bestimmt seien. Er wies sogar darauf hin, daß die Bedürfnisbefriedigung bis zu dem Punkt fortgesetzt werde, an dem die Mühen und Beschwernisse, die mit der Erlangung von Befriedigung verbunden sind, die daraus gewonnene Lust übersteigen. Damit nahm er ein Argument vorweg, das für einige Grenznutzentheorien des neunzehnten Jahrhunderts grundlegend wurde; ebenso erkannte er die Funktion der Preise als Determinanten der Nachfrage und den Einfluß der Nachfrage auf die Preise.

Bei der Ausarbeitung dieser Beziehungen charakterisierte Galiani das Streben nach Profit als dasjenige Mittel, das die Verkettung [*concatenazione*] sämtlicher Tauschtransaktionen sichere und von der Vorsehung dazu bestimmt worden sei, das Verhalten der Preise unter der Herrschaft der Konkurrenz zu regeln. Er erfaßte also die Idee einer Tauschwirtschaft, in der das Profitmotiv die Rolle eines rationalen Prinzips spielt. Diese Überlegungen lieferten den Hintergrund für Galianis Geldtheorie. Er bezog den Wert der Edelmetalle ganz konsequent auf ihre Nützlichkeit und Knappheit und spottete über die scholastische Auffassung, wonach die monetäre Verwendung dieser Metalle auf eine Konvention zurückgehe. Statt dessen behauptete er sehr nachdrücklich, daß die Einführung des Geldes – ebenso wie die anderer genialer Institutionen der Menschheit – dem unbewußten Wirken des menschlichen Geistes entspringe. Mit großer Genauigkeit formulierte er das hinter der »metallistischen« Geldtheorie stehende Prinzip, wonach die Verwendung von Edelmetallen als Geld auf einem ursprünglichen Gebrauchswert beruhe, der ihnen unabhängig von den Diensten beigelegt werde, die sie als Tauschmittel erfüllen. Wie schon Petty vor ihm, verglich er das Geld mit dem

---

e il desiderio de guardagnare o sia di vivere felice nell' uomo.« Galiani, *Della moneta*, Erstes Buch, 2. Kapitel.

Blut des menschlichen Körpers, von dem es zuviel geben kann. Sein Glaube an die mechanische Regulation der internationalen Handelsbeziehungen brachte ihn dazu, die merkantilistischen Eingriffe in den freien Fluß der Edelmetalle zu verwerfen. Nicht die Quantität der Zahlungsmittel, sondern die Geschwindigkeit ihres Umlaufs war seiner Ansicht nach der Faktor, der den Eindruck von Geldknappheit oder Geldüberschuß entstehen ließ.

Galiani erkannte, daß jede Verschlechterung [*alzamento*] der Währung letztlich zugunsten des Fürsten oder des Staates und zum Nachteil der Bürger ausschlage; und zwar deshalb, weil die Erhöhung der Warenpreise einige Zeit hinter dem Anwachsen der Geldmenge herhinke und einen Prozeß der Anpassung erfordere. Er zeigte, daß Preissteigerungen letztlich den Schuldner begünstigen, und meinte, daß sie »Natur und Gerechtigkeit« zuwiderliefen, aber als Ausweg aus verzweifelten finanziellen Engpässen möglicherweise das geringere Übel seien. »Repräsentatives« (Kredit-)Geld spielte in seinen Überlegungen keine bedeutende Rolle; er definierte es schlicht als Erscheinungsform des Kredits und behandelte es entsprechend.

Eine der originellsten Ideen, die Galiani entwickelte, war seine Theorie des Zinses [*frutto della moneta*]. Mit großem Scharfsinn kritisierte er die traditionelle Annahme einer Gattungsidentität zwischen verliehenem und rückerstattetem Betrag. Dieser Gedanke hing mit der Vorstellung zusammen, daß der Geldzins eine Bezahlung für den Gebrauch der Kapitalsumme darstelle.[4] Statt dessen legte er den Nachdruck auf das Risiko, das im Verleihen liegt, und betrachtete es als den Hauptfaktor, der für die Entstehung von Differenzen zwischen dem Wert beider Beträge verantwortlich ist. Dank der Entfaltung der Wissenschaft, argumentierte er, sei das Risiko ebenso wie andere ungewisse Ereignisse berechenbar geworden; Zins auf Geld sei die Prämie, die gezahlt werde, um den Verleiher gegen sein Risiko zu versichern, so wie das *agio* – der Zwillingsbruder des Zinses – eine Prämie sei, die gezahlt werde, um lokale Geldwertunterschiede auszugleichen.

Galiani fügte zwei weitere Gründe hinzu, um die Zahlung von Zinsen zu rechtfertigen: der Vorteil, den die Schuldner erlangen, und die Entschädigung für die Sorge [*batticuore*: »Herzklopfen«], die mit dem Verleihen verbunden sei. Aus all diesen Überlegungen zog er seine Argumente gegen jeden Versuch, die Zinsrate festzusetzen, statt die Bestimmung der angemessenen Höhe dem Verleihrisiko zu überlassen. Mehrfach wurde auf die Ähnlichkeit zwischen Galianis Erklärung des Geldzinses und

---

4 Siehe Eugen Böhm-Bawerk, *Kapital und Kapitalzins*, Erste Abteilung: *Geschichte und Kritik der Kapitalzinstheorien*; Zweite Abteilung: *Positive Theorie des Kapitales*, 3. Auflage, Innsbruck 1914, passim.

Eugen Böhm-Bawerks Agiotheorie hingewiesen.[5] Galiani übersah jedoch das Zeitelement, dem in Böhm-Bawerks Lehre, wonach der zukünftigen Gütern beigelegte Wert stets niedriger sei als der Wert, der gegenwärtig verfügbaren Gütern gleicher Art zugemessen wird, primäre Bedeutung zukommt.

Besonders in Italien genoß Galianis Abhandlung ein wohlverdientes Ansehen als herausragender Beitrag zur Wirtschaftstheorie und zur Geldpolitik. Wiederholt wurde auf Galianis Beziehung zu seinem Lehrer Giovanni Battista Vico (1668-1744) hingewiesen[6], der starke Einwände gegen die rationalistische Philosophie seiner Zeit erhob, die Bedeutung der Geschichte als Erkenntnisquelle betonte und den einzelnen Nationen deutlichen Einfluß auf den Charakter ihrer Mitglieder zuschrieb.[7] Vicos etwas nebelhafte Ideen wurden im rationalistischen achtzehnten Jahrhundert nicht sonderlich geschätzt, fanden jedoch später bei den italienischen und deutschen Anhängern organizistischer Denkmethoden zahlreiche Bewunderer.

Es ist sehr wahrscheinlich, daß Galianis Angriff auf die scholastische Theorie des *valor impositus* des Geldes von Vicos Idee beeinflußt wurde, daß viele Institutionen, die der Erfindungsgabe des menschlichen Geistes zugeschrieben werden, in Wirklichkeit das Ergebnis unbewußter Prozesse seien. Die beißende Kritik, die Galiani in den *Dialogues sur le commerce des blés* gegen die physiokratische Doktrin richtete, liegen offenkundig auf der gleichen Linie wie Vicos Verdammung aller Versuche, allgemeine Prinzipien über gesellschaftliche Verhältnisse aufzustellen.

Andere Vertreter der subjektiven Werttheorie

Galianis Formulierung einer subjektiven Werttheorie[8] war vermutlich das Vorbild einer ähnlichen Theorie, die von dem französischen Staatsmann und Ökonomen Anne Robert Jacques Turgot (1727-1781) vorgebracht wurde. Tief beeindruckt von François Quesnays Lehren versuchte er, einige cartesianische Elemente aus der physiokratischen Doktrin zu besei-

---

5 Zu einer Diskussion von Böhm-Bawerks Zinstheorie siehe unten, Zweites Buch, Dritter Teil.
6 Giambattista Vico war der Verfasser der *Principj di una scienza nuova d'intorno alle comune natura delle nazioni*, Neapel 1730 (deutsch zuletzt: *Die neue Wissenschaft von der gemeinschaftlichen Natur der Nationen*, Frankfurt am Main 1981).
7 Über Galianis Beziehungen zu Vico siehe Giorgio Tagliacozzo, *Economisti napoletani dei secoli XVII e XVIII*, Bologna 1937, S. xvi, xli, und Eduard Ganzoni, *Ferdinando Galiani*, Zürich 1938.
8 Über weitere Autoren des achtzehnten Jahrhunderts, die eine subjektive Wertkonzeption vertraten; Graziani, *Storia critica delle teorie del valore*, a.a.O., 5. Kapitel.

tigen. Gemäß seiner Erziehung, die sich an den logischen Grundsätzen der englischen Sensualisten orientiert hatte, betrachtete er Beobachtung und Erfahrung als Richtschnur für die wissenschaftliche Analyse.
Im Alter von dreiundzwanzig Jahren hielt Turgot einen bemerkenswerten akademischen Vortrag, in dem er eine klare Darstellung der Methoden des nominalistischen Denkens und ihrer Anwendung auf die Naturwissenschaften lieferte.[9] In seiner Erörterung der Sozialwissenschaften berief er sich auf die Geschichte der menschlichen Gattung als Erfahrungsquelle und schlug die Verwendung eines vage konzipierten historischen Ansatzes vor. Ohne im einzelnen eine Theorie des sozialen Fortschritts zu entfalten, unterschied er drei Entwicklungsstufen des menschlichen Geistes und der gesellschaftlichen Organisation.[10] Sein Glaube an natürliche Rechte des Individuums spiegelte einen charakteristischen Zug der Lockeschen Sozialphilosophie.
Turgots Ruf als einer der herausragenden Ökonomen des achtzehnten Jahrhunderts gründet nicht auf einem umfangreichen Buch, sondern wenigen Essays. Besonders bemerkenswert sind seine *Réflexions sur la formation et la distribution des richesses*[11], eine Abhandlung, in der einige Grundprobleme der Produktion und Distribution mit nominalistischen Denkmethoden analysiert werden. Anders als Galiani, der bei der Bestimmung des Wertes Knappheitsverhältnisse in den Vordergrund rückte, leitete Turgot den Wert eines Gutes [*valeur estimative*] aus der allgemeinen Nützlichkeit der Klasse, zu der es gehört, aus dem Vergleich gegenwärtiger mit künftigen Bedürfnissen sowie aus der Antizipation der Schwierigkeiten ab, die mit der Erlangung des begehrten Objekts verbunden sind. Turgot unterstellte also für jedes einzelne Individuum die Existenz einer Skala subjektiver Wertsetzungen und drückte den Wert, der einem bestimmten Gut beigelegt wird, als Proportion zwischen der Summe, die das Individuum zur Erlangung des Gutes auszugeben vermag, und dem Gesamtbetrag aus, über den die betreffende Person ver-

---

9 Anne Robert Jacques Turgot, *Discours sur les progrès successifs de l'esprit humain*, 1750 (deutsch: *Über die Fortschritte des menschlichen Geistes*, Frankfurt am Main 1990).
10 Ähnliche Ideen wurden später von einigen Physiokraten, etwa Mirabeau, in den Bestand ihrer Lehre aufgenommen. Siehe oben, 7. Kapitel, den Abschnitt über den philosophischen Hintergrund der physiokratischen Doktrin.
11 Dieser Essay wurde 1766 auf Ersuchen zweier chinesischer Gelehrter geschrieben und 1769 veröffentlicht (deutsch: *Betrachtungen über die Bildung und die Verteilung des Reichtums*, Jena 1903, Neudruck: Frankfurt am Main 1946). Eine weitere, unvollendete Abhandlung mit dem Titel »Valeurs et monnaie« erschien 1770. Über Turgots Leben und Wirken siehe Gustave Schelle, *Turgot*, Paris 1909. Schelle ist auch der Herausgeber einer Sammlung der Schriften Turgots: *Œuvres de Turgot et documents le concernant, avec biographie et notes*, Paris 1913.

fügt. Der Tauschwert (oder Preis) der Güter wird dann zwischen den Parteien der Transaktion durch Übereinkunft festgelegt, wobei sie die Intensität ihrer Bedürfnisse und ihre Kaufkraft gegeneinander abwägen.[12] Turgot erkannte jedoch die Schwierigkeiten, die es mit sich bringt, wenn man den Tauschwert auf subjektive Einschätzungen zurückführt, und kritisierte Galianis beiläufige Feststellung, das gemeinsame Maß aller Werte sei der Mensch. Da es offenkundig schien, daß der grundlegende Faktor der subjektiven Bewertung, die »Wertschätzung«, keine meßbare Größe ist, behalf er sich mit der Schlußfolgerung, die beiden Terme »Wert« und »Preis« drückten zwar verschiedene Begriffe aus, könnten aber in der Umgangssprache, die keine Präzision verlange, ohne weiteres gegeneinander ausgetauscht werden.

Neben dem Gedanken, daß der Wert eine den Gütern innewohnende Qualität sei, beseitigte Turgot zugleich den scholastischen Begriff der Äquivalenz zwischen Gütern mit identischen Preisen und verwandelte ihn in eine Funktion individueller Bewertungen. Er argumentierte, daß kein Tausch zustande komme, solange jede der beteiligten Parteien den Wert des nachgefragten Gutes höher taxiere als das angebotene Gut, und unterstellte ohne weitere Diskussion, daß der Gewinn – der ja nur auf geschätztem Wert beruhen kann – auf beiden Seiten gleich sein werde, so daß jede Partei gleichen Wert gegen gleichen Wert gebe. Um die Entstehung von Marktpreisen zu erklären, nahm er an, daß sich die individuellen Wertschätzungen auf dem Markt zu einem geschätzten Durchschnittswert [*valeur appréciative*] ausgleichen.

Entsprechend seiner subjektiven Deutung der Entstehung von Wert leitete Turgot auch den Wert der Geldmetalle aus individuellen Schätzungen ab, die unabhängig von jeder ausdrücklichen Übereinkunft oder gesetzlichen Maßnahme zustande kommen sollten. Doch zwischen Turgots Werttheorie und seinen Überlegungen zur Produktivität, die insgesamt denen der Physiokraten ähneln, besteht kaum ein klarer Zusammenhang. Eine herausragende Stellung verlieh er der »besoldeten Klasse« [*classe stipendiée*], die ihre Arbeit an die produktive Bevölkerungsklasse, also an diejenigen verkauft, die den Boden bebauen. Was die Arbeit des Landwirts der Erde über seine persönlichen Bedürfnisse hinaus abringt, ist nach dieser Theorie der einzige Fonds, aus dem die Einkünfte aller übrigen Mitglieder der Gesellschaft bestritten werden.[13]

12 »Solange man jedes Tauschgeschäft in seiner Vereinzelung für sich betrachtet, gibt es für den Wert der getauschten Güter keinen anderen Maßstab als die gegeneinander abgewogenen Bedürfnisse, Wünsche und Mittel der Partner, und nur durch Übereinstimmung ihres Wollens wird der Wert festgesetzt.« Turgot, *Réflexions sur la formation et la distribution des richesses*, a.a.O. (deutsch: *Betrachtungen über die Bildung und Verteilung des Reichtums*, a.a.O., S. 28).
13 Ebd. (deutsch: ebd., S. 18).

Mit seiner Bestimmung der Produktivität verband Turgot einen neuen Kapitalbegriff, nämlich den »angehäufter beweglicher Reichtümer«, die von den Unternehmern vorgeschossen werden. Dieses Kapital sollte ohne Rücksicht darauf, ob es aus einer Menge von Edelmetallen oder anderen Gegenständen bestand, jährlich einen regelmäßigen Profit abwerfen. Er unterstellte damit einen Begriff von »Realkapital«, das aus nicht-landwirtschaftlichen Produktionsmitteln bestand, und hielt die Ersparnisse der Kapitalisten (der Eigentümer der *richesse mobilière*) für unentbehrlich, um die Zeit zwischen dem Beginn des produktiven Prozesses und dem Anfallen eines Ertrages zu überbrücken. Seine Auffassung, daß das jährliche *produit net* die Hauptquelle der Ersparnisse sei, geht auf die physiokratische Doktrin zurück. Wie vor ihm schon Hume, leitete Turgot die Höhe des Zinses aus der Relation zwischen der Nachfrage der Leiher und den Angeboten der Verleiher ab. Seine Verteidigung der Freiheit, Zinsen auf Geld zu erheben[14], stützte sich hauptsächlich auf ein Argument von Saumaise, daß nämlich geliehenes Geld gewinnbringend in produktiven Unternehmungen angelegt werden könnte. Daher suchte er die Quelle des Geldzinses in einer Art Produktivität des Kapitals und verknüpfte diesen Gedanken mit Galianis Auffassung, wonach eine gegenwärtig verfügbare Geldsumme einen höheren Wert besitzt als derselbe, aber erst in näherer oder fernerer Zukunft verfügbare Betrag.

Turgots Versuch, eine Mindesthöhe des Zinses zu bestimmen, ergab sich aus dem physiokratischen Lehrsatz, daß sich aus dem Boden jederzeit Reinerträge als freie Gabe der Natur gewinnen lassen. Nach seiner Ansicht ist es unwahrscheinlich, daß in irgendein Unternehmen investiert wird, solange es nicht wenigstens ebensoviel Zinsen erbringen kann wie ein Stück Land, für das ein vergleichbarer Betrag ausgelegt wurde. Böhm-Bawerk hat den Begriff »Fruktifikationstheorie des Zinses« vorgeschlagen, um diese Theorie zu kennzeichnen, da sie anders als sonstige »Produktivitätstheorien« die Rendite aus dem Verleih von Geld mit der Möglichkeit zusammenbringt, durch Einsatz von Kapital zum Kauf von zinstragendem Boden Erträge zu erzielen.[15]

Eng mit Turgots Zinstheorie verbunden war seine Behauptung, daß sich die Ertragshöhe zwischen verschiedenen Investitionen tendenziell ausgleiche. Er veranschaulichte diese Tendenz mit einem charakteristischen Vergleich, nämlich dem Verhalten von Flüssigkeiten unterschiedlicher Dichte, die durch die Arme eines umgekehrten Siphons miteinander kommunizieren.

Ein weiterer bemerkenswerter Beitrag zur Analyse wirtschaftlicher Pro-

---

14 Ders., *Mémoire sur les prêts d'argent*, Paris 1789. Siehe oben die Diskussion des *Tableau économique* im 7. Kapitel.

15 Böhm-Bawerk, *Kapital und Kapitalzins*, a.a.O., 4. Kapitel.

zesse war Turgots Formulierung des Gesetzes abnehmender Bodenerträge. Er zeigte, daß ein Stück Land, für das nacheinander gleiche Investitionen [*advances*] aufgewandt werden, immer geringere Erträge abwirft. Anders jedoch als James Steuart benutzte er das Gesetz sinkender Erträge nicht zur Erklärung der Fälle, in denen die Bebauung auf Böden von geringerer Fruchtbarkeit ausgedehnt wurde.

Auch Condillac, der großes Geschick darin bewiesen hatte, die Prinzipien des nominalistischen Denkens dem französischen Geschmack des achtzehnten Jahrhunderts anzupassen, schlug einen subjektiven Ansatz in der Werttheorie vor.[16] In seiner Abhandlung *Le commerce et le gouvernement* von 1776 betonte Condillac ausdrücklich, daß der Wert eines Gutes nicht seinen Kosten geschuldet sei, sondern daß die Kosten zu seiner Produktion vielmehr wegen des Wertes aufgewandt würden, der ihm beigelegt wird. Anders als Galiani gründete er seine Werttheorie auf den traditionellen Begriff des Nutzens – abhängig von der Klasse, zu der das Gut gehört – und verband den Wert des einzelnen Gutes mit der Schätzung seiner Seltenheit.[17] Er betrachtete also Nützlichkeit und Knappheit als die beiden Determinanten aller Preise. Der Einfluß von Galianis Auffassungen läßt sich vielleicht am deutlichsten in Condillacs Behandlung der Differenz zwischen dem Wert gegenwärtiger und künftiger Güter wahrnehmen.

Condillac war sich mit Turgot darin einig, daß Unterschiede in der individuellen Wertschätzung die Voraussetzung dafür seien, daß Tauschtransaktionen zustande kommen. Doch wandte er sich gegen Turgots Auffassung, daß die aus einem Tausch gezogenen Vorteile für beide Partner stets gleich seien, und beseitigte damit aus seiner Preistheorie alle Überreste des traditionellen scholastischen Äquivalenzprinzips. Seine Interpretation des Austauschproblems lieferte ihm starke Argumente gegen die physiokratische Lehre, wonach das System der Tauschwerte von den Tätigkeiten der Manufakturisten und Händler unberührt bleibe.[18] Im Blick auf die Rahmenbedingungen des internationalen Handels zeigte Condillac mit einem ähnlichen Argument, wie sich diese Beziehungen aus der Notwendigkeit ergeben, Güter auszutauschen, die für die Handelspartner von durchaus unterschiedlichem Nutzen sind.[19]

16 Siehe oben, 7. Kapitel, 2. Abschnitt. Condillacs ökonomische Abhandlung trägt den Titel *Le commerce et le gouvernement considérés relativement l'un à l'autre*, 2 Bände, Amsterdam 1776.
17 »Le plus ou moins de valeur des choses est fondé – l'utilité restant la même – sur leur abondance, ou plutôt par l'opinion que nous avons de leur rareté ou de leur abondance.« Ebd.
18 Die Position der Physiokraten wurde von Le Trosne verteidigt.
19 »L'inégalité de valeur, suivant les usages et les opinions des peuples, voilà ce qui a produit le commerce et ce qui l'entretient.« Ebd.

Condillac war ein überzeugter Anhänger des Gedankens, daß der Wert des Geldes auf dem ursprünglichen Gebrauchswert der Geldmetalle beruhe, war sich jedoch über den Wertzuwachs im klaren, den diese Metalle durch ihre Verwendung zu monetären Zwecken erlebten. Nach eigener Aussage stand seine Analyse der Zirkulation der Zahlungsmittel stark unter dem Einfluß von Cantillons Erörterung dieses Themas.

Der entscheidende Punkt, in dem sich die Auffassungen der Anhänger eines subjektiven Wertbegriffs von den Ansichten der baconschen Merkantilisten unterschieden, war ihre ablehnende Haltung zum Prinzip der Äquivalenz beim Gütertausch. Im neunzehnten Jahrhundert bezogen sich die französischen Ökonomen in ihrem Kampf sowohl gegen die Werttheorie der Physiokraten als auch gegen die englische Arbeitskostentheorie nicht selten auf Condillacs Behandlung des Wertproblems.

Nach der Veröffentlichung von Condillacs Abhandlung verstrichen fast hundert Jahre, ehe der von ihm, von Turgot und Galiani entworfene Gedanke der individuellen Wertschätzung als Ausgangspunkt einer allgemeinen Wirtschaftstheorie Billigung fand. Diese lange Verzögerung in der Entwicklung des ökonomischen Denkens ist vielleicht darauf zurückzuführen, daß es jenen Autoren des achtzehnten Jahrhunderts nicht gelungen war, ihre Theorie durch den Bezug des Wertproblems auf den Grenznutzen der Einheiten eines Warenvorrats zu vervollständigen. In anderer Hinsicht war ihre Theorie überdies bruchstückhaft, da sie sich nicht zur Erklärung der Produktionskosten und der Distributionsprozesse verwenden ließ.

Anscheinend gab es keine Brücke, die von der Wertkonzeption Galianis, Turgots und Condillacs zu den Prämissen geführt hätte, die hinter der Wertlehre der britischen Ökonomen standen. Letztere neigten dazu, ein Wirtschaftssystem nach mechanischen Prinzipien zu errichten, und sahen sich dabei zur Annahme eines einheitlichen Wertmaßstabs gedrängt, auf den sich alle im System enthaltenen Größen zurückführen ließen. Wie war dieses Erfordernis mit einer Werttheorie zu versöhnen, die die Tauschwerte aus ständig wechselnden individuellen Wertschätzungen ableiten wollte? In der Formulierung, die sie im achtzehnten Jahrhundert gefunden hatte, fehlten der subjektiven Werttheorie noch die logischen Voraussetzungen für den Aufbau eines zusammenhängenden ökonomischen Systems. Nach Ansicht der Ökonomen des achtzehnten und neunzehnten Jahrhunderts war die Errichtung eines solchen Systems von der Anwendung des Äquivalenzprinzips auf die gegenseitigen Beziehungen seiner sämtlichen Teile abhängig.

9. Kapitel
Die erste Fassung der utilitaristischen Wirtschaftslehre

Die Entwicklung des utilitaristischen Denkens

Während die Physiokraten die logischen Mittel zur Anpassung aller Einzelinteressen an die höheren Ziele der Gemeinschaft in der Philosophie von Descartes fanden und sich zur Bestimmung dieser Ziele sowie ihres ökonomischen Modells auf »selbstevidente« Begriffe stützten, glaubten die englischen Merkantilisten nicht an die Fähigkeit der Vernunft, absolut gültige moralische oder politische Begriffe zu liefern. Sie sahen sich der von John Locke formulierten Grundannahme der utilitaristischen Philosophie gegenüber, der zufolge menschliches Verhalten als moralisch gut oder böse danach zu beurteilen sei, ob es dem individuellen Glück dienlich ist oder nicht. Die beste Weise, solches Glück zu fördern, sollte darin liegen, dem Eigennutz freien Lauf zu lassen. Da nun die Sphäre ökonomischer Betätigungen offenbar der wichtigste und ausgedehnteste Bereich für die Entfaltung des Selbstinteresses war, wurde es möglich, die Untersuchung der Grundprobleme der Wirtschaftsanalyse von der Erörterung anderer Gesichtspunkte des individuellen und gesellschaftlichen Lebens zu trennen.

Locke hatte keine schlüssige Antwort auf das Dilemma gefunden, wie unerwünschte menschliche Züge – Habsucht, Geiz und dergleichen – mit den Interessen der Gemeinschaft zu versöhnen seien. Dieses Problem wurde von einer vielgelesenen Satire lebendig veranschaulicht, *The Fable of the Bees*, die 1714 von Bernard Mandeville (1670-1733) veröffentlicht wurde.[1] Das Pamphlet, von Bischof George Berkeley als »das böseste Buch, das es je gab« verdammt[2], ging von der traditionellen merkantilistischen Lehre aus, die das letzte Ziel aller Wirtschaftspolitik in der Steige-

---

1 Mandevilles Pamphlet erschien zuerst anonym 1705 unter dem Titel »The Grumbling Hive, or Knaves turn'd Honest« [Der unzufriedene Bienenstock oder Die ehrlich gewordenen Schurken] als satirisches Gedicht. Im Jahre 1714 wurde es unter dem Titel *The Fable of the Bees: Privat Vices, Publick Benefits* neu aufgelegt und um den Essay »Eine Untersuchung über den Ursprung der sittlichen Tugenden« sowie zwanzig längere Anmerkungen erweitert. Eine abermals erweiterte Ausgabe erschien 1723 (deutsch: *Bernard von Mandeville's Fabel von den Bienen*, Leipzig 1818; zuletzt Frankfurt am Main 1980).

2 George Berkeley, *Alciphron or the Minute Philosopher*, London 1732 (deutsch: *Alciphron*, Leizig 1915). In diesem Essay in Dialogform griff Berkeley auch die Deisten und den Begriff der »natürlichen Moral« an, wie er von Shaftesbury vertreten wurde.

rung der nationalen Macht sah und den ökonomischen Fortschritt an der Elle der Handelsbilanz messen wollte. Aus einer übertriebenen Darstellung der wirtschaftlichen Folgen des Selbstinteresses zog Mandeville den Schluß, daß das allgemeine Wohl von der durchschlagenden Wirkung egoistischer Motive als einziger Triebfeder des individuellen ökonomischen Verhaltens abhängig sei. Um nützlich zu sein, brauchten die Menschen nichts weiter als ihr Begehren anzustacheln, das zu erfüllen klug, von dem zu heilen töricht sei. Er wollte zeigen, daß Handel und Rechtschaffenheit miteinander unvereinbar seien, daß Ehrlichkeit, wollte man ihre Regeln beachten, die Gemeinschaft in den Ruin führen würde und daß ohne Laster die großen Massen der »werktätigen Armen«, die durch eine Politik der Niedriglöhne an die Arbeit gekettet würden, nicht ausreichend Anstellung fänden. Im Kern seines Gedankengangs, der seinem Buch einen hervorragenden Platz in der Geschichte der utilitaristischen Lehre eingetragen hat, stand Mandevilles Behauptung, daß die vorwiegend unmoralischen Motive des individuellen Verhaltens zwar der Absicht nach dem öffentlichen Interesse entgegenstünden, daß letzteres aber in Wirklichkeit von den Ergebnissen jenes Verhaltens befördert werde. Dieser Gedanke fand im Untertitel der Satire deutlichen Ausdruck: Private Laster, öffentliche Vorteile.

Die verbreitete Empörung, die Mandevilles Pamphlet hervorrief, hatte ihren Grund vor allem in seinem Angriff auf die Tugend der Mäßigung [*prudence*], die von der englischen Geistlichkeit zum moralischen Grundprinzip und zum elementaren Bestandteil ihrer Arbeitsethik erhoben worden war.[3] Sparsamkeit sollte zu den Tugenden gehören, die das löbliche Verhalten eines Christen auszeichnen, und die energische Bemühung um das eigene Heil galt als höchste Christenpflicht. Doch wie die *Fable of the Bees* zeigt, ist Sparsamkeit dem Allgemeininteresse abträglich und blanke Habgier das Motiv derer, die ihrem Berufe erfolgreich nachgehen. Selbst die strengsten Kritiker der Satire Mandevilles wurden von deren logischen Implikationen aufgeschreckt. Sie fühlten sich zu erklären genötigt, wie Eigensucht, von der man ja gewöhnlich annahm, sie zeige sich in »Lastern« wie Habgier oder Luxus, als Ursache allgemeiner ökonomischer Wohlfahrt verstanden werden könne. Diese Frage schloß ein moralisches wie auch ein logisches Problem ein.

Den Anlaß zu dieser Satire gab eine populäre Morallehre. Gewisse englische Autoren suchten die Fähigkeit zur Unterscheidung zwischen Gut und Böse einem besonderen »moralischen Sinn« zuzuschreiben. Der Gedanke, daß der Mensch in seinem sozialen Verhalten von »tätigem Wohlwollen« bewegt werde, war zuerst von Richard Cumberland in einer

---

3 Siehe Henry W. Sams, »Self-Love and the Doctrine of Work«, in: *Journal of the History of Ideas* 4 (1943), S. 320-332, hier S. 322.

kritischen Erörterung der Hobbesschen Philosophie ausgesprochen worden.[4]
Später bezeichnete Anthony Ashley Cooper, Earl of Shaftesbury (1671-1713), einen moralischen Sinn als natürliche Anlage des menschlichen Geistes; entsprechend schrieb er das Vermögen, absolut gültige ästhetische Urteile abzugeben, einem »ästhetischen Sinn« zu. Shaftesbury beeindruckte seine Leser mit seiner Weisheit, dem Raffinement seines Stils und seinem vorwiegend ästhetischen Zugang zu ethischen Problemen. Seine introspektive Methode und seine mechanistische Auffassung des menschlichen Geistes führten ihn dazu, letzteren mit einem äußerst kunstvollen Uhrwerk zu vergleichen. »Wir forschen danach«, sagte er, »was Interesse, Politik, Mode oder Ansehen erheischen, doch scheint die Frage gänzlich fremd und abwegig, was der Natur entspricht. Mit Eifer sucht man nach dem Gleichgewicht Europas, des Handels und der Macht, während kaum einer vom Gleichgewicht seiner Leidenschaften gehört hat oder daran dächte, sie in der Waage zu halten.«[5]
In der Philosophie Shaftesburys lag dem Glauben an die Allgemeingültigkeit ethischer Urteile die Auffassung zugrunde, daß sich bei Menschen, die gewohnt sind, in Gesellschaft zu leben, ein Gemeinschaftssinn ausbilden müsse, der über die Verfolgung des reinen Eigennutzes die Oberhand gewinnen werde. Zudem sollte gütiges Handeln ein Vergnügen bereiten, das unabhängig von den Nutzeffekten solchen Verhaltens erfahren werde.
Eine ähnliche Gedankenlinie wurde später von Francis Hutcheson (1694-1746) verfolgt, der bei der Frage, wie ästhetische und ethische Urteile zustande kommen, sogar noch größeres Gewicht auf mechanische Prinzipien legte als Shaftesbury.[6] Hutcheson stellte eine enge Analogie zwischen dem Wirken sozialer und egoistischer Motive und dem Wirken von Kohäsion und Gravitation im Verhalten physikalischer Körper her.[7] Dieser Analogie folgend, verwandte Hutcheson beim Aufbau seines Systems der Moralphilosophie sogar mathematische Begriffe. Er bestimmte Tugend als »Gesamtverhältnis zwischen der Menge der Güter und der Anzahl ihrer Nutznießer«.[8] Aus diesen Überlegungen leitete er eine konsi-

---

4 Richard Cumberland, *Disquisitio philosophica de legibus naturae*, London 1672.
5 Anthony Ashley Cooper, Earl of Shaftesbury, *Characteristicks of Men, Manners, Opinions, Times*, London 1711. Die Hauptgedanken dieses Essays waren von Shaftesbury bereits in früheren Studien vorgetragen worden.
6 Francis Hutcheson, *An Inquiry into the Origin of Our Ideas of Beauty and Virtue, in two Treatises*, London 1725 (deutsch: *Untersuchung unserer Begriffe von Schönheit und Tugend in zwo Abhandlungen*, Frankfurt/Leipzig 1762).
7 Ders., *System of Moral Philosophy*, 2 Bände, London/Glasgow 1755.
8 Zu jener Zeit war es durchaus üblich, zwischen den Motiven menschlichen Handelns und der Wirkung physikalischer Kräfte Analogien herzustellen. Eine Strophe von

stente Formulierung des utilitaristischen Prinzips ab, wonach »diejenige Handlung die beste« sei, »die das größtmögliche Glück der größten Zahl gewährt, und diejenige die schlechteste, die in der gleichen Weise Unglück schafft«.[9] Hutcheson kommt folglich das Verdienst zu, das Prinzip des allgemeinen Wohls als Gesamtsumme des Glücks formuliert zu haben, das von den einzelnen Mitgliedern einer Gemeinschaft erlebt wird. Daneben lieferte er utilitaristische Argumente zur Verteidigung des Privateigentums, das er als Anreiz zu produktiver Betätigung betrachtete. Gegner der utilitaristischen Lehre traten ihr mit dem Einwand entgegen, daß die Maximierung von Glück keine geeignete Norm für die Aufstellung moralischer Urteile darstelle und daß Glück eher das indirekte Ergebnis eines Verhaltens sei, das absolut gültigen Moralvorschriften genüge. Unter dem Eindruck solcher Argumente kehrten viele englische Denker der ersten Hälfte des achtzehnten Jahrhunderts zu dem stoischen Glauben zurück, dem zufolge die Grundelemente moralischer und ästhetischer Urteile »natürliche Bestandteile« des Geistes seien und vergängliche historische Ereignisse und Prozesse für »künstliche« oder »unvernünftige« Auffassungen verantwortlich seien.

Der Begriff der »Moralphilosophie«, der sich im Laufe dieser Erörterungen herausbildete, sollte alle Lehren umfassen, die sich mit den Problemen des gesellschaftlichen Lebens beschäftigten, also die Naturrechtslehren, Ethik und Politik. Das Gegenstück zur Moralphilosophie war die Naturphilosophie, die von den physikalischen Wissenschaften handelte. Obwohl die englischen Philosophen des achtzehnten Jahrhunderts voller fruchtbarer Ideen waren, strebten sie nicht danach, Veränderungen der bestehenden Institutionen vorzuschlagen oder zu fördern.[10] Was ihnen eine solche Haltung nahelegte, war möglicherweise das weithin fehlende Vertrauen in die Fähigkeit der Vernunft, absolut gültige Prinzipien des gesellschaftlichen Handelns zu liefern. Dies stand in scharfem Gegensatz zu der Einstellung, die unter dem Einfluß der Philosophie Descartes' und seiner Nachfolger zur selben Zeit auf dem europäischen Kontinent herrschte.

Unter logischem Gesichtspunkt, nämlich im Zusammenhang einer Analyse der Bildung abstrakter Begriffe, wurden die Prinzipien der utilitari-

---

Alexander Pope mag als Beispiel dafür dienen: »On their own axis as the planets run / Yet make at once their circle round the sun: / So two consistent motives act the soul, / And one regards itself and one the whole.« *An Essay on Man*, London 1733, 3. Kapitel, 6.

9 Francis Hutcheson, *Inquiry Concerning Moral Good and Evil*, London 1726, 3. Kapitel, 8. Abschnitt. Siehe James Bonar, *Moral Sense*, London 1930, S. 76.

10 Jacob Viner, »Bentham and J. S. Mill. The Utilitarian Background«, in: *American Economic Review* 39 (1949), S. 360-382.

stischen Philosophie von Bischof George Berkeley (1685-1753) erörtert.[11] Berkeleys Beiträge zur Wirtschaftslehre sind nicht sonderlich bemerkenswert[12], doch entwickelte er die Lockesche Erkenntnistheorie zu einem »psychologischen Nominalismus«, wie man diese Lehre genannt hat[13], und machte die Philosophen für die irrige Unterscheidung zwischen der »realen Existenz« der Dinge (die unserer Erfahrung nicht zugänglich ist) und ihren sinnlichen Eigenschaften (Lockes »sekundären Qualitäten«) verantwortlich. Solche den Sinnen wahrnehmbare Eigenschaften und nichts sonst sind nach seiner Auffassung die konstitutiven Bestandteile eines Gegenstands. So kam Berkeley dazu, den aristotelischen Substanzbegriff im Hinblick auf materielle Objekte entschieden zurückzuweisen.[14] Wenn nun aber den Gegenständen unserer Wahrnehmung keine Realität zukommt, müssen auch alle Versuche endgültig aufgegeben werden, das Kausalitätsprinzip auf die Beziehungen zwischen äußeren Ereignissen anzuwenden. Nur Ferdinando Galiani und einige weitere italienische Ökonomen des achtzehnten Jahrhunderts waren sich der zweifelhaften Rolle bewußt, die der Substanzbegriff in der herrschenden Definition des Wertbegriffs spielte, der aus dem Nutzen der Klassen abgeleitet wurde, denen die Güter zugeordnet wurden. Es dauerte beinahe hundertfünfzig Jahre, bis Berkeleys Kritik des Substanzbegriffs konsequent auf eine Werttheorie angewandt wurde, die weitgehend Billigung fand.

Den nächsten Schritt bei der Ausformulierung der grundlegenden Methodenprobleme der utilitaristischen Philosophie unternahm David Hume (1711-1776), der Berkeleys Theorem, wonach äußere oder innere Empfindungen die einzige Quelle aller abstrakten Begriffe seien, erneut untersuchte. In seiner *Enquiry concerning Human Understanding* (1748) schrieb er der Mathematik allein das Privileg zu, in ihrer Erkenntnis quantitativer und räumlicher Relationen ausschließlich und unmittelbar von inneren Erfahrungsquellen abhängig zu sein.[15] Daher betrachtete er

11 George Berkeley, *A Treatise Concerning the Principles of Human Knowledge*, Dublin 1710 (deutsch: *Berkeley's Abhandlung über die Principien der menschlichen Erkenntniss*, Berlin 1869; zuletzt Hamburg 1964).
12 Der Essay, der diese Beiträge enthielt, trug den Titel »The Querist« und erschien 1735.
13 Wilhelm Windelband, *Die Geschichte der neueren Philosophie*, 2 Bände, Leipzig 1904/1911, Band 1, S. 322.
14 Es ist darauf hingewiesen worden, daß Berkeley trotz seines logischen Radikalismus den Boden der aristotelischen Logik im Grunde nicht verließ. Bei seiner Konstruktion der »Vorstellungen« als der psychischen Korrelate der Gegenstände nahm er das aristotelische Verfahren in Anspruch, Merkmale zu verbinden, die einer Vielzahl von Einzeldingen oder -wesen gemeinsam sind. Siehe Ernst Cassirer, *Substanzbegriff und Funktionsbegriff. Untersuchungen über die Grundfragen der Erkenntniskritik*, Berlin 1910, Nachdruck: Darmstadt 1969, 1. und 2. Kapitel.
15 Die *Enquiry* ist eine überarbeitete Fassung des ersten Buches von Humes *Treatise*

die Mathematik als die einzige analytische Wissenschaft und mathematische Sätze als Axiome von unzweifelhafter Geltung. Solchen Axiomen stellte er die »Tatsachenbehauptungen« gegenüber, die aus Sinneseindrücken abgeleitet werden müssen, um eine Bedeutung zu haben, und darum immer nur wahrscheinlich, niemals gewiß sein können. Nach diesem »empirischen Probabilismus«[16] kommt allen allgemeinen Behauptungen mit Tatsachengehalt bestenfalls der Status von wahrscheinlichen Hypothesen zu. Dieses Prinzip wurde zur Grundlage aller empiristischen Philosophie.

Aus welchen Überlegungen auch immer Historiker dazu gekommen sein mögen, das achtzehnte Jahrhundert als »Zeitalter der Vernunft« zu bezeichnen: die Rolle, die Hume der »Vernunft« zuschrieb, war jedenfalls eine vorwiegend passive. Diese Auffassung prägte seine Theorie des Denkvorgangs, den er als das Ergebnis wechselseitiger Anziehung und Verknüpfung von Ideen verstand.[17] Er gründete seine Assoziationsgesetze auf Ähnlichkeit, Kontrast, Kontiguität (zeitliche und räumliche Nachbarschaft) sowie auf die kausale Beziehung.

Berkeley hatte versucht, den Substanzbegriff für den Bereich teleologischer Ideen zu retten; Hume, der Berkeleys Kritik an diesem Begriff uneingeschränkt übernahm, sah ihn dagegen als logisch unhaltbar, wenngleich psychologisch notwendig an. Er schrieb den Glauben an die »Wesenseigenschaften« jedes materiellen oder geistigen Dings dem Umstand zu, daß der menschliche Geist regelmäßig dieselben Wahrnehmungsverknüpfungen herstellt, wenn er mit einem bestimmten Gegenstand konfrontiert wird, und daß diese Kombinationen mit dem äußeren Objekt so in Zusammenhang stehen, als entsprächen sie einer realen Entität. Dieser Argumentation folgend, verwarf Hume den Begriff des »Selbst« als eines substantiellen Ichs mit der Begründung, daß keine solche Entität beobachtbar sei. Nach seiner Auffassung handelt es sich bei einem Selbst um nichts weiter als »ein Bündel oder eine Sammlung unterschiedlicher Wahrnehmungen«; er wandte sich sogar gegen die Vorstellung, das Gedächtnis als vereinheitlichendes Prinzip des Selbst zu betrachten. So wird ohne weiteres verständlich, wieso Hume von John Stuart Mill als der tiefste negative Denker bezeichnet wurde, den es je gegeben habe.

Wie Berkeley vor ihm, stellte Hume die Geltung des Kausalitätsbegriffs für die Beziehungen zwischen äußeren Ereignissen in Frage. Ein solches

of Human Nature: Being an Attempt to Introduce the Experimental Method of Reasoning into Moral Subjects, 3 Bände, London 1739/1740 (deutsch: *Ein Traktat über die menschliche Natur*, 3 Bände, Leipzig 1904-1906, zuletzt Hamburg 1973).

16 Siehe Windelband, *Die Geschichte der neueren Philosophie*, a.a.O., Band 1, S. 347.

17 Dieses vorwiegend passive Verhalten des Geistes ist von verschiedenen »Positivisten«, die Humes logische Klassifikation der Propositionen ansonsten übernahmen, in Frage gestellt worden.

Verhältnis, argumentierte er, lasse sich mit Hilfe analytischer Verfahren weder aus einer endlichen Anzahl von Erfahrungen noch auf der Grundlage von Notwendigkeitsbeziehungen herleiten.[18] Er gab jedoch zu, daß die Existenz von Kausalverhältnissen, obwohl niemals beweisbar, doch als wahrscheinlich betrachtet werden könne, wenn die Erfahrung zeige, daß Phänomene in einer beträchtlichen Anzahl von Fällen regelmäßig aufeinanderfolgten. Naturgesetze ließen sich damit als Feststellungen über die regelmäßige Aufeinanderfolge von Ereignissen definieren, deren Wiederkehr in hohem Maße als wahrscheinlich angesehen werden kann. Entsprechend schrieb Hume der wissenschaftlichen Forschung die Aufgabe zu, mit empirischen Methoden zu bestimmen, welcher Wahrscheinlichkeitsgrad der Wiederkehr solcher Abfolgen beizumessen sei. Eine sichtliche Bedeutungsminderung des deduktiven Schließens ergab sich aus seiner Behauptung, daß in abstrakteren Ausdrücken formulierte Hypothesen lediglich Verallgemeinerungen aus der Erfahrung seien.

Getreu seinen epistemologischen Prinzipien lehnte Hume alle Systeme der Ethik ab, die sich nicht auf Tatsache und Beobachtung gründen ließen. Die Vernunft, sagte er, könne auf den Willen nur Einfluß gewinnen, wenn es ihr gelinge, eine Leidenschaft oder einen Affekt zu entfachen. Als motivierende Kräfte des menschlichen Handelns nannte er Vorlieben und Neigungen und faßte darunter den Geist der Habgier und der Industrie, der Kunst und der Verschwendung. Obwohl er das Vermögen der Vernunft anzweifelte, beim Handeln zwischen Gut und Böse zu unterscheiden, schlug er keine zufriedenstellende Antwort auf das Problem vor, wie moralische Urteile zu begründen seien. Mit gutem Recht hat man gesagt, Humes Analyse der Entstehung moralischer Urteile lasse sich im Sinne einer Theorie der moralischen Empfindungen, einer Sympathielehre oder auch eines ausgesprochen utilitaristischen Ansatzes verstehen.[19]

Ohne seine eigenen methodologischen Grundsätze konsequent auf die Wirtschaftsanalyse anzuwenden, definierte Hume die logischen Voraussetzungen für die Verknüpfung der wenig zusammenhängenden Theorien der baconschen Ökonomen zu einem kohärenten Gedankengebäude. Er bestimmte die beschränkten Aufgaben, die der Vernunft zukommen, und hob die Bedeutung der Ideenassoziation für jeden folgerichtigen Denkprozeß hervor. Seine Assoziationstheorie lieferte die Ansätze einer Erklärung, wie die verschiedenen Eigentumstitel – Besitzergreifung, Ersitzung, Sukzession, Erbschaft oder Erwerb durch Arbeit – entstanden sind. Eine hervorragende Rolle in seiner Argumentation zu-

---

18 Hume entwickelte seine Theorie der Kausalität in einer Abhandlung mit dem Titel *Abstract of a Treatise of Human Nature*, 1740 (deutsch: *Abriß eines neuen Buches*, betitelt: *Ein Traktat über die menschliche Natur*, Hamburg 1980).
19 Siehe Bonar, *Moral Sense*, a.a.O., S. 141.

gunsten des Privateigentums spielte die Güterknappheit; er untersuchte bedeutsame Aspekte des individuellen Verhaltens und war sich darüber im klaren, daß eine starke Regierung notwendig ist, um das Privateigentum und die Freiheit des einzelnen zu schützen, maß jedoch der speziellen Regierungsform keine sonderliche Bedeutung bei.

Zur Lösung des utilitaristischen Grundproblems, wie private und öffentliche Interessen miteinander zu versöhnen sind, schlug Hume drei alternative Wege vor. Harmonie könne sich aus dem Wirken eines Prinzips der »natürlichen Interessengleichheit«, aus einer »Interessenverschmelzung« oder aus einer »künstlichen Interessengleichsetzung« ergeben.[20] Diese Unterscheidung verwies auf eine Differenzierung der Sozialwissenschaften nach der jeweiligen Methode, die in einem Untersuchungsgebiet anwendbar ist. Denn ließe sich annehmen, daß im ökonomischen Bereich eine natürliche Interessengleichheit der bestimmende Faktor ist, ohne in anderen Bereichen des gesellschaftlichen Lebens die gleiche Rolle zu spielen, so ließe sich die Behandlung wirtschaftlicher Probleme logisch aus ihrer traditionellen Verschränkung mit der Moralphilosophie einerseits und der politischen Staats- und Regierungslehre sowie der juridischen Naturrechtslehre andererseits lösen.

Weder der Glaube an die Prinzipien eines normativen »Naturrechts« noch die Theorie des Gesellschaftsvertrages waren mit Humes philosophischen Überzeugungen vereinbar, da weder Beobachtung noch Erfahrung den Annahmen, die diesen weithin anerkannten Lehren zugrunde lagen, ein solides Fundament boten. In seiner Analyse des Ursprungs religiöser Glaubenssätze sowie der Entstehung politischer Gemeinschaften und ihrer Institutionen wählte Hume einen historischen Ansatz, der dem von Montesquieu vorgeschlagenen ähnelte. Obwohl er annahm, daß bestimmte gleichbleibende, allgemeine Merkmale allen menschlichen Wesen gemeinsam seien, hob er die abweichenden Entwicklungen der einzelnen Gesellschaften sowie die Faktoren hervor, die zu diesem Prozeß beitrugen; im Bezugsrahmen seiner Sozialphilosophie war die fortschreitende Differenzierung menschlichen Verhaltens eine notwendige Begleiterscheinung der zunehmenden Verfeinerung der Kultur.

Derlei Überlegungen schienen der Grundthese der utilitaristischen Doktrin zu widersprechen, der zufolge die menschliche Natur in ihren Prinzipien und Wirkungen stets dieselbe war und blieb. Diese These ließ sich am besten verteidigen, wenn man annahm, daß jede aufgetretene Differenzierung durch Ereignisse und Bedingungen verursacht worden sei, die den Individuen äußerlich waren. Aufgabe der Geschichte war es dann, Erkenntnis über die Umstände zu liefern, unter denen die verschiedenen

---

20 Siehe Elie Halévy, *La formation du radicalisme philosophique*, Paris 1901/1904 (englisch: *The Growth of Philosophical Radicalism*, London 1928).

sozialen und ökonomischen Organisationen und Institutionen sich mehr oder weniger unbewußt entwickelt und ihrerseits zur Differenzierung des individuellen Verhaltens geführt hatten.

An der Spitze der Historiker, die auf dem Wirken des Unbewußten im gesellschaftlichen Leben beharrten, stand Adam Ferguson (1723-1816).[21] In einem vielzitierten Abschnitt machte Ferguson geltend, daß wir einem vorgängigen Plan zuschreiben, was doch nur durch Erfahrung erkennbar ist, was keine menschliche Weisheit voraussehen und wozu keine Obrigkeit ein Individuum befähigen könnte, läge es nicht in der Gemütsart und Neigung seiner Epoche. Daher leitete er die verschiedenen Formen des sozialen Lebens und der gesellschaftlichen Institutionen, die in einer dunklen und fernen Vergangenheit wurzelten, aus den Trieben, nicht aus der menschlichen Spekulation ab.[22] Dieser Philosophie erschien die Geschichte als ein Prozeß, in dessen Verlauf die Menschheit zu immer besserem Verständnis der Naturkräfte gelangte und damit fähig wurde, die sozialen Institutionen den Vorschriften anzupassen, die im einfachen Plan der Natur für eine harmonische Gesellschaftsordnung beschlossen sind. Aufgabe des Sozialphilosophen war es, diesen einfachen Plan zu entdecken.[23]

Ökonomie als unabhängige Disziplin: Adam Smith und der *Wealth of Nations*

Probleme der Moralphilosophie

Die bei den merkantilistischen Autoren mehr oder weniger fragmentarisch gebliebenen Erörterungen ökonomischer Probleme fanden schließlich ihre krönende Synthese in einem Werk von Adam Smith (1723-1790), dessen Ideen sich auf die Leitgedanken der utilitaristischen Philosophie stützten. Sein Ansatz zur Behandlung ökonomischer Fragen wurde weitgehend anerkannt und sollte das ökonomische Denken mehr als ein Jahrhundert lang beherrschen. Obwohl seine Theorien im Kern nicht wesentlich über die Ideen hinausgingen, die bereits in den Schriften

---

21 Adam Ferguson, *An Essay on the History of Civil Society*, Edinburgh 1767, Erster Teil, 9. Kapitel (deutsch: *Versuch über die Geschichte der bürgerlichen Gesellschaft*, Leipzig 1768; zuletzt Frankfurt am Main 1986).
22 Es ist nicht unwahrscheinlich, daß Ferguson einige seiner leitenden Gedanken aus Vorlesungen von Adam Smith übernahm, der ihn des Plagiats bezichtigte. Siehe W. R. Scott, »New Light on Adam Smith«, in: *Economic Journal* 46 (1936), S. 401-411, hier S. 406.
23 Siehe Overton H. Taylor, »Economics and the Idea of *jus naturale*«, in: *Quarterly Journal of Economics* 44 (1930), S. 205-241, hier S. 208.

einiger fortgeschrittener Merkantilisten vorlagen, entfaltete er diese Gedanken im Lichte utilitaristischer Prinzipien und verknüpfte sie im Grunde mit dem gesamten ökonomischen Wissen, das sich zu seiner Zeit angehäuft hatte. Gestützt auf historische Tatsachen verteidigte Smith schließlich mit durchschlagenden Argumenten die Politik des wirtschaftlichen Liberalismus, um die allgemeine Wohlfahrt und den ökonomischen Fortschritt zu sichern.

Francis Hutcheson war Adam Smith' Lehrer und David Hume sein enger Freund. Seine utilitaristischen Auffassungen waren von Hutchesons Moralphilosophie stark beeinflußt; Hume verdankte er seinen allgemeinen methodologischen Zugang zur wissenschaftlichen Analyse. Während eines längeren Aufenthalts in Paris kam er mit den Physiokraten in Berührung und übernahm, wie schon erwähnt, einige ihrer Gedanken.

Ökonomische Probleme zogen seine Aufmerksamkeit allerdings erst in einem späteren Abschnitt seines Lebens auf sich. Er hatte einen Lehrstuhl für Moralphilosophie an der Universität Glasgow inne, und zunächst richteten sich seine Interessen auf die grundlegenden moralischen Fragen seiner Zeit. Ein kurzer Überblick über seine Behandlung dieser Probleme bietet sich daher als Einführung an, ehe wir in eine Erörterung seiner ökonomischen Lehren treten, die er vor dem Hintergrund der moralischen Aspekte des individuellen Verhaltens entwickelte. In einer umfangreichen Abhandlung, der *Theory of Moral Sentiments* (1759), stellte sich Smith die Aufgabe, die Entstehung von Moralprinzipien zu bestimmen, ein Problem, das mehrere zeitgenössische Philosophen beschäftigt hatte. Ausgangspunkt seiner Analyse war die Frage, wie man zu Urteilen über das Verhalten anderer Menschen gelangt. Mangelnde empirische Evidenz veranlaßte ihn, die Existenz eines eigentlichen moralischen Sinns zu bestreiten; wie Hume war ihm bewußt, daß sich moralische Regeln mit dem Wandel der geschichtlichen Bedingungen verändern.[24] Ebenso teilte er Humes Überzeugung, daß es abwegig sei, der Vernunft das Vermögen zuzusprechen, grundlegende und allgemeingültige Begriffe von Richtig und Falsch aufzustellen. Auf der Suche nach einem empirischen Faktor, an dem man sich bei der Billigung oder Mißbilligung der Handlungen anderer orientieren könnte, ersetzte er die herrschende Theorie eines moralischen Sinns durch eine Theorie der Sympathiegefühle. Diesen Gefühlen schrieb er auch die Fähigkeit zu, Äußerungen von Selbstsucht den Interessen der Gesellschaft anzupassen.

Abgesehen von Selbstliebe und Sympathie unterschied Smith vier weitere allgemeine Motive des menschlichen Verhaltens, nämlich den Wunsch, frei zu sein, einen Sinn für Eigentum, einen natürlichen Antrieb zu arbei-

---

24 Siehe Henry John Bitterman, »Adam Smith's Empiricism«, in: *Journal of Political Economy* 48 (1940), S. 487-520, hier S. 494.

ten und einen ähnlichen Hang, Güter gegen solche im Besitz von anderen einzutauschen. Es gelang ihm jedoch nicht, zwischen diesen Trieben klare Verbindungen zu ziehen, und seine Moraltheorie lieferte keinen befriedigenden Hintergrund für eine konsequente Erforschung der gesellschaftlichen Institutionen und des sozialen Verhaltens.

Um die Position zu rechtfertigen, die er der Selbstliebe in seiner Morallehre zuschrieb, verwandte Smith das allgemein akzeptierte utilitaristische Argument, daß das Glück aller vernünftigen Wesen der eigentliche Zweck der Natur gewesen sei. Er äußerte den festen Glauben an ein »göttliche[s] Wesen, dessen Wohlwollen und Weisheit seit aller Ewigkeit die ungeheure Maschine des Weltalls so ersonnen und gelenkt [habe], daß sie zu allen Zeiten das größtmögliche Maß an Glückseligkeit hervorbringe«. Er hielt diese Vorstellung »von allen Gegenständen menschlicher Betrachtung« für »sicherlich de[n] weitaus großartigste[n]«.

Nach den herrschenden utilitaristischen Vorstellungen sollten Lust und Schmerz die bestimmenden Faktoren sein, die Wünsche und Leidenschaften wecken; sie seien nicht durch Vernunft, sondern nur durch Gefühle zu erfassen. Smith folgte diesen Auffassungen und auch dem Vorschlag Lockes, das Selbstinteresse zu den moralisch neutralen Motiven zu rechnen; sogar Selbstliebe lasse sich als tugendhaftes Motiv betrachten, es sei denn, sie bringe die Menschen dazu, anderen willentlich Schaden zuzufügen. Im Verlauf dieser Erörterung charakterisierte Smith freien Wettbewerb als ethisch lobenswerte Grundlage für die Organisation der gesellschaftlichen Verhältnisse.[25] Doch ein solcher Gedanke ließ sich kaum im Rahmen einer Untersuchung ausführen, in der es vornehmlich um Sympathiegefühle als Instrumente moralischer Urteile ging.

Der Aufbau des Wealth of Nations

Während die Konzeption einer »natürlichen Ordnung« in der moralphilosophischen Abhandlung von Adam Smith nur am Rande erwähnt wurde, gewann sie in seinem großen ökonomischen Werk ganz andere Statur. Die *Inquiry into the Nature and the Causes of the Wealth of Nations* erschien 1776 und wurde zum berühmtesten Buch über ökonomische Probleme, das je geschrieben wurde. Das Buch entstand aus einer Reihe von Vorlesungen über Rechts- und Staatslehre, die vier Teile umfaßte: Justiz, Polizei, Finanzen und Bewaffnung.[26] Die beiden mittleren Teile der Vorlesungen, die sich mit ökonomischen und Finanzfragen

---

25 Adam Smith, *The Theory of Moral Sentiments*, Glasgow 1759, Band 2, S. 129 (deutsch: *Theorie der ethischen Gefühle*, Frankfurt am Main 1949, zuletzt Hamburg 1977).

26 Diese Vorlesungen wurden nach der Mitschrift eines Studenten, der ihnen 1763

beschäftigten, ließen die viel weiter ausgearbeitete Analyse in Smith' großer ökonomischer Abhandlung bereits ahnen. Der *Wealth of Nations* teilt sich in fünf Bücher unterschiedlicher Länge; das Werk war nicht als nationalökonomisches Lehrbuch gedacht, sondern sollte eher Gesetzgebern und Staatsmännern Maßnahmen an die Hand geben, die dazu dienen sollten, den Bürgern für reichliche Einkünfte und der Nation für ausreichende Einnahmen zur Bestreitung der ihr obliegenden Ausgaben zu sorgen.[27]

Der *Wealth of Nations* beginnt mit der berühmten Diskussion der Arbeitsteilung, die Smith als den wichtigsten, wenn nicht einzigen Motor des Fortschritts betrachtete. Er behauptete sogar, daß der Prozeß der Individualisierung vorwiegend durch die Arbeitsteilung zuwege gebracht worden sei, insofern sie die Anpassung der einzelnen an ihre jeweiligen Aufgaben bedingt habe. Bei der Erörterung der Grenzen der Arbeitsteilung führte er den Begriff des Marktes ein und bezog sich auf einen angeborenen menschlichen »Hang zum Tauschen und Schachern« als elementare Bestimmung, die der Organisation der Tauschwirtschaft zugrunde liege. In engem Zusammenhang damit steht seine Beschäftigung mit einigen theoretischen Grundproblemen seines Werkes, der Rolle des Geldes und der Erklärung von Tauschwerten und Preisen.

In der nun folgenden Analyse des ersten Buches formulierte Smith in einer Weise, die noch lange wiederholt werden sollte, die grundlegenden Verteilungsprobleme. Er beschäftigte sich ausführlich mit den Bedingungen, die die Lohn- und Profitrate bestimmen und die Bodenrente festlegen.

Im zweiten Buch stellte Smith seine Kapitaltheorie unter verschiedenen Gesichtspunkten dar; er analysierte die Funktionen des Geldes und entwickelte in diesem Zusammenhang den Begriff des Volkseinkommens, das er als »Nettoeinkommen der Gesellschaft« bezeichnete. In weiteren Kapiteln nahm er die Probleme des Sparens, Investierens und des Kapitalzinses in Angriff. Seine Behauptung, daß »Knauserei« und nicht Fleiß die unmittelbare Ursache für das Wachstum des Kapitals sei, blieb weit bis ins neunzehnte Jahrhundert ein leitender Gedanke der Nationalökonomie.

Das dritte Buch war der Behandlung einiger Faktoren gewidmet, die in der Vergangenheit wirtschaftlichen Fortschritt gefördert oder behindert hatten. Die Wirtschaftsgeschichte der europäischen Städte nach dem Ende des Römischen Reiches diente dazu, die Entwicklung der Bezie-

---

beigewohnt hatte, von Edwin Cannan herausgegeben: Adam Smith, *Lectures on Justice, Police, Revenue, and Arms*, Oxford 1896.

27 Adam Smith, *An Inquiry into the Nature and the Causes of the Wealth of Nations*, London 1776 (deutsch: *Der Reichtum der Nationen*, 2 Bände, Leipzig 1924), Einleitung und Plan des Werkes.

hungen zwischen Manufaktur, Landwirtschaft und Außenhandel zu veranschaulichen.
Die oft zitierten heftigen Angriffe auf das »Handels- oder Merkantilsystem« sind im vierten Buch enthalten. Dort trug Smith das Arsenal antiprotektionistischer Argumente zusammen, um das Freihandelsprinzip und die Interessen der Konsumenten gegen die Folgen einer Handelspolitik zu schützen, die sich an der Handelsbilanzlehre orientierte. Seine Kritik des physiokratischen oder »Agrarsystems« richtete sich vornehmlich gegen die Theorie, daß allein landwirtschaftliche Arbeit »produktiv« sei, doch billigte Smith dieser Arbeit eine höhere Produktivität zu. Auch in der Frage des Freihandels ergriff er für die Physiokraten Partei.
Das fünfte, von den übrigen weitgehend unabhängige Buch beschäftigte sich mit der Theorie und Praxis der Besteuerung. Hier entwickelt Smith seine berühmten vier steuerpolitischen Maximen: Steuern sollten erhoben werden nach dem Grundsatz der Gleichmäßigkeit (möglichst genau im Verhältnis zu den Einkünften der Bürger), nach dem Grundsatz der Bestimmtheit (unter Vermeidung von Willkür), nach dem Grundsatz der Bequemlichkeit (zu der Zeit und auf die Weise, die es dem Steuerzahler möglichst leicht macht, die Steuer zu zahlen) und nach dem Grundsatz der Effizienz (beschränkt auf das Mindestmaß, das für die Aufgaben des Staates unbedingt erforderlich ist). Diese vier Maximen haben die Steuerdebatten mehrerer Generationen lang beherrscht, und zwar oft in einem ganz anderen als dem von Smith gemeinten Sinne.

Das Wertproblem

Um die teilweise gegensätzlichen Ideen, die der ökonomischen Konzeption von Adam Smith zugrunde liegen, miteinander in Einklang zu bringen, scheint es ratsam, die ökonomischen Grundprobleme zu erörtern, die er lösen wollte. Im Mittelpunkt dieser Probleme steht die Definition des Begriffs Tauschwert, da nach Smith der »innere« oder »natürliche« Wert der Güter für die Austauschbedingungen grundlegend ist. Daher unternahm er es, den »wahren« Maßstab dieses Wertes zu bestimmen. Auf der Suche nach einem stabilen Maß, auf das alle Werte zurückführbar wären, ließ Smith von Anfang an die Geldeinheit beiseite. Ebenso verwarf er jede Bezugnahme auf den Nutzen der Güter, da er den Nutzenbegriff, ähnlich wie die Scholastiker, mit den Gattungen oder Klassen der Güter verknüpfte und damit vor dem »Wertparadoxon« stand. Zur Erläuterung dieses Paradoxons stellte er Wasser und Diamanten einander gegenüber: Während Wasser, ein unentbehrliches Gut, keinen marktgängigen Wert hat, erzielt ein Diamant trotz seines begrenzten Nutzens einen hohen Preis. Smith erkannte jedoch, daß bei diesem Problem

Knappheitsbeziehungen eine Rolle spielen, und argumentierte, daß die Gesamtmenge einer billigen, auf den Markt gebrachten Ware gewöhnlich nicht nur größer, sondern auch von größerem Wert sei als die Gesamtmenge einer teuren.

Unbesehen übernahm Smith die merkantilistischen Lehre, daß (a) das Verhältnis zwischen Konsumentennachfrage und Güterzufuhr keinen merklichen Einfluß auf die Bestimmung der Werte habe und daß (b) Arbeit derjenige Produktionsfaktor sei, der in erster Linie für die Schaffung von Tauschwerten verantwortlich sei – wie schon Locke nahegelegt hatte. Smith hielt »Arbeit« für einen stabileren Maßstab zur Wertmessung als irgendein Geldmetall oder Getreide. Zugunsten dieser Auffassung führte er das Argument an, man könne behaupten, daß »gleiche Quantitäten Arbeit ... zu allen Zeiten und an allen Orten für den Arbeiter von gleichem Werte« seien. So gelangte er zu dem Schluß, daß der »wahre« oder »natürliche« Wert eines Gutes über Jahre wie über Jahrhunderte hinweg mit größter Genauigkeit an der Arbeitsmenge gemessen werden könne, die zu seiner Produktion verausgabt worden sei.[28] In Anbetracht der Tatsache jedoch, daß sich wichtige Elemente des Distributionsprozesses wie Grundrenten und Profit nicht in diesem Sinne als »verkörperte« Arbeit verstehen ließen, beschränkte er die Gültigkeit seiner Erklärung auf Bedingungen, die vorgelegen hätten, ehe das Geld als Tauschmittel eingeführt worden sei und das private Eigentum an Produktionsmitteln allgemein Anerkennung gefunden habe.

Smith' vielzitiertes Beispiel des Tauschs von Bibern gegen Hirsche gehört ins Reich ökonomischer Mythologie. Nach diesem Beispiel werden in primitiven Gesellschaften Biber gegen Hirsche in dem Verhältnis getauscht, das der zum Erlegen dieser Tiere aufgewandten Arbeitsmenge entspricht. Die soziologische Forschung hat jedoch gezeigt, daß die zur Produktion verausgabte Arbeitszeit die Tauschbedingungen in primitiven Gesellschaften kaum jemals beeinflußt hat. Dennoch ist dieses Beispiel von gewissem theoretischen Interesse; mit seiner Hilfe lassen sich einige wichtige Bedingungen angeben, die hätten erfüllt sein müssen, um die Gültigkeit der Arbeitswerttheorie zu bestätigen. Biber hätten entsprechend dem jeweiligen Zeitaufwand der Jagd gegen Hirsche getauscht werden können, wenn es bei der Jagd keine Arbeitsteilung gab, wenn diese Arbeit der einzige Produktionsfaktor war oder allen Beteiligten die gleiche Beschwernis bereitete und unter der Herrschaft des freien Wettbewerbs für alle frei zugänglich war.

Smith unterschied die Austauschbedingungen, die er in primitiven Gesellschaften vorliegen sah, von denen in »zivilisierten Gesellschaften«. Er nahm an, daß in solchen Gemeinwesen das Wertmaß – im Unterschied

---

28 Ebd., Erstes Buch, 5. Kapitel (deutsch: a.a.O., S. 31).

zur Wertquelle – nicht in den Produktions-, sondern in den Tauschverhältnissen zu suchen sei, in dem Vermögen, andere Güter zu kaufen. Daher definierte er als »wahren Maßstab« des Werts einer Ware diejenige Menge Arbeit, die der Verkäufer der Ware verausgaben müßte, wenn er die im Austausch erhaltenen Güter zu produzieren hätte. »Die Arbeit«, sagte er, »bestimmt den Wert nicht nur desjenigen Teiles des Preises, der sich selbst wieder in Arbeit auflöst, sondern auch desjenigen, welcher zur Rente, und des dritten, welcher zum Kapitalgewinn (Profit) wird.« Folglich gingen Renten und Profite in den Wert mit ein, der einem Gut »zu Gebote steht«, und die Arbeitskostentheorie verwandelte sich in eine Produktionskostentheorie.

Neben dieser Produktionskostentheorie zog Smith Arbeitsleid als wertbestimmenden Faktor in Betracht. »Was ein Ding demjenigen, der es sich verschafft hat und darüber verfügen oder es gegen etwas anderes vertauschen will, wirklich wert ist, das ist die Mühe und Beschwerde, welche er sich dadurch ersparen und dafür anderen Leuten aufhalsen kann.« Bei dieser Gelegenheit definierte Smith den »Reichtum« eines Menschen als die Menge Arbeit anderer oder, was dasselbe sei, »des Produkts der Arbeit anderer, die ihm selbst zu Gebote steht oder die er kaufen kann«. So bot Smith also zwei Arbeitswerttheorien (der »verkörperten« und der »kommandierten« Arbeit), eine Produktionskostentheorie und eine Theorie des Arbeitsleids zur Auswahl an. Die Unentschlossenheit, die er in diesen Erörterungen an den Tag legte, entspringt möglicherweise einem Konflikt zwischen der Neigung des utilitaristischen Philosophen, nach einer psychologischen Begründung für Werte (Opfer, Mühe) zu suchen, und dem Festhalten an dem traditionellen merkantilistischen Vorgehen, eine meßbare Qualität der Dinge (ihren Tauschwert) mit der Kraft (Arbeit) zu verknüpfen, die diese Qualität geschaffen haben sollte.[29]

Angesichts dieser zum Teil widersprüchlichen Angaben über die Quelle der Tauschwerte und ihren Maßstab ist es zweifelhaft, ob Smith ernsthaft versucht hat, einen logischen Zusammenhang zwischen diesen beiden Problemen herzustellen. Er räumte ein, daß Arbeit, wird sie als Maß der Tauschwerte benutzt, in der Tat ein »abstrakter Begriff« sei, der zwar hinreichend geklärt werden könne, »aber doch nicht völlig so natürlich und leicht begreiflich« sei. Offenbar hat er das hypothetische Element erkannt, das in seiner Behauptung enthalten ist, »Arbeit« liefere einen »stabilen« Maßstab zur Wertmessung.

Eng verbunden mit der Diskussion des Wertproblems ist Smith' Unter-

---

29 Walter Weisskopf, *The Psychology of Economics*, Chicago 1955, S. 29, hat diese Ambivalenz einem Grundkonflikt der Epoche zugeschrieben, nämlich dem Konflikt zwischen der Haltung der überkommenen Subsistenzwirtschaft und der neuen erwerbsorientierten Arbeitsethik.

scheidung zwischen »produktiver« und »unproduktiver« Arbeit. Diese Unterscheidung war ein Erbe des merkantilistischen Denkens und stand wohl mit dem Substanzbegriff der Güter in Verbindung, da Arbeit dann als »produktiv« galt, wenn sie den Wert des Dinges, auf das sie verwandt wurde, vermehrt, wenn sie sich in einem »bestimmten Gegenstande oder einer verkäuflichen Ware« fixiert und realisiert, die eine gewisse zeitliche Beständigkeit aufweist, oder wenn der Preis des Gegenstandes später »eine ebenso große Quantität Arbeit in Gang bringen [kann], als diejenige war, durch die er ursprünglich erzeugt wurde«. Die Frage, ob diese Bedingungen erfüllt sind oder nicht, sollte in kommandierter Arbeit eine Antwort finden. Von Tätigkeiten, die nicht zur Ansammlung von Kapitalgütern beitrugen, die der Beschäftigung produktiver Arbeit dienten, war kein wirtschaftlicher Fortschritt zu erwarten.[30]

Im Lichte von Smith' Begriff des »inneren« Wertes war die Theorie der Preisschwankungen von der Werttheorie deutlich zu trennen. Richard Cantillons Beobachtung, daß sich in fortgeschrittenen Gesellschaften die Marktpreise von selbst den Produktionskosten angleichen, lieferte Smith einen Ausgangspunkt für das Theorem, daß die Marktpreise unter der Herrschaft der freien Konkurrenz um die »natürlichen« Preise schwanken (also um die Preise, die durch die langfristigen Produktionskosten bestimmt sind, gemessen in kommandierter Arbeit). Nach dieser Auffassung sollte die tatsächliche Nachfrage und Zufuhr von Gütern durch den Marktmechanismus ausgeglichen werden. Ohne die Herrschaft des freien Wettbewerbs klar zu definieren, schrieb Smith ihrem Wirken auch die Aufgabe zu, die Allokation der Produktionsfaktoren zwischen den Industriezweigen zu leisten, so daß dabei »im ganzen ... die Vorteile oder Nachteile« sowie die Renditen nivelliert würden.[31] Da er seine Aufmerksamkeit jedoch vor allem auf die Vermehrung des Reichtums im Sinne eines stets erweiterten Prozesses richtete, achtete er nicht sonderlich auf die Probleme, die mit der Ressourcenallokation verbunden sind, und lieferte auch kein klares Bild vom Funktionieren der ökonomischen Maschinerie.

---

30 Später drehten sich längere Diskussionen um die Frage, wie »produktive« von »unproduktiven« Leistungen zu unterscheiden seien. Zu der Rolle, die der Begriff »Produktivität« in der ökonomischen Philosophie des *Wealth of Nations* spielt, siehe Hla Myint, »The Welfare Significance of Productive Labor«, in: *Review of Economic Studies* 11 (1943/44), S. 20-30, hier S. 21.
31 Smith, *The Wealth of Nations*, a.a.O., Erstes Buch, 10. Kapitel (deutsch: a.a.O., S. 100).

Löhne, Renten und Profite; Außenhandel

Adam Smith' Erörterung der Probleme, die mit der Verteilung des Volkseinkommens verbunden sind, ging von drei Hauptmerkmalen des Verteilungsprozesses aus: Löhnen, Renten und Profiten. Diese Elemente, führte er aus, entsprächen der Summe der Arbeitslöhne, Kapitalgewinne und Bodenrenten, die »die ursprünglichen Quellen alles Einkommens« und zugleich die Anteile der wesentlichen Bevölkerungsklassen darstellten. Smith schrieb also drei klar unterscheidbaren Einkommensarten den Charakter ökonomischer »Naturkategorien« zu, obwohl wenigstens zwei davon in gesellschaftlichen Institutionen wurzeln. Grundeigentümer, Arbeiter und Kapitalisten, stellte er fest, bilden die großen, ursprünglichen und wesentlichen Stände; ihre Einkommen (Bodenrente, Arbeitslohn und Kapitalprofit) machen zusammen das Nationaleinkommen aus. Diese Konzeption der Wirtschaftsordnung legte zumindest nahe, daß sich mit dem Empfang einer »natürlichen« Einkommensart eine besondere Sphäre ökonomischer Interessen ausbildet, die sich von den Interessen der Empfänger anderer Einkommensarten unterscheiden. Wiederholt bezog sich Adam Smith auf Interessenkonflikte, die er zwischen verschiedenen Bevölkerungsklassen vorfand.

Das Hauptproblem bei der Verteilung bestand in den Augen von Adam Smith darin, zu erklären, welchen Beitrag die Produktionsfaktoren (Arbeit, Boden und Kapital) zum Wert der Produkte leisten. Seine Definition des Wertproblems machte es erforderlich, besondere Theoreme über die Herkunft der Renten und Profite zu formulieren, da es zweifelhaft war, ob sich die Profite aus der schöpferischen Fähigkeit der Arbeit ableiten ließen, und die Renten offenbar aus anderen Faktoren als der Arbeit entsprangen.

Smith' Behandlung dieser Probleme war jedoch mit vielen Schwierigkeiten beladen und völlig unbefriedigend. Löhne waren offenbar die Belohnung für den Beitrag der Arbeit zum Tauschwert der Produkte; als Hauptfrage blieb dann zu klären, wie die Lohnsätze zustande kommen. Von seinen merkantilistischen Vorgängern hatte Smith die Konzeption des Subsistenzlohns übernommen, die auf der Ansicht beruhte, die Höhe der Löhne sei durch die Kosten für die Erzeugung und Ausbildung der Arbeiter bedingt. Er betonte jedoch, daß die Löhne im zeitgenössischen England offenkundig höher lägen, als es nötig wäre, um den Arbeiter in den Stand zu versetzen, eine Familie zu erhalten; freilich könne die Neigung der Arbeiter, sich über den Rahmen der Beschäftigungsmöglichkeiten hinaus zu vermehren, zu Minderungen des Lohnniveaus führen. Nach seiner Theorie der inkorporierten Arbeit wurden in zivilisierten Gesellschaften Abzüge von dem durch Arbeit erzeugten Wert erforderlich, um Grundbesitzern und Lohnherren ein Einkommen zu verschaffen. Es ist umstritten, ob in dieser Feststellung ein moralisches Urteil enthalten war. Jedenfalls gab diese Feststellung zu verstehen, daß die Löhne ein Rest seien, der nach Abzug der Anteile für Boden und Kapital übrigbleibt. Auf vielen Seiten des *Wealth of Nations* geht es um die besonderen Bedingungen, unter denen Löhne verdient werden und nach denen sich ihre Höhe bemißt. Smith deutete auch den Begriff eines Lohnfonds an, der von den Unternehmern während einer Produktionsperiode angehäuft und in der folgenden Periode unter die Arbeiter verteilt wird. Ein ähnlicher Gedanke war schon von Cantillon geäußert worden. In anderen ausführlichen Erörterungen des Lohnproblems sah Smith jedoch in Angebots- und Nachfragebedingungen die Bestimmungsfaktoren des Lohnniveaus. Somit lieferte er drei unterschiedliche Erklärungen für die Höhe der Löhne: eine Residualtheorie, eine Lohnfondstheorie und eine Angebot-und-Nachfrage-Theorie.

Smith' Konzeption der Grundrente stand offenkundig unter dem Einfluß der physiokratischen Doktrin, da er die These übernahm, daß in der Landwirtschaft die Natur mit dem Menschen zusammenarbeite und ihren Beitrag kostenlos liefere.[32] In anderen Passagen seines Werkes leitete er die Rente jedoch aus den »Monopolpreisen« ab, die den Grundeigentümern zugute kämen. Auf dieser Gedankenlinie liegt sein Argument, daß jede Verbesserung der gesellschaftlichen Bedingungen, die zu Realwertsteigerungen der Bodenprodukte wie auch zu Preisminderungen bei Manufakturwaren führt, das Realvermögen des Grundbesitzers (das heißt seine Fähigkeit, die Arbeit anderer oder das Produkt ihrer Arbeit zu kaufen) tendenziell vergrößern werde. Während Smith also Löhne und Profite als preisbestimmende Faktoren ansah, hielt er hohe Renten für die Folge hoher Preise landwirtschaftlicher Produkte.

Man hat gesagt, Smith habe mehr als ein Jahrhundert lang für Verwirrung gesorgt, weil es ihm nicht gelungen sei, zwischen Land mit anderen Nutzungsmöglichkeiten und Ackerland ohne andere Verwendung zu unterscheiden. Im ersten Falle war die Rente ein Kostenbestandteil; im zweiten hing der Ertrag von den Marktverhältnissen ab.[33]

Mit der Einführung des Profits als Grundkategorie der Tauschgesellschaft eröffnete Smith der ökonomischen Analyse eine Perspektive, die von den Merkantilisten verkannt worden war. Sie hatten die Einkommen der Arbeitgeber als Gewinne definiert, die nach Abzug der Kosten als Überschuß bleiben, oder als Entschädigung für die Arbeit, die mit der Organisation produktiver Tätigkeiten verbunden ist. Der Profitbegriff, wie Smith ihn verwandte, war von einer genauen Definition allerdings

32 Ebd., Erstes Buch, 11. Kapitel.
33 Siehe D. H. Buchanan, »The Historical Approach to Rent and Price Theory«, in: *Economica* 9 (1929); wieder in: American Economic Association (Hg.), *Readings in the Theory of Income Distribution*, Philadelphia 1949, S. 603.

weit entfernt. Er deckte eine Vielzahl von Einkommen ab, die dem Arbeitgeber aus verschiedenen Quellen zuwachsen. Darunter fiel der Ertrag des Kapitals, das in das Unternehmen investiert wurde; das Entgelt für unternehmerische Funktionen, Aufsichts- und Verwaltungstätigkeiten sowie eventuelle technische Leistungen; eine Risikoprämie und weitere Einnahmen, die sich aus der Einführung technischer Verbesserungen und anderer kostensparender Maßnahmen oder aus günstigen Marktbedingungen, Monopolstellungen und dergleichen ergeben. Das von Smith angeführte Argument, daß man vom Kapitaleigner eine Beteiligung an produktiven Unternehmungen nicht erwarten könne, wenn er nicht vom Wert der Produkte einen Anteil erhielte oder »wenn sein Kapital ihm nicht mit Gewinn zurückerstattet würde«[34], rückte nur sehr begrenzte Aspekte des Profits ins Blickfeld. Auf die Konzeption des Profits als Überschuß spielte eine Unterscheidung an, die Adam Smith zwischen »reinen Profiten« und dem Erhalt von Zinsen auf das von den Anwendern vorgeschossene Kapital traf. Er betrachtete den Zins als Entgelt für die Nutzung geborgten Geldkapitals und leitete ihn aus den Profiten ab, die bei Verwendung dieses Kapitals zu produktiven Zwecken erzielt werden könnten. Diese Lehre war ein Ergebnis des Kampfes um das Wucherverbot. Im Unterschied zur merkantilistischen Auffassung, nach der der Zinsfuß durch die Menge des umlaufenden Geldes bestimmt sein sollte, verknüpfte Smith die Zinsrate mit dem Angebot an (und der Nachfrage nach) Anlagekapital und stimmte den bestehenden gesetzlichen Maßnahmen zu, die die Obergrenze für diesen Zinssatz auf fünf Prozent festlegten. Er erwartete, daß die Wettbewerbskräfte schließlich zu diesem Zinssatz führen würden.

Obwohl Smith Profit und Kapitalzins zu den Produktionskosten zählte, beschrieb er Profite gelegentlich als Überschuß über die von der Arbeit geschaffenen Tauschwerte; in anderen Passagen betrachtete er sie als Abzug von den Tauschwerten. Die Wahl der ersten Möglichkeit stellt die Vertreter der Arbeitswerttheorie vor die Aufgabe, die Kräfte anzugeben, die es dem Kapital ermöglichen, über die von der Arbeit in vergangenen oder gegenwärtigen Produktionsprozessen erzeugten Werte hinaus zusätzlich Tauschwert zu »schöpfen«. Die Wahl der zweiten Möglichkeit dagegen schließt das Kapital von den ursprünglichen Tauschwert- und Einkommensquellen aus und führt zu der Frage, wieso die Kapitaleigner einen Teil der von der »Produktivkraft« der Arbeit geschaffenen Tauschwerte beanspruchen können. Hinter dieser Frage verbarg sich die Auffassung, die Arbeit werde von den Kapitaleigentümern »ausgebeutet«. Adam Smith gab keine Antwort auf diese dornigen Probleme, die sich

---

34 Smith, *The Wealth of Nations*, a.a.O., Erstes Buch, 8. Kapitel (deutsch: a.a.O., S. 64).

aus dem Versuch ergaben, einen verschwommenen Profitbegriff mit der Arbeitswerttheorie in Übereinstimmung zu bringen.[35]
Dem Mangel an Klarheit, der seinen Profitbegriff kennzeichnete, entsprach die Verwirrung, die seinen Kapitalbegriff umgab. So, wie er in einigen Abschnitten des *Wealth of Nations* gebraucht wurde, bedeutete Kapital Geld, das angesammelt wurde, um verliehen oder investiert zu werden, oder Wertpapiere, die Kapitalzins abwerfen. Diese Auffassung spiegelte sich in der Definition, wonach »derjenige [Vermögens-] Teil, von dem [jemand] ein Einkommen erwartet, ... sein Kapital genannt« wird. In anderen Zusammenhängen waren physische, durch Arbeit geschaffene Produktionsmittel gemeint; in wieder anderen wurde er für Lohngüter verwandt, die von den Arbeitgebern zur »produktiven Konsumtion« bereitgestellt werden. Diese Konsumtion wurde, in Verbindung mit dem Begriff »produktiver Arbeit«, vom nichtproduktiven Konsum anderer Bevölkerungsklassen unterschieden. Mit dem Ausdruck »umlaufendes Kapital« sollte »Lohnkapital« von »stehendem« (oder »angelegtem«) Kapital unterschieden werden.
Da für Smith das Geflecht der Realtauschtransaktionen der eigentliche Gegenstand der ökonomischen Analyse war, erschienen ihm monetäre Probleme zweitrangig, und er verkannte die Funktion des Geldes als Wertaufbewahrungsmittel, obgleich gerade diese von einigen Merkantilisten betont worden war. »Was mit Geld oder mit Gütern erkauft wird«, sagte er, »wird ebenso durch Arbeit erkauft wie das, was man durch eigene Mühe und Arbeit sich verschafft.«[36] Er nahm an, daß die Geldmenge von der Nachfrage nach umlaufenden Zahlungsmitteln und von den Produktionskosten der Edelmetalle abhänge, und war sich mit den Gegnern der Handelsbilanzlehre darin einig, daß eine Vermehrung der Zahlungsmittel die Folge, nicht die Ursache von Wohlstand sei. Nichtkonvertibles Papiergeld lehnte er mit der Begründung ab, daß ein Produkt, dessen Wert vornehmlich von seiner Knappheit herrührt, zwangsläufig wertlos wird, wenn es im Überfluß vorhanden ist.
In seiner Verteidigung der Freihandelsprinzipien übernahm Smith von seinen merkantilistischen Vorgängern das Bild einer Welt von Staaten, die darauf bedacht sind, ihre nationalen Interessen zu verfolgen. Da er jedoch als Ziel und Zweck der Produktion allein die Konsumtion betrachtete,

---

35 Über den Konflikt zwischen Profit- und Zinstheorie bei Adam Smith siehe Edwin Cannan, *A History of the Theories of Production and Distribution in English Political Economy, 1776-1848*, London 1894, sowie Eugen Böhm-Bawerk, *Kapital und Kapitalzins. Erste Abteilung: Geschichte und Kritik der Kapitalzinstheorien*, 3. Auflage, Innsbruck 1914, S. 83-94.
36 Smith, *The Wealth of Nations*, a.a.O., Erstes Buch, 5. Kapitel (deutsch: a.a.O., S. 28).

wandte er sich entschieden gegen die merkantilistische Politik, Exportüberschüsse zum höchsten Ziel des Außenhandels zu erklären, statt eine optimale Nutzung der verfügbaren Ressourcen anzustreben. Er stimmte Humes Vermutung zu, daß ein Land nach dem anderen – einem natürlichen Prozeß gehorchend – eine Manufakturindustrie aufbauen und am internationalen Gütertausch teilnehmen werde. Der überschüssige Teil des Kapitalvorrats, der im Lande nicht beschäftigt kann, »stürzt sich ... ganz von selbst in den Zwischenhandel und wird angewandt, den nämlichen Dienst in fremden Ländern zu tun«. Entschieden wies er auf die Vorteile hin, die einem Land aus der Einfuhr all der Waren erwachsen, die die einheimischen Fabrikanten nur zu höheren Kosten (ausgedrückt in normierten Arbeitseinheiten) erzeugen können. Argumente dieser Art setzten sich schließlich gegen die merkantilistische Behauptung durch, daß Industrien in Länder abwandern würden, wo die Arbeit billig ist, wenn Produzenten, die höhere Löhne zahlen müssen, nicht durch Zölle geschützt würden und geschickte Arbeiter aus dem Ausland anziehen könnten.

Die Elemente der natürlichen Ordnung

Kein Überblick über die ökonomischen Theorien von Adam Smith wäre vollständig, der die sozialphilosophischen Ideen unberücksichtigt ließe, die Smith für seine Konzeption einer Gesellschaft, in der eine natürliche Ordnung herrscht, unentbehrlich schienen. Daher seien einige Bemerkungen angefügt, um die Rolle anzudeuten, die er dem Eigennutz, dem Streben nach Bedürfnisbefriedigung und dem freien Wettbewerb zuschrieb.
Smith war ein Lehrer, kein glühender Sozialreformer, und seine Lehren waren keineswegs revolutionär.[37] Ihr utilitaristischer Hintergrund leitete sich von einer weitgehend akzeptierten Sozialphilosophie her. Mit großem Geschick verstand er es, die Gedanken der fortschrittlichen zeitgenössischen Ökonomen aufeinander abzustimmen und ihre Schlußfolgerungen als Elemente einer gütigen natürlichen Ordnung darzustellen. Er betonte die strategische Rolle, die dem Profitmotiv als rationalem Prinzip des ökonomischen Verhaltens zukommt, und analysierte die Produktions- und Austauschvorgänge unter Wettbewerbsbedingungen nach Maßgabe weniger allgemeiner und recht einfacher Prämissen. Ausgiebig verwandte er historisches Material, um die Gültigkeit seiner Behauptungen zu veranschaulichen. Im Verlauf der beiden vorhergehenden Genera-

---

37 Halévy, *La formation du radicalisme philosophique*, a.a.O. (englisch: a.a.O., S. 268).

tionen waren zu diesen besonderen Fragen verschiedene Bücher erschienen, von deren Erörterungen das betreffende Problemfeld recht genau umrissen wurde. Doch waren die Probleme nicht mit allgemeinen Prinzipien verknüpft worden, die es erlaubt hätten, sie in Zusammenhang zu bringen und ihre wechselseitigen Beziehungen unter die Idee der Kausalität zu stellen. Die Voraussetzung einer solchen Analyse schien in der Annahme zu liegen, daß diese Probleme zu einer Sphäre sozialer Verhältnisse gehörten, die sich von allen anderen Sphären des gesellschaftlichen Lebens trennen lasse, und zwar deshalb, weil diese Verhältnisse unter der Herrschaft einer spezifischen »natürlichen Ordnung« stünden, wie sie bereits in den Schriften von Hume und Cantillon angedeutet worden war. Der Glaube an eine natürliche Ordnung, die dem Wirken einer Tauschwirtschaft zugrunde liege, in Verbindung mit dem Glauben an eine natürliche Harmonie der Einzelinteressen stellte also den Hintergrund dar, vor dem die Nationalökonomie als unabhängige Disziplin begründet wurde.

Zahlreiche Diskussionen drehten sich um die Frage, warum Smith in seiner ökonomischen Abhandlung nicht auf Sympathiegefühle Bezug nahm.[38] Die Vermutung liegt nahe, daß er solche Motive überging, weil sie die logische Konstruktion eines mehr oder weniger mechanischen Modells der Ökonomie, das er zu errichten suchte, irgendwie hätten stören können.

In seinen *Essays on Philosophical Subjects*[39] wies Smith den Naturwissenschaften die Aufgabe zu, die Auffassung des Universums als einer riesigen Maschine zu entwickeln, deren Teile so zusammenwirken, als folgten sie dabei einem Plan. Ähnlich war er überzeugt, daß die Natur durch die menschlichen Gefühle wirke, um eine harmonische Gesellschaftsordnung zu verwirklichen und das beständige Wachstum des Volkswohlstandes zu sichern. In dem berühmten Diktum, daß der Mensch, von einer »unsichtbaren Hand« gelenkt, auf ein Ziel hinarbeite, das mitnichten in seinen Absichten liege, fand dieser Glaube beredten Ausdruck.[40]

---

38 Siehe James Bonar, *Philosophy and Political Economy*, London/New York 1893; Albion W. Small, *Adam Smith and Modern Sociology*, Chicago 1907; Taylor, »Economics and the Idea of *ius naturale*«, a.a.O., S. 232. Siehe auch Henry John Bitterman, *Smith's Empiricism and the Law of Nature*, Chicago 1940.
39 Diese Essays wurden nach dem Tode des Autors im Jahre 1795 unter dem Titel *Essays on Philosophical Subjects by the Late Adam Smith* veröffentlicht. In einem Vorwort zu dieser Schrift gab Dugald Stewart eine »Darstellung des Lebens und der Schriften des Verfassers«.
40 In einer anderen Passage der *Essays* äußerte Smith, das Erscheinen theistischer Konzeptionen in den Lehren der griechischen Philosophen stehe mit der Idee in Zusammenhang, daß die Vorgänge der Natur von einem Plan geleitet würden. Ein

Da Smith eine Erörterung logischer Grundprobleme vermied, überging er die Frage, ob seine Konzeption einer »natürlichen« Gesellschaftsordnung mit der Lehre der Willensfreiheit vereinbar ist, die von den scholastischen Theologen mit solchem Eifer verteidigt worden war. Doch besteht kein Zweifel, daß die Anwendung des Kausalitätsprinzips auf die Verhältnisse zwischen wirtschaftlichen Phänomenen auf Annahmen beruhte, die kein Thomist hätte billigen können. Dazu gehörte etwa, daß die angebbaren Eigenschaften ökonomischer Beziehungen von der Willensfreiheit der einzelnen unberührt blieben, daß das individuelle Verhalten von einem durchgängigen Motiv beherrscht werde und daß die Vernunft die geeignetsten Mittel liefere, um die von jenem durchgängigen Motiv vorgeschriebenen Ziele zu erreichen. Die Unterordnung der Vernunft unter die Diktate des Willens war zu einem konstitutiven Bestandteil der utilitaristischen Psychologie geworden. Etwa zur selben Zeit entwarfen auch italienische Ökonomen die Wirtschaft als einen Mechanismus, der von Nützlichkeitsmotiven angetrieben wird. Smith' großer Erfolg verdankte sich jedoch weitgehend der Tatsache, daß er die Verfolgung des Eigennutzes zum rationalen Prinzip aller ökonomischen Aktivitäten erhob.

Die Rolle, die er dem Selbstinteresse zuschrieb, trat deutlich in der Kritik hervor, die er an François Quesnays Auffassung übte, daß der Wunsch der Menschen nach besseren Lebensbedingungen erst dann wirksam werde, wenn die Regierung volle Freiheit gewährt habe. Dagegen meinte Smith, der Eigennutz habe seine Wirksamkeit durch die Jahrhunderte hindurch erwiesen und über jeglichen Versuch die Oberhand behalten, die wirtschaftliche Tätigkeit zu reglementieren. Die beständigen und ununterbrochenen Anstrengungen aller einzelnen um die Verbesserung ihrer Lebensbedingungen hätten sich bei der Überwindung gegenläufiger sozialer und politischer Hemmnisse als nahezu unwiderstehlich erwiesen.

Mit der utilitaristischen Lehre, im Bereich der materiellen Wohlfahrt könne jeder über seine Interessen am besten richten, verband er einen weiteren Satz, der für die Methoden des utilitaristischen Denkens gleichermaßen kennzeichnend ist: danach nimmt die Bedürfnisbefriedigung im selben Maße zu wie die Menge der Güter, die diese Befriedigung verschaffen, sofern man die Werte der Güter auf einen gemeinsamen Nenner zurückführt. Somit ließ sich jede Ausweitung der Produktion materieller Güter, insofern sie eine Steigerung des »Nettoeinkommens« der Gemeinschaft darstellt, mit einer Vermehrung des allgemeinen Glücks gleichsetzen. Dieser Gedanke blieb ungefähr einhundertfünfzig

---

solcher Gedanke sei mit den Vorstellungen, die polytheistischen Religionen zugrunde liegen, unvereinbar.

Jahre lang ein beinahe unbefragtes Dogma der utilitaristischen Nationalökonomie, obgleich verschiedene utilitaristische Philosophen gegen die Identifikation von Reichtum und Glück Einwände erhoben.[41]
Der entscheidenden Frage, wie zu verhindern sei, daß die Verfolgung individueller Interessen anderen schadet, trat Smith mit einem vage formulierten Maximierungsprinzip entgegen, das er auf die wechselseitigen Beziehungen der Teilnehmer einer Gesamtwirtschaft anwandte; er behauptete, daß die Bemühung eines jeden, sich den größtmöglichen Anteil an der beschränkten Menge verfügbarer Werte zu sichern, durch das gleiche Verhalten aller anderen beständig eingedämmt und aufgewogen werde. Damit wurde dem Gleichgewichtsprinzip, das vorwiegend dazu gedient hatte, die Beziehungen zwischen meßbaren Wertaggregaten zu bestimmen, die weit bedeutendere Aufgabe zuerkannt, die Harmonie zwischen gegensätzlichen ökonomischen Einzelinteressen zu sichern. Diese harmonische Wirtschaftsordnung sollte unabhängig vom bewußten Verhalten der Menschen wirken. Die logischen Probleme, die eine solche Konstruktion in sich birgt, wurden in der Geschichte des ökonomischen Denkens erst zu einem viel späteren Zeitpunkt geklärt.
Wettbewerbsfreiheit, ein Element der natürlichen Ordnung, wurde von Adam Smith als wesentliche Voraussetzung für das effektive Funktionieren der Wirtschaft unter dem Gesichtspunkt der Nutzenmaximierung betrachtet. Das Wettbewerbsprinzip führe tendenziell zum Ausgleich von Preisen und Produktionskosten, zur Minimierung des Zinssatzes sowie zur Beseitigung überhöhter Profite und der Ausnutzung von Monopolsituationen. Damit erschien es als mächtiger und zuverlässiger Faktor bei der Schaffung und möglichst günstigen Verteilung des Reichtums auf alle Schichten der Gesellschaft.
Auch andere zeitgenössische Ökonomen hatten die Vorteile der freien Konkurrenz hervorgehoben, ihre Angriffe jedoch vornehmlich gegen Produktionsbeschränkungen gerichtet. Smith zielte mit seinen Angriffen darüber hinaus gegen jede Beschränkung der Verteilungsprozesse und verurteilte Monopole aller Art, handele es sich um staatlich gewährte Privilegien oder geheime, gegen die Allgemeinheit gerichtete Monopole von Geschäftsleuten (er sprach von »Verschwörungen«). Er schreckte nicht vor der Behauptung zurück, der Monopolpreis sei in jedem Falle »der höchste, der von den Käufern erpreßt werden« könne, und stellte ihm den »natürlichen« Preis gegenüber, der der niedrigste sei, »mit dem die Verkäufer im allgemeinen gerade noch leben« könnten.[42] Er betrachtete die Expansion der Märkte als die wirksamste Methode, die ökonomi-

---

41 Siehe Hla Myint, *Theories of Welfare Economics*, Cambridge, Mass. 1943, S. 4.
42 Smith, *The Wealth of Nations*, a.a.O., Erstes Buch, 7. und 10. Kapitel (deutsch: a.a.O., S. 61).

sche Wohlfahrt zu steigern, und den freien Wettbewerb wiederum als die sicherste Methode, dieses Ziel zu erreichen.

Zu den wichtigsten praktischen Folgerungen seines Versuchs, die überwältigenden Vorteile der Wettbewerbsfreiheit zu erweisen, gehörte die Auffassung, daß jede Einmischung der Regierung in wirtschaftliche Aktivitäten der Störung einer wohltätigen natürlichen Ordnung gleichkomme. Das Rechtswesen, wie Smith es verstand, sollte sich darauf beschränken, die Ausübung der Religions- und Redefreiheit zu garantieren, das Eigentum zu schützen und die Prinzipien einer repräsentativen Regierungsform zu sichern. In einer häufig angeführten Passage bezog er sich auf das »klare und einfache« System der natürlichen Freiheit, das sich herstelle, wenn alle Systeme der Begünstigung oder Beschränkung vollständig beseitigt würden. »Keine menschliche Weisheit und Kenntnis« reiche nämlich aus zur Erfüllung der Aufgabe, die Arbeit der Privatleute zu überwachen »und sie auf die dem Interesse der Gesellschaft zuträglichsten Gewerbe hinzuleiten«.

Etwa zwanzig Jahre später brachte Edmund Burke im Grunde den gleichen Gedanken zum Ausdruck, als er sagte, Natur sei »Weisheit ohne Reflexion«. Burke stimmte der These von Smith zu, der gütige und weise Lenker aller Dinge mache es den Menschen, ob sie wollten oder nicht, zur Pflicht, ihren höchst eigennützigen Interessen nachzugehen, um das allgemeine Wohl mit ihrem individuellen Erfolg zu verknüpfen.[43]

Ausnahmen vom allgemeinen Prinzip der freien Konkurrenz bedurften einer besonderen Rechtfertigung, die Smith aus utilitaristischen Erwägungen bezog. Die von ihm eigens erwähnten Bereiche, in denen Eingriffe der Regierung notwendig seien, liegen außerhalb der Sphäre der Tauschwirtschaft: Verteidigung gegen Angriffe von außen, Justizverwaltung und Ausführung »öffentlicher Werke« zur Verbesserung der Infrastruktur.

So fanden die Leser des *Wealth of Nations* eine Fülle anregender Gedanken, die von reichhaltigem historischem Material bekräftigt und von einem optimistischen Bild des ökonomischen Fortschritts getragen wurde. Konsequente Deduktionen waren freilich kein charakteristischer Zug der Smithschen Methodologie. Er kümmerte sich nicht darum, die widersprüchlichen Ergebnisse seiner Analyse miteinander in Einklang zu bringen. Die Unklarheit einiger seiner Grundbegriffe, die Unstimmigkeiten zwischen einigen seiner Leitsätze und die Widersprüche, die in der Formulierung einiger seiner Hauptprobleme enthalten waren, wurden wiederholt zum Gegenstand von Kritik. Vielleicht war jedoch das Verfahren, mehrere mögliche Lösungen für dasselbe Problem anzubieten, für den anhaltenden Erfolg des *Wealth of Nations* eher förderlich als hemmend,

---

43 Edmund Burke, *Thoughts and Details on Scarcity*, London 1795.

weil damit der Weg zur Entwicklung unterschiedlicher theoretischer Gedankenlinien offenblieb.
Smith war sich über die Vorgänge, die zu seiner Zeit das Bild der englischen Industrie verwandelten und eine neue Epoche in der Geschichte der ökonomischen Entwicklungen einleiteten, nicht vollends im klaren. Ebensowenig erwartete er, daß seine Argumente für wirtschaftliche Freiheit und freien Wettbewerb im Laufe der nächsten Jahrzehnte verbreitete Anerkennung finden würden. Doch der optimistische Glaube an die »natürliche Identität« der Einzelinteressen, von dem sein Werk durchdrungen war, fand bei Englands gebildeten Klassen großen Anklang; es bot eine willkommene Lösung für das quälende Problem, wie ungehindertes Gewinnstreben mit den Zielen der allgemeinen Wohlfahrt zu versöhnen sei. Dieses Buch lieferte eine theoretische Rechtfertigung für die Aktivitäten der Unternehmer und Industriellen, die am Beginn der »industriellen Revolution« standen und in höchstmöglichem Grade neue Techniken und neue Organisationsformen zu nutzen suchten. Den Kaufleuten eröffnete es die Aussicht auf eine weltweite Expansion des Freihandels. Zugleich beachtete es sorgfältig die Interessen der arbeitenden Klassen und der großen Masse der Konsumenten. Wie Luigi Einaudi sagte, bestand der Erfolg von Smith in seiner Fähigkeit, diejenigen Hypothesen zu formulieren, die die ökonomischen Ereignisse seiner Zeit verständlich machten.[44]

Die Anerkennung, die Adam Smith mit den von ihm vertretenen Ideen in anderen Ländern fand, steht in engem Zusammenhang mit der Ausbreitung der Methoden nominalistischen Denkens. Frankreich war das erste Land, wo nach der politischen und sozialen Revolution die Prinzipien des wirtschaftlichen Liberalismus bei den gebildeten Bevölkerungsklassen auf fruchtbaren Boden fielen. Etwa ein Vierteljahrhundert später erschien mit Jean Baptiste Says *Traité d'économie politique* eine erfolgreiche, dem geistigen Klima Frankreichs angepaßte Version des *Wealth of Nations*. Dieses Buch diente in bedeutendem Maße der Verbreitung der von Smith vertretenen Prinzipien und Maßnahmen, und es behielt die Stellung sogar noch zu einer Zeit, als es bereits viel konsequentere Fassungen der utilitaristischen Wirtschaftslehre gab.

In den Ländern des europäischen Kontinents, in denen die Kameralistik festen Fuß gefaßt hatte, fanden die Ideen des ökonomischen Liberalismus nur bei bestimmten Intellektuellengruppen Anhänger und Verfechter. Der utilitaristische Hintergrund der Lehren von Adam Smith wurde fast allgemein abgelehnt. Verfeinerte Methoden des nominalistischen Denkens trafen auf hartnäckigen Widerstand, und von der Mitte des neun-

---

44 Luigi Einaudi, *Saggi bibliografici e storici intorno alle dottrine economiche*, Rom 1953, S. 95.

zehnten Jahrhunderts an wurde die von Adam Smith vertretene Wirtschaftstheorie und -politik zur Zielscheibe ausgedehnter Angriffe. Doch selbst seine überzeugtesten Gegner vermochten sich dem Einfluß seiner Ideen bei der Formulierung ihrer ökonomischen Grundprobleme nicht zu entziehen. Der *Wealth of Nation* steht wie ein Wegweiser an der Kreuzung der Strömungen ökonomischen Denkens. Alle Entwicklungen im Bereich des ökonomischen Denkens vor 1776 scheinen diese Abhandlung vorbereitet zu haben; alle späteren Entwicklungen scheinen von diesem Werk in verschiedene Richtungen auszustrahlen. Kaum ein anderes Buch im gesamten Bereich der Sozialwissenschaften könnte eine ähnliche Stellung beanspruchen.

Zweites Buch
Wirtschaftslehren im Konflikt

1800-1918

Mit der Begründung der politischen Ökonomie als unabhängiger Disziplin begann in der Geschichte des ökonomischen Denkens ein neuer Abschnitt. Die Methoden des hypothetischen Denkens, die den logischen Hintergrund für die begriffliche Eingrenzung der Volkswirtschaftslehre geliefert hatten, wurden sorgfältiger definiert und ausgearbeitet. Im Laufe dieser Entwicklungen mußten grundlegende ökonomische Begriffe revidiert und den Veränderungen der ökonomischen Analyse angepaßt werden. Je nach den Methoden, die bei der Formulierung neuer Probleme und der Reformulierung überlieferter Auffassungen angewandt wurden, lassen sich mehrere Schulen der »hypothetischen« Nationalökonomie unterscheiden. Freilich wurde der hypothetische Ansatz bei der Analyse sozialer und wirtschaftlicher Phänomene zunehmend angegriffen und kritisiert. Im Mittelpunkt dieser Kontroverse, in der sich die fortdauernde Rivalität zwischen einander widerstreitenden Denkmustern spiegelte, stand die Suche nach ökonomischen Gesetzen von allgemeiner Gültigkeit sowie die Konzeption der Ökonomie als unabhängiger Disziplin.

In erster Linie waren es organizistische und dialektische Denkmuster, die im Laufe des neunzehnten Jahrhunderts auf dem europäischen Festland und besonders in Deutschland Bedeutung erlangten. Beide Methoden traten in verschiedenen Fassungen auf, die für die Ausarbeitung ökonomischer Doktrinen die logischen Fundamente lieferten. So wetteiferten während dieser Epoche mehrere einflußreiche, jedoch sehr unterschiedliche Lehren miteinander in dem Bemühen, gültige ökonomische Begriffe aufzustellen, ökonomische Grundprobleme darzulegen und das Funktionieren der Wirtschaft zu erklären. Die Anhänger jeder dieser Lehren beanspruchten für ihre Methoden ausschließliche Gültigkeit, und ihre Gegensätze verstärkten sich in längeren und manchmal mit beißender Schärfe geführten Debatten. In solchen Unterschieden in der Methode des Denkens spiegelten sich häufig Differenzen im institutionellen Aufbau der einzelnen Länder.

Dritter Teil
Versionen der utilitaristischen Wirtschaftslehre
1800-1870

10. Kapitel
Die Prinzipien der Benthamschen Wirtschaftslehre

Allgemeine utilitaristische Methodologie

Adam Smith verstand die Nationalökonomie in seiner großen Abhandlung *The Wealth of Nations* als Zweig der Regierungs- und Verwaltungslehre. Sie sollte zeigen, wie sich der Volkswohlstand, als eine Menge materieller Güter betrachtet, am besten schaffen und mehren ließe. Entscheidende Bedeutung maß er dem Problem der Kapitalakkumulation bei, und ein beträchtlicher Teil seiner Erörterung beschäftigte sich mit Institutionen und sozialen Haltungen, die ihm für das Wachstum des Kapitals und den Reichtum der Nation nachteilig schienen. Da er die Wirtschaft als System von Tauschbeziehungen verstand, beschäftigten sich seine wichtigsten Theoreme mit Problemen der Arbeitsteilung und der Beziehungen zwischen Gütern und Märkten.

Von seinen merkantilistischen Vorgängern hatte Smith die Vorstellung von »Nationen« als politischen Gemeinwesen geerbt, die im Kampf um Macht miteinander wetteifern. Seine ausführlichen Hinweise auf geschichtliche Ereignisse und Entwicklungen sollten nicht primär Wirtschaftsgeschichte lehren, sondern eher die Allgemeingültigkeit seiner Vorschläge anschaulich machen. Die Prinzipien wirtschaftlicher Freiheit, die er vertrat, erfreuten sich in den letzten Jahrzehnten des achtzehnten Jahrhunderts auch in der Praxis wachsender Anerkennung.

In verschiedenen europäischen Ländern wurden die noch bestehenden Überreste der mittelalterlichen Zünfte der Handwerker und Händler abgeschafft. Monopolistische Handelsgesellschaften wie die englische Ostindienkompanie und die holländische Indiengesellschaft wurden aufgelöst. Frankreich öffnete ausländischen Schiffen die Häfen seiner Kolonien und schloß 1768 mit England den Vertrag von Eden, der einen wichtigen Schritt auf dem Wege zur Liberalisierung des internationalen Handels darstellte. Das britische Kolonialsystem wurde nach dem Abfall der amerikanischen Kolonien gründlich umgestaltet, zu einer Zeit, in der die reichen natürlichen Ressourcen der neubesiedelten überseeischen Gebiete den europäischen Nationen allmählich zugänglich wurden. Bei der Abschaffung des feudalen Systems der Leibeigenschaft wurden rasche Fort-

schritte erzielt. Nach den napoleonischen Kriegen kamen in weiten Teilen Europas Freiheitsbewegungen auf. Am Ende des achtzehnten Jahrhunderts hatten die Mittelklassen in England und Frankreich weitgehende politische und wirtschaftliche Freiheit erlangt.
Individuelle Freiheit wurde im Denken der »liberalen« Sozialphilosophen des achtzehnten Jahrhunderts gewöhnlich nicht als integrale Forderung verstanden, sondern schrittweise auf verschiedene Aspekte des gesellschaftlichen Lebens angewandt und vom persönlichen Bereich auf den religiösen Glauben, die politische Betätigung, die Äußerung von Überzeugungen aller Art und den Bereich von Produktion und Handel erweitert.
Mit der Einführung und verstärkten Anwendung mechanischer Apparate, die zu einem Wandel der Struktur praktisch sämtlicher Manufakturindustrien führte und den Weg zur Aufnahme der überzähligen Agrarbevölkerung durch die Industrie freimachte, veränderte sich das ökonomische Klima in England drastisch. Im Jahre 1764 wurde von James Hargreaves die *Jenny* eingeführt, 1769 die *Throstle* von Richard Arkwright, 1779 die *Mule* von Samuel Crompton und 1784 der mechanische Webstuhl von Edmund Cartwright. Eine revolutionäre Veränderung in der Energieproduktion ergab sich aus James Watts Verbesserung der Dampfmaschine im Jahre 1784, mit der das Zeitalter der Massenproduktion begann.
Neue wirtschaftliche Probleme schufen die napoleonischen Kriege und die damit einhergehende Preisinflation. Noch bedeutsamer wirkten sich diese Kriege auf die ökonomische und soziale Lage auf dem europäischen Festland aus. Während es der 1815 zusammengebrochenen Kontinentalsperre mißlang, England vom Handel mit dem übrigen Europa abzuschneiden, verschloß die von England erklärte Gegenblockade die überseeischen Märkte für kontinentaleuropäische Exporte. Als Frankreich schließlich unterlag, war die Vorherrschaft der englischen Industrie besiegelt; die britische Flotte beherrschte die Ozeane, London wurde das Zentrum der internationalen Finanzmärkte, und England entwickelte sich zum Rückgrat des internationalen Handels. Die englische Politik des Kräftegleichgewichts hinderte die expansionistischen Neigungen mehrerer europäischer Staaten daran, den Weltfrieden zu gefährden. In all diesen Bereichen des sozialen Handelns machten sich die Auswirkungen des hypothetischen Denkens bemerkbar.

Während der vierzig Jahre, die auf die Veröffentlichung des *Wealth of Nations* folgten, wurde kein konsequenter Versuch unternommen, die Lehren von Adam Smith weiterzuentwickeln oder abzuwandeln. Die wenigen Monographien, in denen es um ökonomische Probleme ging, beschäftigten sich mit einzelnen Fragen, die mit der Definition von

Reichtum, mit dem Außenhandel oder mit dem Verhältnis zwischen Bevölkerungsentwicklungen und steigender landwirtschaftlicher Produktion zusammenhingen. Es fällt auf, daß die dynamischen Veränderungen, die die wirtschaftliche Struktur Englands transformierten und auf andere Länder übergriffen, im ökonomischen Denken keine originären Strömungen hervorriefen. Die Herausforderung zu einer neuen Wirtschaftslehre entsprang nicht so sehr dem von der technologischen Revolution ausgelösten Impuls, dem Wandel der ökonomischen Organisation oder dem Umbruch in den Bereichen von Geld und Kredit. Eher ging dieser Anstoß von dem Wunsch einiger Sozialphilosophen aus, die politische Ökonomie, verstanden als unabhängige Wissenschaft, den Prinzipien eines weiterentwickelten Utilitarismus anzupassen.

Ausgangspunkt der utilitaristischen Lehren, wie sie von Jeremy Bentham (1748-1832) vorgetragen wurden, waren bestimmte psychologische Lehrsätze, die ewige Gültigkeit haben sollten. Das Wesen dieser Lehren war die Maximierung von Glück als Ziel jeder staatlichen Politik. Dieses Prinzip war bereits früher von Francis Hutcheson aufgestellt worden, Adam Smith' Vorgänger an der Universität Glasgow. Ebenso war es von dem französischen Enzyklopädisten Claude Adrien Helvétius in seinem Buch *De l'esprit* betont worden, das 1758 in Paris erschienen war. Helvétius identifizierte Tugend und Selbstinteresse mit der Begründung, daß die allgemeine Wohlfahrt gleichbedeutend sei mit der Summe des Glücks aller Mitglieder der Gesellschaft.

Bentham und seine Schüler erhoben die Nützlichkeitsmaxime zu einem Axiom, das zwar keines direkten Beweises fähig sein sollte, aber als selbstevident galt.[1] Er gebrauchte dafür den Ausdruck »hedonistisches Kalkül« [*felicific calculus*], freilich nicht in einem streng mathematischen, sondern philosophischen Sinne. Keine zufriedenstellende Antwort gab er auf die Frage, ob nach dem Prinzip der Glücksmaximierung das individuelle Glück einer relativ kleinen Anzahl von Bürgern maximiert werden solle oder ob eine solche Maximierung für die größtmögliche Zahl anzustreben sei – auch um den Preis, daß sich das Glück einzelner Mitglieder der Gemeinschaft dadurch vermindert. Viel später, in den Debatten um das Prinzip der Wohlfahrtsökonomie, sollte dieser Frage eine bedeutende Rolle zukommen.

Mehrere Jahrzehnte lang führte Bentham einen unaufhörlichen Krieg

---

1 Nach John Stuart Mill, der den axiomatischen Charakter dieses Prinzips entdeckte (*Utilitarianism*, London 1861; deutsch: *Der Utilitarismus*, Stuttgart 1976), läßt sich kein Grund angeben, warum allgemeines Glück wünschbar sein sollte, außer daß jedermann sein eigenes Glück wünscht, insoweit er es für erreichbar hält. Zu Mills Versuch, die einzelnen Genüsse nach ihrer Wünschbarkeit und ihrem Wert aufzugliedern, siehe Jacob Viner, »Bentham and John Stuart Mill. The Utilitarian Background«, in: *American Economic Review* 39 (1949), S. 360-382, hier S. 377.

gegen alle methodologischen Grundsätze, die mit den Maximen der utilitaristischen Philosophie nicht voll übereinstimmten.² In umfangreichen Abhandlungen wandte er seine Ideen auf Probleme der Moral, Gesetzgebung, Rechtsprechung, Politik und Wirtschaft an. Er wollte zeigen, daß ein vollkommen ausbalanciertes rationales System denkbar sei, das die optimale Befriedigung sämtlicher Interessen gewährleisten könne.³ Eine beeindruckende Fülle weitreichender Reformen auf den Gebieten des Verfassungsrechts, der zentralen, lokalen und kolonialen Verwaltung, der bürgerlichen Freiheiten, der Rechtspflege, Kriminologie und des öffentlichen Gesundheitswesens ging auf die Anregung Benthams und die Aktivität seiner überzeugten Anhänger, der »philosophical radicals«, zurück. Ihre Angriffe richteten sich nicht nur gegen die Naturrechtslehre, sondern auch gegen die überkommene englische Jurisprudenz, wie sie in Blackstones *Commentaries* (1765/69) ausgelegt wurde, sowie gegen die politische Philosophie konservativer Autoren wie Edmund Burke, der die Ansprüche betonte, die bestehende Institutionen, tradierte Ideen und alte, durch das Herkommen legitimierte Rechte für sich geltend machen können.⁴

Der Begriff des Naturrechts löste Benthams schärfste Kritik aus. »Die Idee natürlicher Rechte«, verkündete er, »ist schlichter Unsinn; natürliche und unveräußerliche Rechte, rhetorischer Unsinn, Unsinn auf Stelzen.« Sokrates und Platon, sagte er in seiner *Deontology*, erweckten den Anschein, Weisheit und Moral zu reden, und redeten doch nur Unsinn. Ihre Weisheiten seien die Leugnung von Dingen, die jedermann aus Erfahrung kennt.

Zur Stützung seiner Kritik an Metaphysik und Naturrechtslehre entwickelte Bentham höchst wirkungsvolle Argumentationsverfahren. John Stuart Mill war überzeugt, daß eine von Benthams herausragendsten Leistungen darin bestanden habe, jene »Denkgewohnheiten und Untersuchungsweisen, die für die Idee der Wissenschaft wesentlich sind«, in Moral und Politik einzuführen, und daß es »seine Methode« gewesen sei, »die die Neuheit und den Wert dessen darstellte, was er tat«.⁵ Wenn man

---

2 Jeremy Bentham, *An Introduction to the Principles of Morals and Legislation*, London 1780 (deutsch gekürzt: *Jeremias Bentham's, des englischen Juristen, Principien der Gesezgebung*, Köln 1833, Nachdruck Frankfurt am Main 1966). Ders., *Deontology* (deutsch: *Deontologie oder die Wissenschaft von der Moral*, 2 Bände, Leipzig 1834).
3 Siehe Overton H. Taylor, »The Future of Economic Liberalism«, in: *American Economic Review* 42 (1952) 2, S. 1-15, hier S. 8.
4 Edmund Burke, *Reflections on the Revolution in France*, London 1790 (deutsch: *Betrachtungen über die Französische Revolution*, Berlin 1793; zuletzt Frankfurt am Main 1967).
5 John Stuart Mill über Bentham, in: *Westminster Review*, 1838; wieder in: Henry

Bacon das Verdienst zusprechen kann, den methodischen Weg eröffnet zu haben, der von den englischen Merkantilisten beschritten wurde, und Descartes für die logische Struktur der physiokratischen Doktrin verantwortlich ist, dann muß die Einführung verfeinerter Methoden des hypothetischen Denkens in die ökonomische Analyse Jeremy Bentham zugeschrieben werden. Die epistemologischen Aspekte des voll entfalteten Utilitarismus sollten dabei klar von jedem anderen Zug dieser Lehre unterschieden werden, besonders von Benthams Überzeugung, die soziale und ökonomische Ordnung lasse sich weitgehend nach einer allgemeingültigen und universell anwendbaren Rationalität organisieren.

Die wissenschaftlichen Prinzipien, die dem Benthamschen Denken zugrunde lagen, entstammten der Assoziationspsychologie, wie sie von den Utilitaristen des achtzehnten Jahrhunderts eingeführt worden war.[6] Diese Autoren gingen von einer Reihe »introspektiv« gewonnener Annahmen aus und glaubten damit einer empirischen Methode zu folgen. Empfindungen sollten die direkte oder indirekte Quelle aller Ideen sein und nach Maßgabe einiger weniger Gesetze der gegenseitigen Attraktion Verbindungen miteinander eingehen. Gefühle und Ideen sollten sich, angeleitet von der Reflexion, in unterschiedlichen Kombinationen verknüpfen und komplexe Vorstellungsgruppen bilden.
Vorrangige Bedeutung kam dabei den Kategorien Lust und Unlust zu, wie sie in Benthams »hedonistischem Kalkül« Ausdruck fanden. Lust und Unlust sollten die große Mehrzahl der Empfindungen begleiten und das Material für eine unbegrenzte Vielzahl von Urteilen abgeben. Und diese Lust- und Unlustempfindungen wiederum sollten, abgestuft nach Intensität, Dauer, Gleichförmigkeit und so weiter, eine verläßliche Grundlage für die Messung von Wünschen und Abneigungen liefern. Während Bentham einräumte, daß diese Lust- und Unlustbeträge nicht wirklich beobachtbar seien, bestand er darauf, daß man abschätzen könne, in welchem Grade solche Quantitäten unter wechselnden Bedingungen variieren. Die Zurückführung aller Lustempfindungen auf meßbare Größen erübrigte die Suche nach qualitativen Unterschieden und bahnte den Weg zur Anwendung des Prinzips von der »Beliebigkeit der Bedürfnisse«. Auf dieses Prinzip bezog sich Bentham in seinem vielzitierten Satz, »bei gleicher Menge Lust« sei »Flohhüpfen so gut wie Poesie«.

William Spiegel (Hg.), *The Development of Economic Thought*, New York 1952, S. 189.
6 Die Theorie der Assoziationspsychologie war von David Hartley (1705-1757) entworfen worden (*Observations on Man*, London 1749). Sein Werk wurde von Erasmus Darwin (1731-1802) und Horne Tooke (1736-1812) fortgesetzt. James Mill entwickelte diese Psychologie in seiner *Analysis of the Phenomena of the Human Mind*, 2 Bände, London 1829.

Weiterhin zog er aus der Assoziationspsychologie zwei Folgerungen: erstens, daß Dinge, die nur Mittel zu begehrten Zwecken sind, ihre besondere Bedeutung von den letzteren beziehen können; zweitens, daß Handlungsfolgen und nicht Intentionen für die Bewertung menschlichen Verhaltens von entscheidender Bedeutung sind.[7]
Bei ihren logischen Untersuchungen zogen die utilitaristischen Philosophen eine Trennungslinie zwischen Assoziationen, die nur bei bestimmten Individuen auftreten, und anderen, die große Gruppen von Beobachtern teilen. Assoziationen, die für sich allgemeine Anerkennung reklamieren können, sollten die Gewähr für »Wahrheit« bieten.[8] Die »Kunst der Logik« sollte dann darin bestehen, Assoziationen dieser Art von anderen zu unterscheiden, die nicht in gleicher Weise ausgezeichnet sind. Als Ethik galt die Kunst, Assoziationen zu bestimmen, die zu einer Versöhnung von Einzel- und Gattungsinteressen führen. Geistige und physiologische Prozesse wurden einander korreliert, und besondere Beachtung fanden die logischen Gefahren, die bei Verwendung sprachlicher Ausdrücke mit metaphysischen Konnotationen drohen.
Einzig die innere Konsistenz der Begriffsverknüpfungen war nach utilitaristischer Erkenntnistheorie das Kriterium für wissenschaftliches Denken. Folglich bestand auch kein Recht, zwischen Methoden, die in den Sozialwissenschaften anwendbar sein sollten, und denen, die in den Naturwissenschaften (zumal in der »rationalen Mechanik« und der Physik der Himmelskörper) erfolgreich angewandt wurden, eine Trennungslinie zu ziehen. Das System der »mathematischen Moral«, das Bentham in enger Analogie zur »mathematischen Physik« entwickelte, sollte es Moralphilosophen und Gesetzgebern erleichtern, Begierden zu vergleichen und zu beeinflussen. In seiner Abhandlung über ökonomische Probleme[9] stellte er eine direkte Beziehung zwischen Reichtum und Glück her und verband jede Portion Reichtum mit einer entsprechenden Portion Glück; das größte Glück werde denen zufallen, die den größten Reichtum besitzen. Er erkannte jedoch die Auswirkungen des Grenznutzenprinzips und nahm an, daß die Menge Glück, die von einem Reichtumspartikel geschaffen werde, »mit jedem weiteren Teilchen abnimmt« und der Mehrbetrag an Glück beim Reichsten nicht so groß sein werde wie der Mehrbetrag an Reichtum.

7 Bentham stellte ausdrücklich fest, Handlungen seien nach der Gesamtsumme ihre Konsequenzen als gut oder schlecht zu beurteilen: *An Introduction to the Principles of Morals and Legislation*, a.a.O., 1. Kapitel, 3. Abschnitt (deutsch: a.a.O., S. 120).
8 Zu den Haupteinwänden, die gegen die assoziationistische Erkenntnistheorie erhoben wurden, gehörte das Argument, sie halte ein häufiges empirisches Zusammentreffen der Elemente einer Assoziation bereits für ausreichend, um die Annahme eines logischen Zusammenhangs zwischen ihnen zu rechtfertigen.
9 Jeremy Bentham, *Manual of Political Economy*, London 1798.

Bei seinem Versuch, aus den Prinzipien seiner Philosophie praktische Konsequenzen zu ziehen, sah sich Bentham schließlich der entscheidenden Frage des Utilitarismus gegenüber: ob man annehmen könne, daß sich die sozialen Beziehungen nach Maßgabe einer natürlichen Interessengleichheit der Individuen gestalten, oder ob das Wohl der Gemeinschaft durch besondere »künstliche« Maßnahmen zu erreichen sei, die der Harmonisierung dieser Interessen dienen. Er mußte zugeben, daß eine der Hauptfunktionen von Regierungen darin besteht, ein System von Strafen und Belohnungen einzurichten, und hielt Regierungen eher dafür geeignet, Hindernisse für Glück aus dem Wege zu räumen, als Glück durch positives Handeln zu fördern. Wie seine utilitaristischen Vorgänger war Bentham überzeugt, daß jeder einzelne am besten über seine Interessen urteilen könne, daß die Individuen aber unter dem kombinierten Einfluß von Lust und Unlust vorwiegend passives Verhalten zeigten. Er überlegte auch, daß die Ausübung von Zwang seitens der Regierung Unlust schaffen werde und folglich unerwünscht sei. Diese Erwägungen waren für Bentham Anlaß, eingehend die Wirkungen von Regierungseingriffen im Rahmen demokratischer Institutionen zu untersuchen. Ein künstliches Gleichgewicht, argumentierte er, sei zwischen den auseinanderstrebenden Interessen der verschiedenen sozialen Gruppen zu bewahren und durch gesetzliche Maßnahmen herzustellen.

Im Unterschied zu politischen schienen die ökonomischen Aktivitäten dem Wirken besonderer Formen der Selbstregulation zu unterliegen. Lust und Unlust, durch ökonomisches Verhalten erzeugt, schlugen sich offensichtlich in meßbaren Geldgrößen nieder, in pekuniärem Gewinn und Verlust. »Nutzen« wurde von Bentham als eine den Dingen innewohnende Kraft betrachtet, die sie befähigt, Bedürfnisse zu befriedigen. Obwohl er die Risiken unterstrich, die die Verfolgung einer aktiven Wirtschaftspolitik mit sich bringt, räumte er ein, daß Eingriffe der Regierung in zahlreichen und recht unterschiedlichen Situationen wünschenswert seien, und verließ sich zur Sicherung der Harmonie zwischen privaten und öffentlichen Wirtschaftsinteressen nicht auf die freie Konkurrenz.[10]

---

10 Die Lehre der natürlichen Interessenharmonie war kaum mit der Benthamschen Festlegung der Grenzen vereinbar, die für Eingriffe der Regierung in die Wirtschaft gelten sollten. Siehe Viner, »Bentham and John Stuart Mill«, a.a.O., S. 369.

Die methodologischen Prinzipien der Ricardoschen Wirtschaftslehre

Etwa zwanzig Jahre später wurde das Problem, wie die ökonomische Analyse mit den Prinzipien der utilitaristischen Philosophie in Übereinstimmung zu bringen sei, aus veränderter Perspektive von David Ricardo (1772-1823) in Angriff genommen, der ein höchst erfolgreicher Finanzier gewesen war und Mitglied des Parlaments wurde. Im Jahre 1815 ließ sich Ricardo von Benthams Freund James Mill (1773-1836) dazu überreden, seine ganze Energie dem Studium der politischen Ökonomie zu widmen.[11] Obgleich Ricardo kein Anhänger der utilitaristischen Philosophie im strengen Sinne des Wortes war, übernahm er die leitenden Grundsätze des Benthamschen Denkens, in denen sich die Methoden der Assoziationspsychologie niederschlugen. Nach diesen Prinzipien ist ein Verständnis der gegenseitigen sozialen Beziehungen so lange nicht zu gewinnen, wie man nicht annimmt, daß diese Beziehungen bestimmte Regelmäßigkeiten aufweisen, die den von den Naturwissenschaften entdeckten »Kausalgesetzen« vergleichbar sind. Ricardo hatte weder Philosophie noch Geschichte studiert. Bei ihm fehlt jede Bezugnahme auf metaphysische Kräfte, die hinter den Schauplätzen der ökonomischen Welt walten wie Adam Smith' unsichtbare Hand. Eine ähnlich ablehnende Haltung nahm er zu der Verbindung ein, die die Utilitaristen zwischen Lust und Unlust einerseits und den Werten, die die Güter besitzen sollten, andererseits hergestellt hatten. Ricardo beschrieb nie die Methoden, die er in seiner Analyse verwandte; erst später wurden sie, wenigstens zum Teil, von Nassau William Senior (1790-1864), John Stuart Mill und John Elliott Cairnes (1823-1875) geklärt. Von Alfred Marshall stammt die Bemerkung, Ricardos Darstellung sei »ebenso verwirrt, wie seine Gedanken tief; er wendet Worte in künstlichem Sinn an, ohne sie zu erklären und ohne den gleichen Sinn beizubehalten, er geht auch von einer Hypothese zur andern, ohne etwas [darüber] verlauten zu lassen«.[12] So gehen die Deutungen von Ricardos Lehre auseinander und führen gelegentlich in die Irre.[13]

11 Über den Zusammenhang zwischen der Lehre Benthams und der politischen Ökonomie Ricardos siehe Elie Halévy, *La formation du radicalisme philosophique*, Paris 1901/1904. Ricardos *Principles of Political Economy and Taxation* erschienen 1817 in London (deutsch: *Grundsätze der politischen Ökonomie und der Besteuerung*, Frankfurt am Main 1972). Zu den Umständen, die zur Ausarbeitung der *Principles* führten, siehe besonders Piero Sraffa, »Introduction«, in: *The Works and Correspondence of David Ricardo*, Band 1, Cambridge 1952.
12 Alfred Marshall, *Principles of Economics*, London 1890 (deutsch: *Handbuch der Volkswirtschaftslehre*, Stuttgart/Berlin 1905, S. 478).
13 Zu einigen Interpretationsproblemen siehe Sraffas Einführung in *The Works and Correspondence of David Ricardo*, a.a.O.

Nach assoziationistischer Logik vermag die Lehre der Vernunft keine Ziele anzugeben, sondern nur geeignete Mittel zur Erreichung von Zielen zu bestimmen, die von individuellen Bedürfnissen gesetzt werden. Da die Vernunft nicht als verläßliche Grundlage dienen konnte, um eine befriedigende Ordnung der ökonomischen Beziehungen zu errichten und zu erhalten, mußte die tatsächliche Existenz einer solchen Ordnung dem Wirken von Kräften zugeschrieben werden, deren Wirkung darin liegt, unabhängig vom bewußten Tun der Menschen zahllose menschliche Willensäußerungen zu koordinieren. Solche Kräfte konnten in den Gleichgewichtstendenzen der Wirtschaft gesucht werden, besonders in der Tendenz der Preise, unter den Bedingungen des freien Wettbewerbs Kostenunterschiede zu nivellieren. Überdies war zu erwarten, daß Konkurrenzfreiheit die Verwendung hypothetischer Verfahren verstärken werde, um die Marktbedingungen, die sich dem Willen der Individuen ja entziehen, möglichst vorteilhaft zu nutzen. Wie man sieht, ist der Gedanke einer zentralen Wirtschaftsplanung mit der Rolle, die diese Philosophie der Vernunft zuwies, nicht zu vereinbaren.

Aus diesen Gründen hatten die ricardianischen Ökonomen eine grundsätzliche Abneigung gegen monopolistische Situationen aller Art, die die Preise unbestimmt werden ließen und die Anwendung des Gleichgewichtsprinzips in der Analyse der ökonomischen Beziehungen verhinderten. Ricardo selbst behalf sich damit, die Existenz solcher Situationen soweit wie möglich zu ignorieren, und stützte sich dabei auf die Annahme, daß in dem unbegrenzten und hochkomplexen Zusammenspiel ökonomischer Bedürfnisse und ihrer Folgen die Wettbewerbskräfte ungefähr die gleiche Rolle spielten wie die mechanischen Kräfte in der kosmischen Natur. Voraussetzung für den Entwurf eines solchen relativ einfachen Bildes einer imaginären Wirtschaft war freilich die Lösung eines Grundproblems: die Umwandlung aller relevanten Elemente dieser Ökonomie in Größen, die auf einen gemeinsamen Nenner zurückführen. Ob Ricardo sich über die logische Struktur seines imaginären ökonomischen Systems, über dessen hypothetischen Charakter und seine Beziehung zum tatsächlichen Verhalten der dynamischen Ökonomie, die ihn umgab, vollends im klaren war, ist eine unbeantwortbare Frage.

Die Suche nach dem Modell einer solchen Vorstellung wurde durch die Tatsache erleichtert, daß die Newtonsche Konzeption der Wechselbeziehungen zwischen physikalischen Körpern zu jener Zeit praktisch das einzige bedeutsame Muster dieser Art war. Im Lichte der utilitaristischen Erkenntnistheorie bedurfte die Anwendung mechanischer Prinzipien auf die ökonomische Analyse keiner ausdrücklichen Rechtfertigung. Die Annahme, daß die Beziehungen zwischen ökonomischen Größen in der Hauptsache durch das Wirken von Gleichgewichtskräften bestimmt würden, spielte bereits in den Theorien einiger merkantilistischer Autoren eine auffällige Rolle, und Adam Smith – dem dabei möglicherweise der Glaube an einen »Plan« im Walten der Natur entgegenkam – hatte ja schon »Systeme« mit Maschinen verglichen und bei seinem Versuch, hochkomplexe und scheinbar verschiedenartige Phänomene zu erklären, nach wenigen mechanische Mustern gesucht. »Ein philosophisches System«, stellte er fest, »ist eine fiktive Maschinerie, die sich bemüht, in der Einbildung Bewegungen zu verbinden, die in der Wirklichkeit schon bestehen.«[14]

Die Newtonsche Kosmologie beruhte auf der Annahme, daß Materie von Zeit abstrahiert werden könne; Materie wurde »instantan« gedacht.[15] Zeitlosigkeit wurde so zu einem charakteristischen Merkmal des Ricardoschen ökonomischen Systems. Alle Reaktionen auf Veränderungen der wirtschaftlichen Phänomene (Preise, Produktionsmengen, Ersparnisse und so weiter) sollten augenblicklich und reibungslos stattfinden. Darüber hinaus lag den Abläufen des Newtonschen Systems der Gedanke zugrunde, daß alle darin enthaltenen Körper sich als Aggregate einer elementaren, unteilbaren Standardeinheit begreifen ließen, des Atoms, und somit auf einen einheitlichen Nenner zurückgeführt werden könnten, der die Anwendung mathematischer Verfahren auf die Untersuchung des Systemverhaltens erlaube. Kein Atom sollte bei den Bewegungen der Körper verlorengehen, und die Beziehungen zwischen Atomen sollten nach dem Prinzip von Aktion und Reaktion ablaufen. Das Atom war eine rein hypothetische Größe; seine Definition leitete sich aus der Rolle ab, die es im Gravitationsmodell spielen sollte.

Ricardo schrieb nun in seinem ökonomischen System der Tauschwerteinheit eine ähnliche Rolle zu wie das Newtonsche System dem Atom. Desgleichen schlug sich die Anwendung des Gleichgewichtsprinzips auf die Beziehungen zwischen ökonomischen Größen in der Lehre nieder, daß bei allen Markttransaktionen gleiche Werte gegeneinander ausgetauscht würden und daß alle Güter, die im natürlichen Verlauf der Produktionsprozesse geschaffen werden, normalerweise auf eine Nachfrage rechnen könnten, die den von diesen Gütern verkörperten Tauschwerten entspreche.

Das Funktionieren dieser hypothetischen ökonomischen Maschinerie wurde von der Erfüllung verschiedener Zusatzannahmen abhängig ge-

---

14 James Bonar, *Philosophy and Political Economy*, 3. Auflage, New York/London 1922, S. 151. Siehe auch Overton H. Taylor, *Economics and Liberalism*, Cambridge, Mass. 1955, S. 63.

15 Siehe Alfred N. Whitehead, *Modes of Thought*, New York 1938, S. 120. An vorderster Stelle der übrigen Prinzipien der Newtonschen Mechanik stand der Satz, daß die Position eines bewegten Körpers durch Geschwindigkeit und Zeit bestimmt sei.

macht, die in den Lehren von Adam Smith eine bedeutende Rolle gespielt hatten, aber erst später ausdrücklich formuliert wurden: (a) von der Geltung des utilitaristischen Prinzips, wonach sich alles ökonomische Verhalten von einem einzigen »rationalen« Motiv leiten lasse, nämlich dem Ziel, den bei jeder Transaktion zu erzielenden Gewinn zu maximieren; (b) von der Annahme, es bestehe vollkommene Freiheit, jeder beliebigen produktiven oder kommerziellen Tätigkeit nachzugehen; und (c) vom Glauben an die Existenz eines Tauschmittels, das dafür sorgt, die Marktpreise der Güter und Dienstleistungen mit den »natürlichen«, den Produktionsprozessen entspringenden Werten so exakt wie möglich zur Deckung zu bringen.

Dieser Ansatz der ökonomischen Analyse entsprach genau dem geistigen Klima, das in den ersten Jahrzehnten des neunzehnten Jahrhunderts in England herrschte. Der institutionelle Hintergrund der Ökonomie wurde als gegebene Tatsache anerkannt, die keiner weiteren Erklärung oder Rechtfertigung bedurfte. Ferner wurden allgemein bekannte Methoden des hypothetischen Denkens eingesetzt, um wichtige Elemente der utilitaristischen Philosophie den Prinzipien der Newtonschen Mechanik anzupassen. So konnte Ricardo auf ein weitreichendes Verständnis der Denkmuster rechnen, die er beim Entwurf eines hypothetischen Bildes der wirtschaftlichen Abläufe in Anspruch nahm.

Das »Hauptproblem der Volkswirtschaftslehre«, das Ricardo sich zu lösen vornahm, war die Aufstellung von Gesetzen, nach denen »der Ertrag der Erde« verteilt wird – »alles, was von ihrer Oberfläche durch die vereinte Anwendung von Arbeit, Maschinerie und Kapital gewonnen wird«. Diese etwas unklare Ausdrucksweise deutete auf das Problem, den Anteil eines jeden der drei wesentlichen Produktionsfaktoren am Wert der Produkte zu bestimmen. Die Existenz dieser drei Produktionsfaktoren stand offensichtlich mit der traditionellen Unterscheidung dreier Hauptbevölkerungsklassen in Verbindung, und damit war der Weg für eine Analyse des Verteilungsprozesses des Sozialprodukts geebnet. Jede Klasse sollte zur Produktion einen spezifischen Dienst leisten und dafür ein spezifisches Einkommen erhalten. Diesen Verteilungsprozeß galt es nach dem Muster eines Satzes der Mechanik zu untersuchen. Die Aufgabe, die sich Ricardo gestellt hatte, lag darin, ein zeitloses Modell eines ökonomischen Systems zu entwerfen, das »fast mit der Präzision und Unvermeidlichkeit einer echten physikalischen Maschine bestimmte Lohn-, Profit- und Rentensummen für die drei sozialen Klassen erzeugt«.[16]

16 Overton H. Taylor, »Economics and the Idea of Natural Laws«, in: *Quarterly Journal of Economics* 44 (1930), S. 1-29, hier S. 18.

Man hat Ricardos Wahl des Verteilungsproblems als Grundfrage der Ökonomie vornehmlich auf den Einfluß zeitgenössischer Parlamentsdebatten zurückgeführt, in denen die Interessen der englischen Grundeigentümer und die der industriellen Klassen aufeinanderprallten. Viel wahrscheinlicher ist jedoch, daß sich Ricardo auf der Suche nach »ökonomischen Gesetzen« der Distributionssphäre zuwandte, weil sie vielleicht der einzige Sektor war, in dem er hoffen konnte, kausale Beziehungen zwischen ökonomischen Größen zu finden. Zudem hatten Verteilungsprobleme von jeher eine bevorzugte Stellung genossen, die in der scholastischen Vorstellung einer distributiven Gerechtigkeit wurzelte. Die Physiokraten hatten ihre ökonomische Doktrin praktisch auf eine Untersuchung der Verteilungsvorgänge beschränkt.[17]

Ricardos Aufgabe unterschied sich deutlich von den Zielen, die Smith bei der Niederschrift des *Wealth of Nations* im Sinn hatte. Smith hatte nie aufgehört, als Moralphilosoph zwischen wünschenswertem und schädlichem Verhalten in der Wirtschaft zu trennen. Die Frage, wie individuelle Interessen und die des Gemeinwohls zu harmonisieren seien, standen bei ihm an oberster Stelle. Sein religiöses Bewußtsein mußte mit dem Versuch versöhnt werden, Kausalgesetze auf das Funktionieren der Ökonomie anzuwenden und damit – zumindest indirekt – den Glauben an die Willensfreiheit in Frage zu stellen. Der wiederholte Bezug auf eine »unsichtbare Hand« bot aus dieser Schwierigkeit einen Ausweg.

Ricardos Überlegungen drehten sich dagegen nicht um moralische Fragen. Er ignorierte die Probleme, die mit der Expansion oder dem Wachstum einer Wirtschaft und mit Rückschlägen in der ökonomischen Tätigkeit zusammenhingen, obwohl sie im Denken der merkantilistischen Autoren eine bemerkenswerte Rolle gespielt hatten und in zahlreichen Abschnitten des *Wealth of Nations* behandelt worden waren. Die Beseitigung dieser Fragen war der Preis für die Umwandlung der Wirtschaftslehre in eine »exakte Wissenschaft«. Die Schwierigkeiten, mit denen sich Ricardo herumplagte, waren nicht die eines geübten Beobachters des Verlaufs der gesellschaftlichen Phänomene; es waren die eines Logikers auf der Suche nach »ökonomischen Gesetzen«, der überzeugt davon war, daß sich kein Gesetz für Quantitäten aufstellen lasse, wohl aber ein einigermaßen richtiges für die Proportionen.[18] Obwohl er keine klare Darstellung seiner Methoden zu liefern vermochte, war er von deren absolu-

---

17 Siehe Jacob H. Hollander, *David Ricardo*, Baltimore 1910, S. 72. Siehe auch Roy F. Harrod, »Scope and Method of Economics«, in: *Economic Journal* 48 (1938), S. 383-412, hier S. 398.

18 Zu der Bedeutung, die Ricardo dem Problem der Proportionen beimaß, siehe Louise Sommer, »Zum Wirklichkeitsgehalt ökonomischer Theorien«, in: *Schweizerische Zeitschrift für Volkswirtschaft und Statistik* 83 (1947), S. 119-134 und S. 224-242.

ter Gültigkeit überzeugt. Angesichts scheinbar unwiderleglicher Einwände gegen die Schlüsse, die er aus seinen Prämissen gezogen hatte, stellte Ricardo nicht die Anwendung seiner Methoden in Frage, sondern eher die Richtigkeit seiner Annahmen.

11. Kapitel
Die Ricardosche Wirtschaftslehre

Der Begriff des Tauschwerts

Ausgangspunkt der Ricardoschen Konzeption des Wertproblems war die Frage, wie die Ursachen der Veränderungen in den Tauschrelationen zu bestimmen seien, von denen vorausgesetzt wurde, sie stünden unter der Herrschaft des scholastischen Prinzips der Äquivalenz zwischen dem, was man gibt, und dem, was man erhält. Dieser Zugang zum Wertproblem über die Beziehungen zwischen veränderlichen Größen wurde jedoch von der Suche nach dem Maß des absoluten Wertes überschattet, das David Ricardo brauchte, um die gesellschaftliche Wertschöpfung zu bestimmen, die Grundlage des Verteilungsprozesses überhaupt.[1] Die Bestimmung eines solchen Begriffs schien von der Annahme einer geeigneten Maßeinheit der Werte abzuhängen, die mit einer dauerhaften, den Gütern innewohnenden Qualität verbunden und in Zahlen darstellbar sein sollte.[2]

Adam Smith hatte sich mit demselben Problem herumgeschlagen, als er versuchte, die »Substanz« der Güter, ihre »inneren« oder »natürlichen« Werte im Unterschied zu ihren schwankenden Preisen zu bestimmen. Auf der Suche nach einem stabilen Maßstab, der geeignet wäre, Veränderungen im Reichtum einer Nation wiederzugeben, hatte er die Geldeinheit von Anfang an beiseite gelassen. Ebenso hatte er jede Bezugnahme auf den Nutzen der Güter verworfen, da er den Nutzenbegriff, ähnlich wie die Scholastiker, mit den Gattungen oder Klassen der Güter verknüpfte und damit vor dem »Wertparadoxon« stand. Zur Erläuterung dieses Paradoxons stellte er Wasser und Diamanten einander gegenüber. Er erkannte jedoch, daß bei diesem Problem Knappheitsbeziehungen eine Rolle spielen, denn er wies darauf hin, daß die Gesamtmenge einer billigen, auf den Markt gebrachten Ware gewöhnlich nicht nur größer, sondern auch von größerem Wert sei als die Gesamtmenge einer teuren.

---

1 Ricardo schrieb seiner Werttheorie die Aufgabe zu, bei Veränderungen in der Distribution Größenveränderungen von Warenaggregaten verschiedener Art zu messen oder, was noch wichtiger ist, ihre Konstanz nachzuweisen. Siehe Piero Sraffa, »Introduction«, in: *The Works and Correspondence of David Ricardo*, Band 1, London 1951, S. xlix.

2 Die Verwicklungen der Ricardoschen Werttheorie sind von einer Reihe herausragender Wirtschaftswissenschaftler erschöpfend diskutiert worden. Umstritten ist, inwieweit sich Ricardo über die grundlegenden methodologischen Probleme, die den Hintergrund seines Denkens bildeten, selber im klaren war, da er die methodologischen Überlegungen, auf denen seine Analyse gründete, nicht expliziert hat.

Unbesehen übernahm Smith die merkantilistischen Lehre, daß das Verhältnis zwischen Konsumentennachfrage und Güterzufuhr keinen merklichen Einfluß auf die Bestimmung der Werte habe und daß Arbeit derjenige Produktionsfaktor sei, der in erster Linie für die Schaffung von Tauschwerten verantwortlich sei – wie schon John Locke nahegelegt hatte. So gelangte er zu dem Schluß, daß der »wahre« oder »natürliche« Wert eines Gutes »sowohl von Jahrhundert zu Jahrhundert als von Jahr zu Jahr« mit größter Genauigkeit an der Arbeitsmenge gemessen werden könne, die zu seiner Produktion verausgabt worden sei.[3] Er hielt Arbeit für einen stabileren Maßstab zur Wertmessung als irgendein Geldmetall oder Getreide. Zugunsten dieser Auffassung führte er das problematische Argument an, daß »gleiche Quantitäten Arbeit ... zu allen Zeiten und an allen Orten für den Arbeiter von gleichem Werte« seien. Mithin sei die Arbeit das »wahre Preismaß« aller Waren und Geld nur ihr »nomineller Wert«.

In Anbetracht der Tatsache jedoch, daß sich wichtige Elemente des Distributionsprozesses wie Grundrenten und Profit nicht in diesem Sinne als »verkörperte« Arbeit verstehen ließen, beschränkte Smith die Gültigkeit seiner Erklärung auf Bedingungen, die vorgelegen hätten, ehe das Geld als Tauschmittel eingeführt worden sei und das private Eigentum an Produktionsmitteln allgemein Anerkennung gefunden habe. Soziologische Untersuchungen haben jedoch gezeigt, daß die zur Produktion verausgabte Arbeitszeit die Tauschbedingungen in primitiven Gesellschaften kaum jemals beeinflußt hat. Smith' vielzitiertes Beispiel des Tausches von Bibern gegen Hirsche gehört ins Reich ökonomischer Mythologie. Dennoch ist dieses Beispiel von gewissem theoretischen Interesse; mit seiner Hilfe lassen sich einige wichtige Bedingungen angeben, die hätten erfüllt sein müssen, um die Gültigkeit der Arbeitskostentheorie zu bestätigen. Biber hätten entsprechend dem jeweiligen Zeitaufwand der Jagd getauscht werden können, wenn es bei der Jagd keine Arbeitsteilung gab, wenn diese Arbeit der einzige Produktionsfaktor war, allen Beteiligten die gleiche Mühe bereitete und unter der Herrschaft des freien Wettbewerbs für alle frei zugänglich war.

In »zivilisierten Gesellschaften« jedoch, glaubte Smith, sei das Wertmaß – im Unterschied zur Wertquelle – nicht in den Produktions-, sondern in den Tauschverhältnissen zu suchen, in dem Vermögen, andere Güter zu kaufen. Daher definierte er als »wahren Maßstab« des Werts einer Ware diejenige Menge Arbeit, die der Verkäufer der Ware verausgaben müßte, wenn er die im Austausch erhaltenen Güter zu produzieren hätte. So

---

3 Adam Smith, *An Inquiry into the Nature and the Causes of the Wealth of Nations*, London 1776 (deutsch: *Der Reichtum der Nationen*, Leipzig 1924), Erstes Buch, 5. Kapitel.

ließen sich Renten und Profite in den Wert einbeziehen, der einem Gut »zu Gebote steht«. Arbeit, sagte er, bestimmt den Wert nicht nur desjenigen Teiles des Preises, der sich selbst wieder in Arbeit auflöst, sondern auch desjenigen, welcher zur Rente, und des dritten, welcher zum Kapitalgewinn (Profit) wird.[4]
Neben dieser Theorie zog Smith Mühen und Beschwerden als wertbestimmende Faktoren in Betracht. Was ein Ding demjenigen, der es gegen etwas anderes tauschen will, wirklich wert ist, sei die Mühe und Beschwerde, welche er sich dadurch ersparen und dafür anderen aufhalsen könne. Bei dieser Gelegenheit definierte Smith den »Reichtum« eines Menschen als die Menge Arbeit anderer oder, was dasselbe sei, »des Produkts der Arbeit anderer, die ihm selbst zu Gebote steht oder die er kaufen kann«.[5] Angesichts dieser zum Teil widersprüchlichen Angaben über die Quelle der Tauschwerte und ihren Maßstab ist es zweifelhaft, ob Smith ernsthaft versucht hat, einen logischen Zusammenhang zwischen diesen beiden Problemen herzustellen. Die »Unentschlossenheit«, die er in seiner Erörterung des Wertproblems an den Tag legte, spiegelt – wie man gesagt hat – einen Grundkonflikt der Epoche, nämlich den zwischen den Einstellungen aus der überkommenen Subsistenzwirtschaft und der neuen, erwerbsorientierten Arbeitsethik.[6] Ich sehe diese »Ambivalenz« eher in einem Konflikt zwischen der Neigung des utilitaristischen Philosophen, nach einer psychologischen Begründung für Werte (Opfer, Mühe) zu suchen, und dem Festhalten an dem traditionellen merkantilistischen Vorgehen, eine meßbare Qualität der Dinge (ihren Tauschwert) mit der Kraft (Arbeit) zu verknüpfen, die diese Qualität geschaffen haben sollte. Gegen die weitverbreitete Ansicht, für die Einführung der Arbeitswerttheorie in den *Wealth of Nations* sei die Naturrechtsphilosophie verantwortlich, lassen sich verschiedene Einwände erheben. Smith fühlte sich sogar zu dem Eingeständnis genötigt, daß Arbeit, wird sie als Maß der Tauschwerte benutzt, in der Tat ein »abstrakter Begriff« sei, der zwar hinreichend geklärt werden könne, »aber doch nicht völlig so natürlich und leicht begreiflich ist«. Offensichtlich hat er das hypothetische Element erkannt, das in seiner Behauptung enthalten ist, »Arbeit« liefere einen »stabilen« Standard zur Wertmessung.

Eng verbunden mit der Diskussion des Wertproblems ist Smith' Unterscheidung zwischen »produktiver« und »unproduktiver« Arbeit. Diese Unterscheidung war ein Erbe des merkantilistischen Denkens und stand wohl mit dem Substanzbegriff der Güter in Verbindung, da Arbeit dann

---

4 Ebd.
5 Ebd.
6 Siehe Walter Weisskopf, *The Psychology of Economics*, Chicago 1955, S. 29.

als »produktiv« galt, wenn sie den Wert des Dings, auf das sie verwandt wurde, vermehrt, wenn sie sich in einem »bestimmten Gegenstande oder einer verkäuflichen Ware« fixiert und realisiert, »die wenigstens noch eine Zeitlang, nachdem die Arbeit schon vollbracht ist, vorhält«, oder wenn der Preis des Gegenstandes später »eine ebenso große Quantität Arbeit in Gang bringen [kann], als diejenige war, durch die er ursprünglich erzeugt wurde«.[7] Die Verwendung des Begriffs »unproduktiv« für Dienstleistungen war eng mit der Auffassung verknüpft, daß von Tätigkeiten, die nicht zur Anhäufung von »Kapitalgütern« beitragen, kein wirtschaftlicher Fortschritt zu erwarten sei.[8]

Jean Baptiste Say näherte sich dem Tauschwertproblem auf völlig anderem Wege, als er es unternahm, die Smithschen Lehren dem intellektuellen Klima Frankreichs anzupassen. Say bemühte sich, die letzten Überreste der physiokratischen Doktrin zu beseitigen, die den Wert der Güter aus einer schöpferischen Tätigkeit der Natur abgeleitet hatte. Unter dem Einfluß der Gedanken Turgots und Condillacs legte er den Akzent vorrangig auf einen Produktionsbegriff, der die Nachfragesituation berücksichtigte. Daher betonte er, daß die Produktion nicht Stoffe, sondern »Nutzen« erzeuge, darum in Nutzenbegriffen gemessen werden sollte und daß Nützlichkeit die Quelle der Tauschwerte sei. Produktionskosten wirken als Beschränkung der Zufuhr, und da der Wert der produktiven Dienste von ihrer Fähigkeit abhängt, Nutzen zu schaffen, kehrte Say das Verhältnis um, das Smith zwischen dem Wert der Kosten und dem Wert des Produkts hergestellt hatte. Das heißt, Say leitete den Wert der Faktoren vom Wert ihrer Produkte ab.[9]

Mit solchen mehr oder weniger allgemeinen Feststellungen verknüpfte Say eine Angebot-und-Nachfrage-Theorie, mit der er den Preis sämtlicher Dienste erklärte und die es ihm ermöglichte, die von Smith getrof-

---

7 Mit der Idee der »kommandierten« (»zu Gebote stehenden«) Arbeit ließ sich bestimmen, ob der Wert des Produkts groß genug ist, die auf das Produkt verausgabte Arbeit »produktiv« zu machen. In der Folge wurden langwierige Diskussionen darum geführt, wie »produktive« von »unproduktiven« Diensten zu unterscheiden seien.

8 Zu der Rolle, die der Begriff »Produktivität« in der Wirtschaftsphilosophie des *Wealth of Nations* spielte, siehe Hla Myint, »The Welfare Significance of Productive Labour«, in: *Review of Economic Studies* 11 (1943), S. 20-30, hier S. 21.

9 In der vierten Auflage seines *Traité d'économie politique*, Paris 1819, Zweites Buch, 1. Kapitel, verwarf Say ausdrücklich die Ansicht, daß der Wert der Produkte auf dem der produktiven Tätigkeit gründe. Vielmehr sei es die Fähigkeit, Nutzen zu schaffen, die der produktiven Tätigkeit Wert verleihe; dieser Wert verhalte sich proportional zur Bedeutung ihrer Mitwirkung am Geschäft der Produktion und bilde beim einzelnen Produkt das, was man seine Produktionskosten nenne (zitiert nach Marian Bowley, *Nassau Senior and Classical Economics*, London 1937, S. 78). Siehe auch Bertrand Nogaro, *Le développement de la pensée économique*, Paris 1944, S. 114.

fene Unterscheidung zwischen »produktiver« und »unproduktiver« Arbeit außer acht zu lassen. Aus ähnlichen Gründen kritisierte er die Smithsche Definition von Reichtum, unter die nur solche nützlichen Dinge fallen sollten, die von menschlicher Tätigkeit geschaffen worden sind. Die französischen Ökonomen konnten sich mit einem ziemlich vage bestimmten Wertbegriff begnügen, da sie sich nicht um die Anwendung des Gleichgewichtsbegriffs auf die Analyse des Wirtschaftssystems kümmerten und folglich nicht nach einer einheitlichen, konstanten Maßeinheit des Wertes suchten. Ein ähnlicher Ansatz wurde in England von Lord Lauerdale vertreten, der den Wert eines Gutes der »Intensität des Wunsches« zuschrieb, dieses Gut zu besitzen.[10] Den Begriff »wahrer oder unveränderlicher« Werte lehnte er ausdrücklich ab und verwies auf Angebot und Nachfrage als Wertdeterminanten. Unter »öffentlichem Wohlstand« verstand er das Aggregat aller Waren, die allgemein nützlich sind und von jedermann benötigt werden. Dem öffentlichen Wohlstand stellte er den problematischen Begriff »individueller Reichtümer« als jenen Anteil gegenüber, der stets in gewissem Grade knapp ist und privaten statt öffentlichen Interessen dienen kann.

Ricardo begann seine Erörterung des Wertproblems mit der Feststellung, Nützlichkeit sei zwar die Vorbedingung dafür, daß Güter Wert besitzen; doch sei kein Maßstab bekannt, an dem sich Gebrauchswert messen lasse, da er von verschiedenen Personen unterschiedlich eingeschätzt werde. Er kritisierte Say, der Wert und Reichtum (im Sinne von »Bedarfsartikeln, Annehmlichkeiten und Vergnügungen des menschlichen Lebens«) verwechselt habe.[11] Viele Irrtümer in der politischen Ökonomie, warnte er, seien dadurch entstanden, daß man einen Zuwachs an Reichtum und einen Zuwachs an Wert für dasselbe gehalten habe.[12] Wie Smith glaubte Ricardo, daß der einzige Umstand, der »in jenem frühen und rohen

---

10 James Martland, achter Earl of Lauerdale, *An Inquiry into the Nature and Origin of Public Wealth*, London 1804; zweite, erweiterte Auflage 1809 (deutsch: *Über Nationalwohlstand*, Berlin 1809). Lauerdale veröffentlichte daneben verschiedene Essays über Fragen der Währung, der Korngesetze und dergleichen.
11 Alfred Marshall äußerte die Vermutung, Ricardo habe mit seiner Erörterung der Unterschiede zwischen »Wert« und »Reichtum« sagen wollen, eine Hemmung des Angebots lasse den Grenznutzen wachsen und den Gesamtnutzen sinken. *Principles of Economics*, London 1890 (deutsch: *Handbuch der Volkswirtschaftslehre*, Stuttgart/Berlin 1905, S. 479).
12 Weisskopf meint, daß sich hinter Ricardos Unterscheidung zwischen Wohlstand und Reichtum ein Konflikt zwischen ökonomischem Wert, der auf Arbeit beruht, und der utilitaristischen, hedonistischen Wertauffassung verberge. Da Ricardo jedoch kein Utilitarist im strengen Sinne des Begriffs war, ist es sehr fraglich, warum ihn ein solcher Konflikt gestört haben sollte.

Zustande der Gesellschaft«, welcher der Kapitalanhäufung und Landaneignung vorherging, beim Austausch eines Gegenstandes gegen einen anderen als Regel dienen konnte, das Verhältnis zwischen den Arbeitsmengen gewesen sei, die für beide verausgabt werden mußten. Er verwarf jedoch den Begriff der »kommandierten« oder »zu Gebote stehenden« Arbeit, wie ihn Smith zur Messung der Tauschwerte in »zivilisierten« Gesellschaften verwandt hatte. Dieser Begriff schloß ein, daß der Tauschwert der Güter von Veränderungen im Verteilungsprozeß berührt werden könnte, und Ricardo argumentierte, daß solche Veränderungen zu den Veränderungen der Arbeitsproduktivität möglicherweise in keinerlei Verhältnis stünden. Nachdem er somit alle anderen Lösungen des Wertproblems ausgeschlossen hatte, gelangte Ricardo zu dem Schluß, daß die zur Produktion der Güter verausgabte Arbeit die Grundlage ihrer Tauschwerte und die »große Ursache der Wertveränderung der Waren« sei. Zugleich übernahm er die von Smith getroffene Unterscheidung zwischen produktiver und unproduktiver Arbeit. Nach dieser Argumentation handelt es sich bei Tauschwerten um meßbare, dauerhafte Eigenschaften von Gütern, die in vergangenen Produktionsprozessen geschaffen wurden. Der nächste Schritt bestand darin, diese Konzeption der Werte den logischen Erfordernissen des Modells einer Gleichgewichtsökonomie anzupassen.

Ricardo gab sich keine Mühe, die Arbeitszeiteinheit oder die spezifische Arbeitsart zu bestimmen, die zur Festlegung des Normalmaßes verwandt werden sollte. Gegen den möglichen Einwand, daß Arbeit eine Vielzahl von Arten aufweise, die sich wohl kaum auf eine einheitliche Norm zurückführen ließen, bezog er sich auf eine beiläufige Bemerkung von Smith, der zufolge die unterschiedlichen Lohnraten, die für verschiedene Arbeitsarten gezahlt werden, im Lauf der Jahrhunderte – sind sie erst einmal etabliert – nur geringen Veränderungen unterliegen, daß diese Skala von Preisschwankungen beinahe unabhängig sei und folglich dazu benutzt werden könne, die verschiedenen Arten »Arbeit« auf einen gemeinsamen Nenner zurückzuführen.[13] Fast sämtliche Interpreten der Ricardoschen Werttheorie haben auf die Vergeblichkeit dieses Verfahrens hingewiesen, das die offenkundige Tatsache verkennt, daß die Arbeit nach den Marktbedingungen von Angebot und Nachfrage entlohnt wird,

---

13 Adam Smith verwies auf das »Dingen und Feilschen im Handel« als die übliche Methode, die »Produkte verschiedener Arbeitsarten« einander anzupassen und dabei auf »die Mühsal oder die Geisteskraft« Rücksicht zu nehmen. Ricardo drückte den gleichen Gedanken aus, als er feststellte, daß die Wertschätzung verschiedener Qualitäten von Arbeit werde »auf dem Markte bald mit für alle praktischen Zwecke genügender Genauigkeit bestimmt«. Zur Diskussion der Gründe, die Smith für die Unterschiede in der Entlohnung verschiedener Beschäftigungen anführte, siehe P. Douglas, *Adam Smith, 1776-1926*, Chicago 1928.

die in keinem Verhältnis zu der Frage stehen, wie die ungeheuere Vielzahl von Tätigkeiten, die der schlechtdefinierte Begriff »Arbeit« abdeckt, auf ein gemeinsames physisches Maß zurückzuführen wäre. Die methodologische Haltung, die Ricardo diesem Problem gegenüber einnahm, wurde als Symptom seines hypothetischen Ansatzes bei der Begriffsbildung gedeutet. Wenn das Normalmaß der Arbeit eine hypothetische Größe ist, braucht man sich um die tatsächlichen Beziehungen zwischen verschiedenen Formen der Arbeit nicht zu kümmern.

Es war offenkundig, daß die Theorie der »verkörperten Arbeit« sich nicht dazu eignete, den Tauschwert solcher Güter zu messen, die – wie der Boden – nicht unmittelbar durch Arbeit erzeugt werden; ebensowenig war sie auf Waren anwendbar, die wegen der relativen Knappheit der verfügbaren Ressourcen nicht beliebig vermehrt werden können.[14] Soweit in Fällen dieser Art die Nachfrage nach Produkten ihre Zufuhr übersteigt, müssen zwischen den Preisen der Produkte und ihren Kosten Abweichungen auftreten. Überdies war die Theorie der verkörperten Arbeit dem Einwand ausgesetzt, daß sich selbst unter den Bedingungen ungehinderter freier Konkurrenz Veränderungen in der Länge der Produktions- und Vermarktungsvorgänge sowie Unterschiede in Quantität oder Qualität der Kapitalausstattung in den Tauschwerten niederschlagen.[15] Ricardo gab zu, daß das Arbeitskostenprinzip zwar »auf den frühen Stufen der Gesellschaft« allgemein Anwendung finde, aber durch die Anhäufung von Kapital beträchtlich modifiziert werde. Denn die Kapitalakkumulation führe zu einer Veränderung des Verhältnisses zwischen fixem und umlaufendem Kapital in den einzelnen Branchen und ändere die Lebensdauer des fixen Kapitals. Immerhin war Ricardo von der Überzeugungskraft der Einwände, die gegen seine Werttheorie erhoben wurden, so beeindruckt, daß er gelegentlich zu einer vagen Produktionskostentheorie Zuflucht nahm und schließlich in einem Gespräch mit John R. McCulloch (1789-1864) bemerkte, daß die Arbeitsmenge, die den Maßstab zur Tauschwertmessung abgeben sollte, »nicht das tatsächlich in der Ware verarbeitete Quantum Arbeit« sei, »sondern nur ein Maß dieses

---

14 »Wenn wir also von Gütern, von ihrem Tauschwert und von den die ihre verhältnismäßigen Preise regelnden Gesetzen sprechen, so verstehen wir darunter immer nur Güter, deren Menge durch menschliche Arbeitsleistung beliebig vermehrt werden kann und auf deren Produktion die Konkurrenz ohne Beschränkung einwirkt.« David Ricardo, *Principles of Political Economy and Taxation*, London 1817 (deutsch: *Grundsätze der politischen Ökonomie und der Besteuerung*, Frankfurt am Main 1972), 1. Kapitel, 1. Abschnitt.
15 Adam Smith umging das Problem, indem er ohne nähere Erörterung annahm, daß die Zahl der nützlichen und produktiven Arbeiter überall im Verhältnis zur Größe des Kapitals stehe, das eingesetzt werde, um sie an die Arbeit zu setzen.

Wertes, das die Konvention gewählt hat, um das Geschäft der Wissenschaft zu erleichtern«.[16] Diese Feststellung ist wahrscheinlich die deutlichste Anspielung auf die Methoden des hypothetischen Denkens, die in den Schriften Ricardos zu finden ist.

Das ökonomische System Ricardos

David Ricardo unterschied streng zwischen Tauschwerten als den Grundbausteinen seiner Lehre und den tatsächlichen oder Marktpreisen, die ihm bloß als vorübergehende und zufällige Phänomene erschienen. Wie einige Merkantilisten war er davon überzeugt, daß der Gebrauch der umlaufenden Zahlungsmittel einen Schleier bilde, der die »Substanz« der Güter verdecke und ein volles Verständnis des Funktionierens der Wirtschaft behindere. Die Preistheorie war demnach von der Werttheorie zu trennen.

Richard Cantillon hatte den Gleichgewichtsbegriff zur Stützung der Behauptung verwandt, die Marktpreise neigten dazu, sich den Produktionskosten anzugleichen. Smith arbeitete diesen Gedanken aus und stellte das Theorem auf, daß die Marktpreise unter den Bedingungen freier Konkurrenz um die »natürlichen« Preise oszillierten und die Preise von den »natürlichen« Preisen der Produktionsfaktoren bestimmt würden. Nach dieser Auffassung gleichen sich effektive Güternachfrage und Güterangebot über die Marktmechanismen aus. Ohne die Herrschaft der freien Konkurrenz klar zu definieren, schrieb Smith ihrem Wirken außerdem die Aufgabe zu, die Allokation der Produktionsfaktoren unter die einzelnen Gewerbezweige zu bewirken, und zwar so, daß sich »die Vorteile oder Nachteile« bei den verschiedenen Anwendungen der Arbeit und des Kapitals »im ganzen« ausgleichen.[17] Da er seine Aufmerksamkeit jedoch vornehmlich auf das Anwachsen des Reichtums richtete und darin einen ständig erweiterten Prozeß sah, lieferte er keine detaillierte Analyse der

---

16 Brief an Thomas R. Malthus vom 13. Juli 1823, zitiert in Elie Halévy, *La formation du radicalisme philosophique*, Paris 1901/1904 (englisch: *The Growth of Philosophical Radicalism*, London 1949, S. 357). In anderem Zusammenhang betonte Ricardo, daß es keinen exakten Wertmesser gebe und geben könne. Umstritten ist, ob die Werttheorie, die Ricardo gegen Ende seines Lebens annahm, nicht eine Produktionskostentheorie ist, die Zins und Profite zu den Kostenbestandteilen rechnet. Siehe Bowley, *Nassau Senior and the Classical Economics*, a.a.O., S. 85. James Mill, *Elements of Political Economy*, London 1821 (deutsch: *Elemente der Nationalökonomie*, 1824), stellte ausdrücklich fest, daß Arbeit den Wert nur in einem rein idealen Sinne messe, daß sie der Regulator des Wertes sei und nicht als sein praktischer Maßstab dienen könne.

17 Smith, *The Wealth of Nations*, a.a.O. (deutsch: a.a.O.), Erstes Buch, 10. Kapitel.

Probleme, die mit der statischen Ressourcenallokation verbunden sind, und entwarf auch kein deutliches Bild des statischen Funktionierens der ökonomischen Maschinerie überhaupt. Er war in der Tat mehr mit den dynamischen Anpassungsprozessen des wirtschaftlichen Systems befaßt. Ricardo und seine Schule legten den negativen Seiten der freien Konkurrenz, die sie »freies Unternehmertum« nannten, vorrangige Bedeutung bei, insbesondere der Abwesenheit monopolistischer Marktbeschränkungen.[18] Er verwies auf »das Streben, das jeder Kapitalist hat, sein Vermögen aus einem weniger vorteilhaften Unternehmen in ein gewinnbringenderes hinüberzuleiten«, und zog daraus ein allgemein anerkanntes Argument zugunsten der These, die Marktpreise der Güter blieben niemals »für eine irgendwie längere Zeit bedeutend über oder viel unter deren natürlichem Preis«.

Für Ricardo deckte sich das Problem der Ressourcenverteilung nahezu mit der Frage, wie die Arbeitsmengen, die in den verschiedenen Gewerbezweigen zur Produktion verausgabt werden müssen, auf ein Minimum vermindert werden könnten.[19] Er betrachtete arbeitssparende Vorrichtungen technischer Art als die hauptsächlichen Instrumente zur Senkung der Tauschwerte der Güter und damit zur Erhöhung des »Reichtums«. Soweit es die Manufakturen anging, verband er also ein gesundes Funktionieren der ökonomischen Maschinerie mit einer stark deflationären Tendenz.

Genauer definierte Ricardo die Idee des natürlichen Preises als die höchsten Produktionskosten, die bei der Produktion mit unterschiedlichen Kosten entstehen, wenn die Produktion nicht unbegrenzt ausgeweitet werden kann.[20] Um seine ökonomische Konzeption den Erfordernissen der Gleichgewichtsanalyse anzupassen, setzte Ricardo implizit die Gesamtmenge der Tauschwerte in einem Wirtschaftssystem konstant und argumentierte, daß sich die Anteile aller übrigen Personen im selben Maße verringern müßten, wie ein begünstigtes Individuum sich eine größere Menge anzueignen vermag. Wenn nach dieser Annahme die Ge-

---

18 Im Kontext der Ricardoschen Wirtschaftslehre wurde freier Wettbewerb keineswegs mit allgemeinem Existenzkampf gleichgesetzt, sondern bedeutete eine Form der ökonomischen Organisation, in der alle Preise den Kosten genau entsprechen und jedermann die Chance hat, seinen Anteil am Volkseinkommen zu erhalten und zu steigern.

19 Zu einer genauen Erörterung dieses Problems siehe Hla Myint, *Theories of Welfare Economics*, Cambridge, Mass. 1943, 4. Kapitel.

20 Der wirkliche Wert einer Ware, sagte Ricardo, wird durch die Arbeitsmenge bestimmt, »welche zu ihrer Erzeugung von denen aufgewandt werden muß, die ... jene Güter ... unter den ungünstigsten Umständen produzieren«. Ricardo, *Principles of Political Economy and Taxation*, a.a.O. (deutsch: a.a.O.), 2. Kapitel.

samtnachfrage nach Gütern der gesamten Zufuhr stets gleich ist[21] und die Verwendung der »produktiven Dienste« als vollkommen flexibel betrachtet werden kann, stellt jede von einem Produktionsprozeß geschaffene Kaufkraft eine Nachfrage nach einer entsprechenden Menge von Tauschwerten dar, die sich in anderen Gütern verkörpern. Folglich scheint ein allgemeines Überangebot an Gütern, das zu einem Überangebot an produktiven Diensten (wie Arbeit) führt, unmöglich, wenn unter der Herrschaft der freien Konkurrenz die gegenseitige Anpassung von Angebot und Nachfrage durch den Preismechanismus gewährleistet ist.

Die gleiche Argumentationsweise lieferte die Grundlage für Jean Baptiste Says *loi des débouchés* oder »Gesetz der Absatzwege«. Say habe, so Ricardo, »in der befriedigendsten Weise gezeigt, daß es keinen Kapitalbetrag gibt, der in einem Lande nicht verwendet werden kann, weil der Nachfrage nur durch die Produktion Schranken gesetzt sind ... Produkte werden stets mit Produkten oder Diensten gekauft ... Es kann zuviel von einem besonderen Gute erzeugt werden, von dem eine solche Fülle auf dem Markte vorhanden sein kann, daß sich das dafür verausgabte Kapital nicht bezahlt macht. Jedoch kann das nicht bei allen Gütern der Fall sein.«

Says Überzeugung von der Gültigkeit seines Gesetzes wurde auch nicht durch die Einwände erschüttert, die Lord Lauderdale und Thomas R. Malthus (1766-1834) vorbrachten, daß nämlich die Ausgaben zu Konsumzwecken durch die Anhäufung von untätigem Kapital sinken könnten.[22] Er war jedoch bei der Formulierung des Gesetzes ziemlich vorsichtig und gab zu, daß die unternehmerische Tätigkeit durch Mangel an Vertrauen zum Stillstand kommen könne. Und er betrachtete es als vorrangige Aufgabe einer guten Verwaltung, in derartigen Situationen für die Beschäftigung untätiger Arbeit Vorkehrungen zu treffen.[23]

21 Die Gleichgewichtsbedingung, daß die gesamte Zufuhr von Tauschwerten, die in den marktfähigen Waren enthalten sind, der Nachfrage nach ihnen stets gleich ist, wurde ungefähr fünfzig Jahre später von Léon Walras (1834-1910) explizit formuliert.
22 Siehe die Zitate in: David H. Macgregor, *Economic Thought and Policy*, Oxford 1949, S. 112, und eine ausführliche Erörterung der voneinander abweichenden Interpretationen des Sayschen Gesetzes in: Joseph Alois Schumpeter, *History of Economic Analysis*, New York 1954, S. 616 ff. (deutsch: *Geschichte der ökonomischen Analyse*, Göttingen 1965, Band 1, S. 752 ff.). Da Say seinem Gesetz viel weniger Bedeutung beimaß als Ricardo, schwächte er angesichts ständiger Kritik die ursprüngliche Strenge seiner Formulierung ab. In der Ausgabe des *Traité* von 1826 definierte er ein Produkt als Ware, die einen Gleichgewichtspreis erzielt, und verwandelte das Gesetz damit in eine Tautologie. Siehe Gary S. Becker und William J. Baumol, »The Classical Monetary Theory: The Outcome of the Discussion«, in: *Economica* 32 (1952), S. 355-376, hier S. 372.
23 Einige Kenner der ricardianischen Wirtschaftslehre haben die Vermutung geäußert,

Die Anerkennung der *loi des débouchés* führte zu dem Schluß, daß das Gleichgewicht der Beziehungen zwischen den relevanten ökonomischen Größen nur durch das Wirken von Kräften gestört werden könne, die das reibungslose Funktionieren der ökonomischen Maschinerie »von außen« angreifen. Kriege und eine schlechte Währungspolitik galten als die möglichen Hauptquellen solcher Störungen und der daraus folgenden irrtümlichen Bewertung der Marktverhältnisse seitens großer Gruppen von Investoren. Doch woraus und wieweit sich eine ungünstige wirtschaftliche Situation auch immer entwickelt haben mochte, stets verließen sich Ricardo und seine Anhänger darauf, daß selbstregulative Kräfte das wirtschaftliche Gleichgewicht wiederherstellen würden.

Allgemeine Störfaktoren:
Technischer Wandel und Bevölkerungsentwicklungen

Bei näherer Analyse erwies sich, daß das Gleichgewicht des Ricardoschen Tauschwertsystems beständig durch zwei Faktoren gefährdet ist, die dem System äußerlich sind: Veränderungen in der Kostenstruktur aufgrund technischer Verbesserungen sowie Bevölkerungsentwicklungen, die die Nachfragesituation und den Arbeitsmarkt aus dem Gleichgewicht zu bringen drohen. Es war eine vorrangige Aufgabe der ökonomischen Analyse, zu zeigen, wie die Wirkungen dieser Faktoren dem allgemeinen Gleichgewicht zwischen Angebot und Nachfrage angepaßt werden können.

Die Analyse der allgemeinen Wirkungen technischer Veränderungen läßt sich vereinfacht betrachten, wenn man annimmt, daß jeder Zuwachs des in Fabriken und Maschinen ausgelegten Kapitals mit einer proportionalen Zunahme des Lohnkapitals einhergeht, so daß das Verhältnis zwischen beiden Kapitalformen gleichbleibt. Ricardos Auffassung der Wir-

---

das Saysche Gesetz verdanke seine konsistente Formulierung eher James Mill als Say (siehe Jacob H. Hollanders Einführung in: David Ricardo, *Notes on Malthus' »Principles of Political Economy«*, hg. von Jacob H. Hollander und T. E. Gregory, Baltimore 1928, sowie Maurice Dobb, *Political Economy and Capitalism*, London 1937, S. 40). Ohne auf Say Bezug zu nehmen, legte James Mill in seinem *Commerce Defended*, London 1808, die erste klare Formulierung des Sayschen Marktgesetzes in folgenden Worten vor: »Welches immer die zusätzliche Gütermenge sei, die zu einem Zeitpunkt in einem Lande erzeugt wird, entsteht gleichzeitig eine zusätzliche Kaufkraft, die jener genau entspricht; so daß eine Nation auf natürliche Weise mit Kapital oder Waren niemals zu hoch eingedeckt sein kann.« In seinen *Elements of Political Economy* fügte er diesen Überlegungen den Gedanken hinzu, im normalen Wirtschaftsverlauf könnten Tauschwerte nicht verlorengehen, und der Umfang dieser Werte bleibe völlig konstant.

kung radikaler Veränderungen der Kostenstruktur auf die Arbeitsbedingungen stand jedoch unter dem starken Einfluß einer Untersuchung von John Barton, der auf die Tatsache hinwies, daß sich die Arbeitgeber aus Rentabilitätsgründen auf lange Sicht veranlaßt sehen könnten, die Investitionen (fixes Kapital) rascher zu vergrößern als das (zirkulierende) Lohnkapital.[24] Bei seiner Ausarbeitung dieser Gedanken gab Ricardo zu, daß Steigerungen des Nettoprodukts – bei niedrigeren Preisen des Gesamtprodukts als vor Einführung der neuen Maschinerie – mit einer dauerhaften Verminderung des Lohnkapitals einhergehen könnten, so daß ein Teil der arbeitenden Klassen überzählig werde und ihre Lage »elend und armselig« sei.[25]
In anderen Abschnitten seines Werkes argumentierte Ricardo, daß die Effizienz der Produktion auf lange Sicht durch technische Verbesserungen so erheblich gesteigert werden könne, daß die gestiegene Kaufkraft der Profite und Renten mehr Mittel zum Sparen erübrigen und den »Lohnfonds« wieder auf seine alte Höhe bringen werde.[26] Diese Argumentation, später als »Kompensationstheorie« bezeichnet, wurde von James Mill, McCulloch, Senior und John Stuart Mill übernommen; sie ging in den Kernbestand der nachricardianischen Doktrin ein. Im allgemeinen sprach man von »Friktionen«, um die Schwierigkeiten zu bezeichnen, die mit der Umsetzung verdrängter Arbeiter auf neue Arbeitsplätze verbunden sind, doch wurden diese Friktionen für das normale Funktionieren der Tauschwirtschaft als mehr oder weniger irrelevant angesehen.[27]

Viel erregender, beinahe leidenschaftlich waren die Diskussionen, die um das Problem kreisten, wie sich demographisches Wachstum dem verfügbaren Güterangebot anpaßt. Unter dem Einfluß einiger seiner merkantilistischen Vorgänger hatte Smith angenommen, daß die »Vermehrungsrate« in den verschiedenen Ländern der Welt beinahe mechanisch von der »Nachfrage nach denen, die vom Lohne leben«, geregelt werde. Er hatte auf die rasche Bevölkerungszunahme in Nordamerika verwiesen, die sich

---

24 John Barton, *Observations on the Circumstances which Influence the Conditions of the Labouring Classes in Society*, 1817.
25 Siehe Schumpeter, *History of Political Economy*, a.a.O., S. 682 (deutsch: a.a.O., Band 1, S. 833 f.).
26 Über den Lohnfonds siehe unten, 23. Kapitel.
27 Die Auswirkungen, die die Einführung von Maschinerie auf die Lage der arbeitenden Klassen hat, wurden von Charles Babbage, *On the Economy of Machinery and Manufacture*, London 1832, diskutiert. Der Mangel an zureichenden Daten hinderte Babbage daran, mehr oder weniger schlüssig das Ausmaß zu bestimmen, in dem die Einführung arbeitssparender Apparate Arbeitslosigkeit hervorruft.

von dem langsamen und allmählichen Fortschritt in Europa und dem annähernden Stillstand in China unterschied.[28]
Gegen Ende des achtzehnten Jahrhunderts trat die Erörterung von Bevölkerungsproblemen in eine neue Phase, als sie von einer Gruppe von Autoren aufgegriffen wurde, die als »utilitaristische Anarchisten« bekannt sind. Sie begannen ihre Überlegungen mit einigen »naturgesetzlichen« Prinzipien wie etwa der Gleichheit aller Menschen, der Freiheit des einzelnen und der grundlegenden Identität aller Interessen. Von diesen Voraussetzungen leiteten sie die Auffassung ab, alle Übel, die die Gesellschaft befallen hätten, gingen auf die Beschränkungen zurück, denen das freie Walten des Natur unterliege, insbesondere auf die ungleiche Güterverteilung. Sie erwarteten eine ideale Lösung aller gesellschaftlichen Probleme von der Schaffung vage konzipierter, egalitär organisierter und agrarisch geprägter Gemeinwesen.[29] Doch die Hoffnung auf die Schaffung harmonischer Gesellschaften auf dieser Linie war unvereinbar mit den Befunden eines schottischen Geistlichen, Robert Wallace, der zu dem Schluß gelangt war, daß alle Versuche, eine ideale Gesellschaftsordnung einzurichten, an der eigentümlichen Tendenz der menschlichen Rasse scheitern müßten, sich über die verfügbaren Subsistenzmittel hinaus zu vermehren.[30]
In einer umfangreichen, gegen Ende des Jahrhunderts erschienenen Abhandlung machte sich William Godwin (1756-1836) daran, diese Behauptung zu widerlegen und zu beweisen, daß eine gleichmäßige Eigentumsverteilung, besonders an Grund und Boden, die bestehende Schranke für die volle Entfaltung der Wettbewerbskräfte beiseite schaffen und die Aussicht auf unbegrenzten ökonomischen Fortschritt eröffnen werde.[31] Seine Argumente und Vorschläge spiegelten den Glauben der »Rationalisten« des achtzehnten Jahrhunderts an die unbeschränkte Perfektibilität der menschlichen Gattung durch Fortschritt in Erziehung und Technik.

Die Befürwortung solcher anarchischer Gesellschaftsmodelle war der Anknüpfungspunkt für den berühmten *Essay on Population*, den Reverend Thomas Robert Malthus 1798 veröffentlichte.[32] Malthus hatte sich

---

28 Smith, *The Wealth of Nations*, a.a.O. (deutsch: a.a.O.), Erstes Buch, 8. Kapitel.
29 Zu den Autoren, die mehr oder weniger radikale Pläne einer Agrarreform befürworteten, gehörten Thomas Spence, *The Meridian Sun of Liberty*, London 1796; William Ogilvie, *An Essay on the Right of Property on Land*, London 1782; und Thomas Paine, *Agrarian Justice*, London 1797.
30 Robert Wallace, *Various Prospects of Mankind, Nature, and Providence*, London 1761.
31 William Godwin, *An Inquiry Concerning Political Justice and Its Influence on General Virtue and Happiness*, 2 Bände, Dublin 1793.
32 Der volle Titel des Buches lautete: *An Essay on the Principle of Population As It*

darangemacht, ausreichendes Material zum Beweis der altehrwürdigen Formel zusammenzutragen, daß die Bevölkerung dazu tendiere, sich in geometrischer Proportion zu vermehren, während die Zufuhr an Nahrungsmitteln nur in arithmetischem Verhältnis steige.[33] Die allgemeine Richtung seiner Argumentation weist eine charakteristische Ähnlichkeit mit dem von Smith gewählten Ansatz auf. Smith hatte in den Mittelpunkt seiner Analysen die Wirkungen gestellt, die ein einzelnes Motiv (der Eigennutz) auf Industrie und Fortschritt ausübt; Malthus untersuchte die Folgen, die ein einzelner Trieb (das geschlechtliche Begehren) für die Entwicklung der menschlichen Gattung hat.[34] Er wies nach, daß beide Faktoren, die einander zum Teil widerstreiten, durch neutralisierende Kräfte in Schranken gehalten werden. Der Eigennutz werde vom Konkurrenzkampf innerhalb einer Wirtschaft gezähmt, die auf der Einrichtung des Privateigentums gründet. Krankheit und Hunger seien die Hemmnisse, die die Anpassung der Bevölkerungsentwicklung an die verfügbaren Nahrungsmittelbestände gewährleisten und erbarmungslos danach streben, alle jene auszumerzen, deren Existenz mit diesem Gleichgewicht unvereinbar ist. Die präventiven Hemmnisse, die er empfahl, sollten die Nachkommenschaft durch Besonnenheit und moralische Zurückhaltung begrenzen.[35]
Verantwortlich für die Regulierung der Bevölkerungsentwicklung wur-

Effects the Future Improvement of Society, with Remarks on the Speculations of Mr. Godwin, Mr. Condorcet, and Other Writers, London 1798 (deutsch: *Versuch über das Bevölkerungsgesetz oder eine Untersuchung seiner Bedeutung für die menschliche Wohlfahrt in Vergangenheit und Zukunft, nebst einer Prüfung unserer Aussichten auf eine künftige Beseitigung oder Linderung der Übel, die es verursacht*, 2 Bände, 2. Auflage, Jena 1924/25).

33 Wie oben erwähnt, war diese Formel schon früher von mehreren bemerkenswerten Autoren wie Giovanni Botero, Sir William Petty, Robert Wallace und Giammaria Ortes aufgestellt worden. Eine exakte mathematische Formulierung wurde kürzlich Trygve Haavelmo, *A Study in the Theory of Economic Evolution*, London 1954, S. 9, entwickelt. Es ist interessant zu bemerken, daß die Weltbevölkerung nach Schätzungen von W. Willcox von 1650 bis 1800 um 371 Millionen und nach weiteren Schätzungen von 1800 bis 1950, also während der nächsten einhundertfünfzig Jahre, um 1542 Millionen Menschen gewachsen ist. Der Zuwachs in der zweiten Periode beläuft sich im Vergleich zum Zuwachs in der ersten auf mehr als das Vierfache. Siehe Otto von Zwiedineck-Südenhorst, »Menschenzahl und Menschenschicksal«, in: *Zeitschrift für Nationalökonomie* 14 (1954), S. 208-235, hier S. 231.

34 James Bonar, *Philosophy and Political Economy*, 3. Auflage, London/New York 1922.

35 Offen blieb dabei die Frage, inwieweit die strenge Beachtung der Malthusschen Prinzipien durch die besorgten und verständigen Mitglieder der Gesellschaft nicht gerade das »Überleben der Untüchtigsten« fördert. Siehe Edwin Cannan, *Review of Economic Theory*, London 1929, S. 90.

den damit also die Institutionen der Ehe und des Privateigentums. Insofern schloß das Malthussche Gesetz die Lücke zwischen der Wettbewerbsordnung und ihrem institutionellen Hintergrund. Darüber hinaus wies es auf die zentrale Stellung hin, die in der ökonomischen Analyse den Problemen der Knappheit der verfügbaren Produktionsmittel eingeräumt werden muß, und war bemüht, die Behauptung zu widerlegen, daß die ungleiche Verteilung des Privateigentums für die Armut der großen Masse der Bevölkerung verantwortlich sei. In späteren Auflagen seines *Essay* legte Malthus zunehmenden Nachdruck auf moralische Zurückhaltung als Mittel zur Kontrolle der Bevölkerungsentwicklung und neigte immer mehr dazu, die Lohnempfänger selbst dafür verantwortlich zu halten, wenn sich ihre Lebensbedingungen nicht entsprechend der wachsenden Produktivität der Wirtschaft verbesserten. Argumente dieser Art lagen völlig auf der Linie der Prinzipien utilitaristischer Philosophie.

William Godwins Antwort auf die Malthussche Herausforderung war nicht sehr eindrucksvoll.[36] Nassau William Senior erhob den Einwand, das Streben der Menschen nach Verbesserung ihrer Lebensverhältnisse stelle einen bedeutenden Faktor dar, welcher der Tendenz der Bevölkerung, sich über die Subsistenzmittel hinaus zu vermehren, entgegenwirke.[37] Er hob die Tatsache hervor, daß die Subsistenzmittel in einem zivilisierten Staat verhältnismäßig reichlicher vorhanden sind als im Zustand der Wildheit. George Julius Poulett Scrope (1797-1876) verurteilte die Malthussche Theorie als »höchst verderbliches Dogma« und versuchte, die wachsende Produktivkraft der Landwirtschaft zu beweisen.[38] Entschieden verteidigt wurden die Malthusschen Gedanken jedoch von überzeugten Benthamianern wie Francis Place.[39] Ihre anscheinend exakten mathematischen Aspekte zogen all jene Gelehrten stark an, die die Wirtschaftslehre mit den Naturwissenschaften auf gleichen Fuß stellen wollten. Die empirischen Verfahren, die Malthus entwickelt hatte, um die Gültigkeit des Gesetzes zu veranschaulichen, lieferten ein Modell für ähnliche Untersuchungen. Das Gesetz stellte eine eindeutige Beziehung zwischen zwei heterogenen Proportionen her, dem Verhältnis der Bevölkerungszunahmen und dem Verhältnis der landwirtschaftlichen Produktionssteigerungen. Diese Relation wurde zum Eckstein der ricardianischen Gleichgewichtsanalyse, als sie mit einem weiteren bedeutenden Element der Lehre Ricardos, dem Gesetz der »abnehmenden Erträge« in der Landwirtschaft in Verbindung gebracht wurde.

36 William Godwin, *Of Population*, London 1820.
37 Nassau William Senior, *Two Lectures on Population*, London 1829.
38 George Julius Poulett Scrope, *Principles of Political Economy*, London 1833. Siehe Redvers Opie, »A Neglected English Economist: George Poulett Scrope«, in: *Quarterly Journal of Economics* 44 (1930), S. 101-136.
39 Francis Place, *Illustrations and Proofs of the Principle of Population*, London 1822.

Sir James Steuart und Anne Robert Jacques Turgot hatten gezeigt, daß erhöhte Investitionen in landwirtschaftlichen Betrieben keine proportionale Steigerung der Erträge erwarten lassen.[40] James Anderson (1739-1808), ein Schotte, beschäftigte sich ausführlich mit dem von Steuart beschriebenen Fall.[41] Er lieferte eine klare Darstellung der verschiedenen Bedingungen, unter denen das Gesetz der abnehmenden Erträge wirksam wird, und definierte die Rente als sinnreiche Einrichtung zum Ausgleich der Profite auf Böden von unterschiedlicher Fruchtbarkeit.[42] Anderson teilte nicht die Auffassung, daß jede Bevölkerungszunahme auf Schranken stoße, die in der Nahrungsmittelproduktion lägen. Seine Befunde über die landwirtschaftlichen Erträge wurden später von Edward West[43] (1782-1828) und Thomas Robert Malthus[44] bestätigt, die mit verschiedenen Pamphleten in die Debatte um die »Kornprämie« eingriffen, einen Exportzuschuß, der nach 1688 auf jeden Quarter Roggen gewährt wurde, wenn die Inlandspreise unterhalb einer bestimmten Marke blieben. West unterschied Fälle, in denen neues Land urbar gemacht wird, von solchen, in denen schon bebauter Grund und Boden »höher kultiviert« wird. Er nahm an, daß der kontinuierliche Zuwachs der Arbeitseffektivität in der Manufaktur das beständige Absinken dieser Effektivität in der Landwirtschaft nicht ausgleichen werde. Sowohl West als auch Malthus wollten beweisen, daß wegen des »Geizes« der Natur verhältnismäßig größere Arbeitskosten aufgewandt werden müssen, um zusätzliche Mengen von Agrarprodukten zu erzeugen, wenn das Optimum des Bodenertrags einmal überschritten ist. Malthus arbeitete den Gegensatz zwischen steigenden Erträgen in der verarbeitenden Industrie und abnehmenden Erträgen in der agrarischen Produktion sehr scharf heraus.[45] Der Realpreis der Manufakturwaren, sagte er, die Menge an Arbeit und Kapital, die erfor-

---

40 Anne Robert Jacques Turgot, *Observations sur le mémoire de M. de Saint-Peravy*, Paris 1768.

41 James Anderson, *An Inquiry into the Nature of the Corn Laws*, Edinburgh 1777 (deutsch: *Drei Schriften über Korngesetze und Grundrente*, Leipzig 1893); ders., *Recreations in Agriculture, Natural History, Arts, and Miscellaneous Literature*, 6 Bände, London 1799-1802.

42 Schumpeter, *History of Economic Analysis*, a.a.O., S. 265 (deutsch: a.a.O., Band 1, S. 339).

43 Sir Edward West, *Essay on the Application of Capital to Land*, London 1815.

44 Thomas Robert Malthus, *Observations on the Effects of the Corn Laws*, London 1814 (deutsch: *Drei Schriften über Getreidezölle*, Leipzig 1896); ders., *An Inquiry into the Nature and Progress of Rent and the Principles by which It Is Regulated*, London 1815.

45 Ebd. Zu der strittigen Frage, ob das Gesetz der abnehmenden Erträge mit der Urfassung der Malthusschen Lehre in Verbindung steht, siehe Lionel Robbins, »Schumpeter's *History of Economic Analysis*«, in: *Quarterly Journal of Economics* 69 (1955), S. 1-22, hier S. 12.

derlich ist, um eine bestimmte Quantität davon zu erzeugen, sinkt beinahe ständig, während die Menge an Arbeit und Kapital, die nötig war, um die letzte Steigerung zu erzielen, um die der Rohertrag eines reichen und prosperierenden Landes vermehrt wurde, fast ständig wächst.[46] Unter methodologischem Gesichtspunkt betrachtet, lenkte diese Überlegung die Aufmerksamkeit der Ökonomen auf die unterschiedlichen Effekte, die sich ergeben, wenn die Anteile der Produktionsfaktoren am Produktionsprozeß variieren.

In Verbindung mit dem Bevölkerungsgesetz führte das Gesetz der abnehmenden Erträge zu der Behauptung, daß erhöhte Nachfrage nach Bodenprodukten, die durch Bevölkerungszuwachs entsteht, regelmäßig mit Preiserhöhungen solcher Produkte und darauf folgenden Umverteilungen des Nationaleinkommens einhergeht. Die Idee, daß die Wirtschaft langfristigen Veränderungsprozessen unterliegt, wurde damit zu einem wesentlichen Bestandteil der ansonsten statischen Struktur der Lehre Ricardos.[47]

Die Verteilungsgesetze

Allgemeine Bemerkungen

Wie schon erwähnt, war Adam Smith an den Verteilungsaspekten der Wirtschaft nicht vorrangig interessiert. Seine Erörterung des Distributionsproblems begann mit Tauschwerten und den drei Elementen, in die sich diese Werte auflösen lassen: Löhne, Renten und Profite. Diese Elemente, führte er aus, entsprächen der Summe der Arbeitslöhne, Kapitalgewinne und Bodenrenten, die »die ursprünglichen Quellen alles Einkommens« und zugleich die Anteile der wesentlichen Bevölkerungsklassen darstellten.[48] Smith schrieb also drei klar unterscheidbaren Einkommensarten, die in gesellschaftlichen Institutionen wurzeln, den Charakter ökonomischer »Naturkategorien« zu. Diese Gleichsetzung war zumindest indirekt mit der Annahme verbunden, daß sich mit dem Empfang einer »natürlichen« Einkommensart eine besondere Sphäre ökono-

---

[46] Implizit bezog sich diese Feststellung auf die Idee der Grenzproduktivität, doch fand dieser Gedanke erst viel später gebührende Aufmerksamkeit.

[47] Für die industrielle Produktion wurde später insbesondere von Senior ein Gesetz der zunehmenden Erträge behauptet.

[48] Adam Smith stellte ganz ausdrücklich fest, daß »in jeder zivilisierten Gesellschaft« Grundbesitzer, Arbeiter und Kapitalisten die großen, ursprünglichen und wesentlichen Klassen bilden und daß ihre Einkünfte – Grundrente, Arbeitslohn und Kapitalgewinn – zusammen das Nationaleinkommen ausmachen. *The Wealth of Nations*, a.a.O. (deutsch: a.a.O.), Erstes Buch, 6. Kapitel.

mischer Interessen ausbildet, die sich von den Interessen der Empfänger anderer Einkommensarten unterscheiden. Wiederholt bezog sich Adam Smith auf Interessenkonflikte, die er zwischen verschiedenen Bevölkerungsklassen vorfand.

Nur der Begriff des Lohns, mit dem die Vergütung für die Leistung manueller Arbeit belegt wurde, hatte eine wohldefinierte Bedeutung. In der Bedeutung der Ausdrücke »Rente« und »Profit« wurden dagegen häufig Einkommen aus unterschiedlichen Quellen vermengt. Die Rente, verstanden als Einkommen des Grundeigentümers, schloß gelegentlich eine Vergütung für Investitionen ein. Smith unterschied »reinen Gewinn«, einen Überschuß, vom Erhalt von Zinsen auf Kapital und erörterte die verschiedenen Beziehungen zwischen Zins und Kapitalgewinn. Doch lieferte er keinen klaren Begriff des Profits und ließ die Vergütung außer acht, die den Arbeitgebern für Organisations- und Leitungsaufgaben zusteht.

Dem Mangel an Klarheit, der seinen Profitbegriff kennzeichnete, entsprach die Verwirrung, die seinen Kapitalbegriff umgab. So, wie dieser Begriff in einigen Abschnitten des *Wealth of Nations* gebraucht wurde, bedeutete Kapital Geld, das angesammelt wurde, um verliehen oder angelegt zu werden, oder »Vorräte«, die Zins oder Profit abwerfen. Diese Auffassung spiegelte sich in der Definition, wonach »derjenige Teil, von dem [jemand] ein Einkommen erwartet, ... sein Kapital genannt« wurde. In anderem Zusammenhängen waren physische, durch Arbeit geschaffene Produktionsmittel gemeint. In wieder anderen wurde der Kapitalbegriff für Lohngüter verwandt, die von den Arbeitgebern zur »produktiven Konsumtion« bereitgestellt werden.[49] Mit dem Ausdruck »zirkulierendes Kapital« sollte »Lohnkapital« von »fixem« (oder »konstantem«) Kapital abgegrenzt werden.

Jean Baptiste Say trennte in seiner Version der Smithschen Wirtschaftslehre die Erörterung der Produktionsprozesse sorgfältig von der Analyse der Verteilungsprobleme und stellte die letzteren viel konsistenter dar, als es im *Wealth of Nations* geschehen war. Darüber hinaus betrachtete er – infolge seiner Ablehnung der Arbeitswerttheorie – Arbeit, Boden und Kapital als gleiche Partner im Prozeß der Wertschöpfung des Produkts und leitete die Preise, die für den Beitrag jedes dieser Faktoren gezahlt werden, aus dem Wert des Produkts ab. Dieser Ansatz war mit einigen Grundtheoremen der Ricardoschen Lehre natürlich unvereinbar.

49 »Was im Jahre gespart wird«, sagte Smith, »wird ebenso regelmäßig verzehrt, als was ausgegeben wird, und das fast in der nämlichen Zeit; allein, es wird von einer anderen Klasse des Volkes verzehrt.« Entsprechend dieser Definition unterschied er zwischen »produktiver Konsumtion«, die an den Begriff »produktiver Arbeit« anschließt, und der nichtproduktiven Konsumtion anderer Bevölkerungsklassen. Ebd., Zweites Buch, 3. Kapitel.

Ricardo begann seine Erörterung des »Hauptproblem[s] der Volkswirtschaftslehre« mit einigen Gesamtgrößen, dem Sozialprodukt und seiner Verteilung unter die drei wichtigsten Bevölkerungsklassen. Da er die Schaffung des Werts des Produkts der Arbeit zuerkannte, mußte er die Anteile von Boden und Kapital am Volkseinkommen erklären, ohne diesen Faktoren eine eigene Produktivität zuzuschreiben. Ohne größere Veränderungen übernahm er die Bedeutung, die Smith den Begriffen Arbeit, Boden und Kapital beigelegt hatte, und erwies beträchtlichen Scharfsinn dabei, die Verteilungsprobleme seiner Vorstellung vom Funktionieren der Wirtschaft anzupassen. Er zeigte, daß der Preis, der für die Benutzung des Bodens gezahlt wird, gänzlich von der Marktnachfrage bestimmt wird und daher aus den Kostenelementen ausgeklammert werden kann. Den Preis, der für die Arbeit gezahlt wird, verband er mit dem Verhältnis zwischen dem Lohnfonds und der Zahl der Arbeiter. Den Profit sah er als Residualkategorie an, deren Größe von der Höhe der Löhne und von der Grenzproduktivität der letzten Bodeneinheit abhängt. Er verknüpfte in dieser Analyse verschiedene, zum Teil in unterschiedliche Richtungen weisende Gedanken zu einem scheinbar konsistenten Theoriekorpus.[50] Zweifellos war er viel eher an den funktionalen als an den gesellschaftlichen Aspekten des Verteilungsprozesses interessiert.

Die Lohntheorie

Unter »Lohn« verstanden Smith und Ricardo die vertragliche Bezahlung gemieteter – gelernter oder ungelernter – Arbeit; die Vergütung für selbständige Arbeit wurde nicht zum Gegenstand der theoretischen Analyse erhoben. Von seinen merkantilistischen Vorgängern hatte Smith die Konzeption des Subsistenzlohns übernommen, die auf der Ansicht beruhte, die Höhe der Löhne sei durch die Kosten für die Erzeugung und Ausbildung der Arbeiter bedingt. Er betonte jedoch, daß die Löhne im zeitgenössischen England offenbar höher lägen, als es nötig wäre, um einen Arbeiter in den Stand zu versetzen, eine Familie zu erhalten. In dem Falle, daß der Reichtum verhältnismäßig schneller wächst als die Bevölkerung, sollten die Löhne steigen. Smith fügte jedoch hinzu, daß die Neigung der Arbeiter, sich über den Rahmen der Beschäftigungsmöglichkeiten hinaus zu vermehren, zu Minderungen des Lohnniveaus füh-

---

50 Einen fragwürdigen Versuch, die Ricardosche Analyse des Verteilungsprozesses auf die tatsächliche Situation Englands zu Beginn des neunzehnten Jahrhunderts anzuwenden, unternimmt Jean Marchal, »Die Theorie der Verteilung bei den englischen Klassikern«, in: *Zeitschrift für Nationalökonomie* 14 (1953/54), S. 436-466, hier S. 462.

ren könnten. Nach seiner Theorie der inkorporierten Arbeit werden in zivilisierten Gesellschaften Abzüge von dem durch Arbeit erzeugten Wert erforderlich, um Grundbesitzern und Meistern ein Einkommen zu verschaffen. Es ist umstritten, ob in dieser Feststellung ein moralisches Urteil enthalten war.

Ausgangspunkt der Ricardoschen Werttheorie war die Unterscheidung zwischen dem »Marktpreis« der Arbeit und ihrem »natürlichen Preis«. In einem oft zitierten Abschnitt der *Principles of Political Economy and Taxation* wird der natürliche Preis als diejenige Summe definiert, welche »nötig ist, um die Arbeiter in den Stand zu setzen, sich zu erhalten und ihr Geschlecht fortzupflanzen ohne Vermehrung oder Verminderung«. Dieser Preis, ausgedrückt in Lebensmitteln und anderen Bedarfsartikeln, sollte zeitlich und regional schwanken können. Er bezeichnete ein Minimum, unter das die Löhne im Spiel von Angebot und Nachfrage nicht fallen durften.

Jeder Versuch, den natürlichen Preis der Arbeit unmittelbar mit dem Produktionsprozeß der für die Existenz der Arbeiter erforderlichen Güter zu verbinden, hätte einen Zirkelschluß enthalten, da als Normalmaß der Tauschwerte ja eine hypothetische Arbeitszeiteinheit dienen sollte. Eine relativ einfache Lösung für die Bestimmung der Lohnhöhe lieferte eine Beobachtung von Smith, wonach die Löhne von den Arbeitgebern vorgeschossen werden und das zu diesem Zweck erforderliche Lohnkapital von ihnen zuvor akkumuliert werden muß.[51] Dieser Formulierung des Problems entsprechend wurde der natürliche Preis der Arbeit nicht als normale Entlohnung der Normalarbeitseinheit, sondern als derjenige Anteil definiert, der dem einzelnen Arbeiter von der Gesamtsumme der verfügbaren Lohngüter zugeteilt wird. Zwischen dieser Behandlung des Lohnproblems und dem Gebrauch, den die Merkantilisten von der Quantitätstheorie des Geldes machten, um die Preise zu bestimmen, bestehen durchaus logische Parallelen.

Bei der Ausarbeitung der Idee eines Lohnfonds betrachtete Ricardo letzteren als mehr oder weniger fixe Gesamtsumme von Lohngütern, gewis-

---

51 Die These, daß die Löhne von den Arbeitgebern vorgeschossen werden, war von Cantillon aufgestellt worden. Die Konzeption des Kapitals als »Vorschuß« hatte im Denken der Physiokraten und in den theoretischen Überlegungen Turgots eine beträchtliche Rolle gespielt. Es ist umstritten, wieweit Smith – in dieser wie in anderen Hinsichten – von solchen Gedanken beeinflußt war. Eine ganz allgemeine Anspielung auf den Lohnfonds läßt sich im ersten Absatz des *Wealth of Nations* finden, wo von der jährlichen Arbeit eines Volkes als dem Fonds gesprochen wird, der es mit allen Bedürfnissen und Annehmlichkeiten des Lebens versorgt. Bei der Ausarbeitung dieses Theorems ordnete Smith die einzelnen Länder danach, ob ihre Fonds anwachsen, stationär bleiben oder abnehmen.

sermaßen als vorher festgesetzten Anteil der Arbeit am Volkseinkommen, der zu Beginn der Periode bereitgestellt wird, in der die Güter konsumiert werden. Dieser Fonds war der wichtigste Bestimmungsfaktor der Arbeitsnachfrage; für Veränderungen im Arbeitsangebot lieferte die Malthussche Bevölkerungstheorie die Erklärung. Wachsender Bevölkerungsdruck sollte zu sinkenden Löhnen führen. Ob Vergrößerungen dieses Fonds und darauffolgende Lohnsteigerungen zu einem Bevölkerungszuwachs führen würden, blieb jedoch umstritten. Die Lohnhöhe der einzelnen Kategorien von Arbeitern sollte durch das Spiel von Angebot und Nachfrage auf dem Arbeitsmarkt geregelt werden.

Im Verlauf der Diskussion über die Korngesetze legte Malthus eine besondere Beziehung zwischen der Lohnentwicklung und Veränderungen im Preis der landwirtschaftlichen Produkte nahe. Zugunsten seiner protektionistischen Auffassungen argumentierte Malthus, es gehe dem Arbeiter besser, wenn das Getreide teuer sei, und schlechter, wenn die Kornpreise fielen.[52] Dieses Argument beruhte auf den beiden von Ricardo offenbar geteilten Annahmen, daß die Geldlöhne der Entwicklung der Getreidepreise folgten, während dies nicht für die Preise anderer Güter zutreffe, die gemeinhin zum Konsum der Arbeiter gehören. Diese Annahmen wurden von Robert Torrens (1780-1864)[53] und Edward West[54] in Frage gestellt; dennoch sollte der Glaube, daß die Geldlöhne vom Getreidepreis abhängig seien, noch längere Zeit allgemein Zustimmung finden.[55]

Die Rententheorie

Das Denken vieler Merkantilisten war von dem Gedanken beherrscht, daß die von den Grundeigentümern eingenommene Rente ein Entgelt für die kostenlose Nutzung der natürlichen und unzerstörbaren Produktivkräfte des Bodens sei. Die Physiokraten hatten diese Auffassung in den Mittelpunkt ihrer Lehre gestellt und den Mehrwert (*produit net*), als

---

52 Malthus äußerte sich darüber sehr deutlich in seiner *Inquiry into the Nature and Progress of Rent*, a.a.O. Zur Geschichte des Malthusschen Lohntheorems siehe W. D. Grampp, »Malthus on Money, Wages and Welfare«, in: *American Economic Review* 46 (1956), S. 924-936.
53 Robert Torrens, *An Essay on the External Corn Trade*, London 1815.
54 Sir Edward West, *Price of Corn and Wages of Labor*, London 1826.
55 Dieser Glaube ließ sich auch von den Ergebnissen statistischer Untersuchungen kaum beeindrucken, die in Thomas Tookes und William Newmarchs *History of Prices*, London 1838-1857 (deutsch: *Geschichte der Preise*, 2 Bände, Dresden 1858/59) veröffentlicht wurden. Tooke und Newmarch fanden keinerlei Korrelation zwischen hohen Preisen landwirtschaftlicher Produkte und hohen Löhnen.

welcher die Rente sich darstellt, als kennzeichnendes Merkmal der landwirtschaftlichen Produktion betrachtet. Adam Smith scheint ähnliche Folgerungen aus seiner Konzeption der Bodenfruchtbarkeit gezogen zu haben. In seiner ausführlichen und nicht sehr erhellenden Erörterung der Grundrente (im elften Kapitel des ersten Buches des *Wealth of Nations*) übernahm er die physiokratische These, daß in der Landwirtschaft die Natur mit dem Menschen zusammenarbeite und ihren Beitrag kostenlos liefere. In Übereinstimmung mit seiner Arbeitskostentheorie betrachtete Smith die Bodenrente daher als Monopolpreis. Er argumentierte, daß jede Verbesserung des gesellschaftlichen Wohlstands, insofern sie einerseits zu Realwertsteigerungen der Bodenprodukte und zu Preisminderungen bei Manufakturwaren führt, den Realreichtum des Grundbesitzers (das heißt seine Fähigkeit, die Arbeit anderer oder das Produkt ihrer Arbeit zu kaufen) tendenziell vergrößern werde.[56] Unter Rekurs auf eine andere Rentenkonzeption bemerkte Smith jedoch gelegentlich, hohe Renten seien eher eine Folge hoher Preise. Man hat gesagt, Smith habe mehr als ein Jahrhundert lang für Verwirrung gesorgt, weil es ihm nicht gelungen sei, zwischen Land mit anderen Nutzungsmöglichkeiten und Ackerland ohne andere Verwendung zu unterscheiden. Im ersten Falle ist die Rente ein Kostenbestandteil; im zweiten hängt der Ertrag von den Marktverhältnissen ab.

Um die Jahrhundertwende wurde das physiokratische Überschußtheorem von verschiedenen englischen Autoren vertreten, um die Auffassung zu verteidigen, daß die Vernichtung des britischen Handels infolge der Kontinentalsperre den nationalen Wohlstand nicht ernstlich beeinträchtigen werde.[57] In den hitzigen Auseinandersetzungen um die Korngesetze wurde die Rolle der Grundeigentümer im Produktions- und Konsumtionsprozeß freilich zum Gegenstand rivalisierender Ansichten, und die hohen Renten, die sie erhielten, wurden häufig als Symptom von Monopolstellungen angegriffen. In einem Kommentar zu der Ausgabe des *Wealth of Nations* von 1814 verwies David Buchanan auf die Konzeption, die die Rente als willkürlichen Zuschlag auf die Produktionskosten betrachtet.

Diese Diskussionen standen – neben dem Theorem der abnehmenden

---

56 Siehe D. H. Buchanan, »The Historical Approach to Rent and Price Theory«, in: *Economica* 9 (1929); wieder in: American Economic Association (Hg.), *Readings in the Theory of Income Distribution*, Philadelphia 1949, S. 603.

57 Zu diesen Veröffentlichungen gehören John Gray, *The Essential Principles of the Wealth of Nations*, London 1797; Thomas Spence, *Britain Independent of Commerce*, London 1807; und Thomas Chalmers, *Enquiry into the Extent and Stability of National Resources*, Edinburgh 1808. Auf die Broschüre von Spence antwortete James Mill mit *Commerce Defended*, a.a.O. Siehe Ronald L. Meek, »Physiocracy and Classicism in Britain«, in: *Economic Journal* 61 (1951), S. 26-47.

Erträge in der Landwirtschaft – im Hintergrund von Ricardos Auffassung der Grundrente als Preis, der von der Marktnachfrage bestimmt wird. Unter Bezug auf Smith' Hinweis, daß sich das Angebot an Boden als natürlichem Produktionsfaktor nicht einfach vergrößern lasse, wenn die Preise der landwirtschaftlichen Produkte steigen, argumentierte Ricardo, die Rente sei keine Vergütung, die gezahlt werden müsse, um den Beitrag eines Produktionsfaktors zu veranlassen. Er versicherte, eine Rente werde nur anfallen, wenn der Preis der Agrarprodukte ihre untermarginalen Kosten übersteige. In dem Maße, wie die Natur mit ihren Gaben geizig werde, fordere sie einen höheren Preis für ihr Werk. Auf den »Geiz« der Natur berief sich Ricardo zumal in seinen Diskussionen mit Malthus. Letzterer betrachtete die Rente als Überschuß, der der Freigebigkeit der Natur geschuldet sei, und stützte diese Auffassung mit dem Argument, daß der Boden mehr erzeugen könne, als zur Erhaltung der auf ihm beschäftigten Arbeiter erforderlich sei.

Nach der vollentwickelten Ricardoschen Rententheorie erbringen Böden, deren Ertrag zu den höchsten, vom gängigen Marktpreis gerade noch abgedeckten Kosten erzeugt wird, keine Rente. Die Renten, die auf den übrigen Böden anfallen, sind um so höher, je weniger Arbeit und Kapital auf ihre Produkte verausgabt wurde. Diese Überlegungen schlugen sich in Ricardos Diskussion der fortschreitenden Besiedlung landwirtschaftlicher Regionen nieder, die mit der Besitznahme der fruchtbarsten Böden beginnt, bis schließlich auch die ertragsärmsten Böden in Anspruch genommen werden. Wird nun in diese Analyse das Gesetz der abnehmenden Erträge einbezogen, so gelangt man zu dem Schluß, daß jede zusätzliche Investition – von gleichem Umfang wie die vorherige – verhältnismäßig niedrigere Erträge einbringen wird, wenn ein optimales Verhältnis zwischen Investition und Ertrag einmal überschritten ist. Was nach dieser Betrachtungsweise also die Renten bestimmt, sind die Differenzen im Wert der Erzeugnisse gleicher Kapital- und Arbeitsmengen. Solche Differentialrenten müßten dann mit jedem Bevölkerungszuwachs ansteigen, insofern letzterer zur Bebauung von Böden geringerer Qualität oder zu einer intensiveren Nutzung der bereits kultivierten Böden führt. Ricardo wies nicht eigens auf die vereinfachenden Annahmen hin, die er bei der Entwicklung dieser Theorie machte.[58] Er behandelte die Nutzung des Bodens als homogene Kategorie und Arbeit und Kapital als homogene Faktoren. Er machte nicht deutlich, ob er das Gesetz der abnehmenden Erträge dahingehend verstand, daß eine bestimmte Zuwachsrate eines Faktors mit einer geringeren Zuwachsrate des Gesamtprodukts ver-

---

58 Siehe Frank H. Knight, »The Ricardian Theory of Production and Distribution«, in: *Canadian Journal of Economics and Political Science* 2 (1935), S. 179 ff.

bunden ist, oder ob nach diesem Gesetz gleiche, aufeinanderfolgende Zuwächse eines Faktors abnehmende Zuwächse des Produkts ergeben. Außerdem wurde stillschweigend angenommen, daß jederzeit Grenzboden verfügbar ist, so daß sich alle Renten als Differentialrenten betrachten ließen.[59] Einkünfte, die aus ständiger Melioration des Bodens erwachsen, wurden von Rente im strengen begrifflichen Sinne nicht unterschieden.

Wenngleich diese Rententheorie in der Form einer erklärenden Proposition aufgestellt wurde, hatte sie doch einige sehr bedeutende politische Implikationen. Sie führte zu dem Schluß, daß die – bei wachsender Bevölkerung – zunehmende Nachfrage nach landwirtschaftlichen Produkten zwangsläufig zu höheren Preisen dieser Produkte und steigenden Löhnen führen müsse und mit immer höheren Renten einhergehen werde. Die Grundeigentümer kämpften in der Schlacht um die Erhaltung der Korngesetze gegen die Fabrikanten auf verlorenem Posten. Letztere machten sich das Argument zunutze, daß freie Getreideeinfuhr notwendig sei, damit nicht steigende Löhne die Wettbewerbsposition der britischen Exporte auf den internationalen Märkten untergrüben. Radikale Reformer konnten sogar argumentieren, daß der »unverdiente Zuwachs«, den die Rente darstellt, ohne nachteilige Folgen für das Funktionieren der Wirtschaft weggesteuert werden könne. Verschiedene Diskussionen drehten sich um die Frage, ob sich das Rentenprinzip auch auf den Ertrag von Bergwerksunternehmen anwenden lasse, blieben aber ohne Ergebnis.

Die Theorie des Profits und des Kapitalzinses

Es ist eine bemerkenswerte Tatsache, daß Ricardo zur Behandlung desjenigen Anteils, der im Verteilungsprozeß dem Kapital zukommt, über kein angemessenes Instrumentarium verfügte. Die bei der Definition dieses Anteils auftretenden Probleme wurden nicht einmal klar formuliert. Smith betrachtete den Zins als Entgelt für die Nutzung geborgten Geldkapitals und leitete ihn aus den Profiten ab, die bei Verwendung dieses Kapitals zu produktiven Zwecken erzielt werden könnten. Diese Lehre war einst im Kampf um das »Wucherverbot« aufgestellt worden. Ein weiterer Schritt in der Entwicklung des Zinsbegriffs stand in Verbindung mit der merkantilistischen Vorstellung, daß die Zinsrate von der

---

59 Siehe Joseph Alois Schumpeter, »Das Rentenprinzip in der Verteilungslehre«, in: [Schmollers] *Jahrbuch für Gesetzgebung, Verwaltung und Volkswirtschaft im Deutschen Reich* 31 (1907), S. 31-65, hier S. 36. Weitere Kritiken am Ricardoschen Rentenbegriff werden bei der Diskussion der Grenznutzenprinzipien erwähnt werden.

umlaufenden Geldmenge bestimmt werde.⁶⁰ Ricardo stimmte der Lehre zu, nach der die »natürliche« Zinsrate von der »natürlichen« Profitrate abhängig sei, und betonte, daß der Geldzins nicht von dem Zinsfuß geregelt werde, zu dem die Bank ausleihe, sondern von der Profitrate, die durch Verwendung des Kapitals erzielt werden könne und die »von der Menge oder dem Wert des Geldes völlig unabhängig« sei.

Der Begriff »Profit« war jedoch ein schlecht definierter Ausdruck für eine Vielzahl von Einkommen, die dem Arbeitgeber aus verschiedenen Quellen zuwachsen. Darunter fiel der Ertrag des Kapitals, das in das Unternehmen investiert wurde; das Entgelt für seine unternehmerischen Funktionen, Aufsichts- und Verwaltungstätigkeiten sowie eventuelle technische Leistungen; eine Risikoprämie und weitere Einnahmen, die sich aus der Einführung technischer Verbesserungen und anderer kostensparender Maßnahmen oder aus günstigen Marktbedingungen, Monopolstellungen und dergleichen ergeben. Das von Smith angeführte Argument, daß man vom Kapitaleigner eine Beteiligung an produktiven Unternehmungen nicht erwarten könne, wenn er nicht vom Wert der Produkte einen Anteil erhielte oder »wenn sein Kapital ihm nicht mit Gewinn zurückerstattet würde«⁶¹, rückte nur begrenzte Aspekte des Profits ins Blickfeld.

Obwohl Smith Profit und Kapitalzins zu den Produktionskosten zählte, beschrieb er Profite gelegentlich als Überschuß über die von der Arbeit geschaffenen Tauschwerte; in anderen Passagen betrachtete er sie als Abzug von den Tauschwerten. Die Annahme der ersten Möglichkeit stellt die Vertreter der Arbeitskostentheorie vor die Aufgabe, die Kräfte anzugeben, die es dem Kapital ermöglichen, über die von der Arbeit in ver-

60 In Übereinstimmung mit den gesetzlichen Bestimmungen, die zu seiner Zeit in Kraft waren, befürwortete Adam Smith die Festsetzung eines maximalen Zinssatzes bei fünf Prozent. *The Wealth of Nations*, a.a.O. (deutsch: a.a.O.), Zweites Buch, 4. Kapitel. In seiner *Defence of Usury* (1816) griff Bentham die »Torheit« an, »den Geldgeschäften gesetzlich Einschränkungen aufzuerlegen«. Gegen Smith' Ansicht, es sei ratsam, waghalsige Projekte durch die Festsetzung eines Höchstsatzes für Zins zu verhindern, antwortete er, daß solche Beschränkungen zuwenig Spielraum für die Prämierung legitimer Risiken ließen und daß riskante Vorhaben bei der Schaffung von Manufakturen, jenen »Ursachen und Elementen des nationalen Wohls«, eine durchaus förderliche Rolle gespielt hätten.
61 Smith, *The Wealth of Nations*, a.a.O. (deutsch: a.a.O.), Erstes Buch, 8. Kapitel. Smith' widersprüchliche Äußerungen über Wesen und Ursprung des Profits sind wiederholt erörtert worden, besonders in den kritischen Darstellungen der Produktions-, Distributions- und Kapitalzinstheorien, die Cannan und Böhm-Bawerk geliefert haben. Siehe Edwin Cannan, *A History of the Theories of Production and Distribution*, London 1917, und Eugen Böhm-Bawerk, *Kapital und Kapitalzins*. Erste Abteilung: *Geschichte und Kritik der Kapitalzinstheorien*, 3. Auflage, Innsbruck 1914.

gangenen oder gegenwärtigen Produktionsprozessen erzeugten Werte hinaus zusätzlich Tauschwert zu »schöpfen«. Die Annahme der zweiten Möglichkeit dagegen schließt das Kapital von den ursprünglichen Tauschwert- und Einkommensquellen aus und führt zu der Frage, wieso die Kapitaleigner einen Teil der von der »Produktivkraft« der Arbeit geschaffenen Tauschwerte beanspruchen können. Smith gab keine Antwort auf diese dornigen Probleme.[62]

Ricardo stimmt mit Smith darin überein, daß die Profite in die Produktionskosten einzubeziehen seien. Der Ertrag des Bodens, der keine Differentialrente erbringt, bot ihm ein Maß zur Bestimmung einer Mindesthöhe der Profite; sein Glaube an die Kräfte des Wettbewerbs war für die Auffassung verantwortlich, die Einkünfte aus Kapital glichen sich untereinander aus, wo immer es produktiv eingesetzt werde. Fast unüberwindliche Schwierigkeiten ergaben sich für seine Konzeption jedoch aus der Rolle des Zeitfaktors, und seine Erörterungen dieser Probleme standen zahlreichen Deutungen offen. Diese und andere Schwierigkeiten waren so groß, daß Ricardo schließlich die innere Konsistenz seiner Lehre aufgab, als er in einem Brief an McCulloch zugab, daß die Erklärung der Proportionen, in denen das Gesamtprodukt zwischen Grundherren, Kapitalisten und Arbeitern aufgeteilt wird, ihrem Wesen nach nicht mit der Wertlehre verbunden sei.[63] Ricardos Auffassungen über den Ertrag aus Kapitalinvestitionen lassen sich kaum als *Theorie* bezeichnen.[64]

Von Smith übernahm Ricardo die Überzeugung, daß die Grundeigentümer ihr Einkommen für Konsumgüter ausgeben und daß die Löhne der Arbeiter für nennenswerte Ersparnisse kaum Spielraum bieten können. Als Hauptquelle von Ersparnissen und Kapitalakkumulation wurden von ihm daher die Profite angesehen.[65] Ricardo teilte die weitverbreitete An-

---

62 Wahrscheinlich geht man fehl mit der Annahme, der Profit sei im achtzehnten Jahrhundert als »neue Kategorie des Klasseneinkommens« aufgetaucht, und sein Ursprung sei eher in der Produktion als im Austausch zu suchen (siehe Ronald L. Meek, *Studies in the Labor Theory of Value*, London 1956, S. 27). Neu war nur die Verbindung, die Smith zwischen der Arbeitskostentheorie und einem schlecht definierten Profitbegriff ziehen wollte.

63 Brief an John R. McCulloch vom 13. Juni 1820, zitiert in Sraffas Einführung in *The Works and Correspondence of David Ricardo*, a.a.O., S. xxxiii.

64 Einen Versuch, Ricardos Auffassungen über den Profit im Einklang mit den Grundsätzen einer Produktivitätstheorie zu interpretieren, unternimmt Victor Edelberg, »The Ricardian Theory of Profits«, in: *Economica* 13 (1933), S. 51-74.

65 Vergleiche die Feststellung im *Wealth of Nations*, daß »Sparsamkeit, nicht Fleiß ... die unmittelbare Ursache der Kapitalvermehrung« sei (deutsch: a.a.O., Zweites Buch, 3. Kapitel). Ein hoher Gewinnsatz, wie er im Monopolhandel erzielt wird, könne sich nachteilig auf die Sparsamkeit und damit auf die Anhäufung von Kapital auswirken (Viertes Buch, 7. Kapitel).

sicht, daß die Spartätigkeit gegen Veränderungen des Zinsfußes unempfindlich sei.[66] Da er glaubte, Ersparnisse würden augenblicklich in Leihkapital oder Investitionen verwandelt, konnte er die Probleme ignorieren, die sich aus der Existenz von brachliegendem Kapital ergeben. Doch sein Begriff der »Produktivität« hatte keine präzise und unmißverständliche Bedeutung. Auf die Erklärung der Grundrente angewandt, vermittelte der Begriff »Produktivität« nur die Idee, daß der Ertrag landwirtschaftlich genutzter Flächen der natürlichen Fruchtbarkeit des Bodens zu verdanken sei, und überging das differentielle Element im Begriff der Rente. Wenn der Ausdruck »Produktivität von Kapitalgütern« bloß auf die Tatsache hinweisen sollte, daß sich bei Verwendung von Kapital mehr Produkte gewinnen lassen als ohne, so wurde damit eine empirische Behauptung auf den Rang einer Theorie gehoben.
Zumindest in seiner Analyse des Rentenbegriffs erkannte Ricardo, daß das Verteilungsproblem in Wahrheit mit Marktverhältnissen, nicht Produktionsprozessen zusammenhängt.

Mit seiner Weigerung, die Arbeitswerttheorie anzuerkennen, und seiner Auffassung, daß der Wert der Produktionsfaktoren aus dem Wert der Produkte herzuleiten sei, fand Jean-Baptiste Say einen Ansatz zur Behandlung der Verteilungsprobleme, der es ihm ermöglichte, verschiedene Fragen außer acht zu lassen, die in der von Adam Smith übernommenen Formulierung des Produktionskostenbegriffs wurzelten. Statt »Kapital« mit einem Lohnfonds gleichzusetzen, verwandte Say den Kapitalbegriff für die im Produktionsprozeß eingesetzten Betriebsanlagen und Ausrüstungsgegenstände; er stellte Kapital und Arbeit als zwei Produktionsfaktoren einander gleich und leitete Zins und Profit aus einer »Produktivkraft« des Kapitals ab. Vom »Kapitalgewinn«, dem Entgelt für die von Kapitalgütern erbrachten Dienste, unterschied er den »Unternehmergewinn«, den Lohn für die produktiven Dienste, die der Unternehmer bei der Organisation der Produktionstätigkeit leistet. Besondere Einkünfte,

---

66 Diese Annahme wurde von Thomas Joplin, *Analysis and History of the Currency Question*, London 1832, angezweifelt. Er wies auf die Sparanreize hin, die aller Voraussicht nach mit Veränderungen der Zinsrate verknüpft seien. Siehe Ronald L. Meek, »Thomas Joplin and the Theory of Interest«, in: *Review of Economic Studies* 17 (1950/51). In weiteren Untersuchungen (*An Essay on the General Principles and Present Practice of Banking*, London 1822, und *Outlines of a System of Political Economy*, London 1823) analysierte Joplin, welche Motive die »Sparsamen« [*economists*] der Gesellschaft dazu veranlassen könnten, Teile ihres Einkommens zurückzulegen. Unter anderem erwähnte er das Streben nach Sicherheit als Beweggrund. Darüber hinaus entwickelte er den Begriff des »Zwangssparens« als Folge inflationärer Preisentwicklungen. Siehe Friedrich A. Hayek, *Preise und Produktion*, Wien 1931.

die sich aus Monopolstellungen ergeben, wurden zum »Unternehmergewinn« gerechnet.[67]
Die Bedeutung seiner »Produktivitätstheorie« vermochte Say jedoch nicht zu klären. Er versuchte weder zu zeigen, daß der Wert der mit Hilfe von Kapital erzeugten Güter größer sei als der Wert der im Produktionsprozeß verbrauchten Kapitalgüter, noch beschäftigte er sich mit der Frage, ob der Wert der mit Hilfe von Kapital erzeugten Gütermengen größer sei als der Wert der geringeren Mengen, die ohne solche Mithilfe entstanden sind. Doch bei der Erörterung der Frage, welchen Beitrag die produktiven Dienste (im Gegensatz zum Kapital) zum Produktwert jeweils leisten, bezog sich Say auf die Bedingungen von Angebot und Nachfrage und schrieb den Unternehmern die Aufgabe zu, die Preise dieser Dienste entsprechend der Marktlage festzulegen.[68]
Mehrere britische Autoren, die ebenso wie Say eine Produktivitätstheorie vertraten, nahmen die Probleme, die in dieser Frage lagen, schärfer wahr als er. Lord Lauderdale, der Nützlichkeit und Knappheit für die Existenz von Werten verantwortlich machte und die aktive Rolle des Kapitals bei der Produktion erkannte, äußerte die Auffassung, daß Kapital nur insoweit als produktiv gelten könne, wie sich zeigen lasse, daß menschliche Arbeit von Kapital verdrängt wird oder der Einsatz von Kapital seinem Eigner die Möglichkeit bietet, Arbeit zu leisten, die ohne Mithilfe von Kapital nicht vollbracht werden kann.[69] Seine Überlegungen führten ihn zu dem Schluß, daß die Produktivität der Arbeit stets begrenzt sei vom »Erkenntnisstand in der Kunst, Arbeit zu verdrängen und zu verrichten«, daß die verfügbaren Investitionsmöglichkeiten folglich auf definitive Grenzen stießen und die Masse der Ersparnisse womöglich zu umfangreich werden könne.
Eine andere Fassung der Produktivitätstheorie wurde von Malthus vorgelegt, der den Glauben ablehnte, alle Werte entstünden durch Arbeit.[70] Wie Lauderdale bestimmte er die Profite als Entgelt für den Beitrag des

---

67 Smith und Ricardo betrachteten Unternehmer als »Kapitalisten«, Say und John Stuart Mill behandelten sie als Lohnempfänger besonderer Art. Siehe L. M. Fraser, *Economic Thought and Language*, London 1937, S. 321.
68 Zu einer umfassenden Kritik der Sayschen Zinstheorien und ähnlicher Produktivitätstheorien des Zinses siehe Böhm-Bawerk, *Kapital und Kapitalzins*, a.a.O., S. 140-170. An Theorien dieser Art läßt sich die unbewußte Tendenz gut veranschaulichen, die Eigenschaften »natürlicher Kategorien« auf ökonomische Begriffe anzuwenden, in denen sich die Wirkungen institutioneller Faktoren niederschlagen.
69 Lauerdale, *An Inquiry into the Nature and Origin of Public Wealth*, a.a.O.
70 Thomas Robert Malthus, *Principles of Political Economy*, London 1820 (deutsch: *Grundsätze der Politischen Ökonomie mit Rücksicht auf ihre praktische Anwendung*, Berlin 1910).

Kapitalisten zum Ertrag der Produktionsprozesse[71] und hob die gewaltigen Steigerungen im Umfang der Produktion hervor, die erzielt werden konnten, als die Arbeit durch geeignete Werkzeuge und Maschinen unterstützt wurde. Um die Tatsache zu erklären, daß – wie die Profitraten zeigen – nur relativ geringe Differenzen zwischen dem Wert der Produkte und dem Wert des Kapitals und der Arbeit bestehen, die zu ihrer Produktion aufgewandt wurden, verwies er auf die Wirkungen der Konkurrenz.

James Mill und John R. McCulloch, die die Unzulänglichkeiten der Ricardoschen Profitanalyse erkannten, unternahmen den zweifelhaften Versuch, Profite als Entgelt für jene Arbeit zu definieren, die in den Kapitalgütern gespeichert ist.[72] Sie hatten keine Antwort auf die Frage, warum sekundäre Arbeit dieser Art, wird sie im Produktionsprozeß eingesetzt, entsprechend der Dauer der Produktionsperiode besonders entschädigt werden sollte.

Der Ausblick auf künftige wirtschaftliche Entwicklungen, den Ricardo aus seinen Theoremen gewann, bedeutete in mancherlei Hinsicht den vollendeten Triumph des deduktiven Denkens über die Ergebnisse von Beobachtung und Erfahrung. Inmitten industrieller Entwicklungen, in denen sich die Auswirkungen neuer Erfindungen, ständiger Verbesserungen der technischen und unternehmerischen Möglichkeiten sowie weitreichender Veränderungen in der Bevölkerungsstruktur niederschlugen, stützte er seine Erwartungen einzig auf gewisse Schlußfolgerungen, die er aus seinen leitenden Theoremen und Annahmen zog, insbesondere aus der positiven Beziehung, die er zwischen dem Anstieg der Lebensmittelpreise und der Lohnhöhe herstellte. Sein häufig zitierter Satz, daß der Kornpreis Regulator der Preise aller übrigen Dinge sei, brachte seine theoretischen Überzeugungen auf eine bündige Formel. Unter der Annahme, daß der Umfang der im Sozialprodukt enthaltenen Tauschwerte eine mehr oder weniger feste Größe ist und der Anteil der Grundeigentümer von unwiderstehlichen Nachfragekräften bestimmt wird, konnten die Löhne nur auf Kosten der Profite steigen; aus der Tatsache, daß »bei dem Fortschreiten der Gesellschaft und des Reichtums« zusätzliche Mengen von Gütern nur durch das Opfer von immer mehr Arbeit erlangt

---

71 Die Auffassung, daß die Profite einen Teil der Produktionskosten bilden, wurde von Robert Torrens, einem Zeitgenossen von Malthus, in *An Essay on the Production of Wealth*, London 1821, angegriffen. Ohne eine klare Theorie zu entwickeln, schrieb Torrens die Entstehung der Profite den Marktverhältnissen zu. Nach seiner Terminologie enthalten die Preise Produktionskosten plus Profite.
72 Mill, *Elements of Political Economy*, a.a.O. (deutsch: a.a.O.), und John R. McCulloch, *The Principles of Political Economy*, Edinburgh 1825 (deutsch: *Grundsätze der politischen Ökonomie*, 1831).

werden können, folgte dann notwendig »die natürliche Tendenz des Profits ... zu fallen«. Die Profitrate, sagte Ricardo, kann nur bei sinkenden Löhnen steigen; aber die Löhne können nur dauerhaft sinken, wenn die Preise der Bedarfsgüter fallen, für die sie ausgegeben werden. Überzeugt von der Gültigkeit dieser Feststellung widersprach Ricardo der Ansicht von Smith, die Profitrate könne von der Kapitalakkumulation beeinflußt werden. Desgleichen bestritt er die Verbindung, die Say zwischen dem Umfang des zu Investitionen verfügbaren Kapitals und den Investitionsmöglichkeiten hergestellt hatte.[73] Technische Verbesserungen und Entdeckungen in der Agrikultur könnten diesen Fall der Profite zeitweise hemmen, aber die allgemeine Tendenz nicht aufhalten. Am Ende werde voraussichtlich ein Zustand erreicht, in dem der Profit auf Null (das »Subsistenzniveau« des Kapitals) sinken, die Kapitalakkumulation aufhören und nahezu der Gesamtertrag des Landes, soweit er nicht für Löhne aufgewandt wird, den Grundeigentümern und Empfängern von Zehnten und Steuern zufallen werde.[74]

Die Rolle von Geld und Kredit

Wie Adam Smith und seine merkantilistischen Vorgänger war David Ricardo überzeugt, daß hinter dem »Geldschleier« ein reales System der von den Gütern verkörperten Tauschwerte verborgen sei. Nach dieser Auffassung, die vermutlich auf den scholastischen Substanzbegriff hindeutet, ist das Netz der Realtauschtransaktionen der eigentliche Gegenstand der ökonomischen Analyse[75]; der Tauschwert des Metallgelds läßt sich dann auf seine Produktionskosten zurückführen[76], und die Quanti-

---

[73] Zur Deutung von Ricardos Gesetz der fallenden Profitrate siehe Amadeo Gambino, »Il Ricardo del Ferrara«, in: *Giornale degli economisti e annali di economia* N. S. 12 (1953), S. 381-410.

[74] Ein ähnliches Bild des beständigen Falls der Profitrate war zuvor schon von West in seinem *Essay on the Application of Capital to Land*, a.a.O., gezeichnet worden. Erwähnt sei, daß in der Zeit, in der solche Überlegungen angestellt wurden (1790-1820), die Grundrenten in der Tat auf das Doppelte stiegen, die Zinsrate fast den gleichen Zuwachs erreichte, während die Löhne der Arbeiter fielen. Siehe Harvey W. Peck, *Economic Thought and Its Institutional Background*, London 1935, S. 111.

[75] »Was mit Geld oder mit Gütern erkauft wird«, versicherte Adam Smith, »wird ebenso durch Arbeit erkauft wie das, was man durch eigene Mühe und Arbeit sich verschafft.« *The Wealth of Nations*, a.a.O. (deutsch: a.a.O.), Erstes Buch, 5. Kapitel.

[76] Zur Interpretation der Auffassungen, die Say und einige Ricardianer über das Geld hegten, siehe Becker und Baumol, »The Classical Monetary Theory: The Outcome of the Discussion«, a.a.O.

tätstheorie des Geldes liefert ein Mittel zur Erklärung des Verhaltens der Preise. Adam Smith verwarf die Auffassung Montesquieus, die Preise würden von der Menge des Geldes bestimmt. Er machte die Geldmenge von Zirkulationserfordernissen und den Produktionskosten der Edelmetalle abhängig. Auf nichtkonvertibles Papiergeld bezog er freilich den Gedanken, daß ein Produkt, dessen Wert vornehmlich von seiner Knappheit herrührt, zwangsläufig wertlos wird, wenn es im Überfluß vorhanden ist. Doch die Wertaufbewahrungsfunktion des Geldes, die von merkantilistischen Autoren wiederholt hervorgehoben wurde, blieb Smith und seinen Nachfolgern verborgen.

Jean-Baptiste Say verband den Wert des Geldes mit den Begriffen »indirekte Nützlichkeit« und Knappheit. Er nahm an, daß sich die Menge der Zahlungsmittel stets dem Betrag anpassen lasse, der zum Erhalt des bestehenden Preisniveaus erforderlich sei.[77]

Beunruhigende Goldpreisschwankungen und Veränderungen des Preisniveaus nach der Aufhebung der freien Konvertierbarkeit der Banknoten durch das Restriktionsgesetz von 1797 lösten in England eine lebhafte Debatte über monetäre Probleme aus. Der Einfluß merklicher, aber keineswegs drastischer Preissteigerungen auf die Zahlungsbilanz wurde durch die gewaltigen Kriegsausgaben, die während der napoleonischen Kriege im Ausland gemacht wurden, und durch die dadurch erzwungenen Beschränkungen des Außenhandels verdeckt.

In einer beachtlichen Analyse der monetären und ökonomischen Aspekte dieser Situation untersuchte Henry Thornton (1760-1815), ein Bankier und Parlamentsabgeordneter, die Auswirkungen einer »übermäßigen Ausgabe« nichteinlösbarer Banknoten auf die Exporte. Unter Annahme eines weiten Geldbegriffs schrieb er Veränderungen im Umfang und in der Zirkulationsgeschwindigkeit der umlaufenden Zahlungsmittel den gleichen Einfluß auf die Preise zu, wie er allgemein bei Veränderungen in der Menge der gesetzlichen Zahlungsmittel angenommen wurde. Er erkannte, daß auch dann, wenn die Banken den Grundsätzen eines »gesunden Geschäftsgebarens« treu bleiben, die üblichen Praktiken des Diskontierens von Handelswechseln leicht zu einer Geldexpansion führen können, die auf dem Weg über Einkommenssteigerungen zuletzt womöglich auch die Preise beeinflussen werde. Aus dem Zusammenhang, den er zwischen Profitrate und Zinsfuß feststellte, zog er den Schluß, daß Kreditexpansionen leicht dadurch gefördert werden könnten, daß man den Darlehenszinssatz niedriger als die erwartete Profitrate ansetzt.

Thornton war sich der kompensatorischen Wirkungen des Sparens bei der Kreditexpansion durchaus bewußt. Wie Bentham vor ihm hob er

---

77 Henry Thornton, *An Inquiry into the Nature and Effects of the Paper Credit of Great Britain*, Philadelphia 1807.

auch die typischen Merkmale des »Zwangssparens« hervor, die mit Ausgabeneinschränkungen solcher Bevölkerungsgruppen verbunden sind, deren Einkommen mit den steigenden Preisen nicht Schritt hält.[78] Im Verlauf dieser Debatte verwies Thornton auf die stimulierenden Wirkungen, die eine vermehrte Darlehensvergabe durch die Banken auf die Produktionstätigkeit üben könne; zudem betonte er nachdrücklich, daß in Zeiten steigender Preise ein Anwachsen der Profite zweifellos auf die Tendenz der Löhne zurückgehe, hinter den Preisen herzuhinken. Ähnliche Einsicht in das Funktionieren des Kreditmechanismus bewies er in seiner Analyse des Übels spekulativer Kreditkäufe und anderer Manöver, die durch die Verwendung »fiktiven« Kapitals bei geschäftlichen Unternehmungen möglich geworden waren. Seine Analyse inflationistischer Situationen sowie der Maßnahmen zur Erhaltung wirtschaftlicher Stabilität sollte für längere Zeit von keinem anderen Autor überholt werden. Als Thornton seine monetären Ansichten 1811 in zwei Reden vor dem Parlament vertrat, fügte er die wichtige Beobachtung hinzu, daß die Erwartung einer Preisveränderung bei der Festsetzung der Darlehenszinsrate berücksichtigt werde.[79]

Diese Debatten spielten eine Rolle bei der Formulierung des *Bullion Report* von 1810, in dem die führenden monetären Auffassungen von einer Gruppe fähiger Experten dargelegt wurden. Herausragende Mitglieder des *Bullion Committee* waren Henry Thornton, Francis Horner (1778-1817) und William Huskisson (1770-1830). Ihre Vorschläge gingen in das Bankgesetz von 1819 ein. Im Mittelpunkt dieser Auffassungen stand der Gedanke, daß Preisveränderungen mit Veränderungen der Geldmenge zu erklären seien, daß das Ausmaß der Geldentwertung von

---

78 In sein *Manual of Political Economy*, London 1798, nahm Bentham ein Kapitel mit dem Titel »Erzwungene Frugalität« auf, in dem er die Ausgabe von inflationärem Geld mit einer Steuer auf das persönliche Einkommen verglich. Eine solche Steuer, argumentierte er, sei ungerecht, auch wenn sich aus der Verwendung der zusätzlichen Kapitalzufuhr für produktive Zwecke Steigerungen des Nationaleinkommens ergäben. Siehe Friedrich A. Hayek, »A Note on the Development of the Doctrine of *Forced Saving*«, in: *The Quarterly Review of Economics* 47 (1932), S. 123-133.
79 Siehe Friedrich A. Hayek, *Preise und Produktion*, a.a.O., 1. Kapitel, zu einer späteren Analyse von Thomas Joplin über die Beziehungen zwischen Zinsraten und Schwankungen in der Geldmenge. Andere zeitgenössische Essays beschäftigten sich vornehmlich mit den Wirkungen nichtkonvertibler Banknoten auf den Außenhandel. Erwähnt sei John Wheatley, *Remarks on Currency and Commerce*, London 1803. Wheatley schlug einen Vergleich zwischen inländischen Kaufkraftniveaus als Index vor, um den Devisenkurs zweier Währungen zu bestimmen. Dieser Vorschlag nahm einen Gedanken vorweg, der später als »Kaufkraftparität« des Geldes bezeichnet und von William Blake, *Observations on the Principles which Regulate the Course of Exchange*, London 1810, weiterentwickelt wurde.

der Veränderung des Geldpreises für ungemünztes Gold angezeigt werde und daß unter der Voraussetzung freier Konvertibilität der von der Zahlungsbilanz regulierte Währungsmechanismus dem Schwanken des Wechselkurses bestimmte Grenzen auferlege. Die in diesem Report dringend empfohlenen Maßnahmen bestanden darin, die Menge der umlaufenden Zahlungsmittel zu verringern und die Konvertibilität der Banknoten sobald wie möglich wieder einzuführen. Unbeachtet blieben Thorntons Diskussion der Auswirkungen relativ niedriger Zinsraten auf die Kreditausweitung und seine Analyse der Folgen, die eine Kreditexpansion auf die Geschäftstätigkeit hat. Kurzfristige Überlegungen dieser Art zogen kein besonderes Interesse auf sich. Ähnliche Empfehlungen waren 1804 in einem *Report of a Parliamentary Committee on Monetary Conditions in Ireland* gegeben worden.

Ricardos Geldauffassungen stimmten mit den im *Bullion Report* vertretenen überein, insbesondere was die Gültigkeit der Quantitätstheorie des Geldes anbetraf.[80] Er bekräftigte entschieden seine Überzeugung, daß Kapital nur durch Spartätigkeit geschaffen werden könne und die Ausweitung von Warenkrediten kein geeignetes Mittel zur Belebung der Geschäftstätigkeit sei. Die Quantitätstheorie des Geldes wurde ebenso aber auch von den sogenannten Anti-Bullionisten vertreten, die die Geld- und Kreditpolitik der Zentralbank verteidigten und den Direktoren der letzteren hinsichtlich der Frage der Notenausgabe eine vorwiegend passive Haltung zuschrieben. Sie führten die Geldentwertung auf eine Vielzahl von Ursachen zurück.[81] Das Ergebnis dieser Währungsdebatte war stark von dem allgemeinen Glauben an das automatische Wirken ökonomischer Kräfte beeinflußt, einem typischen Merkmal der utilitaristischen Philosophie. Die Annahme der Regeln des internationalen Goldstandards wäre von der öffentlichen Meinung kaum unterstützt worden, hätte nicht die Überzeugung dahintergestanden, die besten institutionellen

---

80 David Ricardo, *The High Price of Bullion, a Proof of the Depreciation of Bank Notes*, London 1810 (deutsch: »Der hohe Preis der Edelmetalle, ein Beweis für die Entwertung der Banknoten«, in: ders., *Grundsätze der politischen Ökonomie und der Besteuerung*, a.a.O., S. 317-350). Die Ricardosche Fassung der Quantitätstheorie des Geldes hat unterschiedliche Deutungen erfahren; siehe dazu Hugo Hegeland, *The Quantity Theory of Money*, Göteborg 1951, S. 57. In der Regel – für die er gewisse Einschränkungen einräumte – vertrat Ricardo den Grundsatz, daß eine Steigerung der Geldmenge *ceteris paribus* eine proportionale Abnahme der Kaufkraft der Geldeinheit nach sich ziehe. Er war überzeugt, daß der Grund für anhaltenden Druck auf die Wechselkurse ausschließlich in übermäßigen Steigerungen der Geldmenge zu suchen sei.

81 Siehe die ausgezeichnete Erörterung der Währungskontroverse bei Jacob Viner, *Studies in the Theory of International Trade*, New York 1937, S. 150. Im Jahre 1816 wurde Gold zum offiziellen Standard der englischen Währung.

Maßnahmen seien jene, die den freien Handlungsspielraum der Zentralbankbehörde auf ein Mindestmaß beschränken. Ähnliche Überlegungen führten zu der strikten Aufgabentrennung zwischen der Notenemission und den Kreditgeschäften der Zentralbank. In der Regelung dieser letzteren Geschäfte schlug sich die Auffassung nieder, die Banken spielten als Kreditquellen nur eine Vermittlerrolle bei der Übertragung von Tauschwertforderungen von Sparern auf Borger, ohne den normalen Produktions-, Distributions- und Konsumtionsprozeß durch ihre Aktivitäten zu beeinflussen.

In seiner Anwendung der Quantitätstheorie des Geldes auf die Analyse der Preise machte Ricardo, was die Quantitätsbeziehungen betraf, keinen Unterschied zwischen Metallgeld und einlösbaren Banknoten einerseits und nichtkonvertierbarem Papiergeld andererseits. Nicht die Konvertierbarkeit der Banknoten sei es, die ihren Wert mit dem der Münze auf gleicher Höhe hält, sondern die Beschränkung ihrer Quantität.[82] Aus ähnlichen Gründen bezweifelte er die Auffassung einiger Merkantilisten, das Metallgeld stelle »zirkulierenden Reichtum« dar.
Die Warentheorie des Geldes, der Ricardo beipflichtete, machte den Wert des Metallgeldes von seinen Produktionskosten abhängig. Ricardo verwandte diese Theorie insbesondere zur Erklärung der Austauschbeziehungen zwischen den beiden Geldmetallen und schrieb die relative Stabilität des Goldwertes der Konstanz der Produktionskosten dieses Metalls zu. Er betrachtete den Gebrauch konvertierbarer Banknoten als rein technische Einrichtung ohne Einfluß auf die Tendenz der Preise, sich den Tauschproportionen der Waren anzupassen, wie sie sich auf der Grundlage ihrer »natürlichen« oder Realwerte einpendeln. Unter der Herrschaft des Goldstandards sei zu erwarten, daß überschüssige Mengen von inländischer Metallwährung durch Exporte von Münzgeld aufgezehrt würden.
Die Schwierigkeiten, die sich aus der Verwendung zweier miteinander unvereinbarer Theoreme (der Quantitäts- und der Produktionskostentheorie) zur Erklärung des Geldwerts ergaben, schienen zumindest dadurch überwunden, daß die Produktionskostentheorie zur Bestimmung des »permanenten« oder »normalen« Geldwerts und die Quantitätstheorie auf kurzfristige Bedingungen angewandt wurde. Die Quantitätstheorie schloß bei strenger Deutung die augenblickliche Anpassung sämtlicher Preise an Veränderungen der Geldmenge ein. Diese Interpretation wurde von James Mill übernommen, der David Humes Analyse des Verlaufs eines allmählichen Preisanstiegs und der Ausbreitung seiner Wir-

---

[82] Ricardo, *Principles of Political Economy and Taxation*, a.a.O. (deutsch: a.a.O.), 27. Kapitel.

kungen auf die Handels- und Geschäftstätigkeit widersprach.[83] McCulloch war vorsichtiger in seiner Erörterung der Humeschen Auffassungen, die von Malthus geteilt und von George Poulett Scrope verteidigt wurden.[84] Im Unterschied zur großen Mehrheit der damaligen Ökonomen versuchte Malthus zu zeigen, daß der Druck auf das englische Pfund auf den ausländischen Devisenmärkten zum Teil nichtmonetären Ursachen geschuldet sei, etwa Mißernten, Unterstützungszahlungen an kontinentale Mächte, dem Unterhalt von Armeen auf fremdem Boden und dergleichen.[85]

Die strittige Frage, ob Ricardo und andere zeitgenössische Autoren geldtheoretischer Studien im strengen Sinne des Begriffs *Metallisten* waren, ist vom Standpunkt der vorliegenden Untersuchung nicht sonderlich relevant. Worauf es ankommt, ist vielmehr, daß die Mehrheit dieser Autoren – einschließlich Ricardo – den Wert des Geldes nicht aus einem strengen Substanzbegriff erklärten.

Die Theorie des internationalen Handels[86]

Der hohe Abstraktionsgrad, der das ökonomische System Ricardos auszeichnete, schloß die Einbeziehung rein politischer Begriffe in die für das Funktionieren der ökonomischen Maschinerie bedeutsamen Faktoren aus. Insofern unterschied sich Ricardos System erheblich von demjenigen, das Smith im Auge hatte. Smith hatte von seinen merkantilistischen Vorgängern das Bild einer Welt von Staaten übernommen, die darauf bedacht sind, ihre nationalen Interessen zu verfolgen. Da er jedoch als Ziel und Zweck der Produktion allein die Konsumtion betrachtete, wandte er sich entschieden gegen die merkantilistische Politik, Exportüberschüsse zum höchsten Ziel des Außenhandels zu erklären, statt dieses Ziel in der optimalen Nutzung der verfügbaren Ressourcen zu suchen. Von Hume übernahm er den Gedanken, daß ein Land nach dem anderen eine eigene Manufakturindustrie aufbauen und am internationalen Güteraustausch teilnehmen werde; der überschüssige Teil des Kapitalvorrats, der im Lande nicht beschäftigt werden kann, »stürzt sich ...

83 Mill, *Elements of Political Economy*, a.a.O., S. 95 (deutsch: a.a.O.).
84 George Julius Poulett Scrope, *On Credit Currency and Its Superiority to Coin*, London 1830. Siehe Opie, »A Neglected English Economist: George Poulett Scrope«, a.a.O., S. 119.
85 Malthus veröffentlichte einen Artikel über Papiergeld und einen weiteren über den hohen Preis der Edelmetalle in der *Edinburgh Review* (1811). Siehe auch Lionel Robbins, *The Economist in the Twentieth Century*, London 1954, S. 50.
86 Eine erschöpfende Analyse der Entwicklung dieser Theorie gibt Viner, *Studies in the Theory of International Trade*, a.a.O.

ganz von selbst in den Zwischenhandel und wird angewandt, den nämlichen Dienst in fremden Ländern zu tun«. In seiner Verteidigung des Freihandelsprinzips wies er entschieden auf die Vorteile hin, die einem Land aus der Einfuhr all der Waren erwachsen, die die einheimischen Fabrikanten nur zu höheren Kosten (in Normalarbeitseinheiten) erzeugen können. Gegen solche Überlegungen ließ sich jedoch das merkantilistische Argument anführen, daß Industrien in Länder abwandern würden, wo die Arbeit billig ist, wenn Produzenten, die höhere Löhne zahlen müssen, nicht durch Zölle geschützt würden und qualifizierte Arbeiter aus dem Ausland anziehen könnten.

Ricardos imaginäres Wirtschaftssystem war räumlich als ein Gebiet definiert, in dem die ökonomischen Beziehungen durch das Wirken von Wettbewerbskräften bestimmt werden. Grundlegende Bedeutung schrieb er darum der Tatsache zu, daß die einzelnen Volkswirtschaften durch die fehlende Mobilität von Kapital und Arbeit voneinander abgegrenzt seien und im internationalen Handels- oder Finanzverkehr folglich kein Ausgleich der Zinsraten oder Lohnsätze ins Auge gefaßt werden könne. Aus der Sicht der Ricardoschen Arbeitswerttheorie sind die Arbeiter verschiedener Länder nichtkonkurrierende Gruppen. Die Preise, die im internationalen Handel gezahlt werden, geben nicht die relativen Produktionskosten (gemessen in einer einheitlichen normalen Arbeitseinheit) wieder. Argumente dieser Art lieferten den Hintergrund für Ricardos Theorie der komparativen Kosten, die ursprünglich von Robert Torrens vorgelegt worden war.[87] Ausgangspunkt dieser Theorie war der Gedanke, daß zur Bestimmung der Vorteile, die aus dem internationalen Handel erwachsen, die absoluten Werte keine geeignete Vergleichsgrundlage darstellen. Eher sei es nötig, die Beziehungen zu definieren, die in einem Land zwischen den Arbeitskosten der verschiedenen Produkte bestehen, und diese Proportionen zum Vergleich zu verwenden. Die Ergebnisse solcher Berechnungen mochten zu dem Schluß führen, daß der internationale Handel mit bestimmten Gütern profitträchtig sei, obwohl die importierten Waren im eigenen Land zu niedrigeren absoluten Kosten erzeugt werden könnten als im exportierenden Land. In dem berühmten Beispiel, das die Theorie der komparativen Kosten demonstrieren sollte, ging es um den Austausch von portugiesischem Wein und englischem Tuch. Würde eine Einheit Tuch, für die in England hundert Arbeiter tätig sind, gegen eine Einheit Wein ausgetauscht, die in Portugal von achtzig Arbeitern hergestellt wird, wäre der Austausch für beide Länder selbst dann vorteilhaft, wenn die Portugiesen das Tuch mit der Arbeit von neunzig

---

87 Robert Torrens, *The Economists Refuted*, London 1808, und ders., *An Essay on the External Corn Trade*, a.a.O. Siehe Edwin R. A. Seligmann, »On Some Neglected British Economists«, in: *Economic Journal* 13 (1903), S. 335-363 und S. 511-535.

Arbeitern selbst erzeugen könnten. Nach dieser Argumentation könnte im internationalen Handel das Produkt von weniger Arbeit mit Gewinn gegen das Produkt von mehr Arbeit eingetauscht werden.

Das Theorem der komparativen Kosten war zweifellos eine geistreiche Verbindung der Arbeitskostentheorie mit dem allgemeinen utilitaristischen Grundsatz, die Produktionskosten möglichst zu senken und also den Nutzen für den Verbraucher möglichst zu steigern. Nach dieser Theorie sollten die Vorteile, die aus Exporten zu ziehen sind, vom Wert der Importe abhängen, die man im Austausch dafür erhält. Jeder Exportzuwachs bedeute einen Verlust für den inländischen Verbrauch, es sei denn, dieser Verlust werde durch den relativ größeren Wert der Importgüter – gemessen an inländischen Produktionskosten – überkompensiert. Andererseits ließen sich Zölle und andere Maßnahmen zum Schutz einheimischer Industrien gegen ausländische Konkurrenz als Verfahren charakterisieren, deren Ergebnis darin bestehe, in Exportindustrien effizienter genutzte Ressourcen auf binnenmarktorientierte Industrien umzuleiten, die zu relativ höheren komparativen Kosten produzieren. Diese Analyse der internationalen Wirtschaftsbeziehungen ausschließlich unter dem Gesichtspunkt der Tauschwerte – ohne Rücksicht auf andere Wirkungen des zwischenstaatlichen Austauschs von Gütern und Dienstleistungen – war kennzeichend für die »heroischen Abstraktionen«, die das Rückgrat von Ricardos Argumentation darstellten.

Kaum weniger charakteristisch für die Methoden, die zur Aufstellung der Theorie der komparativen Kosten dienten, war die Tatsache, daß kein Versuch unternommen wurde, die spezifischen Voraussetzungen anzugeben, die ihrer Anwendbarkeit Grenzen setzen. In dem Beispiel, das sich auf den Handel zwischen England und Portugal bezog, wurde eine homogene Ware gegen eine andere Ware gleicher Art getauscht. Der Austausch fand zwischen zwei räumlich getrennten Märkten statt, für die Vollbeschäftigung und vollkommener Wettbewerb angenommen wurde. Unberücksichtigt blieben die Transportkosten und ihr Einfluß auf Nachfrage und Zufuhr, Veränderungen der Produktionskosten, monetäre Faktoren und so weiter. Obwohl die Ricardianer überzeugt waren, daß sich ihr Beispiel auf den multilateralen Handel zwischen einer Reihe von Ländern ausweiten lasse, scheiterte jeder Versuch, diese Behauptung zu rechtfertigen, an den Schwierigkeiten, die bei der Analyse hypothetischer internationaler Beziehungen von wachsender Komplexität entstanden.

Zu den Haupteinwänden, die von den Anhängern protektionistischer Abgaben gegen die Theorie der komparativen Kosten erhoben wurden, gehörte der Hinweis auf die »schutzzollbedürftigen jungen Industrien«. Zur Stützung dieses Arguments wurde die Überlegung angeführt, daß es in Ländern, deren Manufakturen sich langsam entwickeln, weniger darauf ankomme, einheimische Märkte mit billigen Artikeln zu beliefern, als vielmehr darauf, das Wachstum aufstrebender Industrien anzuregen.

Aus der Anwendung der Arbeitskostenlehre auf den internationalen Handel zog Ricardo den weiteren Schluß, daß die Summe der in einem Land verfügbaren Tauschwerte von der Expansion des auswärtigen Handels unberührt bleibe, solange die Einfuhren nicht zu einer Verminderung des realen Werts der Lohngüter führen. Im letzteren Fall könne die Profitrate steigen und die Kapitalanhäufung angeregt werden. Ricardo hob auch die Gewinne aus dem Außenhandel hervor, die – ohne die Realwerte zu erhöhen – darin bestünden, den Umfang der Verbrauchsgüter und dementsprechend die »Summe der Genüsse« zu steigern; doch er lehnte es ab, diese Summe als meßbare Größe zu betrachten.

Humes Analyse der Verteilung der Edelmetalle unter die handeltreibenden Länder diente Ricardo als Instrument für den Nachweis, wie dieser Verteilungsprozeß von der relativen Geldnachfrage der verschiedenen Regionen und der relativen Produktivität ihrer Industrien bestimmt wird. Diese mechanistische Auffassung des Zusammenhangs zwischen Preisen und Goldbewegungen implizierte eine Anwendung der Quantitätstheorie des Geldes auf Probleme im Zusammenhang mit den internationalen Zahlungsbilanzen. Jedes Handelsbilanzdefizit sollte dieser Annahme zufolge durch Goldbewegungen liquidiert werden, mit dem Ergebnis, daß durch fallende Preise im goldexportierenden Land die Einfuhren tendenziell zunehmen und die Ausfuhren sinken, während im Empfängerland der umgekehrte Vorgang stattfindet. Ricardo rechnete also damit, daß der Preismechanismus den Ausgleich herbeiführen werde[88]; auf den Gesamtumfang von Produktion und Beschäftigung sowie auf die Allokation der Produktionsfaktoren sollten monetäre Faktoren von sich aus keinen Einfluß haben. »Da man das Gold und Silber nun einmal zum allgemeinen Maßgut der Zirkulation gewählt hat«, sagte Ricardo, »werden beide durch den Wettbewerb im Handel in solchen Mengen unter die verschiedenen Länder der Erde verteilt, daß sie sich dem natürlichen Verkehr, welcher eintreten würde, wenn keine derartigen Metalle existierten und der Handel zwischen den Ländern ein bloßer Tauschhandel wäre, von selbst anpassen.« Nach dieser Theorie regelt sich der Anteil eines jeden Landes am Gesamtbetrag der verfügbaren Geldmetalle nach seiner Beteiligung am internationalen Handel von selbst, und keine künstlichen Maßnahmen können den Zustrom dieser Metalle über einen längeren Zeit-

---

88 Die Möglichkeit, eine ausgeglichene Außenhandelsbilanz durch Kaufkraft- statt durch Preisveränderungen zu erzielen, wurde von John Wheatley, *An Essay on the Theory of Money and Principles of Commerce*, London 1807, und verschiedenen weiteren Autoren angedeutet. Siehe Viner, *Studies in the Theory of International Trade*, a.a.O., S. 295.

raum beeinflussen. Goldbewegungen von einem Land in ein anderes sollten dieser Auffassung zufolge von ihren relativen Preisniveaus bestimmt werden, die ihrerseits als Funktion der innerhalb eines jeden Landes umlaufenden relativen Menge an Geldmetallen betrachtet wurden. Daher die Bedeutung, die dem Funktionieren des Goldstandards zukommen sollte, der die Zentralbank verpflichtete, einen festen Wechselkurs zwischen der inländischen Währung und dem internationalen Geldmetall aufrechtzuerhalten – ohne Rücksicht auf die deflationären Auswirkungen, die eine solche Politik auf das einheimische Preisniveau voraussichtlich haben würde. Der feste Glaube an die wohltuenden Wirkungen dieser Politik könnte wohl kaum stärkeren Ausdruck finden als in Ricardos Diktum, es verhalte sich glücklicherweise in diesem Fall wie meist auch sonst in Handelsdingen: wo freier Wettbewerb herrsche, stünden das Interesse des einzelnen und das der Gemeinschaft niemals in Widerspruch zueinander.[89]

---

89 Ricardo, *The High Price of Bullion, a Proof of the Depreciation of Bank Notes,* a.a.O. (deutsch: a.a.O.).

12. Kapitel
Frühe Diskussionen der Ricardoschen Wirtschaftslehre

Probleme auf kurze Sicht

Die Benthamianer lebten in einer ökonomischen Umwelt, in der hypothetisches Denken zunehmend praktische Anwendung fand. Wenigstens bis zu einem gewissen Grade näherte sich ihre Umgebung tatsächlich dem Verhalten an, das sie ihrem Bild der Ökonomie zuschrieben. Produktions- und Distributionsprozesse folgten den Schwankungen von Angebot und Nachfrage, Kosten und Preisen und waren den Regeln eines verschärften Wettbewerbs unterworfen. Viele Branchen waren tagtäglich in unterschiedlichem Maße mit Risiken und Ungewißheiten konfrontiert. Anhaltende Krisen jedoch, die die Unternehmen in den Ruin und die Arbeiter in die Arbeitslosigkeit trieben, fanden keine Beachtung bei diesen Ökonomen und Philosophen, die nur eine verläßliche Methode kannten, in das chaotische Bild von Erwartungen, Schätzungen, Spekulationen und Antizipationen Ordnung zu bringen. Sie zogen nur die Ergebnisse all dieser zahllosen Vorgänge in Betracht und führten nur solche Annahmen ein, die erforderlich waren, um diese Ergebnisse zu bestimmen und von allen vorherigen Zweifeln und Verlegenheiten unabhängig zu machen. Dieses Ziel wurde durch die Konstruktion eines fiktiven ökonomischen Systems erreicht, in dem das Zeitelement keine bedeutende Rolle spielt, alle Preise automatisch den Produktionskosten entsprechen, Verkäufer und Käufer in ihrem Handeln von dem beständigen Wunsch getrieben werden, ihre Profite zu maximieren, doch keinen merklichen Einfluß auf die Preise nehmen können; eines Systems, in dem alle wirtschaftlichen Ressourcen restlos genutzt werden, Kapital und Arbeit vollkommen mobil sind und Geld ein neutraler Faktor ist.
Diese Darstellung der Wirtschaft während der turbulenten Jahre der »industriellen Revolution« ist eine der erstaunlichsten Schöpfungen in der Geschichte des abendländischen Denkens. Die überzeugten Anhänger der methodologischen Prinzipien Benthams ließen nicht einmal Überlegungen gelten, die einiges Licht auf die offenkundigen Diskrepanzen zwischen dem tatsächlichen Gang der wirtschaftlichen Ereignisse und dem hypothetischen Bild des Ricardoschen ökonomischen Systems warfen.
Die Situation läßt sich gut an der Debatte veranschaulichen, die zwischen Thomas Robert Malthus und David Ricardo um die Frage geführt wurde, in welchem Maße sich die Ergebnisse abstrakten Denkens auf die Behandlung brennender Tagesprobleme anwenden ließen. Ricardo verwies auf die »eine große Ursache« seiner Meinungsverschiedenheiten mit Mal-

thus, als er bemerkte, Malthus habe stets die unmittelbaren und vorübergehenden Wirkungen einzelner Veränderungen im Sinn, während er selbst seine ganze Aufmerksamkeit auf den Dauerzustand richte, der sich aus ihnen ergibt.[1] In dem Bemühen, »Prinzipien zu klären«, nahm Ricardo »aussagekräftige Fälle« an, die ihm das »Wirken dieser Prinzipien« zu zeigen erlaubten; von unmittelbaren und temporären Effekten wollte er »gänzlich absehen«. Malthus dagegen zog den auf kurze Sicht zielenden Ansatz vor und kritisierte Ricardos »Neigung zu übereilten Verallgemeinerungen«.[2] Oberst Robert Torrens, der versicherte, daß die Natur der Prämissen der eigentliche Streitpunkt der Kontroverse zwischen Ricardo und Malthus sei, kam zu dem Schluß, daß »Mr. Ricardo zuviel verallgemeinert, Mr. Malthus dagegen zuwenig«.[3]

Da Malthus kein zusammenhängendes Bild der Wirtschaftsabläufe zu entwerfen versuchte, weigerte er sich, die strengen Prinzipien der Mechanik auf die Ökonomie anzuwenden, und verwarf den Gedanken, nach einer unveränderlichen Standardeinheit der von den Gütern verkörperten Tauschwerte zu suchen. Die Standardeinheit, die er wählte, leitete sich aus dem Begriff der »kommandierten« Arbeit ab; mit anderen Worten, das Quantum Arbeit, das jemand im Tausch gegen eine Ware herzugeben bereit ist, sollte sich in Einheiten der Mühe und Beschwernis bemessen.[4] Diese Definition erlaubte es ihm, Grundrente und Profit zu den Kostenbestandteilen zu rechnen. Es ließ sich zeigen, daß die gleiche Menge Arbeit, in verschiedenen Produktionsprozessen verausgabt, unterschiedliche Mengen an Tauschwerten einbringt, wobei die Kaufkraft der Käufer, ihre effektive Nachfrage, bei der Bestimmung dieser Werte als wichtiger Faktor gelten kann. Malthus zögerte nicht einmal, sein vage formuliertes Prinzip von Angebot und Nachfrage als »das erste, größte und allgemeinste Prinzip der politischen Ökonomie« zu bezeichnen. Er wandte dieses Prinzip nicht nur auf die Erklärung der Marktpreise an (wie es die Ricardianer taten), sondern auch auf die langfristigen natürli-

---

1 James Bonar (Hg.), *Letters of David Ricardo to Thomas Robert Malthus*, Oxford 1887, S. 116.
2 In seinen *Principles of Political Economy*, London 1820, Einleitung (deutsch: *Grundsätze der Politischen Ökonomie*, Berlin 1910, S. 51), mißbilligte Malthus die »Abneigung, Einschränkungen, Abschwächungen oder Ausnahmen bei einer Regel oder einem Gesetz zuzulassen«, und betonte, eines der ausdrücklichen Ziele seiner Arbeit liege darin, »einige Hauptgesetze der Volkswirtschaft durch häufige Hinweise auf die Erfahrung ... für praktische Zwecke nutzbar zu machen« (a.a.O., S. 63).
3 Robert R. Torrens, Vorwort zu *An Essay on the Production of Wealth*, London 1821; zitiert nach Marian Bowley, *Nassau Senior and Classical Economics*, London 1937, S. 38.
4 Thomas Robert Malthus, *The Measure of Value*, London 1823.

chen Preise.⁵ Er erkannte die Bedeutung der Knappheit als eines grundlegenden Faktors bei der Wertbestimmung und war sich über den rein hypothetischen Charakter der Arbeitseinheit im klaren, mit der er die Werte maß.

Denkt man diese Beschreibung des Wertproblems konsequent zu Ende, so führt sie zur Aufgabe des Sayschen Gesetzes der Absatzwege. Zudem war sie der Ausgangspunkt der Malthusschen »Theorie des Überangebots«. Unter der Annahme, daß alle Ersparnisse normalerweise dazu benutzt werden, die Produktion von Lohngütern zu erhöhen, argumentierte Malthus, es sei denkbar, daß der Zuwachs an Arbeitern mit der zusätzlichen Produktion solcher Güter kurzfristig nicht Schritt halte und daß eine »überschnelle Kapitalsanhäufung« das Warenangebot über die Grenzen dessen hinaus steigern werde, was »bei den herrschenden Gewohnheiten und Neigungen der Gesellschaft« profitabel konsumiert werden könne. Unter diesen Umständen könnten nur Einkommen, die nicht direkt durch Arbeit verdient werden, für ausreichende Nachfrage nach den Produkten des akkumulierten Kapitals sorgen. Einer großen Gruppe »unproduktiver Verbraucher«, vor allem Grundeigentümern, aber auch Dienern, Soldaten und Angehörigen freier Berufe schrieb Malthus die Aufgabe zu, dem Unternehmer Profite zu liefern und zu sichern. Er behauptete, daß die effektive Nachfrage dieser Verbrauchergruppen ein notwendiger Faktor sei, um die Ausbreitung allgemeiner Marktübersättigungen zu verhindern, in deren Folge die Warenpreise bis unter die Produktionskosten fielen und die ökonomische Aktivität schrumpfen würde.

Aus diesen Funktionen, die er den Grundeigentümern bei der Aufrechterhaltung des Gleichgewichts zwischen Konsumtion und Spartätigkeit zuschrieb, leitete Malthus theoretische Argumente zugunsten eines Schutzzolls für landwirtschaftliche Erzeugnisse ab. Er glaubte, daß Gewinne aus dem internationalen Handel ohne entsprechende Minderung anderer Einkommensformen erzielt würden und daß sie folglich die Nachfrage nach Arbeit und den Fonds anwachsen ließen, aus dem die Löhne bezahlt werden.

Die allgemeine wirtschaftliche Stagnation, die 1815 auf die Beendigung der napoleonischen Kriege folgte, führte Malthus auf einen drastischen Rückgang der Konsumtion zurück, der durch Preiserhöhungen sowie durch erzwungenes und freiwilliges Sparen herbeigeführt worden sei.⁶

5 In einem Brief aus dem Jahre 1818 äußerte Ricardo sein Erstaunen darüber, daß nach Malthusscher Auffassung sowohl der natürliche Preis als auch der Marktpreis von Angebot und Nachfrage bestimmt werden sollten.
6 Schon vor Malthus hatte Lord Lauderdale – der Autor der *Inquiry into the Nature and Origin of Public Wealth*, London 1804 – bei der Erörterung der Folgen, die ein Sinken des zur Schuldentilgung vorgesehenen Fonds nach sich zieht, Einwände ge-

Unter den herrschenden Bedingungen auf dem Kapitalmarkt, sagte er, sei die Empfehlung zu sparen und die Lenkung eines vermehrten Einkommensanteils in die Kapitalakkumulation vergeblicher und fruchtloser Widerstand gegen das Prinzip von Angebot und Nachfrage. Allen Theorien, die auf der Annahme beruhen, daß die Menschen stets soviel produzierten und konsumierten, wie sie zu produzieren und zu konsumieren fähig sind, liege mangelnde Kenntnis des menschlichen Charakters zugrunde. Daher wandte er sich gegen »Sparen durch verminderten Verbrauch« und empfahl verschiedene Maßnahmen, die die »effektive Nachfrage« nach Kapital anheben sollten. Als wünschenswertes Mittel zur Bekämpfung von Erwerbslosigkeit betrachtete er die Durchführung öffentlicher Arbeiten, weil dadurch Einkommen geschaffen werde, in dessen Kostenelementen kein Profitanteil enthalten sein müsse.

Ricardo stimmte der Malthusschen Annahme zu, daß das akkumulierte Kapital mit zirkulierendem Kapital oder Lohngütern gleichzusetzen sei. Doch er bezog sich auf das Gesetz der Absatzwege und argumentierte, daß Waren ohne jedes Sinken der Preise ganz gewiß Käufer fänden, wenn sie den Bedürfnissen derer entsprächen, die über die erforderliche Kaufkraft verfügen. Eine Unterbrechung der Kapitalanhäufung könne nur vorübergehend auftreten, bis die Löhne herabgesetzt und die Profite durch das Bevölkerungswachstum wiederhergestellt worden seien.[7] Ricardos Einwand gegen die Ausführung öffentlicher Arbeiten als Maßnahme gegen wirtschaftliche Flauten lief auf das Argument hinaus, daß derart eingesetztes Kapital anderen Verwendungen entzogen werden müsse.[8]

Obwohl die Ricardosche Lehre in der Folgezeit wiederholt vernichtender Kritik ausgesetzt war, gab es kaum einen Historiker der Wirtschaftswissenschaften, der die Lehren von Malthus denen Ricardos für überlegen

gen die »erzwungene Sparsamkeit« erhoben. Er argumentierte, daß im selben Maße, wie die zum Erwerb von Konsumgütern verfügbare Summe durch erzwungenes Sparen abnimmt, die Nachfrage nach Arbeit sinken muß. Da im übrigen seiner Auffassung nach das bestehende technische Wissen der Verwendung von angehäuftem Kapital Grenzen setzt, wandte sich Lauderdale gegen sämtliche Maßnahmen, die eine solche Akkumulation auf Kosten der Produktion von Konsumgütern fördern sollten. Er zog eine breite Verteilung von Reichtum und Eigentum vor. Siehe Frank A. Fetter, »Lauderdale's Oversaving Theory«, in: *American Economic Review* 35 (1945), S. 263-283, hier S. 265, sowie Alvin H. Hansen, *Business Cycles and National Income*, New York 1951, 14. Kapitel.

7 Siehe die Erörterung dieser Kontroverse bei George J. Stigler, »Sraffa's *Ricardo*«, in: *American Economic Review* 43 (1953), S. 586-599. Malthus führte keinerlei monetären Überlegungen zur Stützung seiner fragwürdigen Argumente an.

8 Siehe Ricardos Aussage vom 24. März 1819 vor dem Ausschuß des Oberhauses über die Wiederaufnahme der Bareinlösung; zitiert nach T. W. Hutchinson, »Some Questions about Ricardo«, in: *Economica* 32 (1952), S. 415-432.

hielt, bis John Maynard Keynes zu Beginn der dreißiger Jahre behauptete, die über hundert Jahre dauernde uneingeschränkte Herrschaft des Ansatzes von Ricardo sei ein Unglück für den Fortschritt der ökonomischen Wissenschaft gewesen. »Wäre doch nur Malthus statt Ricardo die Stammwurzel der Nationalökonomie des neunzehnten Jahrhunderts geworden, ein wieviel weiserer und wohlhabenderer Platz wäre die Welt dann heute!«[9]

Äußerungen dieser Art haben mehrere Autoren veranlaßt, die Umstände näher zu betrachten, unter denen der Ricardosche Ansatz den Sieg über den von Malthus davontrug. Diese Untersuchungen führten zu dem Schluß, daß bald nach Ricardos Tod (1823) einige seiner Hauptgedanken von einer stattlichen Reihe von Opponenten angezweifelt wurden, unter anderem von Lord Lauderdale, Thomas Chalmers (1780-1847), Thomas Spence (1750-1814), Robert Torrens, John Craig, Samuel Bailey und Edward West.[10] Anfang 1831 wurden Ricardos Lehren auf einer Sitzung des *Political Economy Club*[11] erörtert. Torrens, der die Debatte angeregt hatte, vertrat die Auffassung, alle großen Prinzipien des Ricardoschen Werkes seien nach und nach aufgegeben worden, und seine Wert-, Profit- und Rententheorie würden als unrichtig betrachtet.[12] Einigkeit wurde darüber erzielt, daß Ricardo »seine Behauptungen, seien sie wahr oder falsch, mit großer Präzision logisch durchdacht« habe, ohne freilich »die zahlreichen Modifikationen ausreichend zu berücksichtigen, die beim Fortschreiten der Gesellschaft regelmäßig aufzutreten pflegen«. Besondere Einwände wurden gegen die Schlüsse, die Ricardo aus dem Malthusschen Bevölkerungsgesetz gezogen hatte, und gegen seine Behauptung erhoben, die Interessen der Grundherren stünden mit denen der übrigen Bevölkerungsklassen stets in Konflikt. Es bleibt eine müßige Frage, inwieweit die Verurteilung einiger Behauptungen Ricardos einer Annahme der Malthusschen Auffassungen gleichkam.

Doch Ricardos Lehre wurde mit unnachgiebigem Eifer von James Mill, Thomas De Quincey und John R. McCulloch verteidigt[13], und außerhalb

---

9 John Maynard Keynes, »Malthus«, in: ders., *Politik und Wirtschaft. Männer und Probleme*, Tübingen und Zürich 1956, S. 153.
10 Siehe S. G. Checkland, »The Propagation of Ricardian Economics in England«, in: *Economica* 29 (1949), S. 40-52.
11 Gegründet wurde der Club im Jahre 1821; nach den von James Milland abgefaßten Statuten oblag es den Mitgliedern, die öffentliche Verbreitung der ersten Grundsätze der politischen Ökonomie zu fördern.
12 Siehe Ronald L. Meek, »The Decline of Ricardian Economics«, in: *Economica* 30 (1950), S. 43-62.
13 Thomas De Quincey (1785-1859) hob in seiner *Logic of Political Economy*, Edinburgh 1844, die Gleichgewichtsaspekte der Ricardoschen Analyse hervor. Siehe Bowley, *Nassau Senior and Classical Economics*, a.a.O., S. 86.

dieses engen Zirkels von Wirtschaftswissenschaftlern blieb die Debatte unbeachtet.[14] In den Augen der Öffentlichkeit erschien Ricardo als der wahre und unerreichte Nachfolger von Adam Smith. Seine Gegner blieben vereinzelt, während es McCulloch gelang, die Ricardosche Wirtschaftslehre zu einer populären Wissenschaft zu machen.[15] Im Vergleich zu der eindrucksvollen Geschlossenheit der Ricardoschen Lehre fehlte es der Malthusschen Konstruktion der ökonomischen Maschinerie überdies an Klarheit, und zur Aufstellung einer zusammenhängenden Doktrin mangelten ihr die notwendigen Elemente. Ihr logischer Hintergrund war eher in baconscher als benthamscher Manier gezeichnet, und die Entwicklung des ökonomischen Denkens wäre in England vielleicht für Jahrzehnte zum Stillstand gekommen, hätte man Malthus' *Principles of Political Economy* als führendes Lehrbuch akzeptiert. Das geistige Klima, das im neunzehnten Jahrhundert in England herrschte, begünstigte Lehren, die sich aus wenigen, vorgeblich selbstevidenten Propositionen herleiteten; ob alle Schlüsse, die sich aus diesen Behauptungen ziehen ließen, mit den Ergebnissen alltäglicher Erfahrungen vereinbar waren, galt als zweitrangig. Die Ricardosche Lehre schien eine tragfähige Grundlage für die allgemeine Annahme des Laissez-faire-Prinzips als wirtschaftliche Leitmaxime zu bieten. »Die politischen Philosophen konnten dem Geschäftsmann das Feld überlassen – denn letzterer konnte das *summum bonum* der Philosophen einfach in der Verfolgung seines eigenen Vorteils erreichen.«[16]

Methodologische Streitfragen

Zu den bedeutsamsten Folgerungen, die die Ricardianer aus ihrem Glauben an die selbstregulierenden Kräfte der Wirtschaft zogen, gehörte die Auffassung, daß das Funktionieren der Ökonomie, als Mechanismus verstanden, von allen politischen, moralischen oder soziologischen Erwägungen streng getrennt zu analysieren sei. Außerdem hielten sie es für notwendig, politische oder moralische Glaubenshaltungen oder Über-

---

14 Wären diese Streitfragen öffentlich erörtert worden, hätte die Malthussche Partei vielleicht die Unterstützung der Grundeigentümer, der Fabrikanten geschützter Industriezweige sowie all derer gefunden, die nach so vielen Kriegsjahren die voraussichtliche Abhängigkeit des Landes von Lebensmittelimporten fürchteten. Checkland, »The Propagation of Ricardian Economics in England«, a.a.O., S. 43.
15 Herausragend aus den popularisierten Versionen der Ricardoschen Ökonomie waren Harriet Martineaus *Illustrations of Political Economy*, London 1832/34.
16 John Maynard Keynes, *The End of Laissez-faire*, London 1926, S. 11 (deutsch: *Das Ende des Laissez-faire. Ideen zur Verbindung von Privat- und Gemeinwirtschaft*, München und Leipzig 1926, S. 10).

zeugungen soweit wie möglich an jeglicher Einflußnahme auf die Wirtschaftspolitik zu hindern. Jene Anhänger der utilitaristischen Doktrin, die das Streben nach Glück mit ethischem Verhalten gleichsetzten, leugneten die Möglichkeit eines Konflikts zwischen der Verwirklichung des ökonomischen Prinzips und der Einhaltung allgemeingültiger moralischer Normen. Andere hielten es für ratsam, die Begründung der utilitaristischen Wirtschaftslehre vom Glauben an die Grundsätze der utilitaristischen Ethik zu trennen. Praktisch folgenreich wurden diese Prinzipien bei der Wahl der Methoden, die bei der Durchführung wirtschaftspolitischer Maßnahmen zur Anwendung kamen. Die Verfahren, die in solchen Fällen zu beachten waren, sahen vor, bei der Angabe von Verhaltensmaßregeln soweit wie möglich objektive Kriterien zu wählen. Ein ausgezeichnetes Beispiel dafür war die Frage, welche Geldpolitik die Bank von England verfolgen sollte; die Organisation des Londoner Kapitalmarkts folgte ähnlichen Überlegungen. Das humane Element wurde bei der Aufstellung der Regeln, die der Definition der Beziehungen zwischen Arbeitgebern und Arbeitnehmern zugrunde liegen sollten, praktisch vernachlässigt. Die Anpassung des Wirtschaftslebens an derartige Methoden wurde von Industriellen, Kaufleuten und Bankiers natürlich begrüßt, da sie die Risiken und Ungewißheiten, die ihre täglichen Geschäfte in sich schlossen, tendenziell minderte.

Nassau William Senior, ein herausragender Vertreter der zweiten Generation ricardianischer Ökonomen, verlangte sehr klar und nachdrücklich, politische Erwägungen aus der ökonomischen Analyse herauszuhalten.[17] Gegenstand der politischen Ökonomie, erklärte er, sei der Reichtum – während Glück und soziale Wohlfahrt Ziele der Regierung seien. Die Schlußfolgerungen des Nationalökonomen, wie immer es mit ihrer Allgemeinheit und Wahrheit bestellt sein möge, gäben ihm nicht das Recht, »auch nur mit einer Silbe einen Ratschlag anzufügen«. Senior zufolge kann die ökonomische Wissenschaft nur allgemeine Prinzipien aufstellen, »die zu mißachten verhängnisvoll wäre, wenngleich es weder ratsam noch überhaupt praktikabel erscheint, sie im wirklichen Geschäftsleben als einzige oder auch nur hauptsächliche Richtschnur zu verwenden«.[18]

Die gleiche methodologische Haltung wurde von einem weiteren führenden Mitglied der ricardianischen Schule, John Elliott Cairns, vertreten. Er erwartete von der politischen Ökonomie, sie solle »Naturgesetze enthüllen« und angeben, welche Phänomene zusammen aufträten und welche Wirkungen aus welchen Ursachen folgten. Cairnes lehnte entschie-

---

17 Nassau William Senior, *An Outline of the Science of Political Economy*, erschien zuerst 1836 als Artikel in der *Encyclopaedia Metropolitana*. Über einen gewissen Sinneswandel bei Senior in der Frage der Einstellung des Ökonomen zu praktischen Problemen siehe Bowley, *Nassau Senior and Classical Economics*, a.a.O.
18 Senior, *An Outline of the Science of Political Economy*, a.a.O., S. 3.

den den Gedanken ab, die politische Ökonomie solle »irgendeinen praktischen Plan verfechten«.[19] Solche Lehren deckten sich vollkommen mit den methodologischen Leitprinzipien, denen zufolge die Naturgesetze unabhängig von den moralischen Überzeugungen oder politischen Zielen der Menschen ablaufen, weshalb es der Ökonom in seinen wissenschaftlichen Untersuchungen solchen Faktoren nicht gestatten sollte, Einfluß auf seine Analyse zu nehmen.

Als Logiker der utilitaristischen Schule ging Senior daran, möglichst klar und zusammenhängend die Grundbegriffe der Ricardoschen Wirtschaftslehre zu definieren. Für den Wissenschaftler beanspruchte er uneingeschränkte Freiheit bei der Bildung angemessener Grundbegriffe, doch verlangte er strenge Definitionen dieser Begriffe, um Mißverständnisse und Mißbräuche zu vermeiden.[20] Er übernahm die Ricardosche Konzeption der politischen Ökonomie als Wissenschaft des Reichtums, der Verteilungsgesetze des Reichtums[21] sowie der Institutionen und Usancen, die die Produktion erleichtern und die Verteilung regeln, um jedem einzelnen die größtmögliche Menge an Reichtum zukommen zu lassen. Seine Definition des Reichtums schloß alle Güter und Dienstleistungen ein, die in die Austauschsphäre eingehen. Jedoch wandte er sich gegen die geläufige Konzeption der Nützlichkeit als innerer Eigenschaft der Güter und stellte ihr die Auffassung entgegen, beim Nutzen handele es sich eher um einen Ausdruck der Beziehungen der Güter zu den Lüsten und Leiden der Menschheit. Mit diesem Versuch, gewisse Elemente einer subjektiven Wertlehre in die ökonomische Analyse einzuführen, verband Senior harte Kritik an der »unentwirrbaren Konfusion«, die sich aus der Annahme der Arbeit als Wertmaß ergeben habe, und erklärte, daß er der »aristotelischen Beschreibung des Werts als abhängig von der Nachfrage« den Vorzug gebe.[22]

19 John Elliott Cairnes, *The Character and Logical Method of Political Economy*, London 1857.
20 Senior war der Verfasser von *Elementary Lessons in Logic* (1888). Die erste Voraussetzung einer philosophischen Sprache, sagte er in Lektion 33, liegt zweifellos darin, daß »jeder allgemeine Name eine bestimmte und erkennbare Bedeutung haben« muß.
21 Der Ausdruck *Gesetz* scheint zuerst von Ricardo auf Kausalbeziehungen zwischen ökonomischen Größen angewandt worden zu sein, und zwar in der Abhandlung *The High Price of Bullion, a Proof of the Depreciation of Bank-Notes*, London 1810 (deutsch in: *Grundsätze der politischen Ökonomie und der Besteuerung*, Frankfurt am Main 1972, S. 317-350). Siehe James Bonar, *Philosophy and Political Economy*, 3. Auflage, London/New York 1922, S. 195.
22 Siehe Bowley, *Nassau Senior and Classical Economics*, a.a.O., 6. Kapitel; zu den Interpretationen des aristotelischen Wertbegriffs siehe oben, 1. Kapitel, »Thomistische Wirtschaftslehre«.

In seiner berühmten Diskussion der vier Postulate, die er als grundlegend für den »theoretischen Zweig« der Ökonomie betrachtete, leitete Senior die Gewißheit und Allgemeinheit seiner Lehrsätze aus Beobachtung und Bewußtsein ab. Der Begriff *Bewußtsein* entspricht den moderneren Ausdrücken *innere Erfahrung* oder *Introspektion*. Im Unterschied zu McCulloch und anderen radikalen Ricardianern suchte er jedoch die Grenzen zu betonen, die der Allgemeingültigkeit dieser Lehrsätze durch die Unvorhersehbarkeit menschlicher Handlungen, die Wirkungen der Leidenschaften und »Wandlungen in der Entwicklung der Kultur« gesetzt seien. Auf diese Weise unterschied er die theoretische von der praktischen Nationalökonomie; letztere hat ihre Prämissen aus »besonderen Tatsachen« zu gewinnen, die mit der Beschaffenheit des Klimas, der Böden und der Jahreszeiten, dem Einfluß der Regierung, dem Stand des Wissens und dergleichen zusammenhängen.

Die vier Lehrsätze, die für alle späteren Entwicklungen der ricardianischen Wirtschaftslehre den Rahmen zogen, waren (1) die Feststellung, jeder Mensch sei bestrebt, zusätzlichen Reichtum mit möglichst geringem Opfer zu erlangen (das »Prinzip der Wirtschaftlichkeit« als Grundlage einer »Ökonomie der Wahl«)[23]; (2) die Malthussche Bevölkerungstheorie[24]; (3) die Geltung des Gesetzes der zunehmenden Erträge in der industriellen Produktion und (4) die Geltung des Gesetzes der abnehmenden Erträge in der Landwirtschaft.[25]

Den ersten dieser Lehrsätze betrachtete Senior als »Sache des Bewußtseins«; darin schlug sich die Auffassung der Ökonomie als einer deduktiven Wissenschaft nieder, die ihre allgemeingültigen Gesetze aus der unbeweisbaren Annahme ableitet, jedermann habe unerfüllte Wünsche, die er nur durch zusätzlichen Reichtum befriedigen zu können meint. Als Quelle der Malthusschen Bevölkerungstheorie sowie der beiden Ertragsgesetze betrachtete Senior Beobachtung und Erfahrung.

Die endgültige Definition des logischen Hintergrundes der ricardianischen Ökonomie lieferte John Stuart Mill mit einer allgemeinen Analyse

---

23 Wie schon erwähnt, schloß Seniors Definition des Reichtums auch Dienstleistungen ein.

24 Nach Senior stellt das »Bevölkerungsgesetz« einfach fest, daß die Zahl der Menschen, die die Welt bewohnen, einzig von moralischen oder physischen Übeln oder aber von der Furcht vor dem Mangel derjenigen Gegenstände des Reichtums in Schranken gehalten wird, die den Individuen einer Klasse von Erdbewohnern aus Gewohnheit unentbehrlich scheinen. Senior, *An Outline of the Science of Political Economy*, a.a.O., S. 26.

25 »Zusätzliche Arbeit«, sagte Senior, »ist verhältnismäßig effizienter, wenn sie in Manufakturen, und weniger effizient, wenn sie in der Landwirtschaft angewandt wird.« Ebd., S. 81.

der »Grundsätze der Beweislehre und der Methoden wissenschaftlicher Forschung«, die er im Einklang mit den Regeln der Assoziationspsychologie aufstellte.[26] Diesen Regeln zufolge sollten sämtliche Allgemeinbegriffe und Propositionen, die als Prämissen deduktiver Schlüsse dienen, aus induktiven Verallgemeinerungen abgeleitet worden sein.[27] Den Schlüssel zur Analyse aller logischer Verfahren sollte ein mechanisches Prinzip liefern, nämlich die gegenseitige Anziehung psychologischer Elemente[28] wie Gedanken und Ideen, die sich nach dem Gesetz der Assoziation aufgrund ihrer Ähnlichkeit, Kontinuität und Kontiguität miteinander verbinden sollten. Obwohl allgemeine logische Prinzipien auf alle wissenschaftliche Forschung anwendbar sein sollten, hielt Mill die Verwendung der deduktiven Methode nur für solche Fälle geeignet, in denen die Wirkungen aller in Betracht kommenden Ursachen summiert werden können – in denen also die Konsequenzen jeder einzelnen Ursache vom vereinten Wirken aller Ursachen nicht beeinflußt werden. Die induktive Methode sollte dagegen zum Zuge kommen, wenn die Folgen des vereinten Wirkens mehrerer Ursachen nicht voraussehbar sind, sondern durch Beobachtung und Erfahrung bestimmt werden müssen. Die durch induktive Verfahren zu gewinnenden »empirischen« Gesetze sollten sich in »Gleichförmigkeiten der Coexistenz« und »Gleichförmigkeiten der Succession« unterteilen.

Für die politische Ökonomie wie auch für die übrigen Sozialwissenschaften betonte Mill die Grenzen, die der Suche nach allgemeinen Gesetzen dadurch gesetzt seien, daß die kausalen Beziehungen im sozialen und ökonomischen Bereich in ein komplexes Geflecht eingelassen sind, so daß sich dort – mangels exakter Messung – nur Tendenzen auf lange Sicht bestimmen lassen. Daher wandte er sich gegen die verbreitete Auffas-

---

26 John Stuart Mill, *A System of Logic, Ratiocinative and Inductive*, London 1843 (deutsch: *System der deductiven und inductiven Logik*, in: *John Stuart Mill's gesammelte Werke*, Band 2-4, Leipzig 1872/1873). Die Methodologie der Sozialwissenschaften wurde im Sechsten Buch dieses Werkes sowie in Mills *Essays on Some Unsettled Questions of Political Economy*, London 1844 (deutsch: *Einige ungelöste Probleme der politischen Ökonomie*, Frankfurt am Main 1976) entwickelt.

27 Mill wandte dieses Prinzip sogar auf die Regeln der Logik und Mathematik an, wenngleich er zugeben mußte, daß die Begriffe in den mathematischen Wissenschaften nicht durch Selektion aus Naturtatsachen zu gewinnen sind. Da Mills »Abstraktionstheorie« den Prinzipien der Assoziationspsychologie gehorchte, war sie dem Einwand ausgesetzt, sie wähle aus einer Vielfalt möglicher logischer Ordnungsprinzipien allein das problematische Prinzip der Ähnlichkeit aus. Siehe etwa Ernst Cassirer, *Substanzbegriff und Funktionsbegriff. Untersuchungen über die Grundfragen der Erkenntniskritik*, Berlin 1910, Nachdruck: Darmstadt 1969, 1. Kapitel.

28 Mill unterschied vier Arten geistiger Operationen: Gedanken, Empfindungen, Gefühle und Willensentschlüsse.

sung, daß die Baconschen Methoden der Induktion auf der Grundlage von Beobachtung und bestimmter Erfahrung sichere Methoden zur Analyse sozioökonomischer Beziehungen seien. Später, unter dem Einfluß der Comteschen Methodologie, gestand Mill zu, daß sich mittels induktiver Methoden »empirische Gesetze der Gesellschaft« aufstellen ließen, sofern dabei auf deduktiv erschlossene »Gesetze der menschlichen Natur« zurückgegriffen werde.

Im Lichte dieser methodologischen Überlegungen arbeitete John Stuart Mill die Methoden des hypothetischen Denkens heraus, wie sie Ricardo unter der Anleitung James Mills verwandt hatte. Dabei ging es wesentlich um die Einführung geeigneter Annahmen, auf deren Grundlage sich dann Schlußfolgerungen ziehen ließen. Cairnes verglich das logische Verfahren der Isolation der Beziehungen zwischen zwei Elementen mit den experimentellen Methoden, wie sie in Laboratorien eingesetzt werden. John Stuart Mill zeigte die Bedeutung der *Ceteris-paribus*-Klausel als ein Mittel des deduktiven Schließens, das es dem Gelehrten ermöglicht, die Wirkungen einer Ursache aus einer Reihe widerstreitender Ursachen einzeln zu bestimmen. In dieser Klausel wird unterstellt, daß von mehreren Faktoren, die in einer gegebenen Situation mutmaßlich eine Veränderung herbeiführen können, alle bis auf einen konstant bleiben. Mill klärte die Bedeutung des fiktiven Bildes einer »statischen« Volkswirtschaft, in der die »wirtschaftlichen Erscheinungen der Gesellschaft in ihrem gleichzeitigen Nebeneinanderbestehen« erfaßt werden – ein logisches Verfahren, das darauf hinausläuft, eine endlose Vielzahl scheinbar unverbundener Erscheinungen und Vorgänge, wie sie Beobachtung und Erfahrung liefern, in ein System streng determinierter ökonomischer Beziehungen zu verwandeln, auf das sich dieselben Prinzipien des deduktiven Schließens anwenden lassen wie auf das Newtonsche kosmologische System. Mill übernahm die Comtesche Unterscheidung zwischen »Statik« und »Dynamik«, schrieb letzterer eine evolutionäre Bedeutung zu und benutzte diesen Begriff, um damit die Analyse langfristiger Veränderungen in den ökonomischen und sozialen Verhältnissen zu benennen.

Der Gleichgewichtsbegriff, der in den beiden vorhergehenden Jahrhunderten eine methodologisch herausragende Stellung gewonnen hatte, war das unangefochtene Instrument zur Durchführung dieser logischen Operationen. Erzbischof Whately (1787-1863), Seniors Lehrer und Verfasser eines Lehrbuchs der Logik[29], erkannte die volle Bedeutung der logischen Verfahren, die der Konzeption der Wirtschaft als System von Tauschwerten zugrunde gelegen hatten. Er schlug vor, für die politische Ökonomie ganz allgemein den Ausdruck »Katallaktik« oder Wissenschaft vom Aus-

---

29 Darüber hinaus veröffentlichte Richard Whately *Introductory Lectures on Political Economy*, London 1831.

tausch zu verwenden. Doch dieser Vorschlag war zu subtil, als daß er breitere Anerkennung hätte finden können.

Die traditionelle Verbindung der Wirtschaftswissenschaft mit der Benthamschen utilitaristischen Philosophie wurde von John Stuart Mill durch die Einführung des Begriffs *homo oeconomicus* gefestigt, der ein Bindeglied zwischen der Motivation des menschlichen Verhaltens und dem Funktionieren des ökonomischen Modells lieferte. Der *homo oeconomicus* war als ein Individuum definiert, das, »dem Zwang seiner Natur gehorchend, einen größeren Anteil am Reichtum einem kleineren vorzieht« und darüber hinaus »die relative Wirksamkeit der Mittel, sich in den Besitz von Reichtum zu bringen, zu beurteilen weiß«. Mill räumte jedoch die Existenz zweier Prinzipien ein, »die sich in fortwährendem Antagonismus mit dem Verlangen nach Vermögen befinden«, nämlich Arbeitsscheu und das Verlangen nach sofortigem Verbrauch kostspieliger Genußobjekte. Diese Definition der abstrakten Kräfte, die ein Gleichgewichtssystem in Gang halten sollten, unterstellte nicht nur ein Maximierungsprinzip (das Streben nach einem möglichst großen Anteil an den verfügbaren Tauschwerten), sondern auch die vollkommene Erfüllung der ökonomischen Erwartungen sowie die Zusatzannahme, daß die Mengen der Befriedigungen der Konsumenten – die Lust der utilitaristischen Doktrin – den Mengen der Produkte im großen und ganzen proportional seien.[30]

Mill war sich natürlich über den rein hypothetischen Status seines Begriffs des *homo oeconomicus* völlig im klaren. So verglich er gelegentlich die »willkürliche Definition« dieses Begriffs mit dem ähnlichen Vorgehen bei der Definition einer geometrischen Linie. Er erinnerte daran, daß Schlußfolgerungen, die auf einer Hypothese gründen, ohne nähere Bestimmung nur für rein fiktive Fälle zutreffen[31], und arbeitete damit eine weitere stillschweigende Annahme der Ricardoschen Argumentation her-

---

30 John Eliott Cairnes war sich mit Mill über die Definition eines »Prinzips der Wirtschaftlichkeit« einig, wonach alle Individuen (a) vom Streben nach Wohlergehen und nach Reichtum als Mittel zu dessen Erlangung motiviert werden; (b) die geistige Fähigkeit besitzen, die Effizienz von Mitteln im Hinblick auf Ziele zu beurteilen; und (c) dazu neigen, die Ziele auf den einfachsten und kürzesten Wegen zu erreichen. Die Bedeutung der vollkommenen Voraussicht, wie sie dem *homo oeconomicus* zugeschrieben wurde, blieb freilich unklar und konnte auch kaum geklärt werden, da der Besitz dieser Fähigkeit mit dem Funktionieren der Wettbewerbsordnung unvereinbar wäre. Siehe Oskar Morgenstern, »Vollkommene Voraussicht und wirtschaftliches Gleichgewicht«, in: *Zeitschrift für Nationalökonomie* 6 (1935), S. 337-357.

31 Ein weiterer utilitaristischer Ökonom dieser Zeit, George Julius Poulett Scrope, unternahm in seinen *Principles of Political Economy*, London 1833, den Versuch, die Haltung seines *homo oeconomicus* durch Generalisierungen aus der Erfahrung zu bestimmen. Siehe Redvers Opie, »A Neglected English Economist: George

aus. Mill verwandelte das psychologische Profitmotiv der Benthamschen Philosophie in ein methodologisches Instrument, das das Funktionieren der Tauschwirtschaft im begrifflichen Rahmen eines allgemeingültigen rationalen Prinzips erklären sollte.[32] Dieses rationale Prinzip war rein formal. Es leitete sich von den utilitaristischen Prämissen her, daß der menschliche Geist nicht imstande sei, absolut gültige Prinzipien moralischen Verhaltens aufzustellen, daß sich die Bestimmung der Ziele menschlichen Handelns nicht als Sache »rationaler Erwägungen« betrachten lasse und daß die wichtigste Aufgabe der Vernunft darin bestehe, unter den verfügbaren Mitteln zur Erreichung von Zielen, die vom Willen gesetzt werden, die günstigste Wahl zu treffen. Entsprechend der Rolle, die John Stuart Mill dem Begriff des *homo oeconomicus* zuschrieb, galt dieser Begriff gewöhnlich als Abstraktion, die zu Zwecken der Gleichgewichtsanalyse eingeführt wurde.[33]
In seinem berühmten Essay *On Liberty* (1859) wandte Mill die methodologischen Grundsätze des hypothetischen Denkens auf die Definition von »Freiheit« an. Er äußerte die Überzeugung, daß »das einzige Ziel, um dessentwillen rechtmäßig Macht über irgendein Mitglied der menschlichen Gemeinschaft ausgeübt werden kann – Macht und Gewalt gegen

Poulett Scrope«, in: *The Quarterly Journal of Economics* 44 (1929), S. 101-136, hier S. 107.

32 Ökonomische Konkurrenz impliziert kein Gefühl der Rivalität oder Eifersucht. Der *homo oeconomicus* wetteifert nicht im gewöhnlichen Sinne des Wortes. Auf einem vollkommenen Markt gibt es kein Feilschen und Handeln. Siehe Frank H. Knight, *The Ethics of Competition*, London 1935, S. 282.

33 Diese Interpretation fand die Zustimmung von Autoren, die sich mit allgemeinen historischen Problemen beschäftigten; vgl. Henry Thomas Buckle, *History of Civilization in England*, 2 Bände, London 1857/1861, Band 2 (deutsch: *Geschichte der Civilisation in England*, 2 Bände, Leipzig/Heidelberg 1861). In seinem Werk über *Adam Smith und Immanuel Kant*, Leipzig 1877, charakterisierte der deutsche Nationalökonom August Oncken den Begriff des *homo oeconomicus* gleichfalls als eine Abstraktion, die dazu dienen solle, die Analyse des ökonomischen Verhaltens von der Theorie ethischer Gefühle unabhängig zu machen. Der deutsche Philosoph Friedrich Albert Lange, Verfasser einer bemerkenswerten Geschichte der materialistischen Philosophie, betonte jedoch, daß die Einführung des Selbstinteresses als einziges ökonomisches Motiv auf eine Fiktion hinauslaufe, da sie mit den Ergebnissen von Beobachtung und Erfahrung unvereinbar sei. *Geschichte des Materialismus und Kritik seiner Bedeutung in der Gegenwart*, 2 Bände, Iserlohn 1876/77, S. 454. Diese Beobachtung wurde mit überzeugenden Argumenten von dem neukantianischen Philosophen Hans Vaihinger in seiner *Philosophie des Als-ob. System der theoretischen, praktischen und religiösen Fiktionen der Menschheit auf Grund eines idealistischen Positivismus*, Berlin 1911, S. 341-354, weiterentwickelt. Vaihinger bezieht sich dort auf den Begriff des *homo oeconomicus*, um bestimmte Aspekte der Rolle zu veranschaulichen, die »Fiktionen« als methodologisches Hilfsmittel spielen.

dessen Willen – das ist, Unheil für andere zu verhüten«. Mit dieser Feststellung wurde die »Zufälligkeit der Wünsche« als konstitutives Element der gesellschaftlichen Organisation anerkannt. Mill war zutiefst davon überzeugt, daß nach der Sicherung der Unterhaltsmittel das nächststärkste Bedürfnis menschlicher Wesen Freiheit ist.[34]

Das Maximierungsprinzip, das die Merkantilisten benutzt hatten, um die Beziehungen zwischen politischen Gemeinwesen im Kampf um die Vorherrschaft zu analysieren, wurde von den Ricardianern auf die Frage bezogen, wie eine begrenzte Menge von Tauschwerten unter die Mitglieder einer »katallaktischen« Wirtschaft zu verteilen sei. In Verbindung mit der Konzeption der Ökonomie als Gleichgewichtsmechanismus eignete sich das Maximierungsprinzip ausgezeichnet dazu, für eine hypothetische Koordination der ökonomischen Pläne und Aktivitäten aller einzelnen zu sorgen, und zwar unabhängig von jeder bewußten Kooperation der Mitglieder einer Wettbewerbsgesellschaft zur Erreichung einer solchen Koordination.

Unter den Bedingungen vollkommenen Wettbewerbs sollten alle Preise streng von ihren Kosten bestimmt und über ein Netz wechselseitiger Abhängigkeiten miteinander verknüpft sein. Da sich diese Beziehungen sehr gut in Gleichungen ausdrücken ließen, war die Mathematik in der ricardianischen Ökonomie fest verankert, noch ehe dieser Aspekt von Antoine Augustin Cournot (1801-1877) und seinen Nachfolgern entdeckt wurde.

John Stuart Mill war sich über den Zusammenhang zwischen den Basisannahmen, die dem Verhalten der hypothetischen Ökonomie auf der einen Seite zugrunde lagen, und der Determiniertheit des Systems auf der anderen völlig im klaren. Nur durch das Konkurrenzprinzip, versicherte er, habe die politische Ökonomie »überhaupt Anspruch auf den Charakter einer Wissenschaft«. Ebenso war er fest davon überzeugt, daß sich »ökonomische Gesetze« für Renten, Profite, Löhne und Preise nur insoweit aufstellen ließen, als diese Größen durch Konkurrenz bestimmt seien. Trotz seiner Sympathie für gewisse egalitäre Ideen war Mill über die Angriffe von Sozialisten auf den freien Wettbewerb zutiefst empört. Die Alternative zur freien Konkurrenz sei unweigerlich das Monopol, und Monopol bedeute »in all seinen Formen eine Steuer auf die Erwerbstätigkeit zugunsten der Untätigkeit oder gar der Raubgier«.

Die Abneigung, die praktisch alle Ricardianer gegen Monopolsituationen

---

34 John Stuart Mill, *On Liberty*, London 1859 (deutsch: *Die Freiheit*, Darmstadt 1967, S. 131); ders., *Principles of Political Economy. With Some of Their Applications to Social Philosophy*, London/Boston 1848, Zweites Buch, 1. Kapitel (deutsch: *Grundsätze der politischen Ökonomie mit einigen ihrer Anwendungen auf die Sozialphilosophie*, 2 Bände, Jena 1913/1921, Band 1, S. 316).

zeigten, ist zum Teil vielleicht der Tatsache zuzuschreiben, daß die Determiniertheit ihres ökonomischen Systems und das Schicksal ihrer Wissenschaft bedroht gewesen wären, wenn monopolistische Marktkontrolle über die Herrschaft des freien Wettbewerbs obsiegt hätte.[35] In ihren ökonomischen Analysen blieb die offenkundige Rolle, die Monopolsituationen in großen Bereichen der Wirtschaft spielten, weitgehend unbeachtet, auch wenn ihnen Senior in einem klassifikatorischen Überblick Rechnung trug. Senior verwies auf die vielen »gelegentlichen Unterbrechungen«, denen der Einfluß des freien Wettbewerbs auf die Produktionskosten unterliege. Er betonte jedoch, der politischen Ökonomie gehe es nicht um einzelne Tatsachen, sondern um allgemeine Tendenzen. Indem sie die grundlegende Bedeutung des Privateigentums an Produktionsmitteln für das Funktionieren der Wettbewerbswirtschaft anerkannten, vermochten die Ricardianer diese Einrichtung ohne Rekurs auf ein fragwürdiges »Naturgesetz« zu rechtfertigen. Sie konnten sich auf die Erfahrung beziehen, die gezeigt habe, daß Privateigentum zur Förderung eines rationalen ökonomischen Verhaltens und des allgemeinen Wohls unentbehrlich sei.[36]

Mill brachte die allgemeine Überzeugung seiner Zeit zum Ausdruck, als er erklärte, die Gesetze der Produktion zeigten »den Charakter physikalischer Wahrheiten«; sie enthielten nichts Beliebiges oder Willkürliches, und es bestehe kein Unterschied zwischen ihrer Allgemeingültigkeit und der Gültigkeit der Gesetze, die die Bewegung der physikalischen Körper beherrschten. Einer ganz anderen Ordnung rechnete Mill jedoch die Regeln zu, die der Verteilung des Reichtums zugrunde liegen: sie seien »eine rein menschliche Einrichtung« und hingen von den »Gesetzen und Gewohnheiten der Gesellschaft« ab. Diese Regeln, glaubte er, spiegelten die Ansichten und Gefühle des herrschenden Teiles der Gemeinschaft. Obwohl er damit für umfangreiche Sozialreformen die Tür geöffnet hatte, zögerte er dennoch, durch weitreichende, politisch begründete Veränderungen der herrschenden Distributionsprozesse die Gültigkeit der Ricardoschen Verteilungstheorie zu gefährden. Wenn nämlich die Regeln und Regelungen für die Verteilung des Reichtums einmal aufgestellt seien,

---

35 Etwa ein halbes Jahrhundert später bemerkte Francis Ysidro Edgeworth in einer sehr charakteristischen Passage, daß die »abstrakten Ökonomen« ihrer Beschäftigung, nämlich der Suche nach den wertbestimmenden Faktoren, verlustig gingen, wenn sich Monopole über weite Teile des ökonomischen Systems erstreckten. »Nur die empirische Schule würde überleben und in dem Chaos gedeihen, das ihrer Mentalität entspricht.« Edgeworth, »The Pure Theory of Monopoly« (1897), in: ders., *Papers Relating to Political Economy*, London 1925, Band 1.
36 Zu der logischen Beziehung, die zwischen den Institutionen des Privateigentums und dem Malthusschen Bevölkerungsgesetz hergestellt wurde, siehe oben, 11. Kapitel, »Die Ricardosche Wirtschaftslehre«.

ließen ihre Konsequenzen ebensowenig Spielraum für Willkür und trügen ebensosehr den Charakter physikalischer Gesetze wie die Gesetze der Produktion.[37]

Von den vier Grundprinzipien der politischen Ökonomie, die Senior aufgezählt hatte, wurden zwei allgemein als hypothetische Sätze betrachtet: das »Prinzip der Wirtschaftlichkeit« und das Gesetz der zunehmenden Erträge in der industriellen Produktion. Das zweite Gesetz war nicht aus der Beobachtung bestimmter Fälle abgeleitet, sondern beruhte auf der Annahme, daß die Produktion gegenüber den Produktionsfaktoren überproportional wachse.

Empirischen Charakter sollten dagegen das Malthussche Gesetz und das Gesetz der abnehmenden Erträge in der Landwirtschaft besitzen. Beide entstammten der Erfahrung und galten darum als widerlegbar, doch nur die Gültigkeit des Malthusschen Gesetzes wurde Gegenstand breit angelegter statistischer Untersuchungen. In Seniors Formulierung des Gesetzes der abnehmenden Erträge wurden alle Produktionsfaktoren außer der Arbeit konstant gehalten. Diese Annahme zeigt musterhaft, wie die Ricardianer die *Ceteris-paribus*-Klausel verwandten.[38]

Da empirische Gesetze das Wirken von Kräften unter bestimmten historischen Umständen spiegeln, konnten diese Gesetze der Vorhersage künftiger Effekte beobachtbarer Trends als Grundlage dienen. Ricardos Ausblick auf die letzten Konsequenzen einer beständig fallenden Profitrate war ein solcher Fall. Mill, der diese Perspektive übernahm, unterschied den kulturellen vom ökonomischen Fortschritt und setzte den künftigen »stationären Zustand« mit einer Situation menschlicher Vollkommenheit und der Freiheit von wirtschaftlichen Sorgen gleich.

Eine ergebnislose Kontroverse zwischen Senior und Mill drehte sich hauptsächlich um die Frage, ob die politische Ökonomie, wie Mill nahe-

37 Mill, *Principles of Political Economy*, Zweites Buch, 1. Kapitel (deutsch: a.a.O., Band 1, S. 300-302). – Die ricardianische Lehre wurde verschiedentlich als »Rationalisierung« eines aus der Naturrechtsphilosophie abgeleiteten Wertsystems beschrieben. Siehe insbesondere Gunnar Myrdal, *The Political Element in the Development of Economic Theory*, London 1953, S. 4 und passim. Wie in jeder Sozialtheorie sind in einigen Lehrsätzen der Ricardianer zweifellos Werturteile enthalten. Die Wahl eines bestimmten Denkmusters beinhaltet ein solches Urteil. Doch die Deutung der ricardianischen Doktrin als Rationalisierung einer Naturrechtslehre ist kaum mit der grundlegenden Rolle zu vereinbaren, die die Methoden des hypothetischen Denkens in den Lehren Ricardos spielen.

38 Später wurde das Gesetz der zunehmenden Erträge durch eine andere Formulierung ersetzt, die folgenden Gedanken zum Ausdruck brachte: Werden alle Ressourcen außer einer (der Arbeit) konstant gehalten, so wächst in dem Maße, wie das Verhältnis des variablen Faktors zu den übrigen Faktoren zunimmt, die Produktionsleistung in verhältnismäßig geringeren Proportionen.

legte, als hypothetische Wissenschaft zu behandeln sei. Senior bestand darauf, Mills »Annahme«, Reichtum und kostspielige Genüsse seien die einzigen Gegenstände menschlichen Strebens, durch die Feststellung zu ersetzen, sie seien allgemein und stets Gegenstände des Begehrens.[39] Mills Formulierung schloß ein, daß das Verhältnis zwischen dem Streben nach Reichtum und anderen, gegensätzlichen Motiven vom allgemeinen Gesetz nicht vollständig festgelegt wird. Senior zufolge werden die hypothetischen Elemente, die bei dieser Formulierung des Gesetzes im Spiel sind, allzu leicht vergessen oder übergangen, und ein streng hypothetisches Gesetz setze sich dem Einwand aus, daß seine Ergebnisse von Beobachtung und Erfahrung nicht überprüft werden können. Seine eigene Formulierung, argumentierte er, schließe eine Bezugnahme auf andere Motive als das Streben nach Reichtum ein. Schließlich wurde beinahe generelle Einigkeit über den hypothetischen Status allgemeiner ökonomischer Gesetze erzielt. Es galt jedoch als möglich, die Annäherung an die Wirklichkeit zu verbessern, wenn sekundäre Ursachen angemessene Berücksichtigung finden, die die Wirkungen allgemeiner Gesetze modifizieren können.

Utilitaristische Kritik an der Ricardoschen Lehre

Einwände gegen den analytischen Ansatz

Der Zerfall des scheinbar festgefügten Systems der Ricardoschen Lehre, der bald nach dem Tode des Autors einsetzte, begann mit einigen schwerwiegenden Kritiken an verschiedenen Elementen der »Wissenschaft der politischen Ökonomie«. Diese Kritik richtete sich teils gegen die Methoden der Ricardoschen Analyse, teils gegen bestimmte Grundbegriffe der Lehre und teils gegen gewisse Konsequenzen aus ihr. Ihre utilitaristischen Aspekte wurden jedoch kaum in Frage gestellt.
In der ersten Hälfte des neunzehnten Jahrhunderts gab es nur wenige englische Ökonomen von Rang, die der deduktiven Methode, wie sie Ricardo verwandte, prinzipiell ablehnend gegenübergestanden hätten. Der bemerkenswerteste Autor dieser Art war Richard Jones (1790-1855), der die Gültigkeit bestimmter empirischer Verallgemeinerungen einräumte, die hypothetischen Gesetze jedoch verwarf und die bestehende Organisation der Wirtschaft als vergängliche, historisch bedingte Ordnung ansah. Aus einer vergleichenden Untersuchung der in Frankreich, Italien und Irland herrschenden Formen der Landpacht zog er den

---

39 Zu den Einzelheiten dieser Kontroverse siehe Bowley, *Nassau Senior and Classical Economics*, a.a.O., 1. Kapitel.

Schluß, daß selbst unter Bedingungen eines freien Wettbewerbs die Unterschiede in der Höhe der Rente nicht den Unterschieden der Bodenfruchtbarkeit oder den Unterschieden im Ertrag der eingesetzten Menge an Vorräten und Arbeit entsprächen. Daher bezweifelte er die Nützlichkeit der Ableitungen aus Ricardos theoretischen Annahmen. In seiner Besprechung des Lohnfondstheorems wies Jones darauf hin, daß eine verstärkte Kapitalakkumulation im allgemeinen mit Schwankungen im Umfang der Beschäftigung einhergehe.[40] Die zeitgenössischen englischen Nationalökonomen waren jedoch mehr an der Konstruktion eines kohärenten Modells der Wirtschaft als an Diskussionen über den Einfluß historischer Umstände auf ökonomische Beziehungen interessiert.

Thomas Tooke (1774-1858) war ein weiterer bemerkenswerter englischer Ökonom, der die Ricardosche Methodologie grundsätzlich ablehnte. In dem Bestreben, den Einfluß nichtmonetärer Faktoren auf das Verhalten der Preise zu zeigen, bemühte sich Tooke um den Nachweis, daß die Warenpreise nicht »von der Höhe der im Umlauf befindlichen Zahlungsmittel«, sondern von den »Einkommen der verschiedenen Stände des Staates in Form von Renten, Profiten, Gehältern und Löhnen« abhingen.[41] Diese Argumentation führte zu dem Satz, daß der Konsumanteil der aggregierten Geldeinkommen die Nachfrage bestimme und begrenze, während die Produktionskosten das Angebot begrenzen. Mit dieser Feststellung nahm Tooke einige Gedanken vorweg, die viel später den Hintergrund für den »einkommensanalytischen Ansatz« in der Geldtheorie lieferten.

Zusammen mit William Newmarch (1820-1882), der wie Tooke in einer Londoner Handelsfirma angestellt war, erprobte Tooke seine methodologischen Auffassungen empirisch in einer monumentalen statistischen Untersuchung der Geschichte der Preise.[42] In seinen Erörterungen der wichtigsten Ergebnisse ihrer Funde griff Newmarch das »abstrakte« Argument der Quantitätstheorie des Geldes an und bemühte sich um den Nachweis, daß ein Preisanstieg in Verbindung mit einem Zustrom an

---

40 Richard Jones, *An Essay on the Distribution of Wealth and the Sources of Taxation*, London 1831 (nur der erste Teil »On Rent« wurde veröffentlicht); und ders., *An Introductory Lecture on Political Economy*, London 1833. Jones' »literarischer Nachlaß« wurde übrigens 1859 von William Newmarch herausgegeben, dem Verfasser eines *Treatise on Inductive Sciences* sowie der *Lectures Dealing with Economic Problems*.
41 Thomas Tooke, *Considerations on the State of Currency*, London 1826; *An Inquiry into the Currency Principle*, London 1844.
42 Thomas Tooke und William Newmarch, *A History of Prices and the State of Circulation from 1792 to 1856*, 6 Bände, London 1838-1857 (deutsch: *Geschichte der Preise*, 2 Bände, Dresden 1858/1859). Dieses umfangreiche Werk wurde 1928 von Sir T. E. Gregory neu herausgegeben und mit einer wertvollen Einführung versehen.

Gold nicht einfach auf Geldentwertung hinauslaufe, sondern durch ein Wachstum aller Einkommen herbeigeführt werde.[43] Newmarch hielt Veränderungen im Handelsvolumen beim Zustandekommen eines neuen Preisniveaus für viel wichtiger als Veränderungen im Geldvolumen. Seine Daten (Analyse der Geschichte der Preise einzelner Waren) schienen diese Beobachtung zu bekräftigen. Viele Jahre lang war Newmarch der herausragendste englische Ökonom, der im Gegensatz zu den Methoden des deduktiven Denkens die Notwendigkeit statistischer Untersuchungen betonte. Nachdrücklich empfahl er die Verwendung von Indexziffern, ohne allerdings ihre ökonomische Bedeutung zu erklären.

In diesem Zusammenhang sei der schottisch-amerikanische Autor John Rae (1796-1872) erwähnt, wenngleich sich seine Kritik nicht unmittelbar gegen die Ricardosche Theorie richtete.[44] Vielmehr griff er die Irrtümer des Freihandelssystems sowie einige Hauptgedanken des *Wealth of Nations* an und stützte sich bei seinen Attacken auf originelle Ideen, die er aus seiner scharfen Beobachtung der ökonomischen Verhältnisse gewonnen hatte. Die Überlegungen, die er zugunsten eines »Schutzzolls für junge Industrien« vorbrachte, waren so eindrucksvoll dargestellt, daß John Stuart Mill ihnen in seiner Erörterung der Zollpolitik Rechnung trug. Aus einer Analyse der Faktoren, die ihm für die Produktivität der verschiedenen »Produktionsinstrumente« verantwortlich schienen, zog Rae den Schluß, daß die Menge dieser Instrumente und folglich die Größe des nationalen Reichtums von vier Hauptursachen bestimmt werde, nämlich der Quantität und Qualität der verfügbaren Rohstoffe, der »Stärke des effektiven Akkumulationsstrebens«, der Lohnhöhe und der Erfindungsgabe. Nachdem er das Zeitelement in seine Analyse der Produktivität eingeführt hatte, kam Rae bei der Ausarbeitung seines Lehrsatzes darauf zurück, daß die Kapazität der »Instrumente« entweder durch Verlängerung ihrer Leistungsdauer oder durch Steigerung ihrer Produktivität pro Zeiteinheit erhöht werden könne. Rae fügte diesen

---

43 William Newmarch, »Methods of Investigation As Regards Statistics of Prices«, in: *Journal of the Royal Statistical Society of London* 23 (1860). Siehe Ross M. Robertson, »Jevons and His Precursors«, in: *Econometrica* 19 (1951), S. 229-246, hier S. 246.

44 John Rae, *Statement of Some New Principles on the Subject of Political Economy, Exposing the Fallacies of the System of Free Trade, and of Some Other Doctrines Maintained in the »Wealth of Nations«*, Boston 1834. Nachdem es jahrzehntelang in Vergessenheit geraten war, wurde das Buch von C. W. Mixter wiederentdeckt und unter dem Titel *The Sociological Theory of Capital*, New York 1905, neu herausgegeben. Siehe insbesondere die Analyse von Raes Theorie des Kapitalzinses in Eugen Böhm-Bawerks *Kapital und Kapitalzins*. Erste Abteilung: *Geschichte und Kritik der Kapitalzinstheorien*, 3. Auflage, Innsbruck 1914, S. 378-433.

Überlegungen die Beobachtung an, daß die Produktivität der »Instrumente«, die unter den Bedingungen hochentwickelter Technik anwachsen, allmählich abnimmt. Einen der eindrucksvollsten Aspekte seiner Theorie entwickelte Rae in seiner Analyse der Stärke des »effektiven Akkumulationsstrebens«: den Einfluß des Zeitelements auf die subjektive Wertschätzung der Güter. Dieser Zugang zum Wertproblem erinnerte an die von Fernando Galiani vorgebrachte Argumentation. Zugleich nahm Raes Bezug auf den Zeitfaktor als wesentliches Element von Produktivitätsgraden in mancherlei Hinsicht Eugen Böhm-Bawerks Vorstellung von der Rolle vorweg, die die Länge der Produktionsperiode in der ökonomischen Organisation spielt. Darüber hinaus deutete sich Böhm-Bawerks Agiotheorie des Zinses in Raes Behauptung an, daß die Höhe des Kapitalzinses von den Wirkungen des Zeitelements auf die Wertschätzung der Güter und auf die Berechnung der Produktivität der Instrumente bestimmt werde. Ebenso charakteristisch für Raes Scharfblick war der Zusammenhang, den er zwischen dem Wirken des »Innovationsprinzips« und der Zunahme des relativen Anteils von Produktionsinstrumenten mit »rascheren Erträgen« und analog zwischen dem Wirken des »Akkumulationsprinzips« und der Zunahme des relativen Anteils von Produktionsinstrumenten mit niedrigeren Erträgen herstellte. Schließlich war in seiner Behauptung, daß die Zinsrate von der Rentabilität der Instrumente im Anwendungsbereich mit der niedrigsten Produktivität bestimmt werde, eine Andeutung der Idee der Grenzproduktivität enthalten. Es gelang Rae jedoch nicht, seine bemerkenswerten Vorschläge zu einer zusammenhängenden Theorie zu verbinden. Sein Werk blieb ohne Einfluß auf die Entwicklung des ökonomischen Denkens und erregte nur die Neugier einiger Dogmenhistoriker der Wirtschaftswissenschaft.

Einwände gegen die Arbeitswerttheorie

Zu den bedeutendsten Autoren, die Einwände gegen verschiedene Grundbegriffe der Ricardoschen Theorie erhoben, zählt Samuel Bailey, der die logischen Schwierigkeiten erkannte, in die man auf der Suche nach einem »unveränderlichen Maßstab« für den inneren Wert der Güter gerät.[45] Bailey betonte, daß der Begriff des »Tauschwerts« nur als Relation sinnvoll verwandt werden könne, um »das Tauschverhältnis, in der eine Ware jeweils zu einer anderen Ware steht«, zu vergleichen. Zudem wies er darauf hin, daß sich zwischen den Löhnen, die verschiedenen Katego-

---

45 Samuel Bailey, *A Critical Dissertation on the Nature, Measures, and Causes of Value*, London 1825.

rien von Arbeitern gezahlt werden, und der von ihnen geleisteten Arbeit oft keine Beziehung finden lasse und daß die Arbeitszeiteinheit folglich keinen geeigneten Maßstab zur Messung von Tauschwerten abgebe.[46] Bailey zeigte, welche Rolle die Knappheit der Produktionsressourcen in Monopolsituationen spielt, und erörterte Differentialrenten, die sich – unter Bedingungen von Knappheit – auch außerhalb des Bereichs der Ricardoschen Bodenrente beobachten lassen.

John Craig, dem die vielfältigen Wirkungen vor Augen standen, die sich bei jeder Veränderung der relativen Preise in den Ausgaben bemerkbar machen müssen, betonte die wechselseitige Abhängigkeit sämtlicher Preise.[47] Er verband den Wert der Güter mit ihrer Nützlichkeit. Noch klarer wurde diese Verbindung von William F. Lloyd herausgearbeitet, bei dem sich einige Elemente des Grenznutzenbegriffs abzeichneten, als er behauptete, der Wert eines Dings entspreche dem Bedürfnis, das unbefriedigt bleibe, wenn es verlorengehe, oder der Mühe, die seine Wiederbeschaffung koste.[48] Letztlich bezeichne Wert eine Empfindung des Gemüts, die stets im Grenzbereich zwischen befriedigten und unbefriedigten Bedürfnissen auftrete. Er hielt es für irrelevant, daß keine Methoden zur Messung absoluter Werte zur Verfügung stehen. Die Existenz der Nützlichkeit der Güter, argumentierte er, sei von ihrer exakten Messung ebenso unabhängig wie die Existenz der Wärme von der Erfindung des Thermometers.

Ein weiterer bemerkenswerter Gegner der Ricardoschen Werttheorie war Mountiford Longfield (1802-1884), der bei seiner Erörterung der Unzulänglichkeiten dieser Theorie durchaus die Rolle erkannte, die sie im Aufbau der Ricardoschen Lehre gespielt hatte.[49] In seiner Analyse des Produktionsprozesses verknüpfte Longfield die Produktivität des Kapitals mit der Länge der Produktionsperiode; seine »Produktivitätstheorie« des Zinses beruhte auf einem klaren Begriff der Grenzproduktivität, den er auf Kapital und Arbeit anwandte. Er brachte die Erträge dieser Produktionsfaktoren mit den Beiträgen in Verbindung, die die letzten Zu-

---

46 Zu weiteren kritischen Erörterungen der Ricardoschen Werttheorie aus dieser Zeit siehe Edwin R. A. Seligmans Artikel »On Some Neglected British Economists«, in: *Economic Journal* 13 (1903), S. 335-363 und S. 511-535.

47 John Craig, *Remarks on Some Fundamental Doctrines in Political Economy*, Edinburgh 1821. Siehe Thor W. Bruce, »The Economic Theories of John Craig. A Forgotten English Economist«, in: *Quarterly Journal of Economics* 52 (1937/38), S. 697-707, hier S. 698.

48 William Foster Lloyds *Lecture on the Notion of Value* erschien 1834. Siehe Seligman, »On Some Neglected British Economists«, a.a.O.

49 Mountiford Longfield, *Lectures on Political Economy*, Dublin 1834. Wie Lloyd wurde auch Longfield von Seligman (a.a.O.) »wiederentdeckt«.

wächse dieser Faktoren dem Produktionsprozeß hinzufügen, und bezog die Profitrate auf den niedrigsten Ertrag einer Reihe profitabler Zusatzinvestitionen von Kapital unter den Bedingungen abnehmender Erträge. Ersparnisse definierte Longfield als Opfer gegenwärtiger Bedürfnisse zugunsten künftiger.
Samuel Read stellte eine veritable Abstinenztheorie des Zinses auf und behauptete, die Theorie, welche die Arbeit als Wertmaßstab ansieht, sei beinahe überall verworfen worden.[50] Eine ähnliche Theorie wurde noch eindrucksvoller von George Poulett Scrope vertreten, der auch einige bemerkenswerte Beiträge zu monetären Problemen lieferte und das Maximierungsprinzip mit der Idee des Kräfteausgleichs zwischen Angebot und Nachfrage verknüpfte, um zu zeigen, wie Ressourcen zugeteilt und Einkommen gebildet werden.[51] Fast alle Gegner der Ricardoschen Werttheorie lehnten die Beziehung ab, die Ricardo zwischen der Entwicklung der Löhne und der Profite hergestellt hatte.

Angriffe der ricardianischen Sozialisten

Die verbreitete Anerkennung der Ricardoschen Lehre als beinahe vollkommene Formulierung der »Wissenschaft der politischen Ökonomie« wurde von den theoretischen Einwänden, die gegen verschiedene Grundannahmen der Ricardoschen Lehre erhoben wurden, nicht sonderlich beeinträchtigt. Viel größeren Einfluß auf die öffentliche Meinung hatte die Ausnutzung der Arbeitswerttheorie durch eine Gruppe sozialistischer Autoren, die als ricardianische Sozialisten bezeichnet werden. Aus dem Satz, daß die Existenz aller Werte den schöpferischen Kräften der Arbeit zuzuschreiben sei, konnten diese Autoren leicht demagogische Schlußfolgerungen ziehen, etwa den Anspruch des Arbeiters auf den vollen Erlös seiner Arbeit sowie die Behauptung, die Eigentümer der Produktionsmittel erzielten ihre Einkommen, indem sie einen Teil der Erträge aus der in den Produktionsprozessen geleisteten Arbeit einbehielten. Die Rechtfertigung solcher Ansichten wurde durch den Umstand erleichtert, daß bisher keine befriedigende Theorie vorgebracht worden war, um die Entstehung von Kapitalzins und Profiten zu erklären.
Populäre Denkweisen waren kaum den Argumenten zugänglich, daß die Berufung auf natürliche Rechte den methodologischen Prinzipien der Benthamschen Philosophie widerspricht und daß die Analyse des Wertmaßstabs klar von der ethischen Frage zu unterscheiden ist, wie der

---

50 Samuel Read, *An Inquiry into the Natural Grounds of Right to Vendible Property*, Edinburgh 1829.
51 Scrope, *Principles of Political Economy*, a.a.O.

Ertrag der Produktionsprozesse verteilt werden soll.[52] Der sozialistischen Herausforderung traten vor allem solche Ökonomen wirksam entgegen, die die Arbeitswerttheorie verwarfen und diese Ablehnung mit theoretischen Argumenten zu stützen vermochten.[53]
Wie praktisch alle früheren Gegner des Privateigentums an Produktionsmitteln gingen die ricardianischen Sozialisten bei ihren Überlegungen von der Seite der ökonomischen Distribution aus. Doch im Unterschied zu den »utilitaristischen Anarchisten«, die egalitäre Verteilungsmodelle propagierten, mußten sie wenigstens einige Vorschläge machen, wie eine Produktion zu organisieren wäre, die sicherstellen könnte, daß dem Arbeiter der volle Ertrag seiner Anstrengung zufließt.

Die bedeutendsten ricardianischen Sozialisten waren William Thompson, John Francis Bray, John Gray und Thomas Hodgskin.[54] Ihre Abhandlungen erschienen zwischen 1824 und 1839. Von diesen Schriftstellern war Hodgskin praktisch der einzige, der zur Stützung seiner Angriffe auf die kapitalistische Ordnung theoretische Argumente benutzte.[55] Er bekämpfte die Vorstellung der »Produktivität des Kapitals« mit dem Einwand, daß sich die Idee der Produktivität nur auf physisches Kapital, das heißt aufgespeicherte Arbeit anwenden lasse, keineswegs jedoch auf den Kapitalbegriff im Sinne eines Eigentumsverhältnisses zwischen Produktionsmitteln und ihrem Eigentümer.[56] Hodgskin beschrieb daher Zinsen und Profite als eine Art Mehrwert, den die Kapitaleigner aus den laufend erzeugten Tauschwerten einbehielten. Von der zunehmenden Verwen-

---

52 Siehe Knight, *The Ethics of Competition*, a.a.O., S. 255.
53 Zu den Hauptverteidigern des bestehenden Systems gehörten Longfield, *Lectures on Political Economy*, a.a.O.; Charles Knight, *The Rights of Industry*, London 1831; Read, *An Inquiry into the Natural Grounds of Right to Vendible Property*, a.a.O.; und Scrope, *Principles of Political Economy*, a.a.O.
54 Siehe Anton Menger, *Das Recht auf den vollen Arbeitsertrag* (1886), 4. Auflage, Stuttgart/Berlin 1910. In seiner bemerkenswerten Einleitung zur englische Übersetzung (*The Right to the Whole Produce of Labor*, London 1899) weist H. S. Foxwell darauf hin, daß Ricardos »krude Verallgemeinerungen« zweifellos Schaden stiften und in die Irre führen, sobald sie kurzschlüssig dazu dienen sollen, schwerwiegende praktische Fragen zu entscheiden – ohne jedes Gefühl für den ganz und gar abstrakten und irrealen Charakter der zugrundeliegenden Annahmen. Zu einer ähnlichen Einschätzung gelangt Böhm-Bawerk, *Kapital und Kapitalzins*, a.a.O., S. 328.
55 Siehe Esther Lowenthal, *The Ricardian Socialists*, New York 1911. Während Hodgskin den »libertären« Flügel vertritt, steht Thompson für den »egalitären« Flügel. Zu dieser Unterscheidung siehe W. Stark, *The Ideal Foundations of Economic Thought*, London 1943, S. 51 ff.
56 Thomas Hodgskin, *Labor Defended Against the Claims of Capital*, London 1825 (deutsch: *Verteidigung der Arbeit gegen die Ansprüche des Kapitals*, Leipzig 1909); ders., *The Natural and Artificial Rights of Property Contrasted*, London 1832.

dung von Maschinen versprach er sich eine rasche Vergrößerung der Mittelklassen und eine Nivellierung der Einkommensverteilung. Er unterließ es, einen bestimmten Plan einer Sozialreform vorzulegen. Thompson war überzeugt davon, daß die Menschheit vor einem grausamen Dilemma stehe: der Frage nämlich, wie Gleichheit und Sicherheit, gerechte Verteilung und fortgesetzte Produktion miteinander zu vereinbaren seien.[57] Seine Reformvorschläge waren jedoch keineswegs radikal. Wenngleich er für die Arbeit das gesamte Produkt ihrer Mühen forderte, ging es bei seinen Empfehlungen vor allem um Veränderungen in der Bezahlung der Arbeiter und um die Schaffung von Arbeiterkooperativen. Den propagandistischen Typ eines radikalen Sozialismus verkörperte Bray, der das Verhalten der Kapitalisten als »legalisierten Raub« brandmarkte und gleiche Bezahlung für gleiche Arbeit jeder Art forderte, ohne Rücksicht auf die Ungleichheit im Wert der Arbeit für die Gesellschaft.[58] Bray schlug gemeinschaftliches Eigentum des Volkes vor und empfahl als Übergangsmaßnahme die Planung eines nationalen Gemeinschaftsfonds, der aus einer Reihe von Aktiengesellschaften bestehen sollte. Dieser Plan sollte mit Papiergeld finanziert werden, dessen Wert vom gesamten Nationalvermögen garantiert werden sollte.[59]

Gray, einer der am wenigsten bekannten ricardianischen Sozialisten, sei ebenfalls noch erwähnt.[60] Im Mittelpunkt seiner Vorschläge stand der Tausch der Waren entsprechend ihrem Wert, der in Arbeitskosteneinheiten ausgedrückt werden sollte, und die Schaffung einer Bank zur Organisation und Finanzierung dieses Tauschverkehrs. Aus einer »Karte der bürgerlichen Gesellschaft«, die 1814 von Patrick Colquhoun in einem *Treatise on Wealth, Power, and Resources of the British Empire* veröffentlicht worden war, leitete Gray eine Schätzung ab, wonach jedes Mitglied der »produktiven Klassen« jährlich fast vierundfünfzig Pfund Sterling produziert, doch nur etwa elf Pfund erhält.

Der Gedanke, daß die Arbeitskosten die natürliche Grundlage für die Bestimmung der Tauschwerte liefern, spielte auch in den Projekten des bekannten Sozialreformers Robert Owen (1771-1858) eine Hauptrolle.

57 William Thompson, *An Inquiry into the Principles of the Distribution of Wealth Most Conductive to Human Happiness*, London 1824.
58 John Francis Bray, *Labour's Wrongs and Labour's Remedy*, 1839 (deutsch: *Die Leiden der Arbeiterklasse und ihre Heilmittel*, Leipzig 1920).
59 In seiner gegen Proudhon gerichteten Schrift *Misère de la philosophie*, Paris/Brüssel 1847 (deutsch: *Das Elend der Philosophie*, in: Karl Marx/Friedrich Engels, *Werke*, Band 4, Berlin 1959, S. 63-182, hier S. 98 ff.) bezieht sich Marx ausführlich auf Bray und stellt dessen Ideen denjenigen Proudhons gegenüber.
60 John Gray, *The Social System. A Treatise on the Principles of Exchange*, London 1831.

Sein weitgespannter »Plan zur Milderung der öffentlichen Not«, den er nach dem Ende der napoleonischen Kriege entwickelte, um eine tiefe Depression zu bekämpfen, sah die Einführung eines Tauschsystems vor, unter dem die Produzenten ihre Produkte gegen Arbeitsnoten verkaufen sollten, deren Wert den Arbeitsstunden zu entsprechen hätte, die zur Produktion der Güter verausgabt worden waren.[61] Trotz solcher radikaler Schlußfolgerungen (die er aus der Arbeitswerttheorie zog) war Owen kein Sozialist im üblichen Sinne und nicht gegen den Grundsatz des Privateigentums an Produktionsmitteln eingestellt. Um Unterstützung für seine Ideen zu erhalten, wandte er sich häufig an Kreise einflußreicher konservativer Politiker. In mancherlei Hinsicht war sein philosophischer Ansatz, mit dem er die sozialen Probleme anging, dem der ricardianischen Sozialisten weit überlegen. Owen lehnte das Prinzip individueller Verantwortung ab, wie es von den Kirchen gepredigt wurde, und glaubte an eine Art gesellschaftlicher Determination, der zufolge der menschliche Charakter von seiner Umwelt geprägt wird, während die Beschaffenheit dieses Milieus durch geeignete ökonomische Maßnahmen verändert werden kann.

Frühere Sozialreformer wie William Godwin hatten den Einfluß der Umgebung eines Menschen auf seinen Charakter in gleicher Weise betont; doch die besondere Verknüpfung, die Owen zwischen ökonomischen Milieubedingungen auf der einen Seite und moralischen und sozialen Haltungen auf der anderen herstellte, läßt sich als flüchtige Vorwegnahme der materialistischen Geschichtsinterpretation betrachten.[62] Owens genossenschaftliche Siedlungen brachen auseinander, die von ihm organisierte *Grand National Consolidated Trade Union* löste sich nach einiger Zeit auf, doch übte Owen nachhaltigen Einfluß auf die Entwicklung der Genossenschaftsidee, auf die englische Arbeitsgesetzgebung, auf Volkserziehung und Stadtplanung aus.

Modifikationen der Ricardoschen Lehre

Die ökonomische Theorie Nassau William Seniors

Die zunehmende und zum Teil eindrucksvolle Kritik an der Ricardoschen Doktrin forderte die Vertreter der »Wissenschaft der politischen Ökonomie« zu einer erneuten Prüfung des logischen Hintergrunds ihrer

---

[61] Robert Owens bedeutendste Schriften waren *An New View on Society or, Essays on the Principle of the Formation of the Human Character, and the Application of the Principle to Practice*, London 1813, und *Report to the County of Lanark*, London 1821.

[62] Siehe G. D. H. Cole, *Persons and Periods*, London 1938.

Theorien, der Folgerichtigkeit ihrer Begriffe und der Gültigkeit ihrer Analysen der ökonomischen Maschinerie heraus. Von den englischen Ökonomen der ersten Hälfte des neunzehnten Jahrhunderts, die Modifikationen der Ricardoschen Theoreme vorschlugen, war Nassau William Senior vermutlich der originellste Denker. Zur Arbeitskostentheorie stellte er Überlegungen an, die in ähnliche Richtung gingen wie bei Bailey. Er definierte Wert mit den Begriffen Nützlichkeit, relative Knappheit und Aneignungsfähigkeit der Produktionsfaktoren. Angenommen, die Natur lieferte alle Waren, die die Menschheit benutzt, in genau demselben Umfang wie gegenwärtig, ohne daß menschliche Arbeit dazwischentreten müßte, so gibt es dennoch keinen Grund zu der Annahme, daß sie entweder aufhören würden, wertvoll zu sein, oder sich in anderen als ihren gegenwärtigen Proportionen austauschen würden. Einen ähnlichen Gedanken hatte Seniors Lehrer, Erzbischof Richard Whately, in seinen *Introductory Lectures on Political Economy* geäußert. Whately argumentierte, die Menschen neigten dazu, Ursachen und Wirkungen zu verwechseln: Perlen erzielen nicht einen hohen Preis, weil Menschen nach ihnen getaucht sind; vielmehr tauchen Menschen nach ihnen, weil sie einen hohen Preis erzielen.

In diesem Zusammenhang bedeutete Nützlichkeit keine innere Eigenschaft der Güter, sondern sollte »deren Beziehungen zu den Unlust- und Lustgefühlen der Menschheit ausdrücken«. Senior schrieb »die Motive aller Tauschakte« der grenzenlosen Verschiedenheit der relativen Nützlichkeit verschiedener Gegenstände für unterschiedliche Personen zu. Bei seiner Erörterung der relativen Knappheit gab er eine klare Darstellung des Grenznutzenprinzips und zeigte, daß jede weitere Zufuhr eines überflüssigen Artikels dazu führt, daß er seine Nützlichkeit völlig oder beinahe völlig verliert. Die Analyse der Aneignungsfähigkeit lieferte Argumente gegen den Ausschluß immaterieller Güter aus dem Begriff des Reichtums.

Trotz seiner kritischen Haltung zur Arbeitskostentheorie wich Senior in seinem methodologischen Zugang zum Wertproblem nicht von Ricardo ab. Er suchte nach einer gemeinsamen Maßeinheit, auf die sich alle Tauschwerte des ökonomischen Systems zurückführen ließen, und schlug vor, diese Einheit unmittelbar aus dem Benthamschen Lust-Unlust-Kalkül abzuleiten. Eine Unlusteinheit schien ihm als hypothetisches Maß zur Tauschwertmessung logisch zufriedenstellender als die Ricardosche Arbeitszeiteinheit, die noch den Stempel des scholastischen Substanzbegriffs der Güter trug. Doch die Zurückführung aller Unlustempfindungen auf einen gemeinsamen Nenner war kaum ein realistischeres Vorgehen als die Zurückführung sämtlicher Arten von Arbeit auf eine Standardarbeitseinheit.

Gegen Ricardos Produktionskostentheorie erhob Senior den Einwand, sie sei in all den Fällen unangemessen, in denen zunehmende oder abnehmende Erträge bei der Preisbildung eine Rolle spielten. Senior wies auf fünf Situationstypen hin, die in weiten Bereichen der Wirtschaft vorlägen, in denen die Produktionsfaktoren nicht allen Produzenten uneingeschränkt zugänglich seien, weshalb dann zwangsläufig Monopole in unterschiedlichem Grade entstünden. Zu den häufigsten rechnete er solche Fälle, in denen der Monopolist nicht der einzige Produzent ist, sondern über besondere Vorteile verfügt, die abnehmen und letztlich verschwinden, je mehr er von seinem Produkt erzeugt. Diesen Fällen kam besondere Bedeutung zu, weil nach Seniors Definition »alle Einkünfte, die von der Natur oder vom Zufall entweder ohne jede Anstrengung des Empfängers oder zusätzlich zum durchschnittlichen Entgelt für die Ausübung von Gewerbefleiß auf die Beschäftigung von Kapital gewährt werden«, als Rente galten. Dieser Begriff schloß differentielle und absolute Renten gleichermaßen ein. Seniors Rentenbegriff wurde von Whately geteilt und in etwas abgewandelter Form von Cairnes in seiner *Political Economy* bekräftigt.

Mit dieser Ausweitung des Ricardoschen Rentenbegriffs schlug Senior eine Erklärung all der Einkommen vor, die nicht als unentbehrlich gelten konnten, um einen Produktionsfaktor zu seinem Beitrag zu veranlassen. Überlegungen im Zusammenhang mit der Knappheit der Produktionsfaktoren brachten Senior dazu, Ricardos radikale Unterscheidung zwischen Kapital und Boden grundsätzlich anzuzweifeln, weil das Kapital beständig dazu neige, Merkmale des Bodens zu übernehmen, insofern es in dauerhafte Güter investiert wird und damit seine Mobilität verliert. Bei seiner Neuformulierung des Kapitalbegriffs ließ sich Senior von einigen kritischen Bemerkungen des deutschen Ökonomen Friedrich Benedict Wilhelm von Hermann beeinflussen, lehnte jedoch dessen Vorschlag ab, die Rente in die Produktionskosten einzubeziehen.[63]

Die Verwendung des Begriffs der Knappheit zur Erklärung von Tauschwerten veranlaßte Senior, die Ricardosche Analyse des Verteilungsprozesses durch eine Erklärung der Anteile von Arbeit und Kapital aus einem einzigen, unmittelbar aus der utilitaristischen Philosophie abgeleiteten Prinzip zu ersetzen. Er definierte Lohn als Entschädigung für die »Mühe und Unbequemlichkeit«, die die Arbeiter zu ertragen hätten, und interpretierte Geschicklichkeit und Erfahrung als Fähigkeit, effizienter als andere zu arbeiten, ohne dadurch zusätzliche Beschwernisse in Kauf nehmen zu müssen. In seiner umfassenden Erörterung des Lohnproblems nahm Senior von der Malthusschen Bevölkerungstheorie praktisch keine Notiz, bezog sich jedoch auf den Lohnfonds. Die Schaffung von Kapital schrieb er dem vereinten Wirken dreier Faktoren zu: natürliche

---

63 Siehe Bowley, *Nassau Senior and Classical Economics*, a.a.O., S. 134 und 156.

Rohstoffe, Arbeit und Abstinenz. Letztere definierte er als eine »Produktionsfunktion«, als »das Verhalten einer Person, die entweder auf die unproduktive Verwendung dessen, was ihr zur Verfügung steht, verzichtet oder bewußt die Produktion zukünftiger der Produktion unmittelbarer Ergebnisse vorzieht«. Diese Definition schlug sich in der Unterscheidung nieder, die Senior zwischen »Genügsamkeit« [*frugality*] und »Vorsorge« [*providence*] traf. Ohne also Kapitalzins und Profit klar voneinander abzugrenzen, betrachtete Senior beide Einkommensarten als Entschädigung für die Enthaltung des Kapitalisten vom unmittelbaren Konsum der Güter und behauptete, Kapital stehe zu Profit in der gleichen Beziehung wie Arbeit zu Lohn. Die Anziehung, die diese Theorie auf die englischen Ökonomen ausübte, lag zum Teil darin, daß sie im Unterschied zu den meisten anderen Zinstheorien in keinerlei Verbindung zum problematischen Substanzbegriff der Güter stand. Darüber hinaus berücksichtigte sie das in den Produktionsprozessen enthaltene Zeitelement, da sich Abstinzenz (später als »Warten« bezeichnet) über längere Zeiträume erstrecken muß, wenn sie als ökonomischer Faktor begriffen werden soll. Umstritten ist die Frage, ob die »Abstinenztheorie des Zinses« als Alternative oder als Ergänzung zur Produktivitätstheorie anzusehen ist.[64]

Senior ließ die Ricardosche Behauptung gelten, daß die Gleichgewichtspreise der Waren, die unter Bedingungen konstanter oder abnehmender Kosten produziert werden, ausreichen müßten, um Arbeit und Kapital zu den üblichen Sätzen entlohnen zu können. Da er jedoch Werte aus Knappheitsrelationen erklärte, kann man annehmen, daß er im Gegensatz zu dem von Ricardo gewählten Ansatz die Anteile der Produktionsfaktoren am Produktwert aus dem Wert des Produkts selbst ableitete.[65]

Diese Unabhängigkeit bei der Formulierung einiger entscheidender Probleme der ökonomischen Analyse drückte sich auch in Seniors methodischem Vorgehen bei der Bestimmung der Geldfunktionen und seiner Theorie des internationalen Handels aus. Er leitete das Wesen des Geldes aus der Fähigkeit der Edelmetalle ab, als Ersatz für Kredit zu dienen und zugleich »kommerziell ubiquitär« zu sein, das heißt allgemein und an jedem Ort akzeptiert zu werden. Er betonte, daß sich der Warencharakter von Gold und Silber durch ihre Verwendung als Geld nicht verändert habe, und bezeichnete die Produktionskosten der Geldmetalle als einen Faktor, der für Vermehrungen ihrer Quantität bestimmend sei. Übrigens beschäftigte sich Senior im Rahmen seiner Behandlung der Geldnachfrage auch mit der Umlaufgeschwindigkeit, indem er auf den »durch-

---

64 Zu der Frage, inwieweit die Abstinenztheorie schon vor Senior von älteren Autoren antizipiert wurde, siehe Bowley, *Nassau Senior and Classical Economics*, a.a.O., S. 144.
65 Siehe ebd., S. 151.

schnittlichen Anteil am Wert seines Einkommens« hinwies, »den jedes Individuum gewöhnlich in Geld bei sich behält«.[66]
Eine konsequente Anwendung der Analyse von Angebot und Nachfrage auf die Probleme des internationalen Handels erlaubte es Senior, Ricardos Versuch einer grundsätzlichen Unterscheidung zwischen inländischem und auswärtigem Handel zu mißachten. Bedingungen der Immobilität von Kapital und Arbeit, argumentierte Senior, gebe es auf dem Binnenmarkt ebensogut wie zwischen den Märkten verschiedener Länder, und der einzige Unterschied, den er zwischen Außenhandel und überregionalem Binnenhandel gelten lassen wollte, entsprang der Notwendigkeit, verschiedene Maßeinheiten einander anzupassen. Von daher setzte er an die Stelle der Theorie der komparativen Kosten eine Analyse, die auf der komparativen Produktivität von Kapital und Arbeit bei der Produktion exportfähiger Waren beruhte. Zur Verteidigung des Freihandels bemühte er sich zu zeigen, daß – von wenigen Ausnahmen abgesehen – Goldabflüsse zu einer Entwicklung führten, die wiederum Ursache für entsprechende Zuflüsse sei, und daß die Wirtschaft eines Landes nicht beeinträchtigt werde, wenn sie im Außenhandel Gold verliert.[67]
Seniors Beiträge zur ökonomischen Analyse stießen jedoch auf kein besonders aufnahmebereites Publikum, vielleicht deshalb, weil er sie nicht zu einem zusammenhängenden System ökonomischer Theorie ausarbeitete. Seine Erörterung der Verteilungsprozesse blieb fragmentarisch. Die Einwände, die er gegen die Malthussche Bevölkerungstheorie erhob, riefen bei den überzeugten Vertretern des Utilitarismus Empörung hervor; seinem Begriff des ökonomischen Systems fehlte die vermeintliche Konsistenz, die die Ricardosche Lehre dem viktorianischen Zeitalter so attraktiv erscheinen ließ.

John Stuart Mills Principles

Nicht Senior, sondern John Stuart Mill lieferte dem neunzehnten Jahrhundert die allgemein akzeptierte, neue und endgültige Version der Ricardoschen Lehre.[68] Mills *Principles* sollten nach dem Vorbild des *Wealth of Nations*, jedoch »dem erweiterten Wissen und den verbesserten Ideen

---

66 Zitiert nach Bowley, a.a.O., S. 214. Etwa hundert Jahre später entwickelte John R. Hicks, »A Suggestion for Simplifying the Theory of Money«, in: *Economica* 15 (1935), S. 1-19, einen ähnlichen Gedanken.
67 Siehe Bowley, *Nassau Senior and Classical Economics*, a.a.O., S. 225, zu der Kontroverse, die Torrens mit der Behauptung auslöste, einseitiger Freihandel werde in dem Land, das ihn betreibe, zu fallenden Preisen und Depression führen.
68 Mill, *Principles of Political Economy*, a.a.O. Im folgenden wird nach der siebten Auflage zitiert (London 1871; deutsch: a.a.O.).

eines fortgeschrittenen Zeitalters entsprechend«, die praktische Anwendung der ökonomischen Lehren vorführen. Mit diesem Ziel vor Augen ergänzte Mill die traditionelle Analyse der Produktions- und Verteilungsprobleme um einen Abschnitt, der sich mit dem Tausch beschäftigte, und erweiterte seine Behandlung der theoretischen Aspekte der Wirtschaft durch ausführliche Erörterungen der Beziehungen zwischen der Produktion auf der einen Seite und dem gesellschaftlichen Fortschritt und den Funktionen der Regierung auf der anderen.

Mills größte Leistung war vielleicht die Klärung der logischen Dimensionen der Ricardoschen Lehre und die sich daraus ergebende Beseitigung einiger Mißverständnisse, denen sie ausgesetzt gewesen war. Von seinem Vater, James Mill, in der Anwendung der assoziationistischen Logik ausgebildet, arbeitete er die methodologischen Grundlagen der Ricardoschen Wirtschaftslehre heraus, die zu erläutern Ricardo selbst nicht gelungen war. So lieferte James Stuart Mill jene klar und konsequent strukturierte hypothetische Ökonomie, die dem Verständnis seiner Zeitgenossen vollkommen entsprach.[69]

Gleich zu Beginn wies Mill seine Leser warnend darauf hin, daß schon »der kleinste Irrtum bei diesem Gegenstand ... in allen anderen Schlüssen einen entsprechenden Irrtum zur Folge« haben werde; das Problem, wie die Messung von Tauschwerten zu definieren sei, schien ihm jedoch von untergeordneter Bedeutung. Samuel Baileys Einwände gegen den Begriff des absoluten Wertes und die gegen die Arbeitskostentheorie erhobenen Bedenken brachten Mill dazu, die Ricardosche Formulierung des Wertproblems aufzugeben. Mangels einer besseren Lösung machte er sich eine angreifbare »Produktionskostentheorie« zu eigen, die den »Kapitalsgewinn« zu den Kosten rechnete. Seine Maßeinheit der Tauschwerte war eine Art hypothetischer Größe, die nicht klar definiert wurde. Er verwies darauf, daß die Nützlichkeit der Güter ebenso schwanke wie die Schwierigkeit, sie zu erlangen, um damit den relativen Charakter der Tauschwerte zu beweisen. Nach einigen ergänzenden Überlegungen zu dieser Diskussion, die sich aus der Analyse von Angebot und Nachfrage ergaben, gelangte er zu dem Schluß, daß »der Wert, den ein Gut auf einem Markte erlangen wird, kein anderer [sei] als der Wert, der auf diesem Markte eine Nachfrage veranlaßt, die gerade genügt, um das vorhandene oder erwartete Angebot zu beseitigen«. Da er Tauschwerte als Relationen betrachtete, hielt er es für ausgeschlossen, daß sich alle Werte in dieselbe Richtung bewegen.

In seiner Theorie der Produktion ersetzte er Adam Smith' Definition des »Reichtums« als Strom des »jährlichen Produkts« eines Landes durch

---

69 Ein verbreitetes, jedoch weniger elaboriertes Lehrbuch auf der Grundlage von Mills *Principles* war Henry Fawcett, *Manual of Political Economy*, London 1863.

einen Begriff von Reichtum als Vorrat, als Kapitalmenge, und verstand darunter den gesamten »angehäuften Vorrat« an Mitteln im Besitz von Individuen oder Gemeinwesen zur Erreichung ihrer Ziele. So verstanden, ließ sich Kapital[70] nicht nur durch die Verwendung »produktiver« Arbeit vermehren, sondern auch durch jede Verringerung des »unproduktiven« Konsums.

Da er die Arbeitswerttheorie preisgab, konnte Mill die Ricardosche Konzeption von Rente und Profit vernachlässigen, die darin Abzüge vom Wert sah, den die Arbeit schafft. Dennoch behielt er die Ricardosche Formulierung des Verteilungsproblems bei und hielt es für nötig, den Anteil eines jeden Faktors unter Rekurs auf eine eigene Theorie zu erklären. Die Rententheorie Ricardos übernahm er ohne größere Modifikationen und schrieb dem Markt die Aufgabe zu, den Anteil des Bodens zu bestimmen. Zur Festsetzung der Lohnhöhe nahm er die Lohnfondstheorie in Anspruch und betonte die Akkumulation eines Vorrats an Lohngütern als Voraussetzung für die Anstellung von Arbeitern in der darauffolgenden Produktionsperiode.[71] Von daher argumentierte er durchaus folgerichtig, daß die Nachfrage nach Arbeit nicht von der Warennachfrage, sondern eher vom Verhalten der Sparer abhänge, die sich der Konsumtion enthalten und damit zu der Größe dieses Fonds beitragen.[72]
Seniors »Abstinenztheorie« schlug eine passende Antwort auf die dornigen Fragen vor, die die Bestimmung der Quelle des Kapitalzinses umgaben. Die Zinsrate ließ sich auf diese Weise mit dem Grad des Opfers in Verbindung bringen, das mit dem Aufschub des Genusses gegenwärtig verfügbarer Güter in der Erwartung geleistet wird, künftig verfügbare Güter zu erlangen. Mill löste also die enge Verbindung, die Smith und Ricardo zwischen der Erklärung des Kapitalzinses und der Profittheorie hergestellt hatten. Eine verbesserte Lösung des Profitproblems deutete sich in einer Unterscheidung an, die Say zwischen den Funktionen des »Unternehmers« und des »Kapitalisten« getroffen hatte. Entsprechend

---

70 Dieser Ansatz führte zu Untersuchungen, die sich mit der statistischen Analyse des Kapitalstocks beschäftigten. Siehe Sir Robert Giffen, *The Growth of Capital*, London 1889.
71 Arthur Cecil Pigou hat zu bedenken gegeben, daß Mills Konzeption unter dem Eindruck der damaligen Situation stand: Um die Mitte des neunzehnten Jahrhunderts bestanden die Lohngüter hauptsächlich aus Lebensmitteln, die alljährlich zur englischen Erntezeit verfügbar wurden. »Mill and the Wages Fund«, in: *Economic Journal* 59 (1949), S. 171-180, hier S. 179.
72 Mills oft zitierter Satz »Warennachfrage ist nicht Nachfrage nach Arbeit« hat unterschiedliche Deutungen erfahren. Siehe Harry G. Johnson, »Demand for Commodities Is Not Demand for Labour«, in: *Economic Journal* 59 (1949), S. 531-536, hier S. 533.

den Aufgaben, die dem Unternehmer zukommen sollten, definierte Mill Profite als Kompensation für Abstinenz, Risiko und die Mühe, die mit der Anwendung des Kapitalvorrats verbunden ist. Er arbeitete jedoch die verschiedenen Aspekte des Risikotragens nicht heraus und verkannte die Wirkungen, die die Einführung technischer Verbesserungen auf den Profit ausübt. So wiesen die Lehren von Mill gegenüber der Ricardoschen Verteilungstheorie nur wenig Fortschritte auf. Doch seine Auffassung, daß die Verteilung des Reichtums »eine rein menschliche Einrichtung« sei, eröffnete den Weg zu einer Diskussion der sozialen Aspekte der Eigentumsverhältnisse und Lohnprobleme.

Die Feststellung, Mill habe die Lohnfondstheorie benutzt, um die Höhe der Löhne zu erklären, steht in scheinbarem Widerspruch zu dem bekannten »Widerruf«, mit dem er sich in einem Zeitschriftenaufsatz von genau dieser Theorie distanzierte.[73] Dieser Artikel, der 1869 in der *Fortnightly Review* erschien, ist charakteristisch für Mills weitgehend emotionale Reaktion auf verschiedene Angriffe, die sich gegen die Lohnfondstheorie richteten. Das Motiv für diese Angriffe bestand darin, die Lohnpolitik der Gewerkschaften gegen den Vorwurf zu verteidigen, es gehe ihnen – wie Mill formulierte – bei der Beschränkung ihrer Mitgliedschaft offenbar ganz einfach darum, sich gegen den Ansturm der Überbevölkerung zu verschanzen.[74] Die Verteidiger der Gewerkschaftspolitik, Francis D. Lange[75] und Thornton, verschoben den Ansatz zur Bestimmung der Lohnhöhe von einer Analyse der Mittel, über die die Arbeiter verfügen, zu einer Definition derjenigen Teile des Volkseinkommens, aus denen Lohnerhöhungen bestritten werden können. Sie ersetzten die Idee eines Lohnfonds durch den ähnlichen Gedanken eines Einkommensfonds und vertraten die Auffassung, Lohnerhöhungen könnten durch höhere Preise für die Konsumenten oder geringere Profite für die Arbeitgeber finanziert werden. Thornton gab jedoch zu, daß Nachfrageveränderungen, die sich aus Preissteigerungen ergeben, nachteilige Folgen für die Arbeitskräfte in anderen Industrien hätten.

Mill war von dem Vorschlag beeindruckt gewesen, die Menge der Lohngüter könne durch Veränderungen im Konsum anderer Bevölkerungsklassen erhöht werden. Da jedoch solche Überlegungen nur dürftigen Ersatz für die theoretischen Lehrsätze boten, die dem Begriff des Lohnfonds zugrunde lagen, behielt er diesen Begriff und die damit verbundene Lohnanalyse in einer späteren, 1871 erschienenen Auflage der *Principles*

---

73 Der Artikel beschäftigte sich mit William Thomas Thornton, *On Labour. Its Wrongful Claims and Rightful Dues*, London 1869 (deutsch: *Die Arbeit*, Leipzig 1870).
74 Mill, *Principles of Political Economy*, a.a.O. (deutsch: a.a.O.), Zweites Buch, 11. Kapitel.
75 Francis D. Lange, *A Refutation of Wage Fund Theory*, 1866.

of Political Economy bei. Es scheint, daß eine vorsichtig formulierte Lohnfondstheorie immer noch die angemessenste Lohntheorie war, die im Rahmen einer ricardianischen Formulierung der Verteilungsprobleme zur Verfügung stand.[76]
In seinen Analysen des allgemeinen Verhaltens der Wirtschaft ließ Mill die Ricardosche Annahme außer Zweifel, es mangele niemals an profitablen Investitionsmöglichkeiten, und sämtliche Ersparnisse würden sogleich investiert. Er behauptete als allgemeine Regel, Güter würden tendenziell zu denjenigen Werten gegeneinander getauscht, die allen Produzenten die gleiche Profitrate auf ihre Auslagen sichern. Auch in seinem Ausblick auf die Entwicklung der Wirtschaft übernahm Mill die Ricardosche Formulierung des Problems. Fortwährender Bevölkerungsdruck auf die Subsistenzmittel, glaubte er, führe zu einem allmählichen Sinken des Profits, der Zinsrate und folglich der Ersparnisse. Eine verminderte Spartätigkeit werde aber nicht mehr genügend Kapital für eine expandierende Ökonomie liefern.[77] Anders als Ricardo war Mill jedoch davon überzeugt, die von Malthus vorgeschlagene Methode moralischer Beschränkungen werde allgemein befolgt, und das Bevölkerungswachstum werde sich dem verfügbaren Angebot an Nahrungsmitteln anpassen. Wie Francis Place war Mill Anhänger der Geburtenkontrolle, die nicht nur von Malthus, sondern auch von Senior verworfen worden war. Unter dem Eindruck verschiedener Überlegungen, die John Rae entwickelt hatte, erwartete er einen stationären Zustand und die Ausbreitung eines bescheidenen Wohlstands bei allen Klassen der Gesellschaft. Diese Aussicht wurde von Mills Überzeugung bestärkt, die Maximierung des gesellschaftlichen Glücks durch Steigerung des durchschnittlichen individuellen Glücksniveaus [bei konstanter Anzahl von Individuen] sei einer Maximierung des gesellschaftlichen Glücks durch eine Vermehrung der Anzahl der Menschen [bei niedrigerem durchschnittlichem Glück der Individuen] vorzuziehen. Dieses Argument stimmte mit den allgemeinen

---

76 Francis A. Walkers *The Wages Question*, New York 1876, war einer der ersten bemerkenswerten Beiträge aus Amerika zur Diskussion um die ökonomischen Theorien Ricardos. Walker wies den Löhnen den Residualanteil bei der Distribution zu und vertrat die Auffassung, die Löhne müßten, da sie von der Konkurrenz zwischen den Unternehmern bestimmt würden, mit der wachsenden Effizienz der Arbeit steigen.

77 Zur Stützung dieser Auffassung stellte Mill den allgemeinen Satz auf, in Ländern, die lange eine große Produktion und ein erhebliches Realeinkommen besessen hätten, um davon Ersparnisse zu machen, sei die Profitrate »gewöhnlich nur eine ›Handbreit‹ von der Mindesthöhe entfernt«. Mill, *Principles of Political Economy*, Viertes Buch, 4. Kapitel (deutsch: a.a.O., Band 2, S. 365 f.). Er gab jedoch die Existenz von Faktoren zu, die dafür sorgen, daß sich diese »äußerste Schranke« des Kapitals immer wieder erweitert.

Grundsätzen der utilitaristischen Philosophie völlig überein. Mills Antwort auf die Frage nach der optimalen Bevölkerungsgröße wurde von anderen utilitaristischen Ökonomen wie Henry Sidgwick und Francis Ysidro Edgeworth später modifiziert.[78]

In seinen *Essays on Some Unsettled Questions of Political Economy* beschäftigte sich Mill mit einem Problem des internationalen Handels, das von Torrens aufgeworfen, von Ricardo jedoch außer acht gelassen wurde. Dieses Problem betraf die Tatsache, daß die Analyse des Außenhandels nach Maßgabe des Prinzips der komparativen Kosten es nur erlaubt, die Grenzen der relativen Preise der gehandelten Waren zu bestimmen. Um diese Lücke zu füllen, ergänzte Mill die Ricardosche Lehre durch eine Analyse, die mit den Begriffen Angebot und Nachfrage operierte. Er vereinfachte seine Diskussion, indem er sie auf den Fall zweier Waren beschränkte, und gelangte zur Formulierung der sogenannten Gleichung der internationalen Nachfrage, der zufolge das Austauschverhältnis von der wechselseitigen Nachfrage der Länder nach den Produkten des anderen bestimmt wird. Er zeigte, wie sich die Preise der Importgüter durch verstärkte Nachfrage nach ihnen relativ erhöhen und wie die Aufteilung des Handelsgewinns von derartigen Veränderungen berührt wird.[79] Doch obwohl dieser von der Arbeitskostentheorie unabhängige Ansatz den Weg zur Preisgabe der Theorie der komparativen Kosten eröffnete, schrieben ihm sowohl Mill als auch die Ricardianer ausschließlich ergänzenden Charakter zu.

Als ihm klar wurde, daß die Ergebnisse der Nachfrageanalyse die Gültigkeit des Freihandelsarguments beeinträchtigen könnten, räumte Mill ein, daß die Zahlung von Subsidien in manchen Fällen eine durchaus vernünftige Maßnahme der Außenhandelspolitik sei. Ebenso diskutierte er die günstigen Auswirkungen von Maßnahmen zum Schutz vor Industrien, die in der Zufuhr oder Nachfrage bestimmter Waren eine monopolistische Stellung zu erlangen drohen. Doch die überwältigende Mehrheit der Ricardianer waren in solchem Maße für den Freihandel eingenommen, daß sie durchweg bereits die Möglichkeit leugneten, mittels einer protektionistischen Politik günstige Effekte zu erzielen.

---

78 Henry Sidgwick forderte in *The Methods of Ethics*, London 1874, die Maximierung des Produkts aus durchschnittlichem Glück und der betroffenen Anzahl von Individuen. Eine ähnliche Lösung wurde von Francis Ysidro Edgeworth in *Mathematical Psychics. An Essay on the Application of Mathematics to the Moral Sciences*, London 1881, vorgeschlagen.
79 Zu verschiedenen Ansichten über die Verteilung der Vorteile, die der Außenhandel bietet, siehe Luigi Einaudi, »James Pennington or James Mill. An Early Correction of Ricardo«, in: *The Quarterly Journal of Economics* 44 (1930), S. 164-171, hier S. 165.

Obgleich er Logiker war, gelang es Mill nicht, ein geschlossenes System der ökonomischen Theorie zu liefern. Er gab sogar den Glauben an den Benthamschen Grundsatz der »Zufälligkeit der Wünsche« preis, der der Ricardoschen Methodologie zugrunde gelegen hatte, und ging so weit, die Annahme einer hierarchischen Skala edlerer und weniger edler Nutzen vorzuschlagen.[80] Mill war von der sozialistischen Kritik an der kapitalistischen Gesellschaft tief beeindruckt, bezweifelte jedoch mit einiger Skepsis die Segnungen, die einer kommunistischen Organisation der Wirtschaft zugeschrieben wurden, und bestand darauf, daß die Wettbewerbsordnung noch keinen gerechten Urteilsspruch bekommen habe. Er betrachtete die groben Anreize, die der Kampf um Reichtümer bietet, als geeigneten Schutz gegen Bedingungen, unter denen der Geist einrostet und stagniert. Für die Zukunft erwartete er von der Entwicklung des »Gemeinsinns« große Fortschritte.

Angeregt von Auguste Comtes (1798-1857) Konzeption der »Dynamik« fügte Mill seiner statischen Analyse einer imaginären Ökonomie längere Erörterungen verschiedener Aspekte der tatsächlichen ökonomischen und sozialen Verhältnisse hinzu und versuchte damit, die Gleichgewichtstheorie um eine »Theorie der Bewegung« zu ergänzen. Die Theorie der Bewegung sollte die Auswirkungen von Bevölkerungsentwicklungen, technischem Fortschritt und Kapitalvermehrung auf Produktion und Distribution zeigen. Da Mill jedoch nicht über die angemessene Methodologie verfügte, um evolutionäre Formen zu analysieren, mußte er auf Verfahren der komparativen Statik zurückgreifen, um seine Analyse von Entwicklungsprozessen durchzuführen.

Mills beachtliches Verständnis der Probleme seiner Zeit machte es ihm möglich, die Gefahren zu erkennen, die dem ökonomischen Allgemeinwohl angesichts erbarmungsloser ökonomischer Kämpfe in einer Gesellschaft drohen, in der sich die Ungleichheiten der Eigentumsverteilung in ähnlichen Ungleichheiten der ökonomischen Chancen spiegeln. Zu einer Zeit, in der die mächtige Manchester-Schule ihren Einfluß ausschließlich darauf verwandte, die Interessen der Industriellen und Bankiers zu fördern, vertrat er Sozialreformen verschiedener Art, besonders hinsichtlich der Verteilung des Reichtums, wobei die Ausübung der freien Initiative dadurch nicht behindert werden sollte. Mill unterstützte die Schaffung von Arbeitergenossenschaften und nahm an, sie würden in der Produktion von Reichtum wegen ihrer größeren Effizienz, ihrer überlegenen sozialen Ziele und der harmonischen Zusammenarbeit ihrer Mitglieder viel erfolgreicher sein als einzelne Kapitalisten. Er war ein überzeugter

---

80 Die Veränderungen in Mills Haltung zur Benthamschen Philosophie sind zum Thema zahlreicher Kommentare geworden. Siehe etwa Jacob Viner, »Bentham and John Stuart Mill. The Utilitarian Background«, in: *American Economic Review* 39 (1949), S. 360-382.

Anhänger der Gewerkschaftsbewegung sowie einiger radikaler Versuche, die gesetzlichen und sozialen Rahmenbedingungen zu verändern, die das Grundeigentum betrafen.[81] Derartige Auffassungen trugen sehr dazu bei, die soziale Haltung der englischen Ökonomen zu prägen, die nach dem Erscheinen von Mills *Principles* »für die Dauer einer ganzen Generation hinter einem Buch standen«.[82]

Eines der logischen Grundpostulate der nachricardianischen Lehre war die Annahme, daß sämtliche Tauschwerte in einem ökonomischen System vermöge der Wettbewerbskräfte auf eine unveränderliche Standardeinheit zurückgeführt würden, die von monetären Bedingungen unabhängig sei. Der Glaube an die zugrundeliegenden methodologischen Auffassungen war so stark, daß das Vertrauen auf diese Ricardosche Annahme auch von den Befunden John Elliott Cairnes' nicht ernstlich erschüttert wurde, die zu dem Schluß führten, die industrielle Population bestehe aus einer »Reihe einander überlagernder Schichten ... wobei diejenigen, die verschiedenen Schichten angehören, für jeden effektiven Wettbewerb voneinander isoliert« seien.[83] Angesichts der Barrieren, die die freie Bewegung der Arbeit selbst innerhalb der Grenzen einer Volkswirtschaft verhinderten, schien es keinen wesentlichen Unterschied zwischen einheimischem und internationalem Handel zu geben, und in den Fällen, in denen mangelnde Konkurrenz zur Auffächerung der Lohnniveaus zwischen *non-competing groups* führte, ließ sich die wechselseitige Nachfrage als der bestimmende Faktor betrachten. Es liegt auf der Hand, daß unter diesen Voraussetzungen die Arbeitszeiteinheit als Standardeinheit zur Messung der Tauschwerte sogar für ein rein hypothetisches öko-

81 Die 1869 gegründete *English Land and Labour League* war von marxistischen Gedanken beeinflußt und verlangte eine konsequente Verstaatlichung von Grund und Boden. Ihr stand die 1870 gegründete *Land Tenure Reform Association* gegenüber, die sich für weniger radikale Reformmaßnahmen einsetzte, namentlich für eine Steuer auf Einkünfte aus dem Verkauf von Land. Unter den führenden Nationalökonomen, die diese Vorschläge unterstützten, waren John Stuart Mill, Henry Fawcett (1833-1884), John Elliott Cairnes und James Edwin Thorold Rogers (1823 bis 1890). Ein weiterer Schritt in der Entwicklung derartiger Reformideen war die Veröffentlichung eines Buches von Alfred Russel Wallace über *Land Nationalization*, London 1892, und die Gründung einer *Land Nationalization Society*.
82 Foxwell, Einführung in Menger, *The Right to the Whole Produce of Labour*, a.a.O.
83 John Elliott Cairnes, *Some Leading Principles of Political Economy Newly Expounded*, London 1874. Eine ähnliche Beobachtung hatte Longfield in seinen *Lectures on Political Economy* gemacht, a.a.O. In seiner Analyse vorübergehender oder langanhaltender Wertunterschiede und Einkommensschwankungen hatte auch Senior auf die Hindernisse verwiesen, die dem Transfer von Arbeit und Kapital von einem Unternehmer zu einem anderen selbst »in der Nachbarschaft und im selben Land« entgegenstünden.

nomisches System praktisch bedeutungslos wurde[84]; doch zunächst wurde diese Schlußfolgerung keineswegs überall gezogen. Die Annahme der Prinzipien hypothetischen Denkens hatte die utilitaristischen Philosophen veranlaßt, ihre Theorien in quantitativen Begriffen zu entwickeln. Doch unterließen sie es, die Formulierung ihrer Probleme der Verwendung mathematischer Methoden anzupassen. William Whewell (1794-1866) schlug vor, solche Probleme algebraisch zu behandeln, stieß aber damit auf kein großes Interesse.[85] Dionysius Lardner (1793 bis 1859) wandte mathematische Methoden zur Bestimmung der Kosten- und Ertragsfunktion einer Firma in der Eisenbahnindustrie an. Mit Hilfe einiger kühner Annahmen über die Wettbewerbsbedingungen, unter denen Produktionsprozesse stattfinden, bemühte er sich, gewisse Beziehungen zwischen Angebot, Nachfrage und Frachtraten herzustellen.[86] Henry C. Fleeming Jenkin (1833-1885), einer der Teilnehmer an der Lohnfondskontroverse, benutzte algebraische Methoden, um zu zeigen, daß die Investitionsrate von Veränderungen der Lohnhöhe nicht merklich berührt werde, daß der Lohnfonds selbst angesichts sinkender Profite Zuwächse aufweisen könne und daß Profitminderungen zu Ausgabenkürzungen und nicht, wie allgemein angenommen, zur Verminderung der Ersparnisse führen könnten.[87] Jenkin benutzte Diagramme, um seine Berechnungen zu veranschaulichen. Doch die Methoden, die er in die ökonomische Analyse einführte, fanden erst viel später größere Aufmerksamkeit.

---

84 In seiner 1870 am Londoner University College gehaltenen Inauguralvorlesung über »Political Economy and *laissez-faire*« stellte Cairnes auch die wissenschaftliche Grundlage der *Laissez-faire*-Maxime in Zweifel und erklärte, es handele sich »bestenfalls [um] eine handliche Gewohnheitsregel«. Zitiert bei Keynes, *The End of Laissez-faire*, a.a.O., S. 26 (deutsch: a.a.O., S. 20 f.).

85 William Whewell, »Mathematical Exposition of Some Doctrines of Political Economy«, in: *Cambridge Philosophical Transactions*, Cambridge 1829, 1831, 1850. Siehe Ross M. Robertson, »Mathematical Economics before Cournot«, in: *Journal of Political Economy* 57 (1949), S. 523-536.

86 Dionysius Lardner, *Railway Economy*, London 1850.

87 Henry C. Fleeming Jenkin, »Trade Unions, How Far Legitimate?«, in: *North British Review*, März 1868; und ders., *Graphic Representation of the Laws of Supply and Demand, and Their Application to Labor*, Edinburgh 1870. Jenkin gründete seine Lohnanalyse auf eine plumpe Angebot-und-Nachfrage-Theorie.

Geld- und Kreditprobleme
Die Frage der Handelskrisen

Die Währungskontroverse, die in der Annahme der Grundsätze, wie sie im *Bullion Report* niedergelegt worden waren, ihre vorläufige Lösung gefunden hatte, trat mit der Wirtschaftskrise von 1825 in ein neues Stadium. Ein beständiger Preisverfall hatte eingesetzt und beeinträchtigte das Funktionieren der Wirtschaft erheblich. Diese Preisveränderungen zeigten, daß das monetäre System selbst unter der Herrschaft des Goldstandards, der durch Peels *Resumption Bill* im Jahre 1819 wiedereingeführt worden war, die Stabilität der Preise keineswegs zu sichern vermochte. Da sich die Störungen in den ökonomischen Abläufen nicht dem Einfluß außergewöhnlicher Ereignisse wie schlechter Ernten, Kriege und so weiter zuschreiben ließen, wurde die Schuld der Zentralbank zugeschoben, da sie die Währung schlecht verwaltet und vor allem den Wert des Goldes angehoben habe.

Die Autoren, die an dieser Debatte teilnahmen, vertraten sehr unterschiedliche Interessen und entwickelten zum Teil widersprüchliche Ansichten, die sich in zwei große Gruppen aufteilen lassen: Gegner des Goldstandards auf der einen Seite, Anhänger desselben auf der anderen. Letztere wichen in ihrer Definition des Begriffs »Zahlungsmittel« von ersteren ab und rieten zu unterschiedlichen Maßnahmen, um eine schlechte Währungspolitik zu verhindern.

Einige Gegner des Goldstandards empfahlen die Annahme des sogenannten Tabularstandards auf der Basis der Warenpreise.[88] Andere empfahlen die Rückkehr zu nichtkonvertierbarem Papiergeld, die einen Wiederanstieg der Preise versprach.[89] Doch der Sieg des Goldstandards stand fest, als nach 1840 die Goldproduktion in Rußland, Australien und Kalifornien die Aussicht auf eine rasch wachsende Goldzufuhr eröffnete.

88 Ein »Tabularstandard« war ein Geldstandard, der bei längerfristigen Zahlungsverpflichtungen eine stabile Geldeinheit schaffen sollte. Der Vorschlag stammte von John Wheatley, *An Essay on the Theory of Money and Principles of Commerce*, London 1807, und wurde später in ähnlicher Form von Joseph Lowe, *The Present State of England in Regard to Agriculture, Trade, and Finance*, London 1822, sowie von George Julius Poulett Scrope, *An Examination of the Bank Charter Question*, London 1833, wiederholt. Scropes Tabularstandard, der die Indexzifferntechnik einsetzte, beruhte auf den Preisen von etwa hundert Artikeln, nach denen »breitester Bedarf« bestand und die ihrem Verbrauch entsprechend gewichtet wurden.

89 Eine derartige Politik wurde von Thomas Perronet Thompson, *On the Mistreatment of Exchange*, London 1830, befürwortet. Lebhafte Propaganda zugunsten eines Systems gelenkter Papierwährung betrieb Thomas Attwood, der eine Reihe von Pamphleten wie *The Scotch Banker*, London 1828, veröffentlichte. Siehe Joseph Alois Schumpeter, *History of Economic Analysis*, New York 1954, S. 714 (deutsch: *Geschichte der ökonomischen Analyse*, Göttingen 1965, Band 1, S. 872).

Bei den überzeugten Anhängern des Goldstandards, die auf der Regulierung der Zahlungsmittel durch freie Goldbewegungen beharrten, gingen die Meinungen darüber auseinander, inwieweit der Fall der Preise einer schlechten Währungspolitik zuzuschreiben sei, vor allem aber, ob die Stabilisierung des Pfundes bei der Rückkehr zur Konvertibilität nicht auf zu hohem Niveau erfolgt sei. Soweit theoretische Überlegungen bei der Beantwortung dieser Frage eine Rolle spielten, hingen die Ansichten, die von den verschiedenen Ökonomen und Bankiers vertreten wurden, unter anderem davon ab, wie sie den Begriff des Geldes definierten, welche Beziehungen sie zwischen Veränderungen in der Menge der Zahlungsmittel und Preisbewegungen herstellten, aber auch von den Funktionen, die sie dem Kredit als Element des monetären Systems beilegten.[90]
Einigkeit herrschte bei den Anhängern des Goldstandards allgemein darüber, daß der Wert der zirkulierenden Zahlungsmittel von den Beschränkungen abhänge, die ihrem Volumen gesetzt werden. Einig war man sich auch über die Gefahren, die mit der Ausgabe nicht einlösbarer Banknoten verbunden seien. Gegensätzliche Auffassungen zeigten sich in der Frage, welcher Natur konvertible Banknoten seien, sowie in der Unterscheidung, die zwischen »Geld« im strengen Sinne des Wortes und den Kreditinstrumenten zu treffen sei, die zur Ergänzung der Funktion des Geldes benutzt werden. Die praktische Bedeutung dieser Unterscheidung lag auf der Hand, da es ein fast allgemein akzeptierter Grundsatz der Geldpolitik war, daß die Notenausgabe reguliert werden solle, die Kreditgeschäfte der Bank (auch der Zentralbank) aber von jedem Eingriff frei bleiben sollten. An erster Stelle der Überlegungen, die diese Diskussion beeinflußten, stand die Verbindung, die traditionell zwischen dem Geldwert und dem »Warenwert« des Geldmetalls angenommen wurde; ein Zusammenhang, der sein Pendent in der scharfen, von Gesetzgebung und Geschäftspraxis sanktionierten Abgrenzung zwischen gesetzlichen und anderen Zahlungsmitteln besaß.
Die Anhänger des sogenannten *Currency*-Prinzips, die die monetären Auffassungen des *Bullion Report* vertraten, betrachteten konvertierbare Banknoten als eine Art Reservegeld im strengen Sinne des Wortes. Im Einklang mit der Quantitätstheorie des Geldes maßen sie der Ausgabe solcher Noten beträchtlichen Einfluß auf die Preisentwicklung und das allgemeine Verhalten der Wirtschaft bei.[91] Aus diesen Überlegungen zo-

---

90 Erwähnt sei, daß Ricardo mit seinem »Barrenplan« einen abgewandelten Goldstandard empfohlen hatte, der – wäre er in Kraft gesetzt worden – das Volumen der von der Bank zu haltenden Goldreserven vermindert hätte. Der Plan sah die volle Konvertierbarkeit der Noten zu festen Preisen vor, doch nur gegen ungemünztes Gold, und schloß es damit von der Verwendung in der alltäglichen Zirkulation aus.
91 Lord Overstone (Samuel Jones Loyd), *Tracts and Other Publications on Metallic and Paper Currency*, London 1857. Ebenso wurde die *Currency*-Theorie von

gen sie den prinzipiellen Schluß, daß jede Veränderung der verfügbaren Goldreserven durch eine umgekehrte Veränderung der Menge des einlösbaren Geldes ausgeglichen werden solle (unter der Annahme, daß die Umlaufgeschwindigkeit der Zahlungsmittel konstant bleibt). Die Goldreserven der Bank, wie sie sich bei freiem Fluß des Metalls ergeben, sollten um eine feste Summe von Noten ergänzt werden, die die herkömmliche Praxis dem sich ändernden Metallangebot hinzugefügt hatte. Samuel Jones Loyd, bekannt als Lord Overstone (1796-1883), prägte die Formulierung, die Noten der Bank von England »repräsentierten« das Gold in der Zirkulation. Ein praktisches Mittel zur Anpassung der Ausgabe von Banknoten an die Prinzipien des Goldstandards war die sogenannte Palmersche Regel, auf die sich Governer J. Horsley Palmer im Jahre 1832 bei seiner Aussage vor einem Ausschuß des Unterhauses bezog. Nach dieser Regel sollte der Umfang der diskontierten Wechsel, Darlehen und Investitionen der Bank möglichst konstant gehalten werden; Veränderungen der zirkulierenden Geldmenge sollten durch den Zu- und Abstrom von Gold reguliert werden. Die Verteidiger des *Currency*-Prinzips zogen eine grundsätzliche Trennungslinie zwischen umlaufenden Zahlungsmitteln dieser Art und anderen Zahlungsmitteln wie Wechseln (Handelswechseln und Schecks). Sie argumentierten, daß Wechsel nur im Bereich der »realen« ökonomischen Sphäre beleihbar seien, wo sie die Einkommens- und Preisbildung nicht beeinflussen könnten und einzig als Mittel zur Erleichterung geschäftlicher Transaktionen dienten. Ihre Vorschläge leiteten sich offenkundig von Ricardos Auffassung her, daß es sich bei Geld um einen Schleier handle, unter dem ein System des Realtauschs verborgen liege, das es niemals beeinflussen könne, dessen Werte es aber exakt widerspiegeln müsse. Daher sei die Bestimmung der »Geld«menge von willkürlichen Entscheidungen jeglicher Art freizuhalten.

Die Mitglieder der *Banking*-Schule gingen von der gleichen Vorstellung aus und waren ebenfalls davon überzeugt, daß das Kreditsystem – außer bei falscher Währungspolitik – das Verhalten der Wirtschaft nicht berühren könne. Sie wandten sich jedoch gegen jede Regulierung der Ausgabe konvertierbarer Noten, weil sie diese wie Bankdepositen und Wechsel als Kreditmittel betrachteten.[92] In einer etwas überzogenen Darstellung der

G. W. Norman, *Remarks upon Some Prevalent Errors with Respect to Currency and Banking*, London 1838 vertreten. Ein dritter herausragender Anhänger dieser Theorie war John R. McCulloch, *Treatise on Metallic and Paper Money and Banks*, Edinburgh 1858.

92 Herausragende Vertreter des *Banking*-Prinzips waren James Wilson, *Capital, Currency, and Banking*, London 1847; John Fullarton, *On the Regulation of Currencies*, London 1844; und Tooke, *An Inquiry into the Currency Principle*, a.a.O.

von den Mitgliedern der *Banking*-Schule vertretenen Grundsätze versicherte Thomas Tooke, die großen Preisveränderungen rührten ursprünglich und hauptsächlich von gewandelten Umständen her, »die eindeutig die Waren betreffen, nicht die Geldmenge«. Zur Bekräftigung seiner Auffassungen führte Tooke eine beachtliche Reihe von Ursachen an, denen er den Preisverfall zwischen 1813 und 1837 zuschrieb. Doch seine extreme Behauptung, es bestehe kein Zusammenhang zwischen den Übeln, die die Wirtschaft befallen hatten, und der Geld- und Kreditpolitik, wurde nicht von allen Mitgliedern der *Banking*-Schule geteilt. Seine Unterscheidung zwischen umlaufenden Zahlungsmitteln für den Kauf von Verbrauchsgütern und Zahlungsmitteln für den Transfer und die Verteilung von Kapitalgütern bezog Tooke aus dem *Wealth of Nations*. Zahlungsmittel der letzteren Art, meinte er, seien im strengen Sinne kein Geld, sondern dienten dazu, das reibungslose Funktionieren der Wirtschaft zu gewährleisten, ohne das Preissystem zu berühren. Zu dieser Kategorie gehörten die von Handelsbanken gewährten Darlehen. Tooke war überzeugt, daß eine niedrige Zinsrate für alle Fälle von *overbanking* verantwortlich sei; als Mittel gegen zu große Kreditexpansion empfahl er die Verstärkung der Goldreserven der Banken sowie eine Erhöhung des Diskontsatzes.[93]

Die meisten Mitglieder der *Banking*-Schule räumten ein, daß die Handelsbanken durchaus imstande seien, zusätzliche Zahlungsmittel zu schaffen, nämlich dann, wenn sie in ihren Büchern Kredite eröffnen.[94] Sie betonten jedoch das vielzitierte »Fullartonsche Rückstromprinzip«, wonach jede Kreditausweitung, die beim Diskontieren echter Handelswechsel entsteht, nach einiger Zeit durch die Rückzahlung der Darlehen wieder aufgehoben wird. Die Elastizität der Expansion und Kontraktion der Handelskredite bildete ihrer Auffassung nach eine grundlegende Unterscheidung zwischen den Zahlungsmitteln, die von Handelsbanken geschaffen werden, und nicht einlösbarem Papiergeld. Auch unkonvertierbare Noten, äußerten sie, könnten nicht über die Bedürfnisse der Wirtschaft hinaus ausgegeben werden, wenn Vergrößerungen des Geldvolumens streng dadurch reguliert würden, daß nur echte kurzfristige Geschäftskredite diskontiert werden. Thomas Joplin machte die Diskontpolitik der Banken dafür verantwortlich, daß sich die Ökonomie nicht unmittelbar an die veränderten Gleichgewichtsbedingungen angepaßt habe, und schlug eine strikte volle Deckung der Banknoten vor, um

---

93 Siehe Charles Rist, *Histoire des doctrines relatives au crédit et à la monnaie depuis John Law jusqu'à nos jours*, Paris 1938 (deutsch: *Geschichte der Geld- und Kredittheorien von John Law bis heute*, Bern 1947, S. 188, 195 f.).

94 In den Vereinigten Staaten war die Möglichkeit der Banken, durch die Eröffnung von Sichtguthaben Kredit zu schöpfen, bereits 1790 von Alexander Hamilton in seinem *Report on a National Bank*, Philadelphia 1790, gewürdigt worden.

zu gewährleisten, daß durch die Ausgabe solcher Noten keine Veränderungen der Geldzinsrate herbeigeführt werden.[95]

Der Peelschen Bankakte von 1844, die eine klare Trennungslinie zwischen der Aufsicht über die Währung und den Kreditgeschäften der Banken zog, lagen die von der *Currency*-Schule vertretenen Prinzipien zugrunde. Manipulation des Diskontsatzes und Offenmarktgeschäfte waren die wichtigsten Instrumente zur Regulierung des Geld- und Kreditangebots. Das Gesetz schrieb volle Deckung sämtlicher Noten vor, die über den gesetzlich festgelegten Betrag hinaus ausgegeben wurden, doch der Deckungssatz der Bankabteilung [der Bank von England] durfte variieren. Die ökonomische Theorie vermochte die letzten Auswirkungen der Anwendung dieser Maßnahmen nicht eindeutig zu klären.

John Stuart Mills monetäre Auffassungen folgten der Ricardoschen Formulierung der Geld- und Kreditprobleme. Seine Überzeugung, daß das Tauschsystem nach objektiven Werten unabhängig vom Verhalten des Geldes funktioniere, fand schlagenden Ausdruck in seinem vielzitierten Diktum, es könne, »wenn man der Sache auf den Grund geht, in der Wirtschaft der Gesellschaft nichts Bedeutungsloseres geben als Geld«. Der Gedanke, daß Geld ein Bindeglied zwischen ökonomischen Betätigungen darstellt, die im zeitlichen Verlauf aufeinanderfolgen, spielte in seinen theoretischen Überlegungen keine Rolle.

Mill versuchte, den in der Ricardoschen Geldtheorie enthaltenen Dualismus zu lösen, indem er an Seniors Lehre anknüpfte, auf lange Sicht werde der Wert des Geldes von den Produktionskosten des Geldmetalls in den am wenigsten profitablen Minen bestimmt; jede Vermehrung des verfügbaren Geldbestands sei also von den Produktionskosten abhängig.[96] Er übernahm Ricardos Version der Quantitätstheorie des Geldes, beschränkte die Tauglichkeit dieser Theorie jedoch auf solche monetären Systeme, in denen die Zahlungsmittel ausschließlich aus Münzen und uneinlösbarem Papier bestehen.[97] Damit erklärte er sie in allen praktischen Fällen für ungültig, weigerte sich aber, die strenge Unterscheidung zu akzeptieren, die die *Currency*-Schule zwischen Geld im strengen Sinne und anderen umlaufenden Zahlungsmitteln getroffen hatte. Mit dieser Ausweitung des Geldbegriffs auf kommerzielle Kreditinstrumente gab er unausgesprochen den Einfluß schwankender Konjunkturbedingungen auf die Umlaufgeschwindigkeit zu. Er verwies ganz ausdrücklich

---

95 Siehe Thomas Joplin, *Analysis and History of the Currency Question*, London 1832.
96 Nassau William Senior äußerte in seinen *Three Lectures on the Value of Money*, London 1829, daß sich langfristige Veränderungen im Preisniveau einzig durch Verminderungen der Produktionskosten der Geldmetalle – und das heißt: durch verbesserte Ausbeute der Minen – ergeben könnten.
97 Siehe die Besprechung von Mills Geldtheorie in Hugo Hegeland, *The Quantity Theory of Money*, Göteburg 1951, S. 66.

auf die »Kaufkraft« des Kredits, leugnete aber schließlich – wie praktische alle Ricardianer – jeglichen Einfluß der Kreditexpansion auf Kapitalanhäufung und Geschäftstätigkeit. So boten Mills Sätze den Gelehrten keine zusammenhängende Geldtheorie.

Einige Bemerkungen seien noch zu den »Handelskrisen« von 1815, 1825, 1836 und 1847 angefügt, die in die Zeit sinkender Preise fielen, die nach den napoleonischen Kriegen begann. Auf diese Krisen nahmen die Mitglieder der verschiedenen monetären Schulen immer wieder Bezug. Nach der Ricardoschen Doktrin war die Ursache für die schweren allgemeinen Rückgänge der Geschäftstätigkeit in Ereignissen zu suchen, die das ökonomische System von außen treffen, sowie in »prädisponierenden Umständen«, wie Lord Overstone annahm.[98] Falsche Beurteilung des Verhältnisses zwischen Angebot und Nachfrage, jahreszeitliche Schwankungen in der Produktion, Nachfrageveränderungen, administratives *mismanagement*, politische Spannungen, Mißernten und die darauf folgende Notwendigkeit höherer Importe wurden für die wirtschaftlichen Rezessionen verantwortlich gemacht.

Die Vertreter des *Currency*-Prinzips neigten zu der Annahme, daß Preisschwankungen zur Verstärkung oder Abschwächung der vorherrschenden Markttendenzen beitrügen. Die Verwaltung der Währung, sagte Lord Overstone, sei ein untergeordneter Faktor, der selten über diese Märkte entscheide; doch habe er potentiell (und oft auch tatsächlich) beträchtlichen Einfluß darauf, wie heftig die Oszillationen des Handels ausschlagen.[99] Lord Overstone war vermutlich auch der erste, der von »Konjunkturlagen« sprach, die sich offenbar in einem »bestimmten Zyklus« änderten. Er unterschied in diesem Kreislauf Phasen der Ruhe, Besserung, wachsenden Vertrauens, der Prosperität, der Erregung, der spekulativen Käufe, der Konvulsion, des Drucks, der Stagnation und der Not, bis er schließlich wiederum im Stillstand endet. Dieses Bild einer mehr oder weniger regelmäßigen Stufenfolge der Geschäftstätigkeit war ein klarer Ausdruck des Gedankens, daß zwischen den Elementen solcher Entwicklungsprozesse ein innerer Zusammenhang besteht.

Die Mitglieder der *Banking*-Schule legten in ihrer Analyse der charakteristischen Aspekte der Krisen besonderen Nachdruck auf fehlgeleitetes Kapital und *overbanking*, doch betrachteten sie die von den Banken ausgehenden Kreditexpansionen eher als Folge denn als Ursache übermäßiger Spekulation. Von den Faktoren, die sie für Konjunkturrückgänge

---

98 Lord Overstone, *Tracts and Other Publications on Metallic and Paper Currency*, a.a.O., S. 204.
99 Ebd., S. 167. Die Verwendung des Ausdrucks »Oszillationen« in diesem Abschnitt deutet auf die allgemeine Gewohnheit, ökonomische Erscheinungen mit solchen aus dem Bereich der Mechanik zu vergleichen.

verantwortlich machten, maßen sie der Verschlechterung der Handelsbilanz besondere Bedeutung bei. Tooke, der zahlreiche Faktoren aufführte, denen er Einfluß auf das schwankende Verhalten der Wirtschaft zuschrieb, verwies besonders auf den Getreidehandel, da dieser von den Ernteerträgen abhängig sei. Der allgemeine Gedanke, daß ökonomische Einbrüche Reaktionen auf vorausgehende Strukturveränderungen der Wirtschaft seien, wurde von James Wilson (1805-1860) entwickelt, der die Annahme äußerte, Handelskrisen gingen weitgehend auf die übermäßige Umwandlung von umlaufendem in stehendes Kapital und die entsprechende Kürzung des Fonds zurück, der zur Anstellung von Arbeitskräften verfügbar sei.[100]

Mill erörterte die Handelskrisen im vierten Buch seiner *Principles*, in dem er sich mit Entwicklungsproblemen beschäftigte. Er lehnte die Malthussche Auffassung ab, wonach durch mangelnde effektive Nachfrage eine allgemeine Überproduktion entstehen könne. Ebenso unvereinbar mit Mills Verwendung der Gleichgewichtsanalyse waren die Überlegungen eines anderen Gegners von Says Gesetz der Absatzwege, Reverend Thomas Chalmers, der konjunkturelle Rezessionen mit Beschränkungen der Kapitalanhäufung in Verbindung brachte.[101] Ohne einen bestimmten Ansatz zur Analyse der »Handelskrisen« zu wählen, beschrieb sie Mill als ökonomische Erscheinungen, die sich in drastischen Verminderungen der Handels- und Spekulationskredite sowie in fallenden Preisen äußern, die zuvor im Spekulationsfieber in die Höhe getrieben worden sind. Ein solches Fieber werde periodisch von der Aussicht auf ungewöhnliche Profite geweckt und führe zu gewaltigen Investitionen in unprofitable Unternehmen im In- und Ausland. Er verband das Auftreten von Stagnationen mit dem Umstand, daß die Einführung des Geldes dazu geführt habe, den Akt des Kaufens von dem des Verkaufens zu trennen, so daß sich Käufe nahezu unbegrenzt aufschieben ließen. Obwohl Mill einräumte, daß Says Gesetz in Zeiten außer Kraft sei, in denen eine allgemeine Marktübersättigung mit extremem Preisverfall einhergeht, billigte er die Überzeugung der *Banking*-Schule, daß Kreditausweitung niemals die primäre Ursache erhöhter Spekulation sei.

Nachdem die Periodizität der Krisen ins allgemeine Bewußtsein gedrungen war, machten sich zwei Mitglieder der *Manchester Statistical Society*,

---

100 Wilson, *Capital, Currency, and Banking*, a.a.O. Wilson war der erste Herausgeber des *Economist*.
101 Thomas Chalmers, *On Political Economy in Connexion with the Moral State and Moral Prospects of Society*, Glasgow 1832. Chalmers warnte, daß sich aus der »Ausgabenzurückhaltung« der Konsumenten ein Sinken der effektiven Nachfrage ergeben könnte.

W. Langton und John Mills[102], unter statistischem Gesichtspunkt an eine Analyse der Konjunkturschwankungen. Sie entdeckten, daß wellenartige Bewegungen der Geschäftstätigkeit, die durchschnittlich zehn Jahre dauern, von kleineren jahreszeitlichen oder saisonalen Schwankungen überlagert werden. Als überzeugte Anhänger der klassischen Doktrin suchten sie nach außerökonomischen Faktoren, etwa Veränderungen in der Mentalität der Geschäftsleute, um die Phasenfolge der zyklischen Bewegungen erklären zu können. (Mills nahm an, daß die Ursachen der Handelskrisen zu tief und zu subtil seien, als daß sie durch gesetzliche Manipulation der Währungen ein für allemal beseitigt werden könnten.) So schrieben sie die Existenz der frühen Aufschwungsphase dem Umstand zu, daß diejenigen, die in Panik die Nerven verloren hatten, im Laufe der Zeit gelernt hätten, kühlen Kopf zu bewahren; ihrer Auffassung nach war Überspekulation auf den verbreiteten Glauben zurückzuführen, die gerade herrschenden ökonomischen Bedingungen bestünden ewig.

102 John Mills, »On Credit Cycles and the Origin of Commercial Panics«, in: *Transactions of the Manchester Statistical Society*, 1867/68.

13. Kapitel
Die Ausbreitung der Smithschen Wirtschaftslehre

Französische und italienische Versionen
der liberalen Wirtschaftslehre

Die verblüffenden Unterschiede in der Entwicklung des ökonomischen Denkens, die während des ganzen neunzehnten Jahrhunderts zwischen England und den Ländern des europäischen Kontinents herrschten, lassen sich kaum erklären, wenn man nicht bedenkt, daß es den Ökonomen auf dem Festland – mit wenigen Ausnahmen – sehr widerstrebte, die logischen Prinzipien, die hinter der Entwicklung der Ricardoschen Doktrin gestanden hatten, uneingeschränkt zu übernehmen. Dies gilt selbst für Italien und Frankreich, wo die Verwendung bestimmter Methoden des hypothetischen Denkens von den Gelehrten der Sozialwissenschaften weitgehend akzeptiert wurde.

Nach der Veröffentlichung von Jean-Baptiste Says ökonomischer Abhandlung im Jahre 1803 breiteten sich die Hauptgedanken des *Wealth of Nations* unter den führenden französischen Ökonomen rasch aus und wurden im Laufe der Zeit zu integralen Bestandteilen der offiziellen Wirtschaftslehre. Die physiokratische Doktrin, wie kurzlebig sie auch gewesen sein mochte, hatte für die Übernahme der Grundsätze des ökonomischen Liberalismus den Boden bereitet. Und die Französische Revolution hatte mit der Beseitigung der Feudalstruktur der Gesellschaft den Weg zur Anwendung der Grundsätze des ökonomischen Individualismus bei der Organisation des Wirtschaftssystems gebahnt. Die ökonomische Problemstellung, wie sie Ricardo umrissen hatte, wurde von Say jedoch zurückgewiesen; er bestand ausdrücklich darauf, als Instrumente der ökonomischen Analyse einzig baconsche Beobachtungsmethoden zu verwenden.

Die Ricardoschen Lehren, äußerte er, begännen mit abstrakten Grundsätzen, die nicht vollständig auf Tatsachen gegründet seien; sie hätten daher für die wirkliche Welt keine Bedeutung und ließen die Ökonomik zu einer rein verbalen, argumentierenden Disziplin werden. Der politischen Ökonomie, wie er sie verstand, schrieb er die Aufgabe zu, Zusammenhänge zwischen den beobachteten Tatsachen herzustellen und mittels Beobachtung die Punkte zu finden, »wo die Kette der Schlußfolgerungen anzusetzen hat«. Doch bei der Anwendung dieser methodologischen Regeln kümmerte sich Say freilich wenig darum, die »empirischen Gesetze« zu klären und zu rechtfertigen, die hinter der Formulierung der Probleme auf kurze Sicht standen, denen sein Hauptinteresse galt.[1] Dieser Ansatz der ökonomischen Analyse wurde von der überwältigenden Mehrzahl der französischen Ökonomen des neunzehnten Jahrhunderts geteilt. Typische Anhänger der Sayschen Lehren waren Pellegrino Rossi (1787-1848), A. L. C. Destutt de Tracy (1754-1836), Auguste Comte, Michel Chevalier (1806-1879), Jérôme-Adolphe Blanqui (1798 bis 1854), Charles Ganilh (1758-1836), Joseph Garnier (1813-1881), Jean Gustave Courcelle-Seneuil (1813-1892), Barthélemy Charles Dunoyer (1786-1863), Louis Wolowski (1810-1876) und Antoine Élisée Cherbuliez (1797-1869). Ihre Tätigkeit erstreckte sich im wesentlichen auf die Jahre zwischen 1820 und 1860.[2] Diese Gruppe bemühte sich nicht, auf der Basis eines einheitlichen Wertstandards geschlossene Systeme von Beziehungen zwischen ökonomischen Größen zu konstruieren oder auf einem relativ hohen Abstraktionsgrad Kausalketten zu entwickeln. Beeinflußt von der Werttheorie, die der Abbé de Condillac gegen die physiokratische Doktrin vorgebracht hatte, blickten sie auf die Märkte, um die Entstehung und Festsetzung der Tauschwerte zu entdecken. Sie bestimmten diese Werte als vereinte Wirkung der Nachfrage nach Gütern (ihres Nutzens) und des verfügbaren Angebots (ihrer Knappheit). Eine Art subjektiver Werttheorie wurde von Henri Baudrillart (1821-1892) und Courcelle-Seneuil vorgeschlagen. Dieser Auffassung zufolge ergeben sich Tauschwerte aus jeder Tätigkeit, nach der auf dem Markt Nachfrage besteht, und die von Adam Smith und den Ricardianern getroffene Unterscheidung zwischen »produktiver« und »unproduktiver« Arbeit konnte ohne Bedenken aufgegeben werden.

Da es die französischen Ökonomen versäumten, dem Unterschied zwischen physischer Produktivität und Wertproduktivität Rechnung zu tragen, waren sie außerstande, eine zufriedenstellende Produktionskostentheorie zu entwickeln. Sie brachten den Wert der Produktionsfaktoren mit ihrem Beitrag zur Schaffung von Gütern in Verbindung und betrach-

---

[1] In neuerer Zeit wurden Says methodologische Prinzipien von Bertrand Nogaro in dessen Werk *Le développement de la pensée économique*, Paris 1944, gegen die Ricardosche Methodologie verteidigt. Außer seinem *Traité d'économie politique*, Paris 1803, der mehrere Auflagen erlebte (deutsch: *Abhandlung über die Nationalökonomie*, Halle/Leipzig 1807), veröffentlichte Say einen siebenbändigen *Cours complet d'économie politique pratique*, Paris 1828-1833 (deutsch: *Vollständiges Handbuch der praktischen Nationalökonomie für Staatsmänner, Grundbesitzer, Gelehrte*, 6 Bände, Stuttgart 1829/30).

[2] Fast alle entwickelten ihre Gedanken in mehr oder weniger dickleibigen Lehrbüchern. Sie trafen sich auf den Versammlungen der 1842 gegründeten *Société d'économie politique*; ihre führende Zeitschrift war das *Journal des économistes*.

teten alle ursprünglichen Einkommensformen – Grundrente, Kapitalzins, Profite und Löhne – als Entgelt für diese Beiträge. Der Gedanke, den Wert der Produktionsfaktoren aus dem Wert ihrer Produkte abzuleiten, war gewiß vage formuliert und mit logischen Schwierigkeiten behaftet; dennoch war er in mancherlei Hinsicht der Behandlung der Verteilungsprobleme bei Ricardo überlegen, der dafür auf drei unverbundene Theorien zurückgreifen mußte. Einige französische Ökonomen, etwa Destutt de Tracy, übernahmen freilich die Ricardosche Theorie der Grundrente. Eng verbunden mit der Bedeutung, die Say und seine Anhänger den Marktprozessen beimaßen, war die zentrale Rolle, die sie den Unternehmern zubilligten. Sie schrieben ihnen alle diejenigen Befähigungen zu, die zur Überwachung und Durchführung der Organisation von Produktion und Verkauf vonnöten sind: die Fähigkeit, die erforderlichen Mittel zur Fortführung ihres Unternehmens bereitzuhalten, und die Voraussicht, mit hinlänglicher Genauigkeit die wahrscheinliche Nachfrage und andere Marktverhältnisse, das heißt ihre Kosten und Preise zu bestimmen.[3]
Auch Says *loi des débouchés* war ein Marktgesetz, das sich von der Idee leiten ließ, daß letztlich alle Güter unter den ökonomischen Gesetzen der Wettbewerbsordnung gegeneinander ausgetauscht werden. Say räumte jedoch ein, daß es zeitweilig zu Marktübersättigungen und in deren Folge zu Arbeitslosigkeit kommen könne. Zur Stützung seiner Behauptung, daß es auf lange Sicht für die Produkte stets auch Märkte gebe, verwies Say auf die Tatsache, daß zu der Zeit, als er seine Abhandlung verfaßte, fünf- oder sechsmal soviel Waren in Frankreich gekauft und verkauft wurden wie zu Beginn des fünfzehnten Jahrhunderts. In ihren ausgedehnten Debatten um geldpolitische Fragen stimmten die französischen Ökonomen der Auffassung der *Banking*-Schule zu, daß es sich bei Banknoten um Kreditinstrumente handele, deren Volumen sich den Erfordernissen des Handels von selbst anpasse.
Die fast allgemeine Gleichgültigkeit der französischen Ökonomen des neunzehnten Jahrhunderts gegenüber Problemen der ökonomischen Theorie ist der Tatsache zugeschrieben worden, daß sie sich genötigt fühlten, die kapitalistische Ordnung gegen sozialistische Angriffe zu verteidigen, und daß ihnen die physiokratische Tradition das »Studium von

---

[3] Das Verhalten der französischen Unternehmer im neunzehnten Jahrhundert ist zum Gegenstand verschiedener Untersuchungen geworden. Es wurde mit den herrschenden vulgärsozialistischen Philosophien in Verbindung gebracht und für die ungleiche wirtschaftliche Entwicklung des Landes verantwortlich gemacht. Aus dieser Literatur siehe David S. Landes, »French Entrepreneurship and Industrial Growth in Nineteenth Century«, in: *Journal of Economic History* 9 (1949), S. 45-61; John E. Sawyer, »Strains in the Social Structure of Modern France«, in: Edward Mead Earle (Hg.), *Modern France*, Princeton 1951; und David S. Landes, »French Business and the Businessman: A Social and Cultural Analysis«, ebd.

Institutionen« zur Aufgabe gemacht hatte.[4] Doch zweifellos war es Says strenge Befolgung der vage definierten Baconschen Methoden, die die Erarbeitung von Begriffen höheren Abstraktionsgrades und die Entwicklung verfeinerter Methoden des hypothetischen Denkens verhinderte. In jenen Bereichen der ökonomischen Forschung, denen die Baconsche Methode nützliche Instrumente lieferte, wurde von einigen französischen Gelehrten hervorragende wissenschaftliche Arbeit über die Funktionen verschiedener ökonomischer Institutionen geleistet.[5] Auf dem Gebiet der Wirtschaftspolitik verteidigten sie glühend die Prinzipien des Freihandels und des *laissez-faire*, ohne den traditionellen Argumenten viel Neues beizufügen.[6]

Vielleicht ist es angebracht, in diesem Zusammenhang den traditionellen Glauben der französischen Ökonomen an die Macht des Kredits als *primum movens* der wirtschaftlichen Betätigung hervorzuheben. Dieser Glaube fand deutlichen Ausdruck in einigen Untersuchungen, in denen Kreditrestriktionen für die wiederkehrenden Krisen und Depressionen verantwortlich gemacht wurden. Die erste französische Studie, die einen Kausalzusammenhang zwischen dem Wechsel von Kreditausweitungen und Krediteinschränkungen auf der einen Seite und den Gezeiten der wirtschaftlichen Aktivität auf der anderen herstellte, war Charles Coquelin.[7] Seine Auffassung des Geldes ähnelte der einiger Merkantilisten, die meinten, mit der Annahme des Geldes werde der Verkäufer eines Gutes zum Gläubiger der Gesellschaft. Coquelin ging es weniger um eine Analyse der Konjunkturzyklen als um die Kreditpolitik der Zentralbank und deren angeblichen Mißbrauch monopolistischer Macht. Clément Juglars (1819-1905) statistische Untersuchungen über Konjunkturschwankungen werden allgemein als erster Versuch betrachtet, ein zusammenhängendes Bild der wechselseitigen Abhängigkeit wirtschaftlicher Blütezeiten und darauffolgender Krisen zu liefern, die Periodizität der Schwankungen zu beweisen und Zeitreihen ökonomischer und sozialer Größen zur Bestimmung charakteristischer Aspekte ihres Verhaltens methodisch zu verglei-

---

4 Siehe Émile James, *Histoire des théories économiques*, Paris 1950, S. 91.
5 Beispiele dieser Art waren Abhandlungen von Jean Gustave Courcelle-Seneuil über Industrie-, Handels- und Agrarunternehmen (*Traité théorique et pratique des entreprises industrielles*, Paris 1855) oder über Bankgeschäfte (*Traité théorique et pratique des opérations de banques*, Paris 1853). Probleme des Goldstandards wurden kenntnisreich erörtert von Pierre Émile Levasseur, *La question de l'or*, Paris 1858, und Michel Chevalier, *La monnaie*, Brüssel 1851.
6 Michel Chevalier war Richard Cobdens Gegenüber bei den Verhandlungen, die 1860 zum englisch-französischen Handelsvertrag führten, mit dem Frankreich eine Zeitlang seine Schutzzollpolitik aufgab.
7 Charles Coquelin, *Du crédit et des banques*, Paris 1848.

chen.⁸ Seine komparativen Untersuchungen erstreckten sich über einen weiten Bereich von Daten, die zum großen Teil aus verschiedenen Geschäftsberichten französischer, britischer und nordamerikanischer Banken stammten, und offenbarten eine bemerkenswerte Korrelation zwischen Veränderungen im Kreditvolumen auf der einen Seite und Preisbewegungen, Schwankungen der Heirats- und Geburtenrate, Staatseinnahmen und ähnlichen numerischen Phänomenen auf der anderen. Juglars Einwände gegen die Quantitätstheorie des Geldes standen mit seiner engen Deutung des Geldbegriffs in Zusammenhang, die ihn dazu brachte, sämtliche Kreditoperationen aus der Geldsphäre auszuschließen.⁹

Eine Reihe französischer Ökonomen teilte Juglars Ansicht, daß Krisen zwar in Zeiten der Prosperität entstünden, letztlich aber vom Verhalten der Handelsbilanz, ihrer Wirkung auf die Goldreserven und vom Diskontsatz verursacht würden.¹⁰ Sie betrachteten jede zyklische Schwankung als streng nationales Phänomen, das eng mit dem Funktionieren des nationalen Kreditmechanismus zusammenhänge. Sie vernachlässigten die Frage, ob das Preisgefüge anderer Länder von der Diskontpolitik einer der führenden Zentralbanken berührt wird und ob die zyklischen Bewegungen, die in einem Land stattfinden, über internationale Geld- und Kreditbeziehungen auf andere übertragen werden können.

Um das Jahr 1860 gab eine Gruppe von Autoren, zu der Jean Gustave Courcelle-Seneuil, Victor Bonnet und Joseph Garnier gehörten, dem Einfluß, den eine Kreditausweitung auf die Geschäftstätigkeit ausübt, eine andere Deutung.¹¹ Sie behaupteten, daß übermäßige Kapitalinvestitionen auf Kosten des Umfangs an zirkulierendem Kapital für die Krisen verantwortlich seien. Zwanzig Jahre später wurde dieser Gedanke von

---

8 Clément Juglar, *Les crises commerciales et de leur retour périodique en France, en Angleterre et aux États-Unis*, Paris 1862. In seiner Konjunkturzyklenanalyse (*Business Cycles. A Theoretical, Historical, and Statistical Analysis of the Capitalist Process*, 2 Bände, New York 1939; deutsch: *Konjunkturzyklen. Eine theoretische, historische und statistische Analyse des kapitalistischen Prozesses*, 2 Bände, Göttingen 1961) benutzte Joseph Alois Schumpeter den Ausdruck *Juglar-Wellen* für (mittlere) Zyklen der von ihm beschriebenen Art.
9 Clément Juglar, *Du change et de la liberté d'émission*, Paris 1868.
10 Siehe etwa Émile de Laveleye, *Le marché monétaire et ses crises depuis cinquante ans*, Paris 1865. Laveleye zählte verschiedene Faktoren auf, denen er ungünstige Einflüsse auf die Zahlungsbilanz zuschrieb.
11 Siehe besonders Clément Joseph Garnier, »Crises commericales«, in: Gilbert Guillaumin (Hg.), *Dictionnaire universel théorique et pratique du commerce et de la navigation*, Paris 1863, und die Besprechung der französischen Konjunkturzyklentheorien in Eugen von Bergmann, *Geschichte der nationalökonomischen Krisentheorien*, Stuttgart 1895, S. 198.

Léon Walras ausgearbeitet.[12] Er schrieb der Ausgabe von Banknoten die Wirkungen einer Kreditexpansion zu, die Darlehen von den Geldmärkten zum Kapitalmarkt strömen lasse und zum Zerbrechen des Gleichgewichts zwischen diesen Märkten führe. Wenn dann die Liquidität der Zentralbank durch den Verlust von Gold bedroht ist und fixes Kapital nicht aus langfristigen Investitionen zurückgezogen werden kann, sei eine Kreditkrise unausweichlich. Doch die offizielle Geld- und Kreditpolitik wurde von solchen Überlegungen kaum berührt.

In Frankreich war der Einfluß der sozialistischen Bewegungen auf das politische Leben viel ausgeprägter als in England. Hin und wieder führten solche Bewegungen zu revolutionären Angriffen auf die bestehende Ordnung, und die Frage, wie die Auswirkungen dieser Ordnung auf die verschiedenen Bevölkerungsklassen zu interpretieren seien, wurde zu einem entscheidenden Thema der ökonomisch-politischen Debatte. Die zur Verteidigung der Wettbewerbswirtschaft vorgebrachten Argumente stammten aus dem Arsenal der ökonomischen Philosophie des *Wealth of Nations* in Verbindung mit verschiedenen Sätzen der Naturrechtslehre. Als Vertreter dieser Gruppe sei Charles Dunoyer erwähnt. Zur Verteidigung des Kapitalzinses berief er sich auf die »Produktivitäts«theorie des Kapitals und versuchte die Grundrente als Entgelt für das in agrarischen Unternehmen angelegte Kapital zu erklären.[13] Im festen Vertrauen auf das Wirken selbstregulierender Kräfte pries er den freien Wettbewerb als das wirkungsvollste Instrument des ökonomischen Fortschritts. Claude Frédéric Bastiat (1801-1850), einer der meistgelesenen französischen Wirtschaftswissenschaftler des neunzehnten Jahrhunderts, stellte sich die Aufgabe, die Harmonie angeblicher »Gesetze der Vorsehung« zu beweisen, welche die menschliche Gesellschaft regieren und im Prozeß eines unendlichen Fortschritts auf den Ausgleich zwischen allen Individuen hinwirken.[14] Zu den »Naturrechten« jedes einzelnen zählte Bastiat das Eigentumsrecht und das »Recht zu tauschen«.[15] Den Kapitalzins verstand er als Belohnung für den Aufschub der Nutzung von Konsumgü-

12 Léon Walras, *Traité mathématique des billets de banque*, 1879. Siehe Valentin F. Wagner, *Geschichte der Kredittheorien*, Wien 1937, S. 360.
13 Barthélemy Charles Dunoyer, *Nouveau traité d'économie sociale*, Paris 1825-1830; *De la liberté du travail*, Paris 1845.
14 Claude Frédéric Bastiat, *Sophismes économiques*, 2 Bände, Paris 1845-1848 (deutsch: *Die Volkswirtschaftslehre für jedermann und sechs volkswirtschaftliche Trugschlüsse des Bastiat*, freie Bearbeitung von Carl Junghanns, Leipzig 1848); *Harmonies économiques*, Paris 1850 (deutsch: *Volkswirtschaftliche Harmonien*, Berlin 1850).
15 Zur Analyse des Denkens von Bastiat siehe einen Artikel von John Elliott Cairnes in: *Fortnightly Review*, Oktober 1870; Nachdruck unter dem Titel »Cairnes on

tern.[16] Von den Lehren des Amerikaners Henry Charles Carey (1793 bis 1879)[17] übernahm er die Behauptung, daß der Anteil des Kapitalisten am Volkseinkommen mit fortschreitender Kapitalakkumulation abnehme und daß von allen Bevölkerungsklassen die Arbeiter als Verbraucher die größten Vorteile aus dem Wirken der Wettbewerbswirtschaft zögen.

Die Leitgedanken und die politisch-ökonomische Einstellung der Mehrheit der französischen Ökonomen erfuhren keine merkliche Veränderung, als die nächste Generation die Aufgabe übernahm, Volkswirtschaftslehre zu unterrichten und diese Wissenschaft auszuarbeiten. Nicht anders als ihre Vorgänger trugen die neuen Ökonomen zur ökonomischen Theorie wenig bei[18]; sie hielten es für ihre Hauptaufgabe, die Prinzipien der Wettbewerbswirtschaft zu verteidigen und einige brennende Probleme ihrer Zeit im Lichte dieser Prinzipien zu erörtern. Zu diesen Gelehrten zählen Yves Guyot (1843-1928), Pierre Paul Leroy-Beaulieu (1842-1912), Gustave de Molinari (1819-1912), Maurice Block (1816 bis 1901), Léon Say (1826-1896), Gustave Schelle und Louis Baudin. Die Arbeiten einiger von ihnen werden in anderem Zusammenhang noch erwähnt werden.[19]

In Italien wurden die Lehren der Merkantilisten des achtzehnten Jahrhunderts durch die umfassende Sammlung ihrer Schriften vor dem Vergessen bewahrt, die Pietro Custodi zwischen 1803 und 1816 in fünfzig Bänden unter dem Titel *Scrittori classici italiani di economia politica* herausgab. Viele dieser Autoren hatten das Evangelium der utilitaristischen Lehre gepriesen und damit den Prinzipien des ökonomischen Liberalismus, wie sie im *Wealth of Nations* dargelegt und von Jean-Baptiste Say dem Denken der romanischen Länder angepaßt wurden, den Boden bereitet. Doch die unglückliche politische Situation, die auf der italienischen Halbinsel bestand, absorbierte fast das gesamte intellektuelle Po-

---

Bastiat« in: Henry William Spiegel (Hg.), *The Development of Economic Thought*, New York 1952.

16 Zur Kritik dieser Auffassungen siehe Eugen Böhm-Bawerk, *Kapital und Kapitalzins*. Erste Abteilung: *Geschichte und Kritik der Kapitalzinstheorien*, 3. Auflage, Innsbruck 1914, S. 350 ff.

17 Henry Charles Carey, *Principles of Political Economy*, 3 Bände, Philadelphia 1837 bis 1840.

18 So lautete das Urteil des hervorragenden Dogmenhistorikers Charles Gide in seinem Überblick über die französische ökonomische Literatur in: M. J. Bonn und M. Palyi (Hg.), *Die Wirtschaftswissenschaft nach dem Kriege. Festgabe für Lujo Brentano zum 80. Geburtstag*, München/Leipzig 1925, Band 2, S. 31-58.

19 Auf zwei interessante Studien sei hier verwiesen: Pierre Paul Leroy-Beaulieu, *Essai sur la répartition des richesses*, Paris 1881, und Maurice Block, *Le progrès de la science économique depuis Adam Smith*, Paris 1890.

tential der lebendigsten und fruchtbarsten Geister. In der ersten Hälfte des neunzehnten Jahrhunderts lieferten die italienischen Ökonomen hauptsächlich Kommentare zur Interpretation der Lehren von Adam Smith. Stellvertretend für diese Gruppe seien Melchiorre Gioja (1767 bis 1829) und Giovanni D. Romagnosi (1761-1835) erwähnt.[20] Einige Werke von Francesco Fuoco (1777-1841) wurden von späteren italienischen Ökonomen als beachtliche Leistungen gerühmt[21], doch hat man die Originalität von Fuocos Hauptbeiträgen zur Wirtschaftstheorie in Zweifel gezogen.[22]

In Italien, wo die Prinzipien des deduktiven Denkens bei den Merkantilisten des achtzehnten Jahrhunderts weitverbreitete Anerkennung gefunden hatten, stießen die Ricardoschen Methoden der ökonomischen Analyse zweifellos nicht auf die gleiche Feindseligkeit wie in Frankreich. Ein herausragender Autor und Lehrer, der diese Methoden übernahm, war Francesco Ferrara (1810-1900), einer der überzeugtesten und doktrinärsten Verteidiger der Grundsätze des Wirtschaftsliberalismus und ein heftiger Gegner aller staatlichen Eingriffe.[23] Sein Vorschlag, den Wert der Güter mit der Zukunft zu verbinden und die Ricardosche Arbeitskostentheorie durch eine »Reproduktionskostentheorie« zu ersetzen, der zufolge die obere Grenze des Preises, den ein Käufer zu zahlen bereit ist, von den Kosten für die erneute Hervorbringung des Gutes bestimmt wird, wurde lebhaft diskutiert.[24] Ferraras Beitrag zu seiner Wissenschaft

---

20 Siehe Luigi Cossa, *Guida allo studio dell'economia politica*, Mailand 1870; Hermann von Schullern-Schrattenhofen, *Die theoretische Nationalökonomie Italiens*, Leipzig 1891; und Luigi Einaudi, *Saggi bibliografici e storici intorno alle dottrine economiche*, Rom 1953.
21 Fuocos Hauptschriften waren *Introduzione allo studio della economia industriale*, Neapel 1829, und *Saggi economici*, Pisa 1825-1827. Eine weitere Abhandlung, *Magia del credito svelata* (1824) wurde von Fuoco verkauft und unter dem Namen de Wels veröffentlicht.
22 So ist es wahrscheinlich, daß seine Analyse der Quasi-Rente von den Ideen des Deutschen Heinrich von Storch, seine Anwendung der Mathematik auf die Wirtschaftstheorie von Pietro Verri und seine Kredittheorie von John Law und Isaac de Pinto beeinflußt wurde. Siehe Einaudi, *Saggi bibliografici e storici intorno alle dottrine economiche*, a.a.O., 8. Kapitel.
23 Francesco Ferrara, *Lezioni di economia politica*, Turin 1849-1852.
24 Aus ricardianischer Sicht wurde Ferraras Theorie von Luigi Cossa in *La teoria del valore negli economisti italiani* (1882) kritisiert. Siehe auch Augusto Graziani, *Storia critica della teoria del valore in Italia*, Mailand 1889, S. 93 ff., und Otto Weinberger, »The Importance of Francesco Ferrara in the History of Economic Thought«, in: *Journal of Political Economy* 48 (1940), S. 91-104. Der Einfluß der Ricardoschen Lehre blieb in Italien bis ins zwanzigste Jahrhundert hinein spürbar. Siehe Luigi Cossa, *Introduzione allo studio dell'economia politica*, 3. Auflage, Mailand 1892 (deutsch: *Einleitung in das Studium der Wirtschaftslehre*, Freiburg im Breisgau

bestand jedoch weniger in rein theoretischen Überlegungen als in der Herausgabe der *Biblioteca dell' Economista* (1850-1868), einer Sammlung von Übersetzungen ausländischer ökonomischer Abhandlungen. Er ergänzte diese Arbeit durch eine kritische Studie über die Entwicklungen der politischen Ökonomie im achtzehnten Jahrhundert und in der ersten Hälfte des neunzehnten Jahrhunderts.[25]

Methoden der theoretischen Analyse im Konflikt

Es ist eine bemerkenswerte Tatsache, daß sich zu dieser Zeit in Frankreich einige wenige Autoren, die ihrer Profession nach keine Wirtschaftswissenschaftler waren, an die Anwendung mathematischer Methoden auf die Analyse der Beziehungen zwischen ökonomischen Größen heranwagten. Die Probleme, die sie aufwarfen, und ihre Formulierung dieser Probleme unterschieden sich so radikal von dem Ansatz der zeitgenössischen Autoren ökonomischer Lehrbücher, daß ihre Untersuchungen praktisch unbeachtet blieben, bis sie zu einem viel späteren Zeitpunkt »wiederentdeckt« wurden.

Die Anwendung der Mathematik auf die Beziehungen zwischen abstrakten ökonomischen Größen – im Unterschied zur statistischen Analyse von Zeitreihen konkreter Größen – wurde von Denkern eingeführt, die von der Möglichkeit überzeugt waren, für die Sozialwissenschaften »Naturgesetze« aufzustellen, denen die gleiche Gültigkeit zukomme wie den Gesetzen der Naturwissenschaften. Das Wirtschaftssystem, bestehend aus einer Vielzahl meßbarer ökonomischer Größen (Kosten, Preise, Löhne, Profite, Renten und dergleichen), schien alle Voraussetzungen für die Verwirklichung solcher Ideen zu bieten. Es bleibt offen, wieviel ein Denken dieser Art dem fördernden Einfluß der cartesianischen Philosophie verdankt, die die Methode der mathematischen Deduktion zur allgemein verbindlichen wissenschaftlichen Methode erhoben hatte. Strittig ist ebenso die Frage, inwieweit die Suche nach einer mathematischen Formulierung solcher »Naturgesetze« vom verstärkten Gebrauch der Methoden hypothetischen Denkens gefördert wurde. Die Anhänger solcher Methoden, deren Urteile letztlich auf Annahmen beruhen, neigten zu der Ansicht, daß einzig mathematische Verfahren, deren Gültigkeit von unbezweifelbaren logischen Prinzipien garantiert wird, zur Aufstellung von »Wahrheiten« führen können.

Überlegungen solcher Art veranlaßten den Mathematiker Antoine Augu-

    1886); Augusto Graziani, *Ricardo e John Stuart Mill*, Bari 1921; Achille Loria, *Davide Ricardo*, Rom 1926.
25 Francesco Ferrara, *Esame storico-critico di economisti e dottrine economiche del secolo XVIII e prima metà del XIX*, Turin 1889-1891.

stin Cournot, sich auf die Suche nach »ökonomischen Naturgesetzen« zu begeben, die sich in mathematischen Begriffen ausdrücken lassen.[26] Er nahm an, daß die Wahrscheinlichkeit solcher Gesetze in direkter Beziehung zu ihrer Einfachheit stehe[27] und daß das »ökonomische Prinzip« eine hinreichende Grundlage für die Anwendung der Idee eines stabilen Gleichgewichts in der ökonomischen Analyse liefere. Die erste, begrenzte Aufgabe, die er sich stellte, war die Formulierung eines allgemeinen »Nachfragegesetzes«, das in Gestalt einer stetigen Funktion einen Zusammenhang zwischen der jährlichen Nachfrage nach einer Ware und ihrem Preis herstellen sollte. Das Gesetz spezifizierte nicht die bestimmenden Faktoren für die jeweilige Gestalt der Nachfragekurve. Gemäß den Prinzipien einer statischen Gleichgewichtsanalyse schloß Cournot das Zeitelement aus seinen Beobachtungen aus.[28] Der wohldefinierte Ausgangspunkt seiner partialanalytischen Gleichgewichtsanalyse war ein Markt mit Preisen, die in einer stabilen Geldeinheit ausgedrückt werden. Das Gesetz besagte, daß Nachfrageveränderungen mit Preisveränderungen invers korrelieren, solange die letzteren nur Bruchteile des anfänglichen Preises ausmachen. Von primärer Wichtigkeit für spätere methodologische Überlegungen war Cournots Gedanke, die Suche nach Kausalbeziehungen aufzugeben und statt dessen die funktionalen Beziehungen zu untersuchen, die dem Verhalten der ökonomischen Größen entsprechen.

Es ist kennzeichnend für die Originalität von Cournots Denken, daß er sein Nachfragegesetz zur Analyse von Monopolsituationen benutzte und daß er vollkommenen Wettbewerb eher als Grenzfall denn als Regelfall betrachtete. Für Cournot bestand die Aufgabe, als Maximierungstheorem formuliert, in der Bestimmung des höchsten Erlöses – oder des höchsten Nettoprofits –, den der Monopolist aus dem Verkauf seines Produkts erzielen kann, wobei angenommen wird, daß er in der Lage ist, den Preis entsprechend der Nachfragefunktion variieren zu lassen und Veränderungen in den Produktionskosten unter den Bedingungen abnehmender, konstanter oder zunehmender Erträge zu berücksichtigen. Cournots

---

26 Antoine Augustin Cournot, *Recherches sur les principes mathématiques de la théorie des richesses*, Paris 1838 (deutsch: *Untersuchungen über die mathematischen Grundlagen der Theorie des Reichtums*, Jena 1924). Cournot veröffentlichte zahlreiche mathematische Abhandlungen und einige Beiträge zur Ideengeschichte. Sein nicht-ökonomisches Werk genoß bei zeitgenössischen Mathematikern und Naturwissenschaftlern gebührende Anerkennung.
27 René Roy, »Cournot et l'école mathématique«, in: *Econometrica* 1 (1933), S. 13-22, hier S. 15.
28 Siehe Hans Mayers sorgfältige Besprechung von Cournots Preistheorie in: ders. und andere (Hg.), *Wirtschaftstheorie der Gegenwart*, 4 Bände, Wien 1927-1932, Band 2, S. 153.

Versuch, eine Duopolsituation durch »unrealistische« Annahmen festzulegen, wurde viel später zum Gegenstand ausführlicher Erörterungen. In einer Abhandlung, die sich mit den allgemeinen mathematischen Prinzipien der Theorie des Reichtums beschäftigte, schlug Cournot die Konstruktion eines gedachten ökonomischen Systems vor, in dem alle Teile über das Preissystem miteinander verbunden sein sollten. Allerdings vermochte er für die wechselseitige Abhängigkeit der Tauschbeziehungen keine mathematische Formulierung anzugeben. Unausgesprochen war ihm klar, daß die Preise, die in seinen algebraischen Modellen als gegeben angenommen wurden, in Wirklichkeit Variable sind, die von einer Vielzahl unspezifizierter Faktoren bestimmt werden. Ebenso erkannte er die Bedeutung des Freihandelsprinzips als wissenschaftliches Theorem, den methodologischen Charakter des Maximierungsprinzips in seiner Anwendung auf das Nachfrageverhalten sowie die Implikationen der Annahme, daß im Rahmen einer partialen Gleichgewichtsanalyse sämtliche Preise und Einkommen, die unter die *Ceteris-paribus*-Klausel fallen, konstant gehalten werden.

Einige Vorschläge Cournots wurden von einem anderen Franzosen, dem Ingenieur Arsène Jules Étienne Juvénal Dupuit (1804-1866), aufgegriffen und in Untersuchungen über praktische Preisprobleme angewandt. Diese 1844 und 1849 erschienenen Studien beschäftigten sich vor allem mit den unterschiedlichen Vorteilen, die die Verbraucher aus dem öffentlichen Verkehrswesen und der Wasserversorgung ziehen. Dupuit ging von einer klaren Formulierung des Grenznutzenbegriffs aus und gelangte zu dem Schluß, daß die Konsumenten aus allen Einheiten eines Kaufes, die höheren Nutzen erbringen als der letzte Zuwachs, einen Nutzenüberschuß (*espèce de ce bénéfice*) gewinnen. Mit diesem Theorem nahm er Alfred Marshalls Begriff der Konsumentenrente vorweg.
Der dritte Franzose, der in der ersten Hälfte des neunzehnten Jahrhunderts die Anwendung neuer, quantitativer Methoden auf die ökonomische Analyse vorschlug, war Auguste Walras (1801-1866). In seiner Analyse des Wertproblems stellte er einige Prinzipien der Grenznutzentheorie auf, die später von seinem Sohn Léon ausgearbeitet wurden.[29] Er benutzte auch den Begriff der Knappheit (*rareté*), der ihm für jede Untersuchung sozialer Probleme grundlegend schien, weil damit die Entstehung des Eigentums zu erklären sei.
Daß die Anhänger der Sayschen Lehren den Ansatz der mathematisch gesinnten Ökonomen nicht zu würdigen vermochten, ist zweifellos ihren

---

29 Auguste Walras, *De la nature de la richesse et de l'origine de la valeur*, Paris 1832, und *Théorie de la richesse sociale*, Paris 1849. Walras' Angriffe auf die herrschende Werttheorie wurden von Jean Baptiste Say empört zurückgewiesen. Siehe Gaëtan Pirou, *Les théories de l'équilibre économique*, Paris 1939, S. 82 ff.

methodologischen Grundsätzen anzulasten, die vor allem in dem Glauben wurzelten, daß kein nützliches Wissen aus Untersuchungen zu gewinnen sei, die nicht streng auf Beobachtung und Experiment gründen. Die Ausbreitung der Comteschen Philosophie trug zur Vertiefung dieser Überzeugung bei.[30] Nach dieser Philosophie sollte die Behandlung der verschiedenen Gesellschaften – die Comte als »Organismen« verstand – auf einer Theorie des linearen Fortschritts beruhen, der drei aufeinanderfolgende Stadien umfaßt: eine religiöse, eine metaphysische und eine wissenschaftliche Stufe. Dem letzten, wissenschaftlichen Stadium wies Comte die Aufgabe zu, einzig die »positive«, auf Beobachtung und Experiment gründende Methode zu verwenden. Ironischerweise hatte Comte sein Drei-Stadien-Gesetz rein spekulativ gewonnen.

Comte zog eine scharfe Grenze zwischen den Erfordernissen der verschiedenen Gesellschaften und den Erfordernissen ihrer Mitglieder; den Gesellschaften schrieb er, als Bedingung ihres Überlebens, die Wahrung bestimmter moralischer, politischer, sozialer und sogar religiöser Prinzipien zu. Vom Wirken der Kräfte, die langfristige Strukturveränderungen im Leben einer Gesellschaft hervorrufen, unterschied er das Wirken gewisser »sozialer Instinkte«, die durch wechselseitige Aktion und Reaktion allmählich ein Gleichgewicht herstellen und der spontanen Ordnung der Gesellschaft eine Grundlage liefern. Diese Unterscheidung zwischen »dynamischen« und »statischen« Problemen der soziologischen Analyse wurde, wie schon erwähnt, von John Stuart Mill übernommen. Comte erhob jedoch starke Einwände gegen das Ricardosche Vorgehen, die politische Ökonomie von allen übrigen Sozialwissenschaften abzusondern und auf die ökonomischen Beziehungen analytische Verfahren anzuwenden, die zur Analyse anderer Aspekte des gesellschaftlichen Lebens untauglich sind.

Die französischen Sozialisten

In Frankreich führten die sozialistischen Autoren des neunzehnten Jahrhunderts ihre leitenden Ideen und Vorschläge – anders als die ricardianischen Sozialisten – nicht auf eine einzige vorherrschende Sozialphilosophie zurück. Vielmehr erborgten sie ihr geistiges Rüstzeug verschiedenen Philosophen des achtzehnten Jahrhunderts, die ihr Vertrauen auf ein lineares Fortschreiten der Gesellschaft geäußert hatten.[31] Im Unterschied

---

30 Auguste Comte, *Cours de philosophie positive*, 6 Bände, Paris 1830-1842 (deutsche Teilübersetzungen: *Einleitung in die positive Philosophie*, Leipzig 1880; *Soziologie*, Jena 1907-1911). Einige Leitgedanken der Comteschen Philosophie waren bei Saint-Simon vorgebildet.
31 Über die »utopischen Sozialisten« gibt es umfangreiche Literatur; insbesondere

zu diesen Philosophen waren sie jedoch davon überzeugt, daß jeder wirkliche Fortschritt von radikalen Veränderungen der bestehenden ökonomischen und gesellschaftlichen Institutionen abhänge. Vage egalitäre Vorstellungen veranlaßten einige dieser Schriftsteller, ihre Angriffe auf das Privateigentum an Produktionsmitteln zu richten. Andere machten die »chaotische Natur« der kapitalistischen Wirtschaft für alle sozialen Übel verantwortlich. Die Geschichte der von manchen französischen Sozialisten entwickelten utopischen Pläne ist ein Thema, das eher den Psychologen als den Ökonomen interessieren dürfte. Da sie mit ökonomischer Analyse wenig vertraut waren, unterliefen ihnen grobe Fehldeutungen der Abläufe einer Wettbewerbswirtschaft; vor allem verkannten sie die Unvereinbarkeit ihrer revolutionären Ziele mit ihrem Ideal ökonomischer Freiheit.

Jean Charles Léonard Simonde de Sismondi (1773-1842) wird häufig zu dieser Gruppe der französischen Sozialisten gerechnet, obwohl er sich weder für die Abschaffung des Privateigentums an Produktionsmitteln noch für ein radikales Programm der Organisation der Wirtschaft einsetzte.[32] Von den Autoren mit sozialistischen Neigungen war er im Grunde der erste Ökonom, der einige grundlegende revolutionäre Theoreme verkündete, etwa das Mehrwertprinzip, die Idee des »Klassenkampfs« und eine Unterkonsumtionstheorie der Krisen. Von seinen Vorschlägen zu einer korporativen Organisation der Produktionsunternehmen fühlten sich später faschistische Autoren angezogen. Vertreter der Arbeitsgesetzgebung verwiesen auf seine Sozialversicherungspläne, die viel spätere Entwicklungen der Wohlfahrtspolitik vorwegnahmen. Anders als die meisten sozialistischen Schriftsteller war er mit den Smithschen Methoden der ökonomischen Analyse vertraut und bewies diese Kenntnis in einer Abhandlung, die sich auf der Linie des *Wealth of Nations* bewegte.[33] Doch später ergänzte er diese Erörterung durch eine andere, die das erschreckende Versagen der Konkurrenzwirtschaft demonstrieren sollte, das Ziel des sozialen Wohls zu erreichen.[34] Er brand-

---

französische und deutsche Historiker der Sozialphilosophie haben die verschiedenen Pläne für eine radikale Reform sorgfältig untersucht. Siehe unter anderem Vilfredo Pareto, *Les systèmes socialistes*, 2 Bände, 1902/1903, und Alexander Gray, *Socialist Tradition. Moses to Lenin*, London 1946.

32 Eine unvoreingenommene Analyse von Sismondis ökonomischen Auffassungen liefert Alfred Amonn, *Simonde de Sismondi als Nationalökonom*, 2 Bände, Bern 1945-1949.

33 Jean Charles Léonard Simonde de Sismondi, *De la richesse commericale*, Genf 1803.

34 Ders., *Nouveaux principes d'économie politique*, Paris 1819 (deutsch: *Neue Grundsätze der politischen Ökonomie oder vom Reichtum in seinen Beziehungen zur Bevölkerung*, Berlin 1901; 2 Bände, Berlin/DDR 1971-1975). Amonn vertritt mit guten Argumenten die Auffassung, daß die zweite Studie nicht einfach das Ergebnis

markte die politische Ökonomie als hedonistische *science de calcul* und verwarf die deduktive Methode bei der Aufstellung ökonomischer Theorien und wirtschaftspolitischer Richtlinien. Sismondi war vermutlich der erste Autor, der für die Beschaffenheit der sozialen Verhältnisse Unterschiede in der ökonomischen Macht verantwortlich machte. Ohne eine wohldefinierte Methode der ökonomischen Analyse vorzuschlagen, war er bestrebt, die politische Ökonomie als Wissenschaft, die von Prinzipien ausgeht, durch eine historische Behandlung der ökonomischen Verhältnisse und Institutionen im Lichte der vergangenen Entwicklung zu ersetzen; auf diese Weise führte er »dynamische« Elemente in seine Analyse ein.[35]

Bei seinen Angriffen auf die im *Wealth of Nations* vertretene Wirtschaftspolitik ging Sismondi von einer strengen Arbeitswerttheorie aus und bestimmte Profite als »Mehrwert« (*mieux valeur*), der sich aus der Differenz zwischen den Arbeitskosten der Produkte und den während des Produktionsprozesses ausgegebenen Löhnen ergebe. In erster Linie zielte seine ausführliche Kritik auf den Glauben an die Mobilität der Produktionsfaktoren und die »gefährliche« Theorie, daß sich das Gleichgewicht der Wirtschaft nach jeder Störung von selbst wiederherstelle. Zur Stützung seiner Angriffe auf das Saysche Gesetz lieferte er eine Beschreibung der verheerenden Wirkungen von Handelskrisen und Depressionen und schrieb die Wiederkehr dieser ökonomischen Schicksalsschläge der »Überproduktion« zu, die durch trügerische Preissteigerungen zustande komme. Ebenso bemerkenswert war Sismondis Erörterung der Veränderungen der Beschäftigungslage, die mit der Einführung arbeitssparender Maschinerie eintreten.

Die Tendenz, Reichtum in der Hand einer relativ geringen Zahl von Kapitalisten zu konzentrieren, und die Ballung der Produktion in immer größeren Fabriken führte Sismondi auf den gewaltsamen Konkurrenzkampf zurück. Dem wachsenden Gegensatz zwischen Unternehmern und Arbeitern, der in der kapitalistischen Ordnung sichtbar geworden war, stellte er die Beziehungen zwischen den Meistern und ihren Gehilfen gegenüber, die im feudalistischen Zunftsystem geherrscht hatten. Doch weder sein bemerkenswertes Verständnis einiger »dynamischer«

---

eines politischen Sinneswandels bei Sismondi sei, sondern die erste ökonomische Veröffentlichung durch eine kritische theoretische Diskussion der Probleme von Produktion und Verteilung ergänzen sollte.

35 Das mag mit seinen Geschichtskenntnissen zusammenhängen. Obwohl er kein ausgebildeter Historiker war, widmete er sich hingebungsvoll dem Studium geschichtlicher Entwicklungen. Viele der von ihm veröffentlichten Bände beschäftigten sich mit der Geschichte der italienischen Republiken, mit Frankreich und dem Niedergang des römischen Reiches.

Aspekte der Wirtschaft noch seine Vorschläge zu einer Sozialreform weckten die Aufmerksamkeit seiner Zeitgenossen.[36]

Sehr einflußreich waren dagegen die Ideen eines anderen radikalen Denkers, Claude Henri de Rouvroy, Comte de Saint-Simon (1760-1825), der strenggenommen ebensowenig zu den »sozialistischen« Autoren gerechnet werden darf. Saint-Simon, ein französischer Aristokrat, der sich nach einem abenteuerlichen Leben während und nach der Französischen Revolution der Sozialphilosophie zuwandte, gründete seine Vorschläge zu einer Sozialreform auf die ehrgeizige Idee, die Denkprozesse der führenden Gruppen der Gesellschaft zu verändern.[37] Sein Ausblick auf die künftige Menschheitsgeschichte leitete sich von Condorcets Vorstellung eines linearen gesellschaftlichen Fortschritts her; in der Frage, wie dieser Fortschritt zu fördern sei, ersetzte er freilich den individualistischen Ansatz, wie er für das achtzehnte Jahrhundert charakteristisch war, durch die »theokratische« Vorstellung suprarationaler und überindividueller Kräfte, die auf die Transformation der Gesellschaftsstruktur hinwirken sollten.

Die Schriften Saint-Simons trugen bedeutend zur Verbreitung deterministischer Ideen unter den französischen Sozialphilosophen bei. Er betonte, daß alle ersten Ursachen mechanischen Typs seien und daß den Beziehungen zwischen sämtlichen Erscheinungen mathematische Gesetze zugrunde lägen. Die Unterscheidung, die er zwischen »destruktiven« oder »kritischen« und »schöpferischen« oder »organischen« Perioden der ge-

36 Sismondi äußerte bei Gelegenheit, er habe die bestehende Gesellschaft zerstört (»j'ai démoli«), besitze jedoch nicht die Kraft, sie wieder aufzubauen. Siehe Einaudi, *Saggi biografici e storici intorno alle dottrine economiche*, a.a.O., S. 172. – Die Bezeichnung *sozialistisch* für radikale Sozialreformer wurde durch einen Artikel, der im Februar 1832 in der saint-simonistischen Zeitschrift *Globe* erschien, ins Vokabular der politischen und ökonomischen Literatur eingeführt. Siehe Carl Grünberg (Hg.), *Archiv zur Geschichte des Sozialismus und der Arbeiterbewegung*, 1912, S. 378, und Friedrich A. Hayek, »The Counter-Revolution of Science. Part 2«, in: *Economica* 21 (1941), S. 119-150, hier S. 146. Vor der Errichtung der Sowjet-Herrschaft diente der Ausdruck *sozialistisch* dazu, Modelle der ökonomischen Organisation zu benennen, in denen Gemeineigentum an Produktionsmitteln mit der Erhaltung einer vage definierten Freiheit im Konsumbereich verbunden ist. Nach bolschewistischer Terminologie bezeichnet *Sozialismus* die ökonomische Organisation einer Übergangsperiode, in der die »Warenproduktion« noch nicht vollständig beseitigt ist. Diese terminologischen Unterschiede sollte man im Gedächtnis behalten, um Verwirrung zu vermeiden.

37 Die Hauptwerke Claude Henri de Rouvroy, Comte de Saint-Simon, waren: *L'industrie*, 4 Bände, Paris 1817; *Du système industriel*, 3 Teile, Paris 1821/1822; *Catéchisme des industriels*, Paris 1823/1824, und *Nouveau Christianisme*, Paris 1825 (deutsch: *Neues Christentum*, Leipzig 1911. Die *Ausgewählten Schriften*, Berlin/DDR 1977, enthalten Auszüge aus den vier genannten Werken).

sellschaftlichen Entwicklung traf, war kennzeichnend für seine Auffassung »evolutionärer« sozialer Prozesse; sie wurde später von verschiedenen Soziologen ausgearbeitet. In seiner längeren Erörterung der Frage, wie eine ideale Gesellschaftsordnung zu errichten sei, ging Saint-Simon von der Überzeugung aus, daß Systeme der sozialen Organisation nicht künstlich geschaffen werden könnten und daß »Ideen« das *primum movens* der gesellschaftlichen Entwicklung seien. Er arbeitete diese Lehren in einer fragmentarischen Sozialphilosophie aus, der zufolge sich gesellschaftliche Organisationen in enger Bindung an einen »Entwicklungsprozeß« entfalten, der dem Fortschritt des menschlichen Denkens zugrunde liegt. So verknüpfte er die Feudalordnung – als Stufe dieses Prozesses – mit einer mythologischen Periode des Denkens und verband die liberale oder kapitalistische Ordnung – als eine andere Stufe – mit »physikalischen« Methoden. Arbeit und Raub betrachtete Saint-Simon als die einzig möglichen Weisen des Gütererwerbs. Mit seiner Auffassung der Feudalgesellschaft als Zeitalter der gewaltsamen Aneignung trug er sehr zur Verbreitung eines verzerrten Bildes der mittelalterlichen politischen und ökonomischen Institutionen bei. Saint-Simons Abneigung gegen die Prinzipien des hypothetischen Denkens schlugen sich in seiner Geringschätzung individueller Freiheit und des Systems parlamentarischer Repräsentation nieder, eines »Bastardsystems«, da es unterschiedlichen Zielsetzungen erlaube, miteinander zu konkurrieren.

Saint-Simon war der Auffassung, es müsse eine neue, umfassende Sozialwissenschaft erarbeitet werden, um zur Stufe der »wissenschaftlichen« oder »positiven« Erkenntnis zu gelangen, die die Voraussetzung dafür sei, eine neue soziale Organisation zu errichten, in der die Maximierung der Produktivität als allgemeingültiges soziales Ziel angestrebt wird. Für die volle Verwirklichung dieses Prinzips, wie es von Adam Smith entdeckt und von Say propagiert worden sei, sollte eine Wirtschaftsordnung sorgen, die von wissenschaftlich angeleiteten Führern und qualifizierten Köpfen produktiver Unternehmen gelenkt werden sollte. In einer solchen Gesellschaft der Produzenten (*industriels*), glaubte Saint-Simon, befänden sich die individuellen Interessen in perfekter Übereinstimmung mit dem allgemeinen Interesse, während die kollektiven Erfordernisse der Gesellschaft von freiwilligen Assoziationen der Produzenten erfüllt würden.[38] Mit der Forderung nach gleichen Chancen trat ein sozialistisches Element in dieses Bild einer idealen Wirtschaftsordnung. Diese Forderung war es, mit der Saint-Simon seine oft zitierte Losung verband: »Jedem nach seiner Fähigkeit, jeder Fähigkeit nach ihrer Leistung.«

---

38 Diese Seite der Saint-Simonschen Sozialphilosophie wurde von E. S. Mason betont: »Saint-Simonism and the Rationalization of Industry«, in: *The Quarterly Journal of Economics* 45 (1931), S. 640-683.

Es ist unmöglich, auch nur von den wichtigsten Ideen Saint-Simons eine klare Darstellung zu geben, da er im Laufe der Zeit teilweise einander widersprechende Auffassungen vertrat und niemals ein in sich stimmiges Gedankengebäude zu entwickeln vermochte. Dennoch zog er eine ganze Reihe begeisterter Anhänger an, die sich nach ihrer Deutung der Vorschläge und Prognosen des Meisters gruppieren lassen. Die bedeutendste intellektuelle Bewegung, die von Saint-Simon ausging, gipfelte in Auguste Comtes Ausarbeitung der »positivistischen« Philosophie. Comtes monumentales Werk sollte den Übergang zu Saint-Simons »dritter Stufe der sozialen Entwicklung« vorbereiten. Ein völlig anderes Verständnis der Ideen Saint-Simons brachte eine eigenwillige Gruppe seiner Anhänger dazu, seine historische Periodisierung, seine deterministische Auffassung der gesellschaftlichen Organisation sowie seine soziologische Deutung von Methoden der Ausplünderung zu einem revolutionären System auszuarbeiten.[39] Unter der Führung von Barthélemy Prosper Enfantin (1796-1854) und Saint-Amand Bazard (1791-1832) entwickelte diese Gruppe gemeinsam eine sozialistische »Doktrin«, in der es hauptsächlich um die angeblichen Tendenzen der Wettbewerbswirtschaft ging, die Löhne zu drücken, die Ungleichheit der Ressourcenverteilung zu fördern[40] und wachsende Gegensätze zwischen kapitalistischen Unternehmern und ausgebeuteten Arbeitern zu schaffen. Enfantin erklärte Krisen aus der übertriebenen Zusatznachfrage schlecht informierter Produzenten nach Produktionsfaktoren sowie aus der Unkenntnis der Eigentümer, welche ungenutzten Ressourcen zur Kapitalanlage verfügbar sind. Nur durch Arbeit verdientes Einkommen galt als ökonomisch gerechtfertigt; das »Gesetz des Fortschritts« gebiete die Abschaffung des Eigentums an Produktionsmitteln. Mächtige Handelsorganisationen sollten nach dem Willen der Mitglieder dieser Gruppe entstehen, um die Produktion eines jeweiligen Industriezweigs zu organisieren, und Handelsbanken sollten die Aufgabe übernehmen, die wirtschaftlichen Aktivitäten in die rechten Bahnen zu lenken.[41] Aus den Lehren des Meisters leiteten sie die Überzeugung ab, der »Kredit« sei das revolutionäre Mittel, die Kaufkraft der Kontrolle der Besitzer erblichen Reichtums zu entreißen und sie Unter-

---

39 Mit diesem Ansatz nahmen einige Anhänger Saint-Simons bestimmte Lehren des Marxismus vorweg. Siehe A. J. Tjumenew in: Nikolai I. Bucharin und andere, *Marxism and Modern Thought*, London 1935, S. 256.
40 *Exposition de la doctrine de Saint-Simon*, Paris 1828/1829 (deutsch: *Die Lehre Saint-Simons*, Neuwied 1962). Die Ausformulierung der Lehre war hauptsächlich das Werk von Bazard; Enfantins Beitrag bestand in einer Reihe von Artikeln für *Le Producteur*, das Organ der Saint-Simonisten.
41 Etwa hundert Jahre später rühmten einige faschistische Autoren diesen Plan als Vorläufer der ständischen Organisation der Industrie in Italien. Siehe Herbert von Beckerath, *Wesen und Werden des faschistischen Staates*, Jena 1927.

nehmern zur Verfügung zu stellen, die sie zum Wohle der Gesellschaft zu nutzen verstünden. Enfantin hielt eine radikale Umgestaltung des Kreditsystems für geeignet, zum gewünschten Ziel einer Verminderung des Zinssatzes auf null zu führen.
Andere, konservativere Schüler nutzten die Ideen des Meisters zu dem praktischen Vorschlag, Kreditprogramme aufzustellen, um die Sparvermögen der Mittelklassen kleinen Handwerkern und Kaufleuten verfügbar zu machen. Die Brüder Jacob Émile (1800-1875) und Isaac Pereire (1806-1880) riefen 1852 ein weitverzweigtes System des *Crédit mobilier* ins Leben, das in der Folge zur Gründung einer Vielzahl ähnlicher Einrichtungen führte, zum Beispiel von *banques de compensation, banques régulatrices, banques des valeurs, agences monétaires, banques d'assurance* und *banques rationnelles*.

Die französischen Sozialisten, die ausgesprochen utopische Ideen entwickelten, lassen sich nach den Hauptmerkmalen ihrer vage konzipierten Vorschläge für eine ideale Gesellschaftsorganisation unterscheiden. So können alle diejenigen einer Gruppe zugerechnet werden, deren Projekte auf dem Glauben an die Segnungen freiwilliger Kooperation beruhen. Ein herausragender Vertreter dieser Art ist François Marie Charles Fourier (1772-1837)[42], dessen Leitgedanken in einer mechanistischen Philosophie des achtzehnten Jahrhunderts wurzeln. Er verband eine atomistische Gesellschaftsauffassung mit der Aufstellung absurder sozialer Theoreme, die sich mit dem Wirken der zwölf Passionen, einem »Gesetz der Anziehung«, das angeblich die menschlichen Beziehungen beherrscht, und dergleichen beschäftigten.
Fourier kritisierte die kapitalistische Wettbewerbsordnung vor allem mit der Begründung, sie verschwende ökonomische Ressourcen und lasse es bei der Organisation der Produktivkräfte an Rationalität fehlen. Ideal erschien ihm die Organisationsform kleiner Produktivgenossenschaften, die er *phalanges* nannte. Jede Phalanx sollte eine Vielzahl von Produktionsprozessen umfassen und für die »harmonische Kombination« verschiedener menschlicher Charaktere und Veranlagungen sorgen. Damit die Arbeit attraktiv würde, sollte jedes Mitglied seine Beschäftigung frei wählen und gegebenenfalls wechseln können. Fünf Zwölftel des Produktwerts sollte der Arbeit zukommen, vier Zwölftel dem Kapital und

---

42 François Marie Charles Fourier, *Théorie des quatre mouvements et des destinées générales*, Lyon 1808 (deutsch: *Theorie der vier Bewegungen und der allgemeinen Bestimmungen*, Frankfurt 1966); *Le Nouveau Monde industriel et sociétaire*, Paris 1829 (Auszüge deutsch in: *Ökonomisch-philosophische Schriften. Eine Textauswahl*, Berlin/DDR 1980). Fouriers Lehren wurden vor allem von Victor Considerant, *Destinée sociale*, Paris 1834-1844, verbreitet. Auch in den Vereinigten Staaten fanden sie Anhänger.

drei Zwölftel der Verwaltung. Auch wenn sich Fouriers *phalanstères* nicht als Grundlage für eine vernünftige Organisation der Produktion eigneten, waren sie doch Gegenstand einer Reihe praktischer Experimente. Zeitweise gab es in den Vereinigten Staaten nicht weniger als vierzig derartige Assoziationen. Am bemerkenswertesten war die *North American Phalanx* in New Jersey (1843-1855).

Der traditionelle Glaube der Franzosen an die wundersame Macht des Kredits war das Rückgrat eines anderen Typs utopischer Projekte.[43] Ein wichtiger Plan, der zu dieser Gruppe gehört, wurde von Louis Blanc (1811-1882) propagiert, einem führenden Vertreter der revolutionären Bewegung von 1848.[44] Im Unterschied zu fast allen anderen französischen Sozialisten übertrug er der Regierung die Aufgabe, Produktion und Handel durch die Schaffung von *ateliers nationaux* zu organisieren. Produktivgenossenschaften dieser Art sollten von einer staatlichen Zentralbank mit billigen Krediten versorgt werden. Als Blanc im Jahre 1848 Mitglied einer revolutionären Regierung wurde, die ein allgemeines Recht auf Arbeit anerkannte, wurden solche Kooperativen in Paris tatsächlich gegründet. Nach der Niederwerfung der Revolution wurden die *ateliers* freilich aufgelöst.[45]

Nirgendwo äußerte sich der Glaube an die schöpferische Macht des Kredits jedoch extremer als in den Schriften Pierre Joseph Proudhons (1809 bis 1865), der allgemein als der einflußreichste französische Sozialist gilt.[46] Seine Angriffe auf die kapitalistische Ordnung stützten sich auf eine krude Arbeitswerttheorie, die zu dem Schluß führte, alle nicht durch Arbeit verdienten Einkommen seien Steuern oder Zwangsabgaben (*aubaines*), mit denen die Verdienste der Arbeiter belegt würden. Proudhons Ausbeutungstheorie ging auf die These zurück, der dem Arbeiter gezahlte Lohn entspreche dessen »individueller« Produktivität; der Profit

43 Siehe Wagner, *Geschichte der Kredittheorien*, a.a.O., S. 93.
44 Louis Blanc, *Organisation du travail*, Paris 1839 (deutsch: *Organisation der Arbeit*, Berlin 1899); *Le socialisme: Droit au travail*, Brüssel 1848 (deutsch in: *Louis Blanc und A. Thiers über die soziale Frage*, Breslau 1849).
45 Französische Historiker radikaler Bewegungen haben die Ideen Louis Blancs mit denen von Constantin Pecqueur (1801-1887) in Verbindung gebracht (*Théorie nouvelle d'économie sociale et politique*, Paris 1842). Pecqueur war jedoch stark von der christlich-sozialistischen Bewegung beeinflußt, wie sie von François Huet repräsentiert wird (*Le règne social du christianisme*, Paris 1853).
46 Pierre Joseph Proudhon, *Mémoires sur la propriété*, Paris 1840-1842 (deutsch: *Was ist das Eigentum? Erste Denkschrift*, Bern 1844); *Système des contradictions économiques, ou Philosophie de la misère*, Paris 1846 (deutsch: *Die Widersprüche der Nationalökonomen oder Philosophie der Not*, 2 Bände, Leipzig 1847). Siehe Karl Diehl, *Pierre Joseph Proudhon. Seine Lehre und sein Leben*, 3 Bände, Jena 1888-1896.

des Unternehmers komme dadurch zustande, daß der Ertrag der kombinierten und koordinierten Arbeitsleistung viel höher liege. Proudhons Analyse angeblicher Widersprüche in der kapitalistischen Ordnung beruhte auf einer verzerrten Version der Hegelschen Dialektik, mit deren Hilfe er beweisen wollte, daß die Zahlung von Kapitalzins für das Zerbrechen des Gleichgewichts zwischen Kosten und Preisen verantwortlich sei.[47] Mit ähnlichen dialektischen Prozeduren versuchte er die Behauptung zu rechtfertigen, daß unentgeltlicher Kredit, der von einer Tauschbank an Produktivgenossenschaften vergeben werden sollte, die Assoziationen vom Element der Zeit befreien werde, das den Darlehen in der kapitalistischen Ordnung anhafte. Wenn die Assoziationen ihre Produkte der Tauschbank jederzeit zum »wirklichen Tauschwert« verkaufen könnten, könne ein »vollkommenes« statisches Gleichgewicht zwischen Nachfrage und Zufuhr von Gütern erreicht und erhalten werden, so daß das Saysche Gesetz uneingeschränkt gälte.[48] Die Abschaffung des Zinses auf geborgtes Kapital würde jeden Anreiz zum Sparen ersticken; der Anteil, der dem Kapital im Verteilungsprozeß zufällt, würde gänzlich verschwinden, und die Kapitalisten verlören ihre Macht, Arbeit auszubeuten. Die Gesellschaft bestünde aus freien und gleichen Produzenten.[49] Da Proudhon die mit der Gütergemeinschaft zusammenhängenden Vorstellungen nicht weniger haßte als die Wettbewerbsordnung, wurden seine Vorschläge oft als anarchistisch bezeichnet. Einige eklatante Mängel seiner Interpretation der kapitalistischen Wirtschaft, insbesondere sein tiefes Mißverständnis der Rolle, die der Preismechanismus darin spielt, wurden von Karl Marx eindrucksvoll kritisiert. Es wäre eine verlockende Aufgabe für Experten der Sozialpsychologie, diejenigen Aspekte der absurden Vorschläge Proudhons zu benennen, die seine Ideen für große Teile der französischen Bevölkerung so attraktiv machten. Sehr deutlich war der Einfluß der anarchistischen Züge seiner Schriften auf einige russi-

---

47 Proudhons *Système des contradictions économiques* wurde von Karl Marx in seiner *Misère de la philosophie*, Paris/Brüssel 1847, heftig kritisiert (deutsch: *Elend der Philosophie*, in: Karl Marx/Friedrich Engels, *Werke*, Band 4, Berlin 1959, S. 63-182. Die Marxschen Einwände beruhten auf dem Gedanken, daß die ökonomischen Kategorien (Rente, Profit, Löhne, Tausch, Wert, Geld und dergleichen) keine absoluten und ewig gültigen Begriffe seien, sondern bloß abstrakte Ausdrücke historischer und vergänglicher »Produktionsbeziehungen«.

48 Den Thesen, wie sie in dem Motto »La propriété, c'est le vol« zum Ausdruck kommen, stellte er die Antithese gegenüber: »La propriété, c'est la liberté«. Andere Schlagworte, die seine ökonomischen Auffassungen kennzeichneten, waren: »constitution des valeurs« (Schaffung von Realwerten) und »mutualité« (Kooperation der Produzenten).

49 Eine ähnliche Auffassung des Kredits wurde von François Vidal in *Organisation du crédit personnel et réel*, Paris 1831, vertreten.

sche Revolutionäre, etwa Michail Bakunin (1814-1876) und Fürst Petr Alexejewitsch Kropotkin (1842-1921).[50]

Auch wenn die Kritik der utopischen Sozialisten an der kapitalistischen Ordnung sehr unterschiedliche Schattierungen aufwies und ihre Vorstellungen von einer idealen Wirtschaft weit auseinandergingen, waren sie doch alle davon überzeugt, daß die Macht des deduktiven Denkens es ihnen erlaube, allgemeingültige Pläne für eine leistungsfähige ökonomische Organisation zu entwerfen, die nur durch die Ignoranz und Böswilligkeit der herrschenden Bevölkerungsgruppen an der Verwirklichung gehindert worden seien. Sie appellierten daher an die Einsicht und die moralischen Überzeugungen der gebildeten Klassen, wenn sie die Bedeutung ihrer Pläne darlegten. Ihr Glaube an die magische Kraft der Vernunft war ebenso bemerkenswert wie ihr mangelndes Verständnis grundlegender ökonomischer Probleme. Nur Saint-Simon war sich über die Rolle des technischen Fortschritts und über die Funktionen im klaren, die große Unternehmen als Instrumente des Wirtschaftswachstums erfüllen. Fast alle utopischen Autoren knüpften ihre Hoffnungen hauptsächlich an die Entstehung eines Gemeinschaftsgeistes, an die Segnungen, die sie von der Abschaffung des Kapitalzinses erwarteten, sowie an eine fast unbegrenzte Kreditausweitung. Ihre Verteilungspläne beruhten auf teilweise widersprüchlichen Idealen der sozialen Gerechtigkeit. Saint-Simon bezog sich auf eine vage Vorstellung von »geleisteter Arbeit«, Fourier wies jedem Produktionsfaktor willkürlich einen genauen Anteil am Wert des Produkts zu, Blanc befürwortete eine Verteilung gemäß den Bedürfnissen, und Proudhon verknüpfte den Distributionsprozeß mit den Beiträgen der einzelnen Arbeiter zu den im Produkt »verkörperten« Arbeitskosten. Eine Andeutung der Idee der Zentralplanung findet sich einzig bei den Schülern Saint-Simons, die eine Lenkung der Produktionstätigkeit von den Banken erwarteten.

Die deutsche Version der Smithschen Wirtschaftslehre

Zu Beginn des neunzehnten Jahrhunderts waren die ökonomischen Verhältnisse der mitteleuropäischen Territorien gegenüber der rasch fortschreitenden Industrialisierung Englands noch relativ zurückgeblieben. Mit der Auflösung des Heiligen Römischen Reiches Deutscher Nation im Jahre 1806 verschwanden die letzten Überreste jener einheitsstiftenden Kraft, die das Kaisertum ausgeübt hatte, und die Fürsten und Herr-

---

50 Michail Bakunin, *Gott und der Staat*, Leipzig 1919, und Petr Alexejewitsch Kropotkin, *Gegenseitige Hilfe in der Entwicklung*, Leipzig 1904.

scher der großen und kleinen souveränen deutschen Länder waren bei der Festlegung ihrer Außen- und Innenpolitik dem eigenen Ratschluß überlassen. Die bedeutende Festigung der internationalen politischen Situation, die auf dem Wiener Kongreß (1814/15) erreicht wurde, beruhte auf der Anwendung des Legitimitätsprinzips, das die Anerkennung der erblichen Rechte sämtlicher weltlichen Herrscher beinhaltete. In praktisch allen Teilen Mitteleuropas blieben die Methoden der kameralistischen Verwaltungs- und Wirtschaftspolitik bis in die zweite Hälfte des Jahrhunderts erhalten. Die landwirtschaftliche Produktion, befreit von den Fesseln des Feudalsystems, paßte sich langsam den Erfordernissen expandierender Märkte an. Doch die Entstehung großer Industrieunternehmen wurde durch Kapitalmangel, Zollschranken, unterschiedliche Währungen und schikanöse Verwaltungspraktiken gehemmt, die den freien Verkehr zwischen den zahlreichen unabhängigen Staatswesen, manchmal sogar zwischen den verschiedenen Teilen eines politisch vereinten Territoriums behinderten.

In den ersten Jahrzehnten des Jahrhunderts artikulierten viele Lehrer der Nationalökonomie und zahlreiche Staatsbeamte, die von den wirtschaftspolitischen Prinzipien eines Adam Smith tief beeindruckt waren, ihren Widerstand gegen die traditionellen Methoden staatlicher Eingriffe in das Wirtschaftsleben immer stärker und deutlicher.[51] Sie kritisierten das herrschende System der landwirtschaftlichen Organisation, die Restriktionen, denen Manufakturen und Handel unterlagen, die autoritative Regelung der Preise und der Verteilung sowie die verbreiteten Praktiken der Privilegienvergabe und Monopolbildung.[52] Einflußreiche Mitglieder der Bürokratie bemühten sich, diese Lehren anhand praktischer Erfahrungen zu überprüfen.

Die Verkündung der wohltätigen Wirkungen des freien Wettbewerbs schloß jedoch keineswegs die Übernahme der utilitaristischen Doktrin oder der Benthamschen Methoden hochabstrakten hypothetischen Denkens ein. Die deutschen Ökonomen versuchten nicht, das Modell einer von Gleichgewichtskräften beherrschten Wirtschaft zu entwerfen, und standen unter keiner logischen Verpflichtung, ihre Lehren eng an die Ricardosche Doktrin anzulehnen. In ihren Lehrbüchern folgten sie der traditionellen, von den Kameralisten eingeführten Anordnung und unter-

---

51 Die erste deutsche Übersetzung des *Wealth of Nations* erschien bereits 1778.
52 Zu den ersten deutschen Lehrbüchern, in denen sich die Prinzipien der wirtschaftlichen Freiheit niederschlugen, gehören die Werke von Friedrich von Soden (1754 bis 1831), Ludwig von Jakob (1759-1827), Gottlieb Hufeland, Johann Friedrich Eusebius Lotz und Heinrich von Storch (1766-1835), der an russischen Universitäten lehrte, aber deutscher Herkunft war. Storch veröffentlichte auf Französisch einen *Cours d'économie politique*, St. Petersburg 1815 (deutsch: *Handbuch der National-Wirtschaftslehre*, 3 Bände, Hamburg 1819/1820).

schieden einen ersten, theoretischen Teil von einem zweiten, der sich mit der angewandten Wirtschaftslehre beschäftigte. Häufig blieb die Analyse der Grundbegriffe und der allgemeinen Probleme in den vorwiegend deskriptiven Erörterungen von Aktivitäten in Landwirtschaft, Manufaktur und Handel und in den daran geknüpften wirtschaftspolitischen Empfehlungen nahezu außer acht. Das Grundmuster für den Aufbau ihrer Lehren lieferte schließlich das Lehrbuch von Karl Heinrich Rau (1792-1870); Rau erweiterte die theoretische und angewandte Ökonomie um einen dritten Teil, die Staatsfinanzen.[53]

In ihren theoretischen Erörterungen ließen die liberalen deutschen Ökonomen den mechanistischen Ansatz, den die Merkantilisten in das englische ökonomische Denken eingeführt hatten, praktisch unberücksichtigt. Dagegen fanden bei ihnen teleologische Konzeptionen und Überlegungen recht großzügige Verwendung. Die sozialen Kollektive und Gemeinschaften, die ihnen vorschwebten, waren gewöhnlich organischen Typs. Ihre epistemologischen Auffassungen und ihre methodologischen Instrumente waren stark von Immanuel Kants Darlegung seiner Erkenntnistheorie in der *Kritik der praktischen Vernunft* (1788) beeinflußt. Dieser Theorie zufolge kann menschliches Verhalten nicht kausaler Bestimmung unterliegen, da der Mensch als moralisch Handelnder frei ist. Praktische Vernunft kann sich nur einem allgemeinen Moralgesetz unterwerfen, dem kategorischen Imperativ, den sie selbst aufstellt und den sie direkt aus synthetischen Urteilen apriori abzuleiten vermag. Das Streben nach individuellem Glück charakterisierte Kant als »pragmatischen«, rein hypothetischen Imperativ, ähnlich dem »technischen« Imperativ, der sich auf die Kenntnis der Mittel bezieht, die zur Erreichung gegebener Ziele erforderlich sind. Bindende moralische Vorschriften, argumentierte er, könnten nur von einem Gesetz aufgestellt werden, das »objektiv« existiert. Solche Existenz schrieb Kant dem kategorischen Imperativ zu, der in der berühmten Formel Ausdruck fand: »Handle so, daß die Maxime deines Willens jederzeit zugleich als Prinzip einer allgemeinen Gesetzgebung gelten könnte.«[54]

Viele deutsche Ökonomen, sogar solche, die entschieden für die Annahme liberaler wirtschaftspolitischer Prinzipien eintraten, wurden von ihren ethischen Überzeugungen daran gehindert, die Suche nach Kausalgesetzen zu den Aufgaben der Sozialwissenschaften zu rechnen. Sie be-

---

53 Karl Heinrich Rau, *Lehrbuch der politischen Oekonomie*, Band 1: *Grundsätze der Volkswirthschaftslehre*, Band 2: *Grundsätze der Volkswirthschaftspflege*, Band 3: *Grundsätze der Finanzwissenschaft*, Heidelberg 1826-1837. Dieses Lehrbuch wurde an deutschen Universitäten viel benutzt. Eine neunte Auflage erschien 1870.
54 Immanuel Kant, *Kritik der praktischen Vernunft*, in: *Werke in zwölf Bänden*, Band 7, Frankfurt am Main 1968, S. 140 (A 54).

hielten die von den Kameralisten übernommenen Denkmethoden bei, vermieden die Verwendung von Begriffen höheren Abstraktionsgrades und isolierten die Untersuchung ökonomischer Phänomene nicht deutlich von der Erforschung anderer Aspekte der sozialen Beziehungen. Ausgangspunkt der theoretischen Erörterungen in verschiedenen Lehren der deutschen Ökonomen war der scholastische Begriff des Gebrauchswerts, der manchmal auch als »positiver Wert« bezeichnet wurde und zu Klassifikationen der Güter nach ihrer Bedeutung für das menschliche Wohl führte. Johann Friedrich Eusebius Lotz (1771-1838) schlug sogar eine Klassifikation der Güter nach ethischen Grundsätzen vor. Auf die Unterscheidung zwischen Gebrauchswert und Tauschwert wurde oft Bezug genommen, ohne daß sie zureichend geklärt worden wäre. Produktion wurde mit der Schaffung materieller Güter gleichgesetzt, Konsumtion mit deren Vernichtung. Der Ricardosche Gedanke, daß die wirtschaftlichen Probleme von Produktion und Verteilung in Tauschwertbegriffen zu analysieren sei, war weitgehend unbekannt, und die Arbeitswerttheorie fand nur sehr wenige Anhänger, da die vorherrschende Auffassung der Wirtschaft die Zurückführung aller Werte auf einen einheitlichen Standard nicht erforderte. Gottlieb Hufeland (1760 bis 1817), einer der ersten deutschen Ökonomen liberaler Gesinnung, machte sich Says Definition des Werts im Sinne von Knappheit und Nützlichkeit zu eigen und betonte den Einfluß individueller Wünsche auf die Bewertung der Güter. Ähnliche Gedanken vertraten Rau sowie Friedrich Benedict Wilhelm von Hermann (1795-1868), der als bedeutendster deutscher Ökonom seiner Zeit galt.[55]

In ihrer Analyse der Preisprobleme zeigten die deutschen Ökonomen eine charakteristische Vorliebe für die Bestimmung von Preissituationen, wie sie aus Beobachtung und Erfahrung vertraut waren. Hermann diskutierte das Verhalten des Verkäufers, der auf Produktionskosten und Marktlage Rücksicht nimmt, und beschrieb, wie der Gebrauchswert der gewünschten Güter, die Kaufkraft und die effektive Nachfrage nach den Gütern auf dem Markt die potentiellen Käufer beeinflussen. Auf die Quantitätstheorie des Geldes wurde nur Bezug genommen, um Veränderungen bestimmter Preise zu erklären.
Die Unterscheidung zwischen den drei traditionellen Produktionsfaktoren – Boden, Arbeit und Kapital – wurde allgemein mit den drei Einkommensarten in Verbindung gebracht.[56] Besonderen Anklang bei vielen

---

[55] Friedrich Benedict Wilhelm von Hermann, *Staatswirthschaftliche Untersuchungen*, München 1832. Zu einigen Unterschieden zwischen den Werttheorien Hermanns und Seniors siehe Marian Bowley, *Nassau Senior and Classical Economics*, London 1937, S. 113.
[56] Zu den Autoren, die diesen Ansatz vertraten, gehören Johann Schön, *Neue Unter-*

deutschen Autoren fand Says »Produktivitätstheorie« des Kapitalzinses, da sie in ihren soziologischen Analysen dazu neigten, die sozialen Akteure als Verkörperung von »Kräften« zu begreifen und diesen eine bedeutsame Rolle beizulegen. Die deutschen Ökonomen bevorzugten eine bestimmte Version der Sayschen Theorie, die sich von der Idee einer Trennung zwischen der Nutzung des Kapitals und seiner »Substanz« leiten ließ, wobei der Zins als Bezahlung für die Nutzung und gelegentlich als eigenständiges Kostenelement galt. Dieser Vorstellung entsprechend legte Hermann bei seiner Definition von Kapital besondere Betonung auf Langlebigkeit und Ertrag und bestimmte Zins als den Tauschwert des Gebrauchs, der von Kapitalgütern gemacht wird. Um diesen Gedankengang auch auf Fälle anzuwenden zu können, in denen Kapitalgüter im »Produktions«prozeß vollständig aufgezehrt werden, entwickelte Hermann den Begriff einer objektiven Nutzung von Kapital, die in Form von Zins entgolten werden müsse.[57] Unter dem Titel »Gewinn« führte Hermann verschiedene Kompensationen auf, die den Unternehmern für die Erfüllung ihrer Leistungen zukommen, etwa eine Gefahrenprämie, einen Lohn für die Koordination und Leitung der Produktion und so weiter.

Da die deutschen Ökonomen der Malthusschen Bevölkerungstheorie ablehnend gegenüberstanden und die Gleichgewichtsaspekte der Ricardoschen Lehre praktisch übersahen, hatten sie für den eng definierten Rentenbegriff Ricardos keine Verwendung. Einen bemerkenswerten Fortschritt in der ökonomischen Analyse erreichte Hermann, als er den Rentenbegriff auf alle Fälle anwandte, in denen der Anteil, der einem Produktionsfaktor zukommt, von Knappheitsbeziehungen beeinflußt ist. Hans von Mangoldt (1824-1868) erweiterte den Begriff auf sämtliche Fälle, in denen die gestiegene Produktion eines stark nachgefragten Gutes zur Verwendung von Material geringerer Qualität führt.[58] Hermann zählte die Rente zu den Kostenbestandteilen, weshalb ihn Mangoldt kritisierte.

---

suchung der Nationalökonomie, Stuttgart 1835; Adolph Riedel, *Nationalökonomie oder Volkswirthschaft*, Berlin 1838, und vor allem Wilhelm Roscher, *System der Volkswirthschaft*, 5 Bände, Stuttgart 1854-1894.

57 Zu den vielen bekannten deutschen Ökonomen, die Hermanns Zinstheorie billigten, gehören auch Hans von Mangoldt, *Grundriß der Volkswirthschaftslehre*, Stuttgart 1863, und Karl Knies, *Geld und Credit*, 3 Bände, Berlin 1873-1879. In seiner kritischen Analyse der Nutzungstheorien des Zinses (*Kapital und Kapitalzins*, a.a.O., S. 266 ff.) bemühte sich Böhm-Bawerk zu zeigen, daß Kapital im strengen Sinne mit der Gesamtheit seiner Nutzungen identisch sei. Den Trugschluß, der darin liege, von der Nutzleistung eine »Substanz« des Kapitals trennen zu wollen, schrieb er der Verwandlung einer juristischen Fiktion in eine »Realität« zu.

58 Hans von Mangoldt, *Die Lehre vom Unternehmergewinn*, Leipzig 1855.

Die Lohnfondstheorie, die eng mit der Ricardoschen Arbeitskostentheorie zusammenhängt, wurde von den führenden deutschen Ökonomen nahezu einmütig abgelehnt. Sie stellten überhaupt keine Lohntheorie im strengen Sinne auf, sondern nahmen Zuflucht zu einer vagen Methode der Lohnbestimmung, nach der die Untergrenze der Löhne vom herrschenden Lebensstandard und die Obergrenze von einem Marktpreis festgesetzt wird, der sich aus dem Spiel von Angebot und Nachfrage ergibt. Doch die Bedingungen von Angebot und Nachfrage, die auf den einzelnen Arbeitsmärkten herrschen, wurden nicht näher analysiert.

Nur Hermann zeigte eine gewisse Originalität in seiner Erörterung der Lohnprobleme. Er band das Lohnniveau an die Güternachfrage der Konsumenten und die Preise, die sie zu zahlen bereit sind. Und er betonte die Tatsache, daß die Löhne, die den Arbeitern in den letzten Phasen der Produktionsprozesse gezahlt werden, in der Regel höher liegen als die Löhne in früheren Phasen. Damit deutete er die Existenz von *non-competing groups* auf dem inländischen Arbeitsmarkt an und erkannte, daß effektiver Wettbewerb auf dem Markt nur zwischen Gruppen mit annähernd gleichem Können herrscht.[59]

Im Rahmen der Besprechung dieser volkswirtschaftlichen Lehren sei abschließend auf eine bemerkenswerte Idee verwiesen, die Mangoldt zur Entwicklung der Smithschen Ökonomie beisteuerte. In mancherlei Hinsicht nahm Mangoldt bestimmte Begriffe vorweg, die später Ecksteine der Grenznutzenanalyse werden sollten: er bezog den Wert der Güter auf die Bedürfnisse, die sie zu befriedigen vermögen, und begriff, daß der Wert einer Einheit eines Warenlagers durch zusätzliche Einheiten abnimmt. Bei seiner Preisanalyse benutzte er geometrische Diagramme, um die Gestalt der Nachfragekurven zu erläutern. Mangoldt erkannte die Bedeutung des Grenzproduktivitätsprinzips, wie es von Johann Heinrich von Thünen (1783-1850) verwandt worden war, und nutzte es zur Erklärung der Anteile der Produktionsfaktoren am Produktwert. Sein Rentenbegriff war so konzipiert, daß er auch auf Einkommen aus Profiten, Zinsen und Löhnen paßte. »Gewinn« definierte er als Entgelt für die Funktionen des Unternehmers. In seiner Kapitalzinstheorie unterschied er zwischen dem tatsächlichen Durchschnittszinssatz und der »Gleichgewichtsrate«, die nach seiner Definition vom Ertrag der letzten Einheit des eingesetzten Kapitals angezeigt wird; entspricht die tatsächliche Rate nicht jenem niedrigeren, vom Ertrag bestimmten Niveau, seien wirtschaftliche Störungen wahrscheinlich. Seine Erklärung von Krisen und

---

59 Zur Behandlung der Lohnprobleme bei den deutschen Ökonomen des neunzehnten Jahrhunderts siehe James W. Crook, *German Wage Theories*, New York 1898.

Depressionen konzentrierte sich also auf fehlgeleitete Investitionen aufgrund irriger Erwartungen.[60]

Die Freihandelsprinzipien, wie sie die englische »Manchester-Schule« befürwortete, wurden in Deutschland von einigen extrem »liberal« gesinnten Ökonomen wie John Prince-Smith (1809-1874) und Max Wirth (1822-1900) vertreten. Um ihre Auffassungen zu bekräftigen, stützten sie sich auf die Lehren Bastiats und seine Gedanken über die Harmonie aller ökonomischen Interessen. Sie begrenzten die Funktionen des Staates auf die »Schaffung von Sicherheit«, proklamierten freie Konkurrenz als die »natürliche« Organisation der Wirtschaft und machten Rüstungsausgaben für die Armut bestimmter Bevölkerungsgruppen verantwortlich. Aus der Ricardoschen Lohntheorie leiteten sie den Satz ab, daß Lohnerhöhungen nur die Folge wachsender Profite sein könnten, die zur Vergrößerung des Lohnfonds benutzt werden. Darum bestanden sie darauf, die Beziehungen zwischen Arbeitern und Unternehmern von jeder äußeren Einmischung frei zu halten. Ein Treffpunkt für die Mitglieder dieser Gruppe waren die Tagungen des »Kongresses deutscher Volkswirthe«, die ab 1857 in zweijährlichem Rhythmus stattfanden.

Zwischen 1830 und 1870 stützten sich nur zwei deutsche Ökonomen bei der Entwicklung eigenständiger Wirtschaftstheorien auf bedeutende Elemente der Ricardoschen Lehre: Johann Heinrich von Thünen und Johann Karl von Rodbertus-Jagetzow (1805-1875). Keiner von beiden gehörte der akademischen Profession an.

Thünens politische Philosophie und Moralphilosophie unterschieden sich grundlegend von denen Ricardos. Thünens Staatsauffassung und sein Zugang zu sozialen Problemen waren von organizistischen Gedanken gefärbt, und seine Untersuchungen standen unter dem Eindruck der Schriften verschiedener Kameralisten.[61] Er bewies jedoch ein echtes Verständnis der Ricardoschen Methoden hypothetischen Denkens und nutzte sie virtuos bei seiner Analyse einiger allgemeiner Probleme, die sich für landwirtschaftliche Betriebe ergeben. Den Gegenstand seiner Studien bestimmte er sehr klar als Suche nach dem Gesetz, das in einem hypothetischen Ruhezustand herrscht, das heißt unter Gleichgewichtsbedingungen.[62]

60 Zu Mangoldts Darstellung der Ricardoschen Theorie des Außenhandels siehe Jacob Viner, *Studies in the Theory of International Trade*, New York 1937, S. 458.
61 Siehe J. Hoffmann, »J. H. von Thünen im Blickfeld des deutschen Kameralismus«, in: *Weltwirtschaftliches Archiv* 65 (1950), S. 25-40. Die Literatur über Thünen und seine Bedeutung für das ökonomische Denken ist sehr umfangreich. Siehe Erich Schneider, »Johann Heinrich von Thünen«, in: *Econometrica* 2 (1934), S. 1-12.
62 Johann Heinrich von Thünen, *Der isolirte Staat in Beziehung auf Landwirthschaft und Nationalökonomie*, 3 Bände, Rostock 1826-1863, zuletzt Stuttgart 1966.

Thünen hatte den Einfluß fallender Kornpreise auf die Bodenrente bemerkt und machte sich daraufhin an eine sorgfältige Analyse bestimmter räumlicher Aspekte der Agrarproduktion.[63] Sein methodologisches Werkzeug, das er bei dieser Untersuchung einsetzte, bestand in der Konstruktion eines »isolierten Staates«, in dem ein geschlossener Markt den Mittelpunkt der Verteilungsprozesse darstellt. Grundlage seiner theoretischen Überlegungen war der Begriff der Grenzproduktivität, auf den Ricardo nur indirekt angespielt hatte, der aber von Mountifort Longfield viel klarer formuliert worden war.[64] Thünen ging bei seiner Analyse von einer ringförmigen Anordnung der agrarischen Produktion um eine Stadt aus und zeigte, daß sich aus den unterschiedlichen Kosten für den Transport der Produkte auf den zentralgelegenen Markt eine besondere Differentialrente ergibt. Mit diesem Entwurf einer »Standorttheorie« wies er zugleich auf den Einfluß hin, den räumliche Faktoren bei der optimalen Nutzung von Ackerland spielen.[65]

Auch bei seiner Analyse der Verteilungsprozesse, die zur Bestimmung der Landarbeiterlöhne führen, bediente sich Thünen des Begriffs der Grenzproduktivität. In Einklang mit der Ricardoschen Formulierung des »Gesetzes der abnehmenden Erträge« untersuchte er Zuwächse in der landwirtschaftlichen Produktion unter der Annahme, daß die Beiträge von Boden und Kapital stabil bleiben, während Arbeit in wachsendem Umfang verausgabt wird. Die sukzessive Aufwendung von immer mehr Arbeit, argumentierte er, werde sich so lange fortsetzen, bis der zusätzliche Ertrag, den der »letzte Arbeiter« erzielt, dem ihm gezahlten Lohn dem Wert nach gleich ist. Unter der Herrschaft der freien Konkurrenz werde dieses Lohnniveau für alle Arbeiter gelten, die Arbeit gleicher Art ausführen.

In seiner Erörterung der Kapitalproduktivität stellte Thünen ganz folgerichtig fest, daß die Effizienz des Kapitals an dem Zuwachs des Arbeitsprodukts zu bemessen ist, der bei einem Zuwachs an Kapital anfällt. Da sich nun unter Wettbewerbsbedingungen die Erträge unterschiedlich verwendeter Kapitalien ausgleichen, ist damit gezeigt, daß die Zinsrate von der gerade noch profitablen Verwendung des »zuletzt angelegten Kapitalteilchens« bestimmt wird. Thünens Behauptung, daß sich der Fortschritt in der Anwendung effizienter Maschinen verlangsame und mit abnehmenden Erträgen in der Landwirtschaft einhergehe, schien das Ricardosche Theorem vom tendenziellen Fall der Zinsrate nachhaltig zu bestätigen.

---

63 Ebd.
64 Mountiford Longfield, *Lectures on Political Economy*, Dublin 1834.
65 Bertil Ohlin, »Some Aspects of the Theory of Rent«, in: *Economic Essays in Honor of T. N. Carver*, Cambridge 1935, S. 177.

Thünens Beiträge zur Rententheorie und zur Analyse der Grenzproduktivität sichern ihm einen Platz unter den herausragendsten Ökonomen des neunzehnten Jahrhunderts. Eine dritte bemerkenswerte theoretische Leistung, die ihm zugeschrieben werden kann, besteht in der Einführung eines Begriffs, mit dem er den Gedanken der sogenannten *opportunity costs* (Substitutionskosten) vorwegnahm. Dieser Begriff war in seiner Feststellung impliziert, daß der Preis eines Produkts hoch genug sein muß, um zu gewährleisten, daß bei anderer Verwendung des zu seiner Produktion eingesetzten Bodens und Kapitals kein höherer Ertrag erzielt werden kann. Dieser Gedankengang führte Thünen zu dem Ergebnis, daß die Preise letztlich von alternativen Verwendungen der Produktionsfaktoren bestimmt werden.

Doch Thünens volkswirtschaftliche Untersuchungen waren nicht in erster Linie von rein wissenschaftlichen Interessen motiviert. Sein oberster Gedanke war das Bestreben, an der Verwirklichung sozialer Gerechtigkeit zu arbeiten und die Annahme von sozialen Reformen zugunsten der arbeitenden Klassen zu fördern. Mit diesem Ziel vor Augen entwickelte er die fiktive Formel eines »gerechten Lohns«, definiert als Quadratwurzel des notwendigen Lebensunterhalts, multipliziert mit dem Wert des durchschnittlich von dem Arbeiter erzeugten Produkts. Diese Formel sollte dem Arbeiter einen angemessenen Anteil an der wachsenden Effizienz des in den Produktionsprozessen eingesetzten Kapitals sichern.[66]

Die von Rodbertus befolgten logischen Prinzipien unterschieden sich grundlegend von den verfeinerten Methoden der ökonomischen Analyse, wie sie Thünen entwickelt hatte.[67] Wegen seiner sozialistischen Neigungen lag Rodbertus vor allem die Verwendung der Ricardoschen Arbeitskostentheorie am Herzen, weil er darin ein Beweismittel für die Behauptung sah, alle nicht durch Arbeit verdienten Einkommen stellten einen »Mehrwert« dar, der von den Boden- und Kapitaleignern einbehalten werde. Auf Rodbertus geht wahrscheinlich der verbreitete Glaube zurück, das Eigentum an Produktionsmitteln habe seinen Ursprung in Akten gewaltsamer Usurpation, und die Ungleichheit der Einkommen sei ausschließlich diesem institutionellen Faktor zuzuschreiben.[68] Aus dieser

---

66 Eine ausführliche Erörterung dieser problematischen Formel bietet Crook, *German Wage Theories*, a.a.O., 4. Kapitel.

67 Johann Karl Rodbertus-Jagetzow, *Zur Erkenntnis unsrer staatswirthschaftlichen Zustände*, Neubrandenburg 1842; *Sociale Briefe an von Kirchmann*, 3 Teile, Berlin 1850/51; *Das Kapital*, Berlin 1884. Die deutsche Literatur über Rodbertus ist sehr umfangreich. Siehe unter vielen anderen: Heinrich Dietzel, *Karl Rodbertus*, Jena 1886-1888; Böhm-Bawerk, *Kapital und Kapitalzins*, a.a.O., passim; Werner Halbach, *Karl Rodbertus*, Nürnberg 1938.

68 Derartige Ideen wurden später von Anhängern der sogenannten sozialrechtlichen

Betrachtungsweise der Verteilungsprobleme ergab sich seine Weigerung, die theoretische Unterscheidung anzuerkennen, die Ricardo zwischen dem Ertrag des Bodens und dem Kapitalgewinn getroffen hatte. Obwohl Rodbertus das Recht des Arbeiters auf den vollen Wert der Frucht seiner Arbeit bekräftigte, räumte er ein, daß Unternehmer, die eine Anzahl von Arbeitern zu produktiven Zwecken beschäftigen, Anspruch auf ein angemessenes Entgelt hätten.

Rodbertus berief sich auf die Autorität von Smith und Ricardo, um seine Aussagen zu rechtfertigen, daß nur durch Arbeit erzeugte Güter »wirtschaftliche« Güter seien und daß der Begriff *Arbeit* bei diesen Lehrmeistern der ökonomischen Analyse ausschließlich zur Bezeichnung »materieller« Operationen verwandt worden sei. Andererseits legitimierte er die Wahl seiner Grundbegriffe mit dem Argument, die Arbeitswerttheorie wurzele tief in nationalen deutschen Überzeugungen; dabei bediente er sich einer intuitionistischen Philosophie, die auf die Lehren der deutschen historischen Schulen zurückgeht. Bei seinen Versuchen, seine theoretischen Überlegungen zu rechtfertigen, griff Rodbertus wiederholt auf abschweifende Argumente zurück. Als Musterbeispiel eines solchen Gedankengangs sei auf seine Analyse der Grundrente verwiesen: Um die Erklärung der Rente mit dem Mehrwert zu verbinden, der den Arbeitern vorenthalten werde, charakterisierte er die Rente als kostenlosen Beitrag der Natur, vermehrt um die Differenz zwischen dem Bodenertrag und der durchschnittlichen Profitrate aller sonstigen Investitionen. Man beachte, daß die strenge Arbeitswerttheorie mit dem Theorem eines Ausgleichs der Profitrate unvereinbar ist.[69]

Wie einige englische Sozialreformer, etwa Robert Owen, war Rodbertus von dem Gedanken gefesselt, Geld als Mittel der Wertmessung durch eine Arbeitswährung zu ersetzen, die auf einem festen »Normalarbeitstag« beruhen und »gerechte Preise« ausdrücken sollte, die der in die Güter eingegangenen Arbeitsmenge entsprächen. Nach seinem idealen Modell der Lohnbestimmung sollten die Löhne dem normalen Arbeitsertrag angepaßt sein, der für eine jeweilige Beschäftigung festzusetzen und mit steigender Arbeitsproduktivität zu überprüfen wäre. Von einer solchen Anbindung der Löhne an die wachsende Produktivität der Herstellungsverfahren erwartete Rodbertus das Verschwinden der Krisen und Depressionen, da er die Existenz dieser Erscheinungen mit einem »Gesetz der fallenden Lohnquote« verband, das heißt mit einem allmählichen relativen Sinken der Kaufkraft der Lohnempfänger.[70] Neben Sismondi ist

---

Schule ausgearbeitet. Siehe Roman Muziol, *Karl Rodbertus als Begründer der sozialrechtlichen Anschauungsweise*, Jena 1927.
69 Johann Karl Rodbertus, *Zur Beleuchtung der socialen Frage*, Berlin 1875, S. 71.
70 Ders., *Die Handelskrisen und die Hypothekennoth der Grundbesitzer*, Berlin 1858.

Rodbertus einer der ersten Autoren, die für die wiederkehrende Anhäufung großer Mengen unverkäuflicher Waren auf dem Markt die »Unterkonsumtion« verantwortlich machten. Die periodische Wiederbelebung der ökonomischen Aktivität für eine begrenzte Zeit schrieb er der Ausdehnung der kapitalistischen Wirtschaft auf Kolonialgebiete zu, wo sich für die ansonsten unverkäuflichen Produkte kapitalistischer Unternehmen neue Märkte finden ließen; damit nahm er die Hauptzüge der Lehre des »ökonomischen Imperialismus« vorweg. Im Lichte dieser Theorie war der Kampf um den Besitz von Kolonien ein Kampf um Territorien, deren Märkte den Produzenten und Kaufleuten der erobernden Länder vorbehalten werden konnte.

Unter dem Einfluß einiger Leitgedanken der historischen Schule betrachtete Rodbertus die kapitalistische Wirtschaft als vorübergehende Stufe einer historischen Abfolge vage definierter »Entwicklungsprozesse«. Als Endstadium dieser Entwicklung erwartete er das Erscheinen eines christlichen Gemeinwesens, dessen Wirtschaftsordnung auf der Grundlage von Gemeineigentum an Boden und Kapital jedem Arbeiter denjenigen Anteil am Produkt sichern würde, der genau dem Wert seiner Produktionsleistung entspricht, während der Empfang »unverdienter« Einkommen abgeschafft wäre. Wenn einem bestehenden System der angemessenen Entlohnung moralische Kräfte mangelten, werde die Geschichte unweigerlich »die Peitsche der Revolution schwingen«.[71]

Bei den Anhängern christlicher Sozialbewegungen und einigen der deutschen »Kathedersozialisten« fielen die Ideen von Rodbertus in der zweiten Hälfte des neunzehnten Jahrhunderts auf fruchtbaren Boden. Seine Bewunderer schrieben ihm das Verdienst zu, die erste Doktrin des »wissenschaftlichen Sozialismus« aufgestellt zu haben, und es wäre ziemlich müßig, die Triftigkeit dieser Behauptung zu diskutieren. In diesem Zusammenhang sei ein Zeitgenosse von Rodbertus erwähnt, Karl Georg Winkelblech (1810-1865), der seine sozialistischen Vorschläge unter dem Namen Karl Marlo veröffentlichte. Sein dreibändiges Werk sollte zeigen, daß die Funktionsweise der kapitalistischen Wirtschaft zwangsläufig zu einer rapiden Verschlechterung der Lage der arbeitenden Klassen sowie der Kleinunternehmer führe. Wie die meisten deutschen Sozialisten sah er in der Organisation einer sozialistischen Wirtschaft eine Aufgabe der Regierung. Weite Bereiche der Ökonomie (Dienstleistungsgewerbe, Groß- und Außenhandel und so weiter) sollten zentral gelenkt werden; andere Berufe sollten zunftähnlich organisiert werden. Winkelblechs Schriften haben in der Ideengeschichte keinerlei Spuren hinterlassen.[72]

71 Ders., *Sociale Briefe an von Kirchmann*, a.a.O.
72 Karl Marlo, *Untersuchungen über die Organisation der Arbeit; oder, System der Weltökonomie*, 3 Bände, Kassel 1850-1859.

Amerikanische Diskussionen über die Smithsche Wirtschaftslehre

Erst im letzten Viertel des neunzehnten Jahrhunderts erkämpfte sich die theoretische Ökonomie in der Literatur und im Ausbildungswesen der Vereinigten Staaten einen gesicherten Platz.[73] Außerhalb des scharf umgrenzten Bereichs religiöser Aktivitäten durchdrang die utilitaristische Sozialphilosophie alle Sphären des gesellschaftlichen Lebens. Die ökonomischen Lehrbücher, die allgemein benutzt wurden, folgten den Lehren Says und regten nicht zu konsequenter theoretischer Analyse an. Obgleich sie sich für realistisch hielten, verkannten sie im Grunde die dynamischen Wirtschaftsprozesse, die sich vollzogen, als die gewaltigen natürlichen Ressourcen eines Kontinents von einer rasch wachsenden Bevölkerung erschlossen wurden und immer wieder neue, ungeahnte Möglichkeiten die unternehmerische Initiative weckten. Manche Grundelemente der Ricardoschen Wirtschaftslehre, etwa die Malthussche Bevölkerungstheorie, waren auf die amerikanische Situation offenkundig nicht anwendbar, und der Ricardosche Problemrahmen in der Frage der Verteilung blieb weitgehend unbeachtet. Ebenso bestand ein scharfer Gegensatz zwischen den von den englischen und französischen Ökonomen verkündeten Freihandelsprinzipien und der protektionistischen Politik Amerikas. Deren Hauptgedanken hatte Alexander Hamilton (1755-1804) eindrucksvoll in einem *Report on the Subject of Manufactures* dargelegt, der im Jahre 1791 dem Repräsentantenhaus unterbreitet wurde.

Dieser Bericht entfaltete das Argument der »Schutzbedürftigkeit junger Industrien« und versuchte die Vorteile zu belegen, die sich erzielen ließen, wenn die Entwicklung der Manufakturen unter starke Protektion gestellt würde; das sollte besonders für solche Branchen gelten, die einheimische Rohstoffe verwenden, Arbeit durch mechanisierte Prozesse ersetzen, Artikel des allgemeinen Bedarfs erzeugen können oder für Verteidigungszwecke von Bedeutung sind.[74]

In der Tat war die erste bemerkenswerte ökonomische Abhandlung aus Amerika, verfaßt von Daniel Raymond, ein Plädoyer für den Protektionismus.[75] Billigimporte – so lautete das zentrale Argument – dürften das relativ hohe Lohnniveau nicht untergraben, das in einigen amerikani-

---

73 Zu den möglichen Gründen für das fehlende wissenschaftliche Interesse und die mangelnde Initiative siehe Frank A. Fetter, »The Early History of Political Economy in the United States«, in: *Proceedings of the American Philosophical Society*, 1943, und Joseph H. Dorfman, *The Economic Mind in American Civilization*, 5 Bände, New York 1946.
74 Siehe John Bell Condliffe, *The Commerce of Nations*, New York 1950, S. 240 und 244.
75 Daniel Raymond, *Thoughts on Political Economy*, Baltimore 1820.

schen Industrien erreicht worden sei.[76] Henry Charles Carey (1793-1879) war der erste amerikanische Autor, dessen Ideen verbreitete Aufmerksamkeit fanden und der zum Kopf einer »Schule« wurde.[77] Es ist jedoch schwierig, aus den Fragmenten seiner lose zusammengefügten Gedankenstränge ein kohärentes Bild zu gewinnen. Er versuchte einige Lehrsätze aus den Schriften von Smith und Say zu einer Art allgemeiner Sozialwissenschaft oder Soziologie zu entwickeln. Aus der Beobachtung, daß ökonomischer Fortschritt mit einer relativen Wertminderung des angehäuften Kapitals im Vergleich zur Wertsteigerung der unmittelbar durch Arbeit erzeugten Waren einhergeht, leitete er ein allgemeines »Gesetz« ab, dem zufolge mit fortschreitender Kapitalakkumulation die Zinsrate tendenziell fällt, während der Gesamtumfang der Profite dank der wachsenden »Produktivität« des Kapitals beständig zunimmt.[78] Da Carey das Sinken der Zinsrate mit entsprechenden Vergrößerungen des Anteils der Arbeiter am Wert ihrer Produkte gleichsetzte, meinte er bewiesen zu haben, daß Kapitalisten und Arbeiter aus der fortschreitenden Kapitalakkumulation gleichen Vorteil zögen.

Carey rechtfertigte dieses hoffnungsfrohe Bild der kapitalistischen Ordnung mit einer Kritik an den pessimistischen Aspekten der Ricardoschen Lehre. Dem Malthusschen Bevölkerungsgesetz und der Theorie der abnehmenden Erträge in der Landwirtschaft stellte er die amerikanische Erfahrung und die Aussichten auf eine unbegrenzte Ausweitung der Produktivität entgegen. Er definierte die Grundrente als Äquivalent der Arbeitsmenge, die durch Investitionen der Landeigentümer in den Boden eingespart worden sei; Steigerungen der Grundrente berührten daher nach seiner Auffassung nicht die Verteilung des Volkseinkommens.

In seinen späteren Schriften trat Carey entschieden für eine strenge und dauerhafte Schutzzollpolitik ein, die ihm zur Entwicklung einer breitgefächerten Industrie unentbehrlich schien. Für die Handelskrisen von 1822-1824 und 1840-1843 machte er Zollsenkungen verantwortlich.[79]

76 Raymond führte auch einige Argumente an, die von Georg Friedrich List entfaltet wurden; siehe unten, 14. Kapitel, »Die deutschen historischen Schulen«.
77 Henry Charles Carey, *Principles of Political Economy*, a.a.O.; ders., *Principles of Social Science*, 3 Bände, Philadelphia 1858/1859 (deutsch: *Grundlagen der Sozialwissenschaft*, 3 Bände, München 1863/1864). Zu Careys Einfluß auf Bastiat siehe oben.
78 Zu den verschiedenen Mängeln von Careys Zins- und Profittheorie siehe Böhm-Bawerk, *Kapital und Kapitalzins*, a.a.O., S. 184 ff.
79 Henry Charles Carey, *Financial Crises. Their Causes and Effects*, Philadelphia 1863. Eine Zeitlang übte Carey beträchtlichen Einfluß auf die öffentliche Meinung in Amerika aus. In einem Brief an Cairnes aus dem Jahre 1864 drückte John Stuart Mill seine Besorgnis über diese Situation aus; siehe George O'Brien, »J. S. Mill und J. E. Cairnes«, in: *Economica* 23 (1943), S. 273-285, hier S. 280.

Die Ricardosche Rententheorie, die von Carey so erbittert angegriffen worden war, diente Henry George (1839-1897) dazu, sein berühmtes Prinzip einer »Universalsteuer« zu rechtfertigen.[80] Im Hintergrund von Georges Sozialphilosophie stand eine Version der Naturrechtslehre, der zufolge freier Zugang zu den natürlichen Ressourcen erforderlich ist, um jedermann das Recht auf Arbeit und Eigentumserwerb zu sichern. In allen Industrienationen, argumentierte er, sei der Reichtum insgesamt schneller gewachsen als die Bevölkerung, während die arbeitenden Klassen arm geblieben seien. George hielt die Landeigentümer für diese Armut verantwortlich, da den Zinsen und Löhnen durch die Produktivität des Kapitals und der Arbeit, die auf dem am wenigsten einträglichen Boden eingesetzt werden, feste Grenzen gesetzt seien. Als wirksames Heilmittel schlug er die Erhebung einer Steuer vor, die die »unverdienten« Einkommen aus Differentialrenten »abschöpfen« sollten.

Hochgeachtete ricardianische Ökonomen wie John Stuart Mill hatten ähnliche, wenngleich weniger radikale Vorschläge geäußert, und sofern man die Ricardosche Rententheorie als gültig betrachtet, lassen sich gegen den Ausgangspunkt von Georges Argumentation keine grundsätzlichen Einwände erheben. Kritische Bemerkungen richteten sich eher gegen die Ziele, die George mit seiner Politik erreichen wollte, sowie gegen die Möglichkeit, zwecks Besteuerung die Nettorente vom Ertrag der Investitionen für die Bodenmelioration zu trennen.[81] Es ließ sich leicht einwenden, daß George den Anteil der Landeigentümer am Volkseinkommen erheblich überschätzt habe, daß die Bodenrente wichtige Funktionen bei der Organisation der landwirtschaftlichen Produktion und auf dem Grundstücksmarkt erfülle und daß die aus dem Boden abgeleiteten Renten in den zahllosen Fällen, in denen ein anderer Produktionsfaktor als die Arbeit relativ knapp ist, nur einen Bruchteil der »unverdienten« Einkommen ausmachten. Diese und andere Einwände hinderten die Anhänger der Universalsteuer-Bewegung jedoch nicht daran, Georges Vorschlag als Allheilmittel zu betrachten, das für eine angemessene Verteilung der Ergebnisse des wirtschaftlichen Fortschritts unter den großen Massen der arbeitenden Bevölkerung sorgen werde. Der erstaunliche

---

80 Henry George, *Progress and Poverty*, Middleton 1879 (deutsch: *Fortschritt und Armuth*, 5. Auflage, Berlin 1892). Obwohl es im letzten Viertel des neunzehnten Jahrhunderts erschien, gehört dieses Buch in die ricardianische Epoche. Es ließ sämtliche Veränderungen des ökonomischen Denkens unbeachtet, die seit dem Erscheinen von John Stuart Mills *Principles* stattgefunden hatten.
81 Henry George arbeitete seine ökonomischen Theorien in einigen Folgeschriften weiter aus: *Social Problems*, Chicago 1882 (deutsch: *Sociale Probleme*, Berlin 1885); *The Science of Political Economy*, New York 1897. Zu ähnlichen Vorschlägen zur Besteuerung des Bodens siehe E. Whittaker, *A History of Economic Ideas*, London 1940, S. 234.

propagandistische Erfolg, den die Idee einer einzigen Steuer in den Vereinigten Staaten, in England und auf dem europäischen Kontinent hatte, ist manchmal dem Umstand zugeschrieben worden, daß sie in einer Zeit der wirtschaftlichen Depression lanciert wurde. Georges Kapitalzinstheorie erinnert an Turgots Annahme, daß die Verteilung der Wertschöpfung nach den produktiven Diensten der Natur über einen Angleichungsprozeß auch auf Situationen ausgedehnt werde, in denen solche Dienste nicht geleistet wurden.

Ein wissenschaftlicheres Niveau erreichte die Vermittlung der ökonomischen Lehre in den Vereinigten Staaten erst, als in den siebziger Jahren des neunzehnten Jahrhunderts an einigen führenden Universitäten Lehrstühle für Politische Ökonomie errichtet wurden.[82] Die Gründung der *American Economic Association* im Jahre 1885 ging auf die Initiative einer Gruppe amerikanischer Wirtschaftswissenschaftler zurück, die einige Jahre an deutschen Universitäten bei Gelehrten der historisch-ethischen Schule verbracht hatten. So erklärt es sich, daß die »historische und statistische Untersuchung« der »natürlichen Grundlagen des Wirtschaftslebens« ausdrücklich zu den Hauptzielen der Vereinigung gezählt wurde. Das einflußreichste Mitglied dieser »neuen Schule« von Ökonomen, die gegen die ricardianischen Methoden der Analyse vehement Einspruch erhob, war Richard T. Ely (1854-1943).[83]

Doch der Versuch, die amerikanischen Ökonomen zu den Prinzipien des organizistischen Denkens zu bekehren, war nicht besonders erfolgreich. Diese Prinzipien waren kaum mit den methodologischen Regeln der utilitaristischen Philosophie zu vereinbaren, die den Hintergrund für den amerikanischen Zugang zu sozialen und ökonomischen Problemen bot. Ebenso wie in anderen Wissenschaften behielten die Methoden des hypothetischen Denkens die Oberhand. Von den amerikanischen Ökonomen, die bemerkenswerte Beiträge zur ricardianischen Wirtschaftslehre lieferten, sei Frederick Barnard Hawley erwähnt.[84] Ausgehend von einer Kri-

---

82 Die ersten Inhaber dieser Lehrstühle waren Charles F. Dunbar (1830-1900), der im Jahre 1886 das *Quarterly Journal of Economics* gründete, in Harvard, William Graham Sumner (1840-1910) in Yale und Francis A. Walker (1840-1897), der erste Präsident der *American Economic Association*, in Sheffield. Ökonomische Lehrbücher wurden 1885 von Simon Newcomb (1835-1909) und 1896 von Arthur T. Hadley (1856-1930) veröffentlicht.

83 Richard T. Ely entwickelte seine Ansichten über die neue Schule in einem Essay mit dem Titel *The Past and Present of Political Economy*, Baltimore 1884. Siehe Jacob H. Hollander (Hg.), *Economic Essays in Honor of J. B. Clark*, New York 1927, S. 2.

84 Hawley publizierte zwischen 1890 und 1902 im *Quarterly Journal of Economics* eine Reihe von Artikeln über verschiedene Aspekte der Verteilungstheorie. Seine Hauptwerke waren *Capital and Population*, New York 1882, und *Enterprise and*

tik an verschiedenen Zügen der Millschen Doktrin stellte Hawley das Verhalten des Unternehmers in den Mittelpunkt seiner Wirtschaftsanalyse und betonte dessen Aufgaben im Bereich der »Risikoübernahme«. Entsprechend definierte er den Profit als Gefahrenprämie. Er verband einen weiten Rentenbegriff (der Einkommen aus Monopolen und fixen Kapitalgütern einschloß) mit einer Theorie des Gesamtertrags, der zufolge das Angebot an Produktionsfaktoren von der Höhe ihrer Vergütung unabhängig sein sollte. Er kümmerte sich praktisch nicht um die Rolle, die man gewöhnlich den Preisen bei den Anpassungsprozessen der Wirtschaft zuschreibt.

Von den amerikanischen sozialistischen Autoren, die nicht dezidierte Anhänger Fouriers oder Owens waren, sei Edward Bellamy (1850-1898) erwähnt. Seine vielgelesene Utopie *Looking Backward*, die 1897 erschien, predigte vollständige wirtschaftliche Gleichheit, die im Rahmen eines autoritären Staatssozialismus verwirklicht werden sollte.

---

the Productive Process, New York 1907. Siehe Richard M. Davis, »Frederick B. Hawley's Income Theory«, in: *Journal of Political Economy* 61 (1953), S. 117-126.

Vierter Teil
Organizistische Ökonomie

14. Kapitel
Die deutschen historischen Schulen

Deutsche »idealistische« Philosophien

Es ist eine merkwürdige Tatsache, daß sich in den ersten Jahrzehnten des neunzehnten Jahrhunderts die Methoden des hypothetischen Denkens in den deutschen Naturwissenschaften fest verankern konnten, während die Anwendung dieser Methoden auf soziale Phänomene und Ereignisse von beinahe sämtlichen deutschen Philosophen dieser Epoche verworfen wurde. Diese Zweiteilung konnte sich zu ihrer Rechtfertigung auf die Autorität Immanuel Kants berufen. In seiner *Kritik der reinen Vernunft* widersprach Kant der Verwendung des Substanzbegriffs in den Naturwissenschaften mit der Begründung, der menschliche Verstand habe sich in Widersprüchen verirrt, als er es wagte, die Grenzen möglicher Erfahrung zu überschreiten, und sich mit den »Dingen an sich« zu befassen suchte. In der *Kritik der praktischen Vernunft*, die die normativen Aspekte des menschlichen Denkens untersucht, ließ Kant jedoch die Möglichkeit »synthetischer Urteile apriori« zu und hob hervor, daß sich die Gesetze der Kausalität nicht auf die Analyse menschlichen Verhaltens anwenden ließen, weil sie nicht mit dem Prinzip der Willensfreiheit zu vereinbaren seien. Diese Überlegungen brachten viele führende deutsche Philosophen, Historiker und Soziologen dazu, die Anwendung naturwissenschaftlicher Methoden bei der Untersuchung sozialer Beziehungen abzulehnen. Statt dessen empfahlen sie, bei der Analyse sozialer Erscheinungen den Weg der »Einfühlung« zu beschreiten, weil intuitive Verfahren es den Beobachtern ermöglichten, Wesen und Wirken geschlossener kollektiver »Ganzheiten« zu erfassen, die – wenngleich unmittelbarer Wahrnehmung nicht zugänglich – als Gegenstände zu betrachten seien, denen reale Existenz außerhalb des menschlichen Geistes zukomme.
Unter den deutschen »idealistischen Philosophen«, die auf das ökonomische Denken beträchtlichen Einfluß ausübten, nahm Johann Gottlieb Fichte (1762-1814) eine bedeutende Stellung ein.[1] Fichtes »Identitätsphi-

---

[1] Johann Gottlieb Fichte, *Ueber den Begriff der Wissenschaftslehre oder der sogenannten Philosophie*, Weimar 1794 (*Fichte's sämmtliche Werke*, Berlin 1845/46, Band 1, Nachdruck: Berlin 1971); ders., *Grundlage des Naturrechts nach Principien der Wissenschaftslehre*, Jena/Leipzig 1796 (a.a.O., Band 3).

losophie« strebte danach, eine Welt von Begriffen als Sphäre der Zwecke zu errichten, die mit der wirklichen Welt völlig übereinstimmen sollte. Der Mensch sollte den vermeintlichen Antagonismus zwischen jener Sphäre und seinen Trieben und Neigungen überwinden und aus freiem Willen die sittlichen Aufgaben erfüllen, die ihm als Mitglied eines »gesellschaftlichen Organismus« zukommen. Als »organische Entitäten« galten im Rahmen dieser Philosophie jedoch nicht nur politische Gemeinwesen, sondern auch »Nationalitäten«, denen bei der fortschreitenden Verwirklichung einer vorab bereits feststehenden Weltordnung bestimmte Aufgaben zukommen sollten.² In seinen vielgelesenen *Reden an die deutsche Nation* aus den Jahren 1807/08 schrieb er der deutschen »Nation« besondere geistige Fähigkeiten und Haltungen zu und trug ihr auf, die Welt durch kulturelle und moralische Leistungen zu retten. Während die besondere Berufung »auserwählter« Nationen sonst gewöhnlich auf eine Offenbarung zurückgeführt wird, sollte die Mission der Deutschen in Fichtes Verständnis mit einem einzigartigen logischen Vermögen der Mitglieder dieser Nation zusammenhängen, nämlich mit ihrer angeblichen Fähigkeit, intuitive Begriffe zu erfassen. So wurde Fichte zu einem der ersten jener Apostel des deutschen Nationalismus, die jedem Deutschen die moralische Verpflichtung auferlegten, seine Interessen und seinen Willen den höheren Zielen der Nation unterzuordnen.³

In einer ökonomischen Abhandlung mit dem Titel *Der geschlossene Handelsstaat*⁴ entwickelte Fichte aus seinen extrem nationalistischen Gedanken den Entwurf eines utopischen politischen Gemeinwesens, dessen Mitglieder vollständig der Machtfülle der Regierung unterworfen sein sollten. Zu deren Aufgaben gehörten die Lenkung einer Planwirtschaft sowie die Ausgabe von Papiergeld, dessen Umlauf den Erfordernissen des Binnenmarkts entsprechen sollte. Der Außenhandel, ohnehin auf ein Mindestmaß beschränkt, sollte hauptsächlich als bilateraler Tauschhandel zwischen Handelsmonopolen betrieben werden. Obwohl Fichte erwartete, daß durch die empfohlene kulturelle und wirtschaftliche Isolation der politischen Gemeinwesen die Ursachen für Kriege beträchtlich vermindert würden, beanspruchte er für den Nationalstaat das Recht, an-

---

2 Fichtes Naturrechtsphilosophie hatte ursprünglich kosmopolitische Züge. Erst später, unter dem Eindruck der napoleonischen Eroberung Europas, übernahm er eine stark nationalistische Einstellung.

3 Später wurden Fichte und seine Nachfolger gepriesen, »die wahre, universalistische Auffassung: einer höheren, über die bloße Nützlichkeit hinausgehenden Solidarität der Staatsglieder« wiederhergestellt zu haben. Siehe Othmar Spann, *Die Haupttheorien der Volkswirtschaftslehre auf dogmengeschichtlicher Grundlage*, 2. Auflage, Leipzig 1916, S. 33.

4 Johann Gottlieb Fichte, *Der geschlossene Handelsstaat*, Tübingen 1800 (a.a.O., Band 3).

grenzende Gebiete gewaltsam zu annektieren, wenn solche Schritte aus wirtschaftlichen Erwägungen erforderlich würden.

Das logische Vorgehen, das Fichte und andere »idealistische« Philosophen wie Friedrich Wilhelm Joseph von Schelling (1775-1854) wählten, unterschied sich grundlegend von dem der »Aufklärer« des achtzehnten Jahrhunderts, die über die Analyse des Fortschritts, der durch intellektuelle und soziale Entwicklungen erreicht wurde, zur Entdeckung ewiger Wahrheiten gelangen wollten. Die Idee eines linearen Fortschritts wurde schließlich aus logischen Gründen von Georg Wilhelm Friedrich Hegel (1770-1831) angegriffen und verurteilt, der sämtliche historischen Prozesse aus einer Entwicklungsdynamik erklärte und darauf bestand, daß alle Geschichte einen Zweck aufweisen müsse, auf den sich sämtliche Handlungen und Ereignisse beziehen ließen.[5] Hegel verwarf also nicht nur jede Geschichtsschreibung deskriptiver Art, insofern dieser kein Erkenntniswert zukomme, sondern wandte sich ebenso gegen jede historische Analyse, die nicht die Gültigkeit des vorbestimmten Laufs zu bestätigen trachtet, den er der Abfolge der geschichtlichen Ereignisse zuschrieb.

Eng mit dieser teleologischen Geschichtsauffassung war Hegels Behauptung verbunden, die menschlichen Tätigkeiten in den verschiedenen Bereichen des geistigen und sozialen Lebens seien in jeder Periode ein einheitliches »organisches« Ganzes und von einer gemeinsamen Substanz oder Idee durchdrungen, die er »Volksgeist« nannte. Da sich die Entwicklung der englischen Sprache im Rahmen von Denkmustern vollzog, die von den Methoden der Einfühlung und des dialektischen Denkens stark abwichen, läßt sich für Begriffe, die den zuletzt genannten Mustern folgen, keine korrekte Übersetzung angeben. Die Begriffe *Volk* und *Geist* gehören zu dieser Kategorie. Der Volksgeist sollte die Einheit, Einzigartigkeit und Besonderheit der Kultur einer Nation auf einer jeweiligen Stufe ihrer Geschichte gewährleisten, und die Geschichte einer jeden Nation schien Hegel vorab schon von »Entwicklungsmöglichkeiten« bestimmt zu sein. Bedenkt man den engen Zusammenhang, der damit zwischen allen Bereichen menschlicher Tätigkeiten hergestellt wurde, so leuchtet ein, warum in der Hegelschen Philosophie für eine Wirtschaftslehre als eigene Disziplin kein Platz war.

Hegels Lehre von der Vielheit der »Volksgeister« und ihrer vorherbestimmten Entwicklung fand ihre Vollendung in einem übergeordneten Weltgeist, dem er die Aufgabe zuschrieb, am Ende für den Triumph des christlich-deutschen Staates zu sorgen. Damit verschaffte er den deut-

---

[5] Die dialektischen Aspekte der Hegelschen Philosophie werden im Zusammenhang mit der Analyse der Marxschen Lehre erörtert.

schen Ökonomen nicht nur ein Arsenal von Argumenten gegen die ricardianische Doktrin, sondern billigte ihnen zugleich den Anspruch auf eine natürliche Überlegenheit ihrer Denkmethoden über die aller anderen Völker zu.

Die Mehrheit der deutschen Ökonomen übernahm nicht die komplizierten Hegelschen Denkmethoden, sondern bediente sich zur Bestimmung der Grundbegriffe und Lehrsätze ihrer Untersuchungen eher der methodischen »Einfühlung« und beharrte darauf, wichtige Elemente ihrer Analysen auf dem Wege der Abstraktion aus der Erfahrung herzuleiten. Intuitive Verfahren können jedoch mehr oder weniger unabhängig von jeder Erfahrung angewandt werden und lassen einer üppigen Einbildungskraft freie Bahn. Denkweisen dieser Art prägen die Schriften der »romantischen« Autoren. Einige ernstzunehmende Gelehrte dieser Gruppe, die sich der Erforschung sozialer Probleme widmeten, kamen dabei zu der Einsicht, daß dem von Edmund Burke vorgetragenen Lehrsatz, Natur sei »Weisheit ohne Reflexion«, grundlegende Bedeutung zukomme. Während Burke jedoch – ebenso wie andere Sozialphilosophen des achtzehnten Jahrhunderts[6] – die Betonung vornehmlich auf die harmonisierenden, wohltätigen Folgen des unabsichtlichen Zusammenwirkens der Menschen gelegt hatte, entfalteten einige deutsche Anhänger der romantischen Schule die in Burkes Satz enthaltenen irrationalen Elemente.[7] Eine weite Interpretation dieser Lehre erlaubte es anderen, an die Gefühle statt an die Vernunft zu appellieren und auf mystische Auffassungen der sozialen Beziehungen sowie idealisierte Bilder einer fernen Vergangenheit, besonders der mittelalterlichen Gesellschaftsverfassung, zurückzugreifen. Sie stellten die Feudalgesellschaft als bewundernswerte Verkörperung eines einheitsstiftenden sittlichen Geistes dar und beklagten die Zersetzung des gesellschaftlichen Lebens, wie sie die Philosophie des ökonomischen Liberalismus mit sich gebracht habe. Manche katholische Autoren fühlten sich besonders von dem Gedanken eines »Ständestaates« angezogen, in dem das wirtschaftliche und soziale Verhalten den Prinzipien der christlichen Moral unterstehen und die Produktion von zunftähnlichen Assoziationen der Produzenten betrieben werden sollte.

6 An der Spitze dieser Philosophen standen der Historiker Adam Ferguson, der Utilitarist Josiah Tucker und der Ökonom Adam Smith. Siehe unter anderem Friedrich A. Hayek, *Individualism and Economic Order*, London 1949, S. 7 (deutsch: *Individualismus und wirtschaftliche Ordnung*, Erlenbach/Zürich 1952, S. 12).

7 Einer der ersten deutschen Gelehrten, die die spontanen, unbewußten Entwicklungen in Sprache, Kunst und Religion untersuchten, war Johann Gottfried Herder (1744-1803). Siehe *Abhandlung über den Ursprung der Sprache*, Halle 1771 (zuletzt: Stuttgart 1973), und *Ideen zur Philosophie der Geschichte der Menschheit*, 4 Bände, Riga 1784-1791.

Ein typischer Vertreter der romantischen Sozialphilosophie war Adam Müller (1779-1829), der das intuitive Denken durchaus konsequent auf die Analyse ökonomischer Phänomene übertrug und von einer mystischen Sehnsucht nach einer sozialen Organisation wie der mittelalterlichen erfüllt war, in der sich eine vollentfaltete hierarchische Ordnung der Ideen spiegelte. Er schrieb der sozialen Gemeinschaft Ordnungspriorität zu und behauptete ihre Dominanz im Verhältnis zu ihren Mitgliedern; der einzelne sollte sein Glück in der Unterordnung seiner Interessen unter die des Kollektivs finden. In der zweiten Hälfte des neunzehnten Jahrhunderts blieben Müllers Schriften völlig unbeachtet, wurden jedoch später von dem Wiener Ökonomen Othmar Spann »wiederentdeckt«, der aus den Schriften Müllers einige Elemente seiner »universalistischen« Sozialphilosophie ableitete. Die begriffliche Abgrenzung der Ökonomie von den übrigen Sozialwissenschaften war mit dieser Sozialphilosophie offenkundig unvereinbar, die nahezu alle ökonomischen Begriffe mit geistigen Werten und aus der Vergangenheit überkommenen moralischen Kräften verknüpfte. So ersetzte Müller den Begriff des Tauschwerts durch einen vagen »geselligen Wert« oder Wert »in Beziehung auf die bürgerliche Gesellschaft«.[8]

In seiner Erörterung monetärer Probleme lehnte Müller die Auffassung ab, die Institution des Geldes gehe ursprünglich auf die Praxis des Tauschens zurück.[9] Er erklärte das Geld zum »ökonomischen Ausdruck für dieses Bedürfniß der Vereinigung« der Mitglieder einer Gesellschaft und schrieb Geld und Kredit die Aufgabe zu, den Antagonismus aufzuheben, den er zwischen der Institution des Privateigentums und einer organischen Gesellschaft sah. Er benutzte dieses halbdialektische Argument, um eine nicht konvertierbare Papierwährung im Gegensatz zum internationalen Goldstandard zu rechtfertigen. Daß Müller, ähnlich wie Fichte, wirtschaftliche Autarkie als Mittel zur Stärkung der nationalen Einheit forderte, braucht kaum eigens betont zu werden. Wenngleich seine romantische Sozialphilosophie niemals über ein embryonales Stadium hinaus entwickelt wurde, fand sie bei einigen Mitgliedern der historischen Schule der Nationalökonomie hohe Wertschätzung, etwa bei Roscher und Knies. Neben Müller gelten zwei weitere Autoren als Hauptvertreter der romantischen Bewegung in den Sozialwissenschaften: Friedrich Gentz, ein fähiger Publizist, der in den Diensten des konservativen österreichischen Kanzlers Fürst Metternich stand, und Carl Ludwig von Haller, der Schweizer Autor eines umfangreichen Werkes über *Die Restauration der Staatswissenschaft* (1816-1834).

8 Adam Müller, *Elemente der Staatskunst*, 3 Bände, Berlin 1810 (Jena 1922-1926). Siehe auch Jakob Baxa, *Adam Müller*, Jena 1930.
9 Adam Müller, *Versuche einer neuen Theorie des Geldes mit besonderer Rücksicht auf Großbritannien*, Leipzig/Altenburg 1816 (Jena 1922, S. 140f.).

Bemerkenswert ist zudem, daß einige Vertreter kameralistischer Prinzipien (Arnold Heeren, August Rehberg und Brandes) zusammen mit den Mitgliedern der romantischen Bewegung einen verzweifelten Kampf gegen jede quantitative Analyse ökonomischer Erscheinungen führten.[10] Charakteristisch für ihre Haltung war ihre Ablehnung statistischer Tabellen als Hilfsmittel demographischer oder ökonomischer Untersuchungen.

Das Auftreten des Historismus

Die Lehren der idealistischen Philosophen, angewandt auf die Betrachtung des Verlaufs der sozialen Ereignisse, lieferten den Hintergrund für die Entwicklung der methodologischen Prinzipien der sogenannten historischen Schule, die auf das Denken einer Generation deutscher Juristen beherrschenden Einfluß ausübten und von mehreren Generationen deutscher Ökonomen geteilt wurden. Diesen Prinzipien zufolge stellt jede Nation ein »organisches Ganzes« dar, dessen Existenz und Entwicklung von jeweils eigenen Gesetzen und Zielen bestimmt werden. Das unterbewußte Wirken dieser Gesetze sollte in den sozialen Institutionen der betreffenden Nation seinen Ausdruck finden. Edmund Burkes Theorie des Verjährungsrechts wurde angeführt, um zu erklären, wie sich Institutionen, die schon über lange Zeiträume hinweg bestehen, an besondere Umstände, Gesinnungen, moralische und soziale Gewohnheiten der Mitglieder der Gemeinschaft anpassen.[11]

Von dieser logischen Begründung des »Historismus« war es nur ein kleiner Schritt zu der Behauptung, die Natur habe die Vielfalt von Volksgeistern gewählt, um die volle Entwicklung der menschlichen Rasse zu erreichen.[12] Rivalitäten zwischen Nationen, sogar Kriege ließen sich damit als Bestandteile eines natürlichen Prozesses und als Mittel des Fortschritts verstehen. Bei der Untersuchung politischer und sozialer Ereignisse sollte sich der Forscher die »Volksgemeinschaften« als »Organismen« mit eigenen Zielen und einer je eigenen Entwicklung denken. Eine

---

10 Die Anführer in diesem Kampf – Arnold Heeren (1760-1842), August Rehberg und Brandes – waren Mitglieder der sogenannten Göttinger Schule. Siehe Vincenz John, *Geschichte der Statistik*, Stuttgart 1884, Band 1, S. 129.

11 Edmund Burke, *Reflections on the Revolution in France*, London 1792 (deutsch: *Betrachtungen über die Französische Revolution*, Berlin 1793; zuletzt: Frankfurt am Main 1967).

12 Siehe Erich Rothacker, »Historismus«, in: Arthur Spiethoff (Hg.), *Gustav von Schmoller und die deutsche geschichtliche Volkswirtschaftslehre. Festgabe zur 100. Wiederkehr seines Geburtstages*, in: *Schmollers Jahrbuch für Gesetzgebung, Verwaltung und Volkswirtschaft* 62 (1938) 4-6, S. 5.

Art intuitiver Einsicht in das Verhalten solcher Organismen wurde als Voraussetzung dafür erachtet, daß der Forscher das »Ganze« im Unterschied zu seinen Teilen, die Wechselbeziehungen zwischen dem Ganzen und seinen Teilen sowie die Rolle erkennen könne, die einzelnen Ereignissen im Rahmen von stetig ablaufenden Prozessen zukommt. Da Geschichte Veränderung bedeutet, schien es notwendig, bestimmte Elemente zu entdecken, die sich trotz der Veränderung durchhalten.[13] Die Suche nach »Stufen« in der Analyse historischer, sozialer und kultureller Entwicklungen wurzelt in diesem methodologischen Ansatz.

Deutsche Juristen mit Friedrich Carl von Savigny (1779-1861), Gustav F. Hugo (1769-1844) und Carl Friedrich von Eichhorn (1781-1854) an der Spitze waren die ersten Gelehrten, die die Methoden des Historismus auf Grundprobleme ihrer Wissenschaft anwandten. Entschieden widersetzten sie sich der Idee, Rechtsgrundsätze aufzustellen, die allen Nationen gemeinsam wären, und hoben die Einzigartigkeit und Individualität des »Volksgeistes« hervor, der die eigentümlichen Gesetze und Institutionen einer Nation hervorbringe.[14] Denn es sei »der in allen Einzelnen gemeinschaftlich lebende und wirkende Volksgeist, der das positive Recht erzeugt, der also für das Bewußtsein jedes Einzelnen, nicht zufällig sondern nothwendig, ein und dasselbe Recht ist«. Im Unterschied zum »Volk« als Teil einer überindividuellen Realität wurde der Staat als »eine Art der Rechtserzeugung«, als sittliche Persönlichkeit betrachtet. Da der Volksgeist sich schrittweise entwickeln und bestimmte Stufen durchlaufen sollte, galten alle sozialen Institutionen als zeitbedingt und ihre Übertragung von einer Nation auf eine andere als unmöglich. Die Vertreter der historischen Rechtsschule waren daher entschiedene Gegner der Naturrechtslehre und sämtlicher Folgerungen, die sich daraus ergaben. Auf ihre historische Deutung der bestehenden sozialen und ökonomischen Gesetze konnten sich alle konservativen Bewegungen im Bereich der gesellschaftlichen und politischen Organisation stützen.

---

13 Platons Theorie der Wesenheiten ließ sich von der Überlegung leiten, daß sich keinerlei Veränderung beobachten läßt, solange es nicht möglich ist, bestimmte »essentielle« Elemente anzugeben, die unbeschadet des Wandels gleich bleiben. Siehe Karl Popper, »The Poverty of Historicism. Part 1«, in: *Economica* 24 (1944), S. 86-103, hier S. 96 (deutsch: *Das Elend des Historizismus*, 3. Auflage, Tübingen 1971, S. 24 f.).

14 Friedrich Carl von Savigny, *Vom Beruf unsrer Zeit für Gesetzgebung und Rechtswissenschaft*, Heidelberg 1814 (wieder in: Jacques Stern (Hg.), *Thibaut und Savigny. Eine programmatischer Rechtsstreit auf Grund ihrer Schriften*, Berlin 1914, Nachdruck: Darmstadt 1959, S. 69-166, hier: S. 75 ff.); ders., *System des heutigen Römischen Rechts*, Berlin 1840-1849.

Ähnliche Überlegungen brachten zahlreiche deutsche Historiker dazu, die »organische« Totalität der Nation und den »objektiven« Geist zu betonen, dem diese ihre einzigartige politische und kulturelle Entwicklung verdanke. Leopold von Ranke (1795-1886), ein herausragender Vertreter des Historismus, entwickelte die »idiographische Methode«, nach der jedes geschichtliche Ereignis im Hinblick auf seine besonderen Züge, insbesondere seine nationalen Aspekte, analysiert werden sollte. Die Suche nach allgemeinen Gesetzen oder Regelmäßigkeiten, die den politischen oder sozialen Beziehungen oder Entwicklungen zugrunde liegen, wurde von dieser Methode praktisch ausgeschlossen.

Um die Mitte des Jahrhunderts gingen einige führende Ökonomen daran, die Leitprinzipien des Historismus auf die Untersuchung wirtschaftlicher Erscheinungen anzuwenden.[15] Sie verwarfen die Benutzung der deduktiven Methode sowie der quantifizierenden Begriffe und Propositionen der Ricardoschen Lehre. Dessen Doktrin kennzeichneten sie als Ergebnis einer »materialistischen« und »chrematistischen« Sozialphilosophie, die ihnen mit den überlegenen deutschen Prinzipien von Moral und Gesellschaft unvereinbar schien. Sie selbst erwarteten, aus einer möglichst umfassenden Sammlung historischen Materials über weite Bereiche der ökonomischen Ereignisse volle Einsicht in deren Bedingtheit durch nationale Besonderheiten und historische Umstände zu gewinnen. Sie nahmen an, daß es ihnen eine vergleichende Analyse der Ergebnisse solcher Studien ermöglichen werde, gewisse allgemeine soziale oder ökonomische Regelmäßigkeiten, Trends oder »Gesetze« zu entdecken.

Friedrich List (1789-1846) ist von einigen deutschen Autoren als Vorläufer der historischen Schule angesprochen worden, wenngleich er ihr strenggenommen nicht zugehört.[16] Er kritisierte die Lehren von Adam Smith als Ergebnis eines »bodenlosen Kosmopolitismus«, »toten Materialismus« und »Individualismus«. Besonders richteten sich seine Angriffe gegen die Benutzung der Tauschwerttheorie zur Rechtfertigung des Freihandelsprinzips bei den englischen Ökonomen; diese Theorie reflektiere nur die Sicht des einzelnen Kaufmanns.[17] Gegen die Betonung, die Smith und seine Nachfolger auf das Individuum und sein Wirtschaftsverhalten gelegt hatten, setzte List seine Auffassung der Nation, die – »zu

---

15 Siehe Carl Menger, *Untersuchungen über die Methode der Sozialwissenschaften und der politischen Oekonomie insbesondere*, Leipzig 1883 (*Gesammelte Werke*, Band 2, Tübingen 1969).

16 Friedrich List, *Das nationale System der politischen Oekonomie*, Stuttgart/Tübingen 1841 (Jena 1910, S. 204 ff., 220 ff., 267 ff.). Siehe unter anderen Arthur Sommer, *Friedrich Lists System der politischen Ökonomie*, Jena 1927.

17 List scheint seine Kritik an der *Laissez-faire*-Doktrin in einigen Punkten aus den *Thoughts on Political Economy* des Amerikaners Daniel Raymond (Baltimore 1820) übernommen zu haben.

einem für sich bestehenden Ganzen vereinigt« und »mit ihrer eigentümlichen Abstammung und Geschichte« – das Recht auf ein eigenes Ziel hat. Er war überzeugt, daß die Bemühungen der einzelnen, auf sich gestellten Produzenten nicht genügen würden, eine arme Nation zum Wohlstand zu führen und ohne Mitwirkung der Regierung die »produktiven Kräfte« der Nation zu entwickeln. List benutzte den Begriff der »produktiven Kräfte« in sehr weitem Sinne und verwandte ihn nicht nur für die potentiellen materiellen Ressourcen einer Nation, sondern auch für die individuellen Fähigkeiten und Vermögen ihrer Mitglieder, wie sie durch Erziehung, Ausbildung und kulturelle Leistungen erworben und durch moralische und politische Institutionen verstärkt werden. Der Begriff »produktive Kräfte« hat viele Kritiken überlebt. Noch fast hundert Jahre nach seiner Verwendung bei List wurde er in einem vielbenutzten deutschen Lehrbuch über Außenhandelspolitik als »höchst glücklich formuliert« empfohlen.[18]

Der Begriff der »produktiven Kräfte« diente List als wirksames Mittel zur Verteidigung der Prinzipien des Protektionismus. In einem ausführlichen geschichtlichen Überblick unterschied er fünf allgemeine Entwicklungsstufen der Produktivkräfte einer Nation und betonte die Notwendigkeit, die nationale Wirtschaftspolitik sorgfältig den auf einer jeweiligen Stufe herrschenden Bedingungen anzupassen. Bei der Ausarbeitung der leitenden Prinzipien einer Zollpolitik, die den Bedürfnissen von Ländern entsprechen sollte, die die letzte Stufe des ökonomischen Fortschritts noch nicht erreicht haben, bediente er sich insbesondere des Hinweises auf die Schutzbedürftigkeit junger Industrien (»Erziehungszölle«). Lists Theorie der fünf Wirtschaftsstufen betrachtete die landwirtschaftliche Produktion im allgemeinen als vollentwickelten Zweig der ökonomischen Aktivität, der keines Zollschutzes bedürfe. Für die letzte Stufe sollte der Austausch einheimischer Fabrikwaren gegen ausländische Agrarerzeugnisse und Rohstoffe kennzeichnend sein. Im Freihandel sah List eine Handelspolitik, die nur den Interessen derjenigen Länder entspreche, die (wie England) ihre produktiven Kräfte bereits voll entfaltet haben; in allen übrigen Ländern gehöre die Entwicklung dieser Kräfte unter dem Schutz protektionistischer Zölle zu den vorrangigen Aufgaben der Wirtschaftspolitik, und ihre Wirkung überwiege bei weitem die Vorteile, die sich für einheimische Konsumenten aus der Einfuhr von Fabrikwaren zu relativ niedrigen Tauschwerten ergäben.

Der Zusammenhang, den List zwischen den Entwicklungsstufen und dem Begriff der produktiven Kräfte herstellte, hatte eine gewisse methodologische Bedeutung, da er auf das Bestehen eines inneren Entwicklungspotentials des »nationalen Organismus« hinwies. Die Anhänger des

---

18 Franz Eulenburg, *Außenhandel und Außenhandelspolitik*, Tübingen 1929, S. 115.

Historismus waren überzeugt, daß das Material, das zum Verständnis der wahren Natur solcher Organismen erforderlich ist, einzig von Methoden beigebracht werden könne, die den geschichtlichen Wandel berücksichtigen. Gustav von Schmoller sagte von List, er habe mit der genialen Einsicht und der Leidenschaft eines großen Staatsmannes die theoretische Grundlage des alten Systems zerstört, genauso wie seine Landsleute Hegel und Schelling das alte, individualistische Naturrecht beseitigt und es durch einen tieferen und vornehmeren Begriff des Staates ersetzt hätten. Nach dem Ersten Weltkrieg war die Bewunderung der führenden Ökonomen Deutschlands für Lists nationalistischen Ansatz in der Wirtschaftslehre so groß, daß sie eigens eine Vereinigung mit dem Namen »Friedrich-List-Gesellschaft« gründeten.[19]

In einem zu Beginn der vierziger Jahre entworfenen Programm seiner Vorlesungen betrachtete Wilhelm Roscher (1817-1894), Professor der Staatswissenschaften an der Universität Leipzig, die Anatomie und Physiologie des gesellschaftlichen Organismus als den geeignetsten Ausgangspunkt für eine Untersuchung der Mittel und Wege, Völker zu verstehen und zu regieren, und hielt es für diesen Zweck am besten, die ökonomischen und sozialen Einrichtungen unter dem Gesichtspunkt ihrer Wirkung auf das Wohl der Nation zu analysieren.[20] Mit Hilfe der »induktiven« Methode sollten die vergangenen und gegenwärtigen ökonomischen Bedingungen verschiedener Länder sorgfältig miteinander verglichen werden, besonders im Hinblick auf ihren Aufstieg und Niedergang und ähnliche »organische« Entwicklungen. Roscher benutzte die Ausdrücke *realistisch*, *physiologisch* und *historisch*, um Forschungen dieser Art zu bezeichnen; er erwartete, daß sie schließlich zur Aufstellung von »Naturgesetzen« der geschichtlichen Entwicklung führen und Orientierungspunkte für die Bewertung wirtschaftspolitischer Maßnahmen liefern würden. Roscher versäumte es jedoch, klar festzustellen, ob zur Aufstellung dieser Gesetze »Einsicht« in die teleologischen Aspekte des Entwicklungsprozesses erforderlich sei oder ob diese Gesetze empirisch gewonnen und im Lichte späterer Erfahrung falsifiziert werden könnten. In umfangreichen Werken sammelte Roscher die Ergebnisse seiner unermüdlichen Forschungen zur Geschichte der ökonomischen Institutionen und Ereignisse und sichtete die Schriften vergangener und zeitgenössischer deutscher Ökonomen.[21] Obwohl er an der Erörterung theoreti-

---

19 Vgl. Gustav Schmoller, *Zur Litteraturgeschichte der Staats- und Sozialwissenschaften*, Leipzig 1888, S. 102-106.
20 Wilhelm Roscher, *Grundriß zu Vorlesungen über die Staatswirthschaft nach geschichtlicher Methode*, Göttingen 1843.
21 Ders., *System der Volkswirthschaft. Ein Hand- und Lesebuch für Geschäftsmänner und Studierende*, 5 Bände, Stuttgart 1854-1894, und ders., *Geschichte der National-*

scher Probleme im strengen Sinne kaum interessiert war, verteidigte Roscher die Ricardoschen Methoden gegen die Angriffe seiner deutschen Kollegen und empfahl die Anwendung dieser Methoden als »sehr vortheilhaft« gegen die Verschwommenheit des Ansatzes, der von den Anhängern der »historisch-statistischen« und »praktisch-politischen« Verfahren vertreten wurde.[22]
Wenige Jahre später unternahm es Bruno Hildebrand (1812-1878), verschiedene Methodenprobleme des historischen Ansatzes, die bei Roscher nur angedeutet worden waren, mit größerer Präzision zu bestimmen.[23] Weniger zu methodologischen Kompromissen geneigt als Roscher, erhob er schwere Einwände gegen die utilitaristische Verwendung des Prinzips des Selbstinteresses als eine Art mechanischer Kraft innerhalb der Ökonomie sowie gegen die Auffassung der Wirtschaft als Netz von Tauschbeziehungen. In seinem Denken mußten hypothetische Methoden der ökonomischen Analyse deskriptiven Darstellungen des tatsächlichen Verlaufs wirtschaftlicher Entwicklungen weichen; sittliche und kulturelle Normen waren im Hinblick auf die Erarbeitung geeigneter Maßnahmen einer Wohlfahrtspolitik zu prüfen.
Roscher war es nicht gelungen, ein klares Unterscheidungsprinzip für aufeinander folgende Stufen oder Epochen der ökonomischen Entwicklung anzugeben. Hildebrand leitete ein solches Prinzip – wie vor ihm John Law und Pierre Joseph Proudhon – aus den beobachtbaren Veränderungen im Geld- und Kreditwesen ab. So gelangte er zu einem recht einfachen Schema, das drei Stufen umfaßte: »Naturalwirtschaft«, Geld- und Kreditwirtschaft. Der Kreditbegriff im Sinne Hildebrands erstreckte sich jedoch nur auf solche Kreditfunktionen, die der Tauscherleichterung dienen. Auf Entwicklungsprozesse im strengen Sinne wurde in seiner Methodologie kein Bezug genommen.
Der dritte allgemein anerkannte Protagonist des Historismus im Bereich der Volkswirtschaftslehre war Karl Knies (1821-1898).[24] Ähnlich wie Hildebrand lehnte er die Methoden des hypothetischen Denkens, die individualistische Gesellschaftsauffassung und den quantitativen Ansatz in der ökonomischen Analyse ab. Darüber hinaus wandte er sich gegen die Suche nach Gesetzen, die der Entwicklung der ökonomischen Phäno-

---

Oekonomik in Deutschland, München 1874. Schon vor Roscher hatte Julius Kautz, Die geschichtliche Entwicklung der National-Oekonomik und ihrer Literatur, Wien 1860, einen detaillierten Überblick über die ökonomische Literatur gegeben.

22 Siehe Richard Schüller, Die Klassische Nationalökonomie und ihre Gegner. Zur Geschichte der Nationalökonomie und Socialpolitik seit A. Smith, Berlin 1895, S. 1.

23 Bruno Hildebrand, Die National-Oekonomie der Gegenwart und Zukunft, Frankfurt 1848.

24 Karl Knies, Die politische Oekonomie vom Standpuncte der geschichtlichen Methode, Braunschweig 1853.

mene zugrunde liegen, und behauptete, die Erforschung solcher Entwicklungen könne bestenfalls als Illustration des allgemeinen Grundsatzes dienen, daß jede Periode von einem eigenen Geist beherrscht worden sei und ihre eigene Sozialphilosophie hervorgebracht habe. Aus diesem Blickwinkel betrachtet, spiegelten die Lehren der englischen utilitaristischen Ökonomen einfach die geistige und moralische Situation ihres Landes und ihrer Zeit.

Trotz seiner Einwände gegen die deduktive Methode benutzte Knies sie jedoch in seinen ausführlichen Untersuchungen über Geld und Kredit.[25] Seine Auffassung des Geldes ging von der Überlegung aus, daß nur eine Ware mit eigenem Wert als Wertmaß funktionieren könne, und er verteidigte den Goldstandard als die einzige gesunde Basis eines internationalen Währungssystems.

Das Programm der historisch-ethischen Schule

Die Bedeutung, welche die Gründer der historischen Schule in der Nationalökonomie den Segnungen »organischer Entwicklungen« beigelegt hatten, fand bei den Wirtschaftshistorikern der nächsten Generation ein lebhaftes Echo. In weiten Teilen der deutschen Bevölkerung hatten die Siege Preußens über Österreich (1866) und die Siege der vereinten deutschen Armeen im Kampf mit Frankreich um die Hegemonie auf dem europäischen Kontinent (1871) starke und aggressive nationalistische Gefühle und Bestrebungen geweckt. Die darauf folgende Gründung des Deutschen Reiches wurde als Beginn einer neuen Ära in der abendländischen Geschichte begrüßt, und die Gelehrten der politischen Wissenschaften wurden aufgerufen, die Mission der deutschen Nation in diesem geschichtlichen Rahmen mit neuen theoretischen Argumenten zu rechtfertigen. Die vorherrschende, »allzu idyllische Auffassung des historischen Geschehens« sollte durch eine andere ersetzt werden, die das Schwergewicht auf ein dezisionistisches Wollen und Handeln legte.[26] Politische und juristische Auffassungen, die einer fernen Vergangenheit deutscher Geschichte entstammten und an die Erfordernisse der neuen Zeit angepaßt wurden, boten den Hintergrund für die Entwicklung eines nationalistischen Strangs der Staats- und Gesellschaftswissenschaften. In seinen umfangreichen Untersuchungen entwickelte Otto von Gierke eine eigentümliche politische Theorie, die auf das Denken der deutschen Politiker und Gelehrten der Sozialwissenschaften starken Einfluß ausübte. Diese Theorie verband die Entwicklung des sozialen Lebens in Deutsch-

---

25 Ders., *Geld und Credit*, 2 Bände, Berlin 1873-1879.
26 Rothacker, »Historismus«, a.a.O., S. 7.

land mit dem Bestehen freier Genossenschaften, in denen bestimmte Gruppen der Bevölkerung über Generationen hinweg zusammengeschlossen waren, wenngleich sie sich streng dem Staat als höchster Gemeinschaft und oberster Gewalt unterzuordnen hatten.[27]
Die Einheit und Stärke der Nation waren jedoch zunehmend von der wachsenden Arbeiterbewegung und den engen Beziehungen bedroht, die diese Bewegung mit ähnlichen Organisationen anderer Länder unterhielt. Die Erste Internationale wurde 1864 gegründet, die Sozialdemokratische Arbeiterpartei unter der Führung von August Bebel (1840-1913) und Wilhelm Liebknecht (1826-1900) fünf Jahre später. Unter dem Eindruck dieser höchst alarmierenden Situation beschloß eine Gruppe deutscher Ökonomen, ihren Kampf um die Annahme ökonomischer Prinzipien, die die Bedürfnisse der großen Massen der arbeitenden Bevölkerung berücksichtigten, mit vereinten Kräften zu führen. Ein solches Programm wurde von Gustav von Schmoller ausgearbeitet und 1872 auf der Eisenacher Tagung des neugegründeten *Vereins für Socialpolitik* verabschiedet. Diese Vereinigung ersetzte den *Volkswirthschaftlichen Kongress*, in dem sich die Anhänger des Freihandelsprinzips versammelt hatten.
Der Name »historisch-ethische Schule«, den die Vertreter dieses Programms zur Bezeichnung ihrer Bewegung gewählt hatten, deutete bereits auf ihre Absicht, den geschichtlichen Ansatz bei der Untersuchung ökonomischer Phänomene mit der Verfolgung einer Wirtschafts- und Sozialpolitik zu verbinden, die auf bestimmten Moralprinzipien fußte. Kosmopolitische Tendenzen waren mit diesen Prinzipien schlechthin unvereinbar -- die ökonomische Haltung »liberaler« Industrieller, Kaufleute und Bankiers nicht weniger als die revolutionären Aktivitäten der internationalen Arbeiterbewegung. Die größten Nationen, Epochen oder Männer, sagte Schmoller, seien nicht jene, die nur die Produktion steigerten, sondern jene, denen die Verbreitung moralischer Ideen gelinge. Es seien jene, denen im ökonomischen Bereich die Durchsetzung gerechterer Institutionen glücke. Bei Gelegenheit verglich Schmoller die Wirtschaft mit einer Uhr, die von Egoismus und Quantitätsbeziehungen in Gang gehalten werde, aber von Ethik und Recht reguliert werden müsse.[28]
Gustav von Schmoller (1838-1917), der sehr bald als Führer der historisch-ethischen Schule allgemein anerkannt wurde, arbeitete nicht nur das wirtschaftspolitische, sondern auch das wissenschaftliche Programm der deutschen Ökonomen seiner Generation aus. Herausragende Mitglieder der Schule waren Adolf Held (1844-1880), Gustav Friedrich von Schönberg (1839-1908), Erwin Nasse und Hans von Scheel. Schmoller betonte

27 Otto von Gierke, *Das deutsche Genossenschaftsrecht*, Berlin 1868-1913.
28 Gustav Schmoller, »Ueber einige Grundfragen des Rechts und der Volkswirtschaft. Ein offenes Sendschreiben an Herrn Professor Dr. Heinrich von Treitschke«, in: *Jahrbücher für Nationalökonomie und Statistik* 23 (1874) und 24 (1875).

vor allem die Notwendigkeit eines »realistischen« Zugangs zu den ökonomischen Problemen und wich damit von der vorwiegend idealistischen Einstellung der vorhergehenden Generation deutscher Gelehrter ab. Ein Hunger nach Tatsachen sei entstanden, sagte Schmoller in einer 1897 gehaltenen Ansprache; allenthalben bestehe ein dringendes Bedürfnis nach empirischer Beobachtung und Forschung. Der Realismus erhebe seinen Anspruch gegen die Übel eines sterbenden Idealismus.[29] Nachdem er die Verwendung abstrakter Begriffe als Werkzeuge der ökonomischen Analyse abgelehnt, den Individualismus und Materialismus zurückgewiesen und das »enge Feld der klassischen Ökonomen« verworfen hatte, erklärte Schmoller die Untersuchung des Wirtschaftens im Konkreten zum leitenden Prinzip seiner Schule. Er beharrte auf der organischen Auffassung der Gesellschaft und betonte die enge Abhängigkeit aller materiellen, geistigen und moralischen Aspekte des sozialen Lebens voneinander. Schmoller bestimmte die »Volkswirtschaft« als »ein reales Ganzes«, als »eine verbundene Gesamtheit, in welcher die Teile in lebendiger Wechselwirkung stehen« und als »eine Gesamtheit, welche trotz ewigen Wechsels in den Teilen, in ihrem Wesen, in ihren individuellen Grundzügen für Jahre und Jahrzehnte dieselbe bleibt, welche, soweit sie sich ändert, sich uns als ein sich entwickelnder Körper darstellt«. Im Lichte des hypothetischen Denkens ist diese Definition natürlich sinnlos.[30] Mit den führenden deutschen Historikern seiner Zeit teilte Schmoller den Glauben, die Hauptaufgabe der Geschichtsschreibung bestehe darin, die »Wahrheit« zu entdecken, und die geeignete Methode zu diesem Zweck liege in der sorgfältigen Analyse beschreibenden Materials. Ein führender deutscher Historiker, Leopold von Ranke (1795-1886), brachte diesen Gedanken zum Ausdruck, indem er von der geschichtlichen Forschung forderte, sie solle herausfinden, »wie es eigentlich gewesen« sei. Untersuchungen auf dem Gebiet der Volkswirtschaftslehre sollten durch eine Vielzahl aktueller statistischer Untersuchungen ergänzt werden, von denen man die Entdeckung nicht genau definierter Entwicklungsprozesse erwartete. Letztlich wurden jedoch Theorien aller Art entwickelt, um die Verfolgung einer aktiven Wirtschaftspolitik zu unterstützen. Die statistischen Ämter des Reiches, der deutschen Staaten und vieler Städte waren unter dem Einfluß kameralistischer Ideen eingerichtet worden; die umfangreiche Arbeit, die sie leisteten, sollte Verwaltungszwecken dienen. »Der Wille«, sagte Schmoller, bleibt immer Regent und Herrscher über den Intellekt.«[31]

29 Ders., *Zwanzig Jahre Deutscher Politik. 1897-1917*, München 1920, S. 204.
30 Ders., *Grundriß der Allgemeinen Volkswirtschaftslehre*, 2 Bände, Leipzig 1900-1904, Band 1, S. 5.
31 Zitiert nach Adolf Weber, *Einleitung in das Studium der Volkswirtschaftslehre*, 4. Auflage, München/Leipzig 1932, S. 29.

Obwohl Schmoller von der Hegelschen Auffassung des Staates als einer höheren Entität mit eigenen, überindividuellen Zielen tief beeindruckt war, übernahm er nicht die Hegelsche dialektische Konstruktion geschichtlicher Entwicklungen. Eher folgte er der Annahme Herbert Spencers (1820-1903), daß die Ethiken der einzelnen Gesellschaften einen geradlinigen Fortschritt von homogeneren zu heterogeneren Formen aufweisen.[32] Die Vererbung erworbener Fähigkeiten war für Schmoller ein Glaubensartikel. Aus den Funden des englischen Biologen Sir Francis Galton (1822-1911)[33] leitete er die Überzeugung ab, daß die physische und psychische Differenzierung ethnisch homogener Nationen auf die Entwicklung von »typischen körperlichen und geistigen Klasseneigenschaften« unter dem Einfluß bestimmter Tätigkeiten zurückzuführen sei, die über Jahrhunderte hinweg von spezifischen Bevölkerungsgruppen ausgeübt wurden. Die Deutung des Klassenkampfs als Symptom des gesellschaftlichen Fortschritts war mit seinen soziologischen Auffassungen durchaus vereinbar, doch berücksichtigte er in seiner Theorie der sozialen Differenzierung eine Vielzahl von Faktoren und lehnte es ab, beim Zerbrechen der anfänglichen Gleichheit urkommunistischer Gesellschaften den Eigentumsverhältnissen eine bedeutsame Rolle zuzuschreiben. In seinen Lehren betonte Schmoller die Behauptung, daß das natürliche Spiel umwälzender Kräfte im Laufe der Geschichte immer wieder von den gesellschaftlichen Institutionen in Schranken gehalten werde, die beständig verbessert und ethisch vollkommener würden.[34]
An der Spitze der Hilfswissenschaften, auf die sich Schmoller stützte, um wirtschaftliche und gesellschaftliche Vorgänge besser verstehen zu können, stand die »Sozialpsychologie«. Von einer verstärkten Erforschung des Verhaltens von Nationen und Klassen erwartete er die Aufstellung psychologisch-historischer Gesetze als Voraussetzung für die ökonomische Analyse. Deutsche Philosophen nahmen umfangreiche Studien in Angriff, die zur Entwicklung einer »Völkerpsychologie« führen sollten; Wilhelm Wundt war vermutlich der herausragendste Vertreter dieser Schule.
Arthur Spiethoff, einer von Schmollers getreuesten Schülern, kennzeichnete die Methode seines Lehrers als »anschauliches« Verfahren, das die Darstellung von Tatsachen nicht von ihrer Erklärung trenne, sondern eher versuche, »Gedankenbilder der Wirklichkeit« zu erzeugen, die von

---

32 Siehe Walter Eucken, »Wissenschaft im Stile Schmollers«, in: *Weltwirtschaftliches Archiv* 52 (1940), S. 468-506, hier S. 471.
33 Sir Francis Galton, *Inquiries into Human Faculty and Its Development*, London 1883; ders., *Natural Inheritance*, London 1889.
34 Siehe Wilhelm Kromphardt, »Die Überwindung der Klassenkämpfe nach Gustav von Schmoller«, in: Spiethoff (Hg.), *Gustav von Schmoller und die deutsche geschichtliche Volkswirtschaftslehre*, a.a.O., S. 342.

Fakten und Daten gestützt und gegebenenfalls durch Bezüge auf geschichtliche Ereignisse und Kritiken an älteren Lehren ergänzt würden.[35] Ein anderer deutscher Ökonom meinte, es müsse zwangsläufig ein »tragischer Konflikt« aus Schmollers ständigen Bemühungen entstehen, die Suche nach Begriffen höherer Abstraktionsstufe mit dem Postulat zu versöhnen, wonach sich alle nationalen, politischen, ökonomischen und kulturellen Gemeinschaften in ihrer Einzigartigkeit und Individualität durch unmittelbare Einfühlung und Nacherleben erfassen ließen.[36] Dieser Konflikt prägte auch Schmollers Versuch, für seine ökonomische Analyse einen soziologischen Hintergrund zu liefern. In seinem umfangreichen Lehrbuch der Volkswirtschaftslehre[37] sammelte er eine ungeheuere Menge von meist deskriptivem Material über wirtschaftliche, soziologische und demographische Erscheinungen und Entwicklungen. Bei der Erörterung theoretischer Probleme ging er von einer psychologischen Version der Nutzentheorie aus, die er wegen ihrer Betonung des menschlichen Willens und der menschlichen Aktivität der objektiven Werttheorie vorzog.[38] Doch blieb seine Behandlung des Wertproblems in Ansätzen stecken und war kaum mit seiner Diskussion der Preismechanismen verbunden, die er bei dem Versuch, die richtige Annäherung an die Wirklichkeit im vollen Strom komplexer historischer Prozesse[39] zu gewinnen, vorwiegend aus ethisch-politischer Perspektive erfassen wollte. Selbst einige seiner ergebensten Schüler räumten ein, daß derartige Verfahren nicht geeignet seien, mit theoretischen Problemen fertig zu werden.[40]

Verschiedene Versuche, das organizistische Denken konsequent auf die soziologische Analyse anzuwenden, führten zur Herstellung von Analogien zwischen biologischen Entitäten und sozialen Kollektiven.[41] Ferdinand Tönnies' Unterscheidung zwischen Gemeinschaft und Gesellschaft

35 Arthur Spiethoff, »Gustav von Schmoller und die anschauliche Theorie der Volkswirtschaft«, ebd., S. 33. Schmollers Methodologie wurde in mehreren Essays dieser Festschrift zu seinem hundertsten Geburtstag ausführlich erörtert.
36 Hans Ritschl, »Die Lehren der Geschichte im Werk Gustav von Schmollers«, ebd., S. 256.
37 Schmoller, *Grundriß der allgemeinen Volkswirtschaftslehre*, a.a.O.
38 Siehe Wilhelm Vleugels, »Gustav von Schmoller und die ethisch-politische Theorie der Volkswirtschaft«, in: Spiethoff (Hg.), *Gustav von Schmoller und die deutsche geschichtliche Volkswirtschaftslehre*, a.a.O., S. 43.
39 Siehe Spiethoff, »Gustav von Schmoller und die anschauliche Theorie der Volkswirtschaft«, ebd., S. 20 ff.
40 Ebd., S. 30; Vleugels, »Gustav von Schmoller und die ethisch-politische Theorie der Volkswirtschaft«, ebd., S. 37.
41 Die beachtlichsten Untersuchungen dieser Art stammen von Albert Eberhard Friedrich Schäffle (1831-1905): *Das gesellschaftliche System der menschlichen Wirthschaft*, Tübingen 1867, und *Bau und Leben des socialen Körpers*, 4 Theile,

als zwei Arten sozialer Kollektive wurde ausgiebig diskutiert.[42] In der Gemeinschaft sah Tönnies die dem germanischen Geist wesensverwandte Lebensform; er bestimmte sie als eine Art »organischer« Einheit, deren Mitglieder einander durch den starken Glauben an die Gemeinsamkeit ihrer Interessen und an ein gemeinsames Schicksal verbunden seien.[43] Dieses Idealbild der sozialen Organisation stellte er der »Gesellschaft« gegenüber, einem losen Aggregat von Individuen, denen ein gemeinsames System von Zielen und Werten fehlt und die sich zur Regelung interpersonaler Beziehungen vorwiegend der rechtlichen Form von Verträgen bedienen. In Tönnies' soziologischer Dichotomie spiegelte sich deutlich die Abneigung der Anhänger des organizistischen Denkens gegen soziale Institutionen, die von hypothetischem Denken durchdrungen sind.

Einige Autoren, die organizistische Deutungen sozialer Kollektive entwickelten, stützten sich auf Entwicklungstheorien, um den Rivalitäten zwischen Nationen Rechnung zu tragen. Kämpfe um Territorien ließen sich auf diese Weise als »natürliche Prozesse« darstellen, die dem Bedürfnis junger, aufstrebender Nationen entsprängen, sich auf Kosten alternder und verwelkender Völker auszudehnen. Derartige Parolen spielten in der deutschen nationalistischen Literatur eine beträchtliche Rolle. Schmoller interpretierte die Machtpolitik der preußischen Könige als Verwirklichung eines Prozesses der Moralentwicklung und betrachtete den Sieg einer starken Nation über ihre Konkurrenten als gleichbedeutend mit dem Sieg eines höheren Moralprinzips. Viele Mitglieder der historischen Schule, darunter auch Knies und Schindler, betrachteten Kriege als unvermeidliche Kulturfaktoren, die tief in der menschlichen Natur verwurzelt seien.

Ähnliche Vorstellungen führten zu einer Auffassung der »Weltwirtschaft« als einer Vielzahl gegensätzlicher Volkswirtschaften, von denen jede bestrebt ist, ihre »produktiven Kräfte« zu entwickeln, Auslandsmärkte zum größtmöglichen eigenen Vorteil auszubeuten und ihre Rivalen von Vorrangstellungen auf solchen Märkten zu verdrängen. Der Begriff »Weltwirtschaft« hatte eine ausgesprochen politische Konnota-

---

Tübingen 1875-1878. Sehr bedeutsam war Schäffles Beobachtung, daß es der »Einfühlung« bedürfe, um das Gleichgewicht der »realen Wirthschaft« herzustellen.

42 Ferdinand Tönnies, *Gemeinschaft und Gesellschaft*, Leipzig 1887.

43 Es ist interessant zu bemerken, daß der deutsche Ausdruck *Gemeinschaft* ursprünglich den englischen Begriff *partnership* wiedergeben sollte, den Burke in seinen *Reflections on the Revolution in France* benutzt hatte. Friedrich Gentz, der den deutschen Ausdruck in seiner Burke-Übersetzung von 1793 (a.a.O.) prägte, gab ihm jedoch eine romantische Konnotation. Siehe E. Lerch, »Gesellschaft und Gemeinschaft«, in: *Vierteljahresschrift für Literaturwissenschaft und Geistesgeschichte* 22 (1944), S. 114 ff.

tion⁴⁴; Schutzzölle wurden nicht einfach als Mittel betrachtet, Fabrikanten, Bauern oder Kaufleuten auf den heimischen Märkten für ihre Waren sichere Absatzmöglichkeiten zu gewährleisten. Vielmehr wurden Schutzzölle zu den wirksamsten Instrumenten nationaler Machtpolitik gezählt. Das Fernziel der deutschen Außenhandelspolitik bestand darin, als kriegsvorbereitende Maßnahme dem Reich zu möglichst weitgehender Autarkie zu verhelfen. Diese Auffassung fand eine kennzeichnende und bündige Formulierung in Bismarcks vielzitierter Redewendung vom »Pakt zwischen Eisen und Korn« – dem gegenseitigen Schutzbündnis zwischen den preußischen Landjunkern und den Industriemagnaten des Ruhrgebiets. Die politischen Motive, von denen die Lehren vieler deutscher Nationalökonomen getragen wurden, kamen sehr deutlich in einem Essayband mit Beiträgen von Gustav von Schmoller, Max Sering und Adolph Wagner zum Ausdruck, der die offiziellen Pläne zur Schaffung einer mächtigen Flotte unterstützen sollte. In diesem Zusammenhang sei der Leser darauf verwiesen, daß zwischen den Schutzzöllen, wie sie im Rahmen des hypothetischen Denkens eine Rolle spielen, und ähnlichen Abgaben, die als Mittel einer organizistischen Machtpolitik eingesetzt werden, ein beträchtlicher Unterschied besteht.⁴⁵

Die Maßnahmen zu einer Sozialreform, die von Ökonomen der historisch-ethischen Schule befürwortet wurden, sollten der dauerhaften Verbesserung der Arbeits- und Lebensbedingungen der arbeitenden Klassen dienen und die Ursachen sozialer Konflikte möglichst weitgehend ausräumen. Bei den Vorschlägen zu einer solchen Sozialreform, die von verschiedenen Mitgliedern der akademischen Profession – den sogenannten »Kathedersozialisten« – vorgebracht wurden, spielte ganz offenkundig eine ausgesprochene Abneigung gegen die Organisation der kapitalistischen Wirtschaft und die ihren Abläufen zugrunde liegenden Rationalprinzipien mit. Schmoller wird oft als »Kathedersozialist« bezeichnet; andere prominente Mitglieder der Gruppe, wie Adolph Wagner (1835 bis 1917), Wilhelm Lexis (1837-1914), Gustav Cohn (1840-1919) und Lujo Brentano (1844-1931), teilten die methodologischen Ansichten der historischen Schule jedoch nicht. Häufig lieferten außerdem religiöse Überzeugungen starke Anstöße zu radikalen Sozialreformbewegungen. Sozialistische Doktrinen und Vorschläge wurden sehr sorgfältig und ausführ-

---

44 Erhebliche Meinungsunterschiede über das Wesen der Gegenüberstellung »Volkswirtschaft« und »Weltwirtschaft« zeigten sich in der Vielzahl von Definitionen dieser Begriffe in den Lehrbüchern deutscher Ökonomen. Siehe dazu den Überblick über solche Definitionen bei Bernhard Harms, *Volkswirtschaft und Weltwirtschaft*, Jena 1912.
45 Gustav Schmoller, Max Sering und Adolph Wagner (Hg.), *Handels- und Machtpolitik. Reden und Aufsätze im Auftrage der »Freien Vereinigung für Flottenvorträge«*, 2 Bände, Stuttgart 1900.

lich diskutiert. Doch die Unvereinbarkeit einer zentralisierten gesellschaftlichen Produktion mit der freien Wahl des Berufs und der Souveränität des Konsumenten wurde im allgemeinen verkannt oder wenigstens unterschätzt.[46]

Methodologische Streitfragen

Ungefähr ein Jahrzehnt nach der formellen Gründung der historisch-ethischen Schule der Volkswirtschaftslehre traten die methodologischen Probleme, die die Anwendung des organizistischen Denkens auf die ökonomische Analyse mit sich bringt, im berühmten »Methodenstreit« deutlich hervor. Diese Auseinandersetzung begann mit der Veröffentlichung einer Studie Carl Mengers (1840-1921) über die Methoden in den Sozialwissenschaften.[47] Wohl hatte der Zusammenprall abweichender Denkmuster in der Geschichte der Ökonomie stets eine beträchtliche Rolle gespielt, doch niemals war ein solcher Unterschied dermaßen klar analysiert worden wie in diesem Essay, der vor den Gefahren warnen sollte, die sich aller Voraussicht nach aus den von Schmoller und seinen Anhängern vertretenen Methoden für die Fortentwicklung der Wirtschaftstheorie ergäben.

Menger, der die Leitgedanken der Grenznutzenanalyse entwickelt hatte, wies der Ökonomie – als »exakte Wissenschaft« verstanden – die Aufgabe zu, Regelmäßigkeiten gleichzeitig bestehender beziehungsweise aufeinander folgender Erscheinungen zu finden, und zeigte, daß diese Aufgabe durch die Zurückführung sozialer Phänomene auf ihre einfachsten quantitativen Elemente sowie deren Messung an geeigneten Maßstäben zu erfüllen ist. Nach diesen methodologischen Grundsätzen war es erst dann möglich, zu einem angemessenen Verständnis der Wirklichkeit und zur Beherrschung der wirtschaftlichen Bedingungen zu gelangen, wenn sich allgemeine, abstrakte Bilder typischer Beziehungen zwischen ökonomischen Größen zeichnen lassen. Die Methoden, mit deren Hilfe es dem Gelehrten möglich sein sollte, diese Probleme in Angriff zu nehmen, waren die von den Naturwissenschaften benutzten, die von Ricardo den Erfordernissen der ökonomischen Analyse angepaßt worden waren. Sie schlossen die Verwendung hochabstrakter Begriffe ein, die in der Realität keine Entsprechung haben und durch geeignete logische Operationen miteinander verknüpft werden können.

Menger zufolge besitzen die Sozialwissenschaften den besonderen Vor-

---

46 Klar formuliert wurden diese Fragen jedoch bei Albert Schäffle, *Die Quintessenz des Socialismus*, Gotha 1875.
47 Menger, *Untersuchungen über die Methode der Socialwissenschaften*, a.a.O.

teil, daß sich ihre Annahmen – statt auf nicht-empirische Kräfte zu verweisen – aus der Beobachtung empirischer Faktoren, menschlicher Wesen und ihrer Tätigkeiten ableiten lassen.[48] Auf der anderen Seite erkannte Menger durchaus die besondere Bedeutung, die in den Sozialwissenschaften Institutionen zukommt, die nicht aus zielgerichteten menschlichen Aktivitäten (Akten der Gesetzgebung, Übereinkünften und dergleichen) hervorgehen, sondern dem spontanen Wirken einer Vielzahl gesellschaftlicher Faktoren entspringen.

Ebenso wie seine ricardianischen Vorgänger unterschied Menger hypothetische Gesetze – als Ergebnisse logischer Operationen, die nicht im Lichte praktischer Erfahrung verifizierbar sind – von empirischen Gesetzen, die hauptsächlich mittels statistischer Verfahren gewonnen werden. Die Begriffe, die zur Bestimmung solcher Regelmäßigkeiten in der Koexistenz oder Sukzession sozialer Phänomene benutzt werden, stehen offenkundig auf niedrigerer Abstraktionsstufe und sind von zahlreichen, zum Teil nicht-ökonomischen Merkmalen gekennzeichnet. Diesen wohlorganisierten Instrumenten der theoretischen Analyse stellte Menger die schlecht definierten beschreibenden Verfahren gegenüber, die von den Parteigängern des Historismus bei ihren Versuchen benutzt wurden, aus der Anhäufung einzelner Tatsachen und Ereignisse solche Regularitäten zu gewinnen. Die Frage, in welchem Grade die aus solchen Gesetzen gezogenen Schlüsse mit den Ergebnissen der Beobachtung konfrontiert werden können, wurde später zum Gegenstand verschiedener Diskussionen.

Bei seiner Verteidigung der Prinzipien des Historismus fügte Schmoller seinen kritischen Erörterungen der ricardianischen Wirtschaftslehre keine wesentlichen neuen Argumente hinzu.[49] Dieser Kritik zufolge teilte Menger mit Ricardo den grundlegenden Irrtum, gewisse herausragende

---

48 In diesem Zusammenhang kritisierte Menger die Soziologie Auguste Comtes, der Gesellschaften als »reale Organismen« auffaßte, »und zwar als Organismen complicirterer Art, denn die natürlichen« und »ihre theoretische Interpretation als das unvergleichlich complicirtere und schwierigere wissenschaftliche Problem«. Siehe ebd., S. 157.

49 Siehe Schmollers Artikel »Zur Methodologie der Staats- und Sozial-Wissenschaften«, in: *Jahrbuch für Gesetzgebung, Verwaltung und Volkswirtschaft im Deutschen Reich* 7 (1883) 3, S. 239 ff. Menger antwortete mit einem Essay unter dem Titel *Die Irrthümer des Historismus in der deutschen Nationalökonomie*, Wien 1884. Schmollers Überzeugung, daß die Prinzipien der Kausalität auf die Analyse sozialer Beziehungen nicht anwendbar sein, wurde nachdrücklich unterstützt von Heinrich Dietzel, »Ein Beitrag zur Methodologie der Nationalökonomie«, in: *Jahrbuch für Gesetzgebung, Verwaltung und Volkswirtschaft im Deutschen Reich* 9 (1885) 3, S. 173-185. Siehe auch Schüller, *Die klassische Nationalökonomie und ihre Gegner*, a.a.O.

Züge einer vergänglichen, historisch bestimmten Ordnung als das »Wesen« der Wirtschaft zu betrachten; darüber hinaus begehe er den Fehler, ziemlich willkürlich einige angeblich wesentliche Merkmale der Ökonomie von anderen, als unwesentlich betrachteten zu sondern, obwohl es keine verläßlichen Normen oder Leitprinzipien gebe, in einer Welt »unteilbarer Totalität« eine solche Unterscheidung zu treffen. Gegen den von Menger vertretenen »atomistischen« Ansatz erhob Schmoller den Einwand, daß dort der Hauptakzent auf wirtschaftlichen Phänomenen liege, die mit Geld, Werten und Preisen in Zusammenhang stünden, während andere, jenseits dieses begrenzten Sektors liegende vernachlässigt würden, insbesondere die »organischen« Beziehungen zwischen allen ökonomischen und sozialen Phänomenen sowie die Wirkungen der beständig ablaufenden wirtschaftlichen Prozesse auf sie.

Je mehr sich Schmoller bemühte, seine methodologische Position zu klären, desto deutlicher wurde seine Unfähigkeit, die logischen Grundfragen zu erkennen, die bei dieser Kontroverse im Spiel waren.[50] Er versuchte diese Fragen auf einen Konflikt zwischen induktiver und deduktiver Methode zu reduzieren und diesen Konflikt schließlich durch einen Kompromiß zu beschwichtigen, dem zufolge beide Methoden für die ökonomische Forschung ebenso unentbehrlich seien »wie der rechte und linke Fuß zum Gehen«.[51] Diese Feststellung wurde von Schmollers Schülern immer wieder zitiert, doch sie lieferte keine triftige Antwort auf die von Menger erhobenen Fragen. In Italien fand zu Beginn des zwanzigsten Jahrhunderts eine ähnliche methodologische Diskussion statt zwischen Luigi Cossa, der die Notwendigkeit deduktiver Schlüsse vertrat, und Achille Loria, der die Verallgemeinerungen der Ricardianer zurückwies. Auch verschiedene andere Autoren nahmen an dieser Methodendebatte teil, die jedoch keine neuen bemerkenswerten Resultate erbrachte.[52]

---

50 Eucken, »Wissenschaft im Stile Schmollers«, a.a.O., S. 495 ff., führt eine Reihe von Passagen aus Schmollers Schriften an, die sehr klar zeigen, wie oft und wie gründlich Schmoller die leitenden Gedanken und die Grundprobleme mißverstand, die von Menger und seinen Anhängern vorgetragen wurden.

51 Gustav Schmoller, *Über einige Grundfragen der Socialpolitik und Volkswirtschaftslehre*, Leipzig 1898, S. 293. Siehe auch Schmollers Artikel über die Volkswirtschaftslehre und ihre Methoden im *Handwörterbuch der Staatswissenschaften*, 3. Auflage, Jena 1911. Verschiedene Mitglieder der historischen Schule empfahlen eine begrenzte Anwendung deduktiver Methoden, so Wilhelm Hasbach, »Mit welcher Methode wurden die Gesetze der theoretischen Nationalökonomie gefunden?«, in: *Jahrbücher für Nationalökonomie und Statistik* 82 (1904), S. 289-317, und W. E. Biermann, *Staat und Wirtschaft*, Berlin 1904, S. 592.

52 Siehe Hermann von Schullern-Schrattenhofen, *Die Theoretische Nationalökonomie Italiens*, Leipzig 1891, Erster Teil.

Der Gegensatz zwischen deduktiver und induktiver Methode ist offenbar polarer Natur. Einerseits sind die Prämissen, die einer deduktiven Analyse zugrunde liegen, in der Regel irgendwie mit Ergebnissen von Beobachtung und Erfahrung verknüpft; auf der anderen Seite lassen sich sogar rein empirische Gesetze oder Regularitäten kaum ohne deduktive Vorüberlegungen aufstellen, die auf der Suche nach solchen Regelmäßigkeiten als Wegweiser dienen. Induktive Methoden, wie Bacon sie lehrte, waren von den Ricardianern durchaus konsequent angewandt worden, und Schmoller konnte kaum die Behauptung rechtfertigen, daß diese Methoden ihre Entwicklung der historischen Schule verdankten.

Dagegen war die methodologische Überzeugung, die Schmoller und seine Anhänger hegten – daß nämlich die Gesetze, die dem Verlauf der realen Ereignisse zugrunde liegen, sich mit Hilfe von Begriffen niedrigen Abstraktionsgrads entdecken lassen, die organizistische und normative Merkmale tragen und häufig intuitiv gebildet werden[53] –, nicht mit den Methoden zu vereinbaren, die die Ricardianer und ihre Nachfolger befolgten. Im übrigen waren die Anhänger des Historismus offenkundig außerstande, sich der Methoden des deduktiven Schließens im strengen Sinne zu bedienen, da sie die Prinzipien des hypothetischen Denkens und die Verwendung hochabstrakter Begriffe ablehnten. Der fundamentale logische Gegensatz, der im Mittelpunkt der Auseinandersetzung stand, wurde mit bemerkenswertem Verständnis in einem Briefwechsel zwischen Wilhelm Dilthey und Graf Paul Yorck von Wartenburg umrissen. Yorck meinte, in ihrem Kampf gegen den »herrschenden Nominalismus« seien Schmoller und Gierke »Geistesverwandte«, doch bedürften sie beide »des Philosophen, der dem Gefühle die feste Gedankengestalt gebe«. Einstweilen, fügte er hinzu, »greifen sie auf den historisch vorhandenen Realismus des deutschen Rechts- und Wirtschaftslebens zurück«.[54]

Erhebliche Verwirrung entstand zudem durch Schmollers Überzeugung, daß historische Entwicklungsprozesse vom »Konflikt zwischen Gegensätzen« gekennzeichnet seien und der Fortschritt der Wissenschaft daher vom Wechsel zwischen Perioden geprägt sei, in dem der Empirismus vorherrsche, und solchen, in denen der »Rationalismus« die Oberhand habe. Er betraute die deutsche historische Schule mit der Mission, zur empirischen Realität zurückzukehren und damit in offenem Gegensatz

---

53 Zu den logischen Aspekten der Methode des »intuitiven Verstehens«, insbesondere zur Anwendung von »Analogieschlüssen von einer geschichtlichen Epoche auf andere« siehe Popper, »The Poverty of Historicism«, a.a.O. (deutsch: a.a.O., S. 16-19).

54 Graf Paul Yorck von Wartenburg (1888), zitiert nach: Georg Weippert, »Gustav von Schmoller im Urteil Wilhelm Diltheys und Yorck von Wartenburgs«, in: Spiethoff (Hg.), *Gustav von Schmoller und die deutsche geschichtliche Volkswirtschaftslehre*, a.a.O., S. 72.

gegen den »Rationalismus« der Ricardianer das Erbe der Kameralistik anzutreten.[55] Unter methodologischem Gesichtspunkt fällt auf, daß sich Schmoller und seine Anhänger auf der Suche nach einem »empirischen Realitätsverständnis« auf ausgesprochen metaphysische Deutungen der gesellschaftlichen Beziehungen stützten und sozialen Kollektiven wie Nation, Staat, Volkswirtschaft und dergleichen transzendentale Realität zusprachen.[56]
Es gab keine logische Brücke, die von solchen intuitiv vorgestellten Kollektiven zu dem »hypothetischen« Individuum geführt hätte, das in der Ricardoschen und ricardianischen Wirtschaftstheorie die aktive Rolle spielte. Manche historisch gesinnten Wissenschaftler glaubten, die Verwendung des hypothetischen Individuums in der abstrakten Ökonomie könne vor dem Argument nicht bestehen, daß in der Organisation des sozialen Ganzen und im Verhalten der Mitglieder solcher Ganzheiten beständige Veränderungen stattfinden. Andere verbreiteten sich über die Behauptung, die Lehren der englischen Ökonomen seien das Ergebnis einer Sozialphilosophie, die aus bestimmten historischen Bedingungen hervorgegangen sei. Daß die gebildeten Klassen Englands die mechanistische Doktrin Ricardos übernahmen, wurde als Verherrlichung des Selbstinteresses und als Rechtfertigung des wirtschaftspolitischen Manchestertums charakterisiert.[57]
Wilhelm Hasbach (1849-1920) analysierte den philosophischen Hintergrund der physiokratischen und Smithschen Wirtschaftslehre und bemühte sich dabei um den Nachweis, daß sie den Stempel der Naturrechtslehre und der Doktrin der natürlichen Moral trügen.[58] Lujo Brentano, ein Wirtschaftswissenschaftler von liberaler Überzeugung, hielt es für einen methodologischen Grundirrtum, daß die ricardianischen Ökonomen alle Unterschiede der Rasse, des Alters und der Religion vernachlässigten, daß sie den Einfluß ignorierten, den Beruf, Klasse, Nationalität und Kultur auf die menschlichen Tätigkeiten ausüben, und daß sie lediglich zwei Motiven des menschlichen Handelns Rechnung trügen: dem

---

55 Schmoller, *Über einige Grundfragen der Socialpolitik und Volkswirtschaftslehre*, a.a.O., S. 230, S. 254. In seinem Lehrbuch betonte er die Notwendigkeit, die Nationalökonomie in eine umfassende »ethisch-politische« Wissenschaft münden zu lassen, im Gegensatz zu Versuchen, sie in eine »bloße Markt- und Tauschlehre« zu verwandeln, eine Art »Geschäfts-Nationalökonomie« zur Verteidigung von Eigentumsinteressen.

56 Siehe Friedrich A. Hayek, »Scientism and the Study of Society. Part 2«, in: *Economica* 23 (1943), S. 34-63, hier S. 45, sowie Popper, »The Poverty of Historicism«, a.a.O. (deutsch: a.a.O.).

57 Adolf Held, *Zwei Bücher zur socialen Geschichte Englands*, Leipzig 1881.

58 Wilhelm Hasbach, *Die allgemeinen philosophischen Grundlagen der von François Quesnay und Adam Smith begründeten politischen Oekonomie*, Leipzig 1890.

Streben nach maximalem Gewinn sowie dem Geschlechtstrieb.[59] John Stuart Mills Analyse der hypothetischen Natur der Ricardoschen Gesetze verfolgte Brentano zufolge das Ziel, deren Dissonanz mit der Wirklichkeit zu vertuschen.
Die soziopolitischen Aspekte der Ricardoschen *Principles* wurden in einer umfassenden Studie von Karl Diehl (1864-1943) untersucht.[60] Obwohl er der historischen Schule nicht angehörte und gegen manche abwegigen Deutungen der Ricardoschen Lehren Einwände erhob, lehnte Diehl die Suche nach allgemeinen Gesetzen hypothetischen Typs ab. Fast allgemeine Einigkeit wurde darüber erzielt, daß die Lehren der englischen Ökonomen außerhalb ihres Entstehungslandes nicht anwendbar seien. Die Gültigkeit der von Ricardo und seinen Nachfolgern verwandten Methoden blieb Gegenstand skeptischer Betrachtungen; praktisch alle Mitglieder der historischen Schule teilten die Überzeugung, daß sämtliche sozialen und ökonomischen Doktrinen von bestimmten kulturellen und gesellschaftlichen Bedingungen determiniert seien.[61]

Viele Anhänger des Historismus benutzten die intuitive Methode dazu, in der Entwicklung einer »Volkswirtschaft« eine Abfolge von »Stufen« herauszuarbeiten. Nicht wenige Autoren beanspruchten für ihre Einteilungen eine gewisse Allgemeingültigkeit, doch gelang es ihnen gewöhnlich nicht, sie mit konsistenten theoretischen Überlegungen zu stützen. Nie wurden die Entwicklungsprozesse klar definiert, die die Stufenfolge hervorbringen sollten.
Bei Friedrich List und Bruno Hildebrand blieb die Festlegung volkswirtschaftlicher Entwicklungsphasen offenkundig rudimentär und mangelhaft. Gustav Friedrich von Schönberg (1839-1908) schlug eine Unterscheidung nach dem Grad der Trennung zwischen der Produktion der Güter und ihrer endgültigen Verteilung vor.[62] Karl Bücher (1847-1930) unterschied bei der Ausarbeitung eines ähnlichen Gedankens die geschlossene Hauswirtschaft von der mittelalterlichen Stadtwirtschaft und der modernen Volkswirtschaft als letzter Stufe.[63] Dieses vermeintliche

---

59 Lujo Brentano, *Die klassische Nationalökonomie*, Leipzig 1888. Brentanos Angriffe auf die Ricardoschen Methoden und seine Fehlinterpretationen der Lehren von Adam Smith, Jean Baptiste Say und David Ricardo wurden von dem österreichischen Ökonomen Schüller in *Die klassische Nationalökonomie und ihre Gegner*, a.a.O., widerlegt.
60 Karl Diehl, *Sozialwissenschaftliche Erläuterungen zu Ricardo's Grundsätzen*, Leipzig 1908.
61 Goetz Briefs, *Untersuchungen zur klassischen Nationalökonomie*, Jena 1915.
62 Gustav Friedrich von Schönberg (Hg.), *Handbuch der politischen Oekonomie*, Tübingen 1896.
63 Karl Bücher, *Die Entstehung der Volkswirthschaft*, Tübingen 1893.

Entwicklungsschema fand weitgehende Zustimmung; seine Nützlichkeit geriet jedoch ernsthaft in Zweifel, als sich Büchers Auffassungen der vorkapitalistischen Wirtschaftsbeziehungen als unverträglich mit den Ergebnissen späterer Forschungen erwiesen.[64] Die von Schmoller entwikkelte und ausführlich diskutierte »Stufentheorie« gab ausschließlich eine Entwicklung wieder, die in einigen deutschen Gebieten stattgefunden hatte, und die von Bernhard Harms (1876-1939) vorgeschlagene Liste war logisch unhaltbar.[65] Obwohl das Stufenproblem in allen deutschen ökonomischen Lehrbüchern mehr oder weniger ausführlich behandelt wurde, konnte über die Art des Prozesses, der da als Stufenfolge analysiert werden sollte, keine Klarheit gewonnen werden.[66] Die Bilder, die von den einzelnen Stadien gegeben wurden, waren gewöhnlich statische Beschreibungen gewisser Segmente weitgespannter Prozesse, und »war einmal der Sprung auf die letzte oder höchste Stufe gelungen, so vermochte sich die Einbildungskraft auf keine höhere mehr emporzuschwingen«.[67] Häufig wurden alle wirtschaftlichen Entwicklungen, die außerhalb Europas stattgefunden hatten, stillschweigend übergangen, und dasselbe gilt für bedeutende »Rückschläge«, die im Laufe der ökonomischen Entwicklung eingetreten sind.[68] Schlecht definierte Kategorien wie »Naturalwirtschaft« und »Tauschwirtschaft« wurden unterschiedslos auf ökonomische Verhältnisse mit sehr verschiedenen Merkmalen angewandt.[69] Schließlich, nach etwa hundert Jahren Diskussion, war die Frage noch immer offen, ob die Unterscheidung ökonomischer Entwicklungs-

---

64 Siehe Alfons Dopsch, *Naturalwirtschaft und Geldwirtschaft*, Wien 1930. Zu den Einwänden, die insbesondere gegen Büchers Auffassung der mittelalterlichen Städte und ihrer ökonomischen Hauptmerkmale erhoben wurden, siehe die neueren Studien von F. Rörig, H. Bechtel und H. Jecht.

65 Schmoller, *Grundriß der Allgemeinen Volkswirtschaftslehre*, a.a.O., Band 2, S. 666; zu Schmollers Stufenanalyse siehe den Aufsatz von Theodor Mayer in: *Zeitschrift für Volkswirtschaft und Sozialpolitik* N. F. 2 (1922), S. 626-692. Harms, *Volkswirtschaft und Weltwirtschaft*, a.a.O., S. 89, unterschied drei Stufen: »Individualwirtschaft«, »Volkswirtschaft« und »Weltwirtschaft«.

66 Allgemeine Erörterungen des Problems finden sich bei Johann Plenge, *Die Stammformen der vergleichenden Wirtschaftstheorie*, Essen 1919; Waldemar Mitscherlich, *Die Wirtschaftsstufentheorie*, Leipzig 1924; Gertrud Kalveram, *Die Theorien von den Wirtschaftsstufen*, Leipzig 1933.

67 Edwin F. Gay, »The Tasks of Economic History«, in: *Journal of Economic History* 1 (1941), Supplement, S. 9-16.

68 Siehe Josef Kulischer, *Allgemeine Wirtschaftsgeschichte*, München 1928, Band 1; Walter Eucken, *Die Grundlagen der Nationalökonomie*, Jena 1940, S. 72.

69 Eli Filip Heckscher, »The Aspects of Economic History«, in: *Economic Essays in Honor of Gustav Cassel*, London 1933, S. 705-720; Sir John Clapham in: Edwin R. A. Seligman (Hg.), *The Encyclopedia of the Social Sciences*, Band 5, New York 1930, S. 328.

stufen Zwecken der theoretischen Analyse dienen sollte oder nur ein Hilfsmittel war, um die Veränderungen ökonomischer Institutionen bequemer beschreiben zu können.[70]

Die allgemeinen Analysen der Wirtschaftsentwicklung wurden von einer umfangreichen Literatur ergänzt, die sich mit bestimmten Aspekten einzelner geschichtlicher Abschnitte, mit typischen ökonomischen Institutionen, mit der Organisation von Industrie und Handel sowie mit Strukturveränderungen der einzelnen Wirtschaftsweisen beschäftigte. Besondere Beachtung verdienen die Beiträge zur englischen Wirtschaftsgeschichte von Lujo Brentano, Georg von Schanz (1853-1921), Adolf Held (1844-1880) und Gerhart von Schulze-Gaevernitz (1864-1943). Unterschiedliches Gewicht wurde auf die Wirkungen der Bevölkerungsentwicklung, die Verteilung des Grundeigentums und die Organisation der landwirtschaftlichen Produktion gelegt. Die gründliche Erörterung der Malthusschen Bevölkerungstheorie, die in Deutschland in dem Jahrzehnt vor dem Ersten Weltkrieg stattfand, war vornehmlich von nationalistischen Erwägungen motiviert. Herausragende Studien über den Wandel in der Organisation der Agrarproduktion wurden von Georg Hanssen (1809-1894), August Meitzen (1822-1910) und Georg Friedrich Knapp (1842-1926) erstellt. Die von Knapp verfaßte Untersuchung über die Abschaffung der Leibeigenschaft in den deutschen Staaten lieferte später das Muster für ähnliche Untersuchungen von Carl Grünberg und anderen. Die Arbeits- und Lebensbedingungen der Arbeiter, die Entwicklung und die Funktionen der Unternehmer- und Arbeiterorganisationen sowie die Implikationen sozialpolitischer Maßnahmen wurden jeweils ausgiebig diskutiert.

Die Geschichte der Institutionen sowie der gesetzlichen und administrativen Maßnahmen nahm in Untersuchungen dieser Art einen auffälligen Platz ein und diente gelegentlich dazu, Leistungen früherer Zeiten zu verherrlichen oder bestimmte politische oder soziale Bestrebungen zu unterstützen. So fand der Merkantilismus als Epoche, in der die wirtschaftliche Expansion von der aktiven Politik autoritativer Regierungen gefördert wurde, besondere Aufmerksamkeit. Schmollers umfangreiche Beiträge zur Industrie- und Handelsgeschichte Preußens waren Vorbilder solcher Untersuchungen.

Recht beachtliche Anstrengungen wurden auch in der ökonomischen Dogmengeschichte sowie in der Analyse älterer Wirtschafts- und Sozialphilosophien unternommen. Die Ideen und Theoreme von fast allen eini-

---

70 Siehe Georg Albrecht, »Die sozialrechtliche Richtung in der Nationalökonomie«, in: *Jahrbücher für Nationalökonomie und Statistik* 155 (1942), S. 87-92, und Brunner, »Die alteuropäische Ökonomik«, a.a.O., S. 134.

germaßen prominenten Ökonomen wurden Gegenstand sorgfältiger Studien. Die theoretischen Aspekte der verschiedenen Lehren erfuhren jedoch – verglichen mit ihren soziologischen und politischen Merkmalen – oft recht oberflächliche Behandlung. Obwohl viele Forschungen dieser Art für eine Vertiefung des soziologischen und historischen Wissens äußerst nützlich waren, konnten sie die Vernachlässigung der theoretischen ökonomischen Analyse im strengen Sinne nicht aufwiegen. Gegen Ende des neunzehnten Jahrhunderts äußerte Eugen von Böhm-Bawerk die prophetische Warnung, daß durch die methodologischen Unzulänglichkeiten der historisch orientierten deutschen Ökonomen dem Fortschritt ihrer Wissenschaft möglicherweise mehrere Jahrzehnte verlorengegangen seien.[71]

In England wurde der historische Ansatz – seiner ausgesprochen organizistischen Züge entkleidet – von Ökonomen wie Thomas Edward Cliffe Leslie (1826-1882), James Edwin Thorold Rogers (1823-1890) und John Kells Ingram (1823-1907) übernommen. Eine französische Version der historischen Methode wurde von P. G. Frédéric Le Play (1806-1882) und seiner Schule entwickelt. Sie gingen von der Annahme aus, daß die allgemeinen Eigenschaften der physikalischen Umwelt bestimmenden Einfluß auf die ökonomische Organisation und die Form des Familienlebens eines Volkes hätten. Die Einsichten, die sie bei der Untersuchung von Familienbudgets sowie der sozioökonomischen Aspekte des Familienlebens erzielten, waren recht beachtlich.[72] Bedeutende Studien, die sich mit der Geschichte der französischen Arbeiterklasse beschäftigten, wurden von Pierre Émile Levasseur (1828-1911) verfaßt, und Henri Sée lieferte bemerkenswerte Beiträge zur Geschichte des Kapitalismus.[73] Verfeinerte Methoden der beschreibenden Analyse wurden auf dem Gebiet der Wirtschaftsgeschichte von herausragenden Gelehrten wie Charles Seignobos (1854-1942) und Henri Hauser (1866-1946?) eingesetzt.[74] Die Schaffung besonderer Lehrstühle für Dogmengeschichte der Wirtschaftswissenschaften an verschiedenen Universitäten trug zur Entwicklung dieser Forschungstradition erheblich bei. Der von Charles Gide (1847-1932)

71 Eugen von Böhm-Bawerk, »The Historical vs. the Deductive Method in Political Economy«, in: *Annals of the American Academy of Political and Social Sciences* 1 (1890/91).
72 P. G. Frédéric Le Play, *Les ouvriers européens*, 6 Bände, Paris 1855 ff.; ders., *L'organisation de la famille*, Paris 1871; ders., *L'organisation du travail*, Paris 1870.
73 Pierre Émile Levasseur, *Histoire des classes ouvrières en France*, Paris 1859-1867; Henri Sée, *Les origines du capitalisme moderne*, 1926 (deutsch: *Die Ursprünge des modernen Kapitalismus*, Wien 1948).
74 Charles Seignobos, *La méthode historique appliquée aux sciences sociales*, Paris 1901; Henri Hauser, *La nouvelle orientation économique*, Paris 1924.

und Charles Rist (1873-1955) veröffentlichte umfassende Überblick über die Geschichte der ökonomischen Lehren nahm unter den Studien dieser Art längere Zeit den ersten Rang ein.[75] In Belgien lieferte Émile de Laveleye (1822-1892) herausragende Beiträge zur Geschichte der ökonomischen Institutionen.[76] Doch weder die französischen noch die belgischen Anhänger der historischen Methode erwarteten, daß diese den deduktiven Ansatz bei ökonomischen Analysen vollständig ersetzen werde. Außerhalb Deutschlands wurde eine solche Position nur in Italien von Achille Loria (1857-1943) vertreten, der die Prinzipien der materialistischen Geschichtsauffassung teilte und sich um den Nachweis bemühte, daß jeder Epoche eine besondere Werttheorie entspreche, die den ökonomischen Verhältnissen angepaßt sei, aus denen sie sich entwickelt habe.[77] Desgleichen betonte Loria den streng historischen Charakter aller gesellschaftlichen und geschichtlichen Gesetze. Er verknüpfte eine bestimmte Version der Ricardoschen Werttheorie mit der Marxschen Konzeption von nicht durch Arbeit verdientem Einkommen, betrachtete die landwirtschaftliche Grundrente als Monopolprofit und stellte die Verfügbarkeit von freiem Boden in den Mittelpunkt seiner Idee einer Sozialreform.[78]

---

75 Charles Gide/Charles Rist, *Histoire des doctrines économiques*, Paris 1909 (deutsch: *Geschichte der volkswirtschaftlichen Lehrmeinungen*, Jena 1913).
76 Émile L. V. de Laveleye, *De la propriété et de ses formes primitives*, Paris 1874.
77 Achille Loria, *La teoria del valore negli economisti italiani*, Pisa 1882; ders., *La crisi della scienza*, Turin 1908.
78 Ders., *La sintesi economica*, Mailand 1909 (deutsch: *Theorie der reinen Wirtschaft. Untersuchungen der Gesetze des Einkommens*, München/Leipzig 1925).

15. Kapitel
Versionen des organizistischen Ansatzes

Gegensätzliche Trends

Gegen Ende des neunzehnten Jahrhunderts führten die Mängel der methodologischen Grundlagen des historischen Vorgehens in der Wirtschaftswissenschaft zur Suche nach einem philosophischen Ansatz, der auf einen Brückenschlag zwischen der Untersuchung ökonomischer Probleme und der Erforschung anderer sozialer Erscheinungen in ihrem geschichtlichen Rahmen hoffen ließ. Dazu boten sich die Lehren zweier neukantianischer Schulen an: die sogenannte südwestdeutsche und die Marburger Version des Neukantianismus.[1]
Die Philosophen der Marburger Universität arbeiteten in der Nachfolge Hermann Cohens (1842-1918) das Kantische Prinzip aus, daß die Erkenntnis des »Dings an sich« das Vermögen des menschlichen Geistes überschreite. Sie richteten ihre Aufmerksamkeit auf die logischen Bedingungen wissenschaftlicher Erfahrung und betonten insbesondere, daß wahre Erkenntnis und allgemeingültige Gesetze nur mit Hilfe mathematischer Methoden zu erlangen seien, die nach den Regeln des menschlichen Denkens Selbstevidenz beanspruchen können. Die bedeutendsten Schüler Cohens waren Paul Natorp (1854-1924) und Ernst Cassirer (1874 bis 1945).
Ideen dieser Art boten den Hintergrund für die Lehren des Juristen Rudolf Stammler (1856-1938), der Veränderungen in der gesellschaftlichen Erfahrung sowie der Normen und Vorschriften für die Entwicklung sozialer Prozesse verantwortlich machte.[2] Die Möglichkeit allgemeingültiger Gesetze der ökonomischen oder sozialen Verhältnisse lehnte er ab und definierte das normative Recht als die Form und die Wirtschaft als die materielle Substanz der Gesellschaft.
Fritz Berolzheimer erweiterte diesen Ansatz zu einer umfassenden Analyse der Beziehungen zwischen ökonomischen Institutionen und ihren juridischen Grundlagen.[3] Eine Gruppe deutscher Ökonomen unter Führung von Karl Diehl folgte später diesem Beispiel und vertrat die Behaup-

---

1 Siehe Theo Suranyi-Unger, *Economics in the Twentieth Century*, New York 1931.
2 Rudolf Stammler, *Wirtschaft und Recht nach der materialistischen Geschichtsauffassung*, Leipzig 1896.
3 Fritz Berolzheimer, *System der Rechts- und Wirtschaftsphilosophie*, München 1904/1907. Das im Jahre 1907 gegründete *Archiv für Rechts- und Wirtschaftsphilosophie* sollte sich speziell mit den rechtlichen und politischen Aspekten der Wirtschaft befassen und die ökonomischen Doktrinen im Lichte der Philosophie des Rechts untersuchen.

tung, alle ökonomischen Phänomene würden in erster Linie durch bestimmte Formen sozialer Verhältnisse und rechtlicher Institutionen determiniert, die zwischen verschiedenen Epochen und Nationen variieren.[4] Wesen und Bedeutung aller ökonomischen Kategorien sollten insbesondere von der gesetzlichen Regelung der Eigentumsrechte abhängen. Eine Version dieser Versuche, die ökonomischen Erscheinungen im Lichte normativer Begriffe zu analysieren, war der sogenannte »sozialethische« oder »sozialorganische« Ansatz in der Wirtschaftswissenschaft, der von Rudolf Stolzmann (1852-1930) vertreten wurde.[5]

Die Entwicklung der Lehren der Marburger Schule hatte zur Herstellung einer engen Beziehung zwischen Wirtschafts- und Rechtswissenschaft geführt; der Einfluß der südwestdeutschen Schule des Neukantianismus führte dagegen zur besonderen Betonung der historischen Aspekte ökonomischer und sozialer Erscheinungen. Der Begründer der südwestdeutschen Schule, Wilhelm Dilthey (1833-1911), betrachtete die Geschichte als den Weg, der zu einem Verstehen des Lebens führt.[6] Ausgehend von der Anschauung, der Mensch habe keine Natur, sondern nur eine Geschichte, zog Dilthey eine scharfe Grenzlinie zwischen den Naturwissenschaften auf der einen und den »Geisteswissenschaften« auf der anderen Seite. Diese Auffassung wurde in Opposition zu der aristotelischen Unterscheidung zwischen »Natur« und »Übereinkunft« als den beiden Quellen sozialer Einrichtungen entwickelt. Er verwarf jede Suche nach allgemeingültigen sozialen Gesetzen als vergeblich und lehrte, daß aller Sinn, der sich den gesellschaftlichen Verhältnissen und dem Gang des sozialen Geschehens beilegen lasse, einzig dem aktiven Nachvollzug des erkennenden Beobachters entspringen könne. Nur in den Naturwissenschaften, argumentierte er, könne Erkenntnis (»Begreifen«) durch deduktives Schließen im Rahmen kausaler Kategorien gewonnen werden; in den »Kulturwissenschaften« dagegen eröffne sich der Einblick in Sinnbeziehungen (»Verstehen«) mit Hilfe logischer Verfahren, die die gesellschaftlichen Erscheinungen als Produkte der Tätigkeit des menschlichen Geistes erweisen. Dilthey schlug daher vor, die Wesensmerkmale der Ideen, die den Geist klar abgegrenzter Gruppen beherrscht hatten, mit intuitiven Methoden zu erfassen. Er stellte sich die Aufgabe, die »Sinnzusammenhänge« zwischen Gedanken und Einstellungen zu bestimmen, die seiner Auffassung nach mehr oder weniger verborgen hinter dem menschlichen Handeln in der Geschichte liegen.

Zwei andere deutsche Philosophen, Wilhelm Windelband (1848-1915)

---

4 Karl Diehl, *Die sozialrechtliche Richtung in der Nationalökonomie*, Jena 1941.
5 Rudolf Stolzmann, *Die soziale Kategorie in der Volkswirtschaftslehre*, Berlin 1896.
6 Wilhelm Dilthey, *Einleitung in die Geisteswissenschaften*, Leipzig 1883.

und Heinrich Rickert (1863-1936), verknüpften diese Gedanken mit Immanuel Kants Gegenüberstellung von »angewandter« und »reiner« Vernunft. Dem Bereich der reinen Vernunft ordneten sie die »nomothetischen« Wissenschaften zu und legten ihnen die Verwendung von Methoden bei, die sich zur Aufstellung allgemeiner Gesetze und Regelmäßigkeiten kausalen Typs eignen. Den »idiographischen« Wissenschaften hingegen, die sie mit der Sphäre der angewandten Vernunft verbanden, schrieben sie die Aufgabe zu, individuelle Phänomene in ihrer Einzigartigkeit und in ihrem historischen Rahmen mit gebührender Rücksicht auf ihre Komplexität zu behandeln.[7] Rickert beschränkte die Anwendung der nomothetischen Wissenschaften auf die Natur, die er als Gesamtheit all derjenigen Dinge bestimmte, deren Existenz und Entfaltung spontanen Kräften überlassen ist. Rickert zufolge ist Natur durch Verschiedenartigkeit ihrer Elemente sowie durch unbegrenzte Stetigkeit gekennzeichnet. Um ihre irrationale heterogene Kontinuität wissenschaftlichen Verfahren anzupassen, muß sie homogenisiert und in diskrete Teile zerlegt werden. Der Gegenstand wissenschaftlicher Analyse wird so durch die Form der Behandlung der Kontinuität bestimmt. Der »Natur« stellte Rickert die »Kultur« gegenüber, die Gesamtheit der Dinge, die von Menschen entsprechend ihren Werten und Zielen hervorgebracht werden.[8] Die Verwendung von Begriffen hoher Abstraktionsstufe sollte auf die nomothetischen Wissenschaften beschränkt bleiben, während die Begriffe, die zur Kennzeichnung der besonderen und einzigartigen Aspekte geschichtlicher Erscheinungen als geeignet galten, in den idiographischen Wissenschaften Verwendung finden sollten. Rickert definierte also »Wirklichkeit«, sofern sie unter dem Gesichtspunkt ihrer Besonderheit und Einmaligkeit betrachtet wird, als Geschichte.[9] Die Aufgabe, »kulturelle Werte« zu bestimmen, behielt er den Philosophen vor; ihre Arbeit sollte Historiker und andere Sozialwissenschaftler dazu befähigen, die wesentlichen Eigenschaften sozialer Phänomene von rein zufälligen zu unterscheiden und aus dem unerschöpflichen Material der Geschichte die notwendigen Selektionen vorzunehmen. Der Historiker Ernst Troeltsch (1865-1923) machte sich ein solches Verfahren zu eigen, als er auf dem Wege der Einfühlung das »wirkliche Wesen« geschichtlicher Epochen zu verstehen suchte.

Als man daranging, Ideen dieser Art auf die Untersuchung wirtschaftli-

---

[7] Heinrich Rickert, *Kulturwissenschaft und Naturwissenschaft*, Freiburg 1899; ders., *Die Grenzen der naturwissenschaftlichen Begriffsbildung*, Tübingen 1902.
[8] Schon früher war diese Unterscheidung in ähnlicher Weise von Carl Menger in seinen *Untersuchungen über die Methode der Socialwissenschaften*, Leipzig 1883, getroffen worden. Menger hatte jedoch darauf bestanden, auf die ökonomische Analyse Methoden der »nomothetischen« Wissenschaften anzuwenden.
[9] Rickert, *Die Grenzen der naturwissenschaftlichen Begriffsbildung*, a.a.O., S. 255.

cher Entwicklungen anzuwenden, schien es angemessen, die ökonomische »Stufenfolge« durch eine Sequenz von Gestalten des »objektiven« Geistes zu ersetzen, der den Tätigkeiten der einzelnen Mitglieder intuitiv konzipierter sozialer Gruppen Richtung und Einheit verleihe. Man nahm an, daß ein ganz bestimmter »Geist« für jede solche Gruppe den Rahmen vorgibt, der ihre kulturelle »Totalität« begrenzt, und daß jede solche Totalität von anderen gleicher Art deutlich zu unterscheiden sei. Doch die Gestalten des objektiven Geistes waren ebenso isoliert voneinander wie die »Stufen« der historisch-ethischen Schule; es wurde nicht einmal versucht, die Kräfte aufzuweisen, die für eine Verbindung zwischen einem Geist und seinem Nachfolger sorgen könnten.[10] Oft stellte man sich diese »Geister« als zeitlose Kategorien vor, in denen sich eine »ideale Realität« oder »Sinnzusammenhänge« mit normativen, symbolischen oder ästhetischen Zügen spiegeln sollten. Im deutschen Ausdruck *Volksgeist* schwingt eine bestimmte »intuitionistische« Bedeutung mit, die dem entsprechenden englischen Begriff *national spirit* fremd ist. Unter den deutschen Wirtschaftshistorikern, die einen solchen methodologischen Ansatz vertraten, nimmt Werner Sombart (1863-1941) einen herausragenden Platz ein. In seinen umfangreichen Studien über Ursprung und Wandel der kapitalistischen Ökonomie bediente er sich intuitiver Verfahrensweisen mit äußerstem Geschick.[11] In diesen Untersuchungen wurde die Entfaltung des »Kapitalismus« als Entwicklungsprozeß verstanden, der in drei Stufen voranschreitet: auf ein Frühstadium folgt eine Periode der vollen Entwicklung und eine Stufe des Niedergangs. Sombart zeigte, daß der »Geist des Kapitalismus« im Verlauf dieser Prozesse charakteristischen Wandlungen unterliegt.

In jungen Jahren war Sombart stark von den deterministischen Gesichtspunkten der Marxschen Lehre beeinflußt. Er war von dem Übergewicht ökonomischer Kräfte bei der Gestaltung des geschichtlichen Ereignisverlaufs so vollkommen überzeugt, daß er politischen Revolutionen für die Entwicklung der kapitalistischen Gesellschaft nur wenig Bedeutung beimaß. Die Umwandlung der Feudalorganisation in die kapitalistische Ordnung schrieb er historischen Zufällen, etwa dem Auftauchen neuer Techniken, der Entdeckung großer Goldvorräte und umfangreicher natürlicher Ressourcen, nicht zuletzt aber auch dem Erscheinen eines neuen Unternehmertypus zu. Es ist bemerkenswert, daß Sombart »Rationalismus« als gemeinsamen Zug von Kapitalismus und Judentum betrachtete.

10 Siehe Talcott Parsons, *The Structure of Social Action*, New York 1937, S. 478.
11 Werner Sombart, *Der moderne Kapitalismus*, 2 Bände, Leipzig 1902; stark erweiterte und umgearbeitete Neuauflage (3 Bände in jeweils zwei Halbbänden): Band 1, *Die vorkapitalistische Wirtschaft*, München/Leipzig 1916; Band 2, *Das europäische Wirtschaftsleben im Zeitalter des Frühkapitalismus*, München/Leipzig 1917; Band 3, *Das Wirtschaftsleben im Zeitalter des Hochkapitalismus*, München/Leipzig 1927.

Er schrieb den Juden die Funktion zu, der kapitalistischen Organisation ihr eigentümliches Gepräge verliehen und dem Wirtschaftsleben seinen »modernen Geist« vermittelt zu haben.[12]
Später machte sich Sombart jedoch eine »idealistische« Geschichtsauffassung zu eigen und entwickelte den Gedanken, daß jede Phase eines geschichtlichen Verlaufs aus einem vereinheitlichenden Prinzip zu erklären sei, das den Grundmotiven menschlichen Handelns entspringe. Er schlug daher vor, eine Typologie von »Wirtschaftsgestalten« aufzustellen, die als »Sinneinheiten« zu verstehen seien. Jede Einheit sollte durch eine spezifische Verbindung der Elemente gekennzeichnet sein, die er als grundlegend für alle ökonomischen Organisationen betrachtete, nämlich Wirtschaftsgesinnung, Wirtschaftsform (oder -ordnung) und Technik. Der Begriff des »Typus« war von Aristoteles eingeführt worden, um im Verlauf einer generalisierenden Abstraktion die einer Gruppe von Phänomenen gemeinsamen dauerhaften Merkmale zu definieren. Umstritten blieb, inwieweit sich »Typen« als Darstellungen der Wirklichkeit betrachten lassen, obwohl diese Frage von intuitionistisch gesinnten deutschen Ökonomen wiederholt erörtert wurde.[13]
Unter Verwendung einer Variationsmethode unterschied Sombart zwölf Typen von Wirtschaftsgestalten. Sein intuitiver Zugang zur Gesellschaftsanalyse schlug sich in der ausufernden Verwendung dreiteiliger Schemata bei der Aufstellung seiner Kategorien nieder.[14] So gründete er seine Analyse auf drei Paare polarer Gegensätze: Produktion zur Bedarfsdeckung *versus* Produktion um des Profits willen, regulierte Wirtschaft *versus* Wettbewerbswirtschaft und Techniken empirisch-traditionalistischer Art *versus* rational-progressive Methoden.[15] Jeder geschichtlich definierten Periode schrieb Sombart einen besonderen »objektiven« Geist zu, der als überindividueller Akteur handelt und gelegentlich als eine Art gesellschaftliches Kollektivbewußtsein beschrieben wird, das von Erfahrung und erworbenem Wissen geprägt ist und eine eigentümliche Einstellung zum sozialen Leben besitzt. Sombart vermochte jedoch nicht zu zeigen, wie diese »Geister« entstanden sind, wie sie ihre Kontrolle über Bewußtsein und Handeln der Individuen ausüben beziehungsweise wie sie in der Kette ihres sukzessiven Erscheinens miteinander verknüpft sind.

12 Ders., *Die Juden und das Wirtschaftsleben*, Leipzig 1911, S. vi und S. 186 ff.
13 Ders., *Die Ordnung des Wirtschaftslebens*, Berlin 1925, S. 20 und S. 52 f.
14 Diese Besonderheit wurde wiederholt kommentiert. Siehe zum Beispiel Wesley C. Mitchell, »Sombart's Hochkapitalismus«, in: *The Quarterley Journal of Economics* 43 (1929), S. 303-323, hier S. 322.
15 Zu Sombarts Definition eines »Wirtschaftssystems« und seinen methodologischen Ideen siehe seinen Artikel »Economic Theory and Economic History«, in: *Economic History Review* 2 (1929/30), S. 1-19.

Sombarts Fähigkeit, scheinbar disparate Erscheinungen zu lebendigen und kohärenten Bildern zusammenzufügen, und sein Eifer, wenig bekanntes historisches Material in großem Umfang heranzuziehen und zu verwerten, weckte die Bewunderung vieler Anhänger intuitiver Methoden. Auf Kritik stießen jedoch seine problematischen Verfahren bei der Interpretation geschichtlicher Dokumente, seine willkürliche Bewertung von Institutionen und Ideen aus der Vergangenheit, die Nützlichkeit seiner Kategorien und die mehr oder weniger spekulative Behandlung verschiedener ökonomischer Probleme, etwa der Ursprünge der Kapitalakkumulation oder der Ursachen von Wirtschaftskrisen.[16]

Max Weber (1864-1920), einer der herausragenden Soziologen seiner Zeit, war Sombart in seinem methodologischen Problemansatz weit überlegen. Weber berief sich ausdrücklich auf die Rickertsche Erkenntnislehre, als er sich die Entwicklung einer Sozialwissenschaft als Aufgabe stellte, die methodisch auf dem »Verstehen« der Werturteile beruhen sollte, die für die Einrichtung der sozialen Beziehungen von Bedeutung gewesen waren (»verstehende Soziologie«).[17] Diesem soziologischen Ansatz zufolge gilt es, das empirische Material der Sozialwissenschaften nach seiner »Wertbeziehung« zu organisieren; jede gesellschaftliche Ordnung sollte durch ihre spezifischen Wertüberzeugungen gekennzeichnet werden, die sich von autonomen Ideen über den Sinn des Universums und das Schicksal des Menschen herleiten. Angesichts der relativ beschränkten Zahl bekannter Wertsysteme, die in der Vergangenheit gültig waren, erwartete Weber, zu einem hinreichenden Verständnis derselben zu gelangen, wodurch es ihm möglich werden sollte, ein umfassendes und kohärentes Schema für eine wissenschaftliche Klassifikation der Werthaltungen und Kulturverhältnisse aufzustellen. Weber räumte ein, daß es wünschenswert sei, wichtige allgemeine Phänomene der Wirtschaft, etwa den Tauschverkehr, zu analysieren; doch verlangte er, daß in diesen Analysen die Prozesse berücksichtigt würden, durch die der Tauschverkehr Bedeutung erlangt habe, sowie die kulturellen Aspekte des Tauschverkehrs und dergleichen. Nach seiner Ansicht sind allgemeine Kausalgesetze in der Ökonomie um so weniger nützlich, je höher ihr Abstrak-

---

16 Siehe unter anderem Walter Eucken, *Die Grundlagen der Nationalökonomie*, Jena 1940, S. 234 ff., sowie die Kritik an Sombarts Analyse der ursprünglichen Quellen der Kapitalakkumulation und der anfänglichen Organisation kapitalistischer Unternehmen, die Jacob Strieder in seinen *Studien zur Geschichte der kapitalistischen Organisationsform*, München 1925, vorgetragen hat.

17 Max Weber erörterte die methodologischen Probleme der Soziologie in einer Reihe von Artikeln, die später unter dem Titel *Gesammelte Aufsätze zur Wissenschaftslehre*, Tübingen 1922, in einem Band veröffentlicht wurden. Siehe Parsons, *The Structure of Social Action*, a.a.O., S. 580.

tionsgrad ist. Insofern steht die Philosophie des »Verstehens« dem Behaviorismus beinahe diametral entgegen.
In seinen methodologischen Überlegungen verwarf Weber ausdrücklich »intuitive« Verfahren bei der Begriffsbildung für ein zusammenhängendes soziales Ganzes. Doch mit dem Begriff des »Idealtyps«, den er als ausgezeichnetes Instrument der soziologischen Analyse betrachtete, führte er sie als methodologisches Hilfsmittel indirekt wieder ein. Nach Webers Definition werden idealtypische Begriffe logisch in der Weise gewonnen, daß die aus einer Gruppe von Phänomenen abstrahierten wesentlichen Merkmale zusammengestellt und »durch einseitige Steigerung eines oder einiger Gesichtspunkte« dieser Phänomene herausgehoben werden. Sie sollen die Maßstäbe liefern, an denen sich ermitteln läßt, in welchem Grade einzelne historische Erscheinungen oder Ereignisse den »objektiven Möglichkeiten« entsprechen. Im Unterschied zu rein abstrakten Begriffen werden Idealtypen als »Grenzbegriffe« beschrieben, deren Erkenntniswert davon abhängt, inwieweit sie sich als Mittel zum Verstehen bestimmter kultureller Verhältnisse und ihrer Bedeutung als nützlich erweisen. Die Sozialwissenschaftler werden also aufgefordert, Begriffe und Urteile zu entwickeln, die zwar kein direktes Bild der empirischen Wirklichkeit liefern, wohl aber den Beobachter befähigen sollen, Realität im Geiste nach gültigen Methoden zu organisieren.
Betrachten wir Webers »Idealtyp« einer mittelalterlichen Stadt. Dieser soll eine Richtschnur liefern, mit der sich bestimmen läßt, in welchem Grade eine bestimmte Stadt des zwölften oder dreizehnten Jahrhunderts diejenigen Züge aufweist, die der Beobachter als bedeutsam für das mittelalterliche Wertsystem betrachtet. Die Definition des Idealtyps eines kapitalistischen Unternehmens dient dazu, das Ausmaß zu bestimmen, in dem ein bestimmter Betrieb oder eine spezifische Institution den »Geist des Kapitalismus« und sein Wertsystem reflektiert, welcher Stufe in der »Entwicklung des Kapitalismus« ein solcher Betrieb zuzurechnen ist, und dergleichen. Das intuitionistische Element, das die Auswahl bestimmter Merkmale abstrakter Begriffe als besonders relevant einschließt, liegt auf der Hand. Eine gewisse Verwirrung entstand durch die Tatsache, daß Weber den Ausdruck »Idealtypen« auch auf Begriffe anwandte, mit denen bestimmte einzelne soziale Kollektive wie Christentum, moderner Kapitalismus und so weiter bezeichnet werden. Weder Weber noch seinen Nachfolgern gelang es jedoch, eine systematische Klassifikation der »Idealtypen sozialer Verhältnisse« zu entwickeln.[18]
In seiner kritischen Erörterung der Prinzipien der Ricardoschen Wirt-

---

18 Zu Max Webers Methodologie siehe Bernhard Pfister, *Die Entwicklung zum Idealtypus*, Tübingen 1928; A. von Schelting, *Max Webers Wissenschaftslehre*, Tübingen 1934, und Eucken, *Die Grundlagen der Nationalökonomie*, a.a.O., S. 257 f. und S. 297 f.

schaftstheorie meinte Weber, daß die Begriffe von Warenmärkten, die unter den Bedingungen freien Wettbewerbs den Prinzipien »rein rationalen« Wirtschaftsverhaltens gehorchen, in Wirklichkeit »Idealtypen« seien, utopische synthetische Begriffsbildungen, die dadurch zustande kommen, daß bestimmten, aus der Realität gewonnenen Elementen gesteigerte Bedeutung beigelegt wird. Damit war ein Begriff der Wirtschaft umrissen worden, der bei der Klärung der Frage, in welchem Grade sich die signifikanten Gesichtspunkte der abstrakten Schemata in der Wirklichkeit spiegeln, als Muster dienen konnte. Auf dieser Argumentationslinie beschrieb Weber die von den Grenznutzenschulen aufgestellten Gesetze der Wertbildung als Regeln »korrekter Rationalität« mit impliziten Normen für das Wirtschaftsverhalten. Diese Deutung der von den Ricardianern und nachricardianischen Ökonomen verfolgten Methoden war kennzeichnend für seine beharrliche Weigerung, die Verwendung des hypothetischen Denkens in der Analyse sozialer Verhältnisse zuzulassen. Eine Untersuchung solcher Beziehungen in quantitativen Begriffen war natürlich unvereinbar mit dem Nachdruck, den die neukantianischen Philosophen auf die qualitativen Gesichtspunkte des sozialen Lebens legten.[19]

In seinen soziologischen Analysen über die Ursprünge des Kapitalismus bezog sich Weber auf dessen »objektiven Geist«, der über die Mitglieder der kapitalistischen Gesellschaft eine Zwangsgewalt ausübe, und betonte das »rationalisierte Erwerbsstreben« als wichtigstes Element des Wertsystems und der Werthaltungen dieser Gesellschaft. Ebenso wie zahlreiche Mitglieder der historischen Schule zeigte Weber eine auffällige Abneigung gegenüber der kapitalistischen Ordnung und ihrem Wertsystem. Bemerkenswert ist vor allem die Rolle, die er der kapitalistischen Bürokratie als wohldiszipliniertem, unpersönlichen Werkzeug profitorientierter Interessen zuschrieb.

Die Bedeutung, die Weber der Ethik »asketischer« Richtungen des Protestantismus für die Ausprägung der Werthaltungen der kapitalistischen Gesellschaft beilegte, wurde bereits erwähnt. In seinen detaillierten Analyen religiöser Ethiken suchte Weber zu beweisen, daß im Fernen Osten die Entwicklung kapitalistischer Gesellschaften auf unüberwindliche Hindernisse stieß, weil die moralischen Grundsätze des Kapitalismus mit den vorherrschenden Glaubenshaltungen östlicher Religionen nicht zu vereinbaren gewesen seien. Es scheint jedoch, als hätte Weber – stets mit den sozialen Implikationen moralischer Einstellungen beschäftigt – die tiefen Unterschiede in den Methoden des Denkens übersehen, die die

---

19 Siehe Felix Kaufmann, »Was kann die mathematische Methode in der Nationalökonomie leisten?«, in: *Zeitschrift für Nationalökonomie* 2 (1931), S. 754-779, hier: S. 773.

Völker des Fernen Ostens von der abendländischen Welt trennten. Die Tätigkeit von Unternehmen in einer wettbewerbsorientierten Tauschwirtschaft beruht auf der Verwendung der Methoden hypothetischen Schließens, die den im Fernen Osten praktizierten Denkverfahren fremd sind.

Der Kampf um eine »wertfreie« Wissenschaft

Die tiefe Überzeugung, geeignete Methoden zur Untersuchung wirtschaftlicher und sozialer Prozesse gefunden zu haben, veranlaßte Weber, die Verwendung von Begriffen und Urteilen, die auf religiöse Überzeugungen, Ethik, Ästhetik und sogar Metaphysik zurückgehen, in der ökonomischen Forschung heftig anzugreifen und für eine wachsende Konfusion verantwortlich zu machen. Diese Situation war bereits von verschiedenen Ökonomen liberaler Gesinnung kritisiert worden, die vergeblich insbesondere gegen die Auffassung mancher »Kathedersozialisten« protestiert hatten, es sei möglich, mit Hilfe wissenschaftlicher Verfahren die wahren Ziele ökonomischen und sozialen Handelns zu bestimmen und die Wirtschafts- und Sozialpolitik diesen Zielen anzupassen.

Auf einer Tagung des *Vereins für Socialpolitik*, die 1909 in Wien abgehalten wurde, entspann sich eine lebhafte Diskussion um Webers Formulierung der Probleme, die der Aufbau einer wertfreien Sozialwissenschaft mit sich bringt. Er vertrat sehr konsequent die Behauptung, daß die wissenschaftliche Forschung in den Sozialwissenschaften von einzelnen Tatsachen, Ereignissen und Prozessen ausgehen sollte, die in Gestalt objektiv beobachtbarer Beziehungen analysiert werden können. Dagegen dürften Werturteile die wissenschaftliche Untersuchung nur insoweit berühren, als zwischen verschiedenen Themen oder Forschungsproblemen Wahlen zu treffen sind.[20] Zur Bekräftigung dieser methodologischen Grundsätze führte Weber an, daß jede Stufe des ökonomischen und gesellschaftlichen Lebens von der Herrschaft bestimmter Werte und Normen geprägt sei und daß folglich Sätze, die sich von solchen Werten ableiten, keine allgemeine Geltung beanspruchen könnten.[21] Werturteile sollten daher in die »wissenschaftliche Analyse« nur als hypothetische

---

20 Weber hatte diese Gedanken in zwei Artikeln entwickelt – »Die Objektivität sozialwissenschaftlicher und sozialpolitischer Erkenntnis« (1904) und »Der Sinn der ›Wertfreiheit‹ der soziologischen und ökonomischen Wissenschaften« (1917/1918) –, die später in den *Gesammelten Aufsätze zur Wissenschaftslehre* wiederabgedruckt wurden (a.a.O., S. 146-214 und S. 451-502).

21 Einige Jahre zuvor hatte Werner Sombart die Aufstellung des Prinzips der »größten Produktivität« als eigenständiges Ideal der Wirtschaftswissenschaft gefordert: »Ideale der Sozialpolitik«, in: *Archiv für Sozialwissenschaft und Sozialpolitik* 10

Ausgangspunkte von Untersuchungen über die möglichen Folgen der praktischen Anwendung solcher Urteile eingehen. Weber unterschied »Wertbeziehung« von »Werturteilen« und schrieb der wissenschaftlichen Forschung die Aufgabe zu, die logischen Zusammenhänge zwischen Werturteilen und ihrer axiomatischen Letztbegründung kritisch zu prüfen. Er war überzeugt, daß solche Urteile vom Beobachter restlos verstanden und richtig interpretiert werden könnten.
Dieser Appell an das wissenschaftliche Gewissen wurde von einigen Ökonomen liberaler Gesinnung von ganzem Herzen begrüßt, etwa von Lujo Brentano, Julius Wolf (1862-1935), Alfred Weber (1868-1958) und Ludwig Pohle (1869-1926), die den Kathedersozialisten vorwarfen, sie hätten die Wirtschaftswissenschaft zur Magd der Politik entwürdigt und für die Rechtfertigung sozialpolitischer Maßnahmen pseudowissenschaftliche Argumente angeführt.[22] Einige wissenschaftstheoretische Gesichtspunkte der Debatte waren bereits von Andreas Voigt (1860-1941) und Richard Ehrenberg (1857-1921) ausgearbeitet worden.[23]
Der Ruf nach einer »wertfreien« Wissenschaft stieß keineswegs sofort auf Zustimmung. Heinrich Herkner (1863-1932) beanspruchte für den Sozialwissenschaftler das Recht, über die ökonomischen und sozialen Verhältnisse zu urteilen, die Gegenstand seiner Analyse sind, den Begriff des »Volkswohlstands« zu definieren, die Ziele der Wirtschafts- und Sozialpolitik festzulegen und die geeigneten Maßnahmen zu ihrer Verwirklichung zu beschreiben.[24] Ignaz Jastrow (1856-1937) hielt die historische Schule zwar für einen Niedergang des klaren Denkens verantwortlich, argumentierte jedoch, daß auch die Wirtschaftspolitik zum Gegenstand

(1897), S. 1-48. Auf der Tagung von 1909 unterstützte er Max Webers »Prinzipien kritischer Objektivität«.

22 Lujo Brentano, »Die Werturteile in der Volkswirtschaftslehre«, in: *Archiv für Sozialwissenschaft und Sozialpolitik* 33 (1911), S. 697-714; Julius Wolf in: *Zeitschrift für Socialwissenschaft* N. F. 3 (1912); Adolf Weber, *Die Aufgaben der Volkswirtschaftslehre als Wissenschaft*, Tübingen 1909; Ludwig Pohle, *Die gegenwärtige Krisis in der deutschen Volkswirtschaftslehre*, Leipzig 1911.

23 Andreas Voigt, »Die Untauglichkeit der historischen Methode zur Lösung volkswirtschaftlicher Probleme«, in: *Zeitschrift für Socialwissenschaft* N. F. 3 (1912) und N. F. 4 (1913); ders., »Teleologische und objektive Volkswirtschaftslehre«, in: ebd. N. F. 4 (1913); Richard Ehrenberg, *Gegen den Kathedersozialismus*, Berlin 1909; ders., »Zur gegenwärtigen Krise in der deutschen Wirtschafts-Wissenschaft«, in: *Archiv für exakte Wirtschaftsforschung* 4 (1912), S. 4-27. Einen neueren Überblick über die Kontroverse bietet Tullio Bagiotti, »Per una storia delle dottrine economiche: lo *Schmollers Jahrbuch*«, in: *Giornale degli economisti e annali della economia* N. S. 13 (1954), S. 172-198.

24 Heinrich Herkner, »Der Kampf um das sittliche Werturteil in der Nationalökonomie«, in: [Schmollers] *Jahrbuch für Gesetzgebung, Verwaltung und Volkswirtschaft im Deutschen Reich* 36 (1912), S. 524 ff.

wissenschaftlicher Behandlung werden könne, wenn die Auswirkungen einer solchen Politik im Lichte kausaler Beziehungen geprüft würden und die Wünschbarkeit der betreffenden Maßnahmen dahingestellt bleibe.[25] Metaphysische und psychologische Überlegungen wurden von Eduard Spranger und später von dem »Kulturphilosophen« Theodor Litt (1880-1962) in die Debatte eingeführt.[26] Albert Hesse schlug eine systematische Klassifikation ökonomischer Werturteile vor.[27]
Dieser flüchtige Überblick über eine ausgedehnte Methodendiskussion zeigt, wie zahlreiche deutsche Lehrer der Wirtschaftswissenschaft erkannten, daß von der letzten Antwort auf die mit der »Wertfreiheit« zusammenhängenden Probleme die Entwicklung ihrer Wissenschaft abhing. Für die Mehrzahl der Schüler Gustav Schmollers war es jedoch kaum möglich, ihre Auffassung der ökonomischen Analyse mit den Prinzipien einer »wertfreien Wissenschaft« zu versöhnen. Der Wissenschaftler, der darangeht, aus seinen Überlegungen jede Bezugnahme auf Werte zu verbannen, muß seine Probleme unterschwellig vereinfachen, indem er »in dem angestrebten Weltbild seine eigene Person, das erkennende Subjekt, unbeachtet läßt oder daraus entfernt«.[28] Ein solches Verfahren beruht auf der Verwendung von Begriffen hoher Abstraktionsstufe, die sich vorwiegend im Bereich des quantitativen Denkens finden. Fast der gesamte Begriffsapparat der »Historisten« war jedoch auf geschichtlich bestimmte Volkswirtschaften im Sinne »integraler Ganzheiten« bezogen und von Merkmalen geprägt, die Werturteile in sich aufgesogen hatten. Es war kaum möglich, die Verwendung von Begriffen wie »Sinnsysteme« oder »Sinnzusammenhänge«, wie sie Sombarts Klassifikation komplexer ökonomischer Erscheinungen zugrunde lagen, von jeder Bezugnahme auf solche Urteile freizuhalten. Die intuitiven Verfahren, die zur Bestimmung der Struktur solcher »Zusammenhänge« und der wechselseitigen Beziehungen ihrer Bestandteile dienten, wurden ganz unvermeidlich von Werturteilen beeinflußt.[29] Wie sollte sich unter diesen Umständen Frei-

---

25 Ignaz Jastrow, *Sein und Sollen*, Berlin 1914.
26 Eduard Spranger, »Die Stellung der Werturteile in der Nationalökonomie«, in: *Schmollers Jahrbuch für Gesetzgebung, Verwaltung und Volkswirtschaft* 38 (1914), S. 557-583; Walther Köhler, »Die Objektivität. Untersuchungen über die logische Struktur des Werturteils«, in: *Schmollers Jahrbuch für Gesetzgebung, Verwaltung und Volkswirtschaft* 39 (1915), S. 15 ff.; und Theodor Litt, *Erkenntnis und Leben*, Leipzig 1923. Siehe auch Victor Kraft, *Grundformen der wissenschaftlichen Methoden*, Wien 1925.
27 Albert Hesse, »Die Werturteile in der Nationalökonomie«, in: *Jahrbücher für Nationalökonomie und Statistik* 98 (1912), S. 179-201.
28 Erwin Schrödinger, *Nature and the Greeks*, Cambridge 1954, S. 90 (deutsch: *Die Natur und die Griechen. Kosmos und Physik*, Hamburg 1956, S. 119).
29 Zur Bezeichnung dieser methodologischen Haltung ist der Ausdruck *intuitional*

heit von moralischen Urteilen erreichen lassen, da man überdies annahm, die wirtschaftlichen Phänomene lägen jenseits der Grenzen kausaler und funktionaler Beziehungen?

Ein absoluter Maßstab zur Messung ökonomischer Leistung wurde von den Vertretern der »Sozialenergetik« verkündet, den sogenannten Technokraten, die dafür plädierten, die Güterproduktion ausschließlich an der »maximalen Nutzung der Energie« oder einem vergleichbaren »technischen Optimum« auszurichten. Sie gründeten den universalen Geltungsanspruch solcher Prinzipien auf das angebliche Wirken »physikalischer Faktoren« und mißachteten gewöhnlich alle Probleme, die mit der Knappheit von Ressourcen, mit Rentabilitätsüberlegungen und den Funktionen zusammenhängen, die der Kapitalzins in jeder rationalen Organisation produktiver Tätigkeiten zu erfüllen hat.[30]

Die Prinzipien technischer Rationalität – als methodologisches Instrumentarium betrachtet – wurden von Friedrich von Gottl-Ottlilienfeld (1868-1958) im Rahmen einer organizistischen Lehre ausgearbeitet, die bei den radikalen Mitgliedern der historischen Schule beträchtliche Aufmerksamkeit fand.[31] Gottl-Ottlilienfeld, der seine literarische Laufbahn mit einem heftigen Angriff auf die Grenznutzentheorie und ihre angebliche Wirklichkeitsferne begann, schrieb den Sozialwissenschaften die Aufgabe zu, historische Prozesse und Ereignisse zu »Strukturen rationalen Verhaltens« zu verbinden. Gestützt auf einen ungenau definierten Begriff von »noetischem Denken«, vertrat er die Auffassung, die Sozialwissenschaften müßten den »Sinn der Wirklichkeit« unmittelbar aus kohärenter Erfahrung ableiten. Der »noetischen« Denkweise stellte Gottl-Ottlilienfeld die »phänomenologische« gegenüber und benutzte diesen zweiten Begriff zur Kennzeichnung der naturwissenschaftlichen Methoden, in denen er ein Instrumentarium sah, »heterogene Phänomene« ohne »erkennbare« Wechselbeziehungen miteinander zu verknüpfen.[32] Als

    empiricism vorgeschlagen worden. Siehe Parsons, *The Structure of Social Action*, a.a.O., S. 728.

30 Die deutsche Literatur über »Sozialtechnik« und verwandte Themen war sehr umfangreich und stand zum Teil unter dem Einfluß von Ideen, wie sie die amerikanischen »Technokraten« verbreiteten. Siehe unter anderem Max Weber, »Energetische Kulturtheorien« (1909), in: *Gesammelte Aufsätze zur Wissenschaftslehre*, a.a.O., S. 376-402. Zur Kritik der ökonomischen Auffassungen der Anhänger der Sozialenergetik siehe Friedrich A. Hayek, »Scientism and the Study of Society. Part 3«, in: *Economica* 24 (1944), S. 27-39, hier S. 35.

31 Friedrich von Gottl-Ottlilienfeld, *Die Herrschaft des Wortes*, Jena 1901; ders., *Die wirtschaftliche Dimension. Eine Abrechnung mit der sterbenden Wertlehre*, Jena 1923. Eine Sammlung von Gottl-Ottlilienfelds methodologischen Essays wurde unter dem Titel *Wirtschaft als Leben*, Jena 1925, publiziert.

32 Einen Versuch, Gottl-Ottlilienfelds kryptische Lehren wenigstens etwas verständlich zu machen, unternimmt Gottfried Haberler, »Wirtschaft als Leben. Kritische

wichtigstes Mittel der ökonomischen Analyse entwickelte er den Begriff der »wirtschaftlichen Dimension« der Güter, worunter quantitative Beziehungen zwischen Gütern, nicht jedoch die Preise zu verstehen waren, die er mit kausalen, der Vergangenheit zugehörigen Faktoren assoziierte. Die Untersuchung der »Dimensionen« sollte eine Unterscheidung der Güter nach ihren »wesentlichen Größenverhältnissen« in der Wirtschaft ermöglichen und dem Beobachter die Analyse des Verhaltens der Ökonomie gestatten, wie es sich im Auf und Ab der »Dimensionen« spiegelt.

Diskussion ökonomischer Theoreme

Von den deutschen Wirtschaftswissenschaftlern, die außerhalb der historischen Schule blieben, erschien in den beiden letzten Jahrzehnten vor dem Ersten Weltkrieg eine recht beeindruckende Reihe umfangreicher Lehrbücher der politischen Ökonomie. Werke von Adolph Wagner, Johannes Ernst Conrad (1839-1915), Wilhelm Lexis und Heinrich Dietzel (1857-1935) legen Zeugnis ab für die Gelehrsamkeit ihrer Verfasser und ihre ausgedehnten Kenntnisse der ökonomischen Verhältnisse. Ihr allgemeiner Zugang zu ökonomischen Problemen war jedoch von organizistischen Vorstellungen gefärbt. Von ganz anderer Art war der *Grundriss der Politischen Oekonomie* des Wiener Professors Eugen von Philippovich (1858-1917), ein herausragendes Lehrbuch[33], das eine klare Darstellung der österreichischen Grunznutzenlehre mit einigen Lehrstücken der historischen Schule verband. Erwähnt sei, daß es weitgehend der Vermittlungsposition, die Philippovich einnahm, zu verdanken ist, daß die tiefe Animosität überbrückt werden konnte, die zwischen vielen Mitgliedern der deutschen historischen Schule und den Vertretern der österreichischen Grenzanalyse herrschte. Das traditionelle Verfahren, den theoretischen Teil von den übrigen Abschnitten zu trennen, die sich mit angewandter Ökonomie und Fragen der Wirtschaftspolitik beschäftigten, wurde im allgemeinen jedoch streng befolgt, und oft blieben die Ergebnisse der theoretischen Überlegungen bei der Erörterung von Problemen der angewandten Ökonomie außer acht.[34]

Einige Autoren unterschieden zwischen »rein ökonomischen« und »historisch-rechtlichen« Kategorien. Diese Unterscheidung war von Johann Karl Rodbertus-Jagetzow vorgeschlagen worden, der zwar die Existenz allgemeingültiger ökonomischer Gesetze eingeräumt, zugleich aber her-

---

Bemerkungen zu Gottls methodologischen Schriften«, in: *Zeitschrift für Nationalökonomie* 1 (1930), S. 28-50.
33 Freiburg 1893.
34 Siehe Alfred Amonn, *Ricardo*, Jena 1924, S. 6; Adolf Weber, *Einleitung in das Studium der Volkswirtschaftslehre*, 4. Auflage, München/Leipzig 1932, S. 19.

vorgehoben hatte, daß die einzelnen Einkommenskategorien (Profite, Löhne, Renten) ausschließlich auf institutionelle Faktoren zurückzuführen seien und ihre Existenz einzig Gesetz und Rechtsprechung verdankten. Der ersten Gruppe »rein ökonomischer« Kategorien wiesen sie die allgemeinen Begriffe der theoretischen Ökonomie zu, der zweiten Gruppe »historisch-rechtlicher« Kategorien dagegen solche ökonomische Phänomene, die mit der herrschenden Gesellschaftsordnung in Zusammenhang gebracht und als Produkte institutioneller Faktoren betrachtet werden konnten. Der Ausdruck *Sozialökonomik*, den Adolph Wagner und Heinrich Dietzel als Titel ihres gemeinsamen umfangreichen Lehrbuchs benutzten, sollte die große Reichweite ihrer Lehren andeuten, die sich über sämtliche Aspekte des sozialen Lebens erstreckten, die in irgendeiner Beziehung zu ökonomischen Aktivitäten standen.
Allgemein folgte man der Kantischen Erkenntnistheorie, die die Anwendung des Kausalitätsbegriffs auf soziale Beziehungen ausschloß. So versicherte Wilhelm Lexis, ein herausragender Gelehrter, die Benutzung von Kategorien der Mechanik im Rahmen der ökonomischen Analyse müsse zu einer ähnlichen – und zugleich komplementären – Verwirrung führen, wie sie die alten Philosophen schufen, als sie ihren subjektiven, aus der Analyse der physikalischen Natur gewonnenen Begriffsbildungen Realität zuschrieben. In seinen umfangreichen demographischen Forschungsarbeiten ließ sich Lexis von der Überzeugung leiten, daß die Zeitreihe statistischer Daten niemals einen Anhaltspunkt für das Bestehen von Kausalzusammenhängen liefern, sondern nur auf wahrscheinliche künftige Beziehungen zwischen den beobachteten Größen verweisen könne.[35]
Die Rolle, die den ökonomischen Begriffen hohen Abstraktionsgrades zukommen sollte, wurde im allgemeinen nicht klar definiert.
Bei Verwendung weniger abstrakter Begriffe zu Zwecken der theoretischen Analyse lief man freilich Gefahr, Theoreme aufzustellen, die bestenfalls auf eine begrenzte Menge von Situationen anwendbar sind. Diese Gefahr erhöhte sich durch den Umstand, daß selbst bei solchen deutschen Ökonomen, die sich der historischen Schule nicht anschlossen, eine sichtliche Vorliebe für Methoden des intuitionistischen Denkens herrschte. Diese Vorliebe gab vielen deutschen Gelehrten einen starken Anreiz, eigene, originelle Theorien zu entwickeln, da die Verwendung solcher Methoden die Einführung verschwommener Begriffe zuließ und nicht dazu verpflichtete, diese Begriffe durch logisch schlüssige Argumentationsketten miteinander zu verbinden.[36] So entstand durch das

---

35 Wilhelm Lexis, »Naturwissenschaft und Sozialwissenschaft«, in: *Abhandlungen zur Theorie der Bevölkerungs- und Moralstatistik*, Jena 1903.
36 Diese Bemühung um Originalität gilt als charakteristischer Zug der deutschen Mentalität vor dem Aufstieg des Hitler-Regimes. Für diese Entwicklung wurde das

gleichzeitige Bestehen einer beträchtlichen Anzahl konkurrierender ökonomischer Lehren außerordentliche Verwirrung. Intuitionistisches Denken stärkte auch in erheblichem Maße organisch-biologische Deutungen der »Volkswirtschaft« und die zugehörige Auffassung, eine solche Wirtschaft sei die Arena ökonomischer Kreislaufprozesse. Die vorrangige Betonung der »qualitativen« Funktionen, die von den einzelnen Wirtschaftseinheiten erfüllt werden, wurde häufig mit der Diskussion über »produktive Kräfte« und ihre Bedeutung für die Ökonomie verknüpft. So wurden die Probleme der »Produktivität« in den Jahren 1909 und 1926 auf zwei Versammlungen des *Vereins für Socialpolitik* in Wien zum Gegenstand ausführlicher Erörterungen, die weithin um die Frage kreisten, ob die Förderung der Produktivität als unbedingtes Ziel der Wirtschaft betrachtet werden könne. In einem Essay mit dem Titel »Produktivität« unternahm Frieda Wunderlich 1929 den Versuch, unter Verwendung des Produktivitätsbegriffs der Definition »objektiver Ziele« der Wirtschaft eine Art theoretische Begründung zu liefern. Diese Ziele wurden in einem möglichst weitgehenden Ausgleich der Spannung zwischen Nachfrage und Angebot gesehen. Wunderlich räumte jedoch ein, daß dieses »objektive Ziel« durch Steigerung der Güterzufuhr ebenso wie durch Verminderung der Bedürfnisbefriedigung verwirklicht werden könne, so daß es letztlich von subjektiven Wertsetzungen abhängig sei, was dieses Ziel beinhaltet.[37]

Gleichermaßen verbreitet war die Ansicht, daß die Verfolgung egoistischer Interessen und ein freier Wettbewerb keine gesunden Richtlinien der ökonomischen und sozialen Organisation abgeben könnten. Adolph Wagner, ein hochgeachteter Lehrer, der nicht zur historischen Schule gehörte, forderte den Staat auf, mit Hilfe seiner gesetzgeberischen Macht den gesamten »organischen Bau« der Nation zu überwachen und im Gegensatz zum vorwiegend individualistischen Römischen Recht ein wahres »germanisches Recht« einzuführen, auf dem die Regelung vertraglicher Übereinkünfte beruhen sollte. Zu den wirtschaftspolitischen Maßnahmen, die er empfahl, gehörten Schutzzölle, die Ausdehnung des öffentlichen Eigentums an Produktionsmitteln und Staatsmonopole. Zur Unterstützung einer solchen Politik stellte er ein »soziologisches« »Gesetz der wachsenden Ausdehnung der öffentlichen, insbesondere der

---

deutsche Erziehungssystem verantwortlich gemacht. Siehe Friedrich A. Hayek, *Individualism and Economic Order*, London 1949, S. 26 (deutsch: *Individualismus und wirtschaftliche Ordnung*, Erlenbach-Zürich 1952, S. 40).

37 Als Überblick über die unterschiedlichen und zum Teil widersprüchlichen Auffassungen zu dieser Frage siehe Karl Diehl, »Die Lehre von der Produktivität«, in: Hans Mayer und andere (Hg.), *Die Wirtschaftstheorie der Gegenwart*, 4 Bände, Wien 1927-1932, Band 2, S. 258-268.

Staatsthätigkeiten« auf, das seiner Auffassung nach der Entwicklung der Wirtschaft zugrunde liegt.[38]

Die meisten deutschen Ökonomen, die sich damit beschäftigten, ihrer Disziplin eine theoretische Grundlage zu liefern, bezogen den Wert der Güter auf die Produktionskosten. Die Grenznutzenanalyse fand nur sehr wenige Anhänger, vor allem wegen ihrer individualistischen Aspekte.[39] Im Laufe der Zeit wurden (nicht nur von Vertretern des Historismus) immer wieder Einwände gegen die Nützlichkeit des Wertbegriffs als ökonomische Kategorie erhoben. Erwähnt seien die Lehren Robert Liefmanns (1874-1941), die erhebliche Beachtung fanden; sie beruhten auf dem Gedanken, daß nicht der Wert der Güter dazu diene, das ökonomische Handeln zu bestimmen, sondern daß dieses Handeln vom Ertrag ökonomischer Prozesse und monetärer Kalküle reguliert werde, und zwar auf der Grundlage von Vergleichen zwischen solchen Erträgen.[40] Von der Überlegung, daß alle Grenzerträge, die durch Befriedigung von Bedürfnissen gewonnen werden, der Höhe nach gleich sind, leitete Liefmann eine Preistheorie auf der Basis eines »Gesetzes vom Ausgleich der Grenzerträge« ab. Im Verlauf längerer Diskussionen wurde jedoch gezeigt, daß diese Theoreme bloße Umformulierungen bestimmter Aspekte der Grenznutzenanalyse darstellten.[41]

Die Ricardoschen Prinzipien der Preisbestimmung wurden von der Mehrheit der deutschen Theoretiker akzeptiert; ihre monetären Auffassungen standen – was die automatische Anpassung der zirkulierenden Menge von Banknoten an den Geldbedarf der Wirtschaft betrifft – unter dem starken Einfluß der Lehren der englischen *Banking School*. Wagner entwickelte das Theorem, daß die Menge der umlaufenden Zahlungsmittel von der Höhe der Preise bestimmt werde.[42] Er folgte Thomas Tooke in der Unterscheidung zwischen »Konsumentengeld«, das sich beständig durch die Bildung neuer Einkommen erneuert, und »Produzenten- oder

---

38 Adolph Wagner, *Grundlegung der politischen Ökonomie*, 2 Teile, Leipzig 1892/ 1894, Erster Teil, S. 870.
39 Charakteristisch für diese Haltung war Karl Diehls Besprechung einer Reihe von Lehrbüchern in den *Jahrbüchern für Nationalökonomie und Statistik* 78 (1902), S. 698 ff.
40 Robert Liefmann, *Ertrag und Einkommen*, Jena 1907; ders., *Grundsätze der Volkswirtschaftslehre*, Stuttgart 1917/1919.
41 Liefmanns Theorien wurden unter anderem von Alfred Amonn, Joseph B. Esslen, Franz Oppenheimer, Rudolf Stolzmann, Karl Diehl, Otto von Zwiedineck-Südenhorst und Wilhelm Kromphardt erörtert und kritisiert.
42 Adolph Wagner, *Beiträge zur Lehre von den Banken*, Leipzig 1857; ders., *Die Geld- und Credittheorie der Peel'schen Bankacte*, Wien 1862; ders., *Sozialökonomische Theorie des Geldes und Geldwesens*, 1909.

Geschäftsgeld«, das Kapitalfunktionen erfüllt. Er analysierte den Transformationsprozeß von Geld der einen in Geld der anderen Kategorie und bemängelte an der traditionellen Quantitätstheorie des Geldes, daß sie diese Unterscheidung zu treffen versäumt habe. Damit legte Wagner eine Analyse der Geldprobleme vor, die später als Einkommenstheorie (*income approach*) bezeichnet wurde. Der Gedanke, daß sich Geschäftsgeld beständig in Konsumentengeld verwandelt, lieferte Nikolaus Johannsen die Elemente einer organizistischen Deutung des gesellschaftlichen Lebens, die vom Begriff eines »Kreislaufs« des Geldes ausging.[43]

Die Prinzipien des Goldstandards fanden immer mehr Zustimmung; ihnen entsprachen die Statuten der Reichsbank – der Notenbank des Deutschen Reiches – und die Regelung des Währungssystems. Doch wurden auch verschiedene »häretische« Auffassungen von Autoren vertreten, die den Wert des Geldes nicht mit dem Warencharakter der Geldmetalle, sondern ausschließlich mit seiner Funktion als Zahlungsmittel in Verbindung brachten. Julius Wolf unterbreitete einer 1892 abgehaltenen internationalen Währungskonferenz die Idee, eine internationale Goldreserve als Deckung für die Ausgabe internationaler Banknoten einzurichten. Ein Vorschlag, den Goldstandard durch ein System stabil gehaltener Papierwährungen zu ersetzen, wurde von Walter Hausmann vertreten.[44]

Die Verteilungstheorien entsprachen fast allgemein dem Ansatz, den die führenden englischen Ökonomen gewählt hatten. Die Theorie der Grundrente folgte dem Ricardoschen Muster in der abgewandelten Fassung Johann Heinrich von Thünens. Die verblüffenden Aspekte der städtischen Grundrente waren Gegenstand anhaltender Erörterungen und zahlreicher irreführender Deutungen. Auf verschiedenen nationalen und internationalen Kongressen und Konferenzen wurden diese und viele damit verbundenen Probleme des Wohnungsbaus und der Wohnungsreform – »Gartenstädte«, städtische Siedlungen, kommunales Eigentum an Grund und Boden, Haus- und Wohnungsbaugenossenschaften – unter verschiedenen Gesichtspunkten immer wieder diskutiert. Die Parole »Eigenheim statt Mietskaserne« bot genügend Gelegenheiten für eine Konfrontation gegensätzlicher Sozialphilosophien.[45] Organizistische Kon-

---

43 Nikolaus Johannsen, *Der Kreislauf des Geldes und der Mechanismus des sozialen Lebens*, Berlin 1903. In seine spätere Untersuchung *Die Steuer der Zukunft*, Berlin 1913, nahm Johannsen ein Kapitel auf, in dem er den Gedanken einer »permanenten Depression« äußerte und damit das Stagnationstheorem mancher Keynesianer vorwegnahm.

44 Eine bemerkenswerte Theorie dieser Art wurde von Otto Heyn entwickelt: *Papierwährung mit Goldreserve für den Auslandsverkehr*, Berlin 1894; ders., *Irrtümer auf dem Gebiet des Geldwesens*, Berlin 1900; Julius Wolf, *Das internationale Zahlungswesen*, Leipzig 1913; Walter Hausmann, *Der Goldwahn*, Berlin 1911.

45 Zur Behandlung der Probleme, die mit den raschen, jedoch schwankenden Zu-

zeptionen lieferten den Vorschlägen zahlreicher Sozialreformer, die für ihre Pläne zur Besteuerung »unverdienten Einkommens« warben oder die Übertragung des Bodens in öffentliches Eigentum verlangten, einen gewissen theoretischen Hintergrund. Radikale Vorschläge dieser Art wurden von Michael Flürscheim, Theodor Hertzka und Adolf Damaschke geäußert. Damaschke gewann eine große Zahl begeisterter Anhänger für ein Steuersystem, das alle Wertzuwächse des Bodens abschöpfen sollte, die auf den Einfluß sozialer Faktoren zurückgingen. Er organisierte eine erfolgreiche Propaganda für den Erwerb von städtischem Grund und Boden durch die Kommunen und für die Entwicklung kommunaler Wohnungsbauprojekte.[46] Nicht wenige Erörterungen drehten sich um die Frage, ob die Entwicklung der Reallöhne – wie David Ricardo gelehrt hatte – der Bewegung der Rente entgegengesetzt sei oder ob sich beide Einkommensformen in dieselbe Richtung entwickelten. Die erste Auffassung wurde von Heinrich Dietzel und Paul Arndt unter dem Titel *Konträrtheorie* verteidigt; die gegenteilige Ansicht, die *Paralleltheorie*, fand ihren Hauptvertreter in Karl Diehl, der die Gültigkeit der von Dietzel benutzten Isolationsmethode in Frage stellte und betonte, es sei unmöglich, allgemeine Regelmäßigkeiten über die Beziehungen zwischen der Entwicklung der Preise landwirtschaftlicher Produkte und der Löhne aufzustellen.[47]

Die von vielen deutschen Ökonomen aufgestellten oder vertretenen Kapitalzinstheorien zeigen deutlicher als jeder andere ihrer Gedankengänge, daß sie dem traditionellen scholastischen »Substanz«-Begriff verpflichtet waren. Die Verwendung dieses Begriffs ermöglichte es ihnen, nicht nur dem abstrakten Begriff des »Kapitals«, sondern auch den Beiträgen des »Kapitals« zu den Produktionsprozessen reale Existenz zuzusprechen.[48] So wurden von vielen Ökonomen – unter anderem von Thünen, Wolf, Adler und Diehl – vage konzipierte »Produktivitätstheorien« angenommen.[49] Eine beträchtliche Zahl von Anhängern fand auch der Gedanke, daß die vom Kapital geleisteten Dienste als eigene Kategorie zu betrach-

---

wächsen der städtischen Grundrente verbunden sind, siehe Adolf Weber, »Die städtische Grundrente«, in: Mayer und andere (Hg.), *Die Wirtschaftstheorie der Gegenwart*, a.a.O., Band 3, S. 235-241.

46 Siehe Michael Flürscheim, *Der einzige Rettungsweg*, Dreden 1890; Theodor Hertzka, *Freiland*, Dresden 1890; Adolf Damaschke, *Bodenreform*, Berlin 1903.

47 Heinrich Dietzel, *Kornzoll und Sozialreform*, Berlin 1901; Paul Arndt, *Der Schutz der nationalen Arbeit*, Jena 1902; und Karl Diehl, *Kornzoll und Sozialreform*, Jena 1901.

48 Zur Analyse und Kritik solcher Theorien siehe Eugen Böhm-Bawerk, *Kapital und Kapitalzins. Erster Teil: Geschichte und Kritik der Kapitalzinstheorien*, 3. Auflage, Innsbruck 1914, 7. und 8. Kapitel sowie den Anhang.

49 Julius Wolf, *Sozialismus und kapitalistische Gesellschaftsordnung*, Stuttgart 1892;

ten seien und eine besondere Belohnung verdienten. Albert Schäffle, Karl Knies, Lujo Brentano und Henry Oswalt sind die typischsten Vertreter dieser Auffassung.[50] Oswalts Theorie enthielt einige Elemente von Böhm-Bawerks Agio-Theorie; er war einer der wenigen deutschen Ökonomen, die die Grundsätze einer subjektiven Werttheorie ausarbeiteten. Rudolf Stolzmann (1852-1930) entwickelte eine verschlungene Theorie, nach der die sozialen Machtverhältnisse für den Distributionsprozeß verantwortlich sind, und erklärte Zins und Profit als gesellschaftlich notwendige Belohnung des Kapitalisten für die Akkumulation und den Einsatz des Kapitals.[51]

Eine Reihe deutscher Wirtschaftswissenschaftler übernahm – mit einigen Abänderungen – sozialistische Theorien, denen zufolge die Ausbeutung der Arbeit an der Wurzel von Kapitalzins und Profit liegt. Nach Lexis genießen die Eigentümer von Kapital und Boden selbst unter stationären Bedingungen eine Art monopolistischer Marktkontrolle.[52] Auch Dietzel war ein typischer Vertreter einer solchen Theorie.[53]

Solchen Ansätzen bei der Behandlung des Profits lassen sich die ausgedehnten empirisch-statistischen Untersuchungen von Richard Ehrenberg (1857-1921) gegenüberstellen, der Thünens Methode übernahm, die Hauptbücher verschiedener Unternehmen als Materialgrundlage für genaue Vergleiche ihrer Kosten- und Erlösberechnung auszuwerten. Eine eigene Zeitschrift, das 1905 gegründete *Thünen-Archiv*, sollte der Publikation solcher Forschungsergebnisse als Forum dienen, gewann jedoch erst viel später Bedeutung unter dem Titel *Archiv für exakte Wirtschaftsforschung*. In ihrem Umkreis sammelten sich einige deutsche Wirtschaftswissenschaftler, die auf die quantitativen Aspekte ökonomischer Analysen Gewicht legten.

In diesem Zusammenhang sei die Entstehung der Betriebswirtschaftslehre als gesonderter Disziplin erwähnt. Diejenigen Lehrer, die ihre Stu-

    Karl Adler, *Kapitalzins und Preisbewegung*, München 1913; Karl Diehl, *P.J. Proudhon. Seine Lehre und sein Leben*, Jena 1888-1896, Band 2.

50 Albert Schäffle, *Das gesellschaftliche System der menschlichen Wirthschaft*, Tübingen 1862; Karl Knies, *Der Credit*, Berlin 1876-1879, Band 2, 2. Kapitel; Lujo Brentano, *Theorie der Bedürfnisse*, München 1908; Henry Oswalt, *Vorträge über wirtschaftliche Grundbegriffe*, Jena 1905; »Theorie des Kapitalzinses«, in: *Zeitschrift für Socialwissenschaft* N.F. 1 (1910).

51 Rudolf Stolzmann, *Die soziale Kategorie in der Volkswirtschaftslehre*, Berlin 1896; ders., *Der Zweck in der Volkswirtschaft*, Berlin 1909.

52 Wilhelm Lexis, Rezension von Karl Marx, *Das Kapital*, Band 2, in: *Jahrbücher für Nationalökonomie und Statistik* 44 (1885), S. 452-465. Die von Lexis aufgestellte »Mehrwerttheorie« wurde viel später von Hans Peter weiterentwickelt: *Grundprobleme der theoretischen Nationalökonomie*, Stuttgart 1933-1937, Band 1.

53 Heinrich Dietzel, in: *Göttingische Gelehrte Anzeigen* (1890), S. 930 ff. [Am angegebenen Ort nicht auffindbar. – A. d. Ü.]

denten auf eine Laufbahn im betriebswirtschaftlichen Bereich vorzubereiten hatten, richteten ihre Aufmerksamkeit auf die Entwicklung wohlüberlegter Finanzplanungs- und Buchführungstechniken sowie auf ähnliche praktische Gesichtspunkte des Geschäftslebens.[54] Sie fühlten jedoch die Notwendigkeit, solche Anweisungen mit allgemeinen ökonomischen Theorien zu verbinden, und bedienten sich häufig der Grenznutzenmethode wegen ihres individualistischen Ansatzes.

Die Erörterung von Lohnproblemen nahm in der deutschen ökonomischen Literatur breiten Raum ein, doch die Idee eines Lohnfonds wurde – provokativ als »ehernes Lohngesetz« dargestellt – hauptsächlich von Ferdinand Lassalle (1825-1869) als Mittel der politischen Propaganda benutzt.[55] Lassalle teilte die Auffassung anderer deutscher Sozialisten, daß der Staat verpflichtet sei, die Wirtschaft den Interessen der arbeitenden Klassen anzupassen und eine Art gemeinschaftlicher Produktion im Rahmen von Arbeitergenossenschaften zu organisieren. Wie Rodbertus betrachtete er den »Volksgeist« als gestaltende Kraft in der Geschichte einer Nation und ihrer nationalen Institutionen. Er war der typische Vertreter einer organizistischen Version des Sozialismus, die bei den deutschen Arbeitern großen Anklang fand. Auch nachdem die von Lassalle gegründeten Kampforganisationen in marxistisch orientierten Vereinigungen aufgegangen waren, zeigte das 1875 verabschiedete »Gothaer Programm« der deutschen Sozialdemokratie immer noch deutliche Züge dieses Einflusses.

Die nicht-sozialistischen deutschen Autoren lehnten den Gedanken eines Lohnfonds nahezu einhellig ab[56], konnten sich aber nicht auf eine konsistente Lohntheorie einigen. Die rein theoretischen Aspekte des Lohnproblems fanden relativ geringe Aufmerksamkeit, vergleicht man sie mit der gewaltigen Literatur, die der beschreibenden Analyse spezifischer Lohnbedingungen und der Methoden zur Verbesserung dieser Bedingungen gewidmet war.

Anknüpfend an einen schon viele Jahrzehnte zuvor von Friedrich Benedict Wilhelm von Hermann vorgebrachten Gedanken, verwies Brentano auf das Konsumenten-Einkommen als die eigentliche Quelle von Lohnzahlungen und unterstützte die Lohnpolitik der Gewerkschaften mit dem

54 Siehe M. R. Weyermann, *Das Verhältnis der Privatwirtschaftslehre zur Nationalökonomie*, 1913; Eugen Schmalenbach (Hg.), *Grundriß der Betriebswirtschaftslehre*, Leipzig 1926; Friedrich Aereboe, *Allgemeine landwirtschaftliche Betriebslehre*, Berlin 1917.

55 Ferdinand Lassalle, *Herr Bastiat-Schulze von Delitzsch, der ökonomische Julian, oder: Capital und Arbeit*, Berlin 1864.

56 Carl Friedrich Hermann Roesler, *Zur Kritik der Lehre vom Arbeitslohn*, Erlangen 1861.

Argument, daß solche Einkommen durch Kreditausweitung elastisch gemacht werden könnten.[57] Nach seinem Befund konnte kein Beweis für die Behauptung geliefert werden, daß sich Lohnerhöhungen in einzelnen Industriezweigen nur zum Nachteil der Arbeiter in anderen Wirtschaftszweigen erzielen ließen.[58]
Andere Ökonomen, wie Dietzel und Lexis, entwickelten zur Begründung von Lohnerhöhungen eine ziemlich primitive »Produktivitätstheorie«.[59] Sie erwarteten, daß Lohnerhöhungen die Effizienz der Arbeiter steigern, den Luxuskonsum durch Umverteilung beschränken, die Massenproduktion ausweiten und Fehlinvestititionen, zumal im Kapitalgüterbereich, vermeiden würden. Eng mit derartigen Erörterungen verbunden war die alte Frage, inwieweit die Festsetzung der Löhne durch kollektives Aushandeln oder durch administrativen Machtspruch mit »ökonomischen Gesetzen« vereinbar sei. Es herrschte die Auffassung vor, daß sich die Verteilungsgesichtspunkte des Lohnproblems von der Analyse der Produktionsprozesse trennen ließen. Besonders einige Anhänger der »sozialrechtlichen« Schule übersahen die theoretischen Probleme, die mit einer solchen Auffassung verbunden sind – Probleme, die von Eugen von Böhm-Bawerk in einem seiner letzten Beiträge zur ökonomischen Analyse behandelt wurden.[60] Er verwies auf die Leistungsfähigkeit des Kapitals und die Bedingungen von Angebot und Nachfrage auf dem Markt als zwei Faktoren, die jede willkürliche Einflußnahme auf Verteilungsprozesse beschränken. Ergänzend zu diesen Erörterungen führte Joseph Alois Schumpeter den Nachweis, daß Produktion und Distribution zwei Gesichtspunkte eines einzigen ökonomischen Prozesses sind, und wandte die Prinzipien der Grenzproduktivitätsanalyse konsequent auf die Lohntheorie an.[61] Doch solche theoretischen Überlegungen vermochten die große Mehrheit der deutschen Wirtschaftswissenschaftler

57 Lujo Brentano, »Die Lehre von den Lohnsteigerungen mit besonderer Rücksicht auf die englischen Wirtschaftslehrer«, in: *Jahrbücher für Nationalökonomie und Statistik* 16 (1871), S. 251-281; ders., *Das Arbeitsverhältnis*, Leipzig 1877.
58 Siehe Hilde Oppenheimer, *Zur Lohntheorie der Gewerkvereine*, Berlin 1917.
59 Einen Überblick über derartige Auffassungen gibt Karl Massar, *Die volkswirtschaftliche Funktion hoher Löhne*, Heidelberg o. J. (1927).
60 Eugen Böhm-Bawerk, »Macht oder ökonomisches Gesetz«, in: *Zeitschrift für Volkswirtschaft, Sozialpolitik und Verwaltung* 23 (1914), S. 205-271. Wieder in: *Gesammelte Schriften*, hg. von F. X. Weiss, Wien 1924.
61 Joseph Schumpeter, »Das Grundprinzip der Verteilungstheorie«, in: *Archiv für Sozialwissenschaft und Sozialpolitik* 42 (1916/1917), S. 1-88. Später wurde das Problem wieder aufgenommen von Otto von Zwiedineck-Südenhorst, »Macht oder ökonomisches Gesetz«, in: *Schmollers Jahrbuch für Gesetzgebung, Verwaltung und Volkswirtschaft im Deutschen Reich* 49 (1925), S. 273-292. Er betonte die Elastizität bestimmter ökonomischer Faktoren, die es der wirtschaftlichen Macht erlaubten, marginale Situationen zu beeinflussen. Siehe auch den Überblick, den

nicht zur Verwendung wohldefinierter Begriffe eines angemessenen Abstraktionsgrads zu bekehren.

Spezielle Probleme

Die Vorliebe für organizistische Konzeptionen spiegelte sich auch in der Haltung, die die deutschen Ökonomen zu jenen Veränderungen in der ökonomischen Struktur einnahmen, die sich als Anzeichen bevorstehender Transformationen der kapitalistischen Wirtschaft deuten ließen. Zu den deutlichen Symptomen solcher Wandlungen gehörten Kartelle, Trusts, Fusionen und andere Versuche, den Wettbewerb zu beseitigen oder seine Intensität zu vermindern. Die institutionellen und rechtlichen Gesichtspunkte derartiger Einrichtungen waren Gegenstand ausführlicher Untersuchungen[62], die jedoch selten die vielschichtigen theoretischen Probleme, die mit den Praktiken der Marktbeherrschung, der Wirkung von Produktionsbeschränkungen und regulierten Preisen verbunden sind, angemessen behandelten. Einige liberal gesinnte Ökonomen wandten sich gegen die Störung des Preismechanismus und die Festlegung von Produktionsquoten durch Industrie- und Handelsverbände, doch die große Mehrzahl der historisch orientierten Ökonomen war überzeugt, daß solche Maßnahmen zum erwünschten Ausgleich zwischen Angebot und Nachfrage und damit zur Festigung der Wirtschaft führen würden.

Der organizistische Ansatz herrschte auch bei der Behandlung der internationalen Handelsbeziehungen vor. Die Zollpolitik wurde unter dem Gesichtspunkt der Entfaltung der Produktivkräfte eines Landes untersucht und als wirksames Mittel der nationalen Machtpolitik betrachtet. Kennzeichnend für diese Einstellung war eine Diskussion, die sich um die künftige Entwicklung des Welthandels drehte. In der Vorstellung Adolph Wagners zeichneten sich am Horizont drei große imperialistische Mächte ab: das britische Empire, Rußland und die Vereinigten Staaten. Diese Mächte, sagte er voraus, würden zunehmend autark werden und ihre Grenzen für ausländische Einfuhren schließen. Daher hielt er es für

---

Hans Honegger über die gegensätzlichen Auffassungen liefert: »Der Machtgedanke und das Produktionsproblem«, ebd., S. 533-562.

62 Siehe Robert Liefmann, *Unternehmungen und ihre Zusammenschlüsse*, 2 Bände, Stuttgart 1927/1928, eine Neuauflage einer früheren Veröffentlichung desselben Autors. Einen umfassenden Überblick über die Literatur zu Kartellen und anderen Instrumenten der Marktkontrolle bietet Arnold Wolfers, *Das Kartellproblem im Lichte der deutschen Kartellliteratur* (Schriften des Vereins für Sozialpolitik), München/Leipzig 1931.

erforderlich, als Gegengewicht ein wirtschaftlich geeintes Europa unter deutscher Führung aufzubauen.[63]

Die Anwendung organizistischer Konzeptionen auf Krisen und Depressionen war mit einer allgemeinen theoretischen Untersuchung der Probleme, die eine Konjunkturzyklenanalyse aufwirft, praktisch nicht zu vereinbaren. Bei den deutschen Ökonomen herrschte die Neigung, zur Erklärung dieser Phänomene nach vielfältigen Ursachen zu suchen und jede Krise als individuelles Ereignis zu betrachten, das von besonderen Umständen abhängig sei. Ein solcher Ansatz wurde sogar von Gelehrten verfolgt, die die methodologischen Überzeugungen der historischen Schule nicht teilten. In seinen frühen Schriften übernahm Wagner von John Stuart Mill den Gedanken, daß allgemeine ökonomische Störungen hauptsächlich mit dem tendenziellen Fall der Profitrate zusammenhingen.[64] Später verband er diese Auffassung mit einer Version der von Johann Karl Rodbertus vertretenen »Unterkonsumtionstheorie«. Wilhelm Lexis war überzeugt, daß verschiedene Versuche, die Periodizität der Krisen nachzuweisen, der trügerischen Suggestion erlegen seien, die Prinzipien mechanischer Kausalität auf menschliche Angelegenheiten anzuwenden. Er schlug eine Klassifikation der Krisen nach ihrem Entstehungsort in den verschiedenen Sphären der Wirtschaft vor.[65] Andere Ökonomen unterstützten eine solche Aufgliederung. Heinrich Herkner, der einen wegweisenden Artikel zu dieser Frage schrieb, hielt es für ausgeschlossen, allgemeine ökonomische Störungen aus einem einheitlichen Prinzip zu erklären.[66]

Von den Ökonomen der historischen Schule war Werner Sombart praktisch der einzige, der den Versuch unternahm, die stets wiederkehrenden Expansionen und Kontraktionen von Produktion und Handel aus einer allgemeinen Ursache zu erklären.[67] Nach seiner Deutung des wirtschaftlichen Wachstums finden in zunehmendem Maße anorganische Stoffe Verwendung, deren Produktion – anders als die Produktion organischen Materials – nicht dem Gesetz der abnehmenden Erträge unterliegt. Sombart brachte nun Veränderungen in der Geschäftstätigkeit mit Veränderungen in der Ausbeutung von Goldminen in Zusammenhang und argumentierte, daß die belebenden Wirkungen, die von der Entdeckung neuer Minen ausgingen, zur Ausweitung der Produktionstätigkeit in dem Sek-

---

63 Adolph Wagner, *Vom Territorialstaat zur Weltmacht*, Berlin 1900.
64 Ders., *Die Geld- und Credittheorie der Peel'schen Bankacte*, a.a.O.
65 Wilhelm Lexis, »Überproduktion«, in: *Handwörterbuch der Staatswissenschaften*, 2. Auflage, Jena 1904.
66 Heinrich Herkner, »Krisen«, ebd.
67 Werner Sombart, *Die Störungen des Wirtschaftslebens* (Schriften des Vereins für Sozialpolitik), Leipzig 1904.

tor führten, der über Entwicklungsmöglichkeiten verfügt. Krisen seien in der Vergangenheit immer dann eingetreten, wenn rasch wachsende Warenmengen, die im »anorganischen« Sektor produziert wurden, bei den Produzenten von Gütern organischen Ursprungs keine hinreichenden Märkte finden.

Einem solchen Ansatz war das von Arthur Spiethoff befolgte Vorgehen bei der Krisenanalyse methodologisch weit überlegen.[68] Spiethoff beanspruchte für seine »empirisch-realistische«, »konkrete« oder »Beobachtungsmethode« das Verdienst, daß sie die Grunddaten der »wirklichen Welt« entnehme und sich mit »wesentlichen Regelmäßigkeiten« beschäftige, die durch Beobachtung entdeckt und als »Tatsachenblöcke« isoliert würden. In den Mittelpunkt seiner Untersuchungen stellte er die Beziehungen zwischen den aufeinanderfolgenden Phasen eines jeweiligen Entwicklungszyklus, den er als zusammenhängendes Ganzes verstand, und brachte die Existenz dieser Entwicklungen mit einer gewissen »geistigen Haltung« der freien Marktwirtschaft und ihren expansionistischen Zügen in Verbindung. Obwohl seine allgemeinen methodologischen Prinzipien mit einer Gleichgewichtsanalyse kaum vereinbar waren, übernahm Spiethoff Michail Tugan-Baranowskys Konzeption der Ökonomie als Mechanismus, der zahlreichen Gleichgewichtsstörungen unterliegt, sowie dessen Unterscheidung zwischen Konsumgütern, die aus Einkommen gekauft werden, und Investitionsgütern, die mit Kapital gekauft werden.[69] Ebenso stimmte er der allgemeinen Behauptung zu, daß die wirtschaftliche Entwicklung und der Verlauf der Konjunkturzyklen von den Investitionen abhängig seien, die in kapitalgüterproduzierende Industrien fließen.

In seiner Analyse der statistischen Daten, die sich auf die Produktion der primären Kapitalgüter beziehen, legte Spiethoff den Akzent auf die Disproportionalitäten in der Produktionstätigkeit, die in Wachstumsperioden auftreten. Da er das Einsetzen und den Verlauf jedes Zyklus spezifischen historischen Ereignissen zuschrieb, übersah er die Probleme, die mit der periodischen Wiederkehr der Schwankungen zusammenhängen. Monetäre Faktoren spielten in seinen vorwiegend beschreibenden Analysen nur eine untergeordnete Rolle. Spiethoff schenkte dem Verhalten der Preise praktisch keine Beachtung und nahm an, daß die Ausweitung der Geschäftstätigkeit während der Prosperität aus den Ersparnissen finan-

---

68 Arthur Spiethoff, *Beiträge zur Analyse und Theorie der allgemeinen Wirtschaftskrisis*, Leipzig 1905; ders., »Krisen«, in: *Handwörterbuch der Staatswissenschaften*, 4. Auflage, Band 6, Jena 1925, S. 8 ff.
69 Spiethoff erkannte seine Abhängigkeit von Tugan-Baranowskys Ideen in einem Vortrag an, der in [Schmoller's] *Jahrbuch für Gesetzgebung, Verwaltung und Volkswirtschaft im Deutschen Reich* 26 (1902), S. 721-759, erschien.

ziert werde, die während der vorausgegangenen Depression zurückgelegt wurden.[70]

Einen weiteren bemerkenswerten Versuch, eine rein ökonomische Theorie zu entwickeln, die sich der Methoden des organizistischen Denkens bedient, unternahm Alfred Weber in einer Studie, die sich mit allgemeinen Standortproblemen der Industrie befaßte.[71] Diese Probleme hatten die Aufmerksamkeit mehrerer deutscher Sozialwissenschaftler auf sich gezogen, die sich der Bedeutung entsannen, die Kant den Kategorien von Raum und Zeit beigemessen hatte. Es sei daran erinnert, daß Johann Heinrich von Thünen die Grundfrage, wie die räumlichen Verhältnisse zu bestimmen seien, unter denen eine Produktion die besten Ergebnisse erwarten läßt, für landwirtschaftliche Unternehmen bereits formuliert hatte. Und im Anschluß daran hatte Thünen in seinen »realistischen« Untersuchungen ausgiebig mit den Ziffern tatsächlicher Betriebseinnahmen und -ausgaben gerechnet, um die Theoreme zu ergänzen, die er mit Hilfe eines allgemeinen hypothetischen Modells der räumlichen Verteilung verschiedener Bodennutzungsarten aufgestellt hatte.
In seinem breiten Überblick über die Produktionsverhältnisse nahm Wilhelm Roscher an, daß bei Industrien mit hochentwickelter Arbeitsteilung vor allem die Verfügbarkeit der Produktionsfaktoren für die Standortwahl entscheidend sei, während bei anderen Industrien die Nähe zu den Märkten die Hauptrolle spiele.[72] Ein anderer Autor, der räumliche Probleme berücksichtigte, war Albert Schäffle. Er unterschied zwischen Industrien, deren Standort von den Transportkosten beeinflußt wird, und solchen, die sich von Gebieten mit beträchtlichem Arbeitskräftepotential verlocken lassen.[73] Wie Roscher benutzte er eine Methode der vergleichenden deskriptiven Analyse, die auf der Sammlung großer Datenmengen beruhte.
Ein bemerkenswerter Beitrag zur Standorttheorie war der von Wilhelm Launhardt (1832-1918) unternommene Versuch, für Thünens Modell der Agrarproduktion eine mathematische Formulierung zu finden. Darüber hinaus bediente sich Launhardt der Methoden der Grenzproduktivitäts-

---

70 Siehe Gottfried Haberler, *Prosperity and Depression*, Genf 1936, S. 70 (deutsch: *Prosperität und Depression*, Bern 1948).
71 Alfred Weber war der Bruder des Soziologen Max Weber. Er ist nicht mit Adolf Weber zu verwechseln, einem hervorragenden Lehrer der Wirtschaftswissenschaften und Verfasser mehrerer Lehrbücher, die viel benutzt wurden.
72 Wilhelm Roscher, *System der Volkswirthschaft*, 5 Bände, Stuttgart 1854-1894, Band 3: *Nationalökonomik des Gewerbefleißes und Handels* (1881). Roscher führte zur Illustration seiner Behauptungen eine beachtliche Menge von empirischem Material an.
73 Schäffle, *Das gesellschaftliche System der menschlichen Wirthschaft*, a.a.O.

analyse, um die Abhängigkeit gewerblicher Unternehmen von den Transportkosten der Rohstoffe und Fertigprodukte zu bestimmen.[74] Doch er war ein Außenseiter in der akademischen Volkswirtschaftslehre, und seine Untersuchungen fanden nicht viel Aufmerksamkeit.

Auf dieser Tradition aufbauend, stellte Weber in den Mittelpunkt seiner Analyse das Problem, wie der optimale Standort für einzelne Betriebe zu bestimmen sei.[75] Grundlage seiner Untersuchung war ein abstraktes Wirtschaftsmodell, das neben einer agrarischen Ebene vier weitere aufwies, von denen angenommen wurde, sie hätten sich im Verlauf eines geschichtlichen Prozesses entwickelt. Unter vereinfachten Bedingungen zerfielen die Produktionskosten in drei Kategorien (Roh- und Kraftstoffe, Arbeit und Transportkosten). Die einzelnen Industrien unterschieden sich dann nach dem jeweiligen Einfluß, den die verschiedenen Kostenkategorien auf den Standort ausüben (»Standortsfiguren«). Diesen Hauptdeterminanten für den Standort fügte Weber als sekundären Faktor die Neigung zur »Agglomeration« hinzu, eine Tendenz, der die Vorteile der Zusammenballung industrieller Unternehmen an bestimmten Orten oder in bestimmten Gegenden Vorschub leisten. Die umgekehrten Wirkungen legte Weber »deglomerativen« Faktoren bei. Um mit mathematischer Genauigkeit die Kräfte zu bestimmen, die den zu wählenden Standort in verschiedene Richtungen drängen, stützte sich Weber auf Kombinationen von Versandgewichten und Frachtwegen. Als Ergänzung zu dieser abstrakten Analyse entwickelte er eine »realistische« Theorie, die zu zeigen versuchte, wie die aus deduktiven Argumenten gewonnenen Behauptungen unter dem Einfluß bestimmter sozialer Bedingungen, insbesondere derer, die in der kapitalistischen Ordnung vorliegen, Abwandlungen erfahren.

Webers Analyse stand bei deutschen Wirtschaftswissenschaftlern in hohem Ansehen, war jedoch dem Einwand ausgesetzt, daß sie einerseits auf einem vage definierten Begriff der »Entwicklung« des ökonomischen Systems beruhe, während sich seine Überlegungen andererseits vor dem Hintergrund eines Geflechts fester Preise, gegebener Nachfragemengen und unveränderlicher Techniken entfalteten.[76] Darüber hinaus bezogen sich die Figuren, die er in seiner mathematischen Darstellung gegenläufiger Kräfte benutzte, eher auf technische als auf ökonomische Faktoren.

---

74 Wilhelm Launhardt, *Mathematische Begründung der Volkswirthschaftslehre*, Leipzig 1885. Launhardt publizierte daneben einige aufschlußreiche Studien über die Kosten des Eisenbahnbetriebs und die Wirkungen veränderter Kosten auf die Bahntarife.
75 Alfred Weber, *Über den Standort der Industrien*, Tübingen 1909.
76 Siehe Andreas Predöhl, »Das Standortsproblem in der Wirtschaftstheorie«, in: *Weltwirtschaftliches Archiv* 21 (1925), S. 294-321; Tord Palander, *Beiträge zur Standortstheorie*, Uppsala 1935.

Statt eine »exakte« Standorttheorie aufzustellen, gab Weber nur bestimmte Beziehungen zwischen verschiedenen relevanten räumlichen Faktoren innerhalb der Struktur eines bestimmten imaginären Wirtschaftsmodells an.[77] Und schließlich war es umstritten, ob Kostensenkungen – und nicht vielmehr Gewinnerwartungen – bei der Wahl von Industriestandorten den entscheidenden Faktor darstellen. Webers Standorttheorie bietet ein ausgezeichnetes Beispiel für die Schwierigkeiten, denen man begegnet, wenn man organizistische Begriffe zu Zwecken der theoretischen Analyse verwenden will.

Ein dritter, vieldiskutierter Versuch, die Methoden des organizistischen Denkens für die Untersuchung theoretischer Probleme fruchtbar zu machen, war Georg Friedrich Knapps sogenannte »staatliche Theorie des Geldes«.[78] Diese Theorie, die von einer tiefen Abneigung gegen die »materialistischen« Grundlagen der Ricardoschen Geldauffassungen motiviert war, sollte das deutsche Gegenstück zur Warentheorie des Geldes liefern und die Geldfunktionen unabhängig von jeder Bezugnahme auf das Wertproblem analysieren. Aus solchen Überlegungen heraus benutzte Knapp einen Geldbegriff, der praktisch keinerlei Verweis auf ökonomische Funktionen enthielt. Er definierte Geld als »Geschöpf einer Rechtsordnung« und schrieb den allgemein anerkannten Wert der Geldeinheit dem Umstand zu, daß sich beim historischen Übergang zwischen zwei Währungsstandards angesichts der bestehenden Schulden die Notwendigkeit ergab, zwischen den alten und neuen Geldeinheiten bestimmte Beziehungen festzulegen. Den monetären Auffassungen der Anhänger des internationalen Goldstandards – etwa Karl Knies, Karl Diehl und Walter Lotz – stellte er die Behauptung entgegen, das internationale Währungssystem, das sich nach 1871 durchgesetzt hatte, sei nicht der Goldstandard, sondern das System des britischen Weltreichs, das nur zufällig auf Gold beruhe.

Die Verwirrung, die dieser Ansatz erzeugte, wurde noch dadurch erhöht, daß Knapp seine Theorie wegen seines Widerstrebens gegen die »materialistischen« Geldkonzeptionen als »nominalistisch« bezeichnete. Nach üblicher Terminologie ist der logische Gegensatz zu »nominalistisch« aber »universalistisch« und nicht, wie Knapp wollte, »materialistisch«; das Gegenteil von »materialistisch« wäre »idealistisch«. Nach Knapps Terminologie wäre die Geldtheorie Thomas von Aquins »nominalistisch« zu nennen, die Theorien herausragender Nominalisten – wie Galiani und Condillac – dagegen nicht-nominalistisch, und so weiter. Dane-

---

77 Siehe August Lösch, *Die räumliche Ordnung der Wirtschaft*, Jena 1940, S. 31. Lösch räumte ein, daß das Standortproblem – wenn es korrekt formuliert wird – nicht zu eindeutigen Lösungen führt.
78 Georg Friedrich Knapp, *Staatliche Theorie des Geldes*, Leipzig 1905.

ben benutzte er das Attribut »metallistisch« für sämtliche Theorien, die den Wert des Geldes auf etwas anderes als den Machtspruch der Regierung zurückführen, und rechnete zu den »metallistischen« Theorien sogar solche, die den Wert der Zahlungsmittel ausschließlich von deren Austauschfunktionen herleiten.[79] Es ist sehr bedauerlich, daß Knapps irreführende Terminologie von deutschen und französischen Autoren weitgehend übernommen wurde; sie wandten den Ausdruck »nominalistisch« unterschiedslos auf alle Geldtheorien an, die Geld als ein Symbol betrachten, das seinem Eigner einen gewissen Anspruch verleiht, der ihm von einer gesellschaftlichen Autorität sozusagen delegiert wird. Keine Übereinkunft wurde über den Ausdruck *Geltung* oder »Begültigung« des Geldes erzielt, den Knapp einführte, um die allgemeine Anerkennung einer Währung mit der Entscheidung einer »Zahlgemeinschaft« zu verknüpfen, die er als organisches, zusammenhängendes Ganzes betrachtete.[80] Mit dem Ausdruck *chartale Zahlungsmittel* bezeichnete er abstrakte Mittel, mit denen Rechnungseinheiten verfügbar werden, die an keinerlei »Substanzwert« gebunden sind.

Aus einer solchen Konzeption des Geldes ließen sich ohne weiteres mehrere problematische Schlußfolgerungen ziehen: daß die Menge der zirkulierenden Geldeinheiten die ökonomischen Operationen unberührt lasse und daß die Ausgabe zusätzlicher Zahlungsmittel nur ein Verfahren zur Erleichterung von Tauschtransaktionen sei.[81] In Verbindung mit der Ablehnung des Goldstandards gipfelten solche Ansichten in der Verherrlichung nationaler inkonvertibler Papierwährungen, ohne daß eine Begrenzung des Volumens der umlaufenden Zahlungsmittel ins Auge gefaßt werden müßte. Auf diese Weise ließen sich die völlige Abschottung des Preissystems eines Landes durch Kontrolle der Zahlungsmittel und ähnliche Maßnahmen als äußerst vorteilhafte Wirtschaftspolitik empfehlen.

Es ist fraglich, ob man mit der Lehre Knapps zu Recht den Begriff *Theorie* verbinden kann – einer Lehre, die praktisch alle Fragen überging, die für die Analyse der Zahlungsmittel grundlegend sind. Die meisten seiner Erörterungen beschäftigen sich mit historischen und administrativen Gesichtspunkten von Währungspolitik und monetären Institutionen. Einige Jahre vor dem Erscheinen des Knappschen Werkes hatte der deutsche Philosoph Georg Simmel (1858-1918), ebenfalls aus organizistischer Sicht, die soziologischen Aspekte des Geldes diskutiert. Simmel analy-

---

79 Siehe Ludwig von Mises, *Theorie des Geldes und der Umlaufsmittel*, 2. Auflage, München/Leipzig 1924, S. 246; und Robert Mossé, *La monnaie*, Paris 1950, S. 51.
80 Den Anhängern von Knapps Geldauffassungen – wie Friedrich Bendixen, Rudolf Dalberg und Karl Elster – gelang es nicht, sich über die Interpretation von Knapps Unterscheidung zwischen »Wert« und »Geltung« zu einigen. Siehe Howard S. Ellis, *German Money Theory, 1905-1933*, Cambridge, Mass. 1934.
81 Solche Ideen wurden von G. Schmidt, *Kredit und Zins*, Leipzig 1910, entwickelt.

sierte die Währungsstandards aus einer Entwicklungsperspektive und bemühte sich um den Nachweis, daß sie eine abnehmende Bedeutung des Geldes als Substanz und eine wachsende Bedeutung des funktionalen Charakters des Geldes erkennen lasse.[82]
Die »staatliche Theorie des Geldes« fand bei den deutschen Ökonomen, soweit sie organizistisch gesinnt waren, großen Anklang, denn sie haßten den quantitativen Ansatz Ricardos in der ökonomischen Analyse und setzten das Funktionieren des Goldstandards mit der Vorherrschaft des Londoner Geldmarkts gleich. Ihnen gefiel der Gedanke, endlich über eine echte »deutsche Geldtheorie« aus der Feder eines führenden Vertreters der historischen Schule zu verfügen. Besonderen Nachdruck legten sie auf das Prinzip, daß Geld einen abstrakten Anspruch auf den Erwerb von Gütern bedeute, ohne als Wertmaß zu dienen. So verglich einer der leidenschaftlichen Anhänger der Knappschen Theorie, Friedrich Bendixen (1864-1920), den symbolischen Charakter einer Geldeinheit mit dem eines Wertpapiers, das einen Anteil an einem Unternehmen repräsentiert[83]; ähnliche Vorstellungen gab es auch bei anderen gläubigen Anhängern der staatlichen Theorie des Geldes.[84] Der französische Ökonom Mossé sah das Verdienst Knapps darin, zur Aushöhlung der materialistischen Philosophie des Geldes beigetragen und den Weg zu einer manipulierten Währung [*monnaie dirigée*] gewiesen zu haben.[85] Ein deutscher Jurist, Arthur Nussbaum, hielt es für erforderlich, die »staatliche« Theorie Knapps durch eine »sozietäre« zu ersetzen, um der Tatsache Rechnung zu tragen, daß Geld, obwohl es von der zuständigen Autorität ausgegeben wurde, vom Publikum manchmal auch zurückgewiesen wird. Nussbaum beschäftigte sich ausführlich mit den Auswirkungen der »Herrschaft des Nominalismus« auf die Behandlung inländischer Schulden und ausländischer Währungen bei Wertverlust oder Abwertung.[86]
Im Vorübergehen sei auf die verhängnisvolle Rolle hingewiesen, die diese Theorie im Ersten Weltkrieg und danach in Deutschland spielte. Während des Krieges diente sie zur Rechtfertigung der Auffassung, daß die inflationären Folgen der Papiergeldausgabe vermieden werden könnten, wenn anstelle von Banknoten Schecks benutzt würden. Nach dem Krieg wurde sie als Beweis dafür herangezogen, daß die umwälzenden inflationären Preissteigerungen, die die Wirtschaft unterhöhlten, einzig und al-

---

82 Georg Simmel, *Philosophie des Geldes*, Leipzig 1900.
83 Friedrich Bendixen, *Das Wesen des Geldes*, Leipzig 1908; ders., *Geld und Kapital. Gesammelte Aufsätze*, Leipzig 1912.
84 Rudolf Dalberg, *Die Entthronung des Goldes*, Stuttgart 1916; Karl Elster, *Die Seele des Geldes*, Jena 1920; Kurt Singer, *Das Geld als Zeichen*, Jena 1920.
85 Mossé, *La monnaie*, a.a.O., S. 29.
86 Arthur Nussbaum, *Das Geld in Theorie und Praxis des deutschen und ausländischen Rechts*, Tübingen 1925.

lein von der Preisentwicklung importierter Waren verursacht würden. So machte Karl Helfferich (1872-1924), einer von Knapps einflußreichsten Schülern, die Verbindlichkeiten, die der Friedensvertrag dem Land auferlegt hatte, und insbesondere die von der französischen Regierung verfolgte Reparationspolitik für die Inflation verantwortlich. Er betonte, daß nicht »Inflation«, sondern der Wertverlust der Währung auf ausländischen Märkten »das erste Glied in der Kette von Ursache und Wirkung« sei.[87]

Liberale Sozialisten

Im Gewirr der Sozialtheorien, die in Mitteleuropa miteinander rangen, sollte ein besonderer Platz den Lehren einiger organizistisch gesinnter Sozialisten vorbehalten werden, die man als *liberale Sozialisten* bezeichnet, weil sie auf der Möglichkeit beharrten, eine Art Gemeineigentum an Produktionsmitteln mit der Achtung vor den Grundsätzen individueller Freiheit und Gleichheit zu verbinden. Ihre Kritik an der Tauschwirtschaft wurde von schwerwiegenden Irrtümern in der Deutung der Funktionsweise dieser Wirtschaft beeinträchtigt, und ihre radikalen Vorschläge für eine Sozialreform beruhten auf falschen Annahmen. Doch für Intellektuelle auf der Suche nach einer neuen Gesellschaftsordnung waren manche ihrer anregenden Gedanken ziemlich attraktiv.

Den Theoremen all dieser Autoren war die These der ricardianischen Sozialisten gemeinsam, daß jedes Einkommen, das nicht durch Arbeit verdient wird, zu Lasten der rechtmäßigen Ansprüche der Arbeiter gehe. Diese These spielte eine prominente Rolle in den Lehren Karl Eugen Dührings (1833-1921), dessen Beiträge zu den exakten Wissenschaften allgemein als beachtliche Leistungen anerkannt werden. In seinem methodischen Ansatz zur Behandlung sozialer Probleme lehnte er die materialistische Geschichtsinterpretation ab und betonte den Einfluß geistiger und politischer Bewegungen auf wirtschaftliche Entwicklungen. Den Verteilungsprozeß führte Dühring auf das Wirken politischer Zwangsgewalt zurück; er bestritt daher die Existenz allgemeiner Verteilungsgesetze. In seinem »sozietären« System der Sozialreform wies er dem Staat die Aufgabe zu, den Arbeitern einen angemessenen Anteil an den Ergebnissen technologischer Verbesserungen zu sichern. Dührings *Kritische Geschichte der Nationalökonomie und des Sozialismus* unterschied sich von allen früheren Gesamtdarstellungen des ökonomischen Denkens durch ihren analytisch-kritischen Zugang zur ökonomischen Dogmengeschichte. Im Vorübergehen sei erwähnt, daß Dühring größte Bewunde-

---

87 Karl Helfferich, *Das Geld*, Leipzig 1923.

rung für die Lehren Henry Charles Careys hegte und sie als revolutionäre Entdeckungen auf dem Gebiet der Nationalökonomie pries.[88]

Dührings Konzeption des Verteilungsprozesses wurde von anderen Sozialisten übernommen. Der russische Ökonom Michael Tugan-Baranowsky (1865-1919) erklärte die »gesellschaftliche Macht« zum entscheidenden Faktor bei der Verteilung des Volkseinkommens und bestand darauf, die Fragen der Distribution von denen der reinen ökonomischen Theorie zu trennen.[89] Ein weiterer »liberaler Sozialist«, der die Verteilungsprobleme mit den Wirkungen politischer und ökonomischer Machtausübung in Zusammenhang brachte, war der Deutsche Franz Oppenheimer (1864-1943), der sich auf eine von John B. Clark (1847-1938) getroffene Unterscheidung zwischen personeller und funktioneller Verteilung berief und scharfe Kritik an Ricardo übte, weil dieser die Grundrente auf die Bodeneinheit bezogen und damit die »elende« Zurechnungstheorie in die Welt gesetzt habe.[90] Für Oppenheimer bestand das Verteilungsproblem darin, die »Monopolsituationen« zu bestimmen, die es den Eigentümern von Produktionsmitteln erlauben, nicht aus Arbeit stammende Einkommen zu beziehen. Wie verschiedene andere sozialistische Autoren vor ihm, machte Oppenheimer die Aneignung des Bodens durch private Eigentümer für die Übel verantwortlich, die er mit dem Funktionieren der kapitalistischen Wirtschaft verband.[91] Den »pathologischen« Charakter dieser Ökonomie schrieb er vor allem dem Ausschluß der Arbeiter vom freien Zugang zum Boden zu (»Bodensperre«). Für bedauerliche Verwirrung sorgte er mit seiner Verwendung des Ausdrucks »Monopol« zur Beschreibung der angeblichen Macht der Landbesitzer, den Anteil der Arbeit – die er als komplementären Faktor verstand – am Volkseinkommen zu drücken.[92]
Der Einfluß einiger Marxscher Theoreme auf Oppenheimers Lehren war

88 Karl Eugen Dühring, *Capital und Arbeit*, Berlin 1865; ders., *Cursus der National- und Socialökonomie einschliesslich der Hauptpuncte der Finanzpolitik*, Berlin 1873; ders., *Kritische Geschichte der Nationalökonomie und des Socialismus*, Berlin 1871.
89 Michail Tugan-Baranowsky, *Soziale Theorie der Verteilung*, Berlin 1913.
90 Franz Oppenheimer, *David Ricardos Grundrententheorie*, Berlin 1909. Zur Diskussion um die Unterscheidung zwischen den »personellen« und »funktionellen« Gesichtspunkten des Verteilungsprozesses siehe Carl Landauer, *Grundprobleme der funktionellen Verteilung des wirtschaftlichen Wertes*, Jena 1923, S. 54, und Viktor Zarnowitz, *Die Theorie der Einkommensverteilung*, Tübingen 1951.
91 Eine Darstellung seiner ausformulierten ökonomischen Lehre bietet Oppenheimers *Theorie der Reinen und Politischen Ökonomie*, Berlin 1910. Später nahm er diese Lehre in seine soziologische Abhandlung *System der Soziologie*, Jena 1924, auf.
92 Siehe die Diskussion zwischen Oppenheimer und Schumpeter im *Archiv für Sozialwissenschaft und Sozialpolitik* (1916, 1917, 1920).

beträchtlich. Mit großer Konsequenz entwickelte er eine Konzeption des Staates als Institution, die von einer herrschenden Gruppe zur Sicherung der Ausbeutung einer unterworfenen Gruppe geschaffen und aufrechterhalten wird. Diese Auffassung hatte auch den Untersuchungen des österreichischen Soziologen Ludwig Gumplowicz (1838-1909) zugrunde gelegen.[93] Aus einer Analyse der Wanderungsbewegungen der Arbeitskräfte gewann er den Begriff einer »industriellen Reservearmee« als historisch-soziologische Kategorie und erkannte darin einen Überrest der Feudalordnung. Dem schwankenden Umfang der Arbeitslosigkeit schrieb er eine bedeutende Rolle in seiner Konjunkturzyklentheorie zu, die die charakteristischen Merkmale einer sozialistischen Unterkonsumtionstheorie trug. Er verwarf jedoch das Marxsche Gesetz der »kapitalistischen Akkumulation« und erwartete, daß sich der Niedergang der kapitalistischen Ordnung aus der Erschöpfung der industriellen Reservearmee ergeben werde. Sein Ideal einer Sozialreform zielte im Kern auf die Organisation der Agrarproduktion auf genossenschaftlicher Grundlage.[94] Oppenheimer war ein erfolgreicher Lehrer in einer Zeit, in der eine Vielfalt sozialistischer Ideen bei den deutschen Gelehrten auf fruchtbaren Boden fiel.

In Italien gewann Antonio Labriola (1843-1904) mit seinen sozialistischen Ideen beträchtlichen Anhang und rief anhaltende Diskussionen zu den verschiedenen Aspekten der kapitalistischen Wirtschaft hervor.[95] Obwohl kein strenger Marxist, war er in Italien einer der eifrigsten Anhänger der materialistischen Geschichtsinterpretation und der Marxschen Arbeitskostentheorie. Sein ganz und gar eigenständiger, aber sehr umstrittener Beitrag zum sozialistischen Denken war sein Theorem, das eine enge Beziehung zwischen der allmählichen Aneignung des Bodens und der damit einhergehenden Entwicklung der sozialen Verhältnisse behauptet.[96] Er erwartete, daß die Beseitigung der Grundrente am Ende zum Verschwinden der Lohnarbeiter als ausgebeuteter Bevölkerungsklasse führen werde.

93 Franz Oppenheimer, *Der Staat*, Frankfurt am Main 1907.
94 Oppenheimers Theorien wurden von verschiedenen deutschen Wirtschaftswissenschaftlern erörtert und kritisiert. Siehe zum Beispiel Alfred Amonn, »Oppenheimers Theorie der Reinen und Politischen Ökonomie«, in: *Archiv für Sozialwissenschaft und Sozialpolitik* 59 (1928), S. 449-488. Zur Analyse von Oppenheimers wirtschaftlichen Prinzipien siehe Eduard Heimann, »Franz Oppenheimer's Economic Ideas«, in: *Social Research* 11 (1944), S. 27-39.
95 Siehe Antonio Fossati, »Achille Loria nella storia del pensiero economico italiano«, in: *Giornale degli economisti e annali di economia* N. S. 12 (1953), S. 493-509.
96 Antonio Labriola, *La rendita fondiaria e la sua elisione naturale*, 1880.

Neuscholastische Wirtschaftslehre

Moralische Erwägungen, die für die ökonomischen Auffassungen vieler Mitglieder der historisch-ethischen Schule grundlegende Bedeutung erlangt hatten, rückten auch bei den katholischen Sozialphilosophen in den Mittelpunkt ihrer ökonomischen Lehren. Ihr Versuch, die Einhaltung gewisser Prinzipien der thomistischen Wirtschaftslehre wiederzubeleben, fand in den katholischen Gebieten Europas, wo sich bei bedeutenden Bevölkerungsgruppen noch starke Bindungen an wichtige Elemente der mittelalterlichen Feudalordnung bewahrt hatten, beträchtlichen Widerhall. In Frankreich arbeitete Jean Paul Alban de Villeneuve-Bargemont (1784-1850) in der ersten Hälfte des neunzehnten Jahrhunderts die Grundsätze einer katholischen politischen Ökonomie aus.[97] P. G. Frédéric Le Play ließ sich später von ähnlichen Gedanken leiten.[98] Graf Adrien Albert de Mun (1841-1914) wurde Führer einer katholischen Sozialbewegung. In Belgien wurde eine ähnliche Entwicklung von den Ökonomen C. Périn, Victor Brants und Hector Denis gefördert. Sie machten Vorschläge zu einer Sozialreform, die sich von den Moralvorschriften der thomistischen Doktrin herleiteten.[99] In Italien versuchte Giuseppe Toniolo, bestimmte Aspekte der Grenznutzenanalyse mit einem neuscholastischen Ansatz zu versöhnen.[100]
Das Programm einer Sozialreform, die dem katholischen Glauben entsprach, wurde in den sechziger Jahren von dem Mainzer Erzbischof Wilhelm Emmanuel von Ketteler (1811-1877) in Deutschland[101] sowie von Karl von Vogelsang (1818-1890) und Franz Hitze (1851-1921) in Österreich verbreitet. Die korporativen Organisationsformen, die sie befürworteten, erinnerten an die mittelalterlichen Zünfte. Solche Strömungen fanden die Unterstützung höchster kirchlicher Autoritäten. Vielleicht war es kein Zufall, daß der Heilige Stuhl 1878 mit der Enzyklika *Aeterni patris* die ausschließliche Gültigkeit der Prinzipien der thomistischen Logik etwa zur selben Zeit verkündete, als die Methoden des hypothetischen Denkens von einflußreichen geistigen Bewegungen auf dem europäischen Festland abgelehnt wurden. In einer weiteren Enzyklika, *Quod apostolici muneris*, erklärte Papst Leo XIII. die Lehren und Bewegungen

---

97 Jean Paul Alban de Villeneuve-Bargemont, *Économie politique chrétienne*, 3 Bände, Paris 1834. Zur französischen katholischen Soziallehre siehe René Gonnard, *Histoire des doctrines économiques*, 3 Bände, Paris 1927, Bd. 3, S. 301.
98 P. G. Frédéric Le Play, *La réforme sociale en France*, Paris 1864; ders., *La constitution essentielle de l'humanité*, Tours 1881.
99 Victor Brants, *Les grandes lignes de l'économie politique*, Louvain 1901.
100 Giuseppe Toniolo, *Trattato di economia sociale*, Florenz 1907/1909.
101 Wilhelm Emmanuel von Ketteler, *Die Arbeiterfrage und das Christentum*, Mainz 1864.

des Sozialismus, Kommunismus und Nihilismus für unvereinbar mit den Dogmen der Kirche.

In der berühmten Enzyklika *Rerum novarum*, die 1891 verkündet wurde, bestimmte der Papst die Vorschriften einer sozialen und ökonomischen Ordnung in Übereinstimmung mit den Lehrsätzen der thomistischen Sozialphilosophie. »Die Vernunft selbst«, heißt es in der Enzyklika, »leitet aus der Natur der Dinge und dem individuellen und sozialen Wesen des Menschen ab, zu welchem Ziel und Zweck der Schöpfer die Ordnung der Wirtschaft im Ganzen bestimmt hat.« Die Einrichtung des Privateigentums an Produktionsmitteln wurde gegen die Angriffe sozialistischer Lehren verteidigt und der Klassenkampf als unvereinbar mit den Prinzipien brüderlicher Liebe verdammt. In der Tat nahmen die christlichen Gewerkschaften, die auf dem europäischen Kontinent recht zahlreich entstanden, an Arbeitsniederlegungen im allgemeinen nicht teil. Diese Politik erwies sich als ernsthaftes Hindernis für ihre Entwicklung. Ebenso abgelehnt wurden jedoch die Autonomie des individuellen Wirtschaftssubjekts sowie der freie Wettbewerb als allgemeingültiges ökonomisches Prinzip; der Risikofaktor als grundlegendes Element des Unternehmertums fand nur innerhalb enger Grenzen Anerkennung. Die sozialen Pflichten, die die thomistische Ethik den Besitzern von privatem Eigentum auferlegt hatte, wurden bekräftigt und die Regierungen eindringlich an ihre Verantwortung für die ökonomischen und sozialen Lebensumstände ihrer Bürger, zumal der arbeitenden Klassen, erinnert. Die Enzyklika empfahl die Schaffung von Produzentengenossenschaften als besonders geeignete Form der wirtschaftlichen Organisation. Unternehmer und Arbeiter wurden ermahnt, ihre gegenseitigen Pflichten zu erfüllen. So sahen sich die katholischen Gelehrten auf dem Gebiet der Wirtschaftswissenschaften vor die Aufgabe gestellt, die Lehren der herrschenden ökonomischen Doktrinen mit den Prinzipien einer Moralphilosophie zu versöhnen, in deren Mittelpunkt die Idee gerechter Preise und Löhne sowie die mittelalterlichen Konzeptionen distributiver und kommutativer Gerechtigkeit standen.[102]

Die bedeutendste Analyse auf dieser gedanklichen Linie war das umfangreiche Werk eines deutschen Jesuiten, Heinrich Pesch (1854-1926), der seine Lehren von einem natürlichen Moralgesetz herleitete, das dafür

102 Zu der umfangreichen Literatur, die sich dieser Aufgabe widmete, siehe unter anderem Goetz Briefs, »Die wirtschafts- und sozialpolitischen Ideen des Katholizismus«, in: M. J. Bonn und M. Palyi (Hg.), *Die Wirtschaftswissenschaft nach dem Kriege. Festgabe für Lujo Brentano zum 80. Geburtstag*, Band 1, München/Leipzig 1925, S. 195-226, und Amintore Fanfani, *Cattolicesimo e protestantesimo nella formazione storica del capitalismo*, Mailand 1934 (englisch: *Catholicism, Protestantism and Capitalism*, London 1935).

sorgen sollte, daß die Verwirklichung menschlicher Ziele im Einklang mit dem göttlichen Willen geschieht.[103] Dem menschlichen Geist schrieb er das Vermögen zu, den »ideellen Sachgehalt« der Dinge zu erfassen; er vertraute darauf, daß die verschiedenen Gruppen einer Nation durch *aestimatio communis* zu einer objektiven Wertbestimmung gelangen könnten.

Pesch legte der teleologischen Methode entscheidende Bedeutung für die Aufstellung einer allgemeingültigen Wirtschaftstheorie bei und entwikkelte ein System der Wohlfahrtsökonomie, das auf die Befriedigung der materiellen Bedürfnisse sämtlicher Mitglieder der Gemeinschaft zielte. Dem Knappheitsprinzip räumte er jedoch nur eine untergeordnete Rolle ein; statt dessen bemühte er sich, »objektive Kriterien« zur Bestimmung legitimer Bedürfnisbefriedigung aufzustellen. In seiner Analyse der Probleme von Produktion und Distribution verknüpften sich ricardianische Prinzipien mit Grenznutzenüberlegungen unter dem Einfluß moralischer Normen. Erwähnt sei, daß Pesch die absolute Gültigkeit des Gesetzes des abnehmenden Bodenertrags für die Landwirtschaft in Frage stellte und ähnlich argumentierte, die Industrie könne nicht ständig auf wachsende oder konstante Erträge rechnen, besonders wegen der Unsicherheit, mit der expandierende Märkte behaftet seien. Angesichts der grundlegenden Veränderungen in der ökonomischen Organisation, die seit dem Ende des Mittelalters stattgefunden hatten, hielt es Pesch für unmöglich, das scholastische Verbot der Erhebung von Geldzins zu verteidigen; er rechtfertigte die Zahlung von Zinsen mit dem Hinweis auf die Vorteile, die durch die Vergabe von Darlehen erbracht werden.

Obwohl er der Behauptung zustimmte, daß der Wettbewerbspreis als optimaler Preis zu betrachten sei, hob Pesch die Gefahren übertriebener Konkurrenz hervor, die zu künstlichen Monopolen führen müsse. Von der Gründung von Konsumgenossenschaften und der Schaffung bilateraler Monopole erwartete er die Herstellung eines »Kräftegleichgewichts« zwischen Unternehmerkartellen und den Käufern ihrer Erzeugnisse.

Als idealen Hintergrund für die Schaffung einer moralisch gesunden sozialen Organisation empfahl Pesch die Beachtung des »Solidarprinzips«. Mit der »organischen Einheit«, die die Mitglieder eines politischen Gemeinwesens bilden sollten, war keineswegs bezweckt, der individuellen Verantwortlichkeit der Wirtschaftseinheiten ein Ende zu setzen; sie sollte ihnen nur die allgemeine Pflicht auferlegen, ihre Zielsetzungen der von

---

103 Heinrich Pesch, *Lehrbuch der Nationalökonomie*, 5 Bände, Freiburg 1905-1923. Zur kritischen Diskussion von Peschs Auffassungen siehe Abraham Lincoln Harris, »The Scholastic Revival. The Economics of Heinrich Pesch«, in: *Journal of Political Economy* 54 (1946), S. 38-59. Zur Verteidigung von Peschs moralischer Behandlungsweise der Ökonomie siehe Richard E. Mulcahy, *The Economics of Heinrich Pesch*, New York 1952.

den übergeordneten Staatszielen erforderten Ordnung anzupassen. Aus den Prinzipien des Solidarismus gewann Pesch wichtige Leitlinien für die Organisation der Wirtschaft, doch warnte er vor der Schaffung von Berufsverbänden, die von keinen »echten Motiven« getragen würden. In einem interessanten Kapitel beschäftigte er sich mit der Frage, inwieweit bestimmte Elemente des »Solidarismus« in früheren ökonomischen Lehren Anerkennung gefunden hatten. In diesem Zusammenhang führte er Smith' Konzeption der Arbeitsteilung, Says Theorie der Absatzwege, Bastiats »natürliche Harmonie« der Interessen und Sismondis Betonung der Interessengemeinschaft von Unternehmern und Arbeitern an. Otto von Gierke und Adolph Wagner galten ihm als die beiden deutschen Autoren, die einige Grundprinzipien des Solidarismus entwickelt hätten. Gegen die französische Version des Solidarismus, wie er vornehmlich von Léon Bourgeois (1851-1925) und seinen Anhängern vertreten wurde, erhob er den Einwand, daß ihre Vorschläge von utilitaristischen, positivistischen und evolutionistischen Ideen getränkt seien, Vorschläge, die sich nach biologischem Vorbild durchsetzen sollten und auf unhaltbaren soziologischen Behauptungen beruhten.

Neuscholastisches Denken, befreit vom Einfluß eines religiösen Glaubens, aber durchdrungen von starken nationalistischen Ideen, fand seinen weitestentwickelten Ausdruck in den Schriften des österreichischen Ökonomen Othmar Spann (1878-1950).[104] Im Mittelpunkt seiner Bemühungen stand der Versuch, eine neue Wissenschaftslehre zu entwickeln, die nicht dem »Grundirrtum der individualistischen Sozialphilosophie« erliegen und nicht dem »falschen atomistisch-mechanistischen Ansatz in der ökonomischen Analyse« folgen sollte. Als Gegner eines solchen Vorgehens wandte er das aristotelische Prinzip, wonach das Ganze als erste und vornehmste Kategorie des Seins seinen Teilen vor- und übergeordnet ist, auf soziale Gemeinschaften an. Aus den Schriften einiger deutscher Romantiker übernahm er den Idealbegriff einer »organischen« Gesellschaft im Sinne einer logisch präformierten Realität und war mit ihnen einig in der Verherrlichung mittelalterlicher Institutionen, insbesondere des Zunftsystems. Spann schuf beträchtliche Konfusion dadurch, daß er in seiner »Ganzheitslehre« rein formale (logische) Kategorien mit ungenau definierten Begriffen vermengte, die bei ihm mit ontologischen Attri-

---

104 Othmar Spann entwickelte seine wissenschaftstheoretischen Gedanken in seiner *Kategorienlehre*, Jena 1924, und in *Tote und lebendige Wissenschaft*, Jena 1921. Seine Hauptbeiträge zur Ökonomie waren zunächst *Wirtschaft und Gesellschaft*, Dresden 1907, und *Fundament der Volkswirtschaftslehre*, Jena 1918. Seine *Haupttheorien der Volkswirtschaftslehre auf dogmengeschichtlicher Grundlage*, Leipzig 1911, die zahlreiche Auflagen erlebten (24. Auflage Heidelberg 1949), wurden auch ins Englische übersetzt (*The History of Economics*, New York 1930).

buten versehen waren. Sein Begriff der »Ganzheit«, den er mit »Totalität«, »Einheit« und »Organismus« gleichsetzte, war dafür ein charakteristisches Beispiel. Wir erwähnten bereits die Verwirrung, die er mit seiner Verwendung des Ausdrucks »Universalismus« für Sozialphilosophien organizistischen Typs stiftete.

Spann, der die Quelle der ökonomischen Weisheit in den Schriften Adam Müllers gefunden zu haben meinte, lehnte eine von ihrer soziologischen Grundlegung getrennte Volkswirtschaftslehre ab. Staat und Nation, Religion, Kunst und Ethik geben seiner Auffassung nach absolut verbindliche Ziele vor; die Ökonomie muß ihre letzten Ziele von denen der Gemeinschaft herleiten und bei ihrer Erlangung die verfügbaren Ressourcen berücksichtigen. Dementsprechend faßte Spann die Wirtschaft als »zweckhaftes System von Handlungen« auf, als Ganzheitsgefüge von Leistungen, Diensten und Errungenschaften. Er entwickelte eine umfassende »Gestaltlehre der Leistungen«, die sich von dem Gedanken leiten ließ, daß jedes ökonomische Phänomen eine qualitative Seite (die Leistung von Arbeit, Kapital, Produktion und Handel) sowie quantitative Gesichtspunkte (Wert und Preis) aufweist.

Spanns Analyse lieferte die Grundlage für eine Unterscheidung der Funktionen und Leistungen der Produktionsfaktoren (Boden, Kapital und Arbeit) sowie für eine ausgiebige Erörterung der Probleme, die mit der Verknüpfung der von diesen Faktoren geleisteten Dienste zusammenhängen. Seine Leistungsskala umfaßte direkte oder Konsumleistungen, indirekte oder Kapitalleistungen, negative Kapitalleistungen und vorbereitende Leistungen. Sein »Kapital höherer Ordnung« setzte sich aus Gesetzen und Regelungen zusammen, in denen es um die ökonomische Organisation der Gesellschaft ging. Die Geldfunktionen wurden nicht von der Rolle des Geldes bei individuellen Transaktionen abgeleitet, sondern aus den Erfordernissen der Gemeinschaft. In seiner Wert- und Preistheorie betonte Spann seine Feindschaft gegenüber der Grenznutzenanalyse und suchte den scholastischen Begriff gerechter, überindividueller Preise mit der Begründung zu rechtfertigen, daß das Preissystem den echten und dauerhaften Zusammenhang aller Leistungen in der ganzheitlichen Struktur der Wirtschaft ausdrücken müsse. Spanns Theorie der (marginalen) »Gleichwichtigkeit« sollte die Gleichgewichtsaspekte der hypothetischen Ökonomie durch qualitative Merkmale ersetzen.[105] Seine Analyse des Verteilungsprozesses ging von der Überlegung aus, daß die Distribution des Volkseinkommens vorab durch die Organisation der Produktion festgelegt werde.

---

105 Siehe Othmar Spann, *Theorie der Preisverschiebung*, Wien 1913; ders., »Gleichwichtigkeit gegen Grenznutzen«, in: *Jahrbücher für Nationalökonomie und Statistik* 123 (1925), S. 289-330.

Um die vollständige Unterordnung der Tätigkeiten der Glieder unter die höheren gemeinsamen Ziele des sozialen Ganzen zu gewährleisten, schlug Spann die Transformation des kapitalistischen Systems in eine Wirtschaftsorganisation vor, die – ähnlich derjenigen der Feudalgesellschaft – aus »Wirtschaftsständen« bestehen sollte, die entsprechend ihren ökonomischen Funktionen und ihrem rechtlichen Status deutlich voneinander unterschieden wären. Sein Begriff einer idealen Wirtschaftsgemeinschaft wies eine charakteristische Nähe zum faschistischen »Ständestaat« auf, da er sein zusammenhängendes soziales Ganzes mit einer Volksgemeinschaft gleichsetzte und das Streben nach Autarkie zu seinen wirtschaftspolitischen Forderungen zählte.

Spanns Glaube an die unbedingte Gültigkeit seiner Methoden und an seine Fähigkeit, das »Wesen« der sozialen und ökonomischen Erscheinungen zu verstehen, ermöglichte es ihm, seine Definitionen, Klassifikationen, Propositionen und Deduktionen mit ungetrübter Selbstsicherheit zu entwickeln. Es ist eine interessante psychologische Tatsache, daß er unter den österreichischen Wirtschaftswissenschaftlern begeisterte Anhänger sowie einige Schüler fand – wie Walter Heinrich, Wilhelm Andreae (1888-1962) und Anton Tautscher –, die die unfruchtbaren Verfahren des Meisters auf die Analyse verschiedener Probleme anwandten.[106] Man braucht kaum hinzuzufügen, daß praktisch alle Aspekte von Spanns Wirtschaftslehre strenger Kritik unterzogen wurden.[107]

---

[106] Ein Überblick über die theoretischen Leistungen, die sich der Sozialphilosophie Spanns verdanken, erschien später in einer Festschrift für Othmar Spann: Walter Heinrich (Hg.), *Die Ganzheit in Philosophie und Wissenschaft*, Wien 1950.

[107] Siehe, unter vielen anderen, Robert Liefmann, »›Universalismus‹ und Wirtschaftstheorie«, in: *Weltwirtschaftliches Archiv* 23 (1926), S. 31-68, sowie die Diskussion zwischen Otto Conrad, »Der Grundfehler der Lehre Othmar Spanns«, in: *Jahrbücher für Nationalökonomie und Statistik* 143 (1936), S. 405-422, und Wilhelm Andreae, »Die wirkliche Wirtschaft als Mechanismus der Unwirtschaftlichkeit«, a.a.O. 144 (1936), S. 171-198.

Fünfter Teil
Dialektische Wirtschaftslehre

16. Kapitel
Die Marxsche Doktrin

Der philosophische Hintergrund

Die Anwendung der dialektischen Methode auf die Analyse ökonomischer Phänomene war – ähnlich wie bei den komplementären organizistischen Verfahren – eng mit den Versuchen deutscher Philosophen verbunden, eines der grundlegenden Prinzipien des scholastischen Denkens zu bewahren: nämlich mit Hilfe geeigneter Begriffe zu einem vollen Verständnis der Wirklichkeit zu gelangen. Im Unterschied jedoch zu den festen, ewig gültigen scholastischen Begriffen sollten sich in den dialektischen Begriffen Entwicklungsprozesse präzise widerspiegeln, die unerbittlichen teleologischen Gesetzen gehorchen. So waren die dialektischen Philosophen und ihre Anhänger überzeugt, daß ihre Denkmethoden es ihnen ermöglichten, vollen Einblick ins »Wesen der Dinge« und in jene grundlegenden Veränderungen zu gewinnen, die sich im Verlauf der Geschichte ereignen. Zur Rechtfertigung dieser Überzeugung nahmen sie – oft stillschweigend – an, daß bestimmte herausragende Individuen dank ihrer außerordentlichen geistigen Fähigkeiten imstande seien, dialektisch-logische Verfahren zur Erlangung unbezweifelbarer Wahrheit zu entdecken und wirkungsvoll anzuwenden.[1] Der Glaube, daß die Regeln des dialektischen Denkens genau den Regeln entsprächen, die dem Gang der geschichtlichen »Entwicklungsprozesse« zugrunde liegen, war gewöhnlich mit tiefer Verachtung und unversöhnlichem Haß gegen die Methoden des hypothetischen Denkens verbunden, die – wie es hieß – der menschlichen Vernunft jedes Vermögen abgesprochen hätten, hinter dem »Schatten« oberflächlicher und flüchtiger Eindrücke die verborgene »Wahrheit« zu enthüllen.

In den ersten Jahrzehnten des neunzehnten Jahrhunderts wurde das dialektische Denken von Georg Wilhelm Friedrich Hegel zu einem hohen Grad an Vollkommenheit entwickelt. Hegel nahm an, mit Hilfe seiner Methoden die Existenz angeblich vorherbestimmter Entwicklungsprozesse in den Bereichen von Philosophie, Recht und Geschichte beweisen

---

[1] Die Untersuchung der geistigen und sozialen Bedingungen, die den Hintergrund für diesen Glauben lieferten, gehört zu den vorrangigen Aufgaben der »Wissenssoziologie«.

zu können.² Sein vielzitierter Satz »Was wirklich ist, das ist vernünftig« war eine knappe Formulierung des dialektischen Prinzips, wonach die Regeln des Denkens mit den Gesetzen zusammenfallen, die dem Gang des Universums zugrunde liegen.
Die dialektischen Methoden eigneten sich dazu, eines der Probleme der Kontinuität zu umgehen. Die Bezugnahme auf eine kontinuierliche Ereignisabfolge gehörte zu den charakteristischen Merkmalen dialektischer Begriffe, da sich jeder von ihnen aus einer »These« und ihrer partiellen Negation, einer »Antithese«, zusammensetzt. Die in der Struktur solcher Begriffe enthaltenen Widersprüche sollten sich nun immer weiter verschärfen; über längere Zeiträume akkumulierte quantitative Veränderungen sollten zu qualitativen Modifikationen der Begriffe, zum Zusammenprall der Gegensätze, zu revolutionären Situationen und schließlich zur Bildung von »Synthesen« führen, die wiederum den Ausgangspunkt für den weiteren Verlauf der Entwicklung darstellen. Da sich im Verhalten der dialektischen Begriffe die Gesetze spiegeln sollten, die dem Gang der tatsächlichen geschichtlichen Ereignisse zugrunde liegen, galt die Analyse dieser Begriffe als geeignete Methode zur Entdeckung jener Gesetze.
Da sich der dialektische Prozeß bei Hegel auf die Transformation von Begriffen bezog, fand die Hegelsche Lehre ihre Anwendung vornehmlich im Bereich geistigen Geschehens. So betrachtete er die Weltgeschichte als Entwicklungsgang der Idee der Freiheit im Bewußtsein der Menschen. Er versuchte zu zeigen, daß jede geschichtliche Stufe vom Geist dieser Zeit beherrscht werde, der die Gedanken und Handlungen der Völker bestimme, und daß die in der begrifflichen Struktur jeder Stufe enthaltenen Widersprüche die Antriebskraft darstellten, die zur nächsthöheren Stufe führe. Eine ausgezeichnete Rolle in diesem Entwicklungsprozeß wurde dem Staat zugeschrieben, der höchsten politischen Gemeinschaft, die als Verkörperung der sich selbst entfaltenden absoluten Idee der Freiheit galt. Von dieser Idee hieß es, sie verwirkliche sich vor allem im unaufhörlichen Kampf zwischen den historischen Nationalstaaten; Krieg erschien als unentbehrliches Element in diesem Entwicklungsprozeß.
»Freiheit« im Bezugsrahmen dieser dialektischen Philosophie war freilich nicht identisch mit individueller Freiheit, wie sie von den nominalistischen Philosophen utilitaristischer Gesinnung bestimmt worden war. Freiheit meinte die Unterwerfung unter die unerbittlichen Gesetze der Geschichte, das heißt unter die Gesetze des Staates, der als letzte Quelle individueller Moralität galt. Trotz der revolutionären Aspekte seiner dia-

---

2 Georg Wilhelm Friedrich Hegel, *Phänomenologie des Geistes*, Bamberg und Würzburg 1807 (*Werke in zwanzig Bänden*, Band 3, Frankfurt am Main 1970); ders., *Vorlesungen über die Philosophie der Geschichte*, Berlin 1837 (*Werke in zwanzig Bänden*, Band 12, Frankfurt am Main 1970).

lektischen Prozesse nahm Hegel gegenüber den politischen und sozialen Problemen seiner Zeit eine äußerst konservative Haltung ein. Seine Bewunderung für einige Könige der Hohenzollern führte ihn dazu, den preußischen Staat als Personifikation der absoluten Idee in der Geschichte zu verklären.

Vom Staat als idealer, sich selbst entwickelnder sittlicher Organisation unterschied Hegel die »bürgerliche Gesellschaft«, deren ökonomische Beziehungen den politischen Interessen vollständig untergeordnet sein sollten. Die Hegelsche Philosophie bot von daher nicht die Mittel, ökonomische Ereignisfolgen direkt zu analysieren und zu deuten. Wichtige Elemente seiner Philosophie dienten jedoch Mitgliedern der deutschen historischen Schule als Bestärkung in ihrer Auffassung, daß sich die Untersuchung ökonomischer Phänomene nicht von der Betrachtung sozialer Institutionen und politischer Ereignisse trennen lasse; daß die Wirtschaftsgeschichte wie die Geschichte überhaupt das Resultat geistiger Entwicklungsprozesse sei; daß sich im Verlauf dieser Prozesse aufeinander folgende Stufen unterscheiden ließen und daß der jeweilige »Geist« einer solchen Epoche dem Wirtschaftsverhalten, den ökonomischen Beziehungen und Techniken sowie den sozialen Institutionen seinen Stempel aufpräge. Doch war der Begriff der Entwicklung, den die Mitglieder der deutschen historischen Schule benutzten, im allgemeinen kein dialektischer, sondern wurde eher durch nicht näher definierte intuitive Verfahren gewonnen.
Die deutsche Gesellschaftstheorie, die sich in den fünfziger Jahren des vorigen Jahrhunderts in den Schriften Lorenz von Steins herausbildete, war stark von Hegelschen Gedanken beeinflußt. Gesellschaft, definiert als Zusammenschluß von Beziehungen zwischen Individuen, galt als etwas in der Wirklichkeit Existierendes. In seiner 1842 veröffentlichten Analyse des französischen Sozialismus und Kommunismus stellte Stein eine Verbindung zwischen der Entwicklung sozialistischer Ideen und sozialer Bewegungen her; er bezeichnete den Klassenkampf als vorherrschenden Faktor in der politischen Geschichte.
Bekanntlich waren Karl Marx (1818-1883) und Friedrich Engels (1820 bis 1895) die beiden führenden Autoren, die die revolutionären Aspekte der Hegelschen Dialektik zu einer Lehre entwickelten, welche dem Glauben an den unvermeidlichen Zusammenbruch der kapitalistischen Wirtschaft und ihre Transformation in eine »klassenlose« kommunistische Gesellschaft eine wissenschaftliche Grundlage liefern sollte. Mit diesem Ziel vor Augen nahmen sie an bestimmten herausragenden Merkmalen des Hegelschen logischen Verfahrens deutliche Abänderungen vor. Deren grundlegendste und am weitesten reichende bestand darin, den selbsttätigen Entwicklungsprozeß nicht der »Idee« im Hegelschen Sinne, sondern der

»Materie« zuzuschreiben, das heißt den Kräften, die der dialektisch-materialistischen Lehre zufolge in der Außenwelt unabhängig von jeder Beeinflussung durch den Willen wirken. Marx und Engels definierten Bewegung als »Existenzweise der Materie« und behaupteten, daß Bewegung ebenso unerschöpflich und unzerstörbar sei wie Materie.[3]

Das Prinzip, dem zufolge »Materie« die erste Ursache alles Geschehens ist, war der Ausgangspunkt eines breiten Spektrums von Philosophien gewesen. Bis dahin waren die Konzeptionen der Materie im allgemeinen jedoch statisch und atomistisch gewesen. Dies gilt auch für den Materialismus Ludwig Feuerbachs (1804-1872), dessen Lehren die Bewunderung von Marx und Engels erregt hatten.[4] Feuerbachs leidenschaftliche Religionskritik in seinem Buch *Das Wesen des Christentums* sollte zeigen, daß die Idee Gottes – und mit ihr alle wichtigen christlichen Dogmen – nur den schlichten Wunsch des menschlichen Herzens spiegelten, seine inneren Widersprüche durch die unbewußte Verwandlung eines geistigen Bildes in eine äußere, mit übermenschlicher Autorität versehene Wirklichkeit zu lösen. Der bewußten Vernunft schrieb er die Aufgabe zu, die gefährlichen und bedrückenden Einbildungen zu zerstören, die die religiösen Ideen hervorrufen. Marx und Engels wollten die Menschen von den Fesseln ähnlicher Illusionen erlösen, die im Bereich der ökonomischen und sozialen Verhältnisse herrschten. Marx zufolge sind mit den Begriffen des Preises, des Geldes und des Kapitals gefährliche Illusionen verbunden, insofern diese Begriffe, einmal geschaffen, den Charakter äußerer, unwiderstehlicher Kräfte angenommen haben. Einer der herausragendsten Interpreten der Marxschen Doktrin, der Sozialist Antonio Labriola, sagte von Marx, dieser habe der »Feuerbach der politischen Ökonomie« sein und durch die Aufdeckung des »wahren Wesens« der ökonomischen Verhältnisse die Menschheit von den »Fetischen« ökonomischer und sozialer Glaubensvorstellungen befreien wollen.[5]

Marx und Engels gingen jedoch über Feuerbachs Ansatz hinaus, indem

---

3 Metaphysische Konzeptionen dieser Art wurden von Friedrich Engels in seiner Polemik gegen den deutschen Sozialisten Carl Eugen Dühring entwickelt, der den Vorrang des Politischen bei der Gestaltung der menschlichen Geschichte betonte. Siehe Friedrich Engels, *Herrn Eugen Dühring's Umwälzung der Wissenschaft*, Leipzig 1878 (die Werke von Marx und Engels werden im folgenden nach der Ausgabe der *MEW*, Berlin 1957 ff. zitiert; hier: Band 20, Berlin 1962). Auf den ersten Seiten dieser Abhandlung vertrat Engels die Behauptung, daß mit der Einführung von Kraft und Materie in die Analyse auf Schritt und Tritt »Widersprüche« entstünden, die die Anwendung dialektischer Methoden erforderlich machten.

4 Ludwig Feuerbachs Hauptwerk war *Das Wesen des Christenthums*, Leipzig 1841 (*Werke in sechs Bänden*, Band 5, Frankfurt am Main 1976).

5 Siehe Charles Rist, »Karl Marx, utopiste«, in: *Révue d'économie politique* 58 (1948), S. 5-35, hier S. 21.

sie die Prinzipien des Materialismus mit den Verfahren der Hegelschen Dialektik verknüpften. Sie bezeichneten Bewußtsein als Eigenschaft einer besonderen Form der Materie und wandten den Hegelschen Entwicklungsbegriff auf die im menschlichen Geist umgesetzte und übersetzte Materie an. In seinem Essay über Ludwig Feuerbach kritisierte Engels die vorwiegend mechanistischen Auffassungen der früheren materialistischen Philosophen. In ihren Lehren, stellte er fest, drehe sich die Bewegung ewig im Kreise und reproduziere daher immer wieder dieselben Ergebnisse.[6] Indem er die Hegelsche Lehre so »auf die Füße« stellte, glaubte Marx, eine Methode entwickelt zu haben, die die Erkenntnis, praktisch gewendet, in den Stand setzen sollte, die »objektive Wirklichkeit« zu erfassen.

Es ist kaum möglich, von den verwickelten Gedankengängen, die den Hintergrund der Marxschen Lehre abgeben, eine klare Darstellung zu liefern. Weder Marx noch Engels haben die methodologischen Aspekte dieser Lehre ausgearbeitet. Sie benutzten in ihren methodologischen Diskussionen zweideutige Metaphern und kryptische Begriffe. Doch lassen sich die Prinzipien, die dem Gebäude dieser Doktrin zugrunde liegen, wenigstens einigermaßen klären, indem man sie den Grundsätzen gegenüberstellt, auf denen das Denken der ricardianischen Ökonomen beruhte. Diese Ökonomen waren davon überzeugt, daß die volle Einsicht in die hochkomplexen sozialen Phänomene der Reichweite des menschlichen Intellekts für immer entzogen sei, daß es also zweifelhaft bleibe, inwieweit die Ergebnisse von Beobachtung und Erfahrung die »Wirklichkeit« repräsentieren. In seiner Analyse der Ricardoschen Methode zeigte John Stuart Mill, daß die Aufstellung hypothetischer, hochabstrakter Bilder der Beziehungen zwischen äußeren Phänomenen die Voraussetzung für jeden wissenschaftlichen Zugang zur Realität sei und daß eine solche Annäherung vor der zentralen Aufgabe stehe, diese Bilder in Übereinstimmung mit den Regeln des menschlichen Geistes zu logisch konsistenten Modellen zusammenzufügen. Da Beobachtung und Erfahrung das Rohmaterial für die Bildung abstrakter Begriffe liefern sollten, begannen die Ricardianer ihre ökonomischen Analysen bei unmittelbaren Objekten der Wahrnehmung, bei den Individuen und ihrem ökonomischen Verhalten, Preisen, Löhnen, Renten, Profiten und anderen ökonomischen Größen dieser Art. Sie betrachteten soziale oder ökonomische »Kollektive« als Aggregate individueller Einheiten, die durch Summierung entstehen. Von daher gelangten sie zu einer »atomistischen« Konzeption des Wirt-

---

6 Friedrich Engels, *Ludwig Feuerbach und der Ausgang der klassischen deutschen Philosophie*, Berlin 1886 (in: Marx/Engels, *Werke*, Band 21, Berlin 1962, S. 259-307, hier S. 278 ff.).

schaftssystems als Verzahnung individueller Tauschtransaktionen, die sich durch die Wechselbeziehungen der Tauschwerte oder Preise miteinander verbinden. Die Schwierigkeiten jedoch, die bei der Behandlung des Zeitfaktors auftraten, hinderten sie daran, ihre theoretischen Überlegungen auf die Analyse ökonomischer Prozesse auszudehnen.

All diese charakteristischen Züge des hypothetischen Denkens wurden von Marx geschmäht und verspottet; er selbst beanspruchte für seine Methoden die Fähigkeit, absolute Wahrheit zu enthüllen. Mit Feuerbach teilte er die beiden Grundsätze, daß das Denken vom Sein bestimmt wird und die Gesetze des Seins auch die des Denkens sind. Marx war überzeugt davon, daß die Widersprüche, die unsere Begriffe entzweien, eine genaue Übersetzung von Denken in Sprache darstellen. Insofern die Gesetze des Denkens in Wirklichkeit aber die des Seins sind, liegen die Widersprüche, die unsere Begriffe aufspalten, in den Erscheinungen der wirklichen Welt – und zwar wegen der widersprüchlichen Natur der gemeinsamen Grundlage dieser Erscheinungen, nämlich der Bewegung.[7] Nach dieser Auffassung liegt die Aufgabe der Wissenschaft darin, den eigentlichen Sinn solcher Widersprüche als konstitutiver Elemente von Entwicklungsprozessen zu enthüllen.

Dem atomistischen Ansatz der Ricardianer setzte Marx die Überzeugung entgegen, daß das Individuum nicht unabhängig von den sozialen Bedingungen, die es umgeben, betrachtet und verstanden werden könne; in den Beziehungen des Menschen zu Dingen spiegelten sich nur seine Beziehungen zu anderen Menschen, die diese Dinge geschaffen haben. Daher richtete Marx seine heftigsten Angriffe gegen »individualistische« Gegner der kapitalistischen Ordnung, wie Johann Caspar Schmidt (1806-1856), der unter dem Pseudonym Max Stirner schrieb, und Pierre-Joseph Proudhon. In seinem *Misère de la philosophie*[8] wies Marx Proudhons Vorschläge mit der Begründung zurück, daß sie darauf abzielten, die Ungleichheit abzuschaffen, ohne das Tauschsystem zu zerstören. Marx führte die Entstehung des kapitalistischen Systems auf die Arbeitsteilung zurück, die – wie er sagte – für die ungleiche Eigentumsverteilung sowie für die Ausbeutung und Knechtschaft der arbeitenden Klassen verantwortlich sei. Darum hoffte er die vermeintlichen Antagonismen der kapitalistischen Ordnung aufzudecken, indem er den grundlegenden Interessenkonflikt zwischen »ausbeutenden« und »ausgebeuteten« Klassen der Bevölkerung in den Mittelpunkt seiner Analyse stellte. Der radikale Unterschied zwischen der Marxschen Methode und ihrer Ricardoschen Ent-

---

7 Siehe G. W. Plechanow, *Grundprobleme des Marxismus*, Berlin 1958, S. 122. Das Originial erschien 1908. Plechanow gilt allgemein als einer der zuverlässigsten Interpreten der Marxschen Methodologie.
8 Karl Marx, *Misère de la philosophie*, Paris/Brüssel 1847 (deutsch: *Das Elend der Philosophie*, in: *MEW*, Band 4, Berlin 1959, S. 63-182).

sprechung läßt sich kaum besser veranschaulichen als dadurch, daß man die Ricardosche Auffassung der Gesellschaft als mechanistische Kombination von Tauschwerten der Marxschen Definition der Gesellschaft als »dialektischer Einheit von Gegensätzen« gegenüberstellt, die nach unerbittlichen Gesetzen einem vorherbestimmten Ziel zustrebt. Das geschmeidige Funktionieren des Ricardoschen Systems sollte der Störung verschiedener Faktoren ausgesetzt sein, die es von außen angreifen; unter der Herrschaft des dialektischen Denkens verwandeln sich diese selben Störungen in Elemente eines Prozesses, der innerhalb der Gesellschaft wirkt und dahin tendiert, die bestehende Ordnung der Eigentumsverhältnisse zu zerstören.

Tautologien sind es, die den hypothetischen allgemeinen Gesetzen der Ricardoschen Lehre zugrunde liegen, und strenggenommen lassen sich aus solchen Gesetzen keine Hinweise auf den Gang künftiger Ereignisse ableiten. Prognosen über deren Verlauf – wie Ricardos oder Mills Analyse der Entwicklung zu einer stationären Wirtschaft als Endzustand – vermögen sich nur auf beobachtete Regelmäßigkeiten zu stützen, die von den Ergebnissen weiterer Beobachtungen widerlegt werden können und keineswegs die »Wahrheit« vermitteln sollen.

Folgt man dagegen den Methoden des dialektischen Denkens, so liegt dem Prozeß der sozialen Evolution eine teleologische Ordnung zugrunde, die die Entwicklung der Gesellschaft auf ein vorherbestimmtes Ziel hin drängt.[9] Die Hauptaufgabe der wissenschaftlichen Forschung besteht dann in der Entdeckung der Stufen, die dieser Prozeß durchlaufen muß; für jede Stufe ist ihr historisch bedingtes Gesetz zu definieren, das – unabhängig vom menschlichen Willen – die Transformation dieser Etappe in ein dem vorgegebenen Ziel näher liegendes Stadium bewerkstelligen soll.

In seinen gelegentlichen Verweisen auf die Faktoren, denen er bei der Gestaltung der allgemeinen Geschichte der Menschheit eine entscheidende Rolle zuschrieb, sprach Marx von bestimmten und unvermeidlichen Beziehungen, die die Menschen unabhängig von ihrem Willen eingehen, wenn sie mit der »gesellschaftlichen Produktion ihrer Lebensmittel« beginnen. Er behauptete, daß die ökonomische Struktur der Gesellschaft – ihr soziales System – genau der jeweiligen Stufe entspreche, die in der Entwicklung der materiellen Produktivkräfte erreicht worden

---

9 Überzeugte Marxisten haben Einwände gegen die Auffassung erhoben, daß der Marxschen Dialektik eine »teleologische« Konzeption der Geschichte zugrunde liege. Siehe etwa N. I. Bucharin und andere, *Marxism and Modern Thought*, New York 1935, S. 37. Wir brauchen hier in keine Erörterung ihrer gewundenen Deutungen der teleologischen Begriffe einzutreten, die Marx in den einschlägigen Abschnitten seiner Schriften verwendet.

ist. In seinem berühmten *Kommunistischen Manifest*, in dem er die proletarische Weltrevolution ankündigte, unterschied Marx gemäß seinem groben Evolutionsmodell vier allgemeine Stufen in der Entwicklung der Gesellschaft: die asiatische, antike, feudale und die moderne kapitalistische Epoche.[10] Er stellte generell fest, daß jede Stufe von bestimmten Produktionsweisen, einer spezifischen Klassenstruktur sowie entsprechenden Formen des sozialen Systems charakterisiert sei, daß der Antagonismus zwischen den Klassen jeweils eine bestimmte Gestalt annehme und von eigenen Entwicklungsgesetzen beherrscht werde.[11]
Wir brauchen hier nicht die Frage zu erörtern, wie sich mit der dialektischen Methode die Entwicklung vorkapitalistischer Stadien analysieren läßt. Weder Marx noch Engels gingen jemals an diese Aufgabe, und die Ergebnisse späterer Versuche, bestimmte herausragende Züge vorkapitalistischer Wirtschaften im Einklang mit dialektischen Prinzipien zu erklären, waren nicht sonderlich ermutigend. Aus dem Blickwinkel einer Geschichte des ökonomischen Denkens ist es belanglos, ob der Marxschen Stufeneinteilung irgendwelche wissenschaftliche Bedeutung zukommt. Dennoch können wir die Marxsche Doktrin nicht übergehen, soweit sie für die Analyse der kapitalistischen Wirtschaft fruchtbar wurde und in den drei Bänden des *Kapitals* ihre Darstellung fand. Wenige Bücher haben das Schicksal der Menschheit in ähnlichem Maße beeinflußt. Die Diskussion der Marxschen Lehren und die umfangreiche Literatur, in der sie praktisch unter jedem Gesichtspunkt kommentiert, gepriesen und kritisiert wurde, ist eines der eindrucksvollsten und unglaublichsten Kapitel in der Geschichte des abendländischen Denkens. Im ersten Band geht es um die Entwicklung und die charakteristischen Merkmale der englischen Wirtschaft aus der Sicht des dialektischen Materialismus; er liefert eine eindringlich argumentierende und gut organisierte Analyse. Die übrigen Bände sind fragmentarischer, und das Verhältnis ihrer Erörterungen zum ersten Band wurde zum Gegenstand unterschiedlicher Deutungen. Einigen besonderen Aspekten der kapitalistischen Gesellschaft, insbesondere dem »Zirkulationsprozeß«, widmet sich der zweite Band; das Hauptthema des dritten Bandes ist der »Gesamtprozeß der kapitalistischen Produktion«. Die von Marx unvollendet hinterlassenen Manuskripte zeigen, wie sehr er mit den logischen Schwierigkeiten zu kämpfen hatte, die im ersten Band ungelöst geblieben waren. Einige Spekulationen gab es um die Frage, ob Marx den allgemeinen Plan seines Hauptwerkes während seiner Abfassung verändert hat und warum er das

---

10 Karl Marx/Friedrich Engels, *Manifest der Kommunistischen Partei*, London 1848 (in: *MEW*, Band 4, Berlin 1959, S. 459-493, hier S. 462 f.).
11 Karl Marx, *Zur Kritik der Politischen Oekonomie*, Berlin 1859 (in: *MEW*, Band 13, S. 3-160, hier S. 8 f.).

zweibändige Manuskript in einem beklagenswert unfertigen Zustand hinterließ.[12]

Die materialistische Geschichtsauffassung

Das Ricardosche Verfahren, aus der ökonomischen Analyse den Einfluß aller »nicht-ökonomischen« Faktoren zu eliminieren, stand in vollkommener Übereinstimmung mit der hypothetischen Methode, die die Grundlage für die Konstruktion eines streng mechanischen ökonomischen Modells lieferte. Unter den äußeren Tatsachen oder »Daten«, die der Ökonom als erwiesen annehmen durfte, ohne sie in seinen Theorien zu begründen, nahmen die Wirkungen »empirischer Gesetze«, etwa des Malthusschen Bevölkerungsgesetzes und des Gesetzes der abnehmenden Erträge, einen wichtigen Platz ein. Überdies glaubte man, daß beinahe alle Tatsachen, die mit dem Zeitablauf verbunden sind, außerhalb der Reichweite einer streng ökonomischen Analyse lägen.

Das methodologische Verfahren, zum Zwecke wissenschaftlicher Untersuchung einen bestimmten Sektor der menschlichen Tätigkeit aus seiner Verbindung mit allen übrigen Aspekten des gesellschaftlichen Lebens zu isolieren und diese zuletzt genannten Aspekte völlig zu ignorieren, war jedoch kaum mit den Prinzipien des dialektischen Materialismus vereinbar, der – ähnlich wie das organizistische Denken – die »Gesellschaft« oder das soziale System als zusammenhängendes Ganzes versteht, das auf jeder Stufe seiner Entwicklung einem spezifischen Entwicklungsprozeß unterliegt. Marx und Engels brachten wiederholt ihre Überzeugung zum Ausdruck, daß diese Prozesse gleichzeitig alle Elemente der Gesellschaft berührten.[13] Als Marx sein Vorhaben in Angriff nahm, die Entwicklungsgesetze zu enthüllen, die dem Fortschreiten der kapitalistischen Gesellschaft zugrunde liegen, schien er darum vor der gigantischen Aufgabe zu stehen, sämtliche Aspekte menschlicher Tätigkeiten und gesellschaftlicher Beziehungen zu analysieren, die dem Wirken jener Entwicklungsdynamik unterliegen.

Marx räumte diese fast unüberwindliche Schwierigkeit mit einem ingeniösen Kunstgriff beiseite, indem er eine strenge Kausalbeziehung zwischen den Entwicklungen, die im ökonomischen Bereich ablaufen, und

---

12 Karl Marx, *Das Kapital*, Band 1, Hamburg 1867; Band 2, Hamburg 1885; Band 3, Hamburg 1894 (*MEW*, Band 23-25, Berlin 1962-1964). Der zweite und der dritte Band wurden posthum von Engels nach zum Teil unvollendeten Manuskripten herausgegeben. Siehe auch Henryk Großmann, »Die Änderung des ursprünglichen Aufbauplans des Marxschen *Kapital* und ihre Ursachen«, in: *Archiv für die Geschichte des Sozialismus und der Arbeiterbewegung* 14 (1929), S. 305-338.
13 Siehe insbesondere Marx, *Das Elend der Philosophie*, 2. Kapitel, a.a.O., S. 125 ff.

dem Geschehen herstellte, das sich in den übrigen Sphären menschlicher Tätigkeit abspielt.[14] Er unterschied den juristischen und politischen »Überbau« von der »Gesamtheit [der] Produktionsverhältnisse«, die »die ökonomische Struktur der Gesellschaft, ihre reale Basis« bildet, und ordnete jenem Überbau »bestimmte gesellschaftliche Bewußtseinsformen« zu. Für das Verhältnis zwischen ökonomischer Basis und Überbau sollte der materialistische Grundsatz gelten, dem zufolge »die Produktionsweise des materiellen Lebens ... den sozialen, politischen und geistigen Lebensprozeß überhaupt« bedingt. Diese Annahme kam in dem oft zitierten Diktum zum Ausdruck, wonach es »nicht das Bewußtsein der Menschen [ist], das ihr Sein, sondern umgekehrt ihr gesellschaftliches Sein, das ihr Bewußtsein bestimmt.« Die ökonomische Basis der Gesellschaft, stellte Marx fest, sei die Form, in der sich die Bewegung der Produktivkräfte konkret und historisch vollziehe. Mit der Veränderung der Produktivkräfte nehme der Gegensatz zwischen Form und Inhalt widersprüchliche Züge an, bis sich die Menschen des Konflikts bewußt würden und ihn austrügen.[15] Engels formulierte die »materialistische Anschauung der Geschichte« in einer nicht weniger rätselhaften Passage, in der er sagte, »die letzten Ursachen aller gesellschaftlichen Veränderungen und politischen Umwälzungen« seien »nicht in den Köpfen der Menschen ... sondern in Veränderungen der Produktions- und Austauschweise« zu suchen, »nicht in der *Philosophie*, sondern in der *Ökonomie* der betreffenden Epoche«.[16]

Nach diesem Prinzip des »ökonomischen Determinismus« ist der Wille des einzelnen völlig dem Wirken verborgener Kräfte unterworfen, über die er keine Kontrolle hat. Individuen sind demzufolge nicht einmal imstande, den grundlegenden Antagonismus zu erkennen, der sich notwendig zwischen den angestrebten Zielen ihrer Tätigkeiten und dem letzten Resultat ihrer Anstrengungen entwickelt. Wenn alle politischen, moralischen und geistigen Entwicklungen nur Derivate von Entwicklungsprozessen sind, die sich im ökonomischen Bereich abspielen, kann man mit Marx zu der Schlußfolgerung gelangen, daß die Probleme, die mit der Geschichte aller »nicht-ökonomischen« Aspekte des gesellschaftlichen Lebens zusammenhängen, implizit gelöst sein werden, sobald die »dialektischen Gesetze« dieser Entwicklungsprozesse gefunden worden sind. Engels verglich die Bedeutung der materialistischen Anschauung für die Geschichte mit der Bedeutung des Gesetzes der Umwandlung der Energie für die Naturwissenschaften.

14 Zu einigen Autoren, die bereits vor Marx eine Art materialistischer Geschichtsauffassung entwickelt hatten, siehe Wilhelm Sulzbach, *Die Anfänge der materialistischen Geschichtsauffassung*, Freiburg 1911.
15 Marx, *Zur Kritik der Politischen Oekonomie*, a.a.O., S. 8 f.
16 Engels, *Herrn Eugen Dühring's Umwälzung der Wissenschaft*, a.a.O., S. 248 f.

Etwa dreißig Jahre lang fanden die gesamten Implikationen dieses Grundprinzips Marxscher Dialektik nur spärliche Beachtung. Eine ernsthafte Diskussion der Bedeutung, die der »materialistischen Geschichtsauffassung« zukommt, begann erst in den neunziger Jahren, als es darum ging, ein Aktionsprogramm für die Sozialdemokratische Partei Deutschlands zu formulieren, die die Prinzipien der Marxschen Lehre übernommen hatte.

Beträchtliche Meinungsverschiedenheiten entstanden durch die mangelnde Präzision der Begriffe, die Marx und Engels gebrauchten, um die »materielle Basis« der Gesellschaft zu bezeichnen. Engels selbst erklärte, alle Definitionen seien »wissenschaftlich von geringem Wert«.[17] »Die Gesamtheit [der] Produktionsverhältnisse bildet die ökonomische Struktur der Gesellschaft«: wie sollte man Formulierungen wie dieser einen klaren Sinn geben?[18] Was war im übrigen unter der Behauptung zu verstehen, daß zwischen der ökonomischen Basis der Gesellschaft und dem »ideologischen« Überbau – beide als Aggregate mit »realer Existenz« aufgefaßt – eine kausale Beziehung bestehe? Einige marxistische Gelehrte, wie Werner Sombart, Paul Barth (1858-1922), Achille Loria und Antonio Labriola, wiesen auf die technologischen Konnotationen in den Begriffen *Formen, Prozesse* und *Produktionsweisen* hin.[19] Es ließ sich aber leicht zeigen, daß im Verlauf der Geschichte recht beachtliche Veränderungen im »Überbau« stattgefunden haben, denen kein wesentlicher Wandel in den technischen Produktionsmethoden vorausgegangen war. Einschlägige Beispiele sind die Umstände, die mit dem Untergang des Römischen Reiches einhergingen, und offenbar auch die Bedingungen, unter denen sich die Auflösung der mittelalterlichen Feudalordnung vollzog. Marxens Feststellung, daß der Gebrauch der Handmühle Verhältnisse der Sklaverei erfordert und die Verwendung von Wasser als Antriebskraft zu einer Feudalordnung führt, während die Dampfmühle die kapitalistische Gesellschaft hervorbringt, war kaum ohne weiteres zu akzeptieren.

In einigen Briefen aus den Jahren 1890 bis 1894 räumte Engels schließlich ein, daß es irreführend wäre, den Begriffen der ökonomischen Bedingungen und der ökonomischen Beziehungen eine allzu enge Bedeutung zu

---

17 Ebd., S. 77.
18 Zu dieser Kontroverse siehe etwa Charles Turgeon, »La conception matérialiste«, in: *Revue d'économie politique* 25 (1911), und Mandell Morton Bober, *Karl Marx's Interpretation of History*, 2. Auflage, Cambridge 1950.
19 Joseph Alois Schumpeter, *History of Economic Analysis*, New York 1954, S. 786 und 856 f. (deutsch: *Geschichte der ökonomischen Analyse*, Göttingen 1965, Band 2, S. 959 und 1045 f.); Oscar Lange, *Political Economy. General Problems*, New York 1963 (deutsch: *Politische Ökonomie*, 2 Bände, Frankfurt/Wien 1970), 2. Kapitel.

verleihen.[20] Er wollte in diese Begriffe neben geographischen und rassischen Faktoren auch die Wissenschaft sowie Überreste früherer Stufen und selbst die »Staatsmacht« aufnehmen. Darüber hinaus erörterte er das Bestehen von Wechselbeziehungen zwischen ökonomischen Bedingungen auf der einen Seite und politischen, juristischen, religiösen und philosophischen Entwicklungen auf der anderen. Damit nahm er der »materialistischen Auffassung« der Geschichte jeden bestimmten Sinn.

Eine ähnlich unpräzise Deutung machten sich später verschiedene Autoren zu eigen, etwa der Russe Michail Tugan-Baranowsky, der deutsche »orthodoxe« Marxist Heinrich Cunow (1862-1936) und der amerikanische Ökonom Edwin R. A. Seligman (1861-1939). Sie zeigten, daß der Begriff *Produktionsweise*, wie er von Marx verwandt wurde, auch auf Prozesse der Distribution und Vermarktung, auf Verhältnisse zwischen Besitzern von Kapital und Arbeitskraft sowie andere Formen der sozialen Organisation Bezug nimmt. Wenn aber diese bedeutsamen kulturellen Faktoren zu konstitutiven Bestandteilen der »ökonomischen Basis« werden, läßt sich zwischen »Produktionsweisen« und »ideologischem Überbau« keine klare Grenze mehr ziehen. Die Ergebnisse dieser Diskussionen fanden ihre Bestätigung darin, daß es notwendig war, eine beträchtliche Anzahl nicht-ökonomischer Faktoren zu berücksichtigen, um zu erklären, warum ökonomische Entwicklungen selbst in benachbarten Industrieregionen sehr unterschiedliche Merkmale besitzen und warum der wirtschaftliche Fortschritt in den sogenannten unterentwikkelten Ländern so viele frappierende Unterschiede aufweist.

Noch bedeutsamer als die Kritik an der Marxschen Formulierung der materialistischen Geschichtsauffassung waren die Einwände, die unter logischen Gesichtspunkten gegen dieses Prinzip erhoben wurden. Bei näherer Betrachtung wurde offenkundig, daß sich der Begriff der »Produktionsweisen« ebenso wie der des »ideologischen Überbaus« vornehmlich aus einer Reihe von Abstraktionen zusammensetzt, die vom Beobachter geschichtlicher Prozesse zu vage umschriebenen Aggregaten verknüpft werden. Wenn dies der Fall ist, beinhaltet der Versuch, Ketten von Kausalbeziehungen zwischen Begriffen herzustellen, die mehr oder weniger willkürlich durch Bündelung einer Vielzahl schlecht definierter Abstraktionen gewonnen wurden, ein problematisches logisches Verfahren. Um einen Kausalnexus zwischen komplexen Begriffen wie »Produktionsweisen« und »geistiger Überbau« herzustellen, muß man unterstellen, daß beide Begriffe in dieser oder jener Form in der Wirklichkeit

20 Zuerst veröffentlicht wurden diese Briefe in: *Der sozialistische Akademiker* 1, Nr. 19, 1. Oktober 1895. (Vgl. etwa Engels an Joseph Bloch, 21. September 1890, in: *MEW*, Band 37, Berlin 1967, S. 462-465; Engels an Conrad Schmidt, 27. Oktober 1890, in: ebd., S. 488-495).

außerhalb des menschlichen Geistes existieren. Tatsächlich wurde die Annahme solcher transzendentalen Einheiten zu einem Glaubensartikel für alle Anhänger des Marxismus.

Erhebliche Verwirrung entstand jedoch durch die Tatsache, daß die Vertreter anderer Denkmuster – gefesselt von der Idee, zwischen den materiellen Interessen führender Gruppen und der von ihnen jeweils verfolgten Politik Verbindungen zu knüpfen – die materialistische Geschichtsauffassung ihrer dialektischen Züge entkleideten und sie in ein fast bedeutungsloses Schlagwort verwandelten. Einen Versuch, die materialistische Deutung der Geschichte als methodologisches Instrumentarium zu retten, unternahm Joseph Alois Schumpeter. Er schlug vor, dieses Prinzip in eine »Arbeitshypothese« zu übersetzen, die Aussagen darüber macht, welche Faktoren die natürlichen und sozialen Daten determinieren, die einen allgemeinen Ereignisverlauf hervorbringen werden. Diese Hypothese schließt ein, daß sämtliche kulturellen Äußerungen der Gesellschaft letztlich Funktionen ihrer Klassenstruktur sind und daß der gesellschaftliche Produktionsprozeß eine »immanente Entwicklung« aufweist, mit anderen Worten: eine Tendenz, ihre ökonomischen und folglich auch ihre sozialen Gegebenheiten zu verändern. Welchen Nutzen ein solcher Ansatz für die ökonomische und soziologische Analyse auch immer haben mag, besteht doch kein Zweifel, daß die darin enthaltenen hypothetischen Elemente mit den Methoden des dialektischen Materialismus unvereinbar sind, die darauf zielen, das »Wesen« hinter dem trügerischen Schein zu enthüllen.[21]

In den angelsächsischen Ländern schlug sich diese Reformulierung eines grundlegenden Marxschen Prinzips in der Tendenz nieder, von der »ökonomischen« statt von der »materialistischen Geschichtsauffassung« zu sprechen. Nach Seligman beinhaltet die ökonomische Deutung keineswegs, daß die ökonomischen Beziehungen einen exklusiven Einfluß ausübten; wohl aber liege auf ihnen der Hauptakzent bei der Gestaltung des Fortschritts der Gesellschaft. Eine solche Definition war geeignet, dem Erforscher geschichtlicher Prozesse bei der Einschätzung der Zusammenhänge zwischen ökonomischen und nicht-ökonomischen Faktoren vollkommene Freiheit zu gewähren. Ähnliche Überlegungen führten zu Melvin M. Knights Vorschlag, den Ausdruck *materialistisch* wegen seiner »Unbeholfenheit« zu vermeiden.[22] Diese problematische Auswechslung

---

21 Schumpeter, *History of Economic Analysis*, a.a.O., S. 438 (deutsch: a.a.O., Band 1, S. 544). Siehe auch Overton H. Taylor, »Schumpeter and Marx: Imperialism and Social Classes in the Schumpeterian System«, in: *The Quarterly Journal of Economics* 65 (1951), S. 525-555.
22 Siehe Edwin R. A. Seligman, *The Economic Interpretation of History*, New York 1902. Siehe auch Melvin M. Knights Einleitung zu der (von ihm übersetzten) englischen Ausgabe von Henri Sée, *Economic Interpretation of History*, New York 1929.

eines Adjektivs ermöglichte es manchen amerikanischen Ökonomen und Soziologen, das dialektische Prinzip zu vernachlässigen, das die Aufstellung teleologisch determinierter Beziehungen zwischen real existierenden kollektiven Ganzheiten fordert. Statt dessen wurde der Ausdruck *ökonomische Geschichtsauffassung* für kausale Beziehungen verwandt, die sich zwischen bestimmten ökonomischen Ereignissen oder wirtschaftlichen Interessen und entsprechenden politischen oder sozialen Aktivitäten nachweisen lassen. Der Gedanke, den Einfluß ökonomisch mächtiger Gruppen auf die staatliche Politik hervorzuheben, sprach insbesondere viele Historiker an, die zu zeigen versuchten, daß Pläne für territoriale Expansionen, kriegerische Unternehmungen und andere nicht-ökonomische Ereignisse auf wirtschaftliche Interessen einflußreicher Sektoren der Gesellschaft zurückzuführen seien.[23] Veränderungen politischer, geistiger und institutioneller Faktoren, die sich mit dem technischen Fortschritt in Verbindung bringen ließen, deuteten auf einen weiteren Gesichtspunkt der ökonomischen Geschichtsauffassung.

Welche methodologische Bedeutung ein solcher Ansatz für die Behandlung geschichtlicher Entwicklungen auch immer haben mag, er schlägt jedenfalls keine Brücke zu einem Verständnis der Verwendung, die Marx selbst von seiner Formulierung der materialistischen Geschichtsauffassung machte. Von der absoluten Gültigkeit seiner Analyse überzeugt, wies Marx den »Produktionsweisen« die volle Verantwortung für die widersprüchlichen Kräfte zu, die er in der Gesellschaft am Werk sah; weshalb die Antagonismen jener Sphäre notwendig ihre genaue Entsprechung in analogen Widersprüchen fänden, die in der darüberliegenden gesellschaftlichen Ordnung sowie im geistigen und moralischen Klima der Gesellschaft herrschten. Diese Geschichtskonzeption schaltete im Grunde jeden wahrnehmbaren Einfluß des menschlichen Willens oder einer autonomen geistigen Tätigkeit auf den Gang der ökonomischen, politischen oder sozialen Ereignisse aus. Unter dem Antrieb unwiderstehlicher antagonistischer Kräfte sollten zu gegebener Zeit revolutionäre Individuen auftauchen und durch ihre Aktivitäten die von den Entwicklungsprozessen vorgegebenen Ziele erreichen.

Die Scholastiker hatten auf mögliche Konflikte zwischen Vernunft und Willen hingewiesen und die Überlegenheit der Vernunft behauptet. Die Anhänger nominalistischer Denkmethoden hatten der Vernunft nur einen untergeordneten Platz eingeräumt und die Bedeutung des Willens für Wohlergehen und Fortschritt hervorgehoben. Mit den Methoden des dialektischen Materialismus konnten Marx und Engels eine Bestimmung der grundlegenden Beziehung zwischen Vernunft und Willen ebenso wirksam umgehen, wie sie die Probleme unterlaufen hatten, die mit der

---

23 Siehe E. M. Winslow, *The Pattern of Imperialism*, New York 1948, S. 42.

zeitlichen Kontinuität zusammenhängen. Vernunft und Wille der menschlichen Akteure in der Geschichte wurden völlig der Macht äußerer Kräfte überantwortet, von denen es hieß, sie wirkten unabhängig von allem menschlichen Wollen; ihr Einfluß bleibe denen verborgen, die durch ihr Handeln die Ziele der evolutionären Prozesse erfüllen. So vollkommen war das Vertrauen, das Marx und Engels in die Gültigkeit ihrer logischen Verfahren setzten, daß sie absolute Gewißheit für die Voraussagen beanspruchten, die sie aus ihrer »Einsicht« in die Gesetze ableiteten, die dem Verhalten der kapitalistischen Wirtschaft zugrunde liegen.

Die dialektische Konzeption der kapitalistischen Wirtschaft

Bei seinem Versuch, das wahre Wesen der Kräfte zu enthüllen, die in der kapitalistischen Ökonomie wirken, bediente sich Marx der Methode sukzessiver Annäherung. Er begann seine Analyse mit einem Modell der »einfachen Reproduktion«, das eine stationäre Wirtschaft darstellt, und transformierte dieses Modell dann in ein Schema der »erweiterten Reproduktion«, das die Kräfte berücksichtigt, die seiner Auffassung nach die Tendenzen zur Störung und Zerstörung des Gleichgewichts wirksam werden lassen.

Seinem stationären Modell schrieb Marx die wesentlichen Merkmale der von Ricardo entwickelten mechanistischen Konzeption einer Tauschwertökonomie zu, die durch die vereinten Wirkungen des Prinzips der freien Konkurrenz und der Profitmaximierung im Gleichgewicht gehalten wird. In diesem Modell bleiben die technischen Koeffizienten unverändert; die Lebensdauer des Maschinenparks ist auf eine Produktionsperiode beschränkt, und es sammeln sich keine Lagerbestände an. Die Bevölkerung teilt sich in zwei Klassen, Unternehmer und Arbeiter, und die Ökonomie in zwei Sektoren, die mit der Produktion von Kapitalgütern beziehungsweise Konsumgütern beschäftigt sind.[24] Grundlegend für die Konzeption dieser Ökonomie ist weiterhin die Ricardosche Definition der Tauschwerte als Arbeitseinheiten, die sich in Waren, das heißt in Produkten gesellschaftlich nützlicher Arbeiten selbständiger Produzenten, vergegenständlichen (oder, wie Marx sagte, »kristallisieren«). Der Begriff »Ware« spielt in der Marxschen Terminologie eine bedeutsame

---

24 Eine vollständige Aufzählung der Annahmen, die diesem Modell zugrunde liegen, gibt Shigeto Tsuru, »Keynes versus Marx: The Methodology of Aggression«, in: Kenneth K. Kurihara (Hg.), *Post-Keynesian Economics*, New Brunswick 1954, 12. Kapitel, S. 340. Ob die Erfindung eines fiktiven ökonomischen Modells als Ausgangspunkt mit den Methoden des dialektischen Materialismus zu vereinbaren ist, die ja das »wirkliche« Funktionieren der Ökonomie enthüllen sollten, ist eine dornenvolle Frage, die den Rahmen der vorliegenden Untersuchung überschreitet.

Rolle: Marx behauptete, daß die durch die Arbeitskosten bestimmten »ökonomischen« Werte an die Produktion von Waren zum Zwecke des Austauschs gebunden seien. In seiner *Kritik des Gothaer Programms*, die er 1875 an die Sozialistische Arbeiterpartei Deutschlands [die spätere SPD] richtete, stellte er fest, daß in der genossenschaftlichen Gesellschaft der Zukunft »die individuellen Arbeiten ... unmittelbar als Bestandteile der Gesamtarbeit existieren« und aufhören würden, der Wertbestimmung zu dienen.[25] Die Interpretation dieser kryptischen Redeweise war bei den bolschewistischen Ökonomen Gegenstand verschiedener Erörterungen.

Im Rahmen der Ricardoschen Lehre hatte die Arbeitskostentheorie dazu gedient, Werte zu messen und zwischen den Tauschobjekten Äquivalenz herzustellen. Marx jedoch verwandelte diese Theorie in ein Instrument, das die Wirkung antagonistischer Kräfte in der kapitalistischen Wirtschaft nachweisen sollte. Unter Verkennung der hypothetischen Elemente, die in der Ricardoschen Theorie enthalten waren, legte Marx großes Gewicht auf den scholastischen Substanzbegriff, um seine Behauptung zu rechtfertigen, daß zwei Waren von gleichem Tauschwert nichts gemeinsam haben könnten außer identischen Beträgen »gesellschaftlich notwendiger« vergegenständlichter Arbeit und daß »kein Atom Naturstoff« zu ihrer Äquivalenz beitrage. Marx erkannte den Einfluß des scholastischen Denkens auf seine Arbeitskostentheorie in einem Abschnitt des *Kapitals* an, in dem er auf einen Satz des Aristoteles hinwies: »Der Austausch kann nicht sein ohne Gleichheit, die Gleichheit aber nicht ohne die Kommensurabilität«. »Gesellschaftlich notwendige Arbeit« im Sinne von Marx ist gewissermaßen eine abstrakte Arbeit, aus der alle Unterschiede zwischen den vielen Arten produktiver Tätigkeit beseitigt worden sind. »Abstrakte Arbeit«, führte er aus, sei erst in der hochentwickelten kapitalistischen Warenproduktion entstanden, in der dem einzelnen Arbeiter die Art seiner Arbeit gleichgültig geworden sei. Der Begriff der »abstrakten Arbeit«, als gemeinsame Substanz aller Waren verstanden, ist ein weiterer kryptischer Begriff, dessen Sinn von späteren bolschewistischen Ökonomen lebhaft diskutiert wurde.

Um die Konsistenz seiner Argumentation zu wahren, sah sich Marx genötigt, jenen Gütern, deren Nutzen nicht durch Arbeit vermittelt ist, etwa jungfräulichem Boden, einen Gebrauchswert, aber keinen Tauschwert zuzuschreiben. Die Preise solcher Güter bezeichnete er als »irrational«. Verschiedenen anderen Schwierigkeiten, die die Verwendung der Arbeitskostentheorie mit sich bringt, begegnete Marx mit ähnlich zweifelhaften Mitteln. Wahrscheinlich ließen sich mehrere Bücherregale mit

---

25 Karl Marx, »Kritik des Gothaer Programms«, in: *Die Neue Zeit* 9, Nr. 18, 1890/91 (in: *MEW*, Band 19, Berlin 1962, S. 11-32, hier S. 19 f.).

Abhandlungen füllen, in denen die Marxsche Arbeitskostentheorie und die daraus gezogenen Schlußfolgerungen erörtert und kritisiert werden. Besonders wirkungsvoll waren die Angriffe von Anhängern der Grenznutzenlehre. Vilfredo Pareto hob die Zweideutigkeit der Marxschen Ausdrucksweise und die Widersprüche zwischen der Darstellung der Werttheorie im ersten Band des *Kapitals* und den Einschränkungen hervor, mit denen die Anwendbarkeit dieser Theorie im dritten Band versehen wird. Eugen Böhm-Bawerk wies die Irrtümer nach, die in dem Argument enthalten sind, für die Durchführung von Tauschakten sei »Äquivalenz« die Voraussetzung. Eine neuere Ausgabe von Böhm-Bawerks Essay wurde um die Übersetzung einer Antwort des »Neomarxisten« Rudolf Hilferding auf Böhm-Bawerks Kritik erweitert. Hilferding arbeitete den Unterschied zwischen dem methodologischen Ansatz Böhm-Bawerks und dem der Marxschen Dialektik heraus. Es gab keine Brücke, die von dem Marxschen Glauben an »objektive Entwicklungsgesetze« und dem Substanzbegriff der Güter zu Böhm-Bawerks hypothetischem Zugang zur ökonomischen Analyse geführt hätte.[26]

Bei der Behandlung des Problems, wie die unendliche Vielzahl von Arbeitsarten auf ein einheitliches Maß zu reduzieren sei, war Marx nicht erfolgreicher als Adam Smith und David Ricardo. Er bezog sich auf »einen gesellschaftlichen Prozeß«, der sich »hinter dem Rücken der Produzenten« abspiele, und nahm keine Notiz von der offenkundigen Tatsache, daß die Gewohnheitsregeln des Marktes, die die Anpassung der Lohnniveaus verschiedener Arbeitsarten bewirken, nur die Bedingungen von Angebot und Nachfrage spiegeln und für die Aufstellung einer einheitlichen Maßeinheit »abstrakter Arbeit« keine Grundlage bieten.[27] Ein weiteres Problem, das Marx nicht zu lösen vermochte, betrifft den Tauschwertzuwachs, der sich aus dem bloßen Vergehen der Zeit oder aus einer Steigerung der Betriebskosten während der Produktionsprozesse ergibt. Mit zweifelhaften dialektischen Verfahren versuchte Marx zu zeigen, daß Waren zu Preisen verkauft werden könnten, die nicht ihren Werten entsprechen. Marx beschäftigte sich mit diesem Problem in einigen Bemerkungen, die im dritten Band des *Kapitals* veröffentlicht wur-

---

26 Vilfredo Pareto, *Les systèmes socialistes*, 2 Bände, Paris 1902/1903; Eugen von Böhm-Bawerk, *Zum Abschluß des Marxschen Systems*, in: Otto von Boenigk (Hg.), *Staatswissenschaftliche Arbeiten. Festgaben für Karl Knies*, Berlin 1896; Rudolf Hilferding, »Böhm-Bawerks Marx-Kritik«, in: Max Adler und Rudolf Hilferding (Hg.), *Marx-Studien*, Band 1, Wien 1904. Die Beiträge zu dieser Kontroverse sind nachgedruckt in: Friedrich Eberle (Hg.), *Aspekte der Marxschen Theorie*, Band 1, Frankfurt am Main 1973, S. 25-129 und S. 130-192.
27 Einen hoffnungslosen Versuch, die Marxsche Behandlung des Problems zu rechtfertigen, unternimmt Ronald L. Meek, *Studies in the Labor Theory of Value*, London 1956, S. 168.

den. Später wurde es in drei Artikeln, die 1906 und 1907 erschienen, von Ladislaus von Bortkiewicz klar formuliert und erörtert.[28]

Die Definition der Tauschwerte als »vergegenständlichte Arbeit« hatte zur Folge, daß sich der Einfluß der Nachfrage auf die Wertbestimmung vernachlässigen ließ. Marx berücksichtigte die Nachfrage jedoch, soweit er von Waren sprach, die »keinen Wert« hätten, weil sie über die Marktnachfrage hinaus produziert worden seien. Ebenso gab er zu, daß die effektive Nachfrage ein entscheidender Faktor bei der Bildung von Monopolpreisen sei und den wichtigen Einfluß darauf habe, welcher Anteil der gesellschaftlichen Arbeit zu einem gegebenen Zeitpunkt in einem bestimmten Produktionssektor verausgabt wird. Doch für Waren, die unter Wettbewerbsbedingungen produziert werden, sollte vergegenständlichte Arbeit die Quelle des Tauschwerts sein. Die Bedeutung, die er der vergegenständlichten Arbeit als Ursprung der Tauschwerte zuschrieb, liegt ganz auf der Linie der Grundannahme der Marxschen Dialektik: daß in der Geschichte der Gesellschaft die Weisen des Austauschs der Produkte von den Weisen ihrer Produktion festgelegt und die Produktionsweisen von den Beziehungen zwischen den wichtigsten Bevölkerungsklassen bestimmt werden. Im Unterschied zu dem hypothetischen Tauschwertbegriff Ricardos sollte der Marxsche Wertbegriff den »verborgenen Mechanismus« der kapitalistischen Wirtschaft enthüllen und dem dialektischen Denken ein machtvolles Werkzeug liefern. Mit diesem Ziel vor Augen ging Marx bei seiner Analyse des Distributionsprozesses von dem scholastischen Gedanken aus, daß allen Tauschvorgängen auf dem Markt eine Äquivalenz zwischen dem, was gegeben, und dem, was genommen wird, zugrunde liegen müsse. Er führte aus, daß nach der Arbeitskostentheorie der Wert eines Produkts die Gesamtsumme der Tauschwerte der Kapitalgüter (entsprechend der in ihnen vergegenständlichten Arbeit), die im Produktionsprozeß verbraucht worden sind, plus die zusätzlichen Tauschwerte repräsentiert, die in diesem Prozeß durch Arbeit geschaffen wurden. Da also alle Werte aus Arbeit entspringen, läßt sich nach Marx die Existenz von Einkommen außer dem Arbeitslohn nur dadurch erklären, daß wesentliche Teile dieser Werte von den Unternehmern einbehalten werden. So gelangte Marx zu einer Definition des Begriffs »Mehrwert« als Differenz zwischen den durch Arbeit geschaffenen Werten und der Bezahlung der »Arbeitskraft«, dem Entgelt für die abstrakte, gesellschaftlich notwendige Arbeit,

28 Ladislaus von Bortkiewicz, »Wertrechnung und Preisrechnung im Marxschen System«, in: *Archiv für Sozialwissenschaft und Sozialpolitik* 23 (1906) und 25 (1907); ders., »Zur Berichtigung der grundlegenden theoretischen Konstruktion von Marx im dritten Band des *Kapitals*«, in: *Jahrbücher für Nationalökonomie und Statistik* 89 (1907), S. 319-335.

die zur Erhaltung des Arbeiters erforderlich ist. Er konnte seine dialektische Analyse des Distributionsprozesses damit beginnen, daß er den Tauschwert der Waren in zwei verschiedene Teile aufspaltete: die Bezahlung für die Arbeitskraft (den tatsächlich gezahlten Lohn) und den Mehrwert (Profit), den die Unternehmer einbehalten.

Es ist fraglich, ob im Marxschen Schema der »einfachen Reproduktion« für den Mehrwert überhaupt Raum bleibt, da in einer stationären Wirtschaft des Ricardoschen Typs der freie Wettbewerb jede Differenz zwischen Kosten und Preisen gegen Null tendieren läßt. Nichtsdestoweniger wurde das Mehrwerttheorem von Engels als die größte epochemachende Leistung der Marxschen Lehre gefeiert. Im Britischen Museum studierte Marx eifrig die Werke der englischen und französischen Ökonomen, um Theorien zu finden, die sich des Mehrwertbegriffs bedient hatten. Er betrachtete William Petty, auf den die Arbeitskostentheorie des Werts zurückgeht, als den Begründer der politischen Ökonomie und lobte David Ricardo, weil er »endlich im unmittelbaren Produktionsprozeß Wert und Mehrwert der Waren auf die Arbeit reduziert«, »den Zins auf einen Teil des Profits und die Rente auf den Überschuß über den Durchschnittsprofit« zurückgeführt habe.[29] In seinen ausführlichen Erörterungen über den Arbeitsmarkt in der kapitalistischen Gesellschaft betonte Marx wiederholt die streng historischen Aspekte dieses Marktes und behauptete, daß Arbeit außer in der kapitalistischen Ordnung keinen Tauschwert, sondern nur Gebrauchswert für die Arbeiter besitze.

Die Theorie der Arbeitskraft schloß ein, daß die realen Löhne, die den Arbeiter ausgezahlt werden, den Kosten für die Produktion und Erhaltung des Arbeitsvermögens äquivalent seien. Im Unterschied zu manchen ricardianischen Sozialisten vertrat Marx daher – trotz seiner heftigen Angriffe auf die kapitalistischen »Ausbeuter« – niemals ein Recht der Arbeiter auf den vollen Wert ihrer Produkte. Die Anerkennung eines »natürlichen Rechts des Individuums« wäre mit seiner dialektischen Methode völlig unvereinbar gewesen.

Nachdem er den Begriff des Tauschwerts der Waren somit in eine Dichotomie verwandelt hatte, benutzte Marx den Begriff des Mehrwerts, um daraus sämtliche Einkommen in der kapitalistischen Wirtschaft abzuleiten, die nicht durch Arbeit verdient werden. Er definierte die Ricardosche Grundrente als eine historische Einkommenskategorie, die sich der Tatsache verdanke, daß wegen der Knappheit des Bodens – als eines nicht-reproduzierbaren Produktionselements – Extraprofite im Verlauf

---

29 Marx, *Das Kapital*, Band 3, a.a.O., S. 838. Die umfangreichen Ergebnisse dieser Forschungen wurden viel später von Karl Kautsky veröffentlicht: *Theorien über den Mehrwert*, 3 Bände, Stuttgart 1905-1910 (*MEW*, Band 26, Berlin 1965-1968).

der Konkurrenz nicht verschwinden. Den Grundeigentümern schrieb er eine Monopolstellung zu, die es ihnen erlaube, auf jede neue Kapitalinvestition, die auf unbebautem oder unverpachtetem Boden getätigt wird, eine Steuer zu erheben. Wie Ricardo betrachtete er also die Bodenrente als Marktphänomen, hatte jedoch für das Gesetz der abnehmenden Erträge und andere Bestandteile der Ricardoschen Rententheorie keine Verwendung.

Die Zinstheorie Ricardos bot Marx einen Rahmen für den Versuch, den Empfang derartiger Einkommen von der Existenz von Mehrwert abhängig zu machen. Marx legte dem Zinssatz keine besondere Wichtigkeit bei; er schrieb die Festlegung dieser Rate willkürlichen Entscheidungen der Bankbehörden zu. Seine monetären Auffassungen waren von einer strengen Warentheorie des Geldes geprägt. Einlösbare Banknoten sollten die Funktion erfüllen, zusätzliches umlaufendes Kapital bereitzustellen, das die Unternehmer zu »Reproduktionszwecken« zur Verfügung haben müßten, und er beharrte darauf, daß die Ausgabe solcher Noten streng von den Erfordernissen geschäftlicher Transaktionen abhängig sei. Er glaubte, daß sich die Menge der umlaufenden Zahlungsmittel dem Volumen der Tauschwerte durch Horten und erneutes Investieren von selbst anpasse. Für Probleme, die mit der Existenz nicht-konvertierbarer Papierwährungen verbunden sind, war in der Marxschen Ökonomie kein Platz.

Marx benutzte den Begriff *Geldfetischismus*, um seiner tiefverwurzelten Überzeugung Ausdruck zu geben, daß der »Geldschleier« die gesellschaftlichen Beziehungen in dingliche Eigenschaften verwandele. Als *Kapitalfetischismus* bezeichnete er die Auffassung, die zur Erklärung des Geldzinses dem Geld gewissermaßen die Fähigkeit andichtet, Geld zu verdienen. Gelegentlich sprach Marx vom Lebensprozeß der Gesellschaft, der seinen »mystischen Schleier« erst dann abstreife, wenn der Prozeß der »materiellen Produktion« von einem »Verein freier Menschen« nach einem verabredeten Plan geregelt werde.

Die Analyse der Schemata der »erweiterten Reproduktion« sollte über die »einfache Reproduktion« hinausgehen und das Wirken antagonistischer Kräfte innerhalb der Ökonomie sowie die zerstörerischen Folgen vor Augen führen, die insbesondere die Nutzung des Mehrwerts durch die Unternehmer nach sich zieht. Die Methode der sukzessiven Annäherung, wie sie von Marx eingesetzt wurde, sieht sich freilich einem sehr schwerwiegenden Einwand ausgesetzt. Die stationäre Wirtschaft, die der Marxschen Analyse als Ausgangspunkt gedient hatte, war eine Ricardosche Fiktion, ein Mechanismus, der zu funktionieren aufhört, sobald er disproportionalen Veränderungen seiner Bestandteile unterliegt. Genau dieser Fall tritt mit den Schemata der erweiterten Reproduktion ein. Der unvermeidliche Zusammenbruch eines Mechanismus, der eine solche Behandlung erfährt, ist leicht zu demonstrieren, da die »Mechanik letztlich Konstanz unterstellt«.[30] Darum hängt die Gültigkeit sämtlicher Schlußfolgerungen, die Marx aus seiner Analyse der erweiterten Reproduktionsschemata im Hinblick auf das Verhalten der realen kapitalistischen Wirtschaft zog, von dem zusätzlichen Nachweis ab, daß die Ricardosche Fiktion eine korrekte Deutung dieses Verhaltens liefert. Marx scheint sich der grundsätzlichen Schwäche seiner Methode der sukzessiven Annäherung bewußt gewesen zu sein, da es in seinen Erörterungen, die in den beiden späteren Bänden des *Kapitals* veröffentlicht wurden, in weiten Teilen um die Frage ging, warum sich die kapitalistische Ökonomie der Wirkung ihrer eigenen Sprengkräfte so wirkungsvoll entziehen konnte. Marx unterschied »konstantes« Kapital, das in Materialien, Werkzeuge und andere Produktionsfaktoren angelegt worden ist, von »variablem« Kapital, nämlich den Löhnen, die den Arbeitern tatsächlich gezahlt werden, und definierte den »Ausbeutungsgrad« als das Verhältnis des von den Unternehmern einbehaltenen Mehrwerts zum variablen Kapital.[31] Den Ausdruck *organische Zusammensetzung des Kapitals* benutzte er für das Verhältnis zwischen dem konstanten Kapital und der Gesamtsumme von konstantem und variablem Kapital. In diesem Zusammenhang bezog sich der Ausdruck *Kapital*, als historische Kategorie betrachtet, ausschließlich auf die Mittel der »ökonomischen Ausbeutung« im Besitz der Unternehmer. Werkzeuge, die von Arbeitern besessen werden, sind kein »Kapital«.

Die »organische Zusammensetzung des Kapitals« sollte sich nun mit jeder Veränderung modifizieren, die das Verhältnis zwischen Investitionen und Lohnetat betrifft, vor allem mit der Einführung arbeitssparender Instrumente und ihren angeblichen Auswirkungen auf den Produktionsprozeß. Aus einer Analyse dieser Wirkungen leitete Marx ein »der kapitalistischen Produktionsweise eigentümliches Populationsgesetz« ab, dem zufolge die Ersetzung der Arbeiter durch arbeitssparende Instrumente und die Existenz einer »industriellen Reservearmee« aus unbeschäftigten Arbeitern zum beständigen Druck auf die Löhne und zur Niedrighaltung der Löhne auf einem Subsistenzniveau führen.[32] Er spottete über die Malthussche Bevölkerungstheorie, die allgemein anwendbar

---

30 Siehe Frank H. Knight, *The Ethics of Competition*, London 1935, S. 167.
31 Zu der Frage, ob der Marxsche Begriff des variablen Kapitals unter dem Einfluß der Ricardoschen Lohnfondstheorie stand, siehe H. Gottlieb, »Marx's Mehrwert Concept and Theory of Pure Capitalism«, in: *Review of Economic Studies* 18 (1950), S. 164-178, hier S. 172.
32 Über die enge Verbindung, die Marx zwischen der Existenz der »industriellen Reservearmee« und der Schaffung von Mehrwert herstellte, siehe Oscar Lange, »Marxian Economics and Modern Economic Theory«, in: *Review of Economic Studies* 2 (1934/35), S. 189-201, hier S. 199.

sein wollte und sich nicht in ein »historisches« Gesetz umwandeln ließ, dessen Gültigkeit auf die kapitalistische Gesellschaft beschränkt ist.

Noch wichtiger für die Marxsche Lehre ist der Zusammenhang, den Marx zwischen der organischen Zusammensetzung des Kapitals und einem der grundlegenden Antagonismen herstellte, die er dem Funktionieren der kapitalistischen Wirtschaft zuschrieb: dem tendenziellen Fall der Profitrate. Ricardo hatte die Existenz einer solchen Tendenz auf die Wirkungen sinkender Bodenerträge, also auf ein empirisches Gesetz bezogen. Nach der Marxschen Deutung der Arbeitskostentheorie dagegen sinkt die Profitrate zwangsläufig mit jeder Verminderung des Verhältnisses zwischen dem Lohnvolumen und dem Gesamtkapital, das in ein Unternehmen investiert wurde. Marx zufolge wird die beständige Ersetzung von variablem durch konstantes Kapital den Unternehmern durch eine unbarmherzige Konkurrenz aufgezwungen, die sie veranlaßt, den Gesamtumfang ihrer Produktion mit allen Mitteln zu steigern, um durch größere Verkäufe die Verluste wettzumachen, die sie mit abnehmender Profitrate erleiden. Im Lichte dieser Überlegungen erscheint die Investitionspolitik der Unternehmer hoffnungslos irrational: wie sich zeigen sollte, führen Investitionen, die technische Verbesserungen beinhalten, zum Sinken der Profitrate auf der einen Seite und zu Verminderungen des gesamten Lohnetats auf der anderen. Folglich werden infolge der sinkenden Kaufkraft der Arbeiter genau diejenigen Märkte schrumpfen, von denen man sich die Aufnahme der Produkte aus zusätzlichen Kapitalinvestitionen erhoffte. Kritiker der Marxschen Analyse haben die Frage aufgeworfen, ob in einer Wirtschaft, in der alle Werte auf ihre »Arbeitskosten« reduziert sind, überhaupt zufriedenstellende Gewinne erzielt werden können. Andere Kritiker haben bemerkt, daß zusätzliche Investitionen voraussichtlich zu Steigerungen der Arbeitsproduktivität führen und daher – gemäß der Arbeitskostentheorie des Wertes – zu höheren Profiten pro Arbeitsstunde als bisher. Marx benutzte die Schemata der erweiterten Reproduktion, um die Ergebnisse dieser theoretischen Überlegungen zu veranschaulichen. Verschiedene mathematische Irrtümer, die diese Berechnungen ziemlich sinnlos machen, wurden von Ladislaus von Bortkiewicz kritisiert.[33]

Bei der Ausarbeitung der unseligen Folgen des irrationalen Verhaltens der kapitalistischen Unternehmer stellte Marx ein weiteres fundamentales dialektisches Gesetz auf, das seiner Ansicht nach der Entwicklung der kapitalistischen Wirtschaft zugrunde liegt, das »Gesetz der wachsenden Akkumulation und Konzentration des Kapitals«. Dieses Gesetz sollte seinen Ausdruck in der beständigen Ersetzung schwacher Firmen durch

---

33 Siehe die genannten Artikel von Bortkiewicz, a.a.O.

große Betriebe finden, die besser gewappnet seien, die Konkurrenzkämpfe durchzustehen. Für Marx war dieses Gesetz für die schreienden Widersprüche verantwortlich, die er zwischen der »individuellen« Aneignung der Einkommen im Distributionsprozeß und den »kollektiven« Produktionsmethoden feststellte.

Dem Gesetz der »kapitalistischen Akkumulation« stellte Marx das Gesetz der »Akkumulation von Elend« gegenüber, wonach sich die Kluft zwischen dem Anteil der Arbeiter und dem Anteil der besitzenden Klassen am Volkseinkommen ständig verbreitert. Da die Lohnstatistiken praktisch aller industrialisierten Länder nun freilich ständige Verbesserungen des Lebensstandards der Industriearbeiter zeigten, nahmen spätere marxistische Autoren ihre Zuflucht zu dem fragwürdigen Argument, diese Lohnsteigerungen seien durch die verschärfte Ausbeutung der Arbeit in den Kolonien erzielt worden. In der Geschichte der industriellen Revolution Englands fand Marx reichliches Material zur Stützung seiner Behauptung, daß das Proletariat durch die fortschreitende Ausmerzung von Handwerkern und Kleinbauern aus dem Produktionsprozeß zahlenmäßig beständig anwachse.

Marx räumte ein, ebenso wie Ricardo vor ihm, daß Preissenkungen, die durch den Einsatz mechanischer Instrumente erreicht werden, zur Akkumulation neuen Kapitals anregen und damit neue Beschäftigungsmöglichkeiten schaffen können. Doch er beharrte darauf, daß die Nachfrage nach Arbeit in geringerem Maße als die Nachfrage nach konstantem Kapital steigen werde und daß sich deshalb die »organische Zusammensetzung des Kapitals« tendenziell erhöhe.[34]

Der Glaube der überzeugten Marxisten an die logische Konsistenz ihrer Lehre wurde im Verlauf der längeren Debatte über das sogenannte »Rätsel der Durchschnittsprofitrate« ernsthaft auf die Probe gestellt. Nach der Marxschen Arbeitskostentheorie war zu erwarten, daß sich die Profitrate mit der »organischen Zusammensetzung des Kapitals« verändert und sinkt, wenn »variables Kapital« (Lohn) durch »konstantes Kapital« ersetzt wird. Es war jedoch offenkundig, daß sich die Profitraten zwischen Unternehmen verschiedener Arten weitgehend ausgleichen, und zwar ohne Rücksicht darauf, ob der Lohnetat einen großen oder kleinen Anteil an den Produktionskosten ausmacht. Das Problem, wie dieses Verhalten der Profitrate im Lichte der Marxschen Doktrin zu erklären sei, zog das Interesse einer ganzen Reihe von Autoren auf sich, ehe im Jahre 1894 der dritte Band des *Kapitals* erschien, in dem Engels die »Lösung« des Rätsels veröffentlichte, wie Marx selbst sie sich vorgestellt hatte. Unter den her-

---

34 Siehe Paolo S. Labini, *Teoria e politica dello sviluppo economico*, Mailand 1954, S. 70 ff.

ausragenden Autoren, die sich an diesen Diskussionen im Vorfeld der Publikation beteiligten, befanden sich Wilhelm Lexis, Eugen Böhm-Bawerk, Achille Loria, Julius Wolf (1862-1937), Conrad Schmidt (1863-1932), Paul Lafargue (1842-1911) und Augusto Graziani. Diese »Lösung« lief auf die faktische Aufgabe nicht nur der Marxschen Mehrwerttheorie, sondern unausgesprochen auch der strengen Arbeitskostentheorie des Wertes hinaus. Denn Marx räumte nun ein, daß der Profit des einzelnen Unternehmers nicht von der »organischen Zusammensetzung« seines eigenen Kapitals bestimmt wird, sondern von seinem Anteil am Gesamtumfang des Mehrwerts, der im ökonomischen System insgesamt erzeugt wird, also durch das Verhältnis zwischen seinen Kapitalauslagen und den gesamten Kapitalauslagen. Marx schrieb die Bildung der »Durchschnittsprofitrate«, die in die »Produktionspreise« eingeht (die »natürlichen Preise« im Sinne Ricardos), der Verschärfung der kapitalistischen Konkurrenz zu.[35]

Die logische Gültigkeit dieser »Lösung« war natürlich dem Einwand ausgesetzt, daß sich Marx dialektischer Verfahren bedient habe, um rein mathematischen Größen – wie der Gesamtsumme der Investitionen, Mittelwerten und dergleichen – Realität zuzuschreiben und solchen Größen die Fähigkeit beizulegen, das tatsächliche Verhalten einzelner Preise und Profite zu beeinflussen.[36]

Neuere Versuche, die Marxsche Profittheorie zu rechtfertigen, trugen keine neuen Gesichtspunkte zu diesen gutbegründeten Schlußfolgerungen bei. Wie es scheint, ist die Profittheorie jedoch in die Reihe der Dogmen der bolschewistischen Wirtschaftslehre aufgenommen worden. In einem Papier, das im Jahre 1946 der gelehrten Versammlung des Instituts für Wirtschaftswissenschaften an der Akademie der Wissenschaften der UdSSR unterbreitet wurde, vertrat Stanislaw G. Strumilin die Auffassung, daß die Konkurrenz zwischen den Kapitalisten über die Preise verlaufe und zu einer automatischen Umverteilung der den Arbeitern entzogenen Profite zugunsten der mächtigsten Kapitalisten führe. Er schloß daraus, daß die Produkte jener Industriezweige, die mit geringerer Kapitalintensität auskommen, dadurch zum Nachteil von Branchen mit fortgeschritteneren Produktionstechniken billiger würden. Nach Strumi-

---

35 Nach Marx bestimmt sich die Durchschnittsprofitrate nach dem »durchschnittlichen Exploitationsgrad« im kapitalistischen System.

36 Friedrich Engels und Karl Kautsky (1854-1934) behaupteten entschieden die Richtigkeit der Marxschen Argumentation, die in unterschiedlichem Ausmaß von Vilfredo Pareto, Eugen Böhm-Bawerk, Karl Diehl, Werner Sombart, Eduard Bernstein, Achille Loria, Antonio Labriola und Tomáš Garrigue Masaryk (1850-1937) in Zweifel gezogen wurde. Siehe besonders die ausgezeichnete kritische Analyse der mit diesem »Rätsel« verknüpften Probleme in den erwähnten Artikeln von Bortkiewicz.

lin verzögert sich dadurch die Entwicklung der fortgeschrittensten Industriezweige in kapitalistischen Ländern.[37] Ist freilich einmal zugestanden worden, daß unter der Herrschaft der Durchschnittsprofitrate solche Waren, deren Produktion konstantes Kapital in relativ großem Umfang erfordert, zu Preisen getauscht werden, die höher liegen als ihre Arbeitskosten – und daß Güter, die mit einem relativ starken Anteil von variablem Kapital hergestellt werden, zu Preisen auf den Markt gelangen, die unter ihren Arbeitskosten liegen –, verliert die Arbeitswerttheorie jeden präzisen Sinn. Sie verwandelt sich in eine Produktionskostentheorie, in deren Kosten bestimmte Elemente eingehen, die in keinem Zusammenhang mit den Arbeitsmengen stehen, die vom Unternehmer unmittelbar oder mittelbar für den Produktionsprozeß aufgewandt wurden. Nach den Lehren der bolschewistischen Ökonomen muß nur die Gesamtsumme der Preise aller Waren der Summe ihrer Tauschwerte, ausgedrückt in Arbeitskosten, entsprechen; der einzelne Preis mag von den Arbeitskosten abweichen.[38] Unter diesen Umständen waren viele Marxisten geneigt, die grundlegende Bedeutung der Arbeitswerttheorie für die Marxsche Lehre in Frage zu stellen.

Die Zusammenbruchstheorie

Nach Marxscher Auffassung wird die kapitalistische Gesellschaft von einem Gesetz heterogener Zielsetzungen beherrscht; es handelt sich um eine spontane, anarchische, widersprüchliche Vielzahl formell unabhängiger Produzenten, die dennoch »objektiv« in Zusammenhang miteinander stehen. Das »blinde« Wertgesetz, das sich über die schwankenden Preise durchsetzt, wird als »Bewegungsgesetz« dieser Gesellschaft benannt.
Bei näherer Analyse zeigt sich, daß sämtliche Grundbegriffe der Marxschen Lehre – Wert, Kapital, Klasse, Ökonomie, Arbeit und so weiter – dichotomisch aufgespalten werden. Der Tauschwert jeder Ware zerfällt in Löhne und Mehrwert; Kapital in konstantes und variables Kapital; die Gesamtbevölkerung in eine Kapitalisten- und eine Arbeiterklasse; die Arbeiterklasse in Beschäftigte und industrielle Reservearmee. Die Produktionssphäre teilt sich in einen Sektor, der Kapitalgüter produziert, und einen weiteren, der Konsumgüter herstellt; die Gesamtheit aller Län-

---

37 Siehe zum Beispiel Natalie Moskowska, *Das Marx'sche System*, Berlin 1929; Meek, *Studies in the Labor Theory of Value*, a.a.O., S. 186 und passim; sowie Stanislav G. Strumilin, »The Time Factor in Capital Investment Projects« (1946), in: *International Economic Papers*, 12 Bände, London 1951-1967, Band 1, S. 160-185, hier S. 163.
38 Siehe Tadeusz Dietrich, »Economic Accounting«, in: a.a.O., Band 2, S. 8.

der, die am Welthandel teilnehmen, in eine Sphäre der kapitalistischen Produktion und einen »nicht-kapitalistischen Raum«, und so fort. In jedem dieser Gegensatzpaare sollte sich das Wirken antagonistischer Kräfte niederschlagen. Die Analyse der vereinten Wirkungen dieser Kräfte diente dem Nachweis, daß die Akkumulation und Konzentration des Kapitals rasch voranschreitet und daß die sinkenden Profitraten tendenziell ein Niveau erreichen, auf dem das Funktionieren der kapitalistischen Wirtschaft notwendig zum Erliegen kommt.

Diese Antagonismen schienen ihren vollsten und deutlichsten Ausdruck in den wiederkehrenden Krisen und Depressionen zu finden. Marx und Engels wetteiferten miteinander, das irrationale Verhalten der kapitalistischen Unternehmer in Zeiten der Prosperität und den unvermeidlich darauf folgenden Zusammenbruch in den lebhaftesten Farben zu schildern. In einem häufig zitierten Abschnitt beschrieb Engels die Krisen mit den Worten: »die Produktionsweise rebelliert gegen die Austauschweise, die Produktivkräfte rebellieren gegen die Produktionsweise, der sie entwachsen sind«.[39]

Doch obgleich Marx überzeugt war, daß die wiederkehrenden Krisen und Depressionen wichtige Symptome der fortschreitenden Auflösung der kapitalistischen Ökonomie darstellen, fand er unter den Elementen seiner Lehre nicht das nötige Rüstzeug, das es ihm ermöglicht hätte, für den immer wieder eintretenden Aufschwung, der auf jede Depression folgt, eine konsistente theoretische Erklärung zu liefern. Diese Lücke in der Marxschen Doktrin ist nicht mit dem Hinweis zu erklären, Marx habe sich mit der Analyse kurzfristiger Phänomene nicht befaßt.[40]

Auch frühere Kritiker der kapitalistischen Ordnung, besonders Jean Charles Léonard Simonde de Sismondi und Johann Karl Rodbertus, hatten schon den »anarchischen« Charakter der kapitalistischen Wirtschaft erörtert, in der große Mengen von Gütern weit über die Kaufkraft der Arbeiterklasse hinaus von Unternehmern produziert werden, die sich einzig vom Profitmotiv leiten lassen. Solcher »Überproduktion« wiesen sie die Verantwortung für die Krisen zu, eine Erklärung, die zu einer bedeutenden Waffe im Arsenal sozialistischer Autoren wurde. Marx griff die »planlose« kapitalistische Produktion mit einer Schärfe an, die kaum zu überbieten war, doch er war recht zurückhaltend bei der Untersu-

---

39 Engels, *Herrn Eugen Dühring's Umwälzung der Wissenschaft*, a.a.O., S. 258. Knut Wicksell bezeichnete Engels' Beschreibung der Krisen als »ein Stück ökonomischer Romantik, um nicht zu sagen: Abenteuergeschichte«. Siehe Wicksell, »The Enigma of Business Cycles« (1907), in: *International Economic Papers*, a.a.O., Band 3, S. 61.

40 Siehe Lange, »Marxian Economics and Modern Economic Theory«, a.a.O., und John D. Wilson, »A Note on Marx and the Trade Cycle«, in: *Review of Economic Studies* 5 (1938), S. 107-113.

chung der Faktoren, die sich mit dem Verlauf des Konjunkturzyklus in Verbindung bringen ließen. Die Unterkonsumtion der Arbeiterklasse gehörte nicht zu diesen Faktoren.

In seiner umfassenden und eindringlichen Analyse der finanziellen Aspekte der kapitalistischen Wirtschaft zog Marx die erheblichen Kredite in Betracht, die von den Banken zur Finanzierung des Aufschwungs gewährt werden, und nahm an, daß diese Kredite weitgehend aus brachliegenden Guthaben im Besitz von Industriellen und Geschäftsleuten stammten. In verschiedenen Abschnitten des zweiten Bandes des *Kapitals* diskutierte er auch die Wirkungen einer gestiegenen Zufuhr an Geldmetallen auf die Expansion der Produktion. »Künstliche« Kredite trügen zu beschleunigter Produktionsausweitung, verschärfter Ausbeutung und Hochkonjunktur bei, auf die ein Zusammenbruch der künstlichen Kreditstruktur, Krise und Arbeitslosigkeit folge. Doch den Glauben an eine Produktivkraft des Kreditsystems betrachtete er als Mythos; in der Ausdehnung und Schrumpfung des Kredits sah er bloße Symptome der periodischen Schwankungen der industriellen Tätigkeit.[41]

Im Mittelpunkt solcher Erörterungen stand der Gedanke, daß die Akkumulation von Geldkapital unter anderen Bedingungen vor sich geht als denen, die der Bildung von »wirklichem« Kapital zugrunde liegen, und daß es keinen Mechanismus gibt, der etwa die Bewegungen der monetären Größen und die Verwendung der physischen Faktoren miteinander koordinierte. Bedeutende Elemente dialektischen Denkens waren in solchen Überlegungen nicht enthalten. Darüber hinaus unterschied Marx Kapitalisten und Unternehmer nur gelegentlich als gesonderte ökonomische Kategorien, da nach seiner allgemeinen Theorie weder Tauschwerte noch Preise von Kreditoperationen spürbar beeinflußt werden. Solche Einflüsse mochten für die Erklärung bestimmter Züge der Prosperitätsphasen hilfreich sein, doch gaben sie keine Rechenschaft von der periodischen Wiederkehr der Krisen und erklärten nicht den Aufschwung, der jedesmal das Ende einer Depressionsphase bedeutet. Ebenso nicht-dialektisch waren bestimmte Beobachtungen, in denen Marx die Länge der Depressionen mit den Veränderungen in der Lebensdauer des fixen Kapitals (also des Maschinenparks) verknüpfte. Von der Beschleunigung der industriellen Mechanisierung erwartete Marx eine kürzere Lebensdauer der Unternehmen und eine entsprechende Verkürzung der Prosperitätsphasen, in denen die ungezügelte Konkurrenz zeitweilig aufgehoben ist. Als weitere Faktoren, die mutmaßlich zur Abkürzung der Prosperitätsphasen beitragen, führte er die wachsende Verschärfung der Kapitalakku-

---

41 Siehe Marx, *Das Kapital*, Band 3, a.a.O., S. 500 f. Marx zufolge zeigt sich die Oberflächlichkeit der politischen Ökonomie in der Tatsache, daß ein derartiges Symptom als Ursache des industriellen Zyklus betrachtet wird. Siehe Bober, *Marx's Interpretation of History*, a.a.O., 11. Kapitel.

mulation und die schnellere Erschöpfung der verfügbaren Arbeitskraftreserven in Zeiten steigender Beschäftigungsmöglichkeiten an.
Andere Teile der Analyse enthielten jedoch dialektische Aspekte, etwa jene Passagen, in denen Marx auf die Grenze zwischen zwei Sektoren in der Ökonomie verwies: der eine dient der Produktion von Konsumgütern für die großen Massen der arbeitenden Bevölkerung, der andere umfaßt die Produktion der Kapitalgüter. Marx verknüpfte diese Grenzziehung mit der Existenz zweier disproportionaler Einkommensströme: der eine besteht aus variablem Kapital, dem Einkommen der Lohnempfänger, der andere aus Mehrwert, dem Einkommen der kapitalistischen Unternehmer, das weitgehend zu Investitionszwecken akkumuliert wird. Marx war offensichtlich fasziniert von seinem Bild des Kapitalisten, der von den Kräften des dialektischen Materialismus dazu getrieben wird, mit fast mechanischer Präzision die zerstörerischen Funktionen zu erfüllen, die zwangsläufig zum Einsatz arbeitssparender Mittel, zu einer Senkung des Tauschwerts seiner Produkte, einem sinkenden Anteil der Arbeiter am Volkseinkommen und einer fallenden Profitrate führen müssen. Marx erkannte jedoch sehr wohl, daß die von Sismondi und Rodbertus vorgebrachten »Unterkonsumtionstheorien« bestenfalls den Ausbruch der ersten Krise des kapitalistischen Systems erklären können, daß aber der konjunkturelle Auftrieb in solchen Theorien keinen Platz findet. In einigen Abschnitten des zweiten Bandes des *Kapitals* räumte Marx sogar ein, daß Lohnsteigerungen und ein wachsender Anteil der Arbeiterschaft an der augenblicklichen Konsumgüterproduktion zu den charakteristischen Symptomen »in der Prosperitätsperiode, und namentlich während der Zeit ihrer Schwindelblüte« zählen.[42] Besonders in seinen Diskussionen mit deutschen Sozialisten betonte er, daß das Bestehen krasser Mißverhältnisse zwischen dem Umfang der Produktion und der entsprechenden Kaufkraft der arbeitenden Klassen nicht ausreicht, um die Wiederkehr von Krisen und Depressionen zu erklären.

Offenkundig war Marx sich über die Schwierigkeiten völlig im klaren, die aus seinen Versuchen entstanden, seine Konzeption der kapitalistischen Wirtschaft mit den Schwankungen der ökonomischen Aktivität zu vereinbaren, insbesondere mit den typischen Kennzeichen des Aufschwungs am Ende der Depression. Derartige Schwankungen lassen sich nur erklären, wenn man auf veränderliche Faktoren zurückgreift. Ein solcher Faktor schien die Profitrate zu sein, »Bedingung wie Treiber der Akkumulation«. Im Gegensatz zu Ricardos langfristiger Prognose eines tendenziel-

---

42 Marx, *Das Kapital*, Band 2, a.a.O., S. 409. Zu diesen Aspekten der Marxschen Analyse der Konjunkturschwankungen siehe Erich Preiser, *Die Marxsche Krisentheorie und ihre Weiterbildung*, Frankfurt am Main 1925.

len Falls der Profitrate hob Marx die Anpassungsfähigkeit dieser Rate hervor. Er deutete Krisen und Depressionen als Prozesse, in deren Verlauf der Fall der Profitrate aufgehalten wird; Steigerungen dieser Rate seien einerseits der »Entwertung des vorhandnen Kapitals« von Unternehmen mit übermäßig ausgeweiteter Produktion und andererseits Lohnsenkungen zu verdanken, die den Arbeitern unter dem Druck wachsender Arbeitslosigkeit aufgezwungen werden. Darüber hinaus führte Marx weitere Faktoren an, die seiner Auffassung nach die Höhe der Profitrate stützen, namentlich die »Verwohlfeilerung« der Rohstoffe und anderer Elemente des konstanten Kapitals, die relative Überbevölkerung, den auswärtigen Handel und eine Zunahme des Aktienkapitals.[43] An dieser Stelle spielt die »industrielle Reservearmee« eine wichtige Rolle in der Marxschen Analyse. Sie diente dazu, die Ricardosche Konzeption der technologischen Arbeitslosigkeit durch Aufspaltung der Arbeiterschaft in beschäftigte und untätige Arbeiter in das Element eines dialektischen Prozesses zu verwandeln. Die Armee der beschäftigungslosen Arbeiter muß immer dann, wenn günstige Konjunkturbedingungen dazu geführt haben, den Anteil der Arbeiter am Volkseinkommen zu steigern, die Aufgabe erfüllen, die Löhne auf eine Art Subsistenzniveau zu drükken.

Insgesamt kann man vielleicht festhalten, daß die Marxsche Konjunkturzyklenanalyse zunächst die Steigerungen der Produktionstätigkeit betont, die unter dem Druck einer ungezügelten Konkurrenz durch technische und organisatorische Verbesserungen zustande kommen; daß sie die Kapitalakkumulation als mächtigen Faktor hervorhebt, der die Ausweitung der ökonomischen Aktivität begünstigt; und daß sie schließlich in einer sinkenden Profitrate, einer fortschreitenden Absorption der industriellen Reservearmee und einer wachsenden Überproduktion diejenigen Faktoren sieht, die für den Abschwung verantwortlich sind. Es ist sehr zweifelhaft, ob die Konjunkturabschwächung im Lichte der Marxschen Analyse überhaupt zu erklären ist, da diese eine sinkende Rate der Kapitalakkumulation, Vollbeschäftigung der Arbeitskräfte und Lohnsteigerungen als signifikante Züge der Prosperitätsphase erscheinen läßt. Zusammengenommen sollten diese Merkmale wohl eine Art Gleichgewicht zwischen der Nachfrage nach und dem Angebot von Lohngütern herstellen und somit der Gefahr der Überproduktion entgegenwirken. Keine

---

43 Marx, *Das Kapital*, Band 3, a.a.O., S. 242 ff. Einen guten Überblick über die verschiedenen Gesichtspunkte der Marxschen Erörterung der Krise gibt Paul M. Sweezy, *The Theory of Capitalist Development*, New York 1946 (deutsch: *Theorie der kapitalistischen Entwicklung*, Köln 1959). Es ist jedoch zu beachten, daß Sweezy – wie auch andere amerikanische Autoren, die sich mit Problemen des Marxismus beschäftigt haben – dessen dialektische Züge praktisch überging. Marxismus ohne Dialektik ist natürlich wie *Hamlet* ohne den Prinzen von Dänemark.

Erklärung wurde jedoch für die Behauptung geliefert, daß eine solche Situation zu einer Krise führen müsse.⁴⁴ Zu den Bedingungen, die den Aufschwung vorbereiten, zählte Marx Produktionseinschränkungen, Entwertung des vorhandenen Kapitals in Unternehmen mit übermäßig ausgeweiteter Produktion und Lohnsenkungen, die zu verbesserten Profiterwartungen führen.

Da eine Konjunkturzyklenanalyse dieser Art keine verläßliche Grundlage für die Voraussage bietet, daß dem kapitalistischen System der unvermeidliche Zusammenbruch bevorsteht, ignorierte Marx die zyklischen Bewegungen der ökonomischen Aktivität in seinem Modell der erweiterten Reproduktion, das veranschaulichen sollte, welche Folgen eine disproportionale Expansion der Kapitalinvestitionen in den verschiedenen Wirtschaftssektoren hat. Wenn Marx das Verdienst zugesprochen wurde, er sei der erste Autor seit François Quesnay gewesen, der ein mathematisches Modell der Ökonomie entworfen hat, so ist dieses Verdienst durch seine fragwürdige Verwendung mathematischer Verfahren freilich wieder geschmälert worden.

Der Klassenkampf

Die Dichotomien, die Marx einführte, um den inneren Antagonismus der kapitalistischen Wirtschaft darzulegen, hatten ihre Entsprechung in der sozialen Sphäre, die Marx in die Klasse der kapitalistischen Unternehmer und die Klasse der ausgebeuteten Arbeiter aufspaltete. Die Unterscheidung zwischen zwei antagonistischen Klassen hatte eine Rolle in den Lehren Saint-Simons und in den Schriften einiger konservativer Historiker der französischen Restaurationsperiode gespielt, etwa bei François Guizot (1787-1874), François Mignet und Augustin Thierry (1795-1856). Auch Lorenz von Stein legte ihr in seinen Untersuchungen zu den zeitgenössischen sozialen Verhältnissen in Frankreich besondere Wichtigkeit bei.⁴⁵ Für die Marxsche Analyse hatte der Klassenkampf jedoch eine Bedeutung, die sich von der bei anderen Autoren grundlegend unterscheidet. Es sei darauf hingewiesen, daß Marx und Engels es für die Hauptaufgabe jeder wissenschaftlichen Analyse hielten, praktischen Zwecken zu dienen. Die politischen Implikationen der Lehre vom Klassenkampf liegen auf der Hand. Die historische Aufgabe, die Marx ihm zuwies, kann dazu dienen, einige charakteristische Züge der Marxschen Methodologie zu veranschaulichen, die verlangt, daß die Grundbegriffe,

---

44 Siehe auch Joan Robinson, *An Essay on Marxian Economics*, London 1942, 10. Kapitel.

45 Lorenz von Stein, *Socialismus und Communismus des heutigen Frankreichs*, Leipzig 1842.

die das Fundament einer dialektischen Gedankenentwicklung bilden, durch Abstraktion aus Beobachtung und Erfahrung gewonnen und in vermeintlich antagonistische Unterbegriffe aufgespalten werden. Diese Unterbegriffe, als reale Entitäten verstanden, seien evolutionären Veränderungen unterworfen, die sich aus den immer schroffer werdenden Antagonismen ergäben.

Im Einklang mit dem Platonischen Prinzip, daß dort, wo Veränderung ist, es etwas geben muß, das gleich bleibt, erhoben Marx und Engels den Klassenkampf zu einer Art kosmischer Antriebskraft in den Entwicklungsprozessen der Geschichte und arbeiteten ein dialektisches Schema aus, wonach sich zwei antagonistische Gruppen der Gesellschaft, Klassen genannt, in einem ewigen Kampf befinden, der durch vorherbestimmte Entwicklungen und am Ende durch eine unvermeidliche Lösung gekennzeichnet ist. Dieser Kampf habe jahrhundertelang gedauert, ohne von den Mitgliedern der widerstreitenden Gruppen überhaupt bemerkt worden zu sein. Wählt man den analytischen Rahmen der materialistischen Geschichtsauffassung, so hat sich die herrschende Klasse (charakterisiert durch das Eigentum an den Produktionsmitteln) auf jeder der aufeinander folgenden Stufen der ökonomischen Entwicklung bemüht, das bestehende Muster der sozialen Beziehungen zu rechtfertigen; beendet wurde eine solche Periode jedesmal durch revolutionäre Veränderungen der politischen und sozialen Verhältnisse, und zwar immer dann, wenn die Art der Verteilung mit den »Produktionsweisen« unvereinbar wurde.

Dieses allgemeine Schema des dialektischen Prozesses, der dem Geschichtsverlauf zugrunde liegt, wurde im *Kommunistischen Manifest* von 1848 entworfen und in verschiedenen Passagen der Schriften von Marx und Engels wieder aufgegriffen. Nach diesen eher flüchtigen Andeutungen führten »Freier und Sklave, Patrizier und Plebejer, Baron und Leibeigner, Zunftbürger und Gesell, kurz, Unterdrücker und Unterdrückte« über mehrere Epochen hinweg »einen ununterbrochenen, bald versteckten, bald offenen« Klassenkampf.[46] Weder die beiden Begründer dieser Lehre noch ihre Nachfolger lieferten eine zusammenhängende Analyse der einzelnen Phasen dieses grundlegenden Konflikts. Insbesondere blieb die Frage, wie der Übergang zwischen den einzelnen Phasen stattgefunden hatte, ohne befriedigende Antwort. Ebensowenig wurde ernsthaft versucht, den Nachweis zu führen, daß eine ähnliche Deutung der ökonomischen und sozialen Entwicklungen auf den Fernen Osten und andere »unterentwickelte« Regionen anwendbar ist. Nach den Methoden des nominalistischen Denkens sind »Klassen« im übrigen Abstraktionen, die im Geist eines Beobachters auf der Grundlage frei gewählter (mehr

---

46 Marx/Engels, *Manifest der Kommunistischen Partei*, a.a.O., S. 462.

oder minder willkürlicher) Merkmale gebildet werden. Solchen Konzepten läßt sich keine Realität zuschreiben, und die Behauptung, seit Jahrhunderten sei ein Kampf zwischen diesen Klassen im Gange, der eine Veränderung der Kämpfenden bewirkt habe, muß als äußerst fragwürdige metaphysische Aussage betrachtet werden. Ob der »Klassenkampf« eine tragfähige Grundlage für eine soziologische Analyse abgeben kann, wäre selbst dann zweifelhaft, wenn er in ein hypothetisches »heuristisches« Prinzip umgewandelt würde.

Entsprechend den Postulaten seiner dialektischen Methode formulierte Marx seine sozialen, ökonomischen und politischen Begriffe als streng historische Kategorien, die mit der Teilung der Gesellschaft in zwei Klassen verknüpft und durch sie determiniert sind.[47] Er betrachtete alle politischen, sozialen und moralischen Institutionen als Werkzeuge der Unterdrückung, die dazu dienten, die Interessen der herrschenden, das heißt besitzenden Klassen zu gewährleisten und die Willfährigkeit der ausgebeuteten gesellschaftlichen Gruppen zu sichern. Im Rahmen der Marxschen Philosophie ist das Bestehen des Staates als einer historischen Institution untrennbar mit der Existenz von privatem Eigentum an Produktionsmitteln und der gesellschaftlichen Klassenteilung verknüpft. Engels beschrieb den Staat als »Produkt der Gesellschaft«, das notwendig geworden sei, damit die unversöhnlichen Gegensätze, »Klassen mit widerstreitenden ökonomischen Interessen, nicht sich und die Gesellschaft in fruchtlosem Kampf verzehren«.[48]

Wie schon erwähnt, analysierte Marx in den drei Bänden des *Kapitals* nur jene Aspekte des Klassenkampfes, die der kapitalistischen Gesellschaft eigentümlich sind. Nach seiner Lehre dient die kapitalistische Phase dieses Kampfes dazu, den weltumspannenden Konflikt zu beenden und die Ankunft der klassenlosen Gesellschaft vorzubereiten. Der Sinn, der sich dem Begriff der »klassenlosen Gesellschaft« beilegen ließe, wurde in kryptische Formulierungen gehüllt. Eine spricht beispielsweise davon, daß mit der Abschaffung des Privateigentums an Produktionsmitteln die Gesetze des dialektischen Materialismus außer Kraft träten und die Menschen volle Freiheit gewännen, die Naturkräfte zu kontrollieren. Voraussagen dieser Art bereiteten den Spekulationen bolschewistischer Philosophen fruchtbaren Boden.

Um die traditionelle Unterscheidung zwischen den drei hauptsächlichen Bevölkerungsklassen der dialektischen Zweiteilung anzupassen, assimilierte Marx die Interessen der Grundeigentümer denen der kapitalisti-

---

47 Daher die heftigen Einwände, die von überzeugten Marxisten gegen die Aufstellung von ökonomischen Kategorien erhoben wurden, die ihren analytischen Zweck ohne Rücksicht auf die jeweiligen Strukturen verschiedener Gesellschaften erfüllen.

48 Friedrich Engels, *Der Ursprung der Familie, des Privateigenthums und des Staats*, Hottingen-Zürich 1884 (in: *MEW*, Band 21, S. 25-173, hier S. 165).

schen Ausbeuter der Arbeiterklasse und begründete dies mit der zunehmenden Interessengleichheit sämtlicher Eigentümer von Produktionsmitteln, die mit fortschreitendem Kapitalismus entstanden sei, ohne daß sich andere nennenswerte Klassen entwickelt hätten. Ein unvollendetes Marxsches Manuskript, das am Schluß des dritten Bandes des *Kapitals* veröffentlicht wurde, bricht im Kapitel über den Klassenbegriff ab. Später wurde dieser Begriff zum Gegenstand ausgedehnter Diskussionen.[49] Gemeinsame Klasseninteressen, versicherte Marx, hätten unbewußte Bande geschaffen, die man sich nicht stark genug vorstellen könne; sie seien viel fester als alle Bindungen, die durch religiöse Überzeugungen oder politische Gesinnungen entstehen. Marx schrieb dem Unterbewußten die Rolle eines geheimnisvollen Agens zu, das unter dem Druck dialektischer Kräfte wirkt. Von den Unternehmern sagte er, sie verfolgten Ziele, die sie zwangsläufig in den eigenen Untergang führten. Von den Arbeitern sagte er, sie nähmen am Klassenkampf teil, ohne sich darüber im klaren zu sein. Ihren ungeschulten Geist hielt er für fähig, den Sinn der dunklen dialektischen Prozesse zu erfassen, der den von Eigentumsinteressen verblendeten Unternehmern verstellt sei. Die Frage, wie die deterministischen Züge der materialistischen Geschichtsauffassung mit dem Glauben an die Freiheit des Willens vereinbar seien, wurde von Georgi Walentinowitsch Plechanow (1857-1918) und anderen marxistisch orientierten Philosophen erörtert.[50]
Von der Solidarität der proletarischen Klasseninteressen erwartete Marx die Erfüllung seiner Voraussagen, denen zufolge »die Zentralisation der Produktionsmittel und die Vergesellschaftung der Arbeit ... einen Punkt [erreichen], wo sie unverträglich werden mit ihrer kapitalistischen Hülle. Sie wird gesprengt. Die Stunde des kapitalistischen Privateigentums schlägt. Die Exproprateurs werden expropriiert.«[51]

Verschiedene Interpreten der Marxschen Doktrin standen jedoch verwirrt vor der Frage, wie die radikalen revolutionären Aspekte dieser Lehre mit ihren deterministischen Zügen zu vereinbaren seien. Diese Frage spielte eine bedeutende Rolle in der anhaltenden Strategiedebatte um die Politik, die die europäischen Gewerkschaften und »sozialdemokratischen« Parteien verfolgen sollten. Im Rahmen der Marxschen Lehre sind Gewerkschaften vor allem Instrumente des Klassenkampfes. Die

---

49 Siehe unter vielen anderen Veröffentlichungen: Bober, *Marx's Interpretation of History*, a.a.O.; Lionel Robbins, *The Economic Basis of the Class Conflict*, London 1939; und die Protokolle der 61. Jahrestagung der American Economic Association (»Round Table in Commemoration of the Centenary of the Communist Manifesto«) in: *American Economic Review* 39 (1949), S. 13-46.
50 Siehe auch Vernon Venable, *Human Nature. The Marxian View*, New York 1945.
51 Marx, *Das Kapital*, Band 1, a.a.O., S. 791.

Macht, Steigerungen der Reallöhne zu sichern oder Verbesserungen der Arbeitsbedingungen zu erzwingen, kommt ihnen nicht zu. Eine solche Auffassung der Arbeiterorganisationen wäre mit der Lehre von der Akkumulation des Elends in der Arbeiterklasse nicht zu vereinbaren gewesen.

Die Befürworter revolutionären sozialen Handelns sahen sich dem Argument gegenüber, es sei ratsam, auf den unvermeidlichen Zusammenbruch des kapitalistischen Systems zu warten, statt die Risiken in Kauf zu nehmen, die mit revolutionären Erhebungen verknüpft sind. Für diese abwartende Haltung sprach auch sehr die Überlegung, daß die Marxsche Doktrin keinerlei Hinweise darauf gab, wie die kommunistische Zukunftsgesellschaft zu organisieren und wie dem Widerstand vieler »reaktionärer« Elemente zu begegnen sei, ohne das allgemeine wirtschaftliche Wohl zu gefährden. Immer deutlicher zeigte sich auch, daß von der »internationalen Solidarität des Proletariats« kaum ein wirksamer Beitrag im Kampf gegen die kapitalistische Ordnung zu erwarten war. Daher erschöpften sich im Grunde alle Deutungen des Klassenkampfs in wenig überzeugenden Behauptungen.

Im Vorübergehen sei erwähnt, daß sich in einer Beobachtung des Wirtschaftshistorikers Richard H. Tawney der Schlüssel für eine ganz andere Interpretation des »Klassenkampfes« finden ließe. Tawney wies darauf hin, daß das soziale Problem in Europa ein ganzes Jahrtausend lang nicht der Lohnempfänger, sondern der Bauer gewesen sei.[52] Einem geübten Dialektiker könnte die Ricardosche Theorie der Grundrente die Elemente einer Doktrin liefern, die auf der Spaltung der Gesellschaft in die antagonistischen Klassen der Ackerbauer und Stadtbewohner (Fabrikanten) beruht. Folgt man der Ricardoschen Argumentation, so ergibt sich ein tiefsitzender Konflikt zwischen den Grundeigentümern und allen übrigen Bevölkerungsklassen aus der Tendenz der Grundrente, einen beständigen Anstieg der Lohnkosten zum Nachteil des Profits zu erzwingen. Dieser Konflikt besteht, wie Ricardo zeigen konnte, auf Dauer und verschärft sich mit wachsendem Bevölkerungsdruck; er ließe sich als Antagonismus zwischen den auf dem Markt und den in der Produktionssphäre wirkenden Kräften auffassen, als ein Gegensatz, der zu verschärften Konkurrenzkämpfen zwischen Industrieunternehmen und zu einer allmählichen Verdrängung der Bodenprodukte aus vielen bisherigen Nutzungen führt. Wandlungen in der Struktur der landwirtschaftlichen Produktion ließen sich mit weitreichenden Veränderungen in der ökonomischen und gesellschaftlichen Organisation in Zusammenhang bringen, und entsprechend könnte man »Stufen« eines allgemeinen Entwicklungs-

---

52 Richard H. Tawney, »The Study of Economic History«, in: *Economica* 13 (1933), S. 1-21, hier S. 21.

prozesses unterscheiden. Schließlich könnte man die letzte und tiefste »Bedeutung« der bolschewistischen Revolution in der gewaltsamen Unterwerfung der Großgrundbesitzer unter die Interessen der Industriearbeiter suchen. Immerhin bezeichnete Stalin den Interessenunterschied zwischen Stadt und Land als eines der wichtigsten Hindernisse auf dem Weg vom »Sozialismus« zum »Kommunismus«.[53] Auch die ökonomische und politische Geschichte einiger Satellitenländer Osteuropas könnte die Heftigkeit dieses Gegensatzes belegen.

Ein bestimmter Aspekt der Lehre vom Klassenkampf verdient wegen seiner methodologischen Implikationen besondere Aufmerksamkeit: die von Marx und Engels nachdrücklich betonte Behauptung nämlich, nur die proletarische Klasse könne sich der Methode des dialektischen Materialismus bedienen, während jene, durch ihr Interesse an der Erhaltung der kapitalistischen Wirtschaft verblendet, nicht fähig seien, den Sinn und die logische Kraft dieser Methode zu erkennen. Dieses Verfahren, bestimmte soziale Gruppen von der Verwendung einer bevorrechtigten Denkmethode auszuschließen, hatte eine Entsprechung in der nationalsozialistischen Lehre, die die Eignung des deutschen Geistes zur Verwendung intuitiver Verfahren betonte und besonders den »nicht arischen« und slawischen Völkern eine solche Fähigkeit bestritt. In beiden Fällen diente der Verweis auf eine grundlegende Verschiedenheit der Denkmethoden dazu, eine bestimmte universale »Mission« einer Nation oder sozialen Gruppe zu rechtfertigen. Vor dem Auftreten der marxistischen und der nationalsozialistischen Philosophie wurden solche angeblichen Missionen bestimmter Völker gewöhnlich auf göttliches Offenbarungsgeschehen zurückgeführt und auf diese Weise legitimiert.

Überzeugte Marxisten erhielten damit ein bequemes Mittel, alle von »bürgerlichen Ökonomen« vorgetragenen Einwände gegen ihre Lehre abzuwehren: da sie »Eigentumsinteressen« verträten, sei von ihnen kein Einblick ins Wesen des gesellschaftlichen Entwicklungsprozesses zu erwarten. Diese Einstellung äußerte sich auch in dem heftigen Protest, den sämtliche Marxisten gegen jeden Versuch erhoben, die dialektischen Grundbegriffe in solche zu übersetzen, die in den »bürgerlichen« Wissenschaften sonst üblich sind und hypothetischen Methoden entsprechen.

In der Tat durchlaufen praktisch alle dialektischen Termini wie *Wert, Mehrwert, Profit, Profitrate, Produktionsweise, Distributionsweise, Überbau, Klasse* und dergleichen einen vollständigen Bedeutungswandel, wenn sie im Rahmen eines anderen Denkmusters definiert werden. Von daher rühren die Schwierigkeiten, die immer dann auftreten, wenn dialektisch argumentierende Abhandlungen in Sprachen übersetzt werden

[53] Josef Stalin in: *Bolshevik*, Oktober 1952.

sollen, die sich unter dem Einfluß anderer Denkmethoden entwickelt und niemals wie die deutsche Sprache den Einfluß der Hegelschen und Marxschen Dialektik erfahren haben.[54]

Es wurde die Frage gestellt, warum Marx sein Hauptwerk *Das Kapital* nicht in Englisch geschrieben hat, obwohl es doch beinahe ausschließlich auf die Entwicklung der ökonomischen Bedingungen in England Bezug nimmt, um die Entwicklungsprozesse zu veranschaulichen, die der Entstehung und Entfaltung der kapitalistischen Wirtschaft zugrunde liegen. Die Benutzung des Ricardoschen ökonomischen Systems als Ausgangspunkt seiner Analyse hätte für Marx ein weiterer Grund sein können, seine Gedanken auf Englisch zu formulieren. Wahrscheinlich erkannte er jedoch sehr gut, daß diese Sprache eher dem Denken in Annahmen und Hypothesen entspricht als einem Denken in aristotelischen Kategorien und dialektischen Widersprüchen. Es war kein »historischer Zufall«, wie Paul M. Sweezy gemeint hat, daß es dem Marxismus nicht gelang, in den englischsprachigen Ländern nennenswert Fuß zu fassen. Schlagworte wie »Klassenkampf« und dialektische Ausdrücke wie »materialistische Geschichtsauffassung« gehen praktisch ihrer schicksalsschweren Bedeutung verlustig, wenn sie in Worten ausgedrückt werden, die nicht mit dialektischen Konnotationen getränkt sind.[55]

Mit dem Begriff *Ideologien* bezeichnete Marx Art und Inhalt von Denkrichtungen, deren Geltungsanspruch seiner Ansicht nach grundlegend durch bestimmte Interessen, zumal Eigentumsinteressen, entkräftet wird. Vor Marx wurde der Ausdruck *Ideologie*, der französischen Ursprungs ist, ebenfalls in unklarem Sinne zur Bezeichnung visionärer Theorien verwandt. Marx bediente sich dieses Begriffs in seinen beißenden Angriffen gegen die führenden Ricardianer seiner Zeit, die er »Vulgärökonomen« nannte. Vielleicht ist es erwähnenswert, daß Marx bemüht war, seine Übernahme einiger Grundannahmen der Ricardoschen Lehre mit dem Argument zu rechtfertigen, daß Ricardo vor 1830 schrieb, in einer Zeit also, in der der Klassenkampf noch nicht offen zum Ausbruch gekommen war und die politische Ökonomie folglich noch »eine Wissen-

---

54 Charakteristisch für den Eindruck, den die Marxsche Lehre auf einen Geist machte, der ausschließlich in hypothetischem Denken geübt war, ist das Urteil von John Maynard Keynes: »Aber der marxistische Sozialismus wird immer eine *crux* in der Geschichte der Lehrmeinungen bleiben – wie es möglich sein konnte, daß eine so unlogische und langweilige Lehre einen so mächtigen und dauernden Einfluß auf den Geist der Menschen und durch ihn auf den Gang der Geschichte auszuüben vermochte.« *The End of Laissez-Faire*, London 1926, S. 34 (deutsch: *Das Ende des Laissez-faire*, München/Leipzig 1926, S. 26).
55 Paul M. Sweezy, »Declining Investment Opportunities«, in: Seymour Harris (Hg.), *The New Economics*, New York 1947, S. 103.

schaft bleiben« konnte. Zur Gruppe der »Vulgärökonomen« rechnete Marx John R. McCulloch, Nassau William Senior, John Stuart Mill und Jean Baptiste Say, die als Knechte des Kapitals sämtlich die Arbeitskostentheorie des Wertes aufgegeben hätten. Auf ihre Willfährigkeit gegenüber Kapitalinteressen führte er auch die Tatsache zurück, daß sie für Boden und Kapital bedeutende Funktionen im Produktionsprozeß vorsahen und die Kräfte verkannt hätten, die in der kapitalistischen Ökonomie auf deren Auflösung hinarbeiten.

Bis auf den heutigen Tag ist der »Ideologieverdacht« eine Waffe geblieben, die von überzeugten Marxisten, insbesondere natürlich von bolschewistischen Autoren, in Diskussionen mit »bürgerlichen« Ökonomen und Philosophen geschwungen wird. Offen blieb dabei jedoch stets die Frage, warum das Prinzip der »ideologischen Bedingtheit von Denkprozessen« nur auf »bürgerliche« Ökonomen und nicht ebenso auf jene anwendbar sein sollte, die die Interessen der eigentumslosen Klassen vertreten. Die Analyse der Beziehungen zwischen »Ideologien« und Denkprozessen war Ausgangspunkt der sogenannten Wissenssoziologie, besonders im Werk Karl Mannheims.

Über die Werke von Marx, zumal die drei Bände des *Kapitals*, entspann sich eine weltweite Debatte, in der ökonomische, soziologische und philosophische Probleme besprochen wurden. Nicht nur die allgemeine Richtung des Marxschen Denkens, sondern so gut wie alle einzelnen Marxschen Theoreme wurden aus dem Blickwinkel des dialektischen, intuitionistischen und hypothetischen Denkens eingehend geprüft. Es liegt auf der Hand, daß das Ergebnis am Ende derartiger Studien jeweils von der Wahl der Denkmethoden abhing, mit denen die Untersuchungen durchgeführt wurden. Die eklatanten Mängel der Marxschen Methoden, die Unstimmigkeiten und sogar Fehlschlüsse, die in der Lehre des dialektischen Materialismus enthalten sind, und die Nichtigkeit der Voraussagen, die sich aus ihr ableiten lassen, wurden insbesondere von scharfsichtigen Autoren nominalistischer Überzeugung dargelegt. Im Rückblick läßt sich feststellen, daß sich die Errichtung von »Diktaturen des Proletariats« nirgendwo aus dem Zusammenbruch einer hochentwickelten kapitalistischen Wirtschaft ergab, wie nach der Marxschen Theorie anzunehmen gewesen wäre, sondern stets durch revolutionäre politische Parteien vollzogen wurde, die relativ kleine Bevölkerungsgruppen repräsentierten.[56]

Andererseits besteht kein Zweifel, daß viele Ökonomen, die die methodologischen Grundsätze des dialektischen Materialismus und die Lehren

---

[56] Siehe insbesondere Joseph Alois Schumpeter, *Capitalism, Socialism, and Democracy*, New York 1942 (deutsch: *Kapitalismus, Sozialismus und Demokratie*, Bern 1946).

der Marxschen Doktrin keineswegs billigten, von den Konzepten beeindruckt waren, die dem entwicklungsorientierten Ansatz in der ökonomischen Analyse sowie der Formulierung der dynamischen Gesichtspunkte des kapitalistischen Systems stillschweigend zugrunde liegen. Die ingeniöse Art, in der sich Marx der ökonomischen und soziologischen Auswirkungen der »Akkumulation« und Zentralisation des Kapitals bediente; der Zusammenhang, den er zwischen technologischen Verbesserungen und den veränderlichen Strukturen der Ökonomie herstellte; die strategische Rolle, die er der Profitrate als bestimmendem ökonomischem Faktor zuschrieb; die grobe Unterscheidung, die er zwischen dem Verhalten der beiden Wirtschaftssektoren traf, die industrielle Kapitalgüter produzieren beziehungsweise Konsumgüter herstellen; schließlich seine Formulierung verschiedener Aspekte der wirtschaftlichen Konjunktur – diese und viele andere wichtige Elemente seiner Analyse verwiesen auf zahlreiche vernachlässigte Probleme sowie auf die Notwendigkeit, der Forschung neue Bahnen zu eröffnen.

17. Kapitel
Versionen des Marxismus

Die revisionistische Bewegung

Die rasche Verbreitung der Marxschen Lehre, zumal in weiten Teilen der mitteleuropäischen Intelligenz, wird erst dann erklärlich, wenn man bedenkt, daß ihre Botschaft starken Anklang bei revolutionären Gruppen fand, deren tiefer Haß auf die kapitalistische Organisation der Wirtschaft mit einer ebenso tiefen Abneigung gegen die Methoden des hypothetischen Denkens einherging. Sie waren von dem Gedanken fasziniert, mit der Marxschen Theorie über einen »wissenschaftlichen« Beweis für die inneren Widersprüche jener Ökonomie zu verfügen und eine Darstellung jener Prozesse zu besitzen, die mit Notwendigkeit zur Ökonomie der Zukunft führen. In den achtziger Jahren, also weniger als zwanzig Jahre nach der Veröffentlichung des ersten Bandes des *Kapitals*, gab es bereits in einer Reihe von europäischen Ländern politische Parteien oder Bewegungen, die auf dem Boden der Marxschen Lehre standen. In Frankreich stand Mathieu Basile (Pseudonym Jules Guesde, 1845-1922) an der Spitze des *Parti ouvrier*; in Spanien wurde eine ähnliche Partei von Pablo Iglesias (1850-1925) geführt. In England leitete Henry Mayers Hyndman (1842-1921) die *Social Democratic Federation*; Vertreter des russischen Marxismus waren Georgi Walentinowitsch Plechanow und Pawel Borissowitsch Axelrod (1850-1928). Der führende Kopf der österreichischen Marxisten war Victor Adler (1852-1918). Von geringerer Bedeutung waren ähnliche Bewegungen, die in Norwegen, in der Schweiz, in Schweden, Holland und Belgien aufgekommen waren. Stärker jedoch als in jedem anderen Land vermittelte der Marxismus in Deutschland seine geistigen Impulse einer Organisation der Arbeiterklasse, die sich unter der Führung von Wilhelm Liebknecht und Karl Kautsky (1854-1938) rasch vergrößerte und äußerst wirkungsvoll vorging. In dem politischen Programm der Sozialdemokratischen Partei, das 1891 auf dem Erfurter Parteitag angenommen wurde, fanden einige Grundprinzipien der marxistischen Überzeugung ihren Niederschlag: der Glaube an den Klassenkampf und die Akkumulation des Kapitals sowie das Theorem der zunehmenden Verschlechterung der proletarischen Lebensbedingungen. Als letztes Ziel der sozialistischen Bewegung wurde zentralisiertes Gemeineigentum an allen Produktionsmitteln in einer »klassenlosen« Gesellschaft angestrebt. Von gewaltsamen revolutionären Erhebungen als politischer Strategie war jedoch keine Rede; dagegen enthielt das Programm eine beträchtliche Anzahl positiver Forderungen zum Arbeitsrecht und zur Sozialreform, die durch parlamentarische Aktion errungen werden sollten.

Gegen Ende des neunzehnten Jahrhunderts sah sich die Marxsche Doktrin jedoch einer Gefahr gegenüber, der wohl alle Lehren mit absolutem und universellem Wahrheitsanspruch bei ihrer Verbreitung ausgesetzt sind. Solche Lehren werden unweigerlich zum Gegenstand abweichender Interpretationen, und es entstehen Auseinandersetzungen zwischen rivalisierenden Schulen um die genaue Deutung, die bestimmten fundamentalen Lehrsätzen zu geben ist. Die Deutung des Marxismus wurde noch dadurch erschwert, daß die Methoden des dialektischen Materialismus niemals klar formuliert worden, sondern im Nebel einer zweideutigen Phraseologie geblieben waren, und es lag auf der Hand, daß die Marxschen Voraussagen vom tatsächlichen Ereignisverlauf nicht gestützt wurden. Die fortschreitende Akkumulation des Kapitals ging mit der Streuung des Eigentums der großen Konzerne unter zahlreichen Kleinaktionären einher; im Bereich der Landwirtschaft schien überhaupt keine Konzentration des Eigentums zu erfolgen, und der Mittelstand verlor nicht den Boden unter den Füßen, wenngleich sich sein Charakter änderte. Vor allem aber erfuhren die Arbeitsbedingungen bedeutsame Verbesserungen, und die Reallöhne stiegen.

Argumente dieser Art fanden ihren Kristallisationskern in den sogenannten revisionistischen Bewegungen, die insbesondere bei den deutschen Gewerkschaftsführern Anhänger gewannen. Sie weigerten sich, die im Grunde mechanistische Auffassung der Ökonomie bei Marx, die dialektischen Züge seiner Lehre und den Glauben an die Existenz von inneren Widersprüchen dieser Ökonomie zu übernehmen. Vielmehr betonten sie, daß die freie Konkurrenz, die in der Marxschen Analyse des kapitalistischen Systems eine grundlegene Rolle gespielt hatte, in weiten Bereichen der Wirtschaft durch Unternehmerverbände (Kartelle und dergleichen) ersetzt worden sei, die zu Monopolsituationen geführt hätten. Sie verwiesen auf die wachsende Bedeutung kollektiver Verhandlungen bei der Regelung von Löhnen und Arbeitsbedingungen sowie auf einschneidende Sozialreformen, die durch politisches Handeln erreicht worden waren.

Die revisionistischen Argumente wurden von Eduard Bernstein (1850 bis 1932) eindrucksvoll vorgetragen. Während eines mehrjährigen Exils in London war Bernstein stark vom Denken der Fabier beeinflußt worden, die ihn überzeugt hatten, daß der Marxsche Begriff des Wertes unhaltbar sei und durch einen Wertbegriff ersetzt werden müsse, der auf die Grenznutzenanalyse zurückgeht. Überdies gab Bernstein die dialektischen Züge des Marxismus auf und rechtfertigte die Prinzipien des Sozialismus in erster Linie mit ethischen Überlegungen. Die Erreichung des Endziels einer sozialistischen Gesellschaft überließ er vage definierten »Entwicklungsprozessen«. Seine Lohntheorie entsprach den Zielen der Gewerkschaftspolitik, insofern er »gesellschaftlichen

Machtpositionen« den entscheidenden Einfluß auf die Lohnhöhe zubilligte.[1]
Die gemäßigten Sozialisten, die solche Auffassungen vertraten, waren nicht an den dialektischen Problemen interessiert, die in den Zeitschriften der »orthodoxen Marxisten« lebhaft erörtert wurden, noch an den Problemen, die sich aus dem angeblichen tendenziellen Fall der Profitrate, den Wirkungen der Kapitalakkumulation oder der Deutung der Marxschen Schemata der erweiterten Reproduktion ergaben. Die Diskussionen zwischen den Revisionisten und ihren marxistischen Gegnern drehten sich eher um die Frage, ob Marx seine Lehre nach einer vorgefaßten These entwickelt habe[2], sowie um das Problem, ob das Marxsche Gesetz der fortschreitenden Kapitalkonzentration auch auf die Landwirtschaft anwendbar sei. Die von den Marxisten, namentlich von Karl Kautsky vertretene Behauptung lautete, daß die Grundbesitzer dank ihrer Monopolstellung in der Lage seien, »absolute Renten« einzustreichen, und daß die Landwirtschaft nicht weniger als die Industrie dem Gesetz der Konzentration der Produktion unterliege. Unter den Marxisten, die sich an dieser Diskussion beteiligten, befand sich Wladimir Iljitsch Lenin (1870 bis 1924).[3]
Die Revisionisten vermochten den breiten Massen der deutschen Arbeiter offenbar recht erfolgreich eine Interpretation des sozialistischen Glaubens zu bieten, die die Aussicht auf eine allmähliche Umwandlung der kapitalistischen Gesellschaft durch vage definierte »Entwicklungsprozesse« eröffnete. Die dialektischen Züge der Marxschen Lehre verschwanden allmählich aus dem offiziellen Programm der Sozialdemokratischen Partei und wurden durch eine voluntaristische Philosophie ersetzt, die stark vom Denken der deutschen historischen Schule beeinflußt war. Die »Klassen« wurden ihrer grundlegend antagonistischen Aspekte entkleidet und zu konstitutiven Bestandteilen der »Nation« umdefiniert. Die Ideen, die unter der Flagge eines »evolutionistischen Sozialismus« segelten, bezogen sich vor allem auf die Beziehungen des Staates zu Industrie, Gewerbe und Arbeit. Damit wurde das Parteiprogramm den leitenden Prinzipien des »Staatssozialismus« angepaßt, wie er in den Schriften von Johann Karl Rodbertus entwickelt worden war.[4]
Die Methoden, mit denen die Transformationen der kapitalistischen

---

1 Eduard Bernstein, *Die Voraussetzungen des Sozialismus und die Aufgaben der Sozialdemokratie*, Stuttgart 1899.
2 Dieses Problem war von Bernstein aufgeworfen worden und wurde von Karl Kautsky in seiner Schrift *Bernstein und das sozialdemokratische Programm*, Stuttgart 1899, behandelt.
3 Karl Kautsky, *Die Agrarfrage. Eine Uebersicht über die Tendenzen der modernen Landwirthschaft und die Agrarpolitik der Sozialdemokratie*, Stuttgart 1899.
4 Siehe Karl Diehl, »Sozialismus und Kommunismus«, in: *Handwörterbuch der*

Wirtschaft analysiert wurden, ähnelten denen, die von der historischen Schule benutzt worden waren, wenngleich die Terminologie noch an die Marxsche Phraseologie erinnerte. In der Bildung von Kartellen und Trusts, in Firmenzusammenschlüssen und finanziellen Verflechtungen sah man eine Tendenz am Werk, die auf ein System der planmäßig geregelten Produktion und Verteilung hinauszulaufen schien. Der wachsende Einfluß der organisierten Arbeiter auf die Verwaltung der Unternehmen und die Regierung wurde als erster Schritt zur endgültigen Verwirklichung einer »industriellen Demokratie« betrachtet, in der die Vertreter der Arbeiter berufen wären, an der Führung zumindest der großen Industrieunternehmen teilzunehmen. Die zunehmende Aufsicht der Regierung über Industrie und Handel, die Ausweitung der Arbeitsgesetzgebung und die Einführung einer Sozialversicherung galten als weitere Symptome dieses Entwicklungsprozesses.[5] Solche Einschätzungen wurden von vielen führenden sozialistischen Parteien in Mittel- und Südeuropa geteilt. Auf der anderen Seite meldeten sich, gleichsam als Gegengewicht zu der Marxschen Idee einer internationalen Solidarität des Proletariats, in verstärktem Maße nationalistische Bewegungen zu Wort.[6]

In Frankreich war die sozialistische Bewegung zwischen rivalisierenden Richtungen zerrissen.[7] Der herausragendste Führer der gemäßigten französischen Sozialisten war Jean Jaurès (1859-1914). Auf dem Wege über allmähliche Verbesserungen der Lebensbedingungen der Arbeiterklasse hofften er und seine Anhänger schließlich grundlegende Transformationen der kapitalistischen Wirtschaft zu erreichen. Der radikale Gegenspieler dieser Gruppe – die mit den sozialistischen Gewerkschaften zusammenarbeitete – war die syndikalistische Bewegung, die sich weitgehend von Georges Sorel (1847-1922) inspirieren ließ.[8] Die Vertreter der syndikalistischen Arbeiterorganisationen lehnten jede Bindung an politische Parteien ab, um jede Anpassung ihres radikalen Programms an wechselnde politische Verhältnisse zu verhindern. Sie glaubten, daß die Ziele des »wahren Marxismus« einzig in der Konzentration auf den Klassenkampf als den entscheidenden Faktor der Entwicklung bestünden, und ergänzten die deterministischen Züge der Marxschen Dialektik um eine

---

Staatswissenschaften, 4. Auflage, Band 7, Jena 1923, S. 578-612; und Werner Sombart, Sozialismus und soziale Bewegung, Jena 1905.
5 Siehe Karl Renner, *Marxismus, Krieg und Internationale*, Stuttgart 1917; Fritz Naphtali, *Wirtschaftsdemokratie*, Berlin 1928.
6 Siehe Franz Borkenau, *Socialism National or International*, London 1942.
7 Georges Sorel, *La décomposition du marxisme*, Paris 1908 (deutsch: *Die Auflösung des Marxismus*, Jena 1930).
8 Ders., *Réflexions sur la violence*, Paris 1909 (deutsch: *Über die Gewalt*, Frankfurt am Main 1969).

voluntaristische Philosophie, in welcher der von Henri Bergson (1859-1914) eingeführte Begriff des *élan vital* eine einflußreiche Rolle spielte.⁹ Sie betrachteten Streiks als das wirkungsvollste Mittel, bei der Arbeiterklasse revolutionäre Begeisterung zu wecken und lebendig zu halten. Die Sozialphilosophie der Revisionisten benötigte eine Erklärung für die Krisen und Depressionen, die sich grundlegend von der Rolle unterschied, die ihnen im Marxschen Modell verheerender ökonomischer Umwälzungen zukommen sollte. Eine Theorie, die diese Anforderungen erfüllte und dennoch einige charakteristische Elemente der Marxschen Analyse bewahrte, lieferte der Russe Michail Tugan-Baranowsky, der die Arbeitskostentheorie zugunsten eines Grenznutzenansatzes in der Werttheorie aufgab und aus seiner Erklärung der konjunkturellen Schwankungen der Geschäftstätigkeit jede Bezugnahme auf Veränderungen der Profitrate beseitigte.¹⁰ Er übernahm jedoch den Marxschen Glauben an die Planlosigkeit der kapitalistischen Wirtschaft und konzentrierte seine Analyse auf die Produktionsprozesse, insbesondere auf die Behauptung, daß in der Phase der Expansion der Geschäftstätigkeit die Zuwächse der Kapitalgüterproduktion den entsprechenden Steigerungen der Konsumgüterproduktion vorauseilten. Den Zusammenbruch des Booms führte er zum Teil auf eine Erschöpfung der verfügbaren Leihgelder zurück, die zu Investitionszwecken benötigt werden, zum Teil aber auch auf die disproportionale Entwicklung der einzelnen Wirtschaftszweige. Ebenso wie Marx entfernte er aus seiner Analyse jeden Bezug auf mangelnde Kaufkraft der Arbeiterklasse. Als Heilmittel empfahl er eine Kontrolle der Produktionsausweitung durch administrative Maßnahmen, insbesondere große Monopole. Eine ähnliche Analyse der Krisen wurde von dem russischen Ökonomen Mentor Bouniatian vorgetragen; er veröffentlichte seine Studien über Theorie und Geschichte der Wirtschaftskrisen im Jahre 1908 in deutscher Sprache. Wie Tugan-Baranowsky schrieb er der kapitalistischen Ökonomie eine innere Tendenz zu, die Produktion von Kapitalgütern zu überdehnen.¹¹ Der Gedanke, die konjunkturellen Schwankungen mit Disproportionalitäten in der Expansion verschie-

---

9 Siehe Émile James, *Histoire des théories économiques*, Paris 1950, S. 140. Zu den ökonomischen Vorstellungen und Bestrebungen der französischen sozialistischen Parteien siehe Gaetan Pirou, *Les doctrines économiques en France*, Paris 1925.

10 Michail Tugan-Baranowsky war weder Marxist noch Revisionist im strengen Sinne. Er entwickelte seine Hauptgedanken in *Theoretische Grundlagen des Marxismus*, Leipzig 1905. Seine Untersuchungen zu Theorie und Geschichte der englischen Handelskrisen wurden auf Russisch zuerst 1894 veröffentlicht und erschienen 1901 in deutscher Übersetzung.

11 Mentor Bouniatian, *Studien zur Theorie und Geschichte der Wirtschaftskrisen*, 2 Bände, München 1908. Bouniatian entwickelte seine Theorie in einer späteren Abhandlung weiter: *Les crises économiques*, Paris 1922.

ner Wirtschaftsbereiche statt mit Unterkonsumtion in Zusammenhang zu bringen, wurde von einigen Mitgliedern der deutschen historischen Schule übernommen. Recht primitive »Unterkonsumtionstheorien« wurden dagegen von Conrad Schmidt (1863-1932) und Louis B. Boudin vertreten.[12]

Der orthodoxe Marxismus

Die ernsthaftesten Versuche, alle dialektischen Aspekte der Marxschen Lehre bei der Interpretation und Ausarbeitung ihrer charakteristischen Merkmale zu bewahren, wurden von einer Gruppe fähiger österreichischer Autoren und Politiker unternommen. Als repräsentative Mitglieder dieser Gruppe seien Karl Renner (1870-1950), Max Adler (1873-1937), Otto Bauer (1881-1938) und Rudolf Hilferding (1877-1941) genannt. Karl Renner, der eine herausragende Rolle in verschiedenen Regierungen der österreichischen Republik spielte, wandte die Methoden der Dialektik auf die Untersuchung juristischer Probleme an und veröffentlichte diese Studien unter dem Namen R. Springer. Max Adler beschäftigte sich ausgiebig mit verschiedenen philosophischen Gesichtspunkten der Marxschen Lehre. Auch einige begabte deutsche und russische Anhänger des Marxismus befanden sich im orthodoxen Lager. In den ersten zwanzig Jahren unseres Jahrhunderts übte Karl Kautsky, der deshalb auch häufig als »Hoherpriester des Marxismus« bezeichnet wurde, eine strenge Kontrolle über die »Orthodoxie« der Marxisten aus.

Trotz ihrer Ausführlichkeit und Gründlichkeit blieb der Ertrag, den die zahlreichen Untersuchungen dieser Autoren erbrachten, recht mager. Überzeugt davon, daß die Marxschen Lehren die tiefste Quelle menschlicher Erkenntnis, Weisheit und Hoffnung darstellten, hielten sie es nahezu für Blasphemie, bedeutsame Elemente der Doktrin einschneidend zu verändern; die richtige Handhabung der abstrusen Begriffe und Verfahren der materialistischen Dialektik stellte der freien Entwicklung des Denkens zusätzliche Hindernisse in den Weg. Mit der Zeit wurden die Behauptungen, die der Marxschen Analyse der kapitalistischen Wirtschaft zugrundegelegen hatten, immer unhaltbarer. Dennoch verlangten die von den Regeln der Orthodoxie auferlegten Pflichten die Beibehaltung praktisch sämtlicher Lehrsätze der Doktrin.

In diesem Zusammenhang sei ein fragwürdiger Versuch Otto Bauers erwähnt, die Existenz einer kausalen Beziehung zwischen der Expansion

---

12 Conrad Schmidt, »Zur Theorie der Handelskrisen und der Überproduktion«, in: *Sozialistische Monatshefte* 7 (1901); und Louis B. Boudin, *Das theoretische System von Karl Marx*, Stuttgart 1909.

des Kapitalismus in unterentwickelte Gebiete und der Ausbeutung der Arbeit einerseits und den politischen und ökonomischen Verhältnissen kulturell zurückgebliebener Nationen andererseits nachzuweisen.[13] Wirklich bemerkenswert war jedoch Hilferdings Studie über die Probleme, die sich aus der fortschreitenden »Akkumulation und Konzentration des Kapitals« ergeben.[14] Zum Beispiel entwickelte er den Gedanken, daß es den großen Handelsbanken im Verlauf dieses Prozesses zunehmend gelungen sei, die Führung der Industrieunternehmen unter Kontrolle zu bekommen, und daß der Besitz an solchen Unternehmen häufig unter zahlreichen Investoren verstreut sei, deren Hauptinteresse nur noch in der Einnahme von Dividenden bestehe.[15] Seine strenge Prinzipientreue gegenüber der Marxschen Arbeitskostentheorie veranlaßte ihn sogar, diese Theorie auf die Erklärung der Preise unter Monopolbedingungen anzuwenden. Hilferding führte die Überexpansion der Schwerindustrie auf die Reinvestition der in diesem Sektor realisierten Extraprofite zurück. Wie Tugan-Baranowsky machte er die Disproportionalität in der Entwicklung der verschiedenen Wirtschaftssektoren für die konjunkturellen Schwankungen der Geschäftstätigkeit verantwortlich.

Den Veränderungen, die die Konzentration des Kapitals in den nationalen Ökonomien hervorgerufen hatte, stellte Hilferding einen entsprechenden Wandel im Bereich der internationalen Beziehungen zur Seite. Er unterstrich die wachsende Bedeutung internationaler Kartelle und Trusts und verwies auf die erfolgreichen Bemühungen organisierter nationaler Gruppen, auf internationalen Märkten bestimmte Interessensphären abzustecken. Er analysierte das Eindringen des Finanzkapitals in unterentwickelte Gebiete und den Druck, der von Vertretern dieses Kapitals auf die Regierungen ausgeübt wurde, um sie zu einer expansionistischen Politik zu bewegen. Dieser Ansatz warf verschiedene Probleme auf, die zuvor kaum ausreichende Beachtung gefunden hatten. Er lief freilich darauf hinaus, die strenge Determiniertheit sämtlicher Phasen des Entwicklungsprozesses aufzugeben, die ein herausragender Zug der Marxschen Lehre gewesen war; darüber hinaus nahmen verschiedene marxistische Kategorien wie »Kapital«, »Kapitalist«, »Monopol« und dergleichen neue Bedeutungsmerkmale an. Trotz seiner marxistischen Überzeugungen fühlte sich Hilferding zu dem Eingeständnis genötigt, daß die fortschreitende Kapitalkonzentration in den Händen der Banken,

---

13 Otto Bauer, *Die Nationalitätenfrage und die Sozialdemokratie*, Wien 1907.
14 Rudolf Hilferding, *Das Finanzkapital*, Wien 1910.
15 Die Tendenz der großen Handelsbanken, auf die Geschäftspolitik der Industrieunternehmen beherrschenden Einfluß auszuüben, war in Deutschland und Österreich viel ausgeprägter als in England oder in den Vereinigten Staaten. Vgl. Alfred Marshall, *Industry and Trade*, London 1919, S. 566.

die mit der Durchsetzung der Monopolherrschaft über große Märkte einhergehe, das Funktionieren der kapitalistischen Wirtschaft aller Voraussicht nach festige und damit den Zusammenbruch dieser Ökonomie auf unbestimmte Zeit verschiebe.

Hilferdings Interpretation der wachsenden Kontrolle, die das »Finanzkapital« über die produktiven Unternehmen ausübt, wurde später von Lenin gewissermaßen in eine marxistische Theorie umgewandelt, der zufolge eine Handvoll Banken die Macht habe, alle kommerziellen und industriellen Transaktionen in den kapitalistischen Ökonomien zu lenken.[16] In den Vereinigten Staaten übernahm Thorstein Veblen einige von Hilferdings Leitgedanken bei seiner Beschäftigung mit der Rolle des Eigentümers ohne Unternehmerfunktion, mit den Verhältnissen im kaiserlichen Deutschland und ähnlichen Themen. Spätere Nachprüfungen, wie der *Macmillan Report* 1931 in England und die Erhebungen des *Temporary National Economic Committee* 1941 in den Vereinigten Staaten, führten jedoch zu dem Schluß, daß die Rolle, die Hilferding den Banken zuschrieb, ein vorübergehendes Phänomen sei und daß dem Einfluß von Finanzgruppen außer in einigen mitteleuropäischen Ländern kaum Bedeutung zukomme.[17]

Andere marxistische Untersuchungen, die Erwähnung verdienen, beschäftigten sich mit der Deutung der Zusammenbruchstheorie. Im Mittelpunkt dieser Erörterungen stand die Frage, ob der endgültige Kollaps der kapitalistischen Wirtschaft durch die Wirkungen der fallenden Profitrate oder durch das Fehlen von Märkten herbeigeführt werde, welche die unter dem Druck einer raschen Kapitalakkumulation produzierten Güter aufnehmen könnten. Eine Theorie, die von Veränderungen in der »organischen Zusammensetzung des Kapitals« ausging, rivalisierte also mit einer neuen Version der traditionellen sozialistischen Unterkonsumtionsideen.

Rosa Luxemburg (1870-1919) war eine der glühendsten Verfechterinnen des revolutionären Sozialismus und eine der überzeugtesten Gegnerinnen jeder »evolutionistischen« Deutung des Marxismus.[18] Sie bestand darauf, die logische Rechtfertigung des kämpferischen Sozialismus aus dem dialektischen Theorem der Akkumulation des Kapitals und der komplemen-

---

16 W. I. Lenin, *Der Imperialismus als höchstes Stadium des Kapitalismus* (1917), in: *Ausgewählte Werke*, Band 1, Berlin 1970, S. 763-873.

17 Zu Hilferdings Analyse siehe unter anderem J. Hashagen, »Marxismus und Imperialismus«, in: *Jahrbücher für Nationalökonomie und Statistik* 113 (1919) S. 193-216, sowie Ludwig M. Lachmann, »Finance Capitalism?«, in: *Economica* 24 (1944), S. 64-73.

18 Rosa Luxemburg, *Die Akkumulation des Kapitals*, Berlin 1913 (Nachdruck: Frankfurt am Main 1966).

tären Akkumulation des Elends abzuleiten. Empört wandte sich Luxemburg insbesondere gegen die drohende Schwächung der revolutionären Begeisterung der Arbeiter durch die Ausbreitung von Theorien, die den Begriff des »kapitalistischen Imperialismus« seiner dialektischen Merkmale beraubten. Sie betrachtete die Expansion des Kapitalismus in Kolonien und abhängige Länder als wichtigen Beitrag zur wachsenden Produktivität der kapitalistischen Unternehmen. Unter der willkürlichen Annahme, daß in dem Sektor, in dem Kapitalgüter erzeugt werden, die Akkumulationsrate des Kapitals fünfzig Prozent beträgt und in dem Sektor, der mit der Produktion von Konsumgütern beschäftigt ist, die gleiche Rate erzielt wird, gelangte sie zu dem Schluß, daß sich zwischen dem Gesamtwert der auf den Markt gebrachten Verbrauchsgüter und der Kaufkraft der Massen eine wachsende Diskrepanz entwickeln müsse. Im Unterschied zu Karl Marx, der für den Ausbeutungsprozeß eine gleichbleibende Rate angenommen hatte, argumentierte Rosa Luxemburg, daß die Reallöhne der Arbeiter konstant blieben und daß folglich der Anteil der Arbeiter am Volkseinkommen in dem Maße sinke, in dem die Produktivität durch den technischen Fortschritt zunimmt.
In ihrer Erörterung des Zusammenbruchsproblems entwickelte Luxemburg eine vieldiskutierte Theorie des »ökonomischen Imperialismus«, in deren Mittelpunkt der Gedanke stand, die kapitalistischen Ökonomien hätten ihren Kollaps nur dadurch vermieden, daß sie Kapital und große Mengen anderweitig unverkäuflicher Waren in Gebiete exportierten, die in den kapitalistischen Wirtschaftsraum noch nicht einbezogen sind, in denen die Industrie noch in den Kinderschuhen steckt und billige Arbeit in großen Mengen verfügbar ist. Anders als Marx, der von den Problemen, die mit den Investitionen kapitalistischer Länder in unterentwickelten Ländern zusammenhängen, praktisch keine Notiz genommen hatte, machte Luxemburg solche Direktinvestitionen zum Kern ihrer Theorie. Dieser Theorie zufolge handelt es sich bei der wirtschaftlichen Erholung um eine Konjunkturphase, in deren Verlauf Investitionen in Kolonien und abhängigen Ländern getätigt und neue Märkte in solchen Gebieten erschlossen werden. Darüber hinaus ließ sich diese Erklärung der Prosperitätsperioden völlig mit der materialistischen Geschichtsauffassung in Einklang bringen, da sie den Kampf um Märkte für die modernen »imperialistischen« Kriege verantwortlich machte.
Diese Reformulierung der Marxschen Konjunkturzyklenanalyse war freilich nicht nur dem Einwand ausgesetzt, daß sie sich hauptsächlich auf das problematische »Unterkonsumtionsargument« stützte; sie machte auch ausführlich Gebrauch von fragwürdigen Annahmen wie der, daß das Realeinkommen der Arbeiter unverändert bleibe, daß die Akkumulation von Kapital mit der Freisetzung von Arbeitern gleichbedeutend

sei, daß sich die Unternehmer völlig irrational verhielten und dergleichen.[19]

Von dem österreichischen Marxisten Otto Bauer wurde die grundsätzliche Schwäche der Unterkonsumtionstheorie dagegen eingeräumt; er wandte sich den Veränderungen in der »organischen Zusammensetzung des Kapitals« zu, um den bevorstehenden Zusammenbruch der kapitalistischen Wirtschaft zu erklären.[20] Ausgehend von dem Marxschen Schema der erweiterten Reproduktion versuchte er einen Index zu berechnen, mit dem er die Ersetzung des variablen Kapitals (Löhne) durch konstantes Kapital (Investitionen) messen wollte. Das heißt, er suchte die Zunahme der eingesetzten Maschinen und Rohstoffe mit der Vermehrung der Anzahl der eingesetzten Arbeiter in Beziehung zu setzen. Aus der fortwährenden Steigerung der organischen Zusammensetzung des Kapitals entwickelte er das Bild eines steten Falls der Profitrate. Bauer machte nicht nur verschiedene willkürliche und unbegründete Annahmen im Hinblick auf die Wachstumsraten der einzelnen ökonomischen Größen, die er in seinen Berechnungen verwandte, sondern stellte auch Zuwächse im Tauschwert des Kapitals fest und zog keine vorübergehenden Erholungen der Profitrate in Betracht. Die Ergebnisse dieser Erörterungen waren praktisch bedeutungslos.[21]

Ein interessantes Zwischenspiel in der Diskussion der Natur des »Imperialismus« als Entwicklungsstadium des Kapitalismus war die Entdeckung, daß für imperialistische Neigungen vielleicht nicht nur kapitalistische Mächte, sondern auch sozialistische Länder anfällig sein könnten. Karl Renner, der diese Ansicht vertrat, war sehr bestürzt über den Mangel an internationaler Solidarität, der sich 1914 zu Beginn des Ersten Weltkriegs in praktisch allen sozialistischen Parteien zeigte.[22]

---

19 Zu neueren umfassenden Kritiken an der Theorie des »ökonomischen Imperialismus« siehe Hans Neisser, *Some International Aspects of the Business Cycles*, Philadelphia 1936, Anhang.
20 Otto Bauer, »Die Akkumulation des Kapitals«, in: *Neue Zeit* 31 (1912/13) 1, S. 831-838 und S. 862-874.
21 Zu diesen und weiteren Kritikpunkten siehe Paul M. Sweezy, *The Theory of Capitalist Development*, New York 1946, S. 103 (deutsch: *Theorie der kapitalistischen Entwicklung*, Köln 1959, S. 166 f.).
22 Renner, *Marxismus, Krieg und Internationale*, a.a.O.

Die bolschewistische Version des Marxismus

Das gewaltige Ausmaß intellektueller Anstrengungen, das auf die Deutung und Rechtfertigung der Marxschen Lehre als Theorie des »wissenschaftlichen Sozialismus« aufgewandt wurde, stand in keinem Verhältnis zu den Ergebnissen dieser Bemühungen, die immer hoffnungsloser wurden, als sogar »orthodoxe Marxisten« erkennen mußten, daß die Entwicklung der kapitalistischen Länder keineswegs die Voraussagen bestätigte, die aus den vermeintlichen inneren Antagonismen der kapitalistischen Wirtschaft abgeleitet worden waren.

Die Führer der russischen bolschewistischen Bewegung behaupteten zwar, der Marxschen Lehre uneingeschränkt die Treue zu halten; sie waren jedoch viel weniger an den wissenschaftlichen Aspekten dieser Doktrin als an deren Fähigkeit interessiert, den eigenen sozialrevolutionären Zielen eine tragfähige Grundlage zu bieten. Sie zögerten daher nicht, die Marxschen Lehren ihrem Programm der Errichtung eines kommunistischen Regimes in einem Land anzupassen, in dem die Entwicklung des Kapitalismus erst begonnen hatte, in dem die Existenz eines stark zentralisierten Absolutismus jedoch plausible Chancen dafür bot, die Unterwerfung der Bevölkerung unter die Diktate einer autokratischen Regierung fortführen zu können.

Die Vorliebe Lenins, Trotzkis und vieler anderer russischer Sozialisten für die gewundenen Argumentationen der Marxschen Dialektik sind unterschiedlich interpretiert worden.[23] Fast alle russischen Revolutionäre waren in einer geistigen Atmosphäre aufgewachsen, die von Prinzipien eines mittelalterlichen Denkmusters beherrscht und von tiefem Haß auf die westliche Zivilisation geprägt waren. Der herausragende Vertreter dieser anti-westlichen politischen Philosophie in Rußland war Konstantin Petrowitsch Pobedonoszew (1827-1907), der als Oberprokurator des Heiligen Synods zwischen 1880 und 1905 an der Spitze der russisch-orthodoxen Kirche stand. Er hatte als Berater von Zar Alexander III. und Nikolaus II. großen Einfluß auf deren Innenpolitik.[24] Die Marxsche Lehre, in mancherlei Hinsicht der mittelalterlichen Scholastik durchaus verwandt, lieferte den Revolutionären starke Argumente gegen die westliche Zivilisation sowie den logischen Beweis für einen Entwicklungspro-

---

23 Über mögliche Verbindungen zwischen dem bolschewistischen Denken und den intellektuellen Tendenzen und Bewegungen im vorrevolutionären Rußland siehe die ausführlichen Erörterungen in Ernest J. Simmons (Hg.), *Continuity and Change in Russian and Soviet Thought*, Cambridge, Mass. 1955.

24 Siehe unter anderem Rudolf Kjellén, *Die Großmächte der Gegenwart*, 6. Auflage, Leipzig 1915, S. 164; Robert F. Byrnes, »Pobedonostsev on the Instruments of Russian Government«, in: Simmons (Hg.), *Continuity and Change in Russian and Soviet Thought*, a.a.O.

zeß, der zwangsläufig zum Kollaps der kapitalistischen Wirtschaft und zu einem bevorstehenden sozialistischen Millenium führen sollte.[25] Rußland war jedoch offenkundig keines der Länder, auf die sich die Voraussage eines bevorstehenden Zusammenbruchs anwenden ließ.[26] Um diesen Fehler der Marxschen Lehre zu beheben, entwickelte Lenin, der führende Kopf der bolschewistischen Bewegung, eine Version der Doktrin, die den Aufbau der kommunistischen Gesellschaft vom erreichten Grad der kapitalistischen Wirtschaftsentwicklung sowie vom Ausgang des Klassenkampfs unabhängig machte. Ausgangspunkt seiner Version war die Überlegung, daß der Klassenkampf in den kapitalistischen Ländern keineswegs im Sinne der Marxschen Ideen geführt wurde, daß die Gewerkschaften den Arbeitern für eine immer bessere Verhandlungsposition gesorgt hatten und selbst zu Partnern kollektiver Vereinbarungen geworden waren, daß die sozialdemokratischen Parteien jede revolutionäre Aktivität aufgegeben und statt dessen eine konservative, deterministische Philosophie angenommen hatten, die sich darauf verließ, daß das Wirken ökonomischer und sozialer Kräfte allmähliche Veränderungen der kapitalistischen Ordnung herbeiführen werde. Nationalistische Regungen schienen in der Arbeiterklasse weit mehr Gewicht zu haben als das Gefühl der Klassensolidarität, an das Marx und Engels so sehr appelliert hatten. Unter diesen Umständen gelangte Lenin zu dem Schluß, daß die revolutionären Kräfte außerhalb des Proletariats von überzeugten Gegnern der kapitalistischen Herrschaft organisiert werden müßten, die sich die Revolution zum Beruf gemacht hätten.

Solche Gedanken unterschieden sich beträchtlich von der Haltung anderer radikaler politischer Gruppen wie der *narodniki* (Volksfreunde) und der Menschewisten. Die *narodniki*, die die nationalistischen Gefühle der bäuerlichen Bevölkerung priesen, doch niemals ein zusammenhängendes Gedankengebäude entwickelten, stützten ihre vagen Vorstellungen der ökonomischen Organisation auf den Glauben, daß sich die Prinzipien, die dem Funktionieren einer sozialistischen Wirtschaft zugrunde liegen, aus dem Organisationsmuster primitiver landwirtschaftlicher Gemeinwesen der Vergangenheit ableiten ließen.[27] Einer der führenden Vertreter

---

25 Die Ähnlichkeiten, die Thomismus und Marxismus aufweisen, wenn man sie auf ihren logischen Hintergrund rückbezieht, wurden von jesuitischen Gelehrten betont, etwa von Charles J. McFadden in *The Philosophy of Communism*, New York 1939.
26 Diese Einschätzung war von Marx klar zum Ausdruck gebracht worden. Siehe Solomon M. Schwarz, »Populism and Early Russian Marxism on Ways of Economic Development in Russia«, in: Simmons (Hg.), *Continuity and Change in Russian and Soviet Thought*, a.a.O., S. 47 ff.
27 Oliver H. Radkey, »Chernov and Agrarian Socialism before 1918«, in: ebd., S. 65.

dieser Bewegung, Viktor Michailowitsch Tschernow (1876-1952), erwartete, daß die *obščina*, die traditionelle bäuerliche Dorfgemeinde, die Grundlage der kollektiven Bodennutzung darstellen werde, war jedoch nicht imstande, eine Methode zur Organisation der Industrieproduktion auf kollektiver Basis vorzuschlagen.

Diese »Philosophie der Volkstümler« wurde von Lenin und Trotzki abgelehnt; sie beharrten darauf, daß die revolutionäre Bewegung von den Städten ausgehen müsse, da das städtische Proletariat als das geeignete Subjekt zu betrachten sei, dem es zukomme, das ökonomische Gesetz der Harmonisierung von Produktivkräften und Produktionsverhältnissen zu erfüllen.[28] Diese Konzeption des städtischen Proletariats wurde von den Menschewisten geteilt. Als russische Entsprechung zu den deutschen Revisionisten lehnten sie jedoch die Annahme eines ausgesprochen revolutionären Programms ab und zogen es vor, zu warten, bis die Zeit für die Ablösung der kapitalistischen Herrscher reif sei. Sie setzten ihr Vertrauen auf die »spontanen« Aktivitäten der Arbeiter und hielten den Klassenkampf mit den Unternehmern für viel bedeutsamer als den politischen Kampf gegen die Regierung.[29] Diese Auffassungen wurden von Lenin heftig angegriffen. In seiner Schrift *Was tun?*, die im März 1902 veröffentlicht wurde, entwickelte er den Gedanken, daß von der »Spontaneität der Arbeiterbewegung« nichts weiter zu erwarten sei als die Stärkung der »bürgerlichen Ideologien« in der Arbeiterklasse. Sich selbst überlassen, könne diese Bewegung bestenfalls ein »trade-unionistisches«, »nur-gewerkschaftliches« Bewußtsein entwickeln. Plechanow charakterisierte das Vertrauen auf die Spontaneität der Arbeiterbewegung als theoretischen Sündenfall, als Neuausgabe der Theorie vom Helden und der Masse.[30] »Die Aufgabe der Sozialdemokratie« bestehe »darin, die Arbeiterbewegung von dem spontanen Streben des Trade-Unionismus, sich unter die Fittiche der Bourgeoisie zu begeben, *abzubringen*« und sie zu revolutionärem Handeln zu führen.

Mit diesem Ziel vor Augen entwickelte Lenin die politische Strategie, konspirative Organisationen zu bilden, die kein Parteietikett tragen, aber den Zwecken der Partei dienen sollten. Dieser Vorschlag richtete sich gegen die menschewistische Idee, die Parteimitgliedschaft auf eine breite Grundlage zu stellen. Die Rolle, die er der Partei zuschrieb, rechtfertigte er mit dem Argument, daß Theorie und Wissenschaft ihre richtige Anwendung erst dann finden könnten, wenn die politische Macht von einer

---

28 Siehe John D. Bergamini, »Stalin and the Collective Farm«, in: ebd., S. 219.
29 Die Unabhängigkeit und eigenständige Bedeutung der Gewerkschaften wurde unter anderem von Pjotr Struwe vertreten. Siehe Thomas T. Hammond, »Leninist Authoritarianism before the Revolution«, in: ebd., S. 154 f.
30 Ebd., S. 146. Vgl. W. I. Lenin, *Was tun?* (1902), in: *Ausgewählte Werke*, Band 1, a.a.O., S. 139-314, hier: S. 164 ff., S. 175.

Gruppe erobert worden sei, deren dynamisch-evolutionäres Denken ihre Mitglieder befähigt, die Stufen zu erkennen, die die menschliche Gesellschaft durchläuft, bis sie ihre vollendete Form erreicht.[31] Die revolutionäre Partei sei als maßgebliche Instanz für die Deutung des Marxismus zu betrachten; außerhalb der Partei-Deklarationen könne es keine Wahrheit geben, sondern nur »Ideologien«, die Sonderinteressen widerspiegelten. »Diktatur der Partei« war die Losung, die Lenin an die Stelle der Marxschen Forderung nach »Diktatur des Proletariats« setzte.

In zwei Essays, die während des Ersten Weltkriegs entstanden, entwickelte Lenin seine Theorien des »Imperialismus« und des »Monopolkapitalismus«.[32] Diese Theorien erborgte er weitgehend den Schriften von Rudolf Hilferding, Rosa Luxemburg und anderen marxistischen Autoren. Bei seiner Erörterung der kolonialen Aspekte des Imperialismus stand Lenin unter dem Einfluß der Schriften John A. Hobsons (1858 bis 1940).[33] Der Erwerb von Kolonien habe den kapitalistischen Ländern eine neue Blütezeit beschert; die Arbeiter der erobernden Länder hätten von der Ausbeutung der billigen Arbeit in den Kolonien profitiert und ihren revolutionären Geist verloren. Die fortschreitende Akkumulation des Kapitals habe zur Konzentration fast der gesamten industriellen und kommerziellen Betätigung in wenigen Händen geführt. Der Staat sei zu einem Werkzeug von Kuponabschneidern, Wucherern und Parasiten geworden. Monopolistische Ausbeuter hätten sich der wichtigsten Rohstoffquellen bemächtigt, die Märkte unter sich aufgeteilt und mit Unterstützung ihrer jeweiligen Regierungen den Kampf um »Einflußsphären« eröffnet. Vernichtende Kriege zwischen den Großmächten seien die unvermeidliche Konsequenz des Kampfes um den Besitz an Kolonien; sie könnten den bevorstehenden Zusammenbruch der kapitalistischen Gesellschaft freilich nur beschleunigen.

Aus dieser Interpretation der Marxschen Lehre zog Lenin den Schluß, daß die Kriegsanstrengungen den Kapitalismus voraussichtlich an seinem »schwächsten Kettenglied« zerbrechen lassen würden; daß industriell unterentwickelte Länder wie Rußland, die über keine Kolonien verfügen, bessere Chancen für den Umsturz der kapitalistischen Ordnung böten als jene, die bereits einen höheren Grad an kapitalistischer Entwicklung erreicht haben. Wo immer die Möglichkeit dazu bestehe, sei es notwendig, »revolutionäre Situationen« auszunutzen und damit den Endkampf vor-

---

31 W. I. Lenin, *Materialismus und Empiriokritizismus* (1909), in: *Werke*, Band 14, Berlin 1962. Siehe Waldemar Gurian, »*Partiinost* and Knowledge«, in: Simmons (Hg.), *Continuity and Change in Russian and Soviet Thought*, a.a.O., S. 303 ff.
32 W. I. Lenin, *Der Imperialismus als höchstes Stadium des Kapitalismus*, a.a.O.; ders., *Staat und Revolution* (1918), in: *Ausgewählte Werke*, Band 1, a.a.O., S. 315-420.
33 Siehe Adam Ulam, »Stalin and the Theory of Totalitarianism«, in: Simmons (Hg.), *Continuity and Change in Russian and Soviet Thought*, a.a.O., S. 159.

zubereiten, der von etwa siebzig Prozent der Weltbevölkerung gegen relativ wenige »Unterdrückerländer« zu führen sei. Eine beträchtliche Rolle in diesem Kampf müßten Gewalt, Konspiration, Tatsachenverdrehung und ähnliche Methoden der Kriegführung spielen, soweit sie geeignet erschienen, das Gebäude der kapitalistischen Gesellschaften – ohne Rücksicht auf ihren Entwicklungsstand – zu untergraben. Er verlieh der bevorstehenden russische Revolution den Rang eines herausragenden sozialen Ereignisses in dem Prozeß, der zur Vernichtung der kapitalistischen Ordnung führe, und erteilte dem russischen Volk die Mission, die Ausbreitung des Kommunismus in kapitalistische und nicht-kapitalistische Gebiete zu fördern. Doch die Grundfrage, wie eine lebensfähige und effektive kommunistische Wirtschaft zu organisieren sei, blieb in diesen vorrevolutionären Diskussionen praktisch unbeachtet.[34] Lenins Theorie des »ökonomischen Imperialismus« als letzter Stufe des Kapitalismus und seine strategischen Überlegungen wurden zu konstitutiven Bestandteilen des »marxistisch-leninistischen« Glaubens.

---

34 Über das niedrige Niveau des vorrevolutionären Denkens in Rußland siehe Gerold T. Robinson, »Part Four Review«, in: ebd., S. 377.

Sechster Teil
Grenznutzenlehre

18. Kapitel
Die Entstehung der Grenznutzenschulen

Die Wurzeln der Grenznutzenanalyse

Die Befolgung der Prinzipien des hypothetischen Denkens hinderte die ricardianischen Ökonomen nicht daran, an bestimmten Behauptungen festzuhalten, die mit dem hypothetischen Muster kaum zu vereinbaren waren. Unter diesen Behauptungen stand an erster Stelle die Vorstellung, daß Güter ihren Nutzen, aber auch andere Qualitäten von der jeweiligen Klasse herleiten, der sie zugeordnet wurden. Den logischen Hintergrund dieser Idee bildete der Substanzbegriff, dem zufolge die inneren Eigenschaften, die einer Klasse oder Gruppe von Gegenständen zukommen, unvergänglich sind. Dieser Ansatz führte zu dem bekannten »Wertparadox« und brachte die Ricardianer dazu, das Bestehen einer kausalen Beziehung zwischen Nutzen und Tauschwerten zu leugnen.
Welche Haltung die britischen Ökonomen des neunzehnten Jahrhunderts zum Wertproblem einnahmen, kommt am besten in der Beobachtung zum Ausdruck, es sei »nahezu unmöglich, den Begriff *Wert* zu verwenden, ohne eine innere Eigenschaft zu unterstellen«.[1] Auf der Suche nach einem »natürlichen« Wert der Güter, der von den schwankenden Marktpreisen verschieden sein sollte, übernahmen David Ricardo und einige seiner Schüler die merkantilistische Auffassung, daß alle Tauschwerte ihren Ursprung in der menschlichen Arbeit hätten, die zur Erzeugung der Güter verausgabt wurde, und daß demnach Arbeitseinheiten der geeignete Standard zur Messung von Tauschwerten seien. Man hat darauf hingewiesen, daß sich in der Arbeitskostentheorie der Gedanke einer Auseinandersetzung des Menschen mit der Natur niederschlägt und daß unter »Kosten« die Anstrengungen zu verstehen sind, die zur Produktion der Güter aufgewandt werden mußten. Es wurde jedoch nicht allgemein erkannt, daß diese Behandlung des Wertproblems noch keine »Theorie« im strengen Sinne des Wortes ausmacht, da sie den Vorgang nicht zeigt, der bei der Bildung von Werten im Spiel ist. Angesichts der Einwände gegen das Arbeitskostenprinzip ersetzten es viele Ricardianer überdies durch eine vage Vorstellung von »Produktionskosten«, die für das Wertproblem freilich keinerlei theoretische Begrün-

---

1 William Smart, *An Introduction to the Theory of Value*, London 1891, S. 4.

dung bot. Eine weitere – rein fiktive – Standardeinheit zur Tauschwertmessung wurde von Nassau William Senior vorgeschlagen; danach wird die Preiseinheit beim Produzieren der Güter oder beim Verzicht auf ihren unmittelbaren Konsum (Enthaltung) zugunsten eines aufgeschobenen Genusses erfahren. Doch weckte dieser Vorschlag, obgleich er mit den Prinzipien der utilitaristischen Lehre auf einer Linie lag, kein großes Interesse.

Im achtzehnten Jahrhundert hatten einige italienische und französische Sozialphilosophen – Fernando Galiani, Antonio Genovesi, Étienne Bonnot de Condillac und Anne Robert Jacques Turgot – den Substanzbegriff aufgegeben, soweit er sich auf Güter bezog, und die Tauschwerte aus dem Zusammenspiel von Nutzen und Knappheit der Güter erklärt. Diese Ansicht fand die Unterstützung Jean Baptiste Says und seiner Anhänger; doch in ihrem Verständnis des Nutzenbegriffs schlug sich noch der scholastische Begriff der spezifischen Nützlichkeit einer Gattung nieder, weshalb ihre Konzeption für die Aufstellung einer Standardeinheit der Tauschwerte keine geeignete Grundlage war. Sie schrieben diese Funktion der Einheit des Goldstandards zu, da sie es unterließen, die Gleichgewichtsanalyse folgerichtig auf die Konstruktion eines Modells der Tauschwirtschaft anzuwenden.

Das logische Instrument, das endlich den Schlüssel für einen neuen Zugang zum Wertproblem lieferte, war der Begriff des Grenznutzens. Es bedurfte einiger Zeit, bis der Ausdruck *Grenznutzen*, der von dem österreichischen Ökonomen Friedrich von Wieser eingeführt worden war, andere Benennungen desselben Begriffs (wie »letzter Nutzen«, »spezifischer Nutzen«, »effektiver Nutzen« oder »marginale Wünschbarkeit«) verdrängt hatte. Philip Henry Wicksteed (1844-1927) schlug vor, von *differentiellem* statt von *marginalem* Nutzen zu sprechen, doch bemerkte er, daß beide Ausdrücke, ebenso wie die ähnliche Bezeichnung *zusätzlicher Nutzen*, mit Zweideutigkeiten behaftet sind, da sie im Zusammenhang mit Spekulationen um die Natur der Rente benutzt worden waren.[2] *Grenznutzen* besagt, daß der Wert jeder Einheit eines homogenen Gütervorrats von der unwichtigsten Verwendung bestimmt wird, die von ihr gemacht werden kann, anders gesagt: von der Minderung der Bedürfnisbefriedigung, die beim Verlust dieser Einheit hingenommen werden muß. In neuerer Zeit wurde der so definierte Grenznutzen als *substitutiver* oder *subtraktiver* Grenznutzen bezeichnet. Mit einer leichten Akzentverschiebung ließ er sich auch als Differenz zwischen dem Gesamtnutzen eines verfügbaren Gütervorrats und dem Nutzen, der durch Hinzufügung einer weiteren Einheit erreicht wird, definieren (*additiver* Grenz-

---

[2] Philip Henry Wicksteed, »The Scope and Method of Political Economy in Light of the ›Marginal‹ Theory of Value and of Distribution«, in: *Economic Journal* 24 (1914).

nutzen).³ Die Wichtigkeit jeder Einheit steht danach im umgekehrten Verhältnis zur Größe des Vorrats. In einer Tauschwirtschaft wäre der Preis eines Gutes dann als diejenige Größe anzunehmen, die die Präferenz der Käufer für eine gekaufte Ware im Vergleich zu den Waren mißt, die sie für den gleichen Geldbetrag kaufen könnten; Preise ließen sich als »Wahlkoeffizienten« definieren.⁴

Zu den bedeutsamsten Leistungen des entwickelten ökonomischen Denkens zählt der Gedanke, daß es durch die Analyse von »Grenzsituationen« erheblich leichter wird, »Gesetze« oder Regelmäßigkeiten im ökonomischen Leben zu entdecken. Mit der zusätzlichen Annahme, daß sich Veränderungen der Elemente eines Prozesses als Additionen zu oder Subtraktionen von konstanten Größen verstehen lassen, bot er ein wirkungsvolles Instrument für die Produktivitätsanalyse. Mountiford Longfield und Johann Heinrich von Thünen gehören zu den ersten Ökonomen, die betonten, daß zwischen der zusätzlichen Menge eines produktiven Dienstes, der zur Produktion einer weiteren Produkteinheit erforderlich ist, einerseits und dem in Geld ausgedrückten zusätzlichen Ertrag des Produktionsfaktors, der sich daraus ergibt, andererseits eine Beziehung bestehe. Es zeigte sich, daß Produktionszuwächse, die durch Hinzufügung sukzessiver Inkremente eines Produktionsfaktors erzielt werden, in der Regel beständig abnehmen und daß folglich für jedes Preise erhebende Unternehmen früher oder später ein Punkt erreicht wird, an dem sich weitere Erhöhungen des Faktoreinsatzes als unprofitabel erweisen. Unter der Annahme, daß im Gleichgewichtszustand der für die Einheit des Produktionsfaktors gezahlte, durch Konkurrenz bestimmte Preis tendenziell seinem Grenzbeitrag zu dem Produkt entspricht, ließ sich auf diese Weise ein einheitliches Prinzip zur Bestimmung der Anteile der Produktionsfaktoren an den gegebenen Produktpreisen angeben. Die Anwendung des Grenzprinzips auf die Analyse der Produktionsprozesse entwickelte sich völlig unabhängig von der Ausarbeitung des Grenznutzengedankens.

Die Idee des Grenznutzens hatte ihre Wurzeln in drei verschiedenen geistigen Strömungen, die auf den ersten Blick keinerlei Berührungspunkte aufweisen: in der utilitaristischen Philosophie, der Wahrscheinlichkeitsrechnung und der introspektiven Psychologie. Die mathematische Formulierung des Gedankens läßt sich bis auf Daniel Bernoulli (1700-1782) zurückverfolgen, der mit der Annahme, daß sich der Wert jedes gleichen Vermögenszuwachses umgekehrt proportional zur Größe

---

3 Siehe L. M. Fraser, *Economic Thought and Language*, London 1937, S. 80.
4 Joseph Alois Schumpeter, »The Nature and Necessity of a Price System«, in: Columbia University Commission (Hg.), *Economic Reconstruction*, New York 1934, S. 171.

des bereits vorhandenen Besitzes verhält, und unter der Voraussetzung, daß der Grenznutzen interpersonal vergleichbar ist, ein Glücksspielproblem (das sogenannte St. Petersburger Paradox) gelöst hatte.[5] In der Formulierung Bernoullis bestand das Problem darin, Wohlstandsverbesserungen zu bewerten, die aus Geldgewinnen erwachsen, welche zur Befriedigung bestimmter Bedürfnisse verwandt werden können.

Einen zweiten Schritt auf dem Weg zur Grenznutzenanalyse, der utilitaristischen Erwägungen entsprang, unternahm Jeremy Bentham, der die Behauptung vertrat, daß der Nutzenzuwachs durch Vermögenszuwachs (nämlich: Glück) mit wachsender Größe des Vermögens abnehme. In seiner *Introduction to the Principles of Morals and Legislation* bestimmte Bentham Nutzen als »diejenige Eigenschaft in einem Gegenstand, durch welche er dazu beiträgt, Gewinne, Vorteile, Vergnügen, Gutes oder Glück herbeizuführen oder ... das Eintreten von Schaden, Leid, Bösem oder Unglück von einem, dessen Interesse davon berührt wird, abzuwenden«.[6] Später benutzte der französische Ökonom Arsène Étienne Juvénal Dupuit (1804-1866), gewiß kein Anhänger der utilitaristischen Philosophie, die Idee eines abnehmenden Nutzenprofils, das einer bestimmten Gütermenge entspricht, ausdrücklich zur Bestimmung einer »optimalen« Preispolitik.

In einem ganz anderen wissenschaftlichen Rahmen entwickelten die deutschen Psychologen Ernst Heinrich Weber (1795-1878) und Gustav Theodor Fechner (1801-1887) unter der Annahme, daß die Wechselwirkungen der Funktionen von Körper und Seele der Messung zugänglich seien, ein System psychologischer »Gesetze«. Sie stellten ein grundlegendes Gesetz auf, wonach sich die Fähigkeit eines Individuums, den Zuwachs eines beliebigen Reizes wahrzunehmen, dem es ausgesetzt ist, proportional zur Gesamtstärke dieses Reizes verhält. Fechner gelangte zu dem Schluß, daß die Stärke der subjektiv empfundenen Befriedigungen proportional zum Logarithmus der Reizstärke variiert.[7] Da es dieser

---

5 Daniel Bernoulli entwickelte seine Überlegungen zum Grenznutzen in seinem Essay »Specimen theoriae novae de mensura sortis«, in: *Commentarii Academiae Scientiarum Imperialis Petropolitanae* 5 (1730/31, veröffentlicht 1738; deutsch: *Die Grundlage der modernen Wertlehre. Versuch einer neuen Theorie der Wertbestimmung von Glücksfällen*, hg. von A. Pringsheim, Leipzig 1896). Bernoulli nahm bei seiner Glücksspielanalyse die Voraussetzung in Anspruch, daß der Grenznutzen verschiedener Individuen verglichen werden kann. Zur Geschichte des Grenznutzenbegriffs siehe den aufschlußreichen Beitrag von George J. Stigler, »The Development of Utility Theory«, in: *The Journal of Political Economy* 58 (1950), S. 307-327 und S. 373-396.

6 Siehe auch Jeremy Bentham, *Pannonial Fragments*, in: *The Works of Jeremy Bentham*, Edinburgh 1843, Band 8.

7 Zum Einfluß dieser psychologischen Theorien auf die Entwicklung einiger allgemei-

Theorie eher um Empfindungen und Reaktionen ging als um Gefühle und Wünsche, stand sie nur mittelbar mit dem Grenznutzenprinzip in Verbindung. Fechner war sich jedoch der Analogie bewußt, die zwischen seiner Theorie und Bernoullis Beitrag zur Grenznutzenanalyse besteht, da er vorschlug, einen psychischen Reiz mit dem Erhalt eines Einkommens gleichzusetzen. Es ist eine strittige Frage, ob und in welchem Grade die Ausarbeitung der psychologischen Version der Grenznutzenanalyse von diesen experimentalpsychologischen Untersuchungen beeinflußt wurde. Verschiedene Anhänger der psychologischen Grenznutzenschule legten Wert darauf, ihre Erörterungen von jeder Bindung an bestimmte psychologische Theorien frei zu halten, und bedienten sich bei der Aufstellung der Grundbegriffe ihrer Lehre einer Art »Introspektion«. Es ist jedoch sehr wahrscheinlich, daß der psychophysische Ansatz den österreichischen Ökonomen zumindest wirksame Anstöße zur Annahme des Grenznutzenprinzips vermittelte.

Eine interessante Episode in der Geschichte des Grenznutzenprinzips ist die Veröffentlichung eines Buches über die *Entwickelung der Gesetze des menschlichen Verkehrs* durch einen königlich preußischen Regierungs-Assessor a. D., Hermann Heinrich Gossen (1810-1858).[8] Die hedonistischen Grundsätze, die den Gossenschen »Gesetzen« zugrunde liegen, und seine mechanistische Konzeption des Geistes waren der öffentlichen Meinung in Deutschland so widerwärtig, daß der unglückliche Autor beschloß, sein Buch aus dem Handel zu ziehen. 1879, mehr als zwanzig Jahre nach Gossens Tod, lenkte Jevons die Aufmerksamkeit der Ökonomen auf die Bedeutung des Gossenschen Beitrags zu ihrer Wissenschaft. Gossens Untersuchungen zum Verlauf der Bedürfnisbefriedigung hatten nicht den Hintergrund zu einer Wirtschaftstheorie liefern sollen; vielmehr verfolgten sie das ehrgeizige Ziel, die Grundsätze rationalen menschlichen Verhaltens niederzulegen, wie sie von Gott dem Schöpfer bestimmt worden seien. Wie Bernoulli und Bentham vor ihm, betrachtete Gossen die Beziehungen zwischen Individuen und einzelnen Gütern; statt jedoch seine Aufmerksamkeit auf die differentiellen Aspekte der Grenznutzenanalyse hinsichtlich einer bestimmten Ware zu richten, unternahm er es, die Prinzipien zu definieren, die das Verhalten eines einzelnen gegenüber einer Anzahl verschiedener Güter aus einem gegebenen Vorrat bestimmen.

Aus dem allgemeinen utilitaristischen Prinzip, daß jedes menschliche Wesen seine Genüsse zu maximieren strebt, leitete Gossen zwei wichtige

---

ner philosophischer und logischer Aspekte des Wertproblems siehe Howard O. Eaton, *The Austrian Philosophy of Value*, Norman, Okla. 1930, S. 19 ff.

8 Hermann Heinrich Gossen, *Entwickelung der Gesetze des menschlichen Verkehrs, und der daraus fließenden Regeln für menschliches Handeln*, Braunschweig 1854.

»Gesetze« ab, die später mit seinem Namen verbunden wurden: (1) das Gossensche Sättigungsgesetz, das auf der Beobachtung beruht, daß die Intensität von Bedürfnissen im allgemeinen rasch abnimmt, wenn sie sukzessive Erfüllung finden[9]; und (2) das Gossensche Genußausgleichsgesetz, wonach ein Individuum zur Erzielung der größtmöglichen Summe von »Genüssen« zu einem gegebenen Zeitpunkt nur einen bestimmten Bruchteil jedes seiner Bedürfnisse befriedigen sollte, um ihre Beiträge zur Gesamtheit seiner Bedürfnisbefriedigung auszugleichen.

In ökonomischen Begriffen ausgedrückt, besagt Gossens erstes Gesetz, daß der Zuwachs an Befriedigung, die aus einem vorhandenen Gütervorrat gewonnen wird, mit jeder neuen Einheit, um die der Bestand vergrößert wird, abnimmt. Das zweite Gesetz läuft auf die Behauptung hinaus, daß »rationales ökonomisches Verhalten« auf dem Ausgleich der Grenznutzenniveaus der begehrten Güter (einschließlich Arbeit und Geld) beruht. Das Gesetz des rationalen ökonomischen Verhaltens kann als erfüllt betrachtet werden, wenn die Grenznutzen der Güter, die mit der Einkommenseinheit eines Individuums gekauft werden, gleich sind oder, anders gesagt, wenn für alle Güter, die aus einem gegebenen Einkommen gekauft werden, die mit ihren Preisen gewogenen Grenznutzen gleich sind. Das Gesetz lieferte die Grundlage für die Konstruktion eines umfassenden hypothetischen Modells der Wirtschaft unter der Annahme – die von mathematisch orientierten Ökonomen sogleich gemacht wurde –, daß menschliche Bedürfnisse ebenso wie Güter und Produktivleistungen in gleich große, unendlich kleine Bruchteile unterteilt werden können.

Seine ohne Einschränkung gezogenen Vergleiche der Bedürfnisbefriedigung verschiedener Personen erlaubten es Gossen, neben mancherlei anderen moralischen Vorschriften die allgemeine Behauptung aufzustellen, daß – im Sinne einer Maximierung der Werte in einem Gemeinwesen – alle Güter so verteilt werden sollten, daß das letzte Atom jedes Gutes, das ein Individuum erhält, ihm eine Bedürfnisbefriedigung verschafft, die derjenigen gleich ist, die einem beliebigen anderen Individuum vom letzten Atom desselben Gutes gewährt wird.

Mit solchen Überlegungen nahm Gossen einige wichtige Aspekte der Grenznutzenanalyse vorweg, die etwa zwanzig Jahre später maßgeblich von drei Autoren, dem Engländer William Stanley Jevons (1835-1882), dem Schweizer Léon Walras (1834-1910) und dem Österreicher Carl Menger (1840-1921) in die Wirtschaftswissenschaft eingeführt wurden. Alle drei Denker hatten ihre Ideen unabhängig voneinander entwickelt. Jevons ging von dem utilitaristischen Lust-Unlust-Kalkül aus, paßte seine Analyse, soweit es ging, dem von Ricardo gezogenen Rahmen öko-

---

[9] Dieses Gesetz wurde später umformuliert, um die periodische Wiederkehr vieler Bedürfnisse im geistigen und im physischen Bereich zu berücksichtigen.

nomischer Probleme an und faßte die Beziehungen zwischen wirtschaftlichen Größen hauptsächlich in mathematischen Ausdrücken. Viel radikaler war die von Léon Walras verfolgte Methodologie; er hatte von seinem Vater Auguste Walras (1801-1866) die Überzeugung geerbt, daß die Ökonomie als Zweig der angewandten Mathematik aufzufassen sei. So ging er daran, sämtliche Grenznutzen in einem imaginären, aus interdependenten Größen bestehenden ökonomischen System auf einen gemeinsamen Nenner zurückzuführen und die Wechselwirkungen zwischen diesen Größen einer strengen Gleichgewichtsanalyse zu unterziehen. Danach befindet sich ein System im Gleichgewicht, wenn die Beziehungen zwischen seinen Elementen keine Tendenz zu Veränderungen aufweisen, es sei denn unter dem Einfluß äußerer Faktoren. Diese Beziehungen sind folglich determiniert. Walras und einige seiner Anhänger scheinen überzeugt gewesen zu sein, daß der Gleichgewichtsbegriff gewissermaßen ein natürliches Analyseinstrument ist, das sich anwenden läßt, wann immer die betrachteten Erscheinungen quantifizierbar sind. Diese Auffassung verschaffte ihnen einen axiomatischen Zugang zur ökonomischen Analyse, der im übrigen den Prinzipien des hypothetischen Denkens folgte.[10]
Menger war kein Anhänger der utilitaristischen Philosophie und auch mit dem mathematischen Ansatz nicht vertraut. Er glaubte, daß Beobachtung und Erfahrung die Grundlage für seine Werttheorie liefern müßten, und bediente sich einer Art psychologischer Introspektion, um die Fundamente dieser Theorie zu legen. Seine Absicht war es, die Beziehungen zwischen den grundlegenden ökonomischen Kategorien als Kausalzusammenhänge zu erklären. Er unternahm keinen Versuch, aggregierte ökonomische Größen zu einem zusammenhängenden System interdependenter Wechselwirkungen zu verbinden, und hatte bei der Analyse dieser Beziehungen für das Gleichgewichtsprinzip keine Verwendung.
So ließ sich von Anfang an eine utilitaristische Version der Grenznutzenanalyse von einer mathematischen Version auf der einen Seite und einer psychologischen auf der anderen unterscheiden. Einige hybride Versionen folgten. Die Ausdifferenzierung verschiedener Schulen der Grenznutzenanalyse führt ein weiteres Mal deutlich vor Augen, welchen Einfluß die Methoden auf den Problemhorizont der Ökonomie und die Konzeption ökonomischer Systeme haben. Die Entstehungsgeschichte der Grenznutzenanalyse liefert keinerlei Bestätigung für die Ansicht, die »Herausforderung des Marxismus« habe als Stachel für die Suche nach einer befriedigenderen Erklärung des Distributionsprozesses gedient. Dieser Anreiz ergab sich vielmehr in erster Linie aus methodologischen Überlegungen, die das wissenschaftliche Denken in den beiden letzten

---

10 Siehe John Maurice Clark, »Distribution«, in: *The Encyclopedia of the Social Sciences*, Band 5 (1931), S. 167-174.

Jahrzehnten des neunzehnten Jahrhunderts beherrschten. Es ist nicht wahrscheinlich, daß die mit dem Verteilungsprozeß zusammenhängenden Probleme bei den Begründern der Grenznutzenanalyse im Vordergrund des Interesses standen.

Um den Gedanken zu charakterisieren, daß der Güterwert aus den Beziehungen einzelner zu einzelnen Gütern abzuleiten ist, bürgerte sich der Begriff *subjektiver Wert* ein. Danach bilden sich Tauschwerte erst auf den Märkten und nicht im Verlauf der Produkionsprozesse, wie die Ricardianer angenommen hatten. Es ließ sich sogar zeigen, daß in allen Situationen, in denen zwischen knappen Mitteln zur Bedürfnisbefriedigung Wahlentscheidungen getroffen werden müssen, das individuelle Verhalten denselben Regeln folgt, die von den Teilnehmern an Tauschtransaktionen beachtet werden. Dieser Gedanke wurde von Philip Henry Wicksteed betont, einem der herausragendsten englischen Vertreter der Grenznutzenanalyse. Er bemerkte, daß alle werttheoretischen Modelle darin bestehen, Faktoren »im richtigen Verhältnis« zu kombinieren – entsprechend derjenigen Ressourcenverteilung, die die einzelnen Faktoren gemäß ihrer unterschiedlichen Bedeutung bei der Gewinnung des betreffenden Gegenstands ins Gleichgewicht bringt. Wicksteeds Artikel, der sich mit dem Gegenstandsbereich und der Methode der politischen Ökonomie beschäftigt, gibt einen ausgezeichneten Überblick über die Grundprobleme der Grenznutzenanalyse.[11]

Eines der vordinglichsten Probleme sahen die Begründer der Grenznutzenanalyse darin, Tauschwerte, wie sie auf Wettbewerbsmärkten ermittelt werden, unmittelbar aus individuellen Wertungen abzuleiten. Ein weiterer Schritt auf der Linie dieser Überlegungen führte zu dem Schluß, daß der Wert der produktiven Dienste indirekt von subjektiven Wertungen bestimmt und demnach aus dem Wert ihrer Produkte abzuleiten sei. Diese Folgerung war im Wertbegriff Jean Baptiste Says und seiner Anhänger bereits enthalten. Im Lichte der Theorie der Wahlakte ließ sich der Wert jedes produktiven Dienstes so verstehen, daß er der zweitwichtigsten alternativen Verwendung äquivalent ist, die von ihr gemacht werden könnte. Daher ließen sich die Produktionskosten als Nutzenopfer auffassen, das zugunsten eines größeren Nutzens aus effektiver genutzten Gütern erbracht wird.

Als dieser Gedanke – den der Amerikaner David I. Green später als Prinzip der *opportunity costs* bezeichnete – konsequent auf die Analyse der Produktionskosten angewandt wurde, rückten die mit der Allokation knapper Ressourcen verbundenen Probleme in den Mittelpunkt des ökonomischen Denkens, und die Angebotsseite wurde gemäß denselben

---

11 Wicksteed, »The Scope and Method of Political Economy in the Light of the ›Marginal‹ Theory of Value and of Distribution«, a.a.O.

Überlegungen definiert, die für die Bestimmung der Nachfrageseite maßgeblich gewesen waren.[12] Da die Kosten, die bei der Durchführung von Produktionsprozessen oder Handelstransaktionen anfallen, zudem als Einkommen derer betrachtet werden können, die diese Dienste leisten, ließen sich die Grundprobleme der Verteilung mit denen gleichsetzen, die um die Preisbildung der Produktivfaktoren kreisen. Aus diesen Gründen verlor die Unterscheidung zwischen den hauptsächlichen Produktionsfaktoren viel von ihrer früheren Bedeutung.[13]

Die Konstruktion ökonomischer Systeme des Ricardoschen Typs beruhte auf der Annahme, daß sich alle Tauschwerte in einer gemeinsamen Standardeinheit des Wertes ausdrücken lassen. Dieses Wertmaß ging jedoch verloren, als man Werte aus individuellen Schätzungen, veränderlichen Geschmacksneigungen und Vorlieben ableitete. Um eine allgemeine Gleichgewichtsanalyse zu ermöglichen, mußten daher einige starke Annahmen eingeführt werden, wie etwa die, daß alle Tauschwerte auf einen rein fiktiven einheitlichen Standard zurückführbar seien und daß alle Konsumtions- und Produktionseinheiten ihr Verhalten den Prinzipien »vollkommener Rationalität« anpassen, das heißt auf den Verbrauch (oder die Produktion) aller Güter verzichten, deren Grenznutzen niedriger liegt als der eines gleichfalls verfügbaren und begehrten Gutes. Darüber hinaus hing die unmittelbare Anwendung der Gleichgewichtsanalyse auf die Konstruktion des Modells einer Ökonomie von der Annahme ab, daß Bedürfnisbefriedigungen ebenso wie Güter und Dienste in infinitesimale Partikel teilbar seien; ein Verfahren, das sich an der Behandlung von Grenzproblemen in den Naturwissenschaften orientierte. Die Komplikationen, die bei dieser Formulierung der Gleichgewichtsbedingungen des ökonomischen Systems auftraten, wuchsen noch erheblich, als sich die Notwendigkeit erwies, die »Komplementarität« vieler Güter sowie ihre gegenseitige Substituierbarkeit und ihre Stellung innerhalb der Gesamtzufuhr aller gleichzeitig verfügbaren Güter zu berücksichtigen. (Komplementäre Güter sind solche, deren Werte weitgehend durch ihre Verbindung bestimmt werden.) Im Zuge dieser Überlegungen wurde der *homo oeconomicus* der Ricardoschen Lehre – von dem man annahm, er sei bestrebt, seinen Anteil am Gesamtumfang der Tausch-

---

12 Der Begriff *opportunity costs* wurde von dem amerikanischen Ökonomen David I. Green in die Sprache der Wirtschaftswissenschaften eingeführt: »Pain Cost and Opportunity Cost«, in: *Quarterly Journal of Economics* 8 (1894), S. 218-229. Herbert J. Davenport schlug in seinem Buch *Value and Distribution*, Chicago 1908, den Begriff *displacement cost* (»Substitutionskosten«) vor.

13 »Es gibt«, sagte Wicksteed, »nur ein Verteilungsgesetz, und es wird nicht von Unterschieden in der Natur der Faktoren, sondern von der Identität ihrer unterschiedlichen Wirkung beherrscht.« Wicksteed, »Political Economy«, a.a.O.

werte zu maximieren – durch ein ökonomisches Subjekt ersetzt, dessen »subjektive Rationalität« sich in der Wahl zwischen alternativen Bedürfnisbefriedigungen äußert, sowie durch einen vollkommen »rationalen« Unternehmer, der sich in seinem Verhalten von dem Prinzip leiten läßt, seine Produktion bis zu dem Punkt beständig auszuweiten, den die Grenzproduktivität seiner produktiven Dienste vorgibt.

Bei den österreichischen Grenznutzentheoretikern stieß die Methode, Bedürfnisbefriedigungen und Güter dem Prinzip der vollkommenen Teilbarkeit zu unterwerfen, auf starken Widerstand. Sie beharrten darauf, daß – wie Beobachtung und Erfahrung zeigten – alle individuellen Schätzungen der Wichtigkeit von Gütern und Diensten sich auf Einheiten aus einem bestimmten Vorrat bezögen, nicht meßbar seien und nur auf dem Wege der Hierarchisierung miteinander verglichen werden könnten. Eng verbunden mit dieser methodologischen Streitfrage war eine andere, bei der es um die Anwendbarkeit des Kausalitätsbegriffs auf ökonomische Motivationsvorgänge ging und der die Auffassung gegenüberstand, ökonomische Beziehungen ließen sich nur als funktionale Zusammenhänge analysieren.[14] Die Konzeption der Ökonomie als System funktionaler Beziehungen war ein herausragendes methodologisches Prinzip der Walrasschen Ökonomie und stand im Gegensatz zu der Suche nach Kausalverhältnissen, die von Mengers Verfahren der ökonomischen Analyse ausging. Die Auseinandersetzungen um diese Streitfragen kamen niemals zur Ruhe. Die Vertreter des mathematischen Ansatzes in der ökonomischen Analyse waren überzeugt, daß nur ein Denken in quantitativen Begriffen und die Verwendung mathematischer Methoden als vollkommen legitime logische Verfahrensweisen gelten könnten, da nur sie verläßlich imstande seien, wohlbegründete Bilder der äußeren Welt zu liefern, selbst wenn sie unvollständig oder unrealistisch seien. Sie zögerten daher nicht, auf Annahmen zurückzugreifen, die mit den Ergebnissen der Erfahrung offensichtlich unvereinbar waren – wenn nur die Anwendung mathematischer Methoden durch die Einführung solcher Fiktionen erleichtert wurde. Die Anhänger der psychologischen Version der Grenznutzentheorie setzten dagegen volles Vertrauen in eine Art innerer Erfahrung oder »Introspektion«, die es ihnen nach eigener Auffassung möglich machte, die psychologischen Prinzipien aufzustellen, welche der Wertung von Gütern und der Bildung von Tauschwerten zugrunde liegen, und die sie letztlich befähigen sollte, das Funktionieren der Ökonomie kausalgesetzlich zu erklären.

Für die Wahl zwischen den beiden alternativen Hauptströmungen der

---

14 »Es besteht kein Anlaß«, sagte Wicksteed, »das ökonomische Motiv oder die Psychologie des *homo oeconomicus* zu bestimmen, da die Wirtschaftswissenschaft Relationen, nicht Motive untersucht.« Ebd.

Grenznutzenanalyse spielte im allgemeinen der Bildungsgang der einzelnen Wirtschaftswissenschaftler die entscheidende Rolle. Methodologische Unterschiede dieser Art waren auch für die Tatsache verantwortlich, daß die führenden Grenznutzenschulen ihre Forschung weitgehend unabhängig voneinander vorantrieben.

Die utilitaristische Version der Grenznutzenlehre

Von den drei ursprünglichen Richtungen der Grenznutzenanalyse war die von Jevons aufgestellte Theorie wahrscheinlich die konservativste, da sie die utilitaristischen Grundlagen der Ökonomie und die Ricardosche Formulierung der Verteilungsprobleme möglichst weitgehend zu bewahren suchte. Seine *Theory of Political Economy* erschien 1871 in London.[15] Zu den Schriften, denen er einen merklichen Einfluß auf sein Denken zuschrieb, gehören *The Natural Elements of Political Economy* von Richard Jennings.[16] Getreu der utilitaristischen Epistemologie ging Jennings von David Hartleys Theorie des Bewußtseins und James Mills Konzeption der Ideen aus, die diese als Produkt von Empfindungen begreift. Er verwies auf die Beziehung zwischen Genüssen, Wertungen und Wünschen auf der einen Seite und Handeln oder Austausch auf der anderen. Anstrengende Tätigkeit, argumentierte er, werde bis zu dem Punkt fortgesetzt, an dem das damit verbundene Gefühl der Mühsal die Befriedigung überwiegt, die sich aus dem Geldlohn und seinem positiven Wert ziehen läßt.[17] Grundlage des ökonomischen Verhaltens sei »die Erreichung eines Höchstmaßes von Glücksgütern dadurch, daß man sich Lustgefühle um ein möglichst geringes Ausmaß von Unlustgefühlen verschafft«. Bei der Erörterung der psychologischen Voraussetzungen seiner Werttheorie bezog sich Jevons auf ein paar allgemeine, allgemeingültige Beobachtungen: jedermann wird das größer erscheinende Gut wählen, menschliche Bedürfnisse sind mehr oder weniger rasch gesättigt, und länger dauernde Arbeit bereitet immer mehr Unlust. Er räumte ein, daß eine direkte Messung in »Lust- oder Leideinheiten« nicht praktikabel sei, hielt es jedoch für ausreichend, sich mit relativen Größen zu befassen, die – wie er sagte – das Handeln lenken. Um zu beweisen, wie sich Mittel zum Genuß in Zwecke verwandeln, stützte er sich auf das »Assoziationsgesetz« und beschrieb seine Theorie als »Mechanik des Nutzens und des Selbstinteresses«. Er begrenzte die Reichweite der Ökonomie auf die

---

15 Deutsch: *Die Theorie der politischen Ökonomie*, Jena 1924.
16 Richard Jennings, *The Natural Elements of Political Economy*, London 1855.
17 Siehe Ross M. Robertson, »Jevons and His Precursors«, in: *Econometrica* 19 (1951), S. 229-249, hier S. 234, und Oswald F. Boucke, *The Development of Economics, 1750-1900*, New York 1921, S. 251.

Analyse der Bedürfnisse, die mit physischen Wünschen verknüpft sind, und überging zwei andere Gruppen von Bedürfnissen: nämlich jene, an denen das Wohlergehen sozialer Gruppen hängt, sowie jene, die sich aus moralischen Verpflichtungen ergeben. Soziale Beziehungen blieben in seiner ökonomischen Analyse praktisch außer Betracht. Wie Antoine Augustin Cournot war er überzeugt, daß sich alle relevanten ökonomischen Erscheinungen in meßbaren Größen ausdrücken lassen.

Jevons war einer der herausragenden Ökonomen, die bedeutende Beiträge zur Methodologie der Wissenschaften lieferten. Er betonte das hypothetische Wahrscheinlichkeitselement in allen wissenschaftlichen Behauptungen. Ebenso wie andere Vertreter verfeinerter Methoden des hypothetischen Denkens unterstellte er mathematischen Verfahren eine besondere logische Gültigkeit und betrachtete diejenigen Sätze einer Wissenschaft als besonders verläßlich, die sich in mathematischen Termini ausdrücken lassen.[18]

Grundlegend für Jevons' Lehre war die Behauptung, daß der Wert allein von Grenznutzen abhängig sei. Dieses Prinzip wandte er auf die Analyse des Werts von Gütereinheiten eines gegebenen Vorrats an und maß diese Werte in unendlich kleinen Lust- und Unlustquantitäten. Um die Annahme einer »stetigen Nutzenfunktion« zu rechtfertigen, erklärte er, daß diese Unterstellung zwar nicht für den einzelnen, wohl aber für große Mengen von Individuen gelte. Der Einfluß seiner methodologischen Überlegungen war stark genug, um seine Zweifel an der Meßbarkeit des Nutzens zu beschwichtigen. Daher konnte er auf das »zweite Gossensche Gesetz« zurückgreifen und das Gleichgewichtskonzept unmittelbar für die Aufstellung eines ökonomischen Modells in Anspruch nehmen, in dem alle Wirtschaftssubjekte ihre mit Preisen gewogenen Grenznutzen ausgleichen. Das Gleichgewicht des Modells sollte sich aus den kombinierten Wirkungen zahlloser Gleichgewichte ergeben, die durch individuelle Lust- und Unlustschätzungen zustande kommen; Lust sollte dabei dem Genuß der begehrten Güter entspringen, Unlust dagegen dem Arbeitsleid, dem »negativen Nutzen« [*disutility*] der Arbeit, die zur Produktion jener Güter aufgewandt werden muß.

Nach der Theorie der Arbeit, wie sie Jevons vertrat, ist das Arbeitsleid eine Funktion zweier Variablen: der »Intensität« der Arbeit und ihrer Dauer. Er nahm an, daß das Arbeitsleid rasch zu steigen beginnt, sobald die Arbeit über einen bestimmten Punkt hinaus fortgesetzt wird. Die Determiniertheit des Modells wurde durch die Annahme gewährleistet, daß die Beziehungen zwischen den Wirtschaftssubjekten durch vollstän-

---

18 William Stanley Jevons, *Principles of Science. A Treatise on Logic and Scientific Method*, London 1874; ders., *Elementary Lessons in Logic*, London 1870 (deutsch: *Leitfaden der Logik*, Leipzig 1913). Beide Werke wurden verbreitet als Lehrbücher benutzt.

dige Konkurrenz bestimmt sind und eine »Indifferenzregel« gilt, der zufolge kein Produzent den Preis seiner Produkte beeinflussen kann und gleichartige Waren zu einem bestimmten Zeitpunkt keine unterschiedlichen Preise erzielen können. Das Gleichgewicht des Systems galt als gesichert, wenn der »Fonds, der jedem einzelnen für seine Gesamtnachfrage zur Verfügung steht« (sein Einkommen), zwischen seinen Bedürfnissen in der Weise verteilt ist, daß der Grenznutzen aller von ihm erworbenen Güter, mit ihren Marktpreisen gewogen, gleich ist. Diese Definition wurde von dem österreichischen Ökonomen Friedrich von Wieser (1851-1926) angezweifelt; bei der Beobachtung des »wirthschaftlichen« Verhaltens zeige sich keinerlei Tendenz, den gleichen, möglichst geringen Grenznutzen aus allen Gütern zu gewinnen. In Anbetracht der Tatsache, daß die einzelnen Güter unterschiedlichen Verwendungen zugeführt werden können, gehe die Regel eher dahin, »in jeder Verwendung den geringsten Grenznutzen zu gewinnen, der noch erreicht werden kann, ohne daß um dessentwillen in einer anderen Verwendung ein höherer Nutzen entbehrt werden müsste«.[19]

In seiner Tauschlehre unternahm Jevons den Versuch, die Gleichgewichtsbedingungen zu bestimmen, welche dem Tauschhandel zwischen zwei Individuen zugrunde liegen, die beide über einen Güterbestand verfügen. Er stellte das Theorem auf, daß die Tauschrelation zweier Waren gleich dem reziproken Wert des Verhältnisses ihrer Grenznutzengrade sein werde. Den Begriff »Grenznutzengrad« bestimmte er als das Verhältnis des Gesamtnutzenzuwachses zum Zuwachs der Gütermenge. Bei Walras erscheint derselbe Begriff unter der Bezeichnung *rareté*, bei Pareto als *ophélimité élémentaire*. Dieses Verhältnis ist unabhängig von der Art der Einheit, die zur Messung der Quantitäten der betreffenden Waren benutzt worden ist. Diese Analyse setzt keine interpersonalen Nutzenvergleiche voraus, da jeder Partner bei sich selbst die relative Wichtigkeit vergleicht, die er den Waren beilegt. Jevons verkannte jedoch die Tatsache, daß zur Anwendung dieses Verfahrens auf die Erklärung von Käufen und Verkäufen zu Geldpreisen ein vollentwickeltes Preissystem notwendig ist, um die subjektiven Schätzungen vergleichbar zu machen. Noch weniger erfolgreich war Jevons bei seinem Versuch, die Gleichgewichtsbedingungen für Tauschhandlungen zwischen größeren Gruppen von Käufern und Verkäufern (»handeltreibenden Gruppen«) zu bestimmen, da er den Wettbewerb zwischen den einzelnen Verkäufern und den einzelnen Käufern innerhalb solcher Gruppen nicht berücksichtigte.[20]

---

19 Siehe Friedrich von Wieser, *Der natürliche Werth*, Wien 1889, S. 13 f.
20 Kritik an seinem Verfahren übten Francis Ysidro Edgeworth, *Mathematical Psychics. An Essay on the Application of Mathematics to the Moral Sciences*, London

Aus seiner Tauschlehre zog Jevons den Schluß, daß – sofern man Ungleichheiten in der Verteilung des Reichtums außer Betracht läßt – vollkommener Wettbewerb zu einer optimalen Verteilung der Waren führe. Jevons ergänzte diese mehr oder weniger fragmentarischen Beiträge zur Grenznutzenanalyse durch verschiedene theoretische Erwägungen, die sich stark am Ricardoschen Problemhorizont orientierten. In seiner Produktionskostentheorie erkannte er die Abhängigkeit des Wertes der produktiven Dienste vom Wert ihrer Produkte an, hielt jedoch am Ricardoschen Begriff der »realen Kosten« als Determinanten des Wertes solcher Faktoren fest und schrieb diesen Kosten einen mittelbaren Einfluß auf den Wert der Produkte zu. Die genaue Formulierung, in der Jevons diese Beziehungen ausdrückte, lautet: »Die Produktionskosten bestimmen das Angebot; das Angebot bestimmt den Grenznutzensgrad; der Grenznutzensgrad bestimmt den Wert.«[21] Da das in der Arbeitsleistung enthaltene Opfer mit der Dauer der Arbeit an Intensität gewinnt, betrachtete Jevons die Arbeit als Grenzfaktor bei der Bestimmung der Produktionskosten; sie werde bis zu dem Punkt fortgesetzt, an dem der Nutzenzuwachs, der sich aus der Arbeitsleistung ergibt, vom Zuwachs an Unlust und Lästigkeit aufgewogen wird.

Bei seiner Erörterung der Verteilungsprobleme folgte Jevons dem Ricardoschen Muster. Großen Raum gab er der Idee des Grenzertrags, die in der Theorie der Bodenrente enthalten ist. Wie Adam Smith und David Ricardo definierte er Kapital als Subsistenzfonds, als Gesamtheit der Mittel, die zur Erhaltung der Arbeiter zur Verfügung stehen. In seiner Zinstheorie verknüpfte er Seniors Abstinenztheorie mit der Grenzproduktivitätstheorie und stellte eine Kausalbeziehung zwischen der Verlängerung der durchschnittlichen Produktionsperiode durch vermehrte Kapitalinvestitionen und den gewachsenen Erträgen des Produktionsprozesses her. Ähnliche Ideen wurden später von Eugen Böhm-Bawerk entwickelt. Bedingt durch den Wettbewerb gehe die Zinsrate auf ein Niveau zurück, das dem Ertrag des letzten investierten Kapitalzuwachses entspricht. Indem er Löhne aus den Arbeitsleidkosten erklärte, verdrängte er die Lohnfondstheorie von dem Platz, den sie fast ein halbes Jahrhundert lang in der englischen Wirtschaftstheorie eingenommen hatte. Jevons blieb überzeugt, daß Lohnerhöhungen, die durch gewerkschaftliche Betätigung erzwungen werden, nur zum Nachteil anderer Gruppen von Arbeitern vorgenommen werden könnten.

Obwohl die Arbeitskostentheorie des Wertes in der zweiten Hälfte des neunzehnten Jahrhunderts von den englischen Ökonomen nahezu

---

1881, und Knut Wicksell, *Ueber Werth, Kapital und Rente nach den neueren nationalökonomischen Theorien*, Jena 1893.
21 Jevons, *Die Theorie der politischen Ökonomie*, a.a.O., S. 157.

durchgängig aufgegeben worden war, blieb der Grenznutzenanalyse, wie sie von Jevons vorgeschlagen wurde, verbreitete Anerkennung versagt. Vielleicht waren die konservativen Neigungen im viktorianischen England zu tief verankert, als daß es möglich gewesen wäre, radikale Veränderungen ins ökonomische Denken einzuführen. Bis zum Ersten Weltkrieg wurde die Grenznutzenanalyse mit ihren wichtigsten Implikationen nur von wenigen angesehenen englischen Wirtschaftswissenschaftlern vertreten, etwa von William Smart (1853-1915), Francis Ysidro Edgeworth (1845-1926) und Philip Henry Wicksteed. Edgeworth hielt wie Jevons am utilitaristischen Lust-Unlust-Kalkül fest und teilte auch Jevons' Vorliebe für die Formulierung ökonomischer Probleme in mathematischen Ausdrücken.[22] Smart gab eindeutig der psychologischen Version der Grenznutzenlehre den Vorzug, und Wicksteed trug zur Entwicklung der psychologischen wie auch der mathematischen Version bei.[23]

Die mathematische Version der Grenznutzenlehre

Für den französischsprachigen Schweizer Léon Walras war die Grenznutzenanalyse ein unentbehrliches Werkzeug zur Erreichung seines wissenschaftlichen Hauptziels: der Transformation der Ökonomie in angewandte Mathematik.[24] Die Formulierung und die Lösung seiner Probleme folgten einer Methode, die sich wesentlich auf die Formulierung eines hypothetischen Modells der Ökonomie richtete und ihren mathematischen Ausdruck in einem System von Simultangleichungen fand, deren Anzahl der Zahl der Unbekannten entspricht. Die Anpassung des Modells an die Zwecke, denen es dienen sollte, wurde mit Hilfe einer Reihe »heroischer« Annahmen bewerkstelligt. Die technischen Produktionskoeffizienten wurden als konstant betrachtet; das heißt, die relativen Mengen der pro-

---

22 Edgeworth, *Mathematical Psychics*, a.a.O. Edgeworth benutzte den Begriff *ökonomischer Kalkül* zur Bezeichnung der mathematischen Methoden, mit denen er den eigentlichen Gegenstand des Wirtschaftsverhaltens bestimmen wollte, nämlich die Nutzenmaximierung.

23 Smart, *An Introduction to the Theory of Value*, a.a.O.; Philip Henry Wicksteed, *An Essay on the Coordination of the Laws of Distribution*, London 1894; ders., *The Common Sense of Political Economy*, London 1910.

24 Léon Walras, *Éléments d'économie politique pure ou théorie de la richesse sociale*, 2 Bände, Lausanne/Paris/Basel 1874 und 1877. Walras setzte seine theoretischen Untersuchungen fort in seiner *Théorie mathématique de la richesse sociale*, Lausanne 1883 (deutsch: *Mathematische Theorie der Preisbestimmung der wirtschaftlichen Güter*, Stuttgart 1883) und seiner *Théorie de la monnaie*, Lausanne 1887 (deutsch: *Theorie des Geldes*, Jena 1922).

duktiven Dienste je Produkteinheit, die in den Produktionsprozessen eingesetzt werden, sollten unverändert bleiben. Alle Firmen einer Industrie sollten mit identischen Methoden und in gleichen Mengen ein gleichartiges Produkt erzeugen; der Zeitfaktor sowie Standortprobleme blieben außer Betracht. Ebenso ist bei der Konstruktion des Walrasschen Modells – in dem die gegenseitigen Beziehungen zwischen den ökonomischen Größen unter der Herrschaft der reinen Konkurrenz eindeutig bestimmbar sind – ein vollkommen »rationales« Verhalten sämtlicher Produzenten, Käufer und Verkäufer vorausgesetzt. Daher gibt es für die Gleichgewichtswerte der Preise sowie für die Mengen sämtlicher Produkte und Produktionsfaktoren jeweils nur eine Lösung. Das Modell setzt sich aus den vier Märkten für Konsumgüter, neue Kapitalgüter, Faktorleistungen und Wertpapiere zusammen. Kapitalgüter bestimmte Walras im strengen Sinne als langlebige Produkte, die mehr als einen Dienst leisten; solche Dienste nannte er »Revenuen«. Von den Kapitaldiensten unterschied er diejenigen der Arbeit und des Bodens. Auf dem Wertpapiermarkt drückt sich der Gleichgewichtspreis im Zinsfuß aus.

Reiner Wettbewerb schließt ein, daß keiner der Teilnehmer an Produktion und Handel die Preise spürbar beeinflussen kann, daß jede Ware zu einem einheitlichen Preis verkauft wird, daß bei der Übertragung produktiver Dienste von einer Verwendung auf eine andere keine Friktionen auftreten und daß alle Güter unbegrenzt teilbar sind. Mit der Annahme eines vollkommenen Marktes, auf dem jedes Ereignis jedem Teilnehmer augenblicklich zur Kenntnis gelangt, führte Walras in seine Gleichgewichtsbedingungen den problematischen Begriff des quasi-allwissenden Individuums ein, der später von dem Österreicher Friedrich August von Hayek kritisiert wurde.[25] Wie Cournot nahm Walras bei seiner Konstruktion der Nachfragekurve den Gedanken der Kontinuität in Anspruch. Kaum weniger bedeutsam ist ein anderes methodologisches Vorgehen, das ebenfalls von Cournot vorgeschlagen worden war: die Anwendung des Gleichgewichtsbegriffs auf ein System streng interdependenter ökonomischer Größen, die auf eine gemeinsame hypothetische Standardeinheit der Werte zurückgeführt wurden. Die Annahme, daß Nachfrage, Angebot, Preise und alle übrigen relevanten ökonomischen Größen interdependent sind, bot eine methodologische Lösung für John Stuart Mills »Paradox zweier Dinge, deren jedes vom anderen abhängt« (Wert und Güternachfrage). Es handelt sich um ein Vorgehen, das »die Verwendung der mathematischen Logik erfordert«.[26]

25 John R. Hicks, »Léon Walras«, in: *Econometrica* 2 (1934), S. 338-348. Siehe Friedrich A. Hayek, *Individualism and Economic Order*, London 1949, S. 45 (deutsch: »Wirtschaftstheorie und Wissen«, in: *Individualismus und wirtschaftliche Ordnung*, Erlenbach-Zürich 1952, S. 45 ff.).

26 Siehe Umberto Ricci, »Pareto and Pure Economics«, in: *Review of Economic*

Die Wirtschaftssubjekte des Walrasschen Modells wurden als quasi-mechanische Akteure betrachtet, deren Handeln vom Prinzip des Grenznutzenausgleichs beherrscht wird unter der Annahme, daß jeder Nutzen sowie alle Gegenstände der Bedürfnisbefriedigung in unendlich kleine Bruchstücke geteilt werden können. Walras benutzte den Ausdruck *rareté* zur Bezeichnung des Grenznutzens und bestimmte ihn als »l'intensité du dernier besoin satisfait«. Er betonte die Relativität der Werte im Tausch, ganz im Gegensatz zum Grenznutzen. Ein weiteres charakteristisches Merkmal der Walrasschen Gleichgewichtsanalyse war eine Reformulierung des Sayschen Gesetzes in dem Sinne, daß bei gegebenen Preisen die gesamte Zufuhr an Waren und Geld der Gesamtnachfrage nach Waren und Geld genau gleich ist, so daß jedes Verkaufsangebot eines Gutes eine Nachfrage nach seinem Äquivalent in Geld oder in einer anderen Ware einschließt. Diese Formulierung des Sayschen Gesetzes wurde als *Walrassches Gesetz* bezeichnet.[27]

Um die Gleichgewichtspreise aus den Gleichgewichten abzuleiten, die die Individuen – der Annahme zufolge – erreichen, wenn sie ihre Bedürfnisbefriedigungen über die Einheiten des verfügbaren Gütervorrats verteilen, behalf sich Walras (ebenso wie Jevons) mit der Annahme, die Grenznutzen seien meßbare und miteinander vergleichbare Größen. Walras wandte den Gedanken der Grenznutzenfunktionen auf einzelne Waren an und übersah dabei die Tatsache, daß solche Funktionen vom gleichzeitigen oder künftigen Besitz anderer Waren beeinflußt werden. Außerdem unterstellte er, daß sämtliche Grenznutzenfunktionen im selben Grade abnähmen. Die Frage, in welchem Maße das Walrassche System modifiziert werden muß, um dem Zusammenspiel der Grenznutzen aller Waren im Budget eines Haushalts Rechnung zu tragen, wurde von Luigi Amoroso untersucht.[28] Wie Jevons stellte Walras Käufer und Verkäufer in vollentwickelte Systeme von Marktpreisen, die es ihnen ermöglichen sollten, ihre Grenznutzen in einer Standardeinheit der Tauschwerte auszudrücken. Diese hypothetische Recheneinheit, der *numéraire*, sollte keiner anderen Nachfrage unterliegen als jener, die sich aus ihren Eigenschaften als Ware ergibt. Der Wert des *numéraire* sollte also von seiner Eigenschaft als Tauschmittel nicht berührt werden. Die Funktionen des Geldes als Wertspeicher blieben ausgeklammert. Es ist eine strittige

---

Studies 1 (1933/34), S. 3-21. Vgl. das Zitat aus einem Artikel über Pareto von Giovanni Demaria in: Henry William Spiegel (Hg.), *The Development of Economic Thought*, New York/London 1952, S. 635.

27 Oscar Lange, »Say's Law: A Restatement and Criticism«, in: ders., Francis MacIntyre und Theodore O. Yntema (Hg.), *Studies in Mathematical Economics and Econometrics. In Memory of Henry Schultz*, Freeport, N.Y. 1942.

28 Siehe Luigi Amoroso, »Discussione del sistema di equazioni che definiscono l'equilibrio del consumatore«, in: *Annali di Economia* 4 (1928), S. 31-41.

Frage, ob Walras nicht mit einer derart stabilisierten Nachfrage und Zufuhr der Geldware durch die Hintertür wieder den Begriff der »Äquivalenz« – im Sinne der ricardianischen Tauschanalyse – eingeführt hat. Er erwartete jedenfalls, daß das Preissystem unter der Herrschaft der freien Konkurrenz jedem Käufer und Verkäufer das Maximum an erreichbarer Bedürfnisbefriedigung sichern werde.

Die Walrassche Methode der Maximierung der Bedürfnisbefriedigung fand ihren Ausdruck ausschließlich in quantitativen Begriffen, da unter den Bedingungen des freien Wettbewerbs weder Käufer noch Verkäufer die Preise beeinflussen können.[29] Walras war überzeugt, daß die Verallgemeinerung dieses Satzes den Hauptgegenstand der ökonomischen Theorie ausmache, und glaubte zudem, daß die tatsächlichen Aktivitäten in Landwirtschaft, Industrie und Handel unter Bedingungen vollkommener Konkurrenz vonstatten gehen sollten.

In seiner Diskussion des Preisbildungsprozesses ließ Walras seinen rein statischen Ansatz fallen und versuchte zu zeigen, wie die relative Preisstruktur, für die er eine mathematische Lösung geliefert hatte, unter der Herrschaft des freien Wettbewerbs auf den Märkten tatsächlich erreicht werden kann. Wie Edgeworth sagte, wollte er zeigen, auf welchem Wege das ökonomische System dem Gleichgewicht zustrebt.[30] Dieser Weg ist die vielzitierte Methode des »Herantastens« [*tâtonnement*], die von Unternehmern und Händlern im freien Wettbewerb benutzt wird, um zu einem Gleichgewicht zwischen Angebot und Nachfrage zu gelangen. Oft wurden die »dynamischen« Aspekte dieser Methode von denen, die später darauf Bezug nahmen, übersehen oder unterschätzt. Edgeworth erhob den Einwand, die Walrassche Methode des Herumprobierens zeige *einen* Weg, nicht *den* Weg, zum Gleichgewicht zu gelangen. Er ergänzte den Begriff des »Herantastens«, indem er die Idee der »Neuvereinbarung« [*recontracting*] einführte; danach sind die Angebote derer, die am Prozeß des Aushandelns teilnehmen, erst dann bindend, wenn sich das Gefüge der Preise, zu denen die Angebote gemacht werden, als Gleichgewichtsstruktur erweist.[31]

---

29 Walras, *Éléments d'économie politique pure ou théorie de la richesse sociale*, a.a.O., 10. Vorlesung.
30 Francis Ysidro Edgeworth, *Papers Relating to Political Economy*, 3 Bände, London 1925, Band 2, S. 311.
31 Zu der Frage, inwieweit Walras selbst sich der logischen Notwendigkeit des *recontracting* bewußt war, siehe Joseph Alois Schumpeter, *History of Economic Analysis*, New York 1954, S. 1002 (deutsch: *Geschichte der ökonomischen Analyse*, Göttingen 1965, Band 2, S. 1225 f.). Einen Überblick über die verschiedenen Aspekte des »Herantastens« bietet Don Patinkin, *Money, Interest, and Prices*, Evanston, Ill. 1956, Anmerkung B.

Das Funktionieren des Walrasschen Preissystems geht aus von der Bestimmung der Konsumgüterpreise entsprechend ihrer *utilité directe*. Die Nachfrage, als Funktion des Preises, wächst proportional mit Preisminderungen (und umgekehrt). Das Angebot wird als passives Element betrachtet, da mögliche Veränderungen in der Struktur der Produktion ausgeklammert werden. Die *utilité indirecte* der Produktionsfaktoren leitet sich von der *utilité directe* der Verbrauchsgüter her, und die Preise der Faktoren werden auf gesonderten Märkten unter der Annahme festgelegt, daß die Produktpreise – sofern Gleichgewichtsbedingungen herrschen – ihren Kosten gleich sind. Der Kapitalgütermarkt erstreckt sich auf alle Güter, die mehrere Male Dienste leisten können, ohne sich aufzubrauchen oder zu verderben. In einer umfassenden Liste zählte Walras verschiedene Kapitalarten oder Revenuequellen auf.

In seiner Analyse der Preise der Produktionsfaktoren verknüpfte Walras die Preise der »unspezifizierten« Faktoren mit ihren alternativen Verwendungen und die Preise der Dienste, die nur für spezifische Prozesse benötigt werden, mit dem Wert ihrer Produkte. Er räumte jedoch ein, daß die Produktpreise durch veränderte Produktionskoeffizienten modifiziert werden können.

An den strategischen Verbindungspunkt zwischen produktiven Diensten und Produktmärkten stellte Walras den Unternehmer. Dem Beispiel Says folgend, trennte er die Unternehmerfunktionen scharf von denen des Kapitalisten und bezeichnete die Einkünfte der Unternehmer als Lohn für ihre Tätigkeit der Kombination und Nutzung produktiver Dienste. Herrscht in der Produktion Gleichgewicht, können sie weder Gewinn noch Verlust machen. Diese Behauptung schließt ein, daß es sich bei Profiten strenggenommen um eine Einkommenskategorie handelt, die sich aus Störungen von Gleichgewichtssituationen, aus Monopolen und zeitweiligen Unterschieden zwischen Preisen und Produktionskosten ergeben. Edgeworth verkannte den fiktionalen Charakter des Walrasschen Unternehmers, als er argumentierte, ein solcher Unternehmer habe kein Motiv, sein Geschäft weiterzuführen.[32] Zu den Funktionen des Unternehmers gehört die Aufgabe, Ersparnisse in Produktionsfaktoren zu verwandeln und den Preis der Dienste der Kapitalgüter dem als Geldpreis verstandenen Zinssatz anzupassen. Wie bereits erwähnt, bildet sich der Kapitalzins auf einem besonderen Markt.

Die Walrassche Rententheorie ist eine mathematische Reformulierung der Ricardoschen Theorie. Seiner Lohntheorie liegt das Prinzip zu-

---

32 Siehe Edgeworth, *Papers Relating to Political Economy*, a.a.O., Band 1, S. 25. Ob der Begriff dieses fiktionalen Unternehmers aber tatsächlich für das Verständnis der Wirklichkeit von größter Bedeutung ist, wie Schumpeter behauptet (*History of Economic Analysis*, a.a.O., S. 1049; deutsch: a.a.O., Band 2, S. 1275), ist eine andere Frage.

grunde, daß Arbeit zur Kategorie der unspezialisierten Dienste zählt und daß sich bei solchen Diensten die Einkünfte aus alternativen Verwendungen ausgleichen.

In seinen späteren Untersuchungen gab Walras die Voraussetzung fixer Produktionskoeffizienten auf[33], vereinfachte aber die nachfolgende Analyse, indem er verschiedene Annahmen einführte, die von der Wirklichkeit weit entfernt sind. Unter Verwendung der *Ceteris-paribus*-Klausel dividierte er die vermehrte Menge des Produkts durch die ursprüngliche Menge, um die Grenzproduktivität des Dienstes zu bestimmen, dessen Umfang vergrößert worden war.

Die größte Leistung der Walrasschen Theorie besteht in der Entwicklung eines umfassenden Gleichgewichtssystems interdependenter ökonomischer Größen auf der Grundlage einer Analyse des Verhaltens individueller Wirtschaftseinheiten gemäß dem Grenznutzenprinzip. Der Scharfsinn, den er bei der Errichtung des Modells eines vollkommen ausbalancierten ökonomischen Systems bewies, das ohne die Konstruktion von Aggregaten ökonomischer Größen auskommt, fand bei seinen Nachfolgern große Bewunderung; oft wurde sein System jedoch als Übung in mathematischer Logik betrachtet, die keinen sonderlich vielversprechenden Ansatz zur Lösung ökonomischer Probleme bietet. Alfred Marshall machte die treffende Beobachtung, daß in Modellen des Walrasschen Typs eine Tendenz besteht, »den wirtschaftlichen Kräften falsche Proportionen zuzumessen, indem die Elemente am nachdrücklichsten betont werden, die sich am leichtesten analytischen Methoden darbieten«. Diese Neigung stand auch bei den ausgedehnten späteren Diskussionen im Vordergrund, in denen es um die Gleichgewichtsbedingungen, die Determiniertheit und die Stabilität des Walrasschen Modells ging.[34]

Walras selbst war sich über den ausgesprochen fiktiven Charakter seiner theoretischen Überlegungen durchaus im klaren; gleichwohl war er davon überzeugt, daß sein Modell zu zeigen vermöge, wie die optimale Ressourcenallokation sowie die maximale Befriedigung der Konsumentenbedürfnisse durch freie Konkurrenz gesichert wird. Die Richtigkeit dieser Deutung des Walrasschen Modells wurde von Wicksell, Pigou und anderen Ökonomen in Frage gestellt. Der von Walras erhobene Anspruch lieferte jedoch den Anhängern ideologischer Argumente eine willkommene Bestätigung für ihre Behauptung, daß die angeblich rein hypothetische Verwendung des Prinzips der freien Konkurrenz seitens der »bürgerlichen« Ökonomen in Wirklichkeit von deren Klasseninteressen

---

33 Für die veränderte Behandlung der Produktionskoeffizienten sorgte möglicherweise Wicksteeds *Essay on the Coordination of the Laws of Distribution*, a.a.O.

34 Alfred Marshall, *Principles of Economics*, 8. Auflage, New York 1950, S. 845 (deutsch: *Handbuch der Volkswirtschaftslehre*, Stuttgart/Berlin 1905, S. 695).

motiviert sei, die sie dazu veranlaßten, die vorteilhaften Auswirkungen der Wettbewerbsordnung zu beweisen. Eine beträchtliche Diskrepanz zeigte sich zwischen den methodologischen Prinzipien, denen Walras in seiner theoretischen Analyse der Wettbewerbswirtschaft folgte, und den Verfahren, die er in seinen *Études d'économie appliquée* benutzte. In diesen Studien unternahm er es, den Bereich wirtschaftlicher Tätigkeiten zu umreißen, der vom Staat organisiert und reguliert werden sollte, um diejenigen Faktoren auszuschalten, die der Erreichung eines Höchstmaßes an gesellschaftlicher Bedürfnisbefriedigung mutmaßlich zuwiderlaufen. Die Pflichten und Aufgaben, die er dem Staat im Bereich von Produktion und Verteilung zuschrieb, waren recht erheblich, und er zögerte nicht, sich auf die Grundsätze der »distributiven Gerechtigkeit« zu berufen, um ein »Gleichgewicht zwischen den Rechten des Individuums und denen des Staates« herzustellen. Walras postulierte, die einzelnen hätten Anspruch auf ein Einkommen, wie es sich aus ihrer Arbeit und ihren persönlichen Fähigkeiten ergibt, doch machte er sich die Forderungen radikaler Sozialreformer zu eigen und verlangte die Verstaatlichung des Bodens und die Aneignung der Bodenrente durch den Staat.[35] Ebenso empfahl er eine administrative Regulierung von Industrien, in denen die Erhaltung der Wettbewerbsstruktur durch wachsende Erträge bedroht ist. Er erwartete, daß eine wirklich »wissenschaftliche« Theorie des Sozialismus die Prinzipien klarlegen werde, die anzuwenden seien, um Angebot und Nachfrage jedes Produkts ins Gleichgewicht zu bringen.

Die psychologische Version der Grenznutzenlehre

Die von Carl Menger, dem dritten Begründer der Grenznutzenanalyse, vertretenen Methoden unterschieden sich in mehrfacher Hinsicht von denen, die Jevons und Walras benutzten. Zum einen legte Menger das Hauptgewicht auf die Suche nach kausalen Beziehungen zwischen wirtschaftlichen Phänomenen; zum anderen äußerte er Bedenken gegen die Verwendung der höheren Mathematik zum Zwecke der ökonomischen Analyse und unternahm keinen Versuch, auf die Konstruktion eines ökonomischen Systems das Gleichgewichtsprinzip anzuwenden. Da es sich bei den wichtigsten ökonomischen Kategorien jedoch um quantitative Größen handelt, meinte er, daß sie einer Behandlung gemäß den Methoden der »exakten« Wissenschaften zugänglich seien. Diese Methoden

---

[35] Walras verteidigte Gossens Einschätzung des Grundeigentums in seinem Essay »Théorie mathématique du prix de terres et de leur rachat par l'État« (1880), wieder in: Spiegel (Hg.), *The Development of Economic Thought*, a.a.O.

sollten darin bestehen, aus Erfahrung und Beobachtung hypothetische Begriffe von hohem Abstraktionsgrad zu gewinnen und diese Begriffe zu zusammenhängenden Systemen zu verbinden, die jene kausalen Beziehungen erkennbar werden lassen. Obwohl Menger niemals ausdrücklich auf die Kantische Erkenntnistheorie Bezug nahm, scheint er – mit kleineren Abweichungen – der allgemeinen Tendenz der von Kant vertretenen Denkweise gefolgt zu sein.[36]

So lehnte Menger die Ricardosche Werttheorie ab, da es ihren Anhängern nicht gelang, das Bestehen einer allgemeinen Kausalbeziehung zwischen der Arbeitsmenge, die zur Produktion eines Gutes verausgabt worden ist, und dem Tauschwert dieses Gutes nachzuweisen. Gegen diese Theorie sprach außerdem, daß sie sich auf unterschiedliche Prinzipien (Produktionsprozesse, Knappheiten, Marktverhältnisse) berufen mußte, um verschiedene Formen ein und desselben Phänomens zu erklären. Die tiefsten Wurzeln jeder Wertung, argumentierte er, sind nicht in irgendwelchen inneren Qualitäten der Dinge, sondern in der psychologischen Motivation des menschlichen Verhaltens zu suchen, wie es sich in den typischen Haltungen der Individuen gegenüber den Gegenständen ihrer Bedürfnisbefriedigung zeigt und im Grenznutzen der Güter niederschlägt.

Am wirkungsvollsten, glaubte er, lasse sich eine konsistente Grenznutzenanalyse durchführen, wenn man das Streben nach größtmöglicher Bedürfnisbefriedigung als einziges Motiv des ökonomischen Verhaltens betrachtet und annimmt, daß sich dieses Verhalten in vollkommener Kenntnis seiner ökonomischen Wirkungen und frei von äußerem Zwang vollzieht. Auf der Grundlage der Schlußfolgerungen, die er aus diesen Prämissen zog, hoffte Menger die allgemeinen ökonomischen Kategorien zu entwickeln, die erforderlich sind, um zu einem Verständnis des Funktionierens der Tauschwirtschaft zu gelangen. Der »individualistische« Zugang zur ökonomischen Analyse brachte ihn und seine Schüler dazu, auf das Verhalten eines Robinson Crusoe zu rekurrieren, um die Prinzipien der subjektiven Wertschätzung zu veranschaulichen. Von Vertretern der organizistischen und dialektischen Gesinnung, die auf dem »sozialen« Charakter aller ökonomischen Phänomene bestanden, wurde dieser Ansatz ins Lächerliche gezogen. Die Mehrdeutigkeiten des Ausdrucks »sozial«, wie er in diesem Zusammenhang verwandt wurde, sorgte für beträchtliche Verwirrung.[37]

In offenem Gegensatz zu den mathematisch orientierten Ökonomen be-

---

36 Siehe besonders Kants *Kritik der reinen Vernunft*, Riga 1781 (*Werke in zwölf Bänden*, Frankfurt am Main 1968, Band 3 und 4). Vgl. auch Josef Dobretsberger, »Zur Methodenlehre Carl Mengers und der österreichischen Schule«, in: *Neue Beiträge zur Wirtschaftstheorie. Festschrift für Hans Mayer*, Wien 1949, S. 79 ff.

37 Carl Menger entwickelte seine Theorie in seinem Hauptwerk *Grundsätze der Volkswirthschaftslehre*, Wien 1871.

harrte Menger darauf, daß die Konzeption des Grenznutzens als infinitesimale Größe aller psychologischen Erfahrung widerspreche und daß die jeweiligen Grenznutzen niemals direkt meßbar oder exakt miteinander vergleichbar seien. Seiner Auffassung nach kann der Grenznutzenbegriff nur dazu dienen, die Wertschätzungen zu bezeichnen, die den Einheiten eines gegebenen Güterbestands beigelegt werden; solche Schätzungen nähmen sprunghaft ab, wenn der Vorrat um weitere Einheiten vermehrt wird. Die Probleme, die mit der »Skalierung« oder »Einstufung« des jeweiligen Nutzens zusammenhängen, wurden in der Folgezeit zum Gegenstand anhaltender Diskussionen.

Obwohl Menger sich durchaus über den Einfluß im klaren war, den das unbewußte Verhalten Tausender von Individuen auf die Entwicklung ökonomischer und gesellschaftlicher Institutionen ausübt, verzichtete er darauf, ökonomische Beziehungen, die aus der Konstruktion von Aggregaten ökonomischer Größen abgeleitet wurden, mechanisch zu konstruieren. Seine Analyse blieb im Rahmen der Beziehungen zwischen einzelnen Wirtschaftseinheiten und dem komplexen Netz von Tauschvorgängen, die er zwischen solchen Einheiten feststellte.

Bedenkt man die geistige Atmosphäre, in welcher er seine Ideen entwickelte, so bewies Menger in seinem Denken vielleicht größere Unabhängigkeit als Jevons oder Walras. Jevons konnte sich auf das utilitaristische Lust-Unlust-Kalkül stützen und daraus, in Verbindung mit Millschen Methoden der wissenschaftlichen Analyse, einige seiner leitenden Prinzipien ableiten. Walras hatte den von Cournot vorgelegten methodologischen Ansatz von seinem Vater übernommen und war um eine Rechtfertigung seiner Methoden nicht sonderlich besorgt. Dagegen entwickelte Menger seine Konzeption der Ökonomie als exakte Wissenschaft im Verlauf eines Disputs mit überzeugten Anhängern organizistischer Methoden, wie etwa Gustav Schmoller, der seinerzeit entscheidenden Einfluß auf das ökonomische Denken in Mitteleuropa hatte. Die Anstrengungen, die Menger unternahm, um seine Methoden gegen Mißverständnisse zu verteidigen und grundlegende Fragen zu klären, beanspruchten einen großen Teil seiner Tätigkeit. So ist die Spannweite der von ihm bearbeiteten Fragen in mancherlei Hinsicht begrenzter als der von Jevons und Walras behandelte Problembereich.

Es gelang ihm jedoch, mit großer Konsequenz eine Reihe von Begriffen zu formulieren, denen für die Erklärung einiger ökonomischer Grundphänomene erhebliche Tragweite zukommt. Er schlug eine Klassifikation der Bedürfnisse nach ihrer Wichtigkeit und eine Gruppierung der Güter nach ihrer Nähe zur Erfüllung von Bedürfnissen oder Wünschen vor. Er stellte die ökonomischen Merkmale komplementärer Güter heraus, die nur dann bestimmten Zwecken dienen können, wenn sie gleichzeitig verfügbar sind. In seiner Erörterung der Probleme, die mit der optimalen Verteilung gegebener Angebotsmengen verbunden sind, legte er den Hauptakzent auf die Nachfrageseite und verwarf die Konzeption von Leid und Opfer als Kostenfaktoren. Sein eher zurückhaltender Versuch, eine Theorie des Tausches aufzustellen, beschränkte sich auf die Analyse isolierter Transaktionen unter Wettbewerbsbedingungen. Unter der Annahme, daß das Verhältnis der Grenznutzen der erworbenen Güter für beide Parteien das gleiche sein wird, gelangte Menger zu einer Bestimmung der oberen und unteren Preisgrenze, die mit dem Grenznutzenprinzip verträglich sind.

Bei seiner Analyse der Verteilungsprozesse legte Menger der Ricardoschen Unterscheidung dreier Bevölkerungsklassen oder der angeblichen Beziehung zwischen jeder Klasse und einem bestimmten Produktionsfaktor auf der einen Seite und einer entsprechenden Einkommensart auf der anderen keine besondere Wichtigkeit bei. Statt dessen betonte er vor allem Knappheitsbeziehungen als wertbestimmende Faktoren und argumentierte, daß jeder Produktionsfaktor in unterschiedlichem Grade knapp sein könne. Insofern nahm er der Dreiteilung der Produktionsfaktoren ihre kausale Bedeutung. Später versuchte Menger, auf der Grundlage biologischer und physiologischer Forschungen eine Theorie der Bedürfnisse zu entwickeln. Die psychologischen Aspekte der Grenzanalyse wurden von Mengers Schülern, vor allem von Friedrich von Wieser, weiterentwickelt.

Charakteristisch für Mengers Produktionskostenanalyse waren seine Versuche, an dieses Problem mit einer »Zurechnungsmethode« heranzugehen, um die kausalen Beziehungen zu bestimmen, wonach jedem produktiven Dienst ein angemessener Bruchteil der Werte zuzuordnen ist, die durch die kombinierten Beiträge mehrerer Dienste zur Produktion geschaffen werden. Der Begriff *Zurechnung* geht auf von Wieser zurück; er läßt sich allgemein als diejenige Methode definieren, mit der die produktiven Beiträge der einzelnen Faktoren, die an einer gemeinsamen Anstrengung oder einem gemeinsamen Ergebnis mitwirken, bestimmt werden können. Menger stützte sich bei der Lösung dieses Problems auf das Prinzip des Marginalismus und argumentierte, daß der Anteil, der jedem Dienst zuzurechnen ist, von der Wertveränderung des Produkts abhängig sei, die beim Ausfall einer Einheit des betreffenden Dienstes entsteht. Da die Kostenelemente der Produktionsprozesse gleichzeitig Einkommenselemente darstellen, läßt sich die Wertbildung in allen Produktions- und Distributionsprozessen aus einem einzigen Prinzip verständlich machen.

Bei der Ausarbeitung dieser scheinbar einfachen Erklärung des Wertes der Produktionsfaktoren berücksichtigte Menger den Umstand, daß zur Produktion einer gegebenen Quantität eines Gutes die Produktionsfaktoren unterschiedlich kombiniert werden können und daß den Produktionsprozessen ein »Gesetz der veränderlichen Proportionen« zugrunde liegt. Unter »Kapital« verstand er materielle Güter »höherer Ordnung«, deutete aber auch einen alternativen Kapitalbegriff an (als Geldsumme, die zu produktiven Zwecken eingesetzt wird).[38] Seine Theorie des Kapitalzinses beruhte auf der fragwürdigen Annahme, daß die Nutzung der Kapitalgüter logisch von der »Substanz« des Kapitals getrennt werden könne und daß der Zins das Entgelt für diese Nutzung im Verlauf der Produktionsprozesse darstelle.

In seiner Erörterung monetärer Probleme legte Menger erhebliches Gewicht auf die spontanen, unbeabsichtigten sozialen Mechanismen, die für die Entstehung und Entwicklung der Geldfunktionen verantwortlich seien. Anders als die Vertreter der Quantitätstheorie des Geldes vermied er jede Behandlung dieser Probleme in Aggregatbegriffen. Ohne die Grenznutzenanalyse direkt auf die Erklärung des Geldwerts anzuwenden, diskutierte er die Unterscheidung, die sich zwischen »externem« und »internem« Tauschwert des Geldes treffen läßt, den Einfluß der Faktoren, welche die Geldnachfrage und die Veränderungen des Geldwerts bestimmen, und schließlich die Verfahren zur Messung dieses Wertes.[39]

Obwohl Menger niemals seinen ehrgeizigen Plan verwirklichte, die Grenznutzenlehre, wie er sie verstand, umfassend auszuarbeiten, lieferte er seinen Schülern doch eine klare Skizze der anstehenden Probleme und der Methoden, die zu ihrer Lösung anzuwenden waren. Als Begründer der »österreichischen Schule« übte er bestimmenden Einfluß auf das Denken dreier Generationen von Wirtschaftswissenschaftlern aus. Wir wollen jedoch die Diskussion der Entwicklung des Marginalismus im strengen Sinne des Wortes verschieben und zuvor einen Überblick über die Entwicklung der »nachricardianischen« Ökonomie in den angelsächsischen Ländern liefern.

---

38 Carl Menger, »Zur Theorie des Kapitals«, in: *Jahrbücher für Nationalökonomie und Statistik* 51 (1888), S. 1-49.
39 Menger entwickelte seine monetären Auffassungen in dem umfangreichen Artikel »Geld« des *Handwörterbuchs der Staatswissenschaften*, 3. Auflage, Band 4, Jena 1909. Darüber hinaus lieferte er mehrere wichtige Forschungsbeiträge zur österreichischen Währungsreform. Siehe Friedrich A. Hayek, »Carl Menger«, in: *Economica* 14 (1934).

19. Kapitel
Nachricardianische Wirtschaftslehre

Das geistige Klima des viktorianischen Zeitalters

Es ist eine erstaunliche Tatsache, daß der feste Glaube der englischen Ökonomen, die in der Nachfolge Ricardos standen, an dessen Methoden nicht merklich erschüttert wurde, als die Flut der intellektuellen Strömungen anstieg, die nicht nur der utilitaristischen Philosophie, sondern auch der aus den utilitaristischen Prinzipien entwickelten Konzeption der Ökonomie gegenüber feindselig eingestellt waren. Nicht einmal die Herausforderung, die in der Reformulierung der Werttheorie durch William Stanley Jevons lag, vermochte eine nennenswerte Reaktion hervorzurufen.

Die englische Wirtschaft hatte in einem entwickelten System des freien Wettbewerbs und des Freihandels eine rasche Expansion erlebt, und das britische Empire hatte Gestalt angenommen. Das Pfund Sterling hatte die Bedeutung einer allgemein anerkannten internationalen Währung erlangt, und London war zum Mittelpunkt eines Systems von Handelsbeziehungen geworden, das sich bis in die entferntesten Winkel der Erde erstreckte. In der Organisation dieses Marktes und im Funktionieren des englischen Geld- und Kreditmechanismus spiegelte sich die Überzeugung, daß das Verhalten der katallaktischen Ökonomie von Gleichgewichtskräften beherrscht wird. Diese Überzeugung wurde auch durch die wiederkehrenden Krisen nicht merklich erschüttert, die große Bevölkerungsmassen ins Elend stürzten und den Prozeß des wirtschaftlichen Wachstums störten. Industrielle, Bankiers, Kaufleute und Staatsbeamte waren sich einig im Glauben an das Wirken unaufhaltsamer ökonomischer Gesetze. Von jedermann wurde erwartet, sein Verhalten der souveränen Herrschaft des »Marktes« anzupassen. »Das Gesetz von Angebot und Nachfrage erlangte eine Autorität, die die Zehn Gebote niemals besessen hatten. Die Todsünde bestand darin, am Fälligkeitstag knapp bei Kasse zu sein.«[1]

Die ricardianische Wirtschaftslehre hatte sich im Horizont eines Denkens entwickelt, zu dem die These gehörte, die Geschichte der Zivilisation schreite, abhängig von den jeweiligen Lebensbedingungen, stetig und geradlinig in Richtung auf Frieden und Freiheit fort.[2] Konsequent wurde das Vernunftprinzip des achtzehnten Jahrhunderts auf die Deutung ge-

---

1 John B. Condliffe, *The Commerce of Nations*, New York 1950, S. 359.
2 Henry Thomas Buckle, *History of Civilization in England*, 2 Bände, London 1857/1861 (deutsch: *Geschichte der Civilisation in England*, 2 Bände, Leipzig/Heidelberg 1861).

schichtlicher Entwicklungen angewandt.³ Der Historiker John R. Seeley (1834-1895) wies nach, daß die Expansion des britischen Empires nicht das Ergebnis einer planvollen »imperialistischen« Politik gewesen, sondern durch die Tätigkeit einzelner Kaufleute, Handelsgesellschaften, Siedler und Abenteurer zustande gekommen sei, die – nachdem sie in überseeischen Kolonien Fuß gefaßt hatten – die Regierung ihres Heimatlandes um Schutz ersuchten.⁴ Im Lichte dieser Analyse spiegelt sich in den kühnen britischen Kolonialunternehmungen der individualistische Geist der utilitaristischen Philosophie, die den Einfluß des Staates und der Regierung auf den Gang der ökonomischen und sozialen Entwicklung möglichst gering zu halten suchte.

Nach dem Tode John Stuart Mills wurde John Elliott Cairnes (1823 bis 1875) zum führenden englischen Ökonomen. Er arbeitete die methodologischen Prinzipien weiter aus, die dem deduktiven Denken zugrunde liegen⁵, und verteidigte sie gegen zahlreiche Kritiken.⁶ Gegenüber allen Versuchen, die Ökonomie in eine Wissenschaft der angewandten Mathematik zu verwandeln, erhob er den Einwand, daß sich die Gemütsempfindungen, die als Prämissen in die Ableitung ökonomischer Gesetze eingehen, nicht in quantitativer Form ausdrücken ließen. In vollem Bewußtsein des letztlich hypothetischen Hintergrunds der Ricardoschen Lehre umgab er die bekannten vier Postulate Nassau William Seniors mit einem Kranz untergeordneter Prinzipien und Tatsachen, die die Produktion und Verteilung des Reichtums betreffen, zum Beispiel Erfindungen, Sitte, Religion und Zukunftserwartungen. Um die Kluft zwischen den abstrakten Lehren der Ökonomie und den Erscheinungen der wirklichen Welt zu überbrücken, sollten diese sekundären Prinzipien mit den übergeordneten Verallgemeinerungen verknüpft werden. Doch dieses »Additionsverfahren« fand nicht viele Anhänger.⁷

Cairnes war sich der Gefahren wohl bewußt, die sich aus bestimmten Argumenten, die im Rahmen der Ricardoschen Lehre entwickelt worden waren, für deren eigene Konsistenz ergaben. Mit der allmählichen Erwei-

---

3 William Edward Hartpole Lecky, *History of the Rise and Influence of the Spirit of Rationalism in Europe*, London 1865 (deutsch: *Geschichte des Ursprungs und Einflusses der Aufklärung in Europa*, 2. Auflage, Leipzig/Heidelberg 1873).
4 John R. Seeley, *The Expansion of England*, London 1883 (deutsch: *Die Ausbreitung Englands*, Stuttgart 1928).
5 John Elliott Cairnes, *The Character and Logical Method of Political Economy*, London 1857.
6 Ders., *Some Leading Principles of Political Economy Newly Expounded*, London 1874.
7 Siehe Sydney C. Checklund, »Economic Opinion in England As Jevons Found It«, in: *Manchester School of Economic and Social Studies* 19 (1951), S. 143-169, hier S. 164.

terung des Rentenbegriffs auf Situationen, in denen die Preise nicht unter Wettbewerbsbedingungen zustande kommen, mußten die ökonomischen Prozesse den Eindruck eines Kampfes um Renten erwecken, von dem die arbeitenden Klassen ausgeschlossen sind. Noch immer war die Frage offen, in welchem Maße die Arbeitsbedingungen von der Größe eines Lohnfonds und seiner Verwendung durch die Unternehmer abhängen. Ließ man dagegen den Begriff des Lohnfonds zusammen mit der Arbeitskostentheorie des Wertes fallen, so löste sich das Ricardosche ökonomische System in ein Netz von Märkten auf, deren Zusammenhänge untereinander nicht mehr klar zu erkennen waren. Cairnes schlug den Begriff *noncompeting groups* vor, um auf die Beobachtung hinzuweisen, daß sogar innerhalb der nationalen Grenzen einer Volkswirtschaft zwischen verschiedenen Gruppen von Arbeitern desselben Gewerbes nur unvollkommene Mobilität besteht. Solche Entwicklungen, die die Fundamente der Ricardoschen Lehre zu untergraben drohten, konnten sich in erheblichem Maße auf verschiedene Versuche stützen, die Bedeutung der traditionellen Begriffe radikal zu verändern. Charakteristisch für eine solche Bemühung war Henry Dunning MacLeods (1821-1902) Einbeziehung immaterieller Güter in die Definition des Reichtums sowie seine Ausdehnung seines Geldbegriffs auf Kredite, die von Banken gewährt werden.[8] Vorsichtige Autoren äußerten daher wachsende Skepsis gegenüber der Gültigkeit der herrschenden Lehre und bezeichneten sie als »in höchstem Maße sichere und nützliche Sache von begrenzter Reichweite«. Walter Bagehot (1826-1877), der Verfasser einer vielgelesenen beschreibenden Analyse des englischen Bankensystems[9], stellte sogar die Frage, ob die freie Mobilität von Kapital und Arbeit tatsächlich zu den methodischen Vorannahmen gehöre, die der Wert- und der Rententheorie zugrunde liegen.[10]

Methodologische Probleme anderer Art wurden von Henry Sidgwick (1838-1900) analysiert, dem letzten bedeutenden Ökonomen ausgesprochen utilitaristischer Gesinnung.[11] Als Lehrer an der Universität Cambridge übte er einen Einfluß auf das geistige Leben aus, der über den jedes anderen zeitgenössischen Wissenschaftlers seiner Disziplin bei weitem hinausging. Einer seiner herausragenden Schüler war Alfred Marshall. Zwar behielt er den Rahmen der Philosophie Jeremy Benthams bei, lehnte aber den Gedanken ab, daß sich aus der Erfahrung moralische Pflichten herleiten ließen, die für alle menschlichen Wesen identisch sind.

---

8 Henry Dunning Macleod, *The Principles of Economic Philosophy*, 2 Bände, London 1872/1875.
9 Walter Bagehot, *Lombard Street*, London 1873.
10 Ders., *Postulates of English Political Economy*, London 1885; ders., *Economic Studies*, London 1880.
11 Henry Sidgwick, *The Principles of Political Economy*, London 1874.

Statt dessen nahm er Zuflucht zu dem Begriff einer angeborenen Neigung zur Güte als Quelle der Moral und beharrte auf der Existenz »letzter Werte«, die allgemeine Anerkennung fordern durften und durch wirtschaftspolitische Maßnahmen verwirklicht werden sollten. Besondere Bedeutung sollte bei dieser Politik den Gesichtspunkten der Verteilung zukommen. Der traditionellen Formel der Erreichung des größten »durchschnittlichen« Glücks stellte Sidgwick eine andere entgegen, nach der das Maximum des Glücks durch die Multiplikation der Zahl der lebenden Personen mit dem Betrag des durchschnittlichen Glücks zu bestimmen sei.[12] Obwohl Sidgwick einräumte, daß sich für den Glauben, jedermann wisse für sein Wohl selbst am besten zu sorgen, nur rohe, induktive Bestätigung finden läßt, schob er das *onus probandi* denen zu, die Eingriffe der Regierung in ökonomische Vorgänge befürworteten. In diesem Zusammenhang machte Sidgwick das Prinzip der abnehmenden Erträge für die unerwünschten Folgen der Bodenrente auf die Einkommensverteilung verantwortlich. Er verwies auf Fälle, in denen die »natürliche Freiheit«, statt Vorteile zu gewähren, zu Monopolsituationen, Industrieverbänden und dergleichen führe.
Gleichzeitig sahen sich die methodologischen Prinzipien, die der ricardianischen Ökonomie zugrunde lagen, einer steigenden Flut feindlicher geistiger Strömungen gegenüber. Eine davon hatte ihre Quellen in den Lehren der deutschen »idealistischen« Philosophen, die in die politischen Theorien einiger herausragender britischer Soziologen, Juristen und Rechtshistoriker einflossen. In diesen Theorien schlugen sich der Glaube an die Existenz »objektiver Geister«, die ihre Rolle bei der Bestimmung sozialer Werte und Ziele spielen, sowie die Auffassung nieder, daß es sich bei Gesellschaften um moralische Organismen und bei Individuen um untergeordnete Glieder solcher integraler Ganzheiten handele. Die bedeutendsten Vertreter derartiger politischer Theorien waren Thomas Hill Green (1836-1882), Francis Herbert Bradley (1846-1924) und Bernard Bosanquet (1848-1923). Sir Henry Maine (1822-1888), der Verfasser von *Ancient Law*[13], war ein hervorragender Jurist, der sich eine organizistische Interpretation des Rechts zu eigen machte. Ein anderer Jurist, der ähnliche Ideen vertrat, war Frederic William Maitland (1850-1906).[14] Einige Mitglieder dieser Gruppe übernahmen sogar die Hegelsche Gleichsetzung von Nationalstaaten mit konkreten Erscheinungen der absoluten Vernunft.[15]
Auch die leitenden Ideen der deutschen historischen Schule fanden eine Reihe mehr oder minder überzeugter Anhänger auf den Britischen In-

12 Ders., *The Methods of Ethics*, London 1874.
13 London 1861.
14 Siehe Ernest Barker, *Political Thought in England*, London 1915, S. 76 und passim.
15 Siehe John Dewey, *Liberalism and Social Action*, New York 1935, S. 39.

seln. Thomas Edward Cliffe Leslie (1827-1882), ein Ire, nahm eine herausragende Stellung unter den Gelehrten ein, die die Existenz allgemeingültiger ökonomischer Gesetze leugneten und den institutionellen Hintergrund aller wirtschaftlichen Phänomene sowie deren Abhängigkeit vom Zusammentreffen einzigartiger historischer Umstände betonten.[16] Für jede Nation seien daher spezifische »Gesetze« aufzustellen, die der Individualität des betreffenden Volkes zu entsprechen hätten. Im Lichte dieses Ansatzes warf Leslie den Ricardianern vor, sie nähmen eine vermeintliche Kenntnis letzter Ursachen in Anspruch, um »unbegründete Verallgemeinerungen« aufzustellen.

Ein anderer Vertreter der historischen Schule, James Edwin Thorold Rogers (1823-1890), bezeichnete einen Großteil der anerkannten ökonomischen Lehren als »Logomagie«.[17] In seinen umfangreichen und äußerst wertvollen Beiträgen zur englischen Wirtschaftsgeschichte stellte er die tatsächliche Rente, die die Grundbesitzer ihren Pächtern unter den Bedingungen der Immobilität von Kapital und Arbeitskräften abverlangen, der »durchschnittlichen Profitrate« gegenüber, die unter normalen Bedingungen der Mobilität erzielt werden könnte.[18] In seiner ausführlichen Untersuchung der Lohnentwicklung bemühte sich Rogers um den Nachweis, daß die Gesetzgebung der Parlamente oder Regierungen dafür verantwortlich sei, wenn die Arbeiterlöhne auf dem niedrigsten Stand gehalten werden, der nur irgend möglich ist.[19]

Ein dritter bemerkenswerter Ökonom, der Zweifel an den allgemeinen Gesetzen Ricardoschen Typs anmeldete, war Arnold Toynbee (1852-1883), der Autor einer vieldiskutierten Analyse des englischen Maschinenzeitalters.[20] Er verlangte eine strenge Untersuchung der Annahmen, die als Ausgangspunkt der deduktiven Beweisführung dienen, und beharrte darauf, die erreichten Schlußfolgerungen im Lichte der Tatsachen zu überprüfen. Er wandte diese Methode auf die Geschichte der englischen Industrie an und hob dabei hervor, daß die Wirkung der freien Konkurrenz auf den Verteilungsprozeß durchaus ungewiß sei.

16 Thomas Edward Cliffe Leslie, *Essays on Political and Moral Philosophy*, Dublin 1879. Weitere Veröffentlichungen Leslies waren: *Land Systems and Industrial Economy of Ireland, England, and Continental Countries*, London 1870, und *Essays in Political Economy*, Dublin 1888.
17 Thorold Rogers, *The Economic Interpretation of History*, London 1888.
18 Ders., *History of Agriculture and Prices in England, 1259-1793*, Oxford 1866/1887, sowie *Six Centuries of Work and Prices*, London 1884.
19 William Cunningham kritisierte Rogers, er habe »die Vergangenheit im Lichte der modernen Lehre gelesen«. »The Perversion of Economic History«, in: *Economic Journal* 2 (1892).
20 Arnold Toynbee, *Lectures on the Industrial Revolution of the 18th Century in England*, London 1884.

John Kells Ingram (1823-1907) bemühte sich darum, die Grundsätze der historischen Schule philosophisch besser zu fundieren. In einer programmatischen Erklärung sprach er sich für den historisch-ethischen Ansatz in der Ökonomie aus; er beschrieb darin die Erforschung der Gesellschaft als eine Art Biologie und rügte das »Übergewicht«, das die Ökonomen mißbräuchlich ihren deduktiven Verfahrensweisen und der unbedingten Gültigkeit ihrer theoretischen und praktischen Schlußfolgerungen eingeräumt hätten.[21] Ihre »metaphysische Geisteshaltung«, meinte er, habe sie häufig dazu gebracht, trügerische Schöpfungen ihrer spekulativen Einbildungskraft – wie etwa den Lohnfonds – für »objektive Realitäten« zu halten. In seiner bekannten Geschichte des ökonomischen Denkens[22] gab Ingram eine Übersicht über die Entwicklung der ökonomischen Ideen aus der Perspektive des Historismus.

Ebenso wie andere englische Gegner der ricardianischen Wirtschaftslehre stand Ingram unter starkem Einfluß der »positiven« Philosophie Auguste Comtes, die die Soziologie als Wissenschaft von der Gesellschaft an die Spitze einer Rangordnung der Wissenschaften setzte und insofern mit einem Verständnis der Ökonomie als eigenständiger Disziplin, die sich nach spezifischen Methoden entwickelt, nicht zu vereinbaren war. Nach der Lehre von Comte lassen sich soziologische Gesetze oder Verallgemeinerungen nur aus der vergleichenden Beobachtung historischer und ethnologischer Ereignisse gewinnen; soziale Verhältnisse sind unter zwei Hauptaspekten zu analysieren: dem Gesichtspunkt der »spontanen Ordnung der Gesellschaft«, die durch das Wirken sozialer Triebe zustande kommt (*Statik*), und dem Aspekt der »evolutionären Faktoren«, deren Wirken sich in einem »natürlichen Fortschritt« äußert (*Dynamik*). Comtes Unterscheidung veranlaßte Mill, das Gebiet der »Dynamik« in seine Analyse einzubeziehen. Kennzeichnend für Comtes Auffassung, welche die Gesellschaft als integrales Ganzes auffaßt, ist seine Behauptung, daß im Bereich der sozialen Phänomene ebenso wie in der Biologie »das Ganze des Gegenstandes tatsächlich viel bekannter und unmittelbarer zugänglich ist als die einzelnen Teile, die man darin später unterscheiden wird«.[23]

Die einflußreiche Rolle, die die »Evolution« im Verlauf der ökonomischen Prozesse spielt, wurde von William James Ashley (1860-1927) hervorgehoben; er bemühte sich, die methodologischen Gesichtspunkte der juristischen und ökonomischen Versionen des Historismus zu entfal-

---

21 John Kells Ingram, *The Present Position and Prospects of Political Economy*, Dublin 1878.
22 Ders., *History of Political Economy*, Edinburgh 1888 (deutsch: *Geschichte der Volkswirtschaftslehre*, Tübingen 1905).
23 Auguste Comte, *Cours de philosophie positive*, 6 Bände, Paris 1830-1842, Band 4 (deutsch: *Soziologie*, Bd. 1, Jena 1907, S. 260f.).

ten.²⁴ Er unterschied drei voneinander abweichende Bedeutungen des Begriffs der »sozialen Evolution«, wie er von englischen Wissenschaftlern benutzt wurde. Sofern er der Comteschen Philosophie entstammt, enthält dieser Begriff die Idee eines stufenweise verlaufenden Fortschritts der Menschheit. Nach Hegelscher Definition meint »gesellschaftliche Entwicklung« die Entfaltung eines autonomen Volksgeistes im Durchlaufen der Stufen eines dialektischen Prozesses. Schließlich gibt es Herbert Spencers (1820-1903) vieldiskutierten Begriff der »sozialen Evolution«, der auf dem Darwinschen Prinzip der Zufallsanpassung durch natürliche Selektion beruht. Nach Darwins Forschungen *Über den Ursprung der Arten* haben sich alle Formen des Lebens mutmaßlich durch unzählige diskontinuierliche Prozesse der Zufallsauswahl entwickelt, die durch Anpassungen an die Umweltbedingungen hervorgerufen wurden. Infolge dieser Theorie hatte sich das harmonische Weltsystem, das die Vorstellungen des achtzehnten Jahrhunderts gepägt hatte, in einen blinden, ziellosen und unbarmherzigen Mechanismus verwandelt, den viele Dichter und Philosphen als bedrückend empfanden.²⁵

Einzig Spencers Begriff war mit den Methoden des hypothetischen Denkens vereinbar; der Hegelsche Begriff war dialektischen Ursprungs, und Comtes Konzept wies bestimmte Merkmale der institutionalistischen Methoden auf. Spencer hatte die Darwinsche Interpretation der Entwicklungsprozesse allerdings deutlich modifiziert; er verband sie nicht nur mit dem Gedanken des Übergangs von einfachen zu »complicirten« Zuständen, sondern auch, im Falle der »zusammengesetzten Entwicklung«, mit der Idee des Übergangs von Homogenität zu Heterogenität, von einer eher unzusammenhängenden zu einer kohärenteren Struktur, von unbestimmten zu klarer abgegrenzten Zuständen. So definierte Spencer Evolution als »Integration des Stoffes und damit verbundene Zerstreuung der Bewegung, während welcher der Stoff aus einer unbestimmten, unzusammenhängenden Gleichartigkeit in bestimmte, zusammenhängende Ungleichartigkeit übergeht, und während welcher die zurückgehaltene Bewegung eine entsprechende Umformung erfährt«.²⁶

24 William James Ashley, *An Introduction to English Economic History and Theory*, 2 Bände, London 1888/1893 (deutsch: *Englische Wirtschaftsgeschichte. Eine Einleitung in die Entwickelung von Wirtschaftsleben und Wirtschaftslehre*, 2 Bände, Leipzig 1896).
25 Charles Darwin, *The Origin of Species by Means of Natural Selection*, London 1859 (deutsch: *Ueber die Entstehung der Arten im Thier- und Pflanzen-Reich durch natürliche Züchtung*, Stuttgart 1863). Siehe Overton H. Taylor, »Economics and the Idea of Natural Laws«, in: *The Quarterly Journal of Economics* 44 (1930), S. 1-39, hier S. 9.
26 Herbert Spencers *System of Synthetic Philosophy* erschien in fünf Bänden zwischen 1862 und 1896 (deutsch in neun Bänden als *System der synthetischen Philosophie*,

Solche Erwägungen übertrug Spencer nun auf die Analyse von Gesellschaften. Er beschrieb »sociale Organismen« als Entitäten, denen eine bestimmte Form ebenso mangelt wie eine dauerhafte Substanz, als integrale Ganze, die den Interessen ihrer Teile dienen, jedoch dem gleichen Rhythmus von Integration und Zerfall unterliegen wie jeder andere Organismus. Er schlug vor, das Überleben als beweiskräftige Prüfung für die Fähigkeit eines sozialen Organismus zu betrachten, sich an seine Umwelt anzupassen. Obwohl er sich gegen die Gleichsetzung von Evolution und Fortschritt wandte, verwies er auf die allmähliche Entwicklung von Individualität, Freiheit und Frieden, die durch die Transformation traditionaler in »kriegerische« und schließlich »industrielle« Gesellschaften herbeigeführt worden sei.

Auf diese Theorie ging Spencers extreme Abneigung gegen staatliche Eingriffe jeder Art zurück. Er zog den Gedanken der »natürlichen Zuchtwahl« heran, um damit das Prinzip eines bedingungslosen ökonomischen Liberalismus mit all seinen Implikationen zu stützen, räumte jedoch ein, daß ethische Urteile den Konkurrenzkampf beeinflussen und insofern eine modifizierende Rolle spielen. Von zutiefst hedonistischen Grundsätzen ausgehend, entwickelte er die Idee, daß die Fähigkeit, moralische Urteile abzugeben, zwar empirisch entstanden, im allgemeinen jedoch zu einem intuitiven ethischen Vermögen geworden sei, das man Gewissen nennt. Er bezeichnete die ethische Erfahrung als eine der grundlegendsten Bedingungen des gesellschaftlichen Lebens und lieferte so eine neue Deutung der etwas in Verruf geratenen utilitaristischen Ethik.

Viele Soziologen, die den Methoden des Historizismus zugetan waren, gebrauchten den Begriff *Sozialdarwinismus*, um jene Auffassung zu bezeichnen, nach der das Überleben des Tüchtigsten das Ergebnis ökonomischer und gesellschaftlicher Prozesse ist. Insofern diese Prozesse als Anpassungen und Angleichungen betrachtet wurden, die auf einer ansteigenden Stufenleiter des Fortschritts stattfinden, gingen in diese Argumentation gewisse teleologische Aspekte ein. Solche Auffassungen äußerten sich in populären Schlagworten wie »historische Unvermeidlichkeit«, »unaufhaltsame soziale Kräfte«, »Zug der Zeit« und dergleichen. Das Beharren auf der »Unvermeidlichkeit«, die den Gang der sozialen oder ökonomischen Ereignisse auszeichnen sollte, lieferte den Führern radikaler Bewegungen wirkungsvolle Argumente zur Stützung ihrer Prophezeiungen und Programme. Die ricardianischen Ökonomen verfügten dagegen über kein ausreichendes Instrumentarium, das es ihnen ermöglicht

---

Stuttgart 1875-1891; hier zitiert aus Band 1: *Grundlagen der Philosophie*, Stuttgart 1875, S. 401, und Band 7: *Die Principien der Sociologie II*, Stuttgart 1887, S. 120 bis 157).

hätte, »dynamische« Merkmale in ihre Analyse einzuarbeiten; sie waren daher gezwungen, den Problemen auszuweichen, die von den Vertretern evolutionärer Auffassungen aufgeworfen wurden.

Erwähnt sei im Vorübergehen noch eine Reihe sehr wirkungsvoller Attacken auf die ricardianische Wirtschaftslehre. Mit methodologischen Fragen im eigentlichen Sinne standen diese Angriffe nur in sehr losem Zusammenhang; sie hatten ihre Wurzeln eher in religiösen, ethischen oder ästhetischen Überlegungen. Die Protagonisten dieser Auseinandersetzung – Thomas Carlyle (1795-1881), Charles Kingsley (1819-1875), J. F. D. Maurice und John Ruskin (1819-1900) – ließen sich von der Überzeugung leiten, daß die Lehre von der Willensfreiheit und die Grundsätze der christlichen Moral gegen die deterministische, mechanistische und materialistische Philosophie verteidigt werden müßten.[27]
Carlyle stellte die Nützlichkeit jeder rein logischen Methode in Frage; er nahm in seinen Tiraden gegen den »Mammonismus« der kapitalistischen Ordnung und der ricardianischen Ökonomen die intuitive Denkweise in Anspruch. »Traurige Wissenschaft« und »Evangelium der Verzweiflung« lauten seine oft zitierten Bezeichnungen für die Lehren der Ricardianer. Carlyles politische und ökonomische Ideen, die sich um Phrasen wie »Heldenkult« rankten, haben kaum irgendwelche methodologische Bedeutung; sein vorwiegend künstlerischer Zugang zur Geschichte erhielt seinen besonderen Akzent durch die Rolle, die er dem personalen Element zusprach.[28]
Bei John Ruskin, der sich seinen Ruhm als Kunstkritiker erwarb, ging die Verdammung der kapitalistischen Ordnung und der herrschenden ökonomischen Lehre aus einer Verbindung ästhetischer und moralischer Urteile hervor.[29] Er schrieb der »verknöchernden utilitaristischen Fortschrittstheorie« eine Haltung zu, die die Existenz einer Seele leugnet. Nach seinem Vorschlag sollten alle Sozialwissenschaften zusammen mit den Künsten zu einem undifferenzierten Ganzen verschmelzen.
Religiöse Überzeugungen waren auch der verbindende Punkt der christlichen sozialistischen Bewegung, die nach dem Zusammenbruch der revolutionären Periode des Chartismus (1837-1848) an Bedeutung zunah-

---

27 Zu dem »Antiintellektualismus«, den Thomas Carlyle, James A. Froude (1818-1894), Charles Kingsley und Thomas B. Macauley (1800-1859) kultivierten, siehe Walter E. Houghton, »Victorian Anti-Intellectualism«, in: *Journal of the History of Ideas* 13 (1952), S. 291-313, hier S. 296.

28 Thomas Carlyle, *Past and Present*, New York 1843; ders., *Letter-Day Pamphlets*, London 1850.

29 John Ruskin, *Unto this Last*, London 1872 (deutsch: *Ausgewählte Werke*, Band 5: *Diesem Letzten. Vier Abhandlungen über die ersten Grundsätze der Volkswirtschaft*, Leipzig 1902); ders., *Time and Tide*, London 1867.

men. Die Schaffung von Konsumgenossenschaften und Gewerkschaften waren das praktische Hauptziel, das von den führenden Vertretern der christlichen Sozialreform angestrebt wurde.[30]

Um die Mitte des neunzehnten Jahrhunderts hatten sich die Angriffe, die von den ricardianischen Sozialisten gegen die kapitalistische Ordnung gerichtet wurden, erschöpft und waren wirkungslos geworden. Sozialistische Ideen wurden nun hauptsächlich von owenistischen Gruppen und den verschiedenen Assoziationen weitergeführt, die eine Verstaatlichung des Grundeigentums verlangten. In den achtziger Jahren spaltete sich die sozialistische Bewegung in zwei Fraktionen: eine Gruppierung, die *Social-Democratic Federation*, sammelte sich um die Marxisten Henry Mayers Hyndman und John Burns (1858-1943); die andere Gruppe, die *Socialist League*, wurde von William Morris (1834-1895) geführt, dem Verfasser des bekannten utopischen Romans *News from Nowhere*. Morris war stark von Ruskin beeinflußt. Er hob den Gedanken hervor, jedes Werk müsse den Stempel der Persönlichkeit dessen tragen, der es geschaffen hat, und schlug vor, produktive Tätigkeiten durch spontane Vereinigung unter frei gewählten Bedingungen zu organisieren.[31] Diese Bewegungen weckten kein großes Interesse.

Auf große Resonanz stieß dagegen eine reformistische Bewegung, die im Jahre 1883 von der *Fabian Society* ins Leben gerufen wurde, einer Vereinigung gebildeter, begabter und in zunehmendem Maße einflußreicher Intellektueller mit sozialistischen Überzeugungen. Sie standen von ihrer Ausbildung her in der Tradition des nominalistischen Denkens, verlegten jedoch den Akzent von den Übeln, die durch Eingriffe der Regierung verursacht werden, auf das gesellschaftliche Leid, das ein ökonomisches System hervorruft, in dem eine höchst ungleiche Verteilung des Reichtums mit freiem Wettbewerb und *Laissez-faire*-Prinzipien einhergeht.[32] Wie praktisch alle Sozialisten mit utilitaristischen Neigungen, richteten sie ihre Aufmerksamkeit vornehmlich auf die Aspekte der ökonomischen Verteilung und vernachlässigten die Probleme, die mit der rationalen Organisation einer Planwirtschaft zusammenhängen. Ihre Hauptleistung bestand in der Aufstellung eines umfassenden eklektischen Programms einer Sozialreform, das zur allmählichen Beseitigung des Privateigentums an Produktionsmitteln, insbesondere an Boden, führen sollte. Damit unterschied sich der Ansatz, mit dem die Fabier an die Probleme einer

---

30 Charles Kingsley, *Cheap Clothes and Nasty*, London 1850.
31 William Morris, *News from Nowhere*, Boston 1891 (deutsch: *Neues aus Nirgendland*, Leipzig 1902; neuere Übersetzung: Köln 1974).
32 Siehe Edwart R. Pease, *The History of the Fabian Society*, London 1916; George Douglas Howard Cole, *Some Relations between Political and Economic Theory*, London 1934; und Paul M. Sweezy, »Fabian Political Economy«, in: *Journal of Political Economy* 57 (1949), S. 243.

Sozialreform herangingen, radikal von demjenigen, den die deutschen »Kathedersozialisten« gewählt hatten, da für deren Überlegungen nicht utilitaristische (individualistische), sondern nationalistische (kollektivistische) Motive bestimmend waren.
Oft wurde als wesentliches Merkmal der fabianischen Ansatzes eine »Politik der kleinen Schritte« betrachtet; die Auffassungen der Gruppenmitglieder waren jedoch gespalten in der Frage, ob die »Sozialisierung« der Wirtschaft ein automatischer, unaufhaltsamer Prozeß sei oder ob eine eigene sozialistische Partei aufgebaut werden müsse, um mit den konservativen Kräften des Landes einen Kampf zu führen. Die Gründung der *Labour Party* im Jahre 1906 gab eine definitive Antwort auf diese Frage. Die ethischen Kriterien, die das Rückgrat des Programms der Fabier ausmachten, ergaben sich aus der Unterscheidung zwischen unverdienten Wertzuwächsen und Einkommen, die als Entgelt für ökonomische Beiträge zum Wert des Produkts betrachtet wurden. Im Lichte der Ricardoschen Theorie ist die Grundrente ein Musterbeispiel für unverdientes Einkommen, und George Bernard Shaw (1856-1950), einer der führenden Fabier, stellte dessen Abschaffung in den Mittelpunkt seiner Forderungen.[33] Andere Fabier erkannten, daß das »Wegsteuern« der Grundrente nur einen winzigen Teil von Englands Reichtum betreffen würde.[34] Ohne eine Profit- oder Zinstheorie aufzustellen, erweiterten sie die vage Idee des unverdienten Einkommens zu einem ebenso ungenau definierten Begriff des »Profits«, den die Unternehmer angeblich einstreichen, weil die von ihnen gezahlten Löhne niedriger sind als der Wert des »Anteils, den die Arbeit zum Wert des Produkts beiträgt«.
Von Marx entlehnten die Fabier nur bestimmte Ausdrücke, wie »Mehrprodukt«, »Proletariat« und »Bourgeois«. Die Arbeitswerttheorie lehnten sie ab, nachdem Wicksteed im Jahre 1884 Shaw von den Irrtümern, die in dieser Lehre enthalten sind, und von der Gültigkeit der subjektiven Werttheorie, wie sie Jevons vertrat, überzeugt hatte.[35] Sie vermochten freilich der Grenznutzenanalyse nicht bis in ihre komplexeren Aspekte zu folgen oder einen klaren Begriff des ökonomischen Systems zu entwickeln. Die Andeutungen Shaws und anderer Mitglieder der Gruppe – Graham Wallace (1858-1932) und Annie Besant (1847-1933) – zu einer sozialistischen Organisation von Produktion und Verteilung gingen auf Erfahrungen zurück, die in verschiedenen Städten mit monopolistischen Unternehmen in kommunalem Eigentum gesammelt worden waren.

33 George Bernard Shaw, »Economics«, in: ders. (Hg.), *Fabian Essays in Socialism* 25, London 1889. Eine Jubiläumsedition der wichtigsten Aufsätze der Fabier wurde 1948 in London veranstaltet.
34 Siehe Pease, *The History of the Fabian Society*, a.a.O., S. 25.
35 Philip Henry Wicksteed veröffentlichte eine Kritik des Marxschen *Kapitals* in: *Socialist Journal To-Day*, Oktober 1884.

Einige Fabier, insbesondere Graham Wallace, Sidney Webb und William Clarke, waren dafür, die deduktive Methode der Ricardoschen Wirtschaftslehre durch einen historischen Ansatz zu ersetzen. Die eindrucksvollen Studien von Sidney (1859-1947) und Beatrice Webb (1858-1943) waren herausragende Beispiele einer deskriptiven Analyse.[36] Der Wert dieser Untersuchungen wurde jedoch durch die Einführung verschiedener problematischer Begriffe geschmälert, etwa durch die Idee eines »objektiven Maßstabs« zur Bewertung der Nützlichkeit von Gütern und die damit zusammenhängende Idee »kollektiver Urteile«, durch die Unterscheidung zwischen Bedürfnissen der »Gesellschaft« und Bedürfnissen der Mitglieder einer Gemeinschaft und dergleichen.[37] Einige dieser Begriffe, die organizistischen Ursprungs sind, wurden später von der *Labour Party* übernommen.

Man hat mit Recht darauf hingewiesen, daß zwischen der flüchtigen Aufmerksamkeit, die die Ricardianer den Schriften der Fabier widmeten, und der anhaltenden und lebhaften Auseinandersetzung der österreichischen Marginalisten mit ihren sozialistischen Widersachern ein auffälliger Gegensatz besteht.[38] Es sollte dabei jedoch nicht vergessen werden, daß sich die methodologischen Prinzipien der Fabier nur unmerklich von denen der ricardianischen und nachricardianischen Autoren und Lehrer unterschieden. Ihren mehr oder weniger radikalen Vorschlägen konnte man mit dem Hinweis auf mangelnde Konsistenz oder auf den fehlenden Realismus ihrer Befürworter begegnen. Beim Kampf der Österreicher mit den Marxisten ging es dagegen um methodologische Grundprobleme sowie um die Gültigkeit einer wohldurchdachten Lehre, die den Anspruch erhob, die Wahrheit über den unvermeidlichen Gang der ökonomischen und sozialen Entwicklungen zu enthüllen. Die methodologischen Aspekte dieses Kampfes traten in den Angriffen der Österreicher auf den Marxismus viel deutlicher zutage als die (häufig unterstellte) Intention, die kapitalistische Ordnung zu verteidigen.

Die Methodologie der Marshallschen Wirtschaftslehre

Alfred Marshalls (1842-1924) große Leistung bestand darin, das zerfallende Gebäude der Ricardoschen Lehre dem geistigen Klima des viktorianischen Zeitalters angepaßt zu haben. Mit seinen *Principles of Economics* bestimmte er mehr als eine Generation lang die Richtung des ökonomi-

---

36 Sidney Webb und Beatrice Webb, *Theorie und Praxis der englischen Gewerkvereine*, 2 Bände, Stuttgart 1898.
37 Siehe Cole, *Some Relations between Political and Economic Theory*, a.a.O., S. 56.
38 Siehe Maurice Dobb, *Political Economy and Capitalism*, London 1937, S. 139.

schen Denkens in England.[39] Grundlage von Marshalls methodischem Ansatz in der ökonomischen Analyse waren die Verfahren des hypothetischen Denkens, wie sie von John Stuart Mill entwickelt worden waren. Freier Wettbewerb, Mobilität der produktiven Dienste und die rationale Verfolgung ökonomischer Ziele waren die Hauptannahmen, die er benutzte, um ein Bild des ökonomischen Systems zu zeichnen. Marshall hatte eine klare Vorstellung vom charakteristischen Verhalten von Geschäftsleuten, als er sagte, diese Männer lebten »in einer Welt selbstgeschaffener, fortgesetzt wechselnder Visionen« und erblickten »immer neue Wege, auf denen sie das gewünschte Ziel erreichen können ... Die Phantasie dieser Männer beschäftigt sich wie die eines Schachmeisters mit der Voraussicht der Schwierigkeiten, die dem erfolgreichen Ausgang seiner weitreichenden Pläne entgegengesetzt werden könnten.«[40] Besser als jeder andere seiner englischen Vorgänger erkannte Marshall daher die Schwierigkeiten, die mit der Ausarbeitung einer Wissenschaft des menschlichen Verhaltens verbunden sind, in der es um die »vielfältigen und ungewissen Handlungen der Menschen« geht.

Wenngleich er davon überzeugt war, daß die wichtigsten Annahmen Ricardos bewahrt werden müßten, um eine wissenschaftliche Analyse der ökonomischen Beziehungen zu ermöglichen, betonte er, daß der Begriff des *Gesetzes* in seiner ökonomischen Verwendungsweise nicht mehr bedeuten könne als eine allgemeine Behauptung oder Feststellung mehr oder weniger deutlicher, mehr oder weniger bestimmter Tendenzen. Ungefähr ein halbes Jahrhundert später schenkte man den Techniken genauere Beachtung, die von Marshall und seiner Schule benutzt worden waren, um die Fiktion aufrechtzuerhalten, daß die ökonomische Aktivität von »rationalem« Wirtschaftsverhalten bestimmt werde. Elemente eines solchen Rationalismus entdeckte man in der Neigung, sich auf die gegenwärtigen Marktbedingungen als Richtschnur für die Zukunft zu verlassen und im übrigen darauf zu vertrauen, daß die gegenwärtig vorherrschende Einschätzung, wie sie sich im Charakter der Produktion und im Verhalten der Preise ausdrückt, ein getreues Spiegelbild der ökonomischen Aussichten insgesamt darstellt. Als weiteres Symptom für diesen

---

39 Alfred Marshall, *Principles of Economics*, London 1890; 8. Auflage, New York 1950 (deutsch: *Handbuch der Volkswirtschaftslehre*, übersetzt nach der 4. englischen Auflage, Stuttgart/Berlin 1905). Zu den Veränderungen im Laufe der verschiedenen Auflagen siehe Claude W. Guillebaud, »The Evolution of Marshall's *Principles of Economics*«, in: *Economic Journal* 52 (1942), S. 330-349.

40 Alfred Marshall, »The Social Possibilities of Economic Chivalry«, in: *Economic Journal* 17 (1907), S. 9; zitiert von John Maynard Keynes, *The End of Laissez-Faire*, London 1926, S. 36 (deutsch: *Das Ende des Laissez-faire*, München/Leipzig 1926, S. 27f.).

Rationalismus wurden die Anstrengungen der Individuen betrachtet, sich dem Verhalten der Mehrheit anzupassen und damit gleichsam durch Konvention zu einem Urteil zu gelangen.[41]
Von den Ansichten historisch gesinnter Ökonomen beeinflußt, gestand Marshall sogar zu, daß »ein wirtschaftliches Gesetz nur auf einen sehr beschränkten Kreis von Verhältnissen anwendbar [sei], welche wohl auf einem besonderen Platze und zu einer besonderen Zeit zusammen bestehen können, aber schnell verschwinden«, so daß »jeder Wechsel in sozialen Verhältnissen wahrscheinlich eine neue Ausbildung der wirtschaftlichen Lehrsätze« verlange.[42] Marshall war sorgsam bemüht, in möglichst enger Berührung mit der Realität zu bleiben, und wies daher die Einführung jener hochabstrakten Annahmen zurück, die von den Vertretern »mathematischer« Versionen der ökonomischen Analyse gemacht wurden. So versuchte er, seine Lehren von jedem finalistischen Gesichtspunkt frei zu halten.[43] In Fortführung einer Tendenz, die Mill begonnen hatte, verband er die deduktive Analyse mit ausführlichen Bezügen auf aktuelle ökonomische Bedingungen und wandte die Ergebnisse seiner theoretischen Befunde ständig auf die wirtschaftspolitische Diskussion an. Er zeigte sogar eine gewisse Vorliebe für eine evolutionistische Interpretation des Verlaufs der ökonomischen Ereignisse; in seinen Andeutungen über das »organische Wachstum« der Wirtschaft fanden seine Studien zur Hegelschen Philosophie ihren Niederschlag.
Nach seiner Rückkehr aus Deutschland, wo er den Winter 1870/71 verbracht hatte, ging Marshall in einigen seiner Vorlesungen auf die Hegelsche Geschichtsphilosophie ein. Seine Absicht jedoch, den historischen Ansatz mit seiner analytischen Behandlung ökonomischer Ereignisse zu verbinden, wurde von Cunninghams kritischem Artikel heftig mißbilligt.[44] Marshalls oft zitiertes Diktum, das Mekka des Ökonomen liege eher in der Biologie der Wirtschaft als in ihrer Mechanik, sollte seine Abneigung dagegen rechtfertigen, Veränderungen in der wirtschaftlichen Struktur im Begriffsrahmen einer mechanischen Konzeption des ökonomischen Systems zu analysieren. Doch unternahm er keinen Versuch, die logischen Bedingungen anzugeben, die das Konzept eines »organischen«

---

41 Siehe John Maynard Keynes, »The General Theory of Employment«, in: *The Quarterly Journal of Economics* 51 (1937), S. 209-223, hier S. 214.
42 Marshall, *Handbuch der Volkswirtschaftslehre*, a.a.O., S. 90. Siehe die Analyse von Marshalls Lehren bei Paul Thomas Homan, *Contemporary Economic Thought*, New York 1928, S. 201; und G. F. Shove, »The Place of Marshall's *Principles* in the Development of Economic Theory«, in: *Economic Journal* 52 (1942), S. 294-329, hier S. 308.
43 Claude W. Guillebaud, »Marshall's *Principles of Economics* in the Light of Contemporary Economic Thought«, in: *Economica* 32 (1952), S. 111-130.
44 Cunningham, »The Perversion of Economic History«, a.a.O.

Wirtschaftssystems zu erfüllen hätte, um der Anwendung biologischer Prinzipien eine Grundlage zu geben. Hinter Marshalls Idee, bei der Untersuchung einer wachsenden oder sich wandelnden Wirtschaft organizistische Prinzipien einzusetzen, verbarg sich das gewaltige Problem, ob man annehmen kann, Gesetze mechanistischen Typs seien für die kurzfristige Analyse der Wirtschaft geeignet, während die langfristige Analyse nach Maßgabe eines »organizistischen« Ansatzes vorzugehen habe. Marshall erhob diese Frage nicht. Er nahm eine »vorsichtige, beinahe anti-theoretische Haltung zu Grundlagenproblemen ein, die er unter einer überwältigenden Fülle von Einschränkungen und detaillierten Beschreibungen begrub«.[45]

Aus einer Vielzahl von Faktoren, denen man günstigen Einfluß auf die Ausdehnung der wirtschaftlichen Tätigkeit beimessen kann, berücksichtigte Marshall explizit nur das Anwachsen der Bevölkerung und des Sparens, obwohl er den Anspruch erhob, im Mittelpunkt seiner *Principles* stünden die Kräfte, die Bewegung verursachen, und ihren Grundton gebe eher die Dynamik als die Statik an. Auf dynamische Aspekte der Wirtschaft bezog sich Marshall in seinen Erörterungen des Zeitfaktors, bei seiner Unterscheidung zwischen kurzfristigen und langfristigen Preisen, in seiner Theorie der Quasi-Renten sowie bei seinem Kassenhaltungsansatz in der Geldtheorie.[46] Diese Feststellung ist kaum mit der Tatsache zu vereinbaren, daß seine Analyse vorwiegend auf der Analyse von Kräften beruht, von denen er annahm, sie tendierten zur Herstellung von Gleichgewichtslagen. Im Marshallschen System sollten Tatsachen und Erwartungen jederzeit in berechenbarer Form gegeben sein, und von den Risiken wurde unterstellt, daß sie einer exakten versicherungsmathematischen Berechnung zugänglich seien.[47] Marshall bemühte sich also, praktisch alle grundlegenden ökonomischen Probleme im begrifflichen Rahmen einer mechanischen Gleichgewichtsanalyse zu lösen. In seinen Studien über industrielle Entwicklungen sah er sich einer Vielzahl oligopolistischer Praktiken gegenüber, behandelte sie jedoch deskriptiv und vermied, soweit möglich, theoretische Erörterungen über monopolistische oder oligopolistische Situationen, die keine Aussicht auf deterministische Lösungen boten.[48]

Marshall gründete seine Abneigung gegen die Konstruktion abstrakter

---

45 Frank H. Knight, *Risk, Uncertainty, and Profit*, Boston 1921, S. 15.
46 Siehe Guillebaud, »Marshall's *Principles of Economics* in the Light of Contemporary Economic Thought«, a.a.O.
47 John Maynard Keynes, »The General Theory«, in: Seymour E. Harris (Hg.), *The New Economics*, New York 1947, S. 184.
48 Alfred Marshall, *Industry and Trade*, London 1919. Man hat bemerkt, daß Marshall Monopole fast genauso fürchtete wie eine Sozialisierung; vgl. Shove, »The Place of Marshall's *Principles* in the Development of Economic Thought«, a.a.O.

hypothetischer Modelle der Wirtschaft auf die Überlegung, daß derartige Versuche die Aufmerksamkeit des Ökonomen tendenziell vom Studium des tatsächlichen Funktionierens der ökonomischen Maschinerie ablenkten. Nicht minder bedeutsam für die Festlegung seiner Haltung zur Ausarbeitung »langer Ketten deduktiver Schlüsse« war vielleicht der Umstand, daß mit dem Verzicht auf die Arbeitskostentheorie des Wertes der einheitliche Standard zur Tauschwertmessung verlorengegangen war, während die Ricardosche Geldtheorie – die ja von der Preistheorie geschieden ist – keine Methode zur Anpassung der allgemeinen Gleichgewichtsanalyse an die Schwankungen der Kaufkraft des Geldes zu liefern vermochte. So bagatellisierte Marshall in seiner theoretischen Analyse die Bedeutung seines Diktums, daß das Geld der Mittelpunkt sei, um den sich die Wissenschaft der Ökonomie gruppiert; er beschränkte seine Gleichgewichtsanalyse auf typische kurzfristige Situationen, die es ihm erlaubten, die Kaufkraft des Geldes konstant zu halten sowie anzunehmen, daß das Preisniveau einigermaßen stabil bleibt und daß sich unter der Herrschaft der Konkurrenz in den Marktphänomenen ein vollkommen »rationales« Verhalten der Käufer und Verkäufer spiegelt. Marshalls Annahme, daß der Nutzen des Geldes konstant ist, wurde als »vollkommener Wettbewerb zwischen Gütern« charakterisiert; sie impliziert, daß der Wert jedes Gutes im Verhältnis zum Gesamteinkommen eines Individuums so klein ist, daß seine Preisveränderung auf den Grenznutzen dieses Gesamteinkommens ohne Einfluß bleibt.[49] So paßte er seine Problemstellung sorgfältig den Methoden an, die im Rahmen der Ricardoschen Wirtschaftslehre zur Verfügung standen, und vermied die Erörterung solcher Probleme, die sich in den Begriffen dieser Methoden nicht formulieren ließen.

Marshall lieferte keine explizite Definition seiner Auffassung der Wirtschaft als Ganzes.[50] Seine Konzeption beruhte auf den Annahmen, daß (1) die Größe des »nationalen Einkommens« wesentlich von den verfügbaren Produktionsfaktoren und ihrer tatsächlichen Verwendung bestimmt wird; daß (2) das Funktionieren des Wirtschafts- und Finanzsystems normalerweise dazu führt, daß sämtliche Ersparnisse von Investitionen aufgenommen werden; und daß sich (3) der Gleichgewichtszinsfuß aus der Nachfrage nach und der Zufuhr von Kapital ergibt.[51] Den Zeitfaktor, den Marshall als zentrale Hauptschwierigkeit beinahe aller

---

49 Roy F. Harrod, Rezension von J. R. Hicks, *Value and Capital*, in: *Economic Journal* 49 (1939), S. 296.
50 Zu Marshalls Konzeption der allgemeinen Gleichgewichtsanalyse siehe Lionel Robbins, »Schumpeter's History of Economic Analysis«, in: *The Quarterly Journal of Economics* 69 (1955), S. 1-22.
51 Siehe Guillebaud, »Marshall's *Principles of Economics* in the Light of Contemporary Economic Thought«, a.a.O., S. 155.

ökonomischen Probleme betrachtete, beseitigte er aus seiner theoretischen Analyse und versicherte, daß die statische Behandlung allein imstande sei, durch Aufspaltung komplexer Fragen für Bestimmtheit und Präzision des Denkens zu sorgen. So schloß er aus seiner Analyse sämtliche Faktoren aus, die das harmonische und ungestörte Funktionieren der Wirtschaft eventuell hätten beeinträchtigen können. Mit den Konjunkturschwankungen wollte sich Marshall in einem zweiten Band beschäftigen, der allerdings nie geschrieben wurde.

In Marshalls häufig benutzter Formel »unter sonst gleichen Umständen« (*ceteris paribus*) schlagen sich die traditionellen Einschränkungen nieder, welche die Ricardianer der Reichweite ihrer Argumente auferlegten.[52] Seine hypothetischen Gesetze sind Feststellungen ökonomischer Tendenzen, die sich aus der Behauptung ergeben, daß die Marktpreise ein Instrument zur Messung der Stärke ökonomischer Motive seien.

Das analytische Rückgrat der Marshallschen Lehre war eine erweiterte und verallgemeinerte Ricardosche Verteilungstheorie, wie sie von Mill vorgeschlagen und mit Hilfe eines mathematischen Apparats ausgearbeitet worden war.[53] Insbesondere die Übersetzung Ricardoscher Theoreme in Differentialgleichungen bot zahlreiche Möglichkeiten, die Lücken mancher Lehren Ricardos zu füllen. Marshall war diesen Lehren jedoch so sehr verpflichtet, daß er sich bemühte, die Herausforderung der Grenznutzenschulen zu verringern, welche die den einzelnen Waren beigelegte Wichtigkeit als letzten Bestimmungsgrund der Tauschwerte betrachteten und an dem Gedanken festhielten, den Wert der produktiven Dienste aus dem Nutzen der Güter des Grenzkonsums abzuleiten.[54]

In seiner Erörterung des Nutzenbegriffs vermied Marshall jede direkte Anspielung auf den Lust-Leid-Kalkül, der der Wirtschaftstheorie von Jevons ihre besondere Würze gegeben hatte. Marshalls Haltung zu den

---

52 Es wurde darauf hingewiesen, daß Marshall an keiner Stelle klar und umfassend angibt, welche »sonstigen Umstände« er unter die *Ceteris-paribus*-Klausel zusammenfaßt. Siehe Frank H. Knight, »Statik und Dynamik. Zur Frage der mechanischen Analogie in den Wirtschaftswissenschaften«, in: *Zeitschrift für Nationalökonomie* 2 (1931), S. 1-26, hier S. 1.

53 Shove, »The Place of Marshall's *Principles* in the Development of Economic Theory«, a.a.O., S. 295.

54 Manche Interpreten der *Principles* haben sogar die Auffassung vertreten, Marshall habe der Grenznutzenlehre nichts entnommen, das von Bedeutung wäre (siehe ebd., S. 301, und John Maynard Keynes, *Essays in Biography*, London 1933, S. 186). Zu Marshalls möglicher Verpflichtung gegenüber Jevons, Walras, Cournot, Dupuit, Jenkin, Thünen und den österreichischen Marginalisten vgl. Joseph Alois Schumpeter, *History of Economic Analysis*, New York 1954, S. 839 (deutsch: *Geschichte der ökonomischen Analyse*, 2 Bände, Göttingen 1965, Band 2, S. 1022f.).

Grundsätzen der utilitaristischen Philosophie ist zum Gegenstand unterschiedlicher Betrachtungsweisen geworden. Unter dem Eindruck zunehmender Kritik an den Prinzipien des Hedonismus setzte er in der Tat eine neue Ausdrucksweise an die Stelle der gewöhnlichen utilitaristischen Terminologie. Freilich hat man die Begriffe »Wunsch nach Gratifikation« oder »Wunsch, die mit Arbeit und Warten verbundenen Opfer zu vermeiden« als bloße Wiederholungen jener Motive bezeichnet, die dem Lust-Leid-Kalkül zugrunde liegen. Das Grenznutzenprinzip sprach er nur als Element der Nachfragebestimmung an, und zwar unter der Annahme, daß jedes Individuum bei der Verteilung seiner Käufe ein Gleichgewicht seiner Grenzausgaben zu erreichen sucht. Aus verschiedenen Abschnitten der Erstauflage der *Principles of Economics* wird deutlich, daß Marshall mit Jevons und anderen zeitgenössischen Ökonomen den Glauben teilte, daß sich Nutzen und Arbeitsleid messen ließen und daß sogar interpersonale Nutzenvergleiche möglich seien. In späteren Auflagen der *Principles* nahm Marshall die letzte Behauptung jedoch zurück.[55] Er glaubte auf sicherem Boden zu stehen, als er seine Preisanalyse auf die Annahme gründete, daß über kurze Zeiträume die Nachfrage der entscheidende Faktor sei, während langfristig das Angebot diese Rolle spiele. So nahm er der Grenznutzenanalyse praktisch den Stachel, mit dem sie das ökonomische Denken aufgestört hatte, und trug insoweit dazu bei, die englische Wirtschaftstheorie für mehr als eine Generation versteinern zu lassen.

Ohne die Standardeinheit des Wertes der Produktionskosten zu definieren, setzte Marshall die Kosten mit dem langfristigen Angebotspreis der Produktionsfaktoren gleich.[56] Er zog den fragwürdigen Vergleich mit den beiden Klingen einer Schere heran, um zu veranschaulichen, wie sich Nutzen (Nachfrage) und »reale Produktionskosten« (Angebot) eines Produkts zusammen auf seinen Wert auswirken. Er betrachtete das Verhältnis zwischen Kosten und Wert stets als indirektes – die Kosten beeinflussen das Angebot, und das Angebot beeinflußt, in Verbindung mit der Nachfrage, den Wert.[57] Im Anschluß an Nassau William Senior definierte er den »Angebotspreis« als Summe der Preise, die gezahlt werden müssen, um die zur Produktion einer bestimmten Gütermenge erforderliche Anstrengung zu »veranlassen«. Unter der Annahme, daß die Produktionsfaktoren bei alternativen Einsätzen gleiche Einkommen erzielen,

---

55 Siehe George J. Stigler, »The Development of Utility Theory. Part 2«, in: *Journal of Political Economy* 58 (1950), S. 373-396, hier S. 383.
56 Siehe Edwin Cannan, *Review of Economic Theory*, London 1929, S. 190, und Lionel Robbins' Einleitung zu Philip Henry Wicksteeds *Common Sense of Political Economy*, London 1933.
57 Siehe Guillebaud, »Marshall's *Principles of Economics* in the Light of Contemporary Economic Thought«, a.a.O.

nahm er eine Proportionalität zwischen realen Kosten und Geldkosten an. Den Bedingungen, unter denen Geldkosten als proportional mit realen Kosten betrachtet werden können, schenkte Marshall keine große Aufmerksamkeit.[58] Nur auf dem Markt für Agrargüter schrieb er den Grenzkosten primäre Bedeutung bei der Preisbestimmung zu; unter Bedingungen konstanter oder anwachsender Erträge verwies er auf die Durchschnittskosten als preisbestimmenden Faktor.
Während Marshall die Prinzipien der Grenznutzenanalyse vor allem auf die Erforschung des Konsumentenverhaltens anwandte, machte er sich den Grenzgedanken in seiner Produktivitätstheorie wirksam zunutze und würdigte die Pionierarbeit, die Thünen in diesem Zusammenhang geleistet hatte. In der Einführung zu den *Principles of Economics* erklärte er, wie er – dank Cournot – dazu kam, der Tatsache große Bedeutung beizumessen, daß die Nachfrage nach einem Gegenstand eine stetige Funktion ist, deren »Grenzzuwachs« unter Bedingungen eines stabilen Gleichgewichts gegenüber dem entsprechenden Kostenzuwachs ausgeglichen ist. Marshall nahm an, daß jeder Produktionsfaktor bis zu dem Punkt beschäftigt wird, an dem seine Grenzproduktivität seinen Grenzkosten gleich ist. Indem er den Grenzgedanken mit dem der Ersetzung verband, machte Marshall den Begriff der »Grenzsubstitution« zu einem wertvollen Instrument der Analyse von Ersetzungsprozessen weniger profitabler durch profitablere Ressourcen.

Die Theorie Marshalls

Verbindet man die unterschiedlichen Elemente von Marshalls Verteilungstheorie zu einem zusammenhängenden Bild, so erkennt man leicht die Veränderungen, die nach der Formulierung der Ricardoschen Theorie im geistigen Klima Englands eingetreten waren. Der Streit um unverdiente Einnahmen im Zusammenhang mit der Grundrente war in den Hintergrund getreten und verblaßt. Die rasche Entwicklung der mechanisierten Industrien, die unaufhörliche Ausweitung des Welthandels und die Schaffung eines internationalen Kapitalmarktes, der von den englischen Banken organisiert wurde, hatte die Struktur der englischen Wirtschaft erheblich verändert und die an der Fabrikproduktion beteiligten Klassen in den Mittelpunkt des ökonomischen Interesses gerückt. Die Beziehungen zwischen Unternehmern und Arbeitern, besonders in den Großindustrien, erschienen unter neuen Gesichtspunkten. Die Entwicklung des Systems der Aktiengesellschaften und anderer Techniken zur

---

58 George J. Stigler, *Production and Distribution Theories 1870-1895*, New York 1941, S. 63.

Finanzierung von Industrie- und Handelsunternehmen hatte dazu gedient, eine klare Trennungslinie zwischen Kapitalist und Unternehmer zu ziehen. Getreu dem Ricardoschen Grundsatz, jede der allgemeinen Einkommensarten mit einem spezifischen produktiven Dienst zu verbinden, verlieh Marshall den Verwaltungs- und Organisationsfunktionen des Unternehmers den Rang eines eigenen Produktionsfaktors und gab damit dem »Gewinn« als Entgelt für Unternehmertätigkeit einen angemessenen Platz in seinem Verteilungsmodell. Die Unternehmereigenschaft im Sinne Marshalls ist ein Produktionsfaktor, der nicht auf dem Markt käuflich ist, der aber einer Firma eine optimale Größe für den Umfang ihrer Operationen vorgibt.[59] Der Gewinnbegriff, wie Marshall ihn definierte, erstreckt sich auf das Entgelt für die laufenden Verwaltungs- und Überwachungstätigkeiten, auf die Erträge von Investitionen, die der Unternehmer im eigenen Unternehmen gemacht hat, auf die verschiedenen Einkünfte, die (wie die Risikoprämie) mit zyklischen, nicht wettbewerbsabhängigen Aspekten der Wirtschaft verbunden sind, sowie auf »außerordentliche« Gewinne, die in Situationen erzielt werden, in denen die in einem Unternehmen erfolgreich kombinierten Produktionsfaktoren effektiver und produktiver arbeiten als ohne diese Kombination. Unter der Annahme, daß der Unternehmer auf lange Sicht Gewinne in mehr oder weniger bestimmter Höhe einzunehmen hofft, betrachtete Marshall solche Minimalgewinne als wesentlichen Bestandteil des Angebotspreises. Marshall verband diesen normalen Gewinnsatz mit dem hypothetischen, etwas nebelhaften Begriff der »repräsentativen« oder »typischen Firma«. Doch weder bei seiner Erörterung der Gewinne noch in anderen Teilen seiner ökonomischen Analyse widmete Marshall dem Risikoelement besondere Aufmerksamkeit. Er brachte Unterschiede in der Nettogewinnrate mit der Tatsache in Zusammenhang, daß sich die verschiedenen Ursachen solcher Gewinne in den einzelnen Industriezweigen und Unternehmungen zwangsläufig unterscheiden.

Um die Existenz von Zins auf Kapital zu erklären, bezog sich Marshall auf Leistungsfähigkeit (technische Produktivität) einerseits und Vorausblick (Warten und Sparen in der Erwartung, künftige Güter zu erwerben) andererseits. Mit der Abstinenztheorie verfügte er über eine Konzeption des Kapitalzinses, die darin ein Entgelt für das Opfer sah, das im Aufschub der Bedürfnisbefriedigung (Warten) enthalten ist, und er schrieb diesem Opfer die Funktion zu, dafür zu sorgen, daß die Produktionsprozesse nicht bis zu dem Punkt verlängert werden, an dem sie nur noch die Produktionskosten abdecken würden. Marshall benutzte den Ausdruck

---

59 Siehe Nicholas Kaldor, »The Equilibrium of the Firm«, in: *Economic Journal* 44 (1934), S. 60-76.

Warten in demselben Sinne, den Senior dem Begriff *Abstinenz* verliehen hatte.[60] Von diesen Prämissen ausgehend, erklärte Marshall die Zinshöhe aus den allgemeinen Regeln der Preisbildung. Ebenso wie die Ricardianer war er überzeugt davon, daß zwischen Zinsfuß und Spareigung sowie Sparvolumen eine positive Korrelation bestehe. Dieses Argument führte ihn zu dem Schluß, daß der Zinsfuß hoch genug sein müsse, um eine »Grenz«-Gruppe von Kapitalisten zu veranlassen, zum bestehenden Sparvolumen ihren Anteil beizutragen. So ließ sich zeigen, daß denjenigen Kapitalisten, deren Sparentscheidungen in geringerem Maße von der Höhe der Zinsrate abhängig sind, ein »Sparer-« oder »Wartegewinn« zuwächst, der das Warten belohnt. Auf die Erwähnung des »Spargewinns« reagierten sozialistische Autoren gewöhnlich mit sarkastischen Anmerkungen zu der »Belohnung«, die den Millionären für ihre »Abstinenz« gezahlt wird.

In seiner Lohntheorie vernachlässigte Marshall die Probleme, die mit der Existenz »nichtkonkurrierender Gruppen« von Arbeitern zusammenhängen. Zur Bestimmung der Löhne auf kurze Sicht übernahm er Thünens Prinzip der Grenzproduktivität, nach dem für jede Kategorie von Arbeitern die Lohnhöhe durch den Wert des Produkts definiert wird, das dem bestehenden Produktionsvolumen vom letzten noch profitabel beschäftigten Arbeiter hinzugefügt wird. In seinen Überlegungen auf lange Sicht folgte Marshall jedoch Jevons, indem er den Lohn als Entgelt für Arbeitsleid definierte. Damit zog er eine Untergrenze, unter die die Löhne nach aller Voraussicht nicht fallen werden, ohne entgegenwirkende Kräfte zu wecken.

Die Ricardosche Konzeption der Rente als Residualeinkommen, das auf dem Markt entsteht und aus dem Umstand hervorgeht, daß wegen der relativen Knappheit des Bodens sowie wegen des Bevölkerungsdrucks die Bodenerträge abnehmen, wurde von Marshall nicht in Frage gestellt. Für andere, zeitweilige Erträge auf feste Kapitalanlagen, die sich Differenzen zwischen Preisen und Kosten verdanken und auf kurze Sicht ebenfalls preisbedingt sind, benutzte er den Ausdruck »Quasi-Rente«. Das einschränkende Attribut »Quasi-« sollte den temporären Charakter von Einkommen dieser Art betonen.

Die Anwendung der Grenznutzenprinzipien auf die Analyse des Konsumentenverhaltens brachte Marshall dazu, den Gedanken eines »Gewinns« oder Vorteils zu entwickeln, den ein Individuum aus seinen Gelegenheiten oder seiner Umgebung zu ziehen vermag. Welchen Gebrauch

---

60 Diese terminologische Änderung war von Silas M. Macvane in seinem Aufsatz »Analysis of Cost of Production«, in: *The Quarterly Journal of Economics* 1 (1886), S. 481-487, vorgeschlagen worden.

er von dieser Idee in seiner Zinstheorie machte, ist bereits erwähnt worden. Mit einem ähnlichen Argument wies er darauf hin, daß ein Verbraucher bereit wäre, für sämtliche Einheiten eines Gutes, die einen höheren Wert als die Grenzeinheit haben, einen höheren als den tatsächlich zu zahlenden Preis zu zahlen; daher schrieb er fast allen Käufen die Tendenz zu, den Konsumenten eine »Rente« zu gewähren.[61] In anderen Zusammenhängen sprach er von »Arbeiterrenten«, die in Fällen entstehen, in denen die Höhe des Arbeitsentgelts über den Lohnsatz hinausgeht, den die Arbeiter akzeptiert haben würden. Trotz der Einwände, die gegen die interpersonale Meßbarkeit und Vergleichbarkeit von Bedürfnisbefriedigung, Nutzen und Arbeitsleid erhoben wurden, brachte Marshall den Gedanken ins Spiel, alle Konsumentengewinne einer Volkswirtschaft zu aggregieren und auf diese Weise den Gesamtnutzen aller produzierten Waren abzüglich der Anstrengungen und Opfer bei der Produktion dieser Waren darzustellen. Die Idee eines *surplus* hatte eine normative Konnotation; sie war mit der Vorstellung eines unverdienten Einkommens verknüpft. Als objektive Größe – als Überschuß des Preises über die Produktionskosten – war sie von den Physiokraten und den Anhängern der Arbeitskostentheorie des Wertes verwandt worden. Als subjektive Größe bezeichnet sie den Überschuß der Bedürfnisbefriedigung über das dafür gebrachte Opfer.[62]

Marshall benutzte die Idee des *surplus*, um den Gedanken einer »Konsumentenrente« zu entwickeln, den er auf Situationen anwandte, in denen die Verbraucher aus den Preisveränderungen einer Ware Vorteile ziehen. Bei diesem Begriff einer Konsumentenrente setzte Marshall voraus, daß man den Preis nur einer einzigen Ware variieren läßt, während der Grenznutzen des Einkommens der Konsumenten unverändert bleibt. Der entsprechende Begriff der Produzentenrente läßt sich für solche Fälle verwenden, in denen Produzenten Produktionsmittel benutzen, die den von den Grenzproduzenten benutzten überlegen sind. Marshall bezog sich auf das Prinzip des abnehmenden Grenznutzens – das er in seiner Wertanalyse fast unbeachtet gelassen hatte –, um die Gewinne, die einigen Individuen aus der Durchführung von Produktionsprozessen zufallen, den Kosten gegenüberzustellen, die anderen durch diese Prozesse erwachsen. Derartige Überlegungen lieferten ihm ein geeignetes Instrumentarium zur Aufstellung einer Theorie der »gesellschaftlichen Wohlfahrt«, in der er die günstigen Auswirkungen des freien Wettbewerbs

---

61 Ähnliche Behauptungen waren von dem französischen Ingenieur Dupuit und dem englischen Ingenieur Henry C. Fleeming Jenkin vorgebracht worden (*Proceedings of the Royal Society of Edinburgh* 1871/1872).

62 Siehe die Diskussion der Marshallschen Analyse des *surplus* bei Hla Myint, *Theories of Welfare Economics*, Cambridge, Mass. 1948, 9. Kapitel, S. 142-172.

einschränkte und empfahl, Industrien mit zunehmenden Skalenerträgen zu subventionieren und Industrien mit abnehmenden Erträgen zu besteuern.

Die originellsten und anregendsten Teile von Marshalls *Principles* sind jene, in denen er die Untersuchung »partieller« oder »partikularer« Gleichgewichtssituationen wirkungsvoll in Angriff nahm; es handelte sich um die Untersuchung kleiner Sektoren der Wirtschaft (Industrien, Firmen und Individuen) unter der Annahme, daß diese Sektoren ihre Gleichgewichtspositionen der Wirkung äußerer Einflüsse anpassen, ohne spürbare Effekte auf andere Elemente der Ökonomie auszuüben. Wichtige Aspekte von Gleichgewichtsbedingungen, wie sie in bestimmten Industrien herrschen, waren von Antoine Augustin Cournot und den beiden Österreichern Rudolf Auspitz (1837-1906) und Richard Lieben (1842-1910) analysiert worden. Bedeutende englische Autoren, die Beiträge zur Gleichgewichtsanalyse veröffentlicht hatten, waren Dionysius Lardner und Henry C. Fleeming Jenkin. Jenkin publizierte zwischen 1868 und 1872 mehrere Artikel, doch zum Zeitpunkt ihrer Veröffentlichung fanden diese Essays wenig Aufmerksamkeit. Léon Walras und Vilfredo Pareto hielten Studien dieser Art für unvereinbar mit der allgemeinen Interdependenz sämtlicher ökonomischer Größen eines Systems.[63]

Grundlage von Marshalls Erörterungen waren zumeist Probleme, die mit der Stabilisierung, Schrumpfung und Expansion von Industrien zusammenhängen; er zeigte großes Geschick dabei, die fast unendliche Vielzahl von Beziehungen, die das wirkliche Leben aufweist, auf einheitliche Muster zurückzuführen. Marshall tat dies, indem er eine Industrie vage als eine Menge von Firmen definierte, die einen Markt mit einem nicht näher bestimmten Produkt beliefert. Zu den auffälligsten hypothetischen Zügen dieser Analysen gehört neben der Beseitigung des Zeitfaktors die Annahme, daß alle Preisbewegungen, die sich aus Veränderungen der Faktorkombinationen in der Produktion ergeben, der Tendenz unterliegen, zu Gleichgewichtsbedingungen von Angebot und Nachfrage zurückzukehren, unter denen die Preise gleich den Produktionskosten sind. Unter der Annahme, daß der Einfluß der Produktionskosten auf den Wert des Produkts mit der Dauer seines Produktionswegs [*operational period*] zunimmt, klassifizierte Marshall die Tauschwerte für die kurze und lange Periode.[64] So wird der Tagespreis auf dem Markt von der

---

63 Siehe Dionysius Lardner, *Railway Economy*, London 1850, und Henry C. Fleeming Jenkin, *The Graphic Representation of the Laws of Supply and Demand, and Their Application to Labour*, Edinburgh 1870.

64 Der Ausdruck *operational time* wurde von Redvers Opie vorgeschlagen – »Marshall's Time Analysis«, in: *Economic Journal* 41 (1931), S. 199-215 –, um den in diesem Zusammenhang benutzten Zeitbegriff zu charakterisieren.

Nachfrage bestimmt, die auf ein unelastisches Angebot trifft; auf kürzere Sicht sollte sich der Preis – wegen der beschränkten Veränderlichkeit der Produktionsmenge, die sich aus der gegebenen Ausstattung mit Produktionsmitteln erklärt – zwischen einer Untergrenze, die von den durchschnittlichen primären oder variablen Kosten festgelegt wird, und einer Obergrenze ansiedeln, die von der Nachfrage und der begrenzten Elastizität der Angebotskurve abhängt; auf lange Sicht sollten die Erlöse auf das Angebot an Produktionsmitteln Einfluß nehmen können. Im Lichte solcher Überlegungen prüfte Marshall die Bedingungen, unter denen eine Industrie für neue Firmen anziehend wird, und die Preispolitik von Firmen, die einer sinkenden Nachfrage begegnen müssen.

Die Unterscheidung, die Marshall zwischen externen und internen Ersparnissen einer Industrie traf, entsprang der Absicht, für die sinkenden Durchschnittskosten von Firmen unter Wettbewerbsbedingungen eine Erklärung zu liefern. Externe Ersparnisse definierte er als Kostenminderungen, die sich ohne Rücksicht auf die relativen Wettbewerbspositionen der Firmen, die für denselben Markt produzieren, aus der allgemeinen Entwicklung einer Industrie ergeben. Unter diesem Titel erörterte Marshall den Einfluß geographischer Spezialisierung, des allgemeinen technischen Fortschritts und der Weltproduktion. Probleme, die mit den Beziehungen zwischen verschiedenen Industrien zusammenhängen, entzogen sich dem Gesichtskreis seiner Analysen. Bei seiner Diskussion interner Ersparnisse behandelte Marshall die verschiedenen Faktoren, die tendenziell zur Veränderung der Wettbewerbspositionen führen; zu ihnen zählen in erster Linie die Auswirkungen der industriellen Massenproduktion. Die verwirrende Frage, wie sich relativ kleine Unternehmen gegen die Konkurrenz großer Konzerne behaupten können, die unter Bedingungen steigender Skalenerträge arbeiten, fand jedoch erst viel später angemessene Behandlung.

Marshalls Analyse einer repräsentativen Firma sollte das Verhalten einer hypothetischen Firma zeigen, die strikt unter Wettbewerbsbedingungen arbeitet und ihre Verkaufspreise den Grenzproduktionskosten anpaßt. Marshall prüfte, wie sich »externe Ersparnisse«, Unvollkommenheiten des Marktes sowie Verlagerungen vorübergehender, mehr oder minder zufälliger Vorteile auf die Kosten und Preise derartiger Firmen auswirken. In dem Bestreben, mit der Realität enger in Berührung zu kommen, ohne den Bereich theoretischer Argumentation zu verlassen, machte er ausgiebig Gebrauch von der Idee der Grenzsubstitution und verband sie mit der Idee der Elastizität der Substitution, um die Kräfte zu erforschen, von denen die Größe jener Industrien abhängig ist, die aus kleinen Einzelfirmen bestehen. Seine Untersuchung über das Verhalten von Firmen, die ihre Produktionsleistung bei steigenden, konstanten und fallenden Stückkosten ausweiten, bereitete den Boden für eine wissenschaftliche

Formulierung der Probleme, die später unter dem Titel »Betriebswirtschaftslehre« als eigene Disziplin behandelt wurden.[65]
Diese ausgedehnten Streifzüge in das Gebiet partikularer Gleichgewichtslagen boten Marshalls Schülern ausgezeichnete Gelegenheiten, sich im Umgang mit logischen Operationen zu üben. Dadurch wurde ihre Aufmerksamkeit jedoch von erheblich wichtigeren Problemen abgelenkt, bei denen es um die Konstruktion eines einheitlichen ökonomischen Systems, die wechselseitigen Beziehungen seiner Elemente sowie um die Rolle ging, die monetäre Faktoren in den Funktionsabläufen einer instabilen Wirtschaft spielen.

Marshalls Platz in der Geschichte des ökonomischen Denkens läßt sich erst dann richtig einschätzen, wenn man seine tiefen moralischen Überzeugungen berücksichtigt, die er in fast allen nicht streng theoretischen Teilen seines Werkes äußerte. Nach eigenem Bekenntnis war sein Interesse an wirtschaftlichen Problemen ursprünglich von dem Wunsch geweckt worden, zur Verbesserung der Lebensbedingungen der englischen Unterklassen beizutragen. So entwarf er das Gebäude seiner ökonomischen Theorie vor dem Hintergrund der Werturteile, die unter den englischen Intellektuellen der viktorianischen Zeit verbreitet waren.[66] Im Gegensatz zu vielen seiner damaligen Kollegen fühlte sich Marshall stark von dem unvermeidlichen geistigen Konflikt berührt, der sich aus der Tatsache ergab, daß die Methoden des hypothetischen Denkens – wie unentbehrlich sie für die wissenschaftliche Analyse auch sein mochten – keine moralische Grundlage für eine Organisation der Gesellschaft, sondern nur die problematischen Resultate von Versuch und Irrtum oder Bilder von ökonomischen Verhältnissen lieferten, die von der Realität weit entfernt waren. Sein Zögern, die Prinzipien der Grenznutzenanalyse – ohne zahlreiche Vorbehalte – zu billigen, war möglicherweise von einer tiefsitzenden Abneigung gegen einen Ansatz motiviert, der das Schwergewicht auf Bedürfnisbefriedigung und Nachfrage als Grundelemente der ökonomischen Analyse legte. Dieser Ansatz war kaum mit seiner Auffassung vom Gang des wirtschaftlichen Geschehens zu vereinbaren, das heißt mit einer Geschichte wachsender Produktion, fortschreitender Verwirklichung der Vorteile des freien Unternehmertums sowie der anregenden Wirkungen des Wettbewerbs auf die Entwicklung von individueller

---

65 Siehe Stigler, *Production and Distribution Theories*, a.a.O., S. 81, zu Problemen der Disproportionalität der Kosten [*diseconomics*], die Marshall in seinen Erörterungen vernachlässigt habe.

66 Diese moralisierenden Neigungen sind wiederholt kritisiert worden. Siehe zum Beispiel Talcott Parsons, »Economics and Sociology. Marshall in Relation to the Thought of His Time«, in: *The Quarterly Journal of Economics* 46 (1932), S. 316 bis 347.

Initiative, Verantwortlichkeit, Tüchtigkeit, Sparsamkeit und rationalem Verhalten. Sein Glaube an den ökonomischen Fortschritt hinderte ihn daran, John Stuart Mills Erwartung eines stationären Endzustands der Wirtschaft zu übernehmen. Marshall stimmte der Theorie vom »säkularen Fall« der Zinsrate zu und verband diese Erscheinung mit der raschen Akkumulation der Ersparnisse und dem wachsenden Kapitalangebot; er verwies auf die allmähliche Zunahme der allgemeinen Bildung und der unternehmerischen Fähigkeiten, um den Rückgang der Leistungseinkommen der Unternehmer zu erklären. Überzeugt davon, daß diese Veränderungen in der Verteilung der »nationalen Dividende« nicht wieder durch Erhöhungen der Grundrente wettgemacht würden, erwartete er, daß das Wirtschaftswachstum mit steigenden Reallöhnen einhergehen werde, die wiederum die Arbeitsleistung steigen ließen und die Produktivität der Wirtschaft erhöhen würden.

Marshalls *Principles* verhalfen den methodologischen Grundsätzen der Ricardianer zu neuem Leben.[67] Die große Mehrzahl seiner Schüler war überzeugt davon, daß Marshall der Wirtschaftswissenschaft ihre mehr oder weniger endgültige Gestalt verliehen habe; daher betrachteten sie es als ihre Hauptaufgabe, die wenigen Probleme auszuarbeiten, die ihrer Auffassung nach noch keine definitive Lösung gefunden hatten.[68] Von diesen fallen zweifellos als erstes die Probleme der »Wohlfahrtsökonomie« ins Auge, bei denen es um die Vor- oder Nachteile geht, die sich aus dem Wirken der Wettbewerbsordnung ergeben – unter der Annahme, daß sich das Wohl des einzelnen mit der Gesamtsumme seiner Bedürfnisbefriedigungen gleichsetzen und daß sich das Wohl der Gemeinschaft als Summe der Wohlstände ihrer Mitglieder bilden läßt.

---

67 Die vielgelesenen *Principles of Political Economy*, die Joseph Shield Nicholson zwischen 1893 und 1901 in drei Bänden veröffentlichte, folgen ebenso streng dem von John Stuart Mill vorgegebenen Muster. Ein holländisches Lehrbuch, das bei zeitgenössischen Nationalökonomen hohes Ansehen genoß, war Nicolas G. Pierson, *Leerbook der Staatshuishoudkunde*, das zwischen 1884 und 1902 verfaßt wurde (englisch: *Principles of Economics*, London 1902-1912). Es beruht fast gänzlich auf den Grundsätzen der Ricardoschen Wirtschaftslehre.

68 Arthur Cecil Pigou – Marshalls Nachfolger in Cambridge – erklärte 1939 in einer Ansprache, Marshalls Schüler hätten sich, »da sie alle größeren Probleme der Wirtschaftslehre bei ihrem Lehrer in sicherer Obhut wußten, damit begnügt, engbegrenzte Probleme anzugehen, die sie im Rahmen ihres Gesichtskreises behandeln konnten«. Siehe Pigou, »Presidential Address«, in: *Economic Journal* 49 (1939), S. 215-221, hier S. 219.

Wohlfahrtsökonomie

Die von Marshall entwickelten Ansätze einer Wohlfahrtsökonomie wurden von Arthur Cecil Pigou (1877-1959) so weit ausgearbeitet, daß sie schließlich fast im Mittelpunkt der ökonomischen Theorie standen.[69] Unter Verwendung kühner Vereinfachungen wandte Pigou die Prinzipien der Grenzproduktivität auf die Bestimmung der optimalen Volkswohlfahrt an, bei der das Nationaleinkommen – ausgedrückt im Geldwert der jährlich produzierten physischen Güter und Dienste bei gleichbleibendem Investitionsaufwand – als »objektiver Maßstab« dienen sollte. John R. Hicks argumentierte, eine Messung der ökonomischen Wohlfahrt, die sich am laufenden Konsum orientiert, werde unter der Voraussetzung, daß die Preise bei vollkommenem Wettbewerb den Grenzkosten entsprechen, zu den gleichen Ergebnissen führen wie eine Messung auf der Basis der Produktivitäten.[70] Mit diesem Zugang zu den Problemen der gesellschaftlichen Wohlfahrt setzte Pigou eine vielversprechende Entwicklung der Analyse des Volkseinkommens in Gang.

Unter der weitreichenden, aber fragwürdigen Annahme, daß der Grenznutzen des Geldes für alle der gleiche sei, betrachtete Pigou den Nachfragepreis eines Gutes als Maß für die von diesem Gut gewährte Befriedigung. Dem Beispiel Marshalls folgend, betrachtete er Nutzenvorstellungen als meßbare und vergleichbare Größen und übernahm die Behauptung, die ökonomische Wohlfahrt habe in allen Fällen zugenommen, in denen der Anteil der ärmeren Klassen an der »nationalen Dividende« gestiegen und die absolute Größe dieser Dividende nicht gefallen sei.

Von primärer Bedeutung für Pigous Analyse war die Unterscheidung, die er zwischen dem einzelwirtschaftlichen Grenzertrag und seiner volkswirtschaftlichen Entsprechung traf. Er definierte das einzelwirtschaftliche Nettogrenzprodukt [*marginal private net produce*] als diejenige Steigerung der Produktionsleistung eines Unternehmens, die sich bei Hinzufügung einer weiteren Einheit eines Produktionsfaktors und der daraufhin stattfindenden rationalen Anpassung der übrigen Faktoren ergibt. Das soziale Nettogrenzprodukt [*marginal social net product*] ist dann die Gesamtsumme der entsprechenden einzelwirtschaftlichen Grenzerträge, wobei die Effekte solcher Veränderungen auf das Preissystem und die Situation der übrigen Unternehmen zu berücksichtigen sind. Pigou führte verschiedene Fälle auf, etwa Erfindungen oder wissenschaft-

---

69 Arthur Cecil Pigou, *Wealth and Welfare*, London 1912. Spätere umgearbeitete Auflagen erschienen unter dem Titel *The Economics of Welfare*, London 1920, 1924.

70 Siehe John R. Hicks, »The Valuation of the Social Income«, in: *Economica* 20 (1940), S. 105-124.

liche Entdeckungen, in denen zwischen dem sozialen Nettoprodukt und der Summe der einzelwirtschaftlichen Nettoprodukte Abweichungen auftreten. Freilich räumte er ein, daß sich die unvergüteten Vorteile und Lasten in manchen Industrien nicht in Geld ausdrücken lassen. Eine wesentliche Rolle spielen in seinen Forschungen die Probleme, die mit der Ressourcenallokation zusammenhängen. Unter Verwendung einer Methode, die es ihm erlaubte, für verschiedene Industrien die Vor- und Nachteile sehr geringfügiger Veränderungen in der Produktionsleistung gegeneinander abzuwägen, äußerte Pigou die Behauptung, daß für die Maximierung der sozialen Wohlfahrt die Produktionsressourcen so verteilt werden müßten, daß der soziale Nettoertrag einer Grenzeinheit in allen Verwendungen gleich ist. Da jedoch die Expansion der Produktion eher durch das einzelwirtschaftliche als durch das soziale Nettogrenzprodukt bestimmt wird, schloß Pigou, daß dieses in Industrien mit steigenden Kosten niedriger sein werde als in Industrien, die bei sinkenden Kosten arbeiten. Daher folgte er Marshalls Vorschlag und empfahl, Industrien des ersten Typs mit einer einheitlichen Steuer zu belegen, während die des zweiten (mit sinkenden Kosten) Subventionen erhalten sollten, um ihre Expansion anzuregen.

Diese Argumentation wurde von Allyn A. Young (1876-1929), Sir John Clapham und Dennis Holme Robertson in verschiedenen Artikeln kritisiert. Näher ausgeführt wurde diese Kritik in zwei Aufsätzen von Frank H. Knight, die sich mit dem Problem der sozialen Kosten beschäftigen. Knight argumentierte, daß im Falle steigender Kosten die höheren Preise, die für knappe Faktoren gezahlt werden, die Ausbeutung der Ressourcen nicht berührten; vielmehr ergäben sie sich aus der Zahlung von Renten, einem unentbehrlichen Element im Mechanismus der Ressourcenallokation. Wirkliche Ersparnisse bei der Verwendung von Produktionsfaktoren ergäben sich dagegen im Falle der abnehmenden Kosten. Externe sinkende Kosten ließen sich mit internen sinkenden Kosten anderer Industrien in Verbindung bringen. Verschiedenen Einwänden war auch Pigous Begriff des Nationaleinkommens ausgesetzt.[71]

In seiner längeren Diskussion besonderer wirtschaftspolitischer Maßnahmen, die der Sicherung einer optimalen Wohlfahrt dienen sollten, berücksichtigte Pigou störende Faktoren, etwa Reibungen oder Verzögerungen, die der Immobilität und Unteilbarkeit der Produktionsmittel, unvollkommener Markttransparenz und dergleichen zuzuschreiben sind. Als Gegengewicht zu der »Bevorzugung momentaner Befriedigung«, die sich im Vergleich zur Bedeutung künftiger Bedürfnisse »irrational« ausnimmt, empfahl er diskriminierende Besteuerung zugunsten des Sparens.

71 Siehe Frank H. Knight, »The Ethics of Competition«, in: *The Quarterly Journal of Economics* 37 (1923), S. 579-624, und ders., »Some Fallacies in the Interpretation of Social Costs«, in: *The Quarterly Journal of Economics* 38 (1924), S. 582-606.

Erwähnt seien in diesem Zusammenhang die umfangreichen Werke von John A. Hobson, wenngleich seine Behandlung der Probleme der sozialen Wohlfahrt kaum auf soliden methodologischen Grundsätzen beruhte.[72] Tief beeindruckt von John Ruskins Attacken auf die kapitalistische Wirtschaft und Arnold Toynbees Analyse der menschlichen Kosten der industriellen Expansion Englands, lehnte Hobson die Ricardosche Behandlung der Ökonomie als System marktfähiger Werte ab. Statt dessen benutzte er einen vage definierten »Kalkül der menschlichen Produktionskosten« als Maßstab zur Bestimmung von ökonomischem Fortschritt und wirtschaftlichem Wachstum. Seine Unterscheidung zwischen »produktiven Einkünften«, die für Wachstum sorgen, und »unproduktiven Überschüssen« machte die letzteren für alle Mängel des Produktionsapparats verantwortlich, insbesondere für die »Überinvestitionen« und die stets wiederkehrenden Wirtschaftskrisen. Seine Vorstellung von »Mehreinkommen« [*surplus incomes*] wurde – fälschlich – als neue Version des Marxschen Mehrwertbegriffs verstanden.[73] In den Schriften Malthus' und Lord Lauerdales fand Hobson genügend Bestätigung für seine Auffassung, daß »irrationale Mehreinkommen« wie Rente, Kapitalzins und Gewinn die Quelle des »Übersparens« seien, die Wurzel aller gesellschaftlichen Hauptübel. Hobsons Begriff des »Übersparens« unterstellte, daß sämtliche Ersparnisse investiert werden, und er schrieb dem Sparen im Vergleich zu der Rolle, die es in der Keynesschen Beschäftigungstheorie spielt, genau die gegenteilige Funktion zu. Entschieden wandte er sich daher gegen Lohnsenkungen als Heilmittel der zyklischen Arbeitslosigkeit und betrachtete die Nivellierung der Einkommen sowie die Förderung des Konsums als einzig angemessene antizyklische Maßnahmen.[74]

Diese Analyse des Funktionierens der kapitalistischen Ökonomie bildete den Hintergrund für Hobsons Überzeugung, daß alle Märkte wegen der Kaufkraftunterschiede unmoralisch seien und daß die Marktpreise vom Spiel selbstsüchtiger Interessen verfälscht würden. Obgleich er die Errichtung einer von der Regierung verwalteten Planwirtschaft vorschlug, wollte er die Privatinitiative in jenen Wirtschaftssektoren erhalten, in denen erfinderische Fähigkeiten zur Expansion nötig sind.[75] Zur Stützung dieser Ansicht bezog er sich auf Gabriel Tardes Behauptung, daß

---

72 John A. Hobson, *The Evolution of Modern Capitalism*, London 1899; *The Economics of Distribution*, New York 1900; *Work and Wealth*, New York 1914; und *The Economics of Unemployment*, London 1922.

73 Siehe Dobb, *Political Economy and Capitalism*, a.a.O., S. 148.

74 Siehe Hobsons Diskussion mit Lionel Robbins und E. F. M. Durbin, »Underconsumption: An Exposition and Reply«, in: *Economica* 12 (1932), S. 413-440, und 13 (1933), S. 402-427.

75 John A. Hobson, *Confessions of an Economic Heretic*, London 1938, S. 168 ff.

das gesellschaftliche Leben aus den Prinzipien Erfindung und Nachahmung erklärt werden könne.

Mit seiner Interpretation der Wirkungen übermäßigen Sparens nahm Hobson bestimmte Auffassungen vorweg, die später weitgehende Anerkennung finden sollten. Das gleiche gilt für seine Behauptung, daß das von der Einkommensverteilung abhängige Sparvolumen von Veränderungen der Zinsrate nicht berührt werde. Als Beitrag zur Erklärung von Krisen und Depressionen fand die Theorie des »Übersparens« bei vielen Geschäftsleuten, Gewerkschaftsführern und Politikern Anklang und trug erheblich zur Popularität von Hobsons Ideen bei. Keynes selbst zollte Hobson Respekt für den Zusammenhang, den dieser zwischen Sparen und Depressionen hergestellt hatte.[76]

Hobson wurde auch die Entwicklung eines Gedankens zugeschrieben, der später unter dem Schlagwort »Theorie des kapitalistischen Imperialismus« entfaltet wurde. Er argumentierte, daß die übermäßige Sparquote, die sich aus der ungleichen Einkommensverteilung ergebe, nur dann aufrechtzuerhalten sei, wenn zusätzliches Kapital in ständig wachsendem Umfang in den weniger entwickelten Teilen der Welt investiert wird.[77] Die Hauptverantwortung für das Betreiben einer imperialistischen Politik schrieb Hobson den großen Bankinstituten zu, da sich die Bankgewinne durch Investitionen in Kolonien und Protektoraten erheblich steigern ließen. Die rücksichtslose Verfolgung einer solchen Politik werde schließlich zur Aufteilung der unterentwickelten Gebiete durch die kapitalistischen Großmächte führen, die sich gezwungen sähen, ihre Einflußsphären gegen Angriffe und feindliche Infiltration zu verteidigen, und in immer wieder neue Kriege verwickelt würden. Hobson erklärte die Unvermeidlichkeit von Kriegen zwischen den »imperialistischen« Mächten aus der Suche nach Investitionsmöglichkeiten, anders als die marxistischen Imperialismustheorien, die auf die Auseinandersetzungen um Märkte für überschüssige Güter verwiesen. Eine dritte, vergleichbare Theorie, die von einigen nationalsozialistischen Autoren vertreten wurde, führte den Kampf um Kolonialbesitz auf den Wunsch der großen Industrieländer zurück, sich freien Zugang zu unentbehrlichen Rohstoffen zu sichern.

---

76 John Maynard Keynes, *General Theory of Employment, Interest, and Money*, London 1936, S. 371 (deutsch: *Allgemeine Theorie der Beschäftigung, des Zinses und Geldes*, München/Leipzig 1936, S. 308-313).

77 John A. Hobsons *Imperialism*, London 1902 (deutsch: *Der Imperialismus*, Köln/Bonn 1968), entstand unter dem Eindruck des Burenkriegs auf den Autor. Eine gute Analyse dieser Aspekte von Hobsons Ideen bietet E. M. Winslow, *The Pattern of Imperialism*, New York 1948, 5. Kapitel.

20. Kapitel
Die Ausarbeitung der Grenznutzenlehre

Die Entwicklung der mathematischen Versionen

Die Verwandlung der Nationalökonomie in eine Wissenschaft der angewandten Mathematik, wie sie Léon Walras begonnen hatte, wurde von Vilfredo Pareto – seinem Nachfolger an der Universität Lausanne, dem Begründer der sogenannten Lausanner Schule – konsequent fortgeführt.[1] Pareto (1848-1932), ein ausgebildeter Ingenieur, erklärte die mechanistische Konzeption der ökonomischen Beziehungen noch entschiedener als Walras zur einzig gültigen Methode der ökonomischen Analyse und beharrte auf der Notwendigkeit, alle derartigen Beziehungen im Rahmen eines zusammenhängenden Modells interdependenter Größen zu analysieren. Diesem Ansatz zufolge mußte die Konstruktion eines solchen Modells auf der Annahme beruhen, daß sämtliche Probleme, die von ökonomischen Beziehungen handeln, determinierbar, das heißt theoretisch eindeutig bestimmt sind.[2] Daher benutzte Pareto den geringschätzigen Ausdruck *ökonomische Literaten* zur Bezeichnung der Anhänger anderer Grenznutzenschulen, die sich methodisch der »isolierenden Abstraktion« sowie der partiellen Gleichgewichtsanalyse bedienten und damit die grundlegende Interdependenz aller Elemente des Gleichgewichtssystems mißachteten. Enrico Barone (1859-1924), einer von Paretos bemerkenswertesten Schülern, definierte die mathematische Ökonomie als eine Wissenschaft, die auf der strengen Beachtung zweier Grundsätze beruhe: (a) des Prinzips der strikten Interdependenz sämtlicher Größen, die in dem System enthalten sind; und (b) des Prinzips, zwischen diesen Größen ebenso viele logische Beziehungen herzustellen, wie es Variable gibt. In einer sehr aufschlußreichen Debatte über die Methoden, welche die Sozialwissenschaften zu befolgen hätten, warf der Philosoph Benedetto Croce (1866-1952) die Frage auf, ob ein bloß »zufälliges« Attribut, näm-

---

[1] Vilfredo Pareto, *Cours d'économie politique professé à l'université de Lausanne*, 2 Bände, Lausanne/Paris/Leipzig 1896/1897; ders., *Manuale di economia politica*, Mailand 1906 (französisch: *Manuel d'économie politique*, Paris 1909); ders., »Anwendungen der Mathematik auf die Nationalökonomie«, in: *Encyclopädie der mathematischen Wissenschaften*, Band 1, Leipzig 1902.

[2] Die methodologischen Aspekte der mechanischen Wissenschaften wurden von dem österreichischen Physiker Ernst Mach in *Die Mechanik in ihrer Entwickelung*, Leipzig 1883 (9. Auflage 1933, Nachdruck: Darmstadt 1976) sowie von dem französischen Mathematiker Jules Henri Poincaré in *La science et l'hypothèse*, Paris 1902 (deutsch: *Wissenschaft und Hypothese*, Leipzig 1904) ausgearbeitet.

lich die Meßbarkeit bestimmter Erscheinungen, die strenge Trennung ökonomischer von nichtökonomischen Tatsachen hinreichend rechtfertigen könne.[3] Paretos Annahmen, argumentierte er, schlössen das metaphysische Postulat ein, daß innere Fakten, die mit dem menschlichen Willen und Handeln verknüpft sind, mit den Phänomenen der physikalischen Natur auf gleiche Stufe zu stellen seien.

Pareto, der sich als »der nominalistischste unter den Nominalisten« bezeichnete, verfolgte die Auffassungsunterschiede zwischen seinen Gegnern und ihm selbst auf den berühmten mittelalterlichen Streit zwischen Nominalisten und Realisten zurück. Der Ausdruck *Realisten* sollte in diesem Zusammenhang die Anhänger der scholastischen Ansicht benennen, nach der den abstrakten Gattungsbegriffen Realität zuzusprechen sei. Benedetto Croces Philosophie war stark von der Hegelschen Dialektik beeinflußt. Daher lehnte Pareto Croces Bezugnahme auf die »Natur der Dinge« als Definitionskriterium für den Gegenstandsbereich einer Wissenschaft ab und weigerte sich, Themen wie die »Natur des menschlichen Handelns« oder die »Natur« und das »Wesen« des Wertes zu erörtern. Pareto beharrte darauf, daß die Gleichungen der mathematischen Ökonomie »objektive« Beziehungen zwischen Quantitäten sichtbar machen und nicht Beziehungen zwischen mehr oder weniger präzisen Begriffen des Geistes. Er betonte, daß die zur Ausarbeitung der mathematischen Aspekte seiner Wirtschaftstheorie angenommenen Hypothesen nicht etwa deshalb gewählt worden seien, weil man ihnen irgendeinen »inneren Wert« zuschreiben könnte, sondern ausschließlich in der Absicht, aus ihnen Schlußfolgerungen zu gewinnen, die nachweislich mit den Tatsachen übereinstimmen. Wieviel von Paretos eigener Theoriebildung »mit den Tatsachen übereinstimmt«, ist eine offene Frage. Dem Gedanken, eine Wissenschaft durch die von ihr verwendete Methode zu definieren, könnte kaum stärkeres Gewicht zugesprochen werden als in Paretos Versuch, die Prinzipien des deduktiven Denkens und die Anwendung mechanischer Begriffe in der ökonomischen Analyse zu rechtfertigen.

Da Pareto überzeugt war, daß die Prämissen seiner deduktiven Schlüsse auf beobachtbaren Daten beruhen müßten, hielt er daran fest, daß sich diese Daten aus der Analyse der Wirkungen individuellen Verhaltens ergeben müßten, und widersprach der Anwendung ebendieser Methodologie auf mehr oder weniger frei gebildete Aggregate. Das generelle Problem, das er zu lösen suchte, lag also darin, das Funktionieren eines imaginären ökonomischen Systems vorzuführen, dessen Verhalten von

---

3 Diese Debatte wurde 1900/1901 im *Giornale degli economisti e annali di economia* geführt und englisch in der Sammlung *International Economic Papers*, 12 Bände, London 1951-1967, Band 3, wiederabgedruckt.

zwei allgemeinen Faktoren beherrscht wird: nämlich den Vorlieben oder Bedürfnissen (*gusti*) der Individuen und den Hindernissen (*ostacoli*), die sich der Erfüllung solcher Wünsche entgegenstellen. Die strenge Anwendung eines mechanistischen Gleichgewichtsbegriffs auf dieses System wurde durch die beiden Annahmen gewährleistet, daß alle Kräfte, die das Verhalten der Variablen bestimmen, durch äquivalente Tendenzen in der Waage gehalten werden und daß sich, wie im Walrasschen Modell, die gegenseitigen Beziehungen aller Variablen durch ein System von Simultangleichungen ausdrücken lassen.

Bei seiner Behandlung der individuellen Geschmäcker und Vorlieben benutzte Pareto den Begriff *ophélimité élémentaire* zur Bestimmung derjenigen Einheit an Befriedigung, die ein Individuum aus einem geringen Zuwachs der verfügbaren Menge eines Gutes gewinnt, wobei dieses Gut als Bestandteil einer Gruppe von komplementären Gütern verstanden wird. *Ophélimité* bedeutet ursprünglich individuelle Präferenz; Pareto setzte diesen Ausdruck an die Stelle des Walrasschen Begriffs *rareté*, um die Abhängigkeit der Grenznutzen von der gleichzeitigen oder sukzessiven Verfügbarkeit verschiedener Güter zu betonen. Den Begriff *ophélimité pondérée* gebrauchte er, um den Nutzen der zuletzt erworbenen Einheit eines Gutes, geteilt durch seinen Preis, zu bezeichnen.

Ein solches Vorgehen war wegen der Einwände nötig geworden, die Francis Ysidro Edgeworth (1845-1926) gegen die vereinfachende Annahme erhoben hatte, daß auf Einkommenszuwächse entsprechend vermehrte Käufe einer jeden begehrten Ware folgten.[4] Edgeworth war überzeugt, daß mathematische Verfahren zumindest anwendbar, wenn nicht gar unvermeidlich seien, wann immer quantitative Daten gegeben sind, die Größenvergleiche ermöglichen. Daher setzte er solche Verfahren zur Messung von Nutzen und ethischen Werten, zur algebraischen oder graphischen Bestimmung des ökonomischen Gleichgewichts, zur Messung von Glauben, Wahrscheinlichkeit, Beweis und so weiter ein.[5] Edgeworth hatte betont, daß der Nutzen eines Gutes eine Funktion mehrerer Variablen sei[6] und von wechselnden Mengen einer Vielzahl anderer substituti-

---

[4] Francis Ysidro Edgeworth, *Mathematical Psychics. An Essay on the Application of Mathematics to the Moral Sciences*, London 1881.

[5] Siehe John Maynard Keynes, »Francis Ysidro Edgeworth 1845-1926«, in: ders., *Essays in Biography*, New York 1951, S. 231 (deutsch in: *Politik und Wirtschaft. Männer und Probleme*, Tübingen/Zürich 1956, S. 165). Um die Herkunft bestimmter Prämissen zu beschreiben, welche die Wahrscheinlichkeitstheorie der Ökonomie und anderen Wissenschaften liefert, sprach Edgeworth sogar von »mathematischem common sense«: »Applications of Probabilities to Economics«, in: *Economic Journal* 20 (1910), S. 286.

[6] Der Gedanke, daß die Nutzenfunktion in hohem Grade indeterminiert ist, war auch

ver oder komplementärer Güter abhänge.[7] Darüber hinaus hatte er gezeigt, daß sich individuelle Wünsche häufig auf Kombinationen mehrerer Güter richten, wobei keineswegs eine bestimmte Kombination eindeutig präferiert wird. Aus diesen Überlegungen zog er den Schluß, daß jede Bedürfnisbefriedigung, die sich aus einem Gut oder einer Kombination von Gütern gewinnen läßt, unbeschadet ihrer Absichten und Ziele mit dem gesamten Netz von Bedürfnisbefriedigungen verknüpft ist, die ein Individuum erlangen kann. Auf der Linie dieser Behauptung schlug er vor, Nutzenkombinationen als »Indifferenzkurven« darzustellen, die den Indifferenzbereich eines Individuums angeben sollten, was die Wahl zwischen verschiedenen gleichzeitig verfügbaren Waren und Warenkombinationen anbetrifft.

Edgeworth äußerte diesen Vorschlag im Rahmen eines Versuchs, durch Eingrenzung eines Bereichs möglicher Tauschkonditionen oder Tauschrelationen eine Theorie des Tausches zu entwickeln. Irving Fisher (1867 bis 1947) vertrat einen ähnlichen Ansatz, nachdem er die Annahme aufgegeben hatte, daß der Grenznutzen eines Gutes einzig von seiner Menge abhängig sei.[8]

Bei Pareto nun wurde die Idee der Indifferenzkurven zu einem willkommenen Mittel, jede Bezugnahme auf Meßbarkeit und Vergleichbarkeit von Nutzenschätzungen auszuschalten und die Grenznutzenanalyse in eine reine Theorie der Wahlakte zu verwandeln. Indem er die Indexfunktion der Ophelimität dazu nutzte, die Reihenfolge anzugeben, in der jedes Individuum die verschiedenen Indifferenzkurven gemäß seiner Präferenzskala anordnen würde, glaubte Pareto, die objektiven Grundlagen zur Bestimmung der in seinem System enthaltenen Größen gewonnen zu haben.

Unter der Annahme, daß Güter und Nutzen unbegrenzt teilbar seien, führte Pareto ein Verfahren vor, alle möglichen Indifferenzkombinationen in einem Koordinatensystem graphisch darzustellen. Es bestand darin, Indifferenzlinien zu zeichnen, indem man die Punkte verbindet, in denen verschiedene Güterkombinationen dieselbe Ophelimität aufweisen. Vorbild für diese graphischen Darstellungen waren ähnliche, von Meteorologen verwendete Kurven. Pareto hatte jedoch keine eindeutige

---

von Irving Fisher in *Mathematical Investigations in the Theory of Value and Prices*, New Haven 1892, entfaltet worden.
7 Der Ausdruck *substitutiv* wurde verwendet, wenn der aus einem Gut gewonnene Nutzen ebensogut aus einem anderen gewonnen werden kann, etwa im Falle von Brot und Kartoffeln. Bei anderen, *komplementär* genannten Gütern geht aus der Kombination mit anderen Gütern neuer, positiver Nutzen hervor.
8 Fisher, *Mathematical Investigations in the Theory of Value and Prices*, a.a.O.

Antwort auf die Frage, ob eine Wahl, die zwischen Güterkombinationen getroffen wird, welche sich nur um unendlich kleine Beträge voneinander unterscheiden, noch genauso getroffen würde, wenn die Individuen zwischen Kombinationen zu wählen hätten, die um finite Größen differieren.[9] Ein verwickeltes Problem hing mit der Tatsache zusammen, daß Pareto bei seiner Bestimmung von Indifferenzkurven die Komplementarität der Güter dem Prinzip ihrer gegenseitigen Substituierbarkeit unterordnete.[10]

Paretos Absicht bestand darin, mit der kombinierten Darstellung der Indifferenzkurven eines Individuums ein »photographisches Bild« seiner beobachtbaren Vorlieben zu liefern: Die Ökonomie lasse sich auf eine »empirische« Grundlage stellen, wenn die Indifferenz- und Präferenzlinien, die individuelle Wünsche darstellen, durch entsprechende Linien ergänzt würden, welche die »Hindernisse« repräsentieren, die der einzelne in seinem Bemühen überwinden muß, größtmögliche Bedürfnisbefriedigung zu erzielen. Als Ursachen derartiger Hindernisse wurden eine begrenzte Verfügbarkeit von Gütern, Wettbewerbsbedingungen, Produktionskosten, Restriktionen, die von politischen oder ökonomischen Organisationen erzwungen werden, und dergleichen betrachtet. Von solchen Hindernissen erster Ordnung unterschied Pareto sekundäre Hindernisse, etwa Umstände, die unmittelbar vor oder während einer Tauschhandlung zu Preisveränderungen führen. Er dehnte die Anwendung von Indifferenzkurven auf Profite und damit verknüpfte ökonomische Kategorien sowie auf Wahlakte der Produzenten zwischen verfügbaren Ressourcen aus.

Gestützt auf diese methodologischen Verfahren, erhob Pareto den Anspruch, sein Gerüst einer mathematischen Theorie der Konsumtion und Produktion auf »notwendig individuelle Interdependenzbeziehungen« gegründet zu haben. Unter Verweis auf die wechselseitige Abhängigkeit sämtlicher ökonomischen Größen hielt er sich für berechtigt, alle die Probleme zu übergehen, die mit der Herstellung von Kausalbeziehungen zwischen ökonomischen Phänomenen zusammenhängen. Er betonte diese Einstellung zumal im Hinblick auf die Frage, ob der Wert der produktiven Dienste aus dem Wert der Produkte abzuleiten sei. Pareto erhob den Einwand, daß die Grenzproduktivitätsanalyse nur solche Fälle erkläre, in denen die technischen Koeffizienten variabel sind, und daß sie im übrigen die Existenz »begrenzender Faktoren« verkenne, etwa Be-

---

9 Siehe George J. Stigler, »The Development of Utility Theory. Part 2«, in: *Journal of Political Economy* 58 (1950), S. 373-396, hier S. 380.
10 Siehe Hans Mayer, »Der Erkenntniswert der funktionellen Preistheorien«, in: ders. und andere (Hg.), *Die Wirtschaftstheorie der Gegenwart*, 4 Bände, Wien 1927-1932, Band 2, S. 147-239 b, hier S. 216.

schränkungen, die den Produktionsfunktionen durch technische Bedingungen aufgezwungen werden.[11]

Paretos Schüler rühmten seinen Versuch, mit Hilfe von Präferenzskalen und Indifferenzkurven Aggregate ökonomischer Größen aus der ökonomischen Analyse zu beseitigen, als bedeutenden Beitrag zur wissenschaftlichen Methodologie.[12] Darüber hinaus glaubten sie, daß seine Techniken ein wirkungsvolles Mittel seien, jede Bezugnahme auf psychologische Faktoren zu vermeiden.[13] Offen blieb jedoch die Frage, inwieweit nicht doch psychologische Erwägungen den logischen Ausgangspunkt für die Konstruktion von Kurven bilden, die sich aus dem Gesetz des abnehmenden Nutzens ergeben.[14]

In seiner Verteilungstheorie folgte Pareto den von Léon Walras aufgestellten Prinzipien und übernahm die Walrasschen Kategorien von Zins und Profit, Rente und Lohn. Die Unternehmer, die im Mittelpunkt seines Verteilungsschemas standen, sollten im Verlauf der Marktoperationen dahin kommen, die Anteile am Produktwert zu bestimmen, die Boden, Arbeit und Kapital zufallen. Profit und Rente wurden als Residualkategorien betrachtet, da unter statischen Gleichgewichtsbedingungen die Produktionskosten den Preis ausschöpfen. Obgleich Pareto seine Analyse auf Übergänge von einer Gleichgewichtssituation zu einer anderen ausdehnte, blieb sein Ansatz im wesentlichen statisch. Durchaus typisch für sein Vorgehen war seine Behandlung der Wirtschaftskrisen, bei der er sich auf Clément Juglars statistische Untersuchungen bezog und wie dieser den wellenförmigen Charakter der Bewegungen und Zusammenhänge zwischen Prosperität und Depression betonte.[15] Änderungen im Verhalten der Volkswirtschaft schrieb er vor allem gleichzeitig auftretenden ökonomischen Verhaltensweisen zu, die durch dieselben Gefühle ausgelöst werden, und sprach von »erregbarem Material«, um die Neigung der Unternehmer zu kennzeichnen, die zukünftige Rentabilität ihrer Geschäfte zu überschätzen. Schließlich erhob er die Frage, ob die »rhythmische Bewegung der wirtschaftlichen Tätigkeit« nicht eine Bedingung des wirtschaftlichen Fortschritts sei.

---

11 Siehe Arthur Smithies, »The Boundaries of the Production Functions«, in: *Explorations in Economics*, New York 1936; sowie Joseph A. Schumpeter, »Vilfredo Pareto«, in: *The Quarterly Journal of Economics* 63 (1949), S. 106.

12 Siehe Giovanni Demaria, »On Pareto«, in: Henry William Spiegel (Hg.), *The Development of Economic Thought*, New York 1952, S. 629-651, hier S. 637.

13 Siehe Pierre Bovens, *Les applications mathématiques à l'économie politique*, Lausanne 1912.

14 Siehe unter anderen Oskar Morgenstern, *Probleme der Wertlehre*, München/Leipzig 1931, Band 1, S. 28.

15 Siehe das Kapitel über Krisen im zweiten Band von Paretos *Cours d'économie politique*, a.a.O.

Da Pareto für seine mathematische Behandlung der ökonomischen Beziehungen Allgemeingültigkeit beanspruchte, glaubte er, daß sie auf jede Wirtschaftsordnung anwendbar sei, auf welchen Prinzipien ihre Organisation auch immer beruhen mag. Eine längere Diskussion über die ökonomische Wertrechnung im Sozialismus entspann sich um Paretos Behauptung, ein sozialistisches Ministerium für Produktion werde dieselben Methoden anwenden müssen wie kapitalistische Unternehmer.[16]
Als »Optimum der kollektiven Bedürfnisbefriedigung« definierte Pareto eine Situation, in der kein Individuum auf Kosten von anderen eine bevorzugte Position einnehmen kann. Die Liste der Bedingungen einer solchen kollektiven Nutzenmaximierung, die Pareto aufzählte, war ziemlich restriktiv. Sie umfaßte vollkommene Kenntnis und Verwirklichung von Zweck-Mittel-Beziehungen, vollkommene Mobilität der ökonomischen Ressourcen, völlige Unabhängigkeit der Bedürfnisse von den Prozessen zu ihrer Befriedigung, vollkommenen Wettbewerb (unter Ausschluß von Täuschung oder Nötigung) sowie die Existenz eines stabilen Geldstandards (*numéraire*). Nach dieser Definition ließ sich die kollektive Bedürfnisbefriedigung nur dann steigern, wenn jene, deren Einkommen einen Zuwachs erfahren, einen Teil dieses Gewinns behalten können, nachdem sie jene entschädigt haben, deren Einkommen gesunken ist. Urteile über Wohlfahrt, die sich nicht aus rein ökonomischen Gründen rechtfertigen lassen, müssen sich Pareto zufolge auf ethische Überlegungen stützen.
Paretos imaginäres, streng von mechanistischen Prinzipien beherrschtes ökonomisches System wurde zum Thema sehr unterschiedlicher Auffassungen. Besonders einige seiner kühnen Annahmen legten skeptische Kommentare nahe, etwa die infinitesimale Teilbarkeit der Bedürfnisse und Nutzen, die unbegrenzte gegenseitige Substituierbarkeit der Gegenstände der Bedürfnisbefriedigung, der problematische Charakter seiner Indifferenzkurven und schließlich die Unterstellung, daß sich Systeme von Simultangleichungen auf verschiedene Größen anwenden ließen, die je Elemente von Zeitreihen sind.[17] Von Wirtschaftstheoretikern, die auf der Einführung des Zeitfaktors in die ökonomische Analyse beharrten, wurde die Nützlichkeit des statischen Modells einer imaginären Ökonomie bezweifelt[18]; andere wandten sich gegen die rein funktionale Auffas-

---

16 Pareto, *Manuale di economia politica*, 6. Kapitel; ders., *Cours d'économie politique*, a.a.O., S. 364 ff. Diese Behauptung wurde in einem Artikel von Enrico Barone ausgearbeitet: »Il ministro della produzione nello stato collettivista«, in: *Giornale degli economisti e annali di economia* (1908) (englisch: »The Ministry of Production in the Collectivist State«, in: Friedrich A. von Hayek (Hg.), *Collectivist Economic Planning*, London 1935, S. 245-290).
17 Siehe Mayer, »Der Erkenntniswert der funktionellen Preistheorien«, a.a.O., S. 213.
18 Die Theorie des wirtschaftlichen Gleichgewichts wurde mit einem Märchenschloß

sung der Beziehung zwischen ökonomischen Größen und sahen statt dessen in der Untersuchung der Kausalverhältnisse zwischen wirtschaftlichen Phänomenen eine Hauptaufgabe der ökonomischen Analyse.[19] Zu Paretos wichtigsten Beiträgen zur Einkommenstheorie gehört sein Theorem der Einkommensverteilung, das sogenannte »Paretosche Gesetz«, das – auf der Grundlage eines quasi apriorischen Axioms – ein hohes Maß an Konstanz in der Einkommensverteilung über die Zeit hinweg belegen sollte. Es verwies auf die Bedeutung eines ansonsten ziemlich vernachlässigten Problems, nämlich auf das Problem der Invarianten in der ökonomischen Struktur einer Gesellschaft. Im Verlauf einer längeren Debatte zwischen Alberto Benduce, Luigi Vladimir Furlan, Giorgio Mortara, Corrado Gini und Umberto Ricci wurde jedoch die Allgemeingültigkeit des Paretoschen Gesetzes der Einkommensverteilung in Zweifel gezogen. Paretos Einkommenskurven setzten sich dem Einwand aus, die ökonomischen Bedingungen seien zu vielfältig, als daß sie die Festlegung angeblicher Unregelmäßigkeiten gestatteten.[20]

Obwohl Walras Franzose war und Pareto seine ökonomischen Hauptwerke auf französisch veröffentlichte, wurde die mathematische Ökonomie von den führenden französischen Ökonomen bis zum Beginn des Ersten Weltkrieges fast überhaupt nicht zur Kenntnis genommen. Einige Studien, die zwischen 1912 und 1915 von Paretos Schülern W. L. Zawadski, Pierre Bovens und Jacques Moret verfaßt worden waren, trugen nicht sonderlich zur Verbreitung oder Weiterentwicklung seiner Gedanken bei. In Italien wurden die mathematischen Methoden von Luigi Amoroso verteidigt; sie lieferten Enrico Barone das Instrumentarium für die Abfassung eines bemerkenswerten Lehrbuches.[21] Erst nach dem Ersten Weltkrieg fanden Paretos Lehren wachsende Anerkennung.

verglichen, das uns verzaubert, aber wenig zur Lösung des Wohnungsproblems beiträgt. Umberto Ricci, »Pareto and Pure Economics«, in: *Review of Economic Studies* 1 (1933), S. 3-21, hier S. 20.

19 Zu dieser Kontroverse siehe Guglielmo Masci, »Die wesentlichen Bestimmungsgründe des Tauschwertes«, in: Mayer und andere (Hg.), *Die Wirtschaftstheorie der Gegenwart*, a.a.O., Band 2, S. 73-83, hier S. 76. Später wurde ähnliche Kritik unter anderem von Leo Illy, *Das Gesetz des Grenznutzens*, Wien 1948, und Alexander Mahr, »Indifferenzkurven und Grenznutzenniveau«, in: *Zeitschrift für Nationalökonomie* 14 (1954), S. 325-340, geübt.

20 Constantino Bresciani-Turoni, in: *Giornale degli economisti e annali di economia* (1925).

21 Siehe die verschiedenen Artikel von Luigi Amoroso im *Giornale degli economisti e annali di economia* der Jahrgänge 1910 bis 1912 sowie seine *Lezioni di economia matematica*, Bologna 1921. Siehe auch Enrico Barone, *Principi di economia politica*, Rom 1908 (deutsch: *Grundzüge der theoretischen Nationalökonomie*, Bonn/Berlin 1927).

Nach Paretos Auffassung ist die Konstruktion eines hypothetischen ökonomischen Systems nur der erste Schritt zu einer umfassenden Erforschung der Gesellschaft, die nach der Methode sukzessiver Annäherungen zu erfolgen hat.[22] Da die von der theoretischen Wirtschaftswissenschaft aufgestellten »Gesetze« und »experimentellen Regelmäßigkeiten« nur Möglichkeiten und Wahrscheinlichkeiten angeben, muß jede weitere Näherung an die Realität durch die Entwicklung zusätzlicher Theorien geleistet werden, die sich mit den im ökonomischen Bereich anwendbaren Theorien verbinden lassen. Klar ist jedoch von Anfang an, daß die strenge Determiniertheit der Ergebnisse menschlichen Handelns, die der ökonomischen Analyse als Hintergrund gedient hat, im Bereich allgemeiner sozialer Beziehungen nicht mehr als gültig angenommen werden kann. Folglich sind mathematische Methoden bei der Untersuchung sozialer Phänomene nicht mehr anwendbar, weil dort das Zeitelement, institutionelle Faktoren und ihre Veränderungen sowie »nichtlogische Handlungen« berücksichtigt werden müssen, die sich aus bestimmten »psychischen Zuständen« ergeben und im Gegensatz zu Handlungen stehen, die logischen Prozeduren gemäß ausgeführt werden. Ein »psychischer Zustand« wird bei Pareto als hypothetischer Faktor bestimmt, der sich aus äußeren Handlungen oder Gefühlsäußerungen erschließen läßt, wie sie häufig in moralischen, religiösen und anderen Lehren enthalten sind.

Pareto benutzte den Ausdruck *Residuen*, um imaginäre, mehr oder weniger gleichbleibende Determinanten des menschlichen Handelns zu benennen. Seine Residuen waren: die instinktive Neigung, Verbindungen herzustellen; die Beständigkeit von Aggregaten; das Bedürfnis, seine Gefühle durch äußere Handlungen zum Ausdruck zu bringen; gesellschaftlich erzeugte Sentiments; die Integrität des Individuums und das Residuum der Sexualität. Als *Derivationen* bezeichnete er Argumente des »nichtlogisch-experimentellen« Typs, die dazu dienen, Motive zu rationalisieren und die tatsächlichen Antriebe hinter einem Schirm vorgeblich logischer Überlegungen zu verbergen. In diesen Diskussionen richtete Pareto all seine kritischen Energien gegen ein Denken, das auf Metaphern, Allegorien und Analogien beruht.

Diese auf rein logischen Überlegungen beruhende Kritik hinderte Pareto nicht daran, die Rolle zu betonen, die verschiedene metaphysische Lehren bei der Erhaltung des Gleichgewichts verschiedener Gesellschaften spielen. Solchen Lehren unterstellte er, sie setzten Intuition und religiöse

---

22 Pareto ergänzte seine ökonomischen Studien vor allem durch die beiden folgenden Werke: *Les systèmes socialistes*, 2 Bände, Paris 1902/1903; *Trattato di sociologia generale*, 3 Bände, Florenz 1916-1923 (deutsche Auswahl: *Vilfredo Paretos System der allgemeinen Soziologie*, Stuttgart 1962; zum Folgenden vgl. dort S. 67, 86, 105, 151 ff.).

Erfahrung ein, um die Anerkennung »höherer« Entitäten zu erreichen. »Pseudowissenschaftlichen« Theorien schrieb er die Neigung zu, die Autorität der Vernunft zu beschwören und skeptische Haltungen zu begünstigen. Er rückte das Verhältnis zwischen Residuen und Derivationen in den Mittelpunkt seiner Untersuchungen und nahm an, daß die relative Bedeutung, die den einzelnen Residuen zukommt, in einer bestehenden Gesellschaft mehr oder weniger gleich bleibt, daß man in diesem Bereich jedoch zwischen verschiedenen Gesellschaften oder verschiedenen Klassen innerhalb einer Gesellschaft zu auffälligen Diskrepanzen gelangt.
Drei Gruppen von Phänomenen spielen also eine herausragende Rolle in Paretos soziologischem Modell: erstens jene Erscheinungen, die zur Gruppe der »Interessen« gehören und der ökonomischen Sphäre als verallgemeinerte unmittelbare Ziele staatlichen Handelns zugeordnet werden; zweitens jene, die als »Residuen« bezeichnet werden und psychologischen Ursprungs sein sollen; schließlich die als »ideologische Rationalisierungen« gekennzeichneten »Derivationen«, die von bestimmten Interessen und Zielen gelenkt werden. Die Diskussion dieser Phänomene führte zur Formulierung von Paretos markantester soziologischer These, der von der »Zirkulation der Eliten«. Ihr zentraler Gedanke lautet, daß bisher jede bekannte Gesellschaft aus heterogenen Gruppen bestanden habe und daß die soziale Macht in allen Gesellschaften, auch den demokratischen, von »Eliten« ausgeübt werde, die einander im Zugang zur Macht abwechseln. Vor dem Hintergrund solcher Überlegungen entwickelte Pareto seine Analyse sozialistischer Theorien, die er insbesondere zur Stützung seiner beißenden Attacken auf den Marxschen Begriff einer »klassenlosen« Gesellschaft heranzog. Pareto zufolge erweist sich die Stabilität einer Gesellschaft als abhängig von der Struktur ihrer herrschenden Klassen, von deren Widerstand gegen Dekadenz und von ihrer Macht, ihre Positionen gegen andere aufsteigende Eliten, die mit entschiedeneren Haltungen ausgestattet sind, zu verteidigen. Diese Analyse führte zu dem Schluß, daß sich auf der im zwanzigsten Jahrhundert erreichten Entwicklungsstufe die herrschenden Klassen praktisch sämtlicher Industrieländer verschiedenen Glaubenshaltungen der Vergangenheit zuwenden und anti-individualistischen Formen der Machtausübung zuneigen. Paretos Analyse der niedergehenden Macht der »demagogischen Plutokratie« veranlaßte die faschistische Regierung Italiens, ihn zum Propheten des korporativen Staates zu erklären.[23]
Der statische Ansatz, den Pareto in seiner ökonomischen Analyse vertrat, war ein charakteristischer Zug auch seiner soziologischen Theorie, die unter der Annahme stand, daß sich alle sozialen Strukturen als Kombina-

---

23 Zu Paretos Beziehungen zum Faschismus siehe G. H. Bousquet, *Vilfredo Pareto*, Paris 1928.

tionen weniger Grundelemente – eben der Residuen – analysieren ließen.[24]

Außerhalb des antidemokratischen Lagers in Italien waren Paretos Ideen Gegenstand mannigfacher Kritik. Seine geringschätzige Behandlung »nichtlogischer« Begriffe wie Freiheit und Demokratie und seine Feindseligkeit gegenüber allen sozialistischen Überzeugungen und Solidaritätsidealen standen in Kontrast zu dem Glauben Walras' an die Ratsamkeit staatlicher Eingriffe und weitreichender Sozialreformen. Was immer die Gründe gewesen sein mögen, die zwei Denker dazu gebracht haben, in ihren theoretischen Untersuchungen dieselben methodologischen Prinzipien zu vertreten und dennoch weit auseinanderliegenden Gesellschaftsauffassungen zuzuneigen: ihr Beispiel scheint die Auffassung zu bestätigen, daß zwischen dem Glauben an die Triftigkeit einer bestimmten Methodologie und der Annahme bestimmter ethischer oder politischer Überzeugungen kein notwendiger Zusammenhang besteht.

Allgemeine Probleme der psychologischen Grenznutzenlehre

Die weitreichenden Divergenzen, die sich zwischen den Lehren der mathematischen Ökonomen und den Theorien der psychologischen Schule des Marginalismus entwickelten, gehen überwiegend auf grundlegende Unterschiede im methodischen Zugang zur ökonomischen Analyse zurück. Die Denker der Lausanner Schule betrachteten sämtliche Beziehungen zwischen ökonomischen Größen als streng interdependente Bestandteile eines ökonomischen Systems, das einem strikten Gleichgewichtsprinzip untersteht. Dieser logischen Forderung paßten sie alle weiteren Überlegungen zur Natur und zum Verhalten dieser Größen an. Daher nahmen sie die unbegrenzte Teilbarkeit von Gütern und Leistungen an, schrieben jedem einzelnen die Aufgabe zu, seine Bedürfnisbefriedigungen in ein ausgeglichenes Verhältnis zu bringen, und so weiter. Die österreichischen Ökonomen – allen voran Friedrich von Wieser, einer von Carl Mengers hervorragendsten Schülern – suchten dagegen nach Kausalbeziehungen zwischen wirtschaftlichen Phänomenen und nahmen keine Notiz von den Problemen, die mit der Anwendung mathematischer Verfahren auf die Konstruktion ökonomischer Gleichgewichtsmodelle verbunden sind. Sie waren überzeugt, daß man die psychologischen Aspekte des individuellen Verhaltens analysieren müsse, um die letzte Erklärung für alle Erscheinungen der Wirtschaft zu finden, und etwa zwei Jahr-

---

24 Zur möglichen Anwendung der Paretoschen Soziologie auf die Analyse komplexer sozialer Erscheinungen, etwa des unvollkommenen Wettbewerbs, des Oligopols, freiwilliger Zusammenschlüsse und dergleichen siehe Demaria, »On Pareto«, a.a.O., S. 630.

zehnte lang spielte die Suche nach den psychophysiologischen Grundlagen dieser Phänomene in ihren Untersuchungen eine herausragende Rolle.[25] Wieser verglich den Stellenwert des Grenznutzenprinzips für die ökonomische Analyse sogar mit der Bedeutung, die dem Gravitationsprinzip auf dem Gebiet der Mechanik zukommt. Subtile psychologische Probleme, die nur entfernt mit ökonomischen Fragen zusammenhängen, waren Gegenstand ausführlicher Untersuchungen.[26]

Um die geistige Atmosphäre angemessen würdigen zu können, in der diese Studien betrieben wurden, sollte man nicht vergessen, daß sich die österreichischen Anhänger der Grenznutzenanalyse unablässigen Angriffen auf ihre Denkprinzipien und Forschungsmethoden ausgesetzt sahen. Zahlreiche Mitglieder der deutschen historischen Schule, die fest an die Existenz »sozialer Werte« als Schöpfungen eines objektiven Volksgeistes glaubten, widerstrebten leidenschaftlich der Suche nach allgemeinen Gesetzen hypothetischen Typs. Marxistische Autoren stießen sich nicht nur an der Kritik der Marginalisten an der Arbeitskostentheorie des Wertes, sondern auch an ihrer Behauptung, daß die Prinzipien der Grenzanalyse sowie die allgemeinen volkswirtschaftlichen Gesetze auf alle Volkswirtschaften – ohne Rücksicht auf deren Struktur und die ihrem Funktionieren zugrunde liegende Ordnung – anwendbar seien. Sie assoziierten den psychologischen Ansatz der Österreicher mit »bürgerlicher Mentalität« und dem Versuch, die Interessen der wohlhabenden Klasse zu verteidigen, was an der Betonung ablesbar sei, die dabei auf die Nachfrage nach Gütern gelegt wird.[27] Bucharin arbeitete die von verschiedenen anderen Marxisten angedeutete Idee aus, wonach auf den fortgeschrittenen Stufen der kapitalistischen Entwicklung der durch die Ausbeutung der Arbeiter akkumulierte Mehrwert hauptsächlich in die Taschen von Leuten fließe, die in keiner Beziehung zur Produktion stehen. In der von den Österreichern vertretenen Werttheorie, hieß es, spiegele sich die Psychologie der Konsumenten, der »Rentner«.[28]

Angesichts der unablässigen Kritik an ihrer Lehre fühlten sich die österreichischen Ökonomen gezwungen, vor allem die logischen Grundlagen ihrer Analyse zu verstärken und den Bereich ihrer Anwendbarkeit zu erweitern. Man beachte in diesem Zusammenhang, daß sich Wien, die Hauptstadt der österreichischen Monarchie, die jahrhundertelang an der

---

25 Friedrich von Wieser, *Ueber den Ursprung und die Hauptgesetze des wirthschaftlichen Werthes*, Wien 1884; ders., *Der natürliche Werth*, Wien 1889.
26 Siehe zum Beispiel Franz Cuhel, *Zur Lehre von den Bedürfnissen*, Innsbruck 1907.
27 Rudolf Hilferding, »Böhm-Bawerks Marx-Kritik«, in: Max Adler und Rudolf Hilferding (Hg.), *Marx-Studien*, Band 1, Wien 1904 (wieder in: Friedrich Eberle (Hg.), *Aspekte der Marxschen Theorie*, Band 1, Frankfurt am Main 1973, S. 130-192).
28 Nikolai I. Bucharin, *Die politische Ökonomie des Rentners*, Berlin 1926.

Scheide zwischen den politischen Mächten des Ostens und Westens gestanden hatte, später an der Grenze zwischen konfligierenden Denkweisen befand. Unter dem Schutz der erblichen Monarchie und ihres feudalen Hintergrunds hatten sich durch das Erziehungswesen, das von der katholischen Kirche kontrolliert wurde, scholastische Denktraditionen erhalten. Gleichzeitig war Wien aber praktisch die einzige europäische Stadt östlich des Rheins, in der nominalistisches Denken festen Fuß gefaßt hatte, nicht nur in den Naturwissenschaften, sondern auch in verschiedenen Sozialphilosophien. Nationalistische Bewegungen und die Ausbreitung der deutschen »idealistischen Philosophien« hatten das Festhalten an organizistischen Denkmustern begünstigt. Eine »orthodoxe« Version des Marxismus, der sogenannte Austromarxismus, war in Wien von überzeugten Anhängern dieser Lehre entwickelt worden. So wurden die österreichischen Grenznutzentheoretiker beständig in methodologische Auseinandersetzungen unterschiedlicher Art hineingezogen. In diesen Bemühungen folgten sie ziemlich genau den theoretischen Linien, die Menger vorgezeichnet hatte. Sie machten ausgiebig von der Isolationsmethode Gebrauch, die es ihnen gestattete, aus der Analyse kausaler Beziehungen zwischen ökonomischen Phänomenen störende Einflüsse fernzuhalten – in der Annahme, daß es später möglich sei, das typische Verhalten solcher Störungen zu bestimmen und ihre Auswirkungen in Rechnung zu stellen.

Das Fehlen eines gemeinsamen Nenners, auf den sich alle Größen eines ökonomischen Systems reduzieren ließen, hinderte die österreichischen Theoretiker daran, eine Gruppe geeigneter ökonomischer Aggregate zu entwickeln, aus denen das Modell eines ökonomischen Systems hätte konzipiert werden können. Darüber hinaus lehnten sie die Konstruktion irgendwelcher Aggregate ab, die im organizistischen Denken wurzeln. Von daher war die Spannweite ihrer Probleme begrenzt und erweiterte sich erst allmählich. Ausgehend von den psychologischen Aspekten der Begriffe Nutzen und Wert wandten sie die Grenznutzenanalyse auf die Untersuchung der Preise und Produktionskosten, der Verteilungsprozesse sowie der Probleme an, die mit der Allokation knapper Ressourcen zusammenhängen. Später bemühte sich Wieser, die Bedingungen zu bestimmen, die dem Umgang mit knappen Ressourcen in einem einzelnen Haushalt einerseits und in einer zentral organisierten, im Geiste vollkommener Rationalität kontrollierten Planwirtschaft andererseits gemeinsam sind.[29] Nach seinen Befunden sind wichtige Merkmale der Verteilungsprozesse, wie etwa Bodenrente und Kapitalzins, »natürliche« ökonomi-

---

29 Friedrich von Wieser, *Theorie der gesellschaftlichen Wirtschaft*, Tübingen 1914. Es bleibt zu fragen, in welchem Grade diese Analyse von der Verwendung organizistischer Konzepte, etwa »gesellschaftlicher Werte«, beeinträchtigt ist.

sche Kategorien, die unter jeder Wirtschaftsordnung Anerkennung fordern. Allmählich wandelte Wieser seine starren Anfangshypothesen ab und untersuchte die Wirkung von Grenznutzenerwägungen auf die Wettbewerbswirtschaft, auf Wirtschaftspolitik, internationale Wirtschaftsbeziehungen und so weiter.[30]
Der Anspruch der österreichischen Marginalisten, ihr Ansatz beruhe ausschließlich auf Beobachtung sowie ein paar einfachen psychologischen Tatsachen, wurde ergänzt durch ihre Weigerung, die eigenen Analysen mit den Prinzipien der utilitaristischen Philosophie zu verknüpfen. Sie ließen daher den Begriff des Arbeitsleids [*disutility*] unberücksichtigt und argumentierten, das in der Arbeitsleistung enthaltene Opfer bestehe in Wirklichkeit im Verlust des Vorteils, den man hätte gewinnen können, wenn man seine Zeit mit einer anderen Beschäftigung verbracht hätte. Eugen von Böhm-Bawerk, einer der wichtigsten österreichischen Grenznutzentheoretiker, vertrat die These, daß die Länge der Produktionsprozesse nur in einer recht unbedeutenden Anzahl von Fällen vom zunehmenden Arbeitsleid beeinflußt werde und daß die Bildung von Tauschwerten unabhängig von der Regel gleichen Entgelts für gleiches Leid vonstatten gehe.[31] Er wies auf den Zirkelschluß in der Marshallschen Methode hin, der darin bestehe, den Wert der Produkte aus ihren Kosten abzuleiten und den Wert der Arbeit mit dem Prinzip der Grenzproduktivität zu erklären, das wiederum implizit auf den Wert der Produkte Bezug nimmt. Dem Vergleich mit den beiden Klingen einer Schere, den Marshall gezogen hatte, stellte Böhm-Bawerk das marginalistische Verfahren entgegen, sämtliche Werte, auch die der Produktionskosten, aus einem einzigen Prinzip zu erklären.

Da alle Tauschwerte in Preisen ausgedrückt werden, sahen sich die Österreicher bald vor dasselbe Problem gestellt, das William Stanley Jevons nicht zu lösen vermocht hatte: wie nämlich die Preise einerseits aus dem Grenznutzen der Güter und andererseits aus dem Grenznutzen des Geldes zu erklären sind. Eine vieldiskutierte Frage drehte sich um die Bestimmung des Werts des verfügbaren Gesamtvorrats einer Ware. Nach Wiesers Vorschlag erhält man diesen Gesamtwert durch Multiplikation des Grenzwerts der Gütereinheit des Vorrats mit der Stückzahl. Dieses Verfahren fand die Billigung einiger amerikanischer Ökonomen, etwa John B. Clarks (1847-1938) und Frank A. Fetters (1863-1949). Böhm-Bawerk argumentierte jedoch, die Gleichheit von Grenznutzen sei nur

---

30 Eine der frühesten Studien, die sich mit den Grenznutzenaspekten der Wirtschafts- und Fiskalpolitik beschäftigen, ist Emil Sax' *Grundlegung der Staatswirtschaft*, Wien 1889.
31 Eugen von Böhm-Bawerk, »The Ultimate Standard of Values«, in: *Annals of the American Academy of Political and Social Science* 4 (1894).

»disjunktiv« anwendbar; der Gesamtwert eines Vorrats sei durch Addition der spezifischen Nutzen zu bestimmen, die den Elementen dieses Vorrats in der Reihenfolge der einzelnen Akte der Bedürfniserfüllung beigelegt werden. Dieses Vorgehen wurde von einigen mathematischen Ökonomen bevorzugt, da es die Absehung vom Zeitfaktor impliziert. Es war klar, daß sich der Grenznutzen der Geldeinheit nicht unabhängig von den Grenznutzen ihrer Tauschäquivalente bestimmen läßt. Die österreichischen Marginalisten benutzten den Ausdruck *subjektiver Tauschwert*, um den Wert eines Gutes zu bezeichnen, der aus dem Nutzen seiner Tauschäquivalente abgeleitet wird.

Böhm-Bawerk ging bei seiner Analyse der Preisbildungsprozesse von einem begrenzten Markt unter den Bedingungen vollkommener Konkurrenz aus. Auf einem solchen Markt bieten die Parteien ihre Güter zu »subjektiven Werten« an, die in willkürlich gewählten *numéraires* ausgedrückt werden.[32] Durch eine Analyse des »rationalen Verhaltens« der Parteien gelangt man nun zu den Wettbewerbspreisen; sie bestimmen sich nach den Wertschätzungen der »Grenzpaare«, während Paare mit höheren oder niedrigeren Wertschätzungen den Tauschhandlungsprozeß nicht mitbestimmen. Ein Grenzpaar wird durch die Wertschätzung des letzten noch zum Zuge kommenden Käufers und die Wertschätzung desjenigen Anbieters bestimmt, der an der Spitze der Liste derer steht, die von der Teilnahme am Tausch ausgeschlossen sind. Das andere Grenzpaar wird durch die Wertschätzung des letzten, trotz geringster Chancen noch zum Tausch gelangenden Verkäufers und die Wertschätzung des ersten vom Tausch ausgeschlossenen Käufers festgelegt. Die in der »Theorie des isolierten Tausches« enthaltenen Probleme ähnelten in mancherlei Hinsicht denen, die später in der Theorie der duopolistischen Preisbildung erörtert wurden. Freilich war diese Analyse dem Einwand ausgesetzt, daß es sich bei den Ziffern, welche die subjektiven Schätzungen potentieller Käufer und Verkäufer zum Ausdruck bringen sollten, keineswegs um eine reine, unverfälschte Wiedergabe psychologischer Größen handele, wie es die Prinzipien der Grenznutzenanalyse forderten, sondern eher um einen Niederschlag der Ergebnisse früherer Preisbildungsprozesse.

Die Gefahren eines Zirkelschlusses erhöhten sich noch, als die Preisanalyse über das Schema der primitiven Tauschwirtschaft hinaus erweitert wurde, da in der Geldwirtschaft die auf der Nachfrageseite wirkenden Faktoren von der Höhe der Einkommen beeinflußt werden, die sich ihrerseits von den Beiträgen der Produktionsfaktoren zum Wert der Pro-

---

32 Ders., »Grundzüge einer Theorie des wirtschaftlichen Güterwertes«, in: *Jahrbücher für Nationalökonomie und Statistik* 47 (1886), S. 1-82. Siehe auch Robert Zukkerkandl, *Zur Theorie des Preises mit besonderer Berücksichtigung der geschichtlichen Entwicklung der Lehre*, Leipzig 1889.

dukte herleiten. So beruhten die Nutzenschätzungen, die Wieser in seiner *Theorie der gesellschaftlichen Wirtschaft* benutzte, um den Wert der Produkte in einer Tauschwirtschaft zu bestimmen, in Wirklichkeit auf Preisen, die sich auf den Märkten gebildet hatten.[33]
Der schwedische Ökonom Knut Wicksell (1851-1926), der herausragende Beiträge zur österreichischen Theorie lieferte, verwendete den Begriff *Grenznutzenfunktion*, um den Zuwachs am Gesamtnutzen zu bezeichnen, der durch Hinzufügung eines weiteren Gutes zum verfügbaren Vorrat entsteht.[34] Er stellte ein System von Gleichungen auf, um den Preisbildungsprozeß darzustellen, doch die individuellen Wertschätzungen, die er einführte, bezogen sich ebenfalls auf ein vorab bestehendes Preissystem.

Wiesers bemerkenswerteste Leistung war vermutlich seine Definition der Kosten als entgangener anderweitiger Nutzen.[35] Nach dieser Behauptung, die nicht von der Existenz eines Preissystems abhängig ist, sind die Kosten für die Produktion eines Gutes gleich dem Verlust eines anderen, das einen niedrigeren Grenznutzen aufweist. Mit diesem Prinzip der »alternativen Kosten« ließ sich ein breites Spektrum ökonomischer Vorgänge erklären. Zu den anschaulichen Beispielen, die für dieses Prinzip angeführt wurden, gehört der Fall einer Reise, deren reale Kosten demnach im Verzicht auf den Genuß der Güter liegen, die mit der Summe, die zur Finanzierung der Reise ausgegeben wurde, hätten gekauft werden können. Von den »Kosten«, die für die Produktion bestimmter Güter aufgewandt werden, unterschied Wieser »Ausgaben«, die in Beziehung zu den Produktionsprozessen stehen; um ökonomisch rational zu sein, müssen die Ausgaben auch Kapitalzins einschließen.
Wendet man das Prinzip der alternativen Kosten auf eine fiktive stationäre Wirtschaft an, in der vollkommene Konkurrenz herrscht, so läßt sich zeigen, daß sich die Erträge aus jeder Einheit einer gegebenen Ressource ausgleichen. Aus diesen Überlegungen läßt sich eine allgemeine Regel der Ressourcenallokation ableiten, die der Forderung ökonomischer Rationalität genügt. In seiner ausgezeichneten Darstellung der Ergebnisse der Grenznutzenanalyse billigte Philip Henry Wicksteed dem »Wieserschen Gesetz« eine Schlüsselrolle in seinen Erörterungen zu.[36]
Herbert J. Davenport (1861-1931), ein weiterer herausragender Vertreter

---

33 Einer der ersten Autoren, die diesen Einwand erhoben, war Rudolf Stolzmann in *Die soziale Kategorie in der Volkswirtschaftslehre*, Berlin 1896.
34 Knut Wicksell, *Geldzins und Güterpreise*, Jena 1898.
35 Wieser, *Ueber den Ursprung und die Hauptgesetze des wirthschaftlichen Werthes*, a.a.O. Nach einem Vorschlag, den der Italiener Maffeo Pantaleoni 1889 gemacht hatte, ist diese Definition häufig als »Wieserschen Gesetz« bezeichnet worden.
36 Philip Henry Wicksteed, *The Common Sense of Political Economy*, London 1910.

dieser Analyse, schlug den Begriff *Prinzip der Verdrängungskosten* [*principle of displacement costs*] vor, um das »Gesetz« zu bezeichnen, das er mit der allgemeingültigen psychologischen Maxime verknüpfte, bei der Wahl zwischen Alternativen stets den Weg des geringsten Widerstandes zu gehen. Als Grenzfälle definierte Davenport solche, in denen sich der gewonnene und der entgangene Nutzen ungefähr die Waage halten.[37] Der Gedanke, die Kosten aus entgangenen Möglichkeiten abzuleiten, war mit den ricardianischen Produktionskostentheorien auf den ersten Blick unvereinbar. Wiesers Analyse der Verwendung von Produktionsfaktoren in unterschiedlichen, konkurrierenden Produktionsverfahren zeigte jedoch, daß die Begrenztheit der Menge solcher Faktoren zwangsläufig zu Situationen führt, in denen der Produktwert nicht unter die Summe der Werte fallen kann, die diese Faktoren in konkurrierenden Verwendungen erzielen würden. Unter solchen Umständen wird der Wert des Produkts durch die kombinierten Werte seiner Kostenbestandteile bestimmt, und die »Theorie der objektiven Kosten« führte zu einem durchaus haltbaren Theorem.

Eng verbunden mit der Idee, den Kostenbegriff nach den Grenznutzenprinzipien zu bestimmen, war das Problem, den Wert der produktiven Dienste aus dem Grenznutzen der Güter abzuleiten, die durch ihr Zusammenwirken in den Produktionsprozessen erzeugt werden, mit anderen Worten: das »Zurechnungsproblem«. Es ergab sich vor dem Hintergrund der Komplementarität der Faktoren. Da sich in jedem Produktionsvorgang der Wert des Produkts mit dem kombinierten Wert der in diesem Prozeß eingesetzten Faktoren gleichsetzen läßt, bestand das zu lösende Problem darin, die den einzelnen Faktoren zukommenden Anteile am Produktwert zu entflechten. Ein ähnliches Problem zeigte sich überall dort, wo die Bedürfnisbefriedigung von der gleichzeitigen oder sukzessiven Verfügbarkeit von Güterkombinationen abhängt.[38]
Carl Menger hatte vorgeschlagen, diese Anteile mit Hilfe eines Verfahrens zu bestimmen, das darin bestand, ein Element jedes Faktors wegzunehmen und die Auswirkungen dieses Ausfalls auf den Ertrag des Produktionsprozesses zu bestimmen. Berücksichtige man die Veränderlich-

---

37 Herbert J. Davenport, *Outlines of Economic Theory*, New York 1896, S. 45. In seinem Buch *Value and Distribution*, Chicago 1908, S. 571, benutzte Davenport den Begriff *subjective worth*, um das Ergebnis des »Ausbalancierens positiver und negativer Wünsche« zu bezeichnen. Siehe auch ders., »Cost and Its Significance«, in: *American Economic Review* 1 (1911), S. 724-752.
38 Zur Erörterung der Probleme, die mit der Anwendung der ökonomischen Zurechnung verbunden sind, vgl. Carl Landauer, *Grundprobleme der funktionellen Verteilung des wirtschaftlichen Werts*, Jena 1923. Landauer definierte die Zurechnungstheorie als die Werttheorie komplementärer Güter.

keit der Produktionskoeffizienten, so werde der Ausfall einer Faktoreinheit zu wechselseitigen Neuanpassungen der übrigen Faktoren führen. Die Differenz zwischen dem früheren, wertvolleren Ertrag und dem neuen Ertrag werde den Beitrag des produktiven Dienstes erweisen, der weggenommen wurde.

Wieser erhob gegen Mengers Verfahren den Einwand, daß man – abgesehen von dem Fall, in dem der Wert der übrigen Faktoren bereits feststeht – gelegentlich in die Situation geraten könne, einem Produktionsfaktor den gesamten Wert des Produkts zuzurechnen; in anderen Fällen könne der Wert, der den Faktoren zugeschrieben wird, den Wert des Produkts überschreiten. Wieser schlug daher vor, den Wert der Faktoren nicht aus ihrem Entzug, sondern aus ihrem »produktiven Beitrag« abzuleiten. Dabei dachte er an eine Größe, die kleiner wäre als der Anteil im Produktionsprozeß, der von der Mitwirkung des betreffenden Faktors abhängt, aber größer als die potentielle Produktivleistung des Faktors in anderen Faktorkombinationen. Ebenso wie andere österreichische Ökonomen, die sich mit dem Zurechnungsproblem beschäftigten, bemühte sich Wieser, jede Verwechslung des Begriffs der »wirtschaftlichen Zurechnung«, wie er im Zusammenhang mit der Nutzung von Produktionsfaktoren gebraucht wurde, mit der – unlösbaren – Frage zu vermeiden, welche physische Beiträge die Produktionsfaktoren zu den Erträgen der Produktionsprozesse leisten. Gleichwohl wurden gegen die Theorie der »produktiven Beiträge« Angriffe gerichtet, deren Argumente sich aus der Unmöglichkeit ergaben, »physische Zurechnungen« vorzunehmen.[39] Als erstes Resultat dieser Überlegungen formulierte Wieser ein »Gesetz der differentiellen Zurechnung«, das auf alle Situationen anwendbar sein sollte, in denen der hohe Wert eines bestimmten knappen Faktors (zum Beispiel einer Mineralquelle) durch den hohen Grenznutzen seines Produkts (Mineralwasser) bedingt ist. Als charakteristischen Fall konnte er die Ricardosche Theorie der Bodenrente vorweisen, in der die Erklärung der auf dem Markt gebildeten Werte mit der relativen Knappheit eines Produktionsfaktors in Zusammenhang gebracht worden war. Die dieser Theorie zugrunde liegende Argumentation ließ sich offenkundig auf alle Situationen ausdehnen, in denen der Umfang eines Produktionsfaktors unverändert bleibt, während der Ertrag der Produktionsprozesse durch Vermehrung der Beiträge der variablen Dienste wächst. Unter solchen Umständen wird der Wertzuwachs des Ertrages stets dem invariablen Faktor zugeschrieben. Mit dem Problem »spezifischer« Produktionsfaktoren beschäftigte sich Wieser in seiner *Theorie der gesellschaftlichen*

---

39 Wieser, *Der natürliche Werth*, a.a.O. Zur Kritik der Theorie der »produktiven Beiträge« siehe Robert Liefmann, *Grundsätze der Volkswirtschaftslehre*, 2 Bände, Stuttgart/Berlin 1917/1919, Band 2, S. 579-588.

Wirtschaft. Er betrachtete einen Produktionsfaktor als spezifisch, wenn er nur in einer begrenzten Anzahl von Kombinationen verwendbar ist und nur schwer durch andere Faktoren ersetzt werden kann. Wiesers Unterscheidung zwischen spezifischen und nichtspezifischen Faktoren stieß auf Kritik von verschiedenen Seiten.[40]

Ernste Schwierigkeiten zeigten sich jedoch bei dem Versuch, den Gedanken des »produktiven Beitrags« auf die Bestimmung des Wertes nichtspezifischer Produktionsfaktoren anzuwenden, die in anderen Produktionsprozessen verwandt werden können. Unter der Annahme, daß jedem Produktionsfaktor ein einziger Grenznutzen beigelegt werden kann, schlug Wieser vor, den Wert dieser Grenznutzen durch Systeme von Gleichungen zu bestimmen, in denen Gruppen von Produktionsfaktoren, entsprechend ihrem Zusammenwirken in den Produktionsprozessen, in unterschiedlichen quantitativen Kombinationen auftreten. Offenkundig war jedoch Wiesers Annahme der Existenz eines einzigen Grenznutzens für jeden Faktor mit den Bedingungen einer Tauschwirtschaft nicht zu vereinbaren. Darüber hinaus waren die Größen, die in den Gleichungen benutzt werden sollten, offenkundig Wertschätzungen, die auf einem jeweils bestehenden Preissystem beruhten und keine echten Grenznutzen darstellten.[41]

Die in Wiesers Formulierung des Zurechnungsproblems enthaltenen Schwierigkeiten veranlaßten Böhm-Bawerk, die Übernahme des Mengerschen Verfahrens zu empfehlen, das darin bestand, den Wert eines Produktionsfaktors durch die Auswirkungen seines Wegfalls aus der Kombination zu erklären. Nach dem Substitutionsprinzip, dem Böhm-Bawerk besondere Bedeutung beilegte, ließ sich zeigen, daß der Grenznutzen eines Produkts von den Grenznutzen seiner Produktionsfaktoren, wie sie sich aus ihrer Verwendung in anderen Kombinationen ergeben, in erheblichem Maße beeinflußt wird.[42] Die Analyse tatsächlicher Preisbildungsprozesse führte zu dem Schluß, daß die Preise »ersetzlicher« Faktoren tendenziell konstant bleiben und daß der verbleibende Rest des Produktwerts den »nicht vertretbaren« Faktoren zugeschrieben wird.

Bei der Anwendung der Prinzipien, die dem Zurechnungsgedanken zugrunde liegen, auf die Lohnanalyse ließen sich ungelernte und angelernte Formen der Arbeit als typische Kategorien nichtspezifischer Produk-

---

40 Siehe Landauer, *Grundprobleme der funktionellen Verteilung des wirtschaftlichen Werts*, a.a.O., S. 127.
41 Siehe Joseph Alois Schumpeter, »Bemerkungen über das Zurechnungsproblem«, in: *Zeitschrift für Volkswirtschaft, Sozialpolitik und Verwaltung* 18 (1909), S. 103. Siehe auch George J. Stigler, *Production and Distribution Theories 1870-1895*, New York 1941, S. 168 ff.
42 Eugen von Böhm-Bawerk, *Kapital und Kapitalzins*, Zweite Abteilung: *Positive Theorie des Kapitales*, Innsbruck 1888, 3. Auflage 1914, S. 276-286, hier S. 283.

tionsfaktoren beschreiben. Die subjektive Wertschätzung, die die Arbeiter ihrer eigenen Arbeit beilegen, galt dabei als zweitrangig, da sich darin nur Vergleiche zwischen verschiedenen Möglichkeiten oder Chancen niederschlügen, ihre Dienste zu nutzen oder zu verkaufen. Unter Wettbewerbsbedingungen sollte darum der für die Arbeit bezahlte Preis nach dem Grenzproduktivitätsprinzip vom Wert der letzten Gütereinheit bestimmt werden, die zu produzieren sich noch lohnt. Unterschiede in der Lohnhöhe ließen sich auf Unterschiede in den Werten der Grenzprodukte zurückführen. Dieser Zugang zum Lohnproblem, den bereits Johann Heinrich von Thünen antizipiert hatte, war von der eigentlichen Grenznutzenanalyse unabhängig.

In einer posthum veröffentlichten Abhandlung analysierte Böhm-Bawerk eine Reihe hypothetischer Situationen, um die Bedingungen (freie Konkurrenz oder Monopole) zu definieren, unter denen »künstliche« Lohnsteigerungen Aussicht haben, zu dauerhaften Vorteilen für die betreffenden Arbeiter zu führen, wenngleich möglicherweise zum Nachteil anderer Klassen des Gemeinwesens.[43] Im Lichte dieser Überlegungen wird der Kampf um Lohnerhöhungen von einem besonderen Faktor eingeschränkt, der Existenz eines Subsistenzfonds, der aus früheren Ersparnissen akkumuliert wurde. In seiner Theorie des Kapitalzinses schrieb Böhm-Bawerk diesem Fonds eine entscheidende Rolle bei der Bestimmung der Länge der Produktionsprozesse und damit indirekt für den Gang der Wirtschaft zu. Diese Theorie hat einen herausragenden Platz in der Geschichte der Grenznutzenlehre eingenommen und erfordert daher gesonderte Behandlung.

Die Zinsrate als strategischer Faktor

In seiner ausgedehnten Untersuchung über den Kapitalzins als Determinante des ökonomischen Verhaltens stellte sich Böhm-Bawerk die Aufgabe, ein Problem zu lösen, das Gegenstand vieler irreführender Erörterungen gewesen war. Seine sorgfältige kritische Musterung der Zinstheorien ist für komparative Analysen ökonomischer Lehren vorbildlich.[44] Nach seiner Formulierung drehte sich das Problem des Zinses auf Realkapital in der Geschichte des ökonomischen Denkens um die Frage, warum die Gesamtsumme der Werte der Produktionsfaktoren den Wert

---

43 Ders., »Macht oder ökonomisches Gesetz?«, in: *Zeitschrift für Volkswirtschaft, Sozialpolitik und Verwaltung* 23 (1914), S. 205-271. Wieder in: *Gesammelte Schriften*, hg. von Franz Xaver Weiss, Wien 1924 (sowie als Sonderdruck: Darmstadt 1975).

44 Ders., *Kapital und Kapitalzins*, Erste Abteilung: *Geschichte und Kritik der Kapitalzinstheorien*, Innsbruck 1883, 3. Auflage 1914.

des Produkts nicht ausschöpft. Diese Formulierung des Problems bereitete im übrigen den Boden für die Ausarbeitung von Böhm-Bawerks sogenannter Agiotheorie des Zinses.[45]

Mit bemerkenswertem Scharfsinn suchte Böhm-Bawerk die logischen Aspekte einiger charakteristischer Definitionen des Kapitalzinses mit dem Hinweis auf den Einfluß des Substanzbegriffs zu erhellen, der im Hintergrund der Nutzungstheorie des Zinses stehe. Ihr zufolge wird mit dem Zins – im Unterschied zur Rückzahlung der »Substanz« des Kapitals – eigens dessen »Nutzung« bezahlt.

Gegenüber den Produktivitätstheorien, wie sie von Jean Baptiste Say und seinen Anhängern vertreten wurden, erhob Böhm-Bawerk den Einwand, daß Kapital keine »originäre« Quelle von Reichtum oder Einkommen darstelle; Zins sei als Differenz zwischen dem Wert der Dienste, die von den Kapitalgütern geleistet werden, und den Kosten für ihre Wiederbeschaffung zu betrachten. Er verglich den Glauben an die wertschöpfende Macht des »Kapitals« mit dem Glauben an ein metaphysisches »Vermögen« und richtete das gleiche Argument gegen den Glauben an die wertschaffende Macht der Arbeit. Auf die Marxsche Arbeitskostentheorie des Wertes und der Begriff des »Mehrwerts« zielte seine vernichtende Kritik ganz besonders. Manche Gegner von Böhm-Bawerks Argumentation haben vermutet, seine Angriffe auf diese Theorie seien vor allem von seinem Unwillen gegen die sozialistische Bewegung motiviert gewesen. Doch mit gleicher Heftigkeit kritisierte er auch die Produktivitätstheorien des Zinses, obgleich sie sich als Legitimationsinstrumente des Kapitalismus deuten ließen.

Nassau William Seniors Abstinenztheorie, die von Mill, Marshall, Jevons und vielen anderen übernommen worden war, hatte in den Augen Böhm-Bawerks das Verdienst, den Zeitfaktor betont zu haben, der bei der Erhaltung und Bildung von Kapital eine Rolle spielt. Den Gedanken jedoch, zur Kapitalgüterproduktion Opfer sowohl der Kapitalisten als auch der Arbeiter für erforderlich zu betrachten, sah er als »Doppelrechnung« an.[46] Seiner Auffassung nach besteht das eigentliche Opfer, das in allen solchen Prozessen erbracht wird, im Verzicht auf die Vorteile, die aus anderen – weniger profitablen – Kombinationen von Arbeit, Boden und Kapitalgütern erwachsen wären.

In seiner eigenen Zinstheorie zog Böhm-Bawerk eine scharfe Trennung zwischen Kapital (definiert als produzierte physische Produktionsmittel)

---

45 Ders., *Positive Theorie des Kapitales*, a.a.O.
46 Die logische Gültigkeit dieses Arguments ist in Zweifel gezogen worden. Siehe Joseph Alois Schumpeter, *History of Economic Analysis*, New York 1954, S. 926 (deutsch: *Geschichte der ökonomischen Analyse*, Göttingen 1965, Band 2, S. 1128, Anm. 94).

und den »originären« Produktionsfaktoren (Boden und Arbeit). Seine Problemstellung unterschied sich erheblich vom traditionellen Verständnis des Zinses als Anteil am Preis des Produkts, da er von der Frage ausging, warum die Produktionsprozesse nicht bis zu einem Punkt fortgesetzt werden, an dem sich der Nutzen des Ertrags auf den kombinierten Nutzen der produktiven Dienste reduziert. In dieser Formulierung war die Annahme enthalten, daß es sich beim Zins um eine allgemeine ökonomische Kategorie handelt, die in jeder rationalen Organisation der Wirtschaftsprozesse berücksichtigt werden muß, welches auch die Regeln sein mögen, die hinsichtlich der Verteilung des Ertrags solcher Prozesse befolgt werden.

Kaum weniger bedeutsam war die Rolle, die Böhm-Bawerk in seiner Analyse der Produktionsprozesse sowie in seiner Interpretation des Grenznutzens der Güter dem Zeitfaktor zuschrieb. Anknüpfend an Carl Mengers Beobachtung, daß zwischen dem gegenwärtigen Wert eines in der Zukunft erwarteten Produkts und dem tatsächlichen Wert desselben Produkts am Ende des Produktionsprozesses beträchtliche Unterschiede bestehen, versuchte er die Gültigkeit seiner allgemeinen Behauptung zu erweisen, wonach künftige Güter um so weniger wertvoll sind, je weiter der Zeitpunkt entfernt liegt, zu dem sie dem unmittelbaren Verbrauch zur Verfügung stehen. Entsprechend dieser Überlegung schrieb Böhm-Bawerk die Differenz zwischen dem Wert des Ertrags eines Produktionsprozesses und dem Wert der in diesem Prozeß genutzten Dienste einer systematischen Unterbewertung künftiger Güter zu und definierte Zins als das Aufgeld (Agio), das erforderlich ist, um den Gebrauchswert künftiger Güter mit dem entsprechenden Wert identischer, gegenwärtig verfügbarer Güter auszugleichen. Der Zeitbegriff, den er benutzte, um den Gedanken einer Gegenwartspräferenz auszuarbeiten, war der einer »subjektiven« Zeit – im Unterschied zum Begriff der »Produktionsperiode«, den er in seiner Analyse der Produktionsprozesse verwandte. So verstanden haben alle produktiven Dienste den Charakter zukünftiger Güter, deren Wert im selben Maße wächst, wie sie sich allmählich in Güter des unmittelbaren Konsums verwandeln.

Böhm-Bawerk schrieb dieses Verfahren, den Wert künftiger Güter zu diskontieren, in erster Linie einem psychologischen Faktor zu: nämlich dem Vorrang, die dem unabweisbaren Befriedigungsanspruch gegenwärtiger Bedürfnisse vor ähnlichen Ansprüchen zukommt, die in mehr oder weniger ferner Zukunft auftauchen. Darüber hinaus diskutierte er eine allgemein zu beobachtende optimistische Überschätzung künftiger Ressourcen sowie eine irrationale Unterschätzung künftiger Bedürfnisse. Die Rolle des Zeitfaktors bei der Wertbestimmung war schon früher von verschiedenen Autoren betont worden. Im achtzehnten Jahrhundert war er zur Stützung einer Zinstheorie von Fernando Galiani benutzt worden.

In den dreißiger Jahren des neunzehnten Jahrhunderts hatte John Rae auf der Grundlage der Differenz zwischen dem Wert zukünftiger und gegenwärtiger Güter eine Profit- und Zinstheorie entwickelt. Ähnlich hatten verschiedene Grenznutzentheoretiker, wie William Stanley Jevons, Emil Sax (1845-1924), ein Schüler Mengers, und Wilhelm Launhardt (1832 bis 1918), ein Anhänger von Jevons, die Entstehung von Gewinnen jener Differenz zugeschrieben.

Obwohl Böhm-Bawerk überzeugt war, daß psychologische Beweggründe eine hinreichende Erklärung für die Existenz des Kapitalzinses lieferten, hielt er es für notwendig, einen dritten Grund anzufügen, der sich aus technischen Überlegungen ergibt und insbesondere eine Verbindung zwischen der Zinsrate und der »durchschnittlichen Produktionsperiode« oder Produktionszeit herstellen sollte, die normalerweise zwischen der Bereitstellung von Produktionsmitteln für einen Produktionsprozeß und der endgültigen Fertigstellung der Güter vergeht. In Böhm-Bawerks Begriff der durchschnittlichen Produktionsperiode schlagen sich die Ergebnisse früherer Erfahrungen nieder, wobei technische Veränderungen oder Abwandlungen der ursprünglichen Pläne, die während der Produktionsprozesse vorgenommen werden, unberücksichtigt bleiben. Zuwächse der Grenzproduktivität der Produktionsfaktoren, argumentierte er, seien unmittelbar auf die Verlängerung der Produktionsumwege zurückzuführen, da solche Ausdehnungen nur dann stattfänden, wenn die ihnen zugeschriebenen Erträge groß genug sind, um die Differenz zwischen dem gegenwärtigen Wert der Produktionsfaktoren und dem sich schließlich ergebenden Wert der Produkte abzudecken. Ungeachtet aller sonstigen Aspekte der ökonomischen Organisation erschien ihm daher die Produktion um so stärker »kapitalistisch«, je ausgedehnter die Zeitdauer der Produktionsprozesse ist.

Ergänzend zu dieser Theorie stellte Böhm-Bawerk die Überlegung an, daß die Organisation der Produktionsprozesse nicht nur durch die Ertragszuwächse bestimmt wird, die sich durch Ausdehnung der üblichen Produktionsperioden erzielen lassen, sondern auch durch die Größe eines aus Lohngütern bestehenden Subsistenzfonds sowie durch den Umfang der Arbeit, die zu Produktionszwecken verfügbar ist. Einen ähnlichen Gedanken hatte schon Jevons vorgebracht, der von dem schlecht definierten Kapitalbegriff Ricardos ausgegangen war, dann Kapital mit dem Umfang der Lohngüter gleichgesetzt hatte, die für eine Produktionsperiode verfügbar sind, und den Zusammenhang zwischen der Verfügung über Lohngüterkapital und einem verbesserten Angebot an Waren betont hatte, die den durchschnittlichen Zeitraum verlängern, der zwischen dem Moment der Ausführung der Arbeit und dem Zeitpunkt der Vollendung des Produkts beziehungsweise der Erreichung des Produktionsziels liegt.⁴⁷ Entsprechend dieser Konzeption der Produktionsprozesse definierte Böhm-Bawerk Löhne als Preise, die in Gestalt gegenwärtig verfügbarer Subsistenzmittel für Beiträge zur Produktion künftiger Güter gezahlt werden, deren voller Wert erst nach Vollendung des Produktionsvorgangs erwartet werden kann. Die wirtschaftlich angemessene Lohnhöhe, zu der unter Bedingungen vollkommenen Wettbewerbs die verfügbare Arbeitskraft und der gesamte Subsistenzfonds absorbiert werden, bestimmt sich nach der Grenzproduktivität der Arbeit in den am wenigsten rentablen Produktionsprozessen.

Böhm-Bawerk widersprach also dem »Anspruch der Arbeiter auf den vollen Wert ihres Produkts« mit der Überlegung, ein solcher Anspruch könne nur heißen, daß die Arbeiter gegenwärtig den diskontierten Wert ihres künftigen Produkts erhalten sollten, da sie nicht bis zur Beendigung des Produktionsprozesses warten können, um den Wert zu erhalten, den die Produkte zum Zeitpunkt ihrer vollen Reife erreichen. Dieser Gedanke, der ohne Rücksicht auf die Organisation der Wirtschaftsordnung offensichtlich auf jede Lohnregelung anwendbar ist, lieferte Böhm-Bawerk ein wirkungsvolles Argument gegen die Marxsche Auffassung des Profits und des Zinses als Formen des »Mehrwerts«, der dem Arbeitslohn vermeintlich entzogen wird.

Als die Theorie der Bevorzugung gegenwärtig verfügbarer Güter auf die Bestimmung des Wertes von Investitionen angewandt wurde, ergab sich dieser Wert als die Summe der diskontierten künftigen Erträge des Kapitals, das in dieser Investition gebunden ist. Ähnlich läßt sich der Wert einer Parzelle mit der Summe künftiger Erträge in Verbindung bringen, deren diskontierter Wert allmählich gegen Null tendiert. So plausibel dieses Kapitalisierungsverfahren auch erscheinen mag, ist es doch nicht auf die Arbeit anwendbar, es sei denn unter Bedingungen von Sklaverei. Einer der markantesten Züge von Böhm-Bawerks Agiotheorie des Zinses war seine »makroökonomische« Deutung der Rolle, die die reale Zinsrate bei der Bestimmung der Länge der Produktionsperioden und der entsprechenden Investitionen spielt. Wendet man die Prinzipien der Grenzproduktivitätsanalyse auf die Verfahren an, die der Ressourcenallokation zugrunde liegen, so zeigt sich, daß unter Bedingungen vollkommener Konkurrenz und bei Vollbeschäftigung von Kapital und Arbeit der »reale Zins« vom zusätzlichen Ertrag des ausgedehntesten, wirtschaftlich gerade noch rentablen Produktionsumwegs bestimmt wird. Das Gleichgewicht des Systems wird bei dem Zinssatz erreicht, bei dem sämtliche Ersparnisse (wie sie im Subsistenzfonds zum Ausdruck kommen) von der Kapitalnachfrage absorbiert werden. Jede Zunahme des Sparens, welche die

---

47 Zu einer Analyse des Jevonsschen Gedankens eines Lohnfonds siehe ebd., S. 902 (deutsch: ebd., S. 1100 f.).

Verlängerung der durchschnittlichen Produktionsperiode ermöglicht, trägt dazu bei, niedrigere Zinssätze als die zuvor erzielten profitabel zu machen. Ganz im Gegenteil zu der Rolle, die die Ricardosche Lehre ihnen zuschrieb, eröffnen niedrige Zinssätze also die Aussicht auf die Förderung wirtschaftlichen Wachstums.

Über längere Zeit hinweg fanden die psychologischen Annahmen, die zugunsten der Agiotheorie vorgebracht worden waren, weithin Zustimmung, und die Einwände, die später gegen Böhm-Bawerks Analyse der allgemeinen Bevorzugung gegenwärtiger Güter erhoben wurden, waren nicht sehr überzeugend.[48] Anhaltende Diskussionen drehten sich jedoch um die Frage, ob Zuwächse der Kapitalauslagen mit Verlängerungen der durchschnittlichen Produktionsperiode identisch sind und wiederum zum Zuwachs des Gesamtertrags führen. Angesichts der gegenseitigen Verflechtung der Produktionsprozesse, die es unmöglich macht, den Beginn einer solchen Periode eindeutig zu definieren, wurde der Begriff der »Durchschnittsperiode« als unhaltbar betrachtet.[49] John B. Clark wies auf den synchronen Charakter eng miteinander verschränkter Produktionsprozesse hin. Außerdem setzte er Böhm-Bawerks Kapitalbegriff im Sinne physischer Produktionsmittel einen »reinen« Kapitalbegriff entgegen, worunter ein permanenter Fonds abstrakter Produktivkraft zu verstehen sein sollte. Ein auffälliger Unterschied zwischen Böhm-Bawerks Ansatz und demjenigen Clarks liegt in der Tatsache, daß jener den Gleichgewichtsbegriff nicht direkt zur Konstruktion eines ökonomischen Systems benutzte. Von daher widersprach er dem Gedanken, Kapital als ökonomische Größe zu betrachten, die sich in Tauschwerten ausdrückt. Andere Kritiker, wie Elizabeth Caroline van Dorp, bemühten sich zu zeigen, daß Böhm-Bawerk seine Agiotheorie in eine »Lohnfondstheorie« verwandelt habe, als er dem Subsistenzfonds eine entscheidende Rolle bei der Bestimmung der Länge der Produktionsperioden zuschrieb.[50]

---

48 So argumentierte Frank H. Knight (*Risk, Uncertainty, and Profit*, Boston 1921, S. 131), daß verschiedene Individuen ihre Einkommen in höchst unterschiedlicher Form über die Zeit verteilten und daß die Neigung zum Ausgeben oder Sparen, zum sofortigen Verbrauchen von Einkommen oder zum Aufbewahren des Reichtums, in viel höherem Maße von anderen Motiven als der Zeitpräferenz beim Konsum beeinflußt werde. Ein weiterer Gegner des Gedankens der Zeitpräferenz war A. Mahr; vgl. seine Diskussion mit R. van Genechten in der *Zeitschrift für Nationalökonomie* 3 (1932), S. 410-426, und 4 (1933), S. 243-253.

49 Ladislaus von Bortkiewicz, »Der Kardinalfehler der Böhm-Bawerkschen Zinstheorie«, in: [Schmollers] *Jahrbuch für Gesetzgebung, Verwaltung und Volkswirtschaft* 30 (1906), S. 943-973.

50 Siehe E. C. van Dorp, »Löhne und Kapitalzins«, in: *Zeitschrift für Nationalökonomie* 4 (1933), S. 254-266.

Doch selbst Kritiker, die das von Böhm-Bawerk hervorgehobene Prinzip der Gegenwartspräferenz vorbehaltlos unterstützten, nannten seine Argumentation hoffnungslos abstrakt und wirklichkeitsfremd angesichts der heroischen Annahmen, auf die sie gegründet war (so sollten etwa das Kapital und seine Produkte aus physisch homogenen Einheiten bestehen, die sich nur quantitativ voneinander unterscheiden). Andere stellten die Frage, ob der Kapitalzins – offenbar doch ein monetäres Phänomen – im Rahmen einer »Naturaltauschwirtschaft« angemessen erklärt werden könne, in der alle ökonomischen Größen auf individuelle Nutzenschätzungen zurückgeführt und nicht als kombinierte Ergebnisse zahlloser Transaktionen begriffen werden, die in monetärer Form auf den Märkten stattfinden.

Böhm-Bawerk entwickelte keine Geldtheorie im strengen Sinne, vertrat jedoch eine Art Quantitätstheorie des Geldes, von der seine Zinstheorie unberührt blieb.

Die methodologischen Fragen, die bei diesen Erörterungen im Spiel waren, wurden mit großer Klarheit von Knut Wicksell (1851-1926) herausgearbeitet, der auf dem Wege sukzessiver Annäherung das Modell einer Wirtschaft entwickelte, die nach den Prinzipien des Grenznutzens und der Grenzproduktivität geregelt ist.[51] Böhm-Bawerks Konzeption der »kapitalistischen« Ökonomie als imaginäres Modell, in dem Kapitalgüter unmittelbar ausgeliehen werden, ohne daß Geld dazwischenträte, diente Wicksell als Ausgangspunkt. Als »normaler« Zinssatz wurde diejenige Rate definiert, bei der sich die Nachfrage nach physischem Darlehenskapital mit dem Sparangebot (in physischen Größen) deckt. Um die logischen Schwierigkeiten zu überwinden, die mit dieser Fassung des Problems verknüpft sind, setzte Wicksell in seinen *Vorlesungen über Nationalökonomie*[52] den Begriff des »natürlichen« oder »realen« Zinses – des Kapitalertrags in Produktionsprozessen – mit dem Unternehmergewinn gleich und bemerkte, daß der reale Zins, so verstanden, wahrscheinlich starken Schwankungen unterliegen werde. In den folgenden Diskussio-

---

51 Knut Wicksells Hauptveröffentlichungen waren: *Ueber Wert, Kapital und Rente nach den neueren nationalökonomischen Theorien*, Jena 1893; *Finanztheoretische Untersuchungen*, Jena 1896; *Geldzins und Güterpreise*, a.a.O., und *Föreläsningar i nationalekonomie*, Lund 1901/1906 (deutsch: *Vorlesungen über Nationalökonomie auf der Grundlage des Marginalprinzipes*, 2 Bände, Jena 1913/1922; englisch: *Lectures on Political Economy*, 2 Bände, London 1934/1935). Wicksell korrigierte verschiedene Mängel von Böhm-Bawerks Darstellung der Agiotheorie in seinem Beitrag »Zur Zinstheorie (Böhm-Bawerks Dritter Grund)« in: Mayer und andere (Hg.), *Die Wirtschaftstheorie der Gegenwart*, a.a.O., Band 3, S. 199-209.
52 Wicksell, *Föreläsningar i nationalekonomie*, a.a.O. (deutsch: a.a.O., Band 2, S. 220; englisch: a.a.O., Band 2, S. 205).

nen über den imaginären Begriff eines »durchschnittlichen natürlichen Zinssatzes« richtete sich die Aufmerksamkeit auf die Tatsache, daß es zu jedem beliebigen Zeitpunkt ebenso viele natürliche Zinssätze wie Waren gäbe, wenn Darlehen *in natura*, in Form verschiedener Waren gegeben würden, daß diese Zinssätze aber keine Gleichgewichtssätze wären.[53] Er stimmte Böhm-Bawerk zu, daß unter strengen Wettbewerbsbedingungen Veränderungen des Zinssatzes dazu beitragen, Anpassungen der Produktionsperioden an das verfügbare Kapitalangebot zu bewirken. In seiner Diskussion der Böhm-Bawerkschen Produktionsperioden setzte Wicksell den Begriff einer gewogenen »durchschnittlichen Investierungszeit« an die Stelle des einfachen Begriffs eines Zeitraums, der sich von einer ersten Bereitstellung von Produktionsfaktoren bis zur Beendigung des Produktionsprozesses erstreckt. Diese Abwandlung von Böhm-Bawerks Definition der »Produktionsumwege« sollte bestimmten Einwänden begegnen, blieb ansonsten aber ohne bemerkenswerte Folgen.[54]

Wicksell betonte, in einer Geldwirtschaft müsse zwischen den erwarteten Gewinnen (oder dem antizipierten Ertrag auf neue Investitionen) und dem »Darlehenszins« (also dem Marktzins, der vom Verhältnis zwischen der Nachfrage nach und dem Angebot an monetärem Leihkapital bestimmt wird) unterschieden werden. Da das Angebot an Realkapital begrenzt ist, während das Geldangebot als ziemlich elastisch betrachtet werden kann, zog Wicksell den Schluß, es gebe keinen Grund für die Annahme, daß der Darlehenszinssatz normalerweise mit dem »realen« Satz zusammenfallen werde.[55]

Mit diesen Gedanken führte Wicksell eine Überlegung ein, die von den österreichischen Ökonomen praktisch übersehen worden war. Sie machte auf die Beziehungen zwischen den Zinssätzen und dem Preissystem aufmerksam und fand beredten Ausdruck in Wicksells Diktum, jede Geldtheorie, die ihren Namen verdient, müsse zeigen können, warum unter gegebenen Bedingungen die monetäre Nachfrage nach Waren das Güterangebot übersteigt oder hinter ihm zurückbleibt.[56] Diese Überlegung bedeutet eine Zurückweisung des Sayschen »Gesetzes«, da dessen Gültigkeit auf der Annahme beruht, daß Geldnachfrage und Geldangebot gleich sind.

---

53 Siehe Piero Sraffa, »Dr. Hayek on Money and Capital«, in: *Economic Journal* 42 (1932), S. 42-53, hier S. 49; und Eric Lindahl, *Studies in the Theory of Money and Capital*, New York 1939.
54 Siehe Stigler, *Production and Distribution Theories 1870-1895*, a.a.O., S. 278.
55 Knut Wicksell, *Geldzins und Güterpreise*, a.a.O., S. 101. Siehe Gunnar Myrdal, *Monetary Equilibrium*, London 1939, S. 23.
56 Wicksell, *Föreläsningar i nationalekonomie*, a.a.O. (deutsch: a.a.O., Band 2, S. 181; englisch: a.a.O., Band 2, S. 160).

Bei der Ausarbeitung dieser Gedanken stellte Wicksell die traditionelle Beziehung in Frage, die zwischen dem Geldvolumen und dem Umfang der Tauschtransaktionen als Mittel zur Bestimmung des Preisniveaus aufgestellt worden war. Um seine Zweifel daran zu erhärten, verwies er auf die Beobachtung, daß der Zinsfuß für Darlehen in Zeiten niedriger Preise – also in Perioden beschränkten Kapitalangebots – niedrig gewesen sei, während er hoch gelegen habe, als offenbar ein Überangebot an Kapital bestand und die Preise stiegen. Diese Beziehung zwischen dem Verhalten der Preise und Bewegungen der Zinsrate war schon von Tooke bemerkt worden. Kaum weniger bedeutsam war Wicksells Angriff auf das allgemein akzeptierte *banking principle*, dem zufolge sich das Geldangebot von selbst den Erfordernissen der Wirtschaft anpaßt, wenn die herrschenden Regeln der kurzfristigen Darlehensvergabe eingehalten werden.

An die Stelle der üblichen Quantitätsgleichungen setzte Wicksell eine Formel, die auf der Teilung des Volkseinkommens in die Gesamtheit der Ersparnisse und die Konsumgüternachfrage (und also nicht in Investitionen und die Nachfrage nach Produktionsfaktoren) beruht. Mit dieser Formulierung des Problems des Preisniveaus griff Wicksell Gedanken voraus, die später vom sogenannten Einkommensansatz in der Geldtheorie entwickelt wurden.[57] Auf diese Weise konnte er angeben, welche Rolle der Zinssatz bei der Entstehung von Veränderungen des Preissystems spielt.[58] Senkungen des Darlehenszinses infolge vermehrter Goldreserven würden diesen Satz voraussichtlich unter der Profitrate halten, die Nachfrage nach Kapitalgütern erhöhen und zu Preissteigerungen führen. Auf diese Weise könne ein »kumulativer« Inflationsprozeß in Gang gesetzt werden, der so lange anhalte, bis er schließlich durch externe oder interne Abflüsse von Bankreserven und nachfolgende Erhöhungen der Zinsrate zum Stillstand komme.

Wicksell nahm bei seiner Analyse solcher Preisentwicklungen an, daß Veränderungen des Darlehenssatzes, die von den Banken vorgenommen werden, stets durch äußere Bedingungen veranlaßt werden. Der Gedanke, Differenzen zwischen dem Marktzins und der Profitrate für die Konjunkturschwankungen verantwortlich zu machen, taucht in Wicksells Überlegungen nicht auf. Er betonte jedoch einige gefährliche Auswirkungen der Politik der Banken, in wirtschaftlichen Blütezeiten den Marktzins unter dem »realen Zins« zu halten, als er die Neigung der Unternehmer erörterte, die durchschnittliche Investitionsperiode über

---

57 Siehe Myrdal, *Monetary Equilibrium*, a.a.O., S. 37.
58 Wicksell, *Föreläsningar i nationalekonomie*, a.a.O. (deutsch: a.a.O., Band 2, S. 223 f.; englisch: a.a.O., Band 2, S. 190); ders., *Geldzins und Güterpreise*, a.a.O., 9. Kapitel, S. 113 ff.

ihre ökonomisch gerechtfertigte Dauer hinaus auszudehnen, überschüssige Beträge von zirkulierendem Kapital in stehende Kapitalanlagen zu verwandeln, das Konsumgüterangebot zugunsten einer fehlgeleiteten Produktion von Kapitalgütern zu drosseln und auf diese Weise Druck auf die Reallöhne und Renten auszuüben.[59] Und er wies nach, daß sich entgegengesetzte Tendenzen äußern, wenn die Darlehenszinsen über den »realen« Zinsen gehalten werden und die Konjunktur zurückgeht.

Wicksells Analyse einiger charakteristischer Aspekte des ökonomischen Mechanismus verabschiedete endgültig den Mythos, das Geld sei ein »Schleier«, der gehoben werden müsse, um das Funktionieren der Wirtschaft zu verstehen. Die Unterscheidung zwischen dem Darlehenszins und dem realen Zins ließ ihn zu dem Schluß kommen, daß ein System miteinander verflochtener monetärer Größen von einer »Naturaltauschwirtschaft« zu unterscheiden sei und daß es zu den vorrangigen Aufgaben der Wirtschaftstheorie gehöre, die Gleichgewichtsbedingungen eines monetären Systems zu formulieren. Er betrachtete diese Bedingungen als erfüllt, wenn der Darlehens- oder Marktzins »normal« ist, das heißt, wenn er der technischen Grenzproduktivität des Kapitals in zeitraubenden Produktionsumwegen gleich ist, wenn er Sparangebot und Sparnachfrage zur Deckung bringt und für ein stabiles Preisniveau vor allem der Konsumgüter sorgt.[60]

Entsprechend seiner Gesellschaftsauffassung erklärte Wicksell, der Mensch habe die Pflicht, in einem Bereich von so ausgezeichneter Bedeutung wie dem der monetären Einflüsse Herr zu sein. Im zweiten Band seiner *Vorlesungen* entwickelte er die Prinzipien einer konsequenten Geldpolitik. Als Methode der Preisstabilisierung empfahl er die Außerkurssetzung des Goldes und die Einrichtung eines internationalen Clearingsystems. Seine Gleichgewichtsbedingungen wurden jedoch von David Davidson (1906) mit dem Argument in Zweifel gezogen, daß das allgemeine Preisniveau invers zu Veränderungen der Produktivität variieren sollte, daß in einer wachsenden Wirtschaft die Liquidität zunehmen sollte, um die Stabilität der Preise zu gewährleisten, und daß folglich der Zinsfuß unter dem Satz gehalten werden sollte, zu dem sich die Nachfrage nach Leihkapital und das Sparangebot decken.[61] Viele

---

59 Siehe auch Knut Wicksell, »The Influence of the Rate of Interest on Prices«, in: *Economic Journal* 17 (1907).

60 Zu einer Formulierung des Wicksellschen Systems in mathematischen Begriffen siehe Ragnar Frisch, »On Wicksell«, in: Spiegel (Hg.), *The Development of Economic Thought*, a.a.O., S. 653-699.

61 Zu den ökonomischen Auffassungen David Davidsons, die deutlich unter dem Einfluß von Ricardos *Principles of Political Economy and Taxation*, London 1817, sowie der Ideen von Rodbertus standen, siehe Eli Filip Heckscher, »David David-

Jahre später (1925) räumte Wicksell die Richtigkeit der Einwände Davidsons ein.[62]

Obwohl Wicksell seine Prämissen den Grundsätzen der Gleichgewichtsanalyse angepaßt hatte, wurde seine Behandlung des monetären Systems zum Ausgangspunkt eines neuen Verständnisses der volkswirtschaftlichen Vorgänge, und seine Formulierung der Beziehungen zwischen Zinssätzen, Preisen, Investitionen und Einkommen stellte eine Brücke zu den Problemen dar, die später im Rahmen des »dynamischen« Ansatzes in der ökonomischen Analyse erörtert wurden.

---

son«, in: *Ekonomisk Tidskrift* 53 (1951) (englisch in: *International Economic Papers*, a.a.O., Band 2, S. 111-135).

62 Siehe Carl G. Uhr, »Knut Wicksell. A Centennial Evaluation«, in: *American Economic Review* 41 (1951), S. 829-860, hier S. 857. Siehe auch einen interessanten Aufsatz von Per Jacobsson über einen Wandel in Wicksells Auffassung der allgemeinen Bedeutung des Zinssatzes für das Verhalten der Wirtschaft: »Theory and Practice. Knut Wicksell and Sweden's Monetary Theory 1946-48«, in: *Schweizer Zeitschrift für Volkswirtschaft und Statistik* 88 (1952), S. 467-485, hier S. 473. Zur weitgehenden Übernahme von Davidsons Prinzipien siehe Gottfried Haberler, *Prosperity and Depression*, Genf 1936, S. 33 (deutsch: *Prosperität und Depression*, 3. Auflage, Tübingen 1955, S. 42 f.).

21. Kapitel
Probleme der Marginalanalyse

Verteilungstheorien

Allgemeine Überlegungen

Nahezu sämtliche Anhänger der psychologischen Version der Grenznutzenlehre waren sich darin einig, daß die Haupteinkommensarten in einer Tauschwirtschaft (Löhne, Rente, Kapitalzins und Gewinn) als Anteile an den Produktpreisen zu verstehen sind und entsprechend erklärt werden müssen. Die konsequente Anwendung des Prinzips der Opportunitätskosten bot das geeignete Mittel dafür, das Ricardosche Problem einer Dreiteilung des Nationaleinkommens in ein Problem der funktionalen Verteilung zu verwandeln.
Wenngleich dieses analytische Vorgehen von den Anhängern der Marshallschen Produktionskostentheorie, etwa von Francis Ysidro Edgeworth[1], kritisiert wurde, fand es bei Philip Henry Wicksteed und mehreren bekannten amerikanischen Ökonomen entschiedene Unterstützung.[2] Wicksteed definierte die Produktionskosten als den in Gold gemessenen Schätzwert sämtlicher Alternativen, die geopfert werden mußten, um eine Einheit der betreffenden Ware auf den Markt zu bringen. In einem Essay, der größere Aufmerksamkeit hervorrief, benutzte er die Grenzproduktivitätsanalyse, um zu zeigen, wie unter der Annahme konstanter Skalenerträge die Anteile der Produktionsfaktoren den Wert des Produkts ausschöpfen.[3] Léon Walras betrachtete Wicksteeds Gleichung als praktisch identisch mit seiner eigenen Preis-Kosten-Gleichung, wie sie in seiner allgemeinen Theorie der Interdependenz aller Preise und Kosten enthalten ist.[4] Knut Wicksell ergänzte Wicksteeds Formulierung des Ausschöpfungsproblems um eine wichtige einschränkende Bedingung: daß alle Unternehmen die Grenze erreicht haben, »jenseits welcher eine weitere Steigerung der Produktionsskala keinen Vorteil mehr bringen würde«. Wicksell nahm an, daß nur zwei Produktionsfaktoren eingesetzt

---

1 Siehe die Artikel von Francis Ysidro Edgeworth in: *Economic Journal* 2 (1892), und Silas M. Macvane, »Marginal Utility and Value«, in: *The Quarterly Journal of Economics* 7 (1893), S. 255-285.
2 Philip Henry Wicksteed, *The Common Sense of Political Economy*, London 1910, Kapitel 9; Herbert J. Davenport, *Value and Distribution*, Chicago 1908.
3 Philip Henry Wicksteed, *An Essay on the Coordination of the Laws of Dristribution*, London 1894.
4 Siehe George J. Stigler, *Production and Distribution Theories 1870-1895*, New York 1941, S. 368 ff.

werden, Arbeit und Boden, und argumentierte, daß ein Unternehmen das Optimum der Produktion erreicht habe, wenn die physische Produktivität den Anteilen der Produktionsfaktoren proportional ist und das Verhältnis zwischen den beiden Größen durch keine Ausweitung der Produktion mehr verbessert werden kann. Unter Bedingungen freier Konkurrenz, folgerte er, zeigten die Preise der Produktionsfaktoren dann eine steigende Tendenz, während die Produktpreise eher fielen und die Proportionen der Zuwachsraten sich immer mehr anglichen. Sobald diese Gleichheit bei konstanten Skalenerträgen erreicht sei, werde der Anteil jedes Produktionsfaktors von seiner Grenzproduktivität bestimmt, und die Summe dieser Anteile werde den Wert des Produkts ausschöpfen, ohne noch Raum für Gewinne zu lassen.[5]

Die Verwendung der Grenzproduktivitätsanalyse als Methode der Kostenbestimmung erforderte eine neuerliche Betrachtung des Gesetzes der abnehmenden beziehungsweise zunehmenden Erträge. In der Formulierung der Ricardianer besagte das Gesetz der abnehmenden Erträge, daß Zuwächse eines oder mehrerer Produktionsfaktoren unterproportionale Erträge einbringen. Zwei Annahmen lagen dieser Fassung des Gesetzes zugrunde: daß sich der Wert des Produkts vom Wert der Produktionsfaktoren ableitet und daß alle Tauschwerte auf eine gemeinsame Standardeinheit zurückgeführt werden können. William Stanley Jevons, der allen Nutzen und alles Arbeitsleid in einer gemeinsamen Einheit maß, übernahm das Gesetz in dieser Form, und das gleiche gilt für Marshall, der die Geldeinheit in seiner partialen Gleichgewichtsanalyse als unveränderliches Wertmaß benutzte.

Wicksteed wandte sich jedoch gegen die Ricardosche Methode, das Gesetz der abnehmenden Erträge einzig auf die landwirtschaftliche Produktion anzuwenden und dabei einen Faktor – den Boden – konstant zu halten, während die beiden anderen – Kapital und Arbeit – einen Zuwachs erfahren.[6] Ähnliche Wirkungen, argumentierte er, würden ohne Rücksicht darauf erzielt, welcher Faktor konstant gehalten wird. Darum sah er das Gesetz der abnehmenden Erträge für alle Produktionsformen als gültig an, in denen ein Faktor im Verhältnis zu den übrigen fixiert wird. Friedrich von Wieser und Joseph Alois Schumpeter (1883-1950) teilten diese Auffassung.[7]

---

5 Knut Wicksell, *Föreläsningar i nationalekonomi*, 2 Bände, Lund 1901/1906 (deutsch: *Vorlesungen über Nationalökonomie*, 2 Bände, Jena 1913/1922, Band 1, S. 187; englisch: *Lectures on Political Economy*, 2 Bände, London 1934/1935); Erich Schneider, »Bemerkungen zur Grenzproduktivitätslehre«, in: *Zeitschrift für Nationalökonomie* 4 (1933), S. 604-624.
6 Wicksteed, *The Common Sense of Political Economy*, a.a.O., S. 528.
7 In seiner Interpretation des »Gesetzes der differentiellen Zurechnung« gelangte Wieser zu einer ähnlichen Verallgemeinerung des Ricardoschen Rentenprinzips. Ein

Als man im übrigen daran ging, das Prinzip der Grenzsubstitution strikt anzuwenden, wurde das Gesetz der abnehmenden Erträge verallgemeinert und zunehmend in bezug auf Ertragszuwächse statt auf Ertragsanteile formuliert.[8] Es gab der Behauptung Ausdruck, daß durch Mehreinsatz eines variablen Produktionsfaktors andere Faktoren nur mit immer geringerer Effizienz substituiert werden können; das heißt, wiederholte Anwendungen eines variablen Faktors auf eine gegebene Menge fixer Faktoren lassen sinkende physische Ertragszuwächse entstehen. Die Frage, ob eine solche Situation in einem bestimmten Fall vorliegt, sei nur aus der Erfahrung zu beantworten. Damit verlor das *historische* Gesetz der abnehmenden Erträge die herausragende Stellung, die es in der Verteilungstheorie innegehabt hatte. Bestenfalls konnte es noch dazu dienen, den Einfluß wachsender Ausgaben auf den Umfang der Produktion zu analysieren.[9]

Wie Eugen von Böhm-Bawerk schlug Wicksell vor, das Gesetz der abnehmenden Erträge in ein Gesetz hypothetischen Typs mit allgemeinem Geltungsanspruch zu verwandeln. In Verbindung mit mutmaßlichen historischen Veränderungen der Faktorzusammensetzung schien das Gesetz die Auffassung zu stützen, daß der Anteil des Kapitals am Ertrag der Produktionsprozesse sinken muß, wenn die Technik unverändert bleibt; Wicksell wies allerdings auch darauf hin, daß durch technische Verbesserungen mit Steigerungen der Kapitalproduktivität zu rechnen sei.[10] Die Effekte technischer Veränderungen würden neben der Bevölkerungszunahme und der Öffnung neuer Märkte dem sonst natürlichen Abwärtstrend des Zinssatzes wahrscheinlich entgegenwirken.[11] Wicksell erkannte auch, daß unter Bedingungen zunehmender Skalenerträge diejeni-

weiterer Autor, der die Idee entwickelte, daß das Rentenprinzip – wenn es im Sinne des Grenzproduktivitätsgedankens verstanden wird – auf sämtliche Produktionsfaktoren anwendbar sei, war Joseph [Alois] Schumpeter, »Das Rentenprinzip in der Verteilungslehre«, in: [Schmollers] *Jahrbuch für Gesetzgebung, Verwaltung und Volkswirtschaft* 31 (1907), S. 31-65 und S. 591-634.

8 Stigler, *Production and Distribution Theories 1870-1895*, a.a.O., S. 67. Die Unterscheidung zwischen abnehmenden Ertragszuwächsen und abnehmenden Ertragsanteilen wurde häufig übersehen.
9 Schumpeter, »Das Rentenprinzip in der Verteilungslehre«, a.a.O., S. 610.
10 Wicksell bezog sich häufig auf dynamische Faktoren, wenn er Innovationen und ihre Wirkungen auf die steigende Rentabilität langfristiger Investitionen diskutierte. Siehe Carl G. Uhr, »Knut Wicksell. A Centennial Evaluation«, in: *American Economic Review* 41 (1951), S. 829-860.
11 Siehe auch die Diskussion des Gesetzes der abnehmenden Erträge bei Joseph Alois Schumpeter, *History of Economic Analysis*, New York 1954, S. 588 (deutsch: *Geschichte der ökonomischen Analyse*, Göttingen 1965, Band 1, S. 714 f.). Die Stellung, die diesem Gesetz in den verschiedenen Theorien zugewiesen wird, hängt offenbar in beträchtlichem Grade von methodologischen Erfordernissen ab.

gen Unternehmer, die ihre Produktion als erste ausdehnen, jeden Wettbewerb unwirksam machen würden, was zur Folge hätte, daß sich das ökonomische System nicht im Gleichgewicht halten ließe. Unter der Herrschaft des Gesetzes abnehmender Ertragszuwächse konnte man dagegen annehmen, daß in einer Wettbewerbswirtschaft minimale Kosten mit mehr oder weniger konstanten Skalenerträgen der Art, wie sie in der landwirtschaftlichen Produktion erzielt werden, im allgemeinen erreichbar sind.

Wenngleich mit der Grenzproduktivitätsanalyse eine Methode zur Verfügung stand, mit der sich die Anteile der produktiven Dienste am Wert des Produkts bestimmen ließen, lieferte sie noch keine ökonomische Begründung für diese Anteile. Für die österreichischen Ökonomen war jedoch die Erklärung der typischen Einkommensformen, in denen diese Anteile sichtbar werden, von erheblicher Bedeutung, da bei ihnen die Analyse der kausalen Beziehungen zwischen den Wirtschaftselementen im Vordergrund stand. Die amerikanischen Anhänger John B. Clarks, welche die Unterscheidung zwischen Kapital und Boden als gesonderte Produktionsfaktoren aufgegeben hatten, neigten dazu, die Probleme zu übergehen, die mit den Ricardoschen Einkommenskategorien verbunden sind. Herbert J. Davenport diskutierte die Verschiedenheit der produktiven Dienste und die komplexen Beziehungen der Substituierbarkeit und Komplementarität, die zwischen den Faktoren bestehen.[12] Doch gab es keine schlüssige Antwort auf die Frage, wie sich ein geeignetes Klassifikationsprinzip der verschiedenen Einkommensquellen aufstellen ließe. Auch L. M. Fraser schlug vor, die Produktionsfaktoren nach dem Grad ihrer Ersetzbarkeit zu gruppieren. Auf der anderen Seite brandmarkten einige sozialistische Autoren die funktionale Verteilung des Produktionswerts als charakteristischen Rechtfertigungsversuch der kapitalistischen Ordnung, weil das Verfahren darauf hinauslaufe, die scharfe Grenze aufzuheben, die die Ricardosche Wirtschaftslehre zwischen dem Entgelt für Arbeit und den Anteilen gezogen hatte, die den übrigen Produktionsfaktoren zufallen.[13] So begannen die Diskussionen über den Charakter dieser Quellen bei der traditionellen Einteilung.

Zins und Profit

Die Erklärung des Kapitalzinses, verstanden als grundlegende ökonomische Kategorie, stellte eines der verwirrendsten Probleme der ökonomischen Analyse dar. Es war eng mit der Frage verbunden, wie die Funktio-

---

12 Herbert J. Davenport, *The Economics of Enterprise*, New York 1913, Kapitel 22.
13 L. M. Fraser, *Economic Thought and Language*, London 1937, S. 203.

nen des Zinses als Element der Produktions- und Distributionsprozesse zu definieren seien, und mußte daher in jeder ökonomischen Doktrin eine zentrale Stellung einnehmen. Es ist besonders interessant zu beobachten, wie die Wahl zwischen den vorliegenden Zinstheorien weitgehend von methodologischen Überlegungen bestimmt wird.

Drei teilweise miteinander unverträgliche Zinstheorien waren im Rahmen des Marginalismus von vorrangiger Bedeutung: die Produktivitätstheorie, in der sich der scholastische Substanzbegriff des Kapitals spiegelte; die »Abstinenztheorie«, die den Zins als Belohnung für aufgeschobene Konsumtion betrachtete und die ein Erbe des Utilitarismus war; und die Agiotheorie, die auf dem Gedanken der Zeitpräferenz beruhte (wonach gegenwärtige Güter solchen, die erst in Zukunft verfügbar sind, vorgezogen werden). Diese letzte Theorie war das am weitesten entwickelte Ergebnis hypothetischen Denkens.[14]

Die große Anziehung, die Böhm-Bawerks Zinstheorie auf viele Marginalisten, vor allem in Österreich, Italien und den skandinavischen Ländern ausübte, verdankte sich der Tatsache, daß die Hauptargumente zu ihren Gunsten von der alltäglichen Erfahrung bestätigt zu werden schienen. In Italien wurden die Prinzipien der Agiotheorie von Giuseppe Ricca-Salerno, Augusto Graziani und Enrico Barone (1859-1924) übernommen, in Holland von Nicolas G. Pierson (1839-1909) und in Skandinavien von W. Hamilton, David Davidson, Harald L. Westergaard und L. V. Brick, neben Knut Wicksell, der sie zu einem Eckpfeiler seiner Lehre machte. In Frankreich wurden diese Prinzipien von Adolphe Landry ausgearbeitet und mit einer Art Produktivitätstheorie verbunden.[15] In England wurde die Theorie von verschiedenen Wirtschaftswissenschaftlern wie James Bonar, William Smart und Francis Ysidro Edgeworth diskutiert; zu ihren herausragendsten Anhängern gehörte Arthur Cecil Pigou. Lange Zeit danach gestand John R. Hicks, fast jeder, der sich an die Untersuchung des Kapitals mache, falle früher oder später Böhm-Bawerks Theorie zum Opfer.[16]

Ursprünglich produktiv sind nach der Agiotheorie allein Natur und Arbeit; als Vergütung dieser Faktoren definierte sie deren Beiträge zum diskontierten Wert der zukünftigen Produkte. Die Existenz des Zinses als allgemeine ökonomische Kategorie schrieb sie den kombinierten Wirkungen der Gegenwartspräferenz und der Produktivität von Investitionen zu.[17] Der Gesichtspunkt der Produktivität in der Agiotheorie wurde

14 Schumpeters »dynamische« Zinstheorie wird an anderen Stellen des vorliegenden Werkes erörtert. Diese Theorie stand mit den Prinzipien des Marginalismus nur mittelbar in Verbindung.
15 Adolphe Landry, *L'interêt du capital*, Paris 1904.
16 John R. Hicks, *Value and Capital*, Oxford 1939, S. 192.
17 Aus diesem Grund wurde die Agiotheorie gelegentlich auch als eine Art Produkti-

von Knut Wicksell hervorgehoben, der den Zins als Differenz zwischen der Grenzproduktivität der angehäuften Produktivkraft von Arbeit und Boden einerseits und der Grenzproduktivität dieser Produktivkraft, soweit sie gegenwärtig verfügbar ist, andererseits definierte. Hayek, der die Agiotheorie verteidigte, räumte ein, daß im wirklichen Leben der Realzins ausschließlich von der erwarteten Ertragsrate neuer Investitionen bestimmt wird, während die Höherschätzung gegenwärtiger Güter nur die Sparquote bestimme.[18] Wicksell erwähnte gelegentlich eine gewisse Affinität zwischen der Agiotheorie und Nassau William Seniors Wartetheorie.[19] Dagegen verband Böhm-Bawerk selbst die Idee des Wartens weniger mit dem Aufschub des gegenwärtigen zugunsten eines zukünftigen Konsums als vielmehr mit der Verzögerung, die mit dem Warten auf die Ergebnisse umwegiger Produktionsprozesse verbunden ist.

In den Vereinigten Staaten entwickelte Irving Fisher (1867-1947) die psychologischen und die physischen Aspekte der Zinsrate weiter.[20] Er arbeitete den Zeitdiskont – oder, nach seiner Formulierung, das »Ungeduldsprinzip« – sowie die Bedeutung der »Gelegenheit zur günstigen Kapitalanlage« [*investment opportunity*] oder »Grenzgewinnrate« [*marginal rate of return over cost*] weiter aus. Der erste Begriff entspricht Böhm-Bawerks Gegenwartspräferenz; der zweite, der die Rentabilität von Investitionen angibt, ähnelt stark dem »realen« oder »natürlichen« Zins bei Wicksell.

In seiner eingehenden Untersuchung der subjektiven Faktoren formulierte Fisher die Höherbewertung gegenwärtiger über zukunftige Güter in Einkommenskategorien und führte den Begriff der »Voraussicht« in seine Analyse der Diskontierungsprozesse als Elemente der Bildung von Kapitalwerten ein. Der Gedanke, Einkommen als Geldstrom aufzufassen und dem Kapital als Vorrat an verfügbaren Gütern zu gegebenen Preisen begrifflich gegenüberzustellen, war von Simon Newcomb (1835-1909) angeregt worden, der die »gesellschaftliche Zirkulation« in Geld- und industrielle Kreisläufe unterteilt hatte.[21] Im Verlauf seiner Erörterung schlug Fisher eine Differenzierung der Zinssätze nach dem Risiko vor,

---

vitätstheorie bezeichnet. Siehe Marco Fanno, »Die reine Theorie des Geldmarkts«, in: Friedrich A. Hayek (Hg.), *Beiträge zur Geldtheorie*, Wien 1933, S. 15.

18 Siehe Friedrich A. von Hayek, »Utility Analysis and Interest«, in: *Economic Journal* 46 (1936), S. 44-60, hier S. 59.
19 Siehe Knut Wicksell, zitiert nach Emil Sommarin, »Das Lebenswerk von Knut Wicksell«, in: *Zeitschrift für Nationalökonomie* 2 (1931), S. 221-267, hier S. 244.
20 Irving Fisher, *The Rate of Interest*, New York 1907. Fisher widmete dieses Buch dem Gedächtnis John Raes, der in den ersten Jahrzehnten des neunzehnten Jahrhunderts eine Agiotheorie des Zinses vorgeschlagen hatte. Siehe auch Fishers *Theory of Interest*, New York 1930 (deutsch: *Die Zinstheorie*, Jena 1932).
21 Simon Newcomb, *Principles of Political Economy*, New York 1885.

das mit den Erträgen aus den verschiedenen Einkommensquellen verbunden ist[22], und empfahl die Verwendung von Indexziffern, um die Nominal- oder Geldzinsraten in reale Zinsraten zu übersetzen, unter der Bedingung, daß dabei der Geldwert nicht nur zum Zeitpunkt des Leihens, sondern auch zum Zeitpunkt der Rückzahlung berücksichtigt wird.[23] Einer der überzeugtesten Anhänger der Agiotheorie des Zinses in Amerika war Frank A. Fetter, der das Argument anführte, die Gegenwartspräferenz gehe der Entwicklung des Geldzinses historisch wie logisch voraus; der Geldzins sei unabhängig davon entstanden, ob den Produktionsfaktoren irgendwelche »Produktivität« zugeschrieben wird. Fetter kritisierte die von Henry R. Seager (1870-1930) und Harry G. Brown vorgebrachten Produktivitätstheorien und machte sogar Irving Fisher Vorhaltungen, er habe Elemente einer solchen Theorie in seine Zinsanalyse eingeführt.[24] Wie Böhm-Bawerk bezog Fetter die Preise aller langlebigen Güter – einschließlich des Bodens – auf Kapitalisierungsprozesse, in denen die Werte künftiger Nutzungen diskontiert werden. Andere amerikanische Autoren, wie Silas M. Macvane, Frank W. Taussig (1859 bis 1940) und Charles W. Macfarlaine, übernahmen die Agiotheorie mit einigen mehr oder weniger ausdrücklichen Modifikationen der Böhm-Bawerkschen Formulierung.

Längere Kontroversen zwischen Böhm-Bawerk auf der einen Seite und Ladislaus von Bortkiewicz und Irving Fisher auf der anderen beschäftigten sich mit der Frage, ob die Existenz einer positiven Zinsrate allein mit dem Hinweis auf die größere Produktivität von Produktionsumwegen (also mit Böhm-Bawerks drittem Grund) zu erklären sei.[25] Es wurde gezeigt, daß Böhm-Bawerk die Gegenwartspräferenz stillschweigend in seine Analyse der Produktionsprozesse eingeführt hatte.
Wichtiger als diese Erörterungen war der Widerstand, den die Anhänger der Produktivitäts- und Abstinenztheorien gegen die Agiotheorie leisteten. Das Prinzip der Kapitalproduktivität wurde von verschiedenen Autoren vertreten, deren Konzeptionen der Wirtschaft unabhängig davon

---

22 Henry R. Seager, »The Impatience Theory of Interest«, in: *American Economic Review* 2 (1912), S. 834-851.
23 Fisher, *Theory of Interest*, a.a.O., S. 42 (deutsch: a.a.O., S. 37).
24 Frank A. Fetter, *Principles of Economics*, New York 1904. Siehe auch ders., »Interest Theories New and Old«, in: *American Economic Review* 4 (1914), S. 68-92.
25 Siehe Fisher, *The Rate of Interest*, a.a.O.; Ladislaus von Bortkiewicz, »Der Kardinalfehler der Böhm-Bawerkschen Zinstheorie«, in: [Schmollers] *Jahrbuch für Gesetzgebung, Verwaltung und Volkswirtschaft* 30 (1906), S. 943-972; und Knut Wicksell, »Zur Zinstheorie (Böhm-Bawerks Dritter Grund)«, in: Hans Mayer und andere (Hg.), *Die Wirtschaftstheorie der Gegenwart*, 4 Bände, Wien 1927-1932, Band 3, S. 199-209.

waren, welche Rolle sie dem Kapitalzins als strategischem Faktor bei der Bestimmung der wechselseitigen Beziehungen zwischen den Produktionsprozessen zubilligten. Friedrich von Wieser gehörte zu dieser Gruppe; es gelang ihm jedoch nicht, zwischen der physischen Produktivität des Kapitals und dessen Fähigkeit, Werte zu schaffen, eine Brücke zu schlagen. Wieser leitete aus einem vermeintlichen anhaltenden Sinken des Grenzertrags von Investitionen – bei relativ fortschreitender Kapitalvermehrung – einen säkularen Rückgang des Zinsfußes ab.[26] Der Franzose Alfred Aftalion (1874-1956) versuchte Wiesers Theorie zu verbessern, indem er zwischen drei Begriffen der Produktivität (globaler, physischer und ökonomischer) unterschied. Individuelle Einkommen leitete er von der ökonomischen Produktivität ab.[27]

Die bemerkenswerteste Abstinenztheorie, die mit Böhm-Bawerks Agiotheorie wetteiferte, war Alfred Marshalls Zinstheorie. Sie betonte die »Voraussicht« als speziellen Grund für den Genußaufschub gegenwärtig verfügbarer Güter. Der Amerikaner Thomas N. Carver (1865-1961) griff zur Verteidigung der Abstinenztheorie auf verwickelte Argumente zurück, die der Italiener Umberto Ricci mit mathematischen Beispielen veranschaulichte. Carver nahm an, beim Aufschub des Konsums werde kein Opfer erbracht, wenn die zu produzierenden Güter voraussichtlich einen größeren Vorteil bieten als die unmittelbar erhältlichen; um die Ersparnisse hervorzulocken, die zur Finanzierung einer solchen Produktion benötigt werden, sei keine Zahlung eines Kapitalzinses erforderlich. Notwendig sei die Zinszahlung dagegen, um für die zusätzlichen Ersparnisse zu sorgen, die zur Produktion von Gütern gebraucht werden, deren Grenznutzen zwar unter dem der unmittelbar verfügbaren Güter liegt, die aber für das eingesetzte Kapital einen Nettoertrag darstellen.[28]

Der Zusammenprall dieser unterschiedlichen Zinstheorien spiegelte sich in einer Auseinandersetzung um die Bedeutung, die dem Kapitalbegriff zukommt. Der Terminus *Kapital* war zur Bezeichnung von zwei unterschiedlichen ökonomischen Kategorien verwandt worden: einmal der Produktionsfaktoren, der Resultate von Produktionsprozessen (»reales« Kapital); dann aber auch zur Bezeichnung der flüssigen Mittel, die hauptsächlich in Form von Leihgeldern zur Anlage in Produktionsunternehmen bereitstehen. Die daraus folgenden terminologischen Schwierigkeiten waren möglicherweise dadurch noch verschärft worden, daß Böhm-

---

26 Siehe Friedrich von Wieser, *Theorie der gesellschaftlichen Wirtschaft*, Tübingen 1914 (2. Auflage 1922, S. 247).

27 Albert Aftalion, »Les trois notions de productivité«, in: *Revue d'économie politique* 25 (1911).

28 Thomas N. Carver, »The Place of Abstinence in the Theory of Interest«, in: *The Quarterly Journal of Economics* 7 (1893/94), S. 40-61, und Umberto Ricci, »La teoria dell'astinenza«, in: *Giornale degli economisti e annali di economia* 19 (1908).

Bawerk den Ausdruck *Kapital* auf die Gesamtheit produzierter Produktionsmittel (Realkapital) anwandte, ohne für die verfügbaren flüssigen Mittel einen anderen Terminus vorzuschlagen.[29] Sein »realer Zinsfuß«, dem er eine zentrale Rolle beim Ausgleich der ökonomischen Kräfte zuschrieb, leitete sich von der »physischen« Produktivität der Produktionsprozesse her.

Gegen die Auffassung des Kapitals als Vorrat physischer Güter sprachen sich solche Ökonomen aus, die dem Ricardoschen Prinzip treu geblieben waren, die Wirtschaft als Aggregat von Werten zu betrachten, auf die ein allgemeiner Gleichgewichtsbegriff unmittelbar anwendbar ist. So beharrte John B. Clark darauf, Kapital als die Gesamtsumme abstrakter Produktivkraft zu definieren, die sich in produzierten Produktionsmitteln verkörpert. Eine andere Version dieser Auffassung übernahm Irving Fisher. Er verstand unter Kapital die Gesamtheit der Dinge, die sich zu einem bestimmten Zeitpunkt im Besitz von Individuen oder Gesellschaften befinden, Forderungen beziehungsweise Kaufkraft darstellen und imstande sind, Zins zu tragen.[30] Böhm-Bawerk dagegen charakterisierte in einem häufig zitierten Diktum die Vorstellung, daß es sich bei Kapital um einen Fonds von Werten handele, der sich von selbst erhält, so daß bei der Analyse des Reproduktionsprozesses eines einmal entstandenen Kapitalbetrags überhaupt keine ökonomischen Probleme entstünden, als »Mythologie des Kapitals«.[31]

Seine konsequente Ablehnung des Begriffs der Grenzproduktivität veranlaßte Gustav Cassel (1866-1945), jede klare Trennung zwischen Einkommen und Kapital aufzugeben und den Ausdruck *Kapitaldisposition* zur Bezeichnung der Leihgelder vorzuschlagen, die sich aus drei Quellen speisten: Ersparnissen, amortisierten Investitionen und Bankkrediten. Cassel sprach von *Kapitalforderungen*, um die (nach gegenwärtiger Wertschätzung veranschlagten) Ansprüche auf künftige Einkommen zu bezeichnen.[32] Dieser Vorschlag fand jedoch nicht viele Anhänger. In den rivalisierenden Auffassungen über eine angemessene Definition des Kapi-

---

29 Zu der Bedeutung, die Böhm-Bawerk dem Ausdruck *Kapital* beilegte, siehe unter anderem Edwin Cannan, *Review of Economic Theory*, London 1929, S. 150, und Franz Machlup, »Begriffliches und Terminologisches zur Kapitalstheorie«, in: *Zeitschrift für Nationalökonomie* 2 (1931), S. 632-639, hier S. 633.

30 Irving Fisher, *The Nature of Capital and Income*, New York 1906. Die Ansichten wurden von anderen amerikanischen Ökonomen geteilt, etwa von Frank A. Fetter, Herbert J. Davenport, Henry R. Seager und Edwin R. A. Seligman.

31 Eugen Böhm-Bawerk, »Capital and Interest Once More«, in: *The Quarterly Journal of Economics* 21 (1906/07), S. 1-21 und S. 247-282.

32 Gustav Cassel, *The Nature and Necessity of Interest*, London 1903; ders., *Theoretische Sozialökonomie*, Leipzig 1918 (englisch: *The Theory of Social Economics*, New York 1924).

talbegriffs schlugen sich also charakteristische Meinungsverschiedenheiten über den methodischen Grundansatz in der ökonomischen Analyse nieder. Ungeachtet dieser Auffassungsunterschiede bestand jedoch bei den nichtsozialistischen Autoren praktisch allgemeine Einigkeit darüber, daß der Zins in jeder existierenden Wirtschaftsordnung zu den Produktionskosten zu rechnen ist. Zumindest bestand weitreichende Übereinstimmung darin, daß die Höhe des Kapitalzinses vom Spiel zwischen Angebot und Nachfrage auf dem Kapitalmarkt bestimmt wird. Die Ricardosche Annahme, daß zwischen der Höhe der Zinsen und der Sparrate eine strenge Korrelation bestehe, wurde kaum in Frage gestellt. Eine gewisse Einkommenskonzentration galt als günstig für die Akkumulation von Ersparnissen. Das verfügbare Geldkapital wurde als ausreichend erachtet, um der Mehrheit der Firmen eine optimale Kombination ihrer produktiven Ressourcen zu ermöglichen. Sozialistische Autoren rechtfertigten die Auffassung, daß in einer Planwirtschaft der Kapitalzins außer Betracht bleiben könne, mit der Begründung, daß der Verlauf künftiger ökonomischer Entwicklungen durch konsequente Planung vollkommen berechenbar gemacht werden könne.[33]

So gut wie alle Wirtschaftswissenschaftler, die am traditionellen statischen Ansatz in der ökonomischen Analyse festhielten, stießen auf unüberwindliche Schwierigkeiten bei dem Versuch, den Profit als eigene Einkommenskategorie zu erklären. Die Marshallsche Definition des Gewinns als Vergütung für Unternehmertätigkeit war offenkundig eine irreführende Anwendung der Ricardoschen Analyse des Verteilungsprozesses. Noch weniger befriedigend waren vage Behauptungen, die den Profit der überlegenen Verhandlungsposition der Unternehmer gegenüber Grundeigentümern, Kapitalisten und Arbeitern zuschrieben.[34]
Die Bedeutung des Gewinns als Quelle von Einkommen, Ersparnissen und Investitionen wurde von einer Reihe österreichischer Ökonomen erkannt. In den letzten Jahrzehnten des neunzehnten Jahrhunderts entstanden verschiedene Untersuchungen über die Quellen der Unternehmergewinne, deren Autoren Schüler von Carl Menger waren; genannt seien Victor Mataja, Gustav Groß und Friedrich von Kleinwächter. Sie definierten Gewinn als Differenz zwischen den Preisen der Produkte und den Gesamtkosten der Produktionsfaktoren. Dieser Unterschied wurde zum Teil als Entgelt für die Geschäftsführungstätigkeit, zum Teil aber auch als Ergebnis von Spekulationsgewinnen erklärt, die mit technischen und finanziellen Risiken verbunden sind. Böhm-Bawerk entwickelte

---

33 Siehe Maurice Dobb, *Political Economy and Capitalism*, London 1937, S. 275 ff.
34 Siehe Thomas N. Carver, *The Distribution of Wealth*, New York 1904, S. 259.

keine Profittheorie im eigentlichen Sinne; er schrieb die Gewinne, die den Unternehmern über den Kapitalzins hinaus zufallen, einer Kombination glücklicher Umstände oder überlegener Fähigkeiten zu. Eine zusammenhängende, den Prinzipien des Marginalismus entsprechende Profittheorie wurde erst später vorgebracht, als aus Knut Wicksells Unterscheidung zwischen realem Zins und Marktzins einige Konsequenzen gezogen wurden.

Die Verbindung, die Marshall zwischen Gewinn und den funktionalen Aspekten der Einkommensverteilung hergestellt hatte, wurde von denjenigen Autoren, die bei ihren Analysen von der Konstruktion imaginärer stationärer Modelle der Wirtschaft ausgingen und zu dem Schluß gelangten, daß Gewinn nur unter »dynamischen« ökonomischen Bedingungen auftreten könne, im Grunde geleugnet. Daher hielten sie nach Prozessen Ausschau, die sich über einen gewissen Zeitraum erstrecken, um die Quellen des Gewinns angeben zu können. Formuliert wurde dieses Problem von John B. Clark; später wurde es von Joseph Alois Schumpeter übernommen und in den Mittelpunkt seiner Konjunkturanalyse gestellt. Jede dieser divergierenden Profittheorien folgte dabei in ihrer Durchführung den unterschiedlichen Auffassungen, die die verschiedenen Autoren über das Ziel der ökonomischen Theorie hegten. Die Marshallsche Theorie sollte in erster Linie dazu dienen, die Verteilung der »nationalen Dividende« zu erklären; die österreichischen Marginalisten orientierten sich bei ihrer Theoriebildung an den Problemen, die mit der Ressourcenallokation zusammenhängen, und Schumpeters Theorie verwies auf ein wesentliches Element dynamischer Wirtschaftsprozesse.

Die ersichtlichen Schwierigkeiten bei dem Versuch, den Gewinn mit klar definierten Produktionsfunktionen in Zusammenhang zu bringen, lieferten einigen Autoren willkommene Argumente dafür, den Profit als »ungerechtfertigte« Einkommensform zu brandmarken. Sie sprachen von *ökonomischem Malthusianismus*, um Situationen zu charakterisieren, in denen aus der Anwendung restriktiver Maßnahmen auf Produktionsprozesse ein Gewinn entspringt. Sie verlangten die Einführung weitreichender staatlicher Kontrollmaßnahmen, um die Ausnutzung von »Konjunkturen« zu Profitzwecken zu verhindern.[35]

---

35 Solche Auffassungen wurden vertreten von Adolphe Landry, *L'utilité sociale de la propriété individuelle*, Paris 1901; Vilfredo Pareto, *Manuale di economia politica*, Mailand 1906 (französisch: *Manuel d'économie politique*, Paris 1909); Otto Effertz, *Les antagonismes économiques*, Paris 1906; und Albert Aftalion, *Les fondements du socialisme*, Paris 1923.

Rente

Die Ricardosche Kategorie der Rente war mit der Preisbildung auf den Märkten verknüpft und ließ sich darum ohne weiteres den Erfordernissen der Grenznutzenanalyse anpassen. Die Definition dieser Kategorie erhielt jedoch eine Reichweite, die über die relativ engen Grenzen, wie sie für den Ricardoschen Rentenbegriff kennzeichnend gewesen waren, bei weitem hinausging. Eine Rente, so wurde gezeigt, entsteht immer dann, wenn die Quantität eines Produktionsfaktors konstant gehalten wird oder im Verhältnis zu den Mengen der anderen Faktoren beschränkt ist. In manchen frühen Erörterungen der Unternehmergewinne, etwa bei Victor Mataja, wurde Gewinne mit Renten verglichen. Rudolf Auspitz und Richard Lieben bezeichneten jeden Überschuß des Preises – der Kapitalzins und Gewinn einschließt – über die Kosten als Rente. Eine ähnliche Ausweitung des Rentenbegriffs auf sämtliche Produktionserträge, soweit sie die Kosten übersteigen, wurde von Paretos Schüler Guido Sensini vorgeschlagen.[36]

John B. Clark wandte das »Rentengesetz« auf die Erträge von Kapital und Boden an und beseitigte damit jede theoretische Unterscheidung zwischen den beiden Produktionsfaktoren. Diesem Vorgehen schloß sich eine Gruppe amerikanischer Autoren an, darunter Thomas N. Carver, Edwin R. A. Seligman und Frank A. Fetter.[37] Sie argumentierten, daß für die Differenz zwischen Nettorente und Kapitalzins in erster Linie die unterschiedlichen Berechnungsmethoden verantwortlich seien: die Nettorente wird als absoluter Betrag auf eine physische Kapitaleinheit bezogen, während der Zins als Relation mit dem Wert des Kapitals ins Verhältnis gesetzt wird. Schumpeter charakterisierte die Rente als Bestandteil des Bodenpreises, der sich aus der Konkurrenz um landwirtschaftliche sowie industrielle Nutzungen des Bodens ergebe.[38]

Nach einem anderen, ziemlich verbreiteten Sprachgebrauch sollte der Ausdruck *Rente* alle ständigen oder vorübergehenden Erträge aus Produktionsprozessen umfassen, die zu niedrigeren als den von den Grenz-

---

36 Victor Mataja, *Der Unternehmergewinn*, Wien 1884; Rudolf Auspitz und Richard Lieben, *Untersuchungen über die Theorie des Preises*, Leipzig 1889; und Guido Sensini, *La teoria della rendita*, Rom 1912.

37 Carver, *The Distribution of Wealth*, a.a.O.; Edwin R. A. Seligman, *Principles of Economics*, New York 1905 (deutsch: *Grundsätze der Sozialökonomie*, Jena 1930); Frank A. Fetter, »The Passing of the Old Rent Concept«, in: *The Quarterly Journal of Economics* 15 (1900/01), S. 416-455; ders., »Relation between Rent and Interest«, in: *Publications of the American Economic Association*, 3. Serie, Band 5 (1904), S. 159. Siehe auch Richard T. Ely, »Land Economics«, in: *Essays in Honor of John B. Clark*, New York 1927, S. 127.

38 Siehe Schumpeter, »Das Rentenprinzip in der Verteilungslehre«, a.a.O.

produzenten bezahlten Kosten ausgeführt werden. Eine ähnliche Argumentation bezeichnete die Rente als Überschuß oder Bezahlung, die – wenngleich mit der Nutzung spezifischer Faktoren verknüpft – keinen Einfluß auf deren Angebot hat. Wird dieser Überschuß von Grenzfällen aus gemessen, so liegt die Betonung auf dem differentiellen Charakter der Rente; beruht die Messung auf der Kosten-Preis-Relation, kommt der relativen Knappheit oder dem Monopolcharakter eines Produktionsfaktors vorrangige Bedeutung zu.[39]

Trotz aller Modifikationen, die der Rentenbegriff unter dem Einfluß des marginalistischen Denkens erfahren hatte, gab es einige Autoren, die auf einer scharfen Unterscheidung zwischen den Erträgen aus Grundbesitz und allen übrigen Einkommensformen beharrten, vor allem deswegen, weil sich Grundeigentum als Produktionsfaktor besonderer Art betrachten lasse.[40] Andere verwiesen auf das Ricardosche Argument, daß die Grundrente im Unterschied zu der angeblich mehr oder weniger einheitlichen Höhe der Gewinne in Industrie- und Handelsunternehmen starken Schwankungen ausgesetzt sei.[41] Den Befürwortern einer einzigen Steuer [*single tax*], wie sie Henry George und seine Anhänger vorgeschlagen hatten, war die Beibehaltung einer strengen Unterscheidung zwischen Grundrente und allen anderen Einkommensformen natürlich gleichsam ein Dogma. Sie priesen den Nutzen, den die Gesellschaft daraus zöge, wenn der aus Steigerungen von Bodenerträgen stammende »unverdiente Zuwachs« weggesteuert würde.

Ein interessantes Kapitel in der Geschichte der Bodenrente wurde aufgeschlagen, als die Bildung des Werts städtischer Wohnlagen als Anwendungsfall des Rentenprinzips betrachtet und analysiert wurde.[42] Wieser entwickelte den Gedanken, daß die Rente, die bei Intensivierung der landwirtschaftlichen Produktion anfällt, eine Entsprechung in der Rente habe, die der Besitzer eines mehrstöckigen Hauses einnimmt. Wieser brachte die Rente, die sich aus der günstigen Lage eines Grundstücks

---

39 Wie Alfred Marshall sagte, sind in gewissem Sinne alle Renten Knappheitsrenten und alle Renten Differentialrenten: *Principles of Economics*, 8. Auflage, New York 1950, Anhang L. Marshalls »Konsumentenrenten« brauchen in diesem Fall nicht erwähnt zu werden, da sie nichts mit den Problemen der Verteilung zu tun haben.
40 Siehe Fraser, *Economic Thought and Language*, a.a.O., S. 309.
41 John B. Clark, *Essentials of Economic Theory*, New York 1907, S. 159. Diese Auffassung wurde in Frage gestellt von Ely, »Land Economics«, a.a.O., S. 127. Siehe auch Carl R. Bye, *Developments and Issues in the Theory of Rent*, New York 1940, S. 94.
42 Friedrich von Wieser, *Theorie der städtischen Grundrente*, Wien 1909, sowie ders., *Theorie der gesellschaftlichen Wirtschaft*, a.a.O. Siehe auch Franz X. Weiss, »Die Grundrente im System der Nutzwertlehre«, in: Mayer und andere (Hg.), *Die Wirtschaftstheorie der Gegenwart*, a.a.O., Band 3, S. 210-234, hier S. 228.

innerhalb eines städtischen Wohn- oder Industrieviertels ergibt, mit der Rente in Zusammenhang, die sich der Nähe des Bodens zu den Märkten seiner Produkte verdankt. Während aber die landwirtschaftlichen Renten hauptsächlich Unterschieden in den Produktionskosten von Gütern zuzuschreiben sind, die zu einheitlichen Preisen verkauft werden, schlagen sich in der städtischen Grundrente vorwiegend Preisdifferenzen nieder, welche für Häuser oder Wohnungen gezahlt werden, die zwar zu den gleichen oder ähnlichen Kosten gebaut worden sind, sich nach Lage und Umgebung jedoch unterscheiden. Diese Gesichtspunkte der Rententheorie fanden allerdings wenig Aufmerksamkeit.

Löhne

Soweit über eine Lohntheorie Einigkeit erzielt wurde, bestand sie darin, die Lohnhöhe mit der Grenzproduktivität der Arbeit zu verknüpfen. Jevons und Menger legten besonderes Gewicht darauf, das Grenzprodukt der Arbeit mit dem Zuwachs an Bedürfnisbefriedigung zu verbinden, den der Konsument aus jenem Produktionszuwachs gewinnt. Diese Argumentation wurde von Mengers österreichischen Schülern übernommen, welche die Arbeit zu den nichtspezifischen Produktionsfaktoren zählten und den Reallohnsatz mit dem Grenzprodukt der Arbeit gleichsetzten. Böhm-Bawerk paßte dieses Theorem seiner Agiotheorie des Zinses an und sprach vom »diskontierten Grenzprodukt der Arbeit«. Daneben verwies er auf die Existenz einer Art Lohnfonds, der aus früheren Ersparnissen akkumuliert wurde und dem Betrag der Löhne, die während einer gegebenen Produktionsperiode ausgezahlt werden können, Grenzen setzt. Würden diese Grenzen mißachtet und wirtschaftlich nicht gerechtfertigte Lohnerhöhungen gewährt, sei die Entstehung von Arbeitslosigkeit absehbar. In den Vereinigten Staaten wurde der österreichische Ansatz zum Lohnproblem von Frank W. Taussig[43] und, zumindest teilweise, von Irving Fisher und Frank A. Fetter übernommen.

Nach einer weitverbreiteten Ansicht verfügt der Arbeiter über keine Schätzung des Grenznutzens seiner eigenen Arbeit, sondern veranschlagt sie nur als Arbeitsleid. Man nahm an, daß diese Schätzung innerhalb gewisser Grenzen das Arbeitsangebot beeinflußt. Hinter John B. Clarks problematischem Begriff des »sozialen Grenznutzens der Arbeit« stand die Absicht, der Bestimmung der Lohnhöhe eine feste Basis zu sichern. Clarks Idee wurde von Carver übernommen, von der Mehrheit der amerikanischen Ökonomen jedoch mit der Begründung in Zweifel gezogen,

---

43 Frank W. Taussig, *Wages and Capital*, New York 1896; ders., »Outline of a Theory of Wages«, in: *Proceedings of the American Economic Association* (1910).

sie sei an eine organizistische Auffassung der Gesellschaft gebunden, die den Gütern und produktiven Diensten per se Nutzen unterschiedlichen Grades zumißt. Philip Henry Wicksteed, der die österreichische Lohntheorie weiter ausarbeitete, bewies, daß unter Bedingungen vollkommenen Gleichgewichts mit der Einstellung von Arbeitern kein Gewinn verbunden ist, sofern die Löhne vom Grenzzuwachs der Produktion bestimmt werden.[44]

Die Arbeiter sollten durch steigende Reallöhne an den Wirkungen der allmählichen Steigerung der Kapitalproduktivität teilnehmen. Das Bestehen unterschiedlicher Lohnniveaus für praktisch gleichartige Arbeit wurde der Teilung des Arbeitsmarktes in verschiedene Sektoren mit verschiedenen Grenznutzengraden zugeschrieben. Ob erhöhte Mobilität für die Arbeiter unter allen Umständen von Vorteil ist, blieb offen.

Andere theoretische Diskussionen kreisen um die Frage, wie sich Monopolstellungen von Unternehmern, gewerkschaftliche Organisation der Arbeiter, zweiseitige Monopole und dergleichen auf Arbeitsbedingungen und Löhne auswirken, sowie um die Folgen von Maßnahmen der Lohnfestsetzung, arbeitssparender Techniken und des sogenannten Systems der wissenschaftlichen Betriebsführung, das von Frederick W. Taylor vorgeschlagen worden war, um die Arbeitseffizienz zu erhöhen.[45] Steigerungen der Reallöhne wurden gelegentlich dem relativen Sinken des Gesamtvolumens an Arbeitskraft durch den Rückgang der Geburtenraten zugeschrieben. Sinkende Geburtenziffern lieferten den Gegnern des Malthusschen »Bevölkerungsgesetzes« willkommene Argumente, während sie von den Befürwortern einer nationalistischen Machtpolitik besorgt zur Kenntnis genommen wurden.

Monetäre Probleme

Wirtschaftswissenschaftler, deren Erinnerungen nicht in die Zeit vor dem Ersten Weltkrieg zurückreichen, können sich kaum die geistige Atmosphäre vorstellen, in der sich die Geldtheorie damals befand. Unter den

---

44 Wicksteed, *An Essay on the Coordination of the Laws of Distribution*, a.a.O. Diese Feststellung wurde von einigen sozialistischen Autoren heftig als Verteidigung des Kapitalismus gerügt. Die Fabier stützten sich in einem Pamphlet auf eine irreführende Version des Grenzproduktivitätsprinzips, um zu beweisen, daß die Löhne von der Produktivität der zu den schlechtesten Bedingungen eingestellten Arbeiter bestimmt würden und daß die Unternehmer eine »Käuferrente« bezögen; vgl. Sidney J. Webb, *Problems of Modern Industry*, London 1898.

45 Frederick W. Taylor, *The Principles of Scientific Management*, Boston 1911 (deutsch: *Die Grundsätze wissenschaftlicher Betriebsführung*, München/Berlin 1919).

weithin anerkannten Regeln des Goldstandards hatten sich die Wechselkurse der einzelnen Währungen gefestigt. In weiten Bereichen des europäischen Kontinents, soweit sie zur Lateinischen Währungsunion gehörten, konnten Münzen und Banknoten der beteiligten Länder im Austausch beliebig benutzt werden. In einem beträchtlichen Teil der Welt konnten Goldmünzen frei umlaufen und zu festen Kursen in jeder Menge gekauft werden. Um die Regierungen daran zu hindern, zu inflationären Währungsmanipulationen zu greifen, wurden die Notenbanken in die Hände privater Gesellschaften gelegt, und die Ausgabe von Geldnoten wurde strengen, sorgfältig beachteten Regeln unterstellt. In diesen Regeln schlug sich die Auffassung nieder, daß sich die Zahlungsmittel, die durch die Ausbeutung der Minen, die Ausgabe von Banknoten und die Kredite der Handelsbanken verfügbar werden, unter dem Goldstandard von selbst den wirtschaftlichen Erfordernissen der Länder anpassen würden, die an jener internationalen Vereinbarung teilnahmen. Der Glaube an die wohltätige Wirkung des freien Spiels der ökonomischen Kräfte konnte kaum stärkeren Ausdruck finden als in der Organisation des Geldmechanismus, die das Ergebnis einer bestimmten Methode des Denkens war – derselben Methode, die für die Formulierung der Ricardoschen Wirtschaftslehre den Rahmen gesteckt hatte.

Von ähnlichen Prinzipien geleitet, hatte die internationale Handelsgemeinschaft ein enges Netz monetärer und finanzieller Beziehungen auf der Grundlage hochentwickelter Regeln der Buchführung geknüpft. Zu den Zeiten seines größten Triumphes nahm niemand wahr, über welche wunderbare Eigenschaft der Selbstanpassung dieses individualistische, wettbewerbsorientierte, freie, unreglementierte und ungeplante System verfügte und was für ein Glücksfall das Zusammentreffen der Bedingungen war, von denen es abhing.[46] Die Überzeugung, daß es politischen Erwägungen verwehrt sein sollte, Handelsbeziehungen zu stören, war im Geist der westlichen Staatsmänner tief verankert. Sorgsam respektierten sie die von Ricardo entwickelte Vorstellung der Eigenständigkeit der Wirtschaft. Es wird berichtet, daß es die britische Regierung während des Krimkriegs für unvereinbar mit den gesunden Prinzipien der Finanzpolitik erachtete, auf die Geschäftspraktiken englischer Bankiers Einfluß zu nehmen, die der feindlichen russischen Regierung Kredite gewährten. Die Geld- und Kreditmaschinerie, die vom Londoner Bankensystem in Gang gehalten wurde, erleichterte die gegenseitigen Anpassungen der nationalen Preisstrukturen erheblich und gab den internationalen Kapitalbewegungen die nötige Flexibilität. Sie sorgte für die kurzfristigen Kredite, die für ein reibungsloses Funktionieren des internationalen Handelssystems erforderlich waren, und für die Mittel zum Ausgleich ange-

---

46 Sir Arthur Salter, *Recovery*, New York 1932, S. 17.

spannter Zahlungsbilanzen.[47] Britisches Kapital, das für langfristige überseeische Investitionen zur Verfügung stand, wurde vorzugsweise zur Finanzierung von Unternehmungen benutzt, die auf mehr oder weniger stabile Märkte in den industrialisierten Ländern rechnen konnten, zumal auf britische Märkte, die für Importe aus allen Teilen der Welt offen waren. Dieser Politik gelang es, nicht nur für die finanzielle Stabilität der überseeischen Unternehmen zu sorgen, sondern auch dafür, daß die Erträge aus den vorgenommenen Investitionen an die britischen Kapitalisten zurückflossen. Strenge Erfüllung der finanziellen Verpflichtungen seitens der borgenden Länder wurde zu einem wesentlichen Bestandteil des internationalen Rechtssystems, trotz der schwerwiegenden Opfer, welche die deflationären Wirkungen des Goldstandards besonders von denjenigen Ländern forderten, deren Exporte hauptsächlich aus Rohstoffen bestanden und die starken Schwankungen in Preis und Menge ausgesetzt waren.

Ein gewisser Widerstand gegen den Goldstandard, der sich in früheren Depressionsperioden bemerkbar gemacht hatte, verlor seine Bedeutung, nachdem in den vierziger Jahren eine beträchtliche Steigerung der Goldproduktion begonnen hatte. Diese Veränderung der monetären Situation wurde in Frankreich ebenso wie in England analysiert.[48] Anlaß für längere Kontroversen eher praktischer als theoretischer Natur bot jedoch der allgemeine Verfall der Warenpreise zwischen 1873 und 1895. Hervorragende Ökonomen, etwa Sir Robert Giffen (1837-1910), schrieben den Rückgang der Preise und den darauf folgenden Fall der Profite dem Umstand zu, daß der Zuwachs der Goldproduktion nicht mit dem rasch steigenden Goldbedarf Schritt gehalten habe, der mit der Annahme des Goldstandards durch praktisch alle industrialierten Länder verstärkt worden war.[49] Nach den Prinzipien des Bimetallismus sollte die Stabilität

---

47 Wie der internationale Londoner Geldmarkt funktionierte, erläuterte aus der Sicht eines hochgebildeten Bankiers George J. Goschens vielgelesene *Theory of Foreign Exchanges*, London 1861 (deutsch: *Theorie der ausländischen Wechselcourse*, Frankfurt am Main 1875). Goschen betrachtete Gold als Ware und behandelte die Bewegungen der Geldmetalle, insbesondere bei der Analyse der »Goldpunkte«, aus einer mechanistischen Perspektive. Ebenso gab er eine klare Darstellung des Diskontsatzes als ein Instrument, mit dem sich kurzfristiges Auslandskapital anziehen und Druck auf die Preise ausüben läßt. Ähnlich beschrieben wurde dieser Prozeß von Walter Begehot in *Lombard Street*, London 1873.
48 Michel Chevalier, *La monnaie*, Brüssel 1851; William Stanley Jevons, *A Serious Fall in the Value of Gold*, London 1863; und ders., »The Value of Gold«, in: *Journal of the Royal Statistical Society of London* 32 (1869).
49 Sir Robert Giffen, *Essays in Finance*, London 1880. Giffen war ein überzeugter Vertreter des Goldstandards.

des Preisniveaus durch Maßnahmen gesichert werden, die der Erhaltung eines angemessenen Verhältnisses zwischen den Werten der beiden Geldmetalle dienen. Diese Prinzipien gewannen viele Anhänger, besonders in Frankreich und den Vereinigten Staaten. In Frankreich wurde der Bimetallismus von Louis Wolowski, Jean G. Courcelle-Seneuil, Louis-Gabriel Léonce de Lavergne und Edmond Théry vertreten, in Belgien von Émile de Lavelaye und in Deutschland von John Prince-Smith und Max Wirth. In den Vereinigten Staaten war der Bimetallismus eine politische Streitfrage von höchster Bedeutung.[50]

Die Anhänger des Goldstandards stützten ihre Auffassung vor allem mit dem Argument, daß der langsame Preisrückgang unter der Herrschaft des Goldes gegenüber den möglichen preistreibenden Wirkungen fortwährender unbeschränkter Prägung von Silbermünzen das geringere Übel sei. Einige Autoren, wie Paul Leroy-Beaulieu und Wilhelm Lexis, äußerten sogar gewisse Zweifel, ob die unzulängliche Goldproduktion in der Tat die eigentliche Ursache des allgemeinen Preisverfalls sei.[51] Offen blieb zudem die Frage, wie die Goldmenge zu bestimmen wäre, die zur Sicherung der Stabilität des Preisniveaus erforderlich ist. Kompliziert wurde diese Frage durch die Überlegung, daß expandierende Kreditvolumina eine weitere Quelle von Zahlungsmitteln darstellen. Mit der internationalen Aufwärtsentwicklung der Preise, die im Jahre 1896 einsetzte, verloren die Vorschläge der Bimetallisten schließlich jedoch die Unterstützung, die sie bei herausragenden Ökonomen gefunden hatten. Die wirtschaftliche Erholung der neunziger Jahre wurde gewöhnlich den Goldfunden im Transvaal zugeschrieben, dessen Minen 1890 eröffnet worden waren.

Eine offizielle Untersuchung einer englischen Kommission über die Gold- und Silberzirkulation gab Alfred Marshall im Jahre 1887 Anlaß, die Beziehungen zwischen der Geldversorgung einerseits und dem Preisniveau sowie der Zinsrate andererseits zu bestimmen.[52] Marshall argumentierte, daß die Goldproduktion nach den geltenden Regeln nur mittelbar Einfluß auf das Verhalten der Preise übe, insofern die Goldpro-

---

50 Eines der bemerkenswertesten Bücher über Bimetallismus war Henri Cernuschi, *Mécanique de l'échange*, 1865. Siehe auch Francis A. Walker, *International Bimetallism*, London 1896.

51 Siehe dazu die Sammelrezension von Wilhelm Lexis zu »Neueren Schriften über Geld- und Edelmetalle« in den *Jahrbüchern für Nationalökonomie und Statistik* 51 (1888), S. 67-79. Die Behauptung, daß der allgemeine Preisrückgang nichts mit der relativen Abnahme der Goldproduktion und dem erweiterten Geltungsbereich des Goldstandards zu tun habe, wurde in derselben Zeitschrift von Erwin Nasse vertreten.

52 Seine Aussagen wurden abgedruckt in: Alfred Marshall, *Official Papers*, London 1926.

duktion über die Höhe der Bankreserven bestimme, die wiederum dem Diskontsatz Grenzen setze. Unmittelbar sei die Preisentwicklung von der Bewegung des Diskontsatzes abhängig; der durchschnittliche Diskontsatz werde vom durchschnittlichen Zinsniveau festgelegt, und der Zinsfuß werde ausschließlich von der Rentabilität der Geschäfte bestimmt. Um einen Anstieg der Preise hervorzurufen, müsse der Diskontsatz unter den »normalen« Satz gesenkt werden, der von der Sparquote bestimmt werde, da die Nachfrage nach Kapitalgütern durch erhöhte Unternehmergewinne angeregt werden könne. Marshall nahm an, daß alle Senkungen des Diskontsatzes, die seit 1873 vorgenommen worden waren, sich nur auf eine Anpassung an den Normalsatz beschränkt hätten. Seine Behandlung des Diskontsatzes unterschied sich von der Analyse der Diskontpolitik, wie sie von Wicksell vorgetragen worden war, insofern dieser den Einfluß des Diskontsatzes eher auf kurzfristige als auf langfristige Preisbewegungen diskutiert hatte.[53] Marshalls Analyse, die den Diskontsatz in den Mittelpunkt der Regulierung langfristiger Preisentwicklungen stellte, wurde in der Folgezeit zu einem entscheidenden Element der englischen Geldpolitik. Sie wurde richtungweisend für die Handhabung des internationalen Goldstandards, da sie die Auffassung entkräftete, daß die Höhe der Preise gänzlich von Goldbewegungen abhängig sei, und die Möglichkeit eröffnete, das Preisniveau durch Manipulationen des Diskontsatzes zu beeinflussen. Zur Reform des monetären Systems empfahl Marshall die Schaffung einer Geldeinheit, die einen Anspruch auf Silber- und Goldmengen in festem Verhältnis verkörpern sollte.

Ein weiteres Problem der Geldpolitik, das zumal in Frankreich vor dem Hintergrund theoretischer Überlegungen diskutiert wurde, war die Frage, ob ein Wettbewerb zwischen mehreren Emissionsbanken dem Monopol der Notenausgabe vorzuziehen sei, das im Jahre 1848 der Bank von Frankreich zugesprochen worden war. Besonders von Michel Chevalier und Jean G. Courcelle-Seneuil wurde die Forderung nach Konkurrenz mit der Begründung vertreten, daß sich in einem solchen System die Anpassung der Menge der Banknoten an die Erfordernisse der Zirkulation am besten verwirklichen lasse. Für die Mehrzahl der Ökonomen blieb es jedoch fast ein Glaubensartikel, daß die Notenausgabe von einer Zentralbank kontrolliert werden müsse. Diskontpolitik und Maßnahmen der Offenmarktpolitik galten als die hauptsächlichen Mittel, das Preisniveau zu beeinflussen und die Kreditexpansion der Handelsbanken zu regulieren. In Perioden der Hochkonjunktur ließen die englischen Han-

---

53 Marshall veröffentlichte seine Ansichten zu monetären Problemen erst viel später in *Money, Credit, and Commerce*, London 1923.

delsbanken das Verhältnis ihrer Reserven zu den von ihnen gewährten Krediten sinken und lösten auf diese Weise allgemeine Preissteigerungen aus. Andererseits führte die Goldausfuhr als Folge kontrahierender Auslandsmärkte zu überproportionalen Krediteinschränkungen und deflationären Preisentwicklungen. Angesichts der strengen Regelungen, die ein charakteristisches Merkmal des englischen *Bank Charter Act* von 1844 waren, mußte für jede außerordentliche Expansion des Geldumlaufs, die zwischen 1844 und 1928 in Notsituationen erforderlich wurde, dieses Gesetz vorübergehend aufgehoben werden. Das *Federal Reserve System* in den Vereinigten Staaten diente dazu, die Goldreserven des Landes zu konzentrieren. Das Horten von Gold und Silber durch die Geschäftsbanken während der Depression von 1907 war für einen akuten Mangel an Zahlungsmitteln verantwortlich gewesen.

Im Vorübergehen sei auf die Rolle verwiesen, die der Goldstandard als Bestandteil der Sozialphilosophie des viktorianischen Zeitalters spielte. Die überkommene Warentheorie des Geldes und der Goldstandard wurden in England von Edwin Cannan (1861-1935) sowie Arthur Cecil Pigou und in Frankreich besonders von Charles Rist vertreten. Angesehene amerikanische Ökonomen, die zu dieser Gruppe gehören, waren Horace White und James Laurence Laughlin. In Italien wurde der Goldstandard von Maffeo Pantaleoni (1857-1924) und Vilfredo Pareto bedingungslos befürwortet. Der populäre Glaube an den »intrinsischen Wert« von Goldmünzen wurde als Aspekt des ewigen Kampfes zwischen Individuum und Staat beschrieben, da der Besitz von Gold als Schutz vor Mißbräuchen der wirtschaftlichen Macht durch die Regierung angesehen wurde.[54] Die Anhänger organizistischer Auffassungen wandten sich andererseits gegen den internationalen Goldstandard und betonten das souveräne Recht der Regierungen, die Währung zu manipulieren. Alle »romantischen« Ökonomen, wie Johann Gottlieb Fichte oder Adam Müller, waren Gegner des internationalen Goldstandards gewesen; ihre Auffassung fand Unterstützung bei nationalistisch gesinnten deutschen Autoren. Eine konsequente Formulierung fand diese Ablehnung in den neuscholastischen Lehren Othmar Spanns sowie in der sogenannten staatlichen Theorie des Geldes, wie sie von Georg Friedrich Knapp und seinen Anhängern vertreten wurde.

Wegen ihres Glaubens an den Begriff der »Substanz« verbanden die vom Marxismus überzeugten Sozialisten den Wert des Geldes mit der Arbeitskostentheorie; sie waren außerstande, den Wert der Zahlungsmittel zu

---

54 Siehe Charles Rist, *Histoire des doctrines relatives au crédit et à la monnaie depuis John Law jusqu'à nos jours*, Paris 1938 (deutsch: *Geschichte der Geld- und Kredittheorien von John Law bis heute*, Bern 1947, S. 82, 325). »Jede Abwertung ist ein Sieg des Staats in dem Interessenwiderstreit zwischen ihm und seinen Bürgern oder zwischen gewissen Kategorien von Bürgern und den anderen.«

erklären, auf welche sich diese Theorie nicht anwenden ließ. Andere Sozialisten, die weniger von doktrinären Vorurteilen beeinflußt waren, betrachteten radikale Geldreformen als wirksamstes Mittel zur Förderung revolutionärer Veränderungen der bestehenden Wirtschaftsordnung. Einer der bemerkenswertesten Pläne dieser Art wurde von Silvio Gesell vorgetragen. Gesells Vorschläge sollten zum Wachstum des »Realkapitals« beitragen: Im Mittelpunkt stand der Gedanke, das Horten zu bestrafen, indem den Geldbesitzern eine jährliche Steuer von etwa 5,2 Prozent auferlegt wird. Geld sollte seinen Wert nur behalten, wenn es jeden Monat mit einer Marke »gestempelt« wird, die auf dem Postamt zu erwerben wäre. Auf diese Weise sollte erreicht werden, daß Geld nicht mehr gehortet wird, und Gesell erwartete Steigerungen der Kapitalakkumulation in solchem Maße, daß der Zinsfuß auf Null sinken und Zins nur als Kompensation für besondere Risiken gezahlt würde, die mit der Finanzierung bestimmter Unternehmen verbunden sind. Gesells Vorschläge wurden von sogenannten Freiland-Freigeld-Vereinen in der Schweiz und in Deutschland getragen. In Frankreich genossen sie die Unterstützung des Ministerpräsidenten Édouard Daladier. In den Vereinigten Staaten wurden sie von Irving Fisher verteidigt.[55]

Die Anhänger der Grenznutzenanalyse sahen sich beträchtlichen Schwierigkeiten ausgesetzt, als sie versuchten, ihre Geldtheorie den allgemeinen Grundsätzen ihrer Lehre anzugleichen, da die Zahlungsmittel keinen eigenen, von der Nützlichkeit der Waren unabhängigen Nutzen zu haben schienen. Carl Menger, der den Geldwert vom Warencharakter der Geldmetalle ableitete, betonte den zusätzlichen Wert, den Geld durch seine Funktionen als allgemeines Zahlungsmittel annehme.[56] Er definierte den Wert des Geldes als antizipierten Wert der Güter, die durch die Kaufkraft der Zahlungsmittel verfügbar werden. Diese Auffassung wurde von zahlreichen Anhängern des marginalistischen Denkens übernommen.[57]

---

55 Silvio Gesell entwickelte seine Gedanken vor allem in zwei Büchern: *Die Verwirklichung des Rechtes auf den vollen Arbeitsertrag*, Leipzig 1906, und *Die neue Lehre von Geld und Zins*, Berlin 1911. Sein Werk über *Die natürliche Wirtschaftsordnung durch Freiland und Freigeld* (1911, 3. Auflage Bern 1919) wurde 1929 unter dem Titel *The Natural Economic Order* ins Englische übersetzt. Siehe Irving Fisher, *After Reflation, What?*, New York 1933. Siehe auch John Maynard Keynes, *General Theory of Employment, Interest and Money*, London 1936, S. 353 (deutsch: *Allgemeine Theorie der Beschäftigung, des Zinses und des Geldes*, München/Leipzig 1936, S. 298-302).
56 Siehe Carl Mengers Artikel »Geld« im *Handwörterbuch der Staatswissenschaften*, 3. Auflage, Band 4, Jena 1909.
57 William Smart, *Introduction to the Theory of Value*, London 1891, S. 45. Maffeo Pantaleoni sah in dem Nutzen, der sich aus seinen rein monetären Funktionen

Sorgfältige Analysen der Nachfrage veranlaßten Menger und William Stanley Jevons, denjenigen Geldfunktionen Beachtung zu schenken, die sich aus seiner Verwendung als Mittel zur Wertaufbewahrung sowie zur Absicherung gegen die Ungewißheit der Zukunft ergeben.[58] Sie verbanden diese Beobachtungen jedoch nicht mit einer allgemeinen Geldtheorie.

Léon Walras vertrat, ebenso wie Jevons und Menger, eine Warentheorie des Geldes, schrieb jedoch die metallische Grundlage der meisten Währungen psychologischen Überlegungen zu, die durch die Macht der Gewohnheit erstarrt seien.[59] Um die Grenznutzenanalyse zur Bestimmung des Geldwerts verwenden zu können, bediente er sich einer kühnen Annahme: daß der Wert seines *numéraire* ausschließlich vom Nutzwert des Geldmetalls bestimmt werde, während Veränderungen dieses Wertes durch die Geldfunktionen außer acht bleiben. Von verschiedenen Autoren, wie Knut Wicksell und Ladislaus von Bortkiewicz, wurde die Erklärungskraft dieser Analyse in Zweifel gezogen.[60] Sie verwiesen auf die Schwankungen im Tauschwert des Geldes, die durch die unterschiedlichen Rollen zustande kommen, die das Geld auf den Märkten der katallaktischen Wirtschaft zu spielen hat.

In seiner Diskussion des Geldbedarfs traf Walras eine Unterscheidung zwischen dem Nutzen des *numéraire*, dem Wert des Geldes als Zahlungsmittel, und dem Nutzen des Geldes als *encaisse désirée*, jenem Bestand an Barmitteln, den die einzelnen Wirtschaftssubjekte zu halten

---

herleitet, eine ausreichende Basis für den Tauschwert des Geldes: *Principi di economia pura*, Florenz 1889, S. 260 ff.

58 William Stanley Jevons, *Money and the Mechanism of Exchange*, London 1875 (deutsch: *Geld und Geldverkehr*, Leipzig 1876). Jevons erörterte sehr klar vier verschiedene Geldfunktionen: als Tauschmittel, Wertmaß, Wertstandard und Wertaufbewahrungsmittel. Er schlug vor, die Geldformen nach diesen Funktionen zu differenzieren und sprach sich für die Einrichtung eines *tabular standard* für aufgeschobene Zahlungen aus. Jevons' Empfehlungen wurden posthum von H. S. Foxwell veröffentlicht: *Investigations in Currency and Finance*, London 1884. Dort findet sich auch ein Beitrag zur Verwendung von Indexzahlen für die Messung des Wertes der Währung.

59 Nach der Veröffentlichung seiner *Théorie de la monnaie*, Paris 1886 (deutsch: *Theorie des Geldes*, Jena 1922), modifizierte Walras seine Geldtheorie im Laufe der Zeit noch erheblich. Eine umgearbeitete Fassung seiner *Théorie de la monnaie* wurde in seine *Études d'économie politique appliqué*, Lausanne 1898, aufgenommen, und auch die letzten Auflagen seiner *Eléments d'économie politique pure ou théorie de la richesse sociale*, 2 Bände, Lausanne 1874-1877, wurden entsprechenden Anpassungen unterzogen.

60 Knut Wicksell, *Geldzins und Güterpreise*, Jena 1898, S. 27; und Ladislaus von Bortkiewicz, »Der subjektive Geldwert«, in: *Schmollers Jahrbuch für Gesetzgebung, Verwaltung und Volkswirtschaft* 44 (1920), S. 153-190.

wünschen.[61] Er brachte die Notwendigkeit einer Kassenhaltung [*fonds de roulement*] mit der Tatsache in Zusammenhang, daß die Marktpreise, sind sie einmal durch die Gruppen der Marktteilnehmer bestimmt worden, erst zu späteren Terminen gezahlt werden müssen. Die Kassenbestände, auf die er sich bezog, dienten also nicht als Reserve für künftige Eventualitäten im strengen Sinne. Der Walrassche Hinweis auf Geld als vorrätig gehaltene Mittel für künftige Zahlungen [*service d'approvisionnement*] wurde von dem österreichischen Ökonomen Karl Schlesinger ausgearbeitet. In seiner Analyse solcher Vorräte unterschied Schlesinger zwischen denen, die zur Leistung künftiger Zahlungen dienen, und denen, die zur Absicherung gegen künftige Ungewißheiten gehalten werden. Auf die Bestände der zuletzt genannten Art wandte er die Prinzipien der Grenznutzenanalyse an, da in die Bestimmung ihrer Verwendungen Probleme alternativer Wahlakte eingehen. Dieser bedeutsame Beitrag zur Geldtheorie wurde weitgehend übersehen, selbst von den österreichischen Marginalisten.[62]

Die von Walras empfohlene Geldpolitik beruhte auf dem Gedanken, Gold als normales Geldmetall beizubehalten und Silbermünzen als Mittel zur Kontrolle des Preisniveaus zu verwenden. Darüber hinaus schlug er Maßnahmen vor, mit denen die Banken daran gehindert werden sollten, über die bei ihnen hinterlegten Beträge hinaus Darlehen zu gewähren.

Eine ernste Herausforderung für die von den Schülern Mengers unternommenen Bemühungen, eine Geldtheorie zu entwickeln, die im Einklang mit den Grenznutzenprinzipien steht, ging von Knapps Versuch aus, monetäre Probleme gänzlich von der Wertanalyse abzutrennen. Den österreichischen Ökonomen standen die praktischen Folgen der Knappschen Lehren sehr genau vor Augen; es war abzusehen, daß sie jeder willkürlichen Manipulation der Zahlungsmittel durch staatliche Behörden die »theoretische« Rechtfertigung liefern würden. Auf dem Treffen des Vereins für Socialpolitik im Jahre 1909 in Wien verteidigte Friedrich von Wieser, der die Opposition gegen die Auffassungen Knapps anführte, eine Version der Warentheorie des Geldes ähnlich derjenigen, die

---

61 Die Walrassche Definition der »Notwendigkeit, materielles Geld vorrätig zu halten«, wurde von John R. Hicks, »Gleichgewicht und Konjunktur«, in: *Zeitschrift für Nationalökonomie* 4 (1933), S. 441-455, und von Arthur W. Marget, »The Monetary Aspects of the Walrasian System«, in: *Journal of Political Economy* 43 (1935), S. 145-186, diskutiert. Marget bemerkte, das Bedürfnis nach einer Kassenhaltung ergebe sich nicht nur aus der Ungewißheit künftiger Ereignisse, sondern auch aus der mangelnden Synchronisierung zwischen dem Empfang des Einkommens und seiner Ausgabe.

62 Karl Schlesinger, *Theorie der Geld- und Kreditwirtschaft*, München 1914. Siehe auch Arthur W. Marget, »Léon Walras and the Cash Balance Approach«, in: *Journal of Political Economy* 39 (1931), S. 594.

Menger vertrat.⁶³ Seine Unterscheidung zwischen äußerem und innerem Geldwert sollte Veränderungen im Wert des Geldes, die durch gewandelte Bedingungen von Angebot und Nachfrage auf Warenmärkten zustande kommen, von Veränderungen abgrenzen, die sich der Wirkung von Faktoren auf seiten des Geldes verdanken, etwa Änderungen der Währungsstandards, größere Umlaufsgeschwindigkeit, größeres Volumen der Zahlungsmittel und dergleichen. In einer 1919 veröffentlichten Studie wurde die Zweckmäßigkeit dieser Unterscheidung von dem holländischen Ökonomen C. A. Verrijn Stuart in Zweifel gezogen, und zwar mit der Begründung, daß Veränderungen des allgemeinen Preisniveaus ausschließlich durch Faktoren verursacht sein könnten, die auf der Seite des Geldes wirken.⁶⁴

Wichtiger als diese Distinktionen war Wiesers Versuch, den Geldwert als letztes Ergebnis der kombinierten Grenznutzen der Einkommenseinheiten zu erklären. Diesem Gedankengang zufolge gibt jeder einzelne Warenpreis genau das Geldäquivalent der Schätzungen wieder, die von relevanten Käufergruppen dem Nutzen der Ware und dem Grenznutzen ihrer Einkommenseinheiten beigelegt werden. Carl Menger hatte den Ausdruck *subjektiver Tauschwert* verwandt, um die Bedeutung zu bezeichnen, die der einzelne der Einheit seines Geldeinkommens beimißt. Der Grenznutzen der Einkommenseinheit müßte danach mit jeder Ausweitung des Volumens der umlaufenden Zahlungsmittel sinken, da sie zu Einkommenssteigerungen und in deren Folge zu Preissteigerungen führt.⁶⁵ Wieser schlug vor, den *objektiven Tauschwert* des Geldes mit Hilfe von Indizes zu messen, die auf der Grundlage von Kaufkraftveränderungen der Einkommen anhand fester Warengruppen zu errechnen wären. Diese Warengruppen sollten durch eine Untersuchung der Ausgaben repräsentativer Haushalte festgelegt werden. Unter solchen Bedingungen war anzunehmen, daß komplexe Prozesse disproportionaler Preisbewegungen zu einem allgemeinen Sinken des Tauschwerts des Geldes führen, sofern die Preissteigerungen nicht durch ein erhöhtes Angebot sehr marktgängiger Waren aufgewogen werden.

Ludwig von Mises folgte Wieser in der Anwendung der Grenznutzen-

---

63 Friedrich von Wieser, »Über die Messung der Veränderungen des Geldwerts«, in: *Verhandlungen des Vereins für Socialpolitik in Wien 1909*. Schriften des Vereins für Socialpolitik, Band 132, Leipzig 1910.
64 Siehe Johan G. Koopmans, »Zum Problem des Neutralen Geldes«, in: Hayek (Hg.), *Beiträge zur Geldtheorie*, a.a.O., S. 221.
65 Eine weitere Version dieser »Einkommenstheorie« des Geldes wurde von Otto von Zwiedineck[-Südenhorst] vorgetragen: »Die Einkommensgestaltung als Geldwertbestimmungsgrund«, in: [Schmollers] *Jahrbuch für Gesetzgebung, Verwaltung und Volkswirtschaft* 33 (1909), S. 132-189.

analyse auf die Entwicklung der Geldtheorie.[66] Wie Karl Knies vor ihm, wählte er die Methode des historischen Regresses, um den Tauschwert des Geldes von einem ursprünglichen Nutzwert der Geldmetalle herzuleiten; er war überzeugt, damit einen sicheren Ausgangspunkt für die Anwendung der Grenznutzenanalyse geschaffen zu haben.[67] Gegen den Versuch, eine genetische Beziehung zwischen einem ursprünglichen Wert im Gebrauch und der späteren Herausbildung eines Tauschwerts der Geldmetalle herzustellen, gab es keine ernsthaften Einwände. Doch abgesehen davon, daß das Geld auf diese Weise an den »Geist des Goldes« gebunden wird, gelang es diesem Verfahren nicht, den Wert von geschöpftem Geld zu erklären, das nicht eindeutig mit einer metallischen Grundlage verknüpft ist.[68]

Es war ganz offensichtlich, daß die Analyse von Angebot und Nachfrage kein zuverlässiges Verfahren zur Bestimmung des Geldwerts liefert. Schumpeter erklärte, die Geldnachfrage sei unbestimmt, während das Angebot an Zahlungsmitteln von Veränderungen ihres Volumens und ihrer Umlaufsgeschwindigkeit abhänge.[69] Schumpeter ging bei seiner Analyse von den monetären Aspekten der Walrasschen Ökonomie aus. Er charakterisierte den Besitz einer Geldeinheit als »Forderung« an die Gesellschaft, definierte die Geldzirkulation als »primitives ... Abrechnungssystem« und machte Mängel und Mißbräuche dieses Systems für viele unerwünschte Aspekte der kapitalistischen Ordnung verantwortlich. Obwohl er die genetische Erklärung des Geldwerts ablehnte, verteidigte er den Goldstandard als Bremse für willkürliche, inflationäre Steigerungen des Volumens der Zahlungsmittel. Er unterschied Geld als Wertmaßstab von Geld als Zahlungsmittel.[70]

Knut Wicksell hatte die Umkehrung der traditionellen Beziehung zwi-

66 Ludwig von Mises, *Theorie des Geldes und der Umlaufsmittel*, München/Leipzig 1912.
67 In verschiedenen anthropologischen Studien ist gezeigt worden, daß Geld aus der Verwendung wertvoller Gebrauchsgüter zu eher religiösen als merkantilen Zwecken hervorgegangen ist. Siehe Wilhelm Gerloff, *Die Entstehung des Geldes*, 3. Auflage, Frankfurt am Main 1947.
68 Siehe John R. Hicks, »A Suggestion for Simplifying the Theory of Money«, in: *Economica* 15 (1935), S. 1-19; Benjamin M. Anderson, *The Value of Money*, New York 1917, S. 103 ff.; und Howard S. Ellis, *German Monetary Theory, 1905-1933*, Cambridge, Mass. 1934, S. 86.
69 Joseph [Alois] Schumpeter, »Das Sozialprodukt und die Rechenpfennige«, in: *Archiv für Sozialwissenschaft und Sozialpolitik* 44 (1917), S. 627-715, hier S. 637.
70 Diese Unterscheidung wurde von Alfred Amonn, *Objekt und Grundbegriffe der theoretischen Nationalökonomie*, Wien 1911, und später von verschiedenen holländischen Autoren übernommen, etwa von Marius Wilhelm Holtrop und Johan G. Koopmans.

schen Geld und Kredit empfohlen und vorgeschlagen, Geld als besondere Art von Kredit zu betrachten, der der Gesellschaft oder noch unbekannten Güteranbietern beziehungsweise kreditsuchenden Darlehensnehmern gewährt wird. Für die Auffassung, Geld habe nur einen »nominellen« Wert, der mit der relativen Knappheit der Zahlungsmittel verbunden sei und *al pari* zirkuliere, wurde die Bezeichnung *Anweisungstheorie* [*claim theory*] verwendet. Der Geldwert und das allgemeine Preisniveau wurden als korrelative Begriffe betrachtet.[71]

Diese Theorie fand lebhaften Beifall bei jenen Autoren, welche die Grenznutzenanalyse bekämpften und den Goldstandard wegen seiner deflationären Wirkungen auf die Ökonomie ablehnten. Der herausragendste Vertreter dieser Auffassung war Gustav Cassel, dessen ökonomische Gleichungssysteme die Walrassche Konzeption einer stationären Gleichgewichtswirtschaft reflektierten und auf einer radikalen Trennung der Geldtheorie von den übrigen Gesichtspunkten der ökonomischen Analyse beruhten.[72] Cassel betrachtete die Einheit des Goldstandards als abstrakte Recheneinheit, die jede Beziehung zu ihrem Goldgewicht verloren habe; er erklärte die Papierwährung zum reinsten Typus der monetären Organisation. Angesichts der Interdependenz aller Preise schrieb er der Geldtheorie die Aufgabe zu, den »Multiplikationsfaktor« zu bestimmen, der erforderlich sei, um das Preissystem eindeutig zu determinieren. Gegen seine Formulierung der Grundprobleme der Geldtheorie wurde jedoch eine Reihe von Einwänden erhoben.[73]

Sieht man von unbedeutenderen Meinungsverschiedenheiten ab, gab es vor dem Ersten Weltkrieg fünf verschiedene Geldtheorien: (a) die ricardianische Warentheorie, die noch zahlreiche Anhänger hatte, obwohl sie mit einer unhaltbaren Produktionskostentheorie verknüpft war und keine Erklärung für den Tauschwert nichtmetallischer Währungen anbot; (b) komplementär dazu eine zweifelhafte Version der Quantitätstheorie des Geldes, welche die einzelnen Preise oder das Preissystem aus den Beziehungen zwischen dem Gesamtvolumen der umlaufenden Zahlungsmittel und dem Volumen der Geschäftsumsätze oder des Handels in Aktiva erklärte (die Vertreter dieser Theorie verkannten häufig die Tatsa-

---

71 Als eines der dringlichsten Probleme der Geldtheorie galt daher die Preisanalyse. Siehe etwa Langford L. Price, *Money and Its Relation to Prices*, London 1896; Edwin W. Kemmerer, *Money and Credit Instruments in Their Relation to General Prices*, New York 1907; und James Laurence Laughlin, *Money and Prices*, London 1919. Eine Formulierung der »Anweisungstheorie« in juristischen Begriffen gibt Louis Baudin, *La monnaie et la formation des prix*, Paris 1936.
72 Cassel, *Theoretische Sozialökonomie*, a.a.O. (englisch: a.a.O., S. 359, 432). Das Manuskript der deutschen Ausgabe dieses Lehrbuchs wurde vor dem Ausbruch des Ersten Weltkriegs fertiggestellt, jedoch erst 1918 veröffentlicht.
73 Siehe Don Patinkin, *Money, Interest and Prices*, Evanston 1956, Anm. 2.

che, daß das eigentliche Problem, das der Erklärung bedarf, in der Wahl der Standardeinheit liegt, die zur Feststellung dieser Relationen vorausgesetzt wird)[74]; (c) die »staatliche« Theorie des Geldes, die – ihrer Herkunft nach organizistisch – die Existenz und Funktionsweise monetärer Einrichtungen dem Machtspruch der Regierungen zuschrieb und wirkungsvoll dazu beitrug, die Warentheorie des Geldes auf dem europäischen Kontinent in Mißkredit zu bringen; (d) die »Einkommenstheorie«, die sich von der Grenznutzenanalyse herleitete und die Werte des Geldes mit der Bedeutung in Zusammenhang brachte, welche die Individuen den Einheiten ihres Einkommens beilegen; und (e) die »Anweisungstheorie«, die den Wert des Geldes mit der Kaufkraft der Geldeinheit verband.
Wie die Einkommenstheorie ging die Anweisungstheorie bei ihrer Analyse von individuellen Schätzungen aus und berücksichtigte die Funktion des Geldes als Vorrat an Barmitteln zur Verwendung in näherer oder fernerer Zukunft. In Anbetracht der Tatsache, daß sowohl der Einkommenstheorie als auch der Anweisungstheorie Grenznutzenüberlegungen zugrunde liegen, lassen sich diese beiden Theorien als zwei Versionen derselben Lehre betrachten. Die staatliche Theorie und die »werttheoretische« Fassung der Quantitätstheorie liefern keine Erklärung für den Geldwert und lassen sich daher kaum als *Theorien* im eigentlichen Sinne ansprechen. Somit vermindert sich die Anzahl der monetären Theorien, die diesen Namen verdienen, auf zwei: die Warentheorie und die Anweisungstheorie. Knapps irreführende Unterscheidung zwischen »Warentheorien« und »nominalistischen Theorien« führte zu weitverbreiteter Verwirrung. Er benutzte den Ausdruck *Warentheorie* für alle Theorien, die den Wert des Geldes mit dem Wert der Geldmetalle verknüpfen, ohne Rücksicht darauf, ob der Wert der Metalle mit der »Substanz« dieser Metalle verbunden oder von der Bedeutung abgeleitet wird, die die Individuen den Metallen und ihren Verwendungen beilegen.[75]

74 Eine solche Version der Quantitätstheorie des Geldes wurde von dem Amerikaner Francis A. Walker vertreten: »The Quantity-Theory of Money«, in: *The Quarterly Journal of Economics* 9 (1894/95), S. 372-379. Er glaubte, das allgemeine Gesetz von Angebot und Nachfrage sei auch auf Geld anwendbar; eine Auffassung, die von Wesley C. Mitchell, »The Quantity Theory of the Value of Money«, in: *Journal of Political Economy* 4 (1895/96), S. 139-165, und von James Laurence Laughlin, »The Quantity Theory of Money«, in: *Journal of Political Economy* 32 (1924), S. 276, kritisiert wurde. Siehe auch Frank W. Taussig, *Principles of Economics*, 2 Bände, 3. Auflage, New York 1925, Band 1, der die Quantitätstheorie als Sonderfall des allgemeinen Gesetzes von Angebot und Nachfrage betrachtete, ohne die Bedingungen zu spezifizieren, unter denen diese Begriffe auf die Zahlungsmittel anwendbar sein sollten.
75 Schumpeter, »Das Sozialprodukt und die Rechenpfennige«, a.a.O., S. 649. Zu Knapps Gruppierung der Geldtheorien siehe Ellis, *German Monetary Theory, 1905-1933*, a.a.O., S. 4.

Die rivalisierenden Auffassungen vom Wesen des Geldes und den Quellen seines Tauschwertes spiegelten sich in unterschiedlichen Definitionen der Reichweite des Geldbegriffs. Die konservativen Verfechter des Goldstandards zogen eine scharfe Grenze zwischen Metallgeld und allen anderen Zahlungsmitteln – Banknoten, Schuldscheinen, Schecks, die während ihrer Gültigkeitdauer von Hand zu Hand gehen, Krediten, die von den Banken über die bei ihnen hinterlegten Beträge hinaus gewährt werden, oder ungedecktem Papiergeld jeder Art.[76] Zahlreiche andere, zumal französische Autoren benutzten den Ausdruck *fiduziäres Geld* für Banknoten im Unterschied zu Metallgeld. Sie argumentierten, daß Zahlungsmittel nur dann als Geld bezeichnet werden sollten, wenn sie einen »eigenen Wert« hätten, der es ihnen ermögliche, als Wertmaßstab zu dienen. Mit dieser Auffassung war gelegentlich der Glaube verbunden, die »Substanz« der Geldmetalle sei zur Bestimmung ihres Werts unabdingbar. Ein ähnlicher Versuch, zwischen Metallgeld – als »Geld« im eigentlichen Sinne – und anderen Zahlungsmitteln streng zu unterscheiden, wurde auch von marginalistischen Autoren wie Knut Wicksell und Ludwig von Mises unternommen, die sich bemühten, mit Hilfe der Grenznutzenanalyse zumindest den Wert des Metallgelds zu erklären.

Die Anhänger der Anweisungstheorie, die in der Metalldeckung einer Währung bloß einen geschichtlichen Zufall sahen, wandten den Ausdruck *Geld* unterschiedslos auf alle Tauschmittel an. Diese Ausdrucksweise, die auf Schumpeter und Cassel zurückgeht, wurde von einer Gruppe englischer Autoren übernommen.[77] Zusätzliche terminologische Schwierigkeiten erzeugten die Anhänger von Knapps »chartalistischen« Auffassungen, die überzeugt waren, nur solches Geld sei Geld im strengen Sinne des Wortes, das sich – von jeder metallischen Grundlage befreit – allein dem Machtspruch staatlicher Autoritäten verdankt.[78]

Die Quantitätstheorie des Geldes

Der Wandel in der Betrachtungsweise der Wirtschaft, der im ersten Jahrzehnt dieses Jahrhunderts eintrat, ist kaum besser als durch einen Überblick über die Geschichte der Quantitätstheorie des Geldes zu veran-

---

76 Siehe Rist, *Histoire des doctrines relatives au crédit et à la monnaie*, a.a.O. (deuttsch: a.a.O., S. 290f.).

77 Zu dieser Gruppe gehörten Dennis Holme Robertson, *Money*, London 1921 (deutsch: *Das Geld*, Wien 1935); Robert Alfred Lehfeldt, *Money*, London 1926; und Ralph G. Hawtrey, *Currency and Credit*, London 1919 (deutsch: *Währung und Kredit*, Jena 1926).

78 Karl Helfferich, *Das Geld*, Leipzig 1923; Kurt Singer, *Das Geld als Zeichen*, Jena 1920; Robert Liefmann, *Geld und Gold*, Leipzig 1910.

schaulichen. Gestützt auf einige tastende Versuche merkantilistischer Autoren, bestimmte Beziehungen zwischen Aggregaten ökonomischer Größen aufzustellen, verknüpfte diese Theorie Geldangebot und Geldnachfrage mit Faktoren, die sich unabhängig von jeder Erklärung des Geldwerts analysieren ließen. Der Begriff *Quantitätstheorie*, wie er in diesem Zusammenhang gebraucht wird, ist deutlich von der irreführenden Verwendung zu trennen, die den gleichen Ausdruck für die Auffassung in Anspruch nimmt, der Wert des Geldes lasse sich aus den Verhältnissen zwischen dem Volumen der Handelstransaktionen und der Menge der umlaufenden Zahlungsmittel erklären.[79] Da die Theorie jedoch im Hinblick auf Metallgeld formuliert wurde, verlor sie ihre Bedeutung, als man erkannte, daß diese Zahlungsmittel nur einen Bruchteil der Gesamtkaufkraft ausmachen, die dem Gesamthandelsvolumen entspricht.

Ihre Wiederbelebung verdankt diese Theorie hauptsächlich einer Neuformulierung und Umdeutung durch Irving Fisher[80], der sie den Erfordernissen einer verfeinerten Preisanalyse anpaßte. Seine »Verkehrsgleichung«, die von Simon Newcomb (1835-1909) angeregt wurde, sollte für eine statische Wirtschaft – bei voller Nutzung aller verfügbarer Ressourcen – die Beziehungen zwischen einer Reihe von Größen definieren, die als Bestimmungsfaktoren für das durchschnittliche Preisniveau und den Kehrwert der Kaufkraft des Geldes galten. Newcombs Gleichung diente zur Illustration der Behauptung, daß allgemeine Einkommenssteigerungen mit letztlich proportionalen Steigerungen der Preise und Löhne einhergingen. In seiner Diskussion der »Schnelligkeit« der Zirkulation verwies er auf veränderte Erwartungen als wichtiges Element bei der Bestimmung ungenutzter Kassenbestände.[81] In Fishers Gleichung wird das Preisniveau (P), eine abstrakte Größe, als Funktion von fünf ökonomischen Variablen definiert: der Menge des umlaufenden Bargeldes (M), des Volumens der Sichtguthaben (M'), der Umlaufsgeschwindigkeiten der beiden monetären Größen (V und V') und schließlich des Handelsvolumens (T). Bei seiner Messung der Umlaufgeschwindigkeit stützte sich Fisher auf die durchschnittliche Zeitdauer, in der Gelder ungenutzt als Kassenbestände gehalten werden. Das Handelsvolumen wird durch den Gesamtwert der Güter und Dienstleistungen dargestellt, die in dem betreffenden Zeitraum Gegenstand von Tauschtransaktionen sind. Die Ver-

---

79 Siehe Hugo Hegeland, *The Quantity Theory of Money*, Göteborg 1951.
80 Irving Fisher, *The Purchasing Power of Money*, New York 1911 (deutsch: *Die Kaufkraft des Geldes*, Berlin/Leipzig 1922). Als kenntnisreiche Geschichte der bisherigen mathematischen Darstellungen der Beziehungen zwischen dem Volumen des Geldes und seiner Umlaufgeschwindigkeit einerseits und dem Handelsvolumen andererseits bietet sich an: Arthur W. Marget, *The Theory of Prices*, 2 Bände, New York 1938, Band 1.
81 Simon Newcomb, *Principles of Political Economy*, a.a.O.

kehrsgleichung lautet dann: P T = M V + M' V'. Wir brauchen nicht in eine Diskussion der verwickelten Probleme einzutreten, die mit der Definition der Hauptvariablen (M, M' und T) in dieser Gleichung verbunden sind. Fishers Konzeption des Geldes war kein Reflex einer bestimmten Geldtheorie; von verschiedenen Autoren wurde die Formel abgeändert und auf ihre jeweilige Theorie zugeschnitten.
In den ökonomischen Lehrbüchern fand diese Gleichung rasch ausführliche Darstellungen. Sie erfüllte zwei wichtige Aufgaben: Zum einen lieferte sie den Multiplikator für die Transformation der relativen Preise der Gleichgewichtsanalyse in absolute Preise.[82] Darüber hinaus diente sie zur Illustration von zwei Thesen, die Fisher aufstellte: (a) daß zwischen dem Preisniveau und der Menge der umlaufenden Zahlungsmittel (einschließlich der Sichtguthaben, die während eines Jahres ausgezahlt werden) strenge Proportionalität herrscht; (b) daß das Preisniveau die abhängige Variable ist, die sich den Veränderungen der übrigen Größen, die in der Gleichung enthalten sind, anpaßt – und daß umgekehrt Veränderungen des Preisniveaus, die auf nichtmonetäre Ursachen zurückgehen, keinen Einfluß auf das Geldvolumen, die Umlaufsgeschwindigkeit und das Handelsvolumen haben. In seiner Interpretation der Gleichung nahm Fisher an, daß die Umlaufsgeschwindigkeit und das Handelsvolumen unverändert bleiben, daß Geldmengenzuwächse gewöhnlich mit Kreditexpansionen einhergehen und somit zu Störungen zwischen der Höhe der Kassenbestände und der individuellen Ausgaben führen. Um die jeweiligen Beziehungen zwischen den Größen zu ermitteln, aus denen sich die Formel zusammensetzt, hielt Fisher statistische Untersuchungen für erforderlich. Eine Zeitlang veröffentlichte er regelmäßig Schätzungen der einzelnen Posten. In seiner Analyse monetärer Probleme vermied er sorgsam alle Begriffe oder Behauptungen, die keiner statistischen Messung zugänglich sind.[83]
Fishers Behauptung, die Geldmenge sei die unabhängige Variable, das Preisniveau hingegen eine Funktion dieser Menge, war als theoretischer Hintergrund für den *compensated dollar standard* gedacht, den Fisher befürwortete und in dessen Mittelpunkt der Vorschlag stand, in regelmäßigen Abständen den Metallgehalt der Geldeinheit den Veränderungen des verfügbaren Goldvorrats anzupassen.[84] Dahinter stand die Auffassung, daß der Umlauf der Zahlungsmittel dem realen Funktionieren der Tauschwirtschaft äußerlich sei und daß das »Preisniveau« durch geeig-

---

82 Siehe Gunnar Myrdal, »Der Gleichgewichtsbegriff als Instrument der geldtheoretischen Analyse«, in: Hayek (Hg.), *Beiträge zur Geldtheorie*, a.a.O., S. 372.
83 Fisher, *The Purchasing Power of Money*, a.a.O., S. 150 (deutsch: a.a.O.). Siehe auch James W. Angell, *The Behavior of Money. Exploratory Studies*, New York 1936.
84 Irving Fisher, *Stabilizing the Dollar*, New York 1920, und ders., *The Monetary Illusion*, New York 1928.

nete Manipulationen des Geldvolumens konstant gehalten werden
könne. Der Begriff des Preisniveaus stand jedoch unterschiedlichen Deutungen offen.[85]
Ähnliche Überlegungen führten zu mancherlei anderen Vorschlägen, denen es um die Stabilisierung der Kaufkraft des internationalen Metallstandards ging. Ebenso war die Einrichtung einer stabilen Papierwährung Gegenstand verschiedener Pläne.[86] Der Gedanke, ein stabiles allgemeines Preisniveau – etwa von Großhandelspreisen – zu erhalten, traf auf den Einwand, daß Maßnahmen, die in dieser Absicht ergriffen werden, auf verschiedene Preisgruppen unterschiedliche Wirkungen haben können und möglicherweise mit der viel wichtigeren Aufgabe unvereinbar seien, die Kaufkraft eines gegebenen Einkommens zu stabilisieren.[87]
Fishers Gleichung erfreute sich eine Zeitlang weitverbreiteter Anerkennung. Besonders auffällig war die Verwendung, die sie bei Cassel fand. Cassels Verkehrsgleichung ähnelte derjenigen Fishers, doch zweifelte Cassel an der Möglichkeit, in einer dynamischen Wirtschaft die Wirkungen von Geldmengenzuwächsen auf die Umlaufsgeschwindigkeit, die Expansion der Bankeinlagen und das Volumen des aktiven Handels zu bestimmen. Seine Warnungen, daß die Welt den düsteren Konsequenzen einer gefährlichen Goldknappheit entgegensehe, erregten beträchtliches Aufsehen und waren Gegenstand längerer Diskussionen, bis sie durch die allmähliche Verdrängung des Goldstandards von seiner bis dahin beherrschenden internationalen Stellung ihre praktische Bedeutung verloren.

Der Glaube an die Verkehrsgleichung als verläßliches Instrument der Preisanalyse wurde durch eine Vielzahl von Kritiken zunehmend untergraben.[88] Sie begannen mit der Frage, ob denn Veränderungen des relativen Warenwerts tatsächlich ohne Einfluß auf das allgemeine Niveau der Preise blieben.[89] Einwände anderer Art entsprangen einer theoretischen

85 Siehe Rist, *Histoire des doctrines relatives au crédit et à la monnaie*, a.a.O. (deutsch: a.a.O., S. 242 ff.).
86 Ein solcher Plan wurde von Sir Basil P. Blackett in *Planned Money*, London 1932, vorgebracht.
87 In seinem *Leerboek der Statshuishoudkunde*, Haarlem 1884-1890 (englisch: *Principles of Economics*, London 1902-1912) untersuchte der holländische Ökonom Nicolas G. Pierson die Probleme, die solche Stabilisierungspläne aufwerfen, und entwickelte den Begriff sektorieller Preisniveaus.
88 Im Vorübergehen sei auf einige Einwände von Anhängern der Ricardoschen Produktionskostentheorie des Geldwerts hingewiesen. Siehe zum Beispiel Achille Loria, *Il valore della moneta*, Turin 1891, und Thomas N. Carver, »The Value of the Money Unit«, in: *The Quarterly Journal of Economics* 11 (1896/97), S. 429-435.
89 Derartige Argumente wurden von James Laurence Laughlin in *Principles of Money*, London 1903, und *Money and Prices*, a.a.O., vorgetragen. Laughlin stellte auch die Stichhaltigkeit des Begriffs eines abstrakten Preisniveaus in Frage. Einen ähnlichen

Abneigung gegen die Herstellung kausaler Beziehungen zwischen Veränderungen im Volumen ökonomischer Größen. Darüber hinaus führte Wesley C. Mitchell als grundsätzlicher Gegner der Gleichgewichtsanalyse das Argument ins Feld, daß die drei Hauptelemente von Fishers Formel – der Umfang des Zahlungsverkehrs, das Preisniveau und das Handelsvolumen – drei Stufen eines zeitlich ausgedehnten Prozesses seien. Nach seiner Ansicht sind die statischen Annahmen, die der Formel zugrunde liegen, mit der Aufgabe der Analyse ökonomischer Prozesse nicht zu vereinbaren.[90]

Wachsende Zweifel bezogen sich auf die Annahme, daß die Größen, die das allgemeine Preisniveau bestimmen sollten, voneinander unabhängige Variable seien. So wurde gezeigt, daß Erhöhungen der Umlaufsgeschwindigkeit häufig mit Expansionen der Geldmenge zusammenfallen[91]; daß Steigerungen des Preisniveaus oft von den stimulierenden Wirkungen aufgefangen werden, die von einer Kreditexpansion auf das Handelsvolumen oder die Güterzirkulation ausgehen; daß die Menge der umlaufenden Zahlungsmittel vom Niveau der Preise beeinflußt wird und daß sich feste Relationen zwischen der Umlaufsgeschwindigkeit des Bargeldes und des Giralgeldes feststellen lassen.[92] Tookes Beobachtung, daß steigende Warenpreise häufig mit steigenden Diskontsätzen einhergehen, erregte Aufmerksamkeit.[93]

Kritische Einwände wurden ebenso gegen einige kaum gerechtfertigte Schlußfolgerungen erhoben, die aus Fishers Gleichung gezogen worden waren; etwa dagegen, daß der Geldmechanismus die relativen Preise und die Produktion nicht berühre, sofern das allgemeine Preisniveau stabil bleibt, und daß auf ein steigendes Preisniveau stets eine Ausweitung der Produktion beziehungsweise auf ein sinkendes Preisniveau entsprechende Kontraktionen folgten. Umstritten war die Definition des Be-

---

Ansatz vertrat Bertrand Nogaro, *La monnaie et les phénomènes monétaires contemporains*, Paris 1935.

90 Wesley C. Mitchell, *Business Cycles*, New York 1927, S. 130 (deutsch: *Der Konjunkturzyklus*, Leipzig 1931, S. 123 f.).

91 Gelegentlich wurde der Ausdruck *Proportionalitätstheorie des Geldes* gebraucht, um die Korrelation hervorzuheben, die bereits die Aufmerksamkeit des Merkantilisten Verri geweckt hatte und in seinen *Meditazioni sulla economia politica*, Genua 1771, erwähnt worden war. Siehe Rist, *Histoire des doctrines relatives au crédit et à la monnaie*, a.a.O. (deutsch: a.a.O., S. 95). Zu der Frage, inwieweit die Kovariationsmethode zur Analyse dieser Beziehung verwendbar ist, vergleiche Ellis, *German Monetary Theory, 1905-1933*, a.a.O., S. 139.

92 Anderson, *The Value of Money*, a.a.O., S. 137.

93 Siehe Thomas Tooke, *An Inquiry into the Currency Principle*, London 1844, Kapitel 8. Keynes bezeichnete diese Beobachtung als das *Gibson Paradox*; so in: *A Treatise on Money*, 2 Bände, London 1930, Band 2, S. 198 (deutsch: *Vom Gelde*, München/Leipzig 1932, S. 457 ff.).

griffs »Gesamthandelsvolumen« und seiner Beziehung zum Nationaleinkommen. Diskussionen über die implizite Bedeutung von Fishers *Ceteris-paribus*-Klausel offenbarten die Existenz verwickelter Probleme, die mit dem Einfluß der Zeit auf die Beziehungen zwischen Preisen und Geldmenge zusammenhängen. Kritisiert wurden zudem die Methoden, die Fisher zur Messung des allgemeinen Preisniveaus und des Volumens der Zahlungsmittel benutzte; die Gültigkeit der Gleichung – so lautete das Argument – lasse sich besser begründen, wenn man die Reichweite der darin enthaltenen Variablen erweitert.[94]

Eine bedeutsame Abwandlung der Verkehrsgleichung wurde schließlich durch die Weiterentwicklung der Überlegungen herbeigeführt, die dem »Kassenhaltungsansatz« zugrunde lagen, wie er von Walras vorgeschlagen worden war und von Wicksell entfaltet wurde. Wicksell stellte dem »individualistischen« System des Haltens von Barmitteln, das in Fishers Formel unausgesprochen enthalten ist, die Existenz einer »kollektiven Kassenhaltung« gegenüber, die sich aus der Annahme von Einlagen durch die Banken entwickelt habe. Seine Beschreibung des »kumulativen Prozesses« steigender Preise sollte erklären, wie Steigerungen der Bankreserven letztlich zu einer Erhöhung der Preise führen und wie kompensatorische Bewegungen auf die Wiederherstellung eines stabileren Preisniveaus hinwirken. Wicksell erhob Einwände gegen die Unterscheidung, die gewöhnlich zwischen umlaufendem (liquidem) und nicht im Verkehr befindlichem Geld getroffen wurde. Er warf die Frage auf, ob die Umlaufsgeschwindigkeit selbständige oder nur symptomatische Bedeutung für das Geldwesen hat, und betonte die Unterschiede zwischen den Preisbewegungen für Kapitalgüter und für Konsumgüter. Als »virtuelle« Umlaufsgeschwindigkeit definierte Wicksell die Beziehung zwischen der Gesamtheit der Zahlungen und der Menge des Metallgeldes, das von den Geschäftsbanken und vom privaten Sektor in bar gehalten wird. Offen blieb die Frage, ob Wicksell zu den Anhängern der Verkehrsgleichung oder zu ihren Gegnern zu zählen ist.[95]

Die Cambridger Ökonomen, die den Kassenhaltungsansatz übernahmen, ersetzten die traditionelle Fassung der Quantitätstheorie (in »Verkehrsgrößen«) durch eine Formel, die folgendermaßen lautet: $M = K P T$. Marshall billigte die herkömmliche Verkehrsgleichung als nützliche Methode zur Bestimmung der Relation zwischen dem Volumen des umlaufenden Geldes und dem Preisniveau, sofern alle übrigen Faktoren gleich bleiben; er zog jedoch das Verfahren in Zweifel, eine Vielzahl von

---

94 Siehe Marget, *The Theory of Prices*, a.a.O., Band 1, S. 64.
95 Knut Wicksell, *Föreläsningar i nationalekonomie*, a.a.O., Band 2 (deutsch: a.a.O., Band 2, S. 160 ff.; englisch: a.a.O., Band 2, S. 143 ff.).

recht unterschiedlichen Variablen in die *Ceteris-paribus*-Klausel einzupferchen. Und er empfahl den Cambridger Ökonomen den Kassenhaltungsansatz mit der Bemerkung, die Leute seien darauf bedacht, einen größeren oder kleineren Anteil ihrer Ressourcen in Form von Bargeld zu halten.[96] In seiner Gleichung steht M für das gesamte Geldangebot; K ist eine Indexzahl, die das physische Komplement zu den vom privaten Sektor gehaltenen Barmitteln und Sichteinlagen darstellt; P ist das Preisniveau der umgesetzten Waren und T das Volumen der geplanten Transaktionen. Demnach bezieht sich P T auf den Gesamtwert der Transaktionen in der laufenden Produktion, anders gesagt: auf das Nationaleinkommen. K ist der Kehrwert von V, der Umlaufsgeschwindigkeit der Fisher-Newcomb-Formel. Bei der Bestimmung des Preisniveaus und seiner Veränderungen wird dieser Geschwindigkeit vorrangige Bedeutung beigemessen.

Zu den charakteristischen Merkmalen des Kassenhaltungsansatzes gehört es, daß er sich erweitern läßt, indem man die Geldnachfrage unter die Variablen aufnimmt.[97] Anders als die bisherige Fassung der Gleichung (in »Verkehrsgrößen«) berücksichtigt er die Motive, die den Wunsch beeinflussen, liquide Mittel zu halten: das »Vorsichtsmotiv« sowie Überlegungen im Zusammenhang mit künftigen Transaktionen. Die englischen Verfechter des Kassenhaltungsansatzes übersahen jedoch ebenso wie die Anhänger der Fisherschen Verkehrsgleichung den Einfluß, den der Zinssatz auf Geld- und Preisrelationen besitzt. Sie nahmen an, daß sich die monetären Produktionskosten proportional mit jeder Veränderung im Volumen der Zahlungsmittel verändern würden und daß folglich die Profitrate und der langfristige Gleichgewichtszins unverändert blieben. Ebensowenig kümmerten sich die Cambridger Ökonomen um die dynamischen Aspekte der Preisbewegungen, wie es Wicksell getan hatte.

Der Kassenhaltungsansatz hatte eine Entsprechung im »Einkommensansatz« als Methode der Preisbestimmung. Dieses Verfahren war von Thomas Tooke im Widerspruch zur Ricardoschen Theorie vorgeschlagen worden.[98] Es zog die Aufmerksamkeit Wicksells auf sich, der auf den Satz von Tooke hinwies, »das bestimmende und begrenzende Prinzip für die Nachfrage [liege] in der Gesamt-Geldeinnahme, die den Konsum

---

96 Marshall, *Money, Credit, and Commerce*, a.a.O., S. 48.
97 Arthur Cecil Pigou, »The Value of Money«, in: *The Quarterly Journal of Economics* 32 (1917/18), S. 38-65. Vergleiche die Analyse des Kassenhaltungsansatzes bei Marget, *The Theory of Prices*, a.a.O., Band 1, Kapitel 15.
98 Thomas Tooke und William Newmarch, *History of Prices*, 6 Bände, London 1838 bis 1857, Band 6, S. 637 (deutsch: *Die Geschichte und Bestimmung der Preise*, 2 Bände, Dresden 1858/1859, Band 2, S. 621).

bestreiten soll«.[99] Den österreichischen Grenznutzentheoretikern lieferte Tookes Ansatz ein Mittel, Preise als Ausdruck von Beziehungen zwischen Individuen und einzelnen Gütern zu analysieren, während der in der Fisher-Gleichung enthaltene »mechanische« Ansatz nach ihrer Auffassung von der »psychologischen« Bedeutung des Geldwerts keine Notiz nahm, die subjektiven Elemente in der Bestimmung von Preisbewegungen übersah und die Vielzahl der Funktionen der Zahlungsmittel unbeachtet ließ.

Wieser lehrte, daß die Bestimmung der Preise von einem Geld- und Güterstrom, nicht von Vorräten ausgehen müsse.[100] Das Volumen der Bankkredite und die Umlaufsgeschwindigkeit bewertete er als passive Faktoren. Albert Aftalion (1874-1956), der ebenso wie Wieser von der Einkommenstheorie des Geldes überzeugt war, betrachtete diese als grundlegenden Bestandteil der Preistheorie und glaubte, daß die Umlaufsgeschwindigkeit in der Idee eines Geldstroms bereits enthalten sei.[101] Mises betonte die Unvereinbarkeit der Verkehrsgleichung mit der Grenznutzenanalyse. Er kennzeichnete die Gleichung als ein Verfahren, das dynamische Veränderungen des Geldwertes so behandelt, als wären sie Elemente eines statischen Systems.[102]

Seine volle Entfaltung verdankt der Einkommensansatz als Instrument der Preisanalyse allerdings erst Schumpeters Ausarbeitung der Wieserschen Vorschläge.[103] Nach Schumpeters Definition ist der Kreis der Zirkulation durchlaufen, wenn das von den Produzenten auf dem Faktor-Markt ausgegebene Zahlungsmittel bei denjenigen angelangt ist, welche die Produktionsfaktoren bereitstellen, und schließlich auf den Konsumgütermärkten ausgegeben wird. Im Lichte dieses Gedankens stellte er eine enge funktionale Analogie zwischen dem Geld und jenen Spielmarken her, die in manchen Spielen verwandt werden, und zeigte, daß in der Gleichgewichtsökonomie des Walrasschen Typs zwischen der Summe aller Einkommen und dem Gesamtvolumen aller Zahlungsmittel, multipliziert mit der durchschnittlichen Umlaufsgeschwindigkeit, Gleichheit besteht.

An die Stelle von Fishers Umlaufsgeschwindigkeit setzte Schumpeter einen Begriff der »Geldeffizienz«, den er als Verhältnis zwischen durch-

---

99 Knut Wicksell, *Geldzins und Güterpreise*, Jena 1898, S. 40.
100 Wieser, »Über die Messung der Veränderungen des Geldwerts«, a.a.O.
101 Albert Aftalion, *Monnaie, prix et change*, Paris 1927. Siehe auch seinen Beitrag »Die Einkommenstheorie des Geldes und ihre Bestätigung durch die gegenwärtigen Phänomene«, in: Mayer und andere (Hg.), *Die Wirtschaftstheorie der Gegenwart*, a.a.O., Band 2, S. 376-390.
102 Ludwig von Mises, »Die Stellung des Geldes im Kreise der wirtschaftlichen Güter«, in: ebd., S. 309-318, hier S. 312.
103 Schumpeter, »Das Sozialprodukt und die Rechenpfennige«, a.a.O.

schnittlichem Geldvorrat und Volkseinkommen definierte. Dieses Verhältnis sollte anzeigen, wievielmal eine Geldeinheit im Durchschnitt während der Produktionsperiode, auf die das Volkseinkommen bezogen ist, ins Einkommen der Konsumenten eingeht.[104]
Ein anderer charakteristischer Zug von Schumpeters Formel war die Einführung eines dynamischen Faktors – eines Zeitraums – in die Bestimmung der Größen, welche die beiden Seiten seiner Gleichung ausmachten: die aus den Einkommen stammenden Geldströme und die Summe der Produktionsgüter, multipliziert mit ihren Preisen.[105] Auf diese Weise verwandelte er die Verkehrsgleichung in ein Instrument zur Analyse der dynamischen Merkmale der Wirtschaft, etwa der Wirkungen der Kreditausweitung auf die Preise sowie der Probleme des »Zwangssparens«.
Gewisse Abänderungen an der Einkommensversion der Verkehrsgleichung nahm später Ralph G. Hawtrey vor. Er ging vom verfügbaren Einkommen aus und nahm an, daß sich das Preisniveau direkt proportional zu den Konsumentenausgaben, jedoch umgekehrt proportional zu der pro Zeiteinheit gekauften Gütermenge (einschließlich der Kapitalgüter) verhält.[106] Er verband die Differenz zwischen den Einkommen und Ausgaben der Konsumenten mit den ungenutzten Bankkrediten zum »unausgegebenen Spielraum« [*unspent margin*] der umlaufenden Zahlungsmittel und schrieb diesem Grenzbetrag entscheidenden Einfluß auf Veränderungen des Preisniveaus zu. Seine Analyse der Guthaben von Produzenten und Kaufleuten stellte eine Verbindung zwischen dem Einkommens- und dem Kassenhaltungsansatz her; seine Hervorhebung der Kreditausweitung als Methode, den »unausgegebenen Spielraum« zu vergrößern, schlug eine Brücke zur Konjunkturanalyse.
Werden nun also die Zahlungsmittel als Vehikel der Kaufkraft betrachtet, die über das Medium des Kredits zwischen produktiven Nutzungen und Einkommen verteilt wird, so kommt dem Geld bei der Bestimmung des Verlaufs wirtschaftlicher Prozesse eine aktive Rolle höchster Bedeutung zu. Der statische Ansatz erwies sich zur Bestimmung des Preisniveaus als unangemessen; die Ricardosche Auffassung, Geld sei nichts weiter als ein Schleier, der fallen müsse, um das tatsächliche Funktionieren der Wirtschaft begreifen zu können, erwies sich rückblickend als Täuschung.

---

104 Siehe Marco Fanno, »Schumpeter et la vitesse de circulation de la monnaie«, in: *Économie appliquée* 3 (1950), S. 479, über die virtuelle Identität von Schumpeters »Effizienz des Geldes« und Pigous »Geschwindigkeit des Geldes«.
105 Wie Fisher vor ihm, ignorierte Schumpeter die Spartätigkeit mit der Begründung, daß der Effekt des Sparens in einer ökonomischen Periode unabhängig von den Ersparnissen betrachtet werden könne, die in früheren Perioden zurückgelegt wurden und in Form von Produktionsgütern verfügbar sind.
106 Hawtrey, *Currency and Credit*, a.a.O., S. 39 ff. (deutsch: a.a.O., S. 29 ff.).

Das Problem der Konjunkturschwankungen

In der ersten Hälfte des neunzehnten Jahrhunderts wurde von verschiedenen Autoren erkannt, daß zwischen Wirtschaftskrisen und vorangehenden Perioden lebhafter Geschäftstätigkeit eine enge Beziehung besteht. Doch hatten die Ökonomen, die sich – wie Thomas R. Malthus, Jean Charles Léonard Simonde de Sismondi und Johann Karl Rodbertus – in dieser Zeit bemühten, für die konjunkturellen Schwankungen der Wirtschaft eine Erklärung zu finden, keine konsistenten Vorstellungen vom Funktionieren der Ökonomie und stellten keine Konjunkturtheorie im strengen Sinne des Wortes auf. Andere, zumal englische und französische Gelehrte, die sich bei ihrer Erforschung der zyklischen Entwicklung der ökonomischen Aktivität und bei der Aufstellung von Konjunkturzyklen auf »Beobachtung und Experiment« verließen, waren an theoretischer Analyse nicht sonderlich interessiert. Sie versuchten eher das Verhalten der Preise und anderer ökonomischer Größen aufzuzeigen und dieses Verhalten mit bestimmten institutionellen Faktoren in Zusammenhang zu bringen, etwa der Kreditpolitik der Banken, mit Schwankungen des Zinssatzes und dergleichen.

An diesem Punkt meiner Analyse sollte ich zwei Autoren erwähnen, die zwar keine Konjunkturtheorien im strengen Sinne aufgestellt, aber auf bestimmte Aspekte der zyklischen Bewegungen hingewiesen haben, die erst viel später erhebliche Beachtung fanden. Einer von ihnen war der englische Bankier Henry Dunning Macleod (1821-1902), der verschiedene Grundsätze der Ricardoschen Wirtschaftslehre kritisierte und zwei Ideen entwickelte: daß Geld die höchste und allgemeinste Form des Kredits sei und daß jene Geschäftsbanken, die über die Höhe ihrer Einlagen hinaus Kredite gewähren, erheblich zur Ausweitung des Zahlungsmittelvolumens beitragen.[107] Macleod betrachtete »Überspekulation« und spekulative Käufe als Folgen einer großzügigen Gewährung von »Gefälligkeitswechseln« [*accomodation bills*]; den Zusammenbruch der aufgeblähten Kreditstruktur schrieb er dem Sog der Goldreserven zu, der die Zentralbank schließlich dazu zwinge, den Diskontsatz auf ein relativ hohes Niveau anzuheben. Macleod bemühte sich zu zeigen, daß das Bankgeschäft darin bestehe, mit eigenen Zahlungsversprechen Forderungen zu kaufen – eine Bank sei daher »kein Büro, wo man Geld borgen und ausleihen kann, sondern eine Kreditfabrik«.[108] Diese Interpretation der Bankkredite wurde von den Anhängern der traditionellen Warentheorie

---

107 Siehe Henry Dunning Macleods Beiträge »Credit«, »Bank« und »Currency« zum *Dictionary of Political Economy*, 1863, sowie ders., *The Theory and Practice of Banking*, 2 Bände, 4. Auflage, London 1883-1886.

108 Ebd., Band 1, S. 326. Vergleiche etwa Laughlin, *Principles of Money*, a.a.O., und *Money and Prices*, a.a.O.

des Geldes verworfen und fand relativ wenige Anhänger unter den angelsächsischen Ökonomen.[109] Allerdings bezog sich Knut Wicksell bei seiner Analyse der kumulativen Preissteigerungen auf die von den Banken praktizierte Kreditexpansion.

Ein anderer Autor, der zur Konjunkturanalyse einige originelle Ideen beisteuerte, war der Deutschamerikaner Nikolaus August Ludwig Jacob Johannsen, der die Spartätigkeit in Zeiten der Depression in den Mittelpunkt seiner Betrachtungen stellte[110] und mit dem Sparen ganz allgemein die »schädliche Neigung« verknüpfte, von der Gemeinschaft weniger zu kaufen, als es der Menge der verfügbar gemachten Güter und Dienstleistungen entspräche. Einer der bemerkenswertesten Aspekte seiner Angriffe auf das Sparen war sein Verweis auf das »multiplizierende Prinzip«, wonach sich die anfänglichen Wirkungen von Konsum- und Investitionsrückgängen durch nachfolgende Einkommensverluste verschärfen. Damit deutete er einige Gedanken an, die später zu den sogenannten Multiplikatortheorien weiterentwickelt wurden.[111]

Für die ricardianischen Ökonomen jedoch, die am Sayschen Gesetz als Grundprinzip der Gleichgewichtsanalyse festhielten, stellte der Wechsel von Prosperitäts- und Depressionsperioden ein nahezu unlösbares Problem dar. Die Annahmen, die ihrer Konstruktion des ökonomischen Systems zugrunde lagen, enthielten Prämissen (wie etwa die, daß alle Zeitkoeffizienten sich auf dieselbe Periode beziehen und daß die Preise durch das Zusammenwirken von Angebot und Nachfrage der gleichen Zeitspanne bestimmt werden), mit denen sich periodische Schwankungen nicht vereinbaren ließen.[112] Daher war es notwendig, die wiederkehrenden Zusammenbrüche der Wirtschaft Kräften zuzuschreiben, die von

---

109 Eine Ausnahme war Hartley Withers, *The Meaning of Money*, New York 1909. Er bezeichnete die Depositenbanken als »Scheckemissionsbanken« und schrieb ihnen die Gewohnheit zu, Geld »herzustellen«.
110 Nicolaus August Ludwig Jacob Johannsen, *Der Kreislauf des Geldes und der Mechanismus des sozialen Lebens*, Berlin 1903, sowie ders., *A Neglected Point in Connection with Crises*, New York 1908. Siehe K. Zimmermann, *Das Krisenproblem in der neueren ökonomischen Literatur*, Halberstadt 1927, und Terence W. Hutchison, *A Review of Economic Doctrines, 1870-1929*, Oxford 1953, S. 392.
111 Siehe Lawrence R. Klein, *The Keynesian Revolution*, New York 1947, S. 143; H. W. Schnack, »Die Depressionstheorie bei N. A. L. J. Johannsen und J. M. Keynes«, in: *Jahrbuch für Sozialwissenschaft und Sozialpolitik* 2 (1951), S. 132-156; Hugo Hegeland, *The Multiplier Theory*, Lund 1954, S. 5 ff. Gegen die irreführenden Annahmen, die Johannsen in seiner Analyse der Wirkungen des Sparens und der kumulativen Prozesse machte, wurden verschiedene Einwände erhoben.
112 Siehe Paul N. Rosenstein-Rodan, »Das Zeitmoment in der mathematischen Theorie des wirtschaftlichen Gleichgewichtes«, in: *Zeitschrift für Nationalökonomie* 1 (1930), S. 129-142, hier S. 140.

außen auf sie einwirken. Die von John Stuart Mill und anderen vertretene Auffassung, daß die Kapitalanleger trotz der allgemein fallenden Tendenz der Profitrate hin und wieder ihren trügerischen Hoffnungen nachgäben und sich auf ausgedehnte spekulative Unternehmungen einließen, die früher oder später zusammenbrechen müßten, war nicht sehr überzeugend.

William Stanley Jevons' vieldiskutierte »Sonnenfleckentheorie« war ein heroischer Versuch, die regelmäßige Wiederkehr der zyklischen Bewegungen zu erklären, ohne das Gleichgewichtsprinzip der Ricardoschen Lehre zu verletzen. Jevons brachte diese Bewegungen mit dem Wirken eines nichtökonomischen Faktors in Zusammenhang, dessen periodisches Verhalten von kosmischen Kräften beherrscht wird. Er nahm an, daß die klimatischen Verhältnisse und damit indirekt die jährlichen Ernten von periodischen Schwankungen der Menge der von der Sonne abgestrahlten Wärmeenergie beeinflußt würden – und daß die ökonomische Betätigung wiederum von den Ernteergebnissen abhänge. Zur Stützung seiner Theorie verwies Jevons auf die vermeintliche Koinzidenz der Dauer einer Sonnenfleckenperiode (10,45 Jahre) mit der durchschnittlichen Dauer eines Konjunkturzyklus.[113] Allerdings war diese Theorie kaum gegen die von verschiedener Seite erhobene Kritik an den Methoden aufrechtzuerhalten, die zum Nachweis der angeblichen Übereinstimmungen zwischen Sonnenfleckenperioden und Konjunkturzyklen sowie zwischen einzelnen Sonnenfleckenphasen und entsprechenden Veränderungen der klimatischen Verhältnisse benutzt worden waren.

Unter diesen Bedingungen neigte die Mehrzahl der Ricardianer dazu, die Bedeutung der Konjunkturschwankungen für die ökonomische Analyse möglichst gering zu veranschlagen. Sie betrachteten Krisen und Depressionen als Störungen der Wirtschaft, die durch eine Vielzahl äußerer Faktoren verursacht werden, und unterschieden je nach den ökonomischen Sektoren, in denen die Störungen zuerst spürbar werden, zwischen monetären, Finanz-, Industrie- und Handelskrisen. Wie John Stuart Mill machten sie Kreditexpansion und Spekulationskäufe für die wiederkehrenden Störungen der Wirtschaft verantwortlich.[114]

113 Als junger Mann hatte sich Jevons während eines längeren Aufenthalts als Beamter der Münze in Sydney, Australien, mit dem Studium meteorologischer Probleme beschäftigt. Den ersten Entwurf seiner Konjunkturtheorie veröffentlichte er 1862 und entwickelte seine Ideen 1875 und noch einmal 1878 und 1879 weiter. Ross M. Robertson, »Jevons and His Predecessors«, in: *Econometrica* 19 (1951), S. 229 bis 249, hier S. 247, zählt eine ganze Reihe von Autoren auf, die bestimmte Beziehungen zwischen periodisch wiederkehrenden Naturereignissen und Veränderungen der ökonomischen Aktivität annahmen.
114 Alfred Marshall behandelte Krisen und Depressionen in seinem Werk *Economics of Industry*, London 1879.

Offenbar konnte eine zusammenhängende Konjunkturforschung nur von einem Autor begonnen werden, dessen Zugang zu den dynamischen Aspekten der Wirtschaft nicht durch den festen Glauben an eine Gleichgewichtsökonomie statischen Typs beeinträchtigt wurde. Es besteht kein Zweifel, daß das Studium der Marxschen Lehre durch verschiedene deutsche und russische Ökonomen erheblich dazu beitrug, die Aufmerksamkeit auf die Analyse disproportionaler Veränderungen ökonomischer Größen zu lenken, die sich im zeitlichen Verlauf bemerkbar machen; die Analyse von Ungleichmäßigkeiten in der Entwicklung der einzelnen Wirtschaftssektoren bot der Konjunkturforschung einen vielversprechenden Ansatz. Theorien dieser Art sind häufig als *Überproduktionstheorien* oder *nichtmonetäre Überinvestitionstheorien* bezeichnet worden. Besser entspräche der Ausdruck *Disproportionalitätstheorien* der allgemeinen Absicht der vorliegenden Studie, die logischen Gesichtspunkte der einzelnen Lehren möglichst prägnant herauszustellen.
Zu den bedeutendsten Autoren, die Forschungen dieser Art vorantrieben, gehört Michail Tugan-Baranowsky, dessen Studien bereits in anderem Zusammenhang erwähnt worden sind. Tugan-Baranowsky hob die Ungleichheiten hervor, die er in Phasen der Prosperität zwischen der Expansion der kapitalgüterproduzierenden Industrien und der Expansion der Konsumgüterindustrien feststellte. Desgleichen wies er auf disproportionale Entwicklungen zwischen den einzelnen Sektoren der kapitalgüterproduzierenden Industrien und auf Diskrepanzen zwischen Kapitalangebot und Kapitalnachfrage hin. Dieser Ansatz wurden von anderen Ökonomen übernommen, so etwa von Arthur Spiethoff, der von »Sättigung« sprach, um die wirtschaftlich gerechtfertigten Grenzen der Produktionsausweitung zu bestimmen, und der den oberen Wendepunkt des Konjunkturzyklus als eine wirtschaftliche Lage beschrieb, in der die Produktion fixer Kapitalausrüstung den Bedarf überschritten hat und das Kapitalangebot der Kapitalnachfrage nicht mehr genügt. Diese Diskrepanz zwischen den verfügbaren Ersparnissen und dem Kapitalbedarf wurde in der Theorie des Franzosen Jean Lescure als charakteristisches Merkmal eines Booms hervorgehoben. Lescure schrieb Veränderungen der ökonomischen Betätigung in erster Linie Schwankungen der Profitrate zu und brachte diese Schwankungen mit veränderten Kosten in Zusammenhang. Ein Anstieg der Produktionskosten, argumentierte er, werde besonders am Ende einer Expansionsphase erkennbar und verdanke sich der raschen Nachfragesteigerung.[115]
Einige von Tugan-Baranowskys Leitgedanken schlugen sich in der Theorie des Franzosen Albert Aftalion nieder, der in seiner Behandlung der einzelnen Phasen des Kreislaufs gleichwohl eine beachtliche Originalität

---

115 Jean Lescure, *Les crises générales et périodiques de surproduction*, Bordeaux 1906.

bewies.[116] Aftalion leitete seine Argumente gegen die Gültigkeit des Sayschen Gesetzes von der Möglichkeit der Sättigung der Konsumentenbedürfnisse ab und wies auf die enge Wechselbeziehung zwischen der Länge der zur Produktion von Kapitalgütern erforderlichen Zeit und der Länge der Prosperitätsphase hin, die seiner Auffassung nach ihr Ende erreicht, wenn das Prinzip des abnehmenden Grenznutzens dazu führt, daß die Konsumgüterpreise spürbar sinken. Aftalion hob damit das Sinken der Preise als primäre Ursache für den Ausbruch von Krisen hervor, während Lescure steigenden Produktionskosten besondere Bedeutung zugeschrieben hatte. Die Auffassung, daß Kapitalmangel für die Beendigung von Prosperitätsperioden verantwortlich sei, wurde von Aftalion ausdrücklich abgelehnt; er neigte dazu, den Einfluß monetärer Faktoren auf die Schwankungen der Wirtschaft möglichst gering zu veranschlagen. Die Betonung, die Aftalion auf die Länge der Produktionsprozesse legte, brachte ihn dazu, die Dauer der Depressionsperioden mit den Wirkungen zu verbinden, die das zunehmende Veralten der in den Prosperitätsphasen hergestellten Kapitalausrüstung auf die wirtschaftliche Aktivität hat. Aftalion ergänzte diese Überlegungen durch eine Analyse der Beziehungen zwischen primärer und abgeleiteter Nachfrage und wies nach, daß sich die Schwankungen in der Expansion und Kontraktion der Investitionsgüterindustrien durch »Akzeleration« spürbar verschärfen, nämlich durch die Tatsache, daß eine relativ geringe Steigerung der Konsumentennachfrage mit einem disproportionalen Zuwachs und später dann einem raschen Rückgang der Nachfrage nach Kapitalgütern einhergeht. So ist zu erwarten, daß erhebliche Teile der Kapitalgüterindustrie stillgelegt werden, wenn die zur Produktion der zusätzlichen Gütermenge erforderliche Maschinerie fertiggestellt worden ist. Das »Akzelerationsprinzip« wurde bald zu einem wesentlichen Element einer bedeutenden Gruppe von Konjunkturtheorien.[117]

Keine dieser verschiedenen Versionen des Disproportionalitätsansatzes vermochte einen Weg zu einer konsistenten Erklärung für die Periodizität der zyklischen Bewegungen anzugeben. Die Verlagerungen der Konsumentennachfrage, die Aftalion hervorgehoben hatte, zeigten keine signifikanten Regelmäßigkeiten. Zudem wurden die Disproportionalitätstheorien von keinem klaren Begriff der Ökonomie gestützt, und es gelang

---

116 Albert Aftalion, *Les crises périodiques de surproduction*, 2 Bände, Paris 1913.
117 Zu den Ökonomen, die im gegenwärtig untersuchten Zeitraum das Akzelerationsprinzip in Anspruch nahmen, gehören C. F. Bickerdike, Mentor Bouniatian und John M. Clark. Vergleiche C. F. Bickerdike, »A Non-Monetary Cause of Fluctuations in Employment«, in: *Economic Journal* 24 (1914); Mentor Bouniatian, *Les crises économiques*, Paris 1922; und John M. Clark, »Business Acceleration and the Law of Demand«, in: *Journal of Political Economy* 25 (1917). Später wurde das Prinzip zu einem wirkungsvollen Instrument der dynamischen Wirtschaftstheorie.

ihnen nicht, die Gleichgewichtsanalyse durch eine zusammenhängende Konstruktion der ökonomischen Beziehungen zu ersetzen.
Die Versuche, eine solche Einheitlichkeit zu erreichen, gingen von der Idee aus, ein Modell des Walrasschen Typs in ein ebenfalls mechanisches Modell zu überführen, in dem unter dem Einfluß monetärer Faktoren disproportionale Veränderungen bestimmter Wirtschaftssektoren auftreten, während das System der Tendenz gehorcht, in neue Gleichgewichtslagen zurückzukehren. Gustav Cassel stellte in seinem Lehrbuch eine Theorie dieser Art vor.[118] Anders als die meisten übrigen Autoren sah er in den Konjunkturbewegungen ein Phänomen, das eine Übergangsperiode von einfachen zu höheren Formen des Kapitalismus kennzeichnet. Er unterschied zwischen mehreren Arten von Konjunkturzyklen, die verschiedene Erklärungen verlangten, und erwartete, daß Fortschritte in der Herstellung eines Gleichgewichts zwischen dem landwirtschaftlichen und dem industriellen Sektor der Wirtschaft die Heftigkeit der Zyklen abschwächen und ihre Dauer vermindern werde. In einer revidierten deutschen Ausgabe seines Lehrbuchs, die 1931 erschien, stellte Cassel sogar die Frage, ob die Nachkriegswirtschaft überhaupt noch die wesentlichen Merkmale der Konjunkturzyklen aufweise.
Getreu seinem Verständnis der Wirtschaft als ein von Gleichgewichtskräften beherrschtes System betrachtete Cassel die zyklischen Bewegungen als Folgen eines Wechselspiels von Wirkungen und Gegenwirkungen, das hauptsächlich durch das Verhalten des Zinsfußes und seiner Einflüsse auf die Preise und Löhne verursacht werde. Seiner Ansicht nach brauchen die Reaktionen auf exogene Ursachen (wie Veränderungen der Zinssätze) Zeit, bis sie zur Kenntnis genommen werden. Cassel lehnte die Auffassung ab, daß Depressionen durch »Überproduktion« entstünden, und führte die Disproportionalitäten, die sich in Phasen der Hochkonjunktur entwickeln, auf Irrtümer zurück, die sich daraus erklärten, daß das Sparangebot, das zur Finanzierung fixer Kapitalanlagen verfügbar ist, überschätzt werde. Disproportionalitäten, die ihre Ursachen in veränderlichen institutionellen Faktoren hätten, ließen sich nicht als unvermeidliche Begleiterscheinungen kapitalistischer Prozesse betrachten. Doch Cassels Annahmen standen zahlreichen Einwänden offen.

Am wirksamsten wurde das Disproportionalitätenprinzip als Werkzeug der ökonomischen Analyse von Schumpeter eingesetzt, einem der wenigen nichtsozialistischen Autoren, welche die Konjunkturbewegungen nicht als Erscheinungen ansahen, die sich dem geradlinigen Fortschritt einer expandierenden Wirtschaft überlagern, sondern als grundlegende Elemente des ökonomischen Wachstums. Um der Theorie Schumpeters

---

118 Cassel, *Theoretische Sozialökonomie*, a.a.O., S. 546 ff.

volle Gerechtigkeit widerfahren zu lassen, sollte sie nicht als Konjunkturtheorie im üblichen Sinne des Wortes verstanden werden, sondern als Erklärung eines allgemeinen Entwicklungsprozesses, der in Form abwechselnder Expansionen und Kontraktionen der ökonomischen Aktivität stattfindet.[119] Mit Hilfe einer sorgfältig gewählten Methode bemühte sich Schumpeter zu zeigen, wie sich die Gleichgewichtsbedingungen des Walrasschen Modells den logischen Erfordernissen dieser Prozesse anpassen lassen. In manchen Hinsichten ähnelte dieser Ansatz demjenigen John B. Clarks, der das Modell eines stationären Zustands als Ausgangspunkt für seine ökonomische Theorie gewählt hatte. Schumpeter beharrte jedoch darauf, eine klare Trennungslinie zwischen einem statischen und einem stationären Zustand zu ziehen, und begann mit dem hypothetischen Bild eines »statischen« Zustands. In dieses Bild führte er den Gedanken eines »Kreislaufs« von Gütern und Tauschwerten ein und bereitete damit den Boden für den Übergang zu einem Prozeß beweglicher Gleichgewichte. Da die statische Ökonomie Veränderungen unterliegen kann, die durch äußere Einflüsse verursacht werden, ist sie nicht unbedingt »stationär«.

Ein statisches Modell des Walrasschen Typs befindet sich im stetigen Fluß eines unveränderlichen Kreislaufprozesses, durch den es sich reproduziert. Nur zwei Einkommensformen existieren in diesem Modell: die Vergütungen für die beiden »natürlichen« Produktionsfaktoren Arbeit und Boden. Das Entgelt für Unternehmertätigkeiten ist im »Lohn« enthalten. Gewinne und Kapitalzins werden aus dem Bereich der »natürlichen« ökonomischen Kategorien ausgeschlossen, da die Unternehmer über vollkommene Kenntnis der Bedingungen eines statischen Marktes verfügen und dieser Annahme zufolge unter der Herrschaft vollkommener Konkurrenz operieren, die nach Maßgabe von Grenznutzenberechnungen für die augenblickliche Anpassung der Produktion an die Nachfrage sorgt. Für Böhm-Bawerks Zinstheorie, die von der Existenz einer »natürlichen« Präferenz von Gegenwartsgütern vor Zukunftsgütern ausging, hatte Schumpeter keine Verwendung. Er argumentierte, der Einfluß des Zeitfaktors sei nicht stark genug, um dem Kapital eine Wertprämie zu garantieren und der im Wettbewerb auftretenden Tendenz entgegenzuwirken, Werte auf ihre Produktionskosten zu reduzieren. Er sah keinen Grund für eine systematische Unterbewertung von Produktionsmitteln im Vergleich zu ihren Produkten in einer Gleichgewichtsökonomie, deren Produktion sich jahrein, jahraus auf den vertrauten, ausgefahrenen Bahnen bewegt.[120]

119 Joseph [Alois] Schumpeter, *Theorie der wirtschaftlichen Entwicklung*, München/Leipzig 1912.
120 Siehe Eugen Böhm-Bawerk, »Eine ›dynamische‹ Theorie des Kapitalzinses«, in: *Zeitschrift für Volkswirtschaft, Sozialpolitik und Verwaltung* 22 (1913), und Jo-

Die Einführung von Gewinn und Kapitalzins in die Tauschwirtschaft mußte daher Faktoren zugeschrieben werden, die mit Veränderungen in den Beziehungen zwischen den ökonomischen Größen verbunden sind, das heißt mit Entwicklungen, die sich über die Zeit erstrecken. Die Gleichgewichtsanalyse mußte dem Verhalten eines ökonomischen Systems angepaßt werden, in dem nicht nur beständige Veränderungen in den Wechselbeziehungen der Größen stattfinden, sondern in dem diese Kontinuität durch Prozesse unterbrochen wird, die Zeit in Anspruch nehmen.

Unter Verwendung der Methode sukzessiver Annäherungen verwandelte Schumpeter den statischen Typ des Walrasschen Modells in das Modell eines »Kreislaufs« von Gütern und Werten, das ohne Reibungen von einer Gleichgewichtslage zur nächsten übergeht. In einem dritten Modell ließ er die Annahme fallen, daß alle Veränderungen der ökonomischen Größen kontinuierlich seien; das Auftreten von Diskontinuitäten schrieb er technischen Ursachen zu, etwa »Innovationen«, die zu neuen Kombinationen der produktiven Dienste, somit zu Veränderungen der Produktionsfunktionen und zum Entstehen von Gewinn und Kapitalzins (aus der Differenz zwischen Preis und Kosten) führen. Zu den Kosten, die unter »dynamischen« Bedingungen bestritten werden müssen, rechnete Schumpeter auch Risikoprämien, die sich nach der Erfahrung zu bestimmen hätten. Allerdings legte er den Problemen, die mit dem Risikofaktor verbunden sind, keine große Bedeutung bei. Da es sich bei seiner Theorie des Gewinns um eine funktionale Theorie handelte, die mit der Bildung des Sozialprodukts verbunden war, beschäftigte er sich nicht näher mit den Verteilungsaspekten des Gewinns. Nur im Vorübergehen erwähnte er die Frage, wie die verschiedenen ökonomischen und politischen Gruppen an den Unternehmergewinnen beteiligt werden könnten.[121]

Die Aufgabe der Veränderung der Produktionskoeffizienten schrieb Schumpeter den »wagemutigen« oder »innovativen« Unternehmern zu, die neue Märkte öffnen und Nachfrage voraussehen und wecken. Ihr Verhalten stellte er in scharfen Gegensatz zur großen Masse der angepaßten, vorwiegend passiven Produzenten oder Händler und führte damit in seine Analyse der Entwicklungsprozesse ein dialektisches Element ein. Im Fortgang dieser Analyse argumentierte er, die Extraprofite, Quasirenten und zeitweiligen monopolistischen und quasimonopolistischen Einkommen, die von den wagemutigen Unternehmern erzielt werden, würden im Verlauf des anschließenden Konkurrenzkampfes allmählich beschnitten und verschwänden schließlich, wenn die Innovationen ihren

seph [Alois] Schumpeter, »Eine ›dynamische‹ Theorie des Kapitalzinses. Eine Entgegnung«, ebd., S. 599-639.
121 Siehe Eugen Varga, »Schumpeter et le problème du risque«, in: *Économie appliquée* 3 (1950), S. 533.

Ausnahmecharakter verloren haben.[122] Dennoch schienen ihm die aus Innovationen abgeleiteten Erlöse ausreichend, um die Mittel für eine kontinuierliche Zahlung von Kapitalzinsen bereitzustellen, und er war überzeugt, schlüssige Argumente für eine rein monetäre Auffassung des Zinsphänomens geliefert zu haben, als Einkommenskategorie, die einer bestimmten Gruppe von Individuen zuwächst, die in der Lage ist, ihr Kapital von einer Gewinnmöglichkeit zur nächsten zu verschieben, ohne ihre wirtschaftliche Situation zu beeinträchtigen. Nach Schumpeter spiegelt sich in Knut Wicksells Begriff eines »natürlichen« oder »realen« Zinsfußes der Wunsch, eine nichtmonetäre Zinstheorie mit den in der Sphäre von Geld und Kredit wirklich beobachteten Tatsachen zu versöhnen.[123]

Es war jedoch kaum anzunehmen, daß akkumulierte Ersparnisse genügen würden, um den Finanzbedarf einer rasch expandierenden Geschäftstätigkeit abzudecken. Schumpeter bezog sich daher auf die Fähigkeit der Banken zur Kreditschöpfung als Quelle der Kreditausweitung, die er als charakteristischen Zug von Prosperitätsphasen ansah. Er unterschied »normale« Kredite, die auf freiwilligem Sparen beruhen und die Mittel zur Ersetzung von Kapitalgütern bereitstellen, von anormalen Krediten, die Anweisungen auf noch zu produzierende Dienste oder Güter darstellen. Da der Umfang solcher Kredite nicht von den gewöhnlichen Mechanismen der Bedarfsdeckung reguliert wird, führt ihre Vergabe an wagemutige Unternehmer zwangsläufig dazu, daß Produktionsfaktoren in die Kanäle wirtschaftlicher Expansion fließen, Preissteigerungen hervorrufen und die angepaßten Unternehmer zu unfreiwilligem oder Zwangssparen nötigen. Sowohl Kreditexpansion als auch Zwangssparen ließen sich mit Hilfe der Einkommenstheorie des Geldes analysieren; Schumpeter betrachtete beide als unentbehrliche Bestandteile dynamischer, disproportionaler Entwicklungen, die innerhalb der produktiven Bereiche der Wirtschaft stattfinden. Er suchte nach institutionellen Vorgaben – wobei er insbesondere an den Mindestreservebedarf der Banken dachte –, um die Grenzen zu erklären, denen die Kreditausweitung unterliegt. Anders als die meisten übrigen Autoren, die die Wirkungen des Zwangssparens auf die Verteilung des Nationaleinkommens betonten, wies Schumpeter diesem Sparen einen ausgezeichneten Platz in seiner Analyse der Produktionsprozesse zu.[124]

122 Zum Einfluß institutioneller Veränderungen auf das Verhalten der Unternehmer siehe Joseph Alois Schumpeter, *Business Cycles*, 2 Bände, New York/London 1939, Band 1, S. 11 (deutsch: *Konjunkturzyklen*, Göttingen 1961, S. 17).
123 Siehe Schumpeter, *Theorie der wirtschaftlichen Entwicklung*, a.a.O., 5. Kapitel.
124 Siehe Fritz Machlup, »Forced or Induced Saving. An Exploration into its Synonyms and Homonyms«, in: *Review of Economics and Statistics* 25 (1943), S. 26-39, hier S. 27.

So definierte Schumpeter Gewinne als Einkommen, die anfallen, wenn es dem Wettbewerb nicht gelingt, die Preise auf die Kosten zu drücken, und die hernach wieder verschwinden, wenn die Konkurrenz uneingeschränkt wiederhergestellt ist, wie es gewöhnlich in Depressionsperioden geschieht. Den Kapitalzins, obgleich aus Gewinnen abgeleitet, betrachtete er jedoch als dauerhafte Kategorie der Tauschwirtschaft. In krassem Gegensatz zu den Auffassungen anderer Ökonomen beschrieb er Depressionen nicht als Zeiten wirtschaftlicher Störungen, sondern als diejenigen konjunkturellen Phasen, in denen Konkurrenzkämpfe durch Prozesse der Neuanpassung, durch neue »Kombinationen« von Ressourcen sowie durch die Ausbreitung technischer und betriebswirtschaftlicher Verfahren, die gegenüber den herkömmlichen Vorteile aufweisen, zur Wiederherstellung des Gleichgewichts der Wirtschaft führen. Daher sah er nicht nur, wie die anderen Ökonomen, in der Expansion der wirtschaftlichen Aktivität in Zeiten der Hochkonjunktur, sondern auch in den allgemeinen Wirkungen eines Konjunkturrückgangs eine grundlegende Fortschrittstendenz am Werk.[125]

Fast alle Kritiker der Lehren Schumpeters waren sich darin einig, seine Transformation des Walrasschen Modells, das geradezu als »Archetyp der Sterilität« gelten konnte, in eine lebendige Matrix frischer, unverbrauchter Neuerungen als scharfsinnige Leistung anzuerkennen.[126] Seine Anwendung des Prinzips der sukzessiven Annäherung war eine bemerkenswerte methodologische Errungenschaft. Viele Konjunkturanalytiker waren mit ihm über die Funktionen einig, die er den Expansionen und Kontraktionen des Bankkredits für die abwechselnden Expansionen und Kontraktionen der ökonomischen Aktivität zuschrieb. Viele andere Aspekte seiner Theorie, insbesondere seine Methode, zur Erklärung des Kapitalzinses von den Bedingungen eines rein fiktiven statischen Modells auszugehen, in dem vollkommene Konkurrenz zwischen imaginären Unternehmern herrscht, stießen jedoch auf unterschiedliche Einwände.[127] Schumpeters Beharren auf dieser Methode wurde von zwei problemati-

---

125 Zu diesem Aspekt der Schumpeterschen Theorie, der die Existenz von Zeiten des Rückgangs der ökonomischen Aktivität in Abrede stellt, vergleiche Pierre Dieterlen, »Schumpeter, analyste du profit«, in: *Économie appliquée* 3 (1950), S. 526.
126 Siehe Arthur W. Marget, »The Monetary Aspects of the Schumpeterian System«, in: *Review of Economics and Statistics* 33 (1951), S. 112-121, hier S. 112.
127 Zur Diskussion um Schumpeters Zinstheorie siehe Rudolf Streller, *Die Dynamik der theoretischen Nationalökonomie*, Tübingen 1928; Lionel Robbins, »A Certain Ambiguity in the Conception of Static Equilibrium«, in: *Economic Journal* 40 (1930), S. 194-214, hier S. 212; Doreen Warriner, »Schumpeter and the Conception of Static Equilibrium«, in: *Economic Journal* 41 (1931), S. 38-50; und Gottfried Haberler, »Schumpeter's Theory of Interest«, in: *Review of Economics and Statistics* 33 (1951), S. 122-128.

schen Annahmen gestützt: der Leugnung der Existenz jeder systematischen Zeitpräferenz und dem Glauben, daß bei Abwesenheit dynamischer Kräfte für eine Steigerung der Produktivität ökonomischer Prozesse kein Raum sei.

Noch ein weiteres grundlegendes Element der Schumpeterschen Theorie war immer wieder Gegenstand kritischer Kommentare: die Hauptrolle, die er den »wagemutigen Unternehmern« beim Zustandekommen des zyklischen Verhaltens der Wirtschaft zuwies. Die Existenz solcher verwegener »Industriekapitäne« stand nicht in Frage; wohl aber erschien ihre Definition als nachweisbare ökonomische Kategorie als zweifelhafte Annahme. Das gleiche galt für Schumpeters weitreichende Behauptung, daß der Aufschwung stets von der Einführung von »Innovationen« ausgehe und daß solche Innovationen – die auf Verschiebungen der Grenzproduktivitätskurven hinauslaufen – in Zeiten der Hochkonjunktur gebündelt aufträten.[128] Vertreter eines streng ökonometrischen Ansatzes in der Konjunkturanalyse, wie etwa Jan Tinbergen, beschrieben den Einfluß von Innovationen auf das ökonomische System als exogene »Erschütterungen«. Sie argumentierten, Schumpeter zeige eine ausgesprochene Vorliebe für Erschütterungen als Auslöser der Konjunkturbewegungen und schmälere damit die Bedeutung des »Mechanismus« der Ökonomie, der – Tinbergens ökonometrischer Methodologie zufolge – das Hauptaugenmerk verdient.[129]

Weitere Einwände wurden gegen Schumpeters Definition der Depressionsperioden erhoben; er verstand darunter jene Phasen der Konjunktur, in denen sich das wirtschaftliche Gleichgewicht wiederherstellt. Schumpeters Begriff des Gleichgewichts verlangte, daß es für Veränderungen ökonomischer Beziehungen keinen Grund gibt und daß folglich alle Preise stabil bleiben. Auf die Vollbeschäftigung der ökonomischen Ressourcen wurde in dieser Definition kein Bezug genommen. Ist es gerechtfertigt, den Begriff *Gleichgewicht der Wirtschaft* auf Situationen anzuwenden, in denen ökonomische Ressourcen – Arbeit und Kapital – in großem Umfang unbeschäftigt sind? Ist es gerechtfertigt, Konjunkturflauten als Stufen des Zyklus aufzufassen, in denen sich technischer Fortschritt und Innovationen in der Wirtschaft ausgebreitet haben? Ist die kapitalistische Wirtschaft nicht eher durch beständige Instabilität als durch die periodische Rückkehr zu Gleichgewichtspositionen gekennzeichnet? Irritierende Fragen dieser Art hinderten die große Mehrheit der Konjunkturanalytiker daran, Schumpeters Theorien zu unterstützen.

128 Zu verschiedenen Deutungen des Innovationsbegriffs und der »Bündelung von Innovationen« siehe Richard V. Clemence und Francis S. Doddy, *The Schumpeterian System*, Cambridge, Mass. 1950.
129 Jan Tinbergen, »Schumpeter and Quantitative Research in Economics«, in: *Review of Economics and Statistics* 33 (1951), S. 109-111.

Carl Menger und die erste Generation seiner Schüler widmeten den Problemen, die mit den konjunkturellen Schwankungen der Wirtschaft verbunden sind, nur relativ wenig Aufmerksamkeit. Sehr charakteristisch ist in dieser Hinsicht Böhm-Bawerks Auffassung, daß die Theorie der Konjunkturschwankungen in das »letzte Kapitel« einer Darstellung der nationalökonomischen Doktrin gehöre.[130] Die Brücke, die von der Analyse des individuellen Verhaltens zur Analyse der Beziehungen zwischen Aggregaten ökonomischer Größen führt, wurde schließlich von Böhm-Bawerks Theorie des Kapitalzinses und der überlegenen Rolle hergestellt, die er dieser ökonomischen Kategorie zuwies. Wicksell arbeitete die Konzeption des »realen Zinses« aus, in dem er jenen strategischen Faktor sah, der zuverlässig für die Anpassung der Produktionsperioden an das verfügbare Angebot an Darlehenskapital sorgt. Wie schon angedeutet, schien ihm die Stabilität der Wirtschaft davon abhängig, daß sich der reale Zins und der Darlehenszins decken, und er diskutierte Störungen von Gleichgewichtslagen, deren Entstehung wahrscheinlich sei, wenn der Darlehenszins unverändert bleibt, während gleichzeitig der reale Zinssatz durch Entdeckungen, technische Neuerungen, Bevölkerungsentwicklungen und andere äußere Faktoren steigt.[131] Er entwickelte den Gedanken, daß ökonomische Störungen durch Diskrepanzen zwischen ersparten Mitteln und geplanten Investitionen entstehen können, und betrachtete die konjunkturelle Expansion als Stadium, in dem – wie Tugan-Baranowsky angenommen hatte – große Mengen von angesammeltem flüssigem Kapital in langfristige Anlagen verwandelt werden. Er verknüpfte diesen Prozeß der »Produktion auf Vorrat« mit einem kumulativen Preisanstieg, der sich dynamisch in wechselseitig voneinander abhängigen Preissteigerungen von Kapitalgütern, produktiven Diensten und Konsumgütern äußert. Nach Wicksells Auffassung stellen Gewinnerwartungen, die auf der Spanne zwischen realem und Darlehenszinssatz beruhen, ein Bindeglied zwischen Investitionsimpulsen und Veränderungen der Investitionstätigkeit her. Wicksell machte einige vereinfachende Annahmen über die Erwartungen, die die Unternehmer im Hinblick auf die zukünftigen Preise hegen; ein Verfahren, das von David Davidson kritisiert wurde.

130 Böhm-Bawerk machte diese Bemerkung in einer Besprechung von Eugen von Bergmanns *Geschichte der nationalökonomischen Krisentheorien*, Stuttgart 1895, in: *Zeitschrift für Volkswirtschaft, Sozialpolitik und Verwaltung* 7 (1898).
131 Siehe Knut Wicksell, »Krisernas Gata«, in: *Statsekonomisk Tidskrift* (1907), S. 255-284 (englisch: »The Enigma of Business Cycles«, in: *International Economic Papers*, 12 Bände, London 1951-1967, Band 3, S. 58-74). In seinen *Vorlesungen über Nationalökonomie*, a.a.O., schrieb Wicksell die Entstehung von Konjunkturzyklen dem Versäumnis der Banken zu, die Darlehenszinsraten den spontanen Bewegungen der natürlichen Zinssätze anzupassen.

Um die »ruckweise« verlaufende Expansion der Investitionen zu erklären, führte er das Argument an, wahrscheinlich nehme die Rate des technischen Fortschritts nicht ebenso gleichmäßig zu wie eine ansteigende Bevölkerungskurve; er benutzte die Bewegungen eines bockenden Pferdes, das mit einem Stock geschlagen wird, als Gleichnis, um die Transformation eines Stoßes in eine zyklische Bewegung zu veranschaulichen. Wicksell führte verschiedene Faktoren auf, die seiner Ansicht nach zum Zusammenbruch eines Booms führen, wie etwa »erzwungenes Sparen« (das dem Konsum Beschränkungen auferlegt), das Gesetz der abnehmenden Grenzproduktivität unter Wettbewerbsbedingungen, die daraufhin erfolgende Senkung der realen Zinsrate sowie Liquiditätsüberlegungen (welche die Banken dazu zwingen, Handelskredite zu beschränken). Doch widmete er den Auswirkungen der einander folgenden Kreditexpansionen und -kontraktionen auf die Wirtschaft keine besondere Aufmerksamkeit und entwickelte seine Analyse des Verhaltens ökonomischer Größen nicht zu einer konsistenten Konjunkturtheorie. Wicksell war so gründlich von den Vorteilen überzeugt, die sich durch eine Stabilisierung der ökonomischen Bedingungen erlangen ließen, daß er eine stationäre Bevölkerung von optimaler Größe als Voraussetzung für eine Steigerung des allgemeinen Wohlstands erachtete. In seinen *Vorlesungen über Nationalökonomie* erwartete er eine Periode langsameren technischen Fortschritts und möglicherweise völlig stationäre Bedingungen mit fallenden Zinssätzen und einem geringen Anteil des Kapitals am Wert des Produkts.[132]

Ein anderer Grenznutzentheoretiker, der die Wirkung des Zinssatzes mit bestimmten Aspekten des Konjunkturverlaufs in Verbindung brachte, war Irving Fisher, der bei seiner Analyse der konjunkturellen Schwankungen vom Verhalten der Preise ausging und die wiederkehrenden Störungen der Wirtschaft auf Vergrößerungen der Menge der umlaufenden Zahlungsmittel ohne entsprechende Erhöhungen der Zinsrate zurückführte.[133] Wie Wicksell glaubte er, daß die periodischen Ausdehnungen der ökonomischen Aktivität von äußeren Faktoren veranlaßt werden, welche die Aussicht auf hohe Gewinnraten eröffnen, daß diese Gewinnraten jedoch tendenziell mit der Sättigung des Expansionsprozesses fallen. Nach Fishers Definition ist die Ertragsrate derjenige Zinssatz, der – bei der Berechnung des Gegenwartswerts aller Kosten und des gegenwärtigen Werts aller Gewinne eingesetzt – diese beiden »gleichmacht«.[134] Er

---

132 Ders., *Föreläsningar i nationalekonomie*, a.a.O., Band 1 (deutsch: a.a.O., Band 1, S. 234f.; englisch: a.a.O., Band 1, S. 214).
133 Fisher, *The Rate of Interest*, a.a.O.; *The Purchasing Power of Money*, a.a.O. (deutsch: a.a.O.); *Theory of Interest*, a.a.O. (deutsch: a.a.O.).
134 Ders., *Theory of Interest*, a.a.O., S. 168 (deutsch: a.a.O., S. 130). Grob gesagt entspricht dieser Begriff Wicksells »realer« Zinsrate.

illustrierte diese Behauptungen mit Beispielen aus der Wirtschaftsgeschichte der Vereinigten Staaten und machte die Bankbehörden dafür verantwortlich, wenn es nicht gelang, die Darlehenszinsrate rechtzeitig dem schrumpfenden Kreditangebot anzupassen.

Wicksells Unterscheidung zwischen dem Gleichgewichtszins und dem Bankzins lieferte die Hauptelemente für die Konjunkturtheorie, die von Ludwig von Mises aufgestellt wurde, einem der überzeugtesten Anhänger des Glaubens an die wohltätige Wirkung des freien Wettbewerbs der ökonomischen Kräfte.[135] Mises verband den Wicksellschen Ansatz mit Böhm-Bawerks Theorie, nach der das Gleichgewicht der Wirtschaft davon abhängt, ob die Länge der Produktionsumwege dem Umfang des Subsistenzfonds angepaßt ist, der für Lohnzahlungen bereitsteht. Er vertrat daher die Auffassung, daß der Gleichgewichtszins einer Situation entspreche, in der sich die Kreditnachfrage und das Angebot an Leihgeldern ausgleichen, und daß Senkungen des Darlehenszinssatzes unter dieses Niveau die Unternehmer wahrscheinlich veranlassen würden, Produktionsprozesse in Gang zu setzen, die für ihre Durchführung mehr Zeit benötigen, als der verfügbare Umfang der Ersparnisse es rechtfertigt.[136] Jede übermäßige Ausdehnung der Produktionsperioden müsse zwangsläufig zur Verminderung der Gütermenge, die zum unmittelbaren Verbrauch bereitsteht, sowie zu Lohnsteigerungen führen. Ökonomisch ungerechtfertigte Ausdehnungen der Produktionsprozesse gingen schließlich mit zunehmender Knappheit der Produktionsressourcen einher, und der Boom werde unweigerlich zusammenbrechen, sobald die um ihre Liquidität besorgten Banken sich veranlaßt sehen, den Marktzins über die Profitrate zu setzen. Mises machte eine allgemeine Vorliebe für das Niedrighalten der Zinssätze für die traditionelle Bankpolitik verantwortlich und glaubte, daß die Schaffung einer Konkurrenz zwischen mehreren Notenbanken die Kreditinstitute dazu zwingen würde, ihre Politik der Geldexpansion vernünftigen Prinzipien anzupassen, die auf dem Verhältnis zwischen dem Umfang der verfügbaren Ersparnisse und der ökonomisch gerechtfertigten Kapitalnachfrage beruhen.

Um die Ergebnisse des vorstehenden Überblicks über die Konjunkturtheorien zusammenzufassen, sei im Vorbeigehen auf die weithin akzeptierte Unterscheidung zwischen endogenen und exogenen Theorien ver-

---

135 Ludwig von Mises, *Theorie des Geldes und der Umlaufsmittel*, a.a.O.; ders., *Geldwertstabilisierung und Konjunkturpolitik*, Jena 1928.
136 Dieses Argument beruhte offensichtlich auf der Annahme eines Kapitalmarkts mit hoher Elastizität der Erwartungen. Zu dieser Frage siehe L. M. Lachmann, »The Role of Expectations in Economics as a Social Science«, in: *Economica* 23 (1943), S. 12-23; und Ludwig von Mises, »›Elastic Expectations‹ and the Austrian Theory of the Trade Cycle«, in: ebd., S. 251 f.

wiesen. Autoren, die endogene Theorien vertraten, suchten zur Erklärung des zyklischen Verhaltens der Ökonomie nach Ursachen, die der Organisation der kapitalistischen Wirtschaft innewohnen. Ein bemerkenswerter Vertreter dieser Ansicht war Aftalion, der den Konjunkturverlauf mit der Natur der Produktionsprozesse in Zusammenhang brachte. Schumpeter, ein weiterer Anhänger dieser Auffassung, machte die Aktivität kühner Unternehmer und Veränderungen der Produktivitätsfunktion für die wellenförmige Entwicklung der Ökonomie verantwortlich. Mitchell, ein dritter Repräsentant dieses Ansatzes, verwies auf Prozesse kumulativer Veränderungen. Im Lichte dieser weitgefaßten Konzeption der Ökonomie konnten wirtschaftspolitische Maßnahmen, die zur Bewältigung von Krisen und Depressionen gedacht waren, bestenfalls den Erfolg haben, die Heftigkeit der Schwankungen zu mildern und, vielleicht, die Dauer der Depressionen zu verkürzen.

In gewissem Sinne waren die Aussichten darauf, den Weg der ökonomischen Expansion zu ebnen, viel besser, wenn die sogenannten exogenen Theorien zutrafen, wonach die zyklischen Entwicklungen auf Funktionsstörungen der Wirtschaft zurückzuführen sind, die durch »äußere« Faktoren verursacht werden. Die Spannweite dieser äußeren Faktoren variierte mit der Definition des ökonomischen Systems. So wurden von dem Ricardoschen Begriff einer Naturaltauschwirtschaft monetäre Faktoren aus dem System ausgeschlossen. Faktoren, die in der Anfangssituation nicht vorkommen (zum Beispiel technischer Wandel), wurden häufig als exogen angesehen.[137] Natürlich mußten die Schöpfer derartiger Theorien diese Faktoren und ihren jeweiligen Einfluß auf das Verhalten der relevanten ökonomischen Größen bestimmen. Besonders vielversprechend erschien die Möglichkeit, konjunkturelle Schwankungen zu bekämpfen, wenn ihr Auftreten institutionellen Prozessen zugeschrieben wurde, die sich verändern lassen, ohne die allgemeinen Prinzipien zu verletzen, die dem Funktionieren der Tauschwirtschaft zugrunde liegen. Prozesse dieser Art wurden in verschiedenen Theorien betont. Ein herausragendes Beispiel war die von Ludwig von Mises vorgetragene Theorie, welche die Politik der Banken für die wiederkehrenden Überexpansionen der Investitionstätigkeit verantwortlich machte. Einige andere Theorien – die von Tugan-Baranowsky, Spiethoff, Cassel und Wicksell – nannten die Bankpolitik nur als untergeordnetes Element beim Zustandekommen der Konjunkturschwankungen und legten das Schwergewicht auf »reale Faktoren«, wie Bevölkerungswachstum, technische Veränderungen, die Ausbeutung natürlicher Ressourcen in zunehmendem Umfang oder die Öffnung neuer Märkte. Die Autoren, die sich diesen Ansatz zu eigen mach-

---

137 Siehe Schumpeter, *History of Economic Analysis*, a.a.O., S. 1133 (deutsch: a.a.O., Band 2, S. 1374 f.).

ten, wollten den Nachweis führen, wie sich die Wirkungen unregelmäßiger und veränderlicher Impulse in Wellenbewegungen übersetzen und wie die Wendepunkte der Kreisläufe durch ökonomische Reaktionen auf das Wirken solcher Impulse zustande kommen. Wie verwickelt diese Probleme sind, wurde erst im Laufe späterer Diskussionen völlig erkannt. Doch zumindest nahmen die Konjunkturtheorien exogenen Typs nicht an, daß die kapitalistische Tauschwirtschaft von sich aus zu Schwankungen neige.

Die ricardianischen Ökonomen hatten Verteilungsprobleme in den Mittelpunkt ihrer Analysen gestellt; in den Theorien ihrer Nachfolger nahmen die mit der Allokation von Ressourcen verbundenen Probleme den ersten Rang ein. Eine neue Stufe in der Entwicklung der Wirtschaftswissenschaften wurde erreicht, als die Erklärung der konjunkturellen Schwankungen der Ökonomie nicht mehr als »letztes Kapitel« einer Doktrin betrachtet, sondern ins Zentrum der theoretischen Analyse gerückt wurde. Die Notwendigkeit, für die Durchführung einer solchen Analyse neue Methoden zu entwickeln, machte sich dringlicher denn je bemerkbar.

22. Kapitel
Der amerikanische Zugang zur Grenznutzenlehre

Gegen Ende des neunzehnten Jahrhunderts leitete John Bates Clark eine neue und verheißungsvolle Epoche der amerikanischen Wirtschaftswissenschaften ein. Gestützt auf eine eigenständige Version der Grenznutzenanalyse, errichtete er ein einheitliches und geschlossenes Gebäude der ökonomischen Theorie. Clark verwies auf den Begriff des »effektiven spezifischen Nutzens« als bestimmenden Faktor der Tauschwerte; dieser Begriff war mit dem des Grenznutzens annähernd identisch. Da er zu dieser Zeit keinerlei Kenntnis von den vorhergegangenen Diskussionen der Grenznutzenanalyse hatte, wurde er von Eugen Böhm-Bawerk und anderen Autoren als vierter Begründer dieser Methode betrachtet.[1] Ähnlich wie Marshall war Clark bestrebt, die großen Linien des Ricardoschen Ansatzes möglichst weitgehend zu bewahren; anders jedoch als Marshall benutzte er den Gleichgewichtsbegriff, um ein imaginäres Modell der Wirtschaft zu konstruieren.[2] Mehr als jeder andere amerikanische Gelehrte seiner Zeit trug Clark dazu bei, die Tradition des entwickelten hypothetischen Denkens gegen starke Bemühungen zu verteidigen, deren Ziel es war, methodologische Prinzipien ähnlich denen, die von der deutschen historischen Schule verkündet wurden, zu verbreiten.

Zu Beginn seiner akademischen Laufbahn stand Clark dieser Bewegung durchaus nicht fern. Unter dem Einfluß der deutschen Gelehrten Wilhelm Roscher und Karl Knies, möglicherweise auch von einigen englischen konservativen Gegnern der kapitalistischen Wirtschaft geprägt, führte er in seine *Philosophy of Wealth* starke ethische Überlegungen ein und gründete seine Analyse der Ökonomie auf eine organizistische Gesellschaftsauffassung. Er verstand die Gesellschaft als Organismus, jedoch im Sinne beobachtbarer organischer Beziehungen zwischen den Individuen, aus denen sie besteht, weniger im Sinne mystischer nationalistischer Entitäten.[3] Er analysierte die großen Diskrepanzen, die er in der amerikanischen Gesellschaft zwischen privaten Gewinnen und gesellschaftlicher Produktion feststellte, wofür die heftigen finanziellen Auseinandersetzungen um die Ausbeutung der gewaltigen Naturschätze des Landes (mit den Erscheinungsformen einer übertriebenen Konkurrenz

1 John Bates Clark, »The Philosophy of Value«, in: *The New Englander*, Juli 1881.
2 Clark entwickelte seine Lehre in drei Hauptwerken: *The Philosophy of Wealth*, Boston 1886; *The Distribution of Wealth*, New York 1899; und *Essentials of Economic Theory*, New York 1907. Siehe Paul T. Homan, *Contemporary Economic Thought*, New York 1928.
3 John Maurice Clark, »On John Bates Clark«, in: Henry William Spiegel (Hg.), *Development in Economic Thought*, New York 1952, S. 595.

auf der einen Seite und Bereichen monopolistischer Marktkontrolle auf der anderen) ebenso ein Beispiel gaben wie die »blinden Kämpfe«, die häufig die Organisation des Arbeitsmarkts störten. Clark zog den Schluß, daß die freie Konkurrenz, »das große Regulativ der Vergangenheit«, aus wichtigen Wirtschaftssektoren praktisch verdrängt worden sei, da sie sich als unfähig erwiesen habe, für Gerechtigkeit zu sorgen. Er suchte nach einer »moralischen Kraft« als alternativem Regulativ und empfahl sozioökonomische Maßnahmen wie Gewinnbeteiligung, Produktionsgenossenschaften und Schlichtung. Eine Gruppe amerikanischer Ökonomen, die soeben die *American Economic Association* gegründet hatte, rühmte Clarks Buch als Manifest gegen die Übel des *Laissez-faire*-Kapitalismus.

Der Gedanke, die Tauschwerte aus dem »effektiven spezifischen Nutzen« abzuleiten, kam in jener Studie klar zum Ausdruck. Allerdings wurde er durch die Einführung der »Gesellschaft« als eigentlicher Quelle der Wertschätzungen auf dem Markt wieder entkräftet. Die Interpretation der Tauschwerte als »gesellschaftliche Nutzenschätzungen« blieb ein charakteristisches Merkmal auch von Clarks späterer Analyse des Verteilungsprozesses. Eine Anzahl hervorragender amerikanischer Ökonomen (Edwin R. A. Seligman gehörte dazu) war von dem Gedanken fasziniert, die Entstehung von Tauschwerten mit Schätzungen der »Gesellschaft« zu verbinden.[4]

Clark unternahm diese Analyse in *The Distribution of Wealth*. Er wandte das Grenznutzenprinzip nicht auf die Güter selbst, sondern auf die marginalen Güterzunahmen an und entwickelte die Idee, daß die Marktpreise nicht vom Nutzen der gekauften Ware, sondern von der Nutzensteigerung durch die marginalen Wohlstandszuwächse der Konsumenten bestimmt werden.[5] Ergänzend zu diesen Überlegungen diskutierte er die Veränderungen des Grenznutzens, die sich aus unterschiedlichen Güterkombinationen, individuellen Einkommens- oder Besitzveränderungen und dergleichen ergeben. Wie William Stanley Jevons vor ihm, sah Clark im Nutzen eine meßbare Größe und betrachtete das ökonomische Verhalten als ständigen Balanceakt zwischen unzähligen Arten von Bedürfnisbefriedigungen (Genüssen) und Opfern (Leiden). Seine hedonistische Deutung des ökonomischen Verhaltens war klar ersichtlich.

---

4 Siehe zum Beispiel Edwin R. A. Seligman, »Social Elements in the Theory of Value«, in: *The Quarterly Journal of Economics* 15 (1901), S. 321-347, und ders., *Principles of Economics*, New York 1905.

5 »Es sind die Grenzzuwächse des Gütervermögens – und in der Regel nicht die Gütervermögen selbst –, die jene Maßstäbe für den Nutzen liefern, denen die Marktwerte entsprechen.« Clark, *The Distribution of Wealth*, a.a.O., S. 219. Gelegentlich wurde dieses Prinzip als *Clarksches Gesetz* bezeichnet.

Clarks methodologische Überzeugungen standen unter der Annahme, daß eine fiktive Ökonomie statischen Typs, in der vollkommene Konkurrenz herrscht, den einzigen Ausgangspunkt für eine Analyse der Verteilungsprozesse darstelle. Er zweifelte nicht daran, daß dieselben ökonomischen Kräfte, die er in einer unveränderlichen Welt am Werk sah, auch unter Bedingungen von Veränderung herrschen und daß folglich die Kenntnis der »normalen« oder »natürlichen« Gesetze des statischen Zustands die Voraussetzung für ein Verständnis der Funktionsabläufe des tatsächlichen ökonomischen Mechanismus ist. Ohne die Gültigkeit dieser kühnen Annahme zu beweisen, ging Clark in der Verwendung dieser methodologischen Devise viel weiter als die Ricardianer, die er kritisierte, weil es ihnen nicht gelungen sei, die Analyse des ökonomischen Systems, das unter statischen Bedingungen funktioniert, heroisch und konsequent von der Analyse einer »dynamischen« Wirtschaft zu trennen.

In der Tat hatten die Ricardianer vage das Modell einer mehr oder weniger stationären Wirtschaft angedeutet, seine mögliche Realisierung jedoch auf das Ende einer längeren Entwicklungsperiode verschoben, in deren angenommenem Verlauf die Profitrate so weit fallen sollte, daß schließlich jeder weitere Anreiz, Kapital zu akkumulieren, geschwunden wäre und die Produktionsfaktoren eine Ruhelage erreicht hätten, während Variationen von Arbeit und Kapital innerhalb relativ enger Grenzen immer noch möglich bleiben sollten.[6]

Da Clark den Zeitfaktor aus dem Funktionieren seiner Gleichgewichtsökonomie ausgeschlossen hatte und vollkommene Konkurrenz unterstellte, um eine optimale Nutzung sämtlicher Ressourcen sowie eine optimale Bedürfnisbefriedigung für die Mitglieder der Gemeinschaft zu gewährleisten, war in diesem Modell kein Raum für Differenzen zwischen den erwarteten Wirkungen ökonomischer Pläne und ihrer Realisation. Von allen Produktionsfaktoren wurde angenommen, sie seien unbegrenzt mobil und würden voll ausgelastet. In diesem Falle wird der Ertrag eines jeden Faktors von der Grenzproduktivität seiner Einheit bestimmt, und die Erträge aller Einheiten eines Faktors werden gleich. Die Anteile, die den Produktionsfaktoren in jedem Produktionsprozeß zufallen, machen den gesamten Wert seiner Produkte aus und lassen keinen Raum mehr für Gewinn, der als Residualkategorie aufgefaßt wird.

Im Rahmen einer Vereinfachung seiner Annahmen ließ Clark die Unter-

---

6 Der Unterschied zwischen der Ricardoschen Konzeption eines mehr oder weniger stationären Zustands der Wirtschaft und der Clarkschen Konstruktion einer strengen statischen Gleichgewichtsökonomie wurde sehr treffend von Lionel Robbins analysiert: »A Certain Ambiguity in the Conception of Static Equilibrium«, in: *Economic Journal* 40 (1930), S. 194-214. Siehe auch Frank H. Knight, *Risk, Uncertainty, and Profit*, Boston 1921, S. 143 Anmerkung.

scheidung zwischen Kapital und Boden als gesonderten Produktionsfaktoren fallen. Dieses Vorgehen entsprach einer amerikanischen Tradition, die von Henry Charles Carey und Francis A. Walker (1840-1897) begründet worden war. Hinter der Angleichung von Boden und Kapital als Produktionsfaktoren stand die Erfahrung, daß das Bodenangebot in Amerika nicht knapp und Boden häufig ein Investitionsobjekt war. Die Anhänger von Henry Georges Vorschlag einer *single tax* beharrten natürlich gegen Clark auf einem grundlegenden Unterschied zwischen Boden und Kapital als Einkommensquellen. Da in einer statischen Wirtschaft die Volumina von Kapital und Arbeit als konstant betrachtet werden können, verlor der Boden seine bevorzugte Stellung als etwas, das nur in festem und begrenztem Umfang verfügbar ist; in einem System »natürlicher« Werte sollten Lohn und Kapitalzins als die beiden einzigen Ertragsarten übrigbleiben.

Nach dem Grenznutzenprinzip gehen alle Produktionszuwächse zwangsläufig mit sinkenden Produktwerten einher. Clark beschloß, das Prinzip der abnehmenden Erträge auf alle produktiven Tätigkeiten auszudehnen, und formulierte es als »allgemeines Gesetz der ökonomischen Variation«, innerhalb dessen die Rententheorie ein Sonderfall sei.[7] Ähnlich benutzte er ein einziges Prinzip, das »Gesetz der Grenzproduktivität«, um die Beiträge des Kapitals (einschließlich des Bodens) und der Arbeit zum Wert des Produkts zu erklären. Beiden Beiträgen schrieb er den Charakter einer Rente zu.

Daß die Annahme, Arbeit sei unter hypothetischen statischen Bedingungen ein vollkommen mobiler Faktor, auf keine ernsthaften Einwände stoßen würde, war abzusehen. Anders verhielt es sich jedoch mit Kapital, das in produktiven Unternehmen angelegt wurde. Clark traf daher eine Unterscheidung zwischen verderblichen oder kurzlebigen »Kapitalgütern« aller Art (einschließlich Boden) und »reinem« Kapital im Sinne dauerhafter, vollkommen mobiler abstrakter Quantitäten produktiven Vermögens. Er benutzte den Gedanken der Grenzproduktivität im Zusammenhang mit einem Begriff von »gesellschaftlichem« Kapital, der in organizistischen Auffassungen wurzelte und im wesentlichen wohl auf die Kapitaltheorie von Karl Knies, Clarks deutschem Lehrer, zurück-

---

7 Es ist mit guten Gründen bemerkt worden, daß die Größen, auf die das Gesetz der abnehmenden Erträge Bezug nimmt, dem Bereich der physischen Produktion zugehören, während es sich bei Grenznutzen um ein psychologisches Phänomen handelt; zwei Behauptungen, die sich auf heterogene Variable beziehen, bieten wohl kaum eine gesunde Grundlage für die Verbindung zu einem einzigen »ökonomischen Gesetz«. Siehe Joseph [Alois] Schumpeter, »Das Rentenprinzip in der Verteilungslehre«, in: [Schmollers] *Jahrbuch für Gesetzgebung, Verwaltung und Volkswirtschaft* 31 (1907), S. 591-634, hier S. 627.

ging.[8] Damit konnte Clark den Zinsfuß als denjenigen Grenzertrag auf Kapital (oder Boden) definieren, der anfällt, wenn zusätzliche Arbeitsaufwendungen für keinerlei Produktionszuwachs mehr sorgen. Später änderte Clark seine »Produktivitätstheorie« des Zinses im Sinne der Böhm-Bawerkschen Agiotheorie, die auf der Präferenz gegenwärtig verfügbarer Güter vor Zukunftsgütern beruhte.

Der Begriff des »gesellschaftlichen« Kapitals fand seine Entsprechung im Begriff der »gesellschaftlichen« Arbeit. Der Grenzproduktivitätsanalyse zufolge bestimmt sich der Wert der letzten Einheit des variablen Faktors (Arbeit) nach dem Wert des Produktionszuwachses, den die Hinzufügung dieser Einheit bewirkt hat, und dementsprechend sind sämtliche Grenzeinheiten des variablen Faktors austauschbar und haben denselben Wert. So gelangte Clark zu der Idee der »spezifischen Produktivität«. Sie beruhte auf der Überlegung, daß unter Bedingungen vollkommener Konkurrenz und unbeschränkter Mobilität der Produktionsfaktoren der Wertzuwachs eines Produkts, der sich der Hinzufügung einer Grenzeinheit eines Faktors verdankt, jeder beliebigen Einheit dieses Faktors zugeschrieben werden kann. Folglich erhält jeder Faktor eine Vergütung, die dem von ihm geschaffenen Wert genau entspricht. Die Stichhaltigkeit dieser Konzeption und ihre normativen, ja moralischen Implikationen waren Gegenstand zahlreicher kritischer Kommentare. Einige Kritiker wiesen darauf hin, daß das von den Beiträgen des Grenzarbeiters abgeleitete einheitliche Lohnprinzip die höheren Beiträge anderer Arbeiter unberücksichtigt lasse. Einspruch wurde verschiedentlich auch gegen die Vermengung von Problemen der persönlichen und der funktionalen Verteilung erhoben, die in Clarks »Ethik der Produktivität« enthalten war.

Die utilitaristischen Gesichtspunkte der Lehre Clarks wurden besonders in seiner Verwendung einer »Schadenseinheit« in seiner Theorie der »realen« Kosten deutlich. Sie beruhte auf der Annahme, daß eine solche »Arbeitsleid«-Einheit für alle Arbeiter die gleiche sei und daß unter Gleichgewichtsbedingungen eine Grenznutzeneinheit [unit of marginal utility] einer marginalen Arbeitsleideinheit [unit of marginal disutility] gleich sei. Dieses methodische Instrument, das an die Stelle von David Ricardos hypothetischer Standardeinheit der Arbeitskosten trat, ermöglichte es Clark, den Gleichgewichtsbegriff direkt auf das ökonomische System anwendbar zu machen.[9]

Nachdem er somit die »normalen« Gesetze aufgestellt hatte, die dem Funktionieren der statischen Wirtschaft zugrunde liegen sollten, ging

---

8 Siehe Terence W. Hutchison, *A Review of Economic Doctrines, 1870-1929*, Oxford 1953, S. 259.
9 Siehe George J. Stigler, *Production and Distribution Theories, 1870-1897*, New York 1941, S. 307.

Clark daran, das Verhalten einer Ökonomie zu untersuchen, in der »dynamische« Kräfte in andere als jene Richtungen drängen, die das Gleichgewicht der Wirtschaft über kurze Zeiträume bestimmen. Er vereinfachte diese ungeheuere Aufgabe, indem er seine Diskussion auf den Einfluß einer recht kleinen Gruppe auffälliger Faktoren beschränkte, etwa Bevölkerungssteigerungen und Kapitalzuwächse, Verbesserungen der Produktionsmethoden, Veränderungen in der Form der industriellen Organisation und vor allen Dingen die Vervielfachung der Konsumentenbedürfnisse. Überdies nahm er in seiner gesamten Erörterung der »dynamischen« Kräfte an, daß die von ihnen bewirkten Veränderungen einander tendenziell neutralisierten[10] und daß eine hochentwickelte Gesellschaft in der Realität von ihrem statischen Modell nicht sehr weit abweichen werde.

Clark stellte sich den wirtschaftlichen Fortschritt als mehr oder weniger spannungsreich verlaufenden Prozeß vor, in dem die Ökonomie von einer Gleichgewichtsposition zur nächsten voranschreitet. Von Gewinnen als Risikoprämie unterschied Clark »reinen Gewinn«, der aus Veränderungen der Marktverhältnisse entspringt, die sich dem Wirken dynamischer Kräfte verdanken. Den Hintergrund dieser Konzeption bildete eine Art »Sozialdarwinismus«, dem zufolge die ökonomischen Kämpfe im Ergebnis die Gewähr dafür bieten, daß der Tüchtigste überlebt. Diese Theorie lieferte einige Argumente zur Rechtfertigung von Gewinnen als einer besonderen Belohnung für unternehmerische Tätigkeit.[11]

Ohne Zweifel ist es John Bates Clark gelungen, einer ganzen Generation amerikanischer Ökonomen einen konsistenten Ansatz für die ökonomische Analyse zu liefern, der bedeutende Elemente der Ricardoschen Lehre mit einer wirksamen Anwendung der Prinzipien des Grenznutzens und der Grenzproduktivität verband. Mit der Verabschiedung des Lohnfondsgedankens bekräftigte Clark zugleich die Behauptung, daß Kapitalzins, Gewinne und Löhne in einer fortschreitenden Ökonomie gleichzeitig steigen können. Er entzog der Grundrente die privilegierte Stellung, die sie in der Ricardoschen Wirtschaftslehre eingenommen hatte, und erklärte die Beiträge der Produktionsfaktoren aus einem einzigen Prinzip. Er definierte die charakteristischen Merkmale einer statischen Wirtschaft und benutzte zur Analyse von Veränderungen der ökonomischen Bedingungen den Begriff eines beweglichen Gleichgewichts. Sein herausragendes Verdienst besteht darin, den amerikanischen Ökonomen den Weg zur aktiven Teilnahme an der Ausarbeitung der marginalistischen Lehren gewiesen zu haben.

---

10 Clark, *Essentials of Economic Theory*, a.a.O., S. 195.
11 Zur Kritik von Clarks Profittheorie siehe Knight, *Risk, Uncertainty, and Profit*, a.a.O., 2. Kapitel.

23. Kapitel
Gegensätzliche Trends

Pragmatistische Wirtschaftslehre

Um das Verständnis für die besondere Entwicklung des ökonomischen Denkens in Amerika zu erleichtern, ist es vielleicht nicht verfehlt, auf dieser Stufe meiner Diskussion eine knappe Darstellung einer geistigen Bewegung einzufügen, welche die vorherrschenden Trends zu beenden hoffte und in der Tat das Denken wenigstens einer Generation amerikanischer Ökonomen spürbar beeinflußte. Wie bei vergleichbaren Bewegungen, die in anderen Ländern Anhänger fanden, war die Reaktion, die sich in Amerika gegen bestimmte prägnante Züge der kapitalistischen Wirtschaft richtete, mit einem Ausbruch an Feindseligkeit gegen gewisse Aspekte des hypothetischen Denkens verbunden.

Eine Art Vorspiel zu der Revolte gegen die ricardianische und die marginalistische Ökonomie begann mit den Lehren Simon N. Pattens (1852-1922), der einen »dynamischen« Ansatz in der sozialwissenschaftlichen Forschung zu entwickeln versuchte.[1] Er verwarf verschiedene Annahmen, die für die traditionelle Wirtschaftslehre grundlegend waren, und stützte sich auf eine Art ökonomischer Geschichtsinterpretation, um den Gedanken zu entwickeln, es bestehe ein tiefer Antagonismus zwischen dem »genetischen« Wachstum eines tatkräftigen Industrialismus und dem »kulturellen Rückstand« [*cultural lag*], der in überkommenen geistigen Gewohnheiten wurzele. Eine Lösung dieses Konflikts erwartete er von einer kooperativen Organisation der Wirtschaft.

Die organizistische Gesellschaftsauffassung, wie sie Patten vertrat, wurde jedoch von dem sogenannten institutionalistischen Ansatz überschattet, den Thorstein Bunde Veblen (1857-1929) vorschlug. Bemerkenswert war der Erfolg der Schriften Veblens vor allem deshalb, weil es ihm nicht gelang, eine zusammenhängende Wirtschafts- oder Gesellschaftslehre zu entwickeln.[2] Den allgemeinen Hintergrund seiner Untersuchungen lie-

---

[1] Simon N. Patten, *The New Basis of Civilization*, New York 1912. Siehe Allan G. Gruchy, *Modern Economic Thought*, New York 1947, S. 409.

[2] Die bedeutendsten Veröffentlichungen Thorstein B. Veblens waren: *The Theory of Leisure Class*, New York 1899 (deutsch: *Theorie der feinen Leute*, Köln/Berlin 1957); *The Theory of Business Enterprise*, New York 1904; *The Instinct of Workmanship*, New York 1914; *The Place of Science in Modern Civilization*, New York 1919; *Engineers and the Price System*, New York 1921; sowie *Absentee Ownership and Business Enterprise in Recent Times*, New York 1923. Eine bündige Analyse von Veblens Schriften liefert Paul T. Homan, *Contemporary Economic Thought*, New York 1928, S. 116.

ferte die Philosophie des amerikanischen Pragmatismus, doch griff er auch vereinzelte Elemente des deutschen Intuitionismus, der Marxschen Dialektik und des Spencerschen Sozialdarwinismus auf.
Der amerikanische Pragmatismus, der in den sechziger Jahren des neunzehnten Jahrhunderts in den Schriften von Charles Sanders Peirce (1839-1914) entwickelt wurde, gipfelte in der Idee, das Universum sei durch »ursprüngliche Spontaneität« entstanden; unter den Bedingungen unbegrenzter Möglichkeiten hätten sich dann durch Zufallsereignisse bestimmte Regelmäßigkeiten des Verhaltens entwickelt. Daher lehnte Peirce alle Spekulationen ab, die um Begriffe wie »Substanz«, »Geist«, »Materie« und dergleichen kreisen. Statt dessen drängte er darauf, die Begriffe, die sich die Menschen von den verschiedenen Dingen machen, den praktischen Wirkungen anzupassen, welche sie diesen Dingen in ihrer Vorstellung zuschreiben.[3]
Diese Gedanken wurden von den amerikanischen Philosophen William James (1842-1910) und John Dewey (1859-1952) weiterentwickelt. Beide betonten die Instinkte und Gewohnheiten sowie die funktionalen Gesichtspunkte der neu auftauchenden und fortbestehenden Erfahrungs-, Denk- und Forschungsprozesse.[4] Ihre Methodologie führte zu dem Schluß, daß wissenschaftliche Hypothesen nur in dem Maße gerechtfertigt sind, wie sie zur fortschreitenden Vereinheitlichung der isolierten Daten beitragen, welche die Sinneswahrnehmungen liefern. Es blieb jedoch die Frage, ob und wie die »universellen« Wahrheiten der Logik und Mathematik auf die Welt der empirischen Gegenstände bezogen sind.
Die grundlegende Bedeutung, die von den Schülern Ricardos und von den Ökonomen der Grenznutzenschule dem »rationalen Verhalten« beigelegt wurde, war kaum mit der pragmatistischen Konzeption zu vereinbaren, die im Geist einen hochkomplexen psychischen Mechanismus und in der Vernunft ein Instrument sah, das zur Auswahl nützlicher Handlungen unter den verfügbaren Alternativen dient, die ihrerseits von wandelbaren ökonomischen und sozialen Institutionen angeboten werden. Nach pragmatistischer Methodologie können theoretische Überlegungen nicht von Annahmen ausgehen, die sich der Idee eines einheitlichen, unveränderlichen Motivationstypus verdanken. Der Ausgangspunkt jeder Analyse der sozialen Phänomene ist in Systemen von Beziehungen zwischen Individuen in ihrer empirischen Umgebung zu suchen.
Gemäß dieser Methodologie beschrieb Veblen die Lehren Ricardos und der Ricardianer als »taxonomische« Disziplinen, die in einer Naturrechtsphilosophie und einer hedonistischen Psychologie wurzeln und die

---

[3] Charles S. Peirce, *Collected Papers*, 8 Bände, Cambridge, Mass. 1931-1958, 5.402 (deutsch: *Schriften 1. Zur Entstehung des Pragmatismus*, hg. von Karl-Otto Apel, Frankfurt am Main 1967, S. 339).
[4] John Dewey, *Logic, the Theory of Inquiry*, New York 1938, S. 8.

Menschen als passive Wesen behandeln, die mechanisch auf äußere Stimuli reagieren.[5] Insofern »taxonomisch« die ausschließliche Beschäftigung mit Klassifikationsproblemen meint, bekam dieser Ausdruck im Hinblick auf die Wirtschaftswissenschaft einen ausgesprochen abschätzigen Sinn. Diese Lehren, argumentierte Veblen, hätten alle menschlichen Motive auf den Gelderwerb zurückgeführt und den Glauben an eine unveränderliche Wettbewerbsordnung der Wirtschaft proklamiert, obwohl diese Ordnung in Wirklichkeit nur eine Phase in einem »natürlichen« Wachstum darstelle. Feindseligkeit gegen ökonomische Theoriebildung jeder Art brachte Veblen dazu, die logische Eingrenzung der ökonomischen Sphäre als Ergebnis einer überholten Denkgewohnheit zu betrachten. Er lehnte jeden quantifizierenden Ansatz in der ökonomischen Analyse ab, spottete über die Anwendung des Gleichgewichtsbegriffs auf die Beziehungen zwischen ökonomischen Größen und verhöhnte die Konstruktion eines einheitlichen imaginären Modells der Wirtschaft.

Veblens eigene sozioökonomische Lehre war jedoch kaum ein befriedigender Ersatz für die Theorien, die er ablehnte. Ausgehend von einer Untersuchung des Verhaltens, das die Menschen im Umgang mit ihren materiellen Existenzbedingungen zeigen, diente ihm eine Theorie des »kumulativen sozialen Wandels« zur Interpretation der Geschichte der materiellen Zivilisation. Er machte sich den behavioristischen Ansatz in der psychologischen Analyse zu eigen und versuchte, die Grundauffassungen seiner Theorie aus dem Satz abzuleiten, als die treibenden Kräfte menschlicher Handlungen und Haltungen seien – wenngleich modifiziert unter dem Einfluß von Umweltbedingungen – Instinkte anzusprechen.[6] Doch die Liste der Instinkte, die den Rahmen seiner soziologischen Analyse absteckte, ging keineswegs auf sorgfältige Verhaltensbeobachtungen

---

[5] Veblen, *The Place of Science in Modern Civilization*, a.a.O., S. 65; siehe Dewey, *Logic, the Theory of Inquiry*, a.a.O., S. 173.

[6] Dieser Zweig der Psychologie wurde in Verbindung mit der pragmatistischen Philosophie von William James in seinen Werken *Principles of Psychology*, New York 1890, und *Pragmatism*, New York 1907 (deutsch: *Der Pragmatismus*, Hamburg 1977), entwickelt. Der Behaviorismus beruhte auf dem Grundsatz, daß sich Aussagen über menschliches Verhalten einzig aus der Beobachtung menschlicher Handlungen gewinnen lassen, da wir keine unmittelbare Kenntnis davon haben können, was sich im Geist der anderen abspielt. Dieser Auffassung gemäß wurden psychologische Phänomene aus dem Bereich der Erkenntnis ausgeschlossen und alle menschlichen Handlungen einfach als Beziehungen zwischen Reizen und Reaktionen betrachtet. Die Unterscheidung zwischen wünschenswerten Folgen menschlichen Verhaltens und solchen, die den Gemeinschaftsinteressen »schädlich« sind, wurde sachkundigem Urteil anheimgestellt. Siehe auch John B. Watson, *Behavior. An Introduction to Comparative Psychology*, New York 1914 (deutsch: *Behaviorismus*, Köln/Bonn 1968).

zurück, sondern enthielt ein ziemlich unbestimmtes Konglomerat menschlicher Motivationen, das so zusammengestellt war, daß es sich zu schneidenden Angriffen auf die kapitalistische Ökonomie eignete. Veblens Aufzählung der Instinkte umfaßte die »väterliche Neigung« (selbstlose Gefühle, hauptsächlich solche, die Gruppeninteressen fördern), das »Bedürfnis nach nützlicher Arbeit« oder den »Werkinstinkt«, die eigennützige Neigung, »Streitsucht« und die Neigung zu »müßiger Neugier« oder »zielloser Forschung«. Es würde den Rahmen dieser Untersuchung überschreiten, auf die berechtigten Einwände gegen diese ziemlich unverbundene Gruppe von »Instinkten« Bezug zu nehmen.

Veblen wies der Ökonomie die Aufgabe zu, die Entwicklung von »Institutionen« als den vergänglichen Resultaten der Interaktion zwischen menschlicher Natur und materieller Umwelt zu analysieren. Der Begriff *Institution*, der in Veblens Schriften eine wichtige Rolle spielte, ist zum Gegenstand unterschiedlicher Deutungen geworden. Besonders verwirrend war die unterschiedslose Anwendung dieses Begriffs sowohl auf politische und ökonomische Organisationen, die ihre Entstehung überlegtem menschlichen Handeln verdanken, als auch auf solche gesellschaftliche Einrichtungen, die sich – wie das Geld – nicht als Produkte bewußter Planung verstehen lassen.[7] Gleichwohl wurde es allgemein anerkannte Praxis, den Ausdruck *Institutionalismus* zur Kennzeichnung von Veblens Lehren zu verwenden. In seinen soziologischen Untersuchungen suchte Veblen zu zeigen, daß sozialer Wandel regelmäßig Veränderungen in den Denk- und Verhaltensgewohnheiten beinhaltet, wie sie sich in Institutionen niederschlagen.[8] Doch sein Begriff der »Denkgewohnheiten« war ebenso ungenau wie sein Evolutionsbegriff, den er nach den Darwinschen Prinzipien als »Entfaltung« im »Prozeß der selektiven Anpassung« definierte. Unter dem Einfluß der von der deutschen historischen Schule vertretenen Methodologie unterschied Veblen vier Stufen in der »Entwicklung« der materiellen Zivilisation: das wilde Zeitalter, das

---

7 Siehe unter anderem Karl L. Anderson, »The Unity of Veblen's Theoretical System«, in: *The Quarterly Journal of Economics* 47 (1933), S. 598-626, hier S. 604. Andere, ebenso schlecht definierte Begriffe, die Veblen und seine Schüler häufig im Munde führten, um die dynamischen Aspekte der Wirtschaft zu kennzeichnen, waren »Prozeß« und »fließender Übergang« [*going concern*]. Siehe Gruchy, *Modern Economic Thought*, a.a.O., S. 52. Gelegentlich wurde zur Bezeichnung von Veblens Denkweise der irreführende Ausdruck *Instrumentalismus* vorgeschlagen. Siehe Clarence E. Ayres, *The Theory of Economic Progress*, Chapel Hill 1944, S. 136.

8 Veblen definierte »Institutionen« als Komplexe »weitverbreiteter Denkgewohnheiten, die besondere Beziehungen und besondere Funktionen des Individuums und der Gesellschaft betreffen«. *Theory of Leisure Class*, a.a.O., S. 190 (deutsch: a.a.O., S. 186).

barbarische Zeitalter, das Zeitalter des Handwerks und das des Maschinenprozesses. Ebenso wie andere Gegner der kapitalistischen Wirtschaft schrieb er die Entstehung von Privateigentum an Produktionsmitteln »räuberischer Ausbeutung« zu. Veblens Unterscheidung der vier Stufen in der Entwicklung der ökonomischen und sozialen Organisation war ebenso willkürlich wie seine Instinkttheorie.

Veblen stellte den Darwinschen Ansatz dem Marxschen »vordarwinistischen« Entwicklungsbegriff gegenüber und faßte letzteren als eine Abfolge von Prozessen auf, die von einem vorbestimmten Ziel beherrscht und vom dialektischen Walten antagonistischer Kräfte in Gang gehalten wird. Obwohl er diese Konzeption verwarf, war sein Denken offenkundig von dem Marxschen Verfahren beeinflußt, antagonistische Kräfte für das »irrationale« Verhalten der kapitalistischen Ökonomie verantwortlich zu machen. Aus der Gegenüberstellung destruktiver und konstruktiver »Instinkte« leitete er ein System ab, in dem die Instinkte oder »natürlichen Anlagen« danach geordnet werden, ob sie die »Lebensziele der menschlichen Gattung« befördern und mitgestalten – oder ob sie von diesen Zielen ablenken und sie beeinträchtigen. Bei seiner Ausarbeitung dieses recht einfachen Schemas antagonistischer Kräfte verwandelte er das Ricardosche Profitmotiv in ein blindes Streben nach Gelderwerb[9] und stellte eine Reihe von sozialen Gegensätzen auf, indem er »ökonomische« und »pekuniäre« Werte, »Industrie« und »Geschäft«, produktive und die erwerbsorientierte wirtschaftlichen Betätigung, Nützlichkeit und Überflüssigkeit von Waren, individuelle und eigentliche Bedürfnisse, die Welt der Produzenten (Ingenieure und Arbeiter, die dem »Bedürfnis nach nützlicher Arbeit« folgen) und die Welt der Unternehmer, Firmengründer und Finanziers (die vom Wunsch nach parasitären Gewinnen getrieben werden) einander gegenüberstellte.[10]

Nach diesem Schema versuchte Veblen zu zeigen, daß es der kapitalistischen Wirtschaft an Effizienz mangele und daß sie der Schauplatz parasitärer Geschäftemacherei, monopolistischer Marktkontrollen und anderer »räuberischer« Formen wohlerworbener Ansprüche sei. In seiner vieldiskutierten Theorie der »feinen Leute« entwickelte er den Gedanken, daß eine Klasse von Müßiggängern, die – fern von ihrem Besitz lebend –

9 In Veblens Ökonomie erschienen die positiven Auswirkungen des Wettbewerbs nur als zufälliges und sehr begrenztes Hindernis für die verschiedenen räuberischen Methoden des Gewinnstrebens. Siehe John M. Clark, *Preface to Social Economics*, New York 1936, S. 20.

10 Veblens stark verzerrtes Bild der »Geschäftswelt« war möglicherweise von seinem Urteil über das ökonomische Verhalten einiger führender Industriekapitäne und Finanziers im Amerika des neunzehnten Jahrhunderts beeinflußt. Siehe Robert L. Heilbronner, *The Worldly Philosophers*, New York 1953, S. 226.

dessen Früchte genießt und sich Einkommen aneignet, ohne Arbeit zu leisten, das Erbe jener Position angetreten habe, die bei den wilden Völkern von Kriegern, Häuptlingen, Medizinmännern und anderen räuberischen Bevölkerungsgruppen eingenommen wird. Der Marxschen Theorie des Klassenkampfs trat er mit der Beobachtung entgegen, daß die unteren Klassen den Einstellungen und Haltungen der »feinen Leute« allgemein nacheiferten.

Vor dem Hintergrund der angeblichen Widersprüche zwischen den technischen und finanziellen Aspekten der kapitalistischen Wirtschaft unterschied Veblen zwischen »ökonomischen« und »pekuniären« Werten. Nur den ökonomischen Werten, die von der Industrie geschaffen werden, schrieb er »gesellschaftliche« Nützlichkeit zu, und er versuchte zu zeigen, daß der Wert der fixen Kapitalanlagen beständig vom anhaltenden Fortschritt der Technik und der »zügellosen« Produktivität des modernen Maschinenprozesses gefährdet sei, insofern dadurch das Veralten der Ausrüstung beschleunigt werde.[11] So machte er die mangelnde Koinzidenz von pekuniären und ökonomischen Werten für die wirtschaftlichen Grundprobleme verantwortlich, denen die kapitalistische Gesellschaft gegenüberstehe, insbesondere für die wiederkehrenden Krisen und Depressionen. Da Veblen besonderes Gewicht auf das Verhältnis zwischen laufender Kapitalisierung von Einkommen und Gewinnaussichten legte, sah er in Depressionen jene Phasen des Konjunkturzyklus, in denen steigende Kosten die Erwartung hoher Gewinne zunichte machen und in denen der Kapitalisierungssatz höher ist, als die voraussichtlichen Gewinne es verlangt hätten.[12] Die Übel, die er mit der Organisation der kapitalistischen Wirtschaft verband, sollten einerseits tief im Unvermögen der Massen wurzeln, die Argumente zu verstehen, die das Recht auf Eigentum stützen, und andererseits im Unvermögen der Besitzer der Produktionsmittel, die Funktionsweise des Maschinenprozesses zu begreifen. Er knüpfte seine Hoffnungen an die Errichtung einer Wirtschaftsordnung »technokratischen« Typs, in der die ungehinderte Anwendung des technischen Fortschritts die Verwirklichung des größtmöglichen Wohlstands erwarten lasse. Die »Technokraten« verlangten eine nach den Prinzipien technischer Rationalität geregelte Organisation der Wirtschaft. Diesen Prinzipien zufolge sollten alle produktiven Tätigkeiten letztlich auf »soziale Energien« zurückführbar sein; Produktionsfaktoren und -kapazitäten sollten ohne Rücksicht auf Wirtschaftlichkeitsüberlegungen als austauschbare Einheiten abstrakter Energie verwandt werden können. Im Laufe der Diskussionen über »Planung«, die wäh-

---

11 Zu den Schwierigkeiten, die bei der Interpretation von Veblens Begriff der »Nützlichkeit« auftauchen, siehe Gruchy, *Modern Economic Thought*, a.a.O., S. 105 ff.
12 Siehe Wesley C. Mitchell, *Business Cycles*, Berkeley 1927, S. 44 (deutsch: *Der Konjunkturzyklus*, Leipzig 1931, S. 42).

rend der Depression in den dreißiger Jahren stattfanden, verlangten die »Technokraten« die Ausdehnung der Grundsätze der »wissenschaftlichen Betriebsführung« auf die Überwachung des gesamten Industriesystems, ohne die Ziele und Methoden der vorgeschlagenen Kontrolle klar bestimmen zu können.[13]

Institutionalistische Wirtschaftslehre

Die Begeisterung, die viele amerikanische Wissenschaftler für Veblens Lehren an den Tag legten, wurde durch die greifbaren Mängel seiner Methoden nicht beeinträchtigt.[14] Freilich vermochte er diese Unzulänglichkeiten durch die Schärfe und den Scharfblick wettzumachen, die er bei der Charakterisierung einiger Schwächen der traditionellen Ökonomie zeigte, sowie durch seine bissigen Angriffe auf die kapitalistische Ordnung, die auf junge radikale Geister starke Anziehungskraft ausübten. Der »institutionalistische« Ansatz sprach all jene an, die Interessenkonflikte zwischen sozialen Gruppen als angemessenen Ausgangspunkt für die ökonomische Analyse betrachteten. Mit geringen Abänderungen übernahmen sie Veblens Definition von »Institutionen« als »erstarrten Gewohnheiten, die mit der Autorität des Gesetzes versehen sind«, und suchten den Ursprung der Institutionen in verschiedenen Moralkonzeptionen oder psychologischen Faktoren. Sie meinten, daß die Einflüsse ökonomischer Ereignisse oder geistiger Bewegungen für institutionelle Veränderungen verantwortlich seien, in denen sich allgemein anerkannte Bedürfnisse niederschlagen. Von den halbdialektischen Elementen in Veblens Lehren wurde jedoch im allgemeinen bei Diskussionen um die Aufgaben der Ökonomie als »institutionalistischer« Wissenschaft keine Notiz genommen. Sie waren auch kaum vereinbar mit den Denkmethoden, die von der überwältigenden Mehrheit der angelsächsischen Sozialwissenschaftler vertreten wurden.

Die erstaunliche Tatsache, daß es nicht die Verwendung einer gemeinsamen Methode war, die Veblens Anhänger miteinander verband, läßt sich kaum besser illustrieren als durch einen Überblick über das Werk seiner beiden herausragenden Schüler John R. Commons (1862–1945) und Wesley C. Mitchell (1874–1948). Die kritischen Aspekte von Veblens Schriften scheinen ihr Denken viel mehr beeinflußt zu haben als seine

---

13 Siehe Veblen, *Engineers and the Price System*, a.a.O., Kapitel 3.
14 Es scheint, daß die meisten amerikanischen Ökonomen, die um die Mitte dieses Jahrhunderts zwischen fünfundvierzig und siebzig Jahre alt waren, in der Entwicklung ihres Denkens stark von Veblens Werk gehemmt wurden. Siehe John S. Gambs, *Man, Money, and Goods*, New York 1952, S. 161. Außerhalb der Vereinigten Staaten blieben Veblens Schriften nahezu völlig unbekannt.

positiven Beiträge zu Soziologie und Ökonomie. Mit ihnen begannen zwei auseinanderstrebende Linien der ökonomischen Analyse, die sich sowohl in ihrem Problemrahmen als auch in ihrer Konzeption der Wirtschaft so stark unterscheiden, daß ihre gemeinsame Behandlung im selben Kapitel allenfalls mit Bequemlichkeitsgründen zu rechtfertigen ist.

John R. Commons stellte sich die Aufgabe, den »Institutionalismus« zu einer wohldefinierten Disziplin zu entwickeln, die auf der Anwendung von David Humes analytischen Methoden gründet.[15] Er verstand soziale Prozesse als eine Reihe intendierter und zielgerichteter Veränderungen (regulierter Gleichgewichte) und hob die Tendenz des ökonomischen Verhaltens hervor, sich bestimmten Mustern gesellschaftlich sanktionierter Gewohnheiten anzupassen. Den »Handelstransaktionen« [*bargaining transactions*], die bisher Gegenstand der allgemeinen ökonomischen Analyse gewesen waren, stellte er »Verwaltungstransaktionen« [*managerial transactions*] und »Zuteilungstransaktionen« [*rationing transactions*] als weitere Hauptthemen der ökonomischen Erforschung wichtiger Phänomene des kollektiven Handelns zur Seite. Die Elemente seiner Untersuchung ökonomischer Vorgänge entnahm er fünf mehr oder weniger willkürlich gewählten Erklärungsprinzipien: Effizienz, Knappheit, Funktionalität, Ordnung, Souveränität und Zukunftsorientierung. Die Einbeziehung des zuletzt genannten Prinzips wies darauf hin, daß Commons die Bedeutung von Erwartungen als grundlegendes Element des ökonomischen Verhaltens erkannte. Unter »Souveränität« verstand Commons den veränderlichen Prozeß des Erlaubens, Verbietens und der geregelten Anwendung physischer Gewalt in zwischenmenschlichen Angelegenheiten. Da er »Institutionen« mit »kollektivem Handeln zur Kontrolle von individuellem Handeln« gleichsetzte, widmete er große Teile seiner Untersuchungen der Aufgabe, die Gerichtsprozesse in den Vereinigten Staaten als besondere, grundlegende Form kollektiver Kontrolle zu beschreiben. Dieser »pragmatistische« Ansatz in der ökonomischen Analyse, wie er von Commons gefordert wurde, sollte von einer »voluntaristischen« Psychologie gestützt werden, in der es um Handeln, Zweck, Konflikt und den menschlichen Willen ging, der sich in diesen Phänomenen äußert.[16] Wie John A. Hobson und einige deutsche Nationalökonomen der histo-

---

15 Die beiden theoretischen Hauptwerke von John R. Commons waren *Legal Foundations of Capitalism*, New York 1924, und *Institutional Economics*, Madison, Wis. 1934. Als Lehrer an der Universität Wisconsin übte Commons beträchtlichen Einfluß auf Arbeitsgesetzgebung und »Arbeitswissenschaft« aus.

16 Nach der Definition von Commons zeichneten sich die »pragmatistischen« Ökonomen dadurch aus, daß sie bemüht waren, den Wert ihrer Argumente für Verständnis und Orientierung zu berücksichtigen. Siehe *Institutional Economics*, a.a.O., S. 102, und Gruchy, *Modern Economic Thought*, S. 155 ff.

rischen Schule hob er die Bedeutung hervor, die der ökonomischen Macht als gesellschaftlichem Faktor zukommt. Sein Versuch, im Prozeß der wirtschaftlichen Entwicklung mehrere Stufen zu unterscheiden, beruhte auf dem Gedanken, daß die Prinzipien, die den ökonomischen Vorgängen zugrunde liegen, im Laufe der Zeit beträchtliche Veränderungen hinsichtlich ihrer Bedeutung und ihrer gegenseitigen Beziehungen erfahren haben.

Commons gelang es jedoch nicht, ein einheitliches ökonomisches oder soziologisches Theoriegebäude zu errichten. Seine Definitionen der kapitalistischen Wirtschaft als »Prozeß« mit »fließenden Übergängen«, als »Aggregat von Institutionen«, das von bestimmten »Funktionsregeln« zusammengehalten wird, waren zu vage, als daß sie eine zufriedenstellende Grundlage für soziologische oder ökonomische Analysen hätten bieten können. Seine wohlfundierte Beschreibung amerikanischer kultureller Entwicklungen und ihres Niederschlags in juristischen und administrativen Institutionen war von bleibendem Wert. Bedeutender noch war der Einfluß, den er auf seine Schüler ausübte. Sie wurden zu den wichtigsten Protagonisten im Kampf um den »New Deal« und die Einführung wohlfahrtsstaatlicher Prinzipien in die Wirtschaftspolitik der Vereinigten Staaten.

Während zahlreiche Anhänger von Veblens Sozialphilosophie (wie Commons) sich von den institutionalistischen Merkmalen einer »pragmatistischen« Soziologie angezogen fühlten, stand Wesley C. Mitchell fast ausschließlich unter dem Einfluß der kritischen Aspekte der Lehren Veblens. Er war überzeugt, daß die Übernahme von Jeremy Benthams Lust-Leid-Kalkül und das Prinzip der Maximierung von Glück, Nutzen, Wohlfahrt und dergleichen als Ausgangspunkt ökonomischer Analysen ein bedauerlicher Irrtum gewesen sei; daß die Ricardosche Wirtschaftslehre als das historische Produkt eines philosophischen Radikalismus verstanden werden müsse und daß es ihr als hypothetischer Wissenschaft, als Lehre von Tendenzen, nicht gelungen sei, eine »realistische« Methode zu entwickeln. Getreu seiner institutionalistischen Überzeugung legte Mitchell den Akzent vor allem auf die Wechselbeziehungen zwischen der Entwicklung der ökonomischen Doktrinen und den gleichzeitigen politischen und sozialen Ereignissen: »Da spätere Generationen mit anderen Problemen konfrontiert waren als Ricardo, haben sie neue Ideen ausgearbeitet, Themen aus neuer Perspektive betrachtet und feststehende Überzeugungen gewonnen, die sich von denen der klassischen Gruppe unterscheiden.«[17]

17 Mitchells *Lecture Notes on Types of Economic Theory* wurden 1949 in einer nicht autorisierten Ausgabe veröffentlicht; inzwischen unter dem Titel *Types of Economic Theory. From Mercantilism to Institutionalism* herausgegeben von Joseph Dorfman, 2 Bände, New York 1967.

Mitchell folgte Veblen auch darin, daß er alle Ökonomen, die die Grundsätze der Grenznutzenanalyse vertraten, als »verschämte Hedonisten« behandelte, und teilte mit Veblen die Ansicht, daß die Hauptaufgabe der Wirtschaftswissenschaft darin bestehe, die kumulativen Veränderungen der Institutionen und der verschiedenen, jedoch in hohem Maße normierten sozialen Gewohnheiten zu analysieren.[18]

Unter dem Einfluß von John Deweys pragmatistischer Psychologie lehnte Mitchell die Ricardosche Methode ab, für ökonomisches Verhalten ein einziges Motiv verantwortlich zu machen. Ihm kam es vielmehr darauf an, durch Beobachtung dasjenige Verhalten zu bestimmen, das in der Realität gezeigt wird. Daher beschloß er, auf die Verwendung hochabstrakter Begriffe zu verzichten und seine Untersuchungen auf ökonomische Probleme zu konzentrieren, die sich so formulieren lassen, daß die Ergebnisse der deduktiven Analyse an den Tatsachen überprüft werden können.

Anders als Veblen kümmerte sich Mitchell bei der Skizzierung der psychologischen Grundlagen seiner Studien jedoch wenig um »Instinkte«. Vielmehr versuchte er, eine »Sozialpsychologie« zu entwickeln, die auf einer »objektivierten« psychologischen Analyse sowie auf Forschungen über das Verhalten von Massen beruhen sollte. So gelangte er zu der Behauptung, daß das Verhalten der Mitglieder einer Geld nutzenden Gesellschaft im Zuge der Entwicklung der Tauschwirtschaft, der immer vollkommeneren Verwendung des Geldes und der Einführung eines verfeinerten Buchführungssystems in eine scheinbar »rationale Form« gegossen worden sei.[19] Wesentliche Züge der wirtschaftlichen Aktivität hätten sich dabei in solchem Maße monetären Begriffen angepaßt, daß die Ricardianer die pekuniären Motive mit Kräften gleichgesetzt hätten, welche die Menschen mit mechanischer Präzision anziehen und abstoßen.

Da er immer wieder mit der Durchführung anderer Untersuchungen beschäftigt war, fand Mitchell nicht die Zeit, diese Grundzüge einer Entwicklungssoziologie auszuarbeiten.[20] Seine Anstrengungen richteten sich vielmehr in erster Linie darauf, verläßliche Methoden für die Analyse der wellenförmigen Bewegungen ökonomischer Größen zu entwickeln. Mit

---

18 Siehe Wesley C. Mitchell, »The Prospects of Economics«, in: Rexford G. Tugwell (Hg.), *The Trend of Economics*, New York 1924, S. 3-34, hier S. 11 ff.
19 Ders., »The Role of Money in Economic Theory«, in: *American Economic Review* 6 (1916), Supplement, S. 140-161. Mitchells Interesse an den monetären Aspekten der Wirtschaft war durch die lebhafte Diskussion entfacht worden, die in den neunziger Jahren – der Zeit, in die seine Ausbildung fiel – über die Probleme des Goldstandards geführt wurde. Zu seinen ersten Untersuchungen gehörte eine *History of the Greenbacks*, Chicago 1903.
20 Arthur F. Burns, *The Frontiers of Economic Knowledge*, Princeton 1954, S. 75 und passim.

diesem Ziel vor Augen ging er vor wie ein »Naturforscher, der Serien von statistischem Material sammelt und sie auf ihre Gleichheiten und Ähnlichkeiten untersucht«.[21]

Getreu dem Prinzip, »aus dem Verhalten auf das bedingende Motiv und die Umstände zu schließen«, zogen die konjunkturellen Schwankungen der Geschäftstätigkeit Mitchells besonderes Interesse auf sich; er betrachtete sie als ein normales Merkmal der kapitalistischen Wirtschaft.[22] Die Erforschung dieses Verhaltens, wie es sich im Auf und Ab von Prosperitäts- und Depressionsphasen niederschlug, wurde zu seiner Lebensaufgabe, der er erstaunliche Anstrengungen widmete.[23] Er ließ sich von der Absicht leiten, die Konjunkturanalyse, die bisher eine »Übung in Logik« gewesen sei, in eine »überprüfte Erklärung von Erfahrung« und in eine Theorie zu verwandeln, die sich mit dem tatsächlichen Funktionieren der wirtschaftlichen Organisation beschäftigt.[24]

Aus seiner Konzeption der Geldwirtschaft und ihrer typischen Merkmale zog Mitchell den Schluß, daß für die Schwankungen der Geschäftstätigkeit hauptsächlich finanzielle Faktoren verantwortlich seien, da die Veränderungen der Preise und Geldeinkommen sämtliche beobachtbaren Schwankungen physischer Größen bei weitem überstiegen.[25] Der Ausdruck, den Mitchell benutzte, um seinen Forschungsgegenstand zu benennen [business fluctuations], machte in charakteristischer Weise seine Auffassung deutlich, daß zwischen der Form der wirtschaftlichen Organisation – die wir als »Profitwirtschaft« [business economy] bezeichnen können – und den wiederkehrenden Zyklen von Prosperität und Depression eine »organische« Verbindung besteht.[26] Hinter seiner Weigerung, zwischen verschiedenen Arten von Kreisläufen zu unterscheiden, stand

21 Edwin B. Wilson, »Measuring Business Cycles«, in: *The Quarterly Journal of Economics* 64 (1950), S. 311-318.
22 John M. Clark, »Wesley C. Mitchell's Contribution to the Theory of Business Cycles«, in: *Methods in Social Science*, Chicago 1931, S. 662.
23 Mitchell veröffentlichte seine erste statistische Untersuchung über Konjunkturschwankungen unter dem Titel *Business Cycles*.
24 Arthur F. Burns, »Wesley Mitchell and the National Bureau«, in: *Annual Report of the National Bureau of Economic Research* 29 (1949), S. 3-55; ebenfalls in: Arthur F. Burns (Hg.), *Wesley Clair Mitchell. The Economic Scientist*, New York 1952, S. 3-54.
25 Mitchell, »The Role of Money in Economic Theory«, a.a.O. In seinem Werk über *Business Cycles*, a.a.O., S. 87 (deutsch: a.a.O., S. 82 ff.), gab Mitchell dem Umstand große Bedeutung, daß große Betriebe von Managern geführt werden, die nicht selbst Eigentümer sind.
26 Mitchells Konjunkturzyklenanalyse trug in hohem Maße dazu bei, der amerikanischen Öffentlichkeit die Existenz von Schwankungen in der ökonomischen Aktivität bewußt zu machen. Siehe Alvin H. Hansen, *Business Cycles and National Income*, New York 1951, S. 395. Seine Analyse konnte es jedoch nicht verhindern,

seine Abneigung gegen die Suche nach allgemeinen »kausalen« Erklärungen der Schwankungen. Ebenso mißachtete er die nahezu allgemein akzeptierte Methode, jeden Zyklus in vier Phasen zu unterteilen, da dieses Verfahren in erster Linie von einer Deutung nahegelegt wurde, die in den Zyklen Annäherungen an (und Abweichungen von) Gleichgewichtsbedingungen sah. Mitchell lehnte jede Gleichgewichtsanalyse ab und war überzeugt, daß jede Schwankung in zahlreichen Hinsichten ein einzigartiges Phänomen darstelle, das mit strukturellen Veränderungen der Wirtschaft einhergeht, und daß es angesichts der Komplexität der sozialen und ökonomischen Verhältnisse unmöglich sei, jede einzelne ökonomische Situation mit dem begrifflichen Instrumentarium einiger simpler Kausalzusammenhänge zu erklären.

Entsprechend seinen methodologischen Grundsätzen stellte Mitchell eine umfassende Liste von Fragen auf, die nach seiner Auffassung im Rahmen statistischer Untersuchungen vorab geklärt werden müßten, ehe eine theoretische Erklärung der zyklischen Bewegungen überhaupt begonnen werden könne.[27] Diese Fragen behandelten das Schwanken der Lohnsätze und der Konsumentenausgaben sowie ihr Verhältnis zum Nationaleinkommen, die Veränderungen von Investitionen, Lagerbeständen, Gewinnen, des Volumens der umlaufenden Tauschmittel und so weiter. Besondere Aufmerksamkeit widmete er den methodologischen Problemen, die mit der Ausarbeitung quantitativer Analysen verbunden sind[28], und begann eine neue ökonomische Forschungstradition, die sich unter seiner Führung rasch entwickelte. Mitchells Studien lieferten das Modell für eine lange Reihe statistischer Untersuchungen über die einzelnen Aspekte der amerikanischen Wirtschaft, die vom *National Bureau of Economic Research* vorgenommen wurden.

Seine methodologischen Prinzipien hinderten Mitchell jedoch nicht daran, verschiedene theoretische Behauptungen aufzustellen, in denen sich die breite Anlage seiner Untersuchungen spiegelte. An der Spitze dieser Behauptungen stand die These, daß es sich bei Konjunkturzyklen um Bewegungen handelt, die sich selbst generieren und die spezifische Form darstellen, in welcher der Evolutionsprozeß des Kapitalismus stattfindet. Daher bemühte er sich, bestimmte Beziehungen zwischen ökonomischen Größen zu erhellen, die später zu Grundelementen der Konjunkturanalyse werden sollten, etwa die Verzögerung der Konsumausgaben gegenüber dem Zeitpunkt der Einkünfte, die Zeitspanne, die zwischen Investitionsentscheidungen und deren Ausführung verstreicht,

daß sich in den zwanziger Jahren der Glaube an eine »dauerhafte Prosperität« weit verbreitete, so daß die Nation von der Krise 1929 völlig überrascht wurde.

27 Mitchell, *Business Cycles*, a.a.O. (deutsch: a.a.O.).
28 Ders., »Quantitative Analysis in Economic Theory«, in: *American Economic Review* 15 (1925), Supplement, S. 1-12.

und divergierende Entwicklungen der einzelnen Sektoren der Kosten-Preis-Struktur. Arthur F. Burns hatte vermutlich recht mit der Feststellung, daß sich in der wissenschaftlichen Welt eine Sensation ereignen würde, wenn Mitchells »heimliches Werk von 1913« in das bildhafte Vokabular von »Neigungen, Multiplikatoren, Beschleunigungskoeffizienten und dergleichen« übersetzt würde.[29] Mitchell legte den Akzent jedoch nicht auf die theoretischen Aspekte seiner Befunde; er blieb seiner rein empiristischen Methode treu und entfaltete in seinen späteren Veröffentlichungen die Ergebnisse umfassender statistischer Forschungen, ohne freilich die Gründe für die Auswahl seiner Daten völlig zu rechtfertigen und ohne auch den Versuch zu unternehmen, mögliche Kausalbeziehungen zwischen den Bewegungen der ökonomischen Größen zu analysieren.[30]

Mitchell erwartete eine »empirische« Wirtschaftswissenschaft, die auf einem analytischen Studium des tatsächlichen Verhaltens beruhen sollte. Diese Wissenschaft, glaubte er, werde ebenso gewiß das Nebenprodukt einer späteren Phase der Geldwirtschaft sein, wie der Merkantilismus und die Spekulationen Ricardos Nebenprodukte früherer Phasen gewesen seien.[31] Ähnliche Ideen, die von anderen einflußreichen Mitgliedern der Veblenschen Gruppe weniger klar formuliert wurden, trugen dazu bei, Theorien vom Typus der Ricardoschen und der marginalistischen Lehre in Mißkredit zu bringen. So geschah es, daß sich die Erforschung ökonomischer Probleme in den Vereinigten Staaten in mehrere Zweige aufsplitterte, jede mit einem eigenen Gesichtskreis und eigenen Problemen. Unterschiede in der Methode lieferten die Hauptgründe für die fortschreitende Aufsplitterung einer zuvor ziemlich einheitlichen Disziplin.

Kritische Diskussionen der Grenznutzenanalyse

Während des letzten Jahrzehnts des neunzehnten Jahrhunderts stieß die psychologische Version der Grenznutzenanalyse in Italien und in den Vereinigten Staaten auf immer mehr Zustimmung. In Italien wurden Mengers Ideen hauptsächlich von Maffeo Pantaleoni (1857-1924) verbrei-

---

29 Burns, »Wesley Mitchell and the National Bureau«, a.a.O. Siehe auch Milton Friedman, »The Economic Theorist«, in: Burns (Hg.), *Wesley Clair Mitchell. The Economic Scientist*, a.a.O., S. 237-282.

30 Arthur F. Burns und Wesley C. Mitchell, *Measuring Business Cycles*, New York 1946. Siehe Tjalling C. Koopmans, »Measurements Without Theory«, in: *Review of Economics and Statistics* (1947), sowie die Rezension des Bandes von Lloyd A. Metzler, in: *Social Research* 14 (1947), S. 370-377.

31 Siehe Wesley C. Mitchell, »The Role of Money in Economic History«, in: *Journal of Economic History* 4 (1944), Supplement, S. 61-67, hier S. 66.

tet und ausgearbeitet.³² Er verband die psychologische Version des Marginalismus mit gewissen Elementen von Jevons' Theorie. Andere bekannte italienische Ökonomen, die sich die Grundsätze des Marginalismus zu eigen machten, waren Giuseppe Ricca-Salerno, Augusto Graziani und Camillo Supino. Die herausragendsten amerikanischen Ökonomen, die der Grenznutzenanalyse Eintritt in die amerikanische Nationalökonomie verschafften, waren Simon N. Patten, Frank A. Fetter, Herbert J. Davenport und Irving Fisher. Sowohl in Italien als auch in den Vereinigten Staaten vermittelte dieser neue Ansatz den ökonomischen Problemen erstaunliche Anstöße; in Frankreich dagegen bewahrte die große Mehrheit der Ökonomen ihre traditionellen Bindungen an die Lehren Jean Baptiste Says. Dort wurde die psychologische Fassung der Grenznutzenanalyse von Paul Leroy-Beaulieu, Charles Gide, Albert Aftalion, Adolphe Landry und Maurice Roche-Agussol vertreten. Ein vielbenutztes, bemerkenswertes Lehrbuch, das stark unter dem Einfluß des psychologischen Marginalismus stand, war Leon C. Colsons *Cours d'économie politique*.³³

Von Zeit zu Zeit erwies es sich jedoch als notwendig, ernsthafte Mißverständnisse der Prinzipien auszuräumen, die der Grenznutzenanalyse zugrunde liegen. Durch diese Nötigung wurde die Verbreitung dieser Analyse natürlich verzögert. Solche Mißverständnisse entstanden vor allem durch die Tendenz, den »Nutzen« nicht als eine Beziehung zwischen Individuen oder ökonomischen Einheiten und begehrten Objekten anzusehen, sondern als inhärente Eigenschaft der Dinge. Längere Diskussionen entspannen sich auch um den irreführenden Glauben an die Existenz »sozialer Werte«, die aus den Schätzungen der Gesellschaft insgesamt abgeleitet wurden.³⁴ Die Überlegung, die zugunsten der Existenz »sozialer Werte« vorgetragen wurde, begann gewöhnlich mit dem Argument, daß die Wichtigkeit, welche die Individuen verschiedenen Gütern beilegen, weitgehend von allgemein akzeptierten Urteilen abhängen. Solche soziale Determinanten bei der Preisbildung wurden von Edwin R. A. Seligman betont, der die These ausarbeitete, daß sich auf vielen Märkten die Existenz unterschiedlicher Bevölkerungsklassen im Auftreten verschiedener Käufer- und Verkäufergruppen niederschlage. Eugen Böhm-Bawerk bemühte sich dagegen zu zeigen, daß es eines der eigentümlichsten Merkmale der Tauschwirtschaft sei, daß zwischen den Grenznutzen, die verschiedene Personen den gleichen Gütern beimessen, extreme Abweichungen auftreten.³⁵ Gegen den Glauben an »soziale Werte« wurden die

---

32 Maffeo Pantaleoni, *Principi di economia pura*, Florenz 1889.
33 Leon C. Colson, *Cours d'économie politique*.
34 Siehe zum Beispiel B. M. Anderson, jr., *Social Value*, Boston 1911.
35 Edwin R. A. Seligman, »Social Elements in the Theory of Value«, in: *The Quarterly Journal of Economics* 15 (1900/01), S. 321-347.

Argumente angeführt, daß der Begriff der »Gesellschaft als Ganzes« ein schlecht definierter Begriff sei, der in der wirklichen Erfahrung keine Entsprechung habe, und daß sogar Werte, die bestimmten Gegenständen nach Maßgabe religiöser oder moralischer Überzeugungen, Traditionen oder juristischer Verfahren zugesprochen werden, ihre letzten Wurzeln im Geist der einzelnen Gesellschaftsmitglieder haben und im Laufe der Zeit deutlichen Veränderungen unterliegen. Nur in einem sehr weiten Sinne ließ sich der Ausdruck *soziale Werte* als Bezeichnung für jene Begriffe verwenden, die hinter der Wirtschaftspolitik des »Wohlfahrtsstaats« stehen.[36]

Diskussionen anderer Art beschäftigten sich mit dem engen Zusammenhang, den manche englische Ökonomen, wie William Stanley Jevons und Francis Ysidro Edgeworth[37], zwischen dem ökonomischen Nutzenbegriff und dem Lust-Leid-Kalkül der utilitaristischen Philosophie hergestellt hatten. Edgeworth hatte der Einheit des ökonomischen Kalküls zwei Dimensionen – Intensität und Zeit – und dem »moralischen Kalkül« eine zusätzliche dritte Dimension – interpersonale Vergleiche – zugeschrieben; nur unter dieser Voraussetzung ließen sich Sätze über die Nutzenmaximierung aufstellen. Auch John B. Clarks Grenzanalyse beruhte auf utilitaristischen Überlegungen.

In Mitteleuropa hatte die utilitaristische Philosophie dagegen niemals festen Fuß gefaßt. Die Walrassche Nutzenkonzeption war von allen utilitaristischen Konnotationen frei. Paretos Konstruktion von Indifferenz- und Präferenzkurven war sogar eigens dazu bestimmt, den Nutzenbegriff gänzlich aus der theoretischen Analyse zu entfernen. Führende Vertreter des psychologischen Marginalismus, wie Carl Menger und Eugen Böhm-Bawerk, wiesen ausdrücklich die Unterstellungen zurück, daß ihr Nutzenbegriff von der Lehren der utilitaristischen Philosophie beeinflußt sei. Wieser beharrte darauf, daß die Methode der »Introspektion«, die er in Anspruch nahm, um die Prinzipien der subjektiven Wertschätzung aufzustellen, von den Lehren jeder bestimmten psychologischen oder philosophischen Schule unabhängig sei.[38] Seine Formulierung eines »Gesetzes

---

36 Siehe Friedrich von Wieser, *Theorie der gesellschaftlichen Wirtschaft*, Tübingen 1914, und Martha St. Braun, *Theorie der staatlichen Wirtschaftspolitik*, Leipzig 1929.

37 Francis Ysidro Edgeworth, *Mathematical Psychics. An Essay on the Application of Mathematics to the Moral Sciences*, London 1881.

38 Wiesers Behauptung, die »gemeine Erfahrung« reiche aus, um die Gültigkeit des Grenznutzenprinzips zu erweisen, wurde jedoch von einer Gruppe österreichischer Philosophen und Psychologen (Christian von Ehrenfels, Alexius Meinong und Oskar Kraus), die die allgemeinen Aspekte des Wertproblems erforschten, in Zweifel gezogen. Siehe unter anderem Howard O. Eaton, *The Austrian Philosophy of Value*, Norman, Okla. 1930.

der subjektiven Rationalität« – auch »Motivationsgesetz« genannt – wurde von den meisten Ökonomen der österreichischen Schule mit verschiedenen Modifikationen gebilligt.[39] Fast einmütig hoben sie die empirischen Grundlagen dieses Prinzips hervor.[40]

Sogar die meisten Anhänger Marshalls gaben den Glauben an die Grundsätze des Utilitarismus preis. Die Lehrsätze, die ihren deduktiven Schlüssen zugrunde lagen, wurden von John Neville Keynes (1852-1949), der die methodologischen Aspekte der Marshallschen Wirtschaftstheorie ausarbeitete, mit großer Klarheit formuliert.[41] Diese Lehrsätze waren: (a) das ökonomische Prinzip, dem zufolge maximale Befriedigung mit möglichst geringem Opfer erzielt werden soll; (b) das Gesetz, wonach der Grenznutzen im selben Maße abnimmt, wie der Warenvorrat wächst; und (c) die Anwendung des Gesetzes der abnehmenden Erträge auf die Erträge des Bodens. Auf utilitaristische Begriffe wurde in diesem methodologischen Credo keinerlei Bezug genommen.

Philip Henry Wicksteed wandte sich strikt gegen die Verwendung utilitaristischer Begriffe; er definierte die psychologischen Gesetze, die das wirtschaftliche Verhalten bestimmen, als »Gesetze des Lebens«.[42] Wicksteed war von Beruf Geistlicher und in England einer der wenigen überzeugten Anhänger von Jevons' Grenznutzentheorie, die er in verschiedenen bedeutenden Richtungen ausarbeitete. Obgleich er die sozialistischen Überzeugungen der Fabier teilte, zögerte er, Maßnahmen einer bewußten Planung zu unterstützen. Gegen wirtschaftliche Planungsvorhaben erhob er den Einwand, daß der ökonomische Apparat von Individuen zu individuellen Zwecken in Gang gehalten werde und daß dessen soziale Auswirkungen eher zufällig seien. Mehrere führende amerikanische Ökonomen, die der psychologischen Version des Marginalismus beipflichteten, vor allem Irving Fisher, lehnten es gleichermaßen ab, ihre Lehren mit utilitaristischen Grundsätzen zu verknüpfen. Herbert J. Davenport beharrte darauf, daß unter dem Nutzen eines Objekts nichts weiter verstanden werden solle als die schlichte Tatsache, daß ein Ob-

---

39 Das Gesetz der »subjektiven Rationalität« besagt, daß in allen Fällen, in denen die Befriedigung eines oder mehrerer Bedürfnisse geopfert werden muß, auf die Befriedigung der am wenigsten wichtigen Bedürfnisse verzichtet wird.
40 Umfassende Erörterungen der psychologischen Grundlage des Grenznutzenprinzips und seiner Anwendung auf die ökonomische Analyse finden sich bei Hans Mayer, »Bedürfnis«, in: *Handwörterbuch der Staatswissenschaften*, 4. Auflage, Band 2, Jena 1924, S. 450-456, und Paul N. Rosenstein-Rodan, »Grenznutzen«, ebd., 4. Auflage, Band 4, Jena 1927, S. 1190-1223.
41 John Neville Keynes, *Scope and Method of Political Economy*, London 1891.
42 Philip Henry Wicksteed, *Common Sense of Political Economy*, London 1910, S. 409.

jekt begehrt wird.⁴³ Aus diesem Grunde wurde von Irving Fisher und Frank H. Knight der Begriff *Wünschbarkeit [desirability]* übernommen, um die Bedeutung zu charakterisieren, die einzelnen Gütern von den einzelnen zugeschrieben wird.⁴⁴ Frank A. Fetter beschrieb die fundamentale ökonomische Handlung des Wählens als einen eher impulsiven oder instinktiven denn rationalen Akt und sah die Grundlage des Wertes in einfachen Wahlakten.⁴⁵

Solche Überlegungen gingen mit Versuchen einher, die Begriffe des Arbeitsleids und des Nutzenopfers für die Definition der Kosten zu verwenden und den Kostenbegriff in die Grenznutzenanalyse einzubeziehen. Einige amerikanische Autoren, wie Irving Fisher, Frank W. Taussig, Henry R. Seager und Edwin R. A. Seligman, näherten sich dem Kostenproblem von dieser Seite. Diese wiederholten und kategorischen Erklärungen führender Ökonomen hinderten die Gegner der Grenznutzentheorie jedoch nicht daran, immer wieder zu behaupten, diese Lehre schließe den Glauben an einen rationalen »hedonistischen« Konsumenten, die Annahme eines Begriffs von Arbeitsleid sowie die Vorstellung ein, in den Marktpreisen komme der jeweilige Nutzen zum Ausdruck, den ein Gut »für die Gemeinschaft« hat. Ähnliche Kritiken wurden von deutschen Dogmenhistorikern der Wirtschaftswissenschaft gelegentlich wiederholt und schlugen sich auch in Gunnar Myrdals Analyse der nachricardianischen Ökonomie nieder.⁴⁶

Erneute Anstrengungen wurden unternommen, um die Preisanalyse im Rahmen des Grenznutzenprinzips auf eine solide Grundlage zu stellen. Im Jahre 1925 faßte Jacob Viner die Ergebnisse dieser Erörterungen in der Feststellung zusammen, daß auch dann, wenn das Gesetz des abnehmenden Nutzens durch ein Gesetz des abnehmenden Wunsches ersetzt und jede Bezugnahme auf Zufriedenstellung, Befriedigung, Wohlfahrt, Lust, Annehmlichkeit, Leid, Beschwerlichkeit und Unannehmlichkeit getilgt würde, immer noch genug übrigbliebe, um als unmittelbarer psychologischer Hintergrund für das Konzept einer abnehmenden monetären Nachfragefunktion und einer ihr entsprechenden Erklärung der

---

43 Herbert J. Davenport, *Value and Distribution*, Chicago 1908, S. 567, und ders., *The Economics of Enterprise*, New York 1913, S. 60.
44 Irving Fisher, *Elementary Principles of Economics*, New York 1912, S. 282, und Frank H. Knight, »The Concept of Normal Price in Value and Distribution«, in: *The Quarterly Journal of Economics* 32 (1917/18), S. 66-100.
45 Frank A. Fetter, *Economics*, New York 1915.
46 Raymond T. Bye, »Recent Developments of Economic Theory«, in: Tugwell (Hg.), *The Trend of Economics*, a.a.O., und Gunnar Myrdal, *Das politische Element in der nationalökonomischen Doktrinbildung*, Berlin 1932.

Marktpreisbestimmung zu dienen.[47] Für erhebliche, von verschiedenen Marginalisten kritisierte Verwirrung sorgte die Auffassung, daß sich Nutzenskalen aus Nachfragefunktionen identifizieren und Preise zur Messung von Nutzen verwenden ließen.[48] Es lag jedoch auf der Hand, daß der Grenznutzen der Geldeinheit – der zwischen den Individuen stark schwankt und selbst von der Nachfrage nach Gütern und ihren Preisen abgeleitet ist – kein geeignetes Maß für solche Messungen liefert.

Wiederholt griff Fisher das unlösbare Problem auf, zu zeigen, wie subjektive Schätzungen der Wünschbarkeit von Gütern in Preise transformiert werden. Er entfaltete einige Gedanken, die von zwei österreichischen, mit der österreichischen Schule jedoch nur lose verbundenen Autoren angedeutet worden waren: Rudolf Auspitz und Richard Lieben.[49] Von der Annahme ausgehend, daß sich Nutzenschätzungen als meßbare und vergleichbare Größen betrachten lassen, beschäftigten sich Auspitz und Lieben vornehmlich mit Partialgleichgewichten. Fisher übernahm das Walrassche Verfahren, Nutzen in infinitesimale Fragmente zu teilen, um ihn den Erfordernissen der mathematischen Integration anzupassen.[50] Der psychologischen Schule entlehnte er die Begriffe der Komplementarität und Substituierbarkeit von Gütern; darüber hinaus stützte er sich auf den Vorschlag von Edgeworth, Indifferenzkurven zu benutzen, um direkte interpersonale Nutzenvergleiche zu vermeiden. Schließlich vereinfachte er seine Probleme durch die Einführung einiger kühner Annahmen, etwa der, daß sich der Grenznutzen zunehmender oder abnehmender Mengen begehrter Waren als kontinuierliche Skala darstellen lasse und daß die Grenznutzen verschiedener Waren voneinander unabhängig seien. Er war jedoch nicht imstande, die Probleme, die bei der Messung von Nutzenfunktionen auftreten, sobald die Komplementarität der Güter berücksichtigt wird, auf handliche Größe zu verkleinern.[51]

47 Jacob Viner, »The Utility Concept in Value Theory«, in: *Journal of Political Economy* 33 (1925), S. 376.
48 Davenport, *Value and Distribution*, a.a.O., S. 372.
49 Rudolf Auspitz und Richard Lieben, *Untersuchungen über die Theorie des Preises*, Leipzig 1889.
50 Irving Fisher, *Mathematical Investigations in the Theory of Value and Prices*, New Haven 1892.
51 Viel später unternahm Fisher einen weiteren Versuch, den Grenznutzen mathematischen Verfahren zu unterwerfen: »A Statistical Method for Measuring ›Marginal Utility‹ and Testing the Justice of a Progressive Income Tax«, in: Jacob H. Hollander (Hg.), *Economic Essays in Honor of J. B. Clark*, New York 1927. Dabei stützte er sich auf die Ergebnisse von Haushaltsforschung und Preisstatistik und nahm an, daß die Bedürfnisse typischer Familien identisch seien, während sich die Unterschiede in den Mengen, die von Familien verbraucht werden, ausschließlich Preisunterschieden verdanken sollten.

Den sogenannten generalisierten Nutzenfunktionen, bei denen es um die Interdependenz des Nutzens der Güter geht, wurde jedoch recht lange nur wenig Bedeutung beigemessen; die einfache »additive« Funktion galt als hinreichende Annäherung an die Realität. Darüber hinaus erschien die interpersonale Vergleichbarkeit von Nutzen als Voraussetzung für die Anwendung der Grenznutzenanalyse auf die Probleme der Wohlfahrtsökonomie und der progressiven Besteuerung.[52] Alfred Marshall hatte die Möglichkeit solcher Vergleiche in seinem vielzitierten Satz eingeräumt: »Sind die Geldmaße des von zwei Ereignissen verursachten Glücks gleich, so gibt es im allgemeinen auch keinen sehr großen Unterschied zwischen den Mengen an Glück in den beiden Fällen.« Doch diese Auffassung stand ernsten Einwänden offen. Knut Wicksell erkannte die Schwierigkeiten, die mit interpersonalen Nutzenvergleichen verbunden sind, und zeigte, daß nicht einmal in einem System vollkommenen Wettbewerbs eine maximale Bedürfnisbefriedigung als gesichert gelten könnte.[53] Da sie bemüht waren, zu eindeutigen Lösungen für ihre Probleme zu gelangen, vermieden die Marginalisten – wie ihre ricardianischen Vorgänger – gründliche Erörterungen der Fragen, die mit Voraussicht, Erwartungen und dergleichen zusammenhängen. Eine solche Diskussion wurde erst viel später begonnen, als die Rolle, die das Risiko bei der Beeinflussung des ökonomischen Verhaltens spielt, angemessene Beachtung fand.[54]

Im Verlauf der anhaltenden Diskussionen um das Preisproblem wurde endgültig der Nachweis erbracht, daß jeder Versuch, den subjektiven Wertbegriff zur Erklärung der Preise zu benutzen, von der Annahme eines bestehenden Preissystems abhängig ist.[55] Schließlich wurde die Verwendung von Verhältniszahlen vorgeschlagen, um die Bildung der Tauschwerte zu erklären. Man nahm an, daß die Wahl eines Individuums zwischen verschiedenen Gütern von seinen Indifferenzrelationen – ver-

---

52 Siehe Arthur Cecil Pigou, *Wealth and Welfare*, London 1912.
53 Siehe Knut Wicksell, *Föreläsningar i nationalekonomie*, 2 Bände, Lund 1901/1906, Band 1 (deutsch: *Vorlesungen über Nationalökonomie*, 2 Bände, Jena 1913/1922, Band 1, S. 84 ff.; englisch: *Lectures on Political Economy*, 2 Bände, London 1934/1935, Band 1, S. 80 ff.).
54 Siehe Frank H. Knight, *Risk, Uncertainty, and Profit*, Boston 1921, S. 268.
55 Siehe etwa Christian Cornélissen, *Théorie de la valeur*, Paris 1903, und Oskar Engländer, *Bestimmungsgründe des Preises*, Reichenberg 1921. Engländers Preistheorie beruhte auf der Annahme, daß die Preise nichtreproduzierbarer Konsumgüter allein von subjektiven Schätzungen abhängig seien; anders verhalte es jedoch mit den Preisen von Gütern, die durch Arbeit erzeugt werden. Entsprechend schlug er vor, die von »objektiven« technischen Faktoren determinierten Preise und die in erster Linie von subjektiven Faktoren beeinflußten Preise getrennt voneinander zu analysieren. Siehe auch ders., *Theorie der Volkswirtschaft*, Wien 1929, Band 1.

glichen mit den Kostenrelationen – abhängt. Ein relativer Grenznutzenbegriff wurde von Davenport nahegelegt. »Das einzige Merkmal«, sagte er, »das verschiedene Käufer gemeinsam haben, ist die Äquivalenz des erworbenen und des fortgegebenen Gutes. Marginalanalyse sucht den Ort, an dem konkurrierende und alternative Nutzen gleich sind.«[56]
So wurde also eine funktionale Beziehung, eine beständige Wechselwirkung, zwischen den Tauschwerten der Produkte und den Kostenrelationen angenommen. Es wurde gezeigt, daß die Grenznutzen unendlicher Ketten von Käufern und Verkäufern, die an den Marktvorgängen teilnehmen, durch Bande wechselseitiger Abhängigkeit miteinander verknüpft sind; Verbindungen, die ihre Entsprechung auf den Märkten haben, auf denen die Preise der produktiven Dienste festgelegt werden. Wenn daher alle subjektiven Wertungen auf ein Preissystem bezogen sind und wenn die Kaufkraft der Geldeinheit, die von einem Markt zum anderen variiert, ihrerseits von bestehenden Preissystemen sowie von der vorliegenden Einkommensverteilung bestimmt wird, müssen alle Versuche, Kausalreihen zwischen Nutzenskalen und Preisen aufzustellen, als hoffnungslos betrachtet werden.[57]
Ob Introspektion und Erfahrung als geeignete Verfahren zur Verifikation von Wertbestimmungsprozessen gelten können, wurde von Joseph Alois Schumpeter bezweifelt. Er sah in den Prinzipien des Marginalismus »nichts weiter als einen von mehreren möglichen Zugängen zur Gleichgewichtsanalyse und eine ausgezeichnete Methode, in leichtverständlicher Weise die Beziehungen ... zu demonstrieren, die aus einer Masse ökonomischer Phänomene, die so leicht zerfällt, ein einheitliches System ma-

---

56 Davenport, *The Economics of Enterprise*, a.a.O., S. 2; siehe auch Knight, *Risk, Uncertainty, and Profit*, a.a.O., S. 39, sowie ders., »A Suggestion for Simplifying the Statement of the General Theory of Prices«, in: *Journal of Political Economics* 36 (1928), S. 253.

57 Siehe Alfred Amonn, »Der Stand der reinen Theorie«, in: M. J. Bonn und M. Palyi (Hg.), *Die Wirtschaftswissenschaft nach dem Kriege. Festgabe für Lujo Brentano zum 80. Geburtstag*, Band 2, München/Leipzig 1925, S. 271-328, und Viner, »The Utility Concept in Value Theory«, a.a.O. Gegner des Marginalismus nutzten dieses Fehlen einer Erklärung des Preissystems weidlich aus. Der Sozialist Henry M. Hyndman sprach davon, der Grenznutzen – als letzter Nutzen – sei letztlich nutzlos [*the final futility of final utility*]; *The Economics of Socialism*, London 1896. Ähnliche Formulierungen wurden auch von nichtsozialistischen Autoren gebraucht. Siehe E. W. Downey, »The Futility of Marginal Utility«, in: *Journal of Political Economy* 18 (1910), S. 253-268; Karl Diehl, »Von der sterbenden Wertlehre«, in: *Schmollers Jahrbuch für Gesetzgebung, Verwaltung und Volkswirtschaft* 49 (1925), S. 1269-1295. In Frankreich meinte Gruchy in seinem *Cours d'économie politique*, die Grenznutzenanalyse sei ein Schlüssel zu vielen Türen, doch häufig sei hinter diesen Türen nichts zu finden.

chen«.⁵⁸ Er maß den Ergebnissen der Preisanalyse nur begrenzte Bedeutung bei, fügte jedoch die Beobachtung hinzu, daß sich Steigerungen der Grenzerträge der Produktionsprozesse – und folglich auch Expansionen solcher Prozesse – als Wirkungen aufeinander bezogener Grenznutzen der Konsumenten (ausgedrückt in Geld) verstehen lassen.[59]

Die Schwierigkeiten, die bei dem Versuch auftraten, Preisbildung und Grenznutzenanalyse miteinander zu verbinden, berührten auch die Erklärung der Produktionskosten mit Hilfe von Zurechnungsverfahren.[60] Verschiedene Ökonomen der Marshallschen Schule, die an der Verwendung der entwickelten Methoden der Grenznutzenanalyse niemals Geschmack gefunden hatten, waren überzeugt, daß die ausführlichen Diskussionen um Preis- und Kostenbestimmung voraussichtlich bei der traditionellen Definition enden würden, wonach es sich bei Kosten um den Betrag handelt, der gezahlt werden muß, um den Produzenten zu veranlassen, seine Rolle bei der Organisation des Produktionsprozesses zu spielen.[61] Sie betrachteten die Werttheorie als »Gedankenakrobatik« und zweifelten daran, ob sich Schlußfolgerungen aus dieser Theorie auf wirtschaftspolitische Überlegungen anwenden ließen.[62]

Ohne daß die Marshallschen Ökonomen davon Notiz genommen hätten, wurde ihre Nachfragetheorie jedoch zum Gegenstand bedeutsamer Kritik. Die Marshallsche Bedürfnisskala gibt an, wie sich die Verkaufspreise einer Ware entsprechend der veränderten Menge dieser Ware verändern. In einem 1915 veröffentlichten Artikel argumentierte der russische Ökonom Eugen Slutsky (1880-1948), daß Marshall mit seiner Generalklausel »unter sonst gleichen Umständen« auch die ungerechtfertigte Annahme fixer Einkommen gemacht habe.[63] Slutsky behauptete, daß – abgesehen von dem Fall, daß eine andere Ware genau die gleiche kontinuierliche Nachfrageelastizität besitzt – jede Preisveränderung zwei kombinierte Wirkungen hervorrufe: den »Einkommenseffekt«, der durch Veränderungen in den Realeinkommen entsteht, und den »Substi-

---

58 Joseph A. Schumpeter, »Vilfredo Pareto (1848-1923)«, in: *Ten Great Economists from Marx zu Keynes*, New York 1951, S. 126.

59 Ders., »Das Grundprinzip der Verteilungslehre«, in: *Archiv für Sozialwissenschaft und Sozialpolitik* 42 (1916/17), S. 1-88.

60 Auf diese Schwierigkeiten wiesen besonders die Gegner der Zurechnungsmethode hin, etwa Otto Conrad, *Die Lehre vom subjektiven Wert als Grundlage der Preistheorie*, Leipzig 1912.

61 Siehe L. M. Fraser, *Economic Thought and Language*, London 1937, S. 100 ff.

62 John Maynard Keynes, »Introduction« zu der Buchreihe *Cambridge Economic Handbooks*, London/Cambridge 1922 ff.

63 Eugenio Slutsky, »Sulla teoria del bilancio del consumatore«, in: *Giornale degli economisti e annali di economia* (1915).

tutionseffekt«, der sich dem Bestreben verdankt, Käufe in der Weise neu zu ordnen, daß billigere Güter an die Stelle von teureren treten. Mit Hilfe der Paretoschen Indifferenz- und Präferenzkurven wies Slutsky charakteristische Veränderungen der wirtschaftlichen Situation eines Individuums nach, die sich aus der Ersetzung eines Gutes durch ein anderes ergeben. Als Grenzrate der Substitution definierte er die Menge eines Gutes, die durch den Mehrverbrauch eines anderen ersetzt werden kann, ohne die Bedürfnisbefriedigung des Individuums zu beeinträchtigen. Genauer gesagt, diese Rate zeigt das Verhältnis zwischen den Grenznutzen zweier Güter an. Die Anwendung der Indifferenzkurven auf die Nachfrageanalyse unterstellt, daß ein Individuum seine Auslagen für jede Ware so bestimmen kann, daß es sich an der Indifferenzgrenze zwischen dem letzten kleinen Zuwachs dieser Ware und einem alternativen zusätzlichen Teilchen irgendeiner anderen Ware befindet, die an die Stelle der ersten treten kann.[64]

Slutskys Argumentation verfolgte in erster Linie das Ziel, den psychologischen Hintergrund der Grenznutzenanalyse zu beseitigen; es gelang ihm, das (erste) Gossensche Sättigungsgesetz, angewandt auf die Nachfrageanalyse, durch die gleichwertige Behauptung zu ersetzen, daß jeder Konsument seine Nachfragefunktionen zu »maximieren« trachtet. Verfolgt man diesen Ansatz konsequent weiter, führt er zur Transformation der Grenznutzenlehre in eine Theorie, die sich mit abstrakten Wahlakten zwischen verfügbaren Alternativen beschäftigt.

Tatsächlich wurde die Bedeutung dieses Ansatzes ziemlich lange verkannt, und die Einwände, die gegen die Grenznutzenanalyse erhoben wurden, waren so schlagend, daß selbst Autoren, die der quantifizierenden Methodologie von Walras anhingen, dem Wertproblem jeden legitimen Platz in der ökonomischen Theorie absprachen. Sie forderten, daß die ökonomische Analyse erst beginnen solle, wenn die Wertungen in meßbaren Größen oder Preisen Ausdruck gefunden haben.[65] Ein besonders einflußreicher Vertreter dieser Auffassung war der schwedische Ökonom Gustav Cassel, dessen Lehrbuch der Wirtschaftswissenschaft auf dem europäischen Kontinent viel benutzt wurde.[66]

Cassel stand wohl unter dem Einfluß der neukantianischen Philosophie,

---

64 Siehe Bernard F. Haley, »Value and Distribution«, in: Howard S. Ellis (Hg.), *A Survey of Contemporary Economics*, Philadelphia 1948, S. 2.
65 Allyn Abbott Young betonte, daß *Tauschwert* und *Preis* im Grunde identische Ausdrücke seien, und schlug vor, auf den zuerst genannten zu verzichten. »Some Limitations of the Value Concept«, in: *The Quarterly Journal of Economics* 25 (1910/11), S. 409-428.
66 Karl Gustav Cassel, *The Nature and Necessity of Interest*, London 1903; *Theoretische Sozialökonomie*, Leipzig 1918; *On Quantitative Thinking in Economics*, Oxford 1935.

die von dem Gedanken beherrscht wurde, daß nur selbstevidente mathematische Methoden die Mittel zum Erwerb wahrer Erkenntnis bieten. Cassel, der als Ingenieur ausgebildet worden und mit der höheren Mathematik vertraut war, wandte sich grundsätzlich gegen die Benutzung psychologischer Begriffe in der ökonomischen Analyse und war überzeugt davon, daß alles, was zur Entwicklung eines einheitlichen ökonomischen Theoriegebäudes erforderlich ist, eine Recheneinheit sei, auf die sich alle ökonomischen Größen zurückführen lassen. Daher beschränkte er den Bereich der Wirtschaftswissenschaft auf eine Analyse der Funktionen eines interdependenten Preissystems, verstanden als Mittel zur Anpassung der Nachfrage an ein begrenztes Güterangebot unter den beiden Annahmen, daß die technischen Koeffizienten bekannt sind und der Geldwert festliegt.[67] So konnte er die Walrasschen Techniken benutzen, um ein ökonomisches Modell in Gestalt von Simultangleichungen aufzustellen. Mit Hilfe der Gleichgewichtsanalyse konnte er die Verteilung der Produktionsfaktoren auf die Produktionsprozesse bestimmen und die Einkommensverteilung aus den Beiträgen ableiten, welche die Produktionsfaktoren zu diesen Prozessen erbringen. In dieser Analyse vermied er jede Bezugnahme auf das Grenzproduktivitätsprinzip und auf die Erklärung von Einkommen im Sinne von Vergütungen »für geleistete Dienste«.

Kritiker der Casselschen Wirtschaftslehre haben freilich gezeigt, daß seine sogenannte allgemeine Preistheorie nur auf eine Tauschwirtschaft anwendbar ist, in der die Regel des vollkommenen Wettbewerbs uneingeschränkt herrscht, in der alle technischen Koeffizienten festliegen, die Gewinne der Produzenten sich auf Null belaufen, Angebot und Nachfrage auf jedem Markt ausgeglichen und alle verfügbaren Ressourcen im Sinne ihrer »rationalsten Verwendung« verteilt sind.[68] Mit guten Gründen wurde argumentiert, daß mit dem Begriff der »Knappheit«, der den Ausgangspunkt von Cassels Analyse der Marktphänomene bildet, der subjektive Wertbegriff zumindest indirekt anerkannt wird. Dieser Begriff war ein schwacher Ersatz für den des Grenznutzens und erlaubte keinen angemessenen Übergang zu einer Analyse der Preiserwartungen, die wichtige Elemente im Mechanismus des ökonomischen Wandels darstellen, jedoch äußerer Beobachtung nicht zugänglich sind.[69] Zudem fallen

---

67 Als »technische Koeffizienten« definierte Cassel die Mengen eines Produktionsfaktors, die erforderlich sind, um die Gütereinheiten zu produzieren.
68 Zu der Frage, ob in derartigen Annahmen ein normatives Element enthalten ist, siehe Hans Mayer, »Der Erkenntniswert der funktionellen Preistheorien«, in: ders. und andere (Hg.), *Die Wirtschaftstheorie der Gegenwart*, Band 2, Wien 1932, S. 147-239 b, hier S. 230, und die umfangreiche Literatur, die in diesem Artikel angeführt wird.
69 Siehe Alfred Amonn, »Cassels System der Theoretischen Nationalökonomie«, in:

sämtliche ökonomischen Erscheinungen, die mit Veränderungen im Preisgefüge oder mit der Kaufkraft des Geldes zusammenhängen, nicht mehr in den Bereich einer derartigen Gleichgewichtsanalyse. Cassels Lehren wurden von deutschen und österreichischen Autoren ausführlich kommentiert, etwa von Joseph Alois Schumpeter, Wilhelm Kromphardt, Otto Conrad, Ewald Schams, Hans Neisser, Karl Diehl, Emil Lederer (1882-1939), Hans Mayer (1879-1955), Andreas Predöhl und Adolf Weber.[70] In allen Einwänden gegen Cassels Wirtschaftslehre spielten grundlegende methodologische Streitfragen eine Rolle.

Archiv für Sozialwissenschaft und Sozialpolitik 51 (1924), S. 322-361, hier S. 358, und Lionel Robbins, »Remarks on the Relationship between Economics and Psychology«, in: *Manchester School of Economic and Social Studies* 5 (1934), S. 98.

70 Siehe auch Kenneth J. Arrow und Gérard Debreu, »Existence of an Equilibrium for a Competitive Economy«, in: *Econometrica* 22 (1954), S. 265-290, hier S. 287.